Synopse zum
Gesetz zur Modernisierung
des Personengesellschaftsrechts

BGB, EGBGB, HGB, EGHGB, AktG, GmbHG,
UmwG, ZPO

Beilage zu
Habersack
Deutsche Gesetze

192. Ergänzungslieferung

C.H.BECK

W0281328

Synopse zum Personengesellschaftsrechts-modernisierungsgesetz (MoPeG)

Beilage zu Habersack Deutsche Gesetze

Vorbemerkung

Das derzeit im BGB verankerte Konzept der Gesellschaft bürgerlichen Rechts als einer nicht rechtsfähigen, zur Durchführung einer begrenzten Anzahl von Einzelgeschäften gegründeten Gesamthandsgemeinschaft entsprach in vielerlei Hinsicht nicht mehr den Bedürfnissen der Rechtspraxis. Rechtsprechung und Vertragspraxis, punktuell auch der Gesetzgeber entfernten sich im Lauf der Zeit immer weiter von der ursprünglichen Regelung im BGB. Das **Gesetz zur Modernisierung des Personengesellschaftsrechts (Personengesellschafts-rechtsmodernisierungsgesetz – MoPeG)** vom 10.8.2021 (BGBl. I S. 3436) soll hier Abhilfe schaffen; nach der amtlichen Begründung des Gesetzentwurfs der Bundesregierung (BT-Drs. 19/27635 v. 17.3.2021) verfolgt es im Wesentlichen fünf Ziele:

- die Konsolidierung des Rechts der Gesellschaft bürgerlichen Rechts,
- die Modernisierung des Rechts der Personengesellschaften,
- die Behebung des Publizitätsdefizits der Gesellschaft bürgerlichen Rechts,
- die Flexibilisierung der Haftungsverhältnisse von Angehörigen Freier Berufe und
- die Herstellung von Rechtssicherheit bei Beschlussmängelstreitigkeiten von Personenhandelsgesellschaften.

Zur Erreichung dieser Ziele ändert das MoPeG **mit Wirkung vom 1. Januar 2024** eine Vielzahl der in der Textsammlung „Habersack, Deutsche Gesetze“ abgedruckten Vorschriften. Unter anderem wird im Bürgerlichen Gesetzbuch Buch 2 Abschnitt 8 Titel 16 über die Gesellschaft (§§ 705–740, künftig §§ 705–740c) komplett neu gefasst und systematisch neu gegliedert, im Zweiten Buch des Handelsgesetzbuchs der Erste Abschnitt über die Offene Handelsgesellschaft (§§ 105–160, künftig §§ 105–152). Ins Umwandlungsgesetz werden Vorschriften über die Verschmelzung und den Formwechsel von Gesellschaften bürgerlichen Rechts eingefügt.

In dieser Beilage werden für die wichtigsten der betroffenen Vorschriften jeweils die alte und die neue Fassung der betroffenen Paragraphen gegenübergestellt:

1. Bürgerliches Gesetzbuch (Art. 1 MoPeG / Habersack Nr. **20**),
2. Einführungsgesetz zum Bürgerlichen Gesetzbuche (Art. 49 MoPeG / Nr. **21**)
3. Handelsgesetzbuch (Art. 51 MoPeG / Nr. **50**)
4. Einführungsgesetz zum Handelsgesetzbuch (Art. 52 MoPeG / Nr. **50a**)
5. Aktiengesetz (Art. 61 MoPeG / Nr. **51**)
6. GmbH-Gesetz (Art. 64 MoPeG / Nr. **52**)
7. Umwandlungsgesetz (Art. 60 MoPeG / Nr. **52a**)
8. Zivilprozessordnung (Art. 34 MoPeG / Nr. **100**)

Inhaltlich weniger bedeutende Folgeänderungen (vor allem Anpassungen von Verweisungen) betreffen zahlreiche weitere in der Sammlung „Habersack, Deutsche Gesetze" und im Ergänzungsband enthaltene Vorschriften, insoweit wird allerdings auf eine synoptische Darstellung verzichtet.

In den nachfolgenden Synopsen wird in der linken Spalte jeweils der aktuell (**Stand: 15. September 2022**) geltende Wortlaut, in der rechten Spalte die überwiegend am 1.1.2024 in Kraft tretende Fassung der durch das MoPeG geänderten Vorschriften wiedergegeben. Nach Redaktionsschluss dieser Beilage erfolgte Änderungen der enthaltenen Vorschriften können naturgemäß nicht berücksichtigt sein.

Einzelne Änderungen gegenüber der alten Rechtslage sind in der rechten Spalte jeweils durch **Fettdruck** hervorgehoben; komplett neu gefasste Paragraphen werden zur besseren Lesbarkeit nicht fett gedruckt. Bei Änderungen einzelner Passagen innerhalb eines Satzes und bei ersatzlosem Wegfallen ganzer Sätze oder Absätze ist der betroffene Wortlaut im bisherigen Text ***fettkursiv*** dargestellt. Sowohl die linke wie auch die rechte Spalte geben die Vorschriften in der Reihenfolge der Paragraphenzählung wieder.

München, September 2022
Verlag C.H.BECK

1. Bürgerliches Gesetzbuch

in der Fassung der Bekanntmachung vom 2. Januar 2002

(BGBl. I S. 42, ber. S. 2909 und 2003 I S. 738)

zuletzt geänd. durch Art. 4 G zur Ergänzung der Regelungen zur Umsetzung der DigitalisierungsRL und zur Änd. weiterer Vorschriften v. 15.7.2022 (BGBl. I S. 1146)

geänd. durch Art. 1 PersonengesellschaftsrechtsmodernisierungsG (MoPeG) v. 10.8.2021 (BGBl. I S. 3436)

BGB Stand 15.9.2022:

Inhaltsübersicht[1]

BGB ab 1.1.2024:

Buch 1. Allgemeiner Teil

Abschnitt 1. Personen

Titel 2. Juristische Personen

Untertitel 1. Vereine

Kapitel 1. Allgemeine Vorschriften

BGB Stand 15.9.2022:

§ 54.[2] Nicht rechtsfähige Vereine

[1] Auf Vereine, die nicht rechtsfähig sind, finden die Vorschriften über die Gesellschaft Anwendung.

BGB ab 1.1.2024:

§ 54.[3] [2] Vereine ohne Rechtspersönlichkeit

(1) [1] Für Vereine, deren Zweck nicht auf einen wirtschaftlichen Geschäftsbetrieb gerichtet ist und die nicht durch Eintragung in das Vereinsregister Rechtspersönlichkeit erlangt haben, sind die Vorschriften der §§ 24 bis 53 entsprechend anzuwenden. [2] Für Vereine, deren Zweck auf einen wirtschaftlichen Geschäftsbetrieb gerichtet ist und die nicht durch staatliche Verleihung Rechtspersönlichkeit erlangt haben, sind die Vorschriften über die Gesellschaft entsprechend anzuwenden.

---

[1] Die §§-Angaben in der rechten Spalte sind nichtamtlich.

[2] Wegen des für das Gebiet der ehem. DDR geltenden Übergangsrechts zu den §§ 54 und 55 beachte Art. 231 § 2 Abs. 2 und 4 EGBGB.

[3] § 54 neu gef. mWv 1.1.2024 durch G v. 10.8.2021 (BGBl. I S. 3436).

BGB Stand 15.9.2022:	BGB ab 1.1.2024:
[2] Aus einem Rechtsgeschäft, das im Namen eines solchen Vereins einem Dritten gegenüber vorgenommen wird, haftet der Handelnde persönlich; handeln mehrere, so haften sie als Gesamtschuldner.[1)]	(2) Aus einem Rechtsgeschäft, das im Namen eines Vereins ohne Rechtspersönlichkeit einem Dritten gegenüber vorgenommen wird, haftet der Handelnde persönlich; handeln mehrere, haften sie als Gesamtschuldner.

Buch 2. Recht der Schuldverhältnisse

Abschnitt 8. Einzelne Schuldverhältnisse

Titel 16. Gesellschaft	**Titel 16.[2)] Gesellschaft**
	Untertitel 1. Allgemeine Bestimmungen
§ 705 Inhalt des Gesellschaftsvertrags	**§ 705 Rechtsnatur der Gesellschaft**
Durch den Gesellschaftsvertrag verpflichten sich die Gesellschafter gegenseitig, die Erreichung eines gemeinsamen Zweckes in der durch den Vertrag bestimmten Weise zu fördern, insbesondere die vereinbarten Beiträge zu leisten.	(1) Die Gesellschaft wird durch den Abschluss des Gesellschaftsvertrags errichtet, in dem sich die Gesellschafter verpflichten, die Erreichung eines gemeinsamen Zwecks in der durch den Vertrag bestimmten Weise zu fördern. (2) Die Gesellschaft kann entweder selbst Rechte erwerben und Verbindlichkeiten eingehen, wenn sie nach dem gemeinsamen Willen der Gesellschafter am Rechtsverkehr teilnehmen soll (rechtsfähige Gesellschaft), oder sie kann den Gesellschaftern zur Ausgestaltung ihres Rechtsverhältnisses untereinander dienen (nicht rechtsfähige Gesellschaft). (3) Ist der Gegenstand der Gesellschaft der Betrieb eines Unternehmens unter gemeinschaftlichem Namen, so wird vermutet, dass die Gesellschaft nach dem gemeinsamen Willen der Gesellschafter am Rechtsverkehr teilnimmt.
	Untertitel 2. Rechtsfähige Gesellschaft
	Kapitel 1. Sitz; Registrierung
[neu]	**§ 706 Sitz der Gesellschaft**
	[1] Sitz der Gesellschaft ist der Ort, an dem deren Geschäfte tatsächlich geführt werden (Verwaltungssitz). [2] Ist die Gesellschaft im Gesellschaftsregister eingetragen und haben die Gesellschafter einen Ort im Inland als Sitz vereinbart (Vertragssitz), so ist abweichend von Satz 1 dieser Ort Sitz der Gesellschaft.
[neu]	**§ 707 Anmeldung zum Gesellschaftsregister**
	(1) Die Gesellschafter können die Gesellschaft bei dem Gericht, in dessen Bezirk sie ihren Sitz hat, zur Eintragung in das Gesellschaftsregister anmelden. (2) Die Anmeldung muss enthalten: 1. folgende Angaben zur Gesellschaft: a) den Namen, b) den Sitz und c) die Anschrift, in einem Mitgliedstaat der Europäischen Union;

[1)] § 54 Satz 2 wird bei Parteien nicht angewandt; vgl. § 37 ParteienG.

[2)] Buch 2 Abschnitt 8 Titel 16 (§§ 705–740c) neu gef. mWv 1.1.2024 durch G v. 10.8.2021 (BGBl. I S. 3436).

BGB Stand 15.9.2022:	*BGB ab 1.1.2024:*

2. folgende Angaben zu jedem Gesellschafter:
   a) wenn der Gesellschafter eine natürliche Person ist: dessen Namen, Vornamen, Geburtsdatum und Wohnort;
   b) wenn der Gesellschafter eine juristische Person oder rechtsfähige Personengesellschaft ist: deren Firma oder Namen, Rechtsform, Sitz und, soweit gesetzlich vorgesehen, zuständiges Register und Registernummer;
3. die Angabe der Vertretungsbefugnis der Gesellschafter;
4. die Versicherung, dass die Gesellschaft nicht bereits im Handels- oder im Partnerschaftsregister eingetragen ist.

(3) [1] Wird der Name der im Gesellschaftsregister eingetragenen Gesellschaft geändert, der Sitz an einen anderen Ort verlegt oder die Anschrift geändert oder ändert sich die Vertretungsbefugnis eines Gesellschafters, ist dies zur Eintragung in das Gesellschaftsregister anzumelden. [2] Ist die Gesellschaft im Gesellschaftsregister eingetragen, so sind auch das Ausscheiden eines Gesellschafters und der Eintritt eines neuen Gesellschafters zur Eintragung in das Gesellschaftsregister anzumelden.

(4) [1] Anmeldungen sind vorbehaltlich der Sätze 2 und 3 von sämtlichen Gesellschaftern zu bewirken. [2] Scheidet ein Gesellschafter durch Tod aus, kann die Anmeldung ohne Mitwirkung der Erben erfolgen, sofern einer solchen Mitwirkung besondere Hindernisse entgegenstehen. [3] Ändert sich nur die Anschrift der Gesellschaft, ist die Anmeldung von der Gesellschaft zu bewirken.

[neu]

§ 707a Inhalt und Wirkungen der Eintragung im Gesellschaftsregister

(1) [1] Die Eintragung im Gesellschaftsregister hat die in § 707 Absatz 2 Nummer 1 bis 3 genannten Angaben zu enthalten. [2] Eine Gesellschaft soll als Gesellschafter nur eingetragen werden, wenn sie im Gesellschaftsregister eingetragen ist.

(2) [1] Mit der Eintragung ist die Gesellschaft verpflichtet, als Namenszusatz die Bezeichnungen „eingetragene Gesellschaft bürgerlichen Rechts" oder „eGbR" zu führen. [2] Wenn in einer eingetragenen Gesellschaft keine natürliche Person als Gesellschafter haftet, muss der Name eine Bezeichnung enthalten, welche die Haftungsbeschränkung kennzeichnet.

(3) [1] Die Eintragung bewirkt, dass § 15 des Handelsgesetzbuchs mit der Maßgabe entsprechend anzuwenden ist, dass das Fehlen der Kaufmannseigenschaft nicht an der Publizität des Gesellschaftsregisters teilnimmt. [2] Die Eintragung lässt die Pflicht, die Gesellschaft zur Eintragung in das Handelsregister anzumelden (§ 106 Absatz 1 des Handelsgesetzbuchs), unberührt.

(4) Nach Eintragung der Gesellschaft findet die Löschung der Gesellschaft nur nach den allgemeinen Vorschriften statt.

BGB Stand 15.9.2022:	*BGB ab 1.1.2024:*

[neu]

§ 707b Entsprechend anwendbare Vorschriften des Handelsgesetzbuchs

Folgende Vorschriften des Handelsgesetzbuchs sind auf eingetragene Gesellschaften entsprechend anzuwenden:
1. auf die Auswahl und den Schutz des Namens der Gesellschaft: die §§ 18, 21 bis 24, 30 und 37,
2. auf die registerrechtliche Behandlung der Gesellschaft und die Führung des Gesellschaftsregisters: die §§ 8, 8a Absatz 1, § 9 Absatz 1 Satz 1 und Absatz 3 bis 6, die §§ 10 bis 12, 13h, 14, 16 und 32 und
3. auf die registerrechtliche Behandlung der Zweigniederlassung einer Gesellschaft: die §§ 13 und 13d mit der Maßgabe, dass eine Verpflichtung zur Anmeldung der Zweigniederlassung nicht besteht.

[neu]

§ 707c Statuswechsel

(1) Die Anmeldung zur Eintragung einer bereits in einem Register eingetragenen Gesellschaft unter einer anderen Rechtsform einer rechtsfähigen Personengesellschaft in ein anderes Register (Statuswechsel) kann nur bei dem Gericht erfolgen, das das Register führt, in dem die Gesellschaft eingetragen ist.

(2) [1] Wird ein Statuswechsel angemeldet, trägt das Gericht die Rechtsform ein, in der die Gesellschaft in dem anderen Register fortgesetzt wird (Statuswechselvermerk). [2] Diese Eintragung ist mit dem Vermerk zu versehen, dass die Eintragung erst mit der Eintragung der Gesellschaft in dem anderen Register wirksam wird, sofern die Eintragungen in den beteiligten Registern nicht am selben Tag erfolgen. [3] Sodann gibt das Gericht das Verfahren von Amts wegen an das für die Führung des anderen Registers zuständige Gericht ab. [4] Nach Vollzug des Statuswechsels trägt das Gericht den Tag ein, an dem die Gesellschaft in dem anderen Register eingetragen worden ist. [5] Ist die Eintragung der Gesellschaft in dem anderen Register rechtskräftig abgelehnt worden oder wird die Anmeldung zurückgenommen, wird der Statuswechselvermerk von Amts wegen gelöscht.

(3) [1] Das Gericht soll eine Gesellschaft, die bereits im Handels- oder im Partnerschaftsregister eingetragen ist, in das Gesellschaftsregister nur eintragen, wenn
1. der Statuswechsel zu dem anderen Register angemeldet wurde,
2. der Statuswechselvermerk in das andere Register eingetragen wurde und
3. das für die Führung des anderen Registers zuständige Gericht das Verfahren an das für die Führung des Gesellschaftsregisters zuständige Gericht abgegeben hat.

[2] § 707 Absatz 2 bleibt unberührt.

(4) [1] Die Eintragung der Gesellschaft hat die Angabe des für die Führung des Handels- oder des

BGB Stand 15.9.2022: | **BGB ab 1.1.2024:**

Partnerschaftsregisters zuständigen Gerichts, die Firma oder den Namen und die Registernummer, unter der die Gesellschaft bislang eingetragen ist, zu enthalten. [2]Das Gericht teilt dem Gericht, das das Verfahren abgegeben hat, von Amts wegen den Tag der Eintragung der Gesellschaft in das Gesellschaftsregister und die neue Registernummer mit. [3]Die Ablehnung der Eintragung teilt das Gericht ebenfalls von Amts wegen dem Gericht, das das Verfahren abgegeben hat, mit, sobald die Entscheidung rechtskräftig geworden ist.

(5) [1]Wird ein Gesellschafter Kommanditist, ist für die Begrenzung seiner Haftung für die zum Zeitpunkt seiner Eintragung im Handelsregister begründeten Verbindlichkeiten § 728b entsprechend anzuwenden. [2]Dies gilt auch, wenn er in der Gesellschaft oder einem ihr als Gesellschafter angehörenden Unternehmen geschäftsführend tätig wird. [3]Seine Haftung als Kommanditist bleibt unberührt.

§ 707d.[1)] Verordnungsermächtigung *[neu]*

(1) [1]Die Landesregierungen werden ermächtigt, durch Rechtsverordnung nähere Bestimmungen über die elektronische Führung des Gesellschaftsregisters, die elektronische Anmeldung, die elektronische Einreichung von Dokumenten sowie deren Aufbewahrung zu treffen, soweit nicht durch das Bundesministerium der Justiz und für Verbraucherschutz nach § 387 Absatz 2 des Gesetzes über das Verfahren in Familiensachen und in den Angelegenheiten der freiwilligen Gerichtsbarkeit entsprechende Vorschriften erlassen werden. [2]Dabei können sie auch Einzelheiten der Datenübermittlung regeln sowie die Form zu übermittelnder elektronischer Dokumente festlegen, um die Eignung für die Bearbeitung durch das Gericht sicherzustellen. [3]Die Landesregierungen können die Ermächtigung durch Rechtsverordnung auf die Landesjustizverwaltungen übertragen.

(2) [1]Die Landesjustizverwaltungen bestimmen das elektronische Informations- und Kommunikationssystem, über das die Daten aus den Gesellschaftsregistern abrufbar sind, und sind für die Abwicklung des elektronischen Abrufverfahrens zuständig. [2]Die Landesregierung kann die Zuständigkeit durch Rechtsverordnung abweichend regeln; sie kann diese Ermächtigung durch Rechtsverordnung auf die Landesjustizverwaltung übertragen. [3]Die Länder können ein länderübergreifendes, zentrales elektronisches Informations- und Kommunikationssystem bestimmen. [4]Sie können auch eine Übertragung der Abwicklungsaufgaben auf die zuständige Stelle eines anderen Landes sowie mit dem Betreiber des Unternehmensregisters eine Übertragung der Abwicklungsaufgaben auf das Unternehmensregister vereinbaren.

§ 707d.[1)] Verordnungsermächtigung

(1), (2) *[unverändert]*

[1)] § 707d ist gem. Art. 137 Satz 2 Nr. 1 MoPeG bereits am 18.8.2021 in Kraft getreten.

BGB Stand 15.9.2022:	*BGB ab 1.1.2024:*
	Kapitel 2. Rechtsverhältnis der Gesellschafter untereinander und der Gesellschafter zur Gesellschaft
[neu]	**§ 708 Gestaltungsfreiheit** Von den Vorschriften dieses Kapitels kann durch den Gesellschaftsvertrag abgewichen werden, soweit im Gesetz nichts anderes bestimmt ist.
§ 706 Beiträge der Gesellschafter (1) Die Gesellschafter haben in Ermangelung einer anderen Vereinbarung gleiche Beiträge zu leisten. (2) [1] Sind vertretbare oder verbrauchbare Sachen beizutragen, so ist im Zweifel anzunehmen, dass sie gemeinschaftliches Eigentum der Gesellschafter werden sollen. [2] Das Gleiche gilt von nicht vertretbaren und nicht verbrauchbaren Sachen, wenn sie nach einer Schätzung beizutragen sind, die nicht bloß für die Gewinnverteilung bestimmt ist. (3) Der Beitrag eines Gesellschafters kann auch in der Leistung von Diensten bestehen. *[siehe bisher auch § 709 Abs. 2 und § 722]*	**§ 709 Beiträge; Stimmkraft; Anteil an Gewinn und Verlust** (1) Der Beitrag eines Gesellschafters kann in jeder Förderung des gemeinsamen Zwecks, auch in der Leistung von Diensten, bestehen. (2) Im Zweifel sind die Gesellschafter zu gleichen Beiträgen verpflichtet. (3) [1] Die Stimmkraft und der Anteil an Gewinn und Verlust richten sich vorrangig nach den vereinbarten Beteiligungsverhältnissen. [2] Sind keine Beteiligungsverhältnisse vereinbart worden, richten sie sich nach dem Verhältnis der vereinbarten Werte der Beiträge. [3] Sind auch Werte der Beiträge nicht vereinbart worden, hat jeder Gesellschafter ohne Rücksicht auf den Wert seines Beitrags die gleiche Stimmkraft und einen gleichen Anteil am Gewinn und Verlust.
§ 707 Erhöhung des vereinbarten Beitrags Zur Erhöhung des vereinbarten Beitrags oder zur Ergänzung der durch Verlust verminderten Einlage ist ein Gesellschafter nicht verpflichtet.	**§ 710 Mehrbelastungsverbot** [1] Zur Erhöhung seines Beitrags kann ein Gesellschafter nicht ohne seine Zustimmung verpflichtet werden. [2] Die §§ 728a und 737 bleiben unberührt.
§ 708 Haftung der Gesellschafter Ein Gesellschafter hat bei der Erfüllung der ihm obliegenden Verpflichtungen nur für diejenige Sorgfalt einzustehen, welche er in eigenen Angelegenheiten anzuwenden pflegt.	*[siehe künftig §§ 721ff.]*
[neu]	**§ 711 Übertragung und Übergang von Gesellschaftsanteilen** (1) [1] Die Übertragung eines Gesellschaftsanteils bedarf der Zustimmung der anderen Gesellschafter. [2] Die Gesellschaft kann eigene Anteile nicht erwerben. (2) [1] Ist im Gesellschaftsvertrag vereinbart, dass im Fall des Todes eines Gesellschafters die Gesellschaft mit seinem Erben fortgesetzt werden soll, geht der Anteil auf den Erben über. [2] Sind mehrere Erben vorhanden, fällt der Gesellschaftsanteil kraft Gesetzes jedem Erben entsprechend der Erbquote zu. [3] Die Vorschriften über die Erbengemeinschaft finden insoweit keine Anwendung.
[siehe bisher § 717]	**§ 711a Eingeschränkte Übertragbarkeit von Gesellschafterrechten** [1] Die Rechte der Gesellschafter aus dem Gesellschaftsverhältnis sind nicht übertragbar. [2] Hiervon ausgenommen sind Ansprüche, die einem Gesellschafter aus seiner Geschäftsbesorgung für die Gesellschaft zustehen, soweit deren Befriedigung außerhalb der Liquidation verlangt werden kann, so-

BGB Stand 15.9.2022:	BGB ab 1.1.2024:
	wie Ansprüche eines Gesellschafters auf einen Gewinnanteil oder auf dasjenige, was ihm im Fall der Liquidation zukommt.
[siehe bisher § 738 Abs. 1 Satz 1]	**§ 712 Ausscheiden eines Gesellschafters; Eintritt eines neuen Gesellschafters** (1) Scheidet ein Gesellschafter aus der Gesellschaft aus, so wächst sein Anteil an der Gesellschaft den übrigen Gesellschaftern im Zweifel im Verhältnis ihrer Anteile zu. (2) Tritt ein neuer Gesellschafter in die Gesellschaft ein, so mindern sich die Anteile der anderen Gesellschafter an der Gesellschaft im Zweifel im Umfang des dem neuen Gesellschafter zuwachsenden Anteils und in dem Verhältnis ihrer bisherigen Anteile.
[neu]	**§ 712a Ausscheiden des vorletzten Gesellschafters** (1) [1] Verbleibt nur noch ein Gesellschafter, so erlischt die Gesellschaft ohne Liquidation. [2] Das Gesellschaftsvermögen geht zum Zeitpunkt des Ausscheidens des vorletzten Gesellschafters im Wege der Gesamtrechtsnachfolge auf den verbleibenden Gesellschafter über. (2) In Bezug auf die Rechte und Pflichten des vorletzten Gesellschafters sind anlässlich seines Ausscheidens die §§ 728 bis 728b entsprechend anzuwenden.
[siehe bisher § 718 iVm §§ 719, 738]	**§ 713 Gesellschaftsvermögen** Die Beiträge der Gesellschafter sowie die für oder durch die Gesellschaft erworbenen Rechte und die gegen sie begründeten Verbindlichkeiten sind Vermögen der Gesellschaft.
[neu]	**§ 714 Beschlussfassung** Gesellschafterbeschlüsse bedürfen der Zustimmung aller stimmberechtigten Gesellschafter.
§ 709 Gemeinschaftliche Geschäftsführung (1) Die Führung der Geschäfte der Gesellschaft steht den Gesellschaftern gemeinschaftlich zu; für jedes Geschäft ist die Zustimmung aller Gesellschafter erforderlich. (2) Hat nach dem Gesellschaftsvertrag die Mehrheit der Stimmen zu entscheiden, so ist die Mehrheit im Zweifel nach der Zahl der Gesellschafter zu berechnen. **§ 710 Übertragung der Geschäftsführung** [1] Ist in dem Gesellschaftsvertrag die Führung der Geschäfte einem Gesellschafter oder mehreren Gesellschaftern übertragen, so sind die übrigen Gesellschafter von der Geschäftsführung ausgeschlossen. [2] Ist die Geschäftsführung mehreren Gesellschaftern übertragen, so findet die Vorschrift des § 709 entsprechende Anwendung.	**§ 715 Geschäftsführungsbefugnis** (1) Zur Führung der Geschäfte der Gesellschaft sind alle Gesellschafter berechtigt und verpflichtet. (2) [1] Die Befugnis zur Geschäftsführung erstreckt sich auf alle Geschäfte, die die Teilnahme der Gesellschaft am Rechtsverkehr gewöhnlich mit sich bringt. [2] Zur Vornahme von Geschäften, die darüber hinausgehen, ist ein Beschluss aller Gesellschafter erforderlich. (3) [1] Die Geschäftsführung steht allen Gesellschaftern in der Art zu, dass sie nur gemeinsam zu handeln berechtigt sind, es sei denn, dass mit dem Aufschub eines Geschäfts Gefahr für die Gesellschaft oder das Gesellschaftsvermögen verbunden ist. [2] Dies gilt im Zweifel entsprechend, wenn nach dem Gesellschaftsvertrag die Geschäftsführung mehreren Gesellschaftern zusteht.

BGB Stand 15.9.2022:	***BGB ab 1.1.2024:***
§ 711 Widerspruchsrecht	
[1] Steht nach dem Gesellschaftsvertrag die Führung der Geschäfte allen oder mehreren Gesellschaftern in der Art zu, dass jeder allein zu handeln berechtigt ist, so kann jeder der Vornahme eines Geschäfts durch den anderen widersprechen. [2] Im Falle des Widerspruchs muss das Geschäft unterbleiben.	(4) [1] Steht nach dem Gesellschaftsvertrag die Geschäftsführung allen oder mehreren Gesellschaftern in der Art zu, dass jeder allein zu handeln berechtigt ist, kann jeder andere geschäftsführungsbefugte Gesellschafter der Vornahme des Geschäfts widersprechen. [2] Im Fall des Widerspruchs muss das Geschäft unterbleiben.
§ 712 Entziehung und Kündigung der Geschäftsführung	
(1) Die einem Gesellschafter durch den Gesellschaftsvertrag übertragene Befugnis zur Geschäftsführung kann ihm durch einstimmigen Beschluss oder, falls nach dem Gesellschaftsvertrag die Mehrheit der Stimmen entscheidet, durch Mehrheitsbeschluss der übrigen Gesellschafter entzogen werden, wenn ein wichtiger Grund vorliegt; ein solcher Grund ist insbesondere grobe Pflichtverletzung oder Unfähigkeit zur ordnungsmäßigen Geschäftsführung.	(5) [1] Die Befugnis zur Geschäftsführung kann einem Gesellschafter durch Beschluss der anderen Gesellschafter ganz oder teilweise entzogen werden, wenn ein wichtiger Grund vorliegt. [2] Ein wichtiger Grund ist insbesondere eine grobe Pflichtverletzung des Gesellschafters oder die Unfähigkeit des Gesellschafters zur ordnungsgemäßen Geschäftsführung.
(2) Der Gesellschafter kann auch seinerseits die Geschäftsführung kündigen, wenn ein wichtiger Grund vorliegt; die für den Auftrag geltende Vorschrift des § 671 Abs. 2, 3 findet entsprechende Anwendung.	(6) [1] Der Gesellschafter kann seinerseits die Geschäftsführung ganz oder teilweise kündigen, wenn ein wichtiger Grund vorliegt. [2] § 671 Absatz 2 und 3 ist entsprechend anzuwenden.
§ 713 Rechte und Pflichten der geschäftsführenden Gesellschafter	
Die Rechte und Verpflichtungen der geschäftsführenden Gesellschafter bestimmen sich nach den für den Auftrag geltenden Vorschriften der §§ 664 bis 670, soweit sich nicht aus dem Gesellschaftsverhältnis ein anderes ergibt.	
§ 714 Vertretungsmacht	*[siehe künftig § 720]*
Soweit einem Gesellschafter nach dem Gesellschaftsvertrag die Befugnis zur Geschäftsführung zusteht, ist er im Zweifel auch ermächtigt, die anderen Gesellschafter Dritten gegenüber zu vertreten.	
§ 715 Entziehung der Vertretungsmacht	*[siehe künftig § 720 Abs. 4]*
Ist im Gesellschaftsvertrag ein Gesellschafter ermächtigt, die anderen Gesellschafter Dritten gegenüber zu vertreten, so kann die Vertretungsmacht nur nach Maßgabe des § 712 Abs. 1 und, wenn sie in Verbindung mit der Befugnis zur Geschäftsführung erteilt worden ist, nur mit dieser entzogen werden.	
[neu]	**§ 715a Notgeschäftsführungsbefugnis**
	[1] Sind alle geschäftsführungsbefugten Gesellschafter verhindert, nach Maßgabe von § 715 Absatz 3 Satz 3 bei einem Geschäft mitzuwirken, kann jeder Gesellschafter das Geschäft vornehmen, wenn mit dem Aufschub Gefahr für die Gesellschaft oder das Gesellschaftsvermögen verbunden ist. [2] Eine Vereinbarung im Gesellschaftsvertrag, welche dieses Recht ausschließt, ist unwirksam.

BGB Stand 15.9.2022:	BGB ab 1.1.2024:
[neu]	**§ 715b Gesellschafterklage** (1) [1]Jeder Gesellschafter ist befugt, einen auf dem Gesellschaftsverhältnis beruhenden Anspruch der Gesellschaft gegen einen anderen Gesellschafter im eigenen Namen gerichtlich geltend zu machen, wenn der dazu berufene geschäftsführungsbefugte Gesellschafter dies pflichtwidrig unterlässt. [2]Die Befugnis nach Satz 1 erstreckt sich auch auf einen Anspruch der Gesellschaft gegen einen Dritten, wenn dieser an dem pflichtwidrigen Unterlassen mitwirkte oder es kannte. (2) Eine Vereinbarung im Gesellschaftsvertrag, welche das Klagerecht ausschließt oder dieser Vorschrift zuwider beschränkt, ist unwirksam. (3) [1]Der klagende Gesellschafter hat die Gesellschaft unverzüglich über die Erhebung der Klage und die Lage des Rechtsstreits zu unterrichten. [2]Ferner hat er das Gericht über die erfolgte Unterrichtung in Kenntnis zu setzen. [3]Das Gericht hat auf eine unverzügliche Unterrichtung der Gesellschaft hinzuwirken. (4) Soweit über den Anspruch durch rechtskräftiges Urteil entschieden worden ist, wirkt die Entscheidung für und gegen die Gesellschaft.
[Abs. 1 neu; zu Abs. 2–4 siehe bisher § 713 iVm §§ 669, 667 bzw. 668 BGB]	**§ 716 Ersatz von Aufwendungen und Verlusten; Vorschusspflicht; Herausgabepflicht; Verzinsungspflicht** (1) Macht ein Gesellschafter zum Zwecke der Geschäftsbesorgung für die Gesellschaft Aufwendungen, die er den Umständen nach für erforderlich halten darf, oder erleidet er unmittelbar infolge der Geschäftsbesorgung Verluste, ist ihm die Gesellschaft zum Ersatz verpflichtet. (2) Für die erforderlichen Aufwendungen hat die Gesellschaft dem Gesellschafter auf dessen Verlangen Vorschuss zu leisten. (3) Der Gesellschafter ist verpflichtet, der Gesellschaft dasjenige, was er selbst aus der Geschäftsbesorgung erlangt, herauszugeben. (4) [1]Verwendet der Gesellschafter Geld für sich, das er der Gesellschaft nach Absatz 3 herauszugeben hat, ist er verpflichtet, es von der Zeit der Verwendung an zu verzinsen. [2]Satz 1 gilt entsprechend für die Verzinsung des Anspruchs des Gesellschafters auf ersatzfähige Aufwendungen oder Verluste.
§ 716 Kontrollrecht der Gesellschafter (1) Ein Gesellschafter kann, auch wenn er von der Geschäftsführung ausgeschlossen ist, sich von den Angelegenheiten der Gesellschaft persönlich unterrichten, die Geschäftsbücher und die Papiere der Gesellschaft einsehen und sich aus ihnen eine Übersicht über den Stand des Gesellschaftsvermögens anfertigen. (2) Eine dieses Recht ausschließende oder beschränkende Vereinbarung steht der Geltendmachung des Rechts nicht entgegen, wenn Grund zu	**§ 717 Informationsrechte und -pflichten** (1) [1]Jeder Gesellschafter hat gegenüber der Gesellschaft das Recht, die Unterlagen der Gesellschaft einzusehen und sich aus ihnen Auszüge anzufertigen. [2]Ergänzend kann er von der Gesellschaft Auskunft über die Gesellschaftsangelegenheiten verlangen. [3]Eine Vereinbarung im Gesellschaftsvertrag, welche diese Rechte ausschließt oder dieser Vorschrift zuwider beschränkt, steht ihrer Geltendmachung nicht entgegen, soweit dies zur Wahrnehmung eigener Mitgliedschafts-

BGB Stand 15.9.2022:	BGB ab 1.1.2024:
der Annahme unredlicher Geschäftsführung besteht. *[siehe bisher auch § 713 iVm § 666 BGB]*	rechte erforderlich ist, insbesondere, wenn Grund zur Annahme unredlicher Geschäftsführung besteht. (2) [1]Die geschäftsführungsbefugten Gesellschafter haben der Gesellschaft von sich aus die erforderlichen Nachrichten zu geben, auf Verlangen über die Gesellschaftsangelegenheiten Auskunft zu erteilen und nach Beendigung der Geschäftsführertätigkeit Rechenschaft abzulegen. [2]Eine Vereinbarung im Gesellschaftsvertrag, welche diese Verpflichtungen ausschließt, ist unwirksam.
§ 717 Nichtübertragbarkeit der Gesellschafterrechte [1]Die Ansprüche, die den Gesellschaftern aus dem Gesellschaftsverhältnis gegeneinander zustehen, sind nicht übertragbar. [2]Ausgenommen sind die einem Gesellschafter aus seiner Geschäftsführung zustehenden Ansprüche, soweit deren Befriedigung vor der Auseinandersetzung verlangt werden kann, sowie die Ansprüche auf einen Gewinnanteil oder auf dasjenige, was dem Gesellschafter bei der Auseinandersetzung zukommt.	*[siehe künftig § 711a]*
§ 718 Gesellschaftsvermögen (1) Die Beiträge der Gesellschafter und die durch die Geschäftsführung für die Gesellschaft erworbenen Gegenstände werden gemeinschaftliches Vermögen der Gesellschafter (Gesellschaftsvermögen). (2) Zu dem Gesellschaftsvermögen gehört auch, was auf Grund eines zu dem Gesellschaftsvermögen gehörenden Rechts oder als Ersatz für die Zerstörung, Beschädigung oder Entziehung eines zu dem Gesellschaftsvermögen gehörenden Gegenstands erworben wird.	*[siehe künftig §§ 713]*
[siehe bisher § 721 Abs. 1, 2]	**§ 718 Rechnungsabschluss und Gewinnverteilung** Der Rechnungsabschluss und die Gewinnverteilung haben im Zweifel zum Schluss jedes Kalenderjahrs zu erfolgen.
§ 719 Gesamthänderische Bindung (1) Ein Gesellschafter kann nicht über seinen Anteil an dem Gesellschaftsvermögen und an den einzelnen dazu gehörenden Gegenständen verfügen; er ist nicht berechtigt, Teilung zu verlangen. (2) Gegen eine Forderung, die zum Gesellschaftsvermögen gehört, kann der Schuldner nicht eine ihm gegen einen einzelnen Gesellschafter zustehende Forderung aufrechnen.	*[siehe künftig §§ 713]*
[neu]	**Kapitel 3. Rechtsverhältnis der Gesellschaft zu Dritten** **§ 719 Entstehung der Gesellschaft im Verhältnis zu Dritten** (1) Im Verhältnis zu Dritten entsteht die Gesellschaft, sobald sie mit Zustimmung sämtlicher Gesellschafter am Rechtsverkehr teilnimmt, spätestens aber mit ihrer Eintragung im Gesellschaftsregister.

BGB Stand 15.9.2022:	BGB ab 1.1.2024:
	(2) Eine Vereinbarung, dass die Gesellschaft erst zu einem späteren Zeitpunkt entstehen soll, ist Dritten gegenüber unwirksam.
[siehe bisher §§ 714, 715]	**§ 720 Vertretung der Gesellschaft**
	(1) Zur Vertretung der Gesellschaft sind alle Gesellschafter gemeinsam befugt, es sei denn, der Gesellschaftsvertrag bestimmt etwas anderes.
	(2) Die zur Gesamtvertretung nach Absatz 1 befugten Gesellschafter können einzelne von ihnen zur Vornahme bestimmter Geschäfte oder bestimmter Arten von Geschäften ermächtigen.
	(3) [1] Die Vertretungsbefugnis der Gesellschafter erstreckt sich auf alle Geschäfte der Gesellschaft. [2] Eine Beschränkung des Umfangs der Vertretungsbefugnis ist Dritten gegenüber unwirksam. [3] Dies gilt insbesondere für die Beschränkung, dass sich die Vertretung nur auf bestimmte Geschäfte oder Arten von Geschäften erstreckt oder dass sie nur unter gewissen Umständen oder für eine gewisse Zeit oder an einzelnen Orten stattfinden soll.
	(4) Die Vertretungsbefugnis kann einem Gesellschafter in entsprechender Anwendung von § 715 Absatz 5 ganz oder teilweise entzogen werden.
	(5) Ist der Gesellschaft gegenüber eine Willenserklärung abzugeben, genügt die Abgabe gegenüber einem vertretungsbefugten Gesellschafter.
[siehe bisher § 708]	**§ 721 Persönliche Haftung der Gesellschafter**
	[1] Die Gesellschafter haften für die Verbindlichkeiten der Gesellschaft den Gläubigern als Gesamtschuldner persönlich. [2] Eine entgegenstehende Vereinbarung ist Dritten gegenüber unwirksam.
[neu]	**§ 721a Haftung des eintretenden Gesellschafters**
	[1] Wer in eine bestehende Gesellschaft eintritt, haftet gleich den anderen Gesellschaftern nach Maßgabe der §§ 721 und 721b für die vor seinem Eintritt begründeten Verbindlichkeiten der Gesellschaft. [2] Eine entgegenstehende Vereinbarung ist Dritten gegenüber unwirksam.
[neu]	**§ 721b Einwendungen und Einreden des Gesellschafters**
	(1) Wird ein Gesellschafter wegen einer Verbindlichkeit der Gesellschaft in Anspruch genommen, kann er Einwendungen und Einreden, die nicht in seiner Person begründet sind, insoweit geltend machen, als sie von der Gesellschaft erhoben werden können.
	(2) Der Gesellschafter kann die Befriedigung des Gläubigers verweigern, solange der Gesellschaft in Ansehung der Verbindlichkeit das Recht zur Anfechtung oder Aufrechnung oder ein anderes Gestaltungsrecht, dessen Ausübung die Gesellschaft ihrerseits zur Leistungsverweigerung berechtigen würde, zusteht.

BGB Stand 15.9.2022:	BGB ab 1.1.2024:

[neu]

§ 722 Zwangsvollstreckung gegen die Gesellschaft oder gegen ihre Gesellschafter

(1) Zur Zwangsvollstreckung in das Vermögen der Gesellschaft ist ein gegen die Gesellschaft gerichteter Vollstreckungstitel erforderlich.

(2) Aus einem gegen die Gesellschaft gerichteten Vollstreckungstitel findet die Zwangsvollstreckung gegen die Gesellschafter nicht statt.

[siehe bisher §§ 723–728 iVm § 736 Abs. 1]

Kapitel 4. Ausscheiden eines Gesellschafters

§ 723.[1] Gründe für das Ausscheiden; Zeitpunkt des Ausscheidens

(1) Folgende Gründe führen zum Ausscheiden eines Gesellschafters aus der Gesellschaft, sofern der Gesellschaftsvertrag für diese Fälle nicht die Auflösung der Gesellschaft vorsieht:
1. Tod des Gesellschafters;
2. Kündigung der Mitgliedschaft durch den Gesellschafter;
3. Eröffnung des Insolvenzverfahrens über das Vermögen des Gesellschafters;
4. Kündigung der Mitgliedschaft durch einen Privatgläubiger des Gesellschafters;
5. Ausschließung des Gesellschafters aus wichtigem Grund.

(2) Im Gesellschaftsvertrag können weitere Gründe für das Ausscheiden eines Gesellschafters vereinbart werden.

(3) Der Gesellschafter scheidet mit Eintritt des ihn betreffenden Ausscheidensgrundes aus, im Fall der Kündigung der Mitgliedschaft aber nicht vor Ablauf der Kündigungsfrist und im Fall der Ausschließung aus wichtigem Grund nicht vor Mitteilung des betreffenden Beschlusses an den auszuschließenden Gesellschafter.

[neu]

§ 724.[1] Fortsetzung mit dem Erben; Ausscheiden des Erben

(1) Geht der Anteil eines verstorbenen Gesellschafters auf seine Erben über und erfüllt die Gesellschaft die Voraussetzungen nach § 107 Absatz 1 des Handelsgesetzbuchs, um in das Handelsregister eingetragen zu werden, so kann jeder Erbe gegenüber den anderen Gesellschaftern antragen, dass ihm die Stellung eines Kommanditisten eingeräumt und der auf ihn entfallende Anteil des Erblassers als seine Kommanditeinlage anerkannt wird.

(2) Nehmen die anderen Gesellschafter einen Antrag nach Absatz 1 nicht an oder ist eine Fortführung der Gesellschaft als Kommanditgesellschaft nicht möglich, ist der Erbe befugt, seine Mitgliedschaft in der Gesellschaft ohne Einhaltung einer Kündigungsfrist zu kündigen.

(3) [1] Die Rechte nach den Absätzen 1 bis 2 können von dem Erben nur innerhalb von drei Monaten nach dem Zeitpunkt, zu dem er von dem

[1] Beachte hierzu Übergangsvorschrift in Art. 229 § 61 EGBGB.

BGB Stand 15.9.2022:

BGB ab 1.1.2024:

Anfall der Erbschaft Kenntnis erlangt hat, geltend gemacht werden. 2 Auf den Lauf der Frist ist § 210 entsprechend anzuwenden. 3 Ist bei Ablauf der drei Monate das Recht zur Ausschlagung der Erbschaft noch nicht verloren, endet die Frist nicht vor dem Ablauf der Ausschlagungsfrist.

(4) Scheidet innerhalb der Frist des Absatzes 3 der Erbe aus der Gesellschaft aus oder wird innerhalb der Frist die Gesellschaft aufgelöst oder dem Erben die Stellung eines Kommanditisten eingeräumt, so haftet er für die bis dahin entstandenen Gesellschaftsverbindlichkeiten nur nach Maßgabe der Vorschriften, welche die Haftung des Erben für die Nachlassverbindlichkeiten betreffen.

§ 723 Kündigung durch Gesellschafter

(1) 1 Ist die Gesellschaft nicht für eine bestimmte Zeit eingegangen, so kann jeder Gesellschafter sie jederzeit kündigen. 2 Ist eine Zeitdauer bestimmt, so ist die Kündigung vor dem Ablauf der Zeit zulässig, wenn ein wichtiger Grund vorliegt. 3 Ein wichtiger Grund liegt insbesondere vor,

1. wenn ein anderer Gesellschafter eine ihm nach dem Gesellschaftsvertrag obliegende wesentliche Verpflichtung vorsätzlich oder aus grober Fahrlässigkeit verletzt hat oder wenn die Erfüllung einer solchen Verpflichtung unmöglich wird,
2. wenn der Gesellschafter das 18. Lebensjahr vollendet hat.

4 Der volljährig Gewordene kann die Kündigung nach Nummer 2 nur binnen drei Monaten von dem Zeitpunkt an erklären, in welchem er von seiner Gesellschafterstellung Kenntnis hatte oder haben musste. 5 Das Kündigungsrecht besteht nicht, wenn der Gesellschafter bezüglich des Gegenstands der Gesellschaft zum selbständigen Betrieb eines Erwerbsgeschäfts gemäß § 112 ermächtigt war oder der Zweck der Gesellschaft allein der Befriedigung seiner persönlichen Bedürfnisse diente. 6 Unter den gleichen Voraussetzungen ist, wenn eine Kündigungsfrist bestimmt ist, die Kündigung ohne Einhaltung der Frist zulässig.

(2) 1 Die Kündigung darf nicht zur Unzeit geschehen, es sei denn, dass ein wichtiger Grund für die unzeitige Kündigung vorliegt. 2 Kündigt ein Gesellschafter ohne solchen Grund zur Unzeit, so hat er den übrigen Gesellschaftern den daraus entstehenden Schaden zu ersetzen.

§ 725.[1] Kündigung der Mitgliedschaft durch den Gesellschafter

(1) Ist das Gesellschaftsverhältnis auf unbestimmte Zeit eingegangen, kann ein Gesellschafter seine Mitgliedschaft unter Einhaltung einer Frist von drei Monaten zum Ablauf des Kalenderjahres gegenüber der Gesellschaft kündigen, es sei denn, aus dem Gesellschaftsvertrag oder aus dem Zweck der Gesellschaft ergibt sich etwas anderes.

(2) 1 Ist für das Gesellschaftsverhältnis eine Zeitdauer vereinbart, ist die Kündigung der Mitgliedschaft durch einen Gesellschafter vor dem Ablauf dieser Zeit zulässig, wenn ein wichtiger Grund vorliegt. 2 Ein wichtiger Grund liegt insbesondere vor, wenn ein anderer Gesellschafter eine ihm nach dem Gesellschaftsvertrag obliegende wesentliche Verpflichtung vorsätzlich oder grob fahrlässig verletzt hat oder wenn die Erfüllung einer solchen Verpflichtung unmöglich wird.

(3) Liegt ein wichtiger Grund im Sinne von Absatz 2 Satz 2 vor, so ist eine Kündigung der Mitgliedschaft durch einen Gesellschafter stets ohne Einhaltung einer Kündigungsfrist zulässig.

(4) 1 Ein Gesellschafter kann seine Mitgliedschaft auch kündigen, wenn er volljährig geworden ist. 2 Das Kündigungsrecht besteht nicht, wenn der Gesellschafter bezüglich des Gegenstands der Gesellschaft zum selbständigen Betrieb eines Erwerbsgeschäfts gemäß § 112 ermächtigt war oder der Zweck der Gesellschaft allein der Befriedigung seiner persönlichen Bedürfnisse diente. 3 Der volljährig Gewordene kann die Kündigung nur binnen drei Monaten von dem Zeitpunkt an erklären, in welchem er von seiner Gesellschafterstellung Kenntnis hatte oder haben musste.

(5) 1 Die Kündigung darf nicht zur Unzeit geschehen, es sei denn, dass ein wichtiger Grund für die unzeitige Kündigung vorliegt. 2 Kündigt ein Gesellschafter seine Mitgliedschaft ohne solchen Grund zur Unzeit, hat er der Gesellschaft den daraus entstehenden Schaden zu ersetzen.

[1] Beachte hierzu Übergangsvorschrift in Art. 229 § 61 EGBGB.

BGB Stand 15.9.2022:	*BGB ab 1.1.2024:*
(3) Eine Vereinbarung, durch welche das Kündigungsrecht ausgeschlossen oder diesen Vorschriften zuwider beschränkt wird, ist nichtig.	(6) Eine Vereinbarung im Gesellschaftsvertrag, welche das Kündigungsrecht nach den Absätzen 2 und 4 ausschließt oder diesen Vorschriften zuwider beschränkt, ist unwirksam.
§ 724 Kündigung bei Gesellschaft auf Lebenszeit oder fortgesetzter Gesellschaft	
[1] Ist eine Gesellschaft für die Lebenszeit eines Gesellschafters eingegangen, so kann sie in gleicher Weise gekündigt werden wie eine für unbestimmte Zeit eingegangene Gesellschaft. [2] Dasselbe gilt, wenn eine Gesellschaft nach dem Ablauf der bestimmten Zeit stillschweigend fortgesetzt wird.	
§ 725 Kündigung durch Pfändungspfandgläubiger	**§ 726 Kündigung der Mitgliedschaft durch einen Privatgläubiger des Gesellschafters**
(1) Hat ein Gläubiger eines Gesellschafters die Pfändung des Anteils des Gesellschafters an dem Gesellschaftsvermögen erwirkt, so kann er die Gesellschaft ohne Einhaltung einer Kündigungsfrist kündigen, sofern der Schuldtitel nicht bloß vorläufig vollstreckbar ist. (2) Solange die Gesellschaft besteht, kann der Gläubiger die sich aus dem Gesellschaftsverhältnis ergebenden Rechte des Gesellschafters, mit Ausnahme des Anspruchs auf einen Gewinnanteil, nicht geltend machen.	Hat ein Privatgläubiger eines Gesellschafters, nachdem innerhalb der letzten sechs Monate eine Zwangsvollstreckung in das bewegliche Vermögen des Gesellschafters ohne Erfolg versucht wurde, aufgrund eines nicht bloß vorläufig vollstreckbaren Schuldtitels die Pfändung des Anteils des Gesellschafters an der Gesellschaft erwirkt, kann er dessen Mitgliedschaft gegenüber der Gesellschaft unter Einhaltung einer Frist von drei Monaten zum Ablauf des Kalenderjahrs kündigen.
[siehe bisher § 737]	**§ 727.[1] Ausschließung aus wichtigem Grund** [1] Tritt in der Person eines Gesellschafters ein wichtiger Grund ein, kann er durch Beschluss der anderen Gesellschafter aus der Gesellschaft ausgeschlossen werden. [2] Ein wichtiger Grund liegt insbesondere vor, wenn der Gesellschafter eine ihm nach dem Gesellschaftsvertrag obliegende wesentliche Verpflichtung vorsätzlich oder grob fahrlässig verletzt hat oder wenn ihm die Erfüllung einer solchen Verpflichtung unmöglich wird. [3] Dem Beschluss steht nicht entgegen, dass nach der Ausschließung nur ein Gesellschafter verbleibt.
[siehe bisher § 738]	**§ 728.[1] Ansprüche des ausgeschiedenen Gesellschafters** (1) [1] Sofern im Gesellschaftsvertrag nichts anderes vereinbart ist, ist die Gesellschaft verpflichtet, den ausgeschiedenen Gesellschafter von der Haftung für die Verbindlichkeiten der Gesellschaft zu befreien und ihm eine dem Wert seines Anteils angemessene Abfindung zu zahlen. [2] Sind Verbindlichkeiten der Gesellschaft noch nicht fällig, kann die Gesellschaft dem Ausgeschiedenen Sicherheit leisten, statt ihn von der Haftung nach § 721 zu befreien. (2) Der Wert des Gesellschaftsanteils ist, soweit erforderlich, im Wege der Schätzung zu ermitteln.

[1] Beachte hierzu Übergangsvorschrift in Art. 229 § 61 EGBGB.

BGB Stand 15.9.2022:

[siehe bisher § 739]

[siehe bisher § 736 Abs. 2 iVm § 160 HGB]

§ 726 Auflösung wegen Erreichens oder Unmöglichwerdens des Zweckes

Die Gesellschaft endigt, wenn der vereinbarte Zweck erreicht oder dessen Erreichung unmöglich geworden ist.

[siehe bisher auch §§ 723, 728 Abs. 1]

BGB ab 1.1.2024:

§ 728a Haftung des ausgeschiedenen Gesellschafters für Fehlbetrag

Reicht der Wert des Gesellschaftsvermögens zur Deckung der Verbindlichkeiten der Gesellschaft nicht aus, hat der ausgeschiedene Gesellschafter der Gesellschaft für den Fehlbetrag nach dem Verhältnis seines Anteils am Gewinn und Verlust aufzukommen.

§ 728b Nachhaftung des ausgeschiedenen Gesellschafters

(1) [1] Scheidet ein Gesellschafter aus der Gesellschaft aus, so haftet er für deren bis dahin begründete Verbindlichkeiten, wenn sie vor Ablauf von fünf Jahren nach seinem Ausscheiden fällig sind und

1. daraus Ansprüche gegen ihn in einer in § 197 Absatz 1 Nummer 3 bis 5 bezeichneten Art festgestellt sind oder
2. eine gerichtliche oder behördliche Vollstreckungshandlung vorgenommen oder beantragt wird; bei öffentlich-rechtlichen Verbindlichkeiten genügt der Erlass eines Verwaltungsakts.

[2] Ist die Verbindlichkeit auf Schadensersatz gerichtet, haftet der ausgeschiedene Gesellschafter nach Satz 1 nur, wenn auch die zum Schadensersatz führende Verletzung vertraglicher oder gesetzlicher Pflichten vor dem Ausscheiden des Gesellschafters eingetreten ist. [3] Die Frist beginnt, sobald der Gläubiger von dem Ausscheiden des Gesellschafters Kenntnis erlangt hat oder das Ausscheiden des Gesellschafters im Gesellschaftsregister eingetragen worden ist. [4] Die §§ 204, 206, 210, 211 und 212 Absatz 2 und 3 sind entsprechend anzuwenden.

(2) Einer Feststellung in einer in § 197 Absatz 1 Nummer 3 bis 5 bezeichneten Art bedarf es nicht, soweit der Gesellschafter den Anspruch schriftlich anerkannt hat.

Kapitel 5. Auflösung der Gesellschaft

§ 729 Auflösungsgründe

(1) Die Gesellschaft wird aufgelöst durch:

1. Ablauf der Zeit, für welche sie eingegangen wurde;
2. Eröffnung des Insolvenzverfahrens über das Vermögen der Gesellschaft;
3. Kündigung der Gesellschaft;
4. Auflösungsbeschluss.

(2) Die Gesellschaft wird ferner aufgelöst, wenn der Zweck, zu dem sie errichtet wurde, erreicht oder seine Erreichung unmöglich geworden ist.

(3) [1] Eine Gesellschaft, bei der kein persönlich haftender Gesellschafter eine natürliche Person ist, wird ferner aufgelöst:

1. mit der Rechtskraft des Beschlusses, durch den die Eröffnung des Insolvenzverfahrens mangels Masse abgelehnt worden ist;

BGB Stand 15.9.2022:	*BGB ab 1.1.2024:*
	2. durch die Löschung wegen Vermögenslosigkeit nach § 394 des Gesetzes über das Verfahren in Familiensachen und in den Angelegenheiten der freiwilligen Gerichtsbarkeit. 2 Dies gilt nicht, wenn zu den persönlich haftenden Gesellschaftern eine andere rechtsfähige Personengesellschaft gehört, bei der mindestens ein persönlich haftender Gesellschafter eine natürliche Person ist. (4) Im Gesellschaftsvertrag können weitere Auflösungsgründe vereinbart werden.
§ 727 Auflösung durch Tod eines Gesellschafters (1) Die Gesellschaft wird durch den Tod eines der Gesellschafter aufgelöst, sofern nicht aus dem Gesellschaftsvertrag sich ein anderes ergibt. (2) 1 Im Falle der Auflösung hat der Erbe des verstorbenen Gesellschafters den übrigen Gesellschaftern den Tod unverzüglich anzuzeigen und, wenn mit dem Aufschub Gefahr verbunden ist, die seinem Erblasser durch den Gesellschaftsvertrag übertragenen Geschäfte fortzuführen, bis die übrigen Gesellschafter in Gemeinschaft mit ihm anderweit Fürsorge treffen können. 2 Die übrigen Gesellschafter sind in gleicher Weise zur einstweiligen Fortführung der ihnen übertragenen Geschäfte verpflichtet. 3 Die Gesellschaft gilt insoweit als fortbestehend. **§ 728 Auflösung durch Insolvenz der Gesellschaft oder eines Gesellschafters** (1) 1 Die Gesellschaft wird durch die Eröffnung des Insolvenzverfahrens über das Vermögen der Gesellschaft aufgelöst. 2 Wird das Verfahren auf Antrag des Schuldners eingestellt oder nach der Bestätigung eines Insolvenzplans, der den Fortbestand der Gesellschaft vorsieht, aufgehoben, so können die Gesellschafter die Fortsetzung der Gesellschaft beschließen. (2) 1 Die Gesellschaft wird durch die Eröffnung des Insolvenzverfahrens über das Vermögen eines Gesellschafters aufgelöst. 2 Die Vorschrift des § 727 Abs. 2 Satz 2, 3 findet Anwendung.	**§ 730 Auflösung bei Tod oder Insolvenz eines Gesellschafters** (1) 1 Ist im Gesellschaftsvertrag vereinbart, dass die Gesellschaft durch den Tod eines Gesellschafters aufgelöst wird, hat der Erbe des verstorbenen Gesellschafters den anderen Gesellschaftern dessen Tod unverzüglich anzuzeigen. 2 Wenn mit dem Aufschub Gefahr für die Gesellschaft oder das Gesellschaftsvermögen verbunden ist, hat der Erbe außerdem die laufenden Geschäfte fortzuführen, bis die anderen Gesellschafter in Gemeinschaft mit ihm anderweitig Fürsorge treffen können. 3 Abweichend von § 736b Absatz 1 gilt für die einstweilige Fortführung der laufenden Geschäfte die dem Erblasser durch den Gesellschaftsvertrag übertragene Geschäftsführungs- und Vertretungsbefugnis als fortbestehend. 4 Die anderen Gesellschafter sind in gleicher Weise zur einstweiligen Fortführung der laufenden Geschäfte berechtigt und verpflichtet. (2) Absatz 1 Satz 4 gilt entsprechend, wenn im Gesellschaftsvertrag vereinbart ist, dass die Gesellschaft durch die Eröffnung des Insolvenzverfahrens über das Vermögen eines Gesellschafters aufgelöst wird.
§ 729 Fortdauer der Geschäftsführungsbefugnis 1 Wird die Gesellschaft aufgelöst, so gilt die Befugnis eines Gesellschafters zur Geschäftsführung zu seinen Gunsten gleichwohl als fortbestehend, bis er von der Auflösung Kenntnis erlangt oder die Auflösung kennen muss. 2 Das Gleiche gilt bei Fortbestand der Gesellschaft für die Befugnis zur Geschäftsführung eines aus der Gesellschaft ausscheidenden Gesellschafters oder für ihren Verlust in sonstiger Weise.	*[siehe künftig § 736b]*
§ 730 Auseinandersetzung; Geschäftsführung (1) Nach der Auflösung der Gesellschaft findet in Ansehung des Gesellschaftsvermögens die Aus-	*[siehe künftig § 736b]*

BGB Stand 15.9.2022:	**BGB ab 1.1.2024:**
einandersetzung unter den Gesellschaftern statt, sofern nicht über das Vermögen der Gesellschaft das Insolvenzverfahren eröffnet ist.	
(2) [1] Für die Beendigung der schwebenden Geschäfte, für die dazu erforderliche Eingehung neuer Geschäfte sowie für die Erhaltung und Verwaltung des Gesellschaftsvermögens gilt die Gesellschaft als fortbestehend, soweit der Zweck der Auseinandersetzung es erfordert. [2] Die einem Gesellschafter nach dem Gesellschaftsvertrag zustehende Befugnis zur Geschäftsführung erlischt jedoch, wenn nicht aus dem Vertrag sich ein anderes ergibt, mit der Auflösung der Gesellschaft; die Geschäftsführung steht von der Auflösung an allen Gesellschaftern gemeinschaftlich zu.	
§ 731 Verfahren bei Auseinandersetzung	*[zu Satz 1 siehe künftig § 735]*
[1] Die Auseinandersetzung erfolgt in Ermangelung einer anderen Vereinbarung in Gemäßheit der §§ 732 bis 735. [2] Im Übrigen gelten für die Teilung die Vorschriften über die Gemeinschaft.	
§ 732 Rückgabe von Gegenständen	*[siehe künftig § 728]*
[1] Gegenstände, die ein Gesellschafter der Gesellschaft zur Benutzung überlassen hat, sind ihm zurückzugeben. [2] Für einen durch Zufall in Abgang gekommenen oder verschlechterten Gegenstand kann er nicht Ersatz verlangen.	
§ 733 Berichtigung der Gesellschaftsschulden; Erstattung der Einlagen	*[siehe künftig § 736d]*
(1) [1] Aus dem Gesellschaftsvermögen sind zunächst die gemeinschaftlichen Schulden mit Einschluss derjenigen zu berichtigen, welche den Gläubigern gegenüber unter den Gesellschaftern geteilt sind oder für welche einem Gesellschafter die übrigen Gesellschafter als Schuldner haften. [2] Ist eine Schuld noch nicht fällig oder ist sie streitig, so ist das zur Berichtigung Erforderliche zurückzubehalten.	
(2) [1] Aus dem nach der Berichtigung der Schulden übrig bleibenden Gesellschaftsvermögen sind die Einlagen zurückzuerstatten. [2] Für Einlagen, die nicht in Geld bestanden haben, ist der Wert zu ersetzen, den sie zur Zeit der Einbringung gehabt haben. [3] Für Einlagen, die in der Leistung von Diensten oder in der Überlassung der Benutzung eines Gegenstands bestanden haben, kann nicht Ersatz verlangt werden.	
(3) Zur Berichtigung der Schulden und zur Rückerstattung der Einlagen ist das Gesellschaftsvermögen, soweit erforderlich, in Geld umzusetzen.	
§ 734 Verteilung des Überschusses	*[siehe künftig § 736d]*
Verbleibt nach der Berichtigung der gemeinschaftlichen Schulden und der Rückerstattung der Einlagen ein Überschuss, so gebührt er den Gesellschaftern nach dem Verhältnis ihrer Anteile am Gewinn.	

BGB Stand 15.9.2022:	***BGB ab 1.1.2024:***
§ 735 Nachschusspflicht bei Verlust [1] Reicht das Gesellschaftsvermögen zur Berichtigung der gemeinschaftlichen Schulden und zur Rückerstattung der Einlagen nicht aus, so haben die Gesellschafter für den Fehlbetrag nach dem Verhältnis aufzukommen, nach welchem sie den Verlust zu tragen haben. [2] Kann von einem Gesellschafter der auf ihn entfallende Beitrag nicht erlangt werden, so haben die übrigen Gesellschafter den Ausfall nach dem gleichen Verhältnis zu tragen.	*[siehe künftig § 737]*
§ 736 Ausscheiden eines Gesellschafters, Nachhaftung (1) Ist im Gesellschaftsvertrag bestimmt, dass, wenn ein Gesellschafter kündigt oder stirbt oder wenn das Insolvenzverfahren über sein Vermögen eröffnet wird, die Gesellschaft unter den übrigen Gesellschaftern fortbestehen soll, so scheidet bei dem Eintritt eines solchen Ereignisses der Gesellschafter, in dessen Person es eintritt, aus der Gesellschaft aus. (2) Die für Personenhandelsgesellschaften geltenden Regelungen über die Begrenzung der Nachhaftung gelten sinngemäß.	*[zu Abs. 2 siehe künftig § 728b]*
[neu]	**§ 731 Kündigung der Gesellschaft** (1) [1] Ein Gesellschafter kann die Gesellschaft jederzeit aus wichtigem Grund ohne Einhaltung einer Kündigungsfrist kündigen, wenn ihm die Fortsetzung der Gesellschaft nicht zuzumuten ist. [2] Ein wichtiger Grund liegt insbesondere vor, wenn ein anderer Gesellschafter eine ihm nach dem Gesellschaftsvertrag obliegende wesentliche Verpflichtung vorsätzlich oder grob fahrlässig verletzt hat oder wenn die Erfüllung einer solchen Verpflichtung unmöglich wird. (2) Eine Vereinbarung im Gesellschaftsvertrag, welche das Kündigungsrecht ausschließt oder dieser Vorschrift zuwider beschränkt, ist unwirksam.
[neu]	**§ 732 Auflösungsbeschluss** Hat nach dem Gesellschaftsvertrag die Mehrheit der Stimmen zu entscheiden, muss ein Beschluss, der die Auflösung der Gesellschaft zum Gegenstand hat, mit einer Mehrheit von mindestens drei Viertel der abgegebenen Stimmen gefasst werden.
[neu]	**§ 733 Anmeldung der Auflösung** (1) [1] Ist die Gesellschaft im Gesellschaftsregister eingetragen, ist ihre Auflösung von sämtlichen Gesellschaftern zur Eintragung in das Gesellschaftsregister anzumelden. [2] Dies gilt nicht in den Fällen der Eröffnung oder der Ablehnung der Eröffnung des Insolvenzverfahrens über das Vermögen der Gesellschaft (§ 729 Absatz 1 Nummer 2 und Absatz 3 Satz 1 Nummer 1); dann hat das Gericht die Auflösung und ihren Grund von Amts wegen einzutragen. [3] Im Fall der Löschung der Gesellschaft

BGB Stand 15.9.2022:	BGB ab 1.1.2024:
	(§ 729 Absatz 3 Satz 1 Nummer 2) entfällt die Eintragung der Auflösung.
	(2) Ist aufgrund einer Vereinbarung im Gesellschaftsvertrag die Gesellschaft durch den Tod eines Gesellschafters aufgelöst, kann die Anmeldung der Auflösung der Gesellschaft ohne Mitwirkung der Erben erfolgen, sofern einer solchen Mitwirkung besondere Hindernisse entgegenstehen.
[neu]	**§ 734 Fortsetzung der Gesellschaft**
	(1) Die Gesellschafter können nach Auflösung der Gesellschaft deren Fortsetzung beschließen, sobald der Auflösungsgrund beseitigt ist.
	(2) Hat nach dem Gesellschaftsvertrag die Mehrheit der Stimmen zu entscheiden, muss der Beschluss über die Fortsetzung der Gesellschaft mit einer Mehrheit von mindestens drei Viertel der abgegebenen Stimmen gefasst werden.
	(3) War die Gesellschaft vor ihrer Auflösung im Gesellschaftsregister eingetragen, ist die Fortsetzung von sämtlichen Gesellschaftern zur Eintragung in das Gesellschaftsregister anzumelden.
[siehe bisher §§ 730–735]	**Kapitel 6. Liquidation der Gesellschaft**
[zu Abs. 1 siehe bisher § 730 Abs. 1; zu Abs. 3 siehe bisher § 731 Satz 1]	**§ 735 Notwendigkeit der Liquidation; anwendbare Vorschriften**
	(1) [1] Nach Auflösung der Gesellschaft findet die Liquidation statt, sofern nicht über das Vermögen der Gesellschaft das Insolvenzverfahren eröffnet ist. [2] Ist die Gesellschaft durch Löschung wegen Vermögenslosigkeit aufgelöst, findet eine Liquidation nur statt, wenn sich nach der Löschung herausstellt, dass noch Vermögen vorhanden ist, das der Verteilung unterliegt.
	(2) [1] Die Gesellschafter können anstelle der Liquidation eine andere Art der Abwicklung vereinbaren. [2] Ist aufgrund einer Vereinbarung im Gesellschaftsvertrag die Gesellschaft durch die Kündigung eines Privatgläubigers eines Gesellschafters oder durch die Eröffnung des Insolvenzverfahrens über das Vermögen eines Gesellschafters aufgelöst, bedarf eine Vereinbarung über eine andere Art der Abwicklung der Zustimmung des Privatgläubigers oder des Insolvenzverwalters. [3] Ist im Insolvenzverfahren Eigenverwaltung angeordnet, tritt an die Stelle der Zustimmung des Insolvenzverwalters die Zustimmung des Schuldners.
	(3) Die Liquidation erfolgt nach den folgenden Vorschriften dieses Kapitels, sofern sich nicht aus dem Gesellschaftsvertrag etwas anderes ergibt.
[neu]	**§ 736 Liquidatoren**
	(1) Zur Liquidation sind alle Gesellschafter berufen.
	(2) Ist über das Vermögen eines Gesellschafters das Insolvenzverfahren eröffnet und ein Insolvenzverwalter bestellt worden, tritt dieser an die Stelle des Gesellschafters.

BGB Stand 15.9.2022:	*BGB ab 1.1.2024:*
	(3) Mehrere Erben eines Gesellschafters haben einen gemeinsamen Vertreter zu bestellen.
	(4) [1] Durch Vereinbarung im Gesellschaftsvertrag oder durch Beschluss der Gesellschafter können auch einzelne Gesellschafter oder andere Personen zu Liquidatoren berufen werden. [2] Das Recht, einen solchen Liquidator nach § 736a Absatz 1 Satz 1 zu berufen, bleibt unberührt.
	(5) Hat nach dem Gesellschaftsvertrag die Mehrheit der Stimmen zu entscheiden, gilt dies im Zweifel nicht für die Berufung und Abberufung eines Liquidators.
[neu]	**§ 736a Gerichtliche Berufung und Abberufung von Liquidatoren**
	(1) [1] Ist die Gesellschaft im Gesellschaftsregister eingetragen, kann auf Antrag eines Beteiligten ein Liquidator aus wichtigem Grund durch das Gericht, in dessen Bezirk die Gesellschaft ihren Sitz hat, berufen und abberufen werden. [2] Eine Vereinbarung im Gesellschaftsvertrag, welche dieses Recht ausschließt, ist unwirksam.
	(2) Beteiligte sind: 1. jeder Gesellschafter (§ 736 Absatz 1), 2. der Insolvenzverwalter über das Vermögen des Gesellschafters (§ 736 Absatz 2), 3. der gemeinsame Vertreter (§ 736 Absatz 3) und 4. der Privatgläubiger des Gesellschafters, durch den die zur Auflösung der Gesellschaft führende Kündigung erfolgt ist (§ 735 Absatz 2 Satz 2).
	(3) [1] Gehört der Liquidator nicht zu den Gesellschaftern, hat er Anspruch auf Ersatz der erforderlichen Aufwendungen und auf Vergütung für seine Tätigkeit. [2] Einigen sich der Liquidator und die Gesellschaft hierüber nicht, setzt das Gericht die Aufwendungen und die Vergütung fest. [3] Gegen die Entscheidung ist die Beschwerde zulässig; die Rechtsbeschwerde ist ausgeschlossen. [4] Aus der rechtskräftigen Entscheidung findet die Zwangsvollstreckung nach der Zivilprozessordnung statt.
[siehe bisher §§ 729 Satz 1, 730 Abs. 2 Satz 1]	**§ 736b Geschäftsführungs- und Vertretungsbefugnis der Liquidatoren**
	(1) [1] Mit der Auflösung der Gesellschaft erlischt die einem Gesellschafter im Gesellschaftsvertrag übertragene Befugnis zur Geschäftsführung und Vertretung. [2] Diese Befugnis steht von der Auflösung an allen Liquidatoren gemeinsam zu.
	(2) Die bisherige Befugnis eines Gesellschafters zur Geschäftsführung und, sofern die Gesellschaft nicht im Gesellschaftsregister eingetragen ist, zur Vertretung gilt gleichwohl zu seinen Gunsten als fortbestehend, bis er von der Auflösung der Gesellschaft Kenntnis erlangt hat oder die Auflösung kennen muss.
[neu]	**§ 736c Anmeldung der Liquidatoren**
	(1) [1] Ist die Gesellschaft im Gesellschaftsregister eingetragen, sind die Liquidatoren und ihre Vertretungsbefugnis von sämtlichen Gesellschaftern

BGB Stand 15.9.2022:	**BGB ab 1.1.2024:**
	zur Eintragung in das Gesellschaftsregister anzumelden. [2] Das Gleiche gilt für jede Änderung in der Person des Liquidators oder seiner Vertretungsbefugnis. [3] Wenn im Fall des Todes eines Gesellschafters anzunehmen ist, dass die Anmeldung den Tatsachen entspricht, kann die Eintragung erfolgen, auch ohne dass die Erben bei der Anmeldung mitwirken, sofern einer solchen Mitwirkung besondere Hindernisse entgegenstehen. (2) Die Eintragung gerichtlich berufener Liquidatoren sowie die Eintragung der gerichtlichen Abberufung von Liquidatoren geschieht von Amts wegen.
§ 737 Ausschluss eines Gesellschafters [1] Ist im Gesellschaftsvertrag bestimmt, dass, wenn ein Gesellschafter kündigt, die Gesellschaft unter den übrigen Gesellschaftern fortbestehen soll, so kann ein Gesellschafter, in dessen Person ein die übrigen Gesellschafter nach § 723 Abs. 1 Satz 2 zur Kündigung berechtigender Umstand eintritt, aus der Gesellschaft ausgeschlossen werden. [2] Das Ausschließungsrecht steht den übrigen Gesellschaftern gemeinschaftlich zu. [3] Die Ausschließung erfolgt durch Erklärung gegenüber dem auszuschließenden Gesellschafter.	*[siehe künftig § 727]*
§ 738 Auseinandersetzung beim Ausscheiden (1) [1] Scheidet ein Gesellschafter aus der Gesellschaft aus, so wächst sein Anteil am Gesellschaftsvermögen den übrigen Gesellschaftern zu. [2] Diese sind verpflichtet, dem Ausscheidenden die Gegenstände, die er der Gesellschaft zur Benutzung überlassen hat, nach Maßgabe des § 732 zurückzugeben, ihn von den gemeinschaftlichen Schulden zu befreien und ihm dasjenige zu zahlen, was er bei der Auseinandersetzung erhalten würde, wenn die Gesellschaft zur Zeit seines Ausscheidens aufgelöst worden wäre. [3] Sind gemeinschaftliche Schulden noch nicht fällig, so können die übrigen Gesellschafter dem Ausscheidenden, statt ihn zu befreien, Sicherheit leisten. (2) Der Wert des Gesellschaftsvermögens ist, soweit erforderlich, im Wege der Schätzung zu ermitteln.	*[siehe künftig § 728]*
[siehe bisher §§ 733, 734 BGB]	**§ 736d Rechtstellung der Liquidatoren** (1) [1] Die Liquidatoren haben, auch wenn sie vom Gericht berufen sind, den Weisungen Folge zu leisten, welche die Beteiligten in Bezug auf die Geschäftsführung beschließen. [2] Hat nach dem Gesellschaftsvertrag die Mehrheit der Stimmen zu entscheiden, bedarf der Beschluss der Zustimmung der Beteiligten nach § 736a Absatz 2 Nummer 2 und 4. (2) [1] Die Liquidatoren haben die laufenden Geschäfte zu beendigen, die Forderungen der Gesellschaft einzuziehen und das übrige Vermögen in Geld umzusetzen. [2] Zur Beendigung der laufenden Geschäfte können die Liquidatoren auch neue Geschäfte eingehen.

BGB Stand 15.9.2022:	*BGB ab 1.1.2024:*
	(3) Ist die Gesellschaft im Gesellschaftsregister eingetragen, haben die Liquidatoren bei Abgabe ihrer Unterschrift dem Namen der Gesellschaft einen Liquidationszusatz beizufügen.
	(4) [1] Aus dem Vermögen der Gesellschaft sind zunächst die Gläubiger der Gesellschaft zu befriedigen. [2] Ist eine Verbindlichkeit noch nicht fällig oder ist sie streitig, ist das zur Berichtigung der Verbindlichkeit Erforderliche zurückzubehalten.
	(5) [1] Aus dem nach der Berichtigung der Verbindlichkeiten verbleibenden Gesellschaftsvermögen sind die geleisteten Beiträge zurückzuerstatten. [2] Für Beiträge, die nicht in Geld bestanden haben, ist der Wert zu ersetzen, den sie zur Zeit der Einbringung gehabt haben. [3] Für Beiträge, die in der Leistung von Diensten oder in der Überlassung der Benutzung eines Gegenstands bestanden haben, kann im Zweifel kein Ersatz verlangt werden.
	(6) Das nach Berichtigung der Verbindlichkeiten und Rückerstattung der Beiträge verbleibende Vermögen der Gesellschaft ist unter den Gesellschaftern nach dem Verhältnis ihrer Anteile am Gewinn und Verlust zu verteilen.
[siehe bisher §§ 735, 733 Abs. 2 Satz 3]	**§ 737 Haftung der Gesellschafter für Fehlbetrag** [1] Reicht das Gesellschaftsvermögen zur Berichtigung der Verbindlichkeiten und zur Rückerstattung der Beiträge nicht aus, haben die Gesellschafter der Gesellschaft für den Fehlbetrag nach dem Verhältnis ihrer Anteile am Gewinn und Verlust aufzukommen. [2] Kann von einem Gesellschafter der auf ihn entfallende Betrag nicht erlangt werden, haben die anderen Gesellschafter den Ausfall nach dem gleichen Verhältnis zu tragen.
§ 739 Haftung für Fehlbetrag Reicht der Wert des Gesellschaftsvermögens zur Deckung der gemeinschaftlichen Schulden und der Einlagen nicht aus, so hat der Ausscheidende den übrigen Gesellschaftern für den Fehlbetrag nach dem Verhältnis seines Anteils am Verlust aufzukommen.	*[siehe künftig § 728a]*
[neu]	**§ 738 Anmeldung des Erlöschens** Ist die Gesellschaft im Gesellschaftsregister eingetragen, ist das Erlöschen der Gesellschaft von sämtlichen Liquidatoren zur Eintragung in das Gesellschaftsregister anzumelden, sobald die Liquidation beendigt ist.
[neu]	**§ 739 Verjährung von Ansprüchen aus der Gesellschafterhaftung** (1) Ist die Gesellschaft durch Liquidation oder auf andere Weise erloschen, verjähren Ansprüche gegen einen Gesellschafter aus Verbindlichkeiten der Gesellschaft in fünf Jahren, sofern nicht der Anspruch gegen die Gesellschaft einer kürzeren Verjährung unterliegt.

BGB Stand 15.9.2022:	***BGB ab 1.1.2024:***
	(2) Die Verjährung beginnt abweichend von § 199 Absatz 1, sobald der Gläubiger von dem Erlöschen der Gesellschaft Kenntnis erlangt hat oder das Erlöschen der Gesellschaft im Gesellschaftsregister eingetragen worden ist. (3) Beginnt die Verjährung des Anspruchs gegen die Gesellschaft neu oder wird die Verjährung des Anspruchs gegenüber der Gesellschaft nach den §§ 203, 204, 205 oder 206 gehemmt, wirkt dies auch gegenüber den Gesellschaftern, die der Gesellschaft zur Zeit des Erlöschens angehört haben.
§ 740 Beteiligung am Ergebnis schwebender Geschäfte (1) [1]Der Ausgeschiedene nimmt an dem Gewinn und dem Verlust teil, welcher sich aus den zur Zeit seines Ausscheidens schwebenden Geschäften ergibt. [2]Die übrigen Gesellschafter sind berechtigt, diese Geschäfte so zu beendigen, wie es ihnen am vorteilhaftesten erscheint. (2) Der Ausgeschiedene kann am Schluss jedes Geschäftsjahrs Rechenschaft über die inzwischen beendigten Geschäfte, Auszahlung des ihm gebührenden Betrags und Auskunft über den Stand der noch schwebenden Geschäfte verlangen.	*[siehe künftig § 728]*
	Untertitel 3. Nicht rechtsfähige Gesellschaft
[neu]	**§ 740 Fehlende Vermögensfähigkeit; anwendbare Vorschriften** (1) Eine nicht rechtsfähige Gesellschaft hat kein Vermögen. (2) Auf das Rechtsverhältnis der Gesellschafter untereinander sind die §§ 708, 709, 710, 711, 711a, 712, die §§ 714, 715, 715a, 716, 717 Absatz 1 sowie § 718 entsprechend anzuwenden.
[neu]	**§ 740a Beendigung der Gesellschaft** (1) Die nicht rechtsfähige Gesellschaft endet durch: 1. Ablauf der Zeit, für welche sie eingegangen wurde; 2. Auflösungsbeschluss; 3. Tod eines Gesellschafters; 4. Kündigung der Gesellschaft durch einen Gesellschafter; 5. Eröffnung des Insolvenzverfahrens über das Vermögen eines Gesellschafters; 6. Kündigung der Gesellschaft durch einen Privatgläubiger eines Gesellschafters. (2) Die Gesellschaft endet ferner, wenn der vereinbarte Zweck erreicht oder seine Erreichung unmöglich geworden ist. (3) Auf die Beendigung der Gesellschaft sind die §§ 725, 726, 730, 732 und 734 Absatz 1 und 2 entsprechend anzuwenden.

BGB Stand 15.9.2022:	*BGB ab 1.1.2024:*
[neu]	**§ 740b Auseinandersetzung** (1) Nach der Beendigung der nicht rechtsfähigen Gesellschaft findet die Auseinandersetzung unter den Gesellschaftern statt. (2) Auf die Auseinandersetzung sind § 736d Absatz 2, 4, 5 und 6 und § 737 entsprechend anzuwenden.
[neu]	**§ 740c Ausscheiden eines Gesellschafters** (1) Ist im Gesellschaftsvertrag vereinbart, dass abweichend von den in § 740a Absatz 1 Nummer 3 bis 6 genannten Beendigungsgründen die Gesellschaft fortbestehen soll, so tritt mangels abweichender Vereinbarung an die Stelle der Beendigung der Gesellschaft das Ausscheiden des Gesellschafters, in dessen Person der Ausscheidensgrund eintritt. (2) Auf das Ausscheiden eines Gesellschafters sind die §§ 727, 728 und 728a entsprechend anzuwenden.

Buch 3. Sachenrecht

Abschnitt 2. Allgemeine Vorschriften über Rechte an Grundstücken

§ 899a Maßgaben für die Gesellschaft bürgerlichen Rechts [1] Ist eine Gesellschaft bürgerlichen Rechts im Grundbuch eingetragen, so wird in Ansehung des eingetragenen Rechts auch vermutet, dass diejenigen Personen Gesellschafter sind, die nach § 47 Absatz 2 Satz 1 der Grundbuchordnung im Grundbuch eingetragen sind, und dass darüber hinaus keine weiteren Gesellschafter vorhanden sind. [2] Die §§ 892 bis 899 gelten bezüglich der Eintragung der Gesellschafter entsprechend.	**§ 899a**[1)] *(aufgehoben)*

[1)] Beachte hierzu Übergangsvorschrift in Art. 229 § 21 EGBGB.

2. Einführungsgesetz zum Bürgerlichen Gesetzbuche

in der Fassung der Bekanntmachung vom 21. September 1994

(BGBl. I S. 2494, ber. 1997 I S. 1061)

zuletzt geänd. durch Art. 18 G zur Durchführung der EU-Verordnungen über grenzüberschreitende Zustellungen und grenzüberschreitende Beweisaufnahmen in Zivil- oder Handelssachen sowie zur Änd. sonstiger Vorschriften v. 24.6.2022 (BGBl. I S. 959)

geänd. durch Art. 49 PersonengesellschaftsrechtsmodernisierungsG (MoPeG) v. 10.8.2021 (BGBl. I S. 3436)

EGBGB Stand 15.9.2022:	*EGBGB ab 1.1.2024:*

Fünfter Teil. Übergangsvorschriften aus Anlaß jüngerer Änderungen des Bürgerlichen Gesetzbuchs und dieses Einführungsgesetzes

Artikel 229. Weitere Überleitungsvorschriften

§ 21 Übergangsvorschrift für die Gesellschaft bürgerlichen Rechts im Grundbuchverfahren

§ 21 Übergangsvorschriften für die Gesellschaft bürgerlichen Rechts im Grundbuchverfahren und im Schiffsregisterverfahren

(1) Eintragungen in das Grundbuch, die ein Recht einer Gesellschaft bürgerlichen Rechts betreffen, sollen nicht erfolgen, solange die Gesellschaft nicht im Gesellschaftsregister eingetragen und daraufhin nach den durch das Personengesellschaftsrechtsmodernisierungsgesetz vom 10. August 2021 (BGBl. I S. 3436) geänderten Vorschriften im Grundbuch eingetragen ist.

(2) [1] Ist die Eintragung eines Gesellschafters gemäß § 47 Absatz 2 Satz 1 der Grundbuchordnung in der vor dem 1. Januar 2024 geltenden Fassung oder die Eintragung eines Gesellschafters, die vor dem Zeitpunkt des Inkrafttretens gemäß Artikel 5 Absatz 2 des Gesetzes zur Einführung des elektronischen Rechtsverkehrs und der elektronischen Akte im Grundbuchverfahren sowie zur Änderung weiterer grundbuch-, register- und kostenrechtlicher Vorschriften vom 11. August 2009 (BGBl. I 2009 S. 2713) am 18. August 2009 erfolgt ist, unrichtig geworden, findet eine Berichtigung nicht statt. [2] In diesem Fall gilt § 82 der Grundbuchordnung hinsichtlich der Eintragung der Gesellschaft nach den durch das Personengesellschaftsrechtsmodernisierungsgesetz geänderten Vorschriften im Grundbuch entsprechend.

(3) [1] Für die Eintragung der Gesellschaft in den Fällen der Absätze 1 und 2 gelten die Vorschriften des Zweiten Abschnitts der Grundbuchordnung entsprechend. [2] Es bedarf der Bewilligung der Gesellschafter, die nach § 47 Absatz 2 Satz 1 der Grundbuchordnung in der vor dem 1. Januar 2024 geltenden Fassung im Grundbuch eingetragen sind; die Zustimmung der einzutragenden Gesellschaft in den Fällen des § 22 Absatz 2 der Grundbuchordnung bleibt unberührt. [3] Dies gilt auch, wenn die Eintragung vor dem Zeitpunkt des Inkrafttretens gemäß Artikel 5 Absatz 2 des Gesetzes zur Einführung des elektronischen Rechtsverkehrs und der elektronischen Akte im Grundbuchverfahren sowie zur Änderung weiterer grundbuch-, register- und kostenrechtlicher Vorschriften vom 11. August 2009 (BGBl. I 2009 S. 2713) am 18. August 2009 erfolgt ist.

EGBGB Stand 15.9.2022:	*EGBGB ab 1.1.2024:*
	(4) [1] § 899a des Bürgerlichen Gesetzbuchs und § 47 Absatz 2 der Grundbuchordnung in der vor dem 1. Januar 2024 geltenden Fassung sind auf Eintragungen anzuwenden, wenn vor diesem Zeitpunkt die Einigung oder Bewilligung erklärt und der Antrag auf Eintragung beim Grundbuchamt gestellt wurde. [2] Wurde vor dem in Satz 1 genannten Zeitpunkt eine Vormerkung eingetragen oder die Eintragung einer Vormerkung vor diesem Zeitpunkt bewilligt und beantragt, sind § 899a des Bürgerlichen Gesetzbuchs und § 47 Absatz 2 der Grundbuchordnung in der vor diesem Zeitpunkt geltenden Fassung auch auf die Eintragung der Rechtsänderung, die Gegenstand des durch die Vormerkung gesicherten Anspruchs ist, anzuwenden. (5) § 51 der Schiffsregisterordnung in der bis einschließlich 1. Januar 2024 geltenden Fassung ist auf Eintragungen anzuwenden, wenn vor diesem Zeitpunkt die Einigung oder Bewilligung erklärt wurde und die Anmeldung zur Eintragung beim Schiffsregister erfolgte.
§ 899a des Bürgerlichen Gesetzbuchs sowie § 47 Absatz 2 Satz 2 und § 82 Satz 3 der Grundbuchordnung gelten auch, wenn die Eintragung vor dem Zeitpunkt des Inkrafttretens gemäß Artikel 5 Absatz 2 des Gesetzes zur Einführung des elektronischen Rechtsverkehrs und der elektronischen Akte im Grundbuchverfahren sowie zur Änderung weiterer grundbuch-, register- und kostenrechtlicher Vorschriften am 18. August 2009 erfolgt ist.	(4) [1] § 899a des Bürgerlichen Gesetzbuchs und § 47 Absatz 2 der Grundbuchordnung in der vor dem 1. Januar 2024 geltenden Fassung sind auf Eintragungen anzuwenden, wenn vor diesem Zeitpunkt die Einigung oder Bewilligung erklärt und der Antrag auf Eintragung beim Grundbuchamt gestellt wurde. [2] Wurde vor dem in Satz 1 genannten Zeitpunkt eine Vormerkung eingetragen oder die Eintragung einer Vormerkung vor diesem Zeitpunkt bewilligt und beantragt, sind § 899a des Bürgerlichen Gesetzbuchs und § 47 Absatz 2 der Grundbuchordnung in der vor diesem Zeitpunkt geltenden Fassung auch auf die Eintragung der Rechtsänderung, die Gegenstand des durch die Vormerkung gesicherten Anspruchs ist, anzuwenden. (5) § 51 der Schiffsregisterordnung in der bis einschließlich 1. Januar 2024 geltenden Fassung ist auf Eintragungen anzuwenden, wenn vor diesem Zeitpunkt die Einigung oder Bewilligung erklärt wurde und die Anmeldung zur Eintragung beim Schiffsregister erfolgte.
[neu]	**§ 61 Übergangsvorschrift zum Personengesellschaftsrechtsmodernisierungsgesetz** [1] Die §§ 723 bis 728 des Bürgerlichen Gesetzbuchs in der vor dem 1. Januar 2024 geltenden Fassung sind mangels anderweitiger vertraglicher Vereinbarung weiter anzuwenden, wenn ein Gesellschafter bis zum 31. Dezember 2024 die Anwendung dieser Vorschriften gegenüber der Gesellschaft schriftlich verlangt, bevor innerhalb dieser Frist ein zur Auflösung der Gesellschaft oder zum Ausscheiden eines Gesellschafters führender Grund eintritt. [2] Das Verlangen kann durch einen Gesellschafterbeschluss zurückgewiesen werden.

3. Handelsgesetzbuch

in der im BGBl. III, Gl.-Nr. 4100-1, veröffentlichten bereinigten Fassung

zuletzt geänd. durch Art. 1 G zur Ergänzung der Regelungen zur Umsetzung der DigitalisierungsRL und zur Änd. weiterer Vorschriften v. 15.7.2022 (BGBl. I S. 1146)

zuletzt geänd. durch Art. 51 PersonengesellschaftsrechtsmodernisierungsG (MoPeG) v. 10.8.2021 (BGBl. I S. 3436)

HGB Stand 15.9.2022:	*HGB ab 1.1.2024:*

Erstes Buch. Handelsstand

Zweiter Abschnitt. Handelsregister; Unternehmensregister

HGB Stand 15.9.2022:

§ 8b.[1] Unternehmensregister

(1) Das Unternehmensregister wird vorbehaltlich einer Regelung nach § 9a Abs. 1 vom Bundesministerium der Justiz und für Verbraucherschutz elektronisch geführt.

(2) Über die Internetseite des Unternehmensregisters sind zugänglich:

1. Eintragungen im Handelsregister und zum Handelsregister eingereichte Dokumente;
2. Eintragungen im Genossenschaftsregister und zum Genossenschaftsregister eingereichte Dokumente;
3. Eintragungen im Partnerschaftsregister und zum Partnerschaftsregister eingereichte Dokumente;
4. Unterlagen der Rechnungslegung und Unternehmensberichte, die nach diesem Gesetz, dem Publizitätsgesetz, dem Eisenbahnregulierungsgesetz, dem Energiewirtschaftsgesetz, dem Entgelttransparenzgesetz, dem Kapitalanlagegesetzbuch, dem Telekommunikationsgesetz, dem Vermögensanlagengesetz oder dem Wertpapierhandelsgesetz offengelegt wurden, mit Ausnahme der zur dauerhaften Hinterlegung eingestellten Unterlagen;
5. gesellschaftsrechtliche Bekanntmachungen im Bundesanzeiger;
6. im Aktionärsforum veröffentlichte Eintragungen nach § 127a des Aktiengesetzes;
7. Veröffentlichungen von Unternehmen nach dem Wertpapierhandelsgesetz oder dem Vermögensanlagengesetz im Bundesanzeiger, von Bietern, Gesellschaften, Vorständen und Aufsichtsräten nach dem Wertpapiererwerbs- und Übernahmegesetz im Bundesanzeiger sowie Veröffentlichungen nach der Börsenzulassungs-Verordnung im Bundesanzeiger;
8. Bekanntmachungen und Veröffentlichungen von Kapitalverwaltungsgesellschaften und extern verwalteten Investmentgesellschaften nach dem Kapitalanlagegesetzbuch, dem Investmentgesetz und dem Investmentsteuergesetz im Bundesanzeiger;

HGB ab 1.1.2024:

§ 8b.[2] Unternehmensregister

(1) *[unverändert]*

(2) Über die Internetseite des Unternehmensregisters sind zugänglich:

1. Eintragungen im Handelsregister und zum Handelsregister eingereichte Dokumente;
2. Eintragungen im Genossenschaftsregister und zum Genossenschaftsregister eingereichte Dokumente;

2a. Eintragungen im Gesellschaftsregister und zum Gesellschaftsregister eingereichte Dokumente;

3.–13. *[unverändert]*

---

[1] Beachte hierzu Übergangsvorschrift in Art. 75 EGHGB.

[2] Beachte hierzu Übergangsvorschriften in Art. 75 und 88 EGHGB.

HGB Stand 15.9.2022:	***HGB ab 1.1.2024:***
9. Veröffentlichungen und sonstige der Öffentlichkeit zur Verfügung gestellte Informationen nach den §§ 5, 26 Absatz 1 und 2, § 40 Absatz 1, den §§ 41, 46 Absatz 2, den §§ 50, 51 Absatz 2 und § 127 des Wertpapierhandelsgesetzes, sofern die Veröffentlichung nicht bereits über Nummer 7 in das Unternehmensregister eingestellt wird, 10. Mitteilungen über kapitalmarktrechtliche Veröffentlichungen an die Bundesanstalt für Finanzdienstleistungsaufsicht, sofern die Veröffentlichung selbst nicht bereits über Nummer 7 oder Nummer 9 in das Unternehmensregister eingestellt wird; 11. Bekanntmachungen der Insolvenzgerichte nach § 9 der Insolvenzordnung, ausgenommen Verfahren nach dem Zehnten Teil der Insolvenzordnung; 12. Registerbekanntmachungen aus dem Handels-, Genossenschafts- und Partnerschaftsregister; 13. Bekanntmachungen der Bundesanstalt für Finanzdienstleistungsaufsicht nach § 107 Absatz 1 Satz 6, § 109 Absatz 2 Satz 1 und 5, Absatz 3 Satz 2 des Wertpapierhandelsgesetzes und nach § 31 Absatz 4 des Vermögensanlagengesetzes.	
(3) [1] Zur Einstellung in das Unternehmensregister sind dem Unternehmensregister zu übermitteln: 1. die Daten nach Absatz 2 Nummer 5 bis 8 durch den Betreiber des Bundesanzeigers, 2. die Daten nach Absatz 2 Nummer 4, 9 und 10 sowie diejenigen Unterlagen, die dauerhaft hinterlegt werden sollen, durch den jeweils Offenlegungs- oder Veröffentlichungspflichtigen oder den von ihm mit der Veranlassung der Offenlegung oder Veröffentlichung beauftragten Dritten, 3. die Daten nach Absatz 2 Nummer 13 durch die Bundesanstalt für Finanzdienstleistungsaufsicht. [2] Die Landesjustizverwaltungen übermitteln die Daten nach Absatz 2 Nummer 1 bis 3, 11 und 12 zum Unternehmensregister, soweit die Übermittlung für die Eröffnung eines Zugangs zu den Originaldaten über die Internetseite des Unternehmensregisters erforderlich ist. [3] Die das Unternehmensregister führende Stelle stellt dem Betreiber des Bundesanzeigers die nach Satz 2 von den Landesjustizverwaltungen übermittelten Daten zur Verfügung, soweit dies für die Erfüllung der Aufgabe der Zuordnung von Einreichungen beim Betreiber des Bundesanzeigers nach Absatz 2 Nummer 5 bis 8 erforderlich ist. [4] Die Daten dürfen vom Betreiber des Bundesanzeigers nur für diese Zwecke verwendet werden. [5] Die Bundesanstalt für Finanzdienstleistungsaufsicht überwacht die Übermittlung der Veröffentlichungen und der sonstigen der Öffentlichkeit zur Verfügung gestellten Informationen nach den §§ 5, 26 Absatz 1 und 2, § 40 Absatz 1, den §§ 41, 46 Absatz 2, den §§ 50, 51 Absatz 2, § 114 Absatz 1 bis § 116 Absatz 2, den	(3)–(5) *[unverändert]*

HGB Stand 15.9.2022:	*HGB ab 1.1.2024:*
§§ 117, 118 Absatz 4 und § 127 des Wertpapierhandelsgesetzes an das Unternehmensregister zur Einstellung und kann Anordnungen treffen, die zu ihrer Durchsetzung geeignet und erforderlich sind. [6] Die Bundesanstalt kann die gebotene Übermittlung der in Satz 5 genannten Veröffentlichungen, der Öffentlichkeit zur Verfügung gestellten Informationen und Mitteilung auf Kosten des Pflichtigen vornehmen, wenn die Übermittlungspflicht nicht, nicht richtig, nicht vollständig oder nicht in der vorgeschriebenen Weise erfüllt wird. [7] Für die Überwachungstätigkeit der Bundesanstalt gelten § 6 Absatz 3 Satz 1 und 3, Absatz 15 und 16, die §§ 13, 18 und 21 des Wertpapierhandelsgesetzes entsprechend.	
(4) Die Führung des Unternehmensregisters schließt die Erteilung von Ausdrucken sowie die Beglaubigung entsprechend § 9 Abs. 3 und 4 hinsichtlich der im Unternehmensregister eingestellten Unterlagen der Rechnungslegung und Unternehmensberichte im Sinn des Absatzes 2 Nr. 4 ein.	
(5) Die Führung des Unternehmensregisters schließt auch den Informationsaustausch nach § 9c ein.	

3. Abschnitt. Handelsfirma

§ 30 [Unterscheidbarkeit]	**§ 30 [Unterscheidbarkeit]**
(1) Jede neue Firma muß sich von allen an demselben Ort oder in derselben Gemeinde bereits bestehenden und ***in das Handelsregister oder in das Genossenschaftsregister*** eingetragenen Firmen deutlich unterscheiden.	(1) Jede neue Firma muß sich von allen an demselben Ort oder in derselben Gemeinde bereits bestehenden und **in das Handels-, Genossenschafts-, Gesellschafts-, Partnerschafts- oder Vereinsregister** eingetragenen Firmen deutlich unterscheiden.
(2) Hat ein Kaufmann mit einem bereits eingetragenen Kaufmanne die gleichen Vornamen und den gleichen Familiennamen und will auch er sich dieser Namen als seiner Firma bedienen, so muß er der Firma einen Zusatz beifügen, durch den sie sich von der bereits eingetragenen Firma deutlich unterscheidet.	(2)–(4) *[unverändert]*
(3) Besteht an dem Orte oder in der Gemeinde, wo eine Zweigniederlassung errichtet wird, bereits eine gleiche eingetragene Firma, so muß der Firma für die Zweigniederlassung ein der Vorschrift des Absatzes 2 entsprechender Zusatz beigefügt werden.	
(4) Durch die Landesregierungen kann bestimmt werden, daß benachbarte Orte oder Gemeinden als ein Ort oder als eine Gemeinde im Sinne dieser Vorschriften anzusehen sind.	

Zweites Buch. Handelsgesellschaften und stille Gesellschaft

Erster Abschnitt. Offene Handelsgesellschaft

Erster Titel. Errichtung der Gesellschaft

§ 105 [Begriff der OHG; Anwendbarkeit des BGB]	**§ 105 Begriff der offenen Handelsgesellschaft; Anwendbarkeit des Bürgerlichen Gesetzbuchs**
(1) Eine Gesellschaft, deren Zweck auf den Betrieb eines Handelsgewerbes unter gemeinschaftli-	(1) Eine Gesellschaft, deren Zweck auf den Betrieb eines Handelsgewerbes unter gemeinschaftli-

HGB Stand 15.9.2022:	*HGB ab 1.1.2024:*
cher Firma gerichtet ist, ist eine offene Handelsgesellschaft, wenn bei keinem der Gesellschafter die Haftung gegenüber den Gesellschaftsgläubigern beschränkt ist.	cher Firma gerichtet ist, ist eine offene Handelsgesellschaft, wenn bei keinem der Gesellschafter die Haftung gegenüber den Gesellschaftsgläubigern beschränkt ist.
(2) [1]Eine Gesellschaft, deren Gewerbebetrieb nicht schon nach § 1 Abs. 2 Handelsgewerbe ist oder die nur eigenes Vermögen verwaltet, ist offene Handelsgesellschaft, wenn die Firma des Unternehmens in das Handelsregister eingetragen ist. [2]§ 2 Satz 2 und 3 gilt entsprechend.	(2) Die offene Handelsgesellschaft kann Rechte erwerben und Verbindlichkeiten eingehen.
(3) Auf die offene Handelsgesellschaft finden, soweit nicht in diesem Abschnitt ein anderes vorgeschrieben ist, die Vorschriften des Bürgerlichen Gesetzbuchs über die Gesellschaft Anwendung.	(3) Auf die offene Handelsgesellschaft finden, soweit in diesem Abschnitt nichts anderes vorgeschrieben ist, die Vorschriften des Bürgerlichen Gesetzbuchs über die Gesellschaft entsprechende Anwendung.
§ 106 [Anmeldung zum Handelsregister]	**§ 106 Anmeldung zum Handelsregister; Statuswechsel**
(1) Die Gesellschaft ist bei dem Gericht, in dessen Bezirke sie ihren Sitz hat, zur Eintragung in das Handelsregister anzumelden.	(1) Die Gesellschaft ist bei dem Gericht, in dessen Bezirk sie ihren Sitz hat, zur Eintragung in das Handelsregister anzumelden.
(2) Die Anmeldung hat zu enthalten: 1. den Namen, Vornamen, Geburtsdatum und Wohnort jedes Gesellschafters; 2. die Firma der Gesellschaft, den Ort, an dem sie ihren Sitz hat, und die inländische Geschäftsanschrift; 3. *(aufgehoben)* 4. die Vertretungsmacht der Gesellschafter.	(2) Die Anmeldung muss enthalten: 1. folgende Angaben zur Gesellschaft: a) die Firma, b) den Sitz und c) die Geschäftsanschrift in einem Mitgliedstaat der Europäischen Union; 2. folgende Angaben zu jedem Gesellschafter: a) wenn der Gesellschafter eine natürliche Person ist: dessen Namen, Vornamen, Geburtsdatum und Wohnort; b) wenn der Gesellschafter eine juristische Person oder rechtsfähige Personengesellschaft ist: deren Firma oder Namen, Rechtsform, Sitz und, soweit gesetzlich vorgesehen, zuständiges Register und Registernummer; 3. die Angabe der Vertretungsbefugnis der Gesellschafter; 4. die Versicherung, dass die Gesellschaft nicht bereits im Gesellschafts- oder im Partnerschaftsregister eingetragen ist.
	(3) Ist die Gesellschaft bereits im Gesellschafts- oder im Partnerschaftsregister eingetragen, hat die Anmeldung im Wege eines Statuswechsels dort zu erfolgen.
	(4) [1]Das Gericht soll eine Gesellschaft, die bereits im Gesellschafts- oder im Partnerschaftsregister eingetragen ist, in das Handelsregister nur eintragen, wenn 1. der Statuswechsel zu dem anderen Register nach Absatz 3 angemeldet wurde, 2. der Statuswechselvermerk in das andere Register eingetragen wurde und 3. das für die Führung des anderen Registers zuständige Gericht das Verfahren an das für die Führung des Handelsregisters zuständige Gericht abgegeben hat.

HGB Stand 15.9.2022:	*HGB ab 1.1.2024:*
	[2] § 707c Absatz 2 des Bürgerlichen Gesetzbuchs ist entsprechend anzuwenden. [3] Absatz 2 bleibt im Übrigen unberührt.
	(5) [1] Die Eintragung der Gesellschaft hat im Fall des Absatzes 4 die Angabe des für die Führung des Gesellschafts- oder des Partnerschaftsregisters zuständigen Gerichts, den Namen und die Registernummer, unter der die Gesellschaft bislang eingetragen ist, zu enthalten. [2] Das Gericht teilt dem Gericht, das das Verfahren abgegeben hat, von Amts wegen den Tag der Eintragung der Gesellschaft in das Handelsregister und die neue Registernummer mit. [3] Die Ablehnung der Eintragung teilt das Gericht von Amts wegen dem Gericht, das das Verfahren abgegeben hat, mit, sobald die Entscheidung rechtskräftig geworden ist.
§ 107 [Anzumeldende Änderungen]	
Wird die Firma einer Gesellschaft geändert, der Sitz der Gesellschaft an einen anderen Ort verlegt, die inländische Geschäftsanschrift geändert,[1)] tritt ein neuer Gesellschafter in die Gesellschaft ein oder ändert sich die Vertretungsmacht eines Gesellschafters, so ist dies ebenfalls zur Eintragung in das Handelsregister anzumelden.	(6) Wird die Firma der Gesellschaft geändert, der Sitz der Gesellschaft an einen anderen Ort verlegt, die Geschäftsanschrift geändert, scheidet ein Gesellschafter aus oder tritt ein neuer Gesellschafter ein oder ändert sich die Vertretungsbefugnis eines Gesellschafters, ist dies ebenfalls zur Eintragung in das Handelsregister anzumelden.
[siehe bisher §§ 108, 143]	(7) [1] Anmeldungen sind vorbehaltlich der Sätze 2 und 3 von sämtlichen Gesellschaftern zu bewirken. [2] Scheidet ein Gesellschafter durch Tod aus, kann die Anmeldung ohne Mitwirkung der Erben erfolgen, sofern einer solchen Mitwirkung besondere Hindernisse entgegenstehen. [3] Ändert sich nur die Geschäftsanschrift der Gesellschaft, ist die Anmeldung von der Gesellschaft zu bewirken.
	§ 107 Kleingewerbliche, vermögensverwaltende oder freiberufliche Gesellschaft; Statuswechsel
[siehe bisher § 105 Abs. 2]	(1) [1] Eine Gesellschaft, deren Gewerbebetrieb nicht schon nach § 1 Absatz 2 Handelsgewerbe ist oder die nur eigenes Vermögen verwaltet, ist offene Handelsgesellschaft, wenn die Firma des Unternehmens in das Handelsregister eingetragen ist. [2] Dies gilt auch für eine Gesellschaft, deren Zweck die gemeinsame Ausübung Freier Berufe durch ihre Gesellschafter ist, soweit das anwendbare Berufsrecht die Eintragung zulässt.
	(2) [1] Die Gesellschaft ist berechtigt, aber nicht verpflichtet, die Eintragung nach den für die Eintragung einer offenen Handelsgesellschaft geltenden Vorschriften herbeizuführen. [2] Ist die Eintragung erfolgt, ist eine Fortsetzung als Gesellschaft bürgerlichen Rechts nur im Wege eines Statuswechsels zulässig.
	(3) [1] Wird eine offene Handelsgesellschaft zur Eintragung in das Gesellschaftsregister angemeldet, trägt das Gericht ihre Fortsetzung als Gesellschaft bürgerlichen Rechts ein, sofern nicht die Voraussetzung des § 1 Absatz 2 eingetreten ist. [2] Im Übri-

[1)] Komma fehlt im BGBl. I.

HGB Stand 15.9.2022:	*HGB ab 1.1.2024:*
	gen findet § 707c Absatz 2 Satz 2 bis 5 des Bürgerlichen Gesetzbuchs entsprechende Anwendung.
§ 108 [Anmeldung durch alle Gesellschafter] [1] Die Anmeldungen sind von sämtlichen Gesellschaftern zu bewirken. [2] Das gilt nicht, wenn sich nur die inländische Geschäftsanschrift ändert.	*[siehe künftig § 106 Abs. 7]*
Zweiter Titel. Rechtsverhältnis der Gesellschafter untereinander	**Zweiter Titel. Rechtsverhältnis der Gesellschafter untereinander und der Gesellschafter zur Gesellschaft**
§ 109 [Gesellschaftsvertrag] Das Rechtsverhältnis der Gesellschafter untereinander richtet sich zunächst nach dem Gesellschaftsvertrage; die Vorschriften der §§ 110 bis 122 finden nur insoweit Anwendung, als nicht durch den Gesellschaftsvertrag ein anderes bestimmt ist.	**§ 108 Gestaltungsfreiheit** Von den Vorschriften dieses Titels kann durch den Gesellschaftsvertrag abgewichen werden, soweit im Gesetz nichts anderes bestimmt ist.
[siehe bisher § 119]	**§ 109 Beschlussfassung** (1) Die Beschlüsse der Gesellschafter werden in Versammlungen gefasst. (2) [1] Die Versammlung kann durch jeden Gesellschafter einberufen werden, der die Befugnis zur Geschäftsführung hat. [2] Die Einberufung erfolgt durch formlose Einladung der anderen Gesellschafter unter Ankündigung des Zwecks der Versammlung in angemessener Frist. (3) Gesellschafterbeschlüsse bedürfen der Zustimmung aller stimmberechtigten Gesellschafter. (4) Hat nach dem Gesellschaftsvertrag die Mehrheit der Stimmen zu entscheiden, ist die Gesellschafterversammlung beschlussfähig, wenn die anwesenden Gesellschafter oder ihre Vertreter ohne Rücksicht auf ihre Stimmberechtigung die für die Beschlussfassung erforderlichen Stimmen haben.
§ 110 [Ersatz für Aufwendungen und Verluste] (1) Macht der Gesellschafter in den Gesellschaftsangelegenheiten Aufwendungen, die er den Umständen nach für erforderlich halten darf, oder erleidet er unmittelbar durch seine Geschäftsführung oder aus Gefahren, die mit ihr untrennbar verbunden sind, Verluste, so ist ihm die Gesellschaft zum Ersatze verpflichtet. (2) Aufgewendetes Geld hat die Gesellschaft von der Zeit der Aufwendung an zu verzinsen.	–
§ 111 [Verzinsungspflicht] (1) Ein Gesellschafter, der seine Geldeinlage nicht zur rechten Zeit einzahlt oder eingenommenes Gesellschaftsgeld nicht zur rechten Zeit an die Gesellschaftskasse abliefert oder unbefugt Geld aus der Gesellschaftskasse für sich entnimmt, hat Zinsen von dem Tage an zu entrichten, an welchem die Zahlung oder die Ablieferung hätte geschehen sollen oder die Herausnahme des Geldes erfolgt ist. (2) Die Geltendmachung eines weiteren Schadens ist nicht ausgeschlossen.	*[siehe künftig § 119]*

HGB Stand 15.9.2022:	*HGB ab 1.1.2024:*

§ 112 [Wettbewerbsverbot]

[siehe künftig § 117]

(1) Ein Gesellschafter darf ohne Einwilligung der anderen Gesellschafter weder in dem Handelszweig der Gesellschaft Geschäfte machen noch an einer anderen gleichartigen Handelsgesellschaft als persönlich haftender Gesellschafter teilnehmen.

(2) Die Einwilligung zur Teilnahme an einer anderen Gesellschaft gilt als erteilt, wenn den übrigen Gesellschaftern bei Eingehung der Gesellschaft bekannt ist, daß der Gesellschafter an einer anderen Gesellschaft als persönlich haftender Gesellschafter teilnimmt, und gleichwohl die Aufgabe dieser Beteiligung nicht ausdrücklich bedungen wird.

§ 113 [Verletzung des Wettbewerbsverbots]

[siehe künftig § 118]

(1) Verletzt ein Gesellschafter die ihm nach § 112 obliegende Verpflichtung, so kann die Gesellschaft Schadensersatz fordern; sie kann statt dessen von dem Gesellschafter verlangen, daß er die für eigene Rechnung gemachten Geschäfte als für Rechnung der Gesellschaft eingegangen gelten lasse und die aus Geschäften für fremde Rechnung bezogene Vergütung herausgebe oder seinen Anspruch auf die Vergütung abtrete.

(2) Über die Geltendmachung dieser Ansprüche beschließen die übrigen Gesellschafter.

(3) Die Ansprüche verjähren in drei Monaten von dem Zeitpunkt an, in welchem die übrigen Gesellschafter von dem Abschluss des Geschäfts oder von der Teilnahme des Gesellschafters an der anderen Gesellschaft Kenntnis erlangen oder ohne grobe Fahrlässigkeit erlangen müssten; sie verjähren ohne Rücksicht auf diese Kenntnis oder grob fahrlässige Unkenntnis in fünf Jahren von ihrer Entstehung an.

(4) Das Recht der Gesellschafter, die Auflösung der Gesellschaft zu verlangen, wird durch diese Vorschriften nicht berührt.

[neu]

§ 110 Anfechtbarkeit und Nichtigkeit von Gesellschafterbeschlüssen

(1) Ein Beschluss der Gesellschafter kann wegen Verletzung von Rechtsvorschriften durch Klage auf Nichtigerklärung angefochten werden (Anfechtungsklage).

(2) [1] Ein Gesellschafterbeschluss ist von Anfang an nichtig, wenn er

1. durch seinen Inhalt Rechtsvorschriften verletzt, auf deren Einhaltung die Gesellschafter nicht verzichten können, oder
2. nach einer Anfechtungsklage durch Urteil rechtskräftig für nichtig erklärt worden ist.

[2] Die Nichtigkeit eines Beschlusses der Gesellschafter kann auch auf andere Weise als durch Klage auf Feststellung der Nichtigkeit (Nichtigkeitsklage) geltend gemacht werden.

HGB Stand 15.9.2022:	HGB ab 1.1.2024:
[neu]	**§ 111 Anfechtungsbefugnis; Rechtsschutzbedürfnis** (1) Anfechtungsbefugt ist jeder Gesellschafter, der oder dessen Rechtsvorgänger im Zeitpunkt der Beschlussfassung der Gesellschaft angehört hat. (2) Ein Verlust der Mitgliedschaft nach dem Zeitpunkt der Beschlussfassung lässt das Rechtsschutzbedürfnis des Rechtsvorgängers unberührt, wenn er ein berechtigtes Interesse an der Führung des Rechtsstreits hat.
[neu]	**§ 112 Klagefrist** (1) [1] Die Anfechtungsklage ist innerhalb von drei Monaten zu erheben. [2] Eine Vereinbarung im Gesellschaftsvertrag, welche eine kürzere Frist als einen Monat vorsieht, ist unwirksam. (2) Die Frist beginnt mit dem Tag, an dem der Beschluss dem anfechtungsbefugten Gesellschafter bekanntgegeben worden ist. (3) [1] Für die Dauer von Vergleichsverhandlungen über den Gegenstand des Beschlusses oder die ihm zugrundeliegenden Umstände zwischen dem anfechtungsbefugten Gesellschafter und der Gesellschaft wird die Klagefrist gehemmt. [2] Die für die Verjährung geltenden §§ 203 und 209 des Bürgerlichen Gesetzbuchs sind mit der Maßgabe entsprechend anzuwenden, dass die Klagefrist frühestens einen Monat nach dem Scheitern der Vergleichsverhandlungen endet.
[neu]	**§ 113 Anfechtungsklage** (1) Zuständig für die Anfechtungsklage ist ausschließlich das Landgericht, in dessen Bezirk die Gesellschaft ihren Sitz hat. (2) [1] Die Klage ist gegen die Gesellschaft zu richten. [2] Ist außer dem Kläger kein Gesellschafter zur Vertretung der Gesellschaft befugt, wird die Gesellschaft von den anderen Gesellschaftern gemeinsam vertreten. (3) [1] Die Gesellschaft hat die Gesellschafter unverzüglich über die Erhebung der Klage und die Lage des Rechtsstreits zu unterrichten. [2] Ferner hat sie das Gericht über die erfolgte Unterrichtung in Kenntnis zu setzen. [3] Das Gericht hat auf eine unverzügliche Unterrichtung der Gesellschafter hinzuwirken. (4) [1] Die mündliche Verhandlung soll nicht vor Ablauf der Klagefrist stattfinden. [2] Mehrere Anfechtungsprozesse sind zur gleichzeitigen Verhandlung und Entscheidung zu verbinden. (5) Den Streitwert bestimmt das Gericht unter Berücksichtigung aller Umstände des Einzelfalls, insbesondere der Bedeutung der Sache für die Parteien, nach billigem Ermessen. (6) Soweit der Gesellschafterbeschluss durch rechtskräftiges Urteil für nichtig erklärt worden ist, wirkt das Urteil für und gegen alle Gesellschafter, auch wenn sie nicht Partei sind.

HGB Stand 15.9.2022:	HGB ab 1.1.2024:

[neu]

§ 114 Nichtigkeitsklage

[1] Erhebt ein Gesellschafter Nichtigkeitsklage gegen die Gesellschaft, sind die §§ 111 und 113 entsprechend anzuwenden. [2] Mehrere Nichtigkeits- und Anfechtungsprozesse sind zur gemeinsamen Verhandlung und Entscheidung zu verbinden.

[neu]

§ 115 Verbindung von Anfechtungs- und Feststellungsklage

[1] Wendet sich ein Gesellschafter gegen einen Beschluss, mit dem ein Beschlussvorschlag abgelehnt wurde, kann er seinen Antrag auf Nichtigerklärung des ablehnenden Beschlusses mit dem Antrag verbinden, dass ein Beschluss festgestellt wird, der bei Annahme des Beschlussvorschlags rechtmäßig gefasst worden wäre. [2] Auf die Feststellungsklage finden die für die Anfechtungsklage geltenden Vorschriften entsprechende Anwendung.

§ 114 [Geschäftsführung]

(1) Zur Führung der Geschäfte der Gesellschaft sind alle Gesellschafter berechtigt und verpflichtet.

(2) Ist im Gesellschaftsvertrage die Geschäftsführung einem Gesellschafter oder mehreren Gesellschaftern übertragen, so sind die übrigen Gesellschafter von der Geschäftsführung ausgeschlossen.

§ 115 [Geschäftsführung durch mehrere Gesellschafter]

(1) Steht die Geschäftsführung allen oder mehreren Gesellschaftern zu, so ist jeder von ihnen allein zu handeln berechtigt; widerspricht jedoch ein anderer geschäftsführender Gesellschafter der Vornahme einer Handlung, so muß diese unterbleiben.

(2) Ist im Gesellschaftsvertrage bestimmt, daß die Gesellschafter, denen die Geschäftsführung zusteht, nur zusammen handeln können, so bedarf es für jedes Geschäft der Zustimmung aller geschäftsführenden Gesellschafter, es sei denn, daß Gefahr im Verzug ist.

§ 116 [Umfang der Geschäftsführungsbefugnis]

(1) Die Befugnis zur Geschäftsführung erstreckt sich auf alle Handlungen, die der gewöhnliche Betrieb des Handelsgewerbes der Gesellschaft mit sich bringt.

(2) Zur Vornahme von Handlungen, die darüber hinausgehen, ist ein Beschluß sämtlicher Gesellschafter erforderlich.

(3) [1] Zur Bestellung eines Prokuristen bedarf es der Zustimmung aller geschäftsführenden Gesellschafter, es sei denn, daß Gefahr im Verzug ist. [2] Der Widerruf der Prokura kann von jedem der zur Erteilung oder zur Mitwirkung bei der Erteilung befugten Gesellschafter erfolgen.

§ 116 Geschäftsführungsbefugnis

(1) Zur Führung der Geschäfte der Gesellschaft sind alle Gesellschafter berechtigt und verpflichtet.

(2) [1] Die Befugnis zur Geschäftsführung erstreckt sich auf alle Geschäfte, die der gewöhnliche Betrieb des Handelsgewerbes der Gesellschaft mit sich bringt; zur Vornahme von Geschäften, die darüber hinausgehen, ist ein Beschluss aller Gesellschafter erforderlich. [2] Zur Bestellung eines Prokuristen bedarf es der Zustimmung aller geschäftsführungsbefugten Gesellschafter, es sei denn, dass mit dem Aufschub Gefahr für die Gesellschaft oder das Gesellschaftsvermögen verbunden ist. [3] Der Widerruf der Prokura kann von jedem der zur Erteilung oder zur Mitwirkung bei der Erteilung befugten Gesellschafter erfolgen.

(3) [1] Die Geschäftsführung steht vorbehaltlich des Absatzes 4 allen Gesellschaftern in der Art zu, dass jeder von ihnen allein zu handeln berechtigt ist. [2] Das gilt im Zweifel entsprechend, wenn nach dem Gesellschaftsvertrag die Geschäftsführung mehreren Gesellschaftern zusteht. [3] Widerspricht ein geschäftsführungsbefugter Gesellschafter der Vornahme des Geschäfts, muss dieses unterbleiben.

(4) Steht nach dem Gesellschaftsvertrag die Geschäftsführung allen oder mehreren Gesellschaftern in der Art zu, dass sie nur gemeinsam zu handeln berechtigt sind, bedarf es für jedes Geschäft der Zustimmung aller geschäftsführungsbefugten Gesellschafter, es sei denn, dass mit dem Aufschub Gefahr für die Gesellschaft oder das Gesellschaftsvermögen verbunden ist.

HGB Stand 15.9.2022:	*HGB ab 1.1.2024:*
§ 117 [Entziehung der Geschäftsführungsbefugnis]	
Die Befugnis zur Geschäftsführung kann einem Gesellschafter auf Antrag der übrigen Gesellschafter durch gerichtliche Entscheidung entzogen werden, wenn ein wichtiger Grund vorliegt; ein solcher Grund ist insbesondere grobe Pflichtverletzung oder Unfähigkeit zur ordnungsmäßigen Geschäftsführung.	(5) [1] Die Befugnis zur Geschäftsführung kann einem Gesellschafter auf Antrag der anderen Gesellschafter ganz oder teilweise durch gerichtliche Entscheidung entzogen werden, wenn ein wichtiger Grund vorliegt. [2] Ein wichtiger Grund ist insbesondere eine grobe Pflichtverletzung des Gesellschafters oder die Unfähigkeit des Gesellschafters zur ordnungsgemäßen Geschäftsführung.
	(6) [1] Der Gesellschafter kann seinerseits die Geschäftsführung ganz oder teilweise kündigen, wenn ein wichtiger Grund vorliegt. [2] § 671 Absatz 2 und 3 des Bürgerlichen Gesetzbuchs ist entsprechend anzuwenden.
[siehe bisher § 112]	**§ 117 Wettbewerbsverbot**
	(1) Ein Gesellschafter darf ohne Einwilligung der anderen Gesellschafter weder in dem Handelszweig der Gesellschaft Geschäfte machen noch an einer anderen gleichartigen Gesellschaft als persönlich haftender Gesellschafter teilnehmen.
	(2) Die Einwilligung zur Teilnahme an einer anderen Gesellschaft gilt als erteilt, wenn den anderen Gesellschaftern bei Eingehung der Gesellschaft bekannt ist, dass der Gesellschafter an einer anderen Gesellschaft als persönlich haftender Gesellschafter teilnimmt, und gleichwohl die Aufgabe dieser Beteiligung nicht ausdrücklich vereinbart wird.
[siehe bisher § 113]	**§ 118 Verletzung des Wettbewerbsverbots**
	(1) [1] Verletzt ein Gesellschafter die ihm nach § 117 obliegende Verpflichtung, kann die Gesellschaft Schadensersatz fordern. [2] Sie kann stattdessen von dem Gesellschafter verlangen, dass er die für eigene Rechnung gemachten Geschäfte als für Rechnung der Gesellschaft eingegangen gelten lasse und die aus Geschäften für fremde Rechnung bezogene Vergütung herausgebe oder seinen Anspruch auf die Vergütung abtrete.
	(2) Über die Geltendmachung dieser Ansprüche beschließen die anderen Gesellschafter.
	(3) [1] Die Ansprüche nach Absatz 1 verjähren in drei Monaten von dem Zeitpunkt an, in welchem die anderen Gesellschafter von dem Abschluss des Geschäfts oder von der Teilnahme des Gesellschafters an der anderen Gesellschaft Kenntnis erlangt haben oder ohne grobe Fahrlässigkeit erlangen mussten. [2] Sie verjähren ohne Rücksicht auf diese Kenntnis oder grob fahrlässige Unkenntnis in fünf Jahren von ihrer Entstehung an.
	(4) Das Recht der anderen Gesellschafter, den betreffenden Gesellschafter auszuschließen oder die Auflösung der Gesellschaft zu verlangen, wird durch diese Vorschriften nicht berührt.

HGB Stand 15.9.2022:	*HGB ab 1.1.2024:*
§ 118 [Kontrollrecht der Gesellschafter]	–
(1) Ein Gesellschafter kann, auch wenn er von der Geschäftsführung ausgeschlossen ist, sich von den Angelegenheiten der Gesellschaft persönlich unterrichten, die Handelsbücher und die Papiere der Gesellschaft einsehen und sich aus ihnen eine Bilanz und einen Jahresabschluß anfertigen.	
(2) Eine dieses Recht ausschließende oder beschränkende Vereinbarung steht der Geltendmachung des Rechtes nicht entgegen, wenn Grund zu der Annahme unredlicher Geschäftsführung besteht.	
§ 119 [Beschlussfassung]	*[siehe künftig § 109]*
(1) Für die von den Gesellschaftern zu fassenden Beschlüsse bedarf es der Zustimmung aller zur Mitwirkung bei der Beschlußfassung berufenen Gesellschafter.	
(2) Hat nach dem Gesellschaftsvertrage die Mehrheit der Stimmen zu entscheiden, so ist die Mehrheit im Zweifel nach der Zahl der Gesellschafter zu berechnen.	
[siehe bisher § 111]	**§ 119 Verzinsungspflicht**
	(1) Schuldet die Gesellschaft nach Maßgabe von § 716 Absatz 4 Satz 2 des Bürgerlichen Gesetzbuchs dem Gesellschafter die Verzinsung von Aufwendungen und Verlusten, richtet sich deren Höhe nach § 352 Absatz 2.
	(2) [1] Ein Gesellschafter, der der Gesellschaft liquide Geldmittel dadurch vorenthält, dass er seinen vereinbarten Beitrag nicht zur rechten Zeit einzahlt oder eingenommenes Geld der Gesellschaft nicht zur rechten Zeit an die Gesellschaftskasse abliefert oder unbefugt Geld aus der Gesellschaftskasse für sich entnimmt, hat der Gesellschaft Zinsen von dem Tag an zu entrichten, an welchem die Zahlung oder die Ablieferung hätte geschehen sollen oder die Herausnahme des Geldes erfolgt ist. [2] Die Geltendmachung eines weiteren Schadens ist nicht ausgeschlossen.
§ 120 [Gewinn und Verlust]	**§ 120 Ermittlung von Gewinn- und Verlustanteilen**
(1) Am Schlusse jedes Geschäftsjahrs wird auf Grund der Bilanz der Gewinn oder der Verlust des Jahres ermittelt und für jeden Gesellschafter sein Anteil daran berechnet.	(1) [1] Die geschäftsführungsbefugten Gesellschafter sind gegenüber der Gesellschaft zur Aufstellung des Jahresabschlusses (§ 242 Absatz 3) verpflichtet. [2] Sie haben dabei für jeden Gesellschafter nach Maßgabe von § 709 Absatz 3 des Bürgerlichen Gesetzbuchs den Anteil am Gewinn oder Verlust zu ermitteln.
(2) Der einem Gesellschafter zukommende Gewinn wird dem Kapitalanteile des Gesellschafters zugeschrieben; der auf einen Gesellschafter entfallende Verlust sowie das während des Geschäftsjahrs auf den Kapitalanteil entnommene Geld wird davon abgeschrieben.	(2) Der einem Gesellschafter zukommende Gewinn wird dem Kapitalanteil des Gesellschafters zugeschrieben; der auf einen Gesellschafter entfallende Verlust wird davon abgeschrieben.
[neu]	**§ 121 Feststellung des Jahresabschlusses**
	Über die Feststellung des Jahresabschlusses entscheiden die Gesellschafter durch Beschluss.

HGB Stand 15.9.2022:	*HGB ab 1.1.2024:*
§ 121 [Verteilung von Gewinn und Verlust] (1) [1] Von dem Jahresgewinne gebührt jedem Gesellschafter zunächst ein Anteil in Höhe von vier vom Hundert seines Kapitalanteils. [2] Reicht der Jahresgewinn hierzu nicht aus, so bestimmen sich die Anteile nach einem entsprechend niedrigeren Satze. (2) [1] Bei der Berechnung des nach Absatz 1 einem Gesellschafter zukommenden Gewinnanteils werden Leistungen, die der Gesellschafter im Laufe des Geschäftsjahrs als Einlage gemacht hat, nach dem Verhältnisse der seit der Leistung abgelaufenen Zeit berücksichtigt. [2] Hat der Gesellschafter im Laufe des Geschäftsjahrs Geld aus seinem Kapitalanteil entnommen, so werden die entnommenen Beträge nach dem Verhältnisse der bis zur Entnahme abgelaufenen Zeit berücksichtigt. (3) Derjenige Teil des Jahresgewinns, welcher die nach den Absätzen 1 und 2 zu berechnenden Gewinnanteile übersteigt, sowie der Verlust eines Geschäftsjahrs wird unter die Gesellschafter nach Köpfen verteilt.	**§ 122 Gewinnauszahlung** [1] Jeder Gesellschafter hat aufgrund des festgestellten Jahresabschlusses Anspruch auf Auszahlung seines ermittelten Gewinnanteils. [2] Der Anspruch kann nicht geltend gemacht werden, soweit die Auszahlung zum offenbaren Schaden der Gesellschaft gereicht oder der Gesellschafter seinen vereinbarten Beitrag trotz Fälligkeit nicht geleistet hat.
§ 122 [Entnahmen] (1) Jeder Gesellschafter ist berechtigt, aus der Gesellschaftskasse Geld bis zum Betrage von vier vom Hundert seines für das letzte Geschäftsjahr festgestellten Kapitalanteils zu seinen Lasten zu erheben und, soweit es nicht zum offenbaren Schaden der Gesellschaft gereicht, auch die Auszahlung seines den bezeichneten Betrag übersteigenden Anteils am Gewinne des letzten Jahres zu verlangen. (2) Im übrigen ist ein Gesellschafter nicht befugt, ohne Einwilligung der anderen Gesellschafter seinen Kapitalanteil zu vermindern.	–
Dritter Titel. Rechtsverhältnis der Gesellschafter zu Dritten	**Dritter Titel. Rechtsverhältnis der Gesellschaft zu Dritten**
§ 123 [Wirksamkeit im Verhältnis zu Dritten] (1) Die Wirksamkeit der offenen Handelsgesellschaft tritt im Verhältnisse zu Dritten mit dem Zeitpunkt ein, in welchem die Gesellschaft in das Handelsregister eingetragen wird. (2) Beginnt die Gesellschaft ihre Geschäfte schon vor der Eintragung, so tritt die Wirksamkeit mit dem Zeitpunkte des Geschäftsbeginns ein, soweit nicht aus § 2 oder § 105 Abs. 2 sich ein anderes ergibt. (3) Eine Vereinbarung, daß die Gesellschaft erst mit einem späteren Zeitpunkt ihren Anfang nehmen soll, ist Dritten gegenüber unwirksam.	**§ 123 Entstehung der Gesellschaft im Verhältnis zu Dritten** (1) [1] Im Verhältnis zu Dritten entsteht die Gesellschaft, sobald sie im Handelsregister eingetragen ist. [2] Dessen ungeachtet entsteht die Gesellschaft schon dann, wenn sie mit Zustimmung sämtlicher Gesellschafter am Rechtsverkehr teilnimmt, soweit sich aus § 107 Absatz 1 nichts anderes ergibt. (2) Eine Vereinbarung, dass die Gesellschaft erst zu einem späteren Zeitpunkt entstehen soll, ist Dritten gegenüber unwirksam.
§ 124 [Rechtliche Selbständigkeit; Zwangsvollstreckung in Gesellschaftsvermögen] (1) Die offene Handelsgesellschaft kann unter ihrer Firma Rechte erwerben und Verbindlichkeiten eingehen, Eigentum und andere dingliche	*[siehe künftig § 105 Abs. 2]*

HGB Stand 15.9.2022:

Rechte an Grundstücken erwerben, vor Gericht klagen und verklagt werden.

(2) Zur Zwangsvollstreckung in das Gesellschaftsvermögen ist ein gegen die Gesellschaft gerichteter vollstreckbarer Schuldtitel erforderlich.

§ 125 [Vertretung der Gesellschaft]

(1) Zur Vertretung der Gesellschaft ist jeder Gesellschafter ermächtigt, wenn er nicht durch den Gesellschaftsvertrag von der Vertretung ausgeschlossen ist.

(2) [1] Im Gesellschaftsvertrage kann bestimmt werden, daß alle oder mehrere Gesellschafter nur in Gemeinschaft zur Vertretung der Gesellschaft ermächtigt sein sollen (Gesamtvertretung). [2] Die zur Gesamtvertretung berechtigten Gesellschafter können einzelne von ihnen zur Vornahme bestimmter Geschäfte oder bestimmter Arten von Geschäften ermächtigen. [3] Ist der Gesellschaft gegenüber eine Willenserklärung abzugeben, so genügt die Abgabe gegenüber einem der zur Mitwirkung bei der Vertretung befugten Gesellschafter.

(3) [1] Im Gesellschaftsvertrage kann bestimmt werden, daß die Gesellschafter, wenn nicht mehrere zusammen handeln, nur in Gemeinschaft mit einem Prokuristen zur Vertretung der Gesellschaft ermächtigt sein sollen. [2] Die Vorschriften des Absatzes 2 Satz 2 und 3 finden in diesem Falle entsprechende Anwendung.

§ 125a [Angaben auf Geschäftsbriefen]

(1) [1] Auf allen Geschäftsbriefen der Gesellschaft gleichviel welcher Form, die an einen bestimmten Empfänger gerichtet werden, müssen die Rechtsform und der Sitz der Gesellschaft, das Registergericht und die Nummer, unter der die Gesellschaft in das Handelsregister eingetragen ist, angegeben werden. [2] Bei einer Gesellschaft, bei der kein Gesellschafter eine natürliche Person ist, sind auf den Geschäftsbriefen der Gesellschaft ferner die Firmen der Gesellschafter anzugeben sowie für die Gesellschafter die nach § 35a des Gesetzes betreffend die

HGB ab 1.1.2024:

[siehe künftig § 129]

§ 124 Vertretung der Gesellschaft

(1) Zur Vertretung der Gesellschaft ist jeder Gesellschafter befugt, wenn er nicht durch den Gesellschaftsvertrag von der Vertretung ausgeschlossen ist.

(2) [1] Im Gesellschaftsvertrag kann vereinbart werden, dass alle oder mehrere Gesellschafter nur gemeinsam zur Vertretung der Gesellschaft befugt sein sollen. [2] Die zur Gesamtvertretung befugten Gesellschafter können einzelne von ihnen zur Vornahme bestimmter Geschäfte oder bestimmter Arten von Geschäften ermächtigen.

(3) [1] Im Gesellschaftsvertrag kann vereinbart werden, dass die Gesellschafter, sofern nicht mehrere zusammen handeln, nur gemeinsam mit einem Prokuristen zur Vertretung der Gesellschaft berechtigt sein sollen. [2] Absatz 2 Satz 2 und Absatz 6 sind in diesem Fall entsprechend anzuwenden.

(4) [1] Die Vertretungsbefugnis der Gesellschafter erstreckt sich auf alle Geschäfte der Gesellschaft einschließlich der Veräußerung und Belastung von Grundstücken sowie der Erteilung und des Widerrufs einer Prokura. [2] Eine Beschränkung des Umfangs der Vertretungsbefugnis ist Dritten gegenüber unwirksam. [3] Dies gilt insbesondere für die Beschränkung, dass sich die Vertretung nur auf bestimmte Geschäfte oder Arten von Geschäften erstreckt oder dass sie nur unter gewissen Umständen oder für eine gewisse Zeit oder an einzelnen Orten stattfinden soll. [4] Hinsichtlich der Beschränkung auf den Betrieb einer von mehreren Niederlassungen der Gesellschaft ist § 50 Absatz 3 entsprechend anzuwenden.

(5) Die Vertretungsbefugnis kann einem Gesellschafter in entsprechender Anwendung von § 116 Absatz 5 ganz oder teilweise entzogen werden, sofern im Gesellschaftsvertrag nichts anderes vereinbart ist.

(6) Ist der Gesellschaft gegenüber eine Willenserklärung abzugeben, genügt die Abgabe gegenüber einem vertretungsbefugten Gesellschafter.

§ 125 Angaben auf Geschäftsbriefen

(1) [1] Auf allen Geschäftsbriefen der Gesellschaft, gleichviel welcher Form, die an einen bestimmten Empfänger gerichtet werden, müssen die Firma und der Sitz der Gesellschaft, das Registergericht und die Nummer, unter der die Gesellschaft in das Handelsregister eingetragen ist, angegeben werden. [2] Bei einer Gesellschaft, bei der kein Gesellschafter eine natürliche Person ist, sind auf den Geschäftsbriefen der Gesellschaft ferner die Firmen oder Namen der Gesellschafter anzugeben sowie für die Gesellschafter die nach § 35a des Gesetzes betref-

HGB Stand 15.9.2022:	***HGB ab 1.1.2024:***
Gesellschaften mit beschränkter Haftung oder § 80 des Aktiengesetzes für Geschäftsbriefe vorgeschriebenen Angaben zu machen. [3]Die Angaben nach Satz 2 sind nicht erforderlich, wenn zu den Gesellschaftern der Gesellschaft eine offene Handelsgesellschaft oder Kommanditgesellschaft gehört, bei der ein persönlich haftender Gesellschafter eine natürliche Person ist. (2) Für Vordrucke und Bestellscheine ist § 37a Abs. 2 und 3, für Zwangsgelder gegen die zur Vertretung der Gesellschaft ermächtigten Gesellschafter oder deren organschaftliche Vertreter und die Liquidatoren ist § 37a Abs. 4 entsprechend anzuwenden.	fend die Gesellschaften mit beschränkter Haftung oder § 80 des Aktiengesetzes für Geschäftsbriefe vorgeschriebenen Angaben zu machen. [3]Die Angaben nach Satz 2 sind nicht erforderlich, wenn zu den Gesellschaftern der Gesellschaft eine rechtsfähige Personengesellschaft gehört, bei der mindestens ein persönlich haftender Gesellschafter eine natürliche Person ist. (2) [1]Für Vordrucke und Bestellscheine ist § 37a Absatz 2 und 3 entsprechend anzuwenden. [2]Für Zwangsgelder gegen die zur Vertretung der Gesellschaft befugten Gesellschafter oder deren organschaftliche Vertreter und die Liquidatoren ist § 37a Absatz 4 entsprechend anzuwenden.
§ 126 [Umfang der Vertretungsmacht] (1) Die Vertretungsmacht der Gesellschafter erstreckt sich auf alle gerichtlichen und außergerichtlichen Geschäfte und Rechtshandlungen einschließlich der Veräußerung und Belastung von Grundstücken sowie der Erteilung und des Widerrufs einer Prokura. (2) Eine Beschränkung des Umfanges der Vertretungsmacht ist Dritten gegenüber unwirksam; dies gilt insbesondere von der Beschränkung, daß sich die Vertretung nur auf gewisse Geschäfte oder Arten von Geschäften erstrecken oder daß sie nur unter gewissen Umständen oder für eine gewisse Zeit oder an einzelnen Orten stattfinden soll. (3) In betreff der Beschränkung auf den Betrieb einer von mehreren Niederlassungen der Gesellschaft finden die Vorschriften des § 50 Abs. 3 entsprechende Anwendung.	–
§ 127 [Entziehung der Vertretungsmacht] Die Vertretungsmacht kann einem Gesellschafter auf Antrag der übrigen Gesellschafter durch gerichtliche Entscheidung entzogen werden, wenn ein wichtiger Grund vorliegt; ein solcher Grund ist insbesondere grobe Pflichtverletzung oder Unfähigkeit zur ordnungsgemäßen Vertretung der Gesellschaft.	*[siehe künftig § 124 Abs. 5]*
§ 128 [Persönliche Haftung der Gesellschafter] [1]Die Gesellschafter haften für die Verbindlichkeiten der Gesellschaft den Gläubigern als Gesamtschuldner persönlich. [2]Eine entgegenstehende Vereinbarung ist Dritten gegenüber unwirksam.	**§ 126 Persönliche Haftung der Gesellschafter** [1]Die Gesellschafter haften für die Verbindlichkeiten der Gesellschaft den Gläubigern als Gesamtschuldner persönlich. [2]Eine entgegenstehende Vereinbarung ist Dritten gegenüber unwirksam.
[siehe bisher § 130]	**§ 127 Haftung des eintretenden Gesellschafters** [1]Wer in eine bestehende Gesellschaft eintritt, haftet gleich den anderen Gesellschaftern nach Maßgabe der §§ 126 und 128 für die vor seinem Eintritt begründeten Verbindlichkeiten der Gesellschaft. [2]Eine entgegenstehende Vereinbarung ist Dritten gegenüber unwirksam.

HGB Stand 15.9.2022:

§ 129 [Einwendungen des Gesellschafters]

(1) Wird ein Gesellschafter wegen einer Verbindlichkeit der Gesellschaft in Anspruch genommen, so kann er Einwendungen, die nicht in seiner Person begründet sind, nur insoweit geltend machen, als sie von der Gesellschaft erhoben werden können.

(2) Der Gesellschafter kann die Befriedigung des Gläubigers verweigern, solange der Gesellschaft das Recht zusteht, das ihrer Verbindlichkeit zugrunde liegende Rechtsgeschäft anzufechten.

(3) Die gleiche Befugnis hat der Gesellschafter, solange sich der Gläubiger durch Aufrechnung gegen eine fällige Forderung der Gesellschaft befriedigen kann.

(4) Aus einem gegen die Gesellschaft gerichteten vollstreckbaren Schuldtitel findet die Zwangsvollstreckung gegen die Gesellschafter nicht statt.

§ 129a *(aufgehoben)*

[siehe bisher § 124 Abs. 2 und § 129 Abs. 4]

§ 130 [Haftung des eintretenden Gesellschafters]

(1) Wer in eine bestehende Gesellschaft eintritt, haftet gleich den anderen Gesellschaftern nach Maßgabe der §§ 128 und 129 für die vor seinem Eintritte begründeten Verbindlichkeiten der Gesellschaft, ohne Unterschied, ob die Firma eine Änderung erleidet oder nicht.

(2) Eine entgegenstehende Vereinbarung ist Dritten gegenüber unwirksam.

§§ 130a, 130b *(aufgehoben)*

Vierter Titel. Auflösung der Gesellschaft und Ausscheiden von Gesellschaftern

[siehe bisher § 131 Abs. 3]

HGB ab 1.1.2024:

§ 128 Einwendungen und Einreden des Gesellschafters

(1) Wird ein Gesellschafter wegen einer Verbindlichkeit der Gesellschaft in Anspruch genommen, kann er Einwendungen und Einreden, die nicht in seiner Person begründet sind, insoweit geltend machen, als sie von der Gesellschaft erhoben werden können.

(2) Der Gesellschafter kann die Befriedigung des Gläubigers verweigern, solange der Gesellschaft in Ansehung der Verbindlichkeit das Recht zur Anfechtung oder Aufrechnung oder ein anderes Gestaltungsrecht, dessen Ausübung die Gesellschaft ihrerseits zur Leistungsverweigerung berechtigen würde, zusteht.

–

§ 129 Zwangsvollstreckung gegen die Gesellschaft oder gegen ihre Gesellschafter

(1) Zur Zwangsvollstreckung in das Vermögen der Gesellschaft ist ein gegen die Gesellschaft gerichteter Vollstreckungstitel erforderlich.

(2) Aus einem gegen die Gesellschaft gerichteten Vollstreckungstitel findet die Zwangsvollstreckung gegen die Gesellschafter nicht statt.

[siehe künftig § 127]

–

**Vierter Titel.
Ausscheiden eines Gesellschafters**

§ 130 Gründe für das Ausscheiden; Zeitpunkt des Ausscheidens

(1) Folgende Gründe führen zum Ausscheiden eines Gesellschafters aus der Gesellschaft, sofern der Gesellschaftsvertrag für diese Fälle nicht die Auflösung der Gesellschaft vorsieht:
1. Tod des Gesellschafters;
2. Kündigung der Mitgliedschaft durch den Gesellschafter;
3. Eröffnung des Insolvenzverfahrens über das Vermögen des Gesellschafters;
4. Kündigung der Mitgliedschaft durch einen Privatgläubiger des Gesellschafters;

HGB Stand 15.9.2022:	*HGB ab 1.1.2024:*
	5. gerichtliche Entscheidung über Ausschließungsklage. (2) Im Gesellschaftsvertrag können weitere Gründe für das Ausscheiden eines Gesellschafters vereinbart werden. (3) Der Gesellschafter scheidet mit Eintritt des ihn betreffenden Ausscheidensgrundes aus, im Fall der Kündigung der Mitgliedschaft aber nicht vor Ablauf der Kündigungsfrist und im Fall der gerichtlichen Entscheidung über die Ausschließungsklage nicht vor Rechtskraft des stattgebenden Urteils.
[siehe bisher § 139]	**§ 131 Fortsetzung mit dem Erben; Ausscheiden des Erben** (1) Geht der Anteil eines verstorbenen Gesellschafters auf dessen Erben über, so kann jeder Erbe gegenüber den anderen Gesellschaftern antragen, dass ihm die Stellung eines Kommanditisten eingeräumt und der auf ihn entfallende Anteil des Erblassers als seine Kommanditeinlage anerkannt wird. (2) Nehmen die anderen Gesellschafter einen Antrag nach Absatz 1 nicht an, ist der Erbe befugt, seine Mitgliedschaft in der Gesellschaft ohne Einhaltung einer Kündigungsfrist zu kündigen. (3) [1] Die Rechte nach den Absätzen 1 bis 2 können von dem Erben nur innerhalb von drei Monaten nach dem Zeitpunkt, zu dem er von dem Anfall der Erbschaft Kenntnis erlangt hat, geltend gemacht werden. [2] Auf den Lauf der Frist ist § 210 des Bürgerlichen Gesetzbuchs entsprechend anzuwenden. [3] Ist bei Ablauf der drei Monate das Recht zur Ausschlagung der Erbschaft noch nicht verloren, endet die Frist nicht vor dem Ablauf der Ausschlagungsfrist. (4) Scheidet innerhalb der Frist des Absatzes 3 der Erbe aus der Gesellschaft aus oder wird innerhalb der Frist die Gesellschaft aufgelöst oder dem Erben die Stellung eines Kommanditisten eingeräumt, so haftet er für die bis dahin entstandenen Gesellschaftsverbindlichkeiten nur nach Maßgabe der Vorschriften des bürgerlichen Rechts, welche die Haftung des Erben für die Nachlassverbindlichkeiten betreffen. (5) [1] Der Gesellschaftsvertrag kann die Anwendung der Vorschriften der Absätze 1 bis 4 nicht ausschließen. [2] Jedoch kann für den Fall, dass der Erbe sein Verbleiben in der Gesellschaft von der Einräumung der Stellung eines Kommanditisten abhängig macht, sein Gewinnanteil anders als der des Erblassers bestimmt werden.
[siehe bisher § 132]	**§ 132 Kündigung der Mitgliedschaft durch den Gesellschafter** (1) Ist das Gesellschaftsverhältnis auf unbestimmte Zeit eingegangen, kann ein Gesellschafter seine Mitgliedschaft unter Einhaltung einer Frist von sechs Monaten zum Ablauf des Geschäftsjahres gegenüber der Gesellschaft kündigen.

HGB Stand 15.9.2022:	*HGB ab 1.1.2024:*
	(2) [1] Ist für das Gesellschaftsverhältnis eine Zeitdauer vereinbart, ist die Kündigung der Mitgliedschaft durch einen Gesellschafter vor dem Ablauf dieser Zeit zulässig, wenn ein wichtiger Grund vorliegt. [2] Ein wichtiger Grund liegt insbesondere vor, wenn ein anderer Gesellschafter eine ihm nach dem Gesellschaftsvertrag obliegende wesentliche Verpflichtung vorsätzlich oder grob fahrlässig verletzt hat oder wenn die Erfüllung einer solchen Verpflichtung unmöglich wird.
	(3) Liegt ein wichtiger Grund im Sinne von Absatz 2 Satz 2 vor, so ist eine Kündigung der Mitgliedschaft durch einen Gesellschafter stets ohne Einhaltung einer Kündigungsfrist zulässig.
	(4) [1] Ein Gesellschafter kann seine Mitgliedschaft auch kündigen, wenn er volljährig geworden ist. [2] Das Kündigungsrecht besteht nicht, wenn der Gesellschafter bezüglich des Gegenstands der Gesellschaft zum selbständigen Betrieb eines Erwerbsgeschäfts gemäß § 112 des Bürgerlichen Gesetzbuchs ermächtigt war oder der Zweck der Gesellschaft allein der Befriedigung seiner persönlichen Bedürfnisse diente. [3] Der volljährig Gewordene kann die Kündigung nur binnen drei Monaten von dem Zeitpunkt an erklären, in welchem er von seiner Gesellschafterstellung Kenntnis hatte oder haben musste.
	(5) [1] Die Kündigung darf nicht zur Unzeit geschehen, es sei denn, dass ein wichtiger Grund für die unzeitige Kündigung vorliegt. [2] Kündigt ein Gesellschafter seine Mitgliedschaft dennoch ohne einen solchen Grund zur Unzeit, hat er der Gesellschaft den daraus entstehenden Schaden zu ersetzen.
	(6) Eine Vereinbarung im Gesellschaftsvertrag, welche das Kündigungsrecht nach den Absätzen 2 und 4 ausschließt oder diesen Vorschriften zuwider beschränkt, ist unwirksam.
[siehe bisher § 135]	**§ 133 Kündigung der Mitgliedschaft durch einen Privatgläubiger des Gesellschafters**
	Hat ein Privatgläubiger eines Gesellschafters, nachdem innerhalb der letzten sechs Monate eine Zwangsvollstreckung in das bewegliche Vermögen des Gesellschafters ohne Erfolg versucht wurde, aufgrund eines nicht bloß vorläufig vollstreckbaren Schuldtitels die Pfändung des Anteils des Gesellschafters an der Gesellschaft erwirkt, kann er dessen Mitgliedschaft gegenüber der Gesellschaft unter Einhaltung einer Frist von sechs Monaten zum Ablauf des Geschäftsjahrs kündigen.
[siehe bisher § 140 Abs. 1]	**§ 134 Gerichtliche Entscheidung über Ausschließungsklage**
	[1] Tritt in der Person eines Gesellschafters ein wichtiger Grund ein, kann auf Antrag der anderen Gesellschafter seine Ausschließung aus der Gesellschaft durch gerichtliche Entscheidung ausgesprochen werden, sofern im Gesellschaftsvertrag nichts anderes vereinbart ist. [2] Ein wichtiger Grund liegt

HGB Stand 15.9.2022:	*HGB ab 1.1.2024:*
	insbesondere vor, wenn der Gesellschafter eine ihm nach dem Gesellschaftsvertrag obliegende wesentliche Verpflichtung vorsätzlich oder grob fahrlässig verletzt hat oder wenn ihm die Erfüllung einer solchen Verpflichtung unmöglich wird. [3] Der Klage steht nicht entgegen, dass nach der Ausschließung nur ein Gesellschafter verbleibt.
[neu]	**§ 135 Ansprüche des ausgeschiedenen Gesellschafters** (1) [1] Sofern im Gesellschaftsvertrag nichts anderes vereinbart ist, ist die Gesellschaft verpflichtet, den ausgeschiedenen Gesellschafter von der Haftung für die Verbindlichkeiten der Gesellschaft zu befreien und ihm eine dem Wert seines Anteils angemessene Abfindung zu zahlen. [2] Sind Verbindlichkeiten der Gesellschaft noch nicht fällig, kann die Gesellschaft dem Ausgeschiedenen Sicherheit leisten, statt ihn von der Haftung nach § 126 zu befreien. (2) Im Fall des § 134 ist für die Ermittlung des Abfindungsanspruchs die Vermögenslage der Gesellschaft in dem Zeitpunkt maßgebend, in welchem die auf Ausschließungsklage erhoben ist. (3) Der Wert des Gesellschaftsanteils ist, soweit erforderlich, im Wege der Schätzung zu ermitteln.
[neu]	**§ 136 Haftung des ausgeschiedenen Gesellschafters für Fehlbetrag** Reicht der Wert des Gesellschaftsvermögens zur Deckung der Verbindlichkeiten der Gesellschaft nicht aus, hat der ausgeschiedene Gesellschafter der Gesellschaft für den Fehlbetrag nach dem Verhältnis seines Anteils am Gewinn und Verlust aufzukommen.
[siehe bisher § 160]	**§ 137 Nachhaftung des ausgeschiedenen Gesellschafters** (1) [1] Scheidet ein Gesellschafter aus der Gesellschaft aus, so haftet er für deren bis dahin begründete Verbindlichkeiten, wenn sie vor Ablauf von fünf Jahren nach seinem Ausscheiden fällig sind und 1. daraus Ansprüche gegen ihn in einer in § 197 Absatz 1 Nummer 3 bis 5 des Bürgerlichen Gesetzbuchs bezeichneten Art festgestellt sind oder 2. eine gerichtliche oder behördliche Vollstreckungshandlung vorgenommen oder beantragt wird; bei öffentlich-rechtlichen Verbindlichkeiten genügt der Erlass eines Verwaltungsakts. [2] Ist die Verbindlichkeit auf Schadensersatz gerichtet, haftet der ausgeschiedene Gesellschafter nach Satz 1 nur, wenn auch die zum Schadensersatz führende Verletzung vertraglicher oder gesetzlicher Pflichten vor dem Ausscheiden des Gesellschafters eingetreten ist. [3] Die Frist beginnt, sobald der Gläubiger von dem Ausscheiden des Gesellschafters Kenntnis erlangt hat oder das Ausscheiden des Gesellschafters im Handelsregister eingetragen

HGB Stand 15.9.2022:

§ 131 [Auflösungsgründe]

(1) Die offene Handelsgesellschaft wird aufgelöst:
1. durch den Ablauf der Zeit, für welche sie eingegangen ist;
2. durch Beschluß der Gesellschafter;
3. durch die Eröffnung des Insolvenzverfahrens über das Vermögen der Gesellschaft;
4. durch gerichtliche Entscheidung.

(2) [1] Eine offene Handelsgesellschaft, bei der kein persönlich haftender Gesellschafter eine natürliche Person ist, wird ferner aufgelöst:
1. mit der Rechtskraft des Beschlusses, durch den die Eröffnung des Insolvenzverfahrens mangels Masse abgelehnt worden ist;
2. durch die Löschung wegen Vermögenslosigkeit nach § 394 des Gesetzes über das Verfahren in Familiensachen und in den Angelegenheiten der freiwilligen Gerichtsbarkeit.

[2] Dies gilt nicht, wenn zu den persönlich haftenden Gesellschaftern eine andere offene Handelsgesellschaft oder Kommanditgesellschaft gehört, bei der ein persönlich haftender Gesellschafter eine natürliche Person ist.

(3) [1] Folgende Gründe führen mangels abweichender vertraglicher Bestimmung zum Ausscheiden eines Gesellschafters:
1. Tod des Gesellschafters,
2. Eröffnung des Insolvenzverfahrens über das Vermögen des Gesellschafters,
3. Kündigung des Gesellschafters,
4. Kündigung durch den Privatgläubiger des Gesellschafters,
5. Eintritt von weiteren im Gesellschaftsvertrag vorgesehenen Fällen,
6. Beschluß der Gesellschafter.

HGB ab 1.1.2024:

worden ist. [4] Die §§ 204, 206, 210, 211 und 212 Absatz 2 und 3 des Bürgerlichen Gesetzbuchs sind entsprechend anzuwenden.

(2) Einer Feststellung in einer in § 197 Absatz 1 Nummer 3 bis 5 des Bürgerlichen Gesetzbuchs bezeichneten Art bedarf es nicht, soweit der Gesellschafter den Anspruch schriftlich anerkannt hat.

(3) [1] Wird ein Gesellschafter Kommanditist, sind für die Begrenzung seiner Haftung für die im Zeitpunkt der Eintragung der Änderung in das Handelsregister begründeten Verbindlichkeiten die Absätze 1 und 2 entsprechend anzuwenden. [2] Dies gilt auch, wenn er in der Gesellschaft oder einem ihr als Gesellschafter angehörenden Unternehmen geschäftsführend tätig wird. [3] Seine Haftung als Kommanditist bleibt unberührt.

Fünfter Titel. Auflösung der Gesellschaft

§ 138 Auflösungsgründe

(1) Die Gesellschaft wird aufgelöst durch:
1. Ablauf der Zeit, für welche sie eingegangen wurde;
2. Eröffnung des Insolvenzverfahrens über das Vermögen der Gesellschaft;
3. gerichtliche Entscheidung über den Antrag auf Auflösung;
4. Auflösungsbeschluss.

(2) [1] Eine Gesellschaft, bei der kein persönlich haftender Gesellschafter eine natürliche Person ist, wird ferner aufgelöst:
1. mit der Rechtskraft des Beschlusses, durch den die Eröffnung des Insolvenzverfahrens mangels Masse abgelehnt worden ist;
2. durch die Löschung wegen Vermögenslosigkeit nach § 394 des Gesetzes über das Verfahren in Familiensachen und in den Angelegenheiten der freiwilligen Gerichtsbarkeit.

[2] Dies gilt nicht, wenn zu den persönlich haftenden Gesellschaftern eine andere rechtsfähige Personengesellschaft gehört, bei der mindestens ein persönlich haftender Gesellschafter eine natürliche Person ist.

(3) Im Gesellschaftsvertrag können weitere Auflösungsgründe vereinbart werden.

HGB Stand 15.9.2022:	*HGB ab 1.1.2024:*
[2]Der Gesellschafter scheidet mit dem Eintritt des ihn betreffenden Ereignisses aus, im Falle der Kündigung aber nicht vor Ablauf der Kündigungsfrist.	
§ 132 [Kündigung eines Gesellschafters] Die Kündigung eines Gesellschafters kann, wenn die Gesellschaft für unbestimmte Zeit eingegangen ist, nur für den Schluß eines Geschäftsjahrs erfolgen; sie muß mindestens sechs Monate vor diesem Zeitpunkte stattfinden.	*[siehe künftig § 132]*
§ 133 [Auflösung durch gerichtliche Entscheidung] (1) Auf Antrag eines Gesellschafters kann die Auflösung der Gesellschaft vor dem Ablaufe der für ihre Dauer bestimmten Zeit oder bei einer für unbestimmte Zeit eingegangenen Gesellschaft ohne Kündigung durch gerichtliche Entscheidung ausgesprochen werden, wenn ein wichtiger Grund vorliegt. (2) Ein solcher Grund ist insbesondere vorhanden, wenn ein anderer Gesellschafter eine ihm nach dem Gesellschaftsvertrag obliegende wesentliche Verpflichtung vorsätzlich oder aus grober Fahrlässigkeit verletzt oder wenn die Erfüllung einer solchen Verpflichtung unmöglich wird. (3) Eine Vereinbarung, durch welche das Recht des Gesellschafters, die Auflösung der Gesellschaft zu verlangen, ausgeschlossen oder diesen Vorschriften zuwider beschränkt wird, ist nichtig.	**§ 139 Auflösung durch gerichtliche Entscheidung** (1) [1]Auf Antrag eines Gesellschafters kann aus wichtigem Grund die Auflösung der Gesellschaft durch gerichtliche Entscheidung ausgesprochen werden, wenn ihm die Fortsetzung der Gesellschaft nicht zuzumuten ist. [2]Ein wichtiger Grund liegt insbesondere vor, wenn ein anderer Gesellschafter eine ihm nach dem Gesellschaftsvertrag obliegende wesentliche Verpflichtung vorsätzlich oder grob fahrlässig verletzt hat oder wenn die Erfüllung einer solchen Verpflichtung unmöglich wird. (2) Eine Vereinbarung im Gesellschaftsvertrag, welche das Recht des Gesellschafters, die Auflösung der Gesellschaft aus wichtigem Grund zu verlangen, ausschließt oder Absatz 1 zuwider beschränkt, ist unwirksam.
§ 134 [Gesellschaft auf Lebenszeit; fortgesetzte Gesellschaft] Eine Gesellschaft, die für die Lebenszeit eines Gesellschafters eingegangen ist oder nach dem Ablaufe der für ihre Dauer bestimmten Zeit stillschweigend fortgesetzt wird, steht im Sinne der Vorschriften der §§ 132 und 133 einer für unbestimmte Zeit eingegangenen Gesellschaft gleich.	–
§ 135 [Kündigung durch den Privatgläubiger] Hat ein Privatgläubiger eines Gesellschafters, nachdem innerhalb der letzten sechs Monate eine Zwangsvollstreckung in das bewegliche Vermögen des Gesellschafters ohne Erfolg versucht ist, auf Grund eines nicht bloß vorläufig vollstreckbaren Schuldtitels die Pfändung und Überweisung des Anspruchs auf dasjenige erwirkt, was dem Gesellschafter bei der Auseinandersetzung zukommt, so kann er die Gesellschaft ohne Rücksicht darauf, ob sie für bestimmte oder unbestimmte Zeit eingegangen ist, sechs Monate vor dem Ende des Geschäftsjahrs für diesen Zeitpunkt kündigen.	*[siehe künftig § 133]*
§§ 136–138 *(aufgehoben)*	–
§ 139 [Fortsetzung mit den Erben] (1) Ist im Gesellschaftsvertrage bestimmt, daß im Falle des Todes eines Gesellschafters die Gesellschaft mit dessen Erben fortgesetzt werden soll, so kann jeder Erbe sein Verbleiben in der Gesellschaft	*[siehe künftig § 131]*

HGB Stand 15.9.2022:	*HGB ab 1.1.2024:*
davon abhängig machen, daß ihm unter Belassung des bisherigen Gewinnanteils die Stellung eines Kommanditisten eingeräumt und der auf ihn fallende Teil der Einlage des Erblassers als seine Kommanditeinlage anerkannt wird.	
(2) Nehmen die übrigen Gesellschafter einen dahingehenden Antrag des Erben nicht an, so ist dieser befugt, ohne Einhaltung einer Kündigungsfrist sein Ausscheiden aus der Gesellschaft zu erklären.	
(3) [1] Die bezeichneten Rechte können von dem Erben nur innerhalb einer Frist von drei Monaten nach dem Zeitpunkt, in welchem er von dem Anfalle der Erbschaft Kenntnis erlangt hat, geltend gemacht werden. [2] Auf den Lauf der Frist finden die für die Verjährung geltenden Vorschriften des § 210 des Bürgerlichen Gesetzbuchs entsprechende Anwendung. [3] Ist bei dem Ablaufe der drei Monate das Recht zur Ausschlagung der Erbschaft noch nicht verloren, so endigt die Frist nicht vor dem Ablaufe der Ausschlagungsfrist.	
(4) Scheidet innerhalb der Frist des Absatzes 3 der Erbe aus der Gesellschaft aus oder wird innerhalb der Frist die Gesellschaft aufgelöst oder dem Erben die Stellung eines Kommanditisten eingeräumt, so haftet er für die bis dahin entstandenen Gesellschaftsschulden nur nach Maßgabe der die Haftung des Erben für die Nachlaßverbindlichkeiten betreffenden Vorschriften des bürgerlichen Rechtes.	
(5) Der Gesellschaftsvertrag kann die Anwendung der Vorschriften der Absätze 1 bis 4 nicht ausschließen; es kann jedoch für den Fall, daß der Erbe sein Verbleiben in der Gesellschaft von der Einräumung der Stellung eines Kommanditisten abhängig macht, sein Gewinnanteil anders als der des Erblassers bestimmt werden.	
§ 140 [Ausschließung eines Gesellschafters]	*[siehe künftig § 134]*
(1) [1] Tritt in der Person eines Gesellschafters ein Umstand ein, der nach § 133 für die übrigen Gesellschafter das Recht begründet, die Auflösung der Gesellschaft zu verlangen, so kann vom Gericht anstatt der Auflösung die Ausschließung dieses Gesellschafters aus der Gesellschaft ausgesprochen werden, sofern die übrigen Gesellschafter dies beantragen. [2] Der Ausschließungsklage steht nicht entgegen, daß nach der Ausschließung nur ein Gesellschafter verbleibt.	
(2) Für die Auseinandersetzung zwischen der Gesellschaft und dem ausgeschlossenen Gesellschafter ist die Vermögenslage der Gesellschaft in dem Zeitpunkte maßgebend, in welchem die Klage auf Ausschließung erhoben ist.	
§§ 141, 142 *(aufgehoben)*	–
[neu]	**§ 140 Auflösungsbeschluss**
	Hat nach dem Gesellschaftsvertrag die Mehrheit der Stimmen zu entscheiden, muss ein Beschluss, der die Auflösung der Gesellschaft zum Gegen-

HGB Stand 15.9.2022:

§ 143 [Anmeldung von Auflösung und Ausscheiden]

(1) [1]Die Auflösung der Gesellschaft ist von sämtlichen Gesellschaftern zur Eintragung in das Handelsregister anzumelden. [2]Dies gilt nicht in den Fällen der Eröffnung oder der Ablehnung der Eröffnung des Insolvenzverfahrens über das Vermögen der Gesellschaft (§ 131 Abs. 1 Nr. 3 und Abs. 2 Nr. 1). [3]In diesen Fällen hat das Gericht die Auflösung und ihren Grund von Amts wegen einzutragen. [4]Im Falle der Löschung der Gesellschaft (§ 131 Abs. 2 Nr. 2) entfällt die Eintragung der Auflösung.

(2) Absatz 1 Satz 1 gilt entsprechend für das Ausscheiden eines Gesellschafters aus der Gesellschaft.

(3) Ist anzunehmen, daß der Tod eines Gesellschafters die Auflösung oder das Ausscheiden zur Folge gehabt hat, so kann, auch ohne daß die Erben bei der Anmeldung mitwirken, die Eintragung erfolgen, soweit einer solchen Mitwirkung besondere Hindernisse entgegenstehen.

§ 144 [Fortsetzung nach Insolvenz der Gesellschaft]

(1) Ist die Gesellschaft durch die Eröffnung des Insolvenzverfahrens über ihr Vermögen aufgelöst, das Verfahren aber auf Antrag des Schuldners eingestellt oder nach der Bestätigung eines Insolvenzplans, der den Fortbestand der Gesellschaft vorsieht, aufgehoben, so können die Gesellschafter die Fortsetzung der Gesellschaft beschließen.

(2) Die Fortsetzung ist von sämtlichen Gesellschaftern zur Eintragung in das Handelsregister anzumelden.

Fünfter Titel. Liquidation der Gesellschaft

§ 145 [Notwendigkeit der Liquidation]

(1) Nach der Auflösung der Gesellschaft findet die Liquidation statt, sofern nicht eine andere Art der Auseinandersetzung von den Gesellschaftern vereinbart oder über das Vermögen der Gesellschaft das Insolvenzverfahren eröffnet ist.

(2) Ist die Gesellschaft durch Kündigung des Gläubigers eines Gesellschafters oder durch die Eröffnung des Insolvenzverfahrens über das Vermögen eines Gesellschafters aufgelöst, so kann die Liquidation nur mit Zustimmung des Gläubigers oder des Insolvenzverwalters unterbleiben; ist im Insolvenzverfahren Eigenverwaltung angeordnet, so tritt an die Stelle der Zustimmung des Insolvenzverwalters die Zustimmung des Schuldners.

HGB ab 1.1.2024:

stand hat, mit einer Mehrheit von mindestens drei Viertel der abgegebenen Stimmen gefasst werden.

§ 141 Anmeldung der Auflösung

(1) [1]Die Auflösung der Gesellschaft ist von sämtlichen Gesellschaftern zur Eintragung in das Handelsregister anzumelden. [2]Dies gilt nicht in den Fällen der Eröffnung oder Ablehnung der Eröffnung des Insolvenzverfahrens über das Vermögen der Gesellschaft (§ 138 Absatz 1 Nummer 2 und § 138 Absatz 2 Satz 1 Nummer 1); dann hat das Gericht die Auflösung und ihren Grund von Amts wegen einzutragen. [3]Im Fall der Löschung der Gesellschaft (§ 138 Absatz 2 Satz 1 Nummer 2) entfällt die Eintragung der Auflösung.

(2) Ist aufgrund einer Vereinbarung im Gesellschaftsvertrag die Gesellschaft durch den Tod eines Gesellschafters aufgelöst, kann die Anmeldung der Auflösung der Gesellschaft ohne Mitwirkung der Erben erfolgen, sofern einer solchen Mitwirkung besondere Hindernisse entgegenstehen.

§ 142 Fortsetzung der Gesellschaft

(1) Die Gesellschafter können nach Auflösung der Gesellschaft deren Fortsetzung beschließen, sobald der Auflösungsgrund beseitigt ist.

(2) Hat nach dem Gesellschaftsvertrag die Mehrheit der Stimmen zu entscheiden, muss der Beschluss über die Fortsetzung mit einer Mehrheit von mindestens drei Viertel der abgegebenen Stimmen gefasst werden.

(3) Die Fortsetzung ist von sämtlichen Gesellschaftern zur Eintragung in das Handelsregister anzumelden.

Sechster Titel. Liquidation der Gesellschaft

§ 143 Notwendigkeit der Liquidation; anwendbare Vorschriften

(1) [1]Nach Auflösung der Gesellschaft findet die Liquidation statt, sofern nicht über das Vermögen der Gesellschaft das Insolvenzverfahren eröffnet ist. [2]Ist die Gesellschaft durch Löschung wegen Vermögenslosigkeit aufgelöst, findet eine Liquidation nur statt, wenn sich nach der Löschung herausstellt, dass noch Vermögen vorhanden ist, das der Verteilung unterliegt.

(2) [1]Die Gesellschafter können anstelle der Liquidation eine andere Art der Abwicklung vereinbaren. [2]Ist aufgrund einer Vereinbarung im Gesellschaftsvertrag die Gesellschaft durch die Kündigung eines Privatgläubigers eines Gesellschafters oder durch die Eröffnung des Insolvenzverfahrens über das Vermögen eines Gesellschafters aufgelöst, bedarf eine Vereinbarung über eine andere Art der Abwicklung der Zustimmung des Privatgläubigers

HGB Stand 15.9.2022:

(3) Ist die Gesellschaft durch Löschung wegen Vermögenslosigkeit aufgelöst, so findet eine Liquidation nur statt, wenn sich nach der Löschung herausstellt, daß Vermögen vorhanden ist, das der Verteilung unterliegt.

(neu)

§ 146 [Bestellung der Liquidatoren]

(1) [1]Die Liquidation erfolgt, sofern sie nicht durch Beschluß der Gesellschafter oder durch den Gesellschaftsvertrag einzelnen Gesellschaftern oder anderen Personen übertragen ist, durch sämtliche Gesellschafter als Liquidatoren. [2]Mehrere Erben eines Gesellschafters haben einen gemeinsamen Vertreter zu bestellen.

(2) [1]Auf Antrag eines Beteiligten kann aus wichtigen Gründen die Ernennung von Liquidatoren durch das Gericht erfolgen, in dessen Bezirke die Gesellschaft ihren Sitz hat; das Gericht kann in einem solchen Falle Personen zu Liquidatoren ernennen, die nicht zu den Gesellschaftern gehören. [2]Als Beteiligter gilt außer den Gesellschaftern im Falle des § 135 auch der Gläubiger, durch den die Kündigung erfolgt ist. [3]Im Falle des § 145 Abs. 3 sind die Liquidatoren auf Antrag eines Beteiligten durch das Gericht zu ernennen.

(3) Ist über das Vermögen eines Gesellschafters das Insolvenzverfahren eröffnet und ist ein Insolvenzverwalter bestellt, so tritt dieser an die Stelle des Gesellschafters.

§ 147 [Abberufung von Liquidatoren]

Die Abberufung von Liquidatoren geschieht durch einstimmigen Beschluß der nach § 146 Abs. 2 und 3 Beteiligten; sie kann auf Antrag eines Beteiligten aus wichtigen Gründen auch durch das Gericht erfolgen.

HGB ab 1.1.2024:

oder des Insolvenzverwalters; ist im Insolvenzverfahren Eigenverwaltung angeordnet, tritt an die Stelle der Zustimmung des Insolvenzverwalters die Zustimmung des Schuldners.

[siehe künftig Abs. 1 Satz 2]

(3) Die Liquidation erfolgt nach den folgenden Vorschriften dieses Titels, sofern sich nicht aus dem Gesellschaftsvertrag etwas anderes ergibt.

§ 144 Liquidatoren

(1) Zur Liquidation sind alle Gesellschafter berufen.

(2) Ist über das Vermögen eines Gesellschafters das Insolvenzverfahren eröffnet und ein Insolvenzverwalter bestellt worden, tritt dieser an die Stelle des Gesellschafters.

(3) Mehrere Erben eines Gesellschafters haben einen gemeinsamen Vertreter zu bestellen.

(4) Durch Vereinbarung im Gesellschaftsvertrag oder durch Beschluss der Gesellschafter können auch einzelne Gesellschafter oder andere Personen zu Liquidatoren berufen werden.

(5) Hat nach dem Gesellschaftsvertrag die Mehrheit der Stimmen zu entscheiden, gilt dies im Zweifel nicht für die Berufung und Abberufung eines Liquidators.

§ 145 Gerichtliche Berufung und Abberufung von Liquidatoren

(1) [1]Auf Antrag eines Beteiligten kann aus wichtigem Grund ein Liquidator durch das Gericht, in dessen Bezirk die Gesellschaft ihren Sitz hat, berufen und abberufen werden. [2]Eine Vereinbarung im Gesellschaftsvertrag, welche dieses Recht ausschließt, ist unwirksam.

(2) Beteiligte sind:

1. jeder Gesellschafter (§ 144 Absatz 1),
2. der Insolvenzverwalter über das Vermögen des Gesellschafters (§ 144 Absatz 2),
3. der gemeinsame Vertreter (§ 144 Absatz 3) und
4. der Privatgläubiger des Gesellschafters, durch den die zur Auflösung der Gesellschaft führende Kündigung erfolgt ist (§ 143 Absatz 2 Satz 2).

(3) [1]Gehört der Liquidator nicht zu den Gesellschaftern, hat er Anspruch auf Ersatz der erforderlichen Aufwendungen und auf Vergütung für seine Tätigkeit. [2]Einigen sich der Liquidator und die Gesellschaft hierüber nicht, setzt das Gericht die Aufwendungen und die Vergütung fest. [3]Gegen die Entscheidung ist die Beschwerde zulässig; die

HGB Stand 15.9.2022:	***HGB ab 1.1.2024:***
	Rechtsbeschwerde ist ausgeschlossen. [4] Aus der rechtskräftigen Entscheidung findet die Zwangsvollstreckung nach der Zivilprozessordnung statt.
§ 148 [Anmeldung der Liquidatoren] (1) [1] Die Liquidatoren und ihre Vertretungsmacht sind von sämtlichen Gesellschaftern zur Eintragung in das Handelsregister anzumelden. [2] Das gleiche gilt von jeder Änderung in den Personen der Liquidatoren oder in ihrer Vertretungsmacht. [3] Im Falle des Todes eines Gesellschafters kann, wenn anzunehmen ist, daß die Anmeldung den Tatsachen entspricht, die Eintragung erfolgen, auch ohne daß die Erben bei der Anmeldung mitwirken, soweit einer solchen Mitwirkung besondere Hindernisse entgegenstehen. (2) Die Eintragung gerichtlich bestellter Liquidatoren sowie die Eintragung der gerichtlichen Abberufung von Liquidatoren geschieht von Amts wegen.	*[siehe künftig § 147]*
§ 149 [Rechte und Pflichten der Liquidatoren] [1] Die Liquidatoren haben die laufenden Geschäfte zu beendigen, die Forderungen einzuziehen, das übrige Vermögen in Geld umzusetzen und die Gläubiger zu befriedigen; zur Beendigung schwebender Geschäfte können sie auch neue Geschäfte eingehen. [2] Die Liquidatoren vertreten innerhalb ihres Geschäftskreises die Gesellschaft gerichtlich und außergerichtlich.	**§ 146 Geschäftsführungs- und Vertretungsbefugnis der Liquidatoren** (1) [1] Mit der Auflösung erlischt die einem Gesellschafter im Gesellschaftsvertrag übertragene Befugnis zur Geschäftsführung und Vertretung. [2] Diese Befugnis steht von der Auflösung an allen Liquidatoren gemeinsam zu. (2) Die bisherige Befugnis eines Gesellschafters zur Geschäftsführung gilt gleichwohl zu seinen Gunsten als fortbestehend, bis er von der Auflösung der Gesellschaft Kenntnis erlangt hat oder die Auflösung kennen muss.
[siehe bisher § 148]	**§ 147 Anmeldung der Liquidatoren** (1) [1] Die Liquidatoren und ihre Vertretungsbefugnis sind von sämtlichen Gesellschaftern zur Eintragung in das Handelsregister anzumelden. [2] Das Gleiche gilt für jede Änderung in der Person des Liquidators oder in seiner Vertretungsbefugnis. [3] Wenn im Fall des Todes eines Gesellschafters anzunehmen ist, dass die Anmeldung den Tatsachen entspricht, kann die Eintragung erfolgen, auch ohne dass die Erben bei der Anmeldung mitwirken, sofern einer solchen Mitwirkung besondere Hindernisse entgegenstehen. (2) Die Eintragung gerichtlich berufener Liquidatoren sowie die Eintragung der gerichtlichen Abberufung von Liquidatoren geschieht von Amts wegen.
§ 150 [Mehrere Liquidatoren]	*[siehe künftig § 147]*
(1) Sind mehrere Liquidatoren vorhanden, so können sie die zur Liquidation gehörenden Handlungen nur in Gemeinschaft vornehmen, sofern nicht bestimmt ist, daß sie einzeln handeln können.	*[siehe künftig § 146 Abs. 1]*
(2) [1] Durch die Vorschrift des Absatzes 1 wird nicht ausgeschlossen, daß die Liquidatoren einzelne von ihnen zur Vornahme bestimmter Geschäfte	–

HGB Stand 15.9.2022:

oder bestimmter Arten von Geschäften ermächtigen. [2] Ist der Gesellschaft gegenüber eine Willenserklärung abzugeben, so findet die Vorschrift des § 125 Abs. 2 Satz 3 entsprechende Anwendung.

§ 151 [Unbeschränkbarkeit der Befugnisse]

Eine Beschränkung des Umfanges der Befugnisse der Liquidatoren ist Dritten gegenüber unwirksam.

§ 152 [Bindung an Weisungen]

Gegenüber den nach § 146 Abs. 2 und 3 Beteiligten haben die Liquidatoren, auch wenn sie vom Gerichte bestellt sind, den Anordnungen Folge zu leisten, welche die Beteiligten in betreff der Geschäftsführung einstimmig beschließen.

§ 153 [Unterschrift]

Die Liquidatoren haben ihre Unterschrift in der Weise abzugeben, daß sie der bisherigen, als Liquidationsfirma zu bezeichnenden Firma ihren Namen beifügen.

§ 154 [Bilanzen]

Die Liquidatoren haben bei dem Beginne sowie bei der Beendigung der Liquidation eine Bilanz aufzustellen.

§ 155 [Verteilung des Gesellschaftsvermögens]

(1) Das nach Berichtigung der Schulden verbleibende Vermögen der Gesellschaft ist von den Liquidatoren nach dem Verhältnisse der Kapitalanteile, wie sie sich auf Grund der Schlußbilanz ergeben, unter die Gesellschafter zu verteilen.

(2) [1] Das während der Liquidation entbehrliche Geld wird vorläufig verteilt. [2] Zur Deckung noch nicht fälliger oder streitiger Verbindlichkeiten sowie zur Sicherung der den Gesellschaftern bei der Schlußverteilung zukommenden Beträge ist das Erforderliche zurückzubehalten. [3] Die Vorschriften des § 122 Abs. 1 finden während der Liquidation keine Anwendung.

(3) Entsteht über die Verteilung des Gesellschaftsvermögens Streit unter den Gesellschaftern, so haben die Liquidatoren die Verteilung bis zur Entscheidung des Streites auszusetzen.

HGB ab 1.1.2024:

–

§ 148 Rechtsstellung der Liquidatoren

(1) [1] Die Liquidatoren haben, auch wenn sie vom Gericht berufen sind, den Weisungen Folge zu leisten, welche die Beteiligten in Bezug auf die Geschäftsführung beschließen. [2] Hat nach dem Gesellschaftsvertrag die Mehrheit der Stimmen zu entscheiden, bedarf der Beschluss der Zustimmung der Beteiligten nach § 145 Absatz 2 Nummer 2 und 4.

(2) [1] Die Liquidatoren haben die laufenden Geschäfte zu beendigen, die Forderungen der Gesellschaft einzuziehen und das übrige Vermögen in Geld umzusetzen. [2] Zur Beendigung der laufenden Geschäfte können die Liquidatoren auch neue Geschäfte eingehen.

(3) [1] Die Liquidatoren haben bei Abgabe ihrer Unterschrift der Firma einen Liquidationszusatz beizufügen. [2] Dies gilt entsprechend für die Pflicht nach § 125.

(4) [1] Die Liquidatoren haben gegenüber den nach § 145 Absatz 2 Beteiligten zur Ermittlung des zu verteilenden Gesellschaftsvermögens bei Beginn und Beendigung der Liquidation eine Bilanz aufzustellen. [2] Die Pflichten zur Buchführung (§§ 238 bis 241a) und Jahresrechnungslegung (§§ 242 bis 256a) bleiben unberührt.

(5) [1] Aus dem Vermögen der Gesellschaft sind zunächst die Gläubiger der Gesellschaft zu befriedigen. [2] Ist eine Verbindlichkeit noch nicht fällig oder ist sie streitig, ist das zur Berichtigung der Verbindlichkeit Erforderliche zurückzubehalten.

(6) [1] Aus dem nach der Berichtigung der Verbindlichkeiten verbleibenden Gesellschaftsvermögen sind die geleisteten Beiträge zurückzuerstatten. [2] Für Beiträge, die nicht in Geld bestanden haben, ist der Wert zu ersetzen, den sie zur Zeit der Einbringung gehabt haben. [3] Für Beiträge, die in der Leistung von Diensten oder in der Überlassung der Benutzung eines Gegenstands bestanden haben, kann im Zweifel kein Ersatz verlangt werden.

(7) Das während der Liquidation entbehrliche Geld wird unter Berücksichtigung der den Gesellschaftern bei der Schlussverteilung zukommenden Beträge vorläufig verteilt.

(8) Das nach Berichtigung der Verbindlichkeiten und Rückerstattung der Beiträge verbleibende

HGB Stand 15.9.2022:	*HGB ab 1.1.2024:*
	Vermögen der Gesellschaft ist unter den Gesellschaftern nach dem Verhältnis ihrer Kapitalanteile, wie sie sich aufgrund der Schlussbilanz im Sinne von Absatz 4 ergeben, schließlich zu verteilen.
§ 156 [Rechtsverhältnisse der Gesellschafter]	–
Bis zur Beendigung der Liquidation kommen in bezug auf das Rechtsverhältnis der bisherigen Gesellschafter untereinander sowie der Gesellschaft zu Dritten die Vorschriften des zweiten und dritten Titels zur Anwendung, soweit sich nicht aus dem gegenwärtigen Titel oder aus dem Zwecke der Liquidation ein anderes ergibt.	
[neu]	**§ 149 Haftung des Gesellschafters für Fehlbetrag**
	[1] Reicht das Gesellschaftsvermögen zur Berichtigung der Verbindlichkeiten und zur Rückerstattung der Beiträge nicht aus, haben die Gesellschafter der Gesellschaft für den Fehlbetrag nach dem Verhältnis ihrer Kapitalanteile aufzukommen. [2] Kann von einem Gesellschafter der auf ihn entfallende Betrag nicht erlangt werden, haben die anderen Gesellschafter den Ausfall nach dem gleichen Verhältnis zu tragen.
§ 157 [Anmeldung des Erlöschens; Geschäftsbücher]	**§ 150 Anmeldung des Erlöschens der Firma**
(1) Nach der Beendigung der Liquidation ist das Erlöschen der Firma von den Liquidatoren zur Eintragung in das Handelsregister anzumelden.	Nach der Beendigung der Liquidation ist das Erlöschen der Firma von sämtlichen Liquidatoren zur Eintragung in das Handelsregister anzumelden.
(2) [1] Die Bücher und Papiere der aufgelösten Gesellschaft werden einem der Gesellschafter oder einem Dritten in Verwahrung gegeben. [2] Der Gesellschafter oder der Dritte wird in Ermangelung einer Verständigung durch das Gericht bestimmt, in dessen Bezirke die Gesellschaft ihren Sitz hat.	*[siehe künftig § 152]*
(3) Die Gesellschafter und deren Erben behalten das Recht auf Einsicht und Benutzung der Bücher und Papiere.	
§ 158 [Andere Art der Auseinandersetzung]	–
Vereinbaren die Gesellschafter statt der Liquidation eine andere Art der Auseinandersetzung, so finden, solange noch ungeteiltes Gesellschaftsvermögen vorhanden ist, im Verhältnisse zu Dritten die für die Liquidation geltenden Vorschriften entsprechende Anwendung.	
Sechster Titel. Verjährung. Zeitliche Begrenzung der Haftung	
§ 159 [Ansprüche gegen einen Gesellschafter]	**§ 151 Verjährung von Ansprüchen aus der Gesellschafterhaftung**
(1) Die Ansprüche gegen einen Gesellschafter aus Verbindlichkeiten der Gesellschaft verjähren in fünf Jahren nach der Auflösung der Gesellschaft, sofern nicht der Anspruch gegen die Gesellschaft einer kürzeren Verjährung unterliegt.	(1) Ist die Gesellschaft durch Liquidation oder auf andere Weise erloschen, verjähren Ansprüche gegen einen Gesellschafter aus Verbindlichkeiten der Gesellschaft in fünf Jahren, sofern nicht der Anspruch gegen die Gesellschaft einer kürzeren Verjährung unterliegt.
(2) Die Verjährung beginnt mit dem Ende des Tages, an welchem die Auflösung der Gesellschaft	

HGB Stand 15.9.2022:

in das Handelsregister des für den Sitz der Gesellschaft zuständigen Gerichts eingetragen wird.

(3) Wird der Anspruch des Gläubigers gegen die Gesellschaft erst nach der Eintragung fällig, so beginnt die Verjährung mit dem Zeitpunkte der Fälligkeit.

(4) Der Neubeginn der Verjährung und ihre Hemmung nach § 204 des Bürgerlichen Gesetzbuchs gegenüber der aufgelösten Gesellschaft wirken auch gegenüber den Gesellschaftern, die der Gesellschaft zur Zeit der Auflösung angehört haben.

[siehe bisher § 157 Abs. 2, 3]

§ 160 [Haftung des ausscheidenden Gesellschafters; Fristen; Haftung als Kommanditist]

(1) [1] Scheidet ein Gesellschafter aus der Gesellschaft aus, so haftet er für ihre bis dahin begründeten Verbindlichkeiten, wenn sie vor Ablauf von fünf Jahren nach dem Ausscheiden fällig und daraus Ansprüche gegen ihn in einer in § 197 Abs. 1 Nr. 3 bis 5 des Bürgerlichen Gesetzbuchs bezeichneten Art festgestellt sind oder eine gerichtliche oder behördliche Vollstreckungshandlung vorgenommen oder beantragt wird; bei öffentlich-rechtlichen Verbindlichkeiten genügt der Erlass eines Verwaltungsakts. [2] Die Frist beginnt mit dem Ende des Tages, an dem das Ausscheiden in das Handelsregister des für den Sitz der Gesellschaft zuständigen Gerichts eingetragen wird. [3] Die für die Verjährung geltenden §§ 204, 206, 210, 211 und 212 Abs. 2 und 3 des Bürgerlichen Gesetzbuches sind entsprechend anzuwenden.

(2) Einer Feststellung in einer in § 197 Abs. 1 Nr. 3 bis 5 des Bürgerlichen Gesetzbuchs bezeichneten Art bedarf es nicht, soweit der Gesellschafter den Anspruch schriftlich anerkannt hat.

(3) [1] Wird ein Gesellschafter Kommanditist, so sind für die Begrenzung seiner Haftung für die im Zeitpunkt der Eintragung der Änderung in das Handelsregister begründeten Verbindlichkeiten die Absätze 1 und 2 entsprechend anzuwenden. [2] Dies gilt auch, wenn er in der Gesellschaft oder einem ihr als Gesellschafter angehörenden Unternehmen geschäftsführend tätig wird. [3] Seine Haftung als Kommanditist bleibt unberührt.

HGB ab 1.1.2024:

(2) Die Verjährung beginnt abweichend von § 199 Absatz 1 des Bürgerlichen Gesetzbuchs, sobald der Gläubiger von dem Erlöschen der Firma Kenntnis erlangt hat oder das Erlöschen der Firma im Handelsregister eingetragen worden ist.

(3) Beginnt die Verjährung des Anspruchs gegen die Gesellschaft neu oder wird die Verjährung des Anspruchs gegenüber der Gesellschaft nach den §§ 203, 204, 205 oder 206 des Bürgerlichen Gesetzbuchs gehemmt, wirkt dies auch gegenüber den Gesellschaftern, die der Gesellschaft zur Zeit des Erlöschens angehört haben.

§ 152 Aufbewahrung der Geschäftsunterlagen; Einsicht in die Geschäftsunterlagen

(1) [1] Die Geschäftsunterlagen der aufgelösten Gesellschaft werden einem der Gesellschafter oder einem Dritten in Verwahrung gegeben. [2] In Ermangelung einer Verständigung wird der Gesellschafter oder der Dritte durch das Gericht bestimmt, in dessen Bezirk die Gesellschaft ihren Sitz hat.

(2) Die Gesellschafter und deren Erben behalten das Recht auf Einsicht und Benutzung der Geschäftsunterlagen.

§§ 153–160 *(nicht mehr belegt)*

[siehe künftig § 137]

HGB Stand 15.9.2022:	*HGB ab 1.1.2024:*
Zweiter Abschnitt. Kommanditgesellschaft	
§ 161 [Begriff der KG; Anwendbarkeit der OHG-Vorschriften]	**§ 161 [Begriff der KG; Anwendbarkeit der OHG-Vorschriften]**
(1) Eine Gesellschaft, deren Zweck auf den Betrieb eines Handelsgewerbes unter gemeinschaftlicher Firma gerichtet ist, ist eine Kommanditgesellschaft, wenn bei einem oder bei einigen von den Gesellschaftern die Haftung gegenüber den Gesellschaftsgläubigern auf ***den Betrag einer bestimmten Vermögenseinlage*** beschränkt ist (Kommanditisten), während bei dem anderen Teile der Gesellschafter eine Beschränkung der Haftung nicht stattfindet (persönlich haftende Gesellschafter).	(1) Eine Gesellschaft, deren Zweck auf den Betrieb eines Handelsgewerbes unter gemeinschaftlicher Firma gerichtet ist, ist eine Kommanditgesellschaft, wenn bei einem oder bei einigen von den Gesellschaftern die Haftung gegenüber den Gesellschaftsgläubigern auf **einen bestimmten Betrag (Haftsumme)** beschränkt ist (Kommanditisten), während bei dem anderen Teile der Gesellschafter eine Beschränkung der Haftung nicht stattfindet (persönlich haftende Gesellschafter).
(2) Soweit nicht in diesem Abschnitt ein anderes vorgeschrieben ist, finden auf die Kommanditgesellschaft die für die offene Handelsgesellschaft geltenden Vorschriften Anwendung.	(2) Soweit nicht in diesem Abschnitt ein anderes vorgeschrieben ist, finden auf die Kommanditgesellschaft die für die offene Handelsgesellschaft geltenden Vorschriften **entsprechende** Anwendung.
§ 162 [Anmeldung zum Handelsregister]	**§ 162.[1)] [Anmeldung zum Handelsregister]**
(1) [1] Die Anmeldung der Gesellschaft hat außer den in § 106 Abs. 2 vorgesehenen Angaben die Bezeichnung der Kommanditisten und den Betrag der ***Einlage*** eines jeden von ihnen zu enthalten. ***[2] Ist eine Gesellschaft bürgerlichen Rechts Kommanditist, so sind auch deren Gesellschafter entsprechend § 106 Abs. 2 und spätere Änderungen in der Zusammensetzung der Gesellschafter zur Eintragung anzumelden.***	(1) Die Anmeldung der Gesellschaft hat außer den in § 106 Abs. 2 vorgesehenen Angaben die Bezeichnung der Kommanditisten und den Betrag der **Haftsumme** eines jeden von ihnen zu enthalten.
(2) Diese Vorschriften finden im Falle des Eintritts eines Kommanditisten in eine bestehende Handelsgesellschaft und im Falle des Ausscheidens eines Kommanditisten aus einer Kommanditgesellschaft entsprechende Anwendung.	(2) *[unverändert]*
§ 163 [Rechtsverhältnis der Gesellschafter untereinander]	*[unverändert]*
§ 164 [Geschäftsführung]	**§ 164 Geschäftsführungsbefugnis**
[1] Die Kommanditisten sind von der Führung der Geschäfte der Gesellschaft ausgeschlossen; sie können einer Handlung der persönlich haftenden Gesellschafter nicht widersprechen, es sei denn, daß die Handlung über den gewöhnlichen Betrieb des Handelsgewerbes der Gesellschaft hinausgeht. [2] Die Vorschriften des § 116 Abs. 3 bleiben unberührt.	**Die Kommanditisten sind von der Geschäftsführungsbefugnis ausgeschlossen; § 116 Absatz 2 Satz 1 bleibt unberührt.**
§ 165 [Wettbewerbsverbot]	**§ 165 [Wettbewerbsverbot]**
Die ***§§ 112 und 113*** finden auf die Kommanditisten keine Anwendung.	Die **§§ 117 und 118** finden auf die Kommanditisten keine Anwendung.
§ 166 [*Kontrollrecht*]	**§ 166 Informationsrecht der Kommanditisten**
(1) Der Kommanditist ist berechtigt, die abschriftliche Mitteilung des Jahresabschlusses zu verlangen und dessen Richtigkeit unter Einsicht der Bücher und Papiere zu prüfen.	**(1) [1] Der Kommanditist kann von der Gesellschaft eine Abschrift des Jahresabschlusses (§ 242 Absatz 3) verlangen und zu dessen Überprüfung Einsicht in die zugehörigen Geschäftsunterlagen nehmen. [2] Daneben kann er von der Gesellschaft Auskunft über die Ge-**

[1)] Beachte hierzu Übergangsvorschrift in Art. 89 EGHGB.

HGB Stand 15.9.2022:

(2) Die in § 118 dem von der Geschäftsführung ausgeschlossenen Gesellschafter eingeräumten weiteren Rechte stehen dem Kommanditisten nicht zu.

(3) Auf Antrag eines Kommanditisten kann das Gericht, wenn wichtige Gründe vorliegen, die Mitteilung einer Bilanz und eines Jahresabschlusses oder sonstiger Aufklärungen sowie die Vorlegung der Bücher und Papiere jederzeit anordnen.

HGB ab 1.1.2024:

sellschaftsangelegenheiten verlangen, soweit dies zur Wahrnehmung seiner Mitgliedschaftsrechte erforderlich ist, insbesondere, wenn Grund zu der Annahme unredlicher Geschäftsführung besteht.

(2) Eine Vereinbarung im Gesellschaftsvertrag, welche diese Rechte ausschließt oder dieser Vorschrift zuwider beschränkt, ist unwirksam.

HGB Stand 15.9.2022:

§ 167 [Gewinn und Verlust]

(1) Die Vorschriften des § 120 über die Berechnung des Gewinns oder Verlustes gelten auch für den Kommanditisten.

(2) Jedoch wird der einem Kommanditisten zukommende Gewinn seinem Kapitalanteil nur so lange zugeschrieben, als dieser den Betrag der bedungenen Einlage nicht erreicht.

(3) An dem Verluste nimmt der Kommanditist nur bis zum Betrage seines Kapitalanteils und seiner noch rückständigen Einlage teil.

HGB ab 1.1.2024:

§ 167 **Verlustbeteiligung**

Soweit der Kommanditist die vereinbarte Einlage geleistet hat, sind die §§ 136 und 149 auf ihn nicht anzuwenden.

HGB Stand 15.9.2022:

§ 168 [Verteilung von Gewinn und Verlust]

(1) Die Anteile der Gesellschafter am Gewinne bestimmen sich, soweit der Gewinn den Betrag von vier vom Hundert der Kapitalanteile nicht übersteigt, nach den Vorschriften des § 121 Abs. 1 und 2.

(2) In Ansehung des Gewinns, welcher diesen Betrag übersteigt, sowie in Ansehung des Verlustes gilt, soweit nicht ein anderes vereinbart ist, ein den Umständen nach angemessenes Verhältnis der Anteile als bedungen.

HGB ab 1.1.2024:

§ 168 *(aufgehoben)*

HGB Stand 15.9.2022:

§ 169 [Gewinnauszahlung]

(1) [1] § 122 findet auf den Kommanditisten keine Anwendung. [2] Dieser hat nur Anspruch auf Auszahlung des ihm zukommenden Gewinns; er kann auch die Auszahlung des Gewinns nicht fordern, solange sein Kapitalanteil durch Verlust unter den auf die bedungene Einlage geleisteten Betrag herabgemindert ist oder durch die Auszahlung unter diesen Betrag herabgemindert werden würde.

(2) Der Kommanditist ist nicht verpflichtet, den bezogenen Gewinn wegen späterer Verluste zurückzuzahlen.

HGB ab 1.1.2024:

§ 169 [Gewinnauszahlung]

(1) Der Kommanditist kann die Auszahlung des Gewinns nicht fordern, soweit sein Kapitalanteil durch den ihm zugewiesenen Verlust unter den auf die vereinbarte Einlage geleisteten Betrag herabgemindert ist oder durch die Auszahlung des Gewinns unter diesen Betrag herabgemindert werden würde.

(2) *[unverändert]*

HGB Stand 15.9.2022:

§ 170 [Vertretung der KG]

Der Kommanditist ist zur Vertretung der Gesellschaft nicht ermächtigt.

HGB ab 1.1.2024:

§ 170 **Vertretung der Kommanditgesellschaft**

(1) Der Kommanditist ist als solcher nicht befugt, die Gesellschaft zu vertreten.

(2) Sofern der einzig persönlich haftende Gesellschafter der Gesellschaft eine Kapitalgesellschaft ist, an der die Gesellschaft sämtliche Anteile hält, werden vorbehaltlich einer abweichenden Vereinbarung die Rechte in der Gesellschafterversammlung der Kapitalgesellschaft von den Kommanditisten wahrgenommen.

HGB Stand 15.9.2022:	*HGB ab 1.1.2024:*
§ 171 [Haftung des Kommanditisten]	**§ 171 [Haftung des Kommanditisten]**
(1) Der Kommanditist haftet den Gläubigern der Gesellschaft bis zur Höhe ***seiner Einlage*** unmittelbar; die Haftung ist ausgeschlossen, soweit ***die Einlage*** geleistet ist.	(1) Der Kommanditist haftet den Gläubigern der Gesellschaft bis zur Höhe **seiner Haftsumme** unmittelbar; die Haftung ist ausgeschlossen, soweit **die vereinbarte Einlage** geleistet ist.
(2) Ist über das Vermögen der Gesellschaft das Insolvenzverfahren eröffnet, so wird während der Dauer des Verfahrens das den Gesellschaftsgläubigern nach Absatz 1 zustehende Recht durch den Insolvenzverwalter oder den Sachwalter ausgeübt.	(2) *[unverändert]*
§ 172 [Umfang der Haftung]	**§ 172 [Umfang der Haftung]**
(1) Im Verhältnisse zu den Gläubigern der Gesellschaft wird nach der Eintragung in das Handelsregister die ***Einlage*** eines Kommanditisten durch den in der Eintragung angegebenen Betrag bestimmt.	(1) Im Verhältnisse zu den Gläubigern der Gesellschaft wird nach der Eintragung in das Handelsregister die **Haftsumme** eines Kommanditisten durch den in der Eintragung angegebenen Betrag bestimmt.
(2) Auf eine nicht eingetragene Erhöhung der aus dem Handelsregister ersichtlichen ***Einlage*** können sich die Gläubiger nur berufen, wenn die Erhöhung in handelsüblicher Weise kundgemacht oder ihnen in anderer Weise von der Gesellschaft mitgeteilt worden ist.	(2) Auf eine nicht eingetragene Erhöhung der aus dem Handelsregister ersichtlichen **Haftsumme** können sich die Gläubiger nur berufen, wenn die Erhöhung in handelsüblicher Weise kundgemacht oder ihnen in anderer Weise von der Gesellschaft mitgeteilt worden ist.
(3) Eine Vereinbarung der Gesellschafter, durch die einem Kommanditisten die Einlage erlassen oder gestundet wird, ist den Gläubigern gegenüber unwirksam.	(3) *[unverändert]*
(4) [1] Soweit die Einlage eines Kommanditisten zurückbezahlt wird, gilt sie den Gläubigern gegenüber als nicht geleistet. [2] Das gleiche gilt, soweit ein Kommanditist Gewinnanteile entnimmt, während sein Kapitalanteil durch Verlust unter den Betrag der ***geleisteten Einlage*** herabgemindert ist, oder soweit durch die Entnahme der Kapitalanteil unter den bezeichneten Betrag herabgemindert wird. [3] Bei der Berechnung des Kapitalanteils nach Satz 2 sind Beträge ***im Sinn des § 268 Abs. 8*** nicht zu berücksichtigen.	(4) [1] Soweit die Einlage eines Kommanditisten zurückbezahlt wird, gilt sie den Gläubigern gegenüber als nicht geleistet. [2] Das gleiche gilt, soweit ein Kommanditist Gewinnanteile entnimmt, während sein Kapitalanteil durch Verlust unter den Betrag der **Haftsumme** herabgemindert ist, oder soweit durch die Entnahme der Kapitalanteil unter den bezeichneten Betrag herabgemindert wird. [3] Bei der Berechnung des Kapitalanteils nach Satz 2 sind Beträge **im Sinne der §§ 253 Absatz 6 Satz 2 und 268 Absatz 8** nicht zu berücksichtigen.
(5) Was ein Kommanditist auf Grund einer in gutem Glauben errichteten Bilanz in gutem Glauben als Gewinn bezieht, ist er in keinem Falle zurückzuzahlen verpflichtet.	
(6) [1] Gegenüber den Gläubigern einer Gesellschaft, bei der kein persönlich haftender Gesellschafter eine natürliche Person ist, gilt die Einlage eines Kommanditisten als nicht geleistet, soweit sie in Anteilen an den persönlich haftenden Gesellschaftern bewirkt ist. [2] Dies gilt nicht, wenn zu den persönlich haftenden Gesellschaftern eine offene Handelsgesellschaft oder Kommanditgesellschaft gehört, bei der ein persönlich haftender Gesellschafter eine natürliche Person ist.	**(5)** [1] Gegenüber den Gläubigern einer Gesellschaft, bei der kein persönlich haftender Gesellschafter eine natürliche Person ist, gilt die Einlage eines Kommanditisten als nicht geleistet, soweit sie in Anteilen an den persönlich haftenden Gesellschaftern bewirkt ist. [2] Dies gilt nicht, wenn zu den persönlich haftenden Gesellschaftern eine offene Handelsgesellschaft oder Kommanditgesellschaft gehört, bei der ein persönlich haftender Gesellschafter eine natürliche Person ist.
§ 172a *(aufgehoben)*	*[unverändert]*
§ 173 [Haftung bei Eintritt als Kommanditist]	*[unverändert]*
§ 174 [Herabsetzung der Einlage]	**§ 174 [Herabsetzung der Haftsumme]**
Eine Herabsetzung der ***Einlage*** eines Kommanditisten ist, solange sie nicht in das Handelsregister	Eine Herabsetzung der **Haftsumme** eines Kommanditisten ist, solange sie nicht in das Han-

HGB Stand 15.9.2022:	HGB ab 1.1.2024:
des Gerichts, in dessen Bezirke die Gesellschaft ihren Sitz hat, eingetragen ist, den Gläubigern gegenüber unwirksam; Gläubiger, deren Forderungen zur Zeit der Eintragung begründet waren, brauchen die Herabsetzung nicht gegen sich gelten zu lassen.	delsregister des Gerichts, in dessen Bezirke die Gesellschaft ihren Sitz hat, eingetragen ist, den Gläubigern gegenüber unwirksam; Gläubiger, deren Forderungen zur Zeit der Eintragung begründet waren, brauchen die Herabsetzung nicht gegen sich gelten zu lassen.
§ 175 [Anmeldung der Änderung einer Einlage]	**§ 175 Anmeldung der Änderung der Haftsumme**
[1] Die Erhöhung sowie die Herabsetzung einer Einlage ist durch die sämtlichen Gesellschafter zur Eintragung in das Handelsregister anzumelden. [2] Auf die Eintragung in das Handelsregister des Sitzes der Gesellschaft finden die Vorschriften des § 14 keine Anwendung.	**Die Erhöhung sowie die Herabsetzung einer Haftsumme ist durch sämtliche Gesellschafter zur Eintragung in das Handelsregister anzumelden.**
§ 176 [Haftung vor Eintragung]	**§ 176 [Haftung vor Eintragung]**
(1) [1] Hat die Gesellschaft ihre Geschäfte begonnen, bevor sie in das Handelsregister des Gerichts, in dessen Bezirke sie ihren Sitz hat, eingetragen ist, so haftet jeder Kommanditist, der dem Geschäftsbeginne zugestimmt hat, für die bis zur Eintragung begründeten Verbindlichkeiten der Gesellschaft gleich einem persönlich haftenden Gesellschafter, es sei denn, daß seine Beteiligung als Kommanditist dem Gläubiger bekannt war. [2] Diese Vorschrift kommt nicht zur Anwendung, soweit sich aus § 2 oder § 105 Abs. 2 ein anderes ergibt.	**(1) Hat die Gesellschaft, deren Zweck auf den Betrieb eines Handelsgewerbes unter gemeinschaftlicher Firma gerichtet ist, am Rechtsverkehr teilgenommen, bevor sie in das Handelsregister eingetragen ist, haftet jeder Kommanditist, der der Teilnahme am Rechtsverkehr zugestimmt hat, für die bis zur Eintragung begründeten Verbindlichkeiten der Gesellschaft gleich einem persönlich haftenden Gesellschafter, es sei denn, dass seine Beteiligung als Kommanditist dem Gläubiger bekannt war.**
(2) Tritt ein Kommanditist in eine bestehende Handelsgesellschaft ein, so findet die Vorschrift des Absatzes 1 Satz 1 für die in der Zeit zwischen seinem Eintritt und dessen Eintragung in das Handelsregister begründeten Verbindlichkeiten der Gesellschaft entsprechende Anwendung.	**(2) Tritt ein weiterer Gesellschafter als Kommanditist in eine bestehende Handelsgesellschaft ein, ist Absatz 1 für die in der Zeit zwischen seinem Eintritt und dessen Eintragung in das Handelsregister begründeten Verbindlichkeiten entsprechend anzuwenden.**
§ 177 [Tod des Kommanditisten]	*[unverändert]*
§ 177a [Angaben auf Geschäftsbriefen]	**§ 177a [Angaben auf Geschäftsbriefen]**
[1] § 125a gilt auch für die Gesellschaft, bei der ein Kommanditist eine natürliche Person ist. [2] Der in ***§ 125a Absatz 1 Satz 2*** für die Gesellschafter vorgeschriebenen Angaben bedarf es nur für die persönlich haftenden Gesellschafter der Gesellschaft.	**[1] § 125 gilt auch für die Gesellschaft, bei der ein Kommanditist eine natürliche Person ist.** [2] Der in **§ 125 Absatz 1 Satz 2** für die Gesellschafter vorgeschriebenen Angaben bedarf es nur für die persönlich haftenden Gesellschafter der Gesellschaft.
§§ 178–229 *(aufgehoben)*	
[neu]	**§ 178 Liquidation der Kommanditgesellschaft** **§ 144 Absatz 1 findet auf die Kommanditisten keine Anwendung.**
[neu]	**§ 179 Insolvenz der Kommanditgesellschaft** **[1] § 130 Absatz 1 Nummer 3 findet keine Anwendung, wenn der Gesellschafter, über dessen Vermögen das Insolvenzverfahren eröffnet worden ist, der einzige persönlich haftende Gesellschafter der Kommanditgesellschaft ist und** **1. über das Vermögen der Kommanditgesellschaft das Insolvenzverfahren eröffnet ist oder**

HGB Stand 15.9.2022:	*HGB ab 1.1.2024:*
	2. die Voraussetzungen für die Eröffnung des Insolvenzverfahrens über das Vermögen der Kommanditgesellschaft erfüllt sind und ein Antrag auf die Eröffnung des Insolvenzverfahrens gestellt ist.
	²Wird im Falle des Satzes 1 Nummer 2 der Antrag auf Eröffnung des Insolvenzverfahrens mangels Masse abgewiesen, treten die Wirkungen des § 130 Absatz 1 Nummer 3 mit dem Eintritt der Rechtskraft der Abweisungsentscheidung ein.

Dritter Abschnitt. Stille Gesellschaft

§ 233 [Kontrollrecht des stillen Gesellschafters]	**§ 233 Informationsrecht des stillen Gesellschafters**
(1) Der stille Gesellschafter ist berechtigt, die abschriftliche Mitteilung des Jahresabschlusses zu verlangen und dessen Richtigkeit unter Einsicht der Bücher und Papiere zu prüfen.	**Auf das Informationsrecht des stillen Gesellschafters ist § 166 entsprechend anzuwenden.**
(2) Die in § 716 des Bürgerlichen Gesetzbuchs dem von der Geschäftsführung ausgeschlossenen Gesellschafter eingeräumten weiteren Rechte stehen dem stillen Gesellschafter nicht zu.	
(3) Auf Antrag des stillen Gesellschafters kann das Gericht, wenn wichtige Gründe vorliegen, die Mitteilung einer Bilanz und eines Jahresabschlusses oder sonstiger Aufklärungen sowie die Vorlegung der Bücher und Papiere jederzeit anordnen.	
§ 234 [Kündigung der Gesellschaft; Tod des stillen Gesellschafters]	**§ 234 [Kündigung der Gesellschaft; Tod des stillen Gesellschafters]**
(1) ¹Auf die Kündigung der Gesellschaft durch einen der Gesellschafter oder durch einen Gläubiger des stillen Gesellschafters finden die Vorschriften der ***§§ 132, 134 und 135*** entsprechende Anwendung. ***²Die Vorschriften des § 723 des Bürgerlichen Gesetzbuchs über das Recht, die Gesellschaft aus wichtigen Gründen ohne Einhaltung einer Frist zu kündigen, bleiben unberührt.***	(1) Auf die Kündigung der Gesellschaft durch einen der Gesellschafter oder durch einen Gläubiger des stillen Gesellschafters finden die Vorschriften der **§§ 132 und 133** entsprechende Anwendung.
(2) Durch den Tod des stillen Gesellschafters wird die Gesellschaft nicht aufgelöst.	(2) *[unverändert]*

Drittes Buch. Handelsbücher

Zweiter Abschnitt. Ergänzende Vorschriften für Kapitalgesellschaften (Aktiengesellschaften, Kommanditgesellschaften auf Aktien und Gesellschaften mit beschränkter Haftung) sowie bestimmte Personenhandelsgesellschaften

Erster Unterabschnitt. Jahresabschluß der Kapitalgesellschaft und Lagebericht

Erster Titel. Allgemeine Vorschriften

§ 264c Besondere Bestimmungen für offene Handelsgesellschaften und Kommanditgesellschaften im Sinne des § 264a	**§ 264c Besondere Bestimmungen für offene Handelsgesellschaften und Kommanditgesellschaften im Sinne des § 264a**
(1) *[unverändert]*	(1) *[unverändert]*
(2) ¹§ 266 Abs. 3 Buchstabe A ist mit der Maßgabe anzuwenden, dass als Eigenkapital die folgenden Posten gesondert auszuweisen sind: I. Kapitalanteile II. Rücklagen	(2) *[Sätze 1–8 unverändert]*

HGB Stand 15.9.2022:

III. Gewinnvortrag/Verlustvortrag
IV. Jahresüberschuss/Jahresfehlbetrag.

[2] Anstelle des Postens „Gezeichnetes Kapital" sind die Kapitalanteile der persönlich haftenden Gesellschafter auszuweisen; sie dürfen auch zusammengefasst ausgewiesen werden. [3] Der auf den Kapitalanteil eines persönlich haftenden Gesellschafters für das Geschäftsjahr entfallende Verlust ist von dem Kapitalanteil abzuschreiben. [4] Soweit der Verlust den Kapitalanteil übersteigt, ist er auf der Aktivseite unter der Bezeichnung „Einzahlungsverpflichtungen persönlich haftender Gesellschafter" unter den Forderungen gesondert auszuweisen, soweit eine Zahlungsverpflichtung besteht. [5] Besteht keine Zahlungsverpflichtung, so ist der Betrag als „Nicht durch Vermögenseinlagen gedeckter Verlustanteil persönlich haftender Gesellschafter" zu bezeichnen und gemäß § 268 Abs. 3 auszuweisen. [6] Die Sätze 2 bis 5 sind auf die Einlagen von Kommanditisten entsprechend anzuwenden, wobei diese insgesamt gesondert gegenüber den Kapitalanteilen der persönlich haftenden Gesellschafter auszuweisen sind. [7] Eine Forderung darf jedoch nur ausgewiesen werden, soweit eine Einzahlungsverpflichtung besteht; dasselbe gilt, wenn ein Kommanditist Gewinnanteile entnimmt, während sein Kapitalanteil durch Verlust unter den Betrag der geleisteten Einlage herabgemindert ist, oder soweit durch die Entnahme der Kapitalanteil unter den bezeichneten Betrag herabgemindert wird. [8] Als Rücklagen sind nur solche Beträge auszuweisen, die auf Grund einer gesellschaftsrechtlichen Vereinbarung gebildet worden sind.
[9] Im Anhang ist der Betrag der im Handelsregister gemäß § 172 Abs. 1 eingetragenen ***Einlagen*** anzugeben, soweit diese nicht geleistet sind.

(3)–(5) *[unverändert]*

HGB ab 1.1.2024:

[9] Im Anhang ist der Betrag der im Handelsregister gemäß § 172 Abs. 1 eingetragenen **Haftsummen** anzugeben, soweit diese nicht geleistet sind.

(3)–(5) *[unverändert]*

4. Einführungsgesetz zum Handelsgesetzbuch

in der im BGBl. III, Gl.-Nr. 4101-1, veröffentlichten bereinigten Fassung

zuletzt geänd. durch Art. 52 PersonengesellschaftsrechtsmodernisierungsG (MoPeG) v. 10.8.2021 (BGBl. I S. 3436)

EGHGB ab 1.1.2024:

Fünfzigster Abschnitt.[1)]
Übergangsvorschriften zum Personengesellschaftsrechtsmodernisierungsgesetz

Art. 89.[1)]

(1) [1] Ist eine Gesellschaft bürgerlichen Rechts nach § 162 Absatz 1 Satz 2 des Handelsgesetzbuchs in der bis einschließlich 1. Januar 2024 geltenden Fassung als Kommanditist oder in entsprechender Anwendung des § 162 Absatz 1 Satz 2 des Handelsgesetzbuchs in der bis 1. Januar 2024 geltenden Fassung als persönlich haftender Gesellschafter einer Kommanditgesellschaft oder als Gesellschafter einer offenen Handelsgesellschaft im Handelsregister eingetragen, findet eine Eintragung von späteren Änderungen in der Zusammensetzung der Gesellschafter nicht statt. [2] In diesem Fall ist die Gesellschaft bürgerlichen Rechts nach den durch das Personengesellschaftsrechtsmodernisierungsgesetz vom 10. August 2021 (BGBl. I S. 3436) geänderten Vorschriften zur Eintragung in das Gesellschaftsregister anzumelden, bevor sie als Kommanditist oder Gesellschafter nach den durch das Personengesellschaftsrechtsmodernisierungsgesetz geänderten Vorschriften mit der Maßgabe zur Eintragung in das Handelsregister angemeldet wird, dass die Anmeldung sowohl von sämtlichen bislang im Handelsregister eingetragenen Gesellschaftern als auch von der im Gesellschaftsregister eingetragenen Gesellschaft bürgerlichen Rechts zu bewirken ist. [3] In der Anmeldung zum Handelsregister ist zu versichern, dass die zur Eintragung in das Handelsregister angemeldete Gesellschaft bürgerlichen Rechts dieselbe ist wie die bislang im Handelsregister eingetragene Gesellschaft bürgerlichen Rechts.

(2) [1] Ist für einen Kommanditisten, der noch nach § 40 Nummer 5 Buchstabe c der Handelsregisterverordnung in der bis 31. Dezember 2023 geltenden Fassung im Handelsregister eingetragen worden ist, eine Änderung seiner Haftsumme nach den durch das Personengesellschaftsrechtsmodernisierungsgesetz geänderten Vorschriften zur Eintragung in das Handelsregister anzumelden, hat das Gericht anlässlich dieser Eintragung von Amts wegen in entsprechender Anwendung von § 17 Absatz 1 der Handelsregisterverordnung hinsichtlich der die anderen Kommanditisten betreffenden Eintragungen das Wort „Einlage“ durch das Wort „Haftsumme“ zu ersetzen. [2] Das Gleiche gilt, wenn ein Kommanditist nach den durch das Personengesellschaftsrechtsmodernisierungsgesetz geänderten Vorschriften zur Eintragung im Handelsregister anzumelden ist, während die anderen Kommanditisten nach § 40 Nummer 5 Buchstabe c der Handelsregisterverordnung in der bis 31. Dezember 2023 geltenden Fassung bereits im Handelsregister eingetragen worden sind.

[1)] 50. Abschnitt (Art. 89) angef. mWv 1.1.2024 durch G v. 10.8.2021 (BGBl. I S. 3436).

5. Aktiengesetz

vom 6. September 1965
(BGBl. I S. 1089)

zuletzt geänd. durch Art. 2 G zur Einführung virtueller Hauptversammlungen von Aktiengesellschaften und Änderung genossenschafts- sowie insolvenz- und restrukturierungsrechtlicher Vorschriften v. 20.7.2022 (BGBl. I S. 1166)

geänd. durch Art. 61 PersonengesellschaftsrechtsmodernisierungsG (MoPeG) v. 10.8.2021 (BGBl. I S. 3436)

AktG Stand 15.9.2022:	*AktG ab 1.1.2024:*
§ 67 Eintragung im Aktienregister	**§ 67 Eintragung im Aktienregister**
(1) [1] Namensaktien sind unabhängig von einer Verbriefung unter Angabe des Namens, Geburtsdatums und einer ***Postanschrift*** sowie einer elektronischen Adresse des Aktionärs sowie der Stückzahl oder der Aktiennummer und bei Nennbetragsaktien des Betrags in das Aktienregister der Gesellschaft einzutragen.	(1) [1] Namensaktien sind unabhängig von einer Verbriefung unter Angabe des Namens, **Vornamens**, Geburtsdatums und einer **Anschrift** sowie einer elektronischen Adresse des Aktionärs sowie der Stückzahl oder der Aktiennummer und bei Nennbetragsaktien des Betrags in das Aktienregister der Gesellschaft einzutragen. **[2] Ist ein Aktionär selbst eine juristische Person oder rechtsfähige Personengesellschaft, sind in das Aktienregister deren Firma oder Name, Sitz und Anschrift einzutragen. [3] Eine Gesellschaft bürgerlichen Rechts kann nur in das Aktienregister eingetragen und Veränderungen an ihrer Eintragung können nur vorgenommen werden, wenn sie in das Gesellschaftsregister eingetragen ist.**
[2] Der Aktionär ist verpflichtet, der Gesellschaft die Angaben nach ***Satz 1*** mitzuteilen. [3] Die Satzung kann Näheres dazu bestimmen, unter welchen Voraussetzungen Eintragungen im eigenen Namen für Aktien, die einem anderen gehören, zulässig sind. [4] Aktien, die zu einem inländischen, EU- oder ausländischen Investmentvermögen nach dem Kapitalanlagegesetzbuch gehören, dessen Anteile oder Aktien nicht ausschließlich von professionellen und semiprofessionellen Anlegern gehalten werden, gelten als Aktien des inländischen, EU- oder ausländischen Investmentvermögens, auch wenn sie im Miteigentum der Anleger stehen; verfügt das Investmentvermögen über keine eigene Rechtspersönlichkeit, gelten sie als Aktien der Verwaltungsgesellschaft des Investmentvermögens.	[4] Der Aktionär ist verpflichtet, der Gesellschaft die Angaben nach ***den Sätzen 1 und 2*** mitzuteilen. [5] Die Satzung kann Näheres dazu bestimmen, unter welchen Voraussetzungen Eintragungen im eigenen Namen für Aktien, die einem anderen gehören, zulässig sind. [6] Aktien, die zu einem inländischen, EU- oder ausländischen Investmentvermögen nach dem Kapitalanlagegesetzbuch gehören, dessen Anteile oder Aktien nicht ausschließlich von professionellen und semiprofessionellen Anlegern gehalten werden, gelten als Aktien des inländischen, EU- oder ausländischen Investmentvermögens, auch wenn sie im Miteigentum der Anleger stehen; verfügt das Investmentvermögen über keine eigene Rechtspersönlichkeit, gelten sie als Aktien der Verwaltungsgesellschaft des Investmentvermögens.
(2) [1] Im Verhältnis zur Gesellschaft bestehen Rechte und Pflichten aus Aktien nur für und gegen den im Aktienregister Eingetragenen. [2] Jedoch bestehen Stimmrechte aus Eintragungen nicht, die eine nach ***Absatz 1 Satz 3*** bestimmte satzungsmäßige Höchstgrenze überschreiten oder hinsichtlich derer eine satzungsmäßige Pflicht zur Offenlegung, dass die Aktien einem anderen gehören, nicht erfüllt wird. [3] Ferner bestehen Stimmrechte aus Aktien nicht, solange ein Auskunftsverlangen gemäß Absatz 4 Satz 2 nach Fristablauf und Androhung des Stimmrechtsverlustes nicht erfüllt ist.	(2) [1] Im Verhältnis zur Gesellschaft bestehen Rechte und Pflichten aus Aktien nur für und gegen den im Aktienregister Eingetragenen. [2] Jedoch bestehen Stimmrechte aus Eintragungen nicht, die eine nach **Absatz 1 Satz 5** bestimmte satzungsmäßige Höchstgrenze überschreiten oder hinsichtlich derer eine satzungsmäßige Pflicht zur Offenlegung, dass die Aktien einem anderen gehören, nicht erfüllt wird. [3] Ferner bestehen Stimmrechte aus Aktien nicht, solange ein Auskunftsverlangen gemäß Absatz 4 Satz 2 nach Fristablauf und Androhung des Stimmrechtsverlustes nicht erfüllt ist.
(3) [1] Löschung und Neueintragung im Aktienregister erfolgen auf Mitteilung und Nachweis. [2] Die Gesellschaft kann eine Eintragung auch auf Mitteilung nach § 67d Absatz 4 vornehmen.	(3) *[unverändert]*

AktG Stand 15.9.2022:

(4) [1] Die bei Übertragung oder Verwahrung von Namensaktien mitwirkenden Intermediäre sind verpflichtet, der Gesellschaft die für die Führung des Aktienregisters erforderlichen Angaben gegen Erstattung der notwendigen Kosten zu übermitteln. [2] Der Eingetragene hat der Gesellschaft auf ihr Verlangen unverzüglich mitzuteilen, inwieweit ihm die Aktien, für die er im Aktienregister eingetragen ist, auch gehören; soweit dies nicht der Fall ist, hat er die in ***Absatz 1 Satz 1*** genannten Angaben zu demjenigen zu übermitteln, für den er die Aktien hält. [3] Dies gilt entsprechend für denjenigen, dessen Daten nach Satz 2 oder diesem Satz übermittelt werden. [4] ***Absatz 1 Satz 4*** gilt entsprechend; für die Kostentragung gilt Satz 1. [5] Wird der Inhaber von Namensaktien nicht in das Aktienregister eingetragen, so ist der depotführende Intermediär auf Verlangen der Gesellschaft verpflichtet, sich gegen Erstattung der notwendigen Kosten durch die Gesellschaft an dessen Stelle gesondert in das Aktienregister eintragen zu lassen. [6] Wird ein Intermediär im Rahmen eines Übertragungsvorgangs von Namensaktien nur vorübergehend gesondert in das Aktienregister eingetragen, so löst diese Eintragung keine Pflichten infolge des Absatzes 2 aus und führt nicht zur Anwendung von satzungsmäßigen Beschränkungen nach ***Absatz 1 Satz 3***. [7] § 67d bleibt unberührt.

(5) [1] Ist jemand nach Ansicht der Gesellschaft zu Unrecht als Aktionär in das Aktienregister eingetragen worden, so kann die Gesellschaft die Eintragung nur löschen, wenn sie vorher die Beteiligten von der beabsichtigten Löschung benachrichtigt und ihnen eine angemessene Frist zur Geltendmachung eines Widerspruchs gesetzt hat. [2] Widerspricht ein Beteiligter innerhalb der Frist, so hat die Löschung zu unterbleiben.

(6) [1] Der Aktionär kann von der Gesellschaft Auskunft über die zu seiner Person in das Aktienregister eingetragenen Daten verlangen. [2] Bei nichtbörsennotierten Gesellschaften kann die Satzung Weiteres bestimmen. [3] Die Gesellschaft darf die Registerdaten sowie die nach Absatz 4 Satz 2 und 3 mitgeteilten Daten für ihre Aufgaben im Verhältnis zu den Aktionären verwenden. [4] Zur Werbung für das Unternehmen darf sie die Daten nur verwenden, soweit der Aktionär nicht widerspricht. [5] Die Aktionäre sind in angemessener Weise über ihr Widerspruchsrecht zu informieren.

(7) Diese Vorschriften gelten sinngemäß für Zwischenscheine.

AktG ab 1.1.2024:

(4) [1] Die bei Übertragung oder Verwahrung von Namensaktien mitwirkenden Intermediäre sind verpflichtet, der Gesellschaft die für die Führung des Aktienregisters erforderlichen Angaben gegen Erstattung der notwendigen Kosten zu übermitteln. [2] Der Eingetragene hat der Gesellschaft auf ihr Verlangen unverzüglich mitzuteilen, inwieweit ihm die Aktien, für die er im Aktienregister eingetragen ist, auch gehören; soweit dies nicht der Fall ist, hat er die in **Absatz 1 Satz 1 und 2** genannten Angaben zu demjenigen zu übermitteln, für den er die Aktien hält. [3] Dies gilt entsprechend für denjenigen, dessen Daten nach Satz 2 oder diesem Satz übermittelt werden. [4] **Absatz 1 Satz 6** gilt entsprechend; für die Kostentragung gilt Satz 1. [5] Wird der Inhaber von Namensaktien nicht in das Aktienregister eingetragen, so ist der depotführende Intermediär auf Verlangen der Gesellschaft verpflichtet, sich gegen Erstattung der notwendigen Kosten durch die Gesellschaft an dessen Stelle gesondert in das Aktienregister eintragen zu lassen. [6] Wird ein Intermediär im Rahmen eines Übertragungsvorgangs von Namensaktien nur vorübergehend gesondert in das Aktienregister eingetragen, so löst diese Eintragung keine Pflichten infolge des Absatzes 2 aus und führt nicht zur Anwendung von satzungsmäßigen Beschränkungen nach **Absatz 1 Satz 5**. [7] § 67d bleibt unberührt.

(5)–(7) *[unverändert]*

§ 289 Auflösung

AktG Stand 15.9.2022:

(1) Die Gründe für die Auflösung der Kommanditgesellschaft auf Aktien und das Ausscheiden eines von mehreren persönlich haftenden Gesellschaftern aus der Gesellschaft richten sich, soweit in den Absätzen 2 bis 6 nichts anderes bestimmt ist, nach den Vorschriften des Handelsgesetzbuchs über die Kommanditgesellschaft.

AktG ab 1.1.2024:

§ 289 Auflösung

(1)–(5) *[unverändert]*

AktG Stand 15.9.2022:	***AktG ab 1.1.2024:***
(2) Die Kommanditgesellschaft auf Aktien wird auch aufgelöst 1. mit der Rechtskraft des Beschlusses, durch den die Eröffnung des Insolvenzverfahrens mangels Masse abgelehnt wird; 2. mit der Rechtskraft einer Verfügung des Registergerichts, durch welche nach § 399 des Gesetzes über das Verfahren in Familiensachen und in den Angelegenheiten der freiwilligen Gerichtsbarkeit ein Mangel der Satzung festgestellt worden ist; 3. durch die Löschung der Gesellschaft wegen Vermögenslosigkeit nach § 394 des Gesetzes über das Verfahren in Familiensachen und in den Angelegenheiten der freiwilligen Gerichtsbarkeit.	
(3) [1] Durch die Eröffnung des Insolvenzverfahrens über das Vermögen eines Kommanditaktionärs wird die Gesellschaft nicht aufgelöst. [2] Die Gläubiger eines Kommanditaktionärs sind nicht berechtigt, die Gesellschaft zu kündigen.	
(4) [1] Für die Kündigung der Gesellschaft durch die Kommanditaktionäre und für ihre Zustimmung zur Auflösung der Gesellschaft ist ein Beschluß der Hauptversammlung nötig. [2] Gleiches gilt für den Antrag auf Auflösung der Gesellschaft durch gerichtliche Entscheidung. [3] Der Beschluß bedarf einer Mehrheit, die mindestens drei Viertel des bei der Beschlußfassung vertretenen Grundkapitals umfaßt. [4] Die Satzung kann eine größere Kapitalmehrheit und weitere Erfordernisse bestimmen.	
(5) Persönlich haftende Gesellschafter können außer durch Ausschließung nur ausscheiden, wenn es die Satzung für zulässig erklärt.	
(6) [1] Die Auflösung der Gesellschaft und das Ausscheiden eines persönlich haftenden Gesellschafters ist von allen persönlich haftenden Gesellschaftern zur Eintragung in das Handelsregister anzumelden. [2] ***§ 143 Abs. 3 des Handelsgesetzbuchs*** gilt sinngemäß. [3] In den Fällen des Absatzes 2 hat das Gericht die Auflösung und ihren Grund von Amts wegen einzutragen. [4] Im Falle des Absatzes 2 Nr. 3 entfällt die Eintragung der Auflösung.	(6) [1] Die Auflösung der Gesellschaft und das Ausscheiden eines persönlich haftenden Gesellschafters ist von allen persönlich haftenden Gesellschaftern zur Eintragung in das Handelsregister anzumelden. [2] **§ 141 Absatz 2 des Handelsgesetzbuchs** gilt sinngemäß. [3] In den Fällen des Absatzes 2 hat das Gericht die Auflösung und ihren Grund von Amts wegen einzutragen. [4] Im Falle des Absatzes 2 Nr. 3 entfällt die Eintragung der Auflösung.

6. Gesetz betreffend die Gesellschaften mit beschränkter Haftung

vom 20. Mai 1898

in der im Bundesgesetzblatt Teil III, Gliederungsnummer 4123-1, veröffentlichten bereinigten Fassung

zuletzt geänd. durch Art. 5, 6 G zur Ergänzung der Regelungen zur Umsetzung der DigitalisierungsRL und zur Änd. weiterer Vorschriften v. 15.7.2022 (BGBl. I S. 1146)

geänd. durch Art. 64 PersonengesellschaftsrechtsmodernisierungsG (MoPeG) v. 10.8.2021 (BGBl. I S. 3436)

GmbHG Stand 15.9.2022:

§ 40 Liste der Gesellschafter, Verordnungsermächtigung

(1) [1] Die Geschäftsführer haben unverzüglich nach Wirksamwerden jeder Veränderung in den Personen der Gesellschafter oder des Umfangs ihrer Beteiligung eine von ihnen unterschriebene oder mit ihrer qualifizierten elektronischen Signatur versehene Liste der Gesellschafter zum Handelsregister einzureichen, aus welcher Name, Vorname, Geburtsdatum und Wohnort derselben sowie die Nennbeträge und die laufenden Nummern der von einem jeden derselben übernommenen Geschäftsanteile sowie die durch den jeweiligen Nennbetrag eines Geschäftsanteils vermittelte jeweilige prozentuale Beteiligung am Stammkapital zu entnehmen sind. [2] ***Ist ein Gesellschafter selbst eine Gesellschaft, so sind bei eingetragenen Gesellschaften in die Liste deren Firma, Satzungssitz, zuständiges Register und Registernummer aufzunehmen, bei nicht eingetragenen Gesellschaften deren jeweilige Gesellschafter unter einer zusammenfassenden Bezeichnung mit Name, Vorname, Geburtsdatum und Wohnort.***

[3] Hält ein Gesellschafter mehr als einen Geschäftsanteil, ist in der Liste der Gesellschafter zudem der Gesamtumfang der Beteiligung am Stammkapital als Prozentsatz gesondert anzugeben. [4] Die Änderung der Liste durch die Geschäftsführer erfolgt auf Mitteilung und Nachweis.

(2) [1] Hat ein Notar an Veränderungen nach Absatz 1 Satz 1 mitgewirkt, hat er unverzüglich nach deren Wirksamwerden ohne Rücksicht auf etwaige später eintretende Unwirksamkeitsgründe die Liste anstelle der Geschäftsführer zu unterschreiben oder mit seiner qualifizierten elektronischen Signatur zu versehen, zum Handelsregister einzureichen und eine Abschrift der geänderten Liste an die Gesellschaft zu übermitteln. [2] Die Liste muss mit der Bescheinigung des Notars versehen sein, dass die geänderten Eintragungen den Veränderungen entsprechen, an denen er mitgewirkt hat, und die übrigen Eintragungen mit dem Inhalt der zuletzt im Handelsregister aufgenommenen Liste übereinstimmen.

(3) Geschäftsführer, welche die ihnen nach Absatz 1 obliegende Pflicht verletzen, haften denjenigen, deren Beteiligung sich geändert hat, und den Gläubigern der Gesellschaft für den daraus entstandenen Schaden als Gesamtschuldner.

GmbHG ab 1.1.2024:

§ 40 Liste der Gesellschafter, Verordnungsermächtigung

(1) [1] Die Geschäftsführer haben unverzüglich nach Wirksamwerden jeder Veränderung in den Personen der Gesellschafter oder des Umfangs ihrer Beteiligung eine von ihnen unterschriebene oder mit ihrer qualifizierten elektronischen Signatur versehene Liste der Gesellschafter zum Handelsregister einzureichen, aus welcher Name, Vorname, Geburtsdatum und Wohnort derselben sowie die Nennbeträge und die laufenden Nummern der von einem jeden derselben übernommenen Geschäftsanteile sowie die durch den jeweiligen Nennbetrag eines Geschäftsanteils vermittelte jeweilige prozentuale Beteiligung am Stammkapital zu entnehmen sind. [2] **Ist ein Gesellschafter selbst eine juristische Person oder rechtsfähige Personengesellschaft, sind in die Liste deren Firma oder Name, Sitz und, soweit gesetzlich vorgesehen, das zuständige Registergericht und die Registernummer aufzunehmen. [3] Eine Gesellschaft bürgerlichen Rechts kann nur in die Liste eingetragen und Veränderungen an ihrer Eintragung können nur vorgenommen werden, wenn sie in das Gesellschaftsregister eingetragen ist.**
[4] Hält ein Gesellschafter mehr als einen Geschäftsanteil, ist in der Liste der Gesellschafter zudem der Gesamtumfang der Beteiligung am Stammkapital als Prozentsatz gesondert anzugeben. [5] Die Änderung der Liste durch die Geschäftsführer erfolgt auf Mitteilung und Nachweis.

(2)–(5) *[unverändert]*

GmbHG Stand 15.9.2022:	***GmbHG ab 1.1.2024:***
(4) Das Bundesministerium der Justiz und für Verbraucherschutz wird ermächtigt, durch Rechtsverordnung mit Zustimmung des Bundesrates nähere Bestimmungen über die Ausgestaltung der Gesellschafterliste zu treffen. (5) [1] Die Landesregierungen werden ermächtigt, durch Rechtsverordnung zu bestimmen, dass bestimmte in der Liste der Gesellschafter enthaltene Angaben in strukturierter maschinenlesbarer Form an das Handelsregister zu übermitteln sind, soweit nicht durch das Bundesministerium der Justiz und für Verbraucherschutz nach § 387 Absatz 2 des Gesetzes über das Verfahren in Familiensachen und in den Angelegenheiten der freiwilligen Gerichtsbarkeit entsprechende Vorschriften erlassen werden. [2] Die Landesregierungen können die Ermächtigung durch Rechtsverordnung auf die Landesjustizverwaltungen übertragen.	

7. Umwandlungsgesetz

vom 28. Oktober 1994

(BGBl. I S. 3210, ber. 1995 I S. 428)

zuletzt geänd. durch Art. 17 G zur Umsetzung der Digitalisierungsrichtlinie (DiRUG) v. 5.7.2021 (BGBl. I S. 3338)	geänd. durch Art. 60 PersonengesellschaftsrechtsmodernisierungsG (MoPeG) v. 10.8.2021 (BGBl. I S. 3436)
UmwG Stand 15.9.2022:	***UmwG ab 1.1.2024:***

Inhaltsübersicht

Zweites Buch. Verschmelzung

Erster Teil. Allgemeine Vorschriften

Erster Abschnitt. Möglichkeit der Verschmelzung

UmwG Stand 15.9.2022	UmwG ab 1.1.2024
§ 3 Verschmelzungsfähige Rechtsträger	**§ 3 Verschmelzungsfähige Rechtsträger**
(1) An Verschmelzungen können als übertragende, übernehmende oder neue Rechtsträger beteiligt sein:	(1) An Verschmelzungen können als übertragende, übernehmende oder neue Rechtsträger beteiligt sein:
1. Personenhandelsgesellschaften (offene Handelsgesellschaften, Kommanditgesellschaften) und Partnerschaftsgesellschaften;	**1. eingetragene Gesellschaften bürgerlichen Rechts, Personenhandelsgesellschaften (offene Handelsgesellschaften, Kommanditgesellschaften) und Partnerschaftsgesellschaften;**
2. Kapitalgesellschaften (Gesellschaften mit beschränkter Haftung, Aktiengesellschaften, Kommanditgesellschaften auf Aktien);	2. Kapitalgesellschaften (Gesellschaften mit beschränkter Haftung, Aktiengesellschaften, Kommanditgesellschaften auf Aktien);
3. eingetragene Genossenschaften;	3. eingetragene Genossenschaften;
4. eingetragene Vereine (§ 21 des Bürgerlichen Gesetzbuchs);	4. eingetragene Vereine (§ 21 des Bürgerlichen Gesetzbuchs);
5. genossenschaftliche Prüfungsverbände;	5. genossenschaftliche Prüfungsverbände;

UmwG Stand 15.9.2022:	*UmwG ab 1.1.2024:*
6. Versicherungsvereine auf Gegenseitigkeit.	6. Versicherungsvereine auf Gegenseitigkeit.
(2) An einer Verschmelzung können ferner beteiligt sein: 1. wirtschaftliche Vereine (§ 22 des Bürgerlichen Gesetzbuchs), soweit sie übertragender Rechtsträger sind; 2. natürliche Personen, die als Alleingesellschafter einer Kapitalgesellschaft deren Vermögen übernehmen. (3) An der Verschmelzung können als übertragende Rechtsträger auch aufgelöste Rechtsträger beteiligt sein, wenn die Fortsetzung dieser Rechtsträger beschlossen werden könnte. (4) Die Verschmelzung kann sowohl unter gleichzeitiger Beteiligung von Rechtsträgern derselben Rechtsform als auch von Rechtsträgern unterschiedlicher Rechtsform erfolgen, soweit nicht etwas anderes bestimmt ist.	(2)–(4) *[unverändert]*

Zweiter Abschnitt. Verschmelzung durch Aufnahme

§ 16 Anmeldung der Verschmelzung	**§ 16 Anmeldung der Verschmelzung**
(1) [1] Die Vertretungsorgane jedes der an der Verschmelzung beteiligten Rechtsträger haben die Verschmelzung zur Eintragung in das Register (***Handelsregister, Partnerschaftsregister, Genossenschaftsregister oder Vereinsregister***) des Sitzes ihres Rechtsträgers anzumelden. [2] Das Vertretungsorgan des übernehmenden Rechtsträgers ist berechtigt, die Verschmelzung auch zur Eintragung in das Register des Sitzes jedes der übertragenden Rechtsträger anzumelden.	(1) [1] Die Vertretungsorgane jedes der an der Verschmelzung beteiligten Rechtsträger haben die Verschmelzung zur Eintragung in das Register (***Handelsregister, Genossenschaftsregister, Gesellschaftsregister, Partnerschaftsregister oder Vereinsregister***) des Sitzes ihres Rechtsträgers anzumelden. [2] Das Vertretungsorgan des übernehmenden Rechtsträgers ist berechtigt, die Verschmelzung auch zur Eintragung in das Register des Sitzes jedes der übertragenden Rechtsträger anzumelden.
(2) [1] Bei der Anmeldung haben die Vertretungsorgane zu erklären, daß eine Klage gegen die Wirksamkeit eines Verschmelzungsbeschlusses nicht oder nicht fristgemäß erhoben oder eine solche Klage rechtskräftig abgewiesen oder zurückgenommen worden ist; hierüber haben die Vertretungsorgane dem Registergericht auch nach der Anmeldung Mitteilung zu machen. [2] Liegt die Erklärung nicht vor, so darf die Verschmelzung nicht eingetragen werden, es sei denn, daß die klageberechtigten Anteilsinhaber durch notariell beurkundete Verzichtserklärung auf die Klage gegen die Wirksamkeit des Verschmelzungsbeschlusses verzichten. (3) [1] Der Erklärung nach Absatz 2 Satz 1 steht es gleich, wenn nach Erhebung einer Klage gegen die Wirksamkeit eines Verschmelzungsbeschlusses das Gericht auf Antrag des Rechtsträgers, gegen dessen Verschmelzungsbeschluß sich die Klage richtet, durch Beschluß festgestellt hat, daß die Erhebung der Klage der Eintragung nicht entgegensteht. [2] Auf das Verfahren sind § 247 des Aktiengesetzes, die §§ 82, 83 Abs. 1 und § 84 der Zivilprozessordnung sowie die im ersten Rechtszug für das Verfahren vor den Landgerichten geltenden Vorschriften der Zivilprozessordnung entsprechend anzuwenden, soweit nichts Abweichendes be-	(2), (3) *[unverändert]*

UmwG Stand 15.9.2022:	*UmwG ab 1.1.2024:*
stimmt ist. [3]Ein Beschluss nach Satz 1 ergeht, wenn 1. die Klage unzulässig oder offensichtlich unbegründet ist oder 2. der Kläger nicht binnen einer Woche nach Zustellung des Antrags durch Urkunden nachgewiesen hat, dass er seit Bekanntmachung der Einberufung einen anteiligen Betrag von mindestens 1 000 Euro hält oder 3. das alsbaldige Wirksamwerden der Verschmelzung vorrangig erscheint, weil die vom Antragsteller dargelegten wesentlichen Nachteile für die an der Verschmelzung beteiligten Rechtsträger und ihre Anteilsinhaber nach freier Überzeugung des Gerichts die Nachteile für den Antragsgegner überwiegen, es sei denn, es liegt eine besondere Schwere des Rechtsverstoßes vor. [4]Der Beschluß kann in dringenden Fällen ohne mündliche Verhandlung ergehen. [5]Der Beschluss soll spätestens drei Monate nach Antragstellung ergehen; Verzögerungen der Entscheidung sind durch unanfechtbaren Beschluss zu begründen. [6]Die vorgebrachten Tatsachen, auf Grund derer der Beschluß nach Satz 3 ergehen kann, sind glaubhaft zu machen. [7]Über den Antrag entscheidet ein Senat des Oberlandesgerichts, in dessen Bezirk die Gesellschaft ihren Sitz hat. [8]Eine Übertragung auf den Einzelrichter ist ausgeschlossen; einer Güteverhandlung bedarf es nicht. [9]Der Beschluss ist unanfechtbar. [10]Erweist sich die Klage als begründet, so ist der Rechtsträger, der den Beschluß erwirkt hat, verpflichtet, dem Antragsgegner den Schaden zu ersetzen, der ihm aus einer auf dem Beschluß beruhenden Eintragung der Verschmelzung entstanden ist; als Ersatz des Schadens kann nicht die Beseitigung der Wirkungen der Eintragung der Verschmelzung im Register des Sitzes des übernehmenden Rechtsträgers verlangt werden.	

Zweiter Teil. Besondere Vorschriften

Erster Abschnitt. Verschmelzung unter Beteiligung von Personengesellschaften

[neu]	**Erster Unterabschnitt. Verschmelzung unter Beteiligung von Gesellschaften bürgerlichen Rechts**
[neu]	**§ 39 Ausschluss der Verschmelzung** Eine aufgelöste Gesellschaft bürgerlichen Rechts kann sich nicht als übertragender Rechtsträger an einer Verschmelzung beteiligen, wenn die Gesellschafter eine andere Art der Auseinandersetzung als die Abwicklung durch Liquidation oder als die Verschmelzung vereinbart haben.
[neu]	**§ 39a Verschmelzungsbericht** Ein Verschmelzungsbericht ist für eine an der Verschmelzung beteiligte Gesellschaft bürgerlichen Rechts nicht erforderlich, wenn alle Gesellschafter dieser Gesellschaft zur Geschäftsführung berechtigt sind.

UmwG Stand 15.9.2022:	*UmwG ab 1.1.2024:*
[neu]	**§ 39b Unterrichtung der Gesellschafter** Der Verschmelzungsvertrag oder sein Entwurf und der Verschmelzungsbericht sind den Gesellschaftern, die von der Befugnis zur Geschäftsführung ausgeschlossen sind, spätestens zusammen mit der Einberufung der Gesellschafterversammlung, die gemäß § 13 Absatz 1 über die Zustimmung zum Verschmelzungsvertrag beschließen soll, zu übersenden.
[neu]	**§ 39c Beschluss der Gesellschafterversammlung** (1) Der Verschmelzungsbeschluss der Gesellschafterversammlung bedarf der Zustimmung aller anwesenden Gesellschafter; ihm müssen auch die nicht erschienenen Gesellschafter zustimmen. (2) [1] Der Gesellschaftsvertrag kann eine Mehrheitsentscheidung der Gesellschafter vorsehen. [2] Die Mehrheit muss mindestens drei Viertel der abgegebenen Stimmen betragen.
[neu]	**§ 39d Widerspruch gegen den Beschluss der Gesellschafterversammlung** [1] Widerspricht ein Gesellschafter einer übernehmenden Gesellschaft bürgerlichen Rechts der Verschmelzung, hat sie zu unterbleiben. [2] Das Gleiche gilt, wenn der Anteilsinhaber eines übertragenden Rechtsträgers der Verschmelzung auf eine Gesellschaft bürgerlichen Rechts widerspricht.
[neu]	**§ 39e Prüfung der Verschmelzung** [1] Im Fall des § 39c Absatz 2 ist der Verschmelzungsvertrag oder sein Entwurf für eine Gesellschaft bürgerlichen Rechts nach den §§ 9 bis 12 zu prüfen, wenn dies einer ihrer Gesellschafter innerhalb einer Frist von einer Woche verlangt, nachdem er die in § 39b genannten Unterlagen erhalten hat. [2] Die Kosten der Prüfung trägt die Gesellschaft.
[neu]	**§ 39f Zeitliche Begrenzung der Haftung persönlich haftender Gesellschafter** (1) Überträgt eine Gesellschaft bürgerlichen Rechts ihr Vermögen durch Verschmelzung auf einen Rechtsträger anderer Rechtsform, dessen Anteilsinhaber für die Verbindlichkeiten dieses Rechtsträgers nicht unbeschränkt haften, haftet ein Gesellschafter der Gesellschaft bürgerlichen Rechts für deren Verbindlichkeiten, wenn sie vor Ablauf von fünf Jahren nach der Verschmelzung fällig und daraus Ansprüche gegen ihn in einer in § 197 Absatz 1 Nummer 3 bis 5 des Bürgerlichen Gesetzbuchs bezeichneten Art festgestellt sind oder eine gerichtliche oder behördliche Vollstreckungshandlung vorgenommen oder beantragt wird; bei öffentlich-rechtlichen Verbindlichkeiten genügt der Erlass eines Verwaltungsakts. (2) [1] Die Frist beginnt mit dem Tag, an dem die Eintragung der Verschmelzung in das Register des Sitzes des übernehmenden Rechtsträgers nach § 19

UmwG Stand 15.9.2022:	*UmwG ab 1.1.2024:*

Absatz 3 bekannt gemacht worden ist. [2]Die §§ 204, 206, 210, 211 und 212 Absatz 2 und 3 des Bürgerlichen Gesetzbuchs sind entsprechend anzuwenden.

(3) Einer Feststellung in einer in § 197 Absatz 1 Nummer 3 bis 5 des Bürgerlichen Gesetzbuchs bezeichneten Art bedarf es nicht, soweit der Gesellschafter den Anspruch schriftlich anerkannt hat.

(4) Die Absätze 1 bis 3 sind auch anzuwenden, wenn der Gesellschafter in dem Rechtsträger anderer Rechtsform geschäftsführend tätig wird.

Erster Unterabschnitt.
Verschmelzung unter Beteiligung von Personenhandelsgesellschaften

§ 39 Ausschluß der Verschmelzung

Eine aufgelöste Personenhandelsgesellschaft kann sich nicht als übertragender Rechtsträger an einer Verschmelzung beteiligen, wenn die Gesellschafter nach § 145 des Handelsgesetzbuchs eine andere Art der Auseinandersetzung als die Abwicklung oder als die Verschmelzung vereinbart haben.

§ 40 Inhalt des Verschmelzungsvertrags

(1) [1]Der Verschmelzungsvertrag oder sein Entwurf hat zusätzlich für jeden Anteilsinhaber eines übertragenden Rechtsträgers zu bestimmen, ob ihm in der übernehmenden oder der neuen Personenhandelsgesellschaft die Stellung eines persönlich haftenden Gesellschafters oder eines Kommanditisten gewährt wird. [2]Dabei ist der Betrag der Einlage jedes Gesellschafters festzusetzen.

(2) [1]Anteilsinhabern eines übertragenden Rechtsträgers, die für dessen Verbindlichkeiten nicht als Gesamtschuldner persönlich unbeschränkt haften, ist die Stellung eines Kommanditisten zu gewähren. [2]Abweichende Bestimmungen sind nur wirksam, wenn die betroffenen Anteilsinhaber dem Verschmelzungsbeschluß des übertragenden Rechtsträgers zustimmen.

Zweiter Unterabschnitt.
Verschmelzung unter Beteiligung von Personenhandelsgesellschaften

(siehe § 42 iVm § 39)

(unverändert)

§ 41 Widerspruch gegen den Beschluss der Gesellschafterversammlung

Widerspricht ein Anteilsinhaber eines übertragenden Rechtsträgers, der für dessen Verbindlichkeiten persönlich unbeschränkt haftet, der Verschmelzung, ist ihm in der übernehmenden oder der neuen Personenhandelsgesellschaft die Stellung eines Kommanditisten zu gewähren; das Gleiche gilt für einen Anteilsinhaber der übernehmenden Personenhandelsgesellschaft, der für deren Verbindlichkeiten persönlich unbeschränkt haftet, wenn er der Verschmelzung widerspricht.

§ 42 Entsprechend anzuwendende Vorschriften

Die §§ 39, 39a, 39b, 39c, 39e und 39f sind entsprechend anzuwenden.

UmwG Stand 15.9.2022:	*UmwG ab 1.1.2024:*
§ 41 Verschmelzungsbericht Ein Verschmelzungsbericht ist für eine an der Verschmelzung beteiligte Personenhandelsgesellschaft nicht erforderlich, wenn alle Gesellschafter dieser Gesellschaft zur Geschäftsführung berechtigt sind.	*(siehe § 42 iVm § 39a)*
§ 42 Unterrichtung der Gesellschafter Der Verschmelzungsvertrag oder sein Entwurf und der Verschmelzungsbericht sind den Gesellschaftern, die von der Geschäftsführung ausgeschlossen sind, spätestens zusammen mit der Einberufung der Gesellschafterversammlung, die gemäß § 13 Abs. 1 über die Zustimmung zum Verschmelzungsvertrag beschließen soll, zu übersenden.	*(siehe § 42 iVm § 39b)*
§ 43 Beschluß der Gesellschafterversammlung (1) Der Verschmelzungsbeschluß der Gesellschafterversammlung bedarf der Zustimmung aller anwesenden Gesellschafter; ihm müssen auch die nicht erschienenen Gesellschafter zustimmen. (2) [1] Der Gesellschaftsvertrag kann eine Mehrheitsentscheidung der Gesellschafter vorsehen. [2] Die Mehrheit muß mindestens drei Viertel der abgegebenen Stimmen betragen. [3] Widerspricht ein Anteilsinhaber eines übertragenden Rechtsträgers, der für dessen Verbindlichkeiten persönlich unbeschränkt haftet, der Verschmelzung, so ist ihm in der übernehmenden oder der neuen Personenhandelsgesellschaft die Stellung eines Kommanditisten zu gewähren; das gleiche gilt für einen Anteilsinhaber der übernehmenden Personenhandelsgesellschaft, der für deren Verbindlichkeiten persönlich unbeschränkt haftet, wenn er der Verschmelzung widerspricht.	*(siehe § 42 iVm § 39c)*
§ 44 Prüfung der Verschmelzung [1] Im Fall des § 43 Abs. 2 ist der Verschmelzungsvertrag oder sein Entwurf für eine Personenhandelsgesellschaft nach den §§ 9 bis 12 zu prüfen, wenn dies einer ihrer Gesellschafter innerhalb einer Frist von einer Woche verlangt, nachdem er die in § 42 genannten Unterlagen erhalten hat. [2] Die Kosten der Prüfung trägt die Gesellschaft.	*(siehe § 42 iVm § 39e)*
§ 45 Zeitliche Begrenzung der Haftung persönlich haftender Gesellschafter (1) Überträgt eine Personenhandelsgesellschaft ihr Vermögen durch Verschmelzung auf einen Rechtsträger anderer Rechtsform, dessen Anteilsinhaber für die Verbindlichkeiten dieses Rechtsträgers nicht unbeschränkt haften, so haftet ein Gesellschafter der Personenhandelsgesellschaft für ihre Verbindlichkeiten, wenn sie vor Ablauf von fünf Jahren nach der Verschmelzung fällig und daraus Ansprüche gegen ihn in einer in § 197 Abs. 1 Nr. 3 bis 5 des Bürgerlichen Gesetzbuchs bezeichneten Art festgestellt sind oder eine gerichtliche oder behördliche Vollstreckungshandlung vorgenom-	*(siehe § 42 iVm § 39f)*

UmwG Stand 15.9.2022:

men oder beantragt wird; bei öffentlich-rechtlichen Verbindlichkeiten genügt der Erlass eines Verwaltungsakts.

(2) [1]Die Frist beginnt mit dem Tage, an dem die Eintragung der Verschmelzung in das Register des Sitzes des übernehmenden Rechtsträgers nach § 19 Abs. 3 bekannt gemacht worden ist. [2]Die für die Verjährung geltenden §§ 204, 206, 210, 211 und 212 Abs. 2 und 3 des Bürgerlichen Gesetzbuchs sind entsprechend anzuwenden.

(3) Einer Feststellung in einer in § 197 Abs. 1 Nr. 3 bis 5 des Bürgerlichen Gesetzbuchs bezeichneten Art bedarf es nicht, soweit der Gesellschafter den Anspruch schriftlich anerkannt hat.

(4) Die Absätze 1 bis 3 sind auch anzuwenden, wenn der Gesellschafter in dem Rechtsträger anderer Rechtsform geschäftsführend tätig wird.

UmwG ab 1.1.2024:

Zweiter Unterabschnitt. Verschmelzung unter Beteiligung von Partnerschaftsgesellschaften

UmwG Stand 15.9.2022

…

§ 45c Verschmelzungsbericht und Unterrichtung der Partner

[1]Ein Verschmelzungsbericht ist für eine an der Verschmelzung beteiligte Partnerschaftsgesellschaft nur erforderlich, wenn ein Partner gemäß § 6 Abs. 2 des Partnerschaftsgesellschaftsgesetzes von der Geschäftsführung ausgeschlossen ist. [2]Von der Geschäftsführung ausgeschlossene Partner sind entsprechend ***§ 42*** zu unterrichten.

…

§ 45e Anzuwendende Vorschriften

[1]Die ***§§ 39 und 45*** sind entsprechend anzuwenden. [2]In den Fällen des § 45d Abs. 2 ist auch ***§ 44*** entsprechend anzuwenden.

…

Dritter Unterabschnitt. Verschmelzung unter Beteiligung von Partnerschaftsgesellschaften

UmwG ab 1.1.2024

§ 45c Verschmelzungsbericht und Unterrichtung der Partner

[1]Ein Verschmelzungsbericht ist für eine an der Verschmelzung beteiligte Partnerschaftsgesellschaft nur erforderlich, wenn ein Partner gemäß § 6 Abs. 2 des Partnerschaftsgesellschaftsgesetzes von der Geschäftsführung ausgeschlossen ist. [2]Von der Geschäftsführung ausgeschlossene Partner sind entsprechend **§ 39b** zu unterrichten.

§ 45e Anzuwendende Vorschriften

[1]Die **§§ 39 und 39f** sind entsprechend anzuwenden. [2]In den Fällen des § 45d Abs. 2 ist auch **§ 39e** entsprechend anzuwenden.

Zweiter Abschnitt. Verschmelzung unter Beteiligung von Gesellschaften mit beschränkter Haftung

Erster Unterabschnitt. Verschmelzung durch Aufnahme

UmwG Stand 15.9.2022

§ 51 Zustimmungserfordernisse in Sonderfällen

(1) [1]Ist an der Verschmelzung eine Gesellschaft mit beschränkter Haftung, auf deren Geschäftsanteile nicht alle zu leistenden Einlagen in voller Höhe bewirkt sind, als übernehmender Rechtsträger beteiligt, so bedarf der Verschmelzungsbeschluß eines übertragenden Rechtsträgers der Zustimmung aller bei der Beschlußfassung anwesenden Anteilsinhaber dieses Rechtsträgers. [2]Ist der übertragende Rechtsträger eine ***Personenhandelsgesellschaft, eine Partnerschaftsgesellschaft*** oder eine Gesellschaft mit beschränkter Haftung, so bedarf der Verschmelzungsbeschluß auch der Zustimmung der nicht erschienenen Gesellschafter. [3]Wird eine Gesellschaft mit beschränkter Haftung, auf deren Geschäftsanteile nicht alle zu leistenden Ein-

UmwG ab 1.1.2024

§ 51 Zustimmungserfordernisse in Sonderfällen

(1) [1]Ist an der Verschmelzung eine Gesellschaft mit beschränkter Haftung, auf deren Geschäftsanteile nicht alle zu leistenden Einlagen in voller Höhe bewirkt sind, als übernehmender Rechtsträger beteiligt, so bedarf der Verschmelzungsbeschluß eines übertragenden Rechtsträgers der Zustimmung aller bei der Beschlußfassung anwesenden Anteilsinhaber dieses Rechtsträgers. [2]Ist der übertragende Rechtsträger eine **rechtsfähige Personengesellschaft** oder eine Gesellschaft mit beschränkter Haftung, so bedarf der Verschmelzungsbeschluß auch der Zustimmung der nicht erschienenen Gesellschafter. [3]Wird eine Gesellschaft mit beschränkter Haftung, auf deren Geschäftsanteile nicht alle zu leistenden Einlagen in

UmwG Stand 15.9.2022:

lagen in voller Höhe bewirkt sind, von einer Gesellschaft mit beschränkter Haftung durch Verschmelzung aufgenommen, bedarf der Verschmelzungsbeschluss der Zustimmung aller Gesellschafter der übernehmenden Gesellschaft.

(2) Wird der Nennbetrag der Geschäftsanteile nach § 46 Abs. 1 Satz 2 abweichend vom Betrag der Aktien festgesetzt, so muss der Festsetzung jeder Aktionär zustimmen, der sich nicht mit seinem gesamten Anteil beteiligen kann.

§ 52 Anmeldung der Verschmelzung

[1] Bei der Anmeldung der Verschmelzung zur Eintragung in das Register haben die Vertretungsorgane der an der Verschmelzung beteiligten Rechtsträger im Falle des § 51 Abs. 1 auch zu erklären, daß dem Verschmelzungsbeschluß jedes der übertragenden Rechtsträger alle bei der Beschlußfassung anwesenden Anteilsinhaber dieses Rechtsträgers und, sofern der übertragende Rechtsträger eine ***Personenhandelsgesellschaft, eine Partnerschaftsgesellschaft*** oder eine Gesellschaft mit beschränkter Haftung ist, auch die nicht erschienenen Gesellschafter dieser Gesellschaft zugestimmt haben. [2] Wird eine Gesellschaft mit beschränkter Haftung, auf deren Geschäftsanteile nicht alle zu leistenden Einlagen in voller Höhe bewirkt sind, von einer Gesellschaft mit beschränkter Haftung durch Verschmelzung aufgenommen, so ist auch zu erklären, dass alle Gesellschafter dieser Gesellschaft dem Verschmelzungsbeschluss zugestimmt haben.

UmwG ab 1.1.2024:

voller Höhe bewirkt sind, von einer Gesellschaft mit beschränkter Haftung durch Verschmelzung aufgenommen, bedarf der Verschmelzungsbeschluss der Zustimmung aller Gesellschafter der übernehmenden Gesellschaft.

(2) *[unverändert]*

§ 52 Anmeldung der Verschmelzung

[1] Bei der Anmeldung der Verschmelzung zur Eintragung in das Register haben die Vertretungsorgane der an der Verschmelzung beteiligten Rechtsträger im Falle des § 51 Abs. 1 auch zu erklären, daß dem Verschmelzungsbeschluß jedes der übertragenden Rechtsträger alle bei der Beschlußfassung anwesenden Anteilsinhaber dieses Rechtsträgers und, sofern der übertragende Rechtsträger eine **rechtsfähige Personengesellschaft** oder eine Gesellschaft mit beschränkter Haftung ist, auch die nicht erschienenen Gesellschafter dieser Gesellschaft zugestimmt haben. [2] Wird eine Gesellschaft mit beschränkter Haftung, auf deren Geschäftsanteile nicht alle zu leistenden Einlagen in voller Höhe bewirkt sind, von einer Gesellschaft mit beschränkter Haftung durch Verschmelzung aufgenommen, so ist auch zu erklären, dass alle Gesellschafter dieser Gesellschaft dem Verschmelzungsbeschluss zugestimmt haben.

Dritter Abschnitt. Verschmelzung unter Beteiligung von Aktiengesellschaften

Erster Unterabschnitt. Verschmelzung durch Aufnahme

UmwG Stand 15.9.2022:

§ 69 Verschmelzung mit Kapitalerhöhung

(1) [1] Erhöht die übernehmende Gesellschaft zur Durchführung der Verschmelzung ihr Grundkapital, so sind § 182 Abs. 4, § 184 Abs. 1 Satz 2, §§ 185, 186, 187 Abs. 1, § 188 Abs. 2 und 3 Nr. 1 des Aktiengesetzes nicht anzuwenden; eine Prüfung der Sacheinlage nach § 183 Abs. 3 des Aktiengesetzes findet nur statt, soweit übertragende Rechtsträger die Rechtsform ***einer Personenhandelsgesellschaft, einer Partnerschaftsgesellschaft*** oder eines rechtsfähigen Vereins haben, wenn Vermögensgegenstände in der Schlußbilanz eines übertragenden Rechtsträgers höher bewertet worden sind als in dessen letzter Jahresbilanz, wenn die in einer Schlußbilanz angesetzten Werte nicht als Anschaffungskosten in den Jahresbilanzen der übernehmenden Gesellschaft angesetzt werden oder wenn das Gericht Zweifel hat, ob der Wert der Sacheinlage den geringsten Ausgabebetrag der dafür zu gewährenden Aktien erreicht. [2] Dies gilt auch dann, wenn das Grundkapital durch Ausgabe neuer Aktien auf Grund der Ermächtigung nach § 202 des Aktiengesetzes erhöht wird. [3] In diesem Fall ist außerdem § 203 Abs. 3 des Aktiengesetzes

UmwG ab 1.1.2024:

§ 69 Verschmelzung mit Kapitalerhöhung

(1) [1] Erhöht die übernehmende Gesellschaft zur Durchführung der Verschmelzung ihr Grundkapital, so sind § 182 Abs. 4, § 184 Abs. 1 Satz 2, §§ 185, 186, 187 Abs. 1, § 188 Abs. 2 und 3 Nr. 1 des Aktiengesetzes nicht anzuwenden; eine Prüfung der Sacheinlage nach § 183 Abs. 3 des Aktiengesetzes findet nur statt, soweit übertragende Rechtsträger die Rechtsform **einer rechtsfähigen Personengesellschaft** oder eines rechtsfähigen Vereins haben, wenn Vermögensgegenstände in der Schlußbilanz eines übertragenden Rechtsträgers höher bewertet worden sind als in dessen letzter Jahresbilanz, wenn die in einer Schlußbilanz angesetzten Werte nicht als Anschaffungskosten in den Jahresbilanzen der übernehmenden Gesellschaft angesetzt werden oder wenn das Gericht Zweifel hat, ob der Wert der Sacheinlage den geringsten Ausgabebetrag der dafür zu gewährenden Aktien erreicht. [2] Dies gilt auch dann, wenn das Grundkapital durch Ausgabe neuer Aktien auf Grund der Ermächtigung nach § 202 des Aktiengesetzes erhöht wird. [3] In diesem Fall ist außerdem § 203 Abs. 3 des Aktiengesetzes nicht anzuwenden.

UmwG Stand 15.9.2022:

nicht anzuwenden. [4]Zum Prüfer kann der Verschmelzungsprüfer bestellt werden.

(2) Der Anmeldung der Kapitalerhöhung zum Register sind außer den in § 188 Abs. 3 Nr. 2 und 3 des Aktiengesetzes bezeichneten Schriftstücken der Verschmelzungsvertrag und die Niederschriften der Verschmelzungsbeschlüsse in Ausfertigung oder öffentlich beglaubigter Abschrift beizufügen.

UmwG ab 1.1.2024:

[4]Zum Prüfer kann der Verschmelzungsprüfer bestellt werden.

(2) *[unverändert]*

Zehnter Abschnitt. Grenzüberschreitende Verschmelzung

§ 122f Verschmelzungsprüfung

[1]Der Verschmelzungsplan oder sein Entwurf ist nach den §§ 9 bis 12 zu prüfen; die ***§§ 44*** und 48 sind nicht anzuwenden. [2]Der Prüfungsbericht muss spätestens einen Monat vor der Versammlung der Anteilsinhaber, die nach § 13 über die Zustimmung zum Verschmelzungsplan beschließen soll, vorliegen.

§ 122f Verschmelzungsprüfung

[1]Der Verschmelzungsplan oder sein Entwurf ist nach den §§ 9 bis 12 zu prüfen; die **§§ 39e** und 48 sind nicht anzuwenden. [2]Der Prüfungsbericht muss spätestens einen Monat vor der Versammlung der Anteilsinhaber, die nach § 13 über die Zustimmung zum Verschmelzungsplan beschließen soll, vorliegen.

Drittes Buch. Spaltung

Zweiter Teil. Besondere Vorschriften

Siebenter Abschnitt. Ausgliederung aus dem Vermögen eines Einzelkaufmanns

Zweiter Unterabschnitt. Ausgliederung zur Aufnahme

§ 157 Zeitliche Begrenzung der Haftung für übertragene Verbindlichkeiten

(1) [1]Der Einzelkaufmann haftet für die im Ausgliederungs- und Übernahmevertrag aufgeführten Verbindlichkeiten, wenn sie vor Ablauf von fünf Jahren nach der Ausgliederung fällig und daraus Ansprüche gegen ihn in einer in § 197 Abs. 1 Nr. 3 bis 5 des Bürgerlichen Gesetzbuchs bezeichneten Art festgestellt sind oder eine gerichtliche oder behördliche Vollstreckungshandlung vorgenommen oder beantragt wird; bei öffentlich-rechtlichen Verbindlichkeiten genügt der Erlass eines Verwaltungsakts. [2]Eine Haftung des Einzelkaufmanns als Gesellschafter des aufnehmenden Rechtsträgers nach ***§ 128*** des Handelsgesetzbuchs bleibt unberührt.

(2) [1]Die Frist beginnt mit dem Tage, an dem die Eintragung der Ausgliederung in das Register des Sitzes des Einzelkaufmanns nach § 125 in Verbindung mit § 19 Abs. 3 bekannt gemacht worden ist. [2]Die für die Verjährung geltenden §§ 204, 206, 210, 211 und 212 Abs. 2 und 3 des Bürgerlichen Gesetzbuchs sind entsprechend anzuwenden.

(3) Einer Feststellung in einer in § 197 Abs. 1 Nr. 3 bis 5 des Bürgerlichen Gesetzbuchs bezeichneten Art bedarf es nicht, soweit der Einzelkaufmann den Anspruch schriftlich anerkannt hat.

(4) Die Absätze 1 bis 3 sind auch anzuwenden, wenn der Einzelkaufmann in dem Rechtsträger anderer Rechtsform geschäftsführend tätig wird.

§ 157 Zeitliche Begrenzung der Haftung für übertragene Verbindlichkeiten

(1) [1]Der Einzelkaufmann haftet für die im Ausgliederungs- und Übernahmevertrag aufgeführten Verbindlichkeiten, wenn sie vor Ablauf von fünf Jahren nach der Ausgliederung fällig und daraus Ansprüche gegen ihn in einer in § 197 Abs. 1 Nr. 3 bis 5 des Bürgerlichen Gesetzbuchs bezeichneten Art festgestellt sind oder eine gerichtliche oder behördliche Vollstreckungshandlung vorgenommen oder beantragt wird; bei öffentlich-rechtlichen Verbindlichkeiten genügt der Erlass eines Verwaltungsakts. [2]Eine Haftung des Einzelkaufmanns als Gesellschafter des aufnehmenden Rechtsträgers nach **§ 126** des Handelsgesetzbuchs bleibt unberührt.

(2)–(4) *[unverändert]*

Fünftes Buch. Formwechsel

Erster Teil. Allgemeine Vorschriften

§ 191 Einbezogene Rechtsträger

(1) Formwechselnde Rechtsträger können sein:

§ 191 Einbezogene Rechtsträger

(1) Formwechselnde Rechtsträger können sein:

UmwG Stand 15.9.2022:	*UmwG ab 1.1.2024:*
1. Personenhandelsgesellschaften (§ 3 Abs. 1 Nr. 1) und Partnerschaftsgesellschaften;	**1. eingetragene Gesellschaften bürgerlichen Rechts, Personenhandelsgesellschaften (offene Handelsgesellschaft, Kommanditgesellschaft) und Partnerschaftsgesellschaften;**
2. Kapitalgesellschaften (§ 3 Abs. 1 Nr. 2); 3. eingetragene Genossenschaften; 4. rechtsfähige Vereine; 5. Versicherungsvereine auf Gegenseitigkeit; 6. Körperschaften und Anstalten des öffentlichen Rechts.	2.–6. *[unverändert]*
(2) Rechtsträger neuer Rechtsform können sein: 1. Gesellschaften des bürgerlichen Rechts; 2. Personenhandelsgesellschaften und Partnerschaftsgesellschaften;	(2) Rechtsträger neuer Rechtsform können sein: **1. eingetragene Gesellschaften bürgerlichen Rechts, Personenhandelsgesellschaften (offene Handelsgesellschaft, Kommanditgesellschaft) und Partnerschaftsgesellschaften;**
3. Kapitalgesellschaften; ***4.*** eingetragene Genossenschaften.	**2.** Kapitalgesellschaften; **3.** eingetragene Genossenschaften.
(3) Der Formwechsel ist auch bei aufgelösten Rechtsträgern möglich, wenn ihre Fortsetzung in der bisherigen Rechtsform beschlossen werden könnte.	(3) *[unverändert]*

Zweiter Teil. Besondere Vorschriften

Erster Abschnitt. Formwechsel von Personengesellschaften

Erster Unterabschnitt. *Formwechsel von Personenhandelsgesellschaften*	**Erster Unterabschnitt. Formwechsel von Gesellschaften bürgerlichen Rechts und Personenhandelsgesellschaften**
§ 214 Möglichkeit des Formwechsels	**§ 214 Möglichkeit des Formwechsels**
(1) Eine Personenhandelsgesellschaft kann auf Grund eines Umwandlungsbeschlusses nach diesem Gesetz nur die Rechtsform einer Kapitalgesellschaft oder einer eingetragenen Genossenschaft erlangen.	(1) Eine **Gesellschaft bürgerlichen Rechts oder eine** Personenhandelsgesellschaft kann aufgrund eines Umwandlungsbeschlusses nach diesem Gesetz nur die Rechtsform einer Kapitalgesellschaft oder einer eingetragenen Genossenschaft erlangen.
(2) Eine aufgelöste Personenhandelsgesellschaft ***kann*** die Rechtsform nicht wechseln, wenn die Gesellschafter nach *§ 145 des Handelsgesetzbuchs* eine andere Art der Auseinandersetzung als die Abwicklung oder als den Formwechsel vereinbart haben.	(2) Eine **aufgelöste Gesellschaft bürgerlichen Rechts und eine** aufgelöste Personenhandelsgesellschaft **können** die Rechtsform nicht wechseln, wenn die Gesellschafter eine andere Art der Auseinandersetzung als die Abwicklung durch Liquidation oder als den Formwechsel vereinbart haben.
§ 224 Fortdauer und zeitliche Begrenzung der persönlichen Haftung	**§ 224 Fortdauer und zeitliche Begrenzung der persönlichen Haftung**
(1) Der Formwechsel berührt nicht die Ansprüche der Gläubiger der Gesellschaft gegen einen ihrer Gesellschafter aus Verbindlichkeiten der formwechselnden Gesellschaft, für die dieser im Zeitpunkt des Formwechsels nach ***§ 128 des Handelsgesetzbuchs*** persönlich haftet.	(1) Der Formwechsel berührt nicht die Ansprüche der Gläubiger der Gesellschaft gegen einen ihrer Gesellschafter aus Verbindlichkeiten der formwechselnden Gesellschaft, für die dieser im Zeitpunkt des Formwechsels nach **§ 721 des Bürgerlichen Gesetzbuchs oder nach § 126 des Handelsgesetzbuchs** persönlich haftet.
(2) Der Gesellschafter haftet für diese Verbindlichkeiten, wenn sie vor Ablauf von fünf Jahren nach dem Formwechsel fällig und daraus Ansprü-	(2)–(5) *[unverändert]*

UmwG Stand 15.9.2022:	*UmwG ab 1.1.2024:*
che gegen ihn in einer in § 197 Abs. 1 Nr. 3 bis 5 des Bürgerlichen Gesetzbuchs bezeichneten Art festgestellt sind oder eine gerichtliche oder behördliche Vollstreckungshandlung vorgenommen oder beantragt wird; bei öffentlich-rechtlichen Verbindlichkeiten genügt der Erlass eines Verwaltungsakts.	
(3) [1]Die Frist beginnt mit dem Tage, an dem die Eintragung der neuen Rechtsform oder des Rechtsträgers neuer Rechtsform in das Register bekannt gemacht worden ist. [2]Die für die Verjährung geltenden §§ 204, 206, 210, 211 und 212 Abs. 2 und 3 des Bürgerlichen Gesetzbuchs sind entsprechend anzuwenden.	
(4) Einer Feststellung in einer in § 197 Abs. 1 Nr. 3 bis 5 des Bürgerlichen Gesetzbuchs bezeichneten Art bedarf es nicht, soweit der Gesellschafter den Anspruch schriftlich anerkannt hat.	
(5) Die Absätze 1 bis 4 sind auch anzuwenden, wenn der Gesellschafter in dem Rechtsträger anderer Rechtsform geschäftsführend tätig wird.	

Zweiter Abschnitt Formwechsel von Kapitalgesellschaften

Zweiter Unterabschnitt. Formwechsel in eine Personengesellschaft

§ 228 Möglichkeit des Formwechsels	**§ 228 Möglichkeit des Formwechsels**
(1) Durch den Formwechsel kann eine Kapitalgesellschaft die Rechtsform einer Personenhandelsgesellschaft nur erlangen, wenn der Unternehmensgegenstand im Zeitpunkt des Wirksamwerdens des Formwechsels den Vorschriften über die Gründung einer offenen Handelsgesellschaft ***(§ 105 Abs. 1 und 2 des Handelsgesetzbuchs)*** genügt.	(1) Durch den Formwechsel kann eine Kapitalgesellschaft die Rechtsform einer Personenhandelsgesellschaft nur erlangen, wenn der Unternehmensgegenstand im Zeitpunkt des Wirksamwerdens des Formwechsels den Vorschriften über die Gründung einer offenen Handelsgesellschaft **(§ 105 Absatz 1 und § 107 Absatz 1 des Handelsgesetzbuchs)** genügt.
(2) [1]Ein Formwechsel in eine Partnerschaftsgesellschaft ist nur möglich, wenn im Zeitpunkt seines Wirksamwerdens alle Anteilsinhaber des formwechselnden Rechtsträgers natürliche Personen sind, die einen Freien Beruf ausüben (§ 1 Abs. 1 und 2 des Partnerschaftsgesellschaftsgesetzes). [2]§ 1 Abs. 3 des Partnerschaftsgesellschaftsgesetzes bleibt unberührt.	(2) *[unverändert]*
	(3) Ein Formwechsel in eine Gesellschaft bürgerlichen Rechts ist nur möglich, wenn die Gesellschaft kein Handelsgewerbe gemäß § 1 Absatz 2 des Handelsgesetzbuchs betreibt.
§ 234 Inhalt des Umwandlungsbeschlusses	**§ 234 Inhalt des Umwandlungsbeschlusses**
In dem Umwandlungsbeschluß müssen auch enthalten sein: 1. die Bestimmung des Sitzes der Personengesellschaft; 2. beim Formwechsel in eine Kommanditgesellschaft die Angabe der Kommanditisten sowie des Betrages der Einlage eines jeden von ihnen; 3. der Gesellschaftsvertrag der Personengesellschaft. ***Beim Formwechsel in eine Partnerschaftsgesellschaft ist § 213 auf den Partnerschaftsvertrag nicht anzuwenden.***	In dem Umwandlungsbeschluß müssen auch enthalten sein: 1. die Bestimmung des Sitzes der Personengesellschaft; 2. beim Formwechsel in eine Kommanditgesellschaft die Angabe der Kommanditisten sowie des Betrages der Einlage eines jeden von ihnen; 3. der Gesellschaftsvertrag der Personengesellschaft.

UmwG Stand 15.9.2022:

§ 235 Anmeldung des Formwechsels

(1) [1] Beim Formwechsel in eine Gesellschaft des bürgerlichen Rechts ist statt der neuen Rechtsform die Umwandlung der Gesellschaft zur Eintragung in das Register, in dem die formwechselnde Gesellschaft eingetragen ist, anzumelden. [2] § 198 Abs. 2 ist nicht anzuwenden.

(2) Die Anmeldung nach Absatz 1 oder nach § 198 ist durch das Vertretungsorgan der formwechselnden Gesellschaft vorzunehmen.

UmwG ab 1.1.2024:

§ 235 Anmeldung des Formwechsels

Die Anmeldung nach § 198 ist durch das Vertretungsorgan der formwechselnden Gesellschaft vorzunehmen.

8. Zivilprozessordnung

in der Fassung der Bekanntmachung vom 5. Dezember 2005

(BGBl. I S. 3202, ber. 2006 S. 431, 2007 S. 1781)

zuletzt geänd. durch Art. 1 G zur Durchführung der EU-Verordnungen über grenzüberschreitende Zustellungen und grenzüberschreitende Beweisaufnahmen in Zivil- oder Handelssachen sowie zur Änd. sonstiger Vorschriften v. 24.6.2022 (BGBl. I S. 959)

geänd. durch Art. 34 PersonengesellschaftsrechtsmodernisierungsG (MoPeG) v. 10.8.2021 (BGBl. I S. 3436)

ZPO Stand 15.9.2022:	***ZPO ab 1.1.2024:***

Inhaltsübersicht

ZPO Stand 15.9.2022:

ZPO ab 1.1.2024:

§ 50 Parteifähigkeit (Stand 15.9.2022)

(1) Parteifähig ist, wer rechtsfähig ist.

(2) Ein Verein, der nicht rechtsfähig ist, kann klagen und verklagt werden; in dem Rechtsstreit hat der Verein die Stellung eines rechtsfähigen Vereins.

§ 50 Parteifähigkeit (ab 1.1.2024)

Parteifähig ist, wer rechtsfähig ist.

§ 735 Zwangsvollstreckung gegen nicht rechtsfähigen Verein

Zur Zwangsvollstreckung in das Vermögen eines nicht rechtsfähigen Vereins genügt ein gegen den Verein ergangenes Urteil.

§ 735 *(aufgehoben)*

§ 736 Zwangsvollstreckung gegen BGB-Gesellschaft

Zur Zwangsvollstreckung in das Gesellschaftsvermögen einer nach § 705 des Bürgerlichen Gesetzbuchs eingegangenen Gesellschaft ist ein gegen alle Gesellschafter ergangenes Urteil erforderlich.

§ 736 Zwangsvollstreckung für oder gegen eine Gesellschaft bürgerlichen Rechts bei nachträglicher Eintragung im Gesellschaftsregister

Die Zwangsvollstreckung für oder gegen eine im Gesellschaftsregister eingetragene Gesellschaft bürgerlichen Rechts findet auch aus einem Vollstreckungstitel für oder gegen eine nicht im Gesellschaftsregister eingetragene Gesellschaft bürgerlichen Rechts statt, wenn

1. der in dem Vollstreckungstitel genannte Name und Sitz oder die Anschrift der Gesellschaft identisch sind mit dem Namen und Sitz oder der Anschrift der im Gesellschaftsregister eingetragenen Gesellschaft und
2. die gegebenenfalls in dem Vollstreckungstitel aufgeführten Gesellschafter der Gesellschaft identisch sind mit den Gesellschaftern der im Gesellschaftsregister eingetragenen Gesellschaft.

§ 859 Pfändung von Gesamthandanteilen

(1) [1]Der Anteil eines Gesellschafters an dem Gesellschaftsvermögen einer nach § 705 des Bürgerlichen Gesetzbuchs eingegangenen Gesellschaft ist der Pfändung unterworfen. [2]Der Anteil eines Gesellschafters an den einzelnen zu dem Gesellschaftsvermögen gehörenden Gegenständen ist der Pfändung nicht unterworfen.

(2) Die gleichen Vorschriften gelten für den Anteil eines Miterben an dem Nachlass und an den einzelnen Nachlassgegenständen.

§ 859 Pfändung von Gesamthandsanteilen

[1]Der Anteil eines Miterben an dem Nachlass ist der Pfändung unterworfen. [2]Der Anteil des Miterben an den einzelnen Nachlassgegenständen ist der Pfändung nicht unterworfen.

EA Nr. 34161

Habersack-Schnellübersicht

Stand: November 2022

(E = Ergänzungsband)

Habersack-Schnellübersicht

Stand: November 2022

(E = Ergänzungsband)

Habersack-Schnellübersicht

Stand: November 2022

(E = Ergänzungsband)

Habersack-Schnellübersicht

Stand: November 2022

(E = Ergänzungsband)

Geleitwort zur Ergänzungslieferung

Die 192. Ergänzungslieferung bringt Ihre Textsammlung „Habersack, Deutsche Gesetze“ auf den Stand der Gesetzgebung vom 21. November 2022.

Enthalten sind zunächst die Änderungen **mWv 1.1.2023** durch das **Gesetz zur Reform des Vormundschafts- und Betreuungsrechts** vom 4.5.2021 (BGBl. I S. 882, geänd. 2022, S. 959) im BGB (Nr. **20**), EGBGB (Nr. **21**), AktG (Nr. **21**), GmbHG (Nr. **52**), JGG (Nr. **89**), in der StPO (Nr. **90**), im BZRG (Nr. **92**), im FamFG (Nr. **112**), im JVEG (Nr. **116**), im RVG (Nr. **117**), im FamGKG (Nr. **118**), im GNotKG (Nr. **119**), im JVKostG (Nr. **120**) und im JBeitrG (Nr. **122**).

Das **Gesetz zur Abschaffung des Güterrechtsregisters und zur Änderung des COVID-19- Insolvenzaussetzungsgesetzes** vom 31.10.2022 (BGBl. I S. 1966) änderte das BGB (Nr. **20**) mit EGBGB (Nr. **21**), das EGHGB (Nr. **50a**), das RPflG (Nr. **96**), die ZPO (Nr. **100**), das SanInsKG (Nr. **110d**), das FamFG (Nr. **112**), die GBO (Nr. **114**) und das GNotKG (Nr. **119**) **mWv 1.1.2023**.

Änderungen im BGB (Nr. **20**) und WEG (Nr. **37**) brachte das das Gesetz zur Durchführung des Haager Übereinkommens vom 2. Juli 2019 über die Anerkennung und Vollstreckung ausländischer Entscheidungen in Zivil- und Handelssachen sowie zur Änderung der Zivilprozessordnung, des Bürgerlichen Gesetzbuchs, des Wohnungseigentumsgesetzes und des Gesetzes zur Modernisierung des Strafverfahrens vom 7.11.2022 (BGBl. I S. 1982). Die Änderungen durch dieses Gesetz in der ZPO (Nr. **100**) u. a. wurden dagegen noch nicht berücksichtigt, soweit das Inkrafttreten noch unbestimmt ist.

Die Änderung zum 1.1.2023 im GWB (Nr. **74**) durch das Gesetz über die unternehmerischen Sorgfaltspflichten in Lieferketten vom 16.7.2021 (BGBl. I S. 2959) ist nun ebenfalls enthalten. Auch die durch das Gesetz zur Durchführung der EU-Verordnungen über grenzüberschreitende Zustellungen und grenzüberschreitende Beweisaufnahmen in Zivil- oder Handelssachen sowie zur Änderung sonstiger Vorschriften vom 24.6.2022 (BGBl. I S. 959) im FamFG (Nr. **112**), soweit sie erst zum 1.1.2023 in Kraft treten, sind nun berücksichtigt.

Enthalten ist auch eine **Beilage** Synopse zum Gesetz zur Modernisierung des Personengesellschaftsrechts **(Personengesellschaftsrechtsmodernisierungsgesetz – MoPeG)** mit einer Gegenüberstellung von bisheriger Rechtslage und neuer Rechtslage **ab 1.1.2024.**

Vorschau

Entwurf eines Gesetzes zur Umsetzung der Umwandlungsrichtlinie

(Inkrafttreten: vorauss. 31.1.2023)

Die Richtlinie (EU) 2019/2121 des Europäischen Parlaments und des Rates vom 27. November 2019 zur Änderung der Richtlinie (EU) 2017/1132 in Bezug auf grenzüberschreitende Umwandlungen, Verschmelzungen und Spaltungen (ABl. L 321 vom 12.12.2019, S. 1; L 20 vom 24.1.2020, S. 24) ist bis zum 31. Januar 2023 in deutsches Recht umzusetzen.

Der Gesetzentwurf fasst hierzu die Vorschriften über grenzüberschreitende Verschmelzungen, Spaltungen und Formwechsel („grenzüberschreitende Umwandlungen") in einem Sechsten Buch des Umwandlungsgesetzes zusammen. Innerhalb dieses Buches dienen die Bestimmungen zur grenzüberschreitenden Verschmelzung als Regelungsvorbild für das Verfahren der Spaltung und des Formwechsels.

Um den Vollzug einer Verschmelzung auch dann zu gewährleisten, wenn das im Verschmelzungsplan festgelegte Umtauschverhältnis oder der Gegenwert für die Mitgliedschaft im übertragenden Rechtsträger unangemessen ausgestaltet ist, werden vollzugssuspendierende Klagen insoweit ausgeschlossen. Als Kompensation steht den betroffenen Anteilsinhabern ein Anspruch auf Ausgleich durch bare Zuzahlung zu, der im Spruchverfahren geltend gemacht werden kann. Gemäß den Vorgaben der Umwandlungsrichtlinie ist dieses Rechtsschutzsystem nicht nur für Anteilsinhaber des übertragenden, sondern auch für solche des übernehmenden Rechtsträgers umzusetzen. Gleiches soll künftig auch für Verschmelzungen unter ausschließlicher Beteiligung inländischer Rechtsträger gelten.

Angepasst werden sollen auch die Bestimmungen über den Gläubigerschutz bei Durchführung grenzüberschreitender Umwandlungen unter ausschließlicher Beteiligung inländischer Rechtsträger.

Der Entwurf trägt somit zu einem unionsweiten Rechtsrahmen für grenzüberschreitende Umwandlungen bei, in dem das Recht der Gesellschaften zur Durchführung grenzüberschreitender Vorhaben mit den Interessen der Minderheitsgesellschafter, Gläubiger und Arbeitnehmer in einen angemessenen Ausgleich gebracht wird.

Habersack, Deutsche Gesetze

Einordnungsanweisung für die 192. Ergänzungslieferung November 2022

(Anschluss an die 191. Ergänzungslieferung August 2022)

Die Angaben beziehen sich auf die Ordnungsnummern (fette Zahlen) und die dazugehörigen Seitenzahlen (magere Zahlen)

Herauszunehmen:		Blätter	Einzufügen:		Blätter
Titelblatt, „Habersack aktuell“ [1]		3	Titelblatt, „Habersack aktuell“ [1]		3
Inhalt I 3–**Inhalt II** 4		3	**Inhalt I** 3–**Inhalt II** 4		3
20	11–16c	6	**20**	11–16a	6
	45–52	4		45–52	4
	161/161a	1		161/161a	1
	251/252	1		251/252	1
	283–308	14		283–308a	14
	323–414	50		323–414a	50
	437/438	1		437/438	1
	461–474	7		461–474	7
21	4–16	7	**21**	4–16a	7
	27–28a	2		27–28a	2
	43–43e	3		43–43e	3
	59–62	2		59–62	2
37	1–18	9	**37**	1–18	9
50a	3–5a	2	**50a**	3–5a	2
51	3/4	1	**51**	3/4	1
	37–54	10		37–54a	10
52	3–12	5	**52**	3–12	5
ersatzlos herauszunehmen:					
52d	1–6	3			
74	5/6	1	**74**	5/6	1
	121–124	2		121–124	2
89	3/4	1	**89**	3/4	1
	11–12a	2		11–12a	2
90	11–14	1	**90**	11–14	1
	91/92	1		91/92	1
90a	3–**92** 6	6	**90a**	3–**92** 6	6
92	41/42	1	**92**	41/42	1
Übertrag:		149	Übertrag:		146

[1] Aus technischen Gründen liegt das Geleitwort „Habersack aktuell“ am Anfang der Lieferung. Bitte ordnen Sie es wie gewohnt nach dem Titelblatt ein.

Übertrag:		149
95	5/6	1
	55/56	1
96	3–16	7
	27/28	1
100	5/5a	1
	13–16	2
	47–51a	3
	147/148	1
105	3–6	2
110d	1–6	3
112	4–5a	2
	45–62	9
	77–118	24
114	3–14a	9
115	3/4	1
116	1/2	1
	19–22	2
117	1–40	20
	57/58	1
118	3/4	1
	23–32	5
	43–**119** 4	3
119	27/28	1
	47/48	1
	61/62	1
	91/92	1
	103–**120** 4	7
120	13/14	1
122	1/2	1
Insgesamt herauszunehmen:		262

Übertrag:		146
95	5/6	1
	55/56	1
96	3–16	7
	27/28	1
100	5/5a	1
	13–16	2
	47–51a	3
	147/148	1
105	3–6	2
110d	1–6	3
112	4–5a	2
	45–62a	10
	77–118a	25
114	3–14a	8
115	3–4a	2
116	1/2	1
	19–22	2
117	1–40	20
	57/58	1
118	3/4	1
	23–32	5
	43–**119** 4	3
119	27/28	1
	47/48	1
	61/62	1
	91/92	1
	103–**120** 4	7
120	13/14	1
122	1/2	1
Insgesamt einzufügen:		261

Habersack

Deutsche Gesetze

Sammlung des
Zivil-, Straf- und Verfahrensrechts

Herausgegeben von
Prof. Dr. Mathias Habersack
Ludwig-Maximilians-Universität München

Begründet von
Dr. Heinrich Schönfelder

Stand: 21. November 2022
(192. Ergänzungslieferung)

C.H.BECK

Dieses Titelblatt stammt aus der 192. Ergänzungslieferung November 2022,
die Ergänzungslieferung schließt an die 191. Ergänzungslieferung 25. August 2022 an.
ISBN 978 3 406 79705 7

Redaktioneller Hinweis: Paragraphenüberschriften in eckigen Klammern sind nichtamtlich. Sie sind ebenso wie die Fußnoten urheber- und wettbewerbsrechtlich geschützt.

www.beck.de

ISBN 978 3 406 46119 4 (Grundwerk zur Fortsetzung für 12 Monate)
ISBN 978 3 406 50075 6 (Grundwerk ohne Fortsetzung)

© 2023 Verlag C. H. Beck oHG
Wilhelmstraße 9, 80801 München
Druck: Druckerei C. H. Beck Nördlingen
(Adresse wie Verlag)

CO_2 neutral
chbeck.de/nachhaltig

Gedruckt auf säurefreiem, alterungsbeständigem Papier
(hergestellt aus chlorfrei gebleichtem Zellstoff)

Inhaltsverzeichnis II

(Alphabetisch geordnet)

Lfd. Nr.	Änderndes Gesetz	Datum	Fundstelle	Betroffen	Hinweis
135.	Art. 1, 3 G zur Vereinheitlichung des Stiftungsrechts und zur Änd. des InfektionsschutzG	16.7.2021	BGBl. I S. 2947	Inhaltsübersicht, § 2101	geänd. mWv 1.7.2023
				Buch 1 Abschnitt 1 Titel 2 UTitel 2 (§§ 80–88)	neu gef. mWv 1.7.2023
				§§ 82b, 82c, 82d, 84d, 85b, 86i, 87d	eingef. mWv 1.1.2026
136.	Art. 12 G zur Umsetzung der DigitalisierungsRL[1]	5.7.2021	BGBl. I S. 3338	§§ 71, 126a	geänd. mWv 1.8.2022
				§§ 66, 129	neu gef. mWv 1.8.2022
137.	Art. 1 G für faire Verbraucherverträge[2]	10.8.2021	BGBl. I S. 3433	§§ 308, 310	geänd. mWv 1.10.2021
				§ 309	geänd. mWv 1.3.2022
				§§ 312, 312l, 312m	geänd. mWv 1.7.2022
				§ 312k	eingef. mWv 1.7.2022
138.	Art. 1 Personengesellschaftsrechtsmodernisierungsg (MoPeG)	10.8.2021	BGBl. I S. 3436	§ 707d	eingef. mWv 18.8.2021
				Inhaltsübersicht	geänd. mWv 1.1.2024
				§ 54, Buch 2 Abschnitt 8 Titel 16 (§§ 705–740c)	neu gef. mWv 1.1.2024
				§ 899a	aufgeh. mit Ablauf des 31.12. 2023
139.	Art. 1 G zur Änd. des BGB u. des EGBGB in Ums. der RL (EU) 2019/2161 u. zur Aufh. der VO zur Übertragung der Zust. für die Durchführung der VO (EG) Nr. 2006/2004 auf das BMJV[3] [2]	10.8.2021	BGBl. I S. 3483	Inhaltsübersicht, §§ 312, 312e, Buch 2 Abschnitt 3 Titel 1 UTitel 2 Kapitel 3 Überschrift, §§ 312j, 312l, 356, 357, 357b, 357c, 357d, 357e, 358, 360	geänd. mWv 28.5.2022
				§§ 312k, 357a	eingef. mWv 28.5.2022
140.	Art. 1 MietspiegelreformG	10.8.2021	BGBl. I S. 3515	§ 558c	geänd. mWv 18.8.2021
				§§ 558c, 558d	geänd. mWv 1.7.2022
141.	Art. 2 G zur Herstellung materieller Gerechtigkeit	21.12. 2021	BGBl. I S. 5252	§ 194	geänd. mWv 30.12.2021

[1] **Amtl. Anm.:** Dieses Gesetz dient der Umsetzung der Richtlinie (EU) 2019/1151 des Europäischen Parlaments und des Rates vom 20. Juni 2019 zur Änderung der Richtlinie (EU) 2017/1132 im Hinblick auf den Einsatz digitaler Werkzeuge und Verfahren im Gesellschaftsrecht (ABl. L 186 vom 11.7.2019, S. 80).

[2] **Amtl. Anm.:** Notifiziert gemäß der Richtlinie (EU) 2015/1535 des Europäischen Parlaments und des Rates vom 9. September 2015 über ein Informationsverfahren auf dem Gebiet der technischen Vorschriften und der Vorschriften für die Dienste der Informationsgesellschaft (ABl. L 241 vom 17.9.2015, S. 1).

[3] **Amtl. Anm.:** Dieses Gesetz dient der Umsetzung der Richtlinie (EU) 2019/2161 des Europäischen Parlaments und des Rates vom 27. November 2019 zur Änderung der Richtlinie 93/13/EWG des Rates und der Richtlinien 98/6/EG, 2005/29/EG und 2011/83/EU des Europäischen Parlaments und des Rates zur besseren Durchsetzung und Modernisierung der Verbraucherschutzvorschriften der Union (ABl. L 328 vom 18.12.2019, S. 7).

Lfd. Nr.	Änderndes Gesetz	Datum	Fundstelle	Betroffen	Hinweis
142.	Art. 5 G zur Durchführung der EU-Verordnungen über grenzüberschreitende Zustellungen und grenzüberschreitende Beweisaufnahmen in Zivil- oder Handelssachen sowie zur Änd. sonstiger Vorschriften	24.6.2022	BGBl. I S. 959	§ 240a	geänd. mWv 1.7.2022
				§§ 1631e, 1795, 1817, 1821, 1862	geänd. mWv 1.1.2023
143.	Art. 4 G zur Ergänzung der Regelungen zur Umsetzung der DigitalisierungsRL und zur Änd. weiterer Vorschriften[1]	15.7.2022	BGBl. I S. 1146	§ 356	geänd. mWv 22.7.2022
				§ 77	geänd. mWv 1.8.2023
144.	Art. 1 G zur Abschaffung des Güterrechtsregisters und zur Änd. des COVID-19-InsolvenzaussetzungsG	31.10. 2022	BGBl. I S. 1966	Inhaltsübersicht	geänd. mWv 1.1.2023
				§ 1412	neu gef. mWv 1.1.2023
				Buch 4 Abschnitt 1 Titel 6 UTitel 3 (§§ 1558–1563)	aufgeh. mit Ablauf des 31.12. 2022
145.	Art. 6 G zur Durchführung des Haager Übereinkommens über die Anerkennung und Vollstreckung ausländischer Entscheidungen in Zivil- und Handelssachen sowie zur Änd. der ZPO, des BGB, des WohnungseigentumsG und des G zur Modernisierung des Strafverfahrens	7.11.2022	BGBl. I S. 1982	§ 1517	geänd. mWv 12.11.2022

Vorbemerkung:

Die Änderungen durch G v. 16.7.2021 (BGBl. I S. 2947) treten erst mWv 1.7.2023 und 1.1.2026 in Kraft und sind im Text noch nicht berücksichtigt.

Die Änderungen durch G v. 10.8.2021 (BGBl. I S. 3436) treten teilweise erst mWv 1.1.2024 in Kraft und sind insoweit im Text noch nicht berücksichtigt.

Die Änderungen durch G v. 15.7.2022 (BGBl. I S. 1146) treten teilweise erst mWv 1.8.2023 in Kraft und sind insoweit im Text noch nicht berücksichtigt.

[1] **Amtl. Anm.:** Notifiziert gemäß der Richtlinie (EU) 2015/1535 des Europäischen Parlaments und des Rates vom 9. September 2015 über ein Informationsverfahren auf dem Gebiet der technischen Vorschriften und der Vorschriften für die Dienste der Informationsgesellschaft (ABl. L 241 vom 17.9.2015, S. 1).

Inhaltsübersicht[1) 2)]

[1)] Inhaltsübersicht geänd. mWv 11.6.2010 durch G v. 29.7.2009 (BGBl. I S. 2355); Wiedergabe der einzelnen Paragraphen aufgeh. mWv 1.1.2010 durch G v. 24.9.2009 (BGBl. I S. 3142); Inhaltsübersicht geänd. mWv 30.7.2010 durch G v. 24.7.2010 (BGBl. I S. 977); mWv 23.2.2011 durch G v. 17.1.2011 (BGBl. I S. 34); mWv 1.5.2013 durch G v. 15.3.2012 (BGBl. II S. 178, geänd. durch Bek. v. 22.4.2013 (BGBl. II S. 431); mWv 26.2.2013 durch G v. 20.2.2013 (BGBl. I S. 277); mWv 1.5.2013 durch G v. 11.3. 2013 (BGBl. I S. 434); mWv 13.6.2014 durch G v. 20.9.2013 (BGBl. I S. 3642); mWv 1.6.2015 durch G v. 21.4.2015 (BGBl. I S. 610); mWv 21.3.2016 durch G v. 11.3.2016 (BGBl. I S. 396); mWv 1.1.2018 durch G v. 28.4.2017 (BGBl. I S. 969); mWv 1.7.2018 durch G v. 17.7.2017 (BGBl. I S. 2394); mWv 13.1.2018 durch G v. 17.7.2017 (BGBl. I S. 2446); mWv 22.12.2018 durch G v. 18.12.2018 (BGBl. I S. 2639); mWv 23.12.2020 durch G v. 12.6.2020 (BGBl. I S. 1245); mWv 1.1.2023 durch G v. 4.5.2021 (BGBl. I S. 882); mWv 1.1.2022 durch G v. 25.6.2021 (BGBl. I S. 2123); mWv 28.5.2022 durch G v. 10.8.2021 (BGBl. I S. 3483); mWv 1.1.2023 durch G v. 31.10.2022 (BGBl. I S. 1966); sie wurde nichtamtlich an die Änderungen mWv 21.3.2016 durch G v. 11.3.2016 (BGBl. I S. 396), mWv 26.11.2019 durch G v. 20.11. 2019 (BGBl. I S. 1724) und mWv 31.3.2020 durch G v. 19.3.2020 (BGBl. I S. 541) angepasst.

[2)] Zur besseren Übersichtlichkeit wurden den Gliederungsüberschriften redaktionell die zugehörigen §§ angefügt.

Buch 1. Allgemeiner Teil

Abschnitt 1. Personen

Titel 1. Natürliche Personen, Verbraucher, Unternehmer

§ 1 Beginn der Rechtsfähigkeit Die Rechtsfähigkeit des Menschen beginnt mit der Vollendung der Geburt.

§ 2 Eintritt der Volljährigkeit. Die Volljährigkeit tritt mit der Vollendung des 18. Lebensjahres ein.

§§ 3 bis 6 (weggefallen)

§ 7 Wohnsitz; Begründung und Aufhebung. (1) Wer sich an einem Orte ständig niederlässt, begründet an diesem Orte seinen Wohnsitz.

(2) Der Wohnsitz kann gleichzeitig an mehreren Orten bestehen.

(3) Der Wohnsitz wird aufgehoben, wenn die Niederlassung mit dem Willen aufgehoben wird, sie aufzugeben.

§ 8[1] Wohnsitz nicht voll Geschäftsfähiger. Wer geschäftsunfähig oder in der Geschäftsfähigkeit beschränkt ist, kann ohne den Willen seines gesetzlichen Vertreters einen Wohnsitz weder begründen noch aufheben.

§ 9 Wohnsitz eines Soldaten. (1) [1] Ein Soldat hat seinen Wohnsitz am Standort. [2] Als Wohnsitz eines Soldaten, der im Inland keinen Standort hat, gilt der letzte inländische Standort.

(2) Diese Vorschriften finden keine Anwendung auf Soldaten, die nur auf Grund der Wehrpflicht Wehrdienst leisten oder die nicht selbständig einen Wohnsitz begründen können.

§ 10 (weggefallen)

§ 11 Wohnsitz des Kindes. [1] Ein minderjähriges Kind teilt den Wohnsitz der Eltern; es teilt nicht den Wohnsitz eines Elternteils, dem das Recht fehlt, für die Person des Kindes zu sorgen. [2] Steht keinem Elternteil das Recht zu, für die Person des Kindes zu sorgen, so teilt das Kind den Wohnsitz desjenigen, dem dieses Recht zusteht. [3] Das Kind behält den Wohnsitz, bis es ihn rechtsgültig aufhebt.

---

[1] § 8 Abs. 2 aufgeh. mWv 22.7.2017 durch G v. 17.7.2017 (BGBl. I S. 2429).

§ 12[1)] Namensrecht. [1] Wird das Recht zum Gebrauch eines Namens dem Berechtigten von einem anderen bestritten oder wird das Interesse des Berechtigten dadurch verletzt, dass ein anderer unbefugt den gleichen Namen gebraucht, so kann der Berechtigte von dem anderen Beseitigung der Beeinträchtigung verlangen. [2] Sind weitere Beeinträchtigungen zu besorgen, so kann er auf Unterlassung klagen.

§ 13[2)] Verbraucher. Verbraucher ist jede natürliche Person, die ein Rechtsgeschäft zu Zwecken abschließt, die überwiegend weder ihrer gewerblichen noch ihrer selbständigen beruflichen Tätigkeit zugerechnet werden können.

§ 14[3)] Unternehmer. (1) Unternehmer ist eine natürliche oder juristische Person oder eine rechtsfähige Personengesellschaft, die bei Abschluss eines Rechtsgeschäfts in Ausübung ihrer gewerblichen oder selbständigen beruflichen Tätigkeit handelt.

(2) Eine rechtsfähige Personengesellschaft ist eine Personengesellschaft, die mit der Fähigkeit ausgestattet ist, Rechte zu erwerben und Verbindlichkeiten einzugehen.

§§ 15 bis 20[4)] (weggefallen)

Titel 2. Juristische Personen

Untertitel 1.[5)] Vereine

Kapitel 1. Allgemeine Vorschriften

§ 21 Nicht wirtschaftlicher Verein. Ein Verein, dessen Zweck nicht auf einen wirtschaftlichen Geschäftsbetrieb gerichtet ist, erlangt Rechtsfähigkeit durch Eintragung in das Vereinsregister des zuständigen Amtsgerichts.

§ 22[6)] Wirtschaftlicher Verein. [1] Ein Verein, dessen Zweck auf einen wirtschaftlichen Geschäftsbetrieb gerichtet ist, erlangt in Ermangelung besonderer bundesgesetzlicher Vorschriften Rechtsfähigkeit durch staatliche Verleihung. [2] Die Verleihung steht dem Land zu, in dessen Gebiet der Verein seinen Sitz hat.

§ 23[7)] *(aufgehoben)*

§ 24 Sitz. Als Sitz eines Vereins gilt, wenn nicht ein anderes bestimmt ist, der Ort, an welchem die Verwaltung geführt wird.

§ 25 Verfassung. Die Verfassung eines rechtsfähigen Vereins wird, soweit sie nicht auf den nachfolgenden Vorschriften beruht, durch die Vereinssatzung bestimmt.

[1)] Beachte hierzu auch das G über die Änderung der Vornamen und die Feststellung der Geschlechtszugehörigkeit in besonderen Fällen (Transsexuellengesetz – TSG) v. 10.9.1980 (BGBl. I S. 1654), zuletzt geänd. durch G v. 20.7.2017 (BGBl. I S. 2787).

[2)] § 13 neu gef. mWv 13.6.2014 durch G v. 20.9.2013 (BGBl. I S. 3642).

[3)] **Amtl. Anm.:** Diese Vorschriften dienen der Umsetzung der eingangs zu den Nummern 3, 4, 6, 7, 9 und 11 genannten Richtlinien.

[4)] An die Stelle der weggefallenen §§ 15–20 ist das VerschollenheitsG **(Habersack, Deutsche Gesetze ErgBd. Nr. 45)** getreten.

[5)] Wegen des für das Gebiet der ehem. DDR geltenden Übergangsrechts zu §§ 21–79 beachte Art. 231 § 2 EGBGB (Nr. **21**).

[6)] § 22 Sätze 1 und 2 geänd. mWv 30.9.2009 durch G v. 24.9.2009 (BGBl. I S. 3145).

[7)] § 23 aufgeh. mWv 30.9.2009 durch G v. 24.9.2009 (BGBl. I S. 3145).

§ 26[1)] Vorstand und Vertretung. (1) [1]Der Verein muss einen Vorstand haben. [2]Der Vorstand vertritt den Verein gerichtlich und außergerichtlich; er hat die Stellung eines gesetzlichen Vertreters. [3]Der Umfang der Vertretungsmacht kann durch die Satzung mit Wirkung gegen Dritte beschränkt werden.

(2) [1]Besteht der Vorstand aus mehreren Personen, so wird der Verein durch die Mehrheit der Vorstandsmitglieder vertreten. [2]Ist eine Willenserklärung gegenüber einem Verein abzugeben, so genügt die Abgabe gegenüber einem Mitglied des Vorstands.

§ 27[2)] Bestellung und Geschäftsführung des Vorstands. (1) Die Bestellung des Vorstands erfolgt durch Beschluss der Mitgliederversammlung.

(2) [1]Die Bestellung ist jederzeit widerruflich, unbeschadet des Anspruchs auf die vertragsmäßige Vergütung. [2]Die Widerruflichkeit kann durch die Satzung auf den Fall beschränkt werden, dass ein wichtiger Grund für den Widerruf vorliegt; ein solcher Grund ist insbesondere grobe Pflichtverletzung oder Unfähigkeit zur ordnungsmäßigen Geschäftsführung.

(3) [1]Auf die Geschäftsführung des Vorstands finden die für den Auftrag geltenden Vorschriften der §§ 664 bis 670 entsprechende Anwendung. [2]Die Mitglieder des Vorstands sind unentgeltlich tätig.

§ 28[3)] Beschlussfassung des Vorstands. Bei einem Vorstand, der aus mehreren Personen besteht, erfolgt die Beschlussfassung nach den für die Beschlüsse der Mitglieder des Vereins geltenden Vorschriften der §§ 32 und 34.

§ 29 Notbestellung durch Amtsgericht. Soweit die erforderlichen Mitglieder des Vorstands fehlen, sind sie in dringenden Fällen für die Zeit bis zur Behebung des Mangels auf Antrag eines Beteiligten von dem Amtsgericht zu bestellen, das für den Bezirk, in dem der Verein seinen Sitz hat, das Vereinsregister führt.

§ 30 Besondere Vertreter. [1]Durch die Satzung kann bestimmt werden, dass neben dem Vorstand für gewisse Geschäfte besondere Vertreter zu bestellen sind. [2]Die Vertretungsmacht eines solchen Vertreters erstreckt sich im Zweifel auf alle Rechtsgeschäfte, die der ihm zugewiesene Geschäftskreis gewöhnlich mit sich bringt.

§ 31[4)] Haftung des Vereins für Organe. Der Verein ist für den Schaden verantwortlich, den der Vorstand, ein Mitglied des Vorstands oder ein anderer verfassungsmäßig berufener Vertreter durch eine in Ausführung der ihm zustehenden Verrichtungen begangene, zum Schadensersatz verpflichtende Handlung einem Dritten zufügt.

§ 31a[5)] Haftung von Organmitgliedern und besonderen Vertretern.

(1) [1]Sind Organmitglieder oder besondere Vertreter unentgeltlich tätig oder erhalten sie für ihre Tätigkeit eine Vergütung, die 840 Euro jährlich nicht übersteigt, haften sie dem Verein für einen bei der Wahrnehmung ihrer Pflichten verursachten

---

[1)] § 26 neu gef. mWv 30.9.2009 durch G v. 24.9.2009 (BGBl. I S. 3145).

[2)] § 27 Abs. 3 Satz 2 angef. mWv 1.1.2015 durch G v. 21.3.2013 (BGBl. I S. 556).

[3)] § 28 neu gef. mWv 30.9.2009 durch G v. 24.9.2009 (BGBl. I S. 3145).

[4)] Wegen des für das Gebiet der ehem. DDR geltenden Übergangsrechts zu § 31 beachte Art. 231 § 4 EGBGB (Nr. **21**).

[5)] § 31a eingef. mWv 3.10.2009 durch G v. 28.9.2009 (BGBl. I S. 3161); neu gef. mWv 29.3.2013 durch G v. 21.3.2013 (BGBl. I S. 556); Abs. 1 Satz 1 geänd. mWv 7.4.2021 durch G v. 30.3.2021 (BGBl. I S. 607).

Schaden nur bei Vorliegen von Vorsatz oder grober Fahrlässigkeit. [2] Satz 1 gilt auch für die Haftung gegenüber den Mitgliedern des Vereins. [3] Ist streitig, ob ein Organmitglied oder ein besonderer Vertreter einen Schaden vorsätzlich oder grob fahrlässig verursacht hat, trägt der Verein oder das Vereinsmitglied die Beweislast.

(2) [1] Sind Organmitglieder oder besondere Vertreter nach Absatz 1 Satz 1 einem anderen zum Ersatz eines Schadens verpflichtet, den sie bei der Wahrnehmung ihrer Pflichten verursacht haben, so können sie von dem Verein die Befreiung von der Verbindlichkeit verlangen. [2] Satz 1 gilt nicht, wenn der Schaden vorsätzlich oder grob fahrlässig verursacht wurde.

§ 31b[1)] Haftung von Vereinsmitgliedern. (1) [1] Sind Vereinsmitglieder unentgeltlich für den Verein tätig oder erhalten sie für ihre Tätigkeit eine Vergütung, die 840 Euro jährlich nicht übersteigt, haften sie dem Verein für einen Schaden, den sie bei der Wahrnehmung der ihnen übertragenen satzungsgemäßen Vereinsaufgaben verursachen, nur bei Vorliegen von Vorsatz oder grober Fahrlässigkeit. [2] § 31a Absatz 1 Satz 3 ist entsprechend anzuwenden.

(2) [1] Sind Vereinsmitglieder nach Absatz 1 Satz 1 einem anderen zum Ersatz eines Schadens verpflichtet, den sie bei der Wahrnehmung der ihnen übertragenen satzungsgemäßen Vereinsaufgaben verursacht haben, so können sie von dem Verein die Befreiung von der Verbindlichkeit verlangen. [2] Satz 1 gilt nicht, wenn die Vereinsmitglieder den Schaden vorsätzlich oder grob fahrlässig verursacht haben.

§ 32[2)] Mitgliederversammlung; Beschlussfassung. (1) [1] Die Angelegenheiten des Vereins werden, soweit sie nicht von dem Vorstand oder einem anderen Vereinsorgan zu besorgen sind, durch Beschlussfassung in einer Versammlung der Mitglieder geordnet. [2] Zur Gültigkeit des Beschlusses ist erforderlich, dass der Gegenstand bei der Berufung bezeichnet wird. [3] Bei der Beschlussfassung entscheidet die Mehrheit der abgegebenen Stimmen.

(2) Auch ohne Versammlung der Mitglieder ist ein Beschluss gültig, wenn alle Mitglieder ihre Zustimmung zu dem Beschluss schriftlich erklären.

§ 33[3)] Satzungsänderung. (1) [1] Zu einem Beschluss, der eine Änderung der Satzung enthält, ist eine Mehrheit von drei Vierteln der abgegebenen Stimmen erforderlich. [2] Zur Änderung des Zweckes des Vereins ist die Zustimmung aller Mitglieder erforderlich; die Zustimmung der nicht erschienenen Mitglieder muss schriftlich erfolgen.

(2) Beruht die Rechtsfähigkeit des Vereins auf Verleihung, so ist zu jeder Änderung der Satzung die Genehmigung der zuständigen Behörde erforderlich.

§ 34 Ausschluss vom Stimmrecht. Ein Mitglied ist nicht stimmberechtigt, wenn die Beschlussfassung die Vornahme eines Rechtsgeschäfts mit ihm oder die Einleitung oder Erledigung eines Rechtsstreits zwischen ihm und dem Verein betrifft.

§ 35 Sonderrechte. Sonderrechte eines Mitglieds können nicht ohne dessen Zustimmung durch Beschluss der Mitgliederversammlung beeinträchtigt werden.

---

1) § 31b eingef. mWv 29.3.2013 durch G v. 21.3.2013 (BGBl. I S. 556); Abs. 1 Satz 1 geänd. mWv 7.4. 2021 durch G v. 30.3.2021 (BGBl. I S. 607).

2) § 32 Abs. 1 Satz 3 geänd. mWv 30.9.2009 durch G v. 24.9.2009 (BGBl. I S. 3145).

3) § 33 Abs. 1 Satz 1 geänd., Abs. 2 neu gef. mWv 30.9.2009 durch G v. 24.9.2009 (BGBl. I S. 3145).

§ 36 Berufung der Mitgliederversammlung. Die Mitgliederversammlung ist in den durch die Satzung bestimmten Fällen sowie dann zu berufen, wenn das Interesse des Vereins es erfordert.

§ 37 Berufung auf Verlangen einer Minderheit. (1) Die Mitgliederversammlung ist zu berufen, wenn der durch die Satzung bestimmte Teil oder in Ermangelung einer Bestimmung der zehnte Teil der Mitglieder die Berufung schriftlich unter Angabe des Zweckes und der Gründe verlangt.

(2) [1] Wird dem Verlangen nicht entsprochen, so kann das Amtsgericht die Mitglieder, die das Verlangen gestellt haben, zur Berufung der Versammlung ermächtigen; es kann Anordnungen über die Führung des Vorsitzes in der Versammlung treffen. [2] Zuständig ist das Amtsgericht, das für den Bezirk, in dem der Verein seinen Sitz hat, das Vereinsregister führt. [3] Auf die Ermächtigung muss bei der Berufung der Versammlung Bezug genommen werden.

§ 38 Mitgliedschaft. [1] Die Mitgliedschaft ist nicht übertragbar und nicht vererblich. [2] Die Ausübung der Mitgliedschaftsrechte kann nicht einem anderen überlassen werden.

§ 39 Austritt aus dem Verein. (1) Die Mitglieder sind zum Austritt aus dem Verein berechtigt.

(2) Durch die Satzung kann bestimmt werden, dass der Austritt nur am Schluss eines Geschäftsjahrs oder erst nach dem Ablauf einer Kündigungsfrist zulässig ist; die Kündigungsfrist kann höchstens zwei Jahre betragen.

§ 40[1)] Nachgiebige Vorschriften. [1] Die Vorschriften des § 26 Absatz 2 Satz 1, des § 27 Absatz 1 und 3, ,[2)] der §§ 28, 31a Abs. 1 Satz 2 sowie der §§ 32, 33 und 38 finden insoweit keine Anwendung als die Satzung ein anderes bestimmt. [2] Von § 34 kann auch für die Beschlussfassung des Vorstands durch die Satzung nicht abgewichen werden.

§ 41[3)] Auflösung des Vereins. [1] Der Verein kann durch Beschluss der Mitgliederversammlung aufgelöst werden. [2] Zu dem Beschluss ist eine Mehrheit von drei Vierteln der abgegebenen Stimmen erforderlich, wenn nicht die Satzung ein anderes bestimmt.

§ 42[4)] Insolvenz. (1) [1] Der Verein wird durch die Eröffnung des Insolvenzverfahrens und mit Rechtskraft des Beschlusses, durch den die Eröffnung des Insolvenzverfahrens mangels Masse abgewiesen worden ist, aufgelöst. [2] Wird das Verfahren auf Antrag des Schuldners eingestellt oder nach der Bestätigung eines Insolvenzplans, der den Fortbestand des Vereins vorsieht, aufgehoben, so kann die Mitgliederversammlung die Fortsetzung des Vereins beschließen. [3] Durch die Satzung kann bestimmt werden, dass der Verein im Falle der Eröffnung des Insolvenzverfahrens als nicht rechtsfähiger Verein fortbesteht; auch in diesem Falle kann unter den Voraussetzungen des Satzes 2 die Fortsetzung als rechtsfähiger Verein beschlossen werden.

[1)] § 40 neu gef. mWv 30.9.2009 durch G v. 24.9.2009 (BGBl. I S. 3145); Satz 1 geänd. mWv 3.10.2009 durch G v. 28.9.2009 (BGBl. I S. 3161).

[2)] Zeichensetzung amtlich.

[3)] § 41 Satz 2 geänd. mWv 30.9.2009 durch G v. 24.9.2009 (BGBl. I S. 3145).

[4)] § 42 Abs. 1 Satz 1 geänd. mWv 30.9.2009 durch G v. 24.9.2009 (BGBl. I S. 3145).

den. [2] Ist das Eigentum vorbehalten, so kann der Rücktritt vom Vertrag auch erfolgen, wenn der gesicherte Anspruch verjährt ist.

(3) Die Absätze 1 und 2 finden keine Anwendung auf die Verjährung von Ansprüchen auf Zinsen und andere wiederkehrende Leistungen.

§ 217 Verjährung von Nebenleistungen. Mit dem Hauptanspruch verjährt der Anspruch auf die von ihm abhängenden Nebenleistungen, auch wenn die für diesen Anspruch geltende besondere Verjährung noch nicht eingetreten ist.

§ 218[1)] Unwirksamkeit des Rücktritts. (1) [1] Der Rücktritt wegen nicht oder nicht vertragsgemäß erbrachter Leistung ist unwirksam, wenn der Anspruch auf die Leistung oder der Nacherfüllungsanspruch verjährt ist und der Schuldner sich hierauf beruft. [2] Dies gilt auch, wenn der Schuldner nach § 275 Absatz 1 bis 3, § 439 Absatz 4 oder § 635 Absatz 3 nicht zu leisten braucht und der Anspruch auf die Leistung oder der Nacherfüllungsanspruch verjährt wäre. [3] § 216 Abs. 2 Satz 2 bleibt unberührt.

(2) § 214 Abs. 2 findet entsprechende Anwendung.

§§ 219 bis 225 (weggefallen)

Abschnitt 6. Ausübung der Rechte, Selbstverteidigung, Selbsthilfe

§ 226 Schikaneverbot. Die Ausübung eines Rechts ist unzulässig, wenn sie nur den Zweck haben kann, einem anderen Schaden zuzufügen.

§ 227 Notwehr. (1) Eine durch Notwehr gebotene Handlung ist nicht widerrechtlich.

(2) Notwehr ist diejenige Verteidigung, welche erforderlich ist, um einen gegenwärtigen rechtswidrigen Angriff von sich oder einem anderen abzuwenden.

§ 228 Notstand. [1] Wer eine fremde Sache beschädigt oder zerstört, um eine durch sie drohende Gefahr von sich oder einem anderen abzuwenden, handelt nicht widerrechtlich, wenn die Beschädigung oder die Zerstörung zur Abwendung der Gefahr erforderlich ist und der Schaden nicht außer Verhältnis zu der Gefahr steht. [2] Hat der Handelnde die Gefahr verschuldet, so ist er zum Schadensersatz verpflichtet.

§ 229 Selbsthilfe. Wer zum Zwecke der Selbsthilfe eine Sache wegnimmt, zerstört oder beschädigt oder wer zum Zwecke der Selbsthilfe einen Verpflichteten, welcher der Flucht verdächtig ist, festnimmt oder den Widerstand des Verpflichteten gegen eine Handlung, die dieser zu dulden verpflichtet ist, beseitigt, handelt nicht widerrechtlich, wenn obrigkeitliche Hilfe nicht rechtzeitig zu erlangen ist und ohne sofortiges Eingreifen die Gefahr besteht, dass die Verwirklichung des Anspruchs vereitelt oder wesentlich erschwert werde.

§ 230 Grenzen der Selbsthilfe. (1) Die Selbsthilfe darf nicht weiter gehen, als zur Abwendung der Gefahr erforderlich ist.

(2) Im Falle der Wegnahme von Sachen ist, sofern nicht Zwangsvollstreckung erwirkt wird, der dingliche Arrest zu beantragen.

(3) Im Falle der Festnahme des Verpflichteten ist, sofern er nicht wieder in Freiheit gesetzt wird, der persönliche Sicherheitsarrest bei dem Amtsgericht zu

---

[1)] § 218 Abs. 1 Satz 2 geänd. mWv 1.1.2018 durch G v. 28.4.2017 (BGBl. I S. 969).

beantragen, in dessen Bezirk die Festnahme erfolgt ist; der Verpflichtete ist unverzüglich dem Gericht vorzuführen.

(4) Wird der Arrestantrag verzögert oder abgelehnt, so hat die Rückgabe der weggenommenen Sachen und die Freilassung des Festgenommenen unverzüglich zu erfolgen.

§ 231 Irrtümliche Selbsthilfe. Wer eine der im § 229 bezeichneten Handlungen in der irrigen Annahme vornimmt, dass die für den Ausschluss der Widerrechtlichkeit erforderlichen Voraussetzungen vorhanden seien, ist dem anderen Teil zum Schadensersatz verpflichtet, auch wenn der Irrtum nicht auf Fahrlässigkeit beruht.

Abschnitt 7. Sicherheitsleistung

§ 232 Arten. (1) Wer Sicherheit zu leisten hat, kann dies bewirken
durch Hinterlegung von Geld oder Wertpapieren,
durch Verpfändung von Forderungen, die in das Bundesschuldbuch oder in das Landesschuldbuch eines Landes eingetragen sind,
durch Verpfändung beweglicher Sachen,
durch Bestellung von Schiffshypotheken an Schiffen oder Schiffsbauwerken, die in einem deutschen Schiffsregister oder Schiffsbauregister eingetragen sind,
durch Bestellung von Hypotheken an inländischen Grundstücken,
durch Verpfändung von Forderungen, für die eine Hypothek an einem inländischen Grundstück besteht, oder durch Verpfändung von Grundschulden oder Rentenschulden an inländischen Grundstücken.

(2) Kann die Sicherheit nicht in dieser Weise geleistet werden, so ist die Stellung eines tauglichen Bürgen zulässig.

§ 233 Wirkung der Hinterlegung. Mit der Hinterlegung erwirbt der Berechtigte ein Pfandrecht an dem hinterlegten Geld oder an den hinterlegten Wertpapieren und, wenn das Geld oder die Wertpapiere in das Eigentum des Fiskus oder der als Hinterlegungsstelle bestimmten Anstalt übergehen, ein Pfandrecht an der Forderung auf Rückerstattung.

§ 234[1] Geeignete Wertpapiere. (1) Zur Sicherheitsleistung geeignete Wertpapiere sind Inhaberpapiere und Orderpapiere, die mit Blankoindossament versehen sind, wenn sie einen Kurswert haben und zu einer in der Rechtsverordnung nach § 240a aufgeführten Gattung gehören.

(2) Mit den Wertpapieren sind die Zins-, Renten-, Gewinnanteil- und Erneuerungsscheine zu hinterlegen.

(3) Mit Wertpapieren kann Sicherheit nur in Höhe von drei Vierteln des Kurswerts geleistet werden.

§ 235 Umtauschrecht. Wer durch Hinterlegung von Geld oder von Wertpapieren Sicherheit geleistet hat, ist berechtigt, das hinterlegte Geld gegen geeignete Wertpapiere, die hinterlegten Wertpapiere gegen andere geeignete Wertpapiere oder gegen Geld umzutauschen.

§ 236 Buchforderungen. Mit einer Schuldbuchforderung gegen den Bund oder gegen ein Land kann Sicherheit nur in Höhe von drei Vierteln des Kurswerts der

[1] § 234 Abs. 1 neu gef. mWv 1.1.2023 durch G v. 4.5.2021 (BGBl. I S. 882).

Wertpapiere geleistet werden, deren Aushändigung der Gläubiger gegen Löschung seiner Forderung verlangen kann.

§ 237 Bewegliche Sachen. [1] Mit einer beweglichen Sache kann Sicherheit nur in Höhe von zwei Dritteln des Schätzungswerts geleistet werden. [2] Sachen, deren Verderb zu besorgen oder deren Aufbewahrung mit besonderen Schwierigkeiten verbunden ist, können zurückgewiesen werden.

§ 238[1)] Hypotheken, Grund- und Rentenschulden. (1) Eine Hypothekenforderung, eine Grundschuld oder eine Rentenschuld ist zur Sicherheitsleistung nur geeignet, wenn sie den in der Rechtsverordnung nach § 240a festgelegten Voraussetzungen entspricht.

(2) Eine Forderung, für die eine Sicherungshypothek besteht, ist zur Sicherheitsleistung nicht geeignet.

§ 239 Bürge. (1) Ein Bürge ist tauglich, wenn er ein der Höhe der zu leistenden Sicherheit angemessenes Vermögen besitzt und seinen allgemeinen Gerichtsstand im Inland hat.

(2) Die Bürgschaftserklärung muss den Verzicht auf die Einrede der Vorausklage enthalten.

§ 240 Ergänzungspflicht. Wird die geleistete Sicherheit ohne Verschulden des Berechtigten unzureichend, so ist sie zu ergänzen oder anderweitige Sicherheit zu leisten.

§ 240a[2)] Verordnungsermächtigung. (1) Das Bundesministerium der Justiz wird ermächtigt, durch Rechtsverordnung, die nicht der Zustimmung des Bundesrates bedarf, Folgendes festzulegen:

1. Gattungen von Inhaberpapieren und Orderpapieren nach § 234 Absatz 1, die zur Sicherheitsleistung geeignet sind und die Voraussetzungen, unter denen Hypothekenforderungen, Grundschulden und Rentenschulden zur Sicherheitsleistung geeignet sind, sowie
2. die Voraussetzungen für Anlagen nach den §§ 1079, 1288 Absatz 1 und 2119.

(2) Die Festlegungen nach Absatz 1 Nummer 1 müssen gewährleisten, dass der Gläubiger bei Unvermögen des Schuldners oder wenn der Schuldner aus anderen Gründen nicht zur Leistung bereit ist, die Schuld durch Verwertung der hinterlegten Wertpapiere, der Hypothekenforderung oder der Grund- und Rentenschulden begleichen kann.

[1)] § 238 Abs. 1 geänd. mWv 1.1.2023 durch G v. 4.5.2021 (BGBl. I S. 882).

[2)] § 240a eingef. mWv 1.7.2022 durch G v. 4.5.2021 (BGBl. I S. 882, geänd. durch G v. 24.6.2022, BGBl. I S. 959); Abs. 1 einl. Satzteil geänd. mWv 1.7.2022 durch G v. 24.6.2022 (BGBl. I S. 959)

Buch 2.[1) 2)] Recht der Schuldverhältnisse

Abschnitt 1. Inhalt der Schuldverhältnisse

Titel 1. Verpflichtung zur Leistung

§ 241 Pflichten aus dem Schuldverhältnis. (1) [1]Kraft des Schuldverhältnisses ist der Gläubiger berechtigt, von dem Schuldner eine Leistung zu fordern. [2]Die Leistung kann auch in einem Unterlassen bestehen.

(2) Das Schuldverhältnis kann nach seinem Inhalt jeden Teil zur Rücksicht auf die Rechte, Rechtsgüter und Interessen des anderen Teils verpflichten.

§ 241a[3) 4)] Unbestellte Leistungen. (1) Durch die Lieferung beweglicher Sachen, die nicht auf Grund von Zwangsvollstreckungsmaßnahmen oder anderen gerichtlichen Maßnahmen verkauft werden (Waren), oder durch die Erbringung sonstiger Leistungen durch einen Unternehmer an den Verbraucher wird ein Anspruch gegen den Verbraucher nicht begründet, wenn der Verbraucher die Waren oder sonstigen Leistungen nicht bestellt hat.

(2) Gesetzliche Ansprüche sind nicht ausgeschlossen, wenn die Leistung nicht für den Empfänger bestimmt war oder in der irrigen Vorstellung einer Bestellung erfolgte und der Empfänger dies erkannt hat oder bei Anwendung der im Verkehr erforderlichen Sorgfalt hätte erkennen können.

(3) [1]Von den Regelungen dieser Vorschrift darf nicht zum Nachteil des Verbrauchers abgewichen werden. [2]Die Regelungen finden auch Anwendung, wenn sie durch anderweitige Gestaltungen umgangen werden.

§ 242 Leistung nach Treu und Glauben. Der Schuldner ist verpflichtet, die Leistung so zu bewirken, wie Treu und Glauben mit Rücksicht auf die Verkehrssitte es erfordern.

§ 243 Gattungsschuld. (1) Wer eine nur der Gattung nach bestimmte Sache schuldet, hat eine Sache von mittlerer Art und Güte zu leisten.

(2) Hat der Schuldner das zur Leistung einer solchen Sache seinerseits Erforderliche getan, so beschränkt sich das Schuldverhältnis auf diese Sache.

§ 244 Fremdwährungsschuld. (1) Ist eine in einer anderen Währung als Euro ausgedrückte Geldschuld im Inland zu zahlen, so kann die Zahlung in Euro erfolgen, es sei denn, dass Zahlung in der anderen Währung ausdrücklich vereinbart ist.

(2) Die Umrechnung erfolgt nach dem Kurswert, der zur Zeit der Zahlung für den Zahlungsort maßgebend ist.

§ 245 Geldsortenschuld. Ist eine Geldschuld in einer bestimmten Münzsorte zu zahlen, die sich zur Zeit der Zahlung nicht mehr im Umlauf befindet, so ist die Zahlung so zu leisten, wie wenn die Münzsorte nicht bestimmt wäre.

[1)] Wegen des aufgrund des Gesetzes zur Modernisierung des Schuldrechts geltenden Übergangsrechts zum Recht der Schuldverhältnisse beachte Art. 229 § 5 EGBGB (Nr. **21**).

[2)] Wegen des für das Gebiet der ehem. DDR zum Recht der Schuldverhältnisse geltenden Übergangsrechts beachte Art. 232 EGBGB (Nr. **21**).

[3)] **Amtl. Anm.:** Diese Vorschrift dient der Umsetzung von Artikel 9 der Richtlinie 97/7/EG des Europäischen Parlaments und des Rates vom 20. Mai 1997 über den Verbraucherschutz bei Vertragsabschlüssen im Fernabsatz (ABl. EG Nr. L 144 S. 19).

[4)] § 241a Abs. 1 und 3 neu gef. mWv 13.6.2014 durch G v. 20.9.2013 (BGBl. I S. 3642).

§ 246 Gesetzlicher Zinssatz. Ist eine Schuld nach Gesetz oder Rechtsgeschäft zu verzinsen, so sind vier vom Hundert für das Jahr zu entrichten, sofern nicht ein anderes bestimmt ist.[1)]

§ 247[2) 3)] Basiszinssatz. (1) [1]Der Basiszinssatz beträgt *3,62 Prozent*[4)]. [2]Er verändert sich zum 1. Januar und 1. Juli eines jeden Jahres um die Prozentpunkte, um welche die Bezugsgröße seit der letzten Veränderung des Basiszinssatzes gestiegen oder gefallen ist. [3]Bezugsgröße ist der Zinssatz für die jüngste Hauptrefinanzierungsoperation der Europäischen Zentralbank vor dem ersten Kalendertag des betreffenden Halbjahrs.

(2) Die Deutsche Bundesbank gibt den geltenden Basiszinssatz unverzüglich nach den in Absatz 1 Satz 2 genannten Zeitpunkten im Bundesanzeiger bekannt.

§ 248 Zinseszinsen. (1) Eine im Voraus getroffene Vereinbarung, dass fällige Zinsen wieder Zinsen tragen sollen, ist nichtig.

(2) [1]Sparkassen, Kreditanstalten und Inhaber von Bankgeschäften können im Voraus vereinbaren, dass nicht erhobene Zinsen von Einlagen als neue verzinsliche Einlagen gelten sollen. [2]Kreditanstalten, die berechtigt sind, für den Betrag der von ihnen gewährten Darlehen verzinsliche Schuldverschreibungen auf den Inhaber

---

1) Bei beiderseitigen Handelsgeschäften beachte § 352 HGB (Nr. **50**).

2) **Amtl. Anm.:** Diese Vorschrift dient der Umsetzung von Artikel 3 der Richtlinie 2000/35/EG des Europäischen Parlaments und des Rates vom 29. Juni 2000 zur Bekämpfung von Zahlungsverzug im Geschäftsverkehr (ABl. EG Nr. L 200 S. 35).

3) Beachte hierzu Übergangsvorschrift in Art. 229 § 7 EGBGB (Nr. **21**).

4) Laut Bek. der Dt. Bundesbank gem. § 247 Abs. 2 iVm Abs. 1 Satz 2 beträgt der Basiszinssatz
– ab 1.1.2002 **2,57 %** (Bek. v. 28.12.2001, BAnz. 2002 Nr. 3 S. 98);
– ab 1.7.2002 **2,47 %** (Bek. v. 25.6.2002, BAnz. Nr. 118 S. 14 538);
– ab 1.1.2003 **1,97 %** (Bek. v. 30.12.2002, BAnz. 2003 Nr. 2 S. 76);
– ab 1.7.2003 **1,22 %** (Bek. v. 24.6.2003, BAnz. Nr. 117 S. 13 744);
– ab 1.1.2004 **1,14 %** (Bek. v. 30.12.2003, BAnz. Nr. 2 S. 69);
– ab 1.7.2004 **1,13 %** (Bek. v. 29.6.2004, BAnz. Nr. 122 S. 14 246);
– ab 1.1.2005 **1,21 %** (Bek. v. 30.12.2004, BAnz. Nr. 1 S. 6);
– ab 1.7.2005 **1,17 %** (Bek. v. 28.6.2005, BAnz. Nr. 122 S. 10 041);
– ab 1.1.2006 **1,37 %** (Bek. v. 29.12.2005, BAnz. Nr. 1 S. 2);
– ab 1.7.2006 **1,95 %** (Bek. v. 27.6.2006, BAnz. Nr. 191 S. 4754);
– ab 1.1.2007 **2,70 %** (Bek. v. 28.12.2006, BAnz. Nr. 245 S. 7463);
– ab 1.7.2007 **3,19 %** (Bek. v. 28.6.2007, BAnz. Nr. 117 S. 6530);
– ab 1.1.2008 **3,32 %** (Bek. v. 28.12.2007, BAnz. Nr. 242 S. 8415);
– ab 1.7.2008 **3,19 %** (Bek. v. 24.6.2008, BAnz. Nr. 94 S. 2232);
– ab 1.1.2009 **1,62 %** (Bek. v. 30.12.2008, BAnz. 2009 Nr. 1 S. 6);
– ab 1.7.2009 **0,12 %** (Bek. v. 30.6.2009, BAnz. Nr. 95 S. 2302, Bek. v. 29.12.2009, BAnz. Nr. 198 S. 4582, Bek. v. 29.6.2010, BAnz. Nr. 96 S. 2264, und Bek. v. 28.12.2010, BAnz. Nr. 199 S. 4388);
– ab 1.7.2011 **0,37 %** (Bek. v. 30.6.2011, BAnz. Nr. 96 S. 2314);
– ab 1.1.2012 **0,12 %** (Bek. v. 27.12.2011, BAnz. Nr. 197 S. 4659, und Bek. v. 26.6.2012, BAnz AT 28.06.2012 B3);
– ab 1.1.2013 **−0,13 %** (Bek. v. 28.12.2012, BAnz AT 31.12.2012 B8);
– ab 1.7.2013 **−0,38 %** (Bek. v. 25.6.2013, BAnz AT 27.06.2013 B4);
– ab 1.1.2014 **−0,63 %** (Bek. v. 30.12.2013, BAnz AT 31.12.2013 B7);
– ab 1.7.2014 **−0,73 %** (Bek. v. 24.6.2014, BAnz AT 26.06.2014 B5);
– ab 1.1.2015 **−0,83 %** (Bek. v. 30.12.2014, BAnz AT 31.12.2014 B12, Bek. v. 30.6.2015, BAnz AT 01.07.2015 B6, und Bek. v. 29.12.2015, BAnz AT 30.12.2015 B8);
– ab 1.7.2016 **−0,88 %** (Bek. v. 28.6.2016, BAnz AT 29.06.2016 B4, Bek. v. 27.12.2016, BAnz AT 29.12.2016 B11, Bek. v. 27.6.2017, BAnz AT 29.06.2017 B10, Bek. v. 19.12.2017, BAnz AT 21.12.2017 B6, Bek. v. 26.6.2018, BAnz AT 28.06.2018 B6, Bek. v. 18.12.2018, BAnz AT 20.12.2018 B10, Bek. v. 25.6.2019, BAnz AT 27.06.2019 B9, Bek. v. 31.12.2019, BAnz AT 06.01.2020 B5, Bek. v. 30.6.2020, BAnz AT 02.07.2020 B5, Bek. v. 29.12.2020, BAnz AT 30.12.2020 B8, Bek. v. 29.6.2021, BAnz AT 30.06.2021 B6, Bek. v. 28.12.2021, BAnz AT 29.12.2021 B6 und Bek. v. 28.6.2022, BAnz AT 29.06.2022 B8).

auszugeben, können sich bei solchen Darlehen die Verzinsung rückständiger Zinsen im Voraus versprechen lassen.

§ 249[1) 2)] **Art und Umfang des Schadensersatzes.** (1) Wer zum Schadensersatz verpflichtet ist, hat den Zustand herzustellen, der bestehen würde, wenn der zum Ersatz verpflichtende Umstand nicht eingetreten wäre.

(2) [1] Ist wegen Verletzung einer Person oder wegen Beschädigung einer Sache Schadensersatz zu leisten, so kann der Gläubiger statt der Herstellung den dazu erforderlichen Geldbetrag verlangen. [2] Bei der Beschädigung einer Sache schließt der nach Satz 1 erforderliche Geldbetrag die Umsatzsteuer nur mit ein, wenn und soweit sie tatsächlich angefallen ist.

§ 250 Schadensersatz in Geld nach Fristsetzung. [1] Der Gläubiger kann dem Ersatzpflichtigen zur Herstellung eine angemessene Frist mit der Erklärung bestimmen, dass er die Herstellung nach dem Ablauf der Frist ablehne. [2] Nach dem Ablauf der Frist kann der Gläubiger den Ersatz in Geld verlangen, wenn nicht die Herstellung rechtzeitig erfolgt; der Anspruch auf die Herstellung ist ausgeschlossen.

§ 251 Schadensersatz in Geld ohne Fristsetzung. (1) Soweit die Herstellung nicht möglich oder zur Entschädigung des Gläubigers nicht genügend ist, hat der Ersatzpflichtige den Gläubiger in Geld zu entschädigen.

(2) [1] Der Ersatzpflichtige kann den Gläubiger in Geld entschädigen, wenn die Herstellung nur mit unverhältnismäßigen Aufwendungen möglich ist. [2] Die aus der Heilbehandlung eines verletzten Tieres entstandenen Aufwendungen sind nicht bereits dann unverhältnismäßig, wenn sie dessen Wert erheblich übersteigen.

§ 252 Entgangener Gewinn. [1] Der zu ersetzende Schaden umfasst auch den entgangenen Gewinn. [2] Als entgangen gilt der Gewinn, welcher nach dem gewöhnlichen Lauf der Dinge oder nach den besonderen Umständen, insbesondere nach den getroffenen Anstalten und Vorkehrungen, mit Wahrscheinlichkeit erwartet werden konnte.

§ 253[3) 2)] **Immaterieller Schaden.** (1) Wegen eines Schadens, der nicht Vermögensschaden ist, kann Entschädigung in Geld nur in den durch das Gesetz bestimmten Fällen gefordert werden.

(2) Ist wegen einer Verletzung des Körpers, der Gesundheit, der Freiheit oder der sexuellen Selbstbestimmung Schadensersatz zu leisten, kann auch wegen des Schadens, der nicht Vermögensschaden ist, eine billige Entschädigung in Geld gefordert werden.

§ 254 Mitverschulden. (1) Hat bei der Entstehung des Schadens ein Verschulden des Beschädigten mitgewirkt, so hängt die Verpflichtung zum Ersatz sowie der Umfang des zu leistenden Ersatzes von den Umständen, insbesondere davon ab, inwieweit der Schaden vorwiegend von dem einen oder dem anderen Teil verursacht worden ist.

(2) [1] Dies gilt auch dann, wenn sich das Verschulden des Beschädigten darauf beschränkt, dass er unterlassen hat, den Schuldner auf die Gefahr eines ungewöhnlich hohen Schadens aufmerksam zu machen, die der Schuldner weder kannte noch

---

[1)] § 249 bish. Satz 1 wird Abs. 1, bish. Satz 2 wird Abs. 2 Satz 1, Abs. 2 Satz 2 angef. mWv 1.8.2002 durch G v. 19.7.2002 (BGBl. I S. 2674).

[2)] Beachte hierzu Übergangsvorschrift in Art. 229 § 8 EGBGB (Nr. **21**).

[3)] § 253 Abs. 2 angef. mWv 1.8.2002 durch G v. 19.7.2002 (BGBl. I S. 2674).

kennen musste, oder dass er unterlassen hat, den Schaden abzuwenden oder zu mindern. [2] Die Vorschrift des § 278 findet entsprechende Anwendung.

§ 255 Abtretung der Ersatzansprüche. Wer für den Verlust einer Sache oder eines Rechts Schadensersatz zu leisten hat, ist zum Ersatz nur gegen Abtretung der Ansprüche verpflichtet, die dem Ersatzberechtigten auf Grund des Eigentums an der Sache oder auf Grund des Rechts gegen Dritte zustehen.

§ 256 Verzinsung von Aufwendungen. [1] Wer zum Ersatz von Aufwendungen verpflichtet ist, hat den aufgewendeten Betrag oder, wenn andere Gegenstände als Geld aufgewendet worden sind, den als Ersatz ihres Wertes zu zahlenden Betrag von der Zeit der Aufwendung an zu verzinsen. [2] Sind Aufwendungen auf einen Gegenstand gemacht worden, der dem Ersatzpflichtigen herauszugeben ist, so sind Zinsen für die Zeit, für welche dem Ersatzberechtigten die Nutzungen oder die Früchte des Gegenstands ohne Vergütung verbleiben, nicht zu entrichten.

§ 257 Befreiungsanspruch. [1] Wer berechtigt ist, Ersatz für Aufwendungen zu verlangen, die er für einen bestimmten Zweck macht, kann, wenn er für diesen Zweck eine Verbindlichkeit eingeht, Befreiung von der Verbindlichkeit verlangen. [2] Ist die Verbindlichkeit noch nicht fällig, so kann ihm der Ersatzpflichtige, statt ihn zu befreien, Sicherheit leisten.

§ 258 Wegnahmerecht. [1] Wer berechtigt ist, von einer Sache, die er einem anderen herauszugeben hat, eine Einrichtung wegzunehmen, hat im Falle der Wegnahme die Sache auf seine Kosten in den vorigen Stand zu setzen. [2] Erlangt der andere den Besitz der Sache, so ist er verpflichtet, die Wegnahme der Einrichtung zu gestatten; er kann die Gestattung verweigern, bis ihm für den mit der Wegnahme verbundenen Schaden Sicherheit geleistet wird.

§ 259 Umfang der Rechenschaftspflicht. (1) Wer verpflichtet ist, über eine mit Einnahmen oder Ausgaben verbundene Verwaltung Rechenschaft abzulegen, hat dem Berechtigten eine die geordnete Zusammenstellung der Einnahmen oder der Ausgaben enthaltende Rechnung mitzuteilen und, soweit Belege erteilt zu werden pflegen, Belege vorzulegen.

(2) Besteht Grund zu der Annahme, dass die in der Rechnung enthaltenen Angaben über die Einnahmen nicht mit der erforderlichen Sorgfalt gemacht worden sind, so hat der Verpflichtete auf Verlangen zu Protokoll an Eides statt zu versichern, dass er nach bestem Wissen die Einnahmen so vollständig angegeben habe, als er dazu imstande sei.

(3) In Angelegenheiten von geringer Bedeutung besteht eine Verpflichtung zur Abgabe der eidesstattlichen Versicherung nicht.

§ 260 Pflichten bei Herausgabe oder Auskunft über Inbegriff von Gegenständen. (1) Wer verpflichtet ist, einen Inbegriff von Gegenständen herauszugeben oder über den Bestand eines solchen Inbegriffs Auskunft zu erteilen, hat dem Berechtigten ein Verzeichnis des Bestands vorzulegen.

(2) Besteht Grund zu der Annahme, dass das Verzeichnis nicht mit der erforderlichen Sorgfalt aufgestellt worden ist, so hat der Verpflichtete auf Verlangen zu Protokoll an Eides statt zu versichern, dass er nach bestem Wissen den Bestand so vollständig angegeben habe, als er dazu imstande sei.

(3) Die Vorschrift des § 259 Abs. 3 findet Anwendung.

§ 261[1)] Änderung der eidesstattlichen Versicherung; Kosten. (1) Das Gericht kann eine den Umständen entsprechende Änderung der eidesstattlichen Versicherung beschließen.

(2) Die Kosten der Abnahme der eidesstattlichen Versicherung hat derjenige zu tragen, welcher die Abgabe der Versicherung verlangt.

§ 262 Wahlschuld; Wahlrecht. Werden mehrere Leistungen in der Weise geschuldet, dass nur die eine oder die andere zu bewirken ist, so steht das Wahlrecht im Zweifel dem Schuldner zu.

§ 263 Ausübung des Wahlrechts; Wirkung. (1) Die Wahl erfolgt durch Erklärung gegenüber dem anderen Teil.

(2) Die gewählte Leistung gilt als die von Anfang an allein geschuldete.

§ 264 Verzug des Wahlberechtigten. (1) Nimmt der wahlberechtigte Schuldner die Wahl nicht vor dem Beginn der Zwangsvollstreckung vor, so kann der Gläubiger die Zwangsvollstreckung nach seiner Wahl auf die eine oder auf die andere Leistung richten; der Schuldner kann sich jedoch, solange nicht der Gläubiger die gewählte Leistung ganz oder zum Teil empfangen hat, durch eine der übrigen Leistungen von seiner Verbindlichkeit befreien.

(2) [1] Ist der wahlberechtigte Gläubiger im Verzug, so kann der Schuldner ihn unter Bestimmung einer angemessenen Frist zur Vornahme der Wahl auffordern. [2] Mit dem Ablauf der Frist geht das Wahlrecht auf den Schuldner über, wenn nicht der Gläubiger rechtzeitig die Wahl vornimmt.

§ 265 Unmöglichkeit bei Wahlschuld. [1] Ist eine der Leistungen von Anfang an unmöglich oder wird sie später unmöglich, so beschränkt sich das Schuldverhältnis auf die übrigen Leistungen. [2] Die Beschränkung tritt nicht ein, wenn die Leistung infolge eines Umstands unmöglich wird, den der nicht wahlberechtigte Teil zu vertreten hat.

§ 266 Teilleistungen. Der Schuldner ist zu Teilleistungen nicht berechtigt.

§ 267 Leistung durch Dritte. (1) [1] Hat der Schuldner nicht in Person zu leisten, so kann auch ein Dritter die Leistung bewirken. [2] Die Einwilligung des Schuldners ist nicht erforderlich.

(2) Der Gläubiger kann die Leistung ablehnen, wenn der Schuldner widerspricht.

§ 268 Ablösungsrecht des Dritten. (1) [1] Betreibt der Gläubiger die Zwangsvollstreckung in einen dem Schuldner gehörenden Gegenstand, so ist jeder, der Gefahr läuft, durch die Zwangsvollstreckung ein Recht an dem Gegenstand zu verlieren, berechtigt, den Gläubiger zu befriedigen. [2] Das gleiche Recht steht dem Besitzer einer Sache zu, wenn er Gefahr läuft, durch die Zwangsvollstreckung den Besitz zu verlieren.

(2) Die Befriedigung kann auch durch Hinterlegung oder durch Aufrechnung erfolgen.

---

1) § 261 neu gef. mWv 1.9.2009 durch G v. 17.12.2008 (BGBl. I S. 2586).

§ 627 Fristlose Kündigung bei Vertrauensstellung. (1) Bei einem Dienstverhältnis, das kein Arbeitsverhältnis im Sinne des § 622 ist, ist die Kündigung auch ohne die in § 626 bezeichnete Voraussetzung zulässig, wenn der zur Dienstleistung Verpflichtete, ohne in einem dauernden Dienstverhältnis mit festen Bezügen zu stehen, Dienste höherer Art zu leisten hat, die auf Grund besonderen Vertrauens übertragen zu werden pflegen.

(2) [1] Der Verpflichtete darf nur in der Art kündigen, dass sich der Dienstberechtigte die Dienste anderweit beschaffen kann, es sei denn, dass ein wichtiger Grund für die unzeitige Kündigung vorliegt. [2] Kündigt er ohne solchen Grund zur Unzeit, so hat er dem Dienstberechtigten den daraus entstehenden Schaden zu ersetzen.

§ 628[1)] Teilvergütung und Schadensersatz bei fristloser Kündigung.

(1) [1] Wird nach dem Beginn der Dienstleistung das Dienstverhältnis auf Grund des § 626 oder des § 627 gekündigt, so kann der Verpflichtete einen seinen bisherigen Leistungen entsprechenden Teil der Vergütung verlangen. [2] Kündigt er, ohne durch vertragswidriges Verhalten des anderen Teiles dazu veranlasst zu sein, oder veranlasst er durch sein vertragswidriges Verhalten die Kündigung des anderen Teiles, so steht ihm ein Anspruch auf die Vergütung insoweit nicht zu, als seine bisherigen Leistungen infolge der Kündigung für den anderen Teil kein Interesse haben. [3] Ist die Vergütung für eine spätere Zeit im Voraus entrichtet, so hat der Verpflichtete sie nach Maßgabe des § 346 oder, wenn die Kündigung wegen eines Umstands erfolgt, den er nicht zu vertreten hat, nach den Vorschriften über die Herausgabe einer ungerechtfertigten Bereicherung zurückzuerstatten.

(2) Wird die Kündigung durch vertragswidriges Verhalten des anderen Teiles veranlasst, so ist dieser zum Ersatz des durch die Aufhebung des Dienstverhältnisses entstehenden Schadens verpflichtet.

§ 629 Freizeit zur Stellungssuche. Nach der Kündigung eines dauernden Dienstverhältnisses hat der Dienstberechtigte dem Verpflichteten auf Verlangen angemessene Zeit zum Aufsuchen eines anderen Dienstverhältnisses zu gewähren.

§ 630[2)] Pflicht zur Zeugniserteilung. [1] Bei der Beendigung eines dauernden Dienstverhältnisses kann der Verpflichtete von dem anderen Teil ein schriftliches Zeugnis über das Dienstverhältnis und dessen Dauer fordern. [2] Das Zeugnis ist auf Verlangen auf die Leistungen und die Führung im Dienst zu erstrecken. [3] Die Erteilung des Zeugnisses in elektronischer Form ist ausgeschlossen. [4] Wenn der Verpflichtete ein Arbeitnehmer ist, findet § 109 der Gewerbeordnung[3)] Anwendung.

Untertitel 2.[4)] Behandlungsvertrag

§ 630a[4)] Vertragstypische Pflichten beim Behandlungsvertrag. (1) Durch den Behandlungsvertrag wird derjenige, welcher die medizinische Behandlung eines Patienten zusagt (Behandelnder), zur Leistung der versprochenen Behandlung, der andere Teil (Patient) zur Gewährung der vereinbarten Vergütung verpflichtet, soweit nicht ein Dritter zur Zahlung verpflichtet ist.

---

1) § 628 Abs. 1 Satz 3 geänd. mWv 1.8.2002 durch G v. 23.7.2002 (BGBl. I S. 2850).
2) § 630 Satz 4 angef. mWv 1.1.2003 durch G v. 24.8.2002 (BGBl. I S. 3412).
3) **Sartorius Nr. 800.**
4) UTitel 2 (§§ 630a–630h) eingef. mWv 26.2.2013 durch G v. 20.2.2013 (BGBl. I S. 277).

(2) Die Behandlung hat nach den zum Zeitpunkt der Behandlung bestehenden, allgemein anerkannten fachlichen Standards zu erfolgen, soweit nicht etwas anderes vereinbart ist.

§ 630b[1] Anwendbare Vorschriften. Auf das Behandlungsverhältnis sind die Vorschriften über das Dienstverhältnis, das kein Arbeitsverhältnis im Sinne des § 622 ist, anzuwenden, soweit nicht in diesem Untertitel etwas anderes bestimmt ist.

§ 630c[1] Mitwirkung der Vertragsparteien; Informationspflichten.

(1) Behandelnder und Patient sollen zur Durchführung der Behandlung zusammenwirken.

(2) [1] Der Behandelnde ist verpflichtet, dem Patienten in verständlicher Weise zu Beginn der Behandlung und, soweit erforderlich, in deren Verlauf sämtliche für die Behandlung wesentlichen Umstände zu erläutern, insbesondere die Diagnose, die voraussichtliche gesundheitliche Entwicklung, die Therapie und die zu und nach der Therapie zu ergreifenden Maßnahmen. [2] Sind für den Behandelnden Umstände erkennbar, die die Annahme eines Behandlungsfehlers begründen, hat er den Patienten über diese auf Nachfrage oder zur Abwendung gesundheitlicher Gefahren zu informieren. [3] Ist dem Behandelnden oder einem seiner in § 52 Absatz 1 der Strafprozessordnung[2] bezeichneten Angehörigen ein Behandlungsfehler unterlaufen, darf die Information nach Satz 2 zu Beweiszwecken in einem gegen den Behandelnden oder gegen seinen Angehörigen geführten Straf- oder Bußgeldverfahren nur mit Zustimmung des Behandelnden verwendet werden.

(3) [1] Weiß der Behandelnde, dass eine vollständige Übernahme der Behandlungskosten durch einen Dritten nicht gesichert ist oder ergeben sich nach den Umständen hierfür hinreichende Anhaltspunkte, muss er den Patienten vor Beginn der Behandlung über die voraussichtlichen Kosten der Behandlung in Textform informieren. [2] Weitergehende Formanforderungen aus anderen Vorschriften bleiben unberührt.

(4) Der Information des Patienten bedarf es nicht, soweit diese ausnahmsweise aufgrund besonderer Umstände entbehrlich ist, insbesondere wenn die Behandlung unaufschiebbar ist oder der Patient auf die Information ausdrücklich verzichtet hat.

§ 630d[3] Einwilligung. (1) [1] Vor Durchführung einer medizinischen Maßnahme, insbesondere eines Eingriffs in den Körper oder die Gesundheit, ist der Behandelnde verpflichtet, die Einwilligung des Patienten einzuholen. [2] Ist der Patient einwilligungsunfähig, ist die Einwilligung eines hierzu Berechtigten einzuholen, soweit nicht eine Patientenverfügung nach § 1827 Absatz 1 Satz 1 die Maßnahme gestattet oder untersagt. [3] Weitergehende Anforderungen an die Einwilligung aus anderen Vorschriften bleiben unberührt. [4] Kann eine Einwilligung für eine unaufschiebbare Maßnahme nicht rechtzeitig eingeholt werden, darf sie ohne Einwilligung durchgeführt werden, wenn sie dem mutmaßlichen Willen des Patienten entspricht.

(2) Die Wirksamkeit der Einwilligung setzt voraus, dass der Patient oder im Fall des Absatzes 1 Satz 2 der zur Einwilligung Berechtigte vor der Einwilligung nach Maßgabe von § 630e Absatz 1 bis 4 aufgeklärt worden ist.

---

[1] UTitel 2 (§§ 630a–630h) eingef. mWv 26.2.2013 durch G v. 20.2.2013 (BGBl. I S. 277).

[2] Nr. **90**.

[3] § 630d eingef. mWv 26.2.2013 durch G v. 20.2.2013 (BGBl. I S. 277); Abs. 1 Satz 2 geänd. mWv 1.1. 2023 durch G v. 4.5.2021 (BGBl. I S. 882).

§ 1069 Bestellung. (1) Die Bestellung des Nießbrauchs an einem Recht erfolgt nach den für die Übertragung des Rechts geltenden Vorschriften.

(2) An einem Recht, das nicht übertragbar ist, kann ein Nießbrauch nicht bestellt werden.

§ 1070 Nießbrauch an Recht auf Leistung. (1) Ist ein Recht, kraft dessen eine Leistung gefordert werden kann, Gegenstand des Nießbrauchs, so finden auf das Rechtsverhältnis zwischen dem Nießbraucher und dem Verpflichteten die Vorschriften entsprechende Anwendung, welche im Falle der Übertragung des Rechts für das Rechtsverhältnis zwischen dem Erwerber und dem Verpflichteten gelten.

(2) [1] Wird die Ausübung des Nießbrauchs nach § 1052 einem Verwalter übertragen, so ist die Übertragung dem Verpflichteten gegenüber erst wirksam, wenn er von der getroffenen Anordnung Kenntnis erlangt oder wenn ihm eine Mitteilung von der Anordnung zugestellt wird. [2] Das Gleiche gilt von der Aufhebung der Verwaltung.

§ 1071 Aufhebung oder Änderung des belasteten Rechts. (1) [1] Ein dem Nießbrauch unterliegendes Recht kann durch Rechtsgeschäft nur mit Zustimmung des Nießbrauchers aufgehoben werden. [2] Die Zustimmung ist demjenigen gegenüber zu erklären, zu dessen Gunsten sie erfolgt; sie ist unwiderruflich. [3] Die Vorschrift des § 876 Satz 3 bleibt unberührt.

(2) Das Gleiche gilt im Falle einer Änderung des Rechts, sofern sie den Nießbrauch beeinträchtigt.

§ 1072 Beendigung des Nießbrauchs. Die Beendigung des Nießbrauchs tritt nach den Vorschriften der §§ 1063, 1064 auch dann ein, wenn das dem Nießbrauch unterliegende Recht nicht ein Recht an einer beweglichen Sache ist.

§ 1073 Nießbrauch an einer Leibrente. Dem Nießbraucher einer Leibrente, eines Auszugs oder eines ähnlichen Rechts gebühren die einzelnen Leistungen, die auf Grund des Rechts gefordert werden können.

§ 1074 Nießbrauch an einer Forderung; Kündigung und Einziehung.

[1] Der Nießbraucher einer Forderung ist zur Einziehung der Forderung und, wenn die Fälligkeit von einer Kündigung des Gläubigers abhängt, zur Kündigung berechtigt. [2] Er hat für die ordnungsmäßige Einziehung zu sorgen. [3] Zu anderen Verfügungen über die Forderung ist er nicht berechtigt.

§ 1075 Wirkung der Leistung. (1) Mit der Leistung des Schuldners an den Nießbraucher erwirbt der Gläubiger den geleisteten Gegenstand und der Nießbraucher den Nießbrauch an dem Gegenstand.

(2) Werden verbrauchbare Sachen geleistet, so erwirbt der Nießbraucher das Eigentum; die Vorschrift des § 1067 findet entsprechende Anwendung.

§ 1076 Nießbrauch an verzinslicher Forderung. Ist eine auf Zinsen ausstehende Forderung Gegenstand des Nießbrauchs, so gelten die Vorschriften der §§ 1077 bis 1079.

§ 1077 Kündigung und Zahlung. (1) [1] Der Schuldner kann das Kapital nur an den Nießbraucher und den Gläubiger gemeinschaftlich zahlen. [2] Jeder von beiden kann verlangen, dass an sie gemeinschaftlich gezahlt wird; jeder kann statt der Zahlung die Hinterlegung für beide fordern.

(2) [1] Der Nießbraucher und der Gläubiger können nur gemeinschaftlich kündigen. [2] Die Kündigung des Schuldners ist nur wirksam, wenn sie dem Nießbraucher und dem Gläubiger erklärt wird.

§ 1078 Mitwirkung zur Einziehung. [1] Ist die Forderung fällig, so sind der Nießbraucher und der Gläubiger einander verpflichtet, zur Einziehung mitzuwirken. [2] Hängt die Fälligkeit von einer Kündigung ab, so kann jeder Teil die Mitwirkung des anderen zur Kündigung verlangen, wenn die Einziehung der Forderung wegen Gefährdung ihrer Sicherheit nach den Regeln einer ordnungsmäßigen Vermögensverwaltung geboten ist.

§ 1079[1)] Anlegung des Kapitals. [1] Der Nießbraucher und der Gläubiger sind einander verpflichtet, dazu mitzuwirken, dass das eingezogene Kapital der Rechtsverordnung nach § 240a entsprechend angelegt und gleichzeitig dem Nießbraucher der Nießbrauch bestellt wird. [2] Die Art der Anlegung bestimmt der Nießbraucher.

§ 1080 Nießbrauch an Grund- oder Rentenschuld. Die Vorschriften über den Nießbrauch an einer Forderung gelten auch für den Nießbrauch an einer Grundschuld und an einer Rentenschuld.

§ 1081 Nießbrauch an Inhaber- oder Orderpapieren. (1) [1] Ist ein Inhaberpapier oder ein Orderpapier, das mit Blankoindossament versehen ist, Gegenstand des Nießbrauchs, so steht der Besitz des Papiers und des zu dem Papier gehörenden Erneuerungsscheins dem Nießbraucher und dem Eigentümer gemeinschaftlich zu. [2] Der Besitz der zu dem Papier gehörenden Zins-, Renten- oder Gewinnanteilscheine steht dem Nießbraucher zu.

(2) Zur Bestellung des Nießbrauchs genügt anstelle der Übergabe des Papiers die Einräumung des Mitbesitzes.

§ 1082[2)] Hinterlegung. Das Papier ist nebst dem Erneuerungsschein auf Verlangen des Nießbrauchers oder des Eigentümers bei einer Hinterlegungsstelle mit der Bestimmung zu hinterlegen, dass die Herausgabe nur von dem Nießbraucher und dem Eigentümer gemeinschaftlich verlangt werden kann.

§ 1083 Mitwirkung zur Einziehung. (1) Der Nießbraucher und der Eigentümer des Papiers sind einander verpflichtet, zur Einziehung des fälligen Kapitals, zur Beschaffung neuer Zins-, Renten- oder Gewinnanteilscheine sowie zu sonstigen Maßnahmen mitzuwirken, die zur ordnungsmäßigen Vermögensverwaltung erforderlich sind.

(Fortsetzung nächstes Blatt)

[1)] § 1079 Satz 1 geänd. mWv 1.1.2023 durch G v. 4.5.2021 (BGBl. I S. 882).
[2)] § 1082 Satz 2 aufgeh. mWv 15.12.2010 durch G v. 8.12.2010 (BGBl. I S. 1864).

§ 1276 Aufhebung oder Änderung des verpfändeten Rechts. (1) [1] Ein verpfändetes Recht kann durch Rechtsgeschäft nur mit Zustimmung des Pfandgläubigers aufgehoben werden. [2] Die Zustimmung ist demjenigen gegenüber zu erklären, zu dessen Gunsten sie erfolgt; sie ist unwiderruflich. [3] Die Vorschrift des § 876 Satz 3 bleibt unberührt.

(2) Das Gleiche gilt im Falle einer Änderung des Rechts, sofern sie das Pfandrecht beeinträchtigt.

§ 1277 Befriedigung durch Zwangsvollstreckung. [1] Der Pfandgläubiger kann seine Befriedigung aus dem Recht nur auf Grund eines vollstreckbaren Titels nach den für die Zwangsvollstreckung geltenden Vorschriften suchen, sofern nicht ein anderes bestimmt ist. [2] Die Vorschriften des § 1229 und des § 1245 Abs. 2 bleiben unberührt.

§ 1278 Erlöschen durch Rückgabe. Ist ein Recht, zu dessen Verpfändung die Übergabe einer Sache erforderlich ist, Gegenstand des Pfandrechts, so findet auf das Erlöschen des Pfandrechts durch die Rückgabe der Sache die Vorschrift des § 1253 entsprechende Anwendung.

§ 1279[1)] Pfandrecht an einer Forderung. [1] Für das Pfandrecht an einer Forderung gelten die besonderen Vorschriften der §§ 1280 bis 1290. [2] Soweit eine Forderung einen Börsen- oder Marktpreis hat, findet § 1259 entsprechende Anwendung.

§ 1280 Anzeige an den Schuldner. Die Verpfändung einer Forderung, zu deren Übertragung der Abtretungsvertrag genügt, ist nur wirksam, wenn der Gläubiger sie dem Schuldner anzeigt.

§ 1281 Leistung vor Fälligkeit. [1] Der Schuldner kann nur an den Pfandgläubiger und den Gläubiger gemeinschaftlich leisten. [2] Jeder von beiden kann verlangen, dass an sie gemeinschaftlich geleistet wird; jeder kann statt der Leistung verlangen, dass die geschuldete Sache für beide hinterlegt oder, wenn sie sich nicht zur Hinterlegung eignet, an einen gerichtlich zu bestellenden Verwahrer abgeliefert wird.

§ 1282 Leistung nach Fälligkeit. (1) [1] Sind die Voraussetzungen des § 1228 Abs. 2 eingetreten, so ist der Pfandgläubiger zur Einziehung der Forderung berechtigt und kann der Schuldner nur an ihn leisten. [2] Die Einziehung einer Geldforderung steht dem Pfandgläubiger nur insoweit zu, als sie zu seiner Befriedigung erforderlich ist. [3] Soweit er zur Einziehung berechtigt ist, kann er auch verlangen, dass ihm die Geldforderung an Zahlungs statt abgetreten wird.

(2) Zu anderen Verfügungen über die Forderung ist der Pfandgläubiger nicht berechtigt; das Recht, die Befriedigung aus der Forderung nach § 1277 zu suchen, bleibt unberührt.

§ 1283 Kündigung. (1) Hängt die Fälligkeit der verpfändeten Forderung von einer Kündigung ab, so bedarf der Gläubiger zur Kündigung der Zustimmung des Pfandgläubigers nur, wenn dieser berechtigt ist, die Nutzungen zu ziehen.

(2) Die Kündigung des Schuldners ist nur wirksam, wenn sie dem Pfandgläubiger und dem Gläubiger erklärt wird.

[1)] § 1279 Satz 2 angef. mWv 9.4.2004 durch G v. 5.4.2004 (BGBl. I S. 502).

(3) Sind die Voraussetzungen des § 1228 Abs. 2 eingetreten, so ist auch der Pfandgläubiger zur Kündigung berechtigt; für die Kündigung des Schuldners genügt die Erklärung gegenüber dem Pfandgläubiger.

§ 1284 Abweichende Vereinbarungen. Die Vorschriften der §§ 1281 bis 1283 finden keine Anwendung, soweit der Pfandgläubiger und der Gläubiger ein anderes vereinbaren.

§ 1285 Mitwirkung zur Einziehung. (1) Hat die Leistung an den Pfandgläubiger und den Gläubiger gemeinschaftlich zu erfolgen, so sind beide einander verpflichtet, zur Einziehung mitzuwirken, wenn die Forderung fällig ist.

(2) [1] Soweit der Pfandgläubiger berechtigt ist, die Forderung ohne Mitwirkung des Gläubigers einzuziehen, hat er für die ordnungsmäßige Einziehung zu sorgen. [2] Von der Einziehung hat er den Gläubiger unverzüglich zu benachrichtigen, sofern nicht die Benachrichtigung untunlich ist.

§ 1286 Kündigungspflicht bei Gefährdung. [1] Hängt die Fälligkeit der verpfändeten Forderung von einer Kündigung ab, so kann der Pfandgläubiger, sofern nicht das Kündigungsrecht ihm zusteht, von dem Gläubiger die Kündigung verlangen, wenn die Einziehung der Forderung wegen Gefährdung ihrer Sicherheit nach den Regeln einer ordnungsmäßigen Vermögensverwaltung geboten ist. [2] Unter der gleichen Voraussetzung kann der Gläubiger von dem Pfandgläubiger die Zustimmung zur Kündigung verlangen, sofern die Zustimmung erforderlich ist.

§ 1287 Wirkung der Leistung. [1] Leistet der Schuldner in Gemäßheit der §§ 1281, 1282, so erwirbt mit der Leistung der Gläubiger den geleisteten Gegenstand und der Pfandgläubiger ein Pfandrecht an dem Gegenstand. [2] Besteht die Leistung in der Übertragung des Eigentums an einem Grundstück, so erwirbt der Pfandgläubiger eine Sicherungshypothek; besteht sie in der Übertragung des Eigentums an einem eingetragenen Schiff oder Schiffsbauwerk, so erwirbt der Pfandgläubiger eine Schiffshypothek.

§ 1288[1)] Anlegung eingezogenen Geldes. (1) [1] Wird eine Geldforderung in Gemäßheit des § 1281 eingezogen, so sind der Pfandgläubiger und der Gläubiger einander verpflichtet, dazu mitzuwirken, dass der eingezogene Betrag, soweit es ohne Beeinträchtigung des Interesses des Pfandgläubigers tunlich ist, der Rechtsverordnung nach § 240a entsprechend angelegt und gleichzeitig dem Pfandgläubiger das Pfandrecht bestellt wird. [2] Die Art der Anlegung bestimmt der Gläubiger.

(2) Erfolgt die Einziehung in Gemäßheit des § 1282, so gilt die Forderung des Pfandgläubigers, soweit ihm der eingezogene Betrag zu seiner Befriedigung gebührt, als von dem Gläubiger berichtigt.

§ 1289 Erstreckung auf die Zinsen. [1] Das Pfandrecht an einer Forderung erstreckt sich auf die Zinsen der Forderung. [2] Die Vorschriften des § 1123 Abs. 2 und der §§ 1124, 1125 finden entsprechende Anwendung; an die Stelle der Beschlagnahme tritt die Anzeige des Pfandgläubigers an den Schuldner, dass er von dem Einziehungsrecht Gebrauch mache.

[1)] § 1288 Abs. 1 Satz 1 geänd. mWv 1.1.2023 durch G v. 4.5.2021 (BGBl. I S. 882).

§ 1290 Einziehung bei mehrfacher Verpfändung. Bestehen mehrere Pfandrechte an einer Forderung, so ist zur Einziehung nur derjenige Pfandgläubiger berechtigt, dessen Pfandrecht den übrigen Pfandrechten vorgeht.

§ 1291 Pfandrecht an Grund- oder Rentenschuld. Die Vorschriften über das Pfandrecht an einer Forderung gelten auch für das Pfandrecht an einer Grundschuld und an einer Rentenschuld.

§ 1292 Verpfändung von Orderpapieren. Zur Verpfändung eines Wechsels oder eines anderen Papiers, das durch Indossament übertragen werden kann, genügt die Einigung des Gläubigers und des Pfandgläubigers und die Übergabe des indossierten Papiers.

§ 1293 Pfandrecht an Inhaberpapieren. Für das Pfandrecht an einem Inhaberpapier gelten die Vorschriften über das Pfandrecht an beweglichen Sachen.

§ 1294 Einziehung und Kündigung. Ist ein Wechsel, ein anderes Papier, das durch Indossament übertragen werden kann, oder ein Inhaberpapier Gegenstand des Pfandrechts, so ist, auch wenn die Voraussetzungen des § 1228 Abs. 2 noch nicht eingetreten sind, der Pfandgläubiger zur Einziehung und, falls Kündigung erforderlich ist, zur Kündigung berechtigt und kann der Schuldner nur an ihn leisten.

§ 1295[1)] Freihändiger Verkauf von Orderpapieren. [1] Hat ein verpfändetes Papier, das durch Indossament übertragen werden kann, einen Börsen- oder Marktpreis, so ist der Gläubiger nach dem Eintritt der Voraussetzungen des § 1228 Abs. 2 berechtigt, das Papier nach § 1221 verkaufen zu lassen. [2] § 1259 findet entsprechende Anwendung.

§ 1296 Erstreckung auf Zinsscheine. [1] Das Pfandrecht an einem Wertpapier erstreckt sich auf die zu dem Papier gehörenden Zins-, Renten- oder Gewinnanteilscheine nur dann, wenn sie dem Pfandgläubiger übergeben sind. [2] Der Verpfänder kann, sofern nicht ein anderes bestimmt ist, die Herausgabe der Scheine verlangen, soweit sie vor dem Eintritt der Voraussetzungen des § 1228 Abs. 2 fällig werden.

Buch 4.[2)] Familienrecht

Abschnitt 1. Bürgerliche Ehe

Titel 1.[2)] Verlöbnis

§ 1297[3)] Kein Antrag auf Eingehung der Ehe, Nichtigkeit eines Strafversprechens. (1) Aus einem Verlöbnis kann kein Antrag auf Eingehung der Ehe gestellt werden.

(2) Das Versprechen einer Strafe für den Fall, dass die Eingehung der Ehe unterbleibt, ist nichtig.

§ 1298 Ersatzpflicht bei Rücktritt. (1) [1] Tritt ein Verlobter von dem Verlöbnis zurück, so hat er dem anderen Verlobten und dessen Eltern sowie dritten

[1)] § 1295 Satz 2 angef. mWv 9.4.2004 durch G v. 5.4.2004 (BGBl. I S. 502).

[2)] Wegen des für das Gebiet der ehem. DDR geltenden Übergangsrechts zum Vierten Buch des BGB beachte Art. 234 EGBGB (Nr. **21**), zu den §§ 1297–1302 beachte Art. 234 § 2 EGBGB.

[3)] § 1297 Überschrift und Abs. 1 geänd. mWv 26.11.2015 durch G v. 20.11.2015 (BGBl. I S. 2010).

Personen, welche anstelle der Eltern gehandelt haben, den Schaden zu ersetzen, der daraus entstanden ist, dass sie in Erwartung der Ehe Aufwendungen gemacht haben oder Verbindlichkeiten eingegangen sind. [2]Dem anderen Verlobten hat er auch den Schaden zu ersetzen, den dieser dadurch erleidet, dass er in Erwartung der Ehe sonstige sein Vermögen oder seine Erwerbsstellung berührende Maßnahmen getroffen hat.

(2) Der Schaden ist nur insoweit zu ersetzen, als die Aufwendungen, die Eingehung der Verbindlichkeiten und die sonstigen Maßnahmen den Umständen nach angemessen waren.

(3) Die Ersatzpflicht tritt nicht ein, wenn ein wichtiger Grund für den Rücktritt vorliegt.

§ 1299 Rücktritt aus Verschulden des anderen Teils. Veranlasst ein Verlobter den Rücktritt des anderen durch ein Verschulden, das einen wichtigen Grund für den Rücktritt bildet, so ist er nach Maßgabe des § 1298 Abs. 1, 2 zum Schadensersatz verpflichtet.

§ 1300 (weggefallen)

§ 1301 Rückgabe der Geschenke. [1]Unterbleibt die Eheschließung, so kann jeder Verlobte von dem anderen die Herausgabe desjenigen, was er ihm geschenkt oder zum Zeichen des Verlöbnisses gegeben hat, nach den Vorschriften über die Herausgabe einer ungerechtfertigten Bereicherung fordern. [2]Im Zweifel ist anzunehmen, dass die Rückforderung ausgeschlossen sein soll, wenn das Verlöbnis durch den Tod eines der Verlobten aufgelöst wird.

§ 1302[1)] Verjährung. Die Verjährungsfrist der in den §§ 1298 bis 1301 bestimmten Ansprüche beginnt mit der Auflösung des Verlöbnisses.

Titel 2. Eingehung der Ehe

Untertitel 1. Ehefähigkeit

§ 1303[2)] [3)] Ehemündigkeit. [1]Eine Ehe darf nicht vor Eintritt der Volljährigkeit eingegangen werden. [2]Mit einer Person, die das 16. Lebensjahr nicht vollendet hat, kann eine Ehe nicht wirksam eingegangen werden.

§ 1304 Geschäftsunfähigkeit. Wer geschäftsunfähig ist, kann eine Ehe nicht eingehen.

§ 1305 (weggefallen)

Untertitel 2. Eheverbote

§ 1306[4)] Bestehende Ehe oder Lebenspartnerschaft. Eine Ehe darf nicht geschlossen werden, wenn zwischen einer der Personen, die die Ehe miteinander eingehen wollen, und einer dritten Person eine Ehe oder eine Lebenspartnerschaft besteht.

[1)] § 1302 neu gef. mWv 1.1.2010 durch G v. 24.9.2009 (BGBl. I S. 3142).
[2)] § 1303 neu gef. mWv 22.7.2017 durch G v. 17.7.2017 (BGBl. I S. 2429).
[3)] Beachte hierzu Übergangsvorschrift in Art. 229 § 44 EGBGB (Nr. **21**).
[4)] § 1306 neu gef. mWv 1. 1. 2005 durch G v. 15.12.2004 (BGBl. I S. 3396).

§ 1307 Verwandtschaft. [1]Eine Ehe darf nicht geschlossen werden zwischen Verwandten in gerader Linie sowie zwischen vollbürtigen und halbbürtigen Geschwistern. [2]Dies gilt auch, wenn das Verwandtschaftsverhältnis durch Annahme als Kind erloschen ist.

§ 1308 Annahme als Kind. (1) [1]Eine Ehe soll nicht geschlossen werden zwischen Personen, deren Verwandtschaft im Sinne des § 1307 durch Annahme als Kind begründet worden ist. [2]Dies gilt nicht, wenn das Annahmeverhältnis aufgelöst worden ist.

(2) [1]Das Familiengericht kann auf Antrag von dieser Vorschrift Befreiung erteilen, wenn zwischen dem Antragsteller und seinem künftigen Ehegatten durch die Annahme als Kind eine Verwandtschaft in der Seitenlinie begründet worden ist. [2]Die Befreiung soll versagt werden, wenn wichtige Gründe der Eingehung der Ehe entgegenstehen.

Untertitel 3. Ehefähigkeitszeugnis

§ 1309[1)] Ehefähigkeitszeugnis für Ausländer. (1) [1]Wer hinsichtlich der Voraussetzungen der Eheschließung vorbehaltlich des Artikels 13 Abs. 2 des Einführungsgesetzes zum Bürgerlichen Gesetzbuche[2)] ausländischem Recht unterliegt, soll eine Ehe nicht eingehen, bevor er ein Zeugnis der inneren Behörde seines Heimatstaats darüber beigebracht hat, dass der Eheschließung nach dem Recht dieses Staates kein Ehehindernis entgegensteht. [2]Als Zeugnis der inneren Behörde gilt auch eine Urkunde im Sinne von Artikel 3 Nummer 1 Buchstabe e der Verordnung (EU) 2016/1191 des Europäischen Parlaments und des Rates vom 6. Juli 2016 zur Förderung der Freizügigkeit von Bürgern durch die Vereinfachung der Anforderungen an die Vorlage bestimmter öffentlicher Urkunden innerhalb der Europäischen Union und zur Änderung der Verordnung (EU) Nr. 1024/2012 (ABl. L 200 vom 26.7.2016, S. 1) sowie eine Bescheinigung, die von einer anderen Stelle nach Maßgabe eines mit dem Heimatstaat des Betroffenen geschlossenen Vertrags erteilt ist. [3]Das Zeugnis verliert seine Kraft, wenn die Ehe nicht binnen sechs Monaten seit der Ausstellung geschlossen wird; ist in dem Zeugnis eine kürzere Geltungsdauer angegeben, ist diese maßgebend.

(2) [1]Von dem Erfordernis nach Absatz 1 Satz 1 kann der Präsident des Oberlandesgerichts, in dessen Bezirk das Standesamt, bei dem die Eheschließung angemeldet worden ist, seinen Sitz hat, Befreiung erteilen. [2]Die Befreiung soll nur Staatenlosen mit gewöhnlichem Aufenthalt im Ausland und Angehörigen solcher Staaten erteilt werden, deren Behörden keine Ehefähigkeitszeugnisse im Sinne des Absatzes 1 ausstellen. [3]In besonderen Fällen darf sie auch Angehörigen anderer Staaten erteilt werden. [4]Die Befreiung gilt nur für die Dauer von sechs Monaten.

Untertitel 4. Eheschließung

§ 1310[3)] Zuständigkeit des Standesbeamten, Heilung fehlerhafter Ehen.

(1) [1]Die Ehe wird nur dadurch geschlossen, dass die Eheschließenden vor dem Standesbeamten erklären, die Ehe miteinander eingehen zu wollen. [2]Der Standesbeamte darf seine Mitwirkung an der Eheschließung nicht verweigern, wenn die

---

[1)] § 1309 Abs. 2 Satz 1 geänd. mWv 1.1.2009 durch G v. 19.2.2007 (BGBl. I S. 122); Abs. 3 angef. mWv 1.10.2017 durch G v. 20.7.2017 (BGBl. I S. 2787); Abs. 3 aufgeh. mWv 22.12.2018 durch G v. 18.12.2018 (BGBl. I S. 2639); Abs. 1 Satz 2 neu gef. mWv 1.4.2019 durch G v. 31.1.2019 (BGBl. I S. 54).

[2)] Nr. **21**.

[3)] § 1310 Abs. 2 und Abs. 3 Nr. 1 und 2 geänd. mWv 1.1.2009 durch G v. 19.2.2007 (BGBl. I S. 122); Abs. 1 Satz 2 neu gef., Satz 3 angef. mWv 22.7.2017 durch G v. 17.7.2017 (BGBl. I S. 2429).

Voraussetzungen der Eheschließung vorliegen. [3]Der Standesbeamte muss seine Mitwirkung verweigern, wenn

1. offenkundig ist, dass die Ehe nach § 1314 Absatz 2 aufhebbar wäre, oder
2. nach Artikel 13 Absatz 3 des Einführungsgesetzes zum Bürgerlichen Gesetzbuche[1)] die beabsichtigte Ehe unwirksam wäre oder die Aufhebung der Ehe in Betracht kommt.

(2) Als Standesbeamter gilt auch, wer, ohne Standesbeamter zu sein, das Amt eines Standesbeamten öffentlich ausgeübt und die Ehe in das Eheregister eingetragen hat.

(3) Eine Ehe gilt auch dann als geschlossen, wenn die Ehegatten erklärt haben, die Ehe miteinander eingehen zu wollen, und

1. der Standesbeamte die Ehe in das Eheregister eingetragen hat,
2. der Standesbeamte im Zusammenhang mit der Beurkundung der Geburt eines gemeinsamen Kindes der Ehegatten einen Hinweis auf die Eheschließung in das Geburtenregister eingetragen hat oder
3. der Standesbeamte von den Ehegatten eine familienrechtliche Erklärung, die zu ihrer Wirksamkeit eine bestehende Ehe voraussetzt, entgegengenommen hat und den Ehegatten hierüber eine in Rechtsvorschriften vorgesehene Bescheinigung erteilt worden ist

und die Ehegatten seitdem zehn Jahre oder bis zum Tode eines der Ehegatten, mindestens jedoch fünf Jahre, als Ehegatten miteinander gelebt haben.

§ 1311 Persönliche Erklärung. [1]Die Eheschließenden müssen die Erklärungen nach § 1310 Abs. 1 persönlich und bei gleichzeitiger Anwesenheit abgeben. [2]Die Erklärungen können nicht unter einer Bedingung oder Zeitbestimmung abgegeben werden.

§ 1312[2)] Trauung. [1]Der Standesbeamte soll bei der Eheschließung die Eheschließenden einzeln befragen, ob sie die Ehe miteinander eingehen wollen, und, nachdem die Eheschließenden diese Frage bejaht haben, aussprechen, dass sie nunmehr kraft Gesetzes rechtmäßig verbundene Eheleute sind. [2]Die Eheschließung kann in Gegenwart von einem oder zwei Zeugen erfolgen, sofern die Eheschließenden dies wünschen.

Titel 3. Aufhebung der Ehe

§ 1313[3)] Aufhebung durch richterliche Entscheidung. [1]Eine Ehe kann nur durch richterliche Entscheidung auf Antrag aufgehoben werden. [2]Die Ehe ist mit der Rechtskraft der Entscheidung aufgelöst. [3]Die Voraussetzungen, unter denen die Aufhebung begehrt werden kann, ergeben sich aus den folgenden Vorschriften.

§ 1314[4)] Aufhebungsgründe. (1) Eine Ehe kann aufgehoben werden, wenn sie

1. entgegen § 1303 Satz 1 mit einem Minderjährigen geschlossen worden ist, der im Zeitpunkt der Eheschließung das 16. Lebensjahr vollendet hatte, oder

---

[1)] Nr. **21**.

[2)] § 1312 Überschrift geänd., Abs. 2 aufgeh. mWv 1.1.2009 durch G v. 19.2.2007 (BGBl. I S. 122).

[3)] § 1313 neu gef. mWv 1.9.2009 durch G v. 17.12.2008 (BGBl. I S. 2586).

[4)] § 1314 Abs. 1 neu gef. mWv 22.7.2017 durch G v. 17.7.2017 (BGBl. I S. 2429).

2. entgegen den §§ 1304, 1306, 1307, 1311 geschlossen worden ist.

(2) Eine Ehe kann ferner aufgehoben werden, wenn

1. ein Ehegatte sich bei der Eheschließung im Zustand der Bewusstlosigkeit oder vorübergehender Störung der Geistestätigkeit befand;
2. ein Ehegatte bei der Eheschließung nicht gewusst hat, dass es sich um eine Eheschließung handelt;
3. ein Ehegatte zur Eingehung der Ehe durch arglistige Täuschung über solche Umstände bestimmt worden ist, die ihn bei Kenntnis der Sachlage und bei richtiger Würdigung des Wesens der Ehe von der Eingehung der Ehe abgehalten hätten; dies gilt nicht, wenn die Täuschung Vermögensverhältnisse betrifft oder von einem Dritten ohne Wissen des anderen Ehegatten verübt worden ist;
4. ein Ehegatte zur Eingehung der Ehe widerrechtlich durch Drohung bestimmt worden ist;
5. beide Ehegatten sich bei der Eheschließung darüber einig waren, dass sie keine Verpflichtung gemäß § 1353 Abs. 1 begründen wollen.

§ 1315[1)] Ausschluss der Aufhebung. (1) [1] Eine Aufhebung der Ehe ist ausgeschlossen

1. bei Verstoß gegen § 1303 Satz 1, wenn
   a) der minderjährige Ehegatte, nachdem er volljährig geworden ist, zu erkennen gegeben hat, dass er die Ehe fortsetzen will (Bestätigung), oder
   b) auf Grund außergewöhnlicher Umstände die Aufhebung der Ehe eine so schwere Härte für den minderjährigen Ehegatten darstellen würde, dass die Aufrechterhaltung der Ehe ausnahmsweise geboten erscheint;
2. bei Verstoß gegen § 1304, wenn der Ehegatte nach Wegfall der Geschäftsunfähigkeit zu erkennen gegeben hat, dass er die Ehe fortsetzen will (Bestätigung),
3. im Falle des § 1314 Abs. 2 Nr. 1, wenn der Ehegatte nach Wegfall der Bewusstlosigkeit oder der Störung der Geistestätigkeit zu erkennen gegeben hat, dass er die Ehe fortsetzen will (Bestätigung),
4. in den Fällen des § 1314 Abs. 2 Nr. 2 bis 4, wenn der Ehegatte nach Entdeckung des Irrtums oder der Täuschung oder nach Aufhören der Zwangslage zu erkennen gegeben hat, dass er die Ehe fortsetzen will (Bestätigung),
5. in den Fällen des § 1314 Abs. 2 Nr. 5, wenn die Ehegatten nach der Eheschließung als Ehegatten miteinander gelebt haben.

[2] Die Bestätigung eines Geschäftsunfähigen ist unwirksam.

(2) Eine Aufhebung der Ehe ist ferner ausgeschlossen

1. bei Verstoß gegen § 1306, wenn vor der Schließung der neuen Ehe die Scheidung oder Aufhebung der früheren Ehe oder die Aufhebung der Lebenspartnerschaft ausgesprochen ist und dieser Ausspruch nach der Schließung der neuen Ehe rechtskräftig wird;
2. bei Verstoß gegen § 1311, wenn die Ehegatten nach der Eheschließung fünf Jahre oder, falls einer von ihnen vorher verstorben ist, bis zu dessen Tode, jedoch mindestens drei Jahre als Ehegatten miteinander gelebt haben, es sei denn, dass bei Ablauf der fünf Jahre oder zur Zeit des Todes die Aufhebung beantragt ist.

[1)] § 1315 Abs. 2 Nr. 1 geänd. mWv 1.1.2009 durch G v. 19.2.2007 (BGBl. I S. 122); Abs. 1 Satz 1 Nr. 1 neu gef., Satz 3 aufgeh. mWv 22.7.2017 durch G v. 17.7.2017 (BGBl. I S. 2429).

§ 1316[1] Antragsberechtigung. (1) Antragsberechtigt

1. sind bei Verstoß gegen § 1303 Satz 1, die §§ 1304, 1306, 1307, 1311 sowie in den Fällen des § 1314 Abs. 2 Nr. 1 und 5 jeder Ehegatte, die zuständige Verwaltungsbehörde und in den Fällen des § 1306 auch die dritte Person. Die zuständige Verwaltungsbehörde wird durch Rechtsverordnung der Landesregierungen bestimmt. Die Landesregierungen können die Ermächtigung nach Satz 2 durch Rechtsverordnung auf die zuständigen obersten Landesbehörden übertragen;
2. ist in den Fällen des § 1314 Abs. 2 Nr. 2 bis 4 der dort genannte Ehegatte.

(2) [1] Der Antrag kann für einen geschäftsunfähigen Ehegatten nur von seinem gesetzlichen Vertreter gestellt werden. [2] Bei einem Verstoß gegen § 1303 Satz 1 kann ein minderjähriger Ehegatte den Antrag nur selbst stellen; er bedarf dazu nicht der Zustimmung seines gesetzlichen Vertreters.

(3) [1] Bei Verstoß gegen die §§ 1304, 1306, 1307 sowie in den Fällen des § 1314 Abs. 2 Nr. 1 und 5 soll die zuständige Verwaltungsbehörde den Antrag stellen, wenn nicht die Aufhebung der Ehe für einen Ehegatten oder für die aus der Ehe hervorgegangenen Kinder eine so schwere Härte darstellen würde, dass die Aufrechterhaltung der Ehe ausnahmsweise geboten erscheint. [2] Bei einem Verstoß gegen § 1303 Satz 1 muss die zuständige Behörde den Antrag stellen, es sei denn, der minderjährige Ehegatte ist zwischenzeitlich volljährig geworden und hat zu erkennen gegeben, dass er die Ehe fortsetzen will.

§ 1317[2] Antragsfrist. (1) [1] Der Antrag kann in den Fällen des § 1314 Absatz 2 Nummer 2 und 3 nur binnen eines Jahres, im Falle des § 1314 Absatz 2 Nummer 4 nur binnen drei Jahren gestellt werden. [2] Die Frist beginnt mit der Entdeckung des Irrtums oder der Täuschung oder mit dem Aufhören der Zwangslage; für den gesetzlichen Vertreter eines geschäftsunfähigen Ehegatten beginnt die Frist jedoch nicht vor dem Zeitpunkt, in welchem ihm die den Fristbeginn begründenden Umstände bekannt werden. [3] Auf den Lauf der Frist sind die §§ 206, 210 Abs. 1 Satz 1 entsprechend anzuwenden.

(2) Hat der gesetzliche Vertreter eines geschäftsunfähigen Ehegatten den Antrag nicht rechtzeitig gestellt, so kann der Ehegatte selbst innerhalb von sechs Monaten nach dem Wegfall der Geschäftsunfähigkeit den Antrag stellen.

(3) Ist die Ehe bereits aufgelöst, so kann der Antrag nicht mehr gestellt werden.

§ 1318[3] Folgen der Aufhebung. (1) Die Folgen der Aufhebung einer Ehe bestimmen sich nur in den nachfolgend genannten Fällen nach den Vorschriften über die Scheidung.

(2) [1] Die §§ 1569 bis 1586b finden entsprechende Anwendung

1. zugunsten eines Ehegatten, der bei Verstoß gegen die §§ 1303, 1304, 1306, 1307 oder § 1311 oder in den Fällen des § 1314 Abs. 2 Nr. 1 oder 2 die Aufhebbarkeit der Ehe bei der Eheschließung nicht gekannt hat oder der in den Fällen des § 1314 Abs. 2 Nr. 3 oder 4 von dem anderen Ehegatten oder mit dessen Wissen getäuscht oder bedroht worden ist;

---

[1] § 1316 Abs. 1 Nr. 1 geänd., Abs. 2 Satz 2 neu gef., Abs. 3 Satz 2 angef. mWv 22.7.2017 durch G v. 17.7.2017 (BGBl. I S. 2429).

[2] § 1317 Abs. 1 Satz 1 neu gef. mWv 1.7.2011 durch G v. 23.6.2011 (BGBl. I S. 1266); Abs. 1 Satz 2 geänd. mWv 22.7.2017 durch G v. 17.7.2017 (BGBl. I S. 2429).

[3] § 1318 Abs. 3 geänd. mWv 1.9.2009 durch G v. 3.4.2009 (BGBl. I S. 700); Abs. 4 Halbs. 1 geänd. mWv 1.9.2009 durch G v. 6.7.2009 (BGBl. I S. 1696).

2. zugunsten beider Ehegatten bei Verstoß gegen die §§ 1306, 1307 oder § 1311, wenn beide Ehegatten die Aufhebbarkeit kannten; dies gilt nicht bei Verstoß gegen § 1306, soweit der Anspruch eines Ehegatten auf Unterhalt einen entsprechenden Anspruch der dritten Person beeinträchtigen würde.

[2] Die Vorschriften über den Unterhalt wegen der Pflege oder Erziehung eines gemeinschaftlichen Kindes finden auch insoweit entsprechende Anwendung, als eine Versagung des Unterhalts im Hinblick auf die Belange des Kindes grob unbillig wäre.

(3) Die §§ 1363 bis 1390 und 1587 finden entsprechende Anwendung, soweit dies nicht im Hinblick auf die Umstände bei der Eheschließung oder bei Verstoß gegen § 1306 im Hinblick auf die Belange der dritten Person grob unbillig wäre.

(4) Die §§ 1568a und 1568b finden entsprechende Anwendung; dabei sind die Umstände bei der Eheschließung und bei Verstoß gegen § 1306 die Belange der dritten Person besonders zu berücksichtigen.

(5) § 1931 findet zugunsten eines Ehegatten, der bei Verstoß gegen die §§ 1304, 1306, 1307 oder § 1311 oder im Falle des § 1314 Abs. 2 Nr. 1 die Aufhebbarkeit der Ehe bei der Eheschließung gekannt hat, keine Anwendung.

Titel 4. Wiederverheiratung nach Todeserklärung

§ 1319 Aufhebung der bisherigen Ehe. (1) Geht ein Ehegatte, nachdem der andere Ehegatte für tot erklärt worden ist, eine neue Ehe ein, so kann, wenn der für tot erklärte Ehegatte noch lebt, die neue Ehe nur dann wegen Verstoßes gegen § 1306 aufgehoben werden, wenn beide Ehegatten bei der Eheschließung wussten, dass der für tot erklärte Ehegatte im Zeitpunkt der Todeserklärung noch lebte.

(2) [1] Mit der Schließung der neuen Ehe wird die frühere Ehe aufgelöst, es sei denn, dass beide Ehegatten der neuen Ehe bei der Eheschließung wussten, dass der für tot erklärte Ehegatte im Zeitpunkt der Todeserklärung noch lebte. [2] Sie bleibt auch dann aufgelöst, wenn die Todeserklärung aufgehoben wird.

§ 1320 Aufhebung der neuen Ehe. (1) [1] Lebt der für tot erklärte Ehegatte noch, so kann unbeschadet des § 1319 sein früherer Ehegatte die Aufhebung der neuen Ehe begehren, es sei denn, dass er bei der Eheschließung wusste, dass der für tot erklärte Ehegatte zum Zeitpunkt der Todeserklärung noch gelebt hat. [2] Die Aufhebung kann nur binnen eines Jahres begehrt werden. [3] Die Frist beginnt mit dem Zeitpunkt, in dem der Ehegatte aus der früheren Ehe Kenntnis davon erlangt hat, dass der für tot erklärte Ehegatte noch lebt. [4] § 1317 Abs. 1 Satz 3, Abs. 2 gilt entsprechend.

(2) Für die Folgen der Aufhebung gilt § 1318 entsprechend.

§§ 1321 bis 1352 (weggefallen)

Titel 5. Wirkungen der Ehe im Allgemeinen

§ 1353[1)] Eheliche Lebensgemeinschaft. (1) [1] Die Ehe wird von zwei Personen verschiedenen oder gleichen Geschlechts auf Lebenszeit geschlossen. [2] Die Ehegatten sind einander zur ehelichen Lebensgemeinschaft verpflichtet; sie tragen füreinander Verantwortung.

[1)] § 1353 Abs. 1 Satz 1 neu gef. mWv 1.10.2017 durch G v. 20.7.2017 (BGBl. I S. 2787).

(2) Ein Ehegatte ist nicht verpflichtet, dem Verlangen des anderen Ehegatten nach Herstellung der Gemeinschaft Folge zu leisten, wenn sich das Verlangen als Missbrauch seines Rechts darstellt oder wenn die Ehe gescheitert ist.

§ 1354 (weggefallen)

§ 1355[1] **Ehename.** (1) [1]Die Ehegatten sollen einen gemeinsamen Familiennamen (Ehenamen) bestimmen. [2]Die Ehegatten führen den von ihnen bestimmten Ehenamen. [3]Bestimmen die Ehegatten keinen Ehenamen, so führen sie ihren zur Zeit der Eheschließung geführten Namen auch nach der Eheschließung.

(2) Zum Ehenamen können die Ehegatten durch Erklärung gegenüber dem Standesamt den Geburtsnamen oder den zur Zeit der Erklärung über die Bestimmung des Ehenamens geführten Namen eines Ehegatten bestimmen.

(3) [1]Die Erklärung über die Bestimmung des Ehenamens soll bei der Eheschließung erfolgen. [2]Wird die Erklärung später abgegeben, so muss sie öffentlich beglaubigt werden.

(4) [1]Ein Ehegatte, dessen Name nicht Ehename wird, kann durch Erklärung gegenüber dem Standesamt dem Ehenamen seinen Geburtsnamen oder den zur Zeit der Erklärung über die Bestimmung des Ehenamens geführten Namen voranstellen oder anfügen. [2]Dies gilt nicht, wenn der Ehename aus mehreren Namen besteht. [3]Besteht der Name eines Ehegatten aus mehreren Namen, so kann nur einer dieser Namen hinzugefügt werden. [4]Die Erklärung kann gegenüber dem Standesamt widerrufen werden; in diesem Falle ist eine erneute Erklärung nach Satz 1 nicht zulässig. [5]Die Erklärung, wenn sie nicht bei der Eheschließung gegenüber einem deutschen Standesamt abgegeben wird, und der Widerruf müssen öffentlich beglaubigt werden.

(5) [1]Der verwitwete oder geschiedene Ehegatte behält den Ehenamen. [2]Er kann durch Erklärung gegenüber dem Standesamt seinen Geburtsnamen oder den Namen wieder annehmen, den er bis zur Bestimmung des Ehenamens geführt hat, oder dem Ehenamen seinen Geburtsnamen oder den zur Zeit der Bestimmung des Ehenamens geführten Namen voranstellen oder anfügen. [3]Absatz 4 gilt entsprechend.

(6) Geburtsname ist der Name, der in die Geburtsurkunde eines Ehegatten zum Zeitpunkt der Erklärung gegenüber dem Standesamt einzutragen ist.

§ 1356 Haushaltsführung, Erwerbstätigkeit. (1) [1]Die Ehegatten regeln die Haushaltsführung im gegenseitigen Einvernehmen. [2]Ist die Haushaltsführung einem der Ehegatten überlassen, so leitet dieser den Haushalt in eigener Verantwortung.

(2) [1]Beide Ehegatten sind berechtigt, erwerbstätig zu sein. [2]Bei der Wahl und Ausübung einer Erwerbstätigkeit haben sie auf die Belange des anderen Ehegatten und der Familie die gebotene Rücksicht zu nehmen.

§ 1357[2] **Geschäfte zur Deckung des Lebensbedarfs.** (1) [1]Jeder Ehegatte ist berechtigt, Geschäfte zur angemessenen Deckung des Lebensbedarfs der Familie mit Wirkung auch für den anderen Ehegatten zu besorgen. [2]Durch solche Ge-

[1] § 1355 Abs. 2, Abs. 4 Satz 1 und Abs. 5 Satz 2 neu gef. mWv 12.2.2005 durch G v. 6.2.2005 (BGBl. I S. 203); Abs. 2, Abs. 4 Sätze 1 und 4, Abs. 5 Satz 2 und Abs. 6 geänd. mWv 1.1.2009 durch G v. 19.2. 2007 (BGBl. I S. 122); Abs. 4 Satz 5 neu gef. mWv 1.11.2013 durch G v. 7.5.2013 (BGBl. I S. 1122); Abs. 2 neu gef. mWv 22.12.2018 durch G v. 18.12.2018 (BGBl. I S. 2639).

[2] § 1357 Abs. 2 Satz 1 2. Halbs. geänd. mWv 1.9.2009 durch G v. 17.12.2008 (BGBl. I S. 2586).

schäfte werden beide Ehegatten berechtigt und verpflichtet, es sei denn, dass sich aus den Umständen etwas anderes ergibt.

(2) [1]Ein Ehegatte kann die Berechtigung des anderen Ehegatten, Geschäfte mit Wirkung für ihn zu besorgen, beschränken oder ausschließen; besteht für die Beschränkung oder Ausschließung kein ausreichender Grund, so hat das Familiengericht sie auf Antrag aufzuheben. [2]Dritten gegenüber wirkt die Beschränkung oder Ausschließung nur nach Maßgabe des § 1412.

(3) Absatz 1 gilt nicht, wenn die Ehegatten getrennt leben.

§ 1358[1)] Gegenseitige Vertretung von Ehegatten in Angelegenheiten der Gesundheitssorge. (1) Kann ein Ehegatte aufgrund von Bewusstlosigkeit oder Krankheit seine Angelegenheiten der Gesundheitssorge rechtlich nicht besorgen (vertretener Ehegatte), ist der andere Ehegatte (vertretender Ehegatte) berechtigt, für den vertretenen Ehegatten

1. in Untersuchungen des Gesundheitszustandes, Heilbehandlungen oder ärztliche Eingriffe einzuwilligen oder sie zu untersagen sowie ärztliche Aufklärungen entgegenzunehmen,
2. Behandlungsverträge, Krankenhausverträge oder Verträge über eilige Maßnahmen der Rehabilitation und der Pflege abzuschließen und durchzusetzen,
3. über Maßnahmen nach § 1831 Absatz 4 zu entscheiden, sofern die Dauer der Maßnahme im Einzelfall sechs Wochen nicht überschreitet, und
4. Ansprüche, die dem vertretenen Ehegatten aus Anlass der Erkrankung gegenüber Dritten zustehen, geltend zu machen und an die Leistungserbringer aus den Verträgen nach Nummer 2 abzutreten oder Zahlung an diese zu verlangen.

(2) [1]Unter den Voraussetzungen des Absatzes 1 und hinsichtlich der in Absatz 1 Nummer 1 bis 4 genannten Angelegenheiten sind behandelnde Ärzte gegenüber dem vertretenden Ehegatten von ihrer Schweigepflicht entbunden. [2]Dieser darf die diese Angelegenheiten betreffenden Krankenunterlagen einsehen und ihre Weitergabe an Dritte bewilligen.

(3) Die Berechtigungen nach den Absätzen 1 und 2 bestehen nicht, wenn

1. die Ehegatten getrennt leben,
2. dem vertretenden Ehegatten oder dem behandelnden Arzt bekannt ist, dass der vertretene Ehegatte
   a) eine Vertretung durch ihn in den in Absatz 1 Nummer 1 bis 4 genannten Angelegenheiten ablehnt oder
   b) jemanden zur Wahrnehmung seiner Angelegenheiten bevollmächtigt hat, soweit diese Vollmacht die in Absatz 1 Nummer 1 bis 4 bezeichneten Angelegenheiten umfasst,
3. für den vertretenen Ehegatten ein Betreuer bestellt ist, soweit dessen Aufgabenkreis die in Absatz 1 Nummer 1 bis 4 bezeichneten Angelegenheiten umfasst, oder
4. die Voraussetzungen des Absatzes 1 nicht mehr vorliegen oder mehr als sechs Monate seit dem durch den Arzt nach Absatz 4 Satz 1 Nummer 1 festgestellten Zeitpunkt vergangen sind.

(4) [1]Der Arzt, gegenüber dem das Vertretungsrecht ausgeübt wird, hat

---

1) § 1358 neu gef. mWv 1.1.2023 durch G v. 4.5.2021 (BGBl. I S. 882).

1. das Vorliegen der Voraussetzungen des Absatzes 1 und den Zeitpunkt, zu dem diese spätestens eingetreten sind, schriftlich zu bestätigen,
2. dem vertretenden Ehegatten die Bestätigung nach Nummer 1 mit einer schriftlichen Erklärung über das Vorliegen der Voraussetzungen des Absatzes 1 und das Nichtvorliegen der Ausschlussgründe des Absatzes 3 vorzulegen und
3. sich von dem vertretenden Ehegatten schriftlich versichern zu lassen, dass
   a) das Vertretungsrecht wegen der Bewusstlosigkeit oder Krankheit, aufgrund derer der Ehegatte seine Angelegenheiten der Gesundheitssorge rechtlich nicht besorgen kann, bisher nicht ausgeübt wurde und
   b) kein Ausschlussgrund des Absatzes 3 vorliegt.

[2] Das Dokument mit der Bestätigung nach Satz 1 Nummer 1 und der Versicherung nach Satz 1 Nummer 3 ist dem vertretenden Ehegatten für die weitere Ausübung des Vertretungsrechts auszuhändigen.

(5) Das Vertretungsrecht darf ab der Bestellung eines Betreuers, dessen Aufgabenkreis die in Absatz 1 Nummer 1 bis 4 bezeichneten Angelegenheiten umfasst, nicht mehr ausgeübt werden.

(6) § 1821 Absatz 2 bis 4, § 1827 Absatz 1 bis 3, § 1828 Absatz 1 und 2, § 1829 Absatz 1 bis 4 sowie § 1831 Absatz 4 in Verbindung mit Absatz 2 gelten entsprechend.

§ 1359 Umfang der Sorgfaltspflicht. Die Ehegatten haben bei der Erfüllung der sich aus dem ehelichen Verhältnis ergebenden Verpflichtungen einander nur für diejenige Sorgfalt einzustehen, welche sie in eigenen Angelegenheiten anzuwenden pflegen.

§ 1360 Verpflichtung zum Familienunterhalt. [1] Die Ehegatten sind einander verpflichtet, durch ihre Arbeit und mit ihrem Vermögen die Familie angemessen zu unterhalten. [2] Ist einem Ehegatten die Haushaltsführung überlassen, so erfüllt er seine Verpflichtung, durch Arbeit zum Unterhalt der Familie beizutragen, in der Regel durch die Führung des Haushalts.

§ 1360a Umfang der Unterhaltspflicht. (1) Der angemessene Unterhalt der Familie umfasst alles, was nach den Verhältnissen der Ehegatten erforderlich ist, um die Kosten des Haushalts zu bestreiten und die persönlichen Bedürfnisse der Ehegatten und den Lebensbedarf der gemeinsamen unterhaltsberechtigten Kinder zu befriedigen.

(2) [1] Der Unterhalt ist in der Weise zu leisten, die durch die eheliche Lebensgemeinschaft geboten ist. [2] Die Ehegatten sind einander verpflichtet, die zum gemeinsamen Unterhalt der Familie erforderlichen Mittel für einen angemessenen Zeitraum im Voraus zur Verfügung zu stellen.

(3) Die für die Unterhaltspflicht der Verwandten geltenden Vorschriften der §§ 1613 bis 1615 sind entsprechend anzuwenden.

(4) [1] Ist ein Ehegatte nicht in der Lage, die Kosten eines Rechtsstreits zu tragen, der eine persönliche Angelegenheit betrifft, so ist der andere Ehegatte verpflichtet, ihm diese Kosten vorzuschießen, soweit dies der Billigkeit entspricht. [2] Das Gleiche gilt für die Kosten der Verteidigung in einem Strafverfahren, das gegen einen Ehegatten gerichtet ist.

§ 1360b Zuvielleistung. Leistet ein Ehegatte zum Unterhalt der Familie einen höheren Beitrag als ihm obliegt, so ist im Zweifel anzunehmen, dass er nicht beabsichtigt, von dem anderen Ehegatten Ersatz zu verlangen.

§ 1361[1] **Unterhalt bei Getrenntleben.** (1) [1]Leben die Ehegatten getrennt, so kann ein Ehegatte von dem anderen den nach den Lebensverhältnissen und den Erwerbs- und Vermögensverhältnissen der Ehegatten angemessenen Unterhalt verlangen; für Aufwendungen infolge eines Körper- oder Gesundheitsschadens gilt § 1610a. [2]Ist zwischen den getrennt lebenden Ehegatten ein Scheidungsverfahren rechtshängig, so gehören zum Unterhalt vom Eintritt der Rechtshängigkeit an auch die Kosten einer angemessenen Versicherung für den Fall des Alters sowie der verminderten Erwerbsfähigkeit.

(2) Der nicht erwerbstätige Ehegatte kann nur dann darauf verwiesen werden, seinen Unterhalt durch eine Erwerbstätigkeit selbst zu verdienen, wenn dies von ihm nach seinen persönlichen Verhältnissen, insbesondere wegen einer früheren Erwerbstätigkeit unter Berücksichtigung der Dauer der Ehe, und nach den wirtschaftlichen Verhältnissen beider Ehegatten erwartet werden kann.

(3) Die Vorschrift des § 1579 Nr. 2 bis 8 über die Beschränkung oder Versagung des Unterhalts wegen grober Unbilligkeit ist entsprechend anzuwenden.

(4) [1]Der laufende Unterhalt ist durch Zahlung einer Geldrente zu gewähren. [2]Die Rente ist monatlich im Voraus zu zahlen. [3]Der Verpflichtete schuldet den vollen Monatsbetrag auch dann, wenn der Berechtigte im Laufe des Monats stirbt. [4]§ 1360a Abs. 3, 4 und die §§ 1360b, 1605 sind entsprechend anzuwenden.

§ 1361a[2] **Verteilung der Haushaltsgegenstände bei Getrenntleben.**

(1) [1]Leben die Ehegatten getrennt, so kann jeder von ihnen die ihm gehörenden Haushaltsgegenstände von dem anderen Ehegatten herausverlangen. [2]Er ist jedoch verpflichtet, sie dem anderen Ehegatten zum Gebrauch zu überlassen, soweit dieser sie zur Führung eines abgesonderten Haushalts benötigt und die Überlassung nach den Umständen des Falles der Billigkeit entspricht.

(2) Haushaltsgegenstände, die den Ehegatten gemeinsam gehören, werden zwischen ihnen nach den Grundsätzen der Billigkeit verteilt.

(3) [1]Können sich die Ehegatten nicht einigen, so entscheidet das zuständige Gericht. [2]Dieses kann eine angemessene Vergütung für die Benutzung der Haushaltsgegenstände festsetzen.

(4) Die Eigentumsverhältnisse bleiben unberührt, sofern die Ehegatten nichts anderes vereinbaren.

§ 1361b[3] **Ehewohnung bei Getrenntleben.** (1) [1]Leben die Ehegatten voneinander getrennt oder will einer von ihnen getrennt leben, so kann ein Ehegatte verlangen, dass ihm der andere die Ehewohnung oder einen Teil zur alleinigen Benutzung überlässt, soweit dies auch unter Berücksichtigung der Belange des anderen Ehegatten notwendig ist, um eine unbillige Härte zu vermeiden. [2]Eine unbillige Härte kann auch dann gegeben sein, wenn das Wohl von im Haushalt lebenden Kindern beeinträchtigt ist. [3]Steht einem Ehegatten allein oder gemeinsam mit einem Dritten das Eigentum, das Erbbaurecht oder der Nießbrauch an dem Grundstück zu, auf dem sich die Ehewohnung befindet, so ist dies besonders zu berücksichtigen; Entsprechendes gilt für das Wohnungseigentum, das Dauerwohnrecht und das dingliche Wohnrecht.

(2) [1]Hat der Ehegatte, gegen den sich der Antrag richtet, den anderen Ehegatten widerrechtlich und vorsätzlich am Körper, an der Gesundheit, der Freiheit

---

[1] § 1361 Abs. 3 geänd. mWv 1.1.2008 durch G v. 21.12.2007 (BGBl. I S. 3189).
[2] § 1361a Überschrift neu gef. mWv 1.9.2009 durch G v. 6.7.2009 (BGBl. I S. 1696).
[3] § 1361b Abs. 2 Satz 1 geänd. mWv 1.7.2021 durch G v. 25.6.2021 (BGBl. I S. 2099).

oder der sexuellen Selbstbestimmung verletzt oder mit einer solchen Verletzung oder der Verletzung des Lebens widerrechtlich gedroht, ist in der Regel die gesamte Wohnung zur alleinigen Benutzung zu überlassen. [2]Der Anspruch auf Wohnungsüberlassung ist nur dann ausgeschlossen, wenn keine weiteren Verletzungen und widerrechtlichen Drohungen zu besorgen sind, es sei denn, dass dem verletzten Ehegatten das weitere Zusammenleben mit dem anderen wegen der Schwere der Tat nicht zuzumuten ist.

(3) [1]Wurde einem Ehegatten die Ehewohnung ganz oder zum Teil überlassen, so hat der andere alles zu unterlassen, was geeignet ist, die Ausübung dieses Nutzungsrechts zu erschweren oder zu vereiteln. [2]Er kann von dem nutzungsberechtigten Ehegatten eine Vergütung für die Nutzung verlangen, soweit dies der Billigkeit entspricht.

(4) Ist nach der Trennung der Ehegatten im Sinne des § 1567 Abs. 1 ein Ehegatte aus der Ehewohnung ausgezogen und hat er binnen sechs Monaten nach seinem Auszug eine ernstliche Rückkehrabsicht dem anderen Ehegatten gegenüber nicht bekundet, so wird unwiderleglich vermutet, dass er dem in der Ehewohnung verbliebenen Ehegatten das alleinige Nutzungsrecht überlassen hat.

§ 1362[1)] Eigentumsvermutung. (1) [1]Zugunsten der Gläubiger eines der Ehegatten wird vermutet, dass die im Besitz eines oder beider Ehegatten befindlichen beweglichen Sachen dem Schuldner gehören. [2]Diese Vermutung gilt nicht, wenn die Ehegatten getrennt leben und sich die Sachen im Besitz des Ehegatten befinden, der nicht Schuldner ist. [3]Inhaberpapiere und Orderpapiere, die mit Blankoindossament versehen sind, stehen den beweglichen Sachen gleich.

(2) Für die ausschließlich zum persönlichen Gebrauch eines Ehegatten bestimmten Sachen wird im Verhältnis der Ehegatten zueinander und zu den Gläubigern vermutet, dass sie dem Ehegatten gehören, für dessen Gebrauch sie bestimmt sind.

Titel 6.[2)] Eheliches Güterrecht

Untertitel 1. Gesetzliches Güterrecht

§ 1363[3)] Zugewinngemeinschaft. (1) Die Ehegatten leben im Güterstand der Zugewinngemeinschaft, wenn sie nicht durch Ehevertrag etwas anderes vereinbaren.

(2) [1]Das jeweilige Vermögen der Ehegatten wird nicht deren gemeinschaftliches Vermögen; dies gilt auch für Vermögen, das ein Ehegatte nach der Eheschließung erwirbt. [2]Der Zugewinn, den die Ehegatten in der Ehe erzielen, wird jedoch ausgeglichen, wenn die Zugewinngemeinschaft endet.

§ 1364 Vermögensverwaltung. Jeder Ehegatte verwaltet sein Vermögen selbständig; er ist jedoch in der Verwaltung seines Vermögens nach Maßgabe der folgenden Vorschriften beschränkt.

§ 1365[4)] Verfügung über Vermögen im Ganzen. (1) [1]Ein Ehegatte kann sich nur mit Einwilligung des anderen Ehegatten verpflichten, über sein Vermögen

---

[1)] § 1362 Abs. 1 Satz 1 neu gef. mWv 22.12.2018 durch G v. 18.12.2018 (BGBl. I S. 2639).

[2)] Wegen des für das Gebiet der ehem. DDR geltenden Übergangsrechts zum Ehelichen Güterrecht beachte Art. 234 § 4 EGBGB (Nr. **21**).

[3)] § 1363 Abs. 2 Satz 1 neu gef. mWv 22.12.2018 durch G v. 18.12.2018 (BGBl. I S. 2639).

[4)] § 1365 Abs. 2 geänd. mWv 1.9.2009 durch G v. 17.12.2008 (BGBl. I S. 2586).

im Ganzen zu verfügen. [2] Hat er sich ohne Zustimmung des anderen Ehegatten verpflichtet, so kann er die Verpflichtung nur erfüllen, wenn der andere Ehegatte einwilligt.

(2) Entspricht das Rechtsgeschäft den Grundsätzen einer ordnungsmäßigen Verwaltung, so kann das Familiengericht auf Antrag des Ehegatten die Zustimmung des anderen Ehegatten ersetzen, wenn dieser sie ohne ausreichenden Grund verweigert oder durch Krankheit oder Abwesenheit an der Abgabe einer Erklärung verhindert und mit dem Aufschub Gefahr verbunden ist.

§ 1366[1)] **Genehmigung von Verträgen.** (1) Ein Vertrag, den ein Ehegatte ohne die erforderliche Einwilligung des anderen Ehegatten schließt, ist wirksam, wenn dieser ihn genehmigt.

(2) [1] Bis zur Genehmigung kann der Dritte den Vertrag widerrufen. [2] Hat er gewusst, dass der vertragsschließende Ehegatte verheiratet ist, so kann er nur widerrufen, wenn der Ehegatte wahrheitswidrig behauptet hat, der andere Ehegatte habe eingewilligt; er kann auch in diesem Fall nicht widerrufen, wenn ihm beim Abschluss des Vertrags bekannt war, dass der andere Ehegatte nicht eingewilligt hatte.

(3) [1] Fordert der Dritte den Ehegatten auf, die erforderliche Genehmigung des anderen Ehegatten zu beschaffen, so kann dieser sich nur dem Dritten gegenüber über die Genehmigung erklären; hat er sich bereits vor der Aufforderung seinem Ehegatten gegenüber erklärt, so wird die Erklärung unwirksam. [2] Die Genehmigung kann nur innerhalb von zwei Wochen seit dem Empfang der Aufforderung erklärt werden; wird sie nicht erklärt, so gilt sie als verweigert. [3] Ersetzt das Familiengericht die Genehmigung, so ist sein Beschluss nur wirksam, wenn der Ehegatte ihn dem Dritten innerhalb der zweiwöchigen Frist mitteilt; andernfalls gilt die Genehmigung als verweigert.

(4) Wird die Genehmigung verweigert, so ist der Vertrag unwirksam.

§ 1367 Einseitige Rechtsgeschäfte. Ein einseitiges Rechtsgeschäft, das ohne die erforderliche Einwilligung vorgenommen wird, ist unwirksam.

§ 1368 Geltendmachung der Unwirksamkeit. Verfügt ein Ehegatte ohne die erforderliche Zustimmung des anderen Ehegatten über sein Vermögen, so ist auch der andere Ehegatte berechtigt, die sich aus der Unwirksamkeit der Verfügung ergebenden Rechte gegen den Dritten gerichtlich geltend zu machen.

§ 1369[2)] **Verfügungen über Haushaltsgegenstände.** (1) Ein Ehegatte kann über ihm gehörende Gegenstände des ehelichen Haushalts nur verfügen und sich zu einer solchen Verfügung auch nur verpflichten, wenn der andere Ehegatte einwilligt.

(2) Das Familiengericht kann auf Antrag des Ehegatten die Zustimmung des anderen Ehegatten ersetzen, wenn dieser sie ohne ausreichenden Grund verweigert oder durch Krankheit oder Abwesenheit verhindert ist, eine Erklärung abzugeben.

(3) Die Vorschriften der §§ 1366 bis 1368 gelten entsprechend.

[1)] § 1366 Abs. 3 Satz 3 geänd. mWv 1.9.2009 durch G v. 17.12.2008 (BGBl. I S. 2586); Abs. 2 Satz 2 neu gef. mWv 22.12.2018 durch G v. 18.12.2018 (BGBl. I S. 2639).

[2)] § 1369 Abs. 2 geänd. mWv 1.9.2009 durch G v. 17.12.2008 (BGBl. I S. 2586).

§ 1370[1] *(aufgehoben)*

§ 1371 Zugewinnausgleich im Todesfall. (1) Wird der Güterstand durch den Tod eines Ehegatten beendet, so wird der Ausgleich des Zugewinns dadurch verwirklicht, dass sich der gesetzliche Erbteil des überlebenden Ehegatten um ein Viertel der Erbschaft erhöht; hierbei ist unerheblich, ob die Ehegatten im einzelnen Falle einen Zugewinn erzielt haben.

(2) Wird der überlebende Ehegatte nicht Erbe und steht ihm auch kein Vermächtnis zu, so kann er Ausgleich des Zugewinns nach den Vorschriften der §§ 1373 bis 1383, 1390 verlangen; der Pflichtteil des überlebenden Ehegatten oder eines anderen Pflichtteilsberechtigten bestimmt sich in diesem Falle nach dem nicht erhöhten gesetzlichen Erbteil des Ehegatten.

(3) Schlägt der überlebende Ehegatte die Erbschaft aus, so kann er neben dem Ausgleich des Zugewinns den Pflichtteil auch dann verlangen, wenn dieser ihm nach den erbrechtlichen Bestimmungen nicht zustünde; dies gilt nicht, wenn er durch Vertrag mit seinem Ehegatten auf sein gesetzliches Erbrecht oder sein Pflichtteilsrecht verzichtet hat.

(4) Sind erbberechtigte Abkömmlinge des verstorbenen Ehegatten, welche nicht aus der durch den Tod dieses Ehegatten aufgelösten Ehe stammen, vorhanden, so ist der überlebende Ehegatte verpflichtet, diesen Abkömmlingen, wenn und soweit sie dessen bedürfen, die Mittel zu einer angemessenen Ausbildung aus dem nach Absatz 1 zusätzlich gewährten Viertel zu gewähren.

§ 1372 Zugewinnausgleich in anderen Fällen. Wird der Güterstand auf andere Weise als durch den Tod eines Ehegatten beendet, so wird der Zugewinn nach den Vorschriften der §§ 1373 bis 1390 ausgeglichen.

§ 1373 Zugewinn. Zugewinn ist der Betrag, um den das Endvermögen eines Ehegatten das Anfangsvermögen übersteigt.

§ 1374[2] **Anfangsvermögen.** (1) Anfangsvermögen ist das Vermögen, das einem Ehegatten nach Abzug der Verbindlichkeiten beim Eintritt des Güterstands gehört.

(2) Vermögen, das ein Ehegatte nach Eintritt des Güterstands von Todes wegen oder mit Rücksicht auf ein künftiges Erbrecht, durch Schenkung oder als Ausstattung erwirbt, wird nach Abzug der Verbindlichkeiten dem Anfangsvermögen hinzugerechnet, soweit es nicht den Umständen nach zu den Einkünften zu rechnen ist.

(3) Verbindlichkeiten sind über die Höhe des Vermögens hinaus abzuziehen.

§ 1375[3] **Endvermögen.** (1) [1] Endvermögen ist das Vermögen, das einem Ehegatten nach Abzug der Verbindlichkeiten bei der Beendigung des Güterstands gehört. [2] Verbindlichkeiten sind über die Höhe des Vermögens hinaus abzuziehen.

(2) [1] Dem Endvermögen eines Ehegatten wird der Betrag hinzugerechnet, um den dieses Vermögen dadurch vermindert ist, dass ein Ehegatte nach Eintritt des Güterstands

---

[1] § 1370 aufgeh. mWv 1.9.2009 durch G v. 6.7.2009 (BGBl. I S. 1696).

[2] § 1374 Abs. 1 geänd., Abs. 3 angef. mWv 1.9.2009 durch G v. 6.7.2009 (BGBl. I S. 1696).

[3] § 1375 Abs. 1 Satz 2 neu gef., Abs. 2 Satz 2 angef. mWv 1.9.2009 durch G v. 6.7.2009 (BGBl. I S. 1696).

1. unentgeltliche Zuwendungen gemacht hat, durch die er nicht einer sittlichen Pflicht oder einer auf den Anstand zu nehmenden Rücksicht entsprochen hat,
2. Vermögen verschwendet hat oder
3. Handlungen in der Absicht vorgenommen hat, den anderen Ehegatten zu benachteiligen.

[2] Ist das Endvermögen eines Ehegatten geringer als das Vermögen, das er in der Auskunft zum Trennungszeitpunkt angegeben hat, so hat dieser Ehegatte darzulegen und zu beweisen, dass die Vermögensminderung nicht auf Handlungen im Sinne des Satzes 1 Nummer 1 bis 3 zurückzuführen ist.

(3) Der Betrag der Vermögensminderung wird dem Endvermögen nicht hinzugerechnet, wenn sie mindestens zehn Jahre vor Beendigung des Güterstands eingetreten ist oder wenn der andere Ehegatte mit der unentgeltlichen Zuwendung oder der Verschwendung einverstanden gewesen ist.

§ 1376 Wertermittlung des Anfangs- und Endvermögens. (1) Der Berechnung des Anfangsvermögens wird der Wert zugrunde gelegt, den das beim Eintritt des Güterstands vorhandene Vermögen in diesem Zeitpunkt, das dem Anfangsvermögen hinzuzurechnende Vermögen im Zeitpunkt des Erwerbs hatte.

(2) Der Berechnung des Endvermögens wird der Wert zugrunde gelegt, den das bei Beendigung des Güterstands vorhandene Vermögen in diesem Zeitpunkt, eine dem Endvermögen hinzuzurechnende Vermögensminderung in dem Zeitpunkt hatte, in dem sie eingetreten ist.

(3) Die vorstehenden Vorschriften gelten entsprechend für die Bewertung von Verbindlichkeiten.

(4) Ein land- oder forstwirtschaftlicher Betrieb, der bei der Berechnung des Anfangsvermögens und des Endvermögens zu berücksichtigen ist, ist mit dem Ertragswert anzusetzen, wenn der Eigentümer nach § 1378 Abs. 1 in Anspruch genommen wird und eine Weiterführung oder Wiederaufnahme des Betriebs durch den Eigentümer oder einen Abkömmling erwartet werden kann; die Vorschrift des § 2049 Abs. 2 ist anzuwenden.

§ 1377 Verzeichnis des Anfangsvermögens. (1) Haben die Ehegatten den Bestand und den Wert des einem Ehegatten gehörenden Anfangsvermögens und der diesem Vermögen hinzuzurechnenden Gegenstände gemeinsam in einem Verzeichnis festgestellt, so wird im Verhältnis der Ehegatten zueinander vermutet, dass das Verzeichnis richtig ist.

(2) [1] Jeder Ehegatte kann verlangen, dass der andere Ehegatte bei der Aufnahme des Verzeichnisses mitwirkt. [2] Auf die Aufnahme des Verzeichnisses sind die für den Nießbrauch geltenden Vorschriften des § 1035 anzuwenden. [3] Jeder Ehegatte kann den Wert der Vermögensgegenstände und der Verbindlichkeiten auf seine Kosten durch Sachverständige feststellen lassen.

(3) Soweit kein Verzeichnis aufgenommen ist, wird vermutet, dass das Endvermögen eines Ehegatten seinen Zugewinn darstellt.

§ 1378[1] Ausgleichsforderung. (1) Übersteigt der Zugewinn des einen Ehegatten den Zugewinn des anderen, so steht die Hälfte des Überschusses dem anderen Ehegatten als Ausgleichsforderung zu.

---

[1] § 1378 Abs. 2 Satz 2 angef. mWv 1.9.2009 durch G v. 6.7.2009 (BGBl. I S. 1696); Abs. 4 aufgeh. mWv 1.1.2010 durch G v. 24.9.2009 (BGBl. I S. 3142).

(2) [1]Die Höhe der Ausgleichsforderung wird durch den Wert des Vermögens begrenzt, das nach Abzug der Verbindlichkeiten bei Beendigung des Güterstands vorhanden ist. [2]Die sich nach Satz 1 ergebende Begrenzung der Ausgleichsforderung erhöht sich in den Fällen des § 1375 Absatz 2 Satz 1 um den dem Endvermögen hinzuzurechnenden Betrag.

(3) [1]Die Ausgleichsforderung entsteht mit der Beendigung des Güterstands und ist von diesem Zeitpunkt an vererblich und übertragbar. [2]Eine Vereinbarung, die die Ehegatten während eines Verfahrens, das auf die Auflösung der Ehe gerichtet ist, für den Fall der Auflösung der Ehe über den Ausgleich des Zugewinns treffen, bedarf der notariellen Beurkundung; § 127a findet auch auf eine Vereinbarung Anwendung, die in einem Verfahren in Ehesachen vor dem Prozessgericht protokolliert wird. [3]Im Übrigen kann sich kein Ehegatte vor der Beendigung des Güterstands verpflichten, über die Ausgleichsforderung zu verfügen.

§ 1379[1)] Auskunftspflicht. (1) [1]Ist der Güterstand beendet oder hat ein Ehegatte die Scheidung, die Aufhebung der Ehe, den vorzeitigen Ausgleich des Zugewinns bei vorzeitiger Aufhebung der Zugewinngemeinschaft oder die vorzeitige Aufhebung der Zugewinngemeinschaft beantragt, kann jeder Ehegatte von dem anderen Ehegatten

1. Auskunft über das Vermögen zum Zeitpunkt der Trennung verlangen;
2. Auskunft über das Vermögen verlangen, soweit es für die Berechnung des Anfangs- und Endvermögens maßgeblich ist.

[2]Auf Anforderung sind Belege vorzulegen. [3]Jeder Ehegatte kann verlangen, dass er bei der Aufnahme des ihm nach § 260 vorzulegenden Verzeichnisses zugezogen und dass der Wert der Vermögensgegenstände und der Verbindlichkeiten ermittelt wird. [4]Er kann auch verlangen, dass das Verzeichnis auf seine Kosten durch die zuständige Behörde oder durch einen zuständigen Beamten oder Notar aufgenommen wird.

(2) [1]Leben die Ehegatten getrennt, kann jeder Ehegatte von dem anderen Ehegatten Auskunft über das Vermögen zum Zeitpunkt der Trennung verlangen. [2]Absatz 1 Satz 2 bis 4 gilt entsprechend.

§ 1380 Anrechnung von Vorausempfängen. (1) [1]Auf die Ausgleichsforderung eines Ehegatten wird angerechnet, was ihm von dem anderen Ehegatten durch Rechtsgeschäft unter Lebenden mit der Bestimmung zugewendet ist, dass es auf die Ausgleichsforderung angerechnet werden soll. [2]Im Zweifel ist anzunehmen, dass Zuwendungen angerechnet werden sollen, wenn ihr Wert den Wert von Gelegenheitsgeschenken übersteigt, die nach den Lebensverhältnissen der Ehegatten üblich sind.

(2) [1]Der Wert der Zuwendung wird bei der Berechnung der Ausgleichsforderung dem Zugewinn des Ehegatten hinzugerechnet, der die Zuwendung gemacht hat. [2]Der Wert bestimmt sich nach dem Zeitpunkt der Zuwendung.

§ 1381 Leistungsverweigerung wegen grober Unbilligkeit. (1) Der Schuldner kann die Erfüllung der Ausgleichsforderung verweigern, soweit der Ausgleich des Zugewinns nach den Umständen des Falles grob unbillig wäre.

(2) Grobe Unbilligkeit kann insbesondere dann vorliegen, wenn der Ehegatte, der den geringeren Zugewinn erzielt hat, längere Zeit hindurch die wirtschaftli-

---

[1)] § 1379 Abs. 1 Satz 1 neu gef., Satz 2 eingef., bish. Sätze 2 und 3 werden Sätze 3 und 4, Abs. 2 neu gef. mWv 1.9.2009 durch G v. 6.7.2009 (BGBl. I S. 1696).

chen Verpflichtungen, die sich aus dem ehelichen Verhältnis ergeben, schuldhaft nicht erfüllt hat.

§ 1382 Stundung. (1) [1]Das Familiengericht stundet auf Antrag eine Ausgleichsforderung, soweit sie vom Schuldner nicht bestritten wird, wenn die sofortige Zahlung auch unter Berücksichtigung der Interessen des Gläubigers zur Unzeit erfolgen würde. [2]Die sofortige Zahlung würde auch dann zur Unzeit erfolgen, wenn sie die Wohnverhältnisse oder sonstigen Lebensverhältnisse gemeinschaftlicher Kinder nachhaltig verschlechtern würde.

(2) Eine gestundete Forderung hat der Schuldner zu verzinsen.

(3) Das Familiengericht kann auf Antrag anordnen, dass der Schuldner für eine gestundete Forderung Sicherheit zu leisten hat.

(4) Über Höhe und Fälligkeit der Zinsen und über Art und Umfang der Sicherheitsleistung entscheidet das Familiengericht nach billigem Ermessen.

(5) Soweit über die Ausgleichsforderung ein Rechtsstreit anhängig wird, kann der Schuldner einen Antrag auf Stundung nur in diesem Verfahren stellen.

(6) Das Familiengericht kann eine rechtskräftige Entscheidung auf Antrag aufheben oder ändern, wenn sich die Verhältnisse nach der Entscheidung wesentlich geändert haben.

§ 1383 Übertragung von Vermögensgegenständen. (1) Das Familiengericht kann auf Antrag des Gläubigers anordnen, dass der Schuldner bestimmte Gegenstände seines Vermögens dem Gläubiger unter Anrechnung auf die Ausgleichsforderung zu übertragen hat, wenn dies erforderlich ist, um eine grobe Unbilligkeit für den Gläubiger zu vermeiden, und wenn dies dem Schuldner zugemutet werden kann; in der Entscheidung ist der Betrag festzusetzen, der auf die Ausgleichsforderung angerechnet wird.

(2) Der Gläubiger muss die Gegenstände, deren Übertragung er begehrt, in dem Antrag bezeichnen.

(3) § 1382 Abs. 5 gilt entsprechend.

§ 1384[1)] Berechnungszeitpunkt des Zugewinns und Höhe der Ausgleichsforderung bei Scheidung. Wird die Ehe geschieden, so tritt für die Berechnung des Zugewinns und für die Höhe der Ausgleichsforderung an die Stelle der Beendigung des Güterstandes der Zeitpunkt der Rechtshängigkeit des Scheidungsantrags.

§ 1385[2)] Vorzeitiger Zugewinnausgleich des ausgleichsberechtigten Ehegatten bei vorzeitiger Aufhebung der Zugewinngemeinschaft. Der ausgleichsberechtigte Ehegatte kann vorzeitigen Ausgleich des Zugewinns bei vorzeitiger Aufhebung der Zugewinngemeinschaft verlangen, wenn

1. die Ehegatten seit mindestens drei Jahren getrennt leben,
2. Handlungen der in § 1365 oder § 1375 Absatz 2 bezeichneten Art zu befürchten sind und dadurch eine erhebliche Gefährdung der Erfüllung der Ausgleichsforderung zu besorgen ist,

---

[1)] § 1384 neu gef. mWv 1.9.2009 durch G v. 6.7.2009 (BGBl. I S. 1696).

[2)] § 1385 neu gef. mWv 1.9.2009 durch G v. 6.7.2009 (BGBl. I S. 1696); Nr. 4 geänd. mWv 26.11.2015 durch G v. 20.11.2015 (BGBl. I S. 2010).

3. der andere Ehegatte längere Zeit hindurch die wirtschaftlichen Verpflichtungen, die sich aus dem ehelichen Verhältnis ergeben, schuldhaft nicht erfüllt hat und anzunehmen ist, dass er sie auch in Zukunft nicht erfüllen wird, oder
4. der andere Ehegatte sich ohne ausreichenden Grund beharrlich weigert oder sich ohne ausreichenden Grund bis zur Stellung des Antrags auf Auskunft beharrlich geweigert hat, ihn über den Bestand seines Vermögens zu unterrichten.

§ 1386[1] **Vorzeitige Aufhebung der Zugewinngemeinschaft.** Jeder Ehegatte kann unter entsprechender Anwendung des § 1385 die vorzeitige Aufhebung der Zugewinngemeinschaft verlangen.

§ 1387[2] **Berechnungszeitpunkt des Zugewinns und Höhe der Ausgleichsforderung bei vorzeitigem Ausgleich oder vorzeitiger Aufhebung.**

In den Fällen der §§ 1385 und 1386 tritt für die Berechnung des Zugewinns und für die Höhe der Ausgleichsforderung an die Stelle der Beendigung des Güterstands der Zeitpunkt, in dem die entsprechenden Anträge gestellt sind.

§ 1388[3] **Eintritt der Gütertrennung.** Mit der Rechtskraft der Entscheidung, die die Zugewinngemeinschaft vorzeitig aufhebt, tritt Gütertrennung ein.

§ 1389[4] *(aufgehoben)*

§ 1390[5] **Ansprüche des Ausgleichsberechtigten gegen Dritte.** (1) [1] Der ausgleichsberechtigte Ehegatte kann von einem Dritten Ersatz des Wertes einer unentgeltlichen Zuwendung des ausgleichspflichtigen Ehegatten an den Dritten verlangen, wenn

1. der ausgleichspflichtige Ehegatte die unentgeltliche Zuwendung an den Dritten in der Absicht gemacht hat, den ausgleichsberechtigten Ehegatten zu benachteiligen und
2. die Höhe der Ausgleichsforderung den Wert des nach Abzug der Verbindlichkeiten bei Beendigung des Güterstands vorhandenen Vermögens des ausgleichspflichtigen Ehegatten übersteigt.

[2] Der Ersatz des Wertes des Erlangten erfolgt nach den Vorschriften über die Herausgabe einer ungerechtfertigten Bereicherung. [3] Der Dritte kann die Zahlung durch Herausgabe des Erlangten abwenden. [4] Der ausgleichspflichtige Ehegatte und der Dritte haften als Gesamtschuldner.

(2) Das Gleiche gilt für andere Rechtshandlungen, wenn die Absicht, den Ehegatten zu benachteiligen, dem Dritten bekannt war.

(3) [1] Die Verjährungsfrist des Anspruchs beginnt mit der Beendigung des Güterstands. [2] Endet der Güterstand durch den Tod eines Ehegatten, so wird die Verjährung nicht dadurch gehemmt, dass der Anspruch erst geltend gemacht werden kann, wenn der Ehegatte die Erbschaft oder ein Vermächtnis ausgeschlagen hat.

---

[1] § 1386 neu gef. mWv 1.9.2009 durch G v. 6.7.2009 (BGBl. I S. 1696).

[2] § 1387 neu gef. mWv 1.9.2009 durch G v. 6.7.2009 (BGBl. I S. 1696); geänd. mWv 26.11.2015 durch G v. 20.11.2015 (BGBl. I S. 2010).

[3] § 1388 neu gef. mWv 1.9.2009 durch G v. 6.7.2009 (BGBl. I S. 1696).

[4] § 1389 aufgeh. mWv 1.9.2009 durch G v. 6.7.2009 (BGBl. I S. 1696).

[5] § 1390 Abs. 1 neu gef., Abs. 4 aufgeh. mWv 1.9.2009 durch G v. 6.7.2009 (BGBl. I S. 1696); Abs. 3 Satz 1 neu gef. mWv 1.1.2010 durch G v. 24.9.2009 (BGBl. I S. 3142).

§§ 1391 bis 1407 (weggefallen)

Untertitel 2. Vertragliches Güterrecht

Kapitel 1. Allgemeine Vorschriften

§ 1408[1] Ehevertrag, Vertragsfreiheit. (1) Die Ehegatten können ihre güterrechtlichen Verhältnisse durch Vertrag (Ehevertrag) regeln, insbesondere auch nach der Eingehung der Ehe den Güterstand aufheben oder ändern.

(2) Schließen die Ehegatten in einem Ehevertrag Vereinbarungen über den Versorgungsausgleich, so sind insoweit die §§ 6 und 8 des Versorgungsausgleichsgesetzes[2] anzuwenden.

§ 1409 Beschränkung der Vertragsfreiheit. Der Güterstand kann nicht durch Verweisung auf nicht mehr geltendes oder ausländisches Recht bestimmt werden.

§ 1410 Form. Der Ehevertrag muss bei gleichzeitiger Anwesenheit beider Teile zur Niederschrift eines Notars geschlossen werden.

§ 1411[3] Eheverträge Betreuter. (1) [1] Ein Betreuter kann einen Ehevertrag nur mit Zustimmung seines Betreuers schließen, soweit für diese Angelegenheit ein Einwilligungsvorbehalt angeordnet ist. [2] Die Zustimmung des Betreuers bedarf der Genehmigung des Betreuungsgerichts, wenn der Ausgleich des Zugewinns ausgeschlossen oder eingeschränkt oder wenn Gütergemeinschaft vereinbart oder aufgehoben wird. [3] Für einen geschäftsfähigen Betreuten kann der Betreuer keinen Ehevertrag schließen.

(2) [1] Für einen geschäftsunfähigen Ehegatten schließt der Betreuer den Ehevertrag; Gütergemeinschaft kann er nicht vereinbaren oder aufheben. [2] Der Betreuer kann den Ehevertrag nur mit Genehmigung des Betreuungsgerichts schließen.

§ 1412[4] Wirkungen gegenüber Dritten. Haben die Ehegatten den gesetzlichen Güterstand ausgeschlossen oder geändert oder haben sie eine Vereinbarung über den Güterstand aufgehoben oder geändert, so können sie hieraus einem Dritten gegenüber Einwendungen

1. gegen ein Rechtsgeschäft, das zwischen einem der Ehegatten und dem Dritten vorgenommen worden ist, nur herleiten, wenn das Vorhandensein eines Ehevertrages dem Dritten bei Vornahme des Rechtsgeschäfts bekannt gewesen oder infolge grober Fahrlässigkeit unbekannt geblieben ist, oder
2. gegen ein rechtskräftiges Urteil, das zwischen einem der Ehegatten und dem Dritten ergangen ist, nur herleiten, wenn das Vorhandensein eines Ehevertrages dem Dritten bei dem Eintritt der Rechtshängigkeit des Rechtsstreits bekannt gewesen oder infolge grober Fahrlässigkeit unbekannt geblieben ist.

§ 1413 Widerruf der Überlassung der Vermögensverwaltung. Überlässt ein Ehegatte sein Vermögen der Verwaltung des anderen Ehegatten, so kann das Recht, die Überlassung jederzeit zu widerrufen, nur durch Ehevertrag ausgeschlossen oder eingeschränkt werden; ein Widerruf aus wichtigem Grunde bleibt gleichwohl zulässig.

---

[1] § 1408 Abs. 2 neu gef. mWv 1.9.2009 durch G v. 3.4.2009 (BGBl. I S. 700).
[2] Nr. **48**.
[3] § 1411 neu gef. mWv 22.7.2017 durch G v. 17.7.2017 (BGBl. I S. 2429).
[4] § 1412 neu gef. mWv 1.1.2023 durch G v. 31.10.2022 (BGBl. I S. 1966).

Kapitel 2. Gütertrennung

§ 1414[1] **Eintritt der Gütertrennung.** [1] Schließen die Ehegatten den gesetzlichen Güterstand aus oder heben sie ihn auf, so tritt Gütertrennung ein, falls sich nicht aus dem Ehevertrag etwas anderes ergibt. [2] Das Gleiche gilt, wenn der Ausgleich des Zugewinns ausgeschlossen oder die Gütergemeinschaft aufgehoben wird.

Kapitel 3. Gütergemeinschaft

Unterkapitel 1. Allgemeine Vorschriften

§ 1415 Vereinbarung durch Ehevertrag. Vereinbaren die Ehegatten durch Ehevertrag Gütergemeinschaft, so gelten die nachstehenden Vorschriften.

§ 1416[2] **Gesamtgut.** (1) [1] Das jeweilige Vermögen der Ehegatten wird durch die Gütergemeinschaft gemeinschaftliches Vermögen beider Ehegatten (Gesamtgut). [2] Zu dem Gesamtgut gehört auch das Vermögen, das einer der Ehegatten während der Gütergemeinschaft erwirbt.

(2) Die einzelnen Gegenstände werden gemeinschaftlich; sie brauchen nicht durch Rechtsgeschäft übertragen zu werden.

(3) [1] Wird ein Recht gemeinschaftlich, das im Grundbuch eingetragen ist oder in das Grundbuch eingetragen werden kann, so kann jeder Ehegatte von dem anderen verlangen, dass er zur Berichtigung des Grundbuchs mitwirke. [2] Entsprechendes gilt, wenn ein Recht gemeinschaftlich wird, das im Schiffsregister oder im Schiffsbauregister eingetragen ist.

§ 1417 Sondergut. (1) Vom Gesamtgut ist das Sondergut ausgeschlossen.

(2) Sondergut sind die Gegenstände, die nicht durch Rechtsgeschäft übertragen werden können.

(3) [1] Jeder Ehegatte verwaltet sein Sondergut selbständig. [2] Er verwaltet es für Rechnung des Gesamtguts.

§ 1418 Vorbehaltsgut. (1) Vom Gesamtgut ist das Vorbehaltsgut ausgeschlossen.

(2) Vorbehaltsgut sind die Gegenstände,

1. die durch Ehevertrag zum Vorbehaltsgut eines Ehegatten erklärt sind,
2. die ein Ehegatte von Todes wegen erwirbt oder die ihm von einem Dritten unentgeltlich zugewendet werden, wenn der Erblasser durch letztwillige Verfügung, der Dritte bei der Zuwendung bestimmt hat, dass der Erwerb Vorbehaltsgut sein soll,
3. die ein Ehegatte auf Grund eines zu seinem Vorbehaltsgut gehörenden Rechts oder als Ersatz für die Zerstörung, Beschädigung oder Entziehung eines zum Vorbehaltsgut gehörenden Gegenstands oder durch ein Rechtsgeschäft erwirbt, das sich auf das Vorbehaltsgut bezieht.

(3) [1] Jeder Ehegatte verwaltet das Vorbehaltsgut selbständig. [2] Er verwaltet es für eigene Rechnung.

(4) Gehören Vermögensgegenstände zum Vorbehaltsgut, so ist dies Dritten gegenüber nur nach Maßgabe des § 1412 wirksam.

---

[1] § 1414 Satz 2 geänd. mWv 1.9.2009 durch G v. 3.4.2009 (BGBl. I S. 700).
[2] § 1416 Abs. 1 neu gef. mWv 22.12.2018 durch G v. 18.12.2018 (BGBl. I S. 2639).

§ 1419 Gesamthandsgemeinschaft. (1) Ein Ehegatte kann nicht über seinen Anteil am Gesamtgut und an den einzelnen Gegenständen verfügen, die zum Gesamtgut gehören; er ist nicht berechtigt, Teilung zu verlangen.

(2) Gegen eine Forderung, die zum Gesamtgut gehört, kann der Schuldner nur mit einer Forderung aufrechnen, deren Berichtigung er aus dem Gesamtgut verlangen kann.

§ 1420 Verwendung zum Unterhalt. Die Einkünfte, die in das Gesamtgut fallen, sind vor den Einkünften, die in das Vorbehaltsgut fallen, der Stamm des Gesamtguts ist vor dem Stamm des Vorbehaltsguts oder des Sonderguts für den Unterhalt der Familie zu verwenden.

§ 1421[1)] Verwaltung des Gesamtguts. [1] Die Ehegatten sollen in dem Ehevertrag, durch den sie die Gütergemeinschaft vereinbaren, bestimmen, welcher der Ehegatten das Gesamtgut verwaltet oder ob es von ihnen gemeinschaftlich verwaltet wird. [2] Enthält der Ehevertrag keine Bestimmung hierüber, so verwalten die Ehegatten das Gesamtgut gemeinschaftlich.

Unterkapitel 2.[2)] Verwaltung des Gesamtguts durch einen Ehegatten

§ 1422 Inhalt des Verwaltungsrechts. [1] Der Ehegatte, der das Gesamtgut verwaltet, ist insbesondere berechtigt, die zum Gesamtgut gehörenden Sachen in Besitz zu nehmen und über das Gesamtgut zu verfügen; er führt Rechtsstreitigkeiten, die sich auf das Gesamtgut beziehen, im eigenen Namen. [2] Der andere Ehegatte wird durch die Verwaltungshandlungen nicht persönlich verpflichtet.

§ 1423 Verfügung über das Gesamtgut im Ganzen. [1] Der Ehegatte, der das Gesamtgut verwaltet, kann sich nur mit Einwilligung des anderen Ehegatten verpflichten, über das Gesamtgut im Ganzen zu verfügen. [2] Hat er sich ohne Zustimmung des anderen Ehegatten verpflichtet, so kann er die Verpflichtung nur erfüllen, wenn der andere Ehegatte einwilligt.

§ 1424 Verfügung über Grundstücke, Schiffe oder Schiffsbauwerke. [1] Der Ehegatte, der das Gesamtgut verwaltet, kann nur mit Einwilligung des anderen Ehegatten über ein zum Gesamtgut gehörendes Grundstück verfügen; er kann sich zu einer solchen Verfügung auch nur mit Einwilligung seines Ehegatten verpflichten. [2] Dasselbe gilt, wenn ein eingetragenes Schiff oder Schiffsbauwerk zum Gesamtgut gehört.

§ 1425 Schenkungen. (1) [1] Der Ehegatte, der das Gesamtgut verwaltet, kann nur mit Einwilligung des anderen Ehegatten Gegenstände aus dem Gesamtgut verschenken; hat er ohne Zustimmung des anderen Ehegatten versprochen, Gegenstände aus dem Gesamtgut zu verschenken, so kann er dieses Versprechen nur erfüllen, wenn der andere Ehegatte einwilligt. [2] Das Gleiche gilt von einem Schenkungsversprechen, das sich nicht auf das Gesamtgut bezieht.

(2) Ausgenommen sind Schenkungen, durch die einer sittlichen Pflicht oder einer auf den Anstand zu nehmenden Rücksicht entsprochen wird.

§ 1426[3)] Ersetzung der Zustimmung des anderen Ehegatten. Ist ein Rechtsgeschäft, das nach den §§ 1423, 1424 nur mit Einwilligung des anderen

---

[1)] § 1421 Satz 1 neu gef. mWv 22.12.2018 durch G v. 18.12.2018 (BGBl. I S. 2639).
[2)] UKapitel 2 Überschrift neu gef. mWv 22.12.2018 durch G v. 18.12.2018 (BGBl. I S. 2639).
[3)] § 1426 geänd. mWv 1.9.2009 durch G v. 17.12.2008 (BGBl. I S. 2586).

Ehegatten vorgenommen werden kann, zur ordnungsmäßigen Verwaltung des Gesamtguts erforderlich, so kann das Familiengericht auf Antrag die Zustimmung des anderen Ehegatten ersetzen, wenn dieser sie ohne ausreichenden Grund verweigert oder durch Krankheit oder Abwesenheit an der Abgabe einer Erklärung verhindert und mit dem Aufschub Gefahr verbunden ist.

§ 1427 Rechtsfolgen fehlender Einwilligung. (1) Nimmt der Ehegatte, der das Gesamtgut verwaltet, ein Rechtsgeschäft ohne die erforderliche Einwilligung des anderen Ehegatten vor, so gelten die Vorschriften des § 1366 Abs. 1, 3, 4 und des § 1367 entsprechend.

(2) [1] Einen Vertrag kann der Dritte bis zur Genehmigung widerrufen. [2] Hat er gewusst, dass der Ehegatte in Gütergemeinschaft lebt, so kann er nur widerrufen, wenn dieser wahrheitswidrig behauptet hat, der andere Ehegatte habe eingewilligt; er kann auch in diesem Falle nicht widerrufen, wenn ihm beim Abschluss des Vertrags bekannt war, dass der andere Ehegatte nicht eingewilligt hatte.

§ 1428 Verfügungen ohne Zustimmung. Verfügt der Ehegatte, der das Gesamtgut verwaltet, ohne die erforderliche Zustimmung des anderen Ehegatten über ein zum Gesamtgut gehörendes Recht, so kann dieser das Recht gegen Dritte gerichtlich geltend machen; der Ehegatte, der das Gesamtgut verwaltet, braucht hierzu nicht mitzuwirken.

§ 1429 Notverwaltungsrecht. [1] Ist der Ehegatte, der das Gesamtgut verwaltet, durch Krankheit oder durch Abwesenheit verhindert, ein Rechtsgeschäft vorzunehmen, das sich auf das Gesamtgut bezieht, so kann der andere Ehegatte das Rechtsgeschäft vornehmen, wenn mit dem Aufschub Gefahr verbunden ist; er kann hierbei im eigenen Namen oder im Namen des verwaltenden Ehegatten handeln. [2] Das Gleiche gilt für die Führung eines Rechtsstreits, der sich auf das Gesamtgut bezieht.

§ 1430[1] Ersetzung der Zustimmung des Verwalters. Verweigert der Ehegatte, der das Gesamtgut verwaltet, ohne ausreichenden Grund die Zustimmung zu einem Rechtsgeschäft, das der andere Ehegatte zur ordnungsmäßigen Besorgung seiner persönlichen Angelegenheiten vornehmen muss, aber ohne diese Zustimmung nicht mit Wirkung für das Gesamtgut vornehmen kann, so kann das Familiengericht die Zustimmung auf Antrag ersetzen.

§ 1431 Selbständiges Erwerbsgeschäft. (1) [1] Hat der Ehegatte, der das Gesamtgut verwaltet, darin eingewilligt, dass der andere Ehegatte selbständig ein Erwerbsgeschäft betreibt, so ist seine Zustimmung zu solchen Rechtsgeschäften und Rechtsstreitigkeiten nicht erforderlich, die der Geschäftsbetrieb mit sich bringt. [2] Einseitige Rechtsgeschäfte, die sich auf das Erwerbsgeschäft beziehen, sind dem Ehegatten gegenüber vorzunehmen, der das Erwerbsgeschäft betreibt.

(2) Weiß der Ehegatte, der das Gesamtgut verwaltet, dass der andere Ehegatte ein Erwerbsgeschäft betreibt, und hat er hiergegen keinen Einspruch eingelegt, so steht dies einer Einwilligung gleich.

(3) Dritten gegenüber ist ein Einspruch und der Widerruf der Einwilligung nur nach Maßgabe des § 1412 wirksam.

---

[1] § 1430 geänd. mWv 1.9.2009 durch G v. 17.12.2008 (BGBl. I S. 2586).

§ 1432 Annahme einer Erbschaft; Ablehnung von Vertragsantrag oder Schenkung. (1) [1]Ist dem Ehegatten, der das Gesamtgut nicht verwaltet, eine Erbschaft oder ein Vermächtnis angefallen, so ist nur er berechtigt, die Erbschaft oder das Vermächtnis anzunehmen oder auszuschlagen; die Zustimmung des anderen Ehegatten ist nicht erforderlich. [2]Das Gleiche gilt von dem Verzicht auf den Pflichtteil oder auf den Ausgleich eines Zugewinns sowie von der Ablehnung eines Vertragsantrags oder einer Schenkung.

(2) Der Ehegatte, der das Gesamtgut nicht verwaltet, kann ein Inventar über eine ihm angefallene Erbschaft ohne Zustimmung des anderen Ehegatten errichten.

§ 1433 Fortsetzung eines Rechtsstreits. Der Ehegatte, der das Gesamtgut nicht verwaltet, kann ohne Zustimmung des anderen Ehegatten einen Rechtsstreit fortsetzen, der beim Eintritt der Gütergemeinschaft anhängig war.

§ 1434 Ungerechtfertigte Bereicherung des Gesamtguts. Wird durch ein Rechtsgeschäft, das ein Ehegatte ohne die erforderliche Zustimmung des anderen Ehegatten vornimmt, das Gesamtgut bereichert, so ist die Bereicherung nach den Vorschriften über die ungerechtfertigte Bereicherung aus dem Gesamtgut herauszugeben.

§ 1435 Pflichten des Verwalters. [1]Der Ehegatte hat das Gesamtgut ordnungsmäßig zu verwalten. [2]Er hat den anderen Ehegatten über die Verwaltung zu unterrichten und ihm auf Verlangen über den Stand der Verwaltung Auskunft zu erteilen. [3]Mindert sich das Gesamtgut, so muss er zu dem Gesamtgut Ersatz leisten, wenn er den Verlust verschuldet oder durch ein Rechtsgeschäft herbeigeführt hat, das er ohne die erforderliche Zustimmung des anderen Ehegatten vorgenommen hat.

§ 1436[1)] Verwaltung durch einen Betreuer. [1]Fällt die Verwaltung des Gesamtguts in den Aufgabenkreis des Betreuers eines Ehegatten, so hat der Betreuer diesen in den Rechten und Pflichten zu vertreten, die sich aus der Verwaltung des Gesamtguts ergeben. [2]Dies gilt auch dann, wenn der andere Ehegatte zum Betreuer bestellt ist.

§ 1437 Gesamtgutsverbindlichkeiten; persönliche Haftung. (1) Aus dem Gesamtgut können die Gläubiger des Ehegatten, der das Gesamtgut verwaltet, und, soweit sich aus den §§ 1438 bis 1440 nichts anderes ergibt, auch die Gläubiger des anderen Ehegatten Befriedigung verlangen (Gesamtgutsverbindlichkeiten).

(2) [1]Der Ehegatte, der das Gesamtgut verwaltet, haftet für die Verbindlichkeiten des anderen Ehegatten, die Gesamtgutsverbindlichkeiten sind, auch persönlich als Gesamtschuldner. [2]Die Haftung erlischt mit der Beendigung der Gütergemeinschaft, wenn die Verbindlichkeiten im Verhältnis der Ehegatten zueinander dem anderen Ehegatten zur Last fallen.

§ 1438 Haftung des Gesamtguts. (1) Das Gesamtgut haftet für eine Verbindlichkeit aus einem Rechtsgeschäft, das während der Gütergemeinschaft vorgenommen wird, nur dann, wenn der Ehegatte, der das Gesamtgut verwaltet, das Rechts-

---

1) § 1436 neu gef. mWv 22.12.2018 durch G v. 18.12.2018 (BGBl. I S. 2639); Überschrift neu gef. mWv 1.1.2023 durch G v. 4.5.2021 (BGBl. I S. 882).

geschäft vornimmt oder wenn er ihm zustimmt oder wenn das Rechtsgeschäft ohne seine Zustimmung für das Gesamtgut wirksam ist.

(2) Für die Kosten eines Rechtsstreits haftet das Gesamtgut auch dann, wenn das Urteil dem Gesamtgut gegenüber nicht wirksam ist.

§ 1439 Keine Haftung bei Erwerb einer Erbschaft. Das Gesamtgut haftet nicht für Verbindlichkeiten, die durch den Erwerb einer Erbschaft entstehen, wenn der Ehegatte, der Erbe ist, das Gesamtgut nicht verwaltet und die Erbschaft während der Gütergemeinschaft als Vorbehaltsgut oder als Sondergut erwirbt; das Gleiche gilt beim Erwerb eines Vermächtnisses.

§ 1440 Haftung für Vorbehalts- oder Sondergut. [1]Das Gesamtgut haftet nicht für eine Verbindlichkeit, die während der Gütergemeinschaft infolge eines zum Vorbehaltsgut oder Sondergut gehörenden Rechts oder des Besitzes einer dazu gehörenden Sache in der Person des Ehegatten entsteht, der das Gesamtgut nicht verwaltet. [2]Das Gesamtgut haftet jedoch, wenn das Recht oder die Sache zu einem Erwerbsgeschäft gehört, das der Ehegatte mit Einwilligung des anderen Ehegatten selbständig betreibt, oder wenn die Verbindlichkeit zu den Lasten des Sonderguts gehört, die aus den Einkünften beglichen zu werden pflegen.

§ 1441 Haftung im Innenverhältnis. Im Verhältnis der Ehegatten zueinander fallen folgende Gesamtgutsverbindlichkeiten dem Ehegatten zur Last, in dessen Person sie entstehen:

1. die Verbindlichkeiten aus einer unerlaubten Handlung, die er nach Eintritt der Gütergemeinschaft begeht, oder aus einem Strafverfahren, das wegen einer solchen Handlung gegen ihn gerichtet wird;
2. die Verbindlichkeiten aus einem sich auf sein Vorbehaltsgut oder sein Sondergut beziehenden Rechtsverhältnis, auch wenn sie vor Eintritt der Gütergemeinschaft oder vor der Zeit entstanden sind, zu der das Gut Vorbehaltsgut oder Sondergut geworden ist;
3. die Kosten eines Rechtsstreits über eine der in den Nummern 1 und 2 bezeichneten Verbindlichkeiten.

§ 1442 Verbindlichkeiten des Sonderguts und eines Erwerbsgeschäfts. [1]Die Vorschrift des § 1441 Nr. 2, 3 gilt nicht, wenn die Verbindlichkeiten zu den Lasten des Sonderguts gehören, die aus den Einkünften beglichen zu werden pflegen. [2]Die Vorschrift gilt auch dann nicht, wenn die Verbindlichkeiten durch den Betrieb eines für Rechnung des Gesamtguts geführten Erwerbsgeschäfts oder infolge eines zu einem solchen Erwerbsgeschäft gehörenden Rechts oder des Besitzes einer dazu gehörenden Sache entstehen.

§ 1443 Prozesskosten. (1) Im Verhältnis der Ehegatten zueinander fallen die Kosten eines Rechtsstreits, den die Ehegatten miteinander führen, dem Ehegatten zur Last, der sie nach allgemeinen Vorschriften zu tragen hat.

(2) [1]Führt der Ehegatte, der das Gesamtgut nicht verwaltet, einen Rechtsstreit mit einem Dritten, so fallen die Kosten des Rechtsstreits im Verhältnis der Ehegatten zueinander diesem Ehegatten zur Last. [2]Die Kosten fallen jedoch dem Gesamtgut zur Last, wenn das Urteil dem Gesamtgut gegenüber wirksam ist oder wenn der Rechtsstreit eine persönliche Angelegenheit oder eine Gesamtgutsverbindlichkeit des Ehegatten betrifft und die Aufwendung der Kosten den Umständen nach geboten ist; § 1441 Nr. 3 und § 1442 bleiben unberührt.

§ 1444 Kosten der Ausstattung eines Kindes. (1) Verspricht oder gewährt der Ehegatte, der das Gesamtgut verwaltet, einem gemeinschaftlichen Kind aus dem Gesamtgut eine Ausstattung, so fällt ihm im Verhältnis der Ehegatten zueinander die Ausstattung zur Last, soweit sie das Maß übersteigt, das dem Gesamtgut entspricht.

(2) Verspricht oder gewährt der Ehegatte, der das Gesamtgut verwaltet, einem nicht gemeinschaftlichen Kind eine Ausstattung aus dem Gesamtgut, so fällt sie im Verhältnis der Ehegatten zueinander dem Vater oder der Mutter zur Last; für den Ehegatten, der das Gesamtgut nicht verwaltet, gilt dies jedoch nur insoweit, als er zustimmt oder die Ausstattung nicht das Maß übersteigt, das dem Gesamtgut entspricht.

(Fortsetzung nächstes Blatt)

§ 1516[1] **Zustimmung des anderen Ehegatten.** (1) Zur Wirksamkeit der in den §§ 1511 bis 1515 bezeichneten Verfügungen eines Ehegatten ist die Zustimmung des anderen Ehegatten erforderlich.

(2) [1]Die Zustimmung kann nicht durch einen Vertreter erteilt werden. [2]Die Zustimmungserklärung bedarf der notariellen Beurkundung. [3]Die Zustimmung ist unwiderruflich.

(3) Die Ehegatten können die in den §§ 1511 bis 1515 bezeichneten Verfügungen auch in einem gemeinschaftlichen Testament treffen.

§ 1517[2] **Verzicht eines Abkömmlings auf seinen Anteil.** (1) [1]Zur Wirksamkeit eines Vertrags, durch den ein gemeinschaftlicher Abkömmling einem der Ehegatten gegenüber für den Fall, dass die Ehe durch dessen Tod aufgelöst wird, auf seinen Anteil am Gesamtgut der fortgesetzten Gütergemeinschaft verzichtet oder durch den ein solcher Verzicht aufgehoben wird, ist die Zustimmung des anderen Ehegatten erforderlich. [2]Für die Zustimmung gilt die Vorschrift des § 1516 Absatz 2 Satz 2 und 3 entsprechend.

(2) Die für den Erbverzicht geltenden Vorschriften finden entsprechende Anwendung.

§ 1518 Zwingendes Recht. [1]Anordnungen, die mit den Vorschriften der §§ 1483 bis 1517 in Widerspruch stehen, können von den Ehegatten weder durch letztwillige Verfügung noch durch Vertrag getroffen werden. [2]Das Recht der Ehegatten, den Vertrag, durch den sie die Fortsetzung der Gütergemeinschaft vereinbart haben, durch Ehevertrag aufzuheben, bleibt unberührt.

Kapitel 4.[3] Wahl-Zugewinngemeinschaft

§ 1519[3] **Vereinbarung durch Ehevertrag.** [1]Vereinbaren die Ehegatten durch Ehevertrag den Güterstand der Wahl-Zugewinngemeinschaft, so gelten die Vorschriften des Abkommens vom 4. Februar 2010 zwischen der Bundesrepublik Deutschland und der Französischen Republik über den Güterstand der Wahl-Zugewinngemeinschaft. [2]§ 1368 gilt entsprechend. [3]§ 1412 ist nicht anzuwenden.

§§ 1520 bis 1557 (weggefallen)

Untertitel 3.[4] *(aufgehoben)*

§§ 1558–1563[4] *(aufgehoben)*

Titel 7. Scheidung der Ehe

Untertitel 1. Scheidungsgründe

§ 1564[5] **Scheidung durch richterliche Entscheidung.** [1]Eine Ehe kann nur durch richterliche Entscheidung auf Antrag eines oder beider Ehegatten geschieden werden. [2]Die Ehe ist mit der Rechtskraft der Entscheidung aufgelöst. [3]Die Voraussetzungen, unter denen die Scheidung begehrt werden kann, ergeben sich aus den folgenden Vorschriften.

---

[1] § 1516 Abs. 2 Satz 2 aufgeh., bish. Sätze 3 und 4 werden Sätze 2 und 3 mWv 22.7.2017 durch G v. 17.7.2017 (BGBl. I S. 2429).
[2] § 1517 Abs. 1 Satz 2 geänd. mWv 12.11.2022 durch G v. 7.11.2022 (BGBl. I S. 1982).
[3] Kapitel 4 (§ 1519) eingef. mWv 1.5.2013 durch G v. 15.3.2012 (BGBl. II S. 178).
[4] UTitel 3 (§§ 1558–1563) aufgeh. mWv 1.1.2023 durch G v. 31.10.2022 (BGBl. I S. 1966).
[5] § 1564 neu gef. mWv 1.9.2009 durch G v. 17.12.2008 (BGBl. I S. 2586).

§ 1565 Scheitern der Ehe. (1) [1]Eine Ehe kann geschieden werden, wenn sie gescheitert ist. [2]Die Ehe ist gescheitert, wenn die Lebensgemeinschaft der Ehegatten nicht mehr besteht und nicht erwartet werden kann, dass die Ehegatten sie wiederherstellen.

(2) Leben die Ehegatten noch nicht ein Jahr getrennt, so kann die Ehe nur geschieden werden, wenn die Fortsetzung der Ehe für den Antragsteller aus Gründen, die in der Person des anderen Ehegatten liegen, eine unzumutbare Härte darstellen würde.

§ 1566 Vermutung für das Scheitern. (1) Es wird unwiderlegbar vermutet, dass die Ehe gescheitert ist, wenn die Ehegatten seit einem Jahr getrennt leben und beide Ehegatten die Scheidung beantragen oder der Antragsgegner der Scheidung zustimmt.

(2) Es wird unwiderlegbar vermutet, dass die Ehe gescheitert ist, wenn die Ehegatten seit drei Jahren getrennt leben.

§ 1567 Getrenntleben. (1) [1]Die Ehegatten leben getrennt, wenn zwischen ihnen keine häusliche Gemeinschaft besteht und ein Ehegatte sie erkennbar nicht herstellen will, weil er die eheliche Lebensgemeinschaft ablehnt. [2]Die häusliche Gemeinschaft besteht auch dann nicht mehr, wenn die Ehegatten innerhalb der ehelichen Wohnung getrennt leben.

(2) Ein Zusammenleben über kürzere Zeit, das der Versöhnung der Ehegatten dienen soll, unterbricht oder hemmt die in § 1566 bestimmten Fristen nicht.

§ 1568 Härteklausel. (1) Die Ehe soll nicht geschieden werden, obwohl sie gescheitert ist, wenn und solange die Aufrechterhaltung der Ehe im Interesse der aus der Ehe hervorgegangenen minderjährigen Kinder aus besonderen Gründen ausnahmsweise notwendig ist oder wenn und solange die Scheidung für den Antragsgegner, der sie ablehnt, auf Grund außergewöhnlicher Umstände eine so schwere Härte darstellen würde, dass die Aufrechterhaltung der Ehe auch unter Berücksichtigung der Belange des Antragstellers ausnahmsweise geboten erscheint.

(2) (weggefallen)

Untertitel 1a.[1)] Behandlung der Ehewohnung und der Haushaltsgegenstände anlässlich der Scheidung

§ 1568a[1)] Ehewohnung. (1) Ein Ehegatte kann verlangen, dass ihm der andere Ehegatte anlässlich der Scheidung die Ehewohnung überlässt, wenn er auf deren Nutzung unter Berücksichtigung des Wohls der im Haushalt lebenden Kinder und der Lebensverhältnisse der Ehegatten in stärkerem Maße angewiesen ist als der andere Ehegatte oder die Überlassung aus anderen Gründen der Billigkeit entspricht.

(2) [1]Ist einer der Ehegatten allein oder gemeinsam mit einem Dritten Eigentümer des Grundstücks, auf dem sich die Ehewohnung befindet, oder steht einem Ehegatten allein oder gemeinsam mit einem Dritten ein Nießbrauch, das Erbbaurecht oder ein dingliches Wohnrecht an dem Grundstück zu, so kann der andere Ehegatte die Überlassung nur verlangen, wenn dies notwendig ist, um eine unbillige Härte zu vermeiden. [2]Entsprechendes gilt für das Wohnungseigentum und das Dauerwohnrecht.

(3) [1]Der Ehegatte, dem die Wohnung überlassen wird, tritt

[1)] UTitel 1a (§§ 1568a, 1568b) eingef. mWv 1.9.2009 durch G v. 6.7.2009 (BGBl. I S. 1696).

1. zum Zeitpunkt des Zugangs der Mitteilung der Ehegatten über die Überlassung an den Vermieter oder
2. mit Rechtskraft der Endentscheidung im Wohnungszuweisungsverfahren

an Stelle des zur Überlassung verpflichteten Ehegatten in ein von diesem eingegangenes Mietverhältnis ein oder setzt ein von beiden eingegangenes Mietverhältnis allein fort. [2] § 563 Absatz 4 gilt entsprechend.

(4) Ein Ehegatte kann die Begründung eines Mietverhältnisses über eine Wohnung, die die Ehegatten auf Grund eines Dienst- oder Arbeitsverhältnisses innehaben, das zwischen einem von ihnen und einem Dritten besteht, nur verlangen, wenn der Dritte einverstanden oder dies notwendig ist, um eine schwere Härte zu vermeiden.

(5) [1] Besteht kein Mietverhältnis über die Ehewohnung, so kann sowohl der Ehegatte, der Anspruch auf deren Überlassung hat, als auch die zur Vermietung berechtigte Person die Begründung eines Mietverhältnisses zu ortsüblichen Bedingungen verlangen. [2] Unter den Voraussetzungen des § 575 Absatz 1 oder wenn die Begründung eines unbefristeten Mietverhältnisses unter Würdigung der berechtigten Interessen des Vermieters unbillig ist, kann der Vermieter eine angemessene Befristung des Mietverhältnisses verlangen. [3] Kommt eine Einigung über die Höhe der Miete nicht zustande, kann der Vermieter eine angemessene Miete, im Zweifel die ortsübliche Vergleichsmiete, verlangen.

(6) In den Fällen der Absätze 3 und 5 erlischt der Anspruch auf Eintritt in ein Mietverhältnis oder auf seine Begründung ein Jahr nach Rechtskraft der Endentscheidung in der Scheidungssache, wenn er nicht vorher rechtshängig gemacht worden ist.

§ 1568b[1)] Haushaltsgegenstände. (1) Jeder Ehegatte kann verlangen, dass ihm der andere Ehegatte anlässlich der Scheidung die im gemeinsamen Eigentum stehenden Haushaltsgegenstände überlässt und übereignet, wenn er auf deren Nutzung unter Berücksichtigung des Wohls der im Haushalt lebenden Kinder und der Lebensverhältnisse der Ehegatten in stärkerem Maße angewiesen ist als der andere Ehegatte oder dies aus anderen Gründen der Billigkeit entspricht.

(2) Haushaltsgegenstände, die während der Ehe für den gemeinsamen Haushalt angeschafft wurden, gelten für die Verteilung als gemeinsames Eigentum der Ehegatten, es sei denn, das Alleineigentum eines Ehegatten steht fest.

(3) Der Ehegatte, der sein Eigentum nach Absatz 1 überträgt, kann eine angemessene Ausgleichszahlung verlangen.

Untertitel 2.[2)] Unterhalt des geschiedenen Ehegatten

Kapitel 1. Grundsatz

§ 1569[3)] Grundsatz der Eigenverantwortung. [1] Nach der Scheidung obliegt es jedem Ehegatten, selbst für seinen Unterhalt zu sorgen. [2] Ist er dazu außerstande, hat er gegen den anderen Ehegatten einen Anspruch auf Unterhalt nur nach den folgenden Vorschriften.

[1)] UTitel 1a (§§ 1568a, 1568b) eingef. mWv 1.9.2009 durch G v. 6.7.2009 (BGBl. I S. 1696).

[2)] Wegen des für das Gebiet der ehem. DDR geltenden Übergangsrechts zu §§ 1569–1586b beachte Art. 234 § 5 EGBGB (Nr. **21**).

[3)] § 1569 neu gef. mWv 1.1.2008 durch G v. 21.12.2007 (BGBl. I S. 3189).

Kapitel 2. Unterhaltsberechtigung

§ 1570[1] Unterhalt wegen Betreuung eines Kindes. (1) [1] Ein geschiedener Ehegatte kann von dem anderen wegen der Pflege oder Erziehung eines gemeinschaftlichen Kindes für mindestens drei Jahre nach der Geburt Unterhalt verlangen. [2] Die Dauer des Unterhaltsanspruchs verlängert sich, solange und soweit dies der Billigkeit entspricht. [3] Dabei sind die Belange des Kindes und die bestehenden Möglichkeiten der Kinderbetreuung zu berücksichtigen.

(2) Die Dauer des Unterhaltsanspruchs verlängert sich darüber hinaus, wenn dies unter Berücksichtigung der Gestaltung von Kinderbetreuung und Erwerbstätigkeit in der Ehe sowie der Dauer der Ehe der Billigkeit entspricht.

§ 1571 Unterhalt wegen Alters. Ein geschiedener Ehegatte kann von dem anderen Unterhalt verlangen, soweit von ihm im Zeitpunkt

1. der Scheidung,
2. der Beendigung der Pflege oder Erziehung eines gemeinschaftlichen Kindes oder
3. des Wegfalls der Voraussetzungen für einen Unterhaltsanspruch nach den §§ 1572 und 1573

wegen seines Alters eine Erwerbstätigkeit nicht mehr erwartet werden kann.

§ 1572 Unterhalt wegen Krankheit oder Gebrechen. Ein geschiedener Ehegatte kann von dem anderen Unterhalt verlangen, solange und soweit von ihm vom Zeitpunkt

1. der Scheidung,
2. der Beendigung der Pflege oder Erziehung eines gemeinschaftlichen Kindes,
3. der Beendigung der Ausbildung, Fortbildung oder Umschulung oder
4. des Wegfalls der Voraussetzungen für einen Unterhaltsanspruch nach § 1573

an wegen Krankheit oder anderer Gebrechen oder Schwäche seiner körperlichen oder geistigen Kräfte eine Erwerbstätigkeit nicht erwartet werden kann.

§ 1573[2] Unterhalt wegen Erwerbslosigkeit und Aufstockungsunterhalt. (1) Soweit ein geschiedener Ehegatte keinen Unterhaltsanspruch nach den §§ 1570 bis 1572 hat, kann er gleichwohl Unterhalt verlangen, solange und soweit er nach der Scheidung keine angemessene Erwerbstätigkeit zu finden vermag.

(2) Reichen die Einkünfte aus einer angemessenen Erwerbstätigkeit zum vollen Unterhalt (§ 1578) nicht aus, kann er, soweit er nicht bereits einen Unterhaltsanspruch nach den §§ 1570 bis 1572 hat, den Unterschiedsbetrag zwischen den Einkünften und dem vollen Unterhalt verlangen.

(3) Absätze 1 und 2 gelten entsprechend, wenn Unterhalt nach den §§ 1570 bis 1572, 1575 zu gewähren war, die Voraussetzungen dieser Vorschriften aber entfallen sind.

(4) [1] Der geschiedene Ehegatte kann auch dann Unterhalt verlangen, wenn die Einkünfte aus einer angemessenen Erwerbstätigkeit wegfallen, weil es ihm trotz seiner Bemühungen nicht gelungen war, den Unterhalt durch die Erwerbstätigkeit nach der Scheidung nachhaltig zu sichern. [2] War es ihm gelungen, den Unterhalt

[1] § 1570 neu gef. mWv 1.1.2008 durch G v. 21.12.2007 (BGBl. I S. 3189).
[2] § 1573 Abs. 5 aufgeh. mWv 1.1.2008 durch G v. 21.12.2007 (BGBl. I S. 3189).

teilweise nachhaltig zu sichern, so kann er den Unterschiedsbetrag zwischen dem nachhaltig gesicherten und dem vollen Unterhalt verlangen.

§ 1574[1] **Angemessene Erwerbstätigkeit.** (1) Dem geschiedenen Ehegatten obliegt es, eine angemessene Erwerbstätigkeit auszuüben.

(2) [1] Angemessen ist eine Erwerbstätigkeit, die der Ausbildung, den Fähigkeiten, einer früheren Erwerbstätigkeit, dem Lebensalter und dem Gesundheitszustand des geschiedenen Ehegatten entspricht, soweit eine solche Tätigkeit nicht nach den ehelichen Lebensverhältnissen unbillig wäre. [2] Bei den ehelichen Lebensverhältnissen sind insbesondere die Dauer der Ehe sowie die Dauer der Pflege oder Erziehung eines gemeinschaftlichen Kindes zu berücksichtigen.

(3) Soweit es zur Aufnahme einer angemessenen Erwerbstätigkeit erforderlich ist, obliegt es dem geschiedenen Ehegatten, sich ausbilden, fortbilden oder umschulen zu lassen, wenn ein erfolgreicher Abschluss der Ausbildung zu erwarten ist.

§ 1575 Ausbildung, Fortbildung oder Umschulung. (1) [1] Ein geschiedener Ehegatte, der in Erwartung der Ehe oder während der Ehe eine Schul- oder Berufsausbildung nicht aufgenommen oder abgebrochen hat, kann von dem anderen Ehegatten Unterhalt verlangen, wenn er diese oder eine entsprechende Ausbildung sobald wie möglich aufnimmt, um eine angemessene Erwerbstätigkeit, die den Unterhalt nachhaltig sichert, zu erlangen und der erfolgreiche Abschluss der Ausbildung zu erwarten ist. [2] Der Anspruch besteht längstens für die Zeit, in der eine solche Ausbildung im Allgemeinen abgeschlossen wird; dabei sind ehebedingte Verzögerungen der Ausbildung zu berücksichtigen.

(2) Entsprechendes gilt, wenn sich der geschiedene Ehegatte fortbilden oder umschulen lässt, um Nachteile auszugleichen, die durch die Ehe eingetreten sind.

(3) Verlangt der geschiedene Ehegatte nach Beendigung der Ausbildung, Fortbildung oder Umschulung Unterhalt nach § 1573, so bleibt bei der Bestimmung der ihm angemessenen Erwerbstätigkeit (§ 1574 Abs. 2) der erreichte höhere Ausbildungsstand außer Betracht.

§ 1576 Unterhalt aus Billigkeitsgründen. [1] Ein geschiedener Ehegatte kann von dem anderen Unterhalt verlangen, soweit und solange von ihm aus sonstigen schwerwiegenden Gründen eine Erwerbstätigkeit nicht erwartet werden kann und die Versagung von Unterhalt unter Berücksichtigung der Belange beider Ehegatten grob unbillig wäre. [2] Schwerwiegende Gründe dürfen nicht allein deswegen berücksichtigt werden, weil sie zum Scheitern der Ehe geführt haben.

§ 1577[2] **Bedürftigkeit.** (1) Der geschiedene Ehegatte kann den Unterhalt nach den §§ 1570 bis 1573, 1575 und 1576 nicht verlangen, solange und soweit er sich aus seinen Einkünften und seinem Vermögen selbst unterhalten kann.

(2) [1] Einkünfte sind nicht anzurechnen, soweit der Verpflichtete nicht den vollen Unterhalt (§§ 1578 und 1578b) leistet. [2] Einkünfte, die den vollen Unterhalt übersteigen, sind insoweit anzurechnen, als dies unter Berücksichtigung der beiderseitigen wirtschaftlichen Verhältnisse der Billigkeit entspricht.

---

[1] § 1574 Abs. 1 und 2 neu gef. mWv 1.1.2008 durch G v. 21.12.2007 (BGBl. I S. 3189).
[2] § 1577 Abs. 2 Satz 1 geänd. mWv 1.1.2008 durch G v. 21.12.2007 (BGBl. I S. 3189).

(3) Den Stamm des Vermögens braucht der Berechtigte nicht zu verwerten, soweit die Verwertung unwirtschaftlich oder unter Berücksichtigung der beiderseitigen wirtschaftlichen Verhältnisse unbillig wäre.

(4) [1] War zum Zeitpunkt der Ehescheidung zu erwarten, dass der Unterhalt des Berechtigten aus seinem Vermögen nachhaltig gesichert sein würde, fällt das Vermögen aber später weg, so besteht kein Anspruch auf Unterhalt. [2] Dies gilt nicht, wenn im Zeitpunkt des Vermögenswegfalls von dem Ehegatten wegen der Pflege oder Erziehung eines gemeinschaftlichen Kindes eine Erwerbstätigkeit nicht erwartet werden kann.

§ 1578[1)] Maß des Unterhalts. (1) [1] Das Maß des Unterhalts bestimmt sich nach den ehelichen Lebensverhältnissen. [2] Der Unterhalt umfasst den gesamten Lebensbedarf.

(2) Zum Lebensbedarf gehören auch die Kosten einer angemessenen Versicherung für den Fall der Krankheit und der Pflegebedürftigkeit sowie die Kosten einer Schul- oder Berufsausbildung, einer Fortbildung oder einer Umschulung nach den §§ 1574, 1575.

(3) Hat der geschiedene Ehegatte einen Unterhaltsanspruch nach den §§ 1570 bis 1573 oder § 1576, so gehören zum Lebensbedarf auch die Kosten einer angemessenen Versicherung für den Fall des Alters sowie der verminderten Erwerbsfähigkeit.

§ 1578a Deckungsvermutung bei schadensbedingten Mehraufwendungen. Für Aufwendungen infolge eines Körper- oder Gesundheitsschadens gilt § 1610a.

§ 1578b[2)] Herabsetzung und zeitliche Begrenzung des Unterhalts wegen Unbilligkeit. (1) [1] Der Unterhaltsanspruch des geschiedenen Ehegatten ist auf den angemessenen Lebensbedarf herabzusetzen, wenn eine an den ehelichen Lebensverhältnissen orientierte Bemessung des Unterhaltsanspruchs auch unter Wahrung der Belange eines dem Berechtigten zur Pflege oder Erziehung anvertrauten gemeinschaftlichen Kindes unbillig wäre. [2] Dabei ist insbesondere zu berücksichtigen, inwieweit durch die Ehe Nachteile im Hinblick auf die Möglichkeit eingetreten sind, für den eigenen Unterhalt zu sorgen, oder eine Herabsetzung des Unterhaltsanspruchs unter Berücksichtigung der Dauer der Ehe unbillig wäre. [3] Nachteile im Sinne des Satzes 2 können sich vor allem aus der Dauer der Pflege oder Erziehung eines gemeinschaftlichen Kindes sowie aus der Gestaltung von Haushaltsführung und Erwerbstätigkeit während der Ehe ergeben.

(2) [1] Der Unterhaltsanspruch des geschiedenen Ehegatten ist zeitlich zu begrenzen, wenn ein zeitlich unbegrenzter Unterhaltsanspruch auch unter Wahrung der Belange eines dem Berechtigten zur Pflege oder Erziehung anvertrauten gemeinschaftlichen Kindes unbillig wäre. [2] Absatz 1 Satz 2 und 3 gilt entsprechend.

(3) Herabsetzung und zeitliche Begrenzung des Unterhaltsanspruchs können miteinander verbunden werden.

[1)] § 1578 Abs. 1 neu gef. mWv 1.1.2008 durch G v. 21.12.2007 (BGBl. I S. 3189).

[2)] § 1578b eingef. mWv 1.1.2008 durch G v. 21.12.2007 (BGBl. I S. 3189); Abs. 1 Satz 2 geänd., Satz 3 neu gef. mWv 1.3.2013 durch G v. 20.2.2013 (BGBl. I S. 273).

§ 1579[1] Beschränkung oder Versagung des Unterhalts wegen grober Unbilligkeit. Ein Unterhaltsanspruch ist zu versagen, herabzusetzen oder zeitlich zu begrenzen, soweit die Inanspruchnahme des Verpflichteten auch unter Wahrung der Belange eines dem Berechtigten zur Pflege oder Erziehung anvertrauten gemeinschaftlichen Kindes grob unbillig wäre, weil

1. die Ehe von kurzer Dauer war; dabei ist die Zeit zu berücksichtigen, in welcher der Berechtigte wegen der Pflege oder Erziehung eines gemeinschaftlichen Kindes nach § 1570 Unterhalt verlangen kann,
2. der Berechtigte in einer verfestigten Lebensgemeinschaft lebt,
3. der Berechtigte sich eines Verbrechens oder eines schweren vorsätzlichen Vergehens gegen den Verpflichteten oder einen nahen Angehörigen des Verpflichteten schuldig gemacht hat,
4. der Berechtigte seine Bedürftigkeit mutwillig herbeigeführt hat,
5. der Berechtigte sich über schwerwiegende Vermögensinteressen des Verpflichteten mutwillig hinweggesetzt hat,
6. der Berechtigte vor der Trennung längere Zeit hindurch seine Pflicht, zum Familienunterhalt beizutragen, gröblich verletzt hat,
7. dem Berechtigten ein offensichtlich schwerwiegendes, eindeutig bei ihm liegendes Fehlverhalten gegen den Verpflichteten zur Last fällt oder
8. ein anderer Grund vorliegt, der ebenso schwer wiegt wie die in den Nummern 1 bis 7 aufgeführten Gründe.

§ 1580 Auskunftspflicht. [1] Die geschiedenen Ehegatten sind einander verpflichtet, auf Verlangen über ihre Einkünfte und ihr Vermögen Auskunft zu erteilen. [2] § 1605 ist entsprechend anzuwenden.

Kapitel 3. Leistungsfähigkeit und Rangfolge

§ 1581 Leistungsfähigkeit. [1] Ist der Verpflichtete nach seinen Erwerbs- und Vermögensverhältnissen unter Berücksichtigung seiner sonstigen Verpflichtungen außerstande, ohne Gefährdung des eigenen angemessenen Unterhalts dem Berechtigten Unterhalt zu gewähren, so braucht er nur insoweit Unterhalt zu leisten, als es mit Rücksicht auf die Bedürfnisse und die Erwerbs- und Vermögensverhältnisse der geschiedenen Ehegatten der Billigkeit entspricht. [2] Den Stamm des Vermögens braucht er nicht zu verwerten, soweit die Verwertung unwirtschaftlich oder unter Berücksichtigung der beiderseitigen wirtschaftlichen Verhältnisse unbillig wäre.

§ 1582[2] Rang des geschiedenen Ehegatten bei mehreren Unterhaltsberechtigten. Sind mehrere Unterhaltsberechtigte vorhanden, richtet sich der Rang des geschiedenen Ehegatten nach § 1609.

§ 1583 Einfluss des Güterstands. Lebt der Verpflichtete im Falle der Wiederheirat mit seinem neuen Ehegatten im Güterstand der Gütergemeinschaft, so ist § 1604 entsprechend anzuwenden.

§ 1584 Rangverhältnisse mehrerer Unterhaltsverpflichteter. [1] Der unterhaltspflichtige geschiedene Ehegatte haftet vor den Verwandten des Berechtigten.

---

[1] § 1579 Überschrift und Nr. 1 2. Halbs. neu gef., Nr. 2 eingef., bish. Nr. 2–7 werden Nr. 3–8 und Nr. 8 geänd. mWv 1.1.2008 durch G v. 21.12.2007 (BGBl. I S. 3189).

[2] § 1582 neu gef. mWv 1.1.2008 durch G v. 21.12.2007 (BGBl. I S. 3189).

[2] Soweit jedoch der Verpflichtete nicht leistungsfähig ist, haften die Verwandten vor dem geschiedenen Ehegatten. [3] § 1607 Abs. 2 und 4 gilt entsprechend.

Kapitel 4. Gestaltung des Unterhaltsanspruchs

§ 1585 Art der Unterhaltsgewährung. (1) [1] Der laufende Unterhalt ist durch Zahlung einer Geldrente zu gewähren. [2] Die Rente ist monatlich im Voraus zu entrichten. [3] Der Verpflichtete schuldet den vollen Monatsbetrag auch dann, wenn der Unterhaltsanspruch im Laufe des Monats durch Wiederheirat oder Tod des Berechtigten erlischt.

(2) Statt der Rente kann der Berechtigte eine Abfindung in Kapital verlangen, wenn ein wichtiger Grund vorliegt und der Verpflichtete dadurch nicht unbillig belastet wird.

§ 1585a Sicherheitsleistung. (1) [1] Der Verpflichtete hat auf Verlangen Sicherheit zu leisten. [2] Die Verpflichtung, Sicherheit zu leisten, entfällt, wenn kein Grund zu der Annahme besteht, dass die Unterhaltsleistung gefährdet ist oder wenn der Verpflichtete durch die Sicherheitsleistung unbillig belastet würde. [3] Der Betrag, für den Sicherheit zu leisten ist, soll den einfachen Jahresbetrag der Unterhaltsrente nicht übersteigen, sofern nicht nach den besonderen Umständen des Falles eine höhere Sicherheitsleistung angemessen erscheint.

(2) Die Art der Sicherheitsleistung bestimmt sich nach den Umständen; die Beschränkung des § 232 gilt nicht.

§ 1585b[1] Unterhalt für die Vergangenheit. (1) Wegen eines Sonderbedarfs (§ 1613 Abs. 2) kann der Berechtigte Unterhalt für die Vergangenheit verlangen.

(2) Im Übrigen kann der Berechtigte für die Vergangenheit Erfüllung oder Schadensersatz wegen Nichterfüllung nur entsprechend § 1613 Abs. 1 fordern.

(3) Für eine mehr als ein Jahr vor der Rechtshängigkeit liegende Zeit kann Erfüllung oder Schadensersatz wegen Nichterfüllung nur verlangt werden, wenn anzunehmen ist, dass der Verpflichtete sich der Leistung absichtlich entzogen hat.

§ 1585c[2] Vereinbarungen über den Unterhalt. [1] Die Ehegatten können über die Unterhaltspflicht für die Zeit nach der Scheidung Vereinbarungen treffen. [2] Eine Vereinbarung, die vor der Rechtskraft der Scheidung getroffen wird, bedarf der notariellen Beurkundung. [3] § 127a findet auch auf eine Vereinbarung Anwendung, die in einem Verfahren in Ehesachen vor dem Prozessgericht protokolliert wird.

Kapitel 5. Ende des Unterhaltsanspruchs

§ 1586 Wiederverheiratung, Begründung einer Lebenspartnerschaft oder Tod des Berechtigten. (1) Der Unterhaltsanspruch erlischt mit der Wiederheirat, der Begründung einer Lebenspartnerschaft oder dem Tode des Berechtigten.

(2) [1] Ansprüche auf Erfüllung oder Schadensersatz wegen Nichterfüllung für die Vergangenheit bleiben bestehen. [2] Das Gleiche gilt für den Anspruch auf den zur Zeit der Wiederheirat, der Begründung einer Lebenspartnerschaft oder des Todes fälligen Monatsbetrag.

---

[1] § 1585b Abs. 2 neu gef. mWv 1.1.2008 durch G v. 21.12.2007 (BGBl. I S. 3189).

[2] § 1585c Sätze 2 und 3 angef. mWv 1.1.2008 durch G v. 21.12.2007 (BGBl. I S. 3189).

§ 1586a[1] Wiederaufleben des Unterhaltsanspruchs. (1) Geht ein geschiedener Ehegatte eine neue Ehe oder Lebenspartnerschaft ein und wird die Ehe oder Lebenspartnerschaft wieder aufgelöst, so kann er von dem früheren Ehegatten Unterhalt nach § 1570 verlangen, wenn er ein Kind aus der früheren Ehe oder Lebenspartnerschaft zu pflegen oder zu erziehen hat.

(2) [1]Der Ehegatte der später aufgelösten Ehe haftet vor dem Ehegatten der früher aufgelösten Ehe. [2]Satz 1 findet auf Lebenspartnerschaften entsprechende Anwendung.

§ 1586b Kein Erlöschen bei Tod des Verpflichteten. (1) [1]Mit dem Tode des Verpflichteten geht die Unterhaltspflicht auf den Erben als Nachlassverbindlichkeit über. [2]Die Beschränkungen nach § 1581 fallen weg. [3]Der Erbe haftet jedoch nicht über einen Betrag hinaus, der dem Pflichtteil entspricht, welcher dem Berechtigten zustände, wenn die Ehe nicht geschieden worden wäre.

(2) Für die Berechnung des Pflichtteils bleiben Besonderheiten auf Grund des Güterstands, in dem die geschiedenen Ehegatten gelebt haben, außer Betracht.

Untertitel 3.[2] Versorgungsausgleich

§ 1587[2] Verweis auf das Versorgungsausgleichsgesetz. Nach Maßgabe des Versorgungsausgleichsgesetzes[3] findet zwischen den geschiedenen Ehegatten ein Ausgleich von im In- oder Ausland bestehenden Anrechten statt, insbesondere aus der gesetzlichen Rentenversicherung, aus anderen Regelsicherungssystemen wie der Beamtenversorgung oder der berufsständischen Versorgung, aus der betrieblichen Altersversorgung oder aus der privaten Alters- und Invaliditätsvorsorge.

§§ 1587a–1587p[4] *(aufgehoben)*

Titel 8. Kirchliche Verpflichtungen

§ 1588 (keine Überschrift) Die kirchlichen Verpflichtungen in Ansehung der Ehe werden durch die Vorschriften dieses Abschnitts nicht berührt.

Abschnitt 2. Verwandtschaft

Titel 1. Allgemeine Vorschriften

§ 1589 Verwandtschaft. (1) [1]Personen, deren eine von der anderen abstammt, sind in gerader Linie verwandt. [2]Personen, die nicht in gerader Linie verwandt sind, aber von derselben dritten Person abstammen, sind in der Seitenlinie verwandt. [3]Der Grad der Verwandtschaft bestimmt sich nach der Zahl der sie vermittelnden Geburten.

(2) (weggefallen)

§ 1590 Schwägerschaft. (1) [1]Die Verwandten eines Ehegatten sind mit dem anderen Ehegatten verschwägert. [2]Die Linie und der Grad der Schwägerschaft bestimmen sich nach der Linie und dem Grade der sie vermittelnden Verwandtschaft.

---

[1] § 1586a Abs. 1 Satz 1 geänd., Abs. 2 Satz 2 angef. mWv 1.1.2005 durch G v. 15.12.2004 (BGBl. I S. 3396); Abs. 1 Satz 2 aufgeh. mWv 1.1.2008 durch G v. 21.12.2007 (BGBl. I S. 3189).

[2] UTitel 3 (§ 1587) neu gef. mWv 1.9.2009 durch G v. 3.4.2009 (BGBl. I S. 700).

[3] Nr. **48**.

[4] §§ 1587a–1587p aufgeh. mWv 1.9.2009 durch G v. 3.4.2009 (BGBl. I S. 700).

(2) Die Schwägerschaft dauert fort, auch wenn die Ehe, durch die sie begründet wurde, aufgelöst ist.

Titel 2.[1] Abstammung

§ 1591 Mutterschaft. Mutter eines Kindes ist die Frau, die es geboren hat.

§ 1592[2] Vaterschaft. Vater eines Kindes ist der Mann,

1. der zum Zeitpunkt der Geburt mit der Mutter des Kindes verheiratet ist,
2. der die Vaterschaft anerkannt hat oder
3. dessen Vaterschaft nach § 1600d oder § 182 Abs. 1 des Gesetzes über das Verfahren in Familiensachen und in den Angelegenheiten der freiwilligen Gerichtsbarkeit[3] gerichtlich festgestellt ist.

§ 1593 Vaterschaft bei Auflösung der Ehe durch Tod. [1] § 1592 Nr. 1 gilt entsprechend, wenn die Ehe durch Tod aufgelöst wurde und innerhalb von 300 Tagen nach der Auflösung ein Kind geboren wird. [2] Steht fest, dass das Kind mehr als 300 Tage vor seiner Geburt empfangen wurde, so ist dieser Zeitraum maßgebend. [3] Wird von einer Frau, die eine weitere Ehe geschlossen hat, ein Kind geboren, das sowohl nach den Sätzen 1 und 2 Kind des früheren Ehemanns als auch nach § 1592 Nr. 1 Kind des neuen Ehemanns wäre, so ist es nur als Kind des neuen Ehemanns anzusehen. [4] Wird die Vaterschaft angefochten und wird rechtskräftig festgestellt, dass der neue Ehemann nicht Vater des Kindes ist, so ist es Kind des früheren Ehemanns.

§ 1594 Anerkennung der Vaterschaft. (1) Die Rechtswirkungen der Anerkennung können, soweit sich nicht aus dem Gesetz anderes ergibt, erst von dem Zeitpunkt an geltend gemacht werden, zu dem die Anerkennung wirksam wird.

(2) Eine Anerkennung der Vaterschaft ist nicht wirksam, solange die Vaterschaft eines anderen Mannes besteht.

(3) Eine Anerkennung unter einer Bedingung oder Zeitbestimmung ist unwirksam.

(4) Die Anerkennung ist schon vor der Geburt des Kindes zulässig.

§ 1595 Zustimmungsbedürftigkeit der Anerkennung. (1) Die Anerkennung bedarf der Zustimmung der Mutter.

(2) Die Anerkennung bedarf auch der Zustimmung des Kindes, wenn der Mutter insoweit die elterliche Sorge nicht zusteht.

(3) Für die Zustimmung gilt § 1594 Abs. 3 und 4 entsprechend.

§ 1596[4] Anerkennung und Zustimmung bei fehlender oder beschränkter Geschäftsfähigkeit. (1) [1] Wer in der Geschäftsfähigkeit beschränkt ist, kann nur selbst anerkennen. [2] Die Zustimmung des gesetzlichen Vertreters ist erforderlich. [3] Für einen Geschäftsunfähigen kann der gesetzliche Vertreter mit Genehmi-

---

[1] Wegen des für das Gebiet der ehem. DDR geltenden Übergangsrechts zur Abstammung beachte Art. 234 § 7 EGBGB (Nr. **21**).

[2] § 1592 Nr. 3 neu gef. mWv 30.4.2004 durch G v. 23.4.2004 (BGBl. I S. 598); Nr. 3 geänd. mWv 1.9.2009 durch G v. 17.12.2008 (BGBl. I S. 2586).

[3] Nr. **112**.

[4] § 1596 Abs. 1 Satz 4 geänd. mWv 12.4.2002 durch G v. 9.4.2002 (BGBl. I S. 1239); Abs. 1 Satz 3 geänd. mWv 1.9.2009 durch G v. 17.12.2008 (BGBl. I S. 2586); Abs. 3 geänd. mWv 1.1.2023 durch G v. 4.5.2021 (BGBl. I S. 882).

gung des Familiengerichts anerkennen; ist der gesetzliche Vertreter ein Betreuer, ist die Genehmigung des Betreuungsgerichts erforderlich. [4] Für die Zustimmung der Mutter gelten die Sätze 1 bis 3 entsprechend.

(2) [1] Für ein Kind, das geschäftsunfähig oder noch nicht 14 Jahre alt ist, kann nur der gesetzliche Vertreter der Anerkennung zustimmen. [2] Im Übrigen kann ein Kind, das in der Geschäftsfähigkeit beschränkt ist, nur selbst zustimmen; es bedarf hierzu der Zustimmung des gesetzlichen Vertreters.

(3) Ein geschäftsfähiger Betreuter kann nur selbst anerkennen oder zustimmen; § 1825 bleibt unberührt.

(4) Anerkennung und Zustimmung können nicht durch einen Bevollmächtigten erklärt werden.

§ 1597[1)] Formerfordernisse; Widerruf. (1) Anerkennung und Zustimmung müssen öffentlich beurkundet werden.

(2) Beglaubigte Abschriften der Anerkennung und aller Erklärungen, die für die Wirksamkeit der Anerkennung bedeutsam sind, sind dem Vater, der Mutter und dem Kind sowie dem Standesamt zu übersenden.

(3) [1] Der Mann kann die Anerkennung widerrufen, wenn sie ein Jahr nach der Beurkundung noch nicht wirksam geworden ist. [2] Für den Widerruf gelten die Absätze 1 und 2 sowie § 1594 Abs. 3 und § 1596 Abs. 1, 3 und 4 entsprechend.

§ 1597a[2)] Verbot der missbräuchlichen Anerkennung der Vaterschaft.

(1) Die Vaterschaft darf nicht gezielt gerade zu dem Zweck anerkannt werden, die rechtlichen Voraussetzungen für die erlaubte Einreise oder den erlaubten Aufenthalt des Kindes, des Anerkennenden oder der Mutter zu schaffen, auch nicht, um die rechtlichen Voraussetzungen für die erlaubte Einreise oder den erlaubten Aufenthalt des Kindes durch den Erwerb der deutschen Staatsangehörigkeit des Kindes nach § 4 Absatz 1 oder Absatz 3 Satz 1 des Staatsangehörigkeitsgesetzes[3)] zu schaffen (missbräuchliche Anerkennung der Vaterschaft).

(2) [1] Bestehen konkrete Anhaltspunkte für eine missbräuchliche Anerkennung der Vaterschaft, hat die beurkundende Behörde oder die Urkundsperson dies der nach § 85a des Aufenthaltsgesetzes[4)] zuständigen Behörde nach Anhörung des Anerkennenden und der Mutter mitzuteilen und die Beurkundung auszusetzen. [2] Ein Anzeichen für das Vorliegen konkreter Anhaltspunkte ist insbesondere:

1. das Bestehen einer vollziehbaren Ausreisepflicht des Anerkennenden oder der Mutter oder des Kindes,
2. wenn der Anerkennende oder die Mutter oder das Kind einen Asylantrag gestellt hat und die Staatsangehörigkeit eines sicheren Herkunftsstaates nach § 29a des Asylgesetzes[5)] besitzt,
3. das Fehlen von persönlichen Beziehungen zwischen dem Anerkennenden und der Mutter oder dem Kind,
4. der Verdacht, dass der Anerkennende bereits mehrfach die Vaterschaft von Kindern verschiedener ausländischer Mütter anerkannt hat und jeweils die rechtlichen Voraussetzungen für die erlaubte Einreise oder den erlaubten Auf-

---

[1)] § 1597 Abs. 2 geänd. mWv 1.1.2009 durch G v. 19.2.2007 (BGBl. I S. 122).
[2)] § 1597a eingef. mWv 29.7.2017 durch G v. 20.7.2017 (BGBl. I S. 2780).
[3)] **Sartorius Nr. 15.**
[4)] **Sartorius Nr. 565.**
[5)] **Sartorius Nr. 567.**

enthalt des Kindes oder der Mutter durch die Anerkennung geschaffen hat, auch wenn das Kind durch die Anerkennung die deutsche Staatsangehörigkeit erworben hat, oder

5. der Verdacht, dass dem Anerkennenden oder der Mutter ein Vermögensvorteil für die Anerkennung der Vaterschaft oder die Zustimmung hierzu gewährt oder versprochen worden ist.

[3] Die beurkundende Behörde oder die Urkundsperson hat die Aussetzung dem Anerkennenden, der Mutter und dem Standesamt mitzuteilen. [4] Hat die nach § 85a des Aufenthaltsgesetzes zuständige Behörde gemäß § 85a Absatz 1 des Aufenthaltsgesetzes das Vorliegen einer missbräuchlichen Anerkennung der Vaterschaft festgestellt und ist diese Entscheidung unanfechtbar, so ist die Beurkundung abzulehnen.

(3) [1] Solange die Beurkundung gemäß Absatz 2 Satz 1 ausgesetzt ist, kann die Anerkennung auch nicht wirksam von einer anderen beurkundenden Behörde oder Urkundsperson beurkundet werden. [2] Das Gleiche gilt, wenn die Voraussetzungen des Absatzes 2 Satz 4 vorliegen.

(4) Für die Zustimmung der Mutter nach § 1595 Absatz 1 gelten die Absätze 1 bis 3 entsprechend.

(5) Eine Anerkennung der Vaterschaft kann nicht missbräuchlich sein, wenn der Anerkennende der leibliche Vater des anzuerkennenden Kindes ist.

§ 1598[1)] Unwirksamkeit von Anerkennung, Zustimmung und Widerruf.

(1) [1] Anerkennung, Zustimmung und Widerruf sind nur unwirksam, wenn sie den Erfordernissen nach § 1594 Absatz 2 bis 4 und der §§ 1595 bis 1597 nicht genügen. [2] Anerkennung und Zustimmung sind auch im Fall des § 1597a Absatz 3 und im Fall des § 1597a Absatz 4 in Verbindung mit Absatz 3 unwirksam.

(2) Sind seit der Eintragung in ein deutsches Personenstandsregister fünf Jahre verstrichen, so ist die Anerkennung wirksam, auch wenn sie den Erfordernissen der vorstehenden Vorschriften nicht genügt.

§ 1598a[2)] Anspruch auf Einwilligung in eine genetische Untersuchung zur Klärung der leiblichen Abstammung. (1) [1] Zur Klärung der leiblichen Abstammung des Kindes können

1. der Vater jeweils von Mutter und Kind,
2. die Mutter jeweils von Vater und Kind und
3. das Kind jeweils von beiden Elternteilen

verlangen, dass diese in eine genetische Abstammungsuntersuchung einwilligen und die Entnahme einer für die Untersuchung geeigneten genetischen Probe dulden. [2] Die Probe muss nach den anerkannten Grundsätzen der Wissenschaft entnommen werden.

(2) Auf Antrag eines Klärungsberechtigten hat das Familiengericht eine nicht erteilte Einwilligung zu ersetzen und die Duldung einer Probeentnahme anzuordnen.

(3) Das Gericht setzt das Verfahren aus, wenn und solange die Klärung der leiblichen Abstammung eine erhebliche Beeinträchtigung des Wohls des minder-

---

[1)] § 1598 Abs. 2 geänd. mWv 1.1.2009 durch G v. 19.2.2007 (BGBl. I S. 122); Abs. 1 Satz 1 geänd., Satz 2 angef. mWv 29.7.2017 durch G v. 20.7.2017 (BGBl. I S. 2780).

[2)] § 1598a eingef. mWv 1.4.2008 durch G v. 26.3.2008 (BGBl. I S. 441).

jährigen Kindes begründen würde, die auch unter Berücksichtigung der Belange des Klärungsberechtigten für das Kind unzumutbar wäre.

(4) [1] Wer in eine genetische Abstammungsuntersuchung eingewilligt und eine genetische Probe abgegeben hat, kann von dem Klärungsberechtigten, der eine Abstammungsuntersuchung hat durchführen lassen, Einsicht in das Abstammungsgutachten oder Aushändigung einer Abschrift verlangen. [2] Über Streitigkeiten aus dem Anspruch nach Satz 1 entscheidet das Familiengericht.

§ 1599[1)] **Nichtbestehen der Vaterschaft.** (1) § 1592 Nr. 1 und 2 und § 1593 gelten nicht, wenn auf Grund einer Anfechtung rechtskräftig festgestellt ist, dass der Mann nicht der Vater des Kindes ist.

(2) [1] § 1592 Nr. 1 und § 1593 gelten auch nicht, wenn das Kind nach Anhängigkeit eines Scheidungsantrags geboren wird und ein Dritter spätestens bis zum Ablauf eines Jahres nach Rechtskraft des dem Scheidungsantrag stattgebenden Beschlusses die Vaterschaft anerkennt; § 1594 Abs. 2 ist nicht anzuwenden. [2] Neben den nach den §§ 1595 und 1596 notwendigen Erklärungen bedarf die Anerkennung der Zustimmung des Mannes, der im Zeitpunkt der Geburt mit der Mutter des Kindes verheiratet ist; für diese Zustimmung gelten § 1594 Abs. 3 und 4, § 1596 Abs. 1 Satz 1 bis 3, Abs. 3 und 4, § 1597 Abs. 1 und 2 und § 1598 Abs. 1 entsprechend. [3] Die Anerkennung wird frühestens mit Rechtskraft des dem Scheidungsantrag stattgebenden Beschlusses wirksam.

§ 1600[2)] **Anfechtungsberechtigte.** (1) Berechtigt, die Vaterschaft anzufechten, sind:

1. der Mann, dessen Vaterschaft nach § 1592 Nr. 1 und 2, § 1593 besteht,
2. [3)] der Mann, der an Eides statt versichert, der Mutter des Kindes während der Empfängniszeit beigewohnt zu haben,
3. die Mutter und
4. das Kind.

(2) Die Anfechtung nach Absatz 1 Nr. 2 setzt voraus, dass zwischen dem Kind und seinem Vater im Sinne von Absatz 1 Nr. 1 keine sozial-familiäre Beziehung besteht oder im Zeitpunkt seines Todes bestanden hat und dass der Anfechtende leiblicher Vater des Kindes ist.

(3) [1] Eine sozial-familiäre Beziehung nach Absatz 2 besteht, wenn der Vater im Sinne von Absatz 1 Nr. 1 zum maßgeblichen Zeitpunkt für das Kind tatsächliche Verantwortung trägt oder getragen hat. [2] Eine Übernahme tatsächlicher Verantwortung liegt in der Regel vor, wenn der Vater im Sinne von Absatz 1 Nr. 1 mit der Mutter des Kindes verheiratet ist oder mit dem Kind längere Zeit in häuslicher Gemeinschaft zusammengelebt hat.

(4) Ist das Kind mit Einwilligung des Mannes und der Mutter durch künstliche Befruchtung mittels Samenspende eines Dritten gezeugt worden, so ist die Anfechtung der Vaterschaft durch den Mann oder die Mutter ausgeschlossen.

[1)] § 1599 Abs. 2 Sätze 1 und 3 geänd. mWv 26.11.2015 durch G v. 20.11.2015 (BGBl. I S. 2010).

[2)] § 1600 Abs. 2 angef. mWv 12.4.2002 durch G v. 9.4.2002 (BGBl. I S. 1239); Abs. 1 neu gef., Abs. 2 und 3 eingef., bish. Abs. 2 wird Abs. 4 mWv 30.4.2004 durch G v. 23.4.2004 (BGBl. I S. 598); Abs. 1 einl. Satzteil., Nr. 3 und 4 geänd., Nr. 5 angef., Abs. 3 eingef., bish. Abs. 3 wird Abs. 4 und Satz 1 neu gef., bish. Abs. 4 wird Abs. 5, Abs. 6 angef. mWv 1.6.2008 durch G v. 13.3.2008 (BGBl. I S. 313); Abs. 1 Nr. 3 und 4 geänd., Nr. 5 und Abs. 3 aufgeh., bish. Abs. 4 wird Abs. 3 und Satz 1 geänd., bish. Abs. 5 wird Abs. 4, Abs. 6 aufgeh. mWv 29.7.2017 durch G v. 20.7.2017 (BGBl. I S. 2780).

[3)] Beachte hierzu Übergangsvorschrift in Art. 229 § 10 EGBGB (Nr. **21**).

§ 1600a[1] Persönliche Anfechtung; Anfechtung bei fehlender oder beschränkter Geschäftsfähigkeit. (1) Die Anfechtung kann nicht durch einen Bevollmächtigten erfolgen.

(2) [1]Die Anfechtungsberechtigten im Sinne von § 1600 Abs. 1 Nr. 1 bis 3 können die Vaterschaft nur selbst anfechten. [2]Dies gilt auch, wenn sie in der Geschäftsfähigkeit beschränkt sind; sie bedürfen hierzu nicht der Zustimmung ihres gesetzlichen Vertreters. [3]Sind sie geschäftsunfähig, so kann nur ihr gesetzlicher Vertreter anfechten.

(3) Für ein geschäftsunfähiges oder in der Geschäftsfähigkeit beschränktes Kind kann nur der gesetzliche Vertreter anfechten.

(4) Die Anfechtung durch den gesetzlichen Vertreter ist nur zulässig, wenn sie dem Wohl des Vertretenen dient.

(5) Ein geschäftsfähiger Betreuter kann die Vaterschaft nur selbst anfechten.

§ 1600b[2] Anfechtungsfristen. (1)[3] [1]Die Vaterschaft kann binnen zwei Jahren gerichtlich angefochten werden. [2]Die Frist beginnt mit dem Zeitpunkt, in dem der Berechtigte von den Umständen erfährt, die gegen die Vaterschaft sprechen; das Vorliegen einer sozial-familiären Beziehung im Sinne des § 1600 Abs. 2 erste Alternative hindert den Lauf der Frist nicht.

(2) [1]Die Frist beginnt nicht vor der Geburt des Kindes und nicht, bevor die Anerkennung wirksam geworden ist. [2]In den Fällen des § 1593 Satz 4 beginnt die Frist nicht vor der Rechtskraft der Entscheidung, durch die festgestellt wird, dass der neue Ehemann der Mutter nicht der Vater des Kindes ist.

(3) [1]Hat der gesetzliche Vertreter eines minderjährigen Kindes die Vaterschaft nicht rechtzeitig angefochten, so kann das Kind nach dem Eintritt der Volljährigkeit selbst anfechten. [2]In diesem Falle beginnt die Frist nicht vor Eintritt der Volljährigkeit und nicht vor dem Zeitpunkt, in dem das Kind von den Umständen erfährt, die gegen die Vaterschaft sprechen.

(4) [1]Hat der gesetzliche Vertreter eines Geschäftsunfähigen die Vaterschaft nicht rechtzeitig angefochten, so kann der Anfechtungsberechtigte nach dem Wegfall der Geschäftsunfähigkeit selbst anfechten. [2]Absatz 3 Satz 2 gilt entsprechend.

(5) [1]Die Frist wird durch die Einleitung eines Verfahrens nach § 1598a Abs. 2 gehemmt; § 204 Abs. 2 gilt entsprechend. [2]Die Frist ist auch gehemmt, solange der Anfechtungsberechtigte widerrechtlich durch Drohung an der Anfechtung gehindert wird. [3]Im Übrigen sind § 204 Absatz 1 Nummer 4, 8, 13, 14 und Absatz 2 sowie die §§ 206 und 210 entsprechend anzuwenden.

(6) Erlangt das Kind Kenntnis von Umständen, auf Grund derer die Folgen der Vaterschaft für es unzumutbar werden, so beginnt für das Kind mit diesem Zeitpunkt die Frist des Absatzes 1 Satz 1 erneut.

§ 1600c Vaterschaftsvermutung im Anfechtungsverfahren. (1) In dem Verfahren auf Anfechtung der Vaterschaft wird vermutet, dass das Kind von dem Mann abstammt, dessen Vaterschaft nach § 1592 Nr. 1 und 2, § 1593 besteht.

---

[1] § 1600a Abs. 2 Satz 1 neu gef. mWv 30.4.2004 durch G v. 23.4.2004 (BGBl. I S. 598).

[2] § 1600b Abs. 1 Satz 2 2. Halbs. angef. mWv 30.4.2004 durch G v. 23.4.2004 (BGBl. I S. 598); Abs. 1a eingef. mWv 1.6.2008 durch G v. 13.3.2008 (BGBl. I S. 313); bish. Abs. 6 wird Abs. 5 und neu gef., bish. Abs. 5 wird Abs. 6 mWv 1.4.2008 durch G v. 26.3.2008 (BGBl. I S. 441); Abs. 5 Satz 3 geänd. mWv 1.1. 2010 durch G v. 24.9.2009 (BGBl. I S. 3142); Abs. 1a aufgeh. mWv 29.7.2017 durch G v. 20.7.2017 (BGBl. I S. 2780).

[3] Beachte hierzu Übergangsvorschrift in Art. 229 § 10 EGBGB (Nr. **21**).

(2) Die Vermutung nach Absatz 1 gilt nicht, wenn der Mann, der die Vaterschaft anerkannt hat, die Vaterschaft anficht und seine Anerkennung unter einem Willensmangel nach § 119 Abs. 1, § 123 leidet; in diesem Falle ist § 1600d Abs. 2 und 3 entsprechend anzuwenden.

§ 1600d[1] Gerichtliche Feststellung der Vaterschaft. (1) Besteht keine Vaterschaft nach § 1592 Nr. 1 und 2, § 1593, so ist die Vaterschaft gerichtlich festzustellen.

(2) [1] Im Verfahren auf gerichtliche Feststellung der Vaterschaft wird als Vater vermutet, wer der Mutter während der Empfängniszeit beigewohnt hat. [2] Die Vermutung gilt nicht, wenn schwerwiegende Zweifel an der Vaterschaft bestehen.

(3) [1] Als Empfängniszeit gilt die Zeit von dem 300. bis zu dem 181. Tage vor der Geburt des Kindes, mit Einschluss sowohl des 300. als auch des 181. Tages. [2] Steht fest, dass das Kind außerhalb des Zeitraums des Satzes 1 empfangen worden ist, so gilt dieser abweichende Zeitraum als Empfängniszeit.[2]

(4) Ist das Kind durch eine ärztlich unterstützte künstliche Befruchtung in einer Einrichtung der medizinischen Versorgung im Sinne von § 1a Nummer 9 des Transplantationsgesetzes unter heterologer Verwendung von Samen gezeugt worden, der vom Spender einer Entnahmeeinrichtung im Sinne von § 2 Absatz 1 Satz 1 des Samenspenderregistergesetzes zur Verfügung gestellt wurde, so kann der Samenspender nicht als Vater dieses Kindes festgestellt werden.

(5) Die Rechtswirkungen der Vaterschaft können, soweit sich nicht aus dem Gesetz anderes ergibt, erst vom Zeitpunkt ihrer Feststellung an geltend gemacht werden.

§ 1600e[3] *(aufgehoben)*

Titel 3. Unterhaltspflicht

Untertitel 1. Allgemeine Vorschriften

§ 1601 Unterhaltsverpflichtete. Verwandte in gerader Linie sind verpflichtet, einander Unterhalt zu gewähren.[4]

---

[1] § 1600d Abs. 4 eingef., bish. Abs. 4 wird 5 mWv 1.7.2018 durch G v. 17.7.2017 (BGBl. I S. 2513).

[2] **Tabelle zur Berechnung der Empfängniszeit.** Hier wird schematisch die Tabelle für den Monatsersten eines Normaljahres angegeben. Die übrigen Tage sind durch das Fortzählen in der jeweiligen Spalte des Geburtsmonats zu ermitteln. In Schaltjahren tritt bei einer Geburt, die vor dem 1. März liegt, keine Änderung ein. Fällt diese in die Zeit vom 1. März bis einschließlich 28. August, so ist dem Anfangs- und Endtag in der Tabelle jeweils ein Tag, bei der Geburt vom 29. August bis einschließlich 27. Dezember, nur dem Anfangstag ein Tag zuzuzählen. Bei der Geburt am 29. Februar ist der Zeitraum der Empfängnis vom 5. Mai bis 1. September.

Geburtstag	Empfängniszeit		Geburtstag	Empfängniszeit		Geburtstag	Empfängniszeit	
	vom	bis		vom	bis		vom	bis
1. Jan.	7. März	4. Juli	1. Mai	5. Juli	1. Nov.	1. Sept.	5. Nov.	4. März
1. Feb.	7. April	4. Aug.	1. Juni	5. Aug.	2. Dez.	1. Okt.	5. Dez.	3. April
1. März	5. Mai	1. Sept.	1. Juli	4. Sept.	1. Jan.	1. Nov.	5. Jan.	4. Mai
1. April	5. Juni	2. Okt.	1. Aug.	5. Okt.	1. Feb.	1. Dez.	4. Feb.	3. Juni

[3] § 1600e aufgeh. mWv 1.9.2009 durch G v. 17.12.2008 (BGBl. I S. 2586).

[4] G zu dem Übereinkommen v. 20. Juni 1956 über die Geltendmachung von Unterhaltsansprüchen im Ausland v. 26.2.1959 (BGBl. II S. 149), zuletzt geänd. durch G v. 23.5.2011 (BGBl. I S. 898); G zur Geltendmachung von Unterhaltsansprüchen im Verkehr mit ausländischen Staaten (AuslandsunterhaltsG – AUG) **(Habersack, Deutsche Gesetze ErgBd. Nr. 103o)**.

§ 1602[1] **Bedürftigkeit.** (1) Unterhaltsberechtigt ist nur, wer außerstande ist, sich selbst zu unterhalten.

(2) Ein minderjähriges Kind kann von seinen Eltern, auch wenn es Vermögen hat, die Gewährung des Unterhalts insoweit verlangen, als die Einkünfte seines Vermögens und der Ertrag seiner Arbeit zum Unterhalt nicht ausreichen.

§ 1603[2] **Leistungsfähigkeit.** (1) Unterhaltspflichtig ist nicht, wer bei Berücksichtigung seiner sonstigen Verpflichtungen außerstande ist, ohne Gefährdung seines angemessenen Unterhalts den Unterhalt zu gewähren.

(2) [1] Befinden sich Eltern in dieser Lage, so sind sie ihren minderjährigen Kindern gegenüber verpflichtet, alle verfügbaren Mittel zu ihrem und der Kinder Unterhalt gleichmäßig zu verwenden. [2] Den minderjährigen Kindern stehen volljährige unverheiratete Kinder bis zur Vollendung des 21. Lebensjahrs gleich, solange sie im Haushalt der Eltern oder eines Elternteils leben und sich in der allgemeinen Schulausbildung befinden. [3] Diese Verpflichtung tritt nicht ein, wenn ein anderer unterhaltspflichtiger Verwandter vorhanden ist; sie tritt auch nicht ein gegenüber einem Kind, dessen Unterhalt aus dem Stamme seines Vermögens bestritten werden kann.

§ 1604[3] **Einfluss des Güterstands.** [1] Lebt der Unterhaltspflichtige in Gütergemeinschaft, bestimmt sich seine Unterhaltspflicht Verwandten gegenüber so, als ob das Gesamtgut ihm gehörte. [2] Haben beide in Gütergemeinschaft lebende Personen bedürftige Verwandte, ist der Unterhalt aus dem Gesamtgut so zu gewähren, als ob die Bedürftigen zu beiden Unterhaltspflichtigen in dem Verwandtschaftsverhältnis stünden, auf dem die Unterhaltspflicht des Verpflichteten beruht.

§ 1605 Auskunftspflicht. (1) [1] Verwandte in gerader Linie sind einander verpflichtet, auf Verlangen über ihre Einkünfte und ihr Vermögen Auskunft zu erteilen, soweit dies zur Feststellung eines Unterhaltsanspruchs oder einer Unterhaltsverpflichtung erforderlich ist. [2] Über die Höhe der Einkünfte sind auf Verlangen Belege, insbesondere Bescheinigungen des Arbeitgebers, vorzulegen. [3] Die §§ 260, 261 sind entsprechend anzuwenden.

(2) Vor Ablauf von zwei Jahren kann Auskunft erneut nur verlangt werden, wenn glaubhaft gemacht wird, dass der zur Auskunft Verpflichtete später wesentlich höhere Einkünfte oder weiteres Vermögen erworben hat.

§ 1606[4] **Rangverhältnisse mehrerer Pflichtiger.** (1) Die Abkömmlinge sind vor den Verwandten der aufsteigenden Linie unterhaltspflichtig.

(2) Unter den Abkömmlingen und unter den Verwandten der aufsteigenden Linie haften die näheren vor den entfernteren.

(3) [1] Mehrere gleich nahe Verwandte haften anteilig nach ihren Erwerbs- und Vermögensverhältnissen. [2] Der Elternteil, der ein minderjähriges Kind betreut, erfüllt seine Verpflichtung, zum Unterhalt des Kindes beizutragen, in der Regel durch die Pflege und die Erziehung des Kindes.

---

[1] § 1602 Abs. 2 geänd. mWv 22.7.2017 durch G v. 17.7.2017 (BGBl. I S. 2429).
[2] § 1603 Abs. 2 Sätze 1 und 2 geänd. mWv 22.7.2017 durch G v. 17.7.2017 (BGBl. I S. 2429).
[3] § 1604 neu gef. mWv 1.1.2008 durch G v. 21.12.2007 (BGBl. I S. 3189).
[4] § 1606 Abs. 3 Satz 2 geänd. mWv 22.7.2017 durch G v. 17.7.2017 (BGBl. I S. 2429).

§ 1607 Ersatzhaftung und gesetzlicher Forderungsübergang. (1) Soweit ein Verwandter auf Grund des § 1603 nicht unterhaltspflichtig ist, hat der nach ihm haftende Verwandte den Unterhalt zu gewähren.

(2) [1] Das Gleiche gilt, wenn die Rechtsverfolgung gegen einen Verwandten im Inland ausgeschlossen oder erheblich erschwert ist. [2] Der Anspruch gegen einen solchen Verwandten geht, soweit ein anderer nach Absatz 1 verpflichteter Verwandter den Unterhalt gewährt, auf diesen über.

(3) [1] Der Unterhaltsanspruch eines Kindes gegen einen Elternteil geht, soweit unter den Voraussetzungen des Absatzes 2 Satz 1 anstelle des Elternteils ein anderer, nicht unterhaltspflichtiger Verwandter oder der Ehegatte des anderen Elternteils Unterhalt leistet, auf diesen über. [2] Satz 1 gilt entsprechend, wenn dem Kind ein Dritter als Vater Unterhalt gewährt.

(4) Der Übergang des Unterhaltsanspruchs kann nicht zum Nachteil des Unterhaltsberechtigten geltend gemacht werden.

§ 1608 Haftung des Ehegatten oder Lebenspartners. (1) [1] Der Ehegatte des Bedürftigen haftet vor dessen Verwandten. [2] Soweit jedoch der Ehegatte bei Berücksichtigung seiner sonstigen Verpflichtungen außerstande ist, ohne Gefährdung seines angemessenen Unterhalts den Unterhalt zu gewähren, haften die Verwandten vor dem Ehegatten. [3] § 1607 Abs. 2 und 4 gilt entsprechend. [4] Der Lebenspartner des Bedürftigen haftet in gleicher Weise wie ein Ehegatte.

(2) (weggefallen)

§ 1609[1)] Rangfolge mehrerer Unterhaltsberechtigter. Sind mehrere Unterhaltsberechtigte vorhanden und ist der Unterhaltspflichtige außerstande, allen Unterhalt zu gewähren, gilt folgende Rangfolge:

1. minderjährige Kinder und Kinder im Sinne des § 1603 Abs. 2 Satz 2,
2. Elternteile, die wegen der Betreuung eines Kindes unterhaltsberechtigt sind oder im Fall einer Scheidung wären, sowie Ehegatten und geschiedene Ehegatten bei einer Ehe von langer Dauer; bei der Feststellung einer Ehe von langer Dauer sind auch Nachteile im Sinne des § 1578b Abs. 1 Satz 2 und 3 zu berücksichtigen,
3. Ehegatten und geschiedene Ehegatten, die nicht unter Nummer 2 fallen,
4. Kinder, die nicht unter Nummer 1 fallen,
5. Enkelkinder und weitere Abkömmlinge,
6. Eltern,
7. weitere Verwandte der aufsteigenden Linie; unter ihnen gehen die Näheren den Entfernteren vor.

§ 1610 Maß des Unterhalts. (1) Das Maß des zu gewährenden Unterhalts bestimmt sich nach der Lebensstellung des Bedürftigen (angemessener Unterhalt).

(2) Der Unterhalt umfasst den gesamten Lebensbedarf einschließlich der Kosten einer angemessenen Vorbildung zu einem Beruf, bei einer der Erziehung bedürftigen Person auch die Kosten der Erziehung.

§ 1610a Deckungsvermutung bei schadensbedingten Mehraufwendungen. Werden für Aufwendungen infolge eines Körper- oder Gesundheitsschadens

[1)] § 1609 neu gef. mWv 1.1.2008 durch G v. 21.12.2007 (BGBl. I S. 3189); Nr. 1 geänd. mWv 22.7.2017 durch G v. 17.7.2017 (BGBl. I S. 2429).

Sozialleistungen in Anspruch genommen, wird bei der Feststellung eines Unterhaltsanspruchs vermutet, dass die Kosten der Aufwendungen nicht geringer sind als die Höhe dieser Sozialleistungen.

§ 1611[1] **Beschränkung oder Wegfall der Verpflichtung.** (1) [1] Ist der Unterhaltsberechtigte durch sein sittliches Verschulden bedürftig geworden, hat er seine eigene Unterhaltspflicht gegenüber dem Unterhaltspflichtigen gröblich vernachlässigt oder sich vorsätzlich einer schweren Verfehlung gegen den Unterhaltspflichtigen oder einen nahen Angehörigen des Unterhaltspflichtigen schuldig gemacht, so braucht der Verpflichtete nur einen Beitrag zum Unterhalt in der Höhe zu leisten, die der Billigkeit entspricht. [2] Die Verpflichtung fällt ganz weg, wenn die Inanspruchnahme des Verpflichteten grob unbillig wäre.

(2) Die Vorschriften des Absatzes 1 sind auf die Unterhaltspflicht von Eltern gegenüber ihren minderjährigen Kindern nicht anzuwenden.

(3) Der Bedürftige kann wegen einer nach diesen Vorschriften eintretenden Beschränkung seines Anspruchs nicht andere Unterhaltspflichtige in Anspruch nehmen.

§ 1612[2] [3] **Art der Unterhaltsgewährung.** (1) [1] Der Unterhalt ist durch Entrichtung einer Geldrente zu gewähren. [2] Der Verpflichtete kann verlangen, dass ihm die Gewährung des Unterhalts in anderer Art gestattet wird, wenn besondere Gründe es rechtfertigen.

(2) [1] Haben Eltern einem unverheirateten Kind Unterhalt zu gewähren, können sie bestimmen, in welcher Art und für welche Zeit im Voraus der Unterhalt gewährt werden soll, sofern auf die Belange des Kindes die gebotene Rücksicht genommen wird. [2] Ist das Kind minderjährig, kann ein Elternteil, dem die Sorge für die Person des Kindes nicht zusteht, eine Bestimmung nur für die Zeit treffen, in der das Kind in seinen Haushalt aufgenommen ist.

(3) [1] Eine Geldrente ist monatlich im Voraus zu zahlen. [2] Der Verpflichtete schuldet den vollen Monatsbetrag auch dann, wenn der Berechtigte im Laufe des Monats stirbt.

§ 1612a[4] **Mindestunterhalt minderjähriger Kinder; Verordnungsermächtigung.** (1) [1] Ein minderjähriges Kind kann von einem Elternteil, mit dem es nicht in einem Haushalt lebt, den Unterhalt als Prozentsatz des jeweiligen Mindestunterhalts verlangen. [2] Der Mindestunterhalt richtet sich nach dem steuerfrei zu stellenden sächlichen Existenzminimum des minderjährigen Kindes. [3] Er beträgt monatlich entsprechend dem Alter des Kindes

1. für die Zeit bis zur Vollendung des sechsten Lebensjahrs (erste Altersstufe) 87 Prozent,
2. für die Zeit vom siebten bis zur Vollendung des zwölften Lebensjahrs (zweite Altersstufe) 100 Prozent und

---

[1] § 1611 Abs. 2 geänd. mWv 22.7.2017 durch G v. 17.7.2017 (BGBl. I S. 2429).

[2] § 1612 Abs. 2 neu gef. mWv 1.1.2008 durch G v. 21.12.2007 (BGBl. I S. 3189).

[3] Beachte hierzu auch G zur Sicherung des Unterhalts von Kindern alleinstehender Mütter und Väter durch Unterhaltsvorschüsse oder -ausfallleistungen (Unterhaltsvorschussgesetz) **(Habersack, Deutsche Gesetze ErgBd. Nr. 45d)**.

[4] § 1612a Überschrift, Abs. 1 und 3 neu gef., Abs. 2 Satz 1 geänd., Abs. 4 und 5 aufgeh. mWv 1.1. 2008 durch G v. 21.12.2007 (BGBl. I S. 3189); Überschrift geänd. und Abs. 4 angef. mWv 26.11.2015, Abs. 1 Satz 2 neu gef., Satz 3 abschl. Satzteil geänd. mWv 1.1.2016 durch G v. 20.11.2015 (BGBl. I S. 2018).

3. für die Zeit vom 13. Lebensjahr an (dritte Altersstufe) 117 Prozent

des steuerfrei zu stellenden sächlichen Existenzminimums des minderjährigen Kindes.

(2) [1] Der Prozentsatz ist auf eine Dezimalstelle zu begrenzen; jede weitere sich ergebende Dezimalstelle wird nicht berücksichtigt. [2] Der sich bei der Berechnung des Unterhalts ergebende Betrag ist auf volle Euro aufzurunden.

(3) Der Unterhalt einer höheren Altersstufe ist ab dem Beginn des Monats maßgebend, in dem das Kind das betreffende Lebensjahr vollendet.

(4) Das Bundesministerium der Justiz und für Verbraucherschutz hat den Mindestunterhalt erstmals zum 1. Januar 2016 und dann alle zwei Jahre durch Rechtsverordnung[1)], die nicht der Zustimmung des Bundesrates bedarf, festzulegen.

§ 1612b[2)] Deckung des Barbedarfs durch Kindergeld. (1) [1] Das auf das Kind entfallende Kindergeld ist zur Deckung seines Barbedarfs zu verwenden:

1. zur Hälfte, wenn ein Elternteil seine Unterhaltspflicht durch Betreuung des Kindes erfüllt (§ 1606 Abs. 3 Satz 2);
2. in allen anderen Fällen in voller Höhe.

[2] In diesem Umfang mindert es den Barbedarf des Kindes.

(2) Ist das Kindergeld wegen der Berücksichtigung eines nicht gemeinschaftlichen Kindes erhöht, ist es im Umfang der Erhöhung nicht bedarfsmindernd zu berücksichtigen.

§ 1612c Anrechnung anderer kindbezogener Leistungen. § 1612b gilt entsprechend für regelmäßig wiederkehrende kindbezogene Leistungen, soweit sie den Anspruch auf Kindergeld ausschließen.

§ 1613 Unterhalt für die Vergangenheit. (1) [1] Für die Vergangenheit kann der Berechtigte Erfüllung oder Schadensersatz wegen Nichterfüllung nur von dem Zeitpunkt an fordern, zu welchem der Verpflichtete zum Zwecke der Geltendmachung des Unterhaltsanspruchs aufgefordert worden ist, über seine Einkünfte und sein Vermögen Auskunft zu erteilen, zu welchem der Verpflichtete in Verzug gekommen oder der Unterhaltsanspruch rechtshängig geworden ist. [2] Der Unterhalt wird ab dem Ersten des Monats, in den die bezeichneten Ereignisse fallen, geschuldet, wenn der Unterhaltsanspruch dem Grunde nach zu diesem Zeitpunkt bestanden hat.

(2) Der Berechtigte kann für die Vergangenheit ohne die Einschränkung des Absatzes 1 Erfüllung verlangen

---

[1)] Siehe die Mindestunterhaltsverordnung v. 3.12.2015 (BGBl. I S. 2188), zuletzt geänd. durch VO v. 30.11.2021 (BGBl. I S. 5066):

„**§ 1 Festlegung des Mindestunterhalts.** Der Mindestunterhalt minderjähriger Kinder gemäß § 1612a Absatz 1 des Bürgerlichen Gesetzbuchs beträgt monatlich

1. in der ersten Altersstufe (§ 1612a Absatz 1 Satz 3 Nummer 1 des Bürgerlichen Gesetzbuchs) 396 Euro ab dem 1. Januar 2022 und 404 Euro ab dem 1. Januar 2023,
2. in der zweiten Altersstufe (§ 1612a Absatz 1 Satz 3 Nummer 2 des Bürgerlichen Gesetzbuchs) 455 Euro ab dem 1. Januar 2022 und 464 Euro ab dem 1. Januar 2023,
3. in der dritten Altersstufe (§ 1612a Absatz 1 Satz 3 Nummer 3 des Bürgerlichen Gesetzbuchs) 533 Euro ab dem 1. Januar 2022 und 543 Euro ab dem 1. Januar 2023.

§ 2 Inkrafttreten. Diese Verordnung tritt am 1. Januar 2016 in Kraft."

[2)] § 1612b neu gef. mWv 1.1.2008 durch G v. 21.12.2007 (BGBl. I S. 3189).

1. wegen eines unregelmäßigen außergewöhnlich hohen Bedarfs (Sonderbedarf); nach Ablauf eines Jahres seit seiner Entstehung kann dieser Anspruch nur geltend gemacht werden, wenn vorher der Verpflichtete in Verzug gekommen oder der Anspruch rechtshängig geworden ist;
2. für den Zeitraum, in dem er
   a) aus rechtlichen Gründen oder
   b) aus tatsächlichen Gründen, die in den Verantwortungsbereich des Unterhaltspflichtigen fallen,

   an der Geltendmachung des Unterhaltsanspruchs gehindert war.

(3) [1] In den Fällen des Absatzes 2 Nr. 2 kann Erfüllung nicht, nur in Teilbeträgen oder erst zu einem späteren Zeitpunkt verlangt werden, soweit die volle oder die sofortige Erfüllung für den Verpflichteten eine unbillige Härte bedeuten würde. [2] Dies gilt auch, soweit ein Dritter vom Verpflichteten Ersatz verlangt, weil er anstelle des Verpflichteten Unterhalt gewährt hat.

§ 1614 Verzicht auf den Unterhaltsanspruch; Vorausleistung. (1) Für die Zukunft kann auf den Unterhalt nicht verzichtet werden.

(2) Durch eine Vorausleistung wird der Verpflichtete bei erneuter Bedürftigkeit des Berechtigten nur für den im § 760 Abs. 2 bestimmten Zeitabschnitt oder, wenn er selbst den Zeitabschnitt zu bestimmen hatte, für einen den Umständen nach angemessenen Zeitabschnitt befreit.

§ 1615 Erlöschen des Unterhaltsanspruchs. (1) Der Unterhaltsanspruch erlischt mit dem Tode des Berechtigten oder des Verpflichteten, soweit er nicht auf Erfüllung oder Schadensersatz wegen Nichterfüllung für die Vergangenheit oder auf solche im Voraus zu bewirkende Leistungen gerichtet ist, die zur Zeit des Todes des Berechtigten oder des Verpflichteten fällig sind.

(2) Im Falle des Todes des Berechtigten hat der Verpflichtete die Kosten der Beerdigung zu tragen, soweit ihre Bezahlung nicht von dem Erben zu erlangen ist.

Untertitel 2. Besondere Vorschriften für das Kind und seine nicht miteinander verheirateten Eltern

§ 1615a Anwendbare Vorschriften. Besteht für ein Kind keine Vaterschaft nach § 1592 Nr. 1, § 1593 und haben die Eltern das Kind auch nicht während ihrer Ehe gezeugt oder nach seiner Geburt die Ehe miteinander geschlossen, gelten die allgemeinen Vorschriften, soweit sich nichts anderes aus den folgenden Vorschriften ergibt.

§§ 1615b bis 1615k (weggefallen)

§ 1615l[1)] Unterhaltsanspruch von Mutter und Vater aus Anlass der Geburt. (1) [1] Der Vater hat der Mutter für die Dauer von sechs Wochen vor und acht Wochen nach der Geburt des Kindes Unterhalt zu gewähren. [2] Dies gilt auch hinsichtlich der Kosten, die infolge der Schwangerschaft oder der Entbindung außerhalb dieses Zeitraums entstehen.

(2) [1] Soweit die Mutter einer Erwerbstätigkeit nicht nachgeht, weil sie infolge der Schwangerschaft oder einer durch die Schwangerschaft oder die Entbindung verursachten Krankheit dazu außerstande ist, ist der Vater verpflichtet, ihr über die

---

[1)] § 1615l Abs. 2 Satz 3 neu gef., Sätze 4 und 5 angef., Abs. 3 Satz 3 aufgeh., bish. Sätze 4 und 5 werden Sätze 3 und 4 mWv 1.1.2008 durch G v. 21.12.2007 (BGBl. I S. 3189).

in Absatz 1 Satz 1 bezeichnete Zeit hinaus Unterhalt zu gewähren. [2]Das Gleiche gilt, soweit von der Mutter wegen der Pflege oder Erziehung des Kindes eine Erwerbstätigkeit nicht erwartet werden kann. [3]Die Unterhaltspflicht beginnt frühestens vier Monate vor der Geburt und besteht für mindestens drei Jahre nach der Geburt. [4]Sie verlängert sich, solange und soweit dies der Billigkeit entspricht. [5]Dabei sind insbesondere die Belange des Kindes und die bestehenden Möglichkeiten der Kinderbetreuung zu berücksichtigen.

(3) [1]Die Vorschriften über die Unterhaltspflicht zwischen Verwandten sind entsprechend anzuwenden. [2]Die Verpflichtung des Vaters geht der Verpflichtung der Verwandten der Mutter vor. [3]§ 1613 Abs. 2 gilt entsprechend. [4]Der Anspruch erlischt nicht mit dem Tode des Vaters.

(4) [1]Wenn der Vater das Kind betreut, steht ihm der Anspruch nach Absatz 2 Satz 2 gegen die Mutter zu. [2]In diesem Falle gilt Absatz 3 entsprechend.

§ 1615m Beerdigungskosten für die Mutter. Stirbt die Mutter infolge der Schwangerschaft oder der Entbindung, so hat der Vater die Kosten der Beerdigung zu tragen, soweit ihre Bezahlung nicht von dem Erben der Mutter zu erlangen ist.

§ 1615n Kein Erlöschen bei Tod des Vaters oder Totgeburt. [1]Die Ansprüche nach den §§ 1615l, 1615m bestehen auch dann, wenn der Vater vor der Geburt des Kindes gestorben oder wenn das Kind tot geboren ist. [2]Bei einer Fehlgeburt gelten die Vorschriften der §§ 1615l, 1615m sinngemäß.

§ 1615o[1] *(aufgehoben)*

Titel 4. Rechtsverhältnis zwischen den Eltern und dem Kind im Allgemeinen

§ 1616[2] **Geburtsname bei Eltern mit Ehenamen.** Das Kind erhält den Ehenamen seiner Eltern als Geburtsnamen.

§ 1617[3] **Geburtsname bei Eltern ohne Ehenamen und gemeinsamer Sorge.** (1) [1]Führen die Eltern keinen Ehenamen und steht ihnen die Sorge gemeinsam zu, so bestimmen sie durch Erklärung gegenüber dem Standesamt den Namen, den der Vater oder die Mutter zur Zeit der Erklärung führt, zum Geburtsnamen des Kindes[4]. [2]Eine nach der Beurkundung der Geburt abgegebene Erklärung muss öffentlich beglaubigt werden. [3]Die Bestimmung der Eltern gilt auch für ihre weiteren Kinder.

(2) [1]Treffen die Eltern binnen eines Monats nach der Geburt des Kindes keine Bestimmung, überträgt das Familiengericht das Bestimmungsrecht einem Elternteil. [2]Absatz 1 gilt entsprechend. [3]Das Gericht kann dem Elternteil für die Ausübung des Bestimmungsrechts eine Frist setzen. [4]Ist nach Ablauf der Frist das Bestimmungsrecht nicht ausgeübt worden, so erhält das Kind den Namen des Elternteils, dem das Bestimmungsrecht übertragen ist.

(3) Ist ein Kind nicht im Inland geboren, so überträgt das Gericht einem Elternteil das Bestimmungsrecht nach Absatz 2 nur dann, wenn ein Elternteil oder das Kind dies beantragt oder die Eintragung des Namens des Kindes in ein deutsches

---

[1] § 1615o aufgeh. mWv 1.9.2009 durch G v. 17.12.2008 (BGBl. I S. 2586).

[2] Wegen des für das Gebiet der ehem. DDR geltenden Übergangsrechts zu § 1616 beachte Art. 234 § 10 EGBGB (Nr. **21**).

[3] § 1617 Abs. 1 Satz 1 und Abs. 3 geänd. mWv 1.1.2009 durch G v. 19.2.2007 (BGBl. I S. 122).

[4] § 1617 Abs. 1 Satz 1 ist mit dem Grundgesetz vereinbar, vgl. Entsch. des BVerfG v. 30.1.2002 – 1 BvL 23/96 – (BGBl. I S. 950).

Personenstandsregister oder in ein amtliches deutsches Identitätspapier erforderlich wird.

§ 1617a[1)] Geburtsname bei Eltern ohne Ehenamen und Alleinsorge.

(1) Führen die Eltern keinen Ehenamen und steht die elterliche Sorge nur einem Elternteil zu, so erhält das Kind den Namen, den dieser Elternteil im Zeitpunkt der Geburt des Kindes führt.

(2) [1] Der Elternteil, dem die elterliche Sorge für ein Kind allein zusteht, kann dem Kind durch Erklärung gegenüber dem Standesamt den Namen des anderen Elternteils erteilen. [2] Die Erteilung des Namens bedarf der Einwilligung des anderen Elternteils und, wenn das Kind das fünfte Lebensjahr vollendet hat, auch der Einwilligung des Kindes. [3] Die Erklärungen müssen öffentlich beglaubigt werden. [4] Für die Einwilligung des Kindes gilt § 1617c Abs. 1 entsprechend.

§ 1617b[2)] Name bei nachträglicher gemeinsamer Sorge oder Scheinvaterschaft. (1) [1] Wird eine gemeinsame Sorge der Eltern erst begründet, wenn das Kind bereits einen Namen führt, so kann der Name des Kindes binnen drei Monaten nach der Begründung der gemeinsamen Sorge neu bestimmt werden. [2] Die Frist endet, wenn ein Elternteil bei Begründung der gemeinsamen Sorge seinen gewöhnlichen Aufenthalt nicht im Inland hat, nicht vor Ablauf eines Monats nach Rückkehr in das Inland. [3] Hat das Kind das fünfte Lebensjahr vollendet, so ist die Bestimmung nur wirksam, wenn es sich der Bestimmung anschließt. [4] § 1617 Abs. 1 und § 1617c Abs. 1 Satz 2 und 3 und Abs. 3 gelten entsprechend.

(2) [1] Wird rechtskräftig festgestellt, dass ein Mann, dessen Familienname Geburtsname des Kindes geworden ist, nicht der Vater des Kindes ist, so erhält das Kind auf seinen Antrag oder, wenn das Kind das fünfte Lebensjahr noch nicht vollendet hat, auch auf Antrag des Mannes den Namen, den die Mutter im Zeitpunkt der Geburt des Kindes führt, als Geburtsnamen. [2] Der Antrag erfolgt durch Erklärung gegenüber dem Standesamt, die öffentlich beglaubigt werden muss. [3] Für den Antrag des Kindes gilt § 1617c Abs. 1 Satz 2 und 3 entsprechend.

§ 1617c[3)] Name bei Namensänderung der Eltern. (1) [1] Bestimmen die Eltern einen Ehenamen oder Lebenspartnerschaftsnamen, nachdem das Kind das fünfte Lebensjahr vollendet hat, so erstreckt sich der Ehename oder Lebenspartnerschaftsname auf den Geburtsnamen des Kindes nur dann, wenn es sich der Namensgebung anschließt. [2] Ein in der Geschäftsfähigkeit beschränktes Kind, welches das 14. Lebensjahr vollendet hat, kann die Erklärung nur selbst abgeben; es bedarf hierzu der Zustimmung seines gesetzlichen Vertreters. [3] Die Erklärung ist gegenüber dem Standesamt abzugeben; sie muss öffentlich beglaubigt werden.

(2) Absatz 1 gilt entsprechend,

1. wenn sich der Ehename oder Lebenspartnerschaftsname, der Geburtsname eines Kindes geworden ist, ändert oder
2. wenn sich in den Fällen der §§ 1617, 1617a und 1617b der Familienname eines Elternteils, der Geburtsname eines Kindes geworden ist, auf andere Weise als durch Eheschließung oder Begründung einer Lebenspartnerschaft ändert.

[1)] § 1617a Abs. 2 Satz 1 geänd. mWv 1.1.2009 durch G v. 19.2.2007 (BGBl. I S. 122); Abs. 2 Satz 1 geänd. mWv 22.7.2017 durch G v. 17.7.2017 (BGBl. I S. 2429).

[2)] § 1617b Abs. 2 Satz 2 geänd. mWv 1.1.2009 durch G v. 19.2.2007 (BGBl. I S. 122).

[3)] § 1617c Abs. 1 Satz 3 geänd. mWv 1.1.2009 durch G v. 19.2.2007 (BGBl. I S. 122); Abs. 1 Satz 1 und Abs. 2 Nr. 1 geänd. mWv 26.11.2015 durch G v. 20.11.2015 (BGBl. I S. 2010).

(3) Eine Änderung des Geburtsnamens erstreckt sich auf den Ehenamen oder den Lebenspartnerschaftsnamen des Kindes nur dann, wenn sich auch der Ehegatte oder der Lebenspartner der Namensänderung anschließt; Absatz 1 Satz 3 gilt entsprechend.

§ 1618[1)] Einbenennung. [1] Der Elternteil, dem die elterliche Sorge für ein Kind allein oder gemeinsam mit dem anderen Elternteil zusteht, und sein Ehegatte, der nicht Elternteil des Kindes ist, können dem Kind, das sie in ihren gemeinsamen Haushalt aufgenommen haben, durch Erklärung gegenüber dem Standesamt ihren Ehenamen erteilen. [2] Sie können diesen Namen auch dem von dem Kind zur Zeit der Erklärung geführten Namen voranstellen oder anfügen; ein bereits zuvor nach Halbsatz 1 vorangestellter oder angefügter Ehename entfällt. [3] Die Erteilung, Voranstellung oder Anfügung des Namens bedarf der Einwilligung des anderen Elternteils, wenn ihm die elterliche Sorge gemeinsam mit dem den Namen erteilenden Elternteil zusteht oder das Kind seinen Namen führt, und, wenn das Kind das fünfte Lebensjahr vollendet hat, auch der Einwilligung des Kindes. [4] Das Familiengericht kann die Einwilligung des anderen Elternteils ersetzen, wenn die Erteilung, Voranstellung oder Anfügung des Namens zum Wohl des Kindes erforderlich ist. [5] Die Erklärungen müssen öffentlich beglaubigt werden. [6] § 1617c gilt entsprechend.

§ 1618a Pflicht zu Beistand und Rücksicht. Eltern und Kinder sind einander Beistand und Rücksicht schuldig.

§ 1619 Dienstleistungen in Haus und Geschäft. Das Kind ist, solange es dem elterlichen Hausstand angehört und von den Eltern erzogen oder unterhalten wird, verpflichtet, in einer seinen Kräften und seiner Lebensstellung entsprechenden Weise den Eltern in ihrem Hauswesen und Geschäft Dienste zu leisten.

§ 1620 Aufwendungen des Kindes für den elterlichen Haushalt. Macht ein dem elterlichen Hausstand angehörendes volljähriges Kind zur Bestreitung der Kosten des Haushalts aus seinem Vermögen eine Aufwendung oder überlässt es den Eltern zu diesem Zwecke etwas aus seinem Vermögen, so ist im Zweifel anzunehmen, dass die Absicht fehlt, Ersatz zu verlangen.

§§ 1621 bis 1623 (weggefallen)

§ 1624[2)] Ausstattung aus dem Elternvermögen. (1) Was einem Kind mit Rücksicht auf seine Verheiratung, auf seine Begründung einer Lebenspartnerschaft oder auf die Erlangung einer selbständigen Lebensstellung zur Begründung oder zur Erhaltung der Wirtschaft oder der Lebensstellung von dem Vater oder der Mutter zugewendet wird (Ausstattung), gilt, auch wenn eine Verpflichtung nicht besteht, nur insoweit als Schenkung, als die Ausstattung das den Umständen, insbesondere den Vermögensverhältnissen des Vaters oder der Mutter, entsprechende Maß übersteigt.

(2) Die Verpflichtung des Ausstattenden zur Gewährleistung wegen eines Mangels im Recht oder wegen eines Fehlers der Sache bestimmt sich, auch soweit die

---

[1)] § 1618 neu gef. mWv 12.4.2002 durch G v. 9.4.2002 (BGBl. I S. 1239); Satz 2 geänd. mWv 30.4. 2004 durch G v. 23.4.2004 (BGBl. I S. 598); Satz 1 geänd. mWv 1.1.2009 durch G v. 19.2.2007 (BGBl. I S. 122); Satz 1 geänd. mWv 22.7.2017 durch G v. 17.7.2017 (BGBl. I S. 2429).

[2)] § 1624 Abs. 1 geänd. mWv 26.11.2015 durch G v. 20.11.2015 (BGBl. I S. 2010).

Ausstattung nicht als Schenkung gilt, nach den für die Gewährleistungspflicht des Schenkers geltenden Vorschriften.

§ 1625 Ausstattung aus dem Kindesvermögen. [1] Gewährt der Vater einem Kind, dessen Vermögen kraft elterlicher Sorge, Vormundschaft oder Betreuung seiner Verwaltung unterliegt, eine Ausstattung, so ist im Zweifel anzunehmen, dass er sie aus diesem Vermögen gewährt. [2] Diese Vorschrift findet auf die Mutter entsprechende Anwendung.

Titel 5.[1) 2)] Elterliche Sorge

§ 1626 Elterliche Sorge, Grundsätze. (1) [1] Die Eltern haben die Pflicht und das Recht, für das minderjährige Kind zu sorgen (elterliche Sorge). [2] Die elterliche Sorge umfasst die Sorge für die Person des Kindes (Personensorge) und das Vermögen des Kindes (Vermögenssorge).

(2) [1] Bei der Pflege und Erziehung berücksichtigen die Eltern die wachsende Fähigkeit und das wachsende Bedürfnis des Kindes zu selbständigem verantwortungsbewusstem Handeln. [2] Sie besprechen mit dem Kind, soweit es nach dessen Entwicklungsstand angezeigt ist, Fragen der elterlichen Sorge und streben Einvernehmen an.

(3) [1] Zum Wohl des Kindes gehört in der Regel der Umgang mit beiden Elternteilen. [2] Gleiches gilt für den Umgang mit anderen Personen, zu denen das Kind Bindungen besitzt, wenn ihre Aufrechterhaltung für seine Entwicklung förderlich ist.

§ 1626a[3)] Elterliche Sorge nicht miteinander verheirateter Eltern; Sorgeerklärungen. (1) Sind die Eltern bei der Geburt des Kindes nicht miteinander verheiratet, so steht ihnen die elterliche Sorge gemeinsam zu,

1. wenn sie erklären, dass sie die Sorge gemeinsam übernehmen wollen (Sorgeerklärungen),
2. wenn sie einander heiraten oder
3. soweit ihnen das Familiengericht die elterliche Sorge gemeinsam überträgt.

(2) [1] Das Familiengericht überträgt gemäß Absatz 1 Nummer 3 auf Antrag eines Elternteils die elterliche Sorge oder einen Teil der elterlichen Sorge beiden Eltern gemeinsam, wenn die Übertragung dem Kindeswohl nicht widerspricht. [2] Trägt der andere Elternteil keine Gründe vor, die der Übertragung der gemeinsamen elterlichen Sorge entgegenstehen können, und sind solche Gründe auch sonst nicht ersichtlich, wird vermutet, dass die gemeinsame elterliche Sorge dem Kindeswohl nicht widerspricht.

(3) Im Übrigen hat die Mutter die elterliche Sorge.

§ 1626b[4)] Besondere Wirksamkeitsvoraussetzungen der Sorgeerklärung.

(1) Eine Sorgeerklärung unter einer Bedingung oder einer Zeitbestimmung ist unwirksam.

[1)] Wegen des für das Gebiet der ehem. DDR geltenden Übergangsrechts zu §§ 1626–1698b beachte Art. 234 § 11 EGBGB (Nr. **21**).

[2)] Beachte auch das G über die religiöse Kindererziehung **(Habersack, Deutsche Gesetze ErgBd. Nr. 45k)**.

[3)] § 1626a neu gef. mWv 19.5.2013 durch G v. 16.4.2013 (BGBl. I S. 795).

[4)] § 1626b Abs. 3 geänd. mWv 19.5.2013 durch G v. 16.4.2013 (BGBl. I S. 795).

(2) Die Sorgeerklärung kann schon vor der Geburt des Kindes abgegeben werden.

(3) Eine Sorgeerklärung ist unwirksam, soweit eine gerichtliche Entscheidung über die elterliche Sorge nach den § 1626a Absatz 1 Nummer 3 oder § 1671 getroffen oder eine solche Entscheidung nach § 1696 Absatz 1 Satz 1 geändert wurde.

§ 1626c Persönliche Abgabe; beschränkt geschäftsfähiger Elternteil.

(1) Die Eltern können die Sorgeerklärungen nur selbst abgeben.

(2) [1]Die Sorgeerklärung eines beschränkt geschäftsfähigen Elternteils bedarf der Zustimmung seines gesetzlichen Vertreters. [2]Die Zustimmung kann nur von diesem selbst abgegeben werden; § 1626b Abs. 1 und 2 gilt entsprechend. [3]Das Familiengericht hat die Zustimmung auf Antrag des beschränkt geschäftsfähigen Elternteils zu ersetzen, wenn die Sorgeerklärung dem Wohl dieses Elternteils nicht widerspricht.

§ 1626d[1)] Form; Mitteilungspflicht. (1) Sorgeerklärungen und Zustimmungen müssen öffentlich beurkundet werden.

(2) Die beurkundende Stelle teilt die Abgabe von Sorgeerklärungen und Zustimmungen unter Angabe des Geburtsdatums und des Geburtsorts des Kindes sowie des Namens, den das Kind zur Zeit der Beurkundung seiner Geburt geführt hat, dem nach § 87c Abs. 6 Satz 2 des Achten Buches Sozialgesetzbuch zuständigen Jugendamt zu den in § 58 des Achten Buches Sozialgesetzbuch genannten Zwecken unverzüglich mit.

§ 1626e Unwirksamkeit. Sorgeerklärungen und Zustimmungen sind nur unwirksam, wenn sie den Erfordernissen der vorstehenden Vorschriften nicht genügen.

§ 1627 Ausübung der elterlichen Sorge. [1]Die Eltern haben die elterliche Sorge in eigener Verantwortung und in gegenseitigem Einvernehmen zum Wohl des Kindes auszuüben. [2]Bei Meinungsverschiedenheiten müssen sie versuchen, sich zu einigen.

§ 1628 Gerichtliche Entscheidung bei Meinungsverschiedenheiten der Eltern. [1]Können sich die Eltern in einer einzelnen Angelegenheit oder in einer bestimmten Art von Angelegenheiten der elterlichen Sorge, deren Regelung für das Kind von erheblicher Bedeutung ist, nicht einigen, so kann das Familiengericht auf Antrag eines Elternteils die Entscheidung einem Elternteil übertragen. [2]Die Übertragung kann mit Beschränkungen oder mit Auflagen verbunden werden.

§ 1629[2)] Vertretung des Kindes. (1) [1]Die elterliche Sorge umfasst die Vertretung des Kindes. [2]Die Eltern vertreten das Kind gemeinschaftlich; ist eine Willenserklärung gegenüber dem Kind abzugeben, so genügt die Abgabe gegenüber einem Elternteil. [3]Ein Elternteil vertritt das Kind allein, soweit er die elterliche Sorge allein ausübt oder ihm die Entscheidung nach § 1628 übertragen

---

[1)] § 1626d Abs. 2 geänd. mWv 31.12.2003 durch G v. 13.12.2003 (BGBl. I S. 2547); geänd. mWv 19.5.2013 durch G v. 16.4.2013 (BGBl. I S. 795) und mWv 1.1.2023 durch G v. 4.5.2021 (BGBl. I S. 882).

[2)] § 1629 Abs. 2a eingef. mWv 1.4.2008 durch G v. 26.3.2008 (BGBl. I S. 441); Abs. 3 Satz 1 neu gef. mWv 26.11.2015 durch G v. 20.11.2015 (BGBl. I S. 2010); Abs. 2 Sätze 1 und 3 geänd. mWv 1.1.2023 durch G v. 4.5.2021 (BGBl. I S. 882).

ist. [4]Bei Gefahr im Verzug ist jeder Elternteil dazu berechtigt, alle Rechtshandlungen vorzunehmen, die zum Wohl des Kindes notwendig sind; der andere Elternteil ist unverzüglich zu unterrichten.

(2) [1]Der Vater und die Mutter können das Kind insoweit nicht vertreten, als nach § 1824 ein Betreuer von der Vertretung des Betreuten ausgeschlossen ist. [2]Steht die elterliche Sorge für ein Kind den Eltern gemeinsam zu, so kann der Elternteil, in dessen Obhut sich das Kind befindet, Unterhaltsansprüche des Kindes gegen den anderen Elternteil geltend machen. [3]Das Familiengericht kann dem Vater und der Mutter nach § 1789 Absatz 2 Satz 3 und 4 die Vertretung entziehen; dies gilt nicht für die Feststellung der Vaterschaft.

(2a) Der Vater und die Mutter können das Kind in einem gerichtlichen Verfahren nach § 1598a Abs. 2 nicht vertreten.

(3) [1]Sind die Eltern des Kindes miteinander verheiratet oder besteht zwischen ihnen eine Lebenspartnerschaft, so kann ein Elternteil Unterhaltsansprüche des Kindes gegen den anderen Elternteil nur im eigenen Namen geltend machen, solange

1. die Eltern getrennt leben oder
2. eine Ehesache oder eine Lebenspartnerschaftssache im Sinne von § 269 Absatz 1 Nummer 1 oder 2 des Gesetzes über das Verfahren in Familiensachen[1)] und in den Angelegenheiten der freiwilligen Gerichtsbarkeit zwischen ihnen anhängig ist.

[2]Eine von einem Elternteil erwirkte gerichtliche Entscheidung und ein zwischen den Eltern geschlossener gerichtlicher Vergleich wirken auch für und gegen das Kind.

§ 1629a[2)] Beschränkung der Minderjährigenhaftung. (1) [1]Die Haftung für Verbindlichkeiten, die die Eltern im Rahmen ihrer gesetzlichen Vertretungsmacht oder sonstige vertretungsberechtigte Personen im Rahmen ihrer Vertretungsmacht durch Rechtsgeschäft oder eine sonstige Handlung mit Wirkung für das Kind begründet haben, oder die auf Grund eines während der Minderjährigkeit erfolgten Erwerbs von Todes wegen entstanden sind, beschränkt sich auf den Bestand des bei Eintritt der Volljährigkeit vorhandenen Vermögens des Kindes; dasselbe gilt für Verbindlichkeiten aus Rechtsgeschäften, die der Minderjährige gemäß §§ 107, 108 oder § 111 mit Zustimmung seiner Eltern vorgenommen hat oder für Verbindlichkeiten aus Rechtsgeschäften, zu denen die Eltern die Genehmigung des Familiengerichts erhalten haben. [2]Beruft sich der volljährig Gewordene auf die Beschränkung der Haftung, so finden die für die Haftung des Erben geltenden Vorschriften der §§ 1990, 1991 entsprechende Anwendung.

(2) Absatz 1 gilt nicht für Verbindlichkeiten aus dem selbständigen Betrieb eines Erwerbsgeschäfts, soweit der Minderjährige hierzu nach § 112 ermächtigt war, und für Verbindlichkeiten aus Rechtsgeschäften, die allein der Befriedigung seiner persönlichen Bedürfnisse dienten.

(3) Die Rechte der Gläubiger gegen Mitschuldner und Mithaftende sowie deren Rechte aus einer für die Forderung bestellten Sicherheit oder aus einer deren Bestellung sichernden Vormerkung werden von Absatz 1 nicht berührt.

(4) [1]Hat das volljährig gewordene Mitglied einer Erbengemeinschaft oder Gesellschaft nicht binnen drei Monaten nach Eintritt der Volljährigkeit die Aus-

---

1) Nr. **112**.

2) § 1629a Abs. 1 Satz 1 geänd. mWv 1.9.2009 durch G v. 17.12.2008 (BGBl. I S. 2586).

einandersetzung des Nachlasses verlangt oder die Kündigung der Gesellschaft erklärt, ist im Zweifel anzunehmen, dass die aus einem solchen Verhältnis herrührende Verbindlichkeit nach dem Eintritt der Volljährigkeit entstanden ist; Entsprechendes gilt für den volljährig gewordenen Inhaber eines Handelsgeschäfts, der dieses nicht binnen drei Monaten nach Eintritt der Volljährigkeit einstellt. [2] Unter den in Satz 1 bezeichneten Voraussetzungen wird ferner vermutet, dass das gegenwärtige Vermögen des volljährig Gewordenen bereits bei Eintritt der Volljährigkeit vorhanden war.

§ 1630 Elterliche Sorge bei Pflegerbestellung oder Familienpflege.

(1) Die elterliche Sorge erstreckt sich nicht auf Angelegenheiten des Kindes, für die ein Pfleger bestellt ist.

(2) Steht die Personensorge oder die Vermögenssorge einem Pfleger zu, so entscheidet das Familiengericht, falls sich die Eltern und der Pfleger in einer Angelegenheit nicht einigen können, die sowohl die Person als auch das Vermögen des Kindes betrifft.

(3) [1] Geben die Eltern das Kind für längere Zeit in Familienpflege, so kann das Familiengericht auf Antrag der Eltern oder der Pflegeperson Angelegenheiten der elterlichen Sorge auf die Pflegeperson übertragen. [2] Für die Übertragung auf Antrag der Pflegeperson ist die Zustimmung der Eltern erforderlich. [3] Im Umfang der Übertragung hat die Pflegeperson die Rechte und Pflichten eines Pflegers.[1)]

§ 1631[2)] Inhalt und Grenzen der Personensorge. (1) Die Personensorge umfasst insbesondere die Pflicht und das Recht, das Kind zu pflegen, zu erziehen, zu beaufsichtigen und seinen Aufenthalt zu bestimmen.

(2) Das Kind hat ein Recht auf Pflege und Erziehung unter Ausschluss von Gewalt, körperlichen Bestrafungen, seelischen Verletzungen und anderen entwürdigenden Maßnahmen.

(3) Das Familiengericht hat die Eltern auf Antrag bei der Ausübung der Personensorge in geeigneten Fällen zu unterstützen.[1)]

§ 1631a Ausbildung und Beruf. [1] In Angelegenheiten der Ausbildung und des Berufs nehmen die Eltern insbesondere auf Eignung und Neigung des Kindes Rücksicht. [2] Bestehen Zweifel, so soll der Rat eines Lehrers oder einer anderen geeigneten Person eingeholt werden.

§ 1631b[3)] [1)] Freiheitsentziehende Unterbringung und freiheitsentziehende Maßnahmen. (1) [1] Eine Unterbringung des Kindes, die mit Freiheitsentziehung verbunden ist, bedarf der Genehmigung des Familiengerichts. [2] Die Unterbringung ist zulässig, solange sie zum Wohl des Kindes, insbesondere zur Abwendung einer erheblichen Selbst- oder Fremdgefährdung, erforderlich ist und der Gefahr nicht auf andere Weise, auch nicht durch andere öffentliche Hilfen, begegnet werden kann. [3] Ohne die Genehmigung ist die Unterbringung nur

[1)] In Verfahren nach § 1630 Abs. 3, § 1631 Abs. 3, § 1631b und § 1632 hat das Jugendamt mitzuwirken; vgl. § 50 Abs. 1 Satz 1 SGB VIII **(Habersack, Deutsche Gesetze ErgBd. Nr. 46)**.

[2)] § 1631 Abs. 2 neu gef. mWv 1.1.2023 durch G v. 4.5.2021 (BGBl. I S. 882).

[3)] § 1631b Satz 1 geänd., Satz 2 eingef., bish. Sätze 2 und 3 werden Sätze 3 und 4 mWv 12.7.2008 durch G v. 4.7.2008 (BGBl. I S. 1188); Satz 4 aufgeh. mWv 1.9.2009 durch G v. 17.12.2008 (BGBl. I S. 2586); Überschrift neu gef., Abs. 1 Satz 2 geänd., Abs. 2 angef. mWv 1.10.2017 durch G v. 17.7.2017 (BGBl. I S. 2424).

zulässig, wenn mit dem Aufschub Gefahr verbunden ist; die Genehmigung ist unverzüglich nachzuholen.

(2) [1]Die Genehmigung des Familiengerichts ist auch erforderlich, wenn dem Kind, das sich in einem Krankenhaus, einem Heim oder einer sonstigen Einrichtung aufhält, durch mechanische Vorrichtungen, Medikamente oder auf andere Weise über einen längeren Zeitraum oder regelmäßig in nicht altersgerechter Weise die Freiheit entzogen werden soll. [2]Absatz 1 Satz 2 und 3 gilt entsprechend.

§ 1631c[1)] Verbot der Sterilisation. [1]Die Eltern können nicht in eine Sterilisation des Kindes einwilligen. [2]Auch das Kind selbst kann nicht in die Sterilisation einwilligen. [3]§ 1809 findet keine Anwendung.

§ 1631d[2)] Beschneidung des männlichen Kindes. (1) [1]Die Personensorge umfasst auch das Recht, in eine medizinisch nicht erforderliche Beschneidung des nicht einsichts- und urteilsfähigen männlichen Kindes einzuwilligen, wenn diese nach den Regeln der ärztlichen Kunst durchgeführt werden soll. [2]Dies gilt nicht, wenn durch die Beschneidung auch unter Berücksichtigung ihres Zwecks das Kindeswohl gefährdet wird.

(2) In den ersten sechs Monaten nach der Geburt des Kindes dürfen auch von einer Religionsgesellschaft dazu vorgesehene Personen Beschneidungen gemäß Absatz 1 durchführen, wenn sie dafür besonders ausgebildet und, ohne Arzt zu sein, für die Durchführung der Beschneidung vergleichbar befähigt sind.

§ 1631e[3)] [4)] Behandlung von Kindern mit Varianten der Geschlechtsentwicklung. (1) Die Personensorge umfasst nicht das Recht, in eine Behandlung eines nicht einwilligungsfähigen Kindes mit einer Variante der Geschlechtsentwicklung einzuwilligen oder selbst diese Behandlung durchzuführen, die, ohne dass ein weiterer Grund für die Behandlung hinzutritt, allein in der Absicht erfolgt, das körperliche Erscheinungsbild des Kindes an das des männlichen oder des weiblichen Geschlechts anzugleichen.

(2) [1]In operative Eingriffe an den inneren oder äußeren Geschlechtsmerkmalen des nicht einwilligungsfähigen Kindes mit einer Variante der Geschlechtsentwicklung, die eine Angleichung des körperlichen Erscheinungsbilds des Kindes an das des männlichen oder des weiblichen Geschlechts zur Folge haben könnten und für die nicht bereits nach Absatz 1 die Einwilligungsbefugnis fehlt, können die Eltern nur einwilligen, wenn der Eingriff nicht bis zu einer selbstbestimmten Entscheidung des Kindes aufgeschoben werden kann. [2]§ 1809 ist nicht anzuwenden.

(3) [1]Die Einwilligung nach Absatz 2 Satz 1 bedarf der Genehmigung des Familiengerichts, es sei denn, der operative Eingriff ist zur Abwehr einer Gefahr für das Leben oder für die Gesundheit des Kindes erforderlich und kann nicht bis zur Erteilung der Genehmigung aufgeschoben werden. [2]Die Genehmigung ist auf Antrag der Eltern zu erteilen, wenn der geplante Eingriff dem Wohl des Kindes am besten entspricht. [3]Legen die Eltern dem Familiengericht eine den Eingriff befürwortende Stellungnahme einer interdisziplinären Kommission nach Absatz 4 vor, wird vermutet, dass der geplante Eingriff dem Wohl des Kindes am besten entspricht.

---

1) § 1631c Satz 3 geänd. mWv 1.1.2023 durch G v. 4.5.2021 (BGBl. I S. 882).

2) § 1631d eingef. mWv 28.12.2012 durch G v. 20.12.2012 (BGBl. I S. 2749).

3) § 1631e eingef. mWv 22.5.2021 durch G v. 12.5.2021 (BGBl. I S. 1082); Abs. 2 Satz 2 geänd. mWv 1.1.2023 durch G v. 24.6.2022 (BGBl. I S. 959).

4) Beachte hierzu Übergangsvorschrift in Art. 229 § 55 EGBGB (Nr. **21**).

(4) [1] Einer interdisziplinären Kommission sollen zumindest die folgenden Personen angehören:

1. der das Kind Behandelnde gemäß § 630a,
2. mindestens eine weitere ärztliche Person,
3. eine Person, die über eine psychologische, kinder- und jugendlichenpsychotherapeutische oder kinder- und jugendpsychiatrische Berufsqualifikation verfügt, und
4. eine in Ethik aus-, weiter- oder fortgebildete Person.

[2] Die ärztlichen Kommissionsmitglieder müssen unterschiedliche kinderheilkundliche Spezialisierungen aufweisen. [3] Unter ihnen muss ein Facharzt für Kinder- und Jugendmedizin mit dem Schwerpunkt Kinderendokrinologie und -diabetologie sein. [4] Ein Kommissionsmitglied nach Satz 1 Nummer 2 darf nicht in der Einrichtung der medizinischen Versorgung beschäftigt sein, in der der operative Eingriff durchgeführt werden soll. [5] Sämtliche Kommissionsmitglieder müssen Erfahrung im Umgang mit Kindern mit Varianten der Geschlechtsentwicklung haben. [6] Auf Wunsch der Eltern soll die Kommission eine Beratungsperson mit einer Variante der Geschlechtsentwicklung beteiligen.

(5) [1] Die den operativen Eingriff nach Absatz 2 Satz 1 befürwortende Stellungnahme der interdisziplinären Kommission hat insbesondere folgende Angaben zu enthalten:

1. die Bezeichnung der Mitglieder der Kommission und Informationen zu ihrer Befähigung,
2. das Alter des Kindes und ob und welche Variante der Geschlechtsentwicklung es aufweist,
3. die Bezeichnung des geplanten Eingriffs und welche Indikation für diesen besteht,
4. warum die Kommission den Eingriff unter Berücksichtigung des Kindeswohls befürwortet und ob er aus ihrer Sicht dem Wohl des Kindes am besten entspricht, insbesondere welche Risiken mit diesem Eingriff, mit einer anderen Behandlung oder mit dem Verzicht auf einen Eingriff bis zu einer selbstbestimmten Entscheidung des Kindes verbunden sind,
5. ob und durch welche Kommissionsmitglieder ein Gespräch mit den Eltern und dem Kind geführt wurde und ob und durch welche Kommissionsmitglieder die Eltern und das Kind zum Umgang mit dieser Variante der Geschlechtsentwicklung aufgeklärt und beraten wurden,
6. ob eine Beratung der Eltern und des Kindes durch eine Beratungsperson mit einer Variante der Geschlechtsentwicklung stattgefunden hat,
7. inwieweit das Kind in der Lage ist, sich eine Meinung zu bilden und zu äußern und ob der geplante Eingriff seinem Willen entspricht, sowie
8. ob die nach Absatz 4 Satz 6 beteiligte Beratungsperson mit einer Variante der Geschlechtsentwicklung die befürwortende Stellungnahme mitträgt.

[2] Die Stellungnahme muss von allen Mitgliedern der interdisziplinären Kommission unterschrieben sein.

(6) Der Behandelnde gemäß § 630a hat, wenn eine Behandlung an den inneren oder äußeren Geschlechtsmerkmalen erfolgt ist, die Patientenakte bis zu dem Tag aufzubewahren, an dem die behandelte Person ihr 48. Lebensjahr vollendet.

§ 1632[1) 2)] **Herausgabe des Kindes; Bestimmung des Umgangs; Verbleibensanordnung bei Familienpflege.** (1) Die Personensorge umfasst das Recht, die Herausgabe des Kindes von jedem zu verlangen, der es den Eltern oder einem Elternteil widerrechtlich vorenthält.

(2) Die Personensorge umfasst ferner das Recht, den Umgang des Kindes auch mit Wirkung für und gegen Dritte zu bestimmen.

(3) Über Streitigkeiten, die eine Angelegenheit nach Absatz 1 oder 2 betreffen, entscheidet das Familiengericht auf Antrag eines Elternteils.

(4) [1] Lebt das Kind seit längerer Zeit in Familienpflege und wollen die Eltern das Kind von der Pflegeperson wegnehmen, so kann das Familiengericht von Amts wegen oder auf Antrag der Pflegeperson anordnen, dass das Kind bei der Pflegeperson verbleibt, wenn und solange das Kindeswohl durch die Wegnahme gefährdet würde. [2] Das Familiengericht kann in Verfahren nach Satz 1 von Amts wegen oder auf Antrag der Pflegeperson zusätzlich anordnen, dass der Verbleib bei der Pflegeperson auf Dauer ist, wenn

1. sich innerhalb eines im Hinblick auf die Entwicklung des Kindes vertretbaren Zeitraums trotz angebotener geeigneter Beratungs- und Unterstützungsmaßnahmen die Erziehungsverhältnisse bei den Eltern nicht nachhaltig verbessert haben und eine derartige Verbesserung mit hoher Wahrscheinlichkeit auch zukünftig nicht zu erwarten ist und
2. die Anordnung zum Wohl des Kindes erforderlich ist.

§ 1633[3)] *(aufgehoben)*

§§ 1634 bis 1637 (weggefallen)

§ 1638[4)] **Beschränkung der Vermögenssorge.** (1) Die Vermögenssorge erstreckt sich nicht auf das Vermögen, welches das Kind von Todes wegen, durch unentgeltliche Zuwendung auf den Todesfall oder unter Lebenden erwirbt, wenn der Erblasser durch letztwillige Verfügung, der Zuwendende bei der Zuwendung bestimmt hat, dass die Eltern das Vermögen nicht verwalten sollen.

(2) Was das Kind auf Grund eines zu einem solchen Vermögen gehörenden Rechts oder als Ersatz für die Zerstörung, Beschädigung oder Entziehung eines zu dem Vermögen gehörenden Gegenstands oder durch ein Rechtsgeschäft erwirbt, das sich auf das Vermögen bezieht, können die Eltern gleichfalls nicht verwalten.

(3) [1] Ist durch letztwillige Verfügung oder bei der Zuwendung bestimmt, dass ein Elternteil das Vermögen nicht verwalten soll, so verwaltet es der andere Elternteil. [2] Insoweit vertritt dieser das Kind.

§ 1639[5)] **Anordnungen des Erblassers oder Zuwendenden.** (1) Was das Kind von Todes wegen, durch unentgeltliche Zuwendung auf den Todesfall oder unter Lebenden erwirbt, haben die Eltern nach den Anordnungen zu verwalten, die durch letztwillige Verfügung oder bei der Zuwendung getroffen worden sind.

(2) § 1837 Absatz 2 gilt entsprechend.

---

1) § 1632 Abs. 4 Satz 2 angef. mWv 10.6.2021 durch G v. 3.6.2021 (BGBl. I S. 1444).

2) In Verfahren nach § 1630 Abs. 3, § 1631 Abs. 3, § 1631b und § 1632 hat das Jugendamt mitzuwirken; vgl. § 50 Abs. 1 Satz 1 SGB VIII **(Habersack, Deutsche Gesetze ErgBd. Nr. 46)**.

3) § 1633 aufgeh. mWv 22.7.2017 durch G v. 17.7.2017 (BGBl. I S. 2429).

4) § 1638 Abs. 1 neu gef. mWv 1.1.2023 durch G v. 4.5.2021 (BGBl. I S. 882).

5) § 1639 neu gef. mWv 1.1.2023 durch G v. 4.5.2021 (BGBl. I S. 882).

§ 1640 Vermögensverzeichnis. (1) [1]Die Eltern haben das ihrer Verwaltung unterliegende Vermögen, welches das Kind von Todes wegen erwirbt, zu verzeichnen, das Verzeichnis mit der Versicherung der Richtigkeit und Vollständigkeit zu versehen und dem Familiengericht einzureichen. [2]Gleiches gilt für Vermögen, welches das Kind sonst anlässlich eines Sterbefalls erwirbt, sowie für Abfindungen, die anstelle von Unterhalt gewährt werden, und unentgeltliche Zuwendungen. [3]Bei Haushaltsgegenständen genügt die Angabe des Gesamtwerts.

(2) Absatz 1 gilt nicht,

1. wenn der Wert eines Vermögenserwerbs 15 000 Euro nicht übersteigt oder
2. soweit der Erblasser durch letztwillige Verfügung oder der Zuwendende bei der Zuwendung eine abweichende Anordnung getroffen hat.

(3) Reichen die Eltern entgegen Absatz 1, 2 ein Verzeichnis nicht ein oder ist das eingereichte Verzeichnis ungenügend, so kann das Familiengericht anordnen, dass das Verzeichnis durch eine zuständige Behörde oder einen zuständigen Beamten oder Notar aufgenommen wird.

§ 1641 Schenkungsverbot. [1]Die Eltern können nicht in Vertretung des Kindes Schenkungen machen. [2]Ausgenommen sind Schenkungen, durch die einer sittlichen Pflicht oder einer auf den Anstand zu nehmenden Rücksicht entsprochen wird.

§ 1642 Anlegung von Geld. Die Eltern haben das ihrer Verwaltung unterliegende Geld des Kindes nach den Grundsätzen einer wirtschaftlichen Vermögensverwaltung anzulegen, soweit es nicht zur Bestreitung von Ausgaben bereitzuhalten ist.

§ 1643[1)] Genehmigungsbedürftige Rechtsgeschäfte. (1) Die Eltern bedürfen der Genehmigung des Familiengerichts in den Fällen, in denen ein Betreuer nach den §§ 1850 bis 1854 der Genehmigung des Betreuungsgerichts bedarf, soweit sich nicht aus den Absätzen 2 bis 5 etwas anderes ergibt.

(2) Nicht genehmigungsbedürftig gemäß § 1850 sind Verfügungen über Grundpfandrechte sowie Verpflichtungen zu einer solchen Verfügung.

(3) [1]Tritt der Anfall einer Erbschaft oder eines Vermächtnisses an das Kind erst infolge der Ausschlagung eines Elternteils ein, der das Kind allein oder gemeinsam mit dem anderen Elternteil vertritt, ist die Genehmigung abweichend von § 1851 Nummer 1 nur dann erforderlich, wenn der Elternteil neben dem Kind berufen war. [2]Ein Auseinandersetzungsvertrag und eine Vereinbarung, mit der das Kind aus einer Erbengemeinschaft ausscheidet, bedarf keiner Genehmigung.

(4) [1]Die Eltern bedürfen abweichend von § 1853 Satz 1 Nummer 1 der Genehmigung zum Abschluss eines Miet- oder Pachtvertrags oder eines anderen Vertrags, durch den das Kind zu wiederkehrenden Leistungen verpflichtet wird, wenn das Vertragsverhältnis länger als ein Jahr nach dem Eintritt der Volljährigkeit des Kindes fortdauern soll. [2]Eine Genehmigung ist nicht erforderlich, wenn

1. es sich um einen Ausbildungs-, Dienst- oder Arbeitsvertrag handelt,
2. der Vertrag geringe wirtschaftliche Bedeutung für das Kind hat oder
3. das Vertragsverhältnis von dem Kind nach Eintritt der Volljährigkeit spätestens zum Ablauf des 19. Lebensjahres ohne eigene Nachteile gekündigt werden kann.

[1)] § 1643 neu gef. mWv 1.1.2023 durch G v. 4.5.2021 (BGBl. I S. 882).

[3] § 1853 Satz 1 Nummer 2 ist nicht anzuwenden.

(5) § 1854 Nummer 6 bis 8 ist nicht anzuwenden.

§ 1644[1)] **Ergänzende Vorschriften für genehmigungsbedürftige Rechtsgeschäfte.** (1) Das Familiengericht erteilt die Genehmigung, wenn das Rechtsgeschäft dem Wohl des Kindes unter Berücksichtigung der Grundsätze einer wirtschaftlichen Vermögensverwaltung nicht widerspricht.

(2) § 1860 Absatz 2 gilt entsprechend.

(3) [1] Für die Erteilung der Genehmigung gelten die §§ 1855 bis 1856 Absatz 2 sowie die §§ 1857 und 1858 entsprechend. [2] Ist das Kind volljährig geworden, so tritt seine Genehmigung an die Stelle der Genehmigung des Familiengerichts.

§ 1645[2)] **Anzeigepflicht für Erwerbsgeschäfte.** Die Eltern haben Beginn, Art und Umfang eines neuen Erwerbsgeschäfts im Namen des Kindes beim Familiengericht anzuzeigen.

§ 1646 Erwerb mit Mitteln des Kindes. (1) [1] Erwerben die Eltern mit Mitteln des Kindes bewegliche Sachen, so geht mit dem Erwerb das Eigentum auf das Kind über, es sei denn, dass die Eltern nicht für Rechnung des Kindes erwerben wollen. [2] Dies gilt insbesondere auch von Inhaberpapieren und von Orderpapieren, die mit Blankoindossament versehen sind.

(2) Die Vorschriften des Absatzes 1 sind entsprechend anzuwenden, wenn die Eltern mit Mitteln des Kindes ein Recht an Sachen der bezeichneten Art oder ein anderes Recht erwerben, zu dessen Übertragung der Abtretungsvertrag genügt.

§ 1647 (weggefallen)

§ 1648 Ersatz von Aufwendungen. Machen die Eltern bei der Ausübung der Personensorge oder der Vermögenssorge Aufwendungen, die sie den Umständen nach für erforderlich halten dürfen, so können sie von dem Kind Ersatz verlangen, sofern nicht die Aufwendungen ihnen selbst zur Last fallen.

§ 1649[3)] **Verwendung der Einkünfte des Kindesvermögens.** (1) [1] Die Einkünfte des Kindesvermögens, die zur ordnungsmäßigen Verwaltung des Vermögens nicht benötigt werden, sind für den Unterhalt des Kindes zu verwenden. [2] Soweit die Vermögenseinkünfte nicht ausreichen, können die Einkünfte verwendet werden, die das Kind durch seine Arbeit oder durch den ihm nach § 112 gestatteten selbständigen Betrieb eines Erwerbsgeschäfts erwirbt.

(2) Die Eltern können die Einkünfte des Vermögens, die zur ordnungsmäßigen Verwaltung des Vermögens und für den Unterhalt des Kindes nicht benötigt werden, für ihren eigenen Unterhalt und für den Unterhalt der minderjährigen Geschwister des Kindes verwenden, soweit dies unter Berücksichtigung der Vermögens- und Erwerbsverhältnisse der Beteiligten der Billigkeit entspricht.

§§ 1650 bis 1663 (weggefallen)

---

1) § 1644 neu gef. mWv 1.1.2023 durch G v. 4.5.2021 (BGBl. I S. 882).

2) § 1645 neu gef. mWv 1.1.2023 durch G v. 4.5.2021 (BGBl. I S. 882).

3) § 1649 Abs. 2 Satz 2 aufgeh., bish. Satz 1 geänd. mWv 22.7.2017 durch G v. 17.7.2017 (BGBl. I S. 2429).

§ 1664 Beschränkte Haftung der Eltern. (1) Die Eltern haben bei der Ausübung der elterlichen Sorge dem Kind gegenüber nur für die Sorgfalt einzustehen, die sie in eigenen Angelegenheiten anzuwenden pflegen.

(2) Sind für einen Schaden beide Eltern verantwortlich, so haften sie als Gesamtschuldner.

§ 1665 (weggefallen)

§ 1666[1) 2)] **Gerichtliche Maßnahmen bei Gefährdung des Kindeswohls.**

(1) Wird das körperliche, geistige oder seelische Wohl des Kindes oder sein Vermögen gefährdet und sind die Eltern nicht gewillt oder nicht in der Lage, die Gefahr abzuwenden, so hat das Familiengericht die Maßnahmen zu treffen, die zur Abwendung der Gefahr erforderlich sind.

(2) In der Regel ist anzunehmen, dass das Vermögen des Kindes gefährdet ist, wenn der Inhaber der Vermögenssorge seine Unterhaltspflicht gegenüber dem Kind oder seine mit der Vermögenssorge verbundenen Pflichten verletzt oder Anordnungen des Gerichts, die sich auf die Vermögenssorge beziehen, nicht befolgt.

(3) Zu den gerichtlichen Maßnahmen nach Absatz 1 gehören insbesondere

1. Gebote, öffentliche Hilfen wie zum Beispiel Leistungen der Kinder- und Jugendhilfe und der Gesundheitsfürsorge in Anspruch zu nehmen,
2. Gebote, für die Einhaltung der Schulpflicht zu sorgen,
3. Verbote, vorübergehend oder auf unbestimmte Zeit die Familienwohnung oder eine andere Wohnung zu nutzen, sich in einem bestimmten Umkreis der Wohnung aufzuhalten oder zu bestimmende andere Orte aufzusuchen, an denen sich das Kind regelmäßig aufhält,
4. Verbote, Verbindung zum Kind aufzunehmen oder ein Zusammentreffen mit dem Kind herbeizuführen,
5. die Ersetzung von Erklärungen des Inhabers der elterlichen Sorge,
6. die teilweise oder vollständige Entziehung der elterlichen Sorge.

(4) In Angelegenheiten der Personensorge kann das Gericht auch Maßnahmen mit Wirkung gegen einen Dritten treffen.

§ 1666a[3)] **Grundsatz der Verhältnismäßigkeit; Vorrang öffentlicher Hilfen.** (1) [1] Maßnahmen, mit denen eine Trennung des Kindes von der elterlichen Familie verbunden ist, sind nur zulässig, wenn der Gefahr nicht auf andere Weise, auch nicht durch öffentliche Hilfen, begegnet werden kann. [2] Dies gilt auch, wenn einem Elternteil vorübergehend oder auf unbestimmte Zeit die Nutzung der Familienwohnung untersagt werden soll. [3] Wird einem Elternteil oder einem Dritten die Nutzung der vom Kind mitbewohnten oder einer anderen Wohnung untersagt, ist bei der Bemessung der Dauer der Maßnahme auch zu berücksichtigen, ob diesem das Eigentum, das Erbbaurecht oder der Nießbrauch an dem Grundstück zusteht, auf dem sich die Wohnung befindet; Entsprechendes gilt für das Wohnungseigentum, das Dauerwohnrecht, das dingliche Wohnrecht oder wenn der Elternteil oder Dritte Mieter der Wohnung ist.

[1)] § 1666 Abs. 1 und 3 neu gef. mWv 12.7.2008 durch G v. 4.7.2008 (BGBl. I S. 1188).

[2)] Im Verfahren nach § 1666 hat das Jugendamt mitzuwirken; vgl. § 50 Abs. 1 Satz 1 SGB VIII **(Habersack, Deutsche Gesetze ErgBd. Nr. 46)**.

[3)] § 1666a Überschrift neu gef., Abs. 1 Sätze 2 und 3 angef. mWv 12.4.2002 durch G v. 9.4.2002 (BGBl. I S. 1239).

(2) Die gesamte Personensorge darf nur entzogen werden, wenn andere Maßnahmen erfolglos geblieben sind oder wenn anzunehmen ist, dass sie zur Abwendung der Gefahr nicht ausreichen.

§ 1667[1] **Gerichtliche Maßnahmen bei Gefährdung des Kindesvermögens.** (1) [1] Das Familiengericht kann anordnen, dass die Eltern ein Verzeichnis des Vermögens des Kindes einreichen und über die Verwaltung Rechnung legen. [2] Die Eltern haben das Verzeichnis mit der Versicherung der Richtigkeit und Vollständigkeit zu versehen. [3] Ist das eingereichte Verzeichnis ungenügend, so kann das Familiengericht anordnen, dass das Verzeichnis durch eine zuständige Behörde oder durch einen zuständigen Beamten oder Notar aufgenommen wird.

(2) [1] Das Familiengericht kann anordnen, dass das Geld des Kindes in bestimmter Weise anzulegen und zur Abhebung seine Genehmigung erforderlich ist. [2] Gehören Wertpapiere oder Wertgegenstände zum Vermögen des Kindes, so kann das Familiengericht dem Elternteil, der das Kind vertritt, die gleichen Verpflichtungen auferlegen, die nach den §§ 1843 bis 1845 einem Betreuer obliegen; die §§ 1842 und 1849 Absatz 1 sind entsprechend anzuwenden.

(3) [1] Das Familiengericht kann dem Elternteil, der das Vermögen des Kindes gefährdet, Sicherheitsleistung für das seiner Verwaltung unterliegende Vermögen auferlegen. [2] Die Art und den Umfang der Sicherheitsleistung bestimmt das Familiengericht nach seinem Ermessen. [3] Bei der Bestellung und Aufhebung der Sicherheit wird die Mitwirkung des Kindes durch die Anordnung des Familiengerichts ersetzt. [4] Die Sicherheitsleistung darf nur dadurch erzwungen werden, dass die Vermögenssorge gemäß § 1666 Abs. 1 ganz oder teilweise entzogen wird.

(4) Die Kosten der angeordneten Maßnahmen trägt der Elternteil, der sie veranlasst hat.

§§ 1668 bis 1670 (weggefallen)

§ 1671[2] [3] **Übertragung der Alleinsorge bei Getrenntleben der Eltern.**

(1) [1] Leben Eltern nicht nur vorübergehend getrennt und steht ihnen die elterliche Sorge gemeinsam zu, so kann jeder Elternteil beantragen, dass ihm das Familiengericht die elterliche Sorge oder einen Teil der elterlichen Sorge allein überträgt. [2] Dem Antrag ist stattzugeben, soweit

1. der andere Elternteil zustimmt, es sei denn, das Kind hat das 14. Lebensjahr vollendet und widerspricht der Übertragung, oder
2. zu erwarten ist, dass die Aufhebung der gemeinsamen Sorge und die Übertragung auf den Antragsteller dem Wohl des Kindes am besten entspricht.

(2) [1] Leben Eltern nicht nur vorübergehend getrennt und steht die elterliche Sorge nach § 1626a Absatz 3 der Mutter zu, so kann der Vater beantragen, dass ihm das Familiengericht die elterliche Sorge oder einen Teil der elterlichen Sorge allein überträgt. [2] Dem Antrag ist stattzugeben, soweit

1. die Mutter zustimmt, es sei denn, die Übertragung widerspricht dem Wohl des Kindes oder das Kind hat das 14. Lebensjahr vollendet und widerspricht der Übertragung, oder

---

[1] § 1667 Abs. 2 neu gef. mWv 1.1.2023 durch G v. 4.5.2021 (BGBl. I S. 882).

[2] § 1671 neu gef. mWv 19.5.2013 durch G v. 16.4.2013 (BGBl. I S. 795).

[3] Im Verfahren nach § 1671 hat das Jugendamt mitzuwirken; vgl. § 50 Abs. 1 Satz 1 SGB VIII **(Habersack, Deutsche Gesetze ErgBd. Nr. 46)**.

2. eine gemeinsame Sorge nicht in Betracht kommt und zu erwarten ist, dass die Übertragung auf den Vater dem Wohl des Kindes am besten entspricht.

(3) [1] Ruht die elterliche Sorge der Mutter nach § 1751 Absatz 1 Satz 1, so gilt der Antrag des Vaters auf Übertragung der gemeinsamen elterlichen Sorge nach § 1626a Absatz 2 als Antrag nach Absatz 2. [2] Dem Antrag ist stattzugeben, soweit die Übertragung der elterlichen Sorge auf den Vater dem Wohl des Kindes nicht widerspricht.

(4) Den Anträgen nach den Absätzen 1 und 2 ist nicht stattzugeben, soweit die elterliche Sorge auf Grund anderer Vorschriften abweichend geregelt werden muss.

§ 1672[1)] *(aufgehoben)*

§ 1673 Ruhen der elterlichen Sorge bei rechtlichem Hindernis.

(1) Die elterliche Sorge eines Elternteils ruht, wenn er geschäftsunfähig ist.

(2) [1] Das Gleiche gilt, wenn er in der Geschäftsfähigkeit beschränkt ist. [2] Die Personensorge für das Kind steht ihm neben dem gesetzlichen Vertreter des Kindes zu; zur Vertretung des Kindes ist er nicht berechtigt. [3] Bei einer Meinungsverschiedenheit geht die Meinung des minderjährigen Elternteils vor, wenn der gesetzliche Vertreter des Kindes ein Vormund oder Pfleger ist; andernfalls gelten § 1627 Satz 2 und § 1628.

§ 1674 Ruhen der elterlichen Sorge bei tatsächlichem Hindernis.

(1) Die elterliche Sorge eines Elternteils ruht, wenn das Familiengericht feststellt, dass er auf längere Zeit die elterliche Sorge tatsächlich nicht ausüben kann.

(2) Die elterliche Sorge lebt wieder auf, wenn das Familiengericht feststellt, dass der Grund des Ruhens nicht mehr besteht.

§ 1674a[2)] **Ruhen der elterlichen Sorge für ein vertraulich geborenes Kind.** [1] Die elterliche Sorge der Eltern für ein nach § 25 Absatz 1 des Schwangerschaftskonfliktgesetzes[3)] vertraulich geborenes Kind ruht. [2] Die elterliche Sorge lebt wieder auf, wenn das Familiengericht feststellt, dass ein Elternteil ihm gegenüber die für den Geburtseintrag des Kindes erforderlichen Angaben gemacht hat.

§ 1675 Wirkung des Ruhens. Solange die elterliche Sorge ruht, ist ein Elternteil nicht berechtigt, sie auszuüben.

§ 1676 (weggefallen)

§ 1677 Beendigung der Sorge durch Todeserklärung. Die elterliche Sorge eines Elternteils endet, wenn er für tot erklärt oder seine Todeszeit nach den Vorschriften des Verschollenheitsgesetzes festgestellt wird, mit dem Zeitpunkt, der als Zeitpunkt des Todes gilt.

§ 1678[4)] **Folgen der tatsächlichen Verhinderung oder des Ruhens für den anderen Elternteil.** (1) Ist ein Elternteil tatsächlich verhindert, die elterliche Sorge auszuüben, oder ruht seine elterliche Sorge, so übt der andere Teil die

---

[1)] § 1672 aufgeh. mWv 19.5.2013 durch G v. 16.4.2013 (BGBl. I S. 795).
[2)] § 1674a neu gef. mWv 1.1.2023 durch G v. 4.5.2021 (BGBl. I S. 882).
[3)] **Habersack, Deutsche Gesetze ErgBd. Nr. 85e.**
[4)] § 1678 Abs. 1 geänd., Abs. 2 neu gef. mWv 19.5.2013 durch G v. 16.4.2013 (BGBl. I S. 795).

elterliche Sorge allein aus; dies gilt nicht, wenn die elterliche Sorge dem Elternteil nach § 1626a Absatz 3 oder § 1671 allein zustand.

(2) Ruht die elterliche Sorge des Elternteils, dem sie gemäß § 1626a Absatz 3 oder § 1671 allein zustand, und besteht keine Aussicht, dass der Grund des Ruhens wegfallen werde, so hat das Familiengericht die elterliche Sorge dem anderen Elternteil zu übertragen, wenn dies dem Wohl des Kindes nicht widerspricht.

§ 1679 (weggefallen)

§ 1680[1] **Tod eines Elternteils oder Entziehung des Sorgerechts.**

(1) Stand die elterliche Sorge den Eltern gemeinsam zu und ist ein Elternteil gestorben, so steht die elterliche Sorge dem überlebenden Elternteil zu.

(2) Ist ein Elternteil, dem die elterliche Sorge gemäß § 1626a Absatz 3 oder § 1671 allein zustand, gestorben, so hat das Familiengericht die elterliche Sorge dem überlebenden Elternteil zu übertragen, wenn dies dem Wohl des Kindes nicht widerspricht.[2]

(3) Die Absätze 1 und 2 gelten entsprechend, soweit einem Elternteil die elterliche Sorge entzogen wird.

§ 1681 Todeserklärung eines Elternteils. (1) § 1680 Abs. 1 und 2 gilt entsprechend, wenn die elterliche Sorge eines Elternteils endet, weil er für tot erklärt oder seine Todeszeit nach den Vorschriften des Verschollenheitsgesetzes[3] festgestellt worden ist.

(2) Lebt dieser Elternteil noch, so hat ihm das Familiengericht auf Antrag die elterliche Sorge in dem Umfang zu übertragen, in dem sie ihm vor dem nach § 1677 maßgebenden Zeitpunkt zustand, wenn dies dem Wohl des Kindes nicht widerspricht.

§ 1682 Verbleibensanordnung zugunsten von Bezugspersonen. [1] Hat das Kind seit längerer Zeit in einem Haushalt mit einem Elternteil und dessen Ehegatten gelebt und will der andere Elternteil, der nach den §§ 1678, 1680, 1681 den Aufenthalt des Kindes nunmehr allein bestimmen kann, das Kind von dem Ehegatten wegnehmen, so kann das Familiengericht von Amts wegen oder auf Antrag des Ehegatten anordnen, dass das Kind bei dem Ehegatten verbleibt, wenn und solange das Kindeswohl durch die Wegnahme gefährdet würde. [2] Satz 1 gilt entsprechend, wenn das Kind seit längerer Zeit in einem Haushalt mit einem Elternteil und dessen Lebenspartner oder einer nach § 1685 Abs. 1 umgangsberechtigten volljährigen Person gelebt hat.

§ 1683[4] *(aufgehoben)*

§ 1684[5] **Umgang des Kindes mit den Eltern.** (1) Das Kind hat das Recht auf Umgang mit jedem Elternteil; jeder Elternteil ist zum Umgang mit dem Kind verpflichtet und berechtigt.

---

[1] § 1680 Abs. 2 Satz 1 geänd., Satz 2 aufgeh., Abs. 3 neu gef. mWv 19.5.2013 durch G v. 16.4.2013 (BGBl. I S. 795).

[2] Im Verfahren nach § 1680 Abs. 2 hat das Jugendamt mitzuwirken; vgl. § 50 Abs. 1 Satz 1 SGB VIII **(Habersack, Deutsche Gesetze ErgBd. Nr. 46)**.

[3] **Habersack, Deutsche Gesetze ErgBd. Nr. 45.**

[4] § 1683 aufgeh. mWv 12.7.2008 durch G v. 4.7.2008 (BGBl. I S. 1188).

[5] § 1684 Abs. 3 Sätze 3–6 angef. mWv 1.9.2009 durch G v. 17.12.2008 (BGBl. I S. 2586).

(2) [1]Die Eltern haben alles zu unterlassen, was das Verhältnis des Kindes zum jeweils anderen Elternteil beeinträchtigt oder die Erziehung erschwert. [2]Entsprechendes gilt, wenn sich das Kind in der Obhut einer anderen Person befindet.

(3) [1]Das Familiengericht kann über den Umfang des Umgangsrechts entscheiden und seine Ausübung, auch gegenüber Dritten, näher regeln. [2]Es kann die Beteiligten durch Anordnungen zur Erfüllung der in Absatz 2 geregelten Pflicht anhalten. [3]Wird die Pflicht nach Absatz 2 dauerhaft oder wiederholt erheblich verletzt, kann das Familiengericht auch eine Pflegschaft für die Durchführung des Umgangs anordnen (Umgangspflegschaft). [4]Die Umgangspflegschaft umfasst das Recht, die Herausgabe des Kindes zur Durchführung des Umgangs zu verlangen und für die Dauer des Umgangs dessen Aufenthalt zu bestimmen. [5]Die Anordnung ist zu befristen. [6]Für den Ersatz von Aufwendungen und die Vergütung des Umgangspflegers gilt § 277 des Gesetzes über das Verfahren in Familiensachen und in den Angelegenheiten der freiwilligen Gerichtsbarkeit[1)] entsprechend.

(4) [1]Das Familiengericht kann das Umgangsrecht oder den Vollzug früherer Entscheidungen über das Umgangsrecht einschränken oder ausschließen, soweit dies zum Wohl des Kindes erforderlich ist. [2]Eine Entscheidung, die das Umgangsrecht oder seinen Vollzug für längere Zeit oder auf Dauer einschränkt oder ausschließt, kann nur ergehen, wenn andernfalls das Wohl des Kindes gefährdet wäre. [3]Das Familiengericht kann insbesondere anordnen, dass der Umgang nur stattfinden darf, wenn ein mitwirkungsbereiter Dritter anwesend ist. [4]Dritter kann auch ein Träger der Jugendhilfe oder ein Verein sein; dieser bestimmt dann jeweils, welche Einzelperson die Aufgabe wahrnimmt.

§ 1685[2)] Umgang des Kindes mit anderen Bezugspersonen. (1) Großeltern und Geschwister haben ein Recht auf Umgang mit dem Kind, wenn dieser dem Wohl des Kindes dient.

(2) [1]Gleiches gilt für enge Bezugspersonen des Kindes, wenn diese für das Kind tatsächliche Verantwortung tragen oder getragen haben (sozial-familiäre Beziehung). [2]Eine Übernahme tatsächlicher Verantwortung ist in der Regel anzunehmen, wenn die Person mit dem Kind längere Zeit in häuslicher Gemeinschaft zusammengelebt hat.

(3) [1]§ 1684 Abs. 2 bis 4 gilt entsprechend. [2]Eine Umgangspflegschaft nach § 1684 Abs. 3 Satz 3 bis 5 kann das Familiengericht nur anordnen, wenn die Voraussetzungen des § 1666 Abs. 1 erfüllt sind.

§ 1686[3)] Auskunft über die persönlichen Verhältnisse des Kindes. Jeder Elternteil kann vom anderen Elternteil bei berechtigtem Interesse Auskunft über die persönlichen Verhältnisse des Kindes verlangen, soweit dies dem Wohl des Kindes nicht widerspricht.

§ 1686a[4)] Rechte des leiblichen, nicht rechtlichen Vaters. (1) Solange die Vaterschaft eines anderen Mannes besteht, hat der leibliche Vater, der ernsthaftes Interesse an dem Kind gezeigt hat,

1. ein Recht auf Umgang mit dem Kind, wenn der Umgang dem Kindeswohl dient, und

---

[1)] Nr. **112**.

[2)] § 1685 Abs. 2 neu gef. mWv 30.4.2004 durch G v. 23.4.2004 (BGBl. I S. 598); Abs. 3 Satz 2 angef. mWv 1.9.2009 durch G v. 17.12.2008 (BGBl. I S. 2586).

[3)] § 1686 Satz 2 aufgeh. mWv 13.7.2013 durch G v. 4.7.2013 (BGBl. I S. 2176).

[4)] § 1686a eingef. mWv 13.7.2013 durch G v. 4.7.2013 (BGBl. I S. 2176).

2. ein Recht auf Auskunft von jedem Elternteil über die persönlichen Verhältnisse des Kindes, soweit er ein berechtigtes Interesse hat und dies dem Wohl des Kindes nicht widerspricht.

(2) [1] Hinsichtlich des Rechts auf Umgang mit dem Kind nach Absatz 1 Nummer 1 gilt § 1684 Absatz 2 bis 4 entsprechend. [2] Eine Umgangspflegschaft nach § 1684 Absatz 3 Satz 3 bis 5 kann das Familiengericht nur anordnen, wenn die Voraussetzungen des § 1666 Absatz 1 erfüllt sind.

§ 1687 Ausübung der gemeinsamen Sorge bei Getrenntleben.

(1) [1] Leben Eltern, denen die elterliche Sorge gemeinsam zusteht, nicht nur vorübergehend getrennt, so ist bei Entscheidungen in Angelegenheiten, deren Regelung für das Kind von erheblicher Bedeutung ist, ihr gegenseitiges Einvernehmen erforderlich. [2] Der Elternteil, bei dem sich das Kind mit Einwilligung des anderen Elternteils oder auf Grund einer gerichtlichen Entscheidung gewöhnlich aufhält, hat die Befugnis zur alleinigen Entscheidung in Angelegenheiten des täglichen Lebens. [3] Entscheidungen in Angelegenheiten des täglichen Lebens sind in der Regel solche, die häufig vorkommen und die keine schwer abzuändernden Auswirkungen auf die Entwicklung des Kindes haben. [4] Solange sich das Kind mit Einwilligung dieses Elternteils oder auf Grund einer gerichtlichen Entscheidung bei dem anderen Elternteil aufhält, hat dieser die Befugnis zur alleinigen Entscheidung in Angelegenheiten der tatsächlichen Betreuung. [5] § 1629 Abs. 1 Satz 4 und § 1684 Abs. 2 Satz 1 gelten entsprechend.

(2) Das Familiengericht kann die Befugnisse nach Absatz 1 Satz 2 und 4 einschränken oder ausschließen, wenn dies zum Wohl des Kindes erforderlich ist.

§ 1687a Entscheidungsbefugnisse des nicht sorgeberechtigten Elternteils. Für jeden Elternteil, der nicht Inhaber der elterlichen Sorge ist und bei dem sich das Kind mit Einwilligung des anderen Elternteils oder eines sonstigen Inhabers der Sorge oder auf Grund einer gerichtlichen Entscheidung aufhält, gilt § 1687 Abs. 1 Satz 4 und 5 und Abs. 2 entsprechend.

§ 1687b Sorgerechtliche Befugnisse des Ehegatten. (1) [1] Der Ehegatte eines allein sorgeberechtigten Elternteils, der nicht Elternteil des Kindes ist, hat im Einvernehmen mit dem sorgeberechtigten Elternteil die Befugnis zur Mitentscheidung in Angelegenheiten des täglichen Lebens des Kindes. [2] § 1629 Abs. 2 Satz 1 gilt entsprechend.

(2) Bei Gefahr im Verzug ist der Ehegatte dazu berechtigt, alle Rechtshandlungen vorzunehmen, die zum Wohl des Kindes notwendig sind; der sorgeberechtigte Elternteil ist unverzüglich zu unterrichten.

(3) Das Familiengericht kann die Befugnisse nach Absatz 1 einschränken oder ausschließen, wenn dies zum Wohl des Kindes erforderlich ist.

(4) Die Befugnisse nach Absatz 1 bestehen nicht, wenn die Ehegatten nicht nur vorübergehend getrennt leben.

§ 1688[1] Entscheidungsbefugnisse der Pflegeperson. (1) [1] Lebt ein Kind für längere Zeit in Familienpflege, so ist die Pflegeperson berechtigt, in Angelegenheiten des täglichen Lebens zu entscheiden sowie den Inhaber der elterlichen Sorge in solchen Angelegenheiten zu vertreten. [2] Sie ist befugt, den Arbeitsverdienst des Kindes zu verwalten sowie Unterhalts-, Versicherungs-, Versorgungs- und sonstige

---

[1] § 1688 Abs. 2 geänd. mWv 10.6.2021 durch G v. 3.6.2021 (BGBl. I S. 1444).

Sozialleistungen für das Kind geltend zu machen und zu verwalten. [3] § 1629 Abs. 1 Satz 4 gilt entsprechend.

(2) Der Pflegeperson steht eine Person gleich, die im Rahmen der Hilfe nach den §§ 34, 35 und 35a Absatz 2 Nummer 3 und 4 des Achten Buches Sozialgesetzbuch[1)] die Erziehung und Betreuung eines Kindes übernommen hat.

(3) [1] Die Absätze 1 und 2 gelten nicht, wenn der Inhaber der elterlichen Sorge etwas anderes erklärt. [2] Das Familiengericht kann die Befugnisse nach den Absätzen 1 und 2 einschränken oder ausschließen, wenn dies zum Wohl des Kindes erforderlich ist.

(4) Für eine Person, bei der sich das Kind auf Grund einer gerichtlichen Entscheidung nach § 1632 Abs. 4 oder § 1682 aufhält, gelten die Absätze 1 und 3 mit der Maßgabe, dass die genannten Befugnisse nur das Familiengericht einschränken oder ausschließen kann.

§§ 1689 bis 1692 (weggefallen)

§ 1693 Gerichtliche Maßnahmen bei Verhinderung der Eltern. Sind die Eltern verhindert, die elterliche Sorge auszuüben, so hat das Familiengericht die im Interesse des Kindes erforderlichen Maßregeln zu treffen.

§§ 1694, 1695 (weggefallen)

§ 1696[2)] Abänderung gerichtlicher Entscheidungen und gerichtlich gebilligter Vergleiche. (1) [1] Eine Entscheidung zum Sorge- oder Umgangsrecht oder ein gerichtlich gebilligter Vergleich ist zu ändern, wenn dies aus triftigen, das Wohl des Kindes nachhaltig berührenden Gründen angezeigt ist. [2] Entscheidungen nach § 1626a Absatz 2 können gemäß § 1671 Absatz 1 geändert werden; § 1671 Absatz 4 gilt entsprechend. [3] § 1678 Absatz 2, § 1680 Absatz 2 sowie § 1681 Absatz 1 und 2 bleiben unberührt.

(2) Eine Maßnahme nach den §§ 1666 bis 1667 oder einer anderen Vorschrift des Bürgerlichen Gesetzbuchs, die nur ergriffen werden darf, wenn dies zur Abwendung einer Kindeswohlgefährdung oder zum Wohl des Kindes erforderlich ist (kindesschutzrechtliche Maßnahme), ist aufzuheben, wenn eine Gefahr für das Wohl des Kindes nicht mehr besteht oder die Erforderlichkeit der Maßnahme entfallen ist.

(3) Eine Anordnung nach § 1632 Absatz 4 ist auf Antrag der Eltern aufzuheben, wenn die Wegnahme des Kindes von der Pflegeperson das Kindeswohl nicht gefährdet.

§ 1697[3)] *(aufgehoben)*

§ 1697a[4)] Kindeswohlprinzip. (1) Soweit nichts anderes bestimmt ist, trifft das Gericht in Verfahren über die in diesem Titel geregelten Angelegenheiten diejenige Entscheidung, die unter Berücksichtigung der tatsächlichen Gegebenheiten und Möglichkeiten sowie der berechtigten Interessen der Beteiligten dem Wohl des Kindes am besten entspricht.

[1)] **Habersack, Deutsche Gesetze ErgBd. Nr. 46.**

[2)] § 1696 neu gef. mWv 1.9.2009 durch G v. 17.12.2008 (BGBl. I S. 2586); Abs. 1 Satz 2 neu gef., Satz 3 angef. mWv 19.5.2013 durch G v. 16.4.2013 (BGBl. I S. 795); Abs. 3 angef. mWv 10.6.2021 durch G v. 3.6.2021 (BGBl. I S. 1444).

[3)] § 1697 aufgeh. mWv 1.9.2009 durch G v. 17.12.2008 (BGBl. I S. 2586).

[4)] § 1697a Abs. 2 angef. mWv 10.6.2021 durch G v. 3.6.2021 (BGBl. I S. 1444).

(2) [1] Lebt das Kind in Familienpflege, so hat das Gericht, soweit nichts anderes bestimmt ist, in Verfahren über die in diesem Titel geregelten Angelegenheiten auch zu berücksichtigen, ob und inwieweit sich innerhalb eines im Hinblick auf die Entwicklung des Kindes vertretbaren Zeitraums die Erziehungsverhältnisse bei den Eltern derart verbessert haben, dass diese das Kind selbst erziehen können. [2] Liegen die Voraussetzungen des § 1632 Absatz 4 Satz 2 Nummer 1 vor, so hat das Gericht bei seiner Entscheidung auch das Bedürfnis des Kindes nach kontinuierlichen und stabilen Lebensverhältnissen zu berücksichtigen. [3] Die Sätze 1 und 2 gelten entsprechend, wenn das Kind im Rahmen einer Hilfe nach § 34 oder 35a Absatz 2 Nummer 4 des Achten Buches Sozialgesetzbuch[1)] erzogen und betreut wird.

§ 1698 Herausgabe des Kindesvermögens; Rechnungslegung.

(1) Endet oder ruht die elterliche Sorge der Eltern oder hört aus einem anderen Grunde ihre Vermögenssorge auf, so haben sie dem Kind das Vermögen herauszugeben und auf Verlangen über die Verwaltung Rechenschaft abzulegen.

(2) Über die Nutzungen des Kindesvermögens brauchen die Eltern nur insoweit Rechenschaft abzulegen, als Grund zu der Annahme besteht, dass sie die Nutzungen entgegen der Vorschrift des § 1649 verwendet haben.

§ 1698a Fortführung der Geschäfte in Unkenntnis der Beendigung der elterlichen Sorge. (1) [1] Die Eltern dürfen die mit der Personensorge und mit der Vermögenssorge für das Kind verbundenen Geschäfte fortführen, bis sie von der Beendigung der elterlichen Sorge Kenntnis erlangen oder sie kennen müssen. [2] Ein Dritter kann sich auf diese Befugnis nicht berufen, wenn er bei der Vornahme eines Rechtsgeschäfts die Beendigung kennt oder kennen muss.

(2) Diese Vorschriften sind entsprechend anzuwenden, wenn die elterliche Sorge ruht.

§ 1698b Fortführung dringender Geschäfte nach Tod des Kindes.

Endet die elterliche Sorge durch den Tod des Kindes, so haben die Eltern die Geschäfte, die nicht ohne Gefahr aufgeschoben werden können, zu besorgen, bis der Erbe anderweit Fürsorge treffen kann.

§§ 1699 bis 1711 (weggefallen)

Titel 6. Beistandschaft

§ 1712[2)] Beistandschaft des Jugendamts; Aufgaben. (1) Auf schriftlichen Antrag eines Elternteils wird das Jugendamt Beistand des Kindes für folgende Aufgaben:

1. die Feststellung der Vaterschaft,
2. die Geltendmachung von Unterhaltsansprüchen sowie die Verfügung über diese Ansprüche; ist das Kind bei einem Dritten entgeltlich in Pflege, so ist der Beistand berechtigt, aus dem vom Unterhaltspflichtigen Geleisteten den Dritten zu befriedigen.

(2) Der Antrag kann auf einzelne der in Absatz 1 bezeichneten Aufgaben beschränkt werden.

[1)] **Habersack, Deutsche Gesetze ErgBd. Nr. 46.**

[2)] § 1712 Abs. 1 Nr. 2 geänd. mWv 12.7.2008 durch G v. 4.7.2008 (BGBl. I S. 1188).

§ 1713[1] Antragsberechtigte. (1) [1]Den Antrag kann ein Elternteil stellen, dem für den Aufgabenkreis der beantragten Beistandschaft die alleinige elterliche Sorge zusteht oder zustünde, wenn das Kind bereits geboren wäre. [2]Steht die elterliche Sorge für das Kind den Eltern gemeinsam zu, kann der Antrag von dem Elternteil gestellt werden, in dessen Obhut sich das Kind befindet. [3]Der Antrag kann auch von einem ehrenamtlichen Vormund, sowie von einer Pflegeperson, der nach § 1630 Absatz 3 Angelegenheiten der elterlichen Sorge übertragen wurden, gestellt werden. [4]Er kann nicht durch einen Vertreter gestellt werden.

(2) [1]Vor der Geburt des Kindes kann die werdende Mutter den Antrag auch dann stellen, wenn das Kind, sofern es bereits geboren wäre, unter Vormundschaft stünde. [2]Ist die werdende Mutter in der Geschäftsfähigkeit beschränkt, so kann sie den Antrag nur selbst stellen; sie bedarf hierzu nicht der Zustimmung ihres gesetzlichen Vertreters. [3]Für eine geschäftsunfähige werdende Mutter kann nur ihr gesetzlicher Vertreter den Antrag stellen.

§ 1714 Eintritt der Beistandschaft. [1]Die Beistandschaft tritt ein, sobald der Antrag dem Jugendamt zugeht. [2]Dies gilt auch, wenn der Antrag vor der Geburt des Kindes gestellt wird.

§ 1715 Beendigung der Beistandschaft. (1) [1]Die Beistandschaft endet, wenn der Antragsteller dies schriftlich verlangt. [2]§ 1712 Abs. 2 und § 1714 gelten entsprechend.

(2) Die Beistandschaft endet auch, sobald der Antragsteller keine der in § 1713 genannten Voraussetzungen mehr erfüllt.

§ 1716[2] Wirkungen der Beistandschaft. [1]Durch die Beistandschaft wird die elterliche Sorge nicht eingeschränkt. [2]Im Übrigen gelten die Vorschriften über die Pflegschaft für Minderjährige mit Ausnahme derjenigen über die Aufsicht des Familiengerichts und die Rechnungslegung sinngemäß.

§ 1717 Erfordernis des gewöhnlichen Aufenthalts im Inland. [1]Die Beistandschaft tritt nur ein, wenn das Kind seinen gewöhnlichen Aufenthalt im Inland hat; sie endet, wenn das Kind seinen gewöhnlichen Aufenthalt im Ausland begründet. [2]Dies gilt für die Beistandschaft vor der Geburt des Kindes entsprechend.

§§ 1718 bis 1740 (weggefallen)

Titel 7.[3] Annahme als Kind

Untertitel 1. Annahme Minderjähriger

§ 1741[4] Zulässigkeit der Annahme. (1) [1]Die Annahme als Kind ist zulässig, wenn sie dem Wohl des Kindes dient und zu erwarten ist, dass zwischen dem Annehmenden und dem Kind ein Eltern-Kind-Verhältnis entsteht. [2]Wer an einer gesetzes- oder sittenwidrigen Vermittlung oder Verbringung eines Kindes zum Zwecke der Annahme mitgewirkt oder einen Dritten hiermit beauftragt oder

---

[1] § 1713 Abs. 1 Satz 2 eingef., bish. Satz 2 und 3 werden Satz 3 und 4 mWv 12.4.2002 durch G v. 9.4. 2002 (BGBl. I S. 1239); Abs. 1 Satz 3 geänd. mWv 1.1.2023 durch G v. 4.5.2021 (BGBl. I S. 882).

[2] § 1716 Satz 2 geänd. mWv 1.9.2009 durch G v. 17.12.2008 (BGBl. I S. 2586); Satz 2 neu gef. mWv 1.1.2023 durch G v. 4.5.2021 (BGBl. I S. 882).

[3] Beachte auch Adoptionsvermittlungsgesetz **(Habersack, Deutsche Gesetze ErgBd. Nr. 45i)**. Die Adoptionsvermittlung ist Aufgabe des Jugendamtes und des Landesjugendamtes.

[4] Im Verfahren nach § 1741 hat das Jugendamt mitzuwirken; vgl. § 50 Abs. 1 Satz 1 SGB VIII **(Habersack, Deutsche Gesetze ErgBd. Nr. 46)**.

hierfür belohnt hat, soll ein Kind nur dann annehmen, wenn dies zum Wohl des Kindes erforderlich ist.

(2) [1] Wer nicht verheiratet ist, kann ein Kind nur allein annehmen. [2] Ein Ehepaar kann ein Kind nur gemeinschaftlich annehmen. [3] Ein Ehegatte kann ein Kind seines Ehegatten allein annehmen. [4] Er kann ein Kind auch dann allein annehmen, wenn der andere Ehegatte das Kind nicht annehmen kann, weil er geschäftsunfähig ist oder das 21. Lebensjahr noch nicht vollendet hat.

§ 1742 Annahme nur als gemeinschaftliches Kind. Ein angenommenes Kind kann, solange das Annahmeverhältnis besteht, bei Lebzeiten eines Annehmenden nur von dessen Ehegatten angenommen werden.

§ 1743 Mindestalter. [1] Der Annehmende muss das 25., in den Fällen des § 1741 Abs. 2 Satz 3 das 21. Lebensjahr vollendet haben. [2] In den Fällen des § 1741 Abs. 2 Satz 2 muss ein Ehegatte das 25. Lebensjahr, der andere Ehegatte das 21. Lebensjahr vollendet haben.

§ 1744 Probezeit. Die Annahme soll in der Regel erst ausgesprochen werden, wenn der Annehmende das Kind eine angemessene Zeit in Pflege gehabt hat.

§ 1745 Verbot der Annahme. [1] Die Annahme darf nicht ausgesprochen werden, wenn ihr überwiegende Interessen der Kinder des Annehmenden oder des Anzunehmenden entgegenstehen oder wenn zu befürchten ist, dass Interessen des Anzunehmenden durch Kinder des Annehmenden gefährdet werden. [2] Vermögensrechtliche Interessen sollen nicht ausschlaggebend sein.

§ 1746[1] Einwilligung des Kindes. (1) [1] Zur Annahme ist die Einwilligung des Kindes erforderlich. [2] Für ein Kind, das geschäftsunfähig oder noch nicht 14 Jahre alt ist, kann nur sein gesetzlicher Vertreter die Einwilligung erteilen. [3] Im Übrigen kann das Kind die Einwilligung nur selbst erteilen; es bedarf hierzu der Zustimmung seines gesetzlichen Vertreters.

(2) [1] Hat das Kind das 14. Lebensjahr vollendet und ist es nicht geschäftsunfähig, so kann es die Einwilligung bis zum Wirksamwerden des Ausspruchs der Annahme gegenüber dem Familiengericht widerrufen. [2] Der Widerruf bedarf der öffentlichen Beurkundung. [3] Eine Zustimmung des gesetzlichen Vertreters ist nicht erforderlich.

(3) Verweigert der Vormund oder Pfleger die Einwilligung oder Zustimmung ohne triftigen Grund, so kann das Familiengericht sie ersetzen; einer Erklärung nach Absatz 1 durch die Eltern bedarf es nicht, soweit diese nach den §§ 1747, 1750 unwiderruflich in die Annahme eingewilligt haben oder ihre Einwilligung nach § 1748 durch das Familiengericht ersetzt worden ist.

§ 1747[2] Einwilligung der Eltern des Kindes. (1) [1] Zur Annahme eines Kindes ist die Einwilligung der Eltern erforderlich. [2] Sofern kein anderer Mann nach § 1592 als Vater anzusehen ist, gilt im Sinne des Satzes 1 und des § 1748 Abs. 4 als Vater, wer die Voraussetzung des § 1600d Abs. 2 Satz 1 glaubhaft macht.

---

[1] § 1746 Abs. 1 Satz 4, Abs. 2 Satz 1 und Abs. 3 geänd. mWv 1.9.2009 durch G v. 17.12.2008 (BGBl. I S. 2586); Abs. 1 Satz 4 aufgeh. mWv 31.3.2020 durch G v. 19.3.2020 (BGBl. I S. 541).

[2] § 1747 Abs. 3 neu gef. mWv 19.5.2013 durch G v. 16.4.2013 (BGBl. I S. 795); Abs. 4 Satz 2 angef. mWv 1.5.2014 durch G v. 28.8.2013 (BGBl. I S. 3458).

(2) [1]Die Einwilligung kann erst erteilt werden, wenn das Kind acht Wochen alt ist. [2]Sie ist auch dann wirksam, wenn der Einwilligende die schon feststehenden Annehmenden nicht kennt.

(3) Steht nicht miteinander verheirateten Eltern die elterliche Sorge nicht gemeinsam zu, so

1. kann die Einwilligung des Vaters bereits vor der Geburt erteilt werden;
2. kann der Vater durch öffentlich beurkundete Erklärung darauf verzichten, die Übertragung der Sorge nach § 1626a Absatz 2 und § 1671 Absatz 2 zu beantragen; § 1750 gilt sinngemäß mit Ausnahme von Absatz 1 Satz 2 und Absatz 4 Satz 1;
3. darf, wenn der Vater die Übertragung der Sorge nach § 1626a Absatz 2 oder § 1671 Absatz 2 beantragt hat, eine Annahme erst ausgesprochen werden, nachdem über den Antrag des Vaters entschieden worden ist.

(4) [1]Die Einwilligung eines Elternteils ist nicht erforderlich, wenn er zur Abgabe einer Erklärung dauernd außerstande oder sein Aufenthalt dauernd unbekannt ist. [2]Der Aufenthalt der Mutter eines gemäß § 25 Absatz 1 des Schwangerschaftskonfliktgesetzes[1)] vertraulich geborenen Kindes gilt als dauernd unbekannt, bis sie gegenüber dem Familiengericht die für den Geburtseintrag ihres Kindes erforderlichen Angaben macht.

§ 1748[2)] Ersetzung der Einwilligung eines Elternteils. (1) [1]Das Familiengericht hat auf Antrag des Kindes die Einwilligung eines Elternteils zu ersetzen, wenn dieser seine Pflichten gegenüber dem Kind anhaltend gröblich verletzt hat oder durch sein Verhalten gezeigt hat, dass ihm das Kind gleichgültig ist, und wenn das Unterbleiben der Annahme dem Kind zu unverhältnismäßigem Nachteil gereichen würde. [2]Die Einwilligung kann auch ersetzt werden, wenn die Pflichtverletzung zwar nicht anhaltend, aber besonders schwer ist und das Kind voraussichtlich dauernd nicht mehr der Obhut des Elternteils anvertraut werden kann.

(2) [1]Wegen Gleichgültigkeit, die nicht zugleich eine anhaltende gröbliche Pflichtverletzung ist, darf die Einwilligung nicht ersetzt werden, bevor der Elternteil vom Jugendamt über die Möglichkeit ihrer Ersetzung belehrt und nach Maßgabe des § 51 Abs. 2 des Achten Buches Sozialgesetzbuch[3)] beraten worden ist und seit der Belehrung wenigstens drei Monate verstrichen sind; in der Belehrung ist auf die Frist hinzuweisen. [2]Der Belehrung bedarf es nicht, wenn der Elternteil seinen Aufenthaltsort ohne Hinterlassung seiner neuen Anschrift gewechselt hat und der Aufenthaltsort vom Jugendamt während eines Zeitraums von drei Monaten trotz angemessener Nachforschungen nicht ermittelt werden konnte; in diesem Falle beginnt die Frist mit der ersten auf die Belehrung und Beratung oder auf die Ermittlung des Aufenthaltsorts gerichteten Handlung des Jugendamts. [3]Die Fristen laufen frühestens fünf Monate nach der Geburt des Kindes ab.

(3) Die Einwilligung eines Elternteils kann ferner ersetzt werden, wenn er wegen einer besonders schweren psychischen Krankheit oder einer besonders schweren geistigen oder seelischen Behinderung zur Pflege und Erziehung des Kindes dauernd unfähig ist und wenn das Kind bei Unterbleiben der Annahme nicht in einer Familie aufwachsen könnte und dadurch in seiner Entwicklung schwer gefährdet wäre.

[1)] **Habersack, Deutsche Gesetze ErgBd. Nr. 85e.**

[2)] § 1748 Abs. 1 Satz 1, Abs. 4 geänd. mWv 1.9.2009 durch G v. 17.12.2008 (BGBl. I S. 2586); Abs. 4 geänd. mWv 19.5.2013 durch G v. 16.4.2013 (BGBl. I S. 795).

[3)] **Habersack, Deutsche Gesetze ErgBd. Nr. 46.**

(4) In den Fällen des § 1626a Absatz 3 hat das Familiengericht die Einwilligung des Vaters zu ersetzen, wenn das Unterbleiben der Annahme dem Kind zu unverhältnismäßigem Nachteil gereichen würde.

§ 1749[1] Einwilligung des Ehegatten. (1) [1]Zur Annahme eines Kindes durch einen Ehegatten allein ist die Einwilligung des anderen Ehegatten erforderlich. [2]Das Familiengericht kann auf Antrag des Annehmenden die Einwilligung ersetzen. [3]Die Einwilligung darf nicht ersetzt werden, wenn berechtigte Interessen des anderen Ehegatten und der Familie der Annahme entgegenstehen.

(2) Die Einwilligung des Ehegatten ist nicht erforderlich, wenn er zur Abgabe der Erklärung dauernd außerstande oder sein Aufenthalt dauernd unbekannt ist.

§ 1750[2] Einwilligungserklärung. (1) [1]Die Einwilligung nach §§ 1746, 1747 und 1749 ist dem Familiengericht gegenüber zu erklären. [2]Die Erklärung bedarf der notariellen Beurkundung. [3]Die Einwilligung wird in dem Zeitpunkt wirksam, in dem sie dem Familiengericht zugeht.

(2) [1]Die Einwilligung kann nicht unter einer Bedingung oder einer Zeitbestimmung erteilt werden. [2]Sie ist unwiderruflich; die Vorschrift des § 1746 Abs. 2 bleibt unberührt.

(3) [1]Die Einwilligung kann nicht durch einen Vertreter erteilt werden. [2]Ist der Einwilligende in der Geschäftsfähigkeit beschränkt, so bedarf seine Einwilligung nicht der Zustimmung seines gesetzlichen Vertreters. [3]Die Vorschrift des § 1746 Abs. 1 Satz 2, 3 bleibt unberührt.

(4) [1]Die Einwilligung verliert ihre Kraft, wenn der Antrag zurückgenommen oder die Annahme versagt wird. [2]Die Einwilligung eines Elternteils verliert ferner ihre Kraft, wenn das Kind nicht innerhalb von drei Jahren seit dem Wirksamwerden der Einwilligung angenommen wird.

§ 1751[3] Wirkung der elterlichen Einwilligung, Verpflichtung zum Unterhalt. (1) [1]Mit der Einwilligung eines Elternteils in die Annahme ruht die elterliche Sorge dieses Elternteils; die Befugnis zum persönlichen Umgang mit dem Kind darf nicht ausgeübt werden. [2]Das Jugendamt wird Vormund; dies gilt nicht, wenn der andere Elternteil die elterliche Sorge allein ausübt oder wenn bereits ein Vormund bestellt ist. [3]Eine bestehende Pflegschaft bleibt unberührt. [4]Für den Annehmenden gilt während der Zeit der Adoptionspflege § 1688 Abs. 1 und 3 entsprechend.

(2) Absatz 1 ist nicht anzuwenden auf einen Ehegatten, dessen Kind vom anderen Ehegatten angenommen wird.

(3) Hat die Einwilligung eines Elternteils ihre Kraft verloren, so hat das Familiengericht die elterliche Sorge dem Elternteil zu übertragen, wenn und soweit dies dem Wohl des Kindes nicht widerspricht.[4]

(4) [1]Der Annehmende ist dem Kind vor den Verwandten des Kindes zur Gewährung des Unterhalts verpflichtet, sobald die Eltern des Kindes die erforder-

---

[1] § 1749 Abs. 1 Satz 2 geänd. mWv 1.9.2009 durch G v. 17.12.2008 (BGBl. I S. 2586); Abs. 2 aufgeh., bish. Abs. 3 wird Abs. 2 mWv 22.7.2017 durch G v. 17.7.2017 (BGBl. I S. 2429).

[2] § 1750 Abs. 1 Sätze 1 und 3 geänd. mWv 1.9.2009 durch G v. 17.12.2008 (BGBl. I S. 2586).

[3] § 1751 Abs. 1 Satz 4 aufgeh., bish. Sätze 5 und 6 werden Sätze 4 und 5 mWv 1.9.2009 durch G v. 17.12.2008 (BGBl. I S. 2586); Abs. 1 Satz 5 aufgeh., Abs. 3 geänd. mWv 19.5.2013 durch G v. 16.4.2013 (BGBl. I S. 795).

[4] Im Verfahren nach § 1751 Abs. 3 hat das Jugendamt mitzuwirken; vgl. § 50 Abs. 1 Satz 1 SGB VIII **(Habersack, Deutsche Gesetze ErgBd. Nr. 46)**.

liche Einwilligung erteilt haben und das Kind in die Obhut des Annehmenden mit dem Ziel der Annahme aufgenommen ist. [2] Will ein Ehegatte ein Kind seines Ehegatten annehmen, so sind die Ehegatten dem Kind vor den anderen Verwandten des Kindes zur Gewährung des Unterhalts verpflichtet, sobald die erforderliche Einwilligung der Eltern des Kindes erteilt und das Kind in die Obhut der Ehegatten aufgenommen ist.

§ 1752[1)] Beschluss des Familiengerichts, Antrag. (1) Die Annahme als Kind wird auf Antrag des Annehmenden vom Familiengericht ausgesprochen.

(2) [1] Der Antrag kann nicht unter einer Bedingung oder einer Zeitbestimmung oder durch einen Vertreter gestellt werden. [2] Er bedarf der notariellen Beurkundung.

§ 1753[2)] Annahme nach dem Tode. (1) Der Ausspruch der Annahme kann nicht nach dem Tode des Kindes erfolgen.

(2) Nach dem Tode des Annehmenden ist der Ausspruch nur zulässig, wenn der Annehmende den Antrag beim Familiengericht eingereicht oder bei oder nach der notariellen Beurkundung des Antrags den Notar damit betraut hat, den Antrag einzureichen.

(3) Wird die Annahme nach dem Tode des Annehmenden ausgesprochen, so hat sie die gleiche Wirkung, wie wenn sie vor dem Tode erfolgt wäre.

§ 1754 Wirkung der Annahme. (1)[3)] Nimmt ein Ehepaar ein Kind an oder nimmt ein Ehegatte ein Kind des anderen Ehegatten an, so erlangt das Kind die rechtliche Stellung eines gemeinschaftlichen Kindes der Ehegatten.

(2)[3)] In den anderen Fällen erlangt das Kind die rechtliche Stellung eines Kindes des Annehmenden.

(3) Die elterliche Sorge steht in den Fällen des Absatzes 1 den Ehegatten gemeinsam, in den Fällen des Absatzes 2 dem Annehmenden zu.

§ 1755 Erlöschen von Verwandtschaftsverhältnissen. (1) [1] Mit der Annahme erlöschen das Verwandtschaftsverhältnis des Kindes und seiner Abkömmlinge zu den bisherigen Verwandten und die sich aus ihm ergebenden Rechte und Pflichten.[3)] [2] Ansprüche des Kindes, die bis zur Annahme entstanden sind, insbesondere auf Renten, Waisengeld und andere entsprechende wiederkehrende Leistungen, werden durch die Annahme nicht berührt; dies gilt nicht für Unterhaltsansprüche.

(2)[3)] Nimmt ein Ehegatte das Kind seines Ehegatten an, so tritt das Erlöschen nur im Verhältnis zu dem anderen Elternteil und dessen Verwandten ein.

[1)] § 1752 Überschrift und Abs. 1 geänd. mWv 1.9.2009 durch G v. 17.12.2008 (BGBl. I S. 2586).

[2)] § 1753 Abs. 2 geänd. mWv 1.9.2009 durch G v. 17.12.2008 (BGBl. I S. 2586).

[3)] Beachte hierzu Beschl. des BVerfG v. 26.3.2019 (BGBl. I S. 737):

„1. § 1754 Absatz 1 und Absatz 2 und § 1755 Absatz 1 Satz 1 und Absatz 2 des Bürgerlichen Gesetzbuchs (BGB) in der Fassung des Gesetzes zur Reform des Kindschaftsrechts (Kindschaftsrechtsreformgesetz) vom 16. Dezember 1997 (Bundesgesetzblatt I Seite 2949) sind mit Artikel 3 Absatz 1 des Grundgesetzes insoweit unvereinbar, als danach ein Kind von seinem mit einem rechtlichen Elternteil in nichtehelicher Lebensgemeinschaft lebenden Stiefelternteil unter keinen Umständen adoptiert werden kann, ohne dass die verwandtschaftliche Beziehung zum rechtlichen Elternteil erlischt.

2. Der Gesetzgeber ist verpflichtet, bis zum 31. März 2020 eine verfassungsgemäße Regelung zu treffen. Bis zur gesetzlichen Neuregelung ist das geltende Recht auf nichteheliche Stiefkindfamilien nicht anwendbar; Verfahren sind insoweit bis zu dieser Neuregelung auszusetzen.“

§ 1756 Bestehenbleiben von Verwandtschaftsverhältnissen. (1) Sind die Annehmenden mit dem Kind im zweiten oder dritten Grad verwandt oder verschwägert, so erlöschen nur das Verwandtschaftsverhältnis des Kindes und seiner Abkömmlinge zu den Eltern des Kindes und die sich aus ihm ergebenden Rechte und Pflichten.

(2) Nimmt ein Ehegatte das Kind seines Ehegatten an, so erlischt das Verwandtschaftsverhältnis nicht im Verhältnis zu den Verwandten des anderen Elternteils, wenn dieser die elterliche Sorge hatte und verstorben ist.

§ 1757[1] Name des Kindes. (1) [1] Das Kind erhält als Geburtsnamen den Familiennamen des Annehmenden. [2] Als Familienname gilt nicht der dem Ehenamen oder dem Lebenspartnerschaftsnamen hinzugefügte Name (§ 1355 Abs. 4; § 3 Abs. 2 des Lebenspartnerschaftsgesetzes[2]).

(2) [1] Nimmt ein Ehepaar ein Kind an oder nimmt ein Ehegatte ein Kind des anderen Ehegatten an und führen die Ehegatten keinen Ehenamen, so bestimmen sie den Geburtsnamen des Kindes vor dem Ausspruch der Annahme durch Erklärung gegenüber dem Familiengericht; § 1617 Abs. 1 gilt entsprechend. [2] Hat das Kind das fünfte Lebensjahr vollendet, so ist die Bestimmung nur wirksam, wenn es sich der Bestimmung vor dem Ausspruch der Annahme durch Erklärung gegenüber dem Familiengericht anschließt; § 1617c Abs. 1 Satz 2 gilt entsprechend.

(3) [1] Das Familiengericht kann auf Antrag des Annehmenden mit Einwilligung des Kindes mit dem Ausspruch der Annahme

1. Vornamen des Kindes ändern oder ihm einen oder mehrere neue Vornamen beigeben, wenn dies dem Wohl des Kindes entspricht;
2. dem neuen Familiennamen des Kindes den bisherigen Familiennamen voranstellen oder anfügen, wenn dies aus schwerwiegenden Gründen zum Wohl des Kindes erforderlich ist.

[2] § 1746 Abs. 1 Satz 2, 3, Abs. 3 erster Halbsatz ist entsprechend anzuwenden.

§ 1758[3] Offenbarungs- und Ausforschungsverbot. (1) Tatsachen, die geeignet sind, die Annahme und ihre Umstände aufzudecken, dürfen ohne Zustimmung des Annehmenden und des Kindes nicht offenbart oder ausgeforscht werden, es sei denn, dass besondere Gründe des öffentlichen Interesses dies erfordern.

(2) [1] Absatz 1 gilt sinngemäß, wenn die nach § 1747 erforderliche Einwilligung erteilt ist. [2] Das Familiengericht kann anordnen, dass die Wirkungen des Absatzes 1 eintreten, wenn ein Antrag auf Ersetzung der Einwilligung eines Elternteils gestellt worden ist.

§ 1759 Aufhebung des Annahmeverhältnisses. Das Annahmeverhältnis kann nur in den Fällen der §§ 1760, 1763 aufgehoben werden.

§ 1760[4] [5] Aufhebung wegen fehlender Erklärungen. (1) Das Annahmeverhältnis kann auf Antrag vom Familiengericht aufgehoben werden, wenn es ohne

---

[1] § 1757 Abs. 2 Sätze 1 und 2, Abs. 3 und Abs. 4 Satz 1 einl. Satzteil geänd. mWv 1.9.2009 durch G v. 17.12.2008 (BGBl. I S. 2586); Abs. 3 aufgeh., bish. Abs. 4 wird Abs. 3 mWv 22.7.2017 durch G v. 17.7. 2017 (BGBl. I S. 2429).

[2] **Habersack, Deutsche Gesetze ErgBd. Nr. 43.**

[3] § 1758 Abs. 2 Satz 2 geänd. mWv 1.9.2009 durch G v. 17.12.2008 (BGBl. I S. 2586).

[4] § 1760 Abs. 1 geänd. mWv 1.9.2009 durch G v. 17.12.2008 (BGBl. I S. 2586).

[5] Im Verfahren nach § 1760 hat das Jugendamt mitzuwirken; vgl. § 50 Abs. 1 Satz 1 SGB VIII (**Habersack, Deutsche Gesetze ErgBd. Nr. 46**).

Antrag des Annehmenden, ohne die Einwilligung des Kindes oder ohne die erforderliche Einwilligung eines Elternteils begründet worden ist.

(2) Der Antrag oder eine Einwilligung ist nur dann unwirksam, wenn der Erklärende

a) zur Zeit der Erklärung sich im Zustand der Bewusstlosigkeit oder vorübergehenden Störung der Geistestätigkeit befand, wenn der Antragsteller geschäftsunfähig war oder das geschäftsunfähige oder noch nicht 14 Jahre alte Kind die Einwilligung selbst erteilt hat,

b) nicht gewusst hat, dass es sich um eine Annahme als Kind handelt, oder wenn er dies zwar gewusst hat, aber einen Annahmeantrag nicht hat stellen oder eine Einwilligung zur Annahme nicht hat abgeben wollen oder wenn sich der Annehmende in der Person des anzunehmenden Kindes oder wenn sich das anzunehmende Kind in der Person des Annehmenden geirrt hat,

c) durch arglistige Täuschung über wesentliche Umstände zur Erklärung bestimmt worden ist,

d) widerrechtlich durch Drohung zur Erklärung bestimmt worden ist,

e) die Einwilligung vor Ablauf der in § 1747 Abs. 2 Satz 1 bestimmten Frist erteilt hat.

(3) [1] Die Aufhebung ist ausgeschlossen, wenn der Erklärende nach Wegfall der Geschäftsunfähigkeit, der Bewusstlosigkeit, der Störung der Geistestätigkeit, der durch die Drohung bestimmten Zwangslage, nach der Entdeckung des Irrtums oder nach Ablauf der in § 1747 Abs. 2 Satz 1 bestimmten Frist den Antrag oder die Einwilligung nachgeholt oder sonst zu erkennen gegeben hat, dass das Annahmeverhältnis aufrechterhalten werden soll. [2] Die Vorschriften des § 1746 Abs. 1 Satz 2, 3 und des § 1750 Abs. 3 Satz 1, 2 sind entsprechend anzuwenden.

(4) Die Aufhebung wegen arglistiger Täuschung über wesentliche Umstände ist ferner ausgeschlossen, wenn über Vermögensverhältnisse des Annehmenden oder des Kindes getäuscht worden ist oder wenn die Täuschung ohne Wissen eines Antrags- oder Einwilligungsberechtigten von jemand verübt worden ist, der weder antrags- noch einwilligungsberechtigt noch zur Vermittlung der Annahme befugt war.

(5) [1] Ist beim Ausspruch der Annahme zu Unrecht angenommen worden, dass ein Elternteil zur Abgabe der Erklärung dauernd außerstande oder sein Aufenthalt dauernd unbekannt sei, so ist die Aufhebung ausgeschlossen, wenn der Elternteil die Einwilligung nachgeholt oder sonst zu erkennen gegeben hat, dass das Annahmeverhältnis aufrechterhalten werden soll. [2] Die Vorschrift des § 1750 Abs. 3 Satz 1, 2 ist entsprechend anzuwenden.

§ 1761 Aufhebungshindernisse. (1) Das Annahmeverhältnis kann nicht aufgehoben werden, weil eine erforderliche Einwilligung nicht eingeholt worden oder nach § 1760 Abs. 2 unwirksam ist, wenn die Voraussetzungen für die Ersetzung der Einwilligung beim Ausspruch der Annahme vorgelegen haben oder wenn sie zum Zeitpunkt der Entscheidung über den Aufhebungsantrag vorliegen; dabei ist es unschädlich, wenn eine Belehrung oder Beratung nach § 1748 Abs. 2 nicht erfolgt ist.

(2) Das Annahmeverhältnis darf nicht aufgehoben werden, wenn dadurch das Wohl des Kindes erheblich gefährdet würde, es sei denn, dass überwiegende Interessen des Annehmenden die Aufhebung erfordern.

§ 1762 Antragsberechtigung; Antragsfrist, Form. (1) [1] Antragsberechtigt ist nur derjenige, ohne dessen Antrag oder Einwilligung das Kind angenommen worden ist. [2] Für ein Kind, das geschäftsunfähig oder noch nicht 14 Jahre alt ist, und für den Annehmenden, der geschäftsunfähig ist, können die gesetzlichen Vertreter den Antrag stellen. [3] Im Übrigen kann der Antrag nicht durch einen Vertreter gestellt werden. [4] Ist der Antragsberechtigte in der Geschäftsfähigkeit beschränkt, so ist die Zustimmung des gesetzlichen Vertreters nicht erforderlich.

(2) [1] Der Antrag kann nur innerhalb eines Jahres gestellt werden, wenn seit der Annahme noch keine drei Jahre verstrichen sind. [2] Die Frist beginnt

a) in den Fällen des § 1760 Abs. 2 Buchstabe a mit dem Zeitpunkt, in dem der Erklärende zumindest die beschränkte Geschäftsfähigkeit erlangt hat oder in dem dem gesetzlichen Vertreter des geschäftsunfähigen Annehmenden oder des noch nicht 14 Jahre alten oder geschäftsunfähigen Kindes die Erklärung bekannt wird;
b) in den Fällen des § 1760 Abs. 2 Buchstabe b, c mit dem Zeitpunkt, in dem der Erklärende den Irrtum oder die Täuschung entdeckt;
c) in dem Falle des § 1760 Abs. 2 Buchstabe d mit dem Zeitpunkt, in dem die Zwangslage aufhört;
d) in dem Falle des § 1760 Abs. 2 Buchstabe e nach Ablauf der in § 1747 Abs. 2 Satz 1 bestimmten Frist;
e) in den Fällen des § 1760 Abs. 5 mit dem Zeitpunkt, in dem dem Elternteil bekannt wird, dass die Annahme ohne seine Einwilligung erfolgt ist.

[3] Die für die Verjährung geltenden Vorschriften der §§ 206, 210 sind entsprechend anzuwenden.

(3) Der Antrag bedarf der notariellen Beurkundung.

§ 1763[1) 2)] Aufhebung von Amts wegen. (1) Während der Minderjährigkeit des Kindes kann das Familiengericht das Annahmeverhältnis von Amts wegen aufheben, wenn dies aus schwerwiegenden Gründen zum Wohl des Kindes erforderlich ist.

(2) Ist das Kind von einem Ehepaar angenommen, so kann auch das zwischen dem Kind und einem Ehegatten bestehende Annahmeverhältnis aufgehoben werden.

(3) Das Annahmeverhältnis darf nur aufgehoben werden,

a) wenn in dem Falle des Absatzes 2 der andere Ehegatte oder wenn ein leiblicher Elternteil bereit ist, die Pflege und Erziehung des Kindes zu übernehmen, und wenn die Ausübung der elterlichen Sorge durch ihn dem Wohl des Kindes nicht widersprechen würde oder
b) wenn die Aufhebung eine erneute Annahme des Kindes ermöglichen soll.

§ 1764[3)] Wirkung der Aufhebung. (1) [1] Die Aufhebung wirkt nur für die Zukunft. [2] Hebt das Familiengericht das Annahmeverhältnis nach dem Tode des Annehmenden auf dessen Antrag oder nach dem Tode des Kindes auf dessen Antrag auf, so hat dies die gleiche Wirkung, wie wenn das Annahmeverhältnis vor dem Tode aufgehoben worden wäre.

[1)] § 1763 Abs. 1 geänd. mWv 1.9.2009 durch G v. 17.12.2008 (BGBl. I S. 2586).

[2)] Im Verfahren nach § 1763 hat das Jugendamt mitzuwirken; vgl. § 50 Abs. 1 Satz 1 SGB VIII **(Habersack, Deutsche Gesetze ErgBd. Nr. 46)**.

[3)] § 1764 Abs. 1 Satz 2 und Abs. 4 geänd. mWv 1.9.2009 durch G v. 17.12.2008 (BGBl. I S. 2586).

(2) Mit der Aufhebung der Annahme als Kind erlöschen das durch die Annahme begründete Verwandtschaftsverhältnis des Kindes und seiner Abkömmlinge zu den bisherigen Verwandten und die sich aus ihm ergebenden Rechte und Pflichten.

(3) Gleichzeitig leben das Verwandtschaftsverhältnis des Kindes und seiner Abkömmlinge zu den leiblichen Verwandten des Kindes und die sich aus ihm ergebenden Rechte und Pflichten, mit Ausnahme der elterlichen Sorge, wieder auf.

(4) Das Familiengericht hat den leiblichen Eltern die elterliche Sorge zurückzuübertragen, wenn und soweit dies dem Wohl des Kindes nicht widerspricht; andernfalls bestellt es einen Vormund oder Pfleger.[1)]

(5) Besteht das Annahmeverhältnis zu einem Ehepaar und erfolgt die Aufhebung nur im Verhältnis zu einem Ehegatten, so treten die Wirkungen des Absatzes 2 nur zwischen dem Kind und seinen Abkömmlingen und diesem Ehegatten und dessen Verwandten ein; die Wirkungen des Absatzes 3 treten nicht ein.

§ 1765[2)] Name des Kindes nach der Aufhebung. (1) [1] Mit der Aufhebung der Annahme als Kind verliert das Kind das Recht, den Familiennamen des Annehmenden als Geburtsnamen zu führen. [2] Satz 1 ist in den Fällen des § 1754 Abs. 1 nicht anzuwenden, wenn das Kind einen Geburtsnamen nach § 1757 Abs. 1 führt und das Annahmeverhältnis zu einem Ehegatten allein aufgehoben wird. [3] Ist der Geburtsname zum Ehenamen oder Lebenspartnerschaftsnamen des Kindes geworden, so bleibt dieser unberührt.

(2) [1] Auf Antrag des Kindes kann das Familiengericht mit der Aufhebung anordnen, dass das Kind den Familiennamen behält, den es durch die Annahme erworben hat, wenn das Kind ein berechtigtes Interesse an der Führung dieses Namens hat. [2] § 1746 Abs. 1 Satz 2, 3 ist entsprechend anzuwenden.

(3) Ist der durch die Annahme erworbene Name zum Ehenamen oder Lebenspartnerschaftsnamen geworden, so hat das Familiengericht auf gemeinsamen Antrag der Ehegatten oder Lebenspartner mit der Aufhebung anzuordnen, dass die Ehegatten oder Lebenspartner als Ehenamen oder Lebenspartnerschaftsnamen den Geburtsnamen führen, den das Kind vor der Annahme geführt hat.

§ 1766 Ehe zwischen Annehmendem und Kind. [1] Schließt ein Annehmender mit dem Angenommenen oder einem seiner Abkömmlinge den eherechtlichen Vorschriften zuwider die Ehe, so wird mit der Eheschließung das durch die Annahme zwischen ihnen begründete Rechtsverhältnis aufgehoben. [2] §§ 1764, 1765 sind nicht anzuwenden.

§ 1766a[3)] Annahme von Kindern des nichtehelichen Partners.

(1) Für zwei Personen, die in einer verfestigten Lebensgemeinschaft in einem gemeinsamen Haushalt leben, gelten die Vorschriften dieses Untertitels über die Annahme eines Kindes des anderen Ehegatten entsprechend.

(2) [1] Eine verfestigte Lebensgemeinschaft im Sinne des Absatzes 1 liegt in der Regel vor, wenn die Personen

---

[1)] Im Verfahren nach § 1764 Abs. 4 hat das Jugendamt mitzuwirken; vgl. § 50 Abs. 1 Satz 1 SGB VIII **(Habersack, Deutsche Gesetze ErgBd. Nr. 46)**.

[2)] § 1765 Abs. 2 Satz 1 und Abs. 3 geänd. mWv 1.9.2009 durch G v. 17.12.2008 (BGBl. I S. 2586).

[3)] § 1766a eingef. mWv 31.3.2020 durch G v. 19.3.2020 (BGBl. I S. 541).

1. seit mindestens vier Jahren oder
2. als Eltern eines gemeinschaftlichen Kindes mit diesem

eheähnlich zusammenleben. [2]Sie liegt in der Regel nicht vor, wenn ein Partner mit einem Dritten verheiratet ist.

(3) [1]Ist der Annehmende mit einem Dritten verheiratet, so kann er das Kind seines Partners nur allein annehmen. [2]Die Einwilligung des Dritten in die Annahme ist erforderlich. [3]§ 1749 Absatz 1 Satz 2 und 3 und Absatz 2 gilt entsprechend.

Untertitel 2. Annahme Volljähriger

§ 1767[1)] Zulässigkeit der Annahme, anzuwendende Vorschriften.

(1) Ein Volljähriger kann als Kind angenommen werden, wenn die Annahme sittlich gerechtfertigt ist; dies ist insbesondere anzunehmen, wenn zwischen dem Annehmenden und dem Anzunehmenden ein Eltern-Kind-Verhältnis bereits entstanden ist.

(2) [1]Für die Annahme Volljähriger gelten die Vorschriften über die Annahme Minderjähriger sinngemäß, soweit sich aus den folgenden Vorschriften nichts anderes ergibt. [2]Zur Annahme eines Verheirateten oder einer Person, die eine Lebenspartnerschaft führt, ist die Einwilligung seines Ehegatten oder ihres Lebenspartners erforderlich. [3]Die Änderung des Geburtsnamens erstreckt sich auf den Ehe- oder Lebenspartnerschaftsnamen des Angenommenen nur dann, wenn sich auch der Ehegatte oder Lebenspartner der Namensänderung vor dem Ausspruch der Annahme durch Erklärung gegenüber dem Familiengericht anschließt; die Erklärung muss öffentlich beglaubigt werden.

§ 1768[2)] Antrag. (1) [1]Die Annahme eines Volljährigen wird auf Antrag des Annehmenden und des Anzunehmenden vom Familiengericht ausgesprochen. [2]§§ 1742, 1744, 1745, 1746 Abs. 1, 2, § 1747 sind nicht anzuwenden.

(2) Für einen Anzunehmenden, der geschäftsunfähig ist, kann der Antrag nur von seinem gesetzlichen Vertreter gestellt werden.

§ 1769 Verbot der Annahme. Die Annahme eines Volljährigen darf nicht ausgesprochen werden, wenn ihr überwiegende Interessen der Kinder des Annehmenden oder des Anzunehmenden entgegenstehen.

§ 1770[3)] Wirkung der Annahme. (1) [1]Die Wirkungen der Annahme eines Volljährigen erstrecken sich nicht auf die Verwandten des Annehmenden. [2]Der Ehegatte oder Lebenspartner des Annehmenden wird nicht mit dem Angenommenen, dessen Ehegatte oder Lebenspartner wird nicht mit dem Annehmenden verschwägert.

(2) Die Rechte und Pflichten aus dem Verwandtschaftsverhältnis des Angenommenen und seiner Abkömmlinge zu ihren Verwandten werden durch die Annahme nicht berührt, soweit das Gesetz nichts anderes vorschreibt.

(3) Der Annehmende ist dem Angenommenen und dessen Abkömmlingen vor den leiblichen Verwandten des Angenommenen zur Gewährung des Unterhalts verpflichtet.

[1)] § 1767 Abs. 2 Satz 3 angef. mWv 1.1.2005 durch G v. 15.12.2004 (BGBl. I S. 3396); Abs. 2 Sätze 2 und 3 neu gef. mWv 22.7.2017 durch G v. 17.7.2017 (BGBl. I S. 2429).

[2)] § 1768 Abs. 1 Satz 1 geänd. mWv 1.9.2009 durch G v. 17.12.2008 (BGBl. I S. 2586).

[3)] § 1770 Abs. 1 Satz 2 geänd. mWv 1.1.2005 durch G v. 15.12.2004 (BGBl. I S. 3396).

§ 1771[1] **Aufhebung des Annahmeverhältnisses.** [1]Das Familiengericht kann das Annahmeverhältnis, das zu einem Volljährigen begründet worden ist, auf Antrag des Annehmenden und des Angenommenen aufheben, wenn ein wichtiger Grund vorliegt. [2]Im Übrigen kann das Annahmeverhältnis nur in sinngemäßer Anwendung der Vorschrift des § 1760 Abs. 1 bis 5 aufgehoben werden. [3]An die Stelle der Einwilligung des Kindes tritt der Antrag des Anzunehmenden.

§ 1772[2] **Annahme mit den Wirkungen der Minderjährigenannahme.**

(1) [1]Das Familiengericht kann beim Ausspruch der Annahme eines Volljährigen auf Antrag des Annehmenden und des Anzunehmenden bestimmen, dass sich die Wirkungen der Annahme nach den Vorschriften über die Annahme eines Minderjährigen oder eines verwandten Minderjährigen richten (§§ 1754 bis 1756), wenn

a) ein minderjähriger Bruder oder eine minderjährige Schwester des Anzunehmenden von dem Annehmenden als Kind angenommen worden ist oder gleichzeitig angenommen wird oder

b) der Anzunehmende bereits als Minderjähriger in die Familie des Annehmenden aufgenommen worden ist oder

c) der Annehmende das Kind seines Ehegatten annimmt oder

d) der Anzunehmende in dem Zeitpunkt, in dem der Antrag auf Annahme bei dem Familiengericht eingereicht wird, noch nicht volljährig ist.

[2]Eine solche Bestimmung darf nicht getroffen werden, wenn ihr überwiegende Interessen der Eltern des Anzunehmenden entgegenstehen.

(2) [1]Das Annahmeverhältnis kann in den Fällen des Absatzes 1 nur in sinngemäßer Anwendung der Vorschrift des § 1760 Abs. 1 bis 5 aufgehoben werden. [2]An die Stelle der Einwilligung des Kindes tritt der Antrag des Anzunehmenden.

Abschnitt 3.[3] Vormundschaft, Pflegschaft für Minderjährige, rechtliche Betreuung, sonstige Pflegschaft

Titel 1.[3] [4] Vormundschaft

Untertitel 1.[3] Begründung der Vormundschaft

Kapitel 1.[3] Bestellte Vormundschaft

Unterkapitel 1.[3] Allgemeine Vorschriften

§ 1773[3] **Voraussetzungen der Vormundschaft; Bestellung des Vormunds.** (1) Das Familiengericht hat die Vormundschaft für einen Minderjährigen anzuordnen und ihm einen Vormund zu bestellen, wenn

1. er nicht unter elterlicher Sorge steht,
2. seine Eltern nicht berechtigt sind, ihn in den seine Person und sein Vermögen betreffenden Angelegenheiten zu vertreten, oder
3. sein Familienstand nicht zu ermitteln ist.

---

[1] § 1771 Satz 1 geänd. mWv 1.9.2009 durch G v. 17.12.2008 (BGBl. I S. 2586).

[2] § 1772 Abs. 1 Satz 1 einl. Satzteil und Buchst. d geänd. mWv 1.9.2009 durch G v. 17.12.2008 (BGBl. I S. 2586).

[3] Buch 4 Abschnitt 3 (§§ 1773–1888) neu gef. mWv 1.1.2023 durch G v. 4.5.2021 (BGBl. I S. 882).

[4] Vgl. auch Haager Übereinkommen v. 5. Oktober 1961 über die Zuständigkeit der Behörden und das anzuwendende Recht auf dem Gebiet des Schutzes von Minderjährigen v. 5.10.1961 (BGBl. 1971 II S. 217).

(2) [1] Ist anzunehmen, dass ein Kind mit seiner Geburt einen Vormund benötigt, so kann schon vor der Geburt des Kindes eine Vormundschaft angeordnet und ein Vormund bestellt werden. [2] Die Bestellung wird mit der Geburt des Kindes wirksam.

§ 1774[1)] Vormund. (1) Zum Vormund kann bestellt werden:

1. eine natürliche Person, die die Vormundschaft ehrenamtlich führt,
2. eine natürliche Person, die die Vormundschaft beruflich selbständig führt (Berufsvormund),
3. ein Mitarbeiter eines vom überörtlichen Träger der Jugendhilfe anerkannten Vormundschaftsvereins, wenn der Mitarbeiter dort ausschließlich oder teilweise als Vormund tätig ist (Vereinsvormund), oder
4. das Jugendamt.

(2) Zum vorläufigen Vormund kann bestellt werden:

1. ein vom überörtlichen Träger der Jugendhilfe anerkannter Vormundschaftsverein,
2. das Jugendamt.

§ 1775[1)] Mehrere Vormünder. (1) Ehegatten können gemeinschaftlich zu Vormündern bestellt werden.

(2) Für Geschwister soll nur ein Vormund bestellt werden, es sei denn, es liegen besondere Gründe vor, jeweils einen Vormund für einzelne Geschwister zu bestellen.

§ 1776[1)] Zusätzlicher Pfleger. (1) [1] Das Familiengericht kann bei Bestellung eines ehrenamtlichen Vormunds mit dessen Einverständnis einzelne Sorgeangelegenheiten oder eine bestimmte Art von Sorgeangelegenheiten auf einen Pfleger übertragen, wenn die Übertragung dieser Angelegenheiten dem Wohl des Mündels dient. [2] Die Übertragung ist auch nachträglich möglich, wenn der Vormund zustimmt.

(2) [1] Die Übertragung ist ganz oder teilweise aufzuheben,

1. wenn sie dem Wohl des Mündels widerspricht,
2. auf Antrag des Vormunds oder des Pflegers, wenn der jeweils andere Teil zustimmt und die Aufhebung dem Wohl des Mündels nicht widerspricht, oder
3. auf Antrag des Mündels, der das 14. Lebensjahr vollendet hat, wenn Vormund und Pfleger der Aufhebung zustimmen.

[2] Die Zustimmung gemäß Satz 1 Nummer 2 und 3 ist entbehrlich, wenn ein wichtiger Grund für die Aufhebung vorliegt.

(3) [1] Im Übrigen gelten die Vorschriften über die Pflegschaft für Minderjährige entsprechend. [2] Neben einem Pfleger nach § 1809 oder § 1777 kann ein Pfleger nach Absatz 1 nicht bestellt werden.

§ 1777[1)] Übertragung von Sorgeangelegenheiten auf die Pflegeperson als Pfleger. (1) [1] Das Familiengericht überträgt auf Antrag des Vormunds oder der Pflegeperson einzelne Sorgeangelegenheiten oder eine bestimmte Art von Sorgeangelegenheiten auf die Pflegeperson als Pfleger, wenn

---

[1)] Buch 4 Abschnitt 3 (§§ 1773–1888) neu gef. mWv 1.1.2023 durch G v. 4.5.2021 (BGBl. I S. 882).

1. der Mündel seit längerer Zeit bei der Pflegeperson lebt oder bereits bei Begründung des Pflegeverhältnisses eine persönliche Bindung zwischen dem Mündel und der Pflegeperson besteht,
2. die Pflegeperson oder der Vormund dem Antrag des jeweils anderen auf Übertragung zustimmt und
3. die Übertragung dem Wohl des Mündels dient.

[2] Ein entgegenstehender Wille des Mündels ist zu berücksichtigen.

(2) Sorgeangelegenheiten, deren Regelung für den Mündel von erheblicher Bedeutung ist, werden der Pflegeperson nur zur gemeinsamen Wahrnehmung mit dem Vormund übertragen.

(3) [1] Den Antrag auf Übertragung nach Absatz 1 Satz 1 kann auch der Mündel stellen, wenn er das 14. Lebensjahr vollendet hat. [2] Für die Übertragung ist die Zustimmung des Vormunds und der Pflegeperson erforderlich.

(4) [1] § 1776 Absatz 2 gilt entsprechend. [2] Im Übrigen gelten die Vorschriften über die Pflegschaft für Minderjährige entsprechend. [3] Neben einem Pfleger nach § 1809 oder § 1776 kann die Pflegeperson nicht zum Pfleger bestellt werden.

Unterkapitel 2.[1)] Auswahl des Vormunds

§ 1778[1)] Auswahl des Vormunds durch das Familiengericht. (1) Ist die Vormundschaft nicht einem nach § 1782 Benannten zu übertragen, hat das Familiengericht den Vormund auszuwählen, der am besten geeignet ist, für die Person und das Vermögen des Mündels zu sorgen.

(2) Bei der Auswahl sind insbesondere zu berücksichtigen:

1. der Wille des Mündels, seine familiären Beziehungen, seine persönlichen Bindungen, sein religiöses Bekenntnis und sein kultureller Hintergrund,
2. der wirkliche oder mutmaßliche Wille der Eltern und
3. die Lebensumstände des Mündels.

§ 1779[1)] Eignung der Person; Vorrang des ehrenamtlichen Vormunds.

(1) Eine natürliche Person muss nach

1. ihren Kenntnissen und Erfahrungen,
2. ihren persönlichen Eigenschaften,
3. ihren persönlichen Verhältnissen und ihrer Vermögenslage sowie
4. ihrer Fähigkeit und Bereitschaft zur Zusammenarbeit mit den anderen an der Erziehung des Mündels beteiligten Personen

geeignet sein, die Vormundschaft so zu führen, wie es das Wohl des Mündels erfordert.

(2) [1] Eine natürliche Person, die geeignet und bereit ist, die Vormundschaft ehrenamtlich zu führen, hat gegenüber den in § 1774 Absatz 1 Nummer 2 bis 4 genannten Vormündern Vorrang. [2] Von ihrer Eignung ist auch dann auszugehen, wenn ein zusätzlicher Pfleger nach § 1776 bestellt wird.

§ 1780[1)] Berücksichtigung der beruflichen Belastung des Berufs- und Vereinsvormunds. [1] Soll ein Berufsvormund oder ein Vereinsvormund bestellt werden, ist seine berufliche Arbeitsbelastung, insbesondere die Anzahl und der

---

[1)] Buch 4 Abschnitt 3 (§§ 1773–1888) neu gef. mWv 1.1.2023 durch G v. 4.5.2021 (BGBl. I S. 882).

Umfang der bereits zu führenden Vormundschaften und Pflegschaften zu berücksichtigen. [2] Er ist dem Familiengericht zur Auskunft hierüber verpflichtet.

§ 1781[1)] Bestellung eines vorläufigen Vormunds. (1) Sind die erforderlichen Ermittlungen zur Auswahl des geeigneten Vormunds insbesondere im persönlichen Umfeld des Mündels im Zeitpunkt der Anordnung der Vormundschaft noch nicht abgeschlossen oder besteht ein vorübergehendes Hindernis für die Bestellung des Vormunds, bestellt das Familiengericht einen vorläufigen Vormund.

(2) [1] Der Vormundschaftsverein überträgt die Aufgaben des vorläufigen Vormunds einzelnen seiner Mitarbeiter; § 1784 gilt entsprechend. [2] Der Vormundschaftsverein hat dem Familiengericht alsbald, spätestens binnen zwei Wochen nach seiner Bestellung zum vorläufigen Vormund mitzuteilen, welchem Mitarbeiter die Ausübung der Aufgaben des vorläufigen Vormunds übertragen worden sind.

(3) [1] Das Familiengericht hat den Vormund alsbald, längstens aber binnen drei Monaten ab Bestellung des vorläufigen Vormunds zu bestellen. [2] Die Frist kann durch Beschluss des Gerichts nach Anhörung der Beteiligten um höchstens weitere drei Monate verlängert werden, wenn trotz eingeleiteter Ermittlungen des Familiengerichts der für den Mündel am besten geeignete Vormund noch nicht bestellt werden konnte.

(4) Die Bestellung des Jugendamtes oder eines Vereinsmitarbeiters zum Vormund ist auch erforderlich, wenn das Familiengericht das Jugendamt oder einen Vormundschaftsverein zuvor als vorläufigen Vormund ausgewählt hat.

(5) Mit der Bestellung des Vormunds endet das Amt des vorläufigen Vormunds.

§ 1782[1)] Benennung und Ausschluss als Vormund durch die Eltern.

(1) [1] Die Eltern können durch letztwillige Verfügung eine natürliche Person als Vormund oder Ehegatten als gemeinschaftliche Vormünder benennen oder von der Vormundschaft ausschließen, wenn ihnen zur Zeit ihres Todes die Sorge für die Person und das Vermögen des Kindes zusteht. [2] Die Benennung und der Ausschluss können schon vor der Geburt des Kindes erfolgen, wenn dem jeweiligen Elternteil die Sorge für die Person und das Vermögen des Kindes zustünde, falls es vor dem Tod des Elternteils geboren wäre.

(2) Haben die Eltern widersprüchliche letztwillige Verfügungen zur Benennung oder zum Ausschluss von Vormündern getroffen, so gilt die Verfügung durch den zuletzt verstorbenen Elternteil.

§ 1783[1)] Übergehen der benannten Person. (1) Die benannte Person darf als Vormund ohne ihre Zustimmung nur übergangen werden, wenn

1. sie nach § 1784 nicht zum Vormund bestellt werden kann oder soll,
2. ihre Bestellung dem Wohl des Mündels widersprechen würde,
3. der Mündel, der das 14. Lebensjahr vollendet hat, der Bestellung widerspricht,
4. sie aus rechtlichen oder tatsächlichen Gründen an der Übernahme der Vormundschaft verhindert ist oder
5. sie sich nicht binnen vier Wochen ab der Aufforderung des Familiengerichts zur Übernahme der Vormundschaft bereit erklärt hat.

[1)] Buch 4 Abschnitt 3 (§§ 1773–1888) neu gef. mWv 1.1.2023 durch G v. 4.5.2021 (BGBl. I S. 882).

(2) Wurde die benannte Person gemäß Absatz 1 Nummer 4 übergangen und war sie nur vorübergehend verhindert, so ist sie auf ihren Antrag anstelle des bisherigen Vormunds zum Vormund zu bestellen, wenn

1. sie den Antrag innerhalb von sechs Monaten nach der Bestellung des bisherigen Vormunds gestellt hat,
2. die Entlassung des bisherigen Vormunds dem Wohl des Mündels nicht widerspricht und
3. der Mündel, der das 14. Lebensjahr vollendet hat, der Entlassung des bisherigen Vormunds nicht widerspricht.

§ 1784[1)] Ausschlussgründe. (1) Nicht zum Vormund bestellt werden kann, wer geschäftsunfähig ist.

(2) Nicht zum Vormund bestellt werden soll in der Regel eine Person,

1. die minderjährig ist,
2. für die ein Betreuer bestellt ist, sofern die Betreuung die für die Führung der Vormundschaft wesentlichen Angelegenheiten umfasst, oder für die ein Einwilligungsvorbehalt nach § 1825 angeordnet ist,
3. die die Eltern gemäß § 1782 als Vormund ausgeschlossen haben, oder
4. die zu einer Einrichtung, in der der Mündel lebt, in einem Abhängigkeitsverhältnis oder in einer anderen engen Beziehung steht.

§ 1785[1)] Übernahmepflicht; weitere Bestellungsvoraussetzungen.

(1) Die vom Familiengericht ausgewählte Person ist verpflichtet, die Vormundschaft zu übernehmen, wenn ihr die Übernahme unter Berücksichtigung ihrer familiären, beruflichen und sonstigen Verhältnisse zugemutet werden kann.

(2) Die ausgewählte Person darf erst dann zum Vormund bestellt werden, wenn sie sich zur Übernahme der Vormundschaft bereit erklärt hat.

(3) Der Vormundschaftsverein und der Vereinsvormund dürfen nur mit Einwilligung des Vereins bestellt werden.

Kapitel 2.[1)] Gesetzliche Amtsvormundschaft

§ 1786[1)] Amtsvormundschaft bei Fehlen eines sorgeberechtigten Elternteils. [1] Mit der Geburt eines Kindes, dessen Eltern nicht miteinander verheiratet sind und das eines Vormunds bedarf, wird das Jugendamt Vormund, wenn das Kind seinen gewöhnlichen Aufenthalt im Inland hat. [2] Dies gilt nicht, wenn bereits vor der Geburt des Kindes ein Vormund bestellt ist. [3] Wurde die Vaterschaft nach § 1592 Nummer 1 oder 2 durch Anfechtung beseitigt und bedarf das Kind eines Vormunds, so wird das Jugendamt in dem Zeitpunkt Vormund, in dem die Entscheidung rechtskräftig wird.

§ 1787[1)] Amtsvormundschaft bei vertraulicher Geburt. Wird ein Kind vertraulich geboren (§ 25 Absatz 1 Satz 2 des Schwangerschaftskonfliktgesetzes[2)]), wird das Jugendamt mit der Geburt des Kindes Vormund.

[1)] Buch 4 Abschnitt 3 (§§ 1773–1888) neu gef. mWv 1.1.2023 durch G v. 4.5.2021 (BGBl. I S. 882).
[2)] **Habersack, Deutsche Gesetze ErgBd. Nr. 85e.**

Untertitel 2.[1] Führung der Vormundschaft

Kapitel 1.[1] Allgemeine Vorschriften

§ 1788[1] Rechte des Mündels. Der Mündel hat insbesondere das Recht auf
1. Förderung seiner Entwicklung und Erziehung zu einer eigenverantwortlichen und gemeinschaftsfähigen Persönlichkeit,
2. Pflege und Erziehung unter Ausschluss von Gewalt, körperlichen Bestrafungen, seelischen Verletzungen und anderen entwürdigenden Maßnahmen,
3. persönlichen Kontakt mit dem Vormund,
4. Achtung seines Willens, seiner persönlichen Bindungen, seines religiösen Bekenntnisses und kulturellen Hintergrunds sowie
5. Beteiligung an ihn betreffenden Angelegenheiten, soweit es nach seinem Entwicklungsstand angezeigt ist.

§ 1789[1] Sorge des Vormunds; Vertretung und Haftung des Mündels.

(1) [1]Der Vormund hat die Pflicht und das Recht, für die Person und das Vermögen des Mündels zu sorgen. [2]Ausgenommen sind Angelegenheiten, für die ein Pfleger bestellt ist, es sei denn, die Angelegenheiten sind dem Pfleger mit dem Vormund zur gemeinsamen Wahrnehmung übertragen.

(2) [1]Der Vormund vertritt den Mündel. [2]§ 1824 gilt entsprechend. [3]Das Familiengericht kann dem Vormund die Vertretung für einzelne Angelegenheiten entziehen. [4]Die Entziehung soll nur erfolgen, wenn das Interesse des Mündels zu dem Interesse des Vormunds, eines von diesem vertretenen Dritten oder einer der in § 1824 Absatz 1 Nummer 1 bezeichneten Personen in erheblichem Gegensatz steht.

(3) Für Verbindlichkeiten, die im Rahmen der Vertretungsmacht nach Absatz 2 gegenüber dem Mündel begründet werden, haftet der Mündel entsprechend § 1629a.

§ 1790[1] Amtsführung des Vormunds; Auskunftspflicht. (1) Der Vormund ist unabhängig und hat die Vormundschaft im Interesse des Mündels zu dessen Wohl zu führen.

(2) [1]Der Vormund hat die wachsende Fähigkeit und das wachsende Bedürfnis des Mündels zu selbständigem und verantwortungsbewusstem Handeln zu berücksichtigen und zu fördern. [2]Der Vormund hat Angelegenheiten der Personen- und der Vermögenssorge mit dem Mündel zu besprechen und ihn an Entscheidungen zu beteiligen, soweit es nach dessen Entwicklungsstand angezeigt ist; Einvernehmen ist anzustreben. [3]Der Vormund soll bei seiner Amtsführung im Interesse des Mündels zu dessen Wohl die Beziehung des Mündels zu seinen Eltern einbeziehen.

(3) [1]Der Vormund ist zum persönlichen Kontakt mit dem Mündel verpflichtet und berechtigt. [2]Er soll den Mündel in der Regel einmal im Monat in dessen üblicher Umgebung aufsuchen, es sei denn, im Einzelfall sind kürzere oder längere Besuchsabstände oder ein anderer Ort geboten.

(4) Der Vormund hat bei berechtigtem Interesse nahestehenden Angehörigen oder sonstigen Vertrauenspersonen auf Verlangen Auskunft über die persönlichen Verhältnisse des Mündels zu erteilen, soweit dies dem Wohl des Mündels nicht widerspricht und dem Vormund zuzumuten ist.

---

[1] Buch 4 Abschnitt 3 (§§ 1773–1888) neu gef. mWv 1.1.2023 durch G v. 4.5.2021 (BGBl. I S. 882).

(5) [1] Wird der gewöhnliche Aufenthalt eines Mündels in den Bezirk eines anderen Jugendamts verlegt, so hat der Vormund dem Jugendamt des bisherigen gewöhnlichen Aufenthalts die Verlegung mitzuteilen. [2] Satz 1 gilt nicht für den Vereinsvormund und den Vormundschaftsverein.

§ 1791[1)] Aufnahme des Mündels in den Haushalt des Vormunds. [1] Der Vormund kann den Mündel zur Pflege und Erziehung in seinen Haushalt aufnehmen. [2] In diesem Fall sind Vormund und Mündel einander Beistand und Rücksicht schuldig; § 1619 gilt entsprechend.

§ 1792[1)] Gemeinschaftliche Führung der Vormundschaft, Zusammenarbeit von Vormund und Pfleger. (1) Ehegatten führen die ihnen übertragene Vormundschaft gemeinschaftlich.

(2) Vormünder und Pfleger sind zur gegenseitigen Information und Zusammenarbeit im Interesse des Mündels zu dessen Wohl verpflichtet.

(3) Der nach § 1776 bestellte Pfleger hat bei seinen Entscheidungen die Auffassung des Vormunds einzubeziehen.

(4) Der nach § 1777 bestellte Pfleger und der Vormund entscheiden in Angelegenheiten, für die ihnen die Sorge gemeinsam zusteht, in gegenseitigem Einvernehmen.

(5) In den Fällen der Absätze 1 und 4 gilt § 1629 Absatz 1 Satz 2 und 4 entsprechend.

§ 1793[1)] Entscheidung bei Meinungsverschiedenheiten. (1) Das Familiengericht entscheidet auf Antrag über die hinsichtlich einer Sorgeangelegenheit bestehenden Meinungsverschiedenheiten zwischen

1. gemeinschaftlichen Vormündern,
2. mehreren Vormündern bei Sorgeangelegenheiten, die Geschwister gemeinsam betreffen,
3. dem Vormund und dem nach § 1776 oder § 1777 bestellten Pfleger.

(2) Antragsberechtigt sind der Vormund, der Pfleger und der Mündel, der das 14. Lebensjahr vollendet hat.

§ 1794[1)] Haftung des Vormunds. (1) [1] Der Vormund ist dem Mündel für den aus einer Pflichtverletzung entstehenden Schaden verantwortlich. [2] Dies gilt nicht, wenn der Vormund die Pflichtverletzung nicht zu vertreten hat. [3] Im Übrigen gilt § 1826 entsprechend.

(2) Ist der Mündel zur Pflege und Erziehung in den Haushalt des Vormunds, der die Vormundschaft ehrenamtlich führt, aufgenommen, gilt § 1664 entsprechend.

Kapitel 2.[1)] Personensorge

§ 1795[2)] Gegenstand der Personensorge; Genehmigungspflichten.

(1) [1] Die Personensorge umfasst insbesondere die Bestimmung des Aufenthalts sowie die Pflege, Erziehung und Beaufsichtigung des Mündels unter Berücksichtigung seiner Rechte aus § 1788. [2] Der Vormund ist auch dann für die Personen-

---

[1)] Buch 4 Abschnitt 3 (§§ 1773–1888) neu gef. mWv 1.1.2023 durch G v. 4.5.2021 (BGBl. I S. 882).

[2)] § 1795 neu gef. mWv 1.1.2023 durch G v. 4.5.2021 (BGBl. I S. 882); Abs. 1 Satz 3 geänd. mWv 1.1. 2023 durch G v. 3.6.2021 (BGBl. I S. 1444); Abs. 2 Nr. 2 geänd. mWv 1.1.2023 durch G v. 24.6.2022 (BGBl. I S. 959).

sorge verantwortlich und hat die Pflege und Erziehung des Mündels persönlich zu fördern und zu gewährleisten, wenn er den Mündel nicht in seinem Haushalt pflegt und erzieht. [3] Die §§ 1631a bis 1632 Absatz 4 Satz 1 gelten entsprechend.

(2) Der Vormund bedarf der Genehmigung des Familiengerichts

1. zu einem Ausbildungsvertrag, der für längere Zeit als ein Jahr geschlossen wird,
2. zu einem auf die Eingehung eines Dienst- oder Arbeitsverhältnisses gerichteten Vertrag, wenn der Mündel zu persönlichen Leistungen für längere Zeit als ein Jahr verpflichtet werden soll, und
3. zum Wechsel des gewöhnlichen Aufenthalts des Mündels ins Ausland.

(3) Das Familiengericht erteilt die Genehmigung nach Absatz 2, wenn das Rechtsgeschäft oder der Aufenthaltswechsel unter Berücksichtigung der Rechte des Mündels aus § 1788 dem Wohl des Mündels nicht widerspricht.

(4) [1] Für die Erteilung der Genehmigung gelten die §§ 1855 bis 1856 Absatz 2 sowie die §§ 1857 und 1858 entsprechend. [2] Ist der Mündel volljährig geworden, so tritt seine Genehmigung an die Stelle der Genehmigung des Familiengerichts.

§ 1796[1)] Verhältnis zwischen Vormund und Pflegeperson. (1) [1] Der Vormund hat auf die Belange der Pflegeperson Rücksicht zu nehmen. [2] Bei Entscheidungen der Personensorge soll er die Auffassung der Pflegeperson einbeziehen.

(2) Für das Zusammenwirken von Vormund und Pflegeperson gilt § 1792 Absatz 2 entsprechend.

(3) Der Pflegeperson steht eine Person gleich, die

1. den Mündel
   a) in einer Einrichtung über Tag und Nacht oder
   b) in sonstigen Wohnformen

   betreut und erzieht oder
2. die intensive sozialpädagogische Betreuung des Mündels übernommen hat.

§ 1797[1)] Entscheidungsbefugnis der Pflegeperson. (1) [1] Lebt der Mündel für längere Zeit bei der Pflegeperson, ist diese berechtigt, in Angelegenheiten des täglichen Lebens zu entscheiden und den Vormund insoweit zu vertreten. [2] § 1629 Absatz 1 Satz 4 gilt entsprechend.

(2) Absatz 1 ist auf die Person gemäß § 1796 Absatz 3 entsprechend anzuwenden.

(3) Der Vormund kann die Befugnisse nach den Absätzen 1 und 2 durch Erklärung gegenüber der Pflegeperson einschränken oder ausschließen, wenn dies zum Wohl des Mündels erforderlich ist.

Kapitel 3.[1)] Vermögenssorge

§ 1798[1)] Grundsätze und Pflichten des Vormunds in der Vermögenssorge. (1) [1] Der Vormund hat die Vermögenssorge zum Wohl des Mündels unter Berücksichtigung der Grundsätze einer wirtschaftlichen Vermögensverwaltung und der wachsenden Bedürfnisse des Mündels zu selbständigem und verantwortungsbewussten Handeln wahrzunehmen. [2] Er ist dabei zum Schutz und Erhalt des Mündelvermögens verpflichtet.

[1)] Buch 4 Abschnitt 3 (§§ 1773–1888) neu gef. mWv 1.1.2023 durch G v. 4.5.2021 (BGBl. I S. 882).

(2) [1] Für die Pflichten des Vormunds bei der Vermögenssorge gelten im Übrigen § 1835 Absatz 1 bis 5 sowie die §§ 1836, 1837 und 1839 bis 1847 entsprechend. [2] Das Vermögensverzeichnis soll das bei Anordnung der Vormundschaft vorhandene Vermögen erfassen. [3] Das Familiengericht hat das Vermögensverzeichnis dem Mündel zur Kenntnis zu geben, soweit dies dem Wohl des Mündels nicht widerspricht und der Mündel aufgrund seines Entwicklungsstands in der Lage ist, das Verzeichnis zur Kenntnis zu nehmen.

(3) [1] Der Vormund kann nicht in Vertretung des Mündels Schenkungen machen. [2] Ausgenommen sind Schenkungen, durch die einer sittlichen Pflicht oder einer auf den Anstand zu nehmenden Rücksicht entsprochen wird.

§ 1799[1)] Genehmigungsbedürftige Rechtsgeschäfte. (1) Der Vormund bedarf der Genehmigung des Familiengerichts in den Fällen, in denen ein Betreuer nach den §§ 1848 bis 1854 Nummer 1 bis 7 der Genehmigung des Betreuungsgerichts bedarf, soweit sich nicht aus Absatz 2 etwas anderes ergibt.

(2) [1] Der Vormund bedarf abweichend von § 1853 Satz 1 Nummer 1 der Genehmigung des Familiengerichts zum Abschluss eines Miet- oder Pachtvertrags oder eines anderen Vertrags, durch den der Mündel zu wiederkehrenden Leistungen verpflichtet wird, wenn das Vertragsverhältnis länger als ein Jahr nach dem Eintritt seiner Volljährigkeit fortdauern soll. [2] Eine Genehmigung ist nicht erforderlich, wenn

1. der Vertrag geringe wirtschaftliche Bedeutung für den Mündel hat oder
2. das Vertragsverhältnis von dem Mündel nach Eintritt der Volljährigkeit spätestens zum Ablauf des 19. Lebensjahres ohne eigene Nachteile gekündigt werden kann.

§ 1800[1)] Erteilung der Genehmigung. (1) Das Familiengericht erteilt die Genehmigung, wenn das Rechtgeschäft den Grundsätzen nach § 1798 Absatz 1 nicht widerspricht.

(2) [1] Für die Erteilung der Genehmigung gelten die §§ 1855 bis 1856 Absatz 2 sowie die §§ 1857 und 1858 entsprechend. [2] Ist der Mündel volljährig geworden, so tritt seine Genehmigung an die Stelle der Genehmigung des Familiengerichts.

§ 1801[1)] Befreite Vormundschaft. (1) Für das Jugendamt, den Vereinsvormund und den Vormundschaftsverein als Vormund gilt § 1859 Absatz 1 entsprechend.

(2) [1] Das Familiengericht kann auf Antrag Vormünder von den Beschränkungen bei der Vermögenssorge befreien, wenn eine Gefährdung des Mündelvermögens nicht zu besorgen ist. [2] § 1860 Absatz 1 bis 3 gilt entsprechend.

(3) [1] Eltern können unter Beachtung der Voraussetzungen des § 1782 einen von ihnen benannten Vormund von den Beschränkungen nach den §§ 1845, 1848 und 1849 Absatz 1 Satz 1 Nummer 1 und 2, Satz 2 sowie § 1865 Absatz 1 befreien. [2] § 1859 Absatz 1 Satz 2 und 3 gilt entsprechend.

(4) Das Familiengericht hat die Befreiungen aufzuheben, wenn ihre Voraussetzungen nicht mehr vorliegen oder bei ihrer Fortgeltung eine Gefährdung des Mündelvermögens zu besorgen wäre.

[1)] Buch 4 Abschnitt 3 (§§ 1773–1888) neu gef. mWv 1.1.2023 durch G v. 4.5.2021 (BGBl. I S. 882).

Untertitel 3.[1] Beratung und Aufsicht durch das Familiengericht

§ 1802[1] Allgemeine Vorschriften. (1) [1] Das Familiengericht unterstützt den Vormund und berät ihn über seine Rechte und Pflichten bei der Wahrnehmung seiner Aufgaben. [2] § 1861 Absatz 2 gilt entsprechend.

(2) [1] Das Familiengericht führt über die gesamte Tätigkeit des Vormunds die Aufsicht. [2] Es hat dabei insbesondere auf die Einhaltung der Pflichten der Amtsführung des Vormunds unter Berücksichtigung der Rechte des Mündels sowie der Grundsätze und Pflichten des Vormunds in der Personen- und Vermögenssorge zu achten. [3] § 1862 Absatz 3 und 4 sowie die §§ 1863 bis 1867, 1666, 1666a und 1696 gelten entsprechend. [4] Das Familiengericht kann dem Vormund aufgeben, eine Versicherung gegen Schäden, die er dem Mündel zufügen kann, einzugehen.

§ 1803[1] Persönliche Anhörung; Besprechung mit dem Mündel. In geeigneten Fällen und soweit es nach dem Entwicklungstand des Mündels angezeigt ist,

1. hat das Familiengericht den Mündel persönlich anzuhören, wenn Anhaltspunkte bestehen, dass der Vormund pflichtwidrig die Rechte des Mündels nicht oder nicht in geeigneter Weise beachtet oder seinen Pflichten als Vormund in anderer Weise nicht nachkommt,
2. soll das Familiengericht den Anfangs- und Jahresbericht des Vormunds über die persönlichen Verhältnisse des Mündels, die Rechnungslegung des Vormunds, wenn der Umfang des zu verwaltenden Vermögens dies rechtfertigt, sowie wesentliche Änderungen der persönlichen oder wirtschaftlichen Verhältnisse des Mündels mit dem Mündel persönlich besprechen; der Vormund kann hinzugezogen werden.

Untertitel 4.[1] Beendigung der Vormundschaft

§ 1804[1] Entlassung des Vormunds. (1) Das Familiengericht hat den Vormund zu entlassen, wenn

1. die Fortführung des Amtes durch ihn, insbesondere wegen Verletzung seiner Pflichten, das Interesse oder Wohl des Mündels gefährden würde,
2. er als Vormund gemäß § 1774 Absatz 1 Nummer 2 bis 4 bestellt wurde und jetzt eine andere Person geeignet und bereit ist, die Vormundschaft ehrenamtlich zu führen, es sei denn, die Entlassung widerspricht dem Wohl des Mündels,
3. er als Vereinsvormund bestellt wurde und aus dem Arbeitsverhältnis mit dem Verein ausscheidet,
4. nach seiner Bestellung Umstände bekannt werden oder eintreten, die seiner Bestellung gemäß § 1784 entgegenstehen oder
5. ein sonstiger wichtiger Grund für die Entlassung vorliegt.

(2) Das Familiengericht hat den Vormund außerdem zu entlassen, wenn

1. nach dessen Bestellung Umstände eintreten, aufgrund derer ihm die Fortführung des Amtes nicht mehr zugemutet werden kann, und der Vormund seine Entlassung beantragt oder
2. er als Vereinsvormund bestellt wurde und der Verein seine Entlassung beantragt.

(3) [1] Das Familiengericht soll auf Antrag den bisherigen Vormund entlassen, wenn der Wechsel des Vormunds dem Wohl des Mündels dient. [2] Ein entgegen-

[1] Buch 4 Abschnitt 3 (§§ 1773–1888) neu gef. mWv 1.1.2023 durch G v. 4.5.2021 (BGBl. I S. 882).

stehender Wille des Mündels und der Vorrang des ehrenamtlichen Vormunds sind zu berücksichtigen. [3] Den Antrag nach Satz 1 können stellen:

1. der Vormund,
2. derjenige, der sich im Interesse des Mündels als neuer Vormund anbietet,
3. der Mündel, der das 14. Lebensjahr vollendet hat, sowie
4. jeder andere, der ein berechtigtes Interesse des Mündels geltend macht.

§ 1805[1)] Bestellung eines neuen Vormunds. (1) [1] Wird der Vormund entlassen oder verstirbt er, hat das Familiengericht unverzüglich einen neuen Vormund zu bestellen. [2] Die §§ 1778 bis 1785 gelten entsprechend.

(2) Wird der Vereinsvormund gemäß § 1804 Absatz 1 Nummer 3 oder Absatz 2 Nummer 2 entlassen, kann das Familiengericht statt der Entlassung des Vereinsvormunds feststellen, dass dieser die Vormundschaft künftig als Privatperson weiterführt, wenn dies dem Wohl des Mündels dient.

§ 1806[1)] Ende der Vormundschaft. Die Vormundschaft endet, wenn die Voraussetzungen für ihre Begründung gemäß § 1773 nicht mehr gegeben sind.

§ 1807[1)] Vermögensherausgabe, Schlussrechnungslegung und Fortführung der Geschäfte. Bei Beendigung der Vormundschaft finden die §§ 1872 bis 1874 mit der Maßgabe entsprechende Anwendung, dass § 1872 Absatz 5 für Vormünder gilt, die bei Beendigung ihres Amtes gemäß § 1801 Absatz 1 und 3 befreit waren.

Untertitel 5.[1)] Vergütung und Aufwendungsersatz

§ 1808[1)] Vergütung und Aufwendungsersatz. (1) Die Vormundschaft wird grundsätzlich unentgeltlich geführt.

(2) [1] Der ehrenamtliche Vormund kann vom Mündel für seine zur Führung der Vormundschaft erforderlichen Aufwendungen Vorschuss oder Ersatz gemäß § 1877 oder stattdessen die Aufwandspauschale gemäß § 1878 verlangen; die §§ 1879 und 1880 gelten entsprechend. [2] Das Familiengericht kann ihm abweichend von Absatz 1 eine angemessene Vergütung bewilligen. [3] § 1876 Satz 2 gilt entsprechend.

(3) [1] Die Vormundschaft wird ausnahmsweise berufsmäßig geführt. [2] Die Berufsmäßigkeit sowie Ansprüche des berufsmäßig tätigen Vormunds und des Vormundschaftsvereins auf Vergütung und Aufwendungsersatz bestimmen sich nach dem Vormünder- und Betreuervergütungsgesetz.

Titel 2.[1)] Pflegschaft für Minderjährige

§ 1809[1)] Ergänzungspflegschaft. (1) [1] Wer unter elterlicher Sorge oder unter Vormundschaft steht, erhält für Angelegenheiten, an deren Besorgung die Eltern oder der Vormund verhindert sind, einen Pfleger. [2] Der Pfleger hat die Pflicht und das Recht, die ihm übertragenen Angelegenheiten im Interesse des Pfleglings zu dessen Wohl zu besorgen und diesen zu vertreten.

(2) Wird eine Pflegschaft erforderlich, so haben die Eltern oder der Vormund dies dem Familiengericht unverzüglich anzuzeigen.

§ 1810[1)] Pflegschaft für ein ungeborenes Kind. [1] Für ein bereits gezeugtes Kind kann zur Wahrung seiner künftigen Rechte ein Pfleger bestellt werden,

---

[1)] Buch 4 Abschnitt 3 (§§ 1773–1888) neu gef. mWv 1.1.2023 durch G v. 4.5.2021 (BGBl. I S. 882).

sofern die Eltern an der Ausübung der elterlichen Sorge verhindert wären, wenn das Kind bereits geboren wäre. [2] Mit der Geburt des Kindes endet die Pflegschaft.

§ 1811[1)] Zuwendungspflegschaft. (1) Der Minderjährige erhält einen Zuwendungspfleger, wenn

1. der Minderjährige von Todes wegen, durch unentgeltliche Zuwendung auf den Todesfall oder unter Lebenden Vermögen erwirbt und
2. der Erblasser durch letztwillige Verfügung, der Zuwendende bei der Zuwendung bestimmt hat, dass die Eltern oder der Vormund das Vermögen nicht verwalten sollen.

(2) [1] Der Erblasser kann durch letztwillige Verfügung, der Zuwendende bei der Zuwendung

1. einen Zuwendungspfleger benennen,
2. den Zuwendungspfleger von den Beschränkungen gemäß den §§ 1843, 1845, 1846, 1848, 1849 Absatz 1 Satz 1 Nummer 1 und 2 und Satz 2 sowie § 1865 befreien.

[2] In den Fällen des Satzes 1 Nummer 1 gilt § 1783 entsprechend. [3] In den Fällen des Satzes 1 Nummer 2 gilt § 1859 Absatz 1 Satz 2 und 3 entsprechend.

(3) [1] Das Familiengericht hat die Befreiungen nach Absatz 2 Satz 1 Nummer 2 aufzuheben, wenn sie das Vermögen des Pfleglings erheblich gefährden. [2] Solange der Zuwendende lebt, ist zu einer Abweichung der von ihm erteilten Befreiungen seine Zustimmung erforderlich und genügend. [3] Ist er zur Abgabe einer Erklärung dauerhaft außerstande oder ist sein Aufenthalt dauerhaft unbekannt, so hat das Familiengericht unter Beachtung der Voraussetzung des Satzes 1 die Zustimmung zu ersetzen.

(4) [1] Sofern der Pflegling nicht mittellos ist, bestimmt sich die Höhe des Stundensatzes des Zuwendungspflegers nach seinen für die Führung der Pflegschaftsgeschäfte nutzbaren Fachkenntnissen sowie nach dem Umfang und der Schwierigkeit der Pflegschaftsgeschäfte. [2] § 1881 gilt entsprechend.

§ 1812[1)] Aufhebung und Ende der Pflegschaft. (1) Die Pflegschaft ist aufzuheben, wenn der Grund für die Anordnung der Pflegschaft weggefallen ist.

(2) Die Pflegschaft endet mit der Beendigung der elterlichen Sorge oder der Vormundschaft, im Falle der Pflegschaft zur Besorgung einer einzelnen Angelegenheit mit deren Erledigung.

§ 1813[1)] Anwendung des Vormundschaftsrechts. (1) Auf die Pflegschaften nach diesem Titel finden die für die Vormundschaft geltenden Vorschriften entsprechende Anwendung, soweit sich aus dem Gesetz nichts anderes ergibt.

(2) Für Pflegschaften nach § 1809 Absatz 1 Satz 1 gelten die §§ 1782 und 1783 nicht.

Titel 3.[1)] Rechtliche Betreuung

Untertitel 1.[1)] Betreuerbestellung

§ 1814[1)] Voraussetzungen. (1) Kann ein Volljähriger seine Angelegenheiten ganz oder teilweise rechtlich nicht besorgen und beruht dies auf einer Krankheit

---

[1)] Buch 4 Abschnitt 3 (§§ 1773–1888) neu gef. mWv 1.1.2023 durch G v. 4.5.2021 (BGBl. I S. 882).

oder Behinderung, so bestellt das Betreuungsgericht für ihn einen rechtlichen Betreuer (Betreuer).

(2) Gegen den freien Willen des Volljährigen darf ein Betreuer nicht bestellt werden.

(3) [1] Ein Betreuer darf nur bestellt werden, wenn dies erforderlich ist. [2] Die Bestellung eines Betreuers ist insbesondere nicht erforderlich, soweit die Angelegenheiten des Volljährigen

1. durch einen Bevollmächtigten, der nicht zu den in § 1816 Absatz 6 bezeichneten Personen gehört, gleichermaßen besorgt werden können oder
2. durch andere Hilfen, bei denen kein gesetzlicher Vertreter bestellt wird, erledigt werden können, insbesondere durch solche Unterstützung, die auf sozialen Rechten oder anderen Vorschriften beruht.

(4) [1] Die Bestellung eines Betreuers erfolgt auf Antrag des Volljährigen oder von Amts wegen. [2] Soweit der Volljährige seine Angelegenheiten lediglich aufgrund einer körperlichen Krankheit oder Behinderung nicht besorgen kann, darf ein Betreuer nur auf Antrag des Volljährigen bestellt werden, es sei denn, dass dieser seinen Willen nicht kundtun kann.

(5) [1] Ein Betreuer kann auch für einen Minderjährigen, der das 17. Lebensjahr vollendet hat, bestellt werden, wenn anzunehmen ist, dass die Bestellung eines Betreuers bei Eintritt der Volljährigkeit erforderlich sein wird. [2] Die Bestellung des Betreuers wird erst mit dem Eintritt der Volljährigkeit wirksam.

§ 1815[1)] Umfang der Betreuung. (1) [1] Der Aufgabenkreis eines Betreuers besteht aus einem oder mehreren Aufgabenbereichen. [2] Diese sind vom Betreuungsgericht im Einzelnen anzuordnen. [3] Ein Aufgabenbereich darf nur angeordnet werden, wenn und soweit dessen rechtliche Wahrnehmung durch einen Betreuer erforderlich ist.

(2) Folgende Entscheidungen darf der Betreuer nur treffen, wenn sie als Aufgabenbereich vom Betreuungsgericht ausdrücklich angeordnet worden sind:

1. eine mit Freiheitsentziehung verbundene Unterbringung des Betreuten nach § 1831 Absatz 1,
2. eine freiheitsentziehende Maßnahme im Sinne des § 1831 Absatz 4, unabhängig davon, wo der Betreute sich aufhält,
3. die Bestimmung des gewöhnlichen Aufenthalts des Betreuten im Ausland,
4. die Bestimmung des Umgangs des Betreuten,
5. die Entscheidung über die Telekommunikation des Betreuten einschließlich seiner elektronischen Kommunikation,
6. die Entscheidung über die Entgegennahme, das Öffnen und das Anhalten der Post des Betreuten.

(3) Einem Betreuer können unter den Voraussetzungen des § 1820 Absatz 3 auch die Aufgabenbereiche der Geltendmachung von Rechten des Betreuten gegenüber seinem Bevollmächtigten sowie zusätzlich der Geltendmachung von Auskunfts- und Rechenschaftsansprüchen des Betreuten gegenüber Dritten übertragen werden (Kontrollbetreuer).

§ 1816[1)] Eignung und Auswahl des Betreuers, Berücksichtigung der Wünsche des Volljährigen. (1) Das Betreuungsgericht bestellt einen Betreuer,

---

[1)] Buch 4 Abschnitt 3 (§§ 1773–1888) neu gef. mWv 1.1.2023 durch G v. 4.5.2021 (BGBl. I S. 882).

der geeignet ist, in dem gerichtlich angeordneten Aufgabenkreis die Angelegenheiten des Betreuten nach Maßgabe des § 1821 rechtlich zu besorgen und insbesondere in dem hierfür erforderlichen Umfang persönlichen Kontakt mit dem Betreuten zu halten.

(2) [1] Wünscht der Volljährige eine Person als Betreuer, so ist diesem Wunsch zu entsprechen, es sei denn, die gewünschte Person ist zur Führung der Betreuung nach Absatz 1 nicht geeignet. [2] Lehnt der Volljährige eine bestimmte Person als Betreuer ab, so ist diesem Wunsch zu entsprechen, es sei denn, die Ablehnung bezieht sich nicht auf die Person des Betreuers, sondern auf die Bestellung eines Betreuers als solche. [3] Die Sätze 1 und 2 gelten auch für Wünsche, die der Volljährige vor Einleitung des Betreuungsverfahrens geäußert hat, es sei denn, dass er an diesen erkennbar nicht festhalten will. [4] Wer von der Einleitung eines Verfahrens über die Bestellung eines Betreuers für einen Volljährigen Kenntnis erlangt und ein Dokument besitzt, in dem der Volljährige für den Fall, dass für ihn ein Betreuer bestellt werden muss, Wünsche zur Auswahl des Betreuers oder zur Wahrnehmung der Betreuung geäußert hat (Betreuungsverfügung), hat die Betreuungsverfügung dem Betreuungsgericht zu übermitteln.

(3) Schlägt der Volljährige niemanden vor, der zum Betreuer bestellt werden kann oder ist die gewünschte Person nicht geeignet, so sind bei der Auswahl des Betreuers die familiären Beziehungen des Volljährigen, insbesondere zum Ehegatten, zu Eltern und zu Kindern, seine persönlichen Bindungen sowie die Gefahr von Interessenkonflikten zu berücksichtigen.

(4) Eine Person, die keine familiäre Beziehung oder persönliche Bindung zu dem Volljährigen hat, soll nur dann zum ehrenamtlichen Betreuer bestellt werden, wenn sie mit einem nach § 14 des Betreuungsorganisationsgesetzes[1)] anerkannten Betreuungsverein oder mit der zuständigen Behörde eine Vereinbarung über eine Begleitung und Unterstützung gemäß § 15 Absatz 1 Satz 1 Nummer 4 oder § 5 Absatz 2 Satz 3 des Betreuungsorganisationsgesetzes geschlossen hat.

(5) [1] Ein beruflicher Betreuer nach § 19 Absatz 2 des Betreuungsorganisationsgesetzes soll nur dann zum Betreuer bestellt werden, wenn keine geeignete Person für die ehrenamtliche Führung der Betreuung zur Verfügung steht. [2] Bei der Entscheidung, ob ein bestimmter beruflicher Betreuer bestellt wird, sind die Anzahl und der Umfang der bereits von diesem zu führenden Betreuungen zu berücksichtigen.

(6) [1] Eine Person, die zu einem Träger von Einrichtungen oder Diensten, der in der Versorgung des Volljährigen tätig ist, in einem Abhängigkeitsverhältnis oder in einer anderen engen Beziehung steht, darf nicht zum Betreuer bestellt werden. [2] Dies gilt nicht, wenn im Einzelfall die konkrete Gefahr einer Interessenkollision nicht besteht.

§ 1817[2)] Mehrere Betreuer; Verhinderungsbetreuer; Ergänzungsbetreuer. (1) [1] Das Betreuungsgericht kann mehrere Betreuer bestellen, wenn die Angelegenheiten des Betreuten hierdurch besser besorgt werden können. [2] In diesem Falle bestimmt es, welcher Betreuer mit welchem Aufgabenbereich betraut wird. [3] Mehrere berufliche Betreuer werden außer in den in den Absätzen 2, 4 und 5 geregelten Fällen nicht bestellt.

[1)] **Habersack, Deutsche Gesetze ErgBd. Nr. 49c.**

[2)] § 1817 neu gef. mWv 1.1.2023 durch G v. 4.5.2021 (BGBl. I S. 882); Abs. 4 Satz 1 geänd. mWv 1.1. 2023 durch G v. 24.6.2022 (BGBl. I S. 959).

(2) Für die Entscheidung über die Einwilligung in eine Sterilisation des Betreuten ist stets ein besonderer Betreuer zu bestellen (Sterilisationsbetreuer).

(3) Sofern mehrere Betreuer mit demselben Aufgabenbereich betraut werden, können sie diese Angelegenheiten des Betreuten nur gemeinsam besorgen, es sei denn, dass das Betreuungsgericht etwas anderes bestimmt hat oder mit dem Aufschub Gefahr verbunden ist.

(4) [1] Das Betreuungsgericht kann auch vorsorglich einen Verhinderungsbetreuer bestellen, der die Angelegenheiten des Betreuten zu besorgen hat, soweit der Betreuer aus tatsächlichen Gründen verhindert ist. [2] Für diesen Fall kann auch ein anerkannter Betreuungsverein zum Verhinderungsbetreuer bestellt werden, ohne dass die Voraussetzungen des § 1818 Absatz 1 Satz 1 vorliegen.

(5) Soweit ein Betreuer aus rechtlichen Gründen gehindert ist, einzelne Angelegenheiten des Betreuten zu besorgen, hat das Betreuungsgericht hierfür einen Ergänzungsbetreuer zu bestellen.

§ 1818[1)] Betreuung durch Betreuungsverein oder Betreuungsbehörde.

(1) [1] Das Betreuungsgericht bestellt einen anerkannten Betreuungsverein zum Betreuer, wenn der Volljährige dies wünscht, oder wenn er durch eine oder mehrere natürliche Personen nicht hinreichend betreut werden kann. [2] Die Bestellung bedarf der Einwilligung des Betreuungsvereins.

(2) [1] Der Betreuungsverein überträgt die Wahrnehmung der Betreuung einzelnen Personen. [2] Vorschlägen des Volljährigen hat er hierbei zu entsprechen, wenn nicht wichtige Gründe entgegenstehen. [3] Der Betreuungsverein teilt dem Betreuungsgericht alsbald, spätestens binnen zwei Wochen nach seiner Bestellung, mit, wem er die Wahrnehmung der Betreuung übertragen hat. [4] Die Sätze 2 und 3 gelten bei einem Wechsel der Person, die die Betreuung für den Betreuungsverein wahrnimmt, entsprechend.

(3) Werden dem Betreuungsverein Umstände bekannt, aus denen sich ergibt, dass der Volljährige durch eine oder mehrere natürliche Personen hinreichend betreut werden kann, so hat er dies dem Betreuungsgericht mitzuteilen.

(4) [1] Kann der Volljährige weder durch eine oder mehrere natürliche Personen noch durch einen Betreuungsverein hinreichend betreut werden, so bestellt das Betreuungsgericht die zuständige Betreuungsbehörde zum Betreuer. [2] Die Absätze 2 und 3 gelten entsprechend.

(5) Die Entscheidung über die Einwilligung in eine Sterilisation darf weder einem Betreuungsverein noch einer Betreuungsbehörde übertragen werden.

§ 1819[1)] Übernahmepflicht; weitere Bestellungsvoraussetzungen.

(1) Die vom Betreuungsgericht ausgewählte Person ist verpflichtet, die Betreuung zu übernehmen, wenn ihr die Übernahme unter Berücksichtigung ihrer familiären, beruflichen und sonstigen Verhältnisse zugemutet werden kann.

(2) Die ausgewählte Person darf erst dann zum Betreuer bestellt werden, wenn sie sich zur Übernahme der Betreuung bereit erklärt hat.

(3) [1] Ein Mitarbeiter eines anerkannten Betreuungsvereins, der dort ausschließlich oder teilweise als Betreuer tätig ist (Vereinsbetreuer), darf nur mit Einwilligung des Betreuungsvereins bestellt werden. [2] Entsprechendes gilt für den Mitarbeiter einer Betreuungsbehörde, der als Betreuer bestellt wird (Behördenbetreuer).

[1)] Buch 4 Abschnitt 3 (§§ 1773–1888) neu gef. mWv 1.1.2023 durch G v. 4.5.2021 (BGBl. I S. 882).

§ 1820[1] Vorsorgevollmacht und Kontrollbetreuung. (1) [1] Wer von der Einleitung eines Verfahrens über die Bestellung eines Betreuers für einen Volljährigen Kenntnis erlangt und ein Dokument besitzt, in dem der Volljährige eine andere Person mit der Wahrnehmung seiner Angelegenheiten bevollmächtigt hat, hat das Betreuungsgericht hierüber unverzüglich zu unterrichten. [2] Das Betreuungsgericht kann die Vorlage einer Abschrift verlangen.

(2) Folgende Maßnahmen eines Bevollmächtigten setzen voraus, dass die Vollmacht schriftlich erteilt ist und diese Maßnahmen ausdrücklich umfasst:

1. die Einwilligung sowie ihr Widerruf oder die Nichteinwilligung in Maßnahmen nach § 1829 Absatz 1 Satz 1 und Absatz 2,
2. die Unterbringung nach § 1831 und die Einwilligung in Maßnahmen nach § 1831 Absatz 4,
3. die Einwilligung in eine ärztliche Zwangsmaßnahme nach § 1832 und die Verbringung nach § 1832 Absatz 4.

(3) Das Betreuungsgericht bestellt einen Kontrollbetreuer, wenn die Bestellung erforderlich ist, weil

1. der Vollmachtgeber aufgrund einer Krankheit oder Behinderung nicht mehr in der Lage ist, seine Rechte gegenüber dem Bevollmächtigten auszuüben, und
2. aufgrund konkreter Anhaltspunkte davon auszugehen ist, dass der Bevollmächtigte die Angelegenheiten des Vollmachtgebers nicht entsprechend der Vereinbarung oder dem erklärten oder mutmaßlichen Willen des Vollmachtgebers besorgt.

(4) [1] Das Betreuungsgericht kann anordnen, dass der Bevollmächtigte die ihm erteilte Vollmacht nicht ausüben darf und die Vollmachtsurkunde an den Betreuer herauszugeben hat, wenn

1. die dringende Gefahr besteht, dass der Bevollmächtigte nicht den Wünschen des Vollmachtgebers entsprechend handelt und dadurch die Person des Vollmachtgebers oder dessen Vermögen erheblich gefährdet oder
2. der Bevollmächtigte den Betreuer bei der Wahrnehmung seiner Aufgaben behindert.

[2] Liegen die Voraussetzungen des Satzes 1 nicht mehr vor, hat das Betreuungsgericht die Anordnung aufzuheben und den Betreuer zu verpflichten, dem Bevollmächtigten die Vollmachtsurkunde herauszugeben, wenn die Vollmacht nicht erloschen ist.

(5) [1] Der Betreuer darf eine Vollmacht oder einen Teil einer Vollmacht, die den Bevollmächtigten zu Maßnahmen der Personensorge oder zu Maßnahmen in wesentlichen Bereichen der Vermögenssorge ermächtigt, nur widerrufen, wenn das Festhalten an der Vollmacht eine künftige Verletzung der Person oder des Vermögens des Betreuten mit hinreichender Wahrscheinlichkeit und in erheblicher Schwere befürchten lässt und mildere Maßnahmen nicht zur Abwehr eines Schadens für den Betreuten geeignet erscheinen. [2] Der Widerruf bedarf der Genehmigung des Betreuungsgerichts. [3] Mit der Genehmigung des Widerrufs einer Vollmacht kann das Betreuungsgericht die Herausgabe der Vollmachtsurkunde an den Betreuer anordnen.

---

[1] Buch 4 Abschnitt 3 (§§ 1773–1888) neu gef. mWv 1.1.2023 durch G v. 4.5.2021 (BGBl. I S. 882).

Untertitel 2.[1] Führung der Betreuung

Kapitel 1.[1] Allgemeine Vorschriften

§ 1821[2] Pflichten des Betreuers; Wünsche des Betreuten. (1) [1]Der Betreuer nimmt alle Tätigkeiten vor, die erforderlich sind, um die Angelegenheiten des Betreuten rechtlich zu besorgen. [2]Er unterstützt den Betreuten dabei, seine Angelegenheiten rechtlich selbst zu besorgen, und macht von seiner Vertretungsmacht nach § 1823 nur Gebrauch, soweit dies erforderlich ist.

(2) [1]Der Betreuer hat die Angelegenheiten des Betreuten so zu besorgen, dass dieser im Rahmen seiner Möglichkeiten sein Leben nach seinen Wünschen gestalten kann. [2]Hierzu hat der Betreuer die Wünsche des Betreuten festzustellen. [3]Diesen hat der Betreuer vorbehaltlich des Absatzes 3 zu entsprechen und den Betreuten bei deren Umsetzung rechtlich zu unterstützen. [4]Dies gilt auch für die Wünsche, die der Betreute vor der Bestellung des Betreuers geäußert hat, es sei denn, dass er an diesen Wünschen erkennbar nicht festhalten will.

(3) Den Wünschen des Betreuten hat der Betreuer nicht zu entsprechen, soweit

1. die Person des Betreuten oder dessen Vermögen hierdurch erheblich gefährdet würde und der Betreute diese Gefahr aufgrund seiner Krankheit oder Behinderung nicht erkennen oder nicht nach dieser Einsicht handeln kann oder
2. dies dem Betreuer nicht zuzumuten ist.

(4) [1]Kann der Betreuer die Wünsche des Betreuten nicht feststellen oder darf er ihnen nach Absatz 3 Nummer 1 nicht entsprechen, hat er den mutmaßlichen Willen des Betreuten aufgrund konkreter Anhaltspunkte zu ermitteln und ihm Geltung zu verschaffen. [2]Zu berücksichtigen sind insbesondere frühere Äußerungen, ethische oder religiöse Überzeugungen und sonstige persönliche Wertvorstellungen des Betreuten. [3]Bei der Feststellung des mutmaßlichen Willens soll nahen Angehörigen und sonstigen Vertrauenspersonen des Betreuten Gelegenheit zur Äußerung gegeben werden.

(5) Der Betreuer hat den erforderlichen persönlichen Kontakt mit dem Betreuten zu halten, sich regelmäßig einen persönlichen Eindruck von ihm zu verschaffen und dessen Angelegenheiten mit ihm zu besprechen.

(6) Der Betreuer hat innerhalb seines Aufgabenkreises dazu beizutragen, dass Möglichkeiten genutzt werden, die Fähigkeit des Betreuten, seine eigenen Angelegenheiten zu besorgen, wiederherzustellen oder zu verbessern.

§ 1822[1] Auskunftspflicht gegenüber nahestehenden Angehörigen.

Der Betreuer hat nahestehenden Angehörigen und sonstigen Vertrauenspersonen des Betreuten auf Verlangen Auskunft über dessen persönliche Lebensumstände zu erteilen, soweit dies einem nach § 1821 Absatz 2 bis 4 zu beachtenden Wunsch oder dem mutmaßlichen Willen des Betreuten entspricht und dem Betreuer zuzumuten ist.

§ 1823[1] Vertretungsmacht des Betreuers. In seinem Aufgabenkreis kann der Betreuer den Betreuten gerichtlich und außergerichtlich vertreten.

§ 1824[1] Ausschluss der Vertretungsmacht. (1) Der Betreuer kann den Betreuten nicht vertreten:

---

[1] Buch 4 Abschnitt 3 (§§ 1773–1888) neu gef. mWv 1.1.2023 durch G v. 4.5.2021 (BGBl. I S. 882).

[2] § 1821 neu gef. mWv 1.1.2023 durch G v. 4.5.2021 (BGBl. I S. 882); Abs. 4 Satz 1 geänd. mWv 1.1.2023 durch G v. 24.6.2022 (BGBl. I S. 959).

1. bei einem Rechtsgeschäft zwischen seinem Ehegatten oder einem seiner Verwandten in gerader Linie einerseits und dem Betreuten andererseits, es sei denn, dass das Rechtsgeschäft ausschließlich in der Erfüllung einer Verbindlichkeit besteht,
2. bei einem Rechtsgeschäft, das die Übertragung oder Belastung einer durch Pfandrecht, Hypothek, Schiffshypothek oder Bürgschaft gesicherten Forderung des Betreuten gegen den Betreuer oder die Aufhebung oder Minderung dieser Sicherheit zum Gegenstand hat oder die Verpflichtung des Betreuten zu einer solchen Übertragung, Belastung, Aufhebung oder Minderung begründet,
3. bei einem Rechtsstreit zwischen den in Nummer 1 bezeichneten Personen sowie bei einem Rechtsstreit über eine Angelegenheit der in Nummer 2 bezeichneten Art.

(2) § 181 bleibt unberührt.

§ 1825[1)] Einwilligungsvorbehalt. (1) [1] Soweit dies zur Abwendung einer erheblichen Gefahr für die Person oder das Vermögen des Betreuten erforderlich ist, ordnet das Betreuungsgericht an, dass der Betreute zu einer Willenserklärung, die einen Aufgabenbereich des Betreuers betrifft, dessen Einwilligung bedarf (Einwilligungsvorbehalt). [2] Gegen den freien Willen des Volljährigen darf ein Einwilligungsvorbehalt nicht angeordnet werden. [3] Die §§ 108 bis 113, 131 Absatz 2 und § 210 gelten entsprechend.

(2) Ein Einwilligungsvorbehalt kann sich nicht erstrecken
1. auf Willenserklärungen, die auf Eingehung einer Ehe gerichtet sind,
2. auf Verfügungen von Todes wegen,
3. auf die Anfechtung eines Erbvertrags,
4. auf die Aufhebung eines Erbvertrags durch Vertrag und
5. auf Willenserklärungen, zu denen ein beschränkt Geschäftsfähiger nach den Vorschriften dieses Buches und des Buches 5 nicht der Zustimmung seines gesetzlichen Vertreters bedarf.

(3) [1] Ist ein Einwilligungsvorbehalt angeordnet, so bedarf der Betreute dennoch nicht der Einwilligung seines Betreuers, wenn die Willenserklärung dem Betreuten lediglich einen rechtlichen Vorteil bringt. [2] Soweit das Gericht nichts anderes anordnet, gilt dies auch, wenn die Willenserklärung eine geringfügige Angelegenheit des täglichen Lebens betrifft.

(4) Auch für einen Minderjährigen, der das 17. Lebensjahr vollendet hat, kann das Betreuungsgericht einen Einwilligungsvorbehalt anordnen, wenn anzunehmen ist, dass ein solcher bei Eintritt der Volljährigkeit erforderlich wird.

§ 1826[1)] Haftung des Betreuers. (1) [1] Der Betreuer ist dem Betreuten für den aus einer Pflichtverletzung entstehenden Schaden verantwortlich. [2] Dies gilt nicht, wenn der Betreuer die Pflichtverletzung nicht zu vertreten hat.

(2) Sind für den Schaden mehrere Betreuer nebeneinander verantwortlich, so haften sie als Gesamtschuldner.

(3) Ist ein Betreuungsverein als Betreuer bestellt, so ist er dem Betreuten für ein Verschulden des Mitglieds oder des Mitarbeiters in gleicher Weise verantwortlich wie für ein Verschulden eines verfassungsmäßig berufenen Vertreters.

[1)] Buch 4 Abschnitt 3 (§§ 1773–1888) neu gef. mWv 1.1.2023 durch G v. 4.5.2021 (BGBl. I S. 882).

Kapitel 2.[1] Personenangelegenheiten

§ 1827[1] Patientenverfügung; Behandlungswünsche oder mutmaßlicher Wille des Betreuten. (1) [1]Hat ein einwilligungsfähiger Volljähriger für den Fall seiner Einwilligungsunfähigkeit schriftlich festgelegt, ob er in bestimmte, zum Zeitpunkt der Festlegung noch nicht unmittelbar bevorstehende Untersuchungen seines Gesundheitszustands, Heilbehandlungen oder ärztliche Eingriffe einwilligt oder sie untersagt (Patientenverfügung), prüft der Betreuer, ob diese Festlegungen auf die aktuelle Lebens- und Behandlungssituation des Betreuten zutreffen. [2]Ist dies der Fall, hat der Betreuer dem Willen des Betreuten Ausdruck und Geltung zu verschaffen. [3]Eine Patientenverfügung kann jederzeit formlos widerrufen werden.

(2) [1]Liegt keine Patientenverfügung vor oder treffen die Festlegungen einer Patientenverfügung nicht auf die aktuelle Lebens- und Behandlungssituation des Betreuten zu, hat der Betreuer die Behandlungswünsche oder den mutmaßlichen Willen des Betreuten festzustellen und auf dieser Grundlage zu entscheiden, ob er in eine ärztliche Maßnahme nach Absatz 1 einwilligt oder sie untersagt. [2]Der mutmaßliche Wille ist aufgrund konkreter Anhaltspunkte zu ermitteln. [3]Zu berücksichtigen sind insbesondere frühere Äußerungen, ethische oder religiöse Überzeugungen und sonstige persönliche Wertvorstellungen des Betreuten.

(3) Die Absätze 1 und 2 gelten unabhängig von Art und Stadium einer Erkrankung des Betreuten.

(4) Der Betreuer soll den Betreuten in geeigneten Fällen auf die Möglichkeit einer Patientenverfügung hinweisen und ihn auf dessen Wunsch bei der Errichtung einer Patientenverfügung unterstützen.

(5) [1]Niemand kann zur Errichtung einer Patientenverfügung verpflichtet werden. [2]Die Errichtung oder Vorlage einer Patientenverfügung darf nicht zur Bedingung eines Vertragsschlusses gemacht werden.

(6) Die Absätze 1 bis 3 gelten für Bevollmächtigte entsprechend.

§ 1828[1] Gespräch zur Feststellung des Patientenwillens. (1) [1]Der behandelnde Arzt prüft, welche ärztliche Maßnahme im Hinblick auf den Gesamtzustand und die Prognose des Patienten indiziert ist. [2]Er und der Betreuer erörtern diese Maßnahme unter Berücksichtigung des Patientenwillens als Grundlage für die nach § 1827 zu treffende Entscheidung.

(2) Bei der Feststellung des Patientenwillens nach § 1827 Absatz 1 oder der Behandlungswünsche oder des mutmaßlichen Willens nach § 1827 Absatz 2 soll nahen Angehörigen und sonstigen Vertrauenspersonen des Betreuten Gelegenheit zur Äußerung gegeben werden, sofern dies ohne erhebliche Verzögerung möglich ist.

(3) Die Absätze 1 und 2 gelten für Bevollmächtigte entsprechend.

§ 1829[1] Genehmigung des Betreuungsgerichts bei ärztlichen Maßnahmen. (1) [1]Die Einwilligung des Betreuers in eine Untersuchung des Gesundheitszustands, eine Heilbehandlung oder einen ärztlichen Eingriff bedarf der Genehmigung des Betreuungsgerichts, wenn die begründete Gefahr besteht, dass der Betreute aufgrund der Maßnahme stirbt oder einen schweren und länger dauernden gesundheitlichen Schaden erleidet. [2]Ohne die Genehmigung darf die Maßnahme nur durchgeführt werden, wenn mit dem Aufschub Gefahr verbunden ist.

---

[1] Buch 4 Abschnitt 3 (§§ 1773–1888) neu gef. mWv 1.1.2023 durch G v. 4.5.2021 (BGBl. I S. 882).

(2) Die Nichteinwilligung oder der Widerruf der Einwilligung des Betreuers in eine Untersuchung des Gesundheitszustands, eine Heilbehandlung oder einen ärztlichen Eingriff bedarf der Genehmigung des Betreuungsgerichts, wenn die Maßnahme medizinisch angezeigt ist und die begründete Gefahr besteht, dass der Betreute aufgrund des Unterbleibens oder des Abbruchs der Maßnahme stirbt oder einen schweren und länger dauernden gesundheitlichen Schaden erleidet.

(3) Die Genehmigung nach den Absätzen 1 und 2 ist zu erteilen, wenn die Einwilligung, die Nichteinwilligung oder der Widerruf der Einwilligung dem Willen des Betreuten entspricht.

(4) Eine Genehmigung nach den Absätzen 1 und 2 ist nicht erforderlich, wenn zwischen Betreuer und behandelndem Arzt Einvernehmen darüber besteht, dass die Erteilung, die Nichterteilung oder der Widerruf der Einwilligung dem nach § 1827 festgestellten Willen des Betreuten entspricht.

(5) Die Absätze 1 bis 4 gelten nach Maßgabe des § 1820 Absatz 2 Nummer 1 für einen Bevollmächtigten entsprechend.

§ 1830[1] **Sterilisation.** (1) Die Einwilligung eines Sterilisationsbetreuers in eine Sterilisation des Betreuten, in die dieser nicht selbst einwilligen kann, ist nur zulässig, wenn

1. die Sterilisation dem natürlichen Willen des Betreuten entspricht,
2. der Betreute auf Dauer einwilligungsunfähig bleiben wird,
3. anzunehmen ist, dass es ohne die Sterilisation zu einer Schwangerschaft kommen würde,
4. infolge dieser Schwangerschaft eine Gefahr für das Leben oder die Gefahr einer schwerwiegenden Beeinträchtigung des körperlichen oder seelischen Gesundheitszustands der Schwangeren zu erwarten wäre, die nicht auf zumutbare Weise abgewendet werden könnte, und
5. die Schwangerschaft nicht durch andere zumutbare Mittel verhindert werden kann.

(2) [1]Die Einwilligung bedarf der Genehmigung des Betreuungsgerichts. [2]Die Sterilisation darf erst zwei Wochen nach Wirksamkeit der Genehmigung durchgeführt werden. [3]Bei der Sterilisation ist stets der Methode der Vorzug zu geben, die eine Refertilisierung zulässt.

§ 1831[1] **Freiheitsentziehende Unterbringung und freiheitsentziehende Maßnahmen.** (1) Eine Unterbringung des Betreuten durch den Betreuer, die mit Freiheitsentziehung verbunden ist, ist nur zulässig, solange sie erforderlich ist, weil

1. aufgrund einer psychischen Krankheit oder geistigen oder seelischen Behinderung des Betreuten die Gefahr besteht, dass er sich selbst tötet oder erheblichen gesundheitlichen Schaden zufügt, oder
2. zur Abwendung eines drohenden erheblichen gesundheitlichen Schadens eine Untersuchung des Gesundheitszustands, eine Heilbehandlung oder ein ärztlicher Eingriff notwendig ist, die Maßnahme ohne die Unterbringung des Betreuten nicht durchgeführt werden kann und der Betreute aufgrund einer psychischen Krankheit oder geistigen oder seelischen Behinderung die Notwendigkeit der Unterbringung nicht erkennen oder nicht nach dieser Einsicht handeln kann.

---

[1] Buch 4 Abschnitt 3 (§§ 1773–1888) neu gef. mWv 1.1.2023 durch G v. 4.5.2021 (BGBl. I S. 882).

(2) [1] Die Unterbringung ist nur mit Genehmigung des Betreuungsgerichts zulässig. [2] Ohne die Genehmigung ist die Unterbringung nur zulässig, wenn mit dem Aufschub Gefahr verbunden ist; die Genehmigung ist unverzüglich nachzuholen.

(3) [1] Der Betreuer hat die Unterbringung zu beenden, wenn ihre Voraussetzungen weggefallen sind. [2] Er hat die Beendigung der Unterbringung dem Betreuungsgericht unverzüglich anzuzeigen.

(4) Die Absätze 1 bis 3 gelten entsprechend, wenn dem Betreuten, der sich in einem Krankenhaus, einem Heim oder einer sonstigen Einrichtung aufhält, durch mechanische Vorrichtungen, Medikamente oder auf andere Weise über einen längeren Zeitraum oder regelmäßig die Freiheit entzogen werden soll.

(5) Die Absätze 1 bis 4 gelten nach Maßgabe des § 1820 Absatz 2 Nummer 2 für einen Bevollmächtigten entsprechend.

§ 1832[1)] Ärztliche Zwangsmaßnahmen. (1) [1] Widerspricht eine Untersuchung des Gesundheitszustands, eine Heilbehandlung oder ein ärztlicher Eingriff dem natürlichen Willen des Betreuten (ärztliche Zwangsmaßnahme), so kann der Betreuer in die ärztliche Zwangsmaßnahme nur einwilligen, wenn

1. die ärztliche Zwangsmaßnahme notwendig ist, um einen drohenden erheblichen gesundheitlichen Schaden vom Betreuten abzuwenden,
2. der Betreute aufgrund einer psychischen Krankheit oder einer geistigen oder seelischen Behinderung die Notwendigkeit der ärztlichen Maßnahme nicht erkennen oder nicht nach dieser Einsicht handeln kann,
3. die ärztliche Zwangsmaßnahme dem nach § 1827 zu beachtenden Willen des Betreuten entspricht,
4. zuvor ernsthaft, mit dem nötigen Zeitaufwand und ohne Ausübung unzulässigen Drucks versucht wurde, den Betreuten von der Notwendigkeit der ärztlichen Maßnahme zu überzeugen,
5. der drohende erhebliche gesundheitliche Schaden durch keine andere den Betreuten weniger belastende Maßnahme abgewendet werden kann,
6. der zu erwartende Nutzen der ärztlichen Zwangsmaßnahme die zu erwartenden Beeinträchtigungen deutlich überwiegt und
7. die ärztliche Zwangsmaßnahme im Rahmen eines stationären Aufenthalts in einem Krankenhaus, in dem die gebotene medizinische Versorgung des Betreuten einschließlich einer erforderlichen Nachbehandlung sichergestellt ist, durchgeführt wird.

[2] § 1867 ist nur anwendbar, wenn der Betreuer an der Erfüllung seiner Pflichten verhindert ist.

(2) Die Einwilligung in die ärztliche Zwangsmaßnahme bedarf der Genehmigung des Betreuungsgerichts.

(3) [1] Der Betreuer hat die Einwilligung in die ärztliche Zwangsmaßnahme zu widerrufen, wenn ihre Voraussetzungen weggefallen sind. [2] Er hat den Widerruf dem Betreuungsgericht unverzüglich anzuzeigen.

(4) Kommt eine ärztliche Zwangsmaßnahme in Betracht, so gilt für die Verbringung des Betreuten gegen seinen natürlichen Willen zu einem stationären Aufenthalt in ein Krankenhaus § 1831 Absatz 1 Nummer 2, Absatz 2 und 3 Satz 1 entsprechend.

[1)] Buch 4 Abschnitt 3 (§§ 1773–1888) neu gef. mWv 1.1.2023 durch G v. 4.5.2021 (BGBl. I S. 882).

(5) Die Absätze 1 bis 4 gelten nach Maßgabe des § 1820 Absatz 2 Nummer 3 für einen Bevollmächtigten entsprechend.

§ 1833[1)] Aufgabe von Wohnraum des Betreuten. (1) [1] Eine Aufgabe von Wohnraum, der vom Betreuten selbst genutzt wird, durch den Betreuer ist nur nach Maßgabe des § 1821 Absatz 2 bis 4 zulässig. [2] Eine Gefährdung im Sinne des § 1821 Absatz 3 Nummer 1 liegt insbesondere dann vor, wenn eine Finanzierung des Wohnraums trotz Ausschöpfung aller dem Betreuten zur Verfügung stehenden Ressourcen nicht möglich ist oder eine häusliche Versorgung trotz umfassender Zuhilfenahme aller ambulanten Dienste zu einer erheblichen gesundheitlichen Gefährdung des Betreuten führen würde.

(2) [1] Beabsichtigt der Betreuer, vom Betreuten selbst genutzten Wohnraum aufzugeben, so hat er dies unter Angabe der Gründe und der Sichtweise des Betreuten dem Betreuungsgericht unverzüglich anzuzeigen. [2] Ist mit einer Aufgabe des Wohnraums aus anderen Gründen zu rechnen, so hat der Betreuer auch dies sowie die von ihm beabsichtigten Maßnahmen dem Betreuungsgericht unverzüglich anzuzeigen, wenn sein Aufgabenkreis die entsprechende Angelegenheit umfasst.

(3) [1] Der Betreuer bedarf bei vom Betreuten selbst genutzten Wohnraum der Genehmigung des Betreuungsgerichts

1. zur Kündigung des Mietverhältnisses,
2. zu einer Willenserklärung, die auf die Aufhebung des Mietverhältnisses gerichtet ist,
3. zur Vermietung solchen Wohnraums und
4. zur Verfügung über ein Grundstück oder über ein Recht an einem Grundstück, sofern dies mit der Aufgabe des Wohnraums verbunden ist.

[2] Die §§ 1855 bis 1858 gelten entsprechend.

§ 1834[1)] Bestimmung des Umgangs und des Aufenthalts des Betreuten.

(1) Den Umgang des Betreuten mit anderen Personen darf der Betreuer mit Wirkung für und gegen Dritte nur bestimmen, wenn der Betreute dies wünscht oder ihm eine konkrete Gefährdung im Sinne des § 1821 Absatz 3 Nummer 1 droht.

(2) Die Bestimmung des Aufenthalts umfasst das Recht, den Aufenthalt des Betreuten auch mit Wirkung für und gegen Dritte zu bestimmen und, falls erforderlich, die Herausgabe des Betreuten zu verlangen.

(3) Über Streitigkeiten, die eine Angelegenheit nach Absatz 1 oder 2 betreffen, entscheidet das Betreuungsgericht auf Antrag.

Kapitel 3.[1)] Vermögensangelegenheiten

Unterkapitel 1.[1)] Allgemeine Vorschriften

§ 1835[1)] Vermögensverzeichnis. (1) [1] Soweit die Verwaltung des Vermögens des Betreuten zum Aufgabenkreis des Betreuers gehört, hat er zum Zeitpunkt seiner Bestellung ein Verzeichnis über das Vermögen des Betreuten zu erstellen und dieses dem Betreuungsgericht mit der Versicherung der Richtigkeit und Vollständigkeit einzureichen. [2] Das Vermögensverzeichnis soll auch Angaben zu den regelmäßigen Einnahmen und Ausgaben des Betreuten enthalten. [3] Der Betreuer hat das Vermögensverzeichnis um dasjenige Vermögen zu ergänzen, das der Be-

---

[1)] Buch 4 Abschnitt 3 (§§ 1773–1888) neu gef. mWv 1.1.2023 durch G v. 4.5.2021 (BGBl. I S. 882).

treute später hinzuerwirbt. [4]Mehrere Betreuer haben das Vermögensverzeichnis gemeinsam zu erstellen, soweit sie das Vermögen gemeinsam verwalten.

(2) Der Betreuer hat seine Angaben im Vermögensverzeichnis in geeigneter Weise zu belegen.

(3) Soweit es für die ordnungsgemäße Erstellung des Vermögensverzeichnisses erforderlich und mit Rücksicht auf das Vermögen des Betreuten angemessen ist, kann der Betreuer die zuständige Betreuungsbehörde, einen zuständigen Beamten, einen Notar oder einen Sachverständigen zur Erstellung des Verzeichnisses hinzuziehen.

(4) [1]Bestehen nach den Umständen des Einzelfalls konkrete Anhaltspunkte dafür, dass die Kontrolle der Richtigkeit und Vollständigkeit des Vermögensverzeichnisses durch eine dritte Person zum Schutz des Vermögens des Betreuten oder zur Vermeidung von Rechtsstreitigkeiten erforderlich ist, kann das Betreuungsgericht eine dritte Person als Zeuge bei der Erstellung des Vermögensverzeichnisses, insbesondere bei einer Inaugenscheinnahme von Vermögensgegenständen, hinzuziehen. [2]Für die Erstattung der Aufwendungen der dritten Person sind die Vorschriften über die Entschädigung von Zeugen nach dem Justizvergütungs- und -entschädigungsgesetz[1)] anzuwenden. [3]Der Betreuer hat der dritten Person die Wahrnehmung ihrer Aufgaben zu ermöglichen. [4]Die dritte Person hat dem Betreuungsgericht über die Erstellung des Vermögensverzeichnisses und insbesondere das Ergebnis der Inaugenscheinnahme zu berichten.

(5) Ist das eingereichte Vermögensverzeichnis ungenügend, so kann das Betreuungsgericht anordnen, dass das Vermögensverzeichnis durch die zuständige Betreuungsbehörde oder einen Notar aufgenommen wird.

(6) Das Betreuungsgericht hat das Vermögensverzeichnis dem Betreuten zur Kenntnis zu geben, es sei denn, dadurch sind erhebliche Nachteile für dessen Gesundheit zu besorgen oder er ist offensichtlich nicht in der Lage, das Vermögensverzeichnis zur Kenntnis zu nehmen.

§ 1836[2)] Trennungsgebot; Verwendung des Vermögens für den Betreuer. (1) [1]Der Betreuer hat das Vermögen des Betreuten getrennt von seinem eigenen Vermögen zu halten. [2]Dies gilt nicht für das bei Bestellung des Betreuers bestehende und das während der Betreuung hinzukommende gemeinschaftliche Vermögen des Betreuers und des Betreuten, wenn das Betreuungsgericht nichts anderes anordnet.

(2) [1]Der Betreuer darf das Vermögen des Betreuten nicht für sich verwenden. [2]Dies gilt nicht, wenn die Betreuung ehrenamtlich geführt wird und zwischen dem Betreuten und dem Betreuer eine Vereinbarung über die Verwendung getroffen wurde. [3]Verwendungen nach Satz 2 sind unter Darlegung der Vereinbarung dem Betreuungsgericht anzuzeigen.

(3) Absatz 2 Satz 1 gilt nicht für Haushaltsgegenstände und das Verfügungsgeld im Sinne des § 1839, wenn der Betreuer mit dem Betreuten einen gemeinsamen Haushalt führt oder geführt hat und die Verwendung dem Wunsch oder mutmaßlichen Willen des Betreuten entspricht.

§ 1837[2)] Vermögensverwaltung durch den Betreuer bei Erbschaft und Schenkung. (1) Der Betreuer hat das Vermögen des Betreuten, das dieser von Todes wegen erwirbt, das ihm unentgeltlich durch Zuwendung auf den Todesfall

---

[1)] Nr. **116**.

[2)] Buch 4 Abschnitt 3 (§§ 1773–1888) neu gef. mWv 1.1.2023 durch G v. 4.5.2021 (BGBl. I S. 882).

oder unter Lebenden von einem Dritten zugewendet wird, nach den Anordnungen des Erblassers oder des Zuwendenden, soweit diese sich an den Betreuer richten, zu verwalten, wenn die Anordnungen von dem Erblasser durch letztwillige Verfügung oder von dem Dritten bei der Zuwendung getroffen worden sind.

(2) [1] Das Betreuungsgericht kann die Anordnungen des Erblassers oder des Zuwendenden aufheben, wenn ihre Befolgung das Vermögen des Betreuten erheblich gefährden würde. [2] Solange der Zuwendende lebt, ist zu einer Abweichung von den Anordnungen seine Zustimmung erforderlich und genügend. [3] Ist er zur Abgabe einer Erklärung dauerhaft außerstande oder ist sein Aufenthalt dauerhaft unbekannt, so kann das Betreuungsgericht unter Beachtung der Voraussetzungen von Satz 1 die Zustimmung ersetzen.

Unterkapitel 2.[1)] Verwaltung von Geld, Wertpapieren und Wertgegenständen

§ 1838[1)] Pflichten des Betreuers in Vermögensangelegenheiten.

(1) [1] Der Betreuer hat die Vermögensangelegenheiten des Betreuten nach Maßgabe des § 1821 wahrzunehmen. [2] Es wird vermutet, dass eine Wahrnehmung der Vermögensangelegenheiten nach den §§ 1839 bis 1843 dem mutmaßlichen Willen des Betreuten nach § 1821 Absatz 4 entspricht, wenn keine hinreichenden konkreten Anhaltspunkte für einen hiervon abweichenden mutmaßlichen Willen bestehen.

(2) [1] Soweit die nach Absatz 1 Satz 1 gebotene Wahrnehmung der Vermögensangelegenheiten von den in den §§ 1839 bis 1843 festgelegten Grundsätzen abweicht, hat der Betreuer dies dem Betreuungsgericht unverzüglich unter Darlegung der Wünsche des Betreuten anzuzeigen. [2] Das Betreuungsgericht kann die Anwendung der §§ 1839 bis 1843 oder einzelner Vorschriften ausdrücklich anordnen, wenn andernfalls eine Gefährdung im Sinne des § 1821 Absatz 3 Nummer 1 zu besorgen wäre.

§ 1839[1)] Bereithaltung von Verfügungsgeld. (1) [1] Geld des Betreuten, das der Betreuer für dessen Ausgaben benötigt (Verfügungsgeld), hat er auf einem Girokonto des Betreuten bei einem Kreditinstitut bereitzuhalten. [2] Ausgenommen ist Bargeld im Sinne § 1840 Absatz 2.

(2) Absatz 1 steht einer Bereithaltung von Verfügungsgeld auf einem gesonderten zur verzinslichen Anlage geeigneten Konto des Betreuten im Sinne von § 1841 Absatz 2 nicht entgegen.

§ 1840[1)] Bargeldloser Zahlungsverkehr. (1) Der Betreuer hat den Zahlungsverkehr für den Betreuten bargeldlos unter Verwendung des gemäß § 1839 Absatz 1 Satz 1 zu unterhaltenden Girokontos durchzuführen.

(2) Von Absatz 1 sind ausgenommen
1. im Geschäftsverkehr übliche Barzahlungen und
2. Auszahlungen an den Betreuten.

§ 1841[1)] Anlagepflicht. (1) Geld des Betreuten, das nicht für Ausgaben nach § 1839 benötigt wird, hat der Betreuer anzulegen (Anlagegeld).

(2) Der Betreuer soll das Anlagegeld auf einem zur verzinslichen Anlage geeigneten Konto des Betreuten bei einem Kreditinstitut (Anlagekonto) anlegen.

[1)] Buch 4 Abschnitt 3 (§§ 1773–1888) neu gef. mWv 1.1.2023 durch G v. 4.5.2021 (BGBl. I S. 882).

§ 1842[1] **Voraussetzungen für das Kreditinstitut.** Das Kreditinstitut muss bei Anlagen nach den §§ 1839 und 1841 Absatz 2 einer für die jeweilige Anlage ausreichenden Sicherungseinrichtung angehören.

§ 1843[1] **Depotverwahrung und Hinterlegung von Wertpapieren.**

(1) Der Betreuer hat Wertpapiere des Betreuten im Sinne des § 1 Absatz 1 und 2 des Depotgesetzes[2] bei einem Kreditinstitut in Einzel- oder Sammelverwahrung verwahren zu lassen.

(2) Sonstige Wertpapiere des Betreuten hat der Betreuer in einem Schließfach eines Kreditinstituts zu hinterlegen.

(3) Die Pflicht zur Depotverwahrung oder zur Hinterlegung besteht nicht, wenn diese nach den Umständen des Einzelfalls unter Berücksichtigung der Art der Wertpapiere zur Sicherung des Vermögens des Betreuten nicht geboten ist.

§ 1844[1] **Hinterlegung von Wertgegenständen auf Anordnung des Betreuungsgerichts.** Das Betreuungsgericht kann anordnen, dass der Betreuer Wertgegenstände des Betreuten bei einer Hinterlegungsstelle oder einer anderen geeigneten Stelle hinterlegt, wenn dies zur Sicherung des Vermögens des Betreuten geboten ist.

§ 1845[1] **Sperrvereinbarung.** (1) [1] Für Geldanlagen des Betreuten im Sinne von § 1841 Absatz 2 hat der Betreuer mit dem Kreditinstitut zu vereinbaren, dass er über die Anlage nur mit Genehmigung des Betreuungsgerichts verfügen kann. [2] Anlagen von Verfügungsgeld gemäß § 1839 Absatz 2 bleiben unberührt.

(2) [1] Für Wertpapiere im Sinne von § 1843 Absatz 1 hat der Betreuer mit dem Verwahrer zu vereinbaren, dass er über die Wertpapiere und die Rechte aus dem Depotvertrag mit Ausnahme von Zinsen und Ausschüttungen nur mit Genehmigung des Betreuungsgerichts verfügen kann. [2] Der Betreuer hat mit dem Kreditinstitut zu vereinbaren, dass er die Öffnung des Schließfachs für Wertpapiere im Sinne des § 1843 Absatz 2 und die Herausgabe von nach § 1844 hinterlegten Wertgegenständen nur mit Genehmigung des Betreuungsgerichts verlangen kann.

(3) [1] Die Absätze 1 und 2 sind entsprechend anzuwenden, wenn ein Anlagekonto, ein Depot oder eine Hinterlegung des Betreuten bei der Bestellung des Betreuers unversperrt ist. [2] Der Betreuer hat dem Betreuungsgericht die Sperrvereinbarung anzuzeigen.

Unterkapitel 3.[1] Anzeigepflichten

§ 1846[1] **Anzeigepflichten bei der Geld- und Vermögensverwaltung.**

(1) Der Betreuer hat dem Betreuungsgericht unverzüglich anzuzeigen, wenn er

1. ein Girokonto für den Betreuten eröffnet,
2. ein Anlagekonto für den Betreuten eröffnet,
3. ein Depot eröffnet oder Wertpapiere des Betreuten hinterlegt,
4. Wertpapiere des Betreuten gemäß § 1843 Absatz 3 nicht in einem Depot verwahrt oder hinterlegt.

(2) Die Anzeige hat insbesondere Angaben zu enthalten

1. zur Höhe des Guthabens auf dem Girokonto nach Absatz 1 Nummer 1,

---

[1] Buch 4 Abschnitt 3 (§§ 1773–1888) neu gef. mWv 1.1.2023 durch G v. 4.5.2021 (BGBl. I S. 882).
[2] **Habersack, Deutsche Gesetze ErgBd. Nr. 59.**

2. zu Höhe und Verzinsung der Anlage gemäß Absatz 1 Nummer 2 sowie ihrer Bestimmung als Anlage- oder Verfügungsgeld,
3. zu Art, Umfang und Wert der depotverwahrten oder hinterlegten Wertpapiere gemäß Absatz 1 Nummer 3 sowie zu den sich aus ihnen ergebenden Aufwendungen und Nutzungen,
4. zu den Gründen, aus denen der Betreuer die Depotverwahrung oder Hinterlegung gemäß Absatz 1 Nummer 4 für nicht geboten erachtet, und wie die Wertpapiere verwahrt werden sollen,
5. zur Sperrvereinbarung.

§ 1847[1)] Anzeigepflicht für Erwerbsgeschäfte. Der Betreuer hat Beginn, Art und Umfang eines neuen Erwerbsgeschäfts im Namen des Betreuten und die Aufgabe eines bestehenden Erwerbsgeschäfts des Betreuten beim Betreuungsgericht anzuzeigen.

Unterkapitel 4.[1)] Genehmigungsbedürftige Rechtsgeschäfte

§ 1848[1)] Genehmigung einer anderen Anlegung von Geld. Der Betreuer bedarf der Genehmigung des Betreuungsgerichts, wenn er Anlagegeld anders als auf einem Anlagekonto gemäß § 1841 Absatz 2 anlegt.

§ 1849[1)] Genehmigung bei Verfügung über Rechte und Wertpapiere.

(1) [1] Der Betreuer bedarf der Genehmigung des Betreuungsgerichts zu einer Verfügung über
1. ein Recht, kraft dessen der Betreute eine Geldleistung oder die Leistung eines Wertpapiers verlangen kann,
2. ein Wertpapier des Betreuten,
3. einen hinterlegten Wertgegenstand des Betreuten.

[2] Das Gleiche gilt für die Eingehung der Verpflichtung zu einer solchen Verfügung.

(2) [1] Einer Genehmigung bedarf es nicht,
1. im Fall einer Geldleistung nach Absatz 1 Satz 1 Nummer 1, wenn der aus dem Recht folgende Zahlungsanspruch
   a) nicht mehr als 3 000 Euro beträgt,
   b) das Guthaben auf einem Girokonto des Betreuten betrifft,
   c) das Guthaben auf einem vom Betreuer für Verfügungsgeld ohne Sperrvereinbarung eröffneten Anlagekonto betrifft,
   d) zu den Nutzungen des Vermögens des Betreuten gehört oder
   e) auf Nebenleistungen gerichtet ist,
2. im Fall von Absatz 1 Satz 1 Nummer 2, wenn die Verfügung über das Wertpapier
   a) eine Nutzung des Vermögens des Betreuten darstellt,
   b) eine Umschreibung des Wertpapiers auf den Namen des Betreuten darstellt,
3. im Fall einer Verfügung nach Absatz 1 Satz 1, wenn die Eingehung der Verpflichtung zu einer solchen Verfügung bereits durch das Betreuungsgericht genehmigt worden ist.

[1)] Buch 4 Abschnitt 3 (§§ 1773–1888) neu gef. mWv 1.1.2023 durch G v. 4.5.2021 (BGBl. I S. 882).

[2]Satz 1 Nummer 2 gilt entsprechend für die Eingehung einer Verpflichtung zu einer solchen Verfügung.

(3) [1]Absatz 2 Nummer 1 Buchstabe a ist nicht anzuwenden auf eine Verfügung über einen sich aus einer Geldanlage ergebenden Zahlungsanspruch, soweit er einer Sperrvereinbarung unterliegt, sowie über den sich aus der Einlösung eines Wertpapiers ergebenden Zahlungsanspruch. [2]Absatz 2 Nummer 1 Buchstabe d ist nicht anzuwenden auf eine Verfügung über einen Zahlungsanspruch, der einer Sperrvereinbarung unterliegt und eine Kapitalnutzung betrifft.

(4) Die vorstehenden Absätze gelten entsprechend für die Annahme der Leistung.

§ 1850[1)] Genehmigung für Rechtsgeschäfte über Grundstücke und Schiffe. Der Betreuer bedarf der Genehmigung des Betreuungsgerichts

1. zur Verfügung über ein Grundstück oder über ein Recht an einem Grundstück, sofern die Genehmigung nicht bereits nach § 1833 Absatz 3 Satz 1 Nummer 4 erforderlich ist,
2. zur Verfügung über eine Forderung, die auf Übertragung des Eigentums an einem Grundstück, auf Begründung oder Übertragung eines Rechts an einem Grundstück oder auf Befreiung eines Grundstücks von einem solchen Recht gerichtet ist,
3. zur Verfügung über ein eingetragenes Schiff oder Schiffsbauwerk oder über eine Forderung, die auf Übertragung des Eigentums an einem eingetragenen Schiff oder Schiffsbauwerk gerichtet ist,
4. zu einem Rechtsgeschäft, durch das der Betreute unentgeltlich Wohnungs- oder Teileigentum erwirbt,
5. zur Eingehung einer Verpflichtung zu einer der in den Nummern 1 bis 3 bezeichneten Verfügungen oder des in Nummer 4 bezeichneten Erwerbs sowie
6. zu einem Rechtsgeschäft, durch das der Betreute zum entgeltlichen Erwerb eines Grundstücks, eines eingetragenen Schiffes oder Schiffsbauwerks oder eines Rechts an einem Grundstück verpflichtet wird, sowie zur Verpflichtung zum entgeltlichen Erwerb einer Forderung auf Übertragung des Eigentums an einem Grundstück, an einem eingetragenen Schiff oder Schiffsbauwerk oder auf Übertragung eines Rechts an einem Grundstück.

§ 1851[1)] Genehmigung für erbrechtliche Rechtsgeschäfte. Der Betreuer bedarf der Genehmigung des Betreuungsgerichts

1. zur Ausschlagung einer Erbschaft oder eines Vermächtnisses, zum Verzicht auf die Geltendmachung eines Vermächtnisses oder Pflichtteilsanspruchs sowie zu einem Auseinandersetzungsvertrag,
2. zu einem Rechtsgeschäft, durch das der Betreute zu einer Verfügung über eine ihm angefallene Erbschaft, über seinen künftigen gesetzlichen Erbteil oder seinen künftigen Pflichtteil verpflichtet wird,
3. zu einer Verfügung über den Anteil des Betreuten an einer Erbschaft oder zu einer Vereinbarung, mit der der Betreute aus der Erbengemeinschaft ausscheidet,
4. zu einer Anfechtung eines Erbvertrags für den geschäftsunfähigen Betreuten als Erblasser gemäß § 2282 Absatz 2,

---

[1)] Buch 4 Abschnitt 3 (§§ 1773–1888) neu gef. mWv 1.1.2023 durch G v. 4.5.2021 (BGBl. I S. 882).

5. zum Abschluss eines Vertrags mit dem Erblasser über die Aufhebung eines Erbvertrags oder einer einzelnen vertragsmäßigen Verfügung gemäß § 2290,
6. zu einer Zustimmung zur testamentarischen Aufhebung einer in einem Erbvertrag mit dem Erblasser geregelten vertragsmäßigen Anordnung eines Vermächtnisses, einer Auflage sowie einer Rechtswahl gemäß § 2291,
7. zur Aufhebung eines zwischen Ehegatten oder Lebenspartnern geschlossenen Erbvertrags durch gemeinschaftliches Testament der Ehegatten oder Lebenspartner gemäß § 2292,
8. zu einer Rücknahme eines mit dem Erblasser geschlossenen Erbvertrags, der nur Verfügungen von Todes wegen enthält, aus der amtlichen oder notariellen Verwahrung gemäß § 2300 Absatz 2,
9. zum Abschluss oder zur Aufhebung eines Erb- oder Pflichtteilsverzichtsvertrags gemäß §§ 2346, 2351 sowie zum Abschluss eines Zuwendungsverzichtsvertrags gemäß § 2352.

§ 1852[1] Genehmigung für handels- und gesellschaftsrechtliche Rechtsgeschäfte. Der Betreuer bedarf der Genehmigung des Betreuungsgerichts
1. zu einer Verfügung und zur Eingehung der Verpflichtung zu einer solchen Verfügung, durch die der Betreute
   a) ein Erwerbsgeschäft oder
   b) einen Anteil an einer Personen- oder Kapitalgesellschaft, die ein Erwerbsgeschäft betreibt,

   erwirbt oder veräußert,
2. zu einem Gesellschaftsvertrag, der zum Betrieb eines Erwerbsgeschäfts eingegangen wird, und
3. zur Erteilung einer Prokura.

§ 1853[1] Genehmigung bei Verträgen über wiederkehrende Leistungen. [1] Der Betreuer bedarf der Genehmigung des Betreuungsgerichts
1. zum Abschluss eines Miet- oder Pachtvertrags oder zu einem anderen Vertrag, durch den der Betreute zu wiederkehrenden Leistungen verpflichtet wird, wenn das Vertragsverhältnis länger als vier Jahre dauern soll, und
2. zu einem Pachtvertrag über einen gewerblichen oder land- oder forstwirtschaftlichen Betrieb.

[2] Satz 1 Nummer 1 gilt nicht, wenn der Betreute das Vertragsverhältnis ohne eigene Nachteile vorzeitig kündigen kann.

§ 1854[1] Genehmigung für sonstige Rechtsgeschäfte. Der Betreuer bedarf der Genehmigung des Betreuungsgerichts
1. zu einem Rechtsgeschäft, durch das der Betreute zu einer Verfügung über sein Vermögen im Ganzen verpflichtet wird,
2. zur Aufnahme von Geld auf den Kredit des Betreuten mit Ausnahme einer eingeräumten Überziehungsmöglichkeit für das auf einem Girokonto des Betreuten bei einem Kreditinstitut bereitzuhaltende Verfügungsgeld (§ 1839 Absatz 1),

---
[1] Buch 4 Abschnitt 3 (§§ 1773–1888) neu gef. mWv 1.1.2023 durch G v. 4.5.2021 (BGBl. I S. 882).

3. zur Ausstellung einer Schuldverschreibung auf den Inhaber oder zur Eingehung einer Verbindlichkeit aus einem Wechsel oder einem anderen Papier, das durch Indossament übertragen werden kann,
4. zu einem Rechtsgeschäft, das auf Übernahme einer fremden Verbindlichkeit gerichtet ist,
5. zur Eingehung einer Bürgschaft,
6. zu einem Vergleich oder einer auf ein Schiedsverfahren gerichteten Vereinbarung, es sei denn, dass der Gegenstand des Streites oder der Ungewissheit in Geld schätzbar ist und den Wert von 6 000 Euro nicht übersteigt oder der Vergleich einem schriftlichen oder protokollierten gerichtlichen Vergleichsvorschlag entspricht,
7. zu einem Rechtsgeschäft, durch das die für eine Forderung des Betreuten bestehende Sicherheit aufgehoben oder gemindert oder die Verpflichtung dazu begründet wird, und
8. zu einer Schenkung oder unentgeltlichen Zuwendung, es sei denn, diese ist nach den Lebensverhältnissen des Betreuten angemessen oder als Gelegenheitsgeschenk üblich.

Unterkapitel 5.[1] Genehmigungserklärung

§ 1855[1] Erklärung der Genehmigung. Das Betreuungsgericht kann die Genehmigung zu einem Rechtsgeschäft nur dem Betreuer gegenüber erklären.

§ 1856[1] Nachträgliche Genehmigung. (1) [1] Schließt der Betreuer einen Vertrag ohne die erforderliche Genehmigung des Betreuungsgerichts, so hängt die Wirksamkeit des Vertrags von der nachträglichen Genehmigung des Betreuungsgerichts ab. [2] Die Genehmigung sowie deren Verweigerung wird dem anderen Teil gegenüber erst wirksam, wenn ihm die wirksam gewordene Genehmigung oder Verweigerung durch den Betreuer mitgeteilt wird.

(2) Fordert der andere Teil den Betreuer zur Mitteilung darüber auf, ob die Genehmigung erteilt sei, so kann die Mitteilung der Genehmigung nur bis zum Ablauf des zweiten Monats nach dem Empfang der Aufforderung erfolgen; wird die Genehmigung nicht mitgeteilt, so gilt sie als verweigert.

(3) Soweit die Betreuung aufgehoben oder beendet ist, tritt die Genehmigung des Betreuten an die Stelle der Genehmigung des Betreuungsgerichts.

§ 1857[1] Widerrufsrecht des Vertragspartners. Hat der Betreuer dem anderen Teil gegenüber wahrheitswidrig die Genehmigung des Betreuungsgerichts behauptet, so ist der andere Teil bis zur Mitteilung der nachträglichen Genehmigung des Betreuungsgerichts zum Widerruf berechtigt, es sei denn, dass ihm das Fehlen der Genehmigung bei dem Abschluss des Vertrags bekannt war.

§ 1858[1] Einseitiges Rechtsgeschäft. (1) Ein einseitiges Rechtsgeschäft, das der Betreuer ohne die erforderliche Genehmigung des Betreuungsgerichts vornimmt, ist unwirksam.

(2) Nimmt der Betreuer mit Genehmigung des Betreuungsgerichts ein einseitiges Rechtsgeschäft einem anderen gegenüber vor, so ist das Rechtsgeschäft unwirksam, wenn der Betreuer die Genehmigung nicht vorlegt und der andere das Rechtsgeschäft aus diesem Grunde unverzüglich zurückweist.

---

[1] Buch 4 Abschnitt 3 (§§ 1773–1888) neu gef. mWv 1.1.2023 durch G v. 4.5.2021 (BGBl. I S. 882).

(3) [1]Nimmt der Betreuer ein einseitiges Rechtsgeschäft gegenüber einem Gericht oder einer Behörde ohne die erforderliche Genehmigung des Betreuungsgerichts vor, so hängt die Wirksamkeit des Rechtsgeschäfts von der nachträglichen Genehmigung des Betreuungsgerichts ab. [2]Das Rechtsgeschäft wird mit Rechtskraft der Genehmigung wirksam. [3]Der Ablauf einer gesetzlichen Frist wird während der Dauer des Genehmigungsverfahrens gehemmt. [4]Die Hemmung endet mit Rechtskraft des Beschlusses über die Erteilung der Genehmigung. [5]Das Betreuungsgericht teilt dem Gericht oder der Behörde nach Rechtskraft des Beschlusses die Erteilung oder Versagung der Genehmigung mit.

Unterkapitel 6.[1)] Befreiungen

§ 1859[1)] Gesetzliche Befreiungen. (1) [1]Befreite Betreuer sind entbunden

1. von der Pflicht zur Sperrvereinbarung nach § 1845,
2. von den Beschränkungen nach § 1849 Absatz 1 Satz 1 Nummer 1 und 2, Satz 2 und
3. von der Pflicht zur Rechnungslegung nach § 1865.

[2]Sie haben dem Betreuungsgericht jährlich eine Übersicht über den Bestand des ihrer Verwaltung unterliegenden Vermögens des Betreuten (Vermögensübersicht) einzureichen. [3]Das Betreuungsgericht kann anordnen, dass die Vermögensübersicht in längeren, höchstens fünfjährigen Zeiträumen einzureichen ist.

(2) [1]Befreite Betreuer sind

1. Verwandte in gerader Linie,
2. Geschwister,
3. Ehegatten,
4. der Betreuungsverein oder ein Vereinsbetreuer,
5. die Betreuungsbehörde oder ein Behördenbetreuer.

[2]Das Betreuungsgericht kann andere als die in Satz 1 genannten Betreuer von den in Absatz 1 Satz 1 genannten Pflichten befreien, wenn der Betreute dies vor der Bestellung des Betreuers schriftlich verfügt hat. [3]Dies gilt nicht, wenn der Betreute erkennbar an diesem Wunsch nicht festhalten will.

(3) Das Betreuungsgericht hat die Befreiungen aufzuheben, wenn bei ihrer Fortgeltung eine Gefährdung im Sinne des § 1821 Absatz 3 Nummer 1 zu besorgen wäre.

§ 1860[1)] Befreiungen auf Anordnung des Gerichts. (1) Das Betreuungsgericht kann den Betreuer auf dessen Antrag von den Beschränkungen nach den §§ 1841, 1845, 1848 und 1849 Absatz 1 Satz 1 Nummer 1 und 2 sowie Satz 2 ganz oder teilweise befreien, wenn der Wert des Vermögens des Betreuten ohne Berücksichtigung von Immobilien und Verbindlichkeiten 6 000 Euro nicht übersteigt.

(2) Das Betreuungsgericht kann den Betreuer auf dessen Antrag von den Beschränkungen nach den §§ 1848, 1849 Absatz 1 Satz 1 Nummer 1 und 2 sowie Satz 2 und nach § 1854 Nummer 2 bis 5 befreien, soweit mit der Vermögensverwaltung der Betrieb eines Erwerbsgeschäfts verbunden ist oder besondere Gründe der Vermögensverwaltung dies erfordern.

[1)] Buch 4 Abschnitt 3 (§§ 1773–1888) neu gef. mWv 1.1.2023 durch G v. 4.5.2021 (BGBl. I S. 882).

(3) Das Betreuungsgericht kann den Betreuer auf dessen Antrag von den Beschränkungen nach § 1845 Absatz 2, den §§ 1848 und 1849 Absatz 1 Satz 1 Nummer 1 und 2 sowie Satz 2 befreien, wenn ein Wertpapierdepot des Betreuten häufige Wertpapiergeschäfte erfordert und der Betreuer über hinreichende Kapitalmarktkenntnis und Erfahrung verfügt.

(4) Eine Befreiung gemäß den Absätzen 1 bis 3 kann das Betreuungsgericht nur anordnen, wenn eine Gefährdung im Sinne des § 1821 Absatz 3 Nummer 1 nicht zu besorgen ist.

(5) Das Betreuungsgericht hat eine Befreiung aufzuheben, wenn ihre Voraussetzungen nicht mehr vorliegen.

Untertitel 3.[1] Beratung und Aufsicht durch das Betreuungsgericht

§ 1861[1] Beratung; Verpflichtung des Betreuers. (1) Das Betreuungsgericht berät den Betreuer über dessen Rechte und Pflichten bei der Wahrnehmung seiner Aufgaben.

(2) [1] Der ehrenamtliche Betreuer wird alsbald nach seiner Bestellung mündlich verpflichtet, über seine Aufgaben unterrichtet und auf Beratungs- und Unterstützungsangebote hingewiesen. [2] Das gilt nicht für solche ehrenamtlichen Betreuer, die mehr als eine Betreuung führen oder in den letzten zwei Jahren geführt haben.

§ 1862[2] Aufsicht durch das Betreuungsgericht. (1) [1] Das Betreuungsgericht führt über die gesamte Tätigkeit des Betreuers die Aufsicht. [2] Es hat dabei auf die Einhaltung der Pflichten des Betreuers zu achten und insbesondere bei Anordnungen nach Absatz 3, der Erteilung von Genehmigungen und einstweiligen Maßnahmen nach § 1867 den in § 1821 Absatz 2 bis 4 festgelegten Maßstab zu beachten.

(2) Das Betreuungsgericht hat den Betreuten persönlich anzuhören, wenn Anhaltspunkte dafür bestehen, dass der Betreuer pflichtwidrig den Wünschen des Betreuten nicht oder nicht in geeigneter Weise entspricht oder seinen Pflichten gegenüber dem Betreuten in anderer Weise nicht nachkommt, es sei denn, die persönliche Anhörung ist nicht geeignet oder nicht erforderlich, um die Pflichtwidrigkeit aufzuklären.

(3) [1] Das Betreuungsgericht hat gegen Pflichtwidrigkeiten des Betreuers durch geeignete Gebote und Verbote einzuschreiten. [2] Zur Befolgung seiner Anordnungen kann es den Betreuer durch die Festsetzung von Zwangsgeld anhalten. [3] Gegen die Betreuungsbehörde, einen Behördenbetreuer oder einen Betreuungsverein wird kein Zwangsgeld festgesetzt.

(4) Durch Landesrecht kann bestimmt werden, dass Vorschriften, welche die Aufsicht des Betreuungsgerichts in vermögensrechtlicher Hinsicht sowie beim Abschluss von Ausbildungs-, Dienst- oder Arbeitsverträgen betreffen, gegenüber der Betreuungsbehörde außer Anwendung bleiben.

§ 1863[1] Berichte über die persönlichen Verhältnisse des Betreuten. (1) [1] Mit Übernahme der Betreuung hat der Betreuer einen Bericht über die persönlichen Verhältnisse (Anfangsbericht) zu erstellen. [2] Der Anfangsbericht hat insbesondere Angaben zu folgenden Sachverhalten zu enthalten:

---

[1] Buch 4 Abschnitt 3 (§§ 1773–1888) neu gef. mWv 1.1.2023 durch G v. 4.5.2021 (BGBl. I S. 882).

[2] § 1862 neu gef. mWv 1.1.2023 durch G v. 4.5.2021 (BGBl. I S. 882); Abs. 2 geänd. mWv 1.1.2023 durch G v. 24.6.2022 (BGBl. I S. 959).

1. persönliche Situation des Betreuten,
2. Ziele der Betreuung, bereits durchgeführte und beabsichtigte Maßnahmen, insbesondere im Hinblick auf § 1821 Absatz 6, und
3. Wünsche des Betreuten hinsichtlich der Betreuung.

[3] Sofern ein Vermögensverzeichnis gemäß § 1835 zu erstellen ist, ist dieses dem Anfangsbericht beizufügen. [4] Der Anfangsbericht soll dem Betreuungsgericht innerhalb von drei Monaten nach Bestellung des Betreuers übersandt werden. [5] Das Betreuungsgericht kann den Anfangsbericht mit dem Betreuten und dem Betreuer in einem persönlichen Gespräch erörtern.

(2) [1] Absatz 1 gilt nicht, wenn die Betreuung ehrenamtlich von einer Person mit einer familiären Beziehung oder persönlichen Bindung zum Betreuten geführt wird. [2] In diesem Fall führt das Betreuungsgericht mit dem Betreuten auf dessen Wunsch oder in anderen geeigneten Fällen ein Anfangsgespräch zur Ermittlung der Sachverhalte nach Absatz 1 Satz 2. [3] Der ehrenamtliche Betreuer soll an dem Gespräch teilnehmen. [4] Die Pflicht zur Erstellung eines Vermögensverzeichnisses gemäß § 1835 bleibt unberührt.

(3) [1] Der Betreuer hat dem Betreuungsgericht über die persönlichen Verhältnisse des Betreuten mindestens einmal jährlich zu berichten (Jahresbericht). [2] Er hat den Jahresbericht mit dem Betreuten zu besprechen, es sei denn, davon sind erhebliche Nachteile für die Gesundheit des Betreuten zu besorgen oder dieser ist offensichtlich nicht in der Lage, den Inhalt des Jahresberichts zur Kenntnis zu nehmen. [3] Der Jahresbericht hat insbesondere Angaben zu folgenden Sachverhalten zu enthalten:

1. Art, Umfang und Anlass der persönlichen Kontakte zum Betreuten und der persönliche Eindruck vom Betreuten,
2. Umsetzung der bisherigen Betreuungsziele und Darstellung der bereits durchgeführten und beabsichtigten Maßnahmen, insbesondere solcher gegen den Willen des Betreuten,
3. Gründe für die weitere Erforderlichkeit der Betreuung und des Einwilligungsvorbehalts, insbesondere auch hinsichtlich des Umfangs,
4. bei einer beruflich geführten Betreuung die Mitteilung, ob die Betreuung zukünftig ehrenamtlich geführt werden kann, und
5. die Sichtweise des Betreuten zu den Sachverhalten nach den Nummern 1 bis 4.

(4) [1] Nach Beendigung der Betreuung hat der Betreuer einen abschließenden Bericht (Schlussbericht) zu erstellen, in dem die seit dem letzten Jahresbericht eingetretenen Änderungen der persönlichen Verhältnisse mitzuteilen sind. [2] Der Schlussbericht ist dem Betreuungsgericht zu übersenden. [3] Er hat Angaben zur Herausgabe des der Verwaltung des Betreuers unterliegenden Vermögens des Betreuten und aller im Rahmen der Betreuung erlangten Unterlagen zu enthalten.

§ 1864[1] Auskunfts- und Mitteilungspflichten des Betreuers. (1) Der Betreuer hat dem Betreuungsgericht auf dessen Verlangen jederzeit über die Führung der Betreuung und über die persönlichen und wirtschaftlichen Verhältnisse des Betreuten Auskunft zu erteilen.

(2) [1] Der Betreuer hat dem Betreuungsgericht wesentliche Änderungen der persönlichen und wirtschaftlichen Verhältnisse des Betreuten unverzüglich mitzuteilen. [2] Dies gilt auch für solche Umstände,

[1] Buch 4 Abschnitt 3 (§§ 1773–1888) neu gef. mWv 1.1.2023 durch G v. 4.5.2021 (BGBl. I S. 882).

1. die eine Aufhebung der Betreuung oder des Einwilligungsvorbehalts ermöglichen,
2. die eine Einschränkung des Aufgabenkreises des Betreuers ermöglichen,
3. die die Erweiterung des Aufgabenkreises des Betreuers erfordern,
4. die die Bestellung eines weiteren Betreuers erfordern,
5. die die Anordnung eines Einwilligungsvorbehalts erfordern und
6. aus denen sich bei einer beruflich geführten Betreuung ergibt, dass die Betreuung zukünftig ehrenamtlich geführt werden kann.

§ 1865[1)] Rechnungslegung. (1) Der Betreuer hat dem Betreuungsgericht über die Vermögensverwaltung Rechnung zu legen, soweit sein Aufgabenkreis die Vermögensverwaltung umfasst.

(2) [1] Die Rechnung ist jährlich zu legen. [2] Das Rechnungsjahr wird vom Betreuungsgericht bestimmt.

(3) [1] Die Rechnung soll eine geordnete Zusammenstellung der Einnahmen und Ausgaben enthalten und über den Ab- und Zugang des vom Betreuer verwalteten Vermögens Auskunft geben. [2] Das Betreuungsgericht kann Einzelheiten zur Erstellung der geordneten Zusammenstellung nach Satz 1 bestimmen. [3] Es kann in geeigneten Fällen auf die Vorlage von Belegen verzichten. [4] Verwaltet der Betreute im Rahmen des dem Betreuer übertragenen Aufgabenkreises einen Teil seines Vermögens selbst, so hat der Betreuer dies dem Betreuungsgericht mitzuteilen. [5] Der Betreuer hat die Richtigkeit dieser Mitteilung durch eine Erklärung des Betreuten nachzuweisen oder, falls eine solche nicht beigebracht werden kann, die Richtigkeit an Eides statt zu versichern.

(4) [1] Wird vom Betreuten ein Erwerbsgeschäft mit kaufmännischer Buchführung betrieben, so genügt als Rechnung ein aus den Büchern gezogener Jahresabschluss. [2] Das Betreuungsgericht kann Vorlage der Bücher und sonstigen Belege verlangen.

§ 1866[1)] Prüfung der Rechnung durch das Betreuungsgericht.

(1) Das Betreuungsgericht hat die Rechnung sachlich und rechnerisch zu prüfen und, soweit erforderlich, ihre Berichtigung und Ergänzung durch den Betreuer herbeizuführen.

(2) [1] Die Möglichkeit der Geltendmachung streitig gebliebener Ansprüche zwischen Betreuer und Betreutem im Rechtsweg bleibt unberührt. [2] Die Ansprüche können schon vor der Beendigung der Betreuung geltend gemacht werden.

§ 1867[1)] Einstweilige Maßnahmen des Betreuungsgerichts. Bestehen dringende Gründe für die Annahme, dass die Voraussetzungen für die Bestellung eines Betreuers gegeben sind, und konnte ein Betreuer noch nicht bestellt werden oder ist der Betreuer an der Erfüllung seiner Pflichten gehindert, so hat das Betreuungsgericht die dringend erforderlichen Maßnahmen zu treffen.

Untertitel 4.[1)] Beendigung, Aufhebung oder Änderung von Betreuung und Einwilligungsvorbehalt

§ 1868[1)] Entlassung des Betreuers. (1) [1] Das Betreuungsgericht hat den Betreuer zu entlassen, wenn dessen Eignung, die Angelegenheiten des Betreuten zu besorgen, nicht oder nicht mehr gewährleistet ist oder ein anderer wichtiger

[1)] Buch 4 Abschnitt 3 (§§ 1773–1888) neu gef. mWv 1.1.2023 durch G v. 4.5.2021 (BGBl. I S. 882).

Grund für die Entlassung vorliegt. [2] Ein wichtiger Grund liegt auch vor, wenn der Betreuer eine erforderliche Abrechnung vorsätzlich falsch erteilt oder den erforderlichen persönlichen Kontakt zum Betreuten nicht gehalten hat.

(2) Das Betreuungsgericht hat den beruflichen Betreuer zu entlassen, wenn dessen Registrierung nach § 27 Absatz 1 und 2 des Betreuungsorganisationsgesetzes[1)] widerrufen oder zurückgenommen wurde.

(3) Das Betreuungsgericht soll den beruflichen Betreuer, den Betreuungsverein, den Behördenbetreuer oder die Betreuungsbehörde entlassen, wenn der Betreute zukünftig ehrenamtlich betreut werden kann.

(4) Das Betreuungsgericht entlässt den Betreuer auf dessen Verlangen, wenn nach dessen Bestellung Umstände eingetreten sind, aufgrund derer ihm die Führung der Betreuung nicht mehr zugemutet werden kann.

(5) Das Betreuungsgericht kann den Betreuer entlassen, wenn der Betreute eine mindestens gleich geeignete Person, die zur Übernahme der Betreuung bereit ist, als neuen Betreuer vorschlägt.

(6) [1] Der Vereinsbetreuer ist auch dann zu entlassen, wenn der Betreuungsverein dies beantragt. [2] Wünscht der Betreute die Fortführung der Betreuung durch den bisherigen Vereinsbetreuer, so kann das Betreuungsgericht statt der Entlassung des Vereinsbetreuers mit dessen Einverständnis feststellen, dass dieser die Betreuung künftig als Privatperson weiterführt. [3] Die Sätze 1 und 2 gelten für den Behördenbetreuer entsprechend.

(7) [1] Der Betreuungsverein oder die Betreuungsbehörde ist als Betreuer zu entlassen, sobald der Betreute durch eine oder mehrere natürliche Personen hinreichend betreut werden kann. [2] Dies gilt für den Betreuungsverein nicht, wenn der Wunsch des Betreuten dem entgegensteht.

§ 1869[2)] Bestellung eines neuen Betreuers. Mit der Entlassung des Betreuers oder nach dessen Tod ist ein neuer Betreuer zu bestellen.

§ 1870[2)] Ende der Betreuung. Die Betreuung endet mit der Aufhebung der Betreuung durch das Betreuungsgericht oder mit dem Tod des Betreuten.

§ 1871[2)] Aufhebung oder Änderung von Betreuung und Einwilligungsvorbehalt. (1) [1] Die Betreuung ist aufzuheben, wenn ihre Voraussetzungen wegfallen. [2] Fallen die Voraussetzungen nur für einen Teil der Aufgabenbereiche des Betreuers weg, so ist dessen Aufgabenkreis einzuschränken.

(2) [1] Ist der Betreuer auf Antrag des Betreuten bestellt, so ist die Betreuung auf dessen Antrag wieder aufzuheben, es sei denn, die Aufrechterhaltung der Betreuung ist auch unter Berücksichtigung von § 1814 Absatz 2 erforderlich. [2] Dies gilt für die Einschränkung des Aufgabenkreises des Betreuers entsprechend.

(3) [1] Der Aufgabenkreis des Betreuers ist zu erweitern, wenn dies erforderlich wird. [2] Die Vorschriften über die Bestellung des Betreuers gelten hierfür entsprechend.

(4) Für den Einwilligungsvorbehalt gelten die Absätze 1 und 3 entsprechend.

§ 1872[2)] Herausgabe von Vermögen und Unterlagen; Schlussrechnungslegung. (1) Endet die Betreuung, hat der Betreuer das seiner Verwaltung unterlie-

[1)] **Habersack, Deutsche Gesetze ErgBd. Nr. 49c.**
[2)] Buch 4 Abschnitt 3 (§§ 1773–1888) neu gef. mWv 1.1.2023 durch G v. 4.5.2021 (BGBl. I S. 882).

gende Vermögen und alle im Rahmen der Betreuung erlangten Unterlagen an den Betreuten, dessen Erben oder sonstigen Berechtigten herauszugeben.

(2) [1] Eine Schlussrechnung über die Vermögensverwaltung hat der Betreuer nur zu erstellen, wenn der Berechtigte nach Absatz 1 dies verlangt. [2] Auf dieses Recht ist der Berechtigte durch den Betreuer vor Herausgabe der Unterlagen hinzuweisen. [3] Die Frist zur Geltendmachung des Anspruchs beträgt sechs Wochen nach Zugang des Hinweises. [4] Der Berechtigte hat dem Betreuungsgericht sein Verlangen gegenüber dem Betreuer mitzuteilen.

(3) Ist der Betreute sechs Monate nach Ende der Betreuung unbekannten Aufenthalts oder sind dessen Erben nach Ablauf dieser Frist unbekannt oder unbekannten Aufenthalts und ist auch kein sonstiger Berechtigter vorhanden, hat der Betreuer abweichend von Absatz 2 eine Schlussrechnung zu erstellen.

(4) [1] Bei einem Wechsel des Betreuers hat der bisherige Betreuer das seiner Verwaltung unterliegende Vermögen und alle im Rahmen der Betreuung erlangten Unterlagen an den neuen Betreuer herauszugeben. [2] Über die Verwaltung seit der letzten beim Betreuungsgericht eingereichten Rechnungslegung hat er Rechenschaft durch eine Schlussrechnung abzulegen.

(5) [1] War der Betreuer bei Beendigung seines Amtes gemäß § 1859 befreit, genügt zur Erfüllung der Verpflichtungen aus den Absätzen 2 und 4 Satz 2 die Erstellung einer Vermögensübersicht mit einer Übersicht über die Einnahmen und Ausgaben seit der letzten Vermögensübersicht. [2] Die Richtigkeit und Vollständigkeit der Vermögensübersicht ist an Eides statt zu versichern.

§ 1873[1)] Rechnungsprüfung. (1) [1] Der Betreuer hat eine nach § 1872 von ihm zu erstellende Schlussrechnung oder Vermögensübersicht beim Betreuungsgericht einzureichen. [2] Das Betreuungsgericht übersendet diese an den Berechtigten, soweit dieser bekannt ist oder rechtlich vertreten wird und kein Fall des § 1872 Absatz 3 vorliegt.

(2) [1] Das Betreuungsgericht hat die Schlussrechnung oder die Vermögensübersicht sachlich und rechnerisch zu prüfen und, soweit erforderlich, ihre Ergänzung herbeizuführen. [2] Das Betreuungsgericht übersendet das Ergebnis seiner Prüfung nach Satz 1 an den Berechtigten.

(3) [1] Endet die Betreuung und liegt kein Fall des § 1872 Absatz 3 vor, so gilt Absatz 2 nur dann, wenn der Berechtigte binnen sechs Wochen nach Zugang der Schlussrechnung oder der Vermögensübersicht deren Prüfung verlangt. [2] Über dieses Recht ist der Berechtigte bei der Übersendung nach Absatz 1 Satz 2 zu belehren. [3] Nach Ablauf der Frist kann eine Prüfung durch das Betreuungsgericht nicht mehr verlangt werden.

§ 1874[1)] Besorgung der Angelegenheiten des Betreuten nach Beendigung der Betreuung. (1) [1] Der Betreuer darf die Besorgung der Angelegenheiten des Betreuten fortführen, bis er von der Beendigung der Betreuung Kenntnis erlangt oder diese kennen muss. [2] Ein Dritter kann sich auf diese Befugnis nicht berufen, wenn er bei der Vornahme des Rechtsgeschäfts die Beendigung kennt oder kennen muss.

(2) Endet die Betreuung durch den Tod des Betreuten, so hat der Betreuer im Rahmen des ihm übertragenen Aufgabenkreises die Angelegenheiten, die keinen Aufschub dulden, zu besorgen, bis der Erbe diese besorgen kann.

[1)] Buch 4 Abschnitt 3 (§§ 1773–1888) neu gef. mWv 1.1.2023 durch G v. 4.5.2021 (BGBl. I S. 882).

Untertitel 5.[1] Vergütung und Aufwendungsersatz

§ 1875[1] Vergütung und Aufwendungsersatz. (1) Vergütung und Aufwendungsersatz des ehrenamtlichen Betreuers bestimmen sich nach den Vorschriften dieses Untertitels.

(2) Vergütung und Aufwendungsersatz des beruflichen Betreuers, des Betreuungsvereins, des Behördenbetreuers und der Betreuungsbehörde bestimmen sich nach dem Vormünder- und Betreuervergütungsgesetz[2].

§ 1876[1] Vergütung. [1] Dem ehrenamtlichen Betreuer steht grundsätzlich kein Anspruch auf Vergütung zu. [2] Das Betreuungsgericht kann ihm abweichend von Satz 1 eine angemessene Vergütung bewilligen, wenn

1. der Umfang oder die Schwierigkeit der Wahrnehmung der Angelegenheiten des Betreuten dies rechtfertigen und
2. der Betreute nicht mittellos ist.

§ 1877[1] Aufwendungsersatz. (1) [1] Macht der Betreuer zur Führung der Betreuung Aufwendungen, so kann er nach den für den Auftrag geltenden Vorschriften der §§ 669 und 670 vom Betreuten Vorschuss oder Ersatz verlangen. [2] Für den Ersatz von Fahrtkosten des Betreuers gilt die in § 5 des Justizvergütungs- und -entschädigungsgesetzes[3] für Sachverständige getroffene Regelung entsprechend.

(2) [1] Zu den Aufwendungen gehören auch die Kosten einer angemessenen Versicherung gegen Schäden, die

1. dem Betreuten durch den Betreuer zugefügt werden können oder
2. die dem Betreuer dadurch entstehen können, dass er einem Dritten zum Ersatz eines durch die Führung der Betreuung verursachten Schadens verpflichtet ist.

[2] Kosten für die Haftpflichtversicherung des Halters eines Kraftfahrzeugs gehören nicht zu diesen Aufwendungen.

(3) Als Aufwendungen gelten auch solche Dienste des Betreuers, die zu seinem Gewerbe oder Beruf gehören.

(4) [1] Der Anspruch auf Aufwendungsersatz erlischt, wenn er nicht binnen 15 Monaten nach seiner Entstehung gerichtlich geltend gemacht wird. [2] Die Geltendmachung beim Betreuungsgericht gilt als Geltendmachung gegen den Betreuten. [3] Die Geltendmachung gegen den Betreuten gilt auch als Geltendmachung gegen die Staatskasse.

(5) [1] Das Betreuungsgericht kann eine von Absatz 4 Satz 1 abweichende kürzere oder längere Frist für das Erlöschen des Anspruchs bestimmen sowie diese gesetzte Frist auf Antrag verlängern. [2] Mit der Fristbestimmung ist über das Erlöschen des Ersatzanspruchs bei Versäumung der Frist zu belehren. [3] Der Anspruch ist innerhalb der Frist zu beziffern.

§ 1878[1] Aufwandspauschale. (1) [1] Zur Abgeltung seines Anspruchs auf Aufwendungsersatz kann der Betreuer für die Führung jeder Betreuung, für die er keine Vergütung erhält, vom Betreuten einen pauschalen Geldbetrag verlangen (Aufwandspauschale). [2] Dieser entspricht für ein Jahr dem Siebzehnfachen dessen, was einem Zeugen als Höchstbetrag der Entschädigung für eine Stunde versäumter

---

[1] Buch 4 Abschnitt 3 (§§ 1773–1888) neu gef. mWv 1.1.2023 durch G v. 4.5.2021 (BGBl. I S. 882).

[2] **Habersack, Deutsche Gesetze ErgBd. Nr. 49b/1.**

[3] Nr. **116**.

Arbeitszeit (§ 22 des Justizvergütungs- und -entschädigungsgesetzes[1]) gewährt werden kann. [3] Hat der Betreuer für solche Aufwendungen bereits Vorschuss oder Ersatz erhalten, so verringert sich die Aufwandspauschale entsprechend.

(2) [1] Sind mehrere Betreuer bestellt, kann jeder Betreuer den Anspruch auf Aufwandspauschale geltend machen. [2] In den Fällen der Bestellung eines Verhinderungsbetreuers nach § 1817 Absatz 4 kann jeder Betreuer den Anspruch auf Aufwandspauschale nur für den Zeitraum geltend machen, in dem er tatsächlich tätig geworden ist.

(3) [1] Die Aufwandspauschale ist jährlich zu zahlen, erstmals ein Jahr nach Bestellung des Betreuers. [2] Endet das Amt des Betreuers, ist die Aufwandspauschale anteilig nach den Monaten des bis zur Beendigung des Amtes laufenden Betreuungsjahres zu zahlen; ein angefangener Monat gilt als voller Monat.

(4) [1] Der Anspruch erlischt, wenn er nicht binnen sechs Monaten nach Ablauf des Jahres, in dem der Anspruch entstanden ist, gerichtlich geltend gemacht wird. [2] § 1877 Absatz 4 Satz 2 und 3 gilt entsprechend. [3] Ist der Anspruch einmalig ausdrücklich gerichtlich geltend gemacht worden, so gilt in den Folgejahren die Einreichung des Jahresberichts jeweils als Antrag, es sei denn, der Betreuer verzichtet ausdrücklich auf eine weitere Geltendmachung.

§ 1879[2]) Zahlung aus der Staatskasse. Gilt der Betreute als mittellos im Sinne von § 1880, so kann der Betreuer den Vorschuss, den Aufwendungsersatz nach § 1877 oder die Aufwandspauschale nach § 1878 aus der Staatskasse verlangen.

§ 1880[2]) Mittellosigkeit des Betreuten. (1) Der Betreute gilt als mittellos, wenn er den Vorschuss, den Aufwendungsersatz oder die Aufwandspauschale aus seinem einzusetzenden Vermögen nicht, nur zum Teil oder nur in Raten aufbringen kann.

(2) Der Betreute hat sein Vermögen nach Maßgabe des § 90 des Zwölften Buches Sozialgesetzbuch[3]) einzusetzen.

§ 1881[2]) Gesetzlicher Forderungsübergang. [1] Soweit die Staatskasse den Betreuer befriedigt, gehen Ansprüche des Betreuers gegen den Betreuten auf die Staatskasse über. [2] Nach dem Tode des Betreuten haftet sein Erbe nur mit dem Wert des im Zeitpunkt des Erbfalls vorhandenen Nachlasses; § 102 Absatz 3 und 4 des Zwölften Buches Sozialgesetzbuch[3]) gilt entsprechend, § 1880 Absatz 2 ist auf den Erben nicht anzuwenden.

Titel 4.[2]) Sonstige Pflegschaft

§ 1882[2]) Pflegschaft für unbekannte Beteiligte. [1] Ist unbekannt oder ungewiss, wer bei einer Angelegenheit der Beteiligte ist, so kann dem Beteiligten für diese Angelegenheit, soweit eine Fürsorge erforderlich ist, ein Pfleger bestellt werden. [2] Insbesondere kann für einen Nacherben, der noch nicht gezeugt ist oder dessen Persönlichkeit erst durch ein künftiges Ereignis bestimmt wird, für die Zeit bis zum Eintritt der Nacherbfolge ein Pfleger bestellt werden.

§ 1883[2]) Pflegschaft für gesammeltes Vermögen. Ist durch öffentliche Sammlung Vermögen für einen vorübergehenden Zweck zusammengebracht worden, so kann zum Zwecke der Verwaltung und Verwendung des Vermögens ein

---

[1]) Nr. **116**.

[2]) Buch 4 Abschnitt 3 (§§ 1773–1888) neu gef. mWv 1.1.2023 durch G v. 4.5.2021 (BGBl. I S. 882).

[3]) **Sartorius ErgBd. Nr. 412.**

Pfleger bestellt werden, wenn die zu der Verwaltung und Verwendung berufenen Personen weggefallen sind.

§ 1884[1)] Abwesenheitspflegschaft. (1) [1] Ein abwesender Volljähriger, dessen Aufenthalt unbekannt ist, erhält für seine Vermögensangelegenheiten, soweit sie der Fürsorge bedürfen, einen Abwesenheitspfleger. [2] Ein solcher Abwesenheitspfleger ist ihm insbesondere auch dann zu bestellen, wenn er durch Erteilung eines Auftrags oder einer Vollmacht Fürsorge getroffen hat, aber Umstände eingetreten sind, die zum Widerruf des Auftrags oder der Vollmacht Anlass geben.

(2) Das Gleiche gilt für einen Abwesenden, dessen Aufenthalt bekannt, der aber an der Rückkehr und der Besorgung seiner Vermögensangelegenheiten verhindert ist.

§ 1885[1)] Bestellung des sonstigen Pflegers. Das Betreuungsgericht oder im Falle der Nachlasspflegschaft das Nachlassgericht ordnet die Pflegschaft an, wählt einen geeigneten Pfleger aus und bestellt ihn, nachdem er sich zur Übernahme des Amtes bereit erklärt hat.

§ 1886[1)] Aufhebung der Pflegschaft. (1) Die Pflegschaft für einen Abwesenden ist aufzuheben

1. wenn der Abwesende an der Besorgung seiner Vermögensangelegenheiten nicht mehr verhindert ist.
2. wenn der Abwesende stirbt.

(2) Im Übrigen ist eine Pflegschaft aufzuheben, wenn der Grund für ihre Anordnung weggefallen ist.

§ 1887[1)] Ende der Pflegschaft kraft Gesetzes. (1) Wird der Abwesende für tot erklärt oder wird seine Todeszeit nach den Vorschriften des Verschollenheitsgesetzes[2)] festgestellt, so endet die Pflegschaft mit der Rechtskraft des Beschlusses über die Todeserklärung oder die Feststellung der Todeszeit.

(2) Im Übrigen endet die Pflegschaft zur Besorgung einer einzelnen Angelegenheit mit deren Erledigung.

§ 1888[1)] Anwendung des Betreuungsrechts. (1) Die Vorschriften des Betreuungsrechts sind auf sonstige Pflegschaften entsprechend anwendbar, soweit sich nicht aus dem Gesetz ein anderes ergibt.

(2) [1] Die Ansprüche des berufsmäßig tätigen Pflegers auf Vergütung und Aufwendungsersatz richten sich nach den §§ 1 bis 6 des Vormünder- und Betreuervergütungsgesetzes[3)]. [2] Sofern der Pflegling nicht mittellos ist, bestimmt sich die Höhe des Stundensatzes des Pflegers jedoch nach den für die Führung der Pflegschaftsgeschäfte nutzbaren Fachkenntnissen des Pflegers sowie nach dem Umfang und der Schwierigkeit der Pflegschaftsgeschäfte.

§§ 1889–1921[4)] *(nicht mehr belegt)*

[1)] Buch 4 Abschnitt 3 (§§ 1773–1888) neu gef. mWv 1.1.2023 durch G v. 4.5.2021 (BGBl. I S. 882).
[2)] **Habersack, Deutsche Gesetze ErgBd. Nr. 45.**
[3)] **Habersack, Deutsche Gesetze ErgBd. Nr. 49b/1.**
[4)] Buch 4 Abschnitt 3 (§§ 1773–1888, zuvor §§ 1773-1921) neu gef. mWv 1.1.2023 durch G v. 4.5. 2021 (BGBl. I S. 882).

Buch 5.[1] Erbrecht

Abschnitt 1. Erbfolge

§ 1922 Gesamtrechtsnachfolge. (1) Mit dem Tode einer Person (Erbfall) geht deren Vermögen (Erbschaft) als Ganzes auf eine oder mehrere andere Personen (Erben) über.

(2) Auf den Anteil eines Miterben (Erbteil) finden die sich auf die Erbschaft beziehenden Vorschriften Anwendung.

§ 1923[2] Erbfähigkeit. (1) Erbe kann nur werden, wer zur Zeit des Erbfalls lebt.

(2) Wer zur Zeit des Erbfalls noch nicht lebte, aber bereits gezeugt war, gilt als vor dem Erbfall geboren.

§ 1924 Gesetzliche Erben erster Ordnung. (1) Gesetzliche Erben der ersten Ordnung sind die Abkömmlinge des Erblassers.

(2) Ein zur Zeit des Erbfalls lebender Abkömmling schließt die durch ihn mit dem Erblasser verwandten Abkömmlinge von der Erbfolge aus.

(3) An die Stelle eines zur Zeit des Erbfalls nicht mehr lebenden Abkömmlings treten die durch ihn mit dem Erblasser verwandten Abkömmlinge (Erbfolge nach Stämmen).

(4) Kinder erben zu gleichen Teilen.

§ 1925 Gesetzliche Erben zweiter Ordnung. (1) Gesetzliche Erben der zweiten Ordnung sind die Eltern des Erblassers und deren Abkömmlinge.

(2) Leben zur Zeit des Erbfalls die Eltern, so erben sie allein und zu gleichen Teilen.

(3) [1] Lebt zur Zeit des Erbfalls der Vater oder die Mutter nicht mehr, so treten an die Stelle des Verstorbenen dessen Abkömmlinge nach den für die Beerbung in der ersten Ordnung geltenden Vorschriften. [2] Sind Abkömmlinge nicht vorhanden, so erbt der überlebende Teil allein.

(4) In den Fällen des § 1756 sind das angenommene Kind und die Abkömmlinge der leiblichen Eltern oder des anderen Elternteils des Kindes im Verhältnis zueinander nicht Erben der zweiten Ordnung.

§ 1926 Gesetzliche Erben dritter Ordnung. (1) Gesetzliche Erben der dritten Ordnung sind die Großeltern des Erblassers und deren Abkömmlinge.

(2) Leben zur Zeit des Erbfalls die Großeltern, so erben sie allein und zu gleichen Teilen.

(3) [1] Lebt zur Zeit des Erbfalls von einem Großelternpaar der Großvater oder die Großmutter nicht mehr, so treten an die Stelle des Verstorbenen dessen Abkömmlinge. [2] Sind Abkömmlinge nicht vorhanden, so fällt der Anteil des Verstorbenen dem anderen Teil des Großelternpaars und, wenn dieser nicht mehr lebt, dessen Abkömmlingen zu.

---

[1] Wegen des für das Gebiet der ehem. DDR geltenden Übergangsrechts zum Erbrecht beachte Art. 235 § 1 EGBGB (Nr. **21**).

[2] § 1923 Abs. 2 geänd. mWv 1.8.2002 durch G v. 19.7.2002 (BGBl. I S. 2674).

(4) Lebt zur Zeit des Erbfalls ein Großelternpaar nicht mehr und sind Abkömmlinge der Verstorbenen nicht vorhanden, so erben die anderen Großeltern oder ihre Abkömmlinge allein.

(5) Soweit Abkömmlinge an die Stelle ihrer Eltern oder ihrer Voreltern treten, finden die für die Beerbung in der ersten Ordnung geltenden Vorschriften Anwendung.

§ 1927 Mehrere Erbteile bei mehrfacher Verwandtschaft. [1] Wer in der ersten, der zweiten oder der dritten Ordnung verschiedenen Stämmen angehört, erhält den in jedem dieser Stämme ihm zufallenden Anteil. [2] Jeder Anteil gilt als besonderer Erbteil.

§ 1928 Gesetzliche Erben vierter Ordnung. (1) Gesetzliche Erben der vierten Ordnung sind die Urgroßeltern des Erblassers und deren Abkömmlinge.

(2) Leben zur Zeit des Erbfalls Urgroßeltern, so erben sie allein; mehrere erben zu gleichen Teilen, ohne Unterschied, ob sie derselben Linie oder verschiedenen Linien angehören.

(3) Leben zur Zeit des Erbfalls Urgroßeltern nicht mehr, so erbt von ihren Abkömmlingen derjenige, welcher mit dem Erblasser dem Grade nach am nächsten verwandt ist; mehrere gleich nahe Verwandte erben zu gleichen Teilen.

§ 1929 Fernere Ordnungen. (1) Gesetzliche Erben der fünften Ordnung und der ferneren Ordnungen sind die entfernteren Voreltern des Erblassers und deren Abkömmlinge.

(2) Die Vorschrift des § 1928 Abs. 2, 3 findet entsprechende Anwendung.

§ 1930 Rangfolge der Ordnungen. Ein Verwandter ist nicht zur Erbfolge berufen, solange ein Verwandter einer vorhergehenden Ordnung vorhanden ist.

§ 1931 Gesetzliches Erbrecht des Ehegatten. (1) [1] Der überlebende Ehegatte des Erblassers ist neben Verwandten der ersten Ordnung zu einem Viertel, neben Verwandten der zweiten Ordnung oder neben Großeltern zur Hälfte der Erbschaft als gesetzlicher Erbe berufen. [2] Treffen mit Großeltern Abkömmlinge von Großeltern zusammen, so erhält der Ehegatte auch von der anderen Hälfte den Anteil, der nach § 1926 den Abkömmlingen zufallen würde.

(2) Sind weder Verwandte der ersten oder der zweiten Ordnung noch Großeltern vorhanden, so erhält der überlebende Ehegatte die ganze Erbschaft.

(3) Die Vorschrift des § 1371 bleibt unberührt.

(4) Bestand beim Erbfall Gütertrennung und sind als gesetzliche Erben neben dem überlebenden Ehegatten ein oder zwei Kinder des Erblassers berufen, so erben der überlebende Ehegatte und jedes Kind zu gleichen Teilen; § 1924 Abs. 3 gilt auch in diesem Falle.

§ 1932 Voraus des Ehegatten. (1) [1] Ist der überlebende Ehegatte neben Verwandten der zweiten Ordnung oder neben Großeltern gesetzlicher Erbe, so gebühren ihm außer dem Erbteil die zum ehelichen Haushalt gehörenden Gegenstände, soweit sie nicht Zubehör eines Grundstücks sind, und die Hochzeitsgeschenke als Voraus. [2] Ist der überlebende Ehegatte neben Verwandten der ersten Ordnung gesetzlicher Erbe, so gebühren ihm diese Gegenstände, soweit er sie zur Führung eines angemessenen Haushalts benötigt.

(2) Auf den Voraus sind die für Vermächtnisse geltenden Vorschriften anzuwenden.

§ 1933 Ausschluss des Ehegattenerbrechts. [1] Das Erbrecht des überlebenden Ehegatten sowie das Recht auf den Voraus ist ausgeschlossen, wenn zur Zeit des Todes des Erblassers die Voraussetzungen für die Scheidung der Ehe gegeben waren und der Erblasser die Scheidung beantragt oder ihr zugestimmt hatte. [2] Das Gleiche gilt, wenn der Erblasser berechtigt war, die Aufhebung der Ehe zu beantragen, und den Antrag gestellt hatte. [3] In diesen Fällen ist der Ehegatte nach Maßgabe der §§ 1569 bis 1586b unterhaltsberechtigt.

§ 1934 Erbrecht des verwandten Ehegatten. [1] Gehört der überlebende Ehegatte zu den erbberechtigten Verwandten, so erbt er zugleich als Verwandter. [2] Der Erbteil, der ihm auf Grund der Verwandtschaft zufällt, gilt als besonderer Erbteil.

§ 1935 Folgen der Erbteilserhöhung. Fällt ein gesetzlicher Erbe vor oder nach dem Erbfall weg und erhöht sich infolgedessen der Erbteil eines anderen gesetzlichen Erben, so gilt der Teil, um welchen sich der Erbteil erhöht, in Ansehung der Vermächtnisse und Auflagen, mit denen dieser Erbe oder der wegfallende Erbe beschwert ist, sowie in Ansehung der Ausgleichungspflicht als besonderer Erbteil.

§ 1936[1)] Gesetzliches Erbrecht des Staates. [1] Ist zur Zeit des Erbfalls kein Verwandter, Ehegatte oder Lebenspartner des Erblassers vorhanden, erbt das Land, in dem der Erblasser zur Zeit des Erbfalls seinen letzten Wohnsitz oder, wenn ein solcher nicht feststellbar ist, seinen gewöhnlichen Aufenthalt hatte. [2] Im Übrigen erbt der Bund.

§ 1937 Erbeinsetzung durch letztwillige Verfügung. Der Erblasser kann durch einseitige Verfügung von Todes wegen (Testament, letztwillige Verfügung) den Erben bestimmen.

§ 1938 Enterbung ohne Erbeinsetzung. Der Erblasser kann durch Testament einen Verwandten, den Ehegatten oder den Lebenspartner von der gesetzlichen Erbfolge ausschließen, ohne einen Erben einzusetzen.

§ 1939 Vermächtnis. Der Erblasser kann durch Testament einem anderen, ohne ihn als Erben einzusetzen, einen Vermögensvorteil zuwenden (Vermächtnis).

§ 1940 Auflage. Der Erblasser kann durch Testament den Erben oder einen Vermächtnisnehmer zu einer Leistung verpflichten, ohne einem anderen ein Recht auf die Leistung zuzuwenden (Auflage).

§ 1941[2)] Erbvertrag. (1) Der Erblasser kann durch Vertrag einen Erben einsetzen, Vermächtnisse und Auflagen anordnen sowie das anzuwendende Erbrecht wählen (Erbvertrag).

(2) Als Erbe (Vertragserbe) oder als Vermächtnisnehmer kann sowohl der andere Vertragschließende als ein Dritter bedacht werden.

---

1) § 1936 neu gef. mWv 1.1.2010 durch G v. 24.9.2009 (BGBl. I S. 3142).
2) § 1941 Abs. 1 neu gef. mWv 17.8.2015 durch G v. 29.6.2015 (BGBl. I S. 1042).

Abschnitt 2. Rechtliche Stellung des Erben

Titel 1. Annahme und Ausschlagung der Erbschaft, Fürsorge des Nachlassgerichts

§ 1942 Anfall und Ausschlagung der Erbschaft. (1) Die Erbschaft geht auf den berufenen Erben unbeschadet des Rechts über, sie auszuschlagen (Anfall der Erbschaft).

(2) Der Fiskus kann die ihm als gesetzlichem Erben angefallene Erbschaft nicht ausschlagen.

§ 1943 Annahme und Ausschlagung der Erbschaft. Der Erbe kann die Erbschaft nicht mehr ausschlagen, wenn er sie angenommen hat oder wenn die für die Ausschlagung vorgeschriebene Frist verstrichen ist; mit dem Ablauf der Frist gilt die Erbschaft als angenommen.

§ 1944[1)] Ausschlagungsfrist. (1) Die Ausschlagung kann nur binnen sechs Wochen erfolgen.

(2) [1] Die Frist beginnt mit dem Zeitpunkt, in welchem der Erbe von dem Anfall und dem Grunde der Berufung Kenntnis erlangt. [2] Ist der Erbe durch Verfügung von Todes wegen berufen, beginnt die Frist nicht vor Bekanntgabe der Verfügung von Todes wegen durch das Nachlassgericht. [3] Auf den Lauf der Frist finden die für die Verjährung geltenden Vorschriften der §§ 206, 210 entsprechende Anwendung.

(3) Die Frist beträgt sechs Monate, wenn der Erblasser seinen letzten Wohnsitz nur im Ausland gehabt hat oder wenn sich der Erbe bei dem Beginn der Frist im Ausland aufhält.

§ 1945 Form der Ausschlagung. (1) Die Ausschlagung erfolgt durch Erklärung gegenüber dem Nachlassgericht; die Erklärung ist zur Niederschrift des Nachlassgerichts oder in öffentlich beglaubigter Form abzugeben.

(2) Die Niederschrift des Nachlassgerichts wird nach den Vorschriften des Beurkundungsgesetzes[2)] errichtet.

(3) [1] Ein Bevollmächtigter bedarf einer öffentlich beglaubigten Vollmacht. [2] Die Vollmacht muss der Erklärung beigefügt oder innerhalb der Ausschlagungsfrist nachgebracht werden.

§ 1946 Zeitpunkt für Annahme oder Ausschlagung. Der Erbe kann die Erbschaft annehmen oder ausschlagen, sobald der Erbfall eingetreten ist.

§ 1947 Bedingung und Zeitbestimmung. Die Annahme und die Ausschlagung können nicht unter einer Bedingung oder einer Zeitbestimmung erfolgen.

§ 1948 Mehrere Berufungsgründe. (1) Wer durch Verfügung von Todes wegen als Erbe berufen ist, kann, wenn er ohne die Verfügung als gesetzlicher Erbe berufen sein würde, die Erbschaft als eingesetzter Erbe ausschlagen und als gesetzlicher Erbe annehmen.

(2) Wer durch Testament und durch Erbvertrag als Erbe berufen ist, kann die Erbschaft aus dem einen Berufungsgrund annehmen und aus dem anderen ausschlagen.

[1)] § 1944 Abs. 2 Satz 2 neu gef. Wv 1.9.2009 durch G v. 17.12.2008 (BGBl. I S. 2586).
[2)] Nr. **23**.

§ 1949 Irrtum über den Berufungsgrund. (1) Die Annahme gilt als nicht erfolgt, wenn der Erbe über den Berufungsgrund im Irrtum war.

(2) Die Ausschlagung erstreckt sich im Zweifel auf alle Berufungsgründe, die dem Erben zur Zeit der Erklärung bekannt sind.

§ 1950 Teilannahme; Teilausschlagung. [1] Die Annahme und die Ausschlagung können nicht auf einen Teil der Erbschaft beschränkt werden. [2] Die Annahme oder Ausschlagung eines Teils ist unwirksam.

§ 1951 Mehrere Erbteile. (1) Wer zu mehreren Erbteilen berufen ist, kann, wenn die Berufung auf verschiedenen Gründen beruht, den einen Erbteil annehmen und den anderen ausschlagen.

(2) [1] Beruht die Berufung auf demselben Grund, so gilt die Annahme oder Ausschlagung des einen Erbteils auch für den anderen, selbst wenn der andere erst später anfällt. [2] Die Berufung beruht auf demselben Grund auch dann, wenn sie in verschiedenen Testamenten oder vertragsmäßig in verschiedenen zwischen denselben Personen geschlossenen Erbverträgen angeordnet ist.

(3) Setzt der Erblasser einen Erben auf mehrere Erbteile ein, so kann er ihm durch Verfügung von Todes wegen gestatten, den einen Erbteil anzunehmen und den anderen auszuschlagen.

§ 1952 Vererblichkeit des Ausschlagungsrechts. (1) Das Recht des Erben, die Erbschaft auszuschlagen, ist vererblich.

(2) Stirbt der Erbe vor dem Ablauf der Ausschlagungsfrist, so endigt die Frist nicht vor dem Ablauf der für die Erbschaft des Erben vorgeschriebenen Ausschlagungsfrist.

(3) Von mehreren Erben des Erben kann jeder den seinem Erbteil entsprechenden Teil der Erbschaft ausschlagen.

§ 1953 Wirkung der Ausschlagung. (1) Wird die Erbschaft ausgeschlagen, so gilt der Anfall an den Ausschlagenden als nicht erfolgt.

(2) Die Erbschaft fällt demjenigen an, welcher berufen sein würde, wenn der Ausschlagende zur Zeit des Erbfalls nicht gelebt hätte; der Anfall gilt als mit dem Erbfall erfolgt.

(3) [1] Das Nachlassgericht soll die Ausschlagung demjenigen mitteilen, welchem die Erbschaft infolge der Ausschlagung angefallen ist. [2] Es hat die Einsicht der Erklärung jedem zu gestatten, der ein rechtliches Interesse glaubhaft macht.

§ 1954 Anfechtungsfrist. (1) Ist die Annahme oder die Ausschlagung anfechtbar, so kann die Anfechtung nur binnen sechs Wochen erfolgen.

(2) [1] Die Frist beginnt im Falle der Anfechtbarkeit wegen Drohung mit dem Zeitpunkt, in welchem die Zwangslage aufhört, in den übrigen Fällen mit dem Zeitpunkt, in welchem der Anfechtungsberechtigte von dem Anfechtungsgrund Kenntnis erlangt. [2] Auf den Lauf der Frist finden die für die Verjährung geltenden Vorschriften der §§ 206, 210, 211 entsprechende Anwendung.

(3) Die Frist beträgt sechs Monate, wenn der Erblasser seinen letzten Wohnsitz nur im Ausland gehabt hat oder wenn sich der Erbe bei dem Beginn der Frist im Ausland aufhält.

(4) Die Anfechtung ist ausgeschlossen, wenn seit der Annahme oder der Ausschlagung 30 Jahre verstrichen sind.

§ 1955 Form der Anfechtung. [1]Die Anfechtung der Annahme oder der Ausschlagung erfolgt durch Erklärung gegenüber dem Nachlassgericht. [2]Für die Erklärung gelten die Vorschriften des § 1945.

§ 1956 Anfechtung der Fristversäumung. Die Versäumung der Ausschlagungsfrist kann in gleicher Weise wie die Annahme angefochten werden.

§ 1957 Wirkung der Anfechtung. (1) Die Anfechtung der Annahme gilt als Ausschlagung, die Anfechtung der Ausschlagung gilt als Annahme.

(2) [1]Das Nachlassgericht soll die Anfechtung der Ausschlagung demjenigen mitteilen, welchem die Erbschaft infolge der Ausschlagung angefallen war. [2]Die Vorschrift des § 1953 Abs. 3 Satz 2 findet Anwendung.

§ 1958 Gerichtliche Geltendmachung von Ansprüchen gegen den Erben. Vor der Annahme der Erbschaft kann ein Anspruch, der sich gegen den Nachlass richtet, nicht gegen den Erben gerichtlich geltend gemacht werden.

§ 1959 Geschäftsführung vor der Ausschlagung. (1) Besorgt der Erbe vor der Ausschlagung erbschaftliche Geschäfte, so ist er demjenigen gegenüber, welcher Erbe wird, wie ein Geschäftsführer ohne Auftrag berechtigt und verpflichtet.

(2) Verfügt der Erbe vor der Ausschlagung über einen Nachlassgegenstand, so wird die Wirksamkeit der Verfügung durch die Ausschlagung nicht berührt, wenn die Verfügung nicht ohne Nachteil für den Nachlass verschoben werden konnte.

(3) Ein Rechtsgeschäft, das gegenüber dem Erben als solchem vorgenommen werden muss, bleibt, wenn es vor der Ausschlagung dem Ausschlagenden gegenüber vorgenommen wird, auch nach der Ausschlagung wirksam.

§ 1960 Sicherung des Nachlasses; Nachlasspfleger. (1) [1]Bis zur Annahme der Erbschaft hat das Nachlassgericht für die Sicherung des Nachlasses zu sorgen, soweit ein Bedürfnis besteht. [2]Das Gleiche gilt, wenn der Erbe unbekannt oder wenn ungewiss ist, ob er die Erbschaft angenommen hat.

(2) Das Nachlassgericht kann insbesondere die Anlegung von Siegeln, die Hinterlegung von Geld, Wertpapieren und Kostbarkeiten sowie die Aufnahme eines Nachlassverzeichnisses anordnen und für denjenigen, welcher Erbe wird, einen Pfleger (Nachlasspfleger) bestellen.

(3) Die Vorschrift des § 1958 findet auf den Nachlasspfleger keine Anwendung.

§ 1961 Nachlasspflegschaft auf Antrag. Das Nachlassgericht hat in den Fällen des § 1960 Abs. 1 einen Nachlasspfleger zu bestellen, wenn die Bestellung zum Zwecke der gerichtlichen Geltendmachung eines Anspruchs, der sich gegen den Nachlass richtet, von dem Berechtigten beantragt wird.

§ 1962[1)] Zuständigkeit des Nachlassgerichts. Für die Nachlasspflegschaft tritt an die Stelle des Familiengerichts oder Betreuungsgerichts das Nachlassgericht.

§ 1963 Unterhalt der werdenden Mutter eines Erben. [1]Ist zur Zeit des Erbfalls die Geburt eines Erben zu erwarten, so kann die Mutter, falls sie außerstande ist, sich selbst zu unterhalten, bis zur Entbindung angemessenen Unterhalt aus dem Nachlass oder, wenn noch andere Personen als Erben berufen sind, aus

---

[1)] § 1962 geänd. mWv 1.9.2009 durch G v. 17.12.2008 (BGBl. I S. 2586).

dem Erbteil des Kindes verlangen. [2]Bei der Bemessung des Erbteils ist anzunehmen, dass nur ein Kind geboren wird.

§ 1964 Erbvermutung für den Fiskus durch Feststellung. (1) Wird der Erbe nicht innerhalb einer den Umständen entsprechenden Frist ermittelt, so hat das Nachlassgericht festzustellen, dass ein anderer Erbe als der Fiskus nicht vorhanden ist.

(2) Die Feststellung begründet die Vermutung, dass der Fiskus gesetzlicher Erbe sei.

§ 1965 Öffentliche Aufforderung zur Anmeldung der Erbrechte.

(1) [1]Der Feststellung hat eine öffentliche Aufforderung zur Anmeldung der Erbrechte unter Bestimmung einer Anmeldungsfrist vorauszugehen; die Art der Bekanntmachung und die Dauer der Anmeldungsfrist bestimmen sich nach den für das Aufgebotsverfahren geltenden Vorschriften. [2]Die Aufforderung darf unterbleiben, wenn die Kosten dem Bestand des Nachlasses gegenüber unverhältnismäßig groß sind.

(2) [1]Ein Erbrecht bleibt unberücksichtigt, wenn nicht dem Nachlassgericht binnen drei Monaten nach dem Ablauf der Anmeldungsfrist nachgewiesen wird, dass das Erbrecht besteht oder dass es gegen den Fiskus im Wege der Klage geltend gemacht ist. [2]Ist eine öffentliche Aufforderung nicht ergangen, so beginnt die dreimonatige Frist mit der gerichtlichen Aufforderung, das Erbrecht oder die Erhebung der Klage nachzuweisen.

§ 1966 Rechtsstellung des Fiskus vor Feststellung. Von dem Fiskus als gesetzlichem Erben und gegen den Fiskus als gesetzlichen Erben kann ein Recht erst geltend gemacht werden, nachdem von dem Nachlassgericht festgestellt worden ist, dass ein anderer Erbe nicht vorhanden ist.

Titel 2. Haftung des Erben für die Nachlassverbindlichkeiten

Untertitel 1. Nachlassverbindlichkeiten

§ 1967 Erbenhaftung, Nachlassverbindlichkeiten. (1) Der Erbe haftet für die Nachlassverbindlichkeiten.

(2) Zu den Nachlassverbindlichkeiten gehören außer den vom Erblasser herrührenden Schulden die den Erben als solchen treffenden Verbindlichkeiten, insbesondere die Verbindlichkeiten aus Pflichtteilsrechten, Vermächtnissen und Auflagen.

§ 1968 Beerdigungskosten. Der Erbe trägt die Kosten der Beerdigung des Erblassers.

§ 1969 Dreißigster. (1) [1]Der Erbe ist verpflichtet, Familienangehörigen des Erblassers, die zur Zeit des Todes des Erblassers zu dessen Hausstand gehören und von ihm Unterhalt bezogen haben, in den ersten 30 Tagen nach dem Eintritt des Erbfalls in demselben Umfang, wie der Erblasser es getan hat, Unterhalt zu gewähren und die Benutzung der Wohnung und der Haushaltsgegenstände zu gestatten. [2]Der Erblasser kann durch letztwillige Verfügung eine abweichende Anordnung treffen.

(2) Die Vorschriften über Vermächtnisse finden entsprechende Anwendung.

Untertitel 2. Aufgebot der Nachlassgläubiger

§ 1970 Anmeldung der Forderungen. Die Nachlassgläubiger können im Wege des Aufgebotsverfahrens zur Anmeldung ihrer Forderungen aufgefordert werden.

§ 1971 Nicht betroffene Gläubiger. [1]Pfandgläubiger und Gläubiger, die im Insolvenzverfahren den Pfandgläubigern gleichstehen, sowie Gläubiger, die bei der Zwangsvollstreckung in das unbewegliche Vermögen ein Recht auf Befriedigung aus diesem Vermögen haben, werden, soweit es sich um die Befriedigung aus den ihnen haftenden Gegenständen handelt, durch das Aufgebot nicht betroffen. [2]Das Gleiche gilt von Gläubigern, deren Ansprüche durch eine Vormerkung gesichert sind oder denen im Insolvenzverfahren ein Aussonderungsrecht zusteht, in Ansehung des Gegenstands ihres Rechts.

§ 1972 Nicht betroffene Rechte. Pflichtteilsrechte, Vermächtnisse und Auflagen werden durch das Aufgebot nicht betroffen, unbeschadet der Vorschrift des § 2060 Nr. 1.

§ 1973 Ausschluss von Nachlassgläubigern. (1) [1]Der Erbe kann die Befriedigung eines im Aufgebotsverfahren ausgeschlossenen Nachlassgläubigers insoweit verweigern, als der Nachlass durch die Befriedigung der nicht ausgeschlossenen Gläubiger erschöpft wird. [2]Der Erbe hat jedoch den ausgeschlossenen Gläubiger vor den Verbindlichkeiten aus Pflichtteilsrechten, Vermächtnissen und Auflagen zu befriedigen, es sei denn, dass der Gläubiger seine Forderung erst nach der Berichtigung dieser Verbindlichkeiten geltend macht.

(2) [1]Einen Überschuss hat der Erbe zum Zwecke der Befriedigung des Gläubigers im Wege der Zwangsvollstreckung nach den Vorschriften über die Herausgabe einer ungerechtfertigten Bereicherung herauszugeben. [2]Er kann die Herausgabe der noch vorhandenen Nachlassgegenstände durch Zahlung des Wertes abwenden. [3]Die rechtskräftige Verurteilung des Erben zur Befriedigung eines ausgeschlossenen Gläubigers wirkt einem anderen Gläubiger gegenüber wie die Befriedigung.

§ 1974 Verschweigungseinrede. (1) [1]Ein Nachlassgläubiger, der seine Forderung später als fünf Jahre nach dem Erbfall dem Erben gegenüber geltend macht, steht einem ausgeschlossenen Gläubiger gleich, es sei denn, dass die Forderung dem Erben vor dem Ablauf der fünf Jahre bekannt geworden oder im Aufgebotsverfahren angemeldet worden ist. [2]Wird der Erblasser für tot erklärt oder wird seine Todeszeit nach den Vorschriften des Verschollenheitsgesetzes[1)] festgestellt, so beginnt die Frist nicht vor dem Eintritt der Rechtskraft des Beschlusses über die Todeserklärung oder die Feststellung der Todeszeit.

(2) Die dem Erben nach § 1973 Abs. 1 Satz 2 obliegende Verpflichtung tritt im Verhältnis von Verbindlichkeiten aus Pflichtteilsrechten, Vermächtnissen und Auflagen zueinander nur insoweit ein, als der Gläubiger im Falle des Nachlassinsolvenzverfahrens im Range vorgehen würde.

(3) Soweit ein Gläubiger nach § 1971 von dem Aufgebot nicht betroffen wird, finden die Vorschriften des Absatzes 1 auf ihn keine Anwendung.

[1)] **Habersack, Deutsche Gesetze ErgBd. Nr. 45.**

Untertitel 3. Beschränkung der Haftung des Erben

§ 1975 Nachlassverwaltung; Nachlassinsolvenz. Die Haftung des Erben für die Nachlassverbindlichkeiten beschränkt sich auf den Nachlass, wenn eine Nachlasspflegschaft zum Zwecke der Befriedigung der Nachlassgläubiger (Nachlassverwaltung) angeordnet oder das Nachlassinsolvenzverfahren eröffnet ist.

§ 1976 Wirkung auf durch Vereinigung erloschene Rechtsverhältnisse.

Ist die Nachlassverwaltung angeordnet oder das Nachlassinsolvenzverfahren eröffnet, so gelten die infolge des Erbfalls durch Vereinigung von Recht und Verbindlichkeit oder von Recht und Belastung erloschenen Rechtsverhältnisse als nicht erloschen.

§ 1977 Wirkung auf eine Aufrechnung. (1) Hat ein Nachlassgläubiger vor der Anordnung der Nachlassverwaltung oder vor der Eröffnung des Nachlassinsolvenzverfahrens seine Forderung gegen eine nicht zum Nachlass gehörende Forderung des Erben ohne dessen Zustimmung aufgerechnet, so ist nach der Anordnung der Nachlassverwaltung oder der Eröffnung des Nachlassinsolvenzverfahrens die Aufrechnung als nicht erfolgt anzusehen.

(2) Das Gleiche gilt, wenn ein Gläubiger, der nicht Nachlassgläubiger ist, die ihm gegen den Erben zustehende Forderung gegen eine zum Nachlass gehörende Forderung aufgerechnet hat.

§ 1978 Verantwortlichkeit des Erben für bisherige Verwaltung, Aufwendungsersatz. (1) [1] Ist die Nachlassverwaltung angeordnet oder das Nachlassinsolvenzverfahren eröffnet, so ist der Erbe den Nachlassgläubigern für die bisherige Verwaltung des Nachlasses so verantwortlich, wie wenn er von der Annahme der Erbschaft an die Verwaltung für sie als Beauftragter zu führen gehabt hätte. [2] Auf die vor der Annahme der Erbschaft von dem Erben besorgten erbschaftlichen Geschäfte finden die Vorschriften über die Geschäftsführung ohne Auftrag entsprechende Anwendung.

(2) Die den Nachlassgläubigern nach Absatz 1 zustehenden Ansprüche gelten als zum Nachlass gehörend.

(3) Aufwendungen sind dem Erben aus dem Nachlass zu ersetzen, soweit er nach den Vorschriften über den Auftrag oder über die Geschäftsführung ohne Auftrag Ersatz verlangen könnte.

§ 1979 Berichtigung von Nachlassverbindlichkeiten. Die Berichtigung einer Nachlassverbindlichkeit durch den Erben müssen die Nachlassgläubiger als für Rechnung des Nachlasses erfolgt gelten lassen, wenn der Erbe den Umständen nach annehmen durfte, dass der Nachlass zur Berichtigung aller Nachlassverbindlichkeiten ausreiche.

§ 1980 Antrag auf Eröffnung des Nachlassinsolvenzverfahrens.

(1) [1] Hat der Erbe von der Zahlungsunfähigkeit oder der Überschuldung des Nachlasses Kenntnis erlangt, so hat er unverzüglich die Eröffnung des Nachlassinsolvenzverfahrens zu beantragen. [2] Verletzt er diese Pflicht, so ist er den Gläubigern für den daraus entstehenden Schaden verantwortlich. [3] Bei der Bemessung der Zulänglichkeit des Nachlasses bleiben die Verbindlichkeiten aus Vermächtnissen und Auflagen außer Betracht.

(2) [1] Der Kenntnis der Zahlungsunfähigkeit oder der Überschuldung steht die auf Fahrlässigkeit beruhende Unkenntnis gleich. [2] Als Fahrlässigkeit gilt es ins-

besondere, wenn der Erbe das Aufgebot der Nachlassgläubiger nicht beantragt, obwohl er Grund hat, das Vorhandensein unbekannter Nachlassverbindlichkeiten anzunehmen; das Aufgebot ist nicht erforderlich, wenn die Kosten des Verfahrens dem Bestand des Nachlasses gegenüber unverhältnismäßig groß sind.

§ 1981[1)] Anordnung der Nachlassverwaltung. (1) Die Nachlassverwaltung ist von dem Nachlassgericht anzuordnen, wenn der Erbe die Anordnung beantragt.

(2) [1] Auf Antrag eines Nachlassgläubigers ist die Nachlassverwaltung anzuordnen, wenn Grund zu der Annahme besteht, dass die Befriedigung der Nachlassgläubiger aus dem Nachlass durch das Verhalten oder die Vermögenslage des Erben gefährdet wird. [2] Der Antrag kann nicht mehr gestellt werden, wenn seit der Annahme der Erbschaft zwei Jahre verstrichen sind.

§ 1982 Ablehnung der Anordnung der Nachlassverwaltung mangels Masse. Die Anordnung der Nachlassverwaltung kann abgelehnt werden, wenn eine den Kosten entsprechende Masse nicht vorhanden ist.

§ 1983 Bekanntmachung. Das Nachlassgericht hat die Anordnung der Nachlassverwaltung durch das für seine Bekanntmachungen bestimmte Blatt zu veröffentlichen.

§ 1984 Wirkung der Anordnung. (1) [1] Mit der Anordnung der Nachlassverwaltung verliert der Erbe die Befugnis, den Nachlass zu verwalten und über ihn zu verfügen. [2] Die Vorschriften der §§ 81 und 82 der Insolvenzordnung[2)] finden entsprechende Anwendung. [3] Ein Anspruch, der sich gegen den Nachlass richtet, kann nur gegen den Nachlassverwalter geltend gemacht werden.

(2) Zwangsvollstreckungen und Arreste in den Nachlass zugunsten eines Gläubigers, der nicht Nachlassgläubiger ist, sind ausgeschlossen.

§ 1985 Pflichten und Haftung des Nachlassverwalters. (1) Der Nachlassverwalter hat den Nachlass zu verwalten und die Nachlassverbindlichkeiten aus dem Nachlass zu berichtigen.

(2) [1] Der Nachlassverwalter ist für die Verwaltung des Nachlasses auch den Nachlassgläubigern verantwortlich. [2] Die Vorschriften des § 1978 Abs. 2 und der §§ 1979, 1980 finden entsprechende Anwendung.

§ 1986 Herausgabe des Nachlasses. (1) Der Nachlassverwalter darf den Nachlass dem Erben erst ausantworten, wenn die bekannten Nachlassverbindlichkeiten berichtigt sind.

(2) [1] Ist die Berichtigung einer Verbindlichkeit zur Zeit nicht ausführbar oder ist eine Verbindlichkeit streitig, so darf die Ausantwortung des Nachlasses nur erfolgen, wenn dem Gläubiger Sicherheit geleistet wird. [2] Für eine bedingte Forderung ist Sicherheitsleistung nicht erforderlich, wenn die Möglichkeit des Eintritts der Bedingung eine so entfernte ist, dass die Forderung einen gegenwärtigen Vermögenswert nicht hat.

§ 1987 Vergütung des Nachlassverwalters. Der Nachlassverwalter kann für die Führung seines Amts eine angemessene Vergütung verlangen.

[1)] § 1981 Abs. 3 aufgeh. mWv 1.1.2023 durch G v. 4.5.2021 (BGBl. I S. 882).

[2)] Nr. **110**.

§ 1988 Ende und Aufhebung der Nachlassverwaltung. (1) Die Nachlassverwaltung endigt mit der Eröffnung des Nachlassinsolvenzverfahrens.

(2) Die Nachlassverwaltung kann aufgehoben werden, wenn sich ergibt, dass eine den Kosten entsprechende Masse nicht vorhanden ist.

§ 1989 Erschöpfungseinrede des Erben. Ist das Nachlassinsolvenzverfahren durch Verteilung der Masse oder durch einen Insolvenzplan beendet, so findet auf die Haftung des Erben die Vorschrift des § 1973 entsprechende Anwendung.

§ 1990 Dürftigkeitseinrede des Erben. (1) [1] Ist die Anordnung der Nachlassverwaltung oder die Eröffnung des Nachlassinsolvenzverfahrens wegen Mangels einer den Kosten entsprechenden Masse nicht tunlich oder wird aus diesem Grunde die Nachlassverwaltung aufgehoben oder das Insolvenzverfahren eingestellt, so kann der Erbe die Befriedigung eines Nachlassgläubigers insoweit verweigern, als der Nachlass nicht ausreicht. [2] Der Erbe ist in diesem Falle verpflichtet, den Nachlass zum Zwecke der Befriedigung des Gläubigers im Wege der Zwangsvollstreckung herauszugeben.

(Fortsetzung nächstes Blatt)

ckung oder der Arrestvollziehung oder durch den Insolvenzverwalter erfolgt, ist im Falle des Eintritts der Nacherbfolge insoweit unwirksam, als sie das Recht des Nacherben vereiteln oder beeinträchtigen würde. [2] Die Verfügung ist unbeschränkt wirksam, wenn der Anspruch eines Nachlassgläubigers oder ein an einem Erbschaftsgegenstand bestehendes Recht geltend gemacht wird, das im Falle des Eintritts der Nacherbfolge dem Nacherben gegenüber wirksam ist.

§ 2116[1)] Hinterlegung von Wertpapieren. (1) [1] Der Vorerbe hat auf Verlangen des Nacherben die zur Erbschaft gehörenden Inhaberpapiere nebst den Erneuerungsscheinen bei einer Hinterlegungsstelle mit der Bestimmung zu hinterlegen, dass die Herausgabe nur mit Zustimmung des Nacherben verlangt werden kann. [2] Die Hinterlegung von Inhaberpapieren, die nach § 92 zu den verbrauchbaren Sachen gehören, sowie von Zins-, Renten- oder Gewinnanteilscheinen kann nicht verlangt werden. [3] Den Inhaberpapieren stehen Orderpapiere gleich, die mit Blankoindossament versehen sind.

(2) Über die hinterlegten Papiere kann der Vorerbe nur mit Zustimmung des Nacherben verfügen.

§ 2117 Umschreibung; Umwandlung. [1] Der Vorerbe kann die Inhaberpapiere, statt sie nach § 2116 zu hinterlegen, auf seinen Namen mit der Bestimmung umschreiben lassen, dass er über sie nur mit Zustimmung des Nacherben verfügen kann. [2] Sind die Papiere vom Bund oder von einem Land ausgestellt, so kann er sie mit der gleichen Bestimmung in Buchforderungen gegen den Bund oder das Land umwandeln lassen.

§ 2118 Sperrvermerk im Schuldbuch. Gehören zur Erbschaft Buchforderungen gegen den Bund oder ein Land, so ist der Vorerbe auf Verlangen des Nacherben verpflichtet, in das Schuldbuch den Vermerk eintragen zu lassen, dass er über die Forderungen nur mit Zustimmung des Nacherben verfügen kann.

§ 2119[2)] Anlegung von Geld. Geld, das nach den Regeln einer ordnungsmäßigen Wirtschaft dauernd anzulegen ist, darf der Vorerbe nur der Rechtsverordnung nach § 240a entsprechend anlegen.

§ 2120 Einwilligungspflicht des Nacherben. [1] Ist zur ordnungsmäßigen Verwaltung, insbesondere zur Berichtigung von Nachlassverbindlichkeiten, eine Verfügung erforderlich, die der Vorerbe nicht mit Wirkung gegen den Nacherben vornehmen kann, so ist der Nacherbe dem Vorerben gegenüber verpflichtet, seine Einwilligung zu der Verfügung zu erteilen. [2] Die Einwilligung ist auf Verlangen in öffentlich beglaubigter Form zu erklären. [3] Die Kosten der Beglaubigung fallen dem Vorerben zur Last.

§ 2121 Verzeichnis der Erbschaftsgegenstände. (1) [1] Der Vorerbe hat dem Nacherben auf Verlangen ein Verzeichnis der zur Erbschaft gehörenden Gegenstände mitzuteilen. [2] Das Verzeichnis ist mit der Angabe des Tages der Aufnahme zu versehen und von dem Vorerben zu unterzeichnen; der Vorerbe hat auf Verlangen die Unterzeichnung öffentlich beglaubigen zu lassen.

(2) Der Nacherbe kann verlangen, dass er bei der Aufnahme des Verzeichnisses zugezogen wird.

[1)] § 2116 Abs. 1 Satz 1 geänd. mWv 15.12.2010 durch G v. 8.12.2010 (BGBl. I S. 1864).
[2)] § 2119 geänd. mWv 1.1.2023 durch G v. 4.5.2021 (BGBl. I S. 882).

(3) Der Vorerbe ist berechtigt und auf Verlangen des Nacherben verpflichtet, das Verzeichnis durch die zuständige Behörde oder durch einen zuständigen Beamten oder Notar aufnehmen zu lassen.

(4) Die Kosten der Aufnahme und der Beglaubigung fallen der Erbschaft zur Last.

§ 2122 Feststellung des Zustands der Erbschaft. [1]Der Vorerbe kann den Zustand der zur Erbschaft gehörenden Sachen auf seine Kosten durch Sachverständige feststellen lassen. [2]Das gleiche Recht steht dem Nacherben zu.

§ 2123 Wirtschaftsplan. (1) [1]Gehört ein Wald zur Erbschaft, so kann sowohl der Vorerbe als der Nacherbe verlangen, dass das Maß der Nutzung und die Art der wirtschaftlichen Behandlung durch einen Wirtschaftsplan festgestellt werden. [2]Tritt eine erhebliche Änderung der Umstände ein, so kann jeder Teil eine entsprechende Änderung des Wirtschaftsplans verlangen. [3]Die Kosten fallen der Erbschaft zur Last.

(2) Das Gleiche gilt, wenn ein Bergwerk oder eine andere auf Gewinnung von Bodenbestandteilen gerichtete Anlage zur Erbschaft gehört.

§ 2124 Erhaltungskosten. (1) Der Vorerbe trägt dem Nacherben gegenüber die gewöhnlichen Erhaltungskosten.

(2) [1]Andere Aufwendungen, die der Vorerbe zum Zwecke der Erhaltung von Erbschaftsgegenständen den Umständen nach für erforderlich halten darf, kann er aus der Erbschaft bestreiten. [2]Bestreitet er sie aus seinem Vermögen, so ist der Nacherbe im Falle des Eintritts der Nacherbfolge zum Ersatz verpflichtet.

§ 2125 Verwendungen; Wegnahmerecht. (1) Macht der Vorerbe Verwendungen auf die Erbschaft, die nicht unter die Vorschrift des § 2124 fallen, so ist der Nacherbe im Falle des Eintritts der Nacherbfolge nach den Vorschriften über die Geschäftsführung ohne Auftrag zum Ersatz verpflichtet.

(2) Der Vorerbe ist berechtigt, eine Einrichtung, mit der er eine zur Erbschaft gehörende Sache versehen hat, wegzunehmen.

§ 2126 Außerordentliche Lasten. [1]Der Vorerbe hat im Verhältnis zu dem Nacherben nicht die außerordentlichen Lasten zu tragen, die als auf den Stammwert der Erbschaftsgegenstände gelegt anzusehen sind. [2]Auf diese Lasten findet die Vorschrift des § 2124 Abs. 2 Anwendung.

§ 2127 Auskunftsrecht des Nacherben. Der Nacherbe ist berechtigt, von dem Vorerben Auskunft über den Bestand der Erbschaft zu verlangen, wenn Grund zu der Annahme besteht, dass der Vorerbe durch seine Verwaltung die Rechte des Nacherben erheblich verletzt.

(Fortsetzung nächstes Blatt)

§ 2279[1] **Vertragsmäßige Zuwendungen und Auflagen; Anwendung von § 2077.** (1) Auf vertragsmäßige Zuwendungen und Auflagen finden die für letztwillige Zuwendungen und Auflagen geltenden Vorschriften entsprechende Anwendung.

(2) Die Vorschrift des § 2077 gilt für einen Erbvertrag zwischen Ehegatten, Lebenspartnern oder Verlobten auch insoweit, als ein Dritter bedacht ist.

§ 2280 Anwendung von § 2269. Haben Ehegatten oder Lebenspartner in einem Erbvertrag, durch den sie sich gegenseitig als Erben einsetzen, bestimmt, dass nach dem Tode des Überlebenden der beiderseitige Nachlass an einen Dritten fallen soll, oder ein Vermächtnis angeordnet, das nach dem Tode des Überlebenden zu erfüllen ist, so findet die Vorschrift des § 2269 entsprechende Anwendung.

§ 2281 Anfechtung durch den Erblasser. (1) Der Erbvertrag kann auf Grund der §§ 2078, 2079 auch von dem Erblasser angefochten werden; zur Anfechtung auf Grund des § 2079 ist erforderlich, dass der Pflichtteilsberechtigte zur Zeit der Anfechtung vorhanden ist.

(2) [1] Soll nach dem Tode des anderen Vertragschließenden eine zugunsten eines Dritten getroffene Verfügung von dem Erblasser angefochten werden, so ist die Anfechtung dem Nachlassgericht gegenüber zu erklären. [2] Das Nachlassgericht soll die Erklärung dem Dritten mitteilen.

§ 2282[2] **Vertretung, Form der Anfechtung.** (1) Die Anfechtung kann nicht durch einen Vertreter des Erblassers erfolgen.

(2) Für einen geschäftsunfähigen Erblasser kann sein Betreuer den Erbvertrag anfechten.

(3) Die Anfechtungserklärung bedarf der notariellen Beurkundung.

§ 2283 Anfechtungsfrist. (1) Die Anfechtung durch den Erblasser kann nur binnen Jahresfrist erfolgen.

(2) [1] Die Frist beginnt im Falle der Anfechtbarkeit wegen Drohung mit dem Zeitpunkt, in welchem die Zwangslage aufhört, in den übrigen Fällen mit dem Zeitpunkt, in welchem der Erblasser von dem Anfechtungsgrund Kenntnis erlangt. [2] Auf den Lauf der Frist finden die für die Verjährung geltenden Vorschriften der §§ 206, 210 entsprechende Anwendung.

(3) Hat im Falle des § 2282 Abs. 2 der gesetzliche Vertreter den Erbvertrag nicht rechtzeitig angefochten, so kann nach dem Wegfall der Geschäftsunfähigkeit der Erblasser selbst den Erbvertrag in gleicher Weise anfechten, wie wenn er ohne gesetzlichen Vertreter gewesen wäre.

§ 2284[3] **Bestätigung.** Die Bestätigung eines anfechtbaren Erbvertrags kann nur durch den Erblasser persönlich erfolgen.

§ 2285 Anfechtung durch Dritte. Die in § 2080 bezeichneten Personen können den Erbvertrag auf Grund der §§ 2078, 2079 nicht mehr anfechten, wenn das Anfechtungsrecht des Erblassers zur Zeit des Erbfalls erloschen ist.

---

[1] § 2279 Abs. 2 neu gef. mWv 1.1.2005 durch G v. 15.12.2004 (BGBl. I S. 3396); Abs. 2 geänd. mWv 22.12.2018 durch G v. 18.12.2018 (BGBl. I S. 2639).

[2] § 2282 Abs. 2 geänd. mWv 1.9.2009 durch G v. 17.12.2008 (BGBl. I S. 2586); Abs. 1 und 2 neu gef. mWv 22.7.2017 durch G v. 17.7.2017 (BGBl. I S. 2429); Abs. 2 geänd. mWv 1.1.2023 durch G v. 4.5. 2021 (BGBl. I S. 882).

[3] § 2284 Satz 2 aufgeh. mWv 22.7.2017 durch G v. 17.7.2017 (BGBl. I S. 2429).

§ 2286 Verfügungen unter Lebenden. Durch den Erbvertrag wird das Recht des Erblassers, über sein Vermögen durch Rechtsgeschäft unter Lebenden zu verfügen, nicht beschränkt.

§ 2287[1)] Den Vertragserben beeinträchtigende Schenkungen. (1) Hat der Erblasser in der Absicht, den Vertragserben zu beeinträchtigen, eine Schenkung gemacht, so kann der Vertragserbe, nachdem ihm die Erbschaft angefallen ist, von dem Beschenkten die Herausgabe des Geschenks nach den Vorschriften über die Herausgabe einer ungerechtfertigten Bereicherung fordern.

(2) Die Verjährungsfrist des Anspruchs beginnt mit dem Erbfall.

§ 2288 Beeinträchtigung des Vermächtnisnehmers. (1) Hat der Erblasser den Gegenstand eines vertragsmäßig angeordneten Vermächtnisses in der Absicht, den Bedachten zu beeinträchtigen, zerstört, beiseite geschafft oder beschädigt, so tritt, soweit der Erbe dadurch außerstande gesetzt ist, die Leistung zu bewirken, an die Stelle des Gegenstands der Wert.

(2) [1] Hat der Erblasser den Gegenstand in der Absicht, den Bedachten zu beeinträchtigen, veräußert oder belastet, so ist der Erbe verpflichtet, dem Bedachten den Gegenstand zu verschaffen oder die Belastung zu beseitigen; auf diese Verpflichtung findet die Vorschrift des § 2170 Abs. 2 entsprechende Anwendung. [2] Ist die Veräußerung oder die Belastung schenkweise erfolgt, so steht dem Bedachten, soweit er Ersatz nicht von dem Erben erlangen kann, der im § 2287 bestimmte Anspruch gegen den Beschenkten zu.

§ 2289 Wirkung des Erbvertrags auf letztwillige Verfügungen; Anwendung von § 2338. (1) [1] Durch den Erbvertrag wird eine frühere letztwillige Verfügung des Erblassers aufgehoben, soweit sie das Recht des vertragsmäßig Bedachten beeinträchtigen würde. [2] In dem gleichen Umfang ist eine spätere Verfügung von Todes wegen unwirksam, unbeschadet der Vorschrift des § 2297.

(2) Ist der Bedachte ein pflichtteilsberechtigter Abkömmling des Erblassers, so kann der Erblasser durch eine spätere letztwillige Verfügung die nach § 2338 zulässigen Anordnungen treffen.

§ 2290[2)] Aufhebung durch Vertrag. (1) [1] Ein Erbvertrag sowie eine einzelne vertragsmäßige Verfügung kann durch Vertrag von den Personen aufgehoben werden, die den Erbvertrag geschlossen haben. [2] Nach dem Tode einer dieser Personen kann die Aufhebung nicht mehr erfolgen.

(2) Der Erblasser kann den Vertrag nur persönlich schließen.

(3) Der Vertrag bedarf der in § 2276 für den Erbvertrag vorgeschriebenen Form.

§ 2291[3)] Aufhebung durch Testament. (1) [1] Eine vertragsmäßige Verfügung, durch die ein Vermächtnis oder eine Auflage angeordnet sowie eine Rechtswahl getroffen ist, kann von dem Erblasser durch Testament aufgehoben werden.

[1)] § 2287 Abs. 2 neu gef. mWv 1.1.2010 durch G v. 24.9.2009 (BGBl. I S. 3142).

[2)] § 2290 Abs. 3 Satz 2 geänd. mWv 1.1.2005 durch G v. 15.12.2004 (BGBl. I S. 3396); Abs. 3 Satz 1 geänd., Satz 3 angef. mWv 1.9.2009 durch G v. 17.12.2008 (BGBl. I S. 2586); Abs. 2 Satz 2 aufgeh., Abs. 3 neu gef. mWv 22.7.2017 durch G v. 17.7.2017 (BGBl. I S. 2429); Abs. 3 aufgeh, bish. Abs. 4 wird Abs. 3 mWv 1.1.2023 durch G v. 4.5.2021 (BGBl. I S. 882).

[3)] § 2291 Abs. 1 Satz 1 neu gef. mWv 17.8.2015 durch G v. 29.6.2015 (BGBl. I S. 1042); Abs. 1 Satz 2 geänd. mWv 1.1.2023 durch G v. 4.5.2021 (BGBl. I S. 882).

[2] Zur Wirksamkeit der Aufhebung ist die Zustimmung des anderen Vertragschließenden erforderlich.

(2) Die Zustimmungserklärung bedarf der notariellen Beurkundung; die Zustimmung ist unwiderruflich.

§ 2292[1)] Aufhebung durch gemeinschaftliches Testament. Ein zwischen Ehegatten oder Lebenspartnern geschlossener Erbvertrag kann auch durch ein gemeinschaftliches Testament der Ehegatten oder Lebenspartner aufgehoben werden.

§ 2293 Rücktritt bei Vorbehalt. Der Erblasser kann von dem Erbvertrag zurücktreten, wenn er sich den Rücktritt im Vertrag vorbehalten hat.

§ 2294 Rücktritt bei Verfehlungen des Bedachten. Der Erblasser kann von einer vertragsmäßigen Verfügung zurücktreten, wenn sich der Bedachte einer Verfehlung schuldig macht, die den Erblasser zur Entziehung des Pflichtteils berechtigt oder, falls der Bedachte nicht zu den Pflichtteilsberechtigten gehört, zu der Entziehung berechtigen würde, wenn der Bedachte ein Abkömmling des Erblassers wäre.

§ 2295 Rücktritt bei Aufhebung der Gegenverpflichtung. Der Erblasser kann von einer vertragsmäßigen Verfügung zurücktreten, wenn die Verfügung mit Rücksicht auf eine rechtsgeschäftliche Verpflichtung des Bedachten, dem Erblasser für dessen Lebenszeit wiederkehrende Leistungen zu entrichten, insbesondere Unterhalt zu gewähren, getroffen ist und die Verpflichtung vor dem Tode des Erblassers aufgehoben wird.

§ 2296[2)] Vertretung, Form des Rücktritts. (1) Der Rücktritt kann nicht durch einen Vertreter erfolgen.

(2) [1] Der Rücktritt erfolgt durch Erklärung gegenüber dem anderen Vertragschließenden. [2] Die Erklärung bedarf der notariellen Beurkundung.

§ 2297[3)] Rücktritt durch Testament. [1] Soweit der Erblasser zum Rücktritt berechtigt ist, kann er nach dem Tode des anderen Vertragschließenden die vertragsmäßige Verfügung durch Testament aufheben. [2] In den Fällen des § 2294 findet die Vorschrift des § 2336 Abs. 2 und 3 entsprechende Anwendung.

§ 2298 Gegenseitiger Erbvertrag. (1) Sind in einem Erbvertrag von beiden Teilen vertragsmäßige Verfügungen getroffen, so hat die Nichtigkeit einer dieser Verfügungen die Unwirksamkeit des ganzen Vertrags zur Folge.

(2) [1] Ist in einem solchen Vertrag der Rücktritt vorbehalten, so wird durch den Rücktritt eines der Vertragschließenden der ganze Vertrag aufgehoben. [2] Das Rücktrittsrecht erlischt mit dem Tode des anderen Vertragschließenden. [3] Der Überlebende kann jedoch, wenn er das ihm durch den Vertrag Zugewendete ausschlägt, seine Verfügung durch Testament aufheben.

(3) Die Vorschriften des Absatzes 1 und des Absatzes 2 Sätze 1 und 2 finden keine Anwendung, wenn ein anderer Wille der Vertragschließenden anzunehmen ist.

---

1) § 2292 geänd. mWv 1.1.2023 durch G v. 4.5.2021 (BGBl. I S. 882).
2) § 2296 Abs. 1 Satz 2 aufgeh. mWv 22.7.2017 durch G v. 17.7.2017 (BGBl. I S. 2429).
3) § 2297 Satz 2 geänd. mWv 1.1.2010 durch G v. 24.9.2009 (BGBl. I S. 3142).

§ 2299 Einseitige Verfügungen. (1) Jeder der Vertragschließenden kann in dem Erbvertrag einseitig jede Verfügung treffen, die durch Testament getroffen werden kann.

(2) [1]Für eine Verfügung dieser Art gilt das Gleiche, wie wenn sie durch Testament getroffen worden wäre. [2]Die Verfügung kann auch in einem Vertrag aufgehoben werden, durch den eine vertragsmäßige Verfügung aufgehoben wird.

(3) Wird der Erbvertrag durch Ausübung des Rücktrittsrechts oder durch Vertrag aufgehoben, so tritt die Verfügung außer Kraft, sofern nicht ein anderer Wille des Erblassers anzunehmen ist.

§ 2300[1)] Anwendung der §§ 2259 und 2263; Rücknahme aus der amtlichen oder notariellen Verwahrung. (1) Die §§ 2259 und 2263 sind auf den Erbvertrag entsprechend anzuwenden.

(2) [1]Ein Erbvertrag, der nur Verfügungen von Todes wegen enthält, kann aus der amtlichen oder notariellen Verwahrung zurückgenommen und den Vertragsschließenden zurückgegeben werden. [2]Die Rückgabe kann nur an alle Vertragsschließenden gemeinschaftlich erfolgen; § 2290 Absatz 1 Satz 2 und Absatz 2 gilt entsprechend. [3]Wird ein Erbvertrag nach den Sätzen 1 und 2 zurückgenommen, gilt § 2256 Abs. 1 entsprechend.

§ 2300a[2)] *(aufgehoben)*

§ 2301 Schenkungsversprechen von Todes wegen. (1) [1]Auf ein Schenkungsversprechen, welches unter der Bedingung erteilt wird, dass der Beschenkte den Schenker überlebt, finden die Vorschriften über Verfügungen von Todes wegen Anwendung. [2]Das Gleiche gilt für ein schenkweise unter dieser Bedingung erteiltes Schuldversprechen oder Schuldanerkenntnis der in den §§ 780, 781 bezeichneten Art.

(2) Vollzieht der Schenker die Schenkung durch Leistung des zugewendeten Gegenstands, so finden die Vorschriften über Schenkungen unter Lebenden Anwendung.

§ 2302 Unbeschränkbare Testierfreiheit. Ein Vertrag, durch den sich jemand verpflichtet, eine Verfügung von Todes wegen zu errichten oder nicht zu errichten, aufzuheben oder nicht aufzuheben, ist nichtig.

Abschnitt 5. Pflichtteil

§ 2303 Pflichtteilsberechtigte; Höhe des Pflichtteils. (1) [1]Ist ein Abkömmling des Erblassers durch Verfügung von Todes wegen von der Erbfolge ausgeschlossen, so kann er von dem Erben den Pflichtteil verlangen. [2]Der Pflichtteil besteht in der Hälfte des Wertes des gesetzlichen Erbteils.

(2) [1]Das gleiche Recht steht den Eltern und dem Ehegatten des Erblassers zu, wenn sie durch Verfügung von Todes wegen von der Erbfolge ausgeschlossen sind. [2]Die Vorschrift des § 1371 bleibt unberührt.

[1)] § 2300 Abs. 2 angef. mWv 1.8.2002 durch G v. 23.7.2002 (BGBl. I S. 2850); Überschrift neu gef. und Abs 1 geänd. mWv 1.1.2009 durch G v. 19.2.2007 (BGBl. I S. 122); Überschrift und Abs. 1 neu gef. mWv 1.9.2009 durch G v. 17.12.2008 (BGBl. I S. 2586); Abs. 2 Satz 2 neu gef. mWv 1.1.2023 durch G v. 4.5.2021 (BGBl. I S. 882).

[2)] § 2300a aufgeh. mWv 1.9.2009 durch G v. 17.12.2008 (BGBl. I S. 2586).

§ 2304 Auslegungsregel. Die Zuwendung des Pflichtteils ist im Zweifel nicht als Erbeinsetzung anzusehen.

§ 2305[1] **Zusatzpflichtteil.** [1] Ist einem Pflichtteilsberechtigten ein Erbteil hinterlassen, der geringer ist als die Hälfte des gesetzlichen Erbteils, so kann der Pflichtteilsberechtigte von den Miterben als Pflichtteil den Wert des an der Hälfte fehlenden Teils verlangen. [2] Bei der Berechnung des Wertes bleiben Beschränkungen und Beschwerungen der in § 2306 bezeichneten Art außer Betracht.

§ 2306[2] **Beschränkungen und Beschwerungen.** (1) Ist ein als Erbe berufener Pflichtteilsberechtigter durch die Einsetzung eines Nacherben, die Ernennung eines Testamentsvollstreckers oder eine Teilungsanordnung beschränkt oder ist er mit einem Vermächtnis oder einer Auflage beschwert, so kann er den Pflichtteil verlangen, wenn er den Erbteil ausschlägt; die Ausschlagungsfrist beginnt erst, wenn der Pflichtteilsberechtigte von der Beschränkung oder der Beschwerung Kenntnis erlangt.

(2) Einer Beschränkung der Erbeinsetzung steht es gleich, wenn der Pflichtteilsberechtigte als Nacherbe eingesetzt ist.

§ 2307 Zuwendung eines Vermächtnisses. (1) [1] Ist ein Pflichtteilsberechtigter mit einem Vermächtnis bedacht, so kann er den Pflichtteil verlangen, wenn er das Vermächtnis ausschlägt. [2] Schlägt er nicht aus, so steht ihm ein Recht auf den Pflichtteil nicht zu, soweit der Wert des Vermächtnisses reicht; bei der Berechnung des Wertes bleiben Beschränkungen und Beschwerungen der in § 2306 bezeichneten Art außer Betracht.

(2) [1] Der mit dem Vermächtnis beschwerte Erbe kann den Pflichtteilsberechtigten unter Bestimmung einer angemessenen Frist zur Erklärung über die Annahme des Vermächtnisses auffordern. [2] Mit dem Ablauf der Frist gilt das Vermächtnis als ausgeschlagen, wenn nicht vorher die Annahme erklärt wird.

§ 2308 Anfechtung der Ausschlagung. (1) Hat ein Pflichtteilsberechtigter, der als Erbe oder als Vermächtnisnehmer in der in § 2306 bezeichneten Art beschränkt oder beschwert ist, die Erbschaft oder das Vermächtnis ausgeschlagen, so kann er die Ausschlagung anfechten, wenn die Beschränkung oder die Beschwerung zur Zeit der Ausschlagung weggefallen und der Wegfall ihm nicht bekannt war.

(2) [1] Auf die Anfechtung der Ausschlagung eines Vermächtnisses finden die für die Anfechtung der Ausschlagung einer Erbschaft geltenden Vorschriften entsprechende Anwendung. [2] Die Anfechtung erfolgt durch Erklärung gegenüber dem Beschwerten.

§ 2309 Pflichtteilsrecht der Eltern und entfernteren Abkömmlinge.

Entferntere Abkömmlinge und die Eltern des Erblassers sind insoweit nicht pflichtteilsberechtigt, als ein Abkömmling, der sie im Falle der gesetzlichen Erbfolge ausschließen würde, den Pflichtteil verlangen kann oder das ihm Hinterlassene annimmt.

---

[1] § 2305 Satz 2 angef. mWv 1.1.2010 durch G v. 24.9.2009 (BGBl. I S. 3142).

[2] § 2306 Abs. 1 bish. Sätze 1 und 2 neu gef., bish. Satz 2 aufgeh. mWv 1.1.2010 durch G v. 24.9.2009 (BGBl. I S. 3142).

§ 2310 Feststellung des Erbteils für die Berechnung des Pflichtteils.

[1] Bei der Feststellung des für die Berechnung des Pflichtteils maßgebenden Erbteils werden diejenigen mitgezählt, welche durch letztwillige Verfügung von der Erbfolge ausgeschlossen sind oder die Erbschaft ausgeschlagen haben oder für erbunwürdig erklärt sind. [2] Wer durch Erbverzicht von der gesetzlichen Erbfolge ausgeschlossen ist, wird nicht mitgezählt.

§ 2311 Wert des Nachlasses. (1) [1] Der Berechnung des Pflichtteils wird der Bestand und der Wert des Nachlasses zur Zeit des Erbfalls zugrunde gelegt. [2] Bei der Berechnung des Pflichtteils eines Abkömmlings und der Eltern des Erblassers bleibt der dem überlebenden Ehegatten gebührende Voraus außer Ansatz.

(2) [1] Der Wert ist, soweit erforderlich, durch Schätzung zu ermitteln. [2] Eine vom Erblasser getroffene Wertbestimmung ist nicht maßgebend.

§ 2312 Wert eines Landguts. (1) [1] Hat der Erblasser angeordnet oder ist nach § 2049 anzunehmen, dass einer von mehreren Erben das Recht haben soll, ein zum Nachlass gehörendes Landgut zu dem Ertragswert zu übernehmen, so ist, wenn von dem Recht Gebrauch gemacht wird, der Ertragswert auch für die Berechnung des Pflichtteils maßgebend. [2] Hat der Erblasser einen anderen Übernahmepreis bestimmt, so ist dieser maßgebend, wenn er den Ertragswert erreicht und den Schätzungswert nicht übersteigt.

(2) Hinterlässt der Erblasser nur einen Erben, so kann er anordnen, dass der Berechnung des Pflichtteils der Ertragswert oder ein nach Absatz 1 Satz 2 bestimmter Wert zugrunde gelegt werden soll.

(3) Diese Vorschriften finden nur Anwendung, wenn der Erbe, der das Landgut erwirbt, zu den in § 2303 bezeichneten pflichtteilsberechtigten Personen gehört.

§ 2313 Ansatz bedingter, ungewisser oder unsicherer Rechte; Feststellungspflicht des Erben. (1) [1] Bei der Feststellung des Wertes des Nachlasses bleiben Rechte und Verbindlichkeiten, die von einer aufschiebenden Bedingung abhängig sind, außer Ansatz. [2] Rechte und Verbindlichkeiten, die von einer auflösenden Bedingung abhängig sind, kommen als unbedingte in Ansatz. [3] Tritt die Bedingung ein, so hat die der veränderten Rechtslage entsprechende Ausgleichung zu erfolgen.

(2) [1] Für ungewisse oder unsichere Rechte sowie für zweifelhafte Verbindlichkeiten gilt das Gleiche wie für Rechte und Verbindlichkeiten, die von einer aufschiebenden Bedingung abhängig sind. [2] Der Erbe ist dem Pflichtteilsberechtigten gegenüber verpflichtet, für die Feststellung eines ungewissen und für die Verfolgung eines unsicheren Rechts zu sorgen, soweit es einer ordnungsmäßigen Verwaltung entspricht.

§ 2314 Auskunftspflicht des Erben. (1) [1] Ist der Pflichtteilsberechtigte nicht Erbe, so hat ihm der Erbe auf Verlangen über den Bestand des Nachlasses Auskunft zu erteilen. [2] Der Pflichtteilsberechtigte kann verlangen, dass er bei der Aufnahme des ihm nach § 260 vorzulegenden Verzeichnisses der Nachlassgegenstände zugezogen und dass der Wert der Nachlassgegenstände ermittelt wird. [3] Er kann auch verlangen, dass das Verzeichnis durch die zuständige Behörde oder durch einen zuständigen Beamten oder Notar aufgenommen wird.

(2) Die Kosten fallen dem Nachlass zur Last.

§ 2315 Anrechnung von Zuwendungen auf den Pflichtteil. (1) Der Pflichtteilsberechtigte hat sich auf den Pflichtteil anrechnen zu lassen, was ihm von dem Erblasser durch Rechtsgeschäft unter Lebenden mit der Bestimmung zugewendet worden ist, dass es auf den Pflichtteil angerechnet werden soll.

(2) [1] Der Wert der Zuwendung wird bei der Bestimmung des Pflichtteils dem Nachlass hinzugerechnet. [2] Der Wert bestimmt sich nach der Zeit, zu welcher die Zuwendung erfolgt ist.

(3) Ist der Pflichtteilsberechtigte ein Abkömmling des Erblassers, so findet die Vorschrift des § 2051 Abs. 1 entsprechende Anwendung.

§ 2316 Ausgleichungspflicht. (1) [1] Der Pflichtteil eines Abkömmlings bestimmt sich, wenn mehrere Abkömmlinge vorhanden sind und unter ihnen im Falle der gesetzlichen Erbfolge eine Zuwendung des Erblassers oder Leistungen der in § 2057a bezeichneten Art zur Ausgleichung zu bringen sein würden, nach demjenigen, was auf den gesetzlichen Erbteil unter Berücksichtigung der Ausgleichungspflichten bei der Teilung entfallen würde. [2] Ein Abkömmling, der durch Erbverzicht von der gesetzlichen Erbfolge ausgeschlossen ist, bleibt bei der Berechnung außer Betracht.

(2) Ist der Pflichtteilsberechtigte Erbe und beträgt der Pflichtteil nach Absatz 1 mehr als der Wert des hinterlassenen Erbteils, so kann der Pflichtteilsberechtigte von den Miterben den Mehrbetrag als Pflichtteil verlangen, auch wenn der hinterlassene Erbteil die Hälfte des gesetzlichen Erbteils erreicht oder übersteigt.

(3) Eine Zuwendung der in § 2050 Abs. 1 bezeichneten Art kann der Erblasser nicht zum Nachteil eines Pflichtteilsberechtigten von der Berücksichtigung ausschließen.

(4) Ist eine nach Absatz 1 zu berücksichtigende Zuwendung zugleich nach § 2315 auf den Pflichtteil anzurechnen, so kommt sie auf diesen nur mit der Hälfte des Wertes zur Anrechnung.

§ 2317 Entstehung und Übertragbarkeit des Pflichtteilsanspruchs.

(1) Der Anspruch auf den Pflichtteil entsteht mit dem Erbfall.

(2) Der Anspruch ist vererblich und übertragbar.

§ 2318 Pflichtteilslast bei Vermächtnissen und Auflagen. (1) [1] Der Erbe kann die Erfüllung eines ihm auferlegten Vermächtnisses soweit verweigern, dass die Pflichtteilslast von ihm und dem Vermächtnisnehmer verhältnismäßig getragen wird. [2] Das Gleiche gilt von einer Auflage.

(2) Einem pflichtteilsberechtigten Vermächtnisnehmer gegenüber ist die Kürzung nur soweit zulässig, dass ihm der Pflichtteil verbleibt.

(3) Ist der Erbe selbst pflichtteilsberechtigt, so kann er wegen der Pflichtteilslast das Vermächtnis und die Auflage soweit kürzen, dass ihm sein eigener Pflichtteil verbleibt.

§ 2319 Pflichtteilsberechtigter Miterbe. [1] Ist einer von mehreren Erben selbst pflichtteilsberechtigt, so kann er nach der Teilung die Befriedigung eines anderen Pflichtteilsberechtigten soweit verweigern, dass ihm sein eigener Pflichtteil verbleibt. [2] Für den Ausfall haften die übrigen Erben.

§ 2320 Pflichtteilslast des an die Stelle des Pflichtteilsberechtigten getretenen Erben. (1) Wer anstelle des Pflichtteilsberechtigten gesetzlicher Erbe wird, hat im Verhältnis zu Miterben die Pflichtteilslast und, wenn der Pflichtteilsberechtigte ein ihm zugewendetes Vermächtnis annimmt, das Vermächtnis in Höhe des erlangten Vorteils zu tragen.

(2) Das Gleiche gilt im Zweifel von demjenigen, welchem der Erblasser den Erbteil des Pflichtteilsberechtigten durch Verfügung von Todes wegen zugewendet hat.

§ 2321 Pflichtteilslast bei Vermächtnisausschlagung. Schlägt der Pflichtteilsberechtigte ein ihm zugewendetes Vermächtnis aus, so hat im Verhältnis der Erben und der Vermächtnisnehmer zueinander derjenige, welchem die Ausschlagung zustatten kommt, die Pflichtteilslast in Höhe des erlangten Vorteils zu tragen.

§ 2322 Kürzung von Vermächtnissen und Auflagen. Ist eine von dem Pflichtteilsberechtigten ausgeschlagene Erbschaft oder ein von ihm ausgeschlagenes Vermächtnis mit einem Vermächtnis oder einer Auflage beschwert, so kann derjenige, welchem die Ausschlagung zustatten kommt, das Vermächtnis oder die Auflage soweit kürzen, dass ihm der zur Deckung der Pflichtteilslast erforderliche Betrag verbleibt.

§ 2323 Nicht pflichtteilsbelasteter Erbe. Der Erbe kann die Erfüllung eines Vermächtnisses oder einer Auflage auf Grund des § 2318 Abs. 1 insoweit nicht verweigern, als er die Pflichtteilslast nach den §§ 2320 bis 2322 nicht zu tragen hat.

§ 2324 Abweichende Anordnungen des Erblassers hinsichtlich der Pflichtteilslast. Der Erblasser kann durch Verfügung von Todes wegen die Pflichtteilslast im Verhältnis der Erben zueinander einzelnen Erben auferlegen und von den Vorschriften des § 2318 Abs. 1 und der §§ 2320 bis 2323 abweichende Anordnungen treffen.

§ 2325[1] Pflichtteilsergänzungsanspruch bei Schenkungen. (1) Hat der Erblasser einem Dritten eine Schenkung gemacht, so kann der Pflichtteilsberechtigte als Ergänzung des Pflichtteils den Betrag verlangen, um den sich der Pflichtteil erhöht, wenn der verschenkte Gegenstand dem Nachlass hinzugerechnet wird.

(2) [1] Eine verbrauchbare Sache kommt mit dem Werte in Ansatz, den sie zur Zeit der Schenkung hatte. [2] Ein anderer Gegenstand kommt mit dem Werte in Ansatz, den er zur Zeit des Erbfalls hat; hatte er zur Zeit der Schenkung einen geringeren Wert, so wird nur dieser in Ansatz gebracht.

(3) [1] Die Schenkung wird innerhalb des ersten Jahres vor dem Erbfall in vollem Umfang, innerhalb jedes weiteren Jahres vor dem Erbfall um jeweils ein Zehntel weniger berücksichtigt. [2] Sind zehn Jahre seit der Leistung des verschenkten Gegenstandes verstrichen, bleibt die Schenkung unberücksichtigt. [3] Ist die Schenkung an den Ehegatten erfolgt, so beginnt die Frist nicht vor der Auflösung der Ehe.

§ 2326 Ergänzung über die Hälfte des gesetzlichen Erbteils. [1] Der Pflichtteilsberechtigte kann die Ergänzung des Pflichtteils auch dann verlangen, wenn ihm die Hälfte des gesetzlichen Erbteils hinterlassen ist. [2] Ist dem Pflichtteilsberechtigten mehr als die Hälfte hinterlassen, so ist der Anspruch ausgeschlossen, soweit der Wert des mehr Hinterlassenen reicht.

---

[1] § 2325 Abs. 3 neu gef. mWv 1.1.2010 durch G v. 24.9.2009 (BGBl. I S. 3142).

§ 2327 Beschenkter Pflichtteilsberechtigter. (1) [1] Hat der Pflichtteilsberechtigte selbst ein Geschenk von dem Erblasser erhalten, so ist das Geschenk in gleicher Weise wie das dem Dritten gemachte Geschenk dem Nachlass hinzuzurechnen und zugleich dem Pflichtteilsberechtigten auf die Ergänzung anzurechnen. [2] Ein nach § 2315 anzurechnendes Geschenk ist auf den Gesamtbetrag des Pflichtteils und der Ergänzung anzurechnen.

(2) Ist der Pflichtteilsberechtigte ein Abkömmling des Erblassers, so findet die Vorschrift des § 2051 Abs. 1 entsprechende Anwendung.

§ 2328 Selbst pflichtteilsberechtigter Erbe. Ist der Erbe selbst pflichtteilsberechtigt, so kann er die Ergänzung des Pflichtteils soweit verweigern, dass ihm sein eigener Pflichtteil mit Einschluss dessen verbleibt, was ihm zur Ergänzung des Pflichtteils gebühren würde.

§ 2329 Anspruch gegen den Beschenkten. (1) [1] Soweit der Erbe zur Ergänzung des Pflichtteils nicht verpflichtet ist, kann der Pflichtteilsberechtigte von dem Beschenkten die Herausgabe des Geschenks zum Zwecke der Befriedigung wegen des fehlenden Betrags nach den Vorschriften über die Herausgabe einer ungerechtfertigten Bereicherung fordern. [2] Ist der Pflichtteilsberechtigte der alleinige Erbe, so steht ihm das gleiche Recht zu.

(2) Der Beschenkte kann die Herausgabe durch Zahlung des fehlenden Betrags abwenden.

(3) Unter mehreren Beschenkten haftet der früher Beschenkte nur insoweit, als der später Beschenkte nicht verpflichtet ist.

§ 2330 Anstandsschenkungen. Die Vorschriften der §§ 2325 bis 2329 finden keine Anwendung auf Schenkungen, durch die einer sittlichen Pflicht oder einer auf den Anstand zu nehmenden Rücksicht entsprochen wird.

§ 2331 Zuwendungen aus dem Gesamtgut. (1) [1] Eine Zuwendung, die aus dem Gesamtgut der Gütergemeinschaft erfolgt, gilt als von jedem der Ehegatten zur Hälfte gemacht. [2] Die Zuwendung gilt jedoch, wenn sie an einen Abkömmling, der nur von einem der Ehegatten abstammt, oder an eine Person, von der nur einer der Ehegatten abstammt, erfolgt, oder wenn einer der Ehegatten wegen der Zuwendung zu dem Gesamtgut Ersatz zu leisten hat, als von diesem Ehegatten gemacht.

(2) Diese Vorschriften sind auf eine Zuwendung aus dem Gesamtgut der fortgesetzten Gütergemeinschaft entsprechend anzuwenden.

§ 2331a[1)] Stundung. (1) [1] Der Erbe kann Stundung des Pflichtteils verlangen, wenn die sofortige Erfüllung des gesamten Anspruchs für den Erben wegen der Art der Nachlassgegenstände eine unbillige Härte wäre, insbesondere wenn sie ihn zur Aufgabe des Familienheims oder zur Veräußerung eines Wirtschaftsguts zwingen würde, das für den Erben und seine Familie die wirtschaftliche Lebensgrundlage bildet. [2] Die Interessen des Pflichtteilsberechtigten sind angemessen zu berücksichtigen.

(2) [1] Für die Entscheidung über eine Stundung ist, wenn der Anspruch nicht bestritten wird, das Nachlassgericht zuständig. [2] § 1382 Abs. 2 bis 6 gilt entsprechend; an die Stelle des Familiengerichts tritt das Nachlassgericht.

[1)] § 2331a Abs. 1 neu gef. mWv 1.1.2010 durch G v. 24.9.2009 (BGBl. I S. 3142).

§ 2332[1] **Verjährung.** (1) Die Verjährungsfrist des dem Pflichtteilsberechtigten nach § 2329 gegen den Beschenkten zustehenden Anspruchs beginnt mit dem Erbfall.

(2) Die Verjährung des Pflichtteilsanspruchs und des Anspruchs nach § 2329 wird nicht dadurch gehemmt, dass die Ansprüche erst nach der Ausschlagung der Erbschaft oder eines Vermächtnisses geltend gemacht werden können.

§ 2333[2] **Entziehung des Pflichtteils.** (1) Der Erblasser kann einem Abkömmling den Pflichtteil entziehen, wenn der Abkömmling

1. dem Erblasser, dem Ehegatten des Erblassers, einem anderen Abkömmling oder einer dem Erblasser ähnlich nahe stehenden Person nach dem Leben trachtet,
2. sich eines Verbrechens oder eines schweren vorsätzlichen Vergehens gegen eine der in Nummer 1 bezeichneten Personen schuldig macht,
3. die ihm dem Erblasser gegenüber gesetzlich obliegende Unterhaltspflicht böswillig verletzt oder
4. wegen einer vorsätzlichen Straftat zu einer Freiheitsstrafe von mindestens einem Jahr ohne Bewährung rechtskräftig verurteilt wird und die Teilhabe des Abkömmlings am Nachlass deshalb für den Erblasser unzumutbar ist. Gleiches gilt, wenn die Unterbringung des Abkömmlings in einem psychiatrischen Krankenhaus oder in einer Entziehungsanstalt wegen einer ähnlich schwerwiegenden vorsätzlichen Tat rechtskräftig angeordnet wird.

(2) Absatz 1 gilt entsprechend für die Entziehung des Eltern- oder Ehegattenpflichtteils.

§§ 2334, 2335[3] *(aufgehoben)*

§ 2336[4] **Form, Beweislast, Unwirksamwerden.** (1) Die Entziehung des Pflichtteils erfolgt durch letztwillige Verfügung.

(2) [1] Der Grund der Entziehung muss zur Zeit der Errichtung bestehen und in der Verfügung angegeben werden. [2] Für eine Entziehung nach § 2333 Absatz 1 Nummer 4 muss zur Zeit der Errichtung die Tat begangen sein und der Grund für die Unzumutbarkeit vorliegen; beides muss in der Verfügung angegeben werden.

(3) Der Beweis des Grundes liegt demjenigen ob, welcher die Entziehung geltend macht.

§ 2337 Verzeihung. [1] Das Recht zur Entziehung des Pflichtteils erlischt durch Verzeihung. [2] Eine Verfügung, durch die der Erblasser die Entziehung angeordnet hat, wird durch die Verzeihung unwirksam.

§ 2338 Pflichtteilsbeschränkung. (1) [1] Hat sich ein Abkömmling in solchem Maße der Verschwendung ergeben oder ist er in solchem Maße überschuldet, dass sein späterer Erwerb erheblich gefährdet wird, so kann der Erblasser das Pflichtteilsrecht des Abkömmlings durch die Anordnung beschränken, dass nach dem Tode des Abkömmlings dessen gesetzliche Erben das ihm Hinterlassene oder den ihm gebührenden Pflichtteil als Nacherben oder als Nachvermächtnisnehmer nach dem Verhältnis ihrer gesetzlichen Erbteile erhalten sollen. [2] Der Erblasser kann

[1] § 2332 neu gef. mWv 1.1.2010 durch G v. 24.9.2009 (BGBl. I S. 3142).
[2] § 2333 neu gef. mWv 1.1.2010 durch G v. 24.9.2009 (BGBl. I S. 3142).
[3] §§ 2334, 2335 aufgeh. mWv 1.1.2010 durch G v. 24.9.2009 (BGBl. I S. 3142).
[4] § 2336 Abs. 2 Satz 2 angef., Abs. 4 aufgeh. mWv 1.1.2010 durch G v. 24.9.2009 (BGBl. I S. 3142).

auch für die Lebenszeit des Abkömmlings die Verwaltung einem Testamentsvollstrecker übertragen; der Abkömmling hat in einem solchen Falle Anspruch auf den jährlichen Reinertrag.

(2) [1] Auf Anordnungen dieser Art findet die Vorschrift des § 2336 Abs. 1 bis 3 entsprechende Anwendung. [2] Die Anordnungen sind unwirksam, wenn zur Zeit des Erbfalls der Abkömmling sich dauernd von dem verschwenderischen Leben abgewendet hat oder die den Grund der Anordnung bildende Überschuldung nicht mehr besteht.

Abschnitt 6. Erbunwürdigkeit

§ 2339 Gründe für Erbunwürdigkeit. (1) Erbunwürdig ist:

1. wer den Erblasser vorsätzlich und widerrechtlich getötet oder zu töten versucht oder in einen Zustand versetzt hat, infolge dessen der Erblasser bis zu seinem Tode unfähig war, eine Verfügung von Todes wegen zu errichten oder aufzuheben,
2. wer den Erblasser vorsätzlich und widerrechtlich verhindert hat, eine Verfügung von Todes wegen zu errichten oder aufzuheben,
3. wer den Erblasser durch arglistige Täuschung oder widerrechtlich durch Drohung bestimmt hat, eine Verfügung von Todes wegen zu errichten oder aufzuheben,
4. wer sich in Ansehung einer Verfügung des Erblassers von Todes wegen einer Straftat nach den §§ 267, 271 bis 274 des Strafgesetzbuchs[1)] schuldig gemacht hat.

(2) Die Erbunwürdigkeit tritt in den Fällen des Absatzes 1 Nr. 3, 4 nicht ein, wenn vor dem Eintritt des Erbfalls die Verfügung, zu deren Errichtung der Erblasser bestimmt oder in Ansehung deren die Straftat begangen worden ist, unwirksam geworden ist, oder die Verfügung, zu deren Aufhebung er bestimmt worden ist, unwirksam geworden sein würde.

§ 2340 Geltendmachung der Erbunwürdigkeit durch Anfechtung.

(1) Die Erbunwürdigkeit wird durch Anfechtung des Erbschaftserwerbs geltend gemacht.

(2) [1] Die Anfechtung ist erst nach dem Anfall der Erbschaft zulässig. [2] Einem Nacherben gegenüber kann die Anfechtung erfolgen, sobald die Erbschaft dem Vorerben angefallen ist.

(3) Die Anfechtung kann nur innerhalb der in § 2082 bestimmten Fristen erfolgen.

§ 2341 Anfechtungsberechtigte. Anfechtungsberechtigt ist jeder, dem der Wegfall des Erbunwürdigen, sei es auch nur bei dem Wegfall eines anderen, zustatten kommt.

§ 2342 Anfechtungsklage. (1) [1] Die Anfechtung erfolgt durch Erhebung der Anfechtungsklage. [2] Die Klage ist darauf zu richten, dass der Erbe für erbunwürdig erklärt wird.

(2) Die Wirkung der Anfechtung tritt erst mit der Rechtskraft des Urteils ein.

[1)] Nr. **85**.

§ 2343 Verzeihung. Die Anfechtung ist ausgeschlossen, wenn der Erblasser dem Erbunwürdigen verziehen hat.

§ 2344 Wirkung der Erbunwürdigerklärung. (1) Ist ein Erbe für erbunwürdig erklärt, so gilt der Anfall an ihn als nicht erfolgt.

(2) Die Erbschaft fällt demjenigen an, welcher berufen sein würde, wenn der Erbunwürdige zur Zeit des Erbfalls nicht gelebt hätte; der Anfall gilt als mit dem Eintritt des Erbfalls erfolgt.

§ 2345 Vermächtnisunwürdigkeit; Pflichtteilsunwürdigkeit. (1) [1] Hat sich ein Vermächtnisnehmer einer der in § 2339 Abs. 1 bezeichneten Verfehlungen schuldig gemacht, so ist der Anspruch aus dem Vermächtnis anfechtbar. [2] Die Vorschriften der §§ 2082, 2083, 2339 Abs. 2 und der §§ 2341, 2343 finden Anwendung.

(2) Das Gleiche gilt für einen Pflichtteilsanspruch, wenn der Pflichtteilsberechtigte sich einer solchen Verfehlung schuldig gemacht hat.

Abschnitt 7. Erbverzicht

§ 2346 Wirkung des Erbverzichts, Beschränkungsmöglichkeit.

(1) [1] Verwandte sowie der Ehegatte des Erblassers können durch Vertrag mit dem Erblasser auf ihr gesetzliches Erbrecht verzichten. [2] Der Verzichtende ist von der gesetzlichen Erbfolge ausgeschlossen, wie wenn er zur Zeit des Erbfalls nicht mehr lebte; er hat kein Pflichtteilsrecht.

(2) Der Verzicht kann auf das Pflichtteilsrecht beschränkt werden.

§ 2347[1)] Persönliche Anforderungen, Vertretung. [1] Der Erblasser kann den Vertrag nach § 2346 nur persönlich schließen; ist er in der Geschäftsfähigkeit beschränkt, so bedarf er nicht der Zustimmung seines gesetzlichen Vertreters. [2] Ist der Erblasser geschäftsunfähig, so kann der Vertrag durch den gesetzlichen Vertreter geschlossen werden.

§ 2348[2)] Form. Der Vertrag nach § 2346 bedarf der notariellen Beurkundung.

§ 2349 Erstreckung auf Abkömmlinge. Verzichtet ein Abkömmling oder ein Seitenverwandter des Erblassers auf das gesetzliche Erbrecht, so erstreckt sich die Wirkung des Verzichts auf seine Abkömmlinge, sofern nicht ein anderes bestimmt wird.

§ 2350[3)] Verzicht zugunsten eines anderen. (1) Verzichtet jemand zugunsten eines anderen auf das gesetzliche Erbrecht, so ist im Zweifel anzunehmen, dass der Verzicht nur für den Fall gelten soll, dass der andere Erbe wird.

(2) Verzichtet ein Abkömmling des Erblassers auf das gesetzliche Erbrecht, so ist im Zweifel anzunehmen, dass der Verzicht nur zugunsten der anderen Abkömmlinge und des Ehegatten oder Lebenspartners des Erblassers gelten soll.

§ 2351[4)] Aufhebung des Erbverzichts. Auf einen Vertrag, durch den ein Erbverzicht aufgehoben wird, findet die Vorschrift des § 2348 und in Ansehung

---

[1)] § 2347 neu gef. mWv 1.1.2023 durch G v. 4.5.2021 (BGBl. I S. 882).
[2)] § 2348 neu gef. mWv 1.1.2023 durch G v. 4.5.2021 (BGBl. I S. 882).
[3)] § 2350 Abs. 2 geänd. mWv 26.11.2015 durch G v. 20.11.2015 (BGBl. I S. 2010).
[4)] § 2351 geänd. mWv 1.1.2023 durch G v. 4.5.2021 (BGBl. I S. 882).

des Erblassers auch die Vorschrift des § 2347 Satz 1 erster Halbsatz, Satz 2 Anwendung.

§ 2352[1] Verzicht auf Zuwendungen. [1] Wer durch Testament als Erbe eingesetzt oder mit einem Vermächtnis bedacht ist, kann durch Vertrag mit dem Erblasser auf die Zuwendung verzichten. [2] Das Gleiche gilt für eine Zuwendung, die in einem Erbvertrag einem Dritten gemacht ist. [3] Die Vorschriften der §§ 2347 bis 2349 finden Anwendung.

Abschnitt 8. Erbschein

§ 2353 Zuständigkeit des Nachlassgerichts, Antrag. Das Nachlassgericht hat dem Erben auf Antrag ein Zeugnis über sein Erbrecht und, wenn er nur zu einem Teil der Erbschaft berufen ist, über die Größe des Erbteils zu erteilen (Erbschein).

§§ 2354–2360[2] *(aufgehoben)*

§ 2361[3] Einziehung oder Kraftloserklärung des unrichtigen Erbscheins.

[1] Ergibt sich, dass der erteilte Erbschein unrichtig ist, so hat ihn das Nachlassgericht einzuziehen. [2] Mit der Einziehung wird der Erbschein kraftlos.

§ 2362 Herausgabe- und Auskunftsanspruch des wirklichen Erben.

(1) Der wirkliche Erbe kann von dem Besitzer eines unrichtigen Erbscheins die Herausgabe an das Nachlassgericht verlangen.

(2) Derjenige, welchem ein unrichtiger Erbschein erteilt worden ist, hat dem wirklichen Erben über den Bestand der Erbschaft und über den Verbleib der Erbschaftsgegenstände Auskunft zu erteilen.

§ 2363[4] Herausgabeanspruch des Nacherben und des Testamentsvollstreckers. Dem Nacherben sowie dem Testamentsvollstrecker steht das in § 2362 Absatz 1 bestimmte Recht zu.

§ 2364[5] *(aufgehoben)*

§ 2365 Vermutung der Richtigkeit des Erbscheins. Es wird vermutet, dass demjenigen, welcher in dem Erbschein als Erbe bezeichnet ist, das in dem Erbschein angegebene Erbrecht zustehe und dass er nicht durch andere als die angegebenen Anordnungen beschränkt sei.

(Fortsetzung nächstes Blatt)

---

[1] § 2352 Satz 3 geänd. mWv 1.1.2010 durch G v. 24.9.2009 (BGBl. I S. 3142).
[2] § 2360 aufgeh. mWv 1.9.2009 durch G v. 17.12.2008 (BGBl. I S. 2586); §§ 2354–2359 aufgeh. mWv 17.8.2015 durch G v. 29.6.2015 (BGBl. I S. 1042).
[3] § 2361 Abs. 2 und 3 aufgeh. mWv 17.8.2015 durch G v. 29.6.2015 (BGBl. I S. 1042).
[4] § 2363 neu gef. mWv 17.8.2015 durch G v. 29.6.2015 (BGBl. I S. 1042).
[5] § 2364 aufgeh. mWv 17.8.2015 durch G v. 29.6.2015 (BGBl. I S. 1042).

Lfd. Nr.	Änderndes Gesetz	Datum	Fundstelle	Betroffen	Hinweis
117.	Art. 2 G zur Regelung des Verkaufs von Sachen mit digitalen Elementen und anderer Aspekte des Kaufvertrags[1]	25.6.2021	BGBl. I S. 2133	Art. 46b	geänd. mWv 1.1.2022
				Art. 229 § 58	eingef. mWv 1.1.2022
118.	Art. 2 G zur Vereinheitlichung des Stiftungsrechts und zur Änd. des InfektionsschutzG	16.7.2021	BGBl. I S. 2947	Art. 229 § 59	eingef. mWv 1.7.2023
119.	Art. 2 G für faire Verbraucherverträge[2]	10.8.2021	BGBl. I S. 3433	Art. 229 § 60	eingef. mWv 1.10.2021
				Art. 246e § 1	geänd. mWv 1.7.2022
120.	Art. 49 PersonengesellschaftsrechtsmodernisierungsG (MoPeG)	10.8.2021	BGBl. I S. 3436	Art. 229 § 21	neu gef. mWv 1.1.2024
				Art. 229 § 61	eingef. mWv 1.1.2024
121.	Art. 2 G zur Änd. des BGB und des EGBGB in Umsetzung der RL (EU) 2019/2161 und zur Aufhebung der VO zur Übertragung der Zuständigkeit für die Durchführung der VO (EG) Nr. 2006/2004 auf das Bundesministerium der Justiz und für Verbraucherschutz[3] [2]	10.8.2021	BGBl. I S. 3483	Art. 246, 246a §§ 1, 2, 3, Art. 246b § 1, Art. 249 § 3, Anl. 1, 2, 3, 3a, 3b, 7, 8, 9	geänd. mWv 28.5.2022
				Art. 246d (§§ 1, 2), 246e (§§ 1, 2)	eingef. mWv 28.5.2022
122.	Art. 2 MietspiegelreformG	10.8.2021	BGBl. I S. 3515	Art. 238 (§§ 1, 2, 3, 4)	neu gef. mWv 1.7.2022
				Art. 229 § 62	eingef. mWv 1.7.2022
123.	Art. 3 G zur Herstellung materieller Gerechtigkeit	21.12.2021	BGBl. I S. 5252	Art. 229 § 63	eingef. mWv 30.12.2021
124.	Art. 18 G zur Durchführung der EU-Verordnungen über grenzüberschreitende Zustellungen und grenzüberschreitende Beweisaufnahmen in Zivil- oder Handelssachen sowie zur Änd. sonstiger Vorschriften	24.6.2022	BGBl. I S. 959	Art. 246e § 2	geänd. mWv 1.8.2022

[1] **Amtl. Anm.:** Dieses Gesetz dient der Umsetzung der Richtlinie (EU) 2019/771 des Europäischen Parlaments und des Rates vom 20. Mai 2019 über bestimmte vertragsrechtliche Aspekte des Warenkaufs, zur Änderung der Verordnung (EU) 2017/2394 und der Richtlinie 2009/22/EG sowie zur Aufhebung der Richtlinie 1999/44/EG (ABl. L 136 vom 22.5.2019, S. 28; L 305 vom 26.11.2019, S. 66).

[2] **Amtl. Anm.:** Notifiziert gemäß der Richtlinie (EU) 2015/1535 des Europäischen Parlaments und des Rates vom 9. September 2015 über ein Informationsverfahren auf dem Gebiet der technischen Vorschriften und der Vorschriften für die Dienste der Informationsgesellschaft (ABl. L 241 vom 17.9.2015, S. 1).

[3] **Amtl. Anm.:** Dieses Gesetz dient der Umsetzung der Richtlinie (EU) 2019/2161 des Europäischen Parlaments und des Rates vom 27. November 2019 zur Änderung der Richtlinie 93/13/EWG des Rates und der Richtlinien 98/6/EG, 2005/29/EG und 2011/83/EU des Europäischen Parlaments und des Rates zur besseren Durchsetzung und Modernisierung der Verbraucherschutzvorschriften der Union (ABl. L 328 vom 18.12.2019, S. 7).

Lfd. Nr.	Änderndes Gesetz	Datum	Fundstelle	Betroffen	Hinweis
125.	Art. 2, 3 G zur Abschaffung des Güterrechtsregisters und zur Änd. des COVID-19-InsolvenzaussetzungsG	31.10. 2022	BGBl. I S. 1966	Art. 234 §§ 4, 4a	geänd. mWv 1.1.2023
				Art. 229 § 64	eingef. mWv 1.1.2023
				Art. 229 § 64	geänd. mWv 1.1.2038

Vorbemerkung:
Die Änderungen durch G v. 16.7.2021 (BGBl. I S. 2947) treten erst mWv 1.7.2023 in Kraft und sind im Text noch nicht berücksichtigt.
Die Änderungen durch G v. 10.8.2021 (BGBl. I S. 3436) treten erst mWv 1.1.2024 in Kraft und sind im Text noch nicht berücksichtigt.

Nichtamtliche Inhaltsübersicht

Erster Teil. Allgemeine Vorschriften

Erstes Kapitel. Inkrafttreten. Vorbehalt für Landesrecht. Gesetzesbegriff

Art. 1 [Inkrafttreten des BGB; Vorbehalt für Landesrecht] (1) Das Bürgerliche Gesetzbuch tritt am 1. Januar 1900 gleichzeitig mit einem Gesetz, betreffend Änderungen des Gerichtsverfassungsgesetzes, der Zivilprozeßordnung und der Konkursordnung, einem Gesetz über die Zwangsversteigerung und die Zwangsverwaltung, einer Grundbuchordnung und einem Gesetz über die Angelegenheiten der freiwilligen Gerichtsbarkeit in Kraft.

(2) Soweit in dem Bürgerlichen Gesetzbuch oder in diesem Gesetz die Regelung den Landesgesetzen vorbehalten oder bestimmt ist, daß landesgesetzliche Vorschriften unberührt bleiben oder erlassen werden können, bleiben die bestehenden landesgesetzlichen Vorschriften in Kraft und können neue landesgesetzliche Vorschriften erlassen werden.

Art. 2 [Begriff des Gesetzes] Gesetz im Sinne des Bürgerlichen Gesetzbuchs und dieses Gesetzes ist jede Rechtsnorm.

---

[1] Nr. **21a**.
[2] Nr. **21c**.
[3] **Habersack II Nr. 2.**

Zweites Kapitel.[1] Internationales Privatrecht

Erster Abschnitt.[2] Allgemeine Vorschriften

Art. 3[3] Anwendungsbereich; Verhältnis zu Regelungen der Europäischen Union und zu völkerrechtlichen Vereinbarungen. Soweit nicht

1. unmittelbar anwendbare Regelungen der Europäischen Union in ihrer jeweils geltenden Fassung, insbesondere
   a) die Verordnung (EG) Nr. 864/2007[4] des Europäischen Parlaments und des Rates vom 11. Juli 2007 über das auf außervertragliche Schuldverhältnisse anzuwendende Recht (Rom II),
   b) die Verordnung (EG) Nr. 593/2008[5] des Europäischen Parlaments und des Rates vom 17. Juni 2008 über das auf vertragliche Schuldverhältnisse anzuwendende Recht (Rom I),
   c) Artikel 15 der Verordnung (EG) Nr. 4/2009[6] des Rates vom 18. Dezember 2008 über die Zuständigkeit, das anwendbare Recht, die Anerkennung und Vollstreckung von Entscheidungen und die Zusammenarbeit in Unterhaltssachen in Verbindung mit dem Haager Protokoll vom 23. November 2007 über das auf Unterhaltspflichten anzuwendende Recht,
   d) die Verordnung (EU) Nr. 1259/2010[7] des Rates vom 20. Dezember 2010 zur Durchführung einer Verstärkten Zusammenarbeit im Bereich des auf die Ehescheidung und Trennung ohne Auflösung des Ehebandes anzuwendenden Rechts,
   e) die Verordnung (EU) Nr. 650/2012[8] des Europäischen Parlaments und des Rates vom 4. Juli 2012 über die Zuständigkeit, das anzuwendende Recht, die Anerkennung und Vollstreckung von Entscheidungen und die Annahme und Vollstreckung öffentlicher Urkunden in Erbsachen sowie zur Einführung eines Europäischen Nachlasszeugnisses,
   f) die Verordnung (EU) 2016/1103[9] des Rates vom 24. Juni 2016 zur Durchführung einer Verstärkten Zusammenarbeit im Bereich der Zuständigkeit, des anzuwendenden Rechts und der Anerkennung und Vollstreckung von Entscheidungen in Fragen des ehelichen Güterstands sowie
   g) die Verordnung (EU) 2016/1104[10] des Rates vom 24. Juni 2016 zur Durchführung der Verstärkten Zusammenarbeit im Bereich der Zuständigkeit, des anzuwendenden Rechts und der Anerkennung und Vollstreckung von Ent-

---

[1] Wegen des für das Gebiet der ehem. DDR geltenden Übergangsrechts zum Internationalen Privatrecht beachte Art. 236.
[2] 1. Abschnitt Überschrift neu gef. mWv 11.1.2009 durch G v. 10.12.2008 (BGBl. I S. 2401).
[3] Art. 3 neu gef. mWv 11.1.2009 durch G v. 10.12.2008 (BGBl. I S. 2401); Nr. 1 neu gef. mWv 17.12. 2009 durch G v. 25.6.2009 (BGBl. I S. 1574); Nr. 1 Buchst. a und b geänd., Buchst. c angef. mWv 18.6. 2011 durch G v. 23.5.2011 (BGBl. I S. 898); Überschrift, Nr. 1 einl. Satzteil, Buchst. b und c geänd., Buchst. d angef. mWv 29.1.2013 durch G v. 23.1.2013 (BGBl. I S. 101); Nr. 1 Buchst. a, b und d geänd., Buchst. c neu gef. mWv 16.7.2014 durch G v. 8.7.2014 (BGBl. I S. 890); Nr. 1 Buchst. c und d geänd., Buchst. e angef. mWv 17.8.2015 durch G v. 29.6.2015 (BGBl. I S. 1042); Nr. 1 Buchst. d, e geänd., Buchst. f und g angef. mWv 29.1.2019 durch G v. 17.12.2018 (BGBl. I S. 2573).
[4] Nr. **21b**.
[5] Nr. **21a**.
[6] **Habersack, Deutsche Gesetze ErgBd. Nr. 21d.**
[7] Nr. **21c**.
[8] **Habersack, Deutsche Gesetze ErgBd. Nr. 21e.**
[9] **Habersack, Deutsche Gesetze ErgBd. Nr. 103i.**
[10] **Habersack, Deutsche Gesetze ErgBd. Nr. 103k.**

scheidungen in Fragen güterrechtlicher Wirkungen eingetragener Partnerschaften oder

2. Regelungen in völkerrechtlichen Vereinbarungen, soweit sie unmittelbar anwendbares innerstaatliches Recht geworden sind,

maßgeblich sind, bestimmt sich das anzuwendende Recht bei Sachverhalten mit einer Verbindung zu einem ausländischen Staat nach den Vorschriften dieses Kapitels (Internationales Privatrecht).

Art. 3a[1) 2)] *(aufgehoben)*

Art. 4[3)] **Verweisung.** (1) [1] Wird auf das Recht eines anderen Staates verwiesen, so ist auch dessen Internationales Privatrecht anzuwenden, sofern dies nicht dem Sinn der Verweisung widerspricht. [2] Verweist das Recht des anderen Staates auf deutsches Recht zurück, so sind die deutschen Sachvorschriften anzuwenden.

(2) [1] Verweisungen auf Sachvorschriften beziehen sich auf die Rechtsnormen der maßgebenden Rechtsordnung unter Ausschluss derjenigen des Internationalen Privatrechts. [2] Soweit die Parteien das Recht eines Staates wählen können, können sie nur auf die Sachvorschriften verweisen.

(3) [1] Wird auf das Recht eines Staates mit mehreren Teilrechtsordnungen verwiesen, ohne die maßgebende zu bezeichnen, so bestimmt das Recht dieses Staates, welche Teilrechtsordnung anzuwenden ist. [2] Fehlt eine solche Regelung, so ist die Teilrechtsordnung anzuwenden, mit welcher der Sachverhalt am engsten verbunden ist.

Art. 5 Personalstatut. (1) [1] Wird auf das Recht des Staates verwiesen, dem eine Person angehört, und gehört sie mehreren Staaten an, so ist das Recht desjenigen dieser Staaten anzuwenden, mit dem die Person am engsten verbunden ist, insbesondere durch ihren gewöhnlichen Aufenthalt oder durch den Verlauf ihres Lebens. [2] Ist die Person auch Deutscher, so geht diese Rechtsstellung vor.

(2) Ist eine Person staatenlos oder kann ihre Staatsangehörigkeit nicht festgestellt werden, so ist das Recht des Staates anzuwenden, in dem sie ihren gewöhnlichen Aufenthalt oder, mangels eines solchen, ihren Aufenthalt hat.

(3) Wird auf das Recht des Staates verwiesen, in dem eine Person ihren Aufenthalt oder ihren gewöhnlichen Aufenthalt hat, und ändert eine nicht voll geschäftsfähige Person den Aufenthalt ohne den Willen des gesetzlichen Vertreters, so führt diese Änderung allein nicht zur Anwendung eines anderen Rechts.

Art. 6 Öffentliche Ordnung (ordre public) [1] Eine Rechtsnorm eines anderen Staates ist nicht anzuwenden, wenn ihre Anwendung zu einem Ergebnis führt, das mit wesentlichen Grundsätzen des deutschen Rechts offensichtlich unvereinbar ist. [2] Sie ist insbesondere nicht anzuwenden, wenn die Anwendung mit den Grundrechten unvereinbar ist.

---

1) Art. 3a aufgeh. mWv 29.1.2019 durch G v. 17.12.2018 (BGBl. I S. 2573).

2) Beachte hierzu Übergangsvorschrift in Art. 229 § 47.

3) Art. 4 Überschrift neu gef., Abs. 2 Satz 1 eingef. mWv 29.1.2019 durch G v. 17.12.2018 (BGBl. I S. 2573).

Zweiter Abschnitt. Recht der natürlichen Personen und der Rechtsgeschäfte

Art. 7[1)] Rechts- und Geschäftsfähigkeit. (1) [1] Die Rechtsfähigkeit einer Person unterliegt dem Recht des Staates, dem die Person angehört.[2)] [2] Die einmal erlangte Rechtsfähigkeit wird durch Erwerb oder Verlust einer Staatsangehörigkeit nicht beeinträchtigt.

(2) [1] Die Geschäftsfähigkeit einer Person unterliegt dem Recht des Staates, in dem die Person ihren gewöhnlichen Aufenthalt hat. [2] Dies gilt auch, soweit die Geschäftsfähigkeit durch Eheschließung erweitert wird. [3] Die einmal erlangte Geschäftsfähigkeit wird durch einen Wechsel des gewöhnlichen Aufenthalts nicht beeinträchtigt.

Art. 8[3)] [4)] Gewillkürte Stellvertretung. (1) [1] Auf die gewillkürte Stellvertretung ist das vom Vollmachtgeber vor der Ausübung der Vollmacht gewählte Recht anzuwenden, wenn die Rechtswahl dem Dritten und dem Bevollmächtigten bekannt ist. [2] Der Vollmachtgeber, der Bevollmächtigte und der Dritte können das anzuwendende Recht jederzeit wählen. [3] Die Wahl nach Satz 2 geht derjenigen nach Satz 1 vor.

(2) Ist keine Rechtswahl nach Absatz 1 getroffen worden und handelt der Bevollmächtigte in Ausübung seiner unternehmerischen Tätigkeit, so sind die Sachvorschriften des Staates anzuwenden, in dem der Bevollmächtigte im Zeitpunkt der Ausübung der Vollmacht seinen gewöhnlichen Aufenthalt hat, es sei denn, dieser Ort ist für den Dritten nicht erkennbar.

(3) Ist keine Rechtswahl nach Absatz 1 getroffen worden und handelt der Bevollmächtigte als Arbeitnehmer des Vollmachtgebers, so sind die Sachvorschriften des Staates anzuwenden, in dem der Vollmachtgeber im Zeitpunkt der Ausübung der Vollmacht seinen gewöhnlichen Aufenthalt hat, es sei denn, dieser Ort ist für den Dritten nicht erkennbar.

(4) Ist keine Rechtswahl nach Absatz 1 getroffen worden und handelt der Bevollmächtigte weder in Ausübung seiner unternehmerischen Tätigkeit noch als Arbeit-

---

[1)] Art. 7 neu gef. mWv 1.1.2023 durch G v. 4.5.2021 (BGBl. I S. 882).

[2)] Wegen der Rechtsstellung von Volksdeutschen iSd Art. 116 Abs. 1 GG (Nr. **1**), welche die deutsche Staatsangehörigkeit nicht besitzen, vgl. Art. 9 II Nr. 5 FamilienrechtsänderungsG v. 11.8.1961 (BGBl. I S. 1221), zuletzt geänd. durch G v. 17.12.2008 (BGBl. I S. 2586).

Wegen der Rechtsstellung heimatloser Ausländer im Bundesgebiet siehe G über die Rechtsstellung heimatloser Ausländer im Bundesgebiet **(Sartorius Nr. 563)**.

Siehe das Übereinkommen über die Rechtsstellung der Staatenlosen v. 28.9.1954 (BGBl. 1976 II S. 473, 474), G zu dem Übereinkommen v. 12.4.1976 (BGBl. II S. 473) und Bek. über das Inkrafttreten (24.1.1977) v. 10.2.1977 (BGBl. II S. 235).

Beachte aber auch das Abkommen über die Rechtsstellung der Flüchtlinge v. 28.7.1951 (BGBl. 1953 II S. 559), G über den Beitritt zu diesem Abkommen v. 1.9.1953 (BGBl. II S. 559) und Bek. über das Inkrafttreten v. 25.5.1954 (BGBl. II S. 619). Art. 12 dieses Abkommens lautet:

„**Art. 12. Personalstatut**

1. Das Personalstatut jedes Flüchtlings bestimmt sich nach dem Recht des Landes seines Wohnsitzes oder, in Ermangelung eines Wohnsitzes, nach dem Recht seines Aufenthaltslandes.
2. Die von einem Flüchtling vorher erworbenen und sich aus seinem Personalstatut ergebenden Rechte, insbesondere die aus der Eheschließung, werden von jedem vertragschließenden Staat geachtet, gegebenenfalls vorbehaltlich der Formalitäten, die nach dem in diesem Staat geltenden Recht vorgesehen sind. Hierbei wird jedoch unterstellt, daß das betreffende Recht zu demjenigen gehört, das nach den Gesetzen dieses Staates anerkannt worden wäre, wenn die in Betracht kommende Person kein Flüchtling geworden wäre.“

Beachte auch das Protokoll über die Rechtsstellung der Flüchtlinge v. 31.1.1967 (BGBl. 1969 II S. 1293) mit G v. 11.7.1969 (BGBl. II S. 1293) und Bek. über das Inkrafttreten v. 14.4.1970 (BGBl. II S. 194).

[3)] Art. 8 neu eingef. mWv 17.6.2017 durch G v. 11.6.2017 (BGBl. I S. 1607).

[4)] Beachte hierzu Übergangsvorschrift in Art. 229 § 41.

nehmer des Vollmachtgebers, so sind im Falle einer auf Dauer angelegten Vollmacht die Sachvorschriften des Staates anzuwenden, in dem der Bevollmächtigte von der Vollmacht gewöhnlich Gebrauch macht, es sei denn, dieser Ort ist für den Dritten nicht erkennbar.

(5) [1] Ergibt sich das anzuwendende Recht nicht aus den Absätzen 1 bis 4, so sind die Sachvorschriften des Staates anzuwenden, in dem der Bevollmächtigte von seiner Vollmacht im Einzelfall Gebrauch macht (Gebrauchsort). [2] Mussten der Dritte und der Bevollmächtigte wissen, dass von der Vollmacht nur in einem bestimmten Staat Gebrauch gemacht werden sollte, so sind die Sachvorschriften dieses Staates anzuwenden. [3] Ist der Gebrauchsort für den Dritten nicht erkennbar, so sind die Sachvorschriften des Staates anzuwenden, in dem der Vollmachtgeber im Zeitpunkt der Ausübung der Vollmacht seinen gewöhnlichen Aufenthalt hat.

(6) Auf die gewillkürte Stellvertretung bei Verfügungen über Grundstücke oder Rechte an Grundstücken ist das nach Artikel 43 Absatz 1 und Artikel 46 zu bestimmende Recht anzuwenden.

(7) Dieser Artikel findet keine Anwendung auf die gewillkürte Stellvertretung bei Börsengeschäften und Versteigerungen.

(8) [1] Auf die Bestimmung des gewöhnlichen Aufenthalts im Sinne dieses Artikels ist Artikel 19 Absatz 1 und 2 erste Alternative der Verordnung (EG) Nr. 593/2008[1)] mit der Maßgabe anzuwenden, dass an die Stelle des Vertragsschlusses die Ausübung der Vollmacht tritt. [2] Artikel 19 Absatz 2 erste Alternative der Verordnung (EG) Nr. 593/2008 ist nicht anzuwenden, wenn der nach dieser Vorschrift maßgebende Ort für den Dritten nicht erkennbar ist.

Art. 9 Todeserklärung. [1] Die Todeserklärung, die Feststellung des Todes und des Todeszeitpunkts sowie Lebens- und Todesvermutungen unterliegen dem Recht des Staates, dem der Verschollene in dem letzten Zeitpunkt angehörte, in dem er nach den vorhandenen Nachrichten noch gelebt hat. [2] War der Verschollene in diesem Zeitpunkt Angehöriger eines fremden Staates, so kann er nach deutschem Recht für tot erklärt werden, wenn hierfür ein berechtigtes Interesse besteht.

Art. 10[2)] Name. (1) Der Name einer Person unterliegt dem Recht des Staates, dem die Person angehört.

(2) [1] Ehegatten können bei oder nach der Eheschließung gegenüber dem Standesamt ihren künftig zu führenden Namen wählen

1. nach dem Recht eines Staates, dem einer der Ehegatten angehört, ungeachtet des Artikels 5 Abs. 1, oder
2. nach deutschem Recht, wenn einer von ihnen seinen gewöhnlichen Aufenthalt im Inland hat.

[2] Nach der Eheschließung abgegebene Erklärungen müssen öffentlich beglaubigt werden. [3] Für die Auswirkungen der Wahl auf den Namen eines Kindes ist § 1617c des Bürgerlichen Gesetzbuchs sinngemäß anzuwenden.

(3) [1] Der Inhaber der Sorge kann gegenüber dem Standesamt bestimmen, daß ein Kind den Familiennamen erhalten soll

1. nach dem Recht eines Staates, dem ein Elternteil angehört, ungeachtet des Artikels 5 Abs. 1,

---

[1)] Nr. **21a**.

[2)] Art. 10 Abs. 2 Satz 3 geänd., Abs. 3 neu gef., Abs. 4 aufgeh. durch G v. 16.12.1997 (BGBl. I S. 2942); Abs. 2 Satz 1 und Abs. 3 Satz 1 geänd. mWv 1.1.2009 durch G v. 19.2.2007 (BGBl. I S. 122).

2. nach deutschem Recht, wenn ein Elternteil seinen gewöhnlichen Aufenthalt im Inland hat, oder
3. nach dem Recht des Staates, dem ein den Namen Erteilender angehört.

[2] Nach der Beurkundung der Geburt abgegebene Erklärungen müssen öffentlich beglaubigt werden.

Art. 11[1) 2)] Form von Rechtsgeschäften. (1) Ein Rechtsgeschäft ist formgültig, wenn es die Formerfordernisse des Rechts, das auf das seinen Gegenstand bildende Rechtsverhältnis anzuwenden ist, oder des Rechts des Staates erfüllt, in dem es vorgenommen wird.

(2) Wird ein Vertrag zwischen Personen geschlossen, die sich in verschiedenen Staaten befinden, so ist er formgültig, wenn er die Formerfordernisse des Rechts, das auf das seinen Gegenstand bildende Rechtsverhältnis anzuwenden ist, oder des Rechts eines dieser Staaten erfüllt.

(3) Wird der Vertrag durch einen Vertreter geschlossen, so ist bei Anwendung der Absätze 1 und 2 der Staat maßgebend, in dem sich der Vertreter befindet.

(4) Ein Rechtsgeschäft, durch das ein Recht an einer Sache begründet oder über ein solches Recht verfügt wird, ist nur formgültig, wenn es die Formerfordernisse des Rechts erfüllt, das auf das seinen Gegenstand bildende Rechtsverhältnis anzuwenden ist.

Art. 12 Schutz des anderen Vertragsteils. [1] Wird ein Vertrag zwischen Personen geschlossen, die sich in demselben Staat befinden, so kann sich eine natürliche Person, die nach den Sachvorschriften des Rechts dieses Staates rechts-, geschäfts- und handlungsfähig wäre, nur dann auf ihre aus den Sachvorschriften des Rechts eines anderen Staates abgeleitete Rechts-, Geschäfts- und Handlungsunfähigkeit berufen, wenn der andere Vertragsteil bei Vertragsabschluß diese Rechts-, Geschäfts- und Handlungsunfähigkeit kannte oder kennen mußte. [2] Dies gilt nicht für familienrechtliche und erbrechtliche Rechtsgeschäfte sowie für Verfügungen über ein in einem anderen Staat belegenes Grundstück.

Dritter Abschnitt. Familienrecht[3)]

Art. 13[4)] Eheschließung. (1) Die Voraussetzungen der Eheschließung unterliegen für jeden Verlobten dem Recht des Staates, dem er angehört.

(2) Fehlt danach eine Voraussetzung, so ist insoweit deutsches Recht anzuwenden, wenn

1. ein Verlobter seinen gewöhnlichen Aufenthalt im Inland hat oder Deutscher ist,
2. die Verlobten die zumutbaren Schritte zur Erfüllung der Voraussetzung unternommen haben und

---

[1)] Art. 11 Abs. 4 aufgeh., bish. Abs. 5 wird Abs. 4 mWv 17.12.2009 durch G v. 25.6.2009 (BGBl. I S. 1574).

[2)] Vgl. Übereinkommen v. 19. Juni 1980 über das auf vertragliche Schuldverhältnisse anzuwendende Recht (BGBl. 1986 II S. 810) mit Bek. v. 12.7.1991 (BGBl. II S. 871) und G zu dem Übereinkommen v. 25.7.1986 (BGBl. II S. 809).

Vgl. auch das Übereinkommen der Vereinten Nationen über Verträge über den internationalen Warenkauf **(Habersack, Deutsche Gesetze ErgBd. Nr. 50c)** sowie wegen der Übergangsbestimmungen und des Inkrafttretens Art. 5 bis 7 G v. 5.7.1989 (BGBl. II S. 586) und Bek. 23.10.1990 (BGBl. II S. 1477).

[3)] Wegen des für das Gebiet der ehem. DDR geltenden Übergangsrechts zu den Wirkungen familienrechtlicher Rechtsverhältnisse beachte Art. 236 § 2 EGBGB.

[4)] Art. 13 Abs. 3 eingef., bish. Abs. 3 wird Abs. 4 mWv 22.7.2017 durch G v. 17.7.2017 (BGBl. I S. 2429).

3. es mit der Eheschließungsfreiheit unvereinbar ist, die Eheschließung zu versagen; insbesondere steht die frühere Ehe eines Verlobten nicht entgegen, wenn ihr Bestand durch eine hier erlassene oder anerkannte Entscheidung beseitigt oder der Ehegatte des Verlobten für tot erklärt ist.

(3) Unterliegt die Ehemündigkeit eines Verlobten nach Absatz 1 ausländischem Recht, ist die Ehe nach deutschem Recht

1. unwirksam, wenn der Verlobte im Zeitpunkt der Eheschließung das 16. Lebensjahr nicht vollendet hatte, und
2. aufhebbar, wenn der Verlobte im Zeitpunkt der Eheschließung das 16., aber nicht das 18. Lebensjahr vollendet hatte.

(4) [1] Eine Ehe kann im Inland nur in der hier vorgeschriebenen Form geschlossen werden. [2] Eine Ehe zwischen Verlobten, von denen keiner Deutscher ist, kann jedoch vor einer von der Regierung des Staates, dem einer der Verlobten angehört, ordnungsgemäß ermächtigten Person in der nach dem Recht dieses Staates vorgeschriebenen Form geschlossen werden; eine beglaubigte Abschrift der Eintragung der so geschlossenen Ehe in das Standesregister, das von der dazu ordnungsgemäß ermächtigten Person geführt wird, erbringt vollen Beweis der Eheschließung.

Art. 14[1)] [2)] Allgemeine Ehewirkungen. (1) [1] Soweit allgemeine Ehewirkungen nicht in den Anwendungsbereich der Verordnung (EU) 2016/1103[3)] fallen, unterliegen sie dem von den Ehegatten gewählten Recht. [2] Wählbar sind

1. das Recht des Staates, in dem beide Ehegatten im Zeitpunkt der Rechtswahl ihren gewöhnlichen Aufenthalt haben,
2. das Recht des Staates, in dem beide Ehegatten ihren gewöhnlichen Aufenthalt während der Ehe zuletzt hatten, wenn einer von ihnen im Zeitpunkt der Rechtswahl dort noch seinen gewöhnlichen Aufenthalt hat, oder
3. ungeachtet des Artikels 5 Absatz 1 das Recht des Staates, dem ein Ehegatte im Zeitpunkt der Rechtswahl angehört.

[3] Die Rechtswahl muss notariell beurkundet werden. [4] Wird sie nicht im Inland vorgenommen, so genügt es, wenn sie den Formerfordernissen für einen Ehevertrag nach dem gewählten Recht oder am Ort der Rechtswahl entspricht.

(2) Sofern die Ehegatten keine Rechtswahl getroffen haben, gilt

1. das Recht des Staates, in dem beide Ehegatten ihren gewöhnlichen Aufenthalt haben, sonst
2. das Recht des Staates, in dem beide Ehegatten ihren gewöhnlichen Aufenthalt während der Ehe zuletzt hatten, wenn einer von ihnen dort noch seinen gewöhnlichen Aufenthalt hat, sonst
3. das Recht des Staates, dem beide Ehegatten angehören, sonst
4. das Recht des Staates, mit dem die Ehegatten auf andere Weise gemeinsam am engsten verbunden sind.

Art. 15[4)] Gegenseitige Vertretung von Ehegatten. In Angelegenheiten der Gesundheitssorge, die im Inland wahrgenommen werden, ist § 1358 des Bürgerli-

---

[1)] Art. 14 neu gef. mWv 29.1.2019 durch G v. 17.12.2018 (BGBl. I S. 2573).
[2)] Beachte hierzu Übergangsvorschrift in Art. 229 § 47.
[3)] **Habersack, Deutsche Gesetze ErgBd. Nr. 103i.**
[4)] Art. 15 neu gef. mWv 1.1.2023 durch G v. 4.5.2021 (BGBl. I S. 882).

chen Gesetzbuchs[1] auch dann anzuwenden, wenn nach anderen Vorschriften insoweit ausländisches Recht anwendbar wäre.

Art. 16[2] [3] *(aufgehoben)*

Art. 17[4] **Sonderregelungen zur Scheidung.** (1) Soweit vermögensrechtliche Scheidungsfolgen nicht in den Anwendungsbereich der Verordnung (EU) 2016/1103 oder der Verordnung (EG) Nr. 4/2009[5] fallen oder von anderen Vorschriften dieses Abschnitts erfasst sind, unterliegen sie dem nach der Verordnung (EU) Nr. 1259/2010[6] auf die Scheidung anzuwendenden Recht.

(2) Auf Scheidungen, die nicht in den Anwendungsbereich der Verordnung (EU) Nr. 1259/2010 fallen, finden die Vorschriften des Kapitels II dieser Verordnung mit folgenden Maßgaben entsprechende Anwendung:

1. Artikel 5 Absatz 1 Buchstabe d der Verordnung (EU) Nr. 1259/2010 ist nicht anzuwenden;
2. in Artikel 5 Absatz 2, Artikel 6 Absatz 2 und Artikel 8 Buchstabe a bis c der Verordnung (EU) Nr. 1259/2010 ist statt auf den Zeitpunkt der Anrufung des Gerichts auf den Zeitpunkt der Einleitung des Scheidungsverfahrens abzustellen;
3. abweichend von Artikel 5 Absatz 3 der Verordnung (EU) Nr. 1259/2010 können die Ehegatten die Rechtswahl auch noch im Laufe des Verfahrens in der durch Artikel 7 dieser Verordnung bestimmten Form vornehmen, wenn das gewählte Recht dies vorsieht;
4. im Fall des Artikels 8 Buchstabe d der Verordnung (EU) Nr. 1259/2010 ist statt des Rechts des angerufenen Gerichts das Recht desjenigen Staates anzuwenden, mit dem die Ehegatten im Zeitpunkt der Einleitung des Scheidungsverfahrens auf andere Weise gemeinsam am engsten verbunden sind, und
5. statt der Artikel 10 und 12 der Verordnung (EU) Nr. 1259/2010 findet Artikel 6 Anwendung.

(3) Eine Ehe kann im Inland nur durch ein Gericht geschieden werden.

(4) [1]Der Versorgungsausgleich unterliegt dem nach der Verordnung (EU) Nr. 1259/2010 auf die Scheidung anzuwendenden Recht; er ist nur durchzuführen, wenn danach deutsches Recht anzuwenden ist und ihn das Recht eines der Staaten kennt, denen die Ehegatten im Zeitpunkt des Eintritts der Rechtshängigkeit des Scheidungsantrags angehören. [2]Im Übrigen ist der Versorgungsausgleich auf Antrag eines Ehegatten nach deutschem Recht durchzuführen, wenn einer der Ehegatten in der Ehezeit ein Anrecht bei einem inländischen Versorgungsträger erworben hat, soweit die Durchführung des Versorgungsausgleichs insbesondere im Hinblick auf die beiderseitigen wirtschaftlichen Verhältnisse während der gesamten Ehezeit der Billigkeit nicht widerspricht.

---

[1] Nr. **20**.
[2] Art. 16 aufgeh. mWv 29.1.2019 durch G v. 17.12.2018 (BGBl. I S. 2573).
[3] Beachte hierzu Übergangsvorschrift in Art. 229 § 47.
[4] Art. 17 Abs. 3 Sätze 1 und 2 geänd. mWv 1.9.2009 durch G v. 3.4.2009 (BGBl. I S. 700); Abs. 3 neu gef. mWv 29.1.2013 durch G v. 23.1.2013 (BGBl. I S. 101); Überschrift neu gef., Abs. 2 eingef., bish. Abs. 2 und 3 werden Abs. 3 und 4 mWv 21.12.2018, Abs. 1 neu gef. mWv 29.1.2019 durch G v. 17.12.2018 (BGBl. I S. 2573).
[5] **Habersack, Deutsche Gesetze ErgBd. Nr. 21d.**
[6] Nr. **21c**.

Art. 17a[1) 2)] **Ehewohnung.** Betretungs-, Näherungs- und Kontaktverbote, die mit einer im Inland belegenen Ehewohnung zusammenhängen, unterliegen den deutschen Sachvorschriften.

Art. 17b[3) 2)] **Eingetragene Lebenspartnerschaft und gleichgeschlechtliche Ehe.** (1) [1] Die Begründung, die Auflösung und die nicht in den Anwendungsbereich der Verordnung (EU) 2016/1104[4)] fallenden allgemeinen Wirkungen einer eingetragenen Lebenspartnerschaft unterliegen den Sachvorschriften des Register führenden Staates. [2] Der Versorgungsausgleich unterliegt dem nach Satz 1 anzuwendenden Recht; er ist nur durchzuführen, wenn danach deutsches Recht anzuwenden ist und das Recht eines der Staaten, denen die Lebenspartner im Zeitpunkt der Rechtshängigkeit des Antrags auf Aufhebung der Lebenspartnerschaft angehören, einen Versorgungsausgleich zwischen Lebenspartnern kennt. [3] Im Übrigen ist der Versorgungsausgleich auf Antrag eines Lebenspartners nach deutschem Recht durchzuführen, wenn einer der Lebenspartner während der Zeit der Lebenspartnerschaft ein Anrecht bei einem inländischen Versorgungsträger erworben hat, soweit die Durchführung des Versorgungsausgleichs insbesondere im Hinblick auf die beiderseitigen wirtschaftlichen Verhältnisse während der gesamten Zeit der Lebenspartnerschaft der Billigkeit nicht widerspricht.

(2) Artikel 10 Absatz 2 sowie die Artikel 15 und 17a gelten entsprechend.

(3) Bestehen zwischen denselben Personen eingetragene Lebenspartnerschaften in verschiedenen Staaten, so ist die zuletzt begründete Lebenspartnerschaft vom Zeitpunkt ihrer Begründung an für die in Absatz 1 umschriebenen Wirkungen und Folgen maßgebend.

(4)[5)] [1] Gehören die Ehegatten demselben Geschlecht an oder gehört zumindest ein Ehegatte weder dem weiblichen noch dem männlichen Geschlecht an, so gelten die Absätze 1 bis 3 mit der Maßgabe entsprechend, dass sich das auf die Ehescheidung und auf die Trennung ohne Auflösung des Ehebandes anzuwendende Recht nach der Verordnung (EU) Nr. 1259/2010[6)] richtet. [2] Die güterrechtlichen Wirkungen unterliegen dem nach der Verordnung (EU) 2016/1103[7)] anzuwendenden Recht.

(5) [1] Für die in Absatz 4 genannten Ehen gelten Artikel 13 Absatz 3, Artikel 17 Absatz 1 bis 3, Artikel 19 Absatz 1 Satz 3, Artikel 22 Absatz 3 Satz 1 sowie Artikel 46e entsprechend. [2] Die Ehegatten können für die allgemeinen Ehewirkungen eine Rechtswahl gemäß Artikel 14 treffen.

[1)] Art. 17a neu gef. mWv 29.1.2019 durch G v. 17.12.2018 (BGBl. I S. 2573).

[2)] Beachte hierzu Übergangsvorschrift in Art. 229 § 47.

[3)] Früherer Art. 17a eingef. mWv 1.8.2001 durch G v. 16.2.2001 (BGBl. I S. 266); bish. Art. 17a wird Art. 17b, Art. 17b Abs. 2 Satz 1 neu gef. mWv 1.1.2002 durch G v. 11.12.2001 (BGBl. I S. 3513); Abs. 1 Sätze 3 und 4 angef. mWv 1.1.2005 durch G v. 15.12.2004 (BGBl. I S. 3396); Abs. 1 Sätze 3 und 4 geänd. mWv 1.9.2009 durch G v. 3.4.2009 (BGBl. I S. 700); Abs. 1 Satz 4 neu gef. mWv 29.1.2013 durch G v. 23.1.2013 (BGBl. I S. 101); Abs. 1 Satz 2 aufgeh., bish. Sätze 3 und 4 werden Sätze 2 und 3 mWv 17.8.2015 durch G v. 29.6.2015 (BGBl. I S. 1042); Überschrift geänd. mWv 1.10.2017 durch G v. 20.7.2017 (BGBl. I S. 2787); Abs. 1 Satz 1 neu gef., Abs. 2 Sätze 2 und 3 aufgeh. mWv 29.1.2019 durch G v. 17.12.2018 (BGBl. I S. 2573); Abs. 4 neu gef., Abs. 5 angef. mWv 22.12.2018 durch G v. 18.12.2018 (BGBl. I S. 2639); Abs. 5 Satz 1 geänd. mWv 31.3.2020 durch G v. 19.3.2020 (BGBl. I S. 541); Abs. 2 geänd. mWv 1.1.2023 durch G v. 4.5.2021 (BGBl. I S. 882).

[4)] **Habersack, Deutsche Gesetze ErgBd. Nr. 103k.**

[5)] Beachte hierzu Überleitungsvorschrift in Art. 229 § 48.

[6)] Nr. **21c**.

[7)] **Habersack, Deutsche Gesetze ErgBd. Nr. 103i.**

Art. 18[1] *(aufgehoben)*

Art. 19[2) 3)] **Abstammung.** (1) [1]Die Abstammung eines Kindes unterliegt dem Recht des Staates, in dem das Kind seinen gewöhnlichen Aufenthalt hat. [2]Sie kann im Verhältnis zu jedem Elternteil auch nach dem Recht des Staates bestimmt werden, dem dieser Elternteil angehört. [3]Ist die Mutter verheiratet, so kann die Abstammung ferner nach dem Recht bestimmt werden, dem die allgemeinen Wirkungen ihrer Ehe bei der Geburt nach Artikel 14 Absatz 2 unterliegen; ist die Ehe vorher durch Tod aufgelöst worden, so ist der Zeitpunkt der Auflösung maßgebend.

(2) Sind die Eltern nicht miteinander verheiratet, so unterliegen Verpflichtungen des Vaters gegenüber der Mutter auf Grund der Schwangerschaft dem Recht des Staates, in dem die Mutter ihren gewöhnlichen Aufenthalt hat.

Art. 20[4] **Anfechtung der Abstammung.** [1]Die Abstammung kann nach jedem Recht angefochten werden, aus dem sich ihre Voraussetzungen ergeben. [2]Das Kind kann die Abstammung in jedem Fall nach dem Recht des Staates anfechten, in dem es seinen gewöhnlichen Aufenthalt hat.

Art. 21[5] **Wirkungen des Eltern-Kind-Verhältnisses.** Das Rechtsverhältnis zwischen einem Kind und seinen Eltern unterliegt dem Recht des Staates, in dem das Kind seinen gewöhnlichen Aufenthalt hat.

Art. 22[6) 3) 7)] **Annahme als Kind.** (1) [1]Die Annahme als Kind im Inland unterliegt dem deutschen Recht. [2]Im Übrigen unterliegt sie dem Recht des Staates, in dem der Anzunehmende zum Zeitpunkt der Annahme seinen gewöhnlichen Aufenthalt hat.

(2) Die Folgen der Annahme in Bezug auf das Verwandtschaftsverhältnis zwischen dem Kind und dem Annehmenden sowie den Personen, zu denen das Kind in einem familienrechtlichen Verhältnis steht, unterliegen dem nach Absatz 1 anzuwendenden Recht.

(3) [1]In Ansehung der Rechtsnachfolge von Todes wegen nach dem Annehmenden, dessen Ehegatten, Lebenspartner oder Verwandten steht der Angenommene ungeachtet des nach den Absätzen 1 und 2 anzuwendenden Rechts einem nach den deutschen Sachvorschriften angenommenen Kind gleich, wenn der Erblasser dies in der Form einer Verfügung von Todes wegen angeordnet hat und die Rechtsnachfolge deutschem Recht unterliegt. [2]Satz 1 gilt entsprechend, wenn die Annahme auf einer ausländischen Entscheidung beruht. [3]Die Sätze 1 und 2 finden keine Anwendung, wenn der Angenommene im Zeitpunkt der Annahme das achtzehnte Lebensjahr vollendet hatte.

---

[1] Art. 18 aufgeh. mWv 18.6.2011 durch G v. 23.5.2011 (BGBl. I S. 898).

[2] Art. 19 neu gef. durch G v. 16.12.1997 (BGBl. I S. 2942); Abs. 1 Satz 3 geänd. mWv 29.1.2019 durch G v. 17.12.2018 (BGBl. I S. 2573).

[3] Beachte hierzu Übergangsvorschrift in Art. 229 § 47.

[4] Art. 20 neu gef. durch G v. 16.12.1997 (BGBl. I S. 2942).

[5] Art. 21 neu gef. durch G v. 16.12.1997 (BGBl. I S. 2942).

[6] Art. 22 Abs. 2 und 3 angef., bish. Wortlaut wird Abs. 1 mWv 1.1.2002 durch G v. 5.11.2001 (BGBl. I S. 2950); Abs. 1 Satz 3 angef., Abs. 3 Satz 1 geänd. mWv 27.6.2014 durch G v. 20.6.2014 (BGBl. I S. 786); Abs. 1 Satz 2 geänd. mWv 29.1.2019 durch G v. 17.12.2018 (BGBl. I S. 2573); Abs. 1 neu gef. mWv 31.3. 2020 durch G v. 19.3.2020 (BGBl. I S. 541).

[7] Beachte auch das G zu dem Europäischen Übereinkommen vom 24. April 1967 über die Adoption von Kindern v. 25.8.1980 (BGBl. II S. 1093) und Bek. über das Inkrafttreten v. 21.1.1981 (BGBl. II S. 72) sowie v. 28.11.2000 (BGBl. II 2001 S. 14).

Art. 23[1)] Zustimmung. [1] Die Erforderlichkeit und die Erteilung der Zustimmung des Kindes und einer Person, zu der das Kind in einem familienrechtlichen Verhältnis steht, zu einer Abstammungserklärung oder einer Namenserteilung unterliegen zusätzlich dem Recht des Staates, dem das Kind angehört. [2] Soweit es zum Wohl des Kindes erforderlich ist, ist statt dessen das deutsche Recht anzuwenden.

Art. 24[2)] Vormundschaft, Betreuung und Pflegschaft. (1) Die Entstehung, die Ausübung, die Änderung und das Ende eines Fürsorgeverhältnisses (Vormundschaft, Betreuung, Pflegschaft), das kraft Gesetzes oder durch Rechtsgeschäft begründet wird, unterliegen dem Recht des Staates, in dem der Fürsorgebedürftige seinen gewöhnlichen Aufenthalt hat.

(2) [1] Maßnahmen, die im Inland in Bezug auf ein Fürsorgeverhältnis angeordnet werden, und die Ausübung dieses Fürsorgeverhältnisses unterliegen deutschem Recht. [2] Besteht mit dem Recht eines anderen Staates eine wesentlich engere Verbindung als mit dem deutschen Recht, so kann jenes Recht angewendet werden.

(3) Die Ausübung eines Fürsorgeverhältnisses aufgrund einer anzuerkennenden ausländischen Entscheidung richtet sich im Inland nach deutschem Recht.

Vierter Abschnitt. Erbrecht

Art. 25[3)] Rechtsnachfolge von Todes wegen. Soweit die Rechtsnachfolge von Todes wegen nicht in den Anwendungsbereich der Verordnung (EU) Nr. 650/2012[4)] fällt, gelten die Vorschriften des Kapitels III dieser Verordnung entsprechend.

Art. 26[5)] Form von Verfügungen von Todes wegen. (1) [1] In Ausführung des Artikels 3 des Haager Übereinkommens vom 5. Oktober 1961 über das auf die Form letztwilliger Verfügungen anzuwendende Recht (BGBl. 1965 II S. 1144, 1145) ist eine letztwillige Verfügung, auch wenn sie von mehreren Personen in derselben Urkunde errichtet wird oder durch sie eine frühere letztwillige Verfügung widerrufen wird, hinsichtlich ihrer Form gültig, wenn sie den Formerfordernissen des Rechts entspricht, das auf die Rechtsnachfolge von Todes wegen anzuwenden ist oder im Zeitpunkt der Verfügung anzuwenden wäre. [2] Die weiteren Vorschriften des Haager Übereinkommens bleiben unberührt.

(2) Für die Form anderer Verfügungen von Todes wegen ist Artikel 27 der Verordnung (EU) Nr. 650/2012[4)] maßgeblich.

Fünfter Abschnitt.[6)] Außervertragliche Schuldverhältnisse

Art. 27–37[6)] *(aufgehoben)*

Art. 38[7)] Ungerechtfertigte Bereicherung. (1) Bereicherungsansprüche wegen erbrachter Leistung unterliegen dem Recht, das auf das Rechtsverhältnis anzuwenden ist, auf das die Leistung bezogen ist.

[1)] Art. 23 Satz 1 geänd. durch G v. 16.12.1997 (BGBl. I S. 2942); Satz 1 geänd. mWv 31.3.2020 durch G v. 19.3.2020 (BGBl. I S. 541).

[2)] Art. 24 neu gef. mWv 1.1.2023 durch G v. 4.5.2021 (BGBl. I S. 882).

[3)] Art. 25 neu gef. mWv 17.8.2015 durch G v. 29.6.2015 (BGBl. I S. 1042).

[4)] **Habersack, Deutsche Gesetze ErgBd. Nr. 21e.**

[5)] Art. 26 neu gef. mWv 17.8.2015 durch G v. 29.6.2015 (BGBl. I S. 1042).

[6)] 5. Abschnitt Überschrift neu gef., 1. UAbschnitt (Art. 27–37) und Überschrift 2. UAbschnitt aufgeh. mWv 17.12.2009 durch G v. 25.6.2009 (BGBl. I S. 1574).

[7)] Art. 38 neu gef. durch G v. 21.5.1999 (BGBl. I S. 1026).

(2) Ansprüche wegen Bereicherung durch Eingriff in ein geschütztes Interesse unterliegen dem Recht des Staates, in dem der Eingriff geschehen ist.

(3) In sonstigen Fällen unterliegen Ansprüche aus ungerechtfertigter Bereicherung dem Recht des Staates, in dem die Bereicherung eingetreten ist.

Art. 39[1)] Geschäftsführung ohne Auftrag. (1) Gesetzliche Ansprüche aus der Besorgung eines fremden Geschäfts unterliegen dem Recht des Staates, in dem das Geschäft vorgenommen worden ist.

(2) Ansprüche aus der Tilgung einer fremden Verbindlichkeit unterliegen dem Recht, das auf die Verbindlichkeit anzuwenden ist.

Art. 40[1)] Unerlaubte Handlung. (1) [1] Ansprüche aus unerlaubter Handlung unterliegen dem Recht des Staates, in dem der Ersatzpflichtige gehandelt hat. [2] Der Verletzte kann verlangen, daß anstelle dieses Rechts das Recht des Staates angewandt wird, in dem der Erfolg eingetreten ist. [3] Das Bestimmungsrecht kann nur im ersten Rechtszug bis zum Ende des frühen ersten Termins oder dem Ende des schriftlichen Vorverfahrens ausgeübt werden.

(2) [1] Hatten der Ersatzpflichtige und der Verletzte zur Zeit des Haftungsereignisses ihren gewöhnlichen Aufenthalt in demselben Staat, so ist das Recht dieses Staates anzuwenden. [2] Handelt es sich um Gesellschaften, Vereine oder juristische Personen, so steht dem gewöhnlichen Aufenthalt der Ort gleich, an dem sich die Hauptverwaltung oder, wenn eine Niederlassung beteiligt ist, an dem sich diese befindet.

(3) Ansprüche, die dem Recht eines anderen Staates unterliegen, können nicht geltend gemacht werden, soweit sie

1. wesentlich weiter gehen als zur angemessenen Entschädigung des Verletzten erforderlich,
2. offensichtlich anderen Zwecken als einer angemessenen Entschädigung des Verletzten dienen oder
3. haftungsrechtlichen Regelungen eines für die Bundesrepublik Deutschland verbindlichen Übereinkommens widersprechen.

(4) Der Verletzte kann seinen Anspruch unmittelbar gegen einen Versicherer des Ersatzpflichtigen geltend machen, wenn das auf die unerlaubte Handlung anzuwendende Recht oder das Recht, dem der Versicherungsvertrag unterliegt, dies vorsieht.

Art. 41[1)] Wesentlich engere Verbindung. (1) Besteht mit dem Recht eines Staates eine wesentlich engere Verbindung als mit dem Recht, das nach den Artikeln 38 bis 40 Abs. 2 maßgebend wäre, so ist jenes Recht anzuwenden.

(2) Eine wesentlich engere Verbindung kann sich insbesondere ergeben

1. aus einer besonderen rechtlichen oder tatsächlichen Beziehung zwischen den Beteiligten im Zusammenhang mit dem Schuldverhältnis oder

(Fortsetzung nächstes Blatt)

[1)] Art. 39–41 neu gef. durch G v. 21.5.1999 (BGBl. I S. 1026).

Art. 126 [Übereignung durch Landesgesetze] Durch Landesgesetz kann das dem Staat an einem Grundstück zustehende Eigentum auf einen Kommunalverband und das einem Kommunalverband an einem Grundstück zustehende Eigentum auf einen anderen Kommunalverband oder auf den Staat übertragen werden.

Art. 127 [Buchungsfreie Grundstücke; Eigentumswechsel] Unberührt bleiben die landesgesetzlichen Vorschriften über die Übertragung des Eigentums an einem Grundstück, das im Grundbuch nicht eingetragen ist und nach den Vorschriften der Grundbuchordnung auch nach der Übertragung nicht eingetragen zu werden braucht.

Art. 128 [Buchungsfreie Grundstücke; Dienstbarkeiten] Unberührt bleiben die landesgesetzlichen Vorschriften über die Begründung und Aufhebung einer Dienstbarkeit an einem Grundstück, das im Grundbuch nicht eingetragen ist und nach den Vorschriften der Grundbuchordnung nicht eingetragen zu werden braucht.

Art. 129 [Aneignung aufgegebener Grundstücke] Unberührt bleiben die landesgesetzlichen Vorschriften, nach welchen das Recht zur Aneignung eines nach § 928 des Bürgerlichen Gesetzbuchs[1)] aufgegebenen Grundstücks an Stelle des Fiskus einer bestimmten anderen Person zusteht.

Art. 130 [Aneignung von Tauben] Unberührt bleiben die landesgesetzlichen Vorschriften über das Recht zur Aneignung der einem anderen gehörenden, im Freien betroffenen Tauben.

Art. 131[2) 3)] [Stockwerkseigentum] Unberührt bleiben die landesgesetzlichen Vorschriften, welche für den Fall, daß jedem der Miteigentümer eines mit einem Gebäude versehenen Grundstücks die ausschließliche Benutzung eines Teiles des Gebäudes eingeräumt ist, das Gemeinschaftsverhältnis näher bestimmen, die Anwendung der §§ 749 bis 751 des Bürgerlichen Gesetzbuchs[1)] ausschließen und für den Fall des Insolvenzverfahrens über das Vermögen eines Miteigentümers das Recht, für die Insolvenzmasse die Aufhebung der Gemeinschaft zu verlangen, versagen.

Art. 132 [Kirchen- und Schulbaulast] Unberührt bleiben die landesgesetzlichen Vorschriften über die Kirchenbaulast und die Schulbaulast.

Art. 133 [Kirchenstühle, Begräbnisplätze] Unberührt bleiben die landesgesetzlichen Vorschriften über das Recht zur Benutzung eines Platzes in einem dem öffentlichen Gottesdienst gewidmeten Gebäude oder auf einer öffentlichen Begräbnisstätte.

Art. 134 bis 136 (weggefallen)

Art. 138 [Erbrecht öffentlich-rechtlicher Körperschaften] Unberührt bleiben die landesgesetzlichen Vorschriften, nach welchen im Falle des § 1936 des Bürgerlichen Gesetzbuchs[1)] an Stelle des Fiskus eine Körperschaft, Stiftung oder Anstalt des öffentlichen Rechts gesetzlicher Erbe ist.

[1)] Nr. **20**.
[2)] Art. 131 geänd. durch G v. 5.10.1994 (BGBl. I S. 2911).
[3)] Vgl. hierzu das WohnungseigentumsG (Nr. **37**).

Art. 139 [Nachlass einer verpflegten Person] Unberührt bleiben die landesgesetzlichen Vorschriften, nach welchen dem Fiskus oder einer anderen juristischen Person in Ansehung des Nachlasses einer verpflegten oder unterstützten Person ein Erbrecht, ein Pflichtteilsanspruch oder ein Recht auf bestimmte Sachen zusteht.

Art. 140 [Nachlassverzeichnis] Unberührt bleiben die landesgesetzlichen Vorschriften, nach welchen das Nachlaßgericht auch unter anderen als den in § 1960 Abs. 1 des Bürgerlichen Gesetzbuchs[1] bezeichneten Voraussetzungen die Anfertigung eines Nachlaßverzeichnisses sowie bis zu dessen Vollendung die erforderlichen Sicherungsmaßregeln, insbesondere die Anlegung von Siegeln, von Amts wegen anordnen kann oder soll.

Art. 141 und 142 (weggefallen)

Art. 143 [Form der Auflassung] (1) (weggefallen)

(2) Unberührt bleiben die landesgesetzlichen Vorschriften, nach welchen es bei der Auflassung eines Grundstücks der gleichzeitigen Anwesenheit beider Teile nicht bedarf, wenn das Grundstück durch einen Notar versteigert worden ist und die Auflassung noch in dem Versteigerungstermin stattfindet.

Art. 144[2] [Beistandschaft für Vereine] Die Landesgesetze können bestimmen, daß das Jugendamt die Beistandschaft mit Zustimmung des Elternteils auf einen nach § 54 des Achten Buches Sozialgesetzbuch[3] anerkannten Vormundschaftsverein übertragen kann.

Art. 145 und 146 (weggefallen)

Art. 147[4] [Betreuungs- und Nachlassbehörden] Unberührt bleiben die landesgesetzlichen Vorschriften, nach denen für die Aufgaben des Betreuungsgerichts oder des Nachlassgerichts andere Stellen als Gerichte zuständig sind.

Art. 148[5] *(aufgehoben)*

Art. 149 bis 151 (weggefallen)

Art. 152 [Rechtshängigkeit] [1]Unberührt bleiben die landesgesetzlichen Vorschriften, welche für die nicht nach den Vorschriften der Zivilprozeßordnung zu erledigenden Rechtsstreitigkeiten die Vorgänge bestimmen, mit denen die nach den Vorschriften des Bürgerlichen Gesetzbuchs an die Klageerhebung und an die Rechtshängigkeit geknüpften Wirkungen eintreten. [2]Soweit solche Vorschriften fehlen, finden die Vorschriften der Zivilprozeßordnung entsprechende Anwendung.

Vierter Teil. Übergangsvorschriften

Art. 153 bis 156 (gegenstandslos)

---

[1] Nr. 20.
[2] Art. 144 eingef. durch G v. 4.12.1997 (BGBl. I S. 2846); geänd. mWv 1.1.2023 durch G v. 4.5.2021 (BGBl. I S. 882).
[3] **Habersack, Deutsche Gesetze ErgBd. Nr. 46.**
[4] Art. 147 neu gef. mWv 1.9.2009 durch G v. 17.12.2008 (BGBl. I S. 2586).
[5] Art. 148 aufgeh. mWv 1.9.2013 durch G. v. 26.6.2013 (BGBl. I S. 1800).

Art. 157 [Erwählter Wohnsitz] Die Vorschriften der französischen und der badischen Gesetze über den erwählten Wohnsitz bleiben für Rechtsverhältnisse, die sich nach diesen Gesetzen bestimmen, in Kraft, sofern der Wohnsitz vor dem Inkrafttreten des Bürgerlichen Gesetzbuchs erwählt worden ist.

Art. 158 bis 162 (gegenstandslos)

Art. 163 [Juristische Personen] Auf die zur Zeit des Inkrafttretens des Bürgerlichen Gesetzbuchs bestehenden juristischen Personen finden von dieser Zeit an die Vorschriften der §§ 25 bis 53 und 85 bis 89 des Bürgerlichen Gesetzbuchs[1)] Anwendung, soweit sich nicht aus den Artikeln 164 bis 166 ein anderes ergibt.

Art. 164 [Realgemeinden] [1] In Kraft bleiben die landesgesetzlichen Vorschriften über die zur Zeit des Inkrafttretens des Bürgerlichen Gesetzbuchs bestehenden Realgemeinden und ähnlichen Verbände, deren Mitglieder als

(Fortsetzung nächstes Blatt)

[1)] Nr. **20**.

buchs, in der bis zum 30. Juni 2021 geltenden Fassung mit der Maßgabe weiter anzuwenden, dass

1. ein Reisesicherungsfonds, der gemäß § 16 des Reisesicherungsfondsgesetzes fortbestehende Einstandspflichten eines Kundengeldabsicherers übernimmt, an die Stelle des bisherigen Kundengeldabsicherers tritt und
2. in den Fällen der Nummer 1 sich der bisherige Kundengeldabsicherer abweichend von § 651r Absatz 4 Satz 2 des Bürgerlichen Gesetzbuchs gegenüber dem Reisenden auf die Beendigung des Kundengeldabsicherungsvertrags berufen kann.

(2) [1] Auf einen Reisegutschein nach Artikel 240 § 6 sind die Vorschriften dieses Gesetzes und des Bürgerlichen Gesetzbuchs jeweils in der bis einschließlich 30. Juni 2021 geltenden Fassung weiter anzuwenden; Absatz 1 Nummer 1 und 2 gilt entsprechend. [2] In den Fällen des Artikels 240 § 6 Absatz 6 Satz 2 kann der Reisesicherungsfonds die Reisenden gegen Abtretung derjenigen Ansprüche, die ihnen nach Artikel 240 § 6 Absatz 6 Satz 2 gegen die Bundesrepublik Deutschland zustehen, vollständig entschädigen. [3] Er hat im Fall des Satzes 2 neben den abgetretenen Ansprüchen auch einen Anspruch auf angemessenen Ausgleich des zusätzlichen Abwicklungsaufwands gegen die Bundesrepublik Deutschland.

§ 57[1)] Übergangsvorschrift zum Gesetz zur Umsetzung der Richtlinie über bestimmte vertragsrechtliche Aspekte der Bereitstellung digitaler Inhalte und digitaler Dienstleistungen. (1) Auf Verbraucherverträge, welche die Bereitstellung eines digitalen Produkts zum Gegenstand haben und ab dem 1. Januar 2022 abgeschlossen wurden, sind nur die Vorschriften des Bürgerlichen Gesetzbuchs[2)] und des Unterlassungsklagengesetzes[3)] in der ab dem 1. Januar 2022 geltenden Fassung anzuwenden.

(2) Sofern nicht in Absatz 3 etwas anderes bestimmt ist, sind auf vor dem 1. Januar 2022 abgeschlossene Verbraucherverträge, welche die Bereitstellung eines digitalen Produkts zum Gegenstand haben, die Vorschriften des Bürgerlichen Gesetzbuchs und des Unterlassungsklagengesetzes in der ab dem 1. Januar 2022 geltenden Fassung anzuwenden, wenn die vertragsgegenständliche Bereitstellung ab dem 1. Januar 2022 erfolgt.

(3) § 327r des Bürgerlichen Gesetzbuchs ist auf Verbraucherverträge anzuwenden, welche die Bereitstellung eines digitalen Produkts zum Gegenstand haben und ab dem 1. Januar 2022 abgeschlossen wurden.

(4) Die §§ 327t und 327u des Bürgerlichen Gesetzbuchs sind auf Verträge anzuwenden, welche ab dem 1. Januar 2022 abgeschlossen wurden.

§ 58[4)] Übergangsvorschrift zum Gesetz zur Regelung des Verkaufs von Sachen mit digitalen Elementen und anderer Aspekte des Kaufvertrags. Auf einen Kaufvertrag, der vor dem 1. Januar 2022 geschlossen worden ist, sind die Vorschriften dieses Gesetzes und des Bürgerlichen Gesetzbuchs[2)] in der bis einschließlich 31. Dezember 2021 geltenden Fassung anzuwenden.

§ 59 *(noch nicht in Kraft)*

[1)] Art. 229 § 57 angef. mWv 1.1.2022 durch G v. 25.6.2021 (BGBl. I S. 2123).
[2)] Nr. **20**.
[3)] Nr. **105**.
[4)] Art. 229 § 58 angef. mWv 1.1.2022 durch G v. 25.6.2021 (BGBl. I S. 2133).

§ 52[1] Überleitungsvorschrift zum Gesetz zur Umsetzung der Entscheidung des Bundesverfassungsgerichts vom 26. März 2019 zum Ausschluss der Stiefkindadoption in nichtehelichen Familien. Auf vor dem 31. März 2020 abgeschlossene Vorgänge bleibt das bisherige Internationale Privatrecht anwendbar.

§ 53[2] Übergangsvorschrift zum Gesetz über die Maklerkosten bei der Vermittlung von Kaufverträgen über Wohnungen und Einfamilienhäuser.

Auf Rechtsverhältnisse, die vor dem 23. Dezember 2020 entstanden sind, sind die Vorschriften des Bürgerlichen Gesetzbuchs[3] in der bis zu diesem Tag geltenden Fassung weiter anzuwenden.

§ 54[4] Übergangsvorschrift zum Gesetz zur Reform des Vormundschafts- und Betreuungsrechts. (1) Eine bei Ablauf des 31. Dezember 2022 bestehende Geschäftsfähigkeit besteht fort.

(2) Mit Inkrafttreten dieses Gesetzes am 1. Januar 2023 wird die Bestellung eines Gegenvormunds und eines Gegenbetreuers wirkungslos.

(3) Ist am 1. Januar 2023 ein Betreuer zur Besorgung aller Angelegenheiten bestellt, ist der Aufgabenkreis bis zum 1. Januar 2024 nach Maßgabe des § 1815 Absatz 1 des Bürgerlichen Gesetzbuchs[3] zu ändern.

(4) [1] Auf Betreuungen, die am 1. Januar 2023 bestehen, findet § 1815 Absatz 2 Nummer 1 bis 4 des Bürgerlichen Gesetzbuchs bis zum 1. Januar 2028 keine Anwendung. [2] Bei der nächsten Entscheidung über die Aufhebung oder Verlängerung der Betreuung oder im Rahmen eines gerichtlichen Genehmigungsverfahrens nach § 1831 Absatz 2 des Bürgerlichen Gesetzbuchs hat das Betreuungsgericht über den Aufgabenkreis nach Maßgabe des § 1815 Absatz 2 des Bürgerlichen Gesetzbuchs zu entscheiden.

(5) Betreuer, die erstmals durch § 1859 Absatz 2 des Bürgerlichen Gesetzbuchs befreit sind, haben bis zum Ablauf des am 1. Januar 2023 noch laufenden Betreuungsjahres Rechnung zu legen.

(6) Auf vor dem 1. Januar 2023 abgeschlossene Vorgänge bleibt das bisherige Internationale Privatrecht anwendbar.

§ 55[5] Übergangsvorschrift zum Gesetz zum Schutz von Kindern mit Varianten der Geschlechtsentwicklung. § 1631e Absatz 6 des Bürgerlichen Gesetzbuchs[3] ist auch auf Patientenakten von Kindern mit Varianten der Geschlechtsentwicklung anzuwenden, deren Behandlung vor dem 22. Mai 2021 durchgeführt worden ist, wenn die Aufbewahrungsfrist nach § 630f Absatz 3 des Bürgerlichen Gesetzbuchs nicht vor dem 22. Mai 2021 abgelaufen ist.

§ 56[6] Überleitungsvorschrift zum Gesetz über die Insolvenzsicherung durch Reisesicherungsfonds und zur Änderung reiserechtlicher Vorschriften. (1) Auf Pauschalreiseverträge und Verträge über verbundene Reiseleistungen, die vor dem 1. November 2021 abgeschlossen wurden, ist § 651r des Bürgerlichen Gesetzbuchs[3], auch in Verbindung mit § 651w Absatz 3 des Bürgerlichen Gesetz-

---

[1] Art. 229 § 52 angef. mWv 31.3.2020 durch G v. 19.3.2020 (BGBl. I S. 541).
[2] Art. 229 § 53 angef. mWv 23.12.2020 durch G v. 12.6.2020 (BGBl. I S. 1245).
[3] Nr. **20**.
[4] Art. 229 § 54 angef. mWv 1.1.2023 durch G v. 4.5.2021 (BGBl. I S. 882).
[5] Art. 229 § 55 angef. mWv 22.5.2021 durch G v. 12.5.2021 (BGBl. I S. 1082).
[6] Art. 229 § 56 angef. mWv 1.7.2021 durch G v. 25.6.2021 (BGBl. I S. 2114).

§ 60[1] Übergangsvorschrift zum Gesetz für faire Verbraucherverträge.

[1] Auf ein Schuldverhältnis, das vor dem 1. Oktober 2021 entstanden ist, sind die §§ 308 und 310 Absatz 1 Satz 1 und 2 des Bürgerlichen Gesetzbuchs[2] in der bis zu diesem Tag geltenden Fassung anzuwenden. [2] Auf ein Schuldverhältnis, das vor dem 1. März 2022 entstanden ist, ist § 309 des Bürgerlichen Gesetzbuchs in der bis zu diesem Tag geltenden Fassung anzuwenden. [3] Die in § 312k des Bürgerlichen Gesetzbuchs in der Fassung vom 1. Juli 2022 vorgesehenen Pflichten gelten auch im Hinblick auf Schuldverhältnisse, die vor diesem Tag entstanden sind.

§ 61 *(noch nicht in Kraft)*

§ 62[3] Übergangsvorschrift zum Mietspiegelreformgesetz. [1] Für Gemeinden, für die infolge der durch § 558c Absatz 4 Satz 2 des Bürgerlichen Gesetzbuchs[2] in der ab dem 1. Juli 2022 geltenden Fassung eingeführten Pflicht erstmalig ein Mietspiegel zu erstellen ist, ist dieser bis spätestens 1. Januar 2023 zu erstellen und zu veröffentlichen. [2] Wird für die Gemeinde in Erfüllung dieser Verpflichtung ein qualifizierter Mietspiegel erstellt, ist dieser bis spätestens 1. Januar 2024 zu erstellen und zu veröffentlichen.

§ 63[4] Überleitungsvorschrift zum Gesetz zur Änderung der Strafprozessordnung – Erweiterung der Wiederaufnahmemöglichkeiten zuungunsten des Verurteilten gemäß § 362 StPO und zur Änderung der zivilrechtlichen Verjährung (Gesetz zur Herstellung materieller Gerechtigkeit) § 194 des Bürgerlichen Gesetzbuchs[2] in der ab dem 30. Dezember 2021 geltenden Fassung ist auf die an diesem Tag bestehenden noch nicht verjährten Ansprüche anzuwenden.

§ 64[5] Übergangsvorschrift zum Gesetz zur Abschaffung des Güterrechtsregisters.

[Abs. 1 bis 31.12.2037:]

(1) Abweichend von § 1412 des Bürgerlichen Gesetzbuchs[2] können Ehegatten und Partner einer eingetragenen Lebenspartnerschaft auch aus Eintragungen im Güterrechtsregister Dritten gegenüber Einwendungen

1. gegen ein Rechtsgeschäft herleiten, das zwischen einem der Ehegatten und dem Dritten vorgenommen worden ist, wenn das Geschäft vor dem 1. Januar 2028 abgeschlossen oder die Rechtshandlung vorgenommen worden ist, oder
2. gegen ein rechtskräftiges Urteil herleiten, das zwischen einem der Ehegatten und dem Dritten ergangen ist, wenn der Rechtsstreit vor dem 1. Januar 2028 rechtshängig geworden ist.

[Abs. 1 ab 1.1.2038:]

(1) (aufgehoben)

(2) Haben die Ehegatten Gütergemeinschaft vereinbart und dies in das Güterrechtsregister eintragen lassen, kann jeder Ehegatte ab dem 1. Januar 2023 verlangen, dass die vertragliche Regelung wegen Wegfalls des Güterrechtsregisters nach den Grundsätzen des § 313 des Bürgerlichen Gesetzbuchs angepasst wird.

---

[1] Art. 229 § 60 angef. mWv 1.10.2021 durch G v. 10.8.2021 (BGBl. I S. 3433), wobei Satz 2 erst mWv 1.3.2022 und Satz 3 erst mWv 1.7.2022 in Kraft treten.

[2] Nr. **20**.

[3] Art. 229 § 62 angef. mWv 1.7.2022 durch G v. 10.8.2021 (BGBl. I S. 3515).

[4] Art. 229 § 63 angef. mWv 30.12.2021 durch G v. 21.12.2021 (BGBl. I S. 5252).

[5] Art. 229 § 64 angef. mWv 1.1.2023, Abs. 1, 3, 4 und 6 aufgeh. **mWv 1.1.2038** durch G v. 31.10.2022 (BGBl. I S. 1966).

[Abs. 3 bis 31.12.2037:]

(3) [1]Wird eine bestehende Eintragung in dem Register in der Zeit vom 1. Januar 2023 bis 31. Dezember 2027 unrichtig oder verlegen beide Ehegatten in diesem Zeitraum ihren gewöhnlichen Aufenthalt in einen anderen Registerbezirk, so verliert die Eintragung ihre Wirkung. [2]Eine nach Satz 1 unwirksame Eintragung ist auf Antrag eines Ehegatten zu löschen; die folgenden Vorschriften sind in der bis einschließlich 31. Dezember 2022 geltenden Fassung entsprechend anzuwenden:

1. die §§ 1558 und 1560 des Bürgerlichen Gesetzbuchs,
2. die auf der Grundlage des § 1558 Absatz 2 des Bürgerlichen Gesetzbuchs erlassenen Rechtsverordnungen,
3. das Gesetz über das Verfahren in Familiensachen und in den Angelegenheiten der freiwilligen Gerichtsbarkeit[1)] und
4. § 3 Nummer 1 Buchstabe e des Rechtspflegergesetzes[2)].

[Abs. 3 ab 1.1.2038:]

(3) (aufgehoben)

[Abs. 4 bis 31.12.2037:]

(4) [1]Bis zum 31. Dezember 2037 ist jedem die Einsicht in das Register gestattet. [2]Von den Eintragungen kann eine Abschrift angefordert werden. [3]Die Abschrift ist auf Verlangen zu beglaubigen.

[Abs. 4 ab 1.1.2038:]

(4) (aufgehoben)

(5) Nach dem 31. Dezember 2037 können aus der Registereintragung keine Rechte mehr hergeleitet werden.

[Abs. 6 bis 31.12.2037:]

(6) [1]Die Rechte nach Artikel 15 der Verordnung (EU) 2016/679[3)] des Europäischen Parlaments und des Rates vom 27. April 2016 zum Schutz natürlicher Personen bei der Verarbeitung personenbezogener Daten, zum Datenverkehr und zur Aufhebung der Richtlinie 95/46/EG (Datenschutz-Grundverordnung) (ABl. L 119 vom 4.5.2016, S. 1; L 314 vom 22.11.2016, S. 72; L 127 vom 23.5.2018, S. 2; L 74 vom 4.3.2021, S. 35) werden durch Einsicht in das Register nach Absatz 4 gewährt. [2]Das Gericht ist nicht verpflichtet, Personen, deren personenbezogene Daten im Güterrechtsregister oder in den Registerakten gespeichert sind, über die Offenlegung dieser Daten an Dritte Auskunft zu erteilen. [3]Im Übrigen gilt § 79a Absatz 2 und 3 des Bürgerlichen Gesetzbuchs entsprechend.

Sechster Teil. Inkrafttreten und Übergangsrecht aus Anlaß der Einführung des Bürgerlichen Gesetzbuchs und dieses Einführungsgesetzes in dem in Artikel 3 des Einigungsvertrages[4)] genannten Gebiet

Art. 230[5)] Inkrafttreten. Das Bürgerliche Gesetzbuch[6)] und dieses Einführungsgesetz treten für das in Artikel 3 des Einigungsvertrages[4)] genannte Gebiet am Tage

---

1) Nr. **112**.
2) Nr. **96**.
3) **Sartorius Nr. 246.**
4) **Habersack II Nr. 2.**
5) Art. 230 neu gef. durch G v. 4.12.1997 (BGBl. I S. 2846).
6) Nr. **20**.

des Wirksamwerdens des Beitritts nach Maßgabe der folgenden Übergangsvorschriften in Kraft.

Art. 231 Erstes Buch. Allgemeiner Teil des Bürgerlichen Gesetzbuchs

§ 1[1] *(aufgehoben)*

§ 2 Vereine. (1) Rechtsfähige Vereinigungen, die nach dem Gesetz über Vereinigungen – Vereinigungsgesetz – vom 21. Februar 1990 (GBl. I Nr. 10 S. 75), geändert durch das Gesetz vom 22. Juni 1990 (GBl. I Nr. 37 S. 470, Nr. 39 S. 546), vor dem Wirksamwerden des Beitritts entstanden sind, bestehen fort.

(2) Auf sie sind ab dem Tag des Wirksamwerdens des Beitritts die §§ 21 bis 79 des Bürgerlichen Gesetzbuchs[2] anzuwenden.

(3) Die in Absatz 1 genannten Vereinigungen führen ab dem Wirksamwerden des Beitritts die Bezeichnung „eingetragener Verein".

(4) Auf nicht rechtsfähige Vereinigungen im Sinn des Gesetzes über Vereinigungen – Vereinigungsgesetz – vom 21. Februar 1990 findet ab dem Tag des Wirksamwerdens des Beitritts § 54 des Bürgerlichen Gesetzbuchs Anwendung.

§ 3 Stiftungen. (1) Die in dem in Artikel 3 des Einigungsvertrages[3] genannten Gebiet bestehenden rechtsfähigen Stiftungen bestehen fort.

(2) Auf Stiftungen des Privaten Rechts sind ab dem Tag des Wirksamwerdens des Beitritts die §§ 80 bis 88 des Bürgerlichen Gesetzbuchs[2] anzuwenden.

§ 4 Haftung juristischer Personen für ihre Organe. Die §§ 31 und 89 des Bürgerlichen Gesetzbuchs[2] sind nur auf solche Handlungen anzuwenden, die am Tag des Wirksamwerdens des Beitritts oder danach begangen werden.

§ 5[4] **Sachen.** (1) [1] Nicht zu den Bestandteilen eines Grundstücks gehören Gebäude, Baulichkeiten, Anlagen, Anpflanzungen oder Einrichtungen, die gemäß dem am Tag vor dem Wirksamwerden des Beitritts geltenden Recht vom Grundstückseigentum unabhängiges Eigentum sind. [2] Das gleiche gilt, wenn solche Gegenstände am Tag des Wirksamwerdens des Beitritts oder danach errichtet oder angebracht werden, soweit dies aufgrund eines vor dem Wirksamwerden des Beitritts begründeten Nutzungsrechts an dem Grundstück oder Nutzungsrechts nach den §§ 312 bis 315 des Zivilgesetzbuchs der Deutschen Demokratischen Republik zulässig ist.

(2) [1] Das Nutzungsrecht an dem Grundstück und die erwähnten Anlagen, Anpflanzungen oder Einrichtungen gelten als wesentliche Bestandteile des Gebäudes. [2] Artikel 233 § 4 Abs. 3 und 5 bleibt unberührt.

(3) [1] Das Gebäudeeigentum nach den Absätzen 1 und 2 erlischt, wenn nach dem 31. Dezember 2000 das Eigentum am Grundstück übertragen wird, es sei denn, daß das Nutzungsrecht oder das selbständige Gebäudeeigentum nach Artikel 233 § 2b Abs. 2 Satz 3 im Grundbuch des veräußerten Grundstücks eingetragen ist oder dem Erwerber das nicht eingetragene Recht bekannt war. [2] Dem Inhaber des Gebäudeeigentums steht gegen den Veräußerer ein Anspruch auf Ersatz des Wertes zu, den das

---

[1] Art. 231 § 1 aufgeh. mWv 25.4.2006 durch G v. 19.4.2006 (BGBl. I S. 866).

[2] Nr. **20**.

[3] **Habersack II Nr. 2.**

[4] Art. 231 § 5 Abs. 3 Satz 1, Abs. 4 Satz 1 geänd. durch G v. 20.12.1996 (BGBl. I S. 2028); Abs. 3 Satz 1, Abs. 4 Satz 1 geänd. durch G v. 20.12.1999 (BGBl. I S. 2493).

Gebäudeeigentum im Zeitpunkt seines Erlöschens hatte; an dem Gebäudeeigentum begründete Grundpfandrechte werden Pfandrechte an diesem Anspruch.

(4) [1] Wird nach dem 31. Dezember 2000 das Grundstück mit einem dinglichen Recht belastet oder ein solches Recht erworben, so gilt für den Inhaber des Rechts das Gebäude als Bestandteil des Grundstücks. [2] Absatz 3 Satz 1 ist entsprechend anzuwenden.

(5) [1] Ist ein Gebäude auf mehreren Grundstücken errichtet, gelten die Absätze 3 und 4 nur in Ansehung des Grundstücks, auf dem sich der überwiegende Teil des Gebäudes befindet. [2] Für den Erwerber des Grundstücks gelten in Ansehung des auf dem anderen Grundstück befindlichen Teils des Gebäudes die Vorschriften über den zu duldenden Überbau sinngemäß.

§ 6 Verjährung. (1) [1] Die Vorschriften des Bürgerlichen Gesetzbuchs über die Verjährung finden auf die am Tag des Wirksamwerdens des Beitritts bestehenden und noch nicht verjährten Ansprüche Anwendung. [2] Der Beginn, die Hemmung und die Unterbrechung der Verjährung bestimmen sich jedoch für den Zeitraum vor dem Wirksamwerden des Beitritts nach den bislang für das in Artikel 3 des Einigungsvertrages[1)] genannte Gebiet geltenden Rechtsvorschriften.

(2) [1] Ist die Verjährungsfrist nach dem Bürgerlichen Gesetzbuch[2)] kürzer als nach den Rechtsvorschriften, die bislang für das in Artikel 3 des Einigungsvertrages genannte Gebiet galten, so wird die kürzere Frist von dem Tag des Wirksamwerdens des Beitritts an berechnet. [2] Läuft jedoch die in den Rechtsvorschriften, die bislang für das in Artikel 3 des Einigungsvertrages genannte Gebiet galten, bestimmte längere Frist früher als die im Bürgerlichen Gesetzbuch bestimmte kürzere Frist ab, so ist die Verjährung mit dem Ablauf der längeren Frist vollendet.

(3) Die Absätze 1 und 2 sind entsprechend auf Fristen anzuwenden, die für die Geltendmachung, den Erwerb oder den Verlust eines Rechts maßgebend sind.

§ 7 Beurkundungen und Beglaubigungen. (1) Eine vor dem Wirksamwerden des Beitritts erfolgte notarielle Beurkundung oder Beglaubigung ist nicht deshalb unwirksam, weil die erforderliche Beurkundung oder Beglaubigung von einem Notar vorgenommen wurde, der nicht in dem in Artikel 3 des Einigungsvertrages[1)] genannten Gebiet berufen oder bestellt war, sofern dieser im Geltungsbereich des Grundgesetzes[3)] bestellt war.

(2) Absatz 1 gilt nicht, soweit eine rechtskräftige Entscheidung entgegensteht.

(3) Ein Vertrag, durch den sich der Beteiligte eines nach Absatz 1 wirksamen Rechtsgeschäfts vor Inkrafttreten des Zweiten Vermögensrechtsänderungsgesetzes gegenüber einem anderen Beteiligten zu weitergehenden Leistungen verpflichtet oder auf Rechte verzichtet hat, weil dieser die Nichtigkeit dieses Rechtsgeschäfts geltend gemacht hat, ist insoweit unwirksam, als die durch den Vertrag begründeten Rechte und Pflichten der Beteiligten von den Vereinbarungen in dem nach Absatz 1 wirksamen Rechtsgeschäft abweichen.

(Fortsetzung nächstes Blatt)

---

1) **Habersack II Nr. 2.**
2) Nr. **20**.
3) Nr. **1**.

Landes, in dem das Grundstück liegt, eine Nachricht hiervon. [2]Das gilt auch für Verfügungen, deren Eintragung dieser Eigentümer vor dem 3. Oktober 2000 beantragt oder beantragen läßt.

§ 13a Vormerkung zugunsten des Fiskus. [1]Auf Ersuchen des Fiskus trägt das Grundbuchamt eine Vormerkung zur Sicherung von dessen Anspruch nach § 11 Abs. 3 ein. [2]Die Vormerkung ist von Amts wegen zu löschen, wenn das Ersuchen durch das zuständige Verwaltungsgericht aufgehoben wird.

§ 14[1)] Verjährung. [1]Die Ansprüche nach den §§ 11 und 16 verjähren mit dem Ablauf des 2. Oktober 2000. [2]Ist für einen Auflassungsanspruch eine Vormerkung nach § 13 in der bis zum 24. Juli 1997 geltenden Fassung eingetragen, verjährt der gesicherte Auflassungsanspruch innerhalb von 6 Monaten von der Eintragung der Vormerkung.

§ 15[2)] Verbindlichkeiten. (1) [1]Auf den Eigentümer nach § 11 Abs. 2 gehen mit Inkrafttreten dieser Vorschriften Verbindlichkeiten über, soweit sie für Maßnahmen an dem Grundstück begründet worden sind. [2]Sind solche Verbindlichkeiten von einem anderen als dem Eigentümer getilgt worden, so ist der Eigentümer diesem zum Ersatz verpflichtet, soweit die Mittel aus der Verbindlichkeit für das Grundstück verwendet worden sind. [3]Der Berechtigte hat die in Satz 1 bezeichneten Verbindlichkeiten und Verpflichtungen zu übernehmen.

(2) [1]Der Eigentümer nach § 11 Abs. 2 ist zur Aufgabe des Eigentums nach Maßgabe des § 928 Abs. 1 des Bürgerlichen Gesetzbuchs[3)] berechtigt. [2]Er kann die Erfüllung auf ihn gemäß Absatz 1 übergegangener Verbindlichkeiten von dem Wirksamwerden des Verzichts an bis zu ihrem Übergang nach Absatz 3 verweigern. [3]Die Erklärung des Eigentümers bedarf der Zustimmung der Gemeinde, in der das Grundstück belegen ist, die sie nur zu erteilen hat, wenn ihr ein nach § 12 Berechtigter nicht bekannt ist.

(3) [1]Das Recht zur Aneignung steht im Fall des Absatzes 2 in dieser Reihenfolge dem nach § 12 Berechtigten, dem Fiskus des Landes, in dem das Grundstück liegt, und dem Gläubiger von Verbindlichkeiten nach Absatz 1 zu. [2]Die Verbindlichkeiten gehen auf den nach § 12 Berechtigten oder den Fiskus des Landes, in dem das Grundstück liegt, über, wenn sie von ihren Aneignungsrechten Gebrauch machen. [3]Der Gläubiger kann den nach § 12 Berechtigten und den Fiskus des Landes, in dem das Grundstück liegt, zum Verzicht auf ihr Aneignungsrecht auffordern. [4]Der Verzicht gilt als erklärt, wenn innerhalb von drei Monaten ab Zugang eine Äußerung nicht erfolgt. [5]Ist er wirksam, entfallen Ansprüche nach § 12. [6]Ist der Verzicht erklärt oder gilt er als erklärt, so können andere Aneignungsberechtigte mit ihren Rechten im Wege des Aufgebotsverfahrens ausgeschlossen werden, wenn ein Jahr seit dem Verzicht verstrichen ist. [7]Mit der Rechtskraft des Ausschließungsbeschlusses wird der beantragende Aneignungsberechtigte Eigentümer. [8]Mehrere Gläubiger können ihre Rechte nur gemeinsam ausüben.

§ 16 Verhältnis zu anderen Vorschriften, Übergangsvorschriften.

(1) [1]Die Vorschriften dieses Abschnitts lassen die Bestimmungen des Vermögensgesetzes sowie andere Vorschriften unberührt, nach denen die Aufhebung

---

[1)] Art. 233 § 14 neu gef. durch G v. 17.7.1997 (BGBl. I S. 1823).
[2)] Art. 233 § 15 Abs. 3 Satz 7 geänd. mWv 1.9.2009 durch G v. 17.12.2008 (BGBl. I S. 2586).
[3)] Nr. **20**.

staatlicher Entscheidungen oder von Verzichtserklärungen oder die Rückübertragung von Vermögenswerten verlangt werden kann. [2] Durch die Vorschriften dieses Abschnitts, insbesondere § 12 Abs. 2 Nr. 2 Buchstabe c, werden ferner nicht berührt die Vorschriften der Dritten Durchführungsverordnung zum Treuhandgesetz[1)] sowie Ansprüche nach Artikel 21 Abs. 3 und nach Artikel 22 Abs. 1 Satz 7 des Einigungsvertrages[2)]. [3] Über die endgültige Aufteilung des Vermögens nach § 12 Abs. 2 Nr. 2 Buchstabe c wird durch besonderes Bundesgesetz entschieden.

(2) [1] Der durch Erbschein oder durch eine andere öffentliche oder öffentlich beglaubigte Urkunde ausgewiesene Erbe des zuletzt eingetragenen Eigentümers eines Grundstücks aus der Bodenreform, das als solches im Grundbuch gekennzeichnet ist, gilt als zur Vornahme von Verfügungen befugt, zu deren Vornahme er sich vor dem Inkrafttreten dieses Abschnitts verpflichtet hat, wenn vor diesem Zeitpunkt die Eintragung der Verfügung erfolgt oder die Eintragung einer Vormerkung zur Sicherung dieses Anspruchs oder die Eintragung dieser Verfügung beantragt worden ist. [2] Der in § 11 bestimmte Anspruch richtet sich in diesem Falle gegen den Erben; dessen Haftung beschränkt sich auf die in dem Vertrag zu seinen Gunsten vereinbarten Leistungen. [3] Die Bestimmungen dieses Absatzes gelten sinngemäß, wenn der Erwerber im Grundbuch eingetragen ist oder wenn der Erwerb von der in § 11 Abs. 2 Satz 1 Nr. 1 bezeichneten Person erfolgt.

(3) Ein Vermerk über die Beschränkungen des Eigentümers nach den Vorschriften über die Bodenreform kann von Amts wegen gelöscht werden.

Art. 234 Viertes Buch. Familienrecht

§ 1 Grundsatz. Das Vierte Buch des Bürgerlichen Gesetzbuchs[3)] gilt für alle familienrechtlichen Verhältnisse, die am Tag des Wirksamwerdens des Beitritts bestehen, soweit im folgenden nichts anderes bestimmt ist.

§ 2 Verlöbnis. Die Vorschriften über das Verlöbnis gelten nicht für Verlöbnisse, die vor dem Wirksamwerden des Beitritts geschlossen worden sind.

§ 3[4)] *(aufgehoben)*

§ 4[5)] Eheliches Güterrecht. (1) Haben die Ehegatten am Tag des Wirksamwerdens des Beitritts im gesetzlichen Güterstand der Eigentums- und Vermögensgemeinschaft des Familiengesetzbuchs der Deutschen Demokratischen Republik gelebt, so gelten, soweit die Ehegatten nichts anderes vereinbart haben, von diesem Zeitpunkt an die Vorschriften über den gesetzlichen Güterstand der Zugewinngemeinschaft.

(2) [1] Jeder Ehegatte kann, sofern nicht vorher ein Ehevertrag geschlossen oder die Ehe geschieden worden ist, bis zum Ablauf von zwei Jahren nach Wirksamwerden des Beitritts dem Kreisgericht gegenüber erklären, daß für die Ehe der bisherige gesetzliche Güterstand fortgelten solle. [2] § 1411 des Bürgerlichen Gesetzbuchs[3)] gilt entsprechend. [3] Wird die Erklärung abgegeben, so gilt die Überleitung als nicht erfolgt. [4] Aus der Wiederherstellung des ursprünglichen Güterstandes

---

[1)] **Habersack II Nr. 96d.**
[2)] **Habersack II Nr. 2.**
[3)] Nr. **20**.
[4)] Art. 234 § 3 aufgeh. mWv 15.7.2016 durch G v. 8.7.2016 (BGBl. I S. 1594).
[5)] Art. 234 § 4 Abs. 6 geänd. mWv 1.1.2002 durch G v. 27.4.2001 (BGBl. I S. 751); Abs. 3 Satz 8 neu gef. mWv 1.9.2009 durch G v. 17.12.2008 (BGBl. I S. 2586); Abs. 3 Sätze 5–7 aufgeh., bish. Satz 8 wird Satz 5, Abs. 6 geänd. mWv 1.1.2023 durch G v. 31.10.2022 (BGBl. I S. 1966).

können die Ehegatten untereinander und gegenüber einem Dritten Einwendungen gegen ein Rechtsgeschäft, das nach der Überleitung zwischen den Ehegatten oder zwischen einem von ihnen und dem Dritten vorgenommen worden ist, nicht herleiten.

(3) [1] Für die Entgegennahme der Erklärung nach Absatz 2 ist jedes Kreisgericht zuständig. [2] Die Erklärung muß notariell beurkundet werden. [3] Haben die Ehegatten die Erklärung nicht gemeinsam abgegeben, so hat das Kreisgericht sie dem anderen Ehegatten nach den für Zustellungen von Amts wegen geltenden Vorschriften der Zivilprozeßordnung[1)] bekanntzumachen. [4] Für die Zustellung werden Auslagen nach § 137 Nr. 2 der Kostenordnung nicht erhoben. [5] Für das gerichtliche Verfahren gelten die Vorschriften des Gesetzes über das Verfahren in Familiensachen und in den Angelegenheiten der freiwilligen Gerichtsbarkeit[2)].

(4) In den Fällen des Absatzes 1 gilt für die Auseinandersetzung des bis zum Wirksamwerden des Beitritts erworbenen gemeinschaftlichen Eigentums und Vermögens § 39 des Familiengesetzbuchs der Deutschen Demokratischen Republik sinngemäß.

(5) Für Ehegatten, die vor dem Wirksamwerden des Beitritts geschieden worden sind, bleibt für die Auseinandersetzung des gemeinschaftlichen Eigentums und Vermögens und für die Entscheidung über die Ehewohnung das bisherige Recht maßgebend.

(6) Für die Beurkundung der Erklärung nach Absatz 2 beträgt der Geschäftswert 3 000 Euro.

§ 4a[3)] Gemeinschaftliches Eigentum. (1) [1] Haben die Ehegatten keine Erklärung nach § 4 Abs. 2 Satz 1 abgegeben, so wird gemeinschaftliches Eigentum von Ehegatten Eigentum zu gleichen Bruchteilen. [2] Für Grundstücke und grundstücksgleiche Rechte können die Ehegatten andere Anteile bestimmen. [3] Die Bestimmung ist binnen sechs Monaten nach Inkrafttreten dieser Vorschrift möglich und erfolgt mit dem Antrag auf Berichtigung des Grundbuchs. [4] Dieser und die Bestimmung bedürfen nicht der in § 29 der Grundbuchordnung[4)] bestimmten Form. [5] Das Wahlrecht nach Satz 2 erlischt, unbeschadet des Satzes 3 im übrigen, wenn die Zwangsversteigerung oder Zwangsverwaltung des Grundstücks oder grundstücksgleichen Rechts angeordnet oder wenn bei dem Grundbuchamt die Eintragung einer Zwangshypothek beantragt wird.

(2) [1] Haben die Ehegatten eine Erklärung nach § 4 Abs. 2 Satz 1 abgegeben, so finden auf das bestehende und künftige gemeinschaftliche Eigentum die Vorschriften über das durch beide Ehegatten verwaltete Gesamtgut einer Gütergemeinschaft entsprechende Anwendung. [2] Für die Auflösung dieser Gemeinschaft im Falle der Scheidung sind jedoch die Vorschriften des Familiengesetzbuchs der Deutschen Demokratischen Republik nach Maßgabe des § 4 anzuwenden.

(3) Es wird widerleglich vermutet, daß gemeinschaftliches Eigentum von Ehegatten nach dem Familiengesetzbuch der Deutschen Demokratischen Republik Bruchteilseigentum zu ein halb Anteilen ist, sofern sich nicht aus dem Grundbuch andere Bruchteile ergeben.

[1)] Nr. **100**.
[2)] Nr. **112**.
[3)] Art. 234 § 4a Abs. 3 geänd. mWv 1.1.2023 durch G v. 31.10.2022 (BGBl. I S. 1966).
[4)] Nr. **114**.

§ 5 Unterhalt des geschiedenen Ehegatten. [1] Für den Unterhaltsanspruch eines Ehegatten, dessen Ehe vor dem Wirksamwerden des Beitritts geschieden worden ist, bleibt das bisherige Recht maßgebend. [2] Unterhaltsvereinbarungen bleiben unberührt.

§ 6[1)] Versorgungsausgleich. (1) [1] Für Ehegatten, die vor dem grundsätzlichen Inkrafttreten der versicherungs- und rentenrechtlichen Vorschriften des Sechsten Buches Sozialgesetzbuch – Gesetzliche Rentenversicherung – in dem in Artikel 3 des Einigungsvertrages[2)] genannten Gebiet geschieden worden sind oder geschieden werden, gilt das Recht des Versorgungsausgleichs nicht. [2] Wird die Ehe nach diesem Zeitpunkt geschieden, findet der Versorgungsausgleich insoweit nicht statt, als das auszugleichende Anrecht Gegenstand oder Grundlage einer vor dem Wirksamwerden des Beitritts geschlossenen wirksamen Vereinbarung oder gerichtlichen Entscheidung über die Vermögensverteilung war.

(2) Absatz 1 gilt entsprechend in Bezug auf

1. das Gesetz zur Regelung von Härten im Versorgungsausgleich vom 21. Februar 1983 (BGBl. I S. 105), zuletzt geändert durch Artikel 24 des Gesetzes vom 9. Dezember 2004 (BGBl. I S. 3242),
2. die Barwert-Verordnung vom 24. Juni 1977 (BGBl. I S. 1014), zuletzt geändert durch die Verordnung vom 26. Mai 2003 (BGBl. I S. 728),

in der jeweils geltenden Fassung.

§ 7 Abstammung. (1) [1] Entscheidungen, die vor dem Wirksamwerden des Beitritts ergangen sind und feststellen, daß der Ehemann der Mutter nicht der Vater des Kindes ist, wer der Vater des Kindes ist oder daß eine Anerkennung der Vaterschaft unwirksam ist, bleiben unberührt. [2] Dasselbe gilt für eine Anerkennung der Vaterschaft, die nach dem 31. März 1966 und vor dem Wirksamwerden des Beitritts wirksam geworden ist.

(2) Die Fristen für Klagen, durch welche die Ehelichkeit eines Kindes oder die Anerkennung der Vaterschaft angefochten wird, beginnen nicht vor dem Wirksamwerden des Beitritts, wenn der Anfechtungsberechtigte nach dem bisher geltenden Recht nicht klageberechtigt war.

(3) Ist vor dem Wirksamwerden des Beitritts die Vaterschaft angefochten oder Klage auf Feststellung der Unwirksamkeit einer Anerkennung der Vaterschaft erhoben und über die Klagen nicht vor dem Wirksamwerden des Beitritts rechtskräftig entschieden worden, so wird der Zeitraum von der Klageerhebung bis zum Wirksamwerden des Beitritts in die in Absatz 2 genannten Fristen nicht eingerechnet, wenn die Klage aufgrund des Inkrafttretens des Bürgerlichen

(Fortsetzung nächstes Blatt)

---

1) Art. 234 § 6 Abs. 2 angef., bish. Wortlaut wird Abs. 1 mWv 25.4.2006 durch G v. 19.4.2006 (BGBl. I S. 866).

2) **Habersack II Nr. 2.**

37. Gesetz über das Wohnungseigentum und das Dauerwohnrecht (Wohnungseigentumsgesetz – WEG)

In der Fassung der Bekanntmachung vom 12. Januar 2021[1)]
(BGBl. I S. 34)

FNA 403-1

Lfd. Nr.	Änderndes Gesetz	Datum	Fundstelle	Betroffen	Hinweis
1.	Art. 7 G zur Durchführung des Haager Übereinkommens über die Anerkennung und Vollstreckung ausländischer Entscheidungen in Zivil- und Handelssachen sowie zur Änd. der ZPO, des BGB, des WohnungseigentumsG und des G zur Modernisierung des Strafverfahrens	7.11.2022	BGBl. I S. 1982	§ 48	geänd. mWv 12.11.2022

Teil 1. Wohnungseigentum

Abschnitt 1. Begriffsbestimmungen

§ 1 Begriffsbestimmungen. (1) Nach Maßgabe dieses Gesetzes kann an Wohnungen das Wohnungseigentum, an nicht zu Wohnzwecken dienenden Räumen eines Gebäudes das Teileigentum begründet werden.

(2) Wohnungseigentum ist das Sondereigentum an einer Wohnung in Verbindung mit dem Miteigentumsanteil an dem gemeinschaftlichen Eigentum, zu dem es gehört.

(3) Teileigentum ist das Sondereigentum an nicht zu Wohnzwecken dienenden Räumen eines Gebäudes in Verbindung mit dem Miteigentumsanteil an dem gemeinschaftlichen Eigentum, zu dem es gehört.

(4) Wohnungseigentum und Teileigentum können nicht in der Weise begründet werden, dass das Sondereigentum mit Miteigentum an mehreren Grundstücken verbunden wird.

(5) Gemeinschaftliches Eigentum im Sinne dieses Gesetzes sind das Grundstück und das Gebäude, soweit sie nicht im Sondereigentum oder im Eigentum eines Dritten stehen.

(6) Für das Teileigentum gelten die Vorschriften über das Wohnungseigentum entsprechend.

Abschnitt 2. Begründung des Wohnungseigentums

§ 2 Arten der Begründung. Wohnungseigentum wird durch die vertragliche Einräumung von Sondereigentum (§ 3) oder durch Teilung (§ 8) begründet.

[1)] Neubekanntmachung des WohnungseigentumsG in der im BGBl. Teil III, Gliederungsnr. 403-1, veröffentlichten bereinigten Fassung in der ab 1.12.2020 geltenden Fassung.

§ 3 Vertragliche Einräumung von Sondereigentum. (1) [1] Das Miteigentum (§ 1008 des Bürgerlichen Gesetzbuchs[1)]) an einem Grundstück kann durch Vertrag der Miteigentümer in der Weise beschränkt werden, dass jedem der Miteigentümer abweichend von § 93 des Bürgerlichen Gesetzbuchs das Eigentum an einer bestimmten Wohnung oder an nicht zu Wohnzwecken dienenden bestimmten Räumen in einem auf dem Grundstück errichteten oder zu errichtenden Gebäude (Sondereigentum) eingeräumt wird. [2] Stellplätze gelten als Räume im Sinne des Satzes 1.

(2) Das Sondereigentum kann auf einen außerhalb des Gebäudes liegenden Teil des Grundstücks erstreckt werden, es sei denn, die Wohnung oder die nicht zu Wohnzwecken dienenden Räume bleiben dadurch wirtschaftlich nicht die Hauptsache.

(3) Sondereigentum soll nur eingeräumt werden, wenn die Wohnungen oder sonstigen Räume in sich abgeschlossen sind und Stellplätze sowie außerhalb des Gebäudes liegende Teile des Grundstücks durch Maßangaben im Aufteilungsplan bestimmt sind.

§ 4 Formvorschriften. (1) Zur Einräumung und zur Aufhebung des Sondereigentums ist die Einigung der Beteiligten über den Eintritt der Rechtsänderung und die Eintragung in das Grundbuch erforderlich.

(2) [1] Die Einigung bedarf der für die Auflassung vorgeschriebenen Form. [2] Sondereigentum kann nicht unter einer Bedingung oder Zeitbestimmung eingeräumt oder aufgehoben werden.

(3) Für einen Vertrag, durch den sich ein Teil verpflichtet, Sondereigentum einzuräumen, zu erwerben oder aufzuheben, gilt § 311b Absatz 1 des Bürgerlichen Gesetzbuchs[1)] entsprechend.

§ 5 Gegenstand und Inhalt des Sondereigentums. (1) [1] Gegenstand des Sondereigentums sind die gemäß § 3 Absatz 1 Satz 1 bestimmten Räume sowie die zu diesen Räumen gehörenden Bestandteile des Gebäudes, die verändert, beseitigt oder eingefügt werden können, ohne dass dadurch das gemeinschaftliche Eigentum oder ein auf Sondereigentum beruhendes Recht eines anderen Wohnungseigentümers über das bei einem geordneten Zusammenleben unvermeidliche Maß hinaus beeinträchtigt oder die äußere Gestaltung des Gebäudes verändert wird. [2] Soweit sich das Sondereigentum auf außerhalb des Gebäudes liegende Teile des Grundstücks erstreckt, gilt § 94 des Bürgerlichen Gesetzbuchs[1)] entsprechend.

(2) Teile des Gebäudes, die für dessen Bestand oder Sicherheit erforderlich sind, sowie Anlagen und Einrichtungen, die dem gemeinschaftlichen Gebrauch der Wohnungseigentümer dienen, sind nicht Gegenstand des Sondereigentums, selbst wenn sie sich im Bereich der im Sondereigentum stehenden Räume oder Teile des Grundstücks befinden.

(3) Die Wohnungseigentümer können vereinbaren, dass Bestandteile des Gebäudes, die Gegenstand des Sondereigentums sein können, zum gemeinschaftlichen Eigentum gehören.

(4) [1] Vereinbarungen über das Verhältnis der Wohnungseigentümer untereinander und Beschlüsse aufgrund einer solchen Vereinbarung können nach den Vorschriften des Abschnitts 4 zum Inhalt des Sondereigentums gemacht werden. [2] Ist das Wohnungseigentum mit der Hypothek, Grund- oder Rentenschuld oder

---

[1)] Nr. **20**.

der Reallast eines Dritten belastet, so ist dessen nach anderen Rechtsvorschriften notwendige Zustimmung nur erforderlich, wenn ein Sondernutzungsrecht begründet oder ein mit dem Wohnungseigentum verbundenes Sondernutzungsrecht aufgehoben, geändert oder übertragen wird.

§ 6 Unselbständigkeit des Sondereigentums. (1) Das Sondereigentum kann ohne den Miteigentumsanteil, zu dem es gehört, nicht veräußert oder belastet werden.

(2) Rechte an dem Miteigentumsanteil erstrecken sich auf das zu ihm gehörende Sondereigentum.

§ 7[1)] Grundbuchvorschriften. (1) [1] Im Fall des § 3 Absatz 1 wird für jeden Miteigentumsanteil von Amts wegen ein besonderes Grundbuchblatt (Wohnungsgrundbuch, Teileigentumsgrundbuch) angelegt. [2] Auf diesem ist das zu dem Miteigentumsanteil gehörende Sondereigentum und als Beschränkung des Miteigentums die Einräumung der zu den anderen Miteigentumsanteilen gehörenden Sondereigentumsrechte einzutragen. [3] Das Grundbuchblatt des Grundstücks wird von Amts wegen geschlossen.

(2) [1] Zur Eintragung eines Beschlusses im Sinne des § 5 Absatz 4 Satz 1 bedarf es der Bewilligungen der Wohnungseigentümer nicht, wenn der Beschluss durch eine Niederschrift, bei der die Unterschriften der in § 24 Absatz 6 bezeichneten Personen öffentlich beglaubigt sind, oder durch ein Urteil in einem Verfahren nach § 44 Absatz 1 Satz 2 nachgewiesen ist. [2] Antragsberechtigt ist auch die Gemeinschaft der Wohnungseigentümer.

(3) [1] Zur näheren Bezeichnung des Gegenstands und des Inhalts des Sondereigentums kann auf die Eintragungsbewilligung oder einen Nachweis gemäß Absatz 2 Satz 1 Bezug genommen werden. [2] Veräußerungsbeschränkungen (§ 12) und die Haftung von Sondernachfolgern für Geldschulden sind jedoch ausdrücklich einzutragen.

(4) [1] Der Eintragungsbewilligung sind als Anlagen beizufügen:

1. eine von der Baubehörde mit Unterschrift und Siegel oder Stempel versehene Bauzeichnung, aus der die Aufteilung des Gebäudes und des Grundstücks sowie die Lage und Größe der im Sondereigentum und der im gemeinschaftlichen Eigentum stehenden Teile des Gebäudes und des Grundstücks ersichtlich ist (Aufteilungsplan); alle zu demselben Wohnungseigentum gehörenden Einzelräume und Teile des Grundstücks sind mit der jeweils gleichen Nummer zu kennzeichnen;
2. eine Bescheinigung der Baubehörde, dass die Voraussetzungen des § 3 Absatz 3 vorliegen.

[2] Wenn in der Eintragungsbewilligung für die einzelnen Sondereigentumsrechte Nummern angegeben werden, sollen sie mit denen des Aufteilungsplans übereinstimmen.

(5) Für Teileigentumsgrundbücher gelten die Vorschriften über Wohnungsgrundbücher entsprechend.

§ 8 Teilung durch den Eigentümer. (1) Der Eigentümer eines Grundstücks kann durch Erklärung gegenüber dem Grundbuchamt das Eigentum an dem

---

1) Vgl. hierzu die Wohnungsgrundbuchverfügung (WGV) idF der Bek. v. 24.1.1995 (BGBl. I S. 134), zuletzt geänd. durch G v. 16.10.2020 (BGBl. I S. 2187).

Grundstück in Miteigentumsanteile in der Weise teilen, dass mit jedem Anteil Sondereigentum verbunden ist.

(2) Im Fall des Absatzes 1 gelten § 3 Absatz 1 Satz 2, Absatz 2 und 3, § 4 Absatz 2 Satz 2 sowie die §§ 5 bis 7 entsprechend.

(3) Wer einen Anspruch auf Übertragung von Wohnungseigentum gegen den teilenden Eigentümer hat, der durch Vormerkung im Grundbuch gesichert ist, gilt gegenüber der Gemeinschaft der Wohnungseigentümer und den anderen Wohnungseigentümern anstelle des teilenden Eigentümers als Wohnungseigentümer, sobald ihm der Besitz an den zum Sondereigentum gehörenden Räumen übergeben wurde.

§ 9 Schließung der Wohnungsgrundbücher. (1) Die Wohnungsgrundbücher werden geschlossen:

1. von Amts wegen, wenn die Sondereigentumsrechte gemäß § 4 aufgehoben werden;
2. auf Antrag des Eigentümers, wenn sich sämtliche Wohnungseigentumsrechte in einer Person vereinigen.

(2) Ist ein Wohnungseigentum selbständig mit dem Recht eines Dritten belastet, so werden die allgemeinen Vorschriften, nach denen zur Aufhebung des Sondereigentums die Zustimmung des Dritten erforderlich ist, durch Absatz 1 nicht berührt.

(3) Werden die Wohnungsgrundbücher geschlossen, so wird für das Grundstück ein Grundbuchblatt nach den allgemeinen Vorschriften angelegt; die Sondereigentumsrechte erlöschen, soweit sie nicht bereits aufgehoben sind, mit der Anlegung des Grundbuchblatts.

Abschnitt 3. Rechtsfähige Gemeinschaft der Wohnungseigentümer

§ 9a Gemeinschaft der Wohnungseigentümer. (1) [1] Die Gemeinschaft der Wohnungseigentümer kann Rechte erwerben und Verbindlichkeiten eingehen, vor Gericht klagen und verklagt werden. [2] Die Gemeinschaft der Wohnungseigentümer entsteht mit Anlegung der Wohnungsgrundbücher; dies gilt auch im Fall des § 8. [3] Sie führt die Bezeichnung „Gemeinschaft der Wohnungseigentümer" oder „Wohnungseigentümergemeinschaft" gefolgt von der bestimmten Angabe des gemeinschaftlichen Grundstücks.

(2) Die Gemeinschaft der Wohnungseigentümer übt die sich aus dem gemeinschaftlichen Eigentum ergebenden Rechte sowie solche Rechte der Wohnungseigentümer aus, die eine einheitliche Rechtsverfolgung erfordern, und nimmt die entsprechenden Pflichten der Wohnungseigentümer wahr.

(3) Für das Vermögen der Gemeinschaft der Wohnungseigentümer (Gemeinschaftsvermögen) gelten § 18, § 19 Absatz 1 und § 27 entsprechend.

(4) [1] Jeder Wohnungseigentümer haftet einem Gläubiger nach dem Verhältnis seines Miteigentumsanteils (§ 16 Absatz 1 Satz 2) für Verbindlichkeiten der Gemeinschaft der Wohnungseigentümer, die während seiner Zugehörigkeit entstanden oder während dieses Zeitraums fällig geworden sind; für die Haftung nach Veräußerung des Wohnungseigentums ist § 160 des Handelsgesetzbuchs[1)] entsprechend anzuwenden. [2] Er kann gegenüber einem Gläubiger neben den in seiner Person begründeten auch die der Gemeinschaft der Wohnungseigentümer zuste-

[1)] Nr. **50**.

henden Einwendungen und Einreden geltend machen, nicht aber seine Einwendungen und Einreden gegenüber der Gemeinschaft der Wohnungseigentümer. [3] Für die Einrede der Anfechtbarkeit und Aufrechenbarkeit ist § 770 des Bürgerlichen Gesetzbuchs[1)] entsprechend anzuwenden.

(5) Ein Insolvenzverfahren über das Gemeinschaftsvermögen findet nicht statt.

§ 9b Vertretung. (1) [1] Die Gemeinschaft der Wohnungseigentümer wird durch den Verwalter gerichtlich und außergerichtlich vertreten, beim Abschluss eines Grundstückskauf- oder Darlehensvertrags aber nur aufgrund eines Beschlusses der Wohnungseigentümer. [2] Hat die Gemeinschaft der Wohnungseigentümer keinen Verwalter, wird sie durch die Wohnungseigentümer gemeinschaftlich vertreten. [3] Eine Beschränkung des Umfangs der Vertretungsmacht ist Dritten gegenüber unwirksam.

(2) Dem Verwalter gegenüber vertritt der Vorsitzende des Verwaltungsbeirats oder ein durch Beschluss dazu ermächtigter Wohnungseigentümer die Gemeinschaft der Wohnungseigentümer.

Abschnitt 4. Rechtsverhältnis der Wohnungseigentümer untereinander und zur Gemeinschaft der Wohnungseigentümer

§ 10 Allgemeine Grundsätze. (1) [1] Das Verhältnis der Wohnungseigentümer untereinander und zur Gemeinschaft der Wohnungseigentümer bestimmt sich nach den Vorschriften dieses Gesetzes und, soweit dieses Gesetz keine besonderen Bestimmungen enthält, nach den Vorschriften des Bürgerlichen Gesetzbuchs[1)] über die Gemeinschaft. [2] Die Wohnungseigentümer können von den Vorschriften dieses Gesetzes abweichende Vereinbarungen treffen, soweit nicht etwas anderes ausdrücklich bestimmt ist.

(2) Jeder Wohnungseigentümer kann eine vom Gesetz abweichende Vereinbarung oder die Anpassung einer Vereinbarung verlangen, soweit ein Festhalten an der geltenden Regelung aus schwerwiegenden Gründen unter Berücksichtigung aller Umstände des Einzelfalls, insbesondere der Rechte und Interessen der anderen Wohnungseigentümer, unbillig erscheint.

(3) [1] Vereinbarungen, durch die die Wohnungseigentümer ihr Verhältnis untereinander in Ergänzung oder Abweichung von Vorschriften dieses Gesetzes regeln, die Abänderung oder Aufhebung solcher Vereinbarungen sowie Beschlüsse, die aufgrund einer Vereinbarung gefasst werden, wirken gegen den Sondernachfolger eines Wohnungseigentümers nur, wenn sie als Inhalt des Sondereigentums im Grundbuch eingetragen sind. [2] Im Übrigen bedürfen Beschlüsse zu ihrer Wirksamkeit gegen den Sondernachfolger eines Wohnungseigentümers nicht der Eintragung in das Grundbuch.

§ 11 Aufhebung der Gemeinschaft. (1) [1] Kein Wohnungseigentümer kann die Aufhebung der Gemeinschaft verlangen. [2] Dies gilt auch für eine Aufhebung aus wichtigem Grund. [3] Eine abweichende Vereinbarung ist nur für den Fall zulässig, dass das Gebäude ganz oder teilweise zerstört wird und eine Verpflichtung zum Wiederaufbau nicht besteht.

(2) Das Recht eines Pfändungsgläubigers (§ 751 des Bürgerlichen Gesetzbuchs[1)]) sowie das im Insolvenzverfahren bestehende Recht (§ 84 Absatz 2 der

---

[1)] Nr. **20**.

Insolvenzordnung[1]), die Aufhebung der Gemeinschaft zu verlangen, ist ausgeschlossen.

(3) [1] Im Fall der Aufhebung der Gemeinschaft bestimmt sich der Anteil der Miteigentümer nach dem Verhältnis des Wertes ihrer Wohnungseigentumsrechte zur Zeit der Aufhebung der Gemeinschaft. [2] Hat sich der Wert eines Miteigentumsanteils durch Maßnahmen verändert, deren Kosten der Wohnungseigentümer nicht getragen hat, so bleibt eine solche Veränderung bei der Berechnung des Wertes dieses Anteils außer Betracht.

§ 12 Veräußerungsbeschränkung. (1) Als Inhalt des Sondereigentums kann vereinbart werden, dass ein Wohnungseigentümer zur Veräußerung seines Wohnungseigentums der Zustimmung anderer Wohnungseigentümer oder eines Dritten bedarf.

(2) [1] Die Zustimmung darf nur aus einem wichtigen Grund versagt werden. [2] Durch Vereinbarung gemäß Absatz 1 kann dem Wohnungseigentümer darüber hinaus für bestimmte Fälle ein Anspruch auf Erteilung der Zustimmung eingeräumt werden.

(3) [1] Ist eine Vereinbarung gemäß Absatz 1 getroffen, so ist eine Veräußerung des Wohnungseigentums und ein Vertrag, durch den sich der Wohnungseigentümer zu einer solchen Veräußerung verpflichtet, unwirksam, solange nicht die erforderliche Zustimmung erteilt ist. [2] Einer rechtsgeschäftlichen Veräußerung steht eine Veräußerung im Wege der Zwangsvollstreckung oder durch den Insolvenzverwalter gleich.

(4) [1] Die Wohnungseigentümer können beschließen, dass eine Veräußerungsbeschränkung gemäß Absatz 1 aufgehoben wird. [2] Ist ein Beschluss gemäß Satz 1 gefasst, kann die Veräußerungsbeschränkung im Grundbuch gelöscht werden. [3] § 7 Absatz 2 gilt entsprechend.

§ 13 Rechte des Wohnungseigentümers aus dem Sondereigentum.

(1) Jeder Wohnungseigentümer kann, soweit nicht das Gesetz entgegensteht, mit seinem Sondereigentum nach Belieben verfahren, insbesondere dieses bewohnen, vermieten, verpachten oder in sonstiger Weise nutzen, und andere von Einwirkungen ausschließen.

(2) Für Maßnahmen, die über die ordnungsmäßige Instandhaltung und Instandsetzung (Erhaltung) des Sondereigentums hinausgehen, gilt § 20 mit der Maßgabe entsprechend, dass es keiner Gestattung bedarf, soweit keinem der anderen Wohnungseigentümer über das bei einem geordneten Zusammenleben unvermeidliche Maß hinaus ein Nachteil erwächst.

§ 14 Pflichten des Wohnungseigentümers. (1) Jeder Wohnungseigentümer ist gegenüber der Gemeinschaft der Wohnungseigentümer verpflichtet,

1. die gesetzlichen Regelungen, Vereinbarungen und Beschlüsse einzuhalten und
2. das Betreten seines Sondereigentums und andere Einwirkungen auf dieses und das gemeinschaftliche Eigentum zu dulden, die den Vereinbarungen oder Beschlüssen entsprechen oder, wenn keine entsprechenden Vereinbarungen oder Beschlüsse bestehen, aus denen ihm über das bei einem geordneten Zusammenleben unvermeidliche Maß hinaus kein Nachteil erwächst.

---

[1]) Nr. **110**.

(2) Jeder Wohnungseigentümer ist gegenüber den übrigen Wohnungseigentümern verpflichtet,

1. deren Sondereigentum nicht über das in Absatz 1 Nummer 2 bestimmte Maß hinaus zu beeinträchtigen und
2. Einwirkungen nach Maßgabe des Absatzes 1 Nummer 2 zu dulden.

(3) Hat der Wohnungseigentümer eine Einwirkung zu dulden, die über das zumutbare Maß hinausgeht, kann er einen angemessenen Ausgleich in Geld verlangen.

§ 15 Pflichten Dritter. Wer Wohnungseigentum gebraucht, ohne Wohnungseigentümer zu sein, hat gegenüber der Gemeinschaft der Wohnungseigentümer und anderen Wohnungseigentümern zu dulden:

1. die Erhaltung des gemeinschaftlichen Eigentums und des Sondereigentums, die ihm rechtzeitig angekündigt wurde; § 555a Absatz 2 des Bürgerlichen Gesetzbuchs[1)] gilt entsprechend;
2. Maßnahmen, die über die Erhaltung hinausgehen, die spätestens drei Monate vor ihrem Beginn in Textform angekündigt wurden; § 555c Absatz 1 Satz 2 Nummer 1 und 2, Absatz 2 bis 4 und § 555d Absatz 2 bis 5 des Bürgerlichen Gesetzbuchs gelten entsprechend.

§ 16 Nutzungen und Kosten. (1) [1]Jedem Wohnungseigentümer gebührt ein seinem Anteil entsprechender Bruchteil der Früchte des gemeinschaftlichen Eigentums und des Gemeinschaftsvermögens. [2]Der Anteil bestimmt sich nach dem gemäß § 47 der Grundbuchordnung[2)] im Grundbuch eingetragenen Verhältnis der Miteigentumsanteile. [3]Jeder Wohnungseigentümer ist zum Mitgebrauch des gemeinschaftlichen Eigentums nach Maßgabe des § 14 berechtigt.

(2) [1]Die Kosten der Gemeinschaft der Wohnungseigentümer, insbesondere der Verwaltung und des gemeinschaftlichen Gebrauchs des gemeinschaftlichen Eigentums, hat jeder Wohnungseigentümer nach dem Verhältnis seines Anteils (Absatz 1 Satz 2) zu tragen. [2]Die Wohnungseigentümer können für einzelne Kosten oder bestimmte Arten von Kosten eine von Satz 1 oder von einer Vereinbarung abweichende Verteilung beschließen.

(3) Für die Kosten und Nutzungen bei baulichen Veränderungen gilt § 21.

§ 17 Entziehung des Wohnungseigentums. (1) Hat ein Wohnungseigentümer sich einer so schweren Verletzung der ihm gegenüber anderen Wohnungseigentümern oder der Gemeinschaft der Wohnungseigentümer obliegenden Verpflichtungen schuldig gemacht, dass diesen die Fortsetzung der Gemeinschaft mit ihm nicht mehr zugemutet werden kann, so kann die Gemeinschaft der Wohnungseigentümer von ihm die Veräußerung seines Wohnungseigentums verlangen.

(2) Die Voraussetzungen des Absatzes 1 liegen insbesondere vor, wenn der Wohnungseigentümer trotz Abmahnung wiederholt gröblich gegen die ihm nach § 14 Absatz 1 und 2 obliegenden Pflichten verstößt.

(3) Der in Absatz 1 bestimmte Anspruch kann durch Vereinbarung der Wohnungseigentümer nicht eingeschränkt oder ausgeschlossen werden.

(4) [1]Das Urteil, durch das ein Wohnungseigentümer zur Veräußerung seines Wohnungseigentums verurteilt wird, berechtigt zur Zwangsvollstreckung entspre-

---

[1)] Nr. **20**.
[2)] Nr. **114**.

chend den Vorschriften des Ersten Abschnitts des Gesetzes über die Zwangsversteigerung und die Zwangsverwaltung[1]. [2] Das Gleiche gilt für Schuldtitel im Sinne des § 794 der Zivilprozessordnung[2], durch die sich der Wohnungseigentümer zur Veräußerung seines Wohnungseigentums verpflichtet.

§ 18 Verwaltung und Benutzung. (1) Die Verwaltung des gemeinschaftlichen Eigentums obliegt der Gemeinschaft der Wohnungseigentümer.

(2) Jeder Wohnungseigentümer kann von der Gemeinschaft der Wohnungseigentümer

1. eine Verwaltung des gemeinschaftlichen Eigentums sowie
2. eine Benutzung des gemeinschaftlichen Eigentums und des Sondereigentums

verlangen, die dem Interesse der Gesamtheit der Wohnungseigentümer nach billigem Ermessen (ordnungsmäßige Verwaltung und Benutzung) und, soweit solche bestehen, den gesetzlichen Regelungen, Vereinbarungen und Beschlüssen entsprechen.

(3) Jeder Wohnungseigentümer ist berechtigt, ohne Zustimmung der anderen Wohnungseigentümer die Maßnahmen zu treffen, die zur Abwendung eines dem gemeinschaftlichen Eigentum unmittelbar drohenden Schadens notwendig sind.

(4) Jeder Wohnungseigentümer kann von der Gemeinschaft der Wohnungseigentümer Einsicht in die Verwaltungsunterlagen verlangen.

§ 19 Regelung der Verwaltung und Benutzung durch Beschluss.

(1) Soweit die Verwaltung des gemeinschaftlichen Eigentums und die Benutzung des gemeinschaftlichen Eigentums und des Sondereigentums nicht durch Vereinbarung der Wohnungseigentümer geregelt sind, beschließen die Wohnungseigentümer eine ordnungsmäßige Verwaltung und Benutzung.

(2) Zur ordnungsmäßigen Verwaltung und Benutzung gehören insbesondere

1. die Aufstellung einer Hausordnung,
2. die ordnungsmäßige Erhaltung des gemeinschaftlichen Eigentums,
3. die angemessene Versicherung des gemeinschaftlichen Eigentums zum Neuwert sowie der Wohnungseigentümer gegen Haus- und Grundbesitzerhaftpflicht,
4. die Ansammlung einer angemessenen Erhaltungsrücklage,
5. die Festsetzung von Vorschüssen nach § 28 Absatz 1 Satz 1 sowie
6.[3] die Bestellung eines zertifizierten Verwalters nach § 26a, es sei denn, es bestehen weniger als neun Sondereigentumsrechte, ein Wohnungseigentümer wurde zum Verwalter bestellt und weniger als ein Drittel der Wohnungseigentümer (§ 25 Absatz 2) verlangt die Bestellung eines zertifizierten Verwalters.

§ 20 Bauliche Veränderungen. (1) Maßnahmen, die über die ordnungsmäßige Erhaltung des gemeinschaftlichen Eigentums hinausgehen (bauliche Veränderungen), können beschlossen oder einem Wohnungseigentümer durch Beschluss gestattet werden.

---

[1] Nr. **108**.
[2] Nr. **100**.
[3] Anwendbar ab 1.12.2023, beachte hierzu § 48 Abs. 4.

(2) [1] Jeder Wohnungseigentümer kann angemessene bauliche Veränderungen verlangen, die

1. dem Gebrauch durch Menschen mit Behinderungen,
2. dem Laden elektrisch betriebener Fahrzeuge,
3. dem Einbruchsschutz und
4. dem Anschluss an ein Telekommunikationsnetz mit sehr hoher Kapazität

dienen. [2] Über die Durchführung ist im Rahmen ordnungsmäßiger Verwaltung zu beschließen.

(3) Unbeschadet des Absatzes 2 kann jeder Wohnungseigentümer verlangen, dass ihm eine bauliche Veränderung gestattet wird, wenn alle Wohnungseigentümer, deren Rechte durch die bauliche Veränderung über das bei einem geordneten Zusammenleben unvermeidliche Maß hinaus beeinträchtigt werden, einverstanden sind.

(4) Bauliche Veränderungen, die die Wohnanlage grundlegend umgestalten oder einen Wohnungseigentümer ohne sein Einverständnis gegenüber anderen unbillig benachteiligen, dürfen nicht beschlossen und gestattet werden; sie können auch nicht verlangt werden.

§ 21 Nutzungen und Kosten bei baulichen Veränderungen. (1) [1] Die Kosten einer baulichen Veränderung, die einem Wohnungseigentümer gestattet oder die auf sein Verlangen nach § 20 Absatz 2 durch die Gemeinschaft der Wohnungseigentümer durchgeführt wurde, hat dieser Wohnungseigentümer zu tragen. [2] Nur ihm gebühren die Nutzungen.

(2) [1] Vorbehaltlich des Absatzes 1 haben alle Wohnungseigentümer die Kosten einer baulichen Veränderung nach dem Verhältnis ihrer Anteile (§ 16 Absatz 1 Satz 2) zu tragen,

1. die mit mehr als zwei Dritteln der abgegebenen Stimmen und der Hälfte aller Miteigentumsanteile beschlossen wurde, es sei denn, die bauliche Veränderung ist mit unverhältnismäßigen Kosten verbunden, oder
2. deren Kosten sich innerhalb eines angemessenen Zeitraums amortisieren.

[2] Für die Nutzungen gilt § 16 Absatz 1.

(3) [1] Die Kosten anderer als der in den Absätzen 1 und 2 bezeichneten baulichen Veränderungen haben die Wohnungseigentümer, die sie beschlossen haben, nach dem Verhältnis ihrer Anteile (§ 16 Absatz 1 Satz 2) zu tragen. [2] Ihnen gebühren die Nutzungen entsprechend § 16 Absatz 1.

(4) [1] Ein Wohnungseigentümer, der nicht berechtigt ist, Nutzungen zu ziehen, kann verlangen, dass ihm dies nach billigem Ermessen gegen angemessenen Ausgleich gestattet wird. [2] Für seine Beteiligung an den Nutzungen und Kosten gilt Absatz 3 entsprechend.

(5) [1] Die Wohnungseigentümer können eine abweichende Verteilung der Kosten und Nutzungen beschließen. [2] Durch einen solchen Beschluss dürfen einem Wohnungseigentümer, der nach den vorstehenden Absätzen Kosten nicht zu tragen hat, keine Kosten auferlegt werden.

§ 22 Wiederaufbau. Ist das Gebäude zu mehr als der Hälfte seines Wertes zerstört und ist der Schaden nicht durch eine Versicherung oder in anderer Weise gedeckt, so kann der Wiederaufbau nicht beschlossen oder verlangt werden.

§ 23 Wohnungseigentümerversammlung. (1) [1]Angelegenheiten, über die nach diesem Gesetz oder nach einer Vereinbarung der Wohnungseigentümer die Wohnungseigentümer durch Beschluss entscheiden können, werden durch Beschlussfassung in einer Versammlung der Wohnungseigentümer geordnet. [2]Die Wohnungseigentümer können beschließen, dass Wohnungseigentümer an der Versammlung auch ohne Anwesenheit an deren Ort teilnehmen und sämtliche oder einzelne ihrer Rechte ganz oder teilweise im Wege elektronischer Kommunikation ausüben können.

(2) Zur Gültigkeit eines Beschlusses ist erforderlich, dass der Gegenstand bei der Einberufung bezeichnet ist.

(3) [1]Auch ohne Versammlung ist ein Beschluss gültig, wenn alle Wohnungseigentümer ihre Zustimmung zu diesem Beschluss in Textform erklären. [2]Die Wohnungseigentümer können beschließen, dass für einen einzelnen Gegenstand die Mehrheit der abgegebenen Stimmen genügt.

(4) [1]Ein Beschluss, der gegen eine Rechtsvorschrift verstößt, auf deren Einhaltung rechtswirksam nicht verzichtet werden kann, ist nichtig. [2]Im Übrigen ist ein Beschluss gültig, solange er nicht durch rechtskräftiges Urteil für ungültig erklärt ist.

§ 24 Einberufung, Vorsitz, Niederschrift. (1) Die Versammlung der Wohnungseigentümer wird von dem Verwalter mindestens einmal im Jahr einberufen.

(2) Die Versammlung der Wohnungseigentümer muss von dem Verwalter in den durch Vereinbarung der Wohnungseigentümer bestimmten Fällen, im Übrigen dann einberufen werden, wenn dies in Textform unter Angabe des Zwecks und der Gründe von mehr als einem Viertel der Wohnungseigentümer verlangt wird.

(3) Fehlt ein Verwalter oder weigert er sich pflichtwidrig, die Versammlung der Wohnungseigentümer einzuberufen, so kann die Versammlung auch durch den Vorsitzenden des Verwaltungsbeirats, dessen Vertreter oder einen durch Beschluss ermächtigten Wohnungseigentümer einberufen werden.

(4) [1]Die Einberufung erfolgt in Textform. [2]Die Frist der Einberufung soll, sofern nicht ein Fall besonderer Dringlichkeit vorliegt, mindestens drei Wochen betragen.

(5) Den Vorsitz in der Wohnungseigentümerversammlung führt, sofern diese nichts anderes beschließt, der Verwalter.

(6) [1]Über die in der Versammlung gefassten Beschlüsse ist unverzüglich eine Niederschrift aufzunehmen. [2]Die Niederschrift ist von dem Vorsitzenden und einem Wohnungseigentümer und, falls ein Verwaltungsbeirat bestellt ist, auch von dessen Vorsitzenden oder seinem Vertreter zu unterschreiben.

(7) [1]Es ist eine Beschluss-Sammlung zu führen. [2]Die Beschluss-Sammlung enthält nur den Wortlaut

1. der in der Versammlung der Wohnungseigentümer verkündeten Beschlüsse mit Angabe von Ort und Datum der Versammlung,
2. der schriftlichen Beschlüsse mit Angabe von Ort und Datum der Verkündung und
3. der Urteilsformeln der gerichtlichen Entscheidungen in einem Rechtsstreit gemäß § 43 mit Angabe ihres Datums, des Gerichts und der Parteien,

soweit diese Beschlüsse und gerichtlichen Entscheidungen nach dem 1. Juli 2007 ergangen sind. [3]Die Beschlüsse und gerichtlichen Entscheidungen sind fortlaufend einzutragen und zu nummerieren. [4]Sind sie angefochten oder aufgehoben worden, so ist dies anzumerken. [5]Im Fall einer Aufhebung kann von einer Anmerkung abgesehen und die Eintragung gelöscht werden. [6]Eine Eintragung kann auch gelöscht werden, wenn sie aus einem anderen Grund für die Wohnungseigentümer keine Bedeutung mehr hat. [7]Die Eintragungen, Vermerke und Löschungen gemäß den Sätzen 3 bis 6 sind unverzüglich zu erledigen und mit Datum zu versehen. [8]Einem Wohnungseigentümer oder einem Dritten, den ein Wohnungseigentümer ermächtigt hat, ist auf sein Verlangen Einsicht in die Beschluss-Sammlung zu geben.

(8) [1]Die Beschluss-Sammlung ist von dem Verwalter zu führen. [2]Fehlt ein Verwalter, so ist der Vorsitzende der Wohnungseigentümerversammlung verpflichtet, die Beschluss-Sammlung zu führen, sofern die Wohnungseigentümer durch Stimmenmehrheit keinen anderen für diese Aufgabe bestellt haben.

§ 25 Beschlussfassung. (1) Bei der Beschlussfassung entscheidet die Mehrheit der abgegebenen Stimmen.

(2) [1]Jeder Wohnungseigentümer hat eine Stimme. [2]Steht ein Wohnungseigentum mehreren gemeinschaftlich zu, so können sie das Stimmrecht nur einheitlich ausüben.

(3) Vollmachten bedürfen zu ihrer Gültigkeit der Textform.

(4) Ein Wohnungseigentümer ist nicht stimmberechtigt, wenn die Beschlussfassung die Vornahme eines auf die Verwaltung des gemeinschaftlichen Eigentums bezüglichen Rechtsgeschäfts mit ihm oder die Einleitung oder Erledigung eines Rechtsstreits gegen ihn betrifft oder wenn er nach § 17 rechtskräftig verurteilt ist.

§ 26 Bestellung und Abberufung des Verwalters. (1) Über die Bestellung und Abberufung des Verwalters beschließen die Wohnungseigentümer.

(2) [1]Die Bestellung kann auf höchstens fünf Jahre vorgenommen werden, im Fall der ersten Bestellung nach der Begründung von Wohnungseigentum aber auf höchstens drei Jahre. [2]Die wiederholte Bestellung ist zulässig; sie bedarf eines erneuten Beschlusses der Wohnungseigentümer, der frühestens ein Jahr vor Ablauf der Bestellungszeit gefasst werden kann.

(3) [1]Der Verwalter kann jederzeit abberufen werden. [2]Ein Vertrag mit dem Verwalter endet spätestens sechs Monate nach dessen Abberufung.

(4) Soweit die Verwaltereigenschaft durch eine öffentlich beglaubigte Urkunde nachgewiesen werden muss, genügt die Vorlage einer Niederschrift über den Bestellungsbeschluss, bei der die Unterschriften der in § 24 Absatz 6 bezeichneten Personen öffentlich beglaubigt sind.

(5) Abweichungen von den Absätzen 1 bis 3 sind nicht zulässig.

§ 26a Zertifizierter Verwalter. (1) Als zertifizierter Verwalter darf sich bezeichnen, wer vor einer Industrie- und Handelskammer durch eine Prüfung nachgewiesen hat, dass er über die für die Tätigkeit als Verwalter notwendigen rechtlichen, kaufmännischen und technischen Kenntnisse verfügt.

(2) [1]Das Bundesministerium der Justiz und für Verbraucherschutz wird ermächtigt, durch Rechtsverordnung nähere Bestimmungen über die Prüfung zum zertifizierten Verwalter zu erlassen. [2]In der Rechtsverordnung nach Satz 1 können insbesondere festgelegt werden:

1. nähere Bestimmungen zu Inhalt und Verfahren der Prüfung;
2. Bestimmungen über das zu erteilende Zertifikat;

3. Voraussetzungen, unter denen sich juristische Personen und Personengesellschaften als zertifizierte Verwalter bezeichnen dürfen;
4. Bestimmungen, wonach Personen aufgrund anderweitiger Qualifikationen von der Prüfung befreit sind, insbesondere weil sie die Befähigung zum Richteramt, einen Hochschulabschluss mit immobilienwirtschaftlichem Schwerpunkt, eine abgeschlossene Berufsausbildung zum Immobilienkaufmann oder zur Immobilienkauffrau oder einen vergleichbaren Berufsabschluss besitzen.

§ 27 Aufgaben und Befugnisse des Verwalters. (1) Der Verwalter ist gegenüber der Gemeinschaft der Wohnungseigentümer berechtigt und verpflichtet, die Maßnahmen ordnungsmäßiger Verwaltung zu treffen, die

1. untergeordnete Bedeutung haben und nicht zu erheblichen Verpflichtungen führen oder
2. zur Wahrung einer Frist oder zur Abwendung eines Nachteils erforderlich sind.

(2) Die Wohnungseigentümer können die Rechte und Pflichten nach Absatz 1 durch Beschluss einschränken oder erweitern.

§ 28 Wirtschaftsplan, Jahresabrechnung, Vermögensbericht. (1) [1] Die Wohnungseigentümer beschließen über die Vorschüsse zur Kostentragung und zu den nach § 19 Absatz 2 Nummer 4 oder durch Beschluss vorgesehenen Rücklagen. [2] Zu diesem Zweck hat der Verwalter jeweils für ein Kalenderjahr einen Wirtschaftsplan aufzustellen, der darüber hinaus die voraussichtlichen Einnahmen und Ausgaben enthält.

(2) [1] Nach Ablauf des Kalenderjahres beschließen die Wohnungseigentümer über die Einforderung von Nachschüssen oder die Anpassung der beschlossenen Vorschüsse. [2] Zu diesem Zweck hat der Verwalter eine Abrechnung über den Wirtschaftsplan (Jahresabrechnung) aufzustellen, die darüber hinaus die Einnahmen und Ausgaben enthält.

(3) Die Wohnungseigentümer können beschließen, wann Forderungen fällig werden und wie sie zu erfüllen sind.

(4) [1] Der Verwalter hat nach Ablauf eines Kalenderjahres einen Vermögensbericht zu erstellen, der den Stand der in Absatz 1 Satz 1 bezeichneten Rücklagen und eine Aufstellung des wesentlichen Gemeinschaftsvermögens enthält. [2] Der Vermögensbericht ist jedem Wohnungseigentümer zur Verfügung zu stellen.

§ 29 Verwaltungsbeirat. (1) [1] Wohnungseigentümer können durch Beschluss zum Mitglied des Verwaltungsbeirats bestellt werden. [2] Hat der Verwaltungsbeirat mehrere Mitglieder, ist ein Vorsitzender und ein Stellvertreter zu bestimmen. [3] Der Verwaltungsbeirat wird von dem Vorsitzenden nach Bedarf einberufen.

(2) [1] Der Verwaltungsbeirat unterstützt und überwacht den Verwalter bei der Durchführung seiner Aufgaben. [2] Der Wirtschaftsplan und die Jahresabrechnung sollen, bevor die Beschlüsse nach § 28 Absatz 1 Satz 1 und Absatz 2 Satz 1 gefasst werden, vom Verwaltungsbeirat geprüft und mit dessen Stellungnahme versehen werden.

(3) Sind Mitglieder des Verwaltungsbeirats unentgeltlich tätig, haben sie nur Vorsatz und grobe Fahrlässigkeit zu vertreten.

Abschnitt 5. Wohnungserbbaurecht

§ 30 Wohnungserbbaurecht. (1) Steht ein Erbbaurecht mehreren gemeinschaftlich nach Bruchteilen zu, so können die Anteile in der Weise beschränkt werden, dass jedem der Mitberechtigten das Sondereigentum an einer bestimmten Wohnung oder an nicht zu Wohnzwecken dienenden bestimmten Räumen in einem auf Grund des Erbbaurechts errichteten oder zu errichtenden Gebäude eingeräumt wird (Wohnungserbbaurecht, Teilerbbaurecht).

(2) Ein Erbbauberechtigter kann das Erbbaurecht in entsprechender Anwendung des § 8 teilen.

(3) [1] Für jeden Anteil wird von Amts wegen ein besonderes Erbbaugrundbuchblatt angelegt (Wohnungserbbaugrundbuch, Teilerbbaugrundbuch).[1)] [2] Im Übrigen gelten für das Wohnungserbbaurecht (Teilerbbaurecht) die Vorschriften über das Wohnungseigentum (Teileigentum) entsprechend.

Teil 2. Dauerwohnrecht

§ 31 Begriffsbestimmungen. (1) [1] Ein Grundstück kann in der Weise belastet werden, dass derjenige, zu dessen Gunsten die Belastung erfolgt, berechtigt ist, unter Ausschluss des Eigentümers eine bestimmte Wohnung in einem auf dem Grundstück errichteten oder zu errichtenden Gebäude zu bewohnen oder in anderer Weise zu nutzen (Dauerwohnrecht). [2] Das Dauerwohnrecht kann auf einen außerhalb des Gebäudes liegenden Teil des Grundstücks erstreckt werden, sofern die Wohnung wirtschaftlich die Hauptsache bleibt.

(2) Ein Grundstück kann in der Weise belastet werden, dass derjenige, zu dessen Gunsten die Belastung erfolgt, berechtigt ist, unter Ausschluss des Eigentümers nicht zu Wohnzwecken dienende bestimmte Räume in einem auf dem Grundstück errichteten oder zu errichtenden Gebäude zu nutzen (Dauernutzungsrecht).

(3) Für das Dauernutzungsrecht gelten die Vorschriften über das Dauerwohnrecht entsprechend.

§ 32 Voraussetzungen der Eintragung. (1) Das Dauerwohnrecht soll nur bestellt werden, wenn die Wohnung in sich abgeschlossen ist.

(2) [1] Zur näheren Bezeichnung des Gegenstands und des Inhalts des Dauerwohnrechts kann auf die Eintragungsbewilligung Bezug genommen werden. [2] Der Eintragungsbewilligung sind als Anlagen beizufügen:

1. eine von der Baubehörde mit Unterschrift und Siegel oder Stempel versehene Bauzeichnung, aus der die Aufteilung des Gebäudes sowie die Lage und Größe der dem Dauerwohnrecht unterliegenden Gebäude- und Grundstücksteile ersichtlich ist (Aufteilungsplan); alle zu demselben Dauerwohnrecht gehörenden Einzelräume sind mit der jeweils gleichen Nummer zu kennzeichnen;
2. eine Bescheinigung der Baubehörde, dass die Voraussetzungen des Absatzes 1 vorliegen.

[3] Wenn in der Eintragungsbewilligung für die einzelnen Dauerwohnrechte Nummern angegeben werden, sollen sie mit denen des Aufteilungsplans übereinstimmen.

(3) Das Grundbuchamt soll die Eintragung des Dauerwohnrechts ablehnen, wenn über die in § 33 Absatz 4 Nummer 1 bis 4 bezeichneten Angelegenheiten, über die Voraussetzungen des Heimfallanspruchs (§ 36 Absatz 1) und über die Entschädigung beim Heimfall (§ 36 Absatz 4) keine Vereinbarungen getroffen sind.

[1)] Vgl. hierzu die Wohnungsgrundbuchverfügung (WGV) idF der Bek. v. 24.1.1995 (BGBl. I S. 134), zuletzt geänd. durch G v. 16.10.2020 (BGBl. I S. 2187).

§ 33 Inhalt des Dauerwohnrechts. (1) [1]Das Dauerwohnrecht ist veräußerlich und vererblich. [2]Es kann nicht unter einer Bedingung bestellt werden.

(2) Auf das Dauerwohnrecht sind, soweit nicht etwas anderes vereinbart ist, die Vorschriften des § 14 entsprechend anzuwenden.

(3) Der Berechtigte kann die zum gemeinschaftlichen Gebrauch bestimmten Teile, Anlagen und Einrichtungen des Gebäudes und Grundstücks mitbenutzen, soweit nichts anderes vereinbart ist.

(4) Als Inhalt des Dauerwohnrechts können Vereinbarungen getroffen werden über:

1. Art und Umfang der Nutzungen;
2. Instandhaltung und Instandsetzung der dem Dauerwohnrecht unterliegenden Gebäudeteile;
3. die Pflicht des Berechtigten zur Tragung öffentlicher oder privatrechtlicher Lasten des Grundstücks;
4. die Versicherung des Gebäudes und seinen Wiederaufbau im Fall der Zerstörung;
5. das Recht des Eigentümers, bei Vorliegen bestimmter Voraussetzungen Sicherheitsleistung zu verlangen.

§ 34 Ansprüche des Eigentümers und der Dauerwohnberechtigten. (1) Auf die Ersatzansprüche des Eigentümers wegen Veränderungen oder Verschlechterungen sowie auf die Ansprüche der Dauerwohnberechtigten auf Ersatz von Verwendungen oder auf Gestattung der Wegnahme einer Einrichtung sind die §§ 1049, 1057 des Bürgerlichen Gesetzbuchs[1)] entsprechend anzuwenden.

(2) Wird das Dauerwohnrecht beeinträchtigt, so sind auf die Ansprüche des Berechtigten die für die Ansprüche aus dem Eigentum geltenden Vorschriften entsprechend anzuwenden.

§ 35 Veräußerungsbeschränkung. [1]Als Inhalt des Dauerwohnrechts kann vereinbart werden, dass der Berechtigte zur Veräußerung des Dauerwohnrechts der Zustimmung des Eigentümers oder eines Dritten bedarf. [2]Die Vorschriften des § 12 gelten in diesem Fall entsprechend.

§ 36 Heimfallanspruch. (1) [1]Als Inhalt des Dauerwohnrechts kann vereinbart werden, dass der Berechtigte verpflichtet ist, das Dauerwohnrecht beim Eintritt bestimmter Voraussetzungen auf den Grundstückseigentümer oder einen von diesem zu bezeichnenden Dritten zu übertragen (Heimfallanspruch). [2]Der Heimfallanspruch kann nicht von dem Eigentum an dem Grundstück getrennt werden.

(2) Bezieht sich das Dauerwohnrecht auf Räume, die dem Mieterschutz unterliegen, so kann der Eigentümer von dem Heimfallanspruch nur Gebrauch machen, wenn ein Grund vorliegt, aus dem ein Vermieter die Aufhebung des Mietverhältnisses verlangen oder kündigen kann.

(3) Der Heimfallanspruch verjährt in sechs Monaten von dem Zeitpunkt an, in dem der Eigentümer von dem Eintritt der Voraussetzungen Kenntnis erlangt, ohne Rücksicht auf diese Kenntnis in zwei Jahren von dem Eintritt der Voraussetzungen an.

[1)] Nr. **20**.

(4) [1] Als Inhalt des Dauerwohnrechts kann vereinbart werden, dass der Eigentümer dem Berechtigten eine Entschädigung zu gewähren hat, wenn er von dem Heimfallanspruch Gebrauch macht. [2] Als Inhalt des Dauerwohnrechts können Vereinbarungen über die Berechnung oder Höhe der Entschädigung oder die Art ihrer Zahlung getroffen werden.

§ 37 Vermietung. (1) Hat der Dauerwohnberechtigte die dem Dauerwohnrecht unterliegenden Gebäude- oder Grundstücksteile vermietet oder verpachtet, so erlischt das Miet- oder Pachtverhältnis, wenn das Dauerwohnrecht erlischt.

(2) Macht der Eigentümer von seinem Heimfallanspruch Gebrauch, so tritt er oder derjenige, auf den das Dauerwohnrecht zu übertragen ist, in das Miet- oder Pachtverhältnis ein; die Vorschriften der §§ 566 bis 566e des Bürgerlichen Gesetzbuchs[1)] gelten entsprechend.

(3) [1] Absatz 2 gilt entsprechend, wenn das Dauerwohnrecht veräußert wird. [2] Wird das Dauerwohnrecht im Wege der Zwangsvollstreckung veräußert, so steht dem Erwerber ein Kündigungsrecht in entsprechender Anwendung des § 57a des Gesetzes über die Zwangsversteigerung und die Zwangsverwaltung[2)] zu.

§ 38 Eintritt in das Rechtsverhältnis. (1) Wird das Dauerwohnrecht veräußert, so tritt der Erwerber an Stelle des Veräußerers in die sich während der Dauer seiner Berechtigung aus dem Rechtsverhältnis zu dem Eigentümer ergebenden Verpflichtungen ein.

(2) [1] Wird das Grundstück veräußert, so tritt der Erwerber an Stelle des Veräußerers in die sich während der Dauer seines Eigentums aus dem Rechtsverhältnis zu dem Dauerwohnberechtigten ergebenden Rechte ein. [2] Das Gleiche gilt für den Erwerb auf Grund Zuschlags in der Zwangsversteigerung, wenn das Dauerwohnrecht durch den Zuschlag nicht erlischt.

§ 39 Zwangsversteigerung. (1) Als Inhalt des Dauerwohnrechts kann vereinbart werden, dass das Dauerwohnrecht im Fall der Zwangsversteigerung des Grundstücks abweichend von § 44 des Gesetzes über die Zwangsversteigerung und die Zwangsverwaltung[2)] auch dann bestehen bleiben soll, wenn der Gläubiger einer dem Dauerwohnrecht im Rang vorgehenden oder gleichstehenden Hypothek, Grundschuld, Rentenschuld oder Reallast die Zwangsversteigerung in das Grundstück betreibt.

(2) Eine Vereinbarung gemäß Absatz 1 bedarf zu ihrer Wirksamkeit der Zustimmung derjenigen, denen eine dem Dauerwohnrecht im Rang vorgehende oder gleichstehende Hypothek, Grundschuld, Rentenschuld oder Reallast zusteht.

(3) Eine Vereinbarung gemäß Absatz 1 ist nur wirksam für den Fall, dass der Dauerwohnberechtigte im Zeitpunkt der Feststellung der Versteigerungsbedingungen seine fälligen Zahlungsverpflichtungen gegenüber dem Eigentümer erfüllt hat; in Ergänzung einer Vereinbarung nach Absatz 1 kann vereinbart werden, dass das Fortbestehen des Dauerwohnrechts vom Vorliegen weiterer Voraussetzungen abhängig ist.

§ 40 Haftung des Entgelts. (1) [1] Hypotheken, Grundschulden, Rentenschulden und Reallasten, die dem Dauerwohnrecht im Rang vorgehen oder gleichstehen, sowie öffentliche Lasten, die in wiederkehrenden Leistungen bestehen, erstrecken sich auf den Anspruch auf das Entgelt für das Dauerwohnrecht in

---

1) Nr. **20**.
2) Nr. **108**.

gleicher Weise wie auf eine Mietforderung, soweit nicht in Absatz 2 etwas Abweichendes bestimmt ist. [2] Im Übrigen sind die für Mietforderungen geltenden Vorschriften nicht entsprechend anzuwenden.

(2) [1] Als Inhalt des Dauerwohnrechts kann vereinbart werden, dass Verfügungen über den Anspruch auf das Entgelt, wenn es in wiederkehrenden Leistungen ausbedungen ist, gegenüber dem Gläubiger einer dem Dauerwohnrecht im Rang vorgehenden oder gleichstehenden Hypothek, Grundschuld, Rentenschuld oder Reallast wirksam sind. [2] Für eine solche Vereinbarung gilt § 39 Absatz 2 entsprechend.

§ 41 Besondere Vorschriften für langfristige Dauerwohnrechte.

(1) Für Dauerwohnrechte, die zeitlich unbegrenzt oder für einen Zeitraum von mehr als zehn Jahren eingeräumt sind, gelten die besonderen Vorschriften der Absätze 2 und 3.

(2) Der Eigentümer ist, sofern nicht etwas anderes vereinbart ist, dem Dauerwohnberechtigten gegenüber verpflichtet, eine dem Dauerwohnrecht im Rang vorgehende oder gleichstehende Hypothek löschen zu lassen für den Fall, dass sie sich mit dem Eigentum in einer Person vereinigt, und die Eintragung einer entsprechenden Löschungsvormerkung in das Grundbuch zu bewilligen.

(3) Der Eigentümer ist verpflichtet, dem Dauerwohnberechtigten eine angemessene Entschädigung zu gewähren, wenn er von dem Heimfallanspruch Gebrauch macht.

§ 42 Belastung eines Erbbaurechts. (1) Die Vorschriften der §§ 31 bis 41 gelten für die Belastung eines Erbbaurechts mit einem Dauerwohnrecht entsprechend.

(2) Beim Heimfall des Erbbaurechts bleibt das Dauerwohnrecht bestehen.

Teil 3. Verfahrensvorschriften

§ 43 Zuständigkeit. (1) [1] Die Gemeinschaft der Wohnungseigentümer hat ihren allgemeinen Gerichtsstand bei dem Gericht, in dessen Bezirk das Grundstück liegt. [2] Bei diesem Gericht kann auch die Klage gegen Wohnungseigentümer im Fall des § 9a Absatz 4 Satz 1 erhoben werden.

(2) Das Gericht, in dessen Bezirk das Grundstück liegt, ist ausschließlich zuständig für

1. Streitigkeiten über die Rechte und Pflichten der Wohnungseigentümer untereinander,
2. Streitigkeiten über die Rechte und Pflichten zwischen der Gemeinschaft der Wohnungseigentümer und Wohnungseigentümern,
3. Streitigkeiten über die Rechte und Pflichten des Verwalters einschließlich solcher über Ansprüche eines Wohnungseigentümers gegen den Verwalter sowie
4. Beschlussklagen gemäß § 44.

§ 44 Beschlussklagen. (1) [1] Das Gericht kann auf Klage eines Wohnungseigentümers einen Beschluss für ungültig erklären (Anfechtungsklage) oder seine Nichtigkeit feststellen (Nichtigkeitsklage). [2] Unterbleibt eine notwendige Beschlussfassung, kann das Gericht auf Klage eines Wohnungseigentümers den Beschluss fassen (Beschlussersetzungsklage).

(2) [1]Die Klagen sind gegen die Gemeinschaft der Wohnungseigentümer zu richten. [2]Der Verwalter hat den Wohnungseigentümern die Erhebung einer Klage unverzüglich bekannt zu machen. [3]Mehrere Prozesse sind zur gleichzeitigen Verhandlung und Entscheidung zu verbinden.

(3) Das Urteil wirkt für und gegen alle Wohnungseigentümer, auch wenn sie nicht Partei sind.

(4) Die durch eine Nebenintervention verursachten Kosten gelten nur dann als notwendig zur zweckentsprechenden Rechtsverteidigung im Sinne des § 91 der Zivilprozessordnung[1)], wenn die Nebenintervention geboten war.

§ 45 Fristen der Anfechtungsklage. [1]Die Anfechtungsklage muss innerhalb eines Monats nach der Beschlussfassung erhoben und innerhalb zweier Monate nach der Beschlussfassung begründet werden. [2]Die §§ 233 bis 238 der Zivilprozessordnung[1)] gelten entsprechend.

Teil 4. Ergänzende Bestimmungen

§ 46 Veräußerung ohne erforderliche Zustimmung. [1]Fehlt eine nach § 12 erforderliche Zustimmung, so sind die Veräußerung und das zugrundeliegende Verpflichtungsgeschäft unbeschadet der sonstigen Voraussetzungen wirksam, wenn die Eintragung der Veräußerung oder einer Auflassungsvormerkung in das Grundbuch vor dem 15. Januar 1994 erfolgt ist und es sich um die erstmalige Veräußerung dieses Wohnungseigentums nach seiner Begründung handelt, es sei denn, dass eine rechtskräftige gerichtliche Entscheidung entgegensteht. [2]Das Fehlen der Zustimmung steht in diesen Fällen dem Eintritt der Rechtsfolgen des § 878 Bürgerlichen Gesetzbuchs[2)] nicht entgegen. [3]Die Sätze 1 und 2 gelten entsprechend in den Fällen der §§ 30 und 35 des Wohnungseigentumsgesetzes.

§ 47 Auslegung von Altvereinbarungen. [1]Vereinbarungen, die vor dem 1. Dezember 2020 getroffen wurden und die von solchen Vorschriften dieses Gesetzes abweichen, die durch das Wohnungseigentumsmodernisierungsgesetz vom 16. Oktober 2020 (BGBl. I S. 2187) geändert wurden, stehen der Anwendung dieser Vorschriften in der vom 1. Dezember 2020 an geltenden Fassung nicht entgegen, soweit sich aus der Vereinbarung nicht ein anderer Wille ergibt. [2]Ein solcher Wille ist in der Regel nicht anzunehmen.

§ 48[3)] Übergangsvorschriften. (1) [1]§ 5 Absatz 4, § 7 Absatz 2 und § 10 Absatz 3 in der vom 1. Dezember 2020 an geltenden Fassung gelten auch für solche Beschlüsse, die vor diesem Zeitpunkt gefasst oder durch gerichtliche Entscheidung ersetzt wurden. [2]Abweichend davon bestimmt sich die Wirksamkeit eines Beschlusses im Sinne des Satzes 1 gegen den Sondernachfolger eines Wohnungseigentümers nach § 10 Absatz 4 in der vor dem 1. Dezember 2020 geltenden Fassung, wenn die Sondernachfolge bis zum 31. Dezember 2025 eintritt. [3]Jeder Wohnungseigentümer kann bis zum 31. Dezember 2025 verlangen, dass ein Beschluss im Sinne des Satzes 1 erneut gefasst wird; § 204 Absatz 1 Nummer 1 des Bürgerlichen Gesetzbuchs[2)] gilt entsprechend.

(2) § 5 Absatz 4 Satz 3 gilt in der vor dem 1. Dezember 2020 geltenden Fassung weiter für Vereinbarungen und Beschlüsse, die vor diesem Zeitpunkt getroffen

---

1) Nr. **100**.
2) Nr. **20**.
3) § 48 Abs. 4 Satz 1 geänd. mWv 12.11.2022 durch G v. 7.11.2022 (BGBl. I S. 1982).

oder gefasst wurden, und zu denen vor dem 1. Dezember 2020 alle Zustimmungen erteilt wurden, die nach den vor diesem Zeitpunkt geltenden Vorschriften erforderlich waren.

(3) [1] § 7 Absatz 3 Satz 2 gilt auch für Vereinbarungen und Beschlüsse, die vor dem 1. Dezember 2020 getroffen oder gefasst wurden. [2] Ist eine Vereinbarung oder ein Beschluss im Sinne des Satzes 1 entgegen der Vorgabe des § 7 Absatz 3 Satz 2 nicht ausdrücklich im Grundbuch eingetragen, erfolgt die ausdrückliche Eintragung in allen Wohnungsgrundbüchern nur auf Antrag eines Wohnungseigentümers oder der Gemeinschaft der Wohnungseigentümer. [3] Ist die Haftung von Sondernachfolgern für Geldschulden entgegen der Vorgabe des § 7 Absatz 3 Satz 2 nicht ausdrücklich im Grundbuch eingetragen, lässt dies die Wirkung gegen den Sondernachfolger eines Wohnungseigentümers unberührt, wenn die Sondernachfolge bis zum 31. Dezember 2025 eintritt.

(4) [1] § 19 Absatz 2 Nummer 6 ist ab dem 1. Dezember 2023 anwendbar. [2] Eine Person, die am 1. Dezember 2020 Verwalter einer Gemeinschaft der Wohnungseigentümer war, gilt gegenüber den Wohnungseigentümern dieser Gemeinschaft der Wohnungseigentümer bis zum 1. Juni 2024 als zertifizierter Verwalter.

(5) Für die bereits vor dem 1. Dezember 2020 bei Gericht anhängigen Verfahren sind die Vorschriften des dritten Teils dieses Gesetzes in ihrer bis dahin geltenden Fassung weiter anzuwenden.

§ 49 Überleitung bestehender Rechtsverhältnisse. (1) Werden Rechtsverhältnisse, mit denen ein Rechtserfolg bezweckt wird, der den durch dieses Gesetz geschaffenen Rechtsformen entspricht, in solche Rechtsformen umgewandelt, so ist als Geschäftswert für die Berechnung der hierdurch veranlassten Gebühren der Gerichte und Notare im Fall des Wohnungseigentums ein Fünfundzwanzigstel des Einheitswerts des Grundstückes, im Falle des Dauerwohnrechtes ein Fünfundzwanzigstel des Wertes des Rechts anzunehmen.

(2) Durch Landesgesetz können Vorschriften zur Überleitung bestehender, auf Landesrecht beruhender Rechtsverhältnisse in die durch dieses Gesetz geschaffenen Rechtsformen getroffen werden.

Lfd. Nr.	Änderndes Gesetz	Datum	Fundstelle	Betroffen	Hinweis
56.	Art. 5 Abschlussprüferaufsichtsreform G[1]	31.3.2016	BGBl. I S. 518	Art. 25	geänd. mWv 17.6.2016
				40. Abschnitt (Art. 78)	eingef. mWv 17.6.2016
57.	Art. 2 Abschlussprüfungsreform G (AReG)	10.5.2016	BGBl. I S. 1142	Art. 25, 78	geänd. mWv 17.6.2016
				41. Abschnitt (Art. 79)	eingef. mWv 17.6.2016
58.	Art. 57 Zweites G über die weitere Bereinigung von Bundesrecht	8.7.2016	BGBl. I S. 1594	Art. 61	geänd. mWv 15.7.2016
59.	Art. 3, 4 CSR-Richtlinie-UmsetzungsG[2]	11.4.2017	BGBl. I S. 802	Art. 75	geänd. mWv 19.4.2017
				42. Abschnitt (Art. 80)	eingef. mWv 19.4.2017
				42. Abschnitt Überschrift	geänd. mWv 1.1.2019
				Art. 81	eingef. mWv 1.1.2019
60.	Art. 4 G zum Bürokratieabbau und zur Förderung der Transparenz bei Genossenschaften	17.7.2017	BGBl. I S. 2434	43. Abschnitt (Art. 82)	eingef. mWv 22.7.2017
61.	Art. 4 G zur Umsetzung der zweiten AktionärsrechteRL (ARUG II)[3]	12.12.2019	BGBl. I S. 2637	Art. 73	geänd. mWv 1.1.2020
				44. Abschnitt (Art. 83)	eingef. mWv 1.1.2020
62.	Art. 2 G zur weiteren Umsetzung der TransparenzRL-ÄnderungsRL im Hinblick auf ein einheitliches elektronisches Format für Jahresfinanzberichte[4]	12.8.2020	BGBl. I S. 1874	Art. 83	geänd. mWv 19.8.2020
				45. Abschnitt (Art. 84)	eingef. mWv 19.8.2020

[1] **Amtl. Anm.:** Dieses Gesetz dient der Umsetzung der Richtlinie 2014/56/EU des Europäischen Parlaments und des Rates vom 16. April 2014 zur Änderung der Richtlinie 2006/43/EG über Abschlussprüfungen von Jahresabschlüssen und konsolidierten Abschlüssen (ABl. L 158 vom 27.5.2014, S. 196) sowie der Ausführung der Verordnung (EU) Nr. 537/2014 des Europäischen Parlaments und des Rates vom 16. April 2014 über spezifische Anforderungen an die Abschlussprüfung bei Unternehmen von öffentlichem Interesse und zur Aufhebung des Beschlusses 2005/909/EG der Kommission (ABl. L 158 vom 27.5.2014, S. 77).

[2] **Amtl. Anm.:** Dieses Gesetz dient der Umsetzung der Richtlinie 2014/95/EU des Europäischen Parlaments und des Rates vom 22. Oktober 2014 zur Änderung der Richtlinie 2013/34/EU im Hinblick auf die Angabe nichtfinanzieller und die Diversität betreffender Informationen durch bestimmte große Unternehmen und Gruppen (ABl. L 330 vom 15.11.2014, S. 1; L 369 vom 24.12.2014, S. 79).

[3] **Amtl. Anm.:** Dieses Gesetz dient der Umsetzung der Richtlinie (EU) 2017/828 des Europäischen Parlaments und des Rates vom 17. Mai 2017 zur Änderung der Richtlinie 2007/36/EG im Hinblick auf die Förderung der langfristigen Mitwirkung der Aktionäre (ABl. L 132 vom 20.5.2017, S. 1)

[4] **Amtl. Anm.:** Dieses Gesetz dient der weiteren Umsetzung der Richtlinie 2013/50/EU des Europäischen Parlaments und des Rates vom 22. Oktober 2013 zur Änderung der Richtlinie 2004/109/EG des Europäischen Parlaments und des Rates zur Harmonisierung der Transparenzanforderungen in Bezug auf Informationen über Emittenten, deren Wertpapiere zum Handel auf einem geregelten Markt zugelassen sind, der Richtlinie 2003/71/EG des Europäischen Parlaments und des Rates betreffend den Prospekt, der beim öffentlichen Angebot von Wertpapieren oder bei deren Zulassung zum Handel zu veröffentlichen ist, sowie der Richtlinie 2007/14/EG der Kommission mit Durchführungsbestimmungen zu bestimmten Vorschriften der Richtlinie 2004/109/EG (ABl. L 294 vom 6.11.2013, S. 13; L 14 vom 18.1.2014, S. 35).

Lfd. Nr.	Änderndes Gesetz	Datum	Fundstelle	Betroffen	Hinweis
63.	Art. 7 Abs. 27 G zur Umsetzung der RL (EU) 2019/2034 über die Beaufsichtigung von Wertpapierinstituten[1]	12.5.2021	BGBl. I S. 990	Art. 67	geänd. mWv 26.6.2021
64.	Art. 11 FondsstandortG[2]	3.6.2021	BGBl. I S. 1498	46. Abschnitt (Art. 85)	eingef. mWv 2.8.2021
65.	Art. 12 Finanzmarktintegritätsstärkungsg	3.6.2021	BGBl. I S. 1534	Art. 25	geänd. mWv 1.7.2021
				47. Abschnitt (Art. 86)	eingef. mWv 1.7.2021
66.	Art. 6 G zur Ergänzung und Änd. der Regelungen für die gleichberechtigte Teilhabe von Frauen an Führungspositionen in der Privatwirtschaft und im öffentlichen Dienst	7.8.2021	BGBl. I S. 3311	48. Abschnitt (Art. 87)	eingef. mWv 12.8.2021
67.	Art. 2 G zur Umsetzung der Digitalisierungsrichtlinie (DiRUG)[3]	5.7.2021	BGBl. I S. 3338	49. Abschnitt (Art. 88)	eingef. mWv 1.8.2022
68.	Art. 52 PersonengesellschaftsrechtsmodernisierungsG (MoPeG)	10.8.2021	BGBl. I S. 3436	50. Abschnitt (Art. 89)	eingef. mWv 1.1.2024
69.	Art. 7 Abs. 7 G zur Abschaffung des Güterrechtsregisters und zur Änd. des COVID-19-InsolvenzaussetzungsG	31.10.2022	BGBl. I S. 1966	Art. 4	aufgeh. mit Ablauf des 31.12.2022

Vorbemerkung:
Die Änderung durch G v. 10.8.2021 (BGBl. I S. 3436) tritt erst mWv 1.1.2024 in Kraft und ist im Text noch nicht berücksichtigt.

[1] **Amtl. Anm.:** Dieses Gesetz dient der Umsetzung der Richtlinie (EU) 2019/2034 des Europäischen Parlaments und des Rates vom 27. November 2019 über die Beaufsichtigung von Wertpapierfirmen und zur Änderung der Richtlinien 2002/87/EG, 2009/65/EG, 2011/61/EU, 2013/36/EU, 2014/59/EU und 2014/65/EU (ABl. L 314 vom 5.12.2019, S. 64) sowie der Anpassung der nationalen Gesetze und Verordnungen an die Verordnung (EU) 2019/2033 des Europäischen Parlaments und des Rates vom 27. November 2019 über die Aufsichtsanforderungen an Wertpapierfirmen und zur Änderung der Verordnungen (EU) Nr. 1093/2010, (EU) Nr. 575/2013, (EU) Nr. 600/2014 und (EU) Nr. 806/2014 (ABl. L 314 vom 5.12.2019, S. 1; L 20 vom 24.1.2020, S. 26).

[2] **Amtlicher Hinweis:** Im Internet abrufbar unter https://portal.mvp.bafin.de/MvpPortalWeb/app/login.html

[3] **Amtl. Anm.:** Dieses Gesetz dient der Umsetzung der Richtlinie (EU) 2019/1151 des Europäischen Parlaments und des Rates vom 20. Juni 2019 zur Änderung der Richtlinie (EU) 2017/1132 im Hinblick auf den Einsatz digitaler Werkzeuge und Verfahren im Gesellschaftsrecht (ABl. L 186 vom 11.7.2019, S. 80).

Erster Abschnitt.[1] Einführung des Handelsgesetzbuchs

Art. 1 [Inkrafttreten] (1) Das Handelsgesetzbuch[2] tritt gleichzeitig mit dem Bürgerlichen Gesetzbuch[3] in Kraft.

(2) Der sechste Abschnitt des ersten Buches des Handelsgesetzbuchs tritt mit Ausnahme des § 65 am 1. Januar 1898 in Kraft.

(3) *(gegenstandslos)*

Art. 2[4] [Verhältnis zum BGB und zu Bundesgesetzen] (1)[5] In Handelssachen kommen die Vorschriften des Bürgerlichen Gesetzbuchs[3] nur insoweit zur Anwendung, als nicht im Handelsgesetzbuch[2] oder in diesem Gesetz ein anderes bestimmt ist.

Art. 3 *(nicht wiedergegebene Änderungsvorschrift)*

Art. 4[6] *(aufgehoben)*

Art. 5[7] [Bergwerksgesellschaften] Auf Bergwerksgesellschaften, die nach den Vorschriften der Landesgesetze nicht die Rechte einer juristischen Person besitzen, findet § 1 des Handelsgesetzbuchs[2] keine Anwendung.

Art. 6–8[8] *(betreffen Seehandelsrecht; vom Abdruck wurde abgesehen)*

Art. 9–14 *(nicht wiedergegebene Änderungsvorschriften)*

Art. 15 [Verhältnis zu den Landesgesetzen] (1) Die privatrechtlichen Vorschriften der Landesgesetze bleiben insoweit unberührt, als es in diesem Gesetze bestimmt oder als im Handelsgesetzbuch[2] auf die Landesgesetze verwiesen ist.

(2) Soweit die Landesgesetze unberührt bleiben, können auch neue landesgesetzliche Vorschriften erlassen werden.

Art. 16[9] *(aufgehoben)*

Art. 17 *(gegenstandslos)*

Art. 18 [Landesrecht über Bierlieferungsvertrag] Unberührt bleiben die landesgesetzlichen Vorschriften über den Vertrag zwischen dem Brauer und dem Wirte über die Lieferung von Bier, soweit sie das aus dem Vertrage sich ergebende Schuldverhältnis für den Fall regeln, daß nicht besondere Vereinbarungen getroffen werden.

Art. 19–21 *(gegenstandslos)*

---

[1] 1. Abschnitt Überschrift eingef. durch G v. 19.12.1985 (BGBl. I S. 2355).
[2] Nr. **50**.
[3] Nr. **20**.
[4] Art. 2 Abs. 2 aufgeh. mWv 15.12.2010 durch G v. 8.12.2010 (BGBl. I S. 1864).
[5] Absatzzähler amtlich.
[6] Art. 4 aufgeh. mWv 1.1.2023 durch G v. 31.10.2022 (BGBl. I S. 1966).
[7] Art. 5 geänd. durch G v. 22.6.1998 (BGBl. I S. 1474).
[8] Abgedruckt in Beck'sche Textausgaben „HGB“.
[9] Art. 16 aufgeh. durch VO v. 16.12.1931 (RGBl. I S. 763).

Art. 22 [Weiterführung von eingetragenen Firmen] (1) Die zur Zeit des Inkrafttretens des Handelsgesetzbuchs[1] im Handelsregister eingetragenen Firmen können weitergeführt werden, soweit sie nach den bisherigen Vorschriften geführt werden durften.

(2) *(gegenstandslos)*

Zweiter Abschnitt.[2] Übergangsvorschriften zum Bilanzrichtlinien-Gesetz

Art. 23 *(gegenstandslos)*

Art. 24[3] [Bewertungsvorschriften] (1) [1] Waren Vermögensgegenstände des Anlagevermögens im Jahresabschluß für das am 31. Dezember 1986 endende oder laufende Geschäftsjahr mit einem niedrigeren Wert angesetzt, als er nach § 240 Abs. 3 und 4, §§ 252, 253 Abs. 1, 2 und 4, §§ 254, 255, 279 und 280 Abs. 1 und 2 des Handelsgesetzbuchs[1] zulässig ist, so darf der niedrigere Wertansatz beibehalten werden. [2] § 253 Abs. 2 des Handelsgesetzbuchs ist in diesem Falle mit der Maßgabe anzuwenden, daß der niedrigere Wertansatz um planmäßige Abschreibungen entsprechend der voraussichtlichen Restnutzungsdauer zu vermindern ist.

(2) Waren Vermögensgegenstände des Umlaufvermögens im Jahresabschluß für das am 31. Dezember 1986 endende oder laufende Geschäftsjahr mit einem niedrigeren Wert angesetzt als er nach §§ 252, 253 Abs. 1, 3 und 4, §§ 254, 255 Abs. 1 und 2, §§ 256, 279 Abs. 1 Satz 1, Abs. 2, § 280 Abs. 1 und 2 des Handelsgesetzbuchs zulässig ist, so darf der niedrigere Wertansatz insoweit beibehalten werden, als

1. er aus den Gründen des § 253 Abs. 3, §§ 254, 279 Abs. 2, § 280 Abs. 2 des Handelsgesetzbuchs angesetzt worden ist oder
2. es sich um einen niedrigeren Wertansatz im Sinne des § 253 Abs. 4 des Handelsgesetzbuchs handelt.

(3) *(gegenstandslos)*

(Fortsetzung nächstes Blatt)

---

[1] Nr. **50**.

[2] 2. Abschnitt Überschrift eingef. durch G v. 19.12.1985 (BGBl. I S. 2355).

[3] Art. 24 neu gef. durch G v. 19.12.1985 (BGBl I S. 2355); Abs. 3, 4 und 5 aufgeh., bish. Abs. 6 wird Abs. 3 mWv 28.12.2012 durch G v. 20.12.2012 (BGBl. I S. 2751).

Lfd. Nr.	Änderndes Gesetz	Datum	Fundstelle	Betroffen	Hinweis
84.	Art. 1 G zur Umsetzung der zweiten AktionärsrechteRL (ARUG II)[1]	12.12. 2019	BGBl. I S. 2637	§§ 67, 87, 107, 113, 118, 119, 120, 121, 123, 124, 125, 129, 135, 142, 176, 186, 214, 243, 246a, 256, 261a, 311, 400, 405	geänd. mWv 1.1.2020
				5. Teil Überschrift 1. Abschn.	neu gef. mWv 1.1.2020
				§§ 67a, 67b, 67c, 67d, 67e, 67f, 87a, 111a, 111b, 111c, 120a, 134a, 134b, 134c, 134d, 162	eingef. mWv 1.1.2020
				§ 128	aufgeh. mit Ablauf des 31.12. 2019
85.	Art. 15 Sanierungs- und InsolvenzrechtsfortentwicklungsG[2]	22.12. 2020	BGBl. I S. 3256	§§ 92, 93, 116, 302	geänd. mWv 1.1.2021
86.	Art. 15 Abs. 22 G zur Reform des Vormundschafts- und Betreuungsrechts	4.5.2021	BGBl. I S. 882	§§ 76, 100	geänd. mWv 1.1.2023
87.	Art. 7 Abs. 6 G zur Umsetzung der RL (EU) 2019/2034 über die Beaufsichtigung von Wertpapierinstituten[3]	12.5.2021	BGBl. I S. 990	§§ 70, 71, 71a, 71e, 131, 134a, 256, 258	geänd. mWv 26.6.2021
88.	Art. 15 FinanzmarktintegritätsstärkungsG	3.6.2021	BGBl. I S. 1534	§§ 91, 100, 107, 109, 124, 143, 209, 256, 258, 293d, 404a, 405, 407, 407a	geänd. mWv 1.7.2021
				§ 93	geänd. mWv 1.1.2022
89.	Art. 7 G zur Ergänzung und Änd. der Regelungen für die gleichberechtigte Teilhabe von Frauen an Führungspositionen in der Privatwirtschaft und im öffentlichen Dienst	7.8.2021	BGBl. I S. 3311	§§ 76, 84, 85, 95, 107, 111	geänd. mWv 12.8.2021
				§ 393a	eingef. mWv 12.8.2021

[1] **Amtl. Anm.:** Dieses Gesetz dient der Umsetzung der Richtlinie (EU) 2017/828 des Europäischen Parlaments und des Rates vom 17. Mai 2017 zur Änderung der Richtlinie 2007/36/EG im Hinblick auf die Förderung der langfristigen Mitwirkung der Aktionäre (ABl. L 132 vom 20.5.2017, S. 1).

[2] **Amtl. Anm.:** Dieses Gesetz dient der weiteren Umsetzung der Richtlinie (EU) 2019/1023 des Europäischen Parlaments und des Rates vom 20. Juni 2019 über präventive Restrukturierungsrahmen, über Entschuldung und über Tätigkeitsverbote sowie über Maßnahmen zur Steigerung der Effizienz von Restrukturierungs-, Insolvenz- und Entschuldungsverfahren und zur Änderung der Richtlinie (EU) 2017/1132 (Richtlinie über Restrukturierung und Insolvenz) (ABl. L 172 vom 26.6.2019, S. 18).

[3] **Amtl. Anm.:** Dieses Gesetz dient der Umsetzung der Richtlinie (EU) 2019/2034 des Europäischen Parlaments und des Rates vom 27. November 2019 über die Beaufsichtigung von Wertpapierfirmen und zur Änderung der Richtlinien 2002/87/EG, 2009/65/EG, 2011/61/EU, 2013/36/EU, 2014/59/EU und 2014/65/EU (ABl. L 314 vom 5.12.2019, S. 64) sowie der Anpassung der nationalen Gesetze und Verordnungen an die Verordnung (EU) 2019/2033 des Europäischen Parlaments und des Rates vom 27. November 2019 über die Aufsichtsanforderungen an Wertpapierfirmen und zur Änderung der Verordnungen (EU) Nr. 1093/2010, (EU) Nr. 575/2013, (EU) Nr. 600/2014 und (EU) Nr. 806/2014 (ABl. L 314 vom 5.12.2019, S. 1; L 20 vom 24.1.2020, S. 26).

Lfd. Nr.	Änderndes Gesetz	Datum	Fundstelle	Betroffen	Hinweis
90.	Art. 18 G zur Umsetzung der Digitalisierungsrichtlinie (DiRUG)[1]	5.7.2021	BGBl. I S. 3338	§§ 37, 76, 81, 225, 233, 256, 265, 303, 321	geänd. mWv 1.8.2022
91.	Art. 61 PersonengesellschaftsrechtsmodernisierungsG (MoPeG)	10.8.2021	BGBl. I S. 3436	§§ 67, 289	geänd. mWv 1.1.2024
92.	Art. 2 G zur Einführung virtueller Hauptversammlungen von Aktiengesellschaften und Änderung genossenschafts- sowie insolvenz- und restrukturierungsrechtlicher Vorschriften	20.7.2022	BGBl. I S. 1166	§§ 67f, 71, 111a, 121, 126, 129, 130, 131, 132, 176, 186, 241, 242, 243, 245, 246a, 251	geänd. mWv 27.7.2022
				§§ 118a, 130a	eingef. mWv 27.7.2022

Vorbemerkung:
Die Änderungen durch G v. 10.8.2021 (BGBl. I S. 3436) treten erst mWv 1.1.2024 in Kraft und sind im Text noch nicht berücksichtigt.

[1] **Amtl. Anm.:** Dieses Gesetz dient der Umsetzung der Richtlinie (EU) 2019/1151 des Europäischen Parlaments und des Rates vom 20. Juni 2019 zur Änderung der Richtlinie (EU) 2017/1132 im Hinblick auf den Einsatz digitaler Werkzeuge und Verfahren im Gesellschaftsrecht (ABl. L 186 vom 11.7.2019, S. 80).

eines abhängigen oder eines im Mehrheitsbesitz der Gesellschaft stehenden Unternehmens handelt. [3] Bei der Berechnung des Anteils am Grundkapital nach § 71 Abs. 2 Satz 1 und § 71c Abs. 2 gelten diese Aktien als Aktien der Gesellschaft. [4] Im übrigen gelten § 71 Abs. 3 und 4, §§ 71a bis 71c sinngemäß. [5] Der Dritte oder das Unternehmen hat der Gesellschaft auf ihr Verlangen das Eigentum an den Aktien zu verschaffen. [6] Die Gesellschaft hat den Gegenwert der Aktien zu erstatten.

§ 71e[1)] Inpfandnahme eigener Aktien. (1) [1] Dem Erwerb eigener Aktien nach § 71 Abs. 1 und 2, § 71d steht es gleich, wenn eigene Aktien als Pfand genommen werden. [2] Jedoch darf ein Kreditinstitut, ein Finanzdienstleistungsinstitut oder ein Wertpapierinstitut im Rahmen der laufenden Geschäfte eigene Aktien bis zu dem in § 71 Abs. 2 Satz 1 bestimmten Anteil am Grundkapital als Pfand nehmen. [3] § 71a gilt sinngemäß.

(2) [1] Ein Verstoß gegen Absatz 1 macht die Inpfandnahme eigener Aktien unwirksam, wenn auf sie der Ausgabebetrag noch nicht voll geleistet ist. [2] Ein schuldrechtliches Geschäft über die Inpfandnahme eigener Aktien ist nichtig, soweit der Erwerb gegen Absatz 1 verstößt.

§ 72[2)] Kraftloserklärung von Aktien im Aufgebotsverfahren. (1) [1] Ist eine Aktie oder ein Zwischenschein abhanden gekommen oder vernichtet, so kann die Urkunde im Aufgebotsverfahren nach dem Gesetz über das Verfahren in Familiensachen und in den Angelegenheiten der freiwilligen Gerichtsbarkeit[3)] für kraftlos erklärt werden. [2] § 799 Abs. 2 und § 800 des Bürgerlichen Gesetzbuchs[4)] gelten sinngemäß.

(2) Sind Gewinnanteilscheine auf den Inhaber ausgegeben, so erlischt mit der Kraftloserklärung der Aktie oder des Zwischenscheins auch der Anspruch aus den noch nicht fälligen Gewinnanteilscheinen.

(3) Die Kraftloserklärung einer Aktie nach §§ 73 oder 226 steht der Kraftloserklärung der Urkunde nach Absatz 1 nicht entgegen.

§ 73[5)] Kraftloserklärung von Aktien durch die Gesellschaft. (1) [1] Ist der Inhalt von Aktienurkunden durch eine Veränderung der rechtlichen Verhältnisse unrichtig geworden, so kann die Gesellschaft die Aktien, die trotz Aufforderung nicht zur Berichtigung oder zum Umtausch bei ihr eingereicht sind, mit Genehmigung des Gerichts für kraftlos erklären. [2] Beruht die Unrichtigkeit auf einer Änderung des Nennbetrags der Aktien, so können sie nur dann für kraftlos erklärt werden, wenn der Nennbetrag zur Herabsetzung des Grundkapitals herabgesetzt ist. [3] Namensaktien können nicht deshalb für kraftlos erklärt werden, weil die Bezeichnung des Aktionärs unrichtig geworden ist. [4] Gegen die Entscheidung des Gerichts ist die Beschwerde zulässig; eine Anfechtung der Entscheidung, durch die die Genehmigung erteilt wird, ist ausgeschlossen.

(2) [1] Die Aufforderung, die Aktien einzureichen, hat die Kraftloserklärung anzudrohen und auf die Genehmigung des Gerichts hinzuweisen. [2] Die Kraftlos-

---

[1)] § 71e eingef. durch G v. 13.12.1978 (BGBl. I S. 1959); Abs. 1 Satz 2 geänd. durch G v. 22.10.1997 (BGBl. I S. 2567); Abs. 1 Satz 2, Abs. 2 Satz 1 geänd. durch G v. 25.3.1998 (BGBl. I S. 590); Abs. 1 Satz 2 geänd. mWv 26.6.2021 durch G v. 12.5.2021 (BGBl. I S. 990).

[2)] § 72 Abs. 1 Satz 1 geänd. mWv 1.9.2009 durch G v. 17.12.2008 (BGBl. I S. 2586).

[3)] Nr. **112**.

[4)] Nr. **20**.

[5)] § 73 Abs. 3 Satz 1 geänd. durch G v. 27.4.1998 (BGBl. I S. 786); Abs. 1 Satz 4 geänd. mWv 1.9.2009 durch G v. 17.12.2008 (BGBl. I S. 2586).

erklärung kann nur erfolgen, wenn die Aufforderung in der in § 64 Abs. 2 für die Nachfrist vorgeschriebenen Weise bekanntgemacht worden ist. [3] Die Kraftloserklärung geschieht durch Bekanntmachung in den Gesellschaftsblättern. [4] In der Bekanntmachung sind die für kraftlos erklärten Aktien so zu bezeichnen, daß sich aus der Bekanntmachung ohne weiteres ergibt, ob eine Aktie für kraftlos erklärt ist.

(3) [1] An Stelle der für kraftlos erklärten Aktien sind, vorbehaltlich einer Satzungsregelung nach § 10 Abs. 5, neue Aktien auszugeben und dem Berechtigten auszuhändigen oder, wenn ein Recht zur Hinterlegung besteht, zu hinterlegen. [2] Die Aushändigung oder Hinterlegung ist dem Gericht anzuzeigen.

(4) Soweit zur Herabsetzung des Grundkapitals Aktien zusammengelegt werden, gilt § 226.

§ 74 Neue Urkunden an Stelle beschädigter oder verunstalteter Aktien oder Zwischenscheine. [1] Ist eine Aktie oder ein Zwischenschein so beschädigt oder verunstaltet, daß die Urkunde zum Umlauf nicht mehr geeignet ist, so kann der Berechtigte, wenn der wesentliche Inhalt und die Unterscheidungsmerkmale der Urkunde noch sicher zu erkennen sind, von der Gesellschaft die Erteilung einer neuen Urkunde gegen Aushändigung der alten verlangen. [2] Die Kosten hat er zu tragen und vorzuschießen.

§ 75 Neue Gewinnanteilscheine. Neue Gewinnanteilscheine dürfen an den Inhaber des Erneuerungsscheins nicht ausgegeben werden, wenn der Besitzer der Aktie oder des Zwischenscheins der Ausgabe widerspricht; sie sind dem Besitzer der Aktie oder des Zwischenscheins auszuhändigen, wenn er die Haupturkunde vorlegt.

Vierter Teil. Verfassung der Aktiengesellschaft

Erster Abschnitt. Vorstand

§ 76[1) 2)] Leitung der Aktiengesellschaft. (1) Der Vorstand hat unter eigener Verantwortung die Gesellschaft zu leiten.

(2) [1] Der Vorstand kann aus einer oder mehreren Personen bestehen. [2] Bei Gesellschaften mit einem Grundkapital von mehr als drei Millionen Euro hat er aus mindestens zwei Personen zu bestehen, es sei denn, die Satzung bestimmt, daß er aus einer Person besteht. [3] Die Vorschriften über die Bestellung eines Arbeitsdirektors bleiben unberührt.[3)]

[1)] § 76 Abs. 3 Sätze 2 und 3 angef. durch G v. 4.7.1980 (BGBl. I S. 836); Abs. 3 Satz 2 eingef., bish. Sätze 2 und 3 werden Sätze 3 und 4 durch G v. 12.9.1990 (BGBl. I S. 2002); Abs. 2 Satz 2 geänd. durch G v. 9.6.1998 (BGBl. I S. 1242); Abs. 3 Sätze 2 und 3 neu gef., Satz 4 aufgeh. mWv 1.11.2008 durch G v. 23.10.2008 (BGBl. I S. 2026); Abs. 4 angef. mWv 1.5.2015 durch G v. 24.4.2015 (BGBl. I S. 642); Abs. 3 Satz 2 Nr. 1 geänd. mWv 1.1.2023 durch G v. 4.5.2021 (BGBl. I S. 882); Abs. 3a, Abs. 4 Sätze 2–4 eingef., bish. Sätze 2–4 werden Sätze 5–7 mWv 12.8.2021 durch G v. 7.8.2021 (BGBl. I S. 3311); Abs. 3 Satz 3 eingef., bish. Satz 3 wird Satz 4 mWv 1.8.2022 durch G v. 5.7.2021 (BGBl. I S. 3338).

[2)] Beachte hierzu Übergangsvorschriften in §§ 26l und 26m EGAktG (Nr. **51a**).

[3)] Siehe das

– G über die Mitbestimmung der Arbeitnehmer (MitbestimmungsG – MitbestG) **(Habersack, Deutsche Gesetze ErgBd. Nr. 82a)**

– G über die Mitbestimmung der Arbeitnehmer in den Aufsichtsräten und Vorständen der Unternehmen des Bergbaus und der Eisen und Stahl erzeugenden Industrie (sog. Montan-MitbestimmungsG) **(Habersack, Deutsche Gesetze ErgBd. Nr. 82b)**

– G zur Ergänzung des Gesetzes über die Mitbestimmung der Arbeitnehmer in den Aufsichtsräten und Vorständen der Unternehmen des Bergbaus und der Eisen und Stahl erzeugenden Industrie (sog. Montan-MitbestimmungsergänzungsG) **(Habersack, Deutsche Gesetze ErgBd. Nr. 82c)**

(3) [1] Mitglied des Vorstands kann nur eine natürliche, unbeschränkt geschäftsfähige Person sein. [2] Mitglied des Vorstands kann nicht sein, wer

1. als Betreuter bei der Besorgung seiner Vermögensangelegenheiten ganz oder teilweise einem Einwilligungsvorbehalt (§ 1825 des Bürgerlichen Gesetzbuchs[1)]) unterliegt,
2. aufgrund eines gerichtlichen Urteils oder einer vollziehbaren Entscheidung einer Verwaltungsbehörde einen Beruf, einen Berufszweig, ein Gewerbe oder einen Gewerbezweig nicht ausüben darf, sofern der Unternehmensgegenstand ganz oder teilweise mit dem Gegenstand des Verbots übereinstimmt,
3. wegen einer oder mehrerer vorsätzlich begangener Straftaten
   a) des Unterlassens der Stellung des Antrags auf Eröffnung des Insolvenzverfahrens (Insolvenzverschleppung),
   b) nach den §§ 283 bis 283d des Strafgesetzbuchs[2)] (Insolvenzstraftaten),
   c) der falschen Angaben nach § 399 dieses Gesetzes oder § 82 des Gesetzes betreffend die Gesellschaften mit beschränkter Haftung[3)],
   d) der unrichtigen Darstellung nach § 400 dieses Gesetzes, § 331 des Handelsgesetzbuchs[4)], § 313 des Umwandlungsgesetzes[5)] oder § 17 des Publizitätsgesetzes[6)],
   e) nach den §§ 263 bis 264a oder den §§ 265b bis 266a des Strafgesetzbuchs zu einer Freiheitsstrafe von mindestens einem Jahr

   verurteilt worden ist; dieser Ausschluss gilt für die Dauer von fünf Jahren seit der Rechtskraft des Urteils, wobei die Zeit nicht eingerechnet wird, in welcher der Täter auf behördliche Anordnung in einer Anstalt verwahrt worden ist.

[3] Satz 2 Nummer 2 gilt entsprechend, wenn die Person in einem anderen Mitgliedstaat der Europäischen Union oder einem anderen Vertragsstaat des Abkommens über den Europäischen Wirtschaftsraum einem vergleichbaren Verbot unterliegt. [4] Satz 2 Nr. 3 gilt entsprechend bei einer Verurteilung im Ausland wegen einer Tat, die mit den in Satz 2 Nr. 3 genannten Taten vergleichbar ist.

(3a) [1] Besteht der Vorstand bei börsennotierten Gesellschaften, für die das Mitbestimmungsgesetz[7)], das Gesetz über die Mitbestimmung der Arbeitnehmer in den Aufsichtsräten und Vorständen der Unternehmen des Bergbaus und der Eisen und Stahl erzeugenden Industrie[8)] in der im Bundesgesetzblatt Teil III, Gliederungsnummer 801-2, veröffentlichten bereinigten Fassung – Montan-Mitbestimmungsgesetz – oder das Gesetz zur Ergänzung des Gesetzes über die Mitbestimmung der Arbeitnehmer in den Aufsichtsräten und Vorständen der Unternehmen des Bergbaus und der Eisen und Stahl erzeugenden Industrie[9)] in der im Bundesgesetzblatt Teil III, Gliederungsnummer 801-3, veröffentlichten bereinigten Fassung – Mitbestimmungsergänzungsgesetz – gilt, aus mehr als drei Personen, so muss mindestens eine Frau und mindestens ein Mann Mitglied des Vorstands sein. [2] Eine Bestellung eines Vorstandsmitglieds unter Verstoß gegen dieses Beteiligungsgebot ist nichtig.

[1)] Nr. **20.**
[2)] Nr. **85.**
[3)] Nr. **52.**
[4)] Nr. **50.**
[5)] Nr. **52a.**
[6)] Nr. **52b.**
[7)] **Habersack, Deutsche Gesetze ErgBd. Nr. 82a.**
[8)] **Habersack, Deutsche Gesetze ErgBd. Nr. 82b.**
[9)] **Habersack, Deutsche Gesetze ErgBd. Nr. 82c.**

(4) [1]Der Vorstand von Gesellschaften, die börsennotiert sind oder der Mitbestimmung unterliegen, legt für den Frauenanteil in den beiden Führungsebenen unterhalb des Vorstands Zielgrößen fest. [2]Die Zielgrößen müssen den angestrebten Frauenanteil an der jeweiligen Führungsebene beschreiben und bei Angaben in Prozent vollen Personenzahlen entsprechen. [3]Legt der Vorstand für den Frauenanteil auf einer der Führungsebenen die Zielgröße Null fest, so hat er diesen Beschluss klar und verständlich zu begründen. [4]Die Begründung muss ausführlich die Erwägungen darlegen, die der Entscheidung zugrunde liegen. [5]Liegt der Frauenanteil bei Festlegung der Zielgrößen unter 30 Prozent, so dürfen die Zielgrößen den jeweils erreichten Anteil nicht mehr unterschreiten. [6]Gleichzeitig sind Fristen zur Erreichung der Zielgrößen festzulegen. [7]Die Fristen dürfen jeweils nicht länger als fünf Jahre sein.

§ 77 Geschäftsführung. (1) [1]Besteht der Vorstand aus mehreren Personen, so sind sämtliche Vorstandsmitglieder nur gemeinschaftlich zur Geschäftsführung befugt. [2]Die Satzung oder die Geschäftsordnung des Vorstands kann Abweichendes bestimmen; es kann jedoch nicht bestimmt werden, daß ein oder mehrere Vorstandsmitglieder Meinungsverschiedenheiten im Vorstand gegen die Mehrheit seiner Mitglieder entscheiden.

(2) [1]Der Vorstand kann sich eine Geschäftsordnung geben, wenn nicht die Satzung den Erlaß der Geschäftsordnung dem Aufsichtsrat übertragen hat oder der Aufsichtsrat eine Geschäftsordnung für den Vorstand erläßt. [2]Die Satzung kann Einzelfragen der Geschäftsordnung bindend regeln. [3]Beschlüsse des Vorstands über die Geschäftsordnung müssen einstimmig gefaßt werden.

§ 78[1)] Vertretung. (1) [1]Der Vorstand vertritt die Gesellschaft gerichtlich und außergerichtlich. [2]Hat eine Gesellschaft keinen Vorstand (Führungslosigkeit), wird die Gesellschaft für den Fall, dass ihr gegenüber Willenserklärungen abgegeben oder Schriftstücke zugestellt werden, durch den Aufsichtsrat vertreten.

(2) [1]Besteht der Vorstand aus mehreren Personen, so sind, wenn die Satzung nichts anderes bestimmt, sämtliche Vorstandsmitglieder nur gemeinschaftlich zur Vertretung der Gesellschaft befugt. [2]Ist eine Willenserklärung gegenüber der Gesellschaft abzugeben, so genügt die Abgabe gegenüber einem Vorstandsmitglied oder im Fall des Absatzes 1 Satz 2 gegenüber einem Aufsichtsratsmitglied. [3]An die Vertreter der Gesellschaft nach Absatz 1 können unter der im Handelsregister eingetragenen Geschäftsanschrift Willenserklärungen gegenüber der Gesellschaft abgegeben und Schriftstücke für die Gesellschaft zugestellt werden. [4]Unabhängig hiervon können die Abgabe und die Zustellung auch unter der eingetragenen Anschrift der empfangsberechtigten Person nach § 39 Abs. 1 Satz 2 erfolgen.

(3) [1]Die Satzung kann auch bestimmen, daß einzelne Vorstandsmitglieder allein oder in Gemeinschaft mit einem Prokuristen zur Vertretung der Gesellschaft befugt sind. [2]Dasselbe kann der Aufsichtsrat bestimmen, wenn die Satzung ihn hierzu ermächtigt hat. [3]Absatz 2 Satz 2 gilt in diesen Fällen sinngemäß.

(4) [1]Zur Gesamtvertretung befugte Vorstandsmitglieder können einzelne von ihnen zur Vornahme bestimmter Geschäfte oder bestimmter Arten von Geschäften ermächtigen. [2]Dies gilt sinngemäß, wenn ein einzelnes Vorstandsmitglied in Gemeinschaft mit einem Prokuristen zur Vertretung der Gesellschaft befugt ist.

[1)] § 78 Abs. 1 Satz 2 angef., Abs. 2 Satz 2 geänd., Sätze 3 und 4 angef. mWv 1.11.2008 durch G v. 23.10.2008 (BGBl. I S. 2026).

§ 79[1)] *(aufgehoben)*

§ 80[2)] **Angaben auf Geschäftsbriefen.** (1) [1] Auf allen Geschäftsbriefen gleichviel welcher Form, die an einen bestimmten Empfänger gerichtet werden, müssen die Rechtsform und der Sitz der Gesellschaft, das Registergericht des Sitzes der Gesellschaft und die Nummer, unter der die Gesellschaft in das Handelsregister eingetragen ist, sowie alle Vorstandsmitglieder und der Vorsitzende des Aufsichtsrats mit dem Familiennamen und mindestens einem ausgeschriebenen Vornamen angegeben werden. [2] Der Vorsitzende des Vorstands ist als solcher zu bezeichnen. [3] Werden Angaben über das Kapital der Gesellschaft gemacht, so müssen in jedem Falle das Grundkapital sowie, wenn auf die Aktien der Ausgabebetrag nicht vollständig eingezahlt ist, der Gesamtbetrag der ausstehenden Einlagen angegeben werden.

(2) Der Angaben nach Absatz 1 Satz 1 und 2 bedarf es nicht bei Mitteilungen oder Berichten, die im Rahmen einer bestehenden Geschäftsverbindung ergehen und für die üblicherweise Vordrucke verwendet werden, in denen lediglich die im Einzelfall erforderlichen besonderen Angaben eingefügt zu werden brauchen.

(3) [1] Bestellscheine gelten als Geschäftsbriefe im Sinne des Absatzes 1. [2] Absatz 2 ist auf sie nicht anzuwenden.

(4) [1] Auf allen Geschäftsbriefen und Bestellscheinen, die von einer Zweigniederlassung einer Aktiengesellschaft mit Sitz im Ausland verwendet werden, müssen das Register, bei dem die Zweigniederlassung geführt wird, und die Nummer des Registereintrags angegeben werden; im übrigen gelten die Vorschriften der Absätze 1 bis 3 für die Angaben bezüglich der Haupt- und der Zweigniederlassung, soweit nicht das ausländische Recht Abweichungen nötig macht. [2] Befindet sich die ausländische Gesellschaft in Abwicklung, so sind auch diese Tatsache sowie alle Abwickler anzugeben.

§ 81[3) 4)] **Änderung des Vorstands und der Vertretungsbefugnis seiner Mitglieder.** (1) Jede Änderung des Vorstands oder der Vertretungsbefugnis eines Vorstandsmitglieds hat der Vorstand zur Eintragung in das Handelsregister anzumelden.

(2) Der Anmeldung sind die Urkunden über die Änderung in Urschrift oder öffentlich beglaubigter Abschrift beizufügen.

(3) [1] Die neuen Vorstandsmitglieder haben in der Anmeldung zu versichern, daß keine Umstände vorliegen, die ihrer Bestellung nach § 76 Abs. 3 Satz 2 Nr. 2 und 3 sowie Satz 3 und 4 entgegenstehen, und daß sie über ihre unbeschränkte Auskunftspflicht gegenüber dem Gericht belehrt worden sind. [2] § 37 Abs. 2 Satz 2 ist anzuwenden.

[1)] § 79 aufgeh. mWv 1.11.2008 durch G v. 23.10.2008 (BGBl. I S. 2026).

[2)] § 80 neu gef. durch G v. 15.8.1969 (BGBl. I S. 1146); Abs. 4 angef. durch G v. 22.7.1993 (BGBl. I S. 1282); Abs. 1 Satz 3 geänd. durch G v. 25.3.1998 (BGBl. I S. 590); Abs. 1 Satz 1 geänd. mWv 1.1.2007 durch G v. 10.11.2006 (BGBl. I S. 2553); Abs. 4 Satz 1 geänd. mWv 1.11.2008 durch G v. 23.10.2008 (BGBl. I S. 2026).

[3)] § 81 Abs. 1 und 2 geänd. durch G v. 15.8.1969 (BGBl. I S. 1146); Abs. 3 eingef., bish. Abs. 3 wird Abs. 4 durch G v. 4.7.1980 (BGBl. I S. 836); Abs. 3 Satz 1 geänd. durch G v. 12.9.1990 (BGBl. I S. 2002); Abs. 2 geänd., Abs. 4 aufgeh. mWv 1.1.2007 durch G v. 10.11.2006 (BGBl. I S. 2553); Abs. 3 Satz 1 geänd. mWv 1.11.2008 durch G v. 23.10.2008 (BGBl. I S. 2026); Abs. 3 Satz 1 geänd. mWv 1.8.2022 durch G v. 5.7.2021 (BGBl. I S. 3338).

[4)] Beachte hierzu Übergangsvorschrift in § 26m EGAktG (Nr. **51a**).

§ 82 Beschränkungen der Vertretungs- und Geschäftsführungsbefugnis.

(1) Die Vertretungsbefugnis des Vorstands kann nicht beschränkt werden.

(2) Im Verhältnis der Vorstandsmitglieder zur Gesellschaft sind diese verpflichtet, die Beschränkungen einzuhalten, die im Rahmen der Vorschriften über die Aktiengesellschaft die Satzung, der Aufsichtsrat, die Hauptversammlung und die Geschäftsordnungen des Vorstands und des Aufsichtsrats für die Geschäftsführungsbefugnis getroffen haben.

§ 83 Vorbereitung und Ausführung von Hauptversammlungsbeschlüssen. (1) [1] Der Vorstand ist auf Verlangen der Hauptversammlung verpflichtet, Maßnahmen, die in die Zuständigkeit der Hauptversammlung fallen, vorzubereiten. [2] Das gleiche gilt für die Vorbereitung und den Abschluß von Verträgen, die nur mit Zustimmung der Hauptversammlung wirksam werden. [3] Der Beschluß der Hauptversammlung bedarf der Mehrheiten, die für die Maßnahmen oder für die Zustimmung zu dem Vertrag erforderlich sind.

(2) Der Vorstand ist verpflichtet, die von der Hauptversammlung im Rahmen ihrer Zuständigkeit beschlossenen Maßnahmen auszuführen.

§ 84[1] Bestellung und Abberufung des Vorstands. (1) [1] Vorstandsmitglieder bestellt der Aufsichtsrat auf höchstens fünf Jahre. [2] Eine wiederholte Bestellung oder Verlängerung der Amtszeit, jeweils für höchstens fünf Jahre, ist zulässig. [3] Sie bedarf eines erneuten Aufsichtsratsbeschlusses, der frühestens ein Jahr vor Ablauf der bisherigen Amtszeit gefaßt werden kann. [4] Nur bei einer Bestellung auf weniger als fünf Jahre kann eine Verlängerung der Amtszeit ohne neuen Aufsichtsratsbeschluß vorgesehen werden, sofern dadurch die gesamte Amtszeit nicht mehr als fünf Jahre beträgt. [5] Dies gilt sinngemäß für den Anstellungsvertrag; er kann jedoch vorsehen, daß er für den Fall einer Verlängerung der Amtszeit bis zu deren Ablauf weitergilt.

(2) Werden mehrere Personen zu Vorstandsmitgliedern bestellt, so kann der Aufsichtsrat ein Mitglied zum Vorsitzenden des Vorstands ernennen.

(3) [1] Ein Mitglied eines Vorstands, der aus mehreren Personen besteht, hat das Recht, den Aufsichtsrat um den Widerruf seiner Bestellung zu ersuchen, wenn es wegen Mutterschutz, Elternzeit, der Pflege eines Familienangehörigen oder Krankheit seinen mit der Bestellung verbundenen Pflichten vorübergehend nicht nachkommen kann. [2] Macht ein Vorstandsmitglied von diesem Recht Gebrauch, muss der Aufsichtsrat die Bestellung dieses Vorstandsmitglieds

1. im Fall des Mutterschutzes widerrufen und dabei die Wiederbestellung nach Ablauf des Zeitraums der in § 3 Absatz 1 und 2 des Mutterschutzgesetzes[2] genannten Schutzfristen zusichern,
2. in den Fällen der Elternzeit, der Pflege eines Familienangehörigen oder der Krankheit widerrufen und dabei die Wiederbestellung nach einem Zeitraum von bis zu drei Monaten entsprechend dem Verlangen des Vorstandsmitglieds zusichern; der Aufsichtsrat kann von dem Widerruf der Bestellung absehen, wenn ein wichtiger Grund vorliegt.

---

[1] § 84 Abs. 4 geänd. durch G v. 4.5.1976 (BGBl. I S. 1153); Abs. 4 geänd. mWv 1.5.2015 durch G v. 24.4.2015 (BGBl. I S. 642); Abs. 3 eingef., bish. Abs. 3 wird Abs. 4, bish. Abs. 4 wird Abs. 5 und geänd. mWv 12.8.2021 durch G v. 7.8.2021 (BGBl. I S. 3311).

[2] **Habersack, Deutsche Gesetze ErgBd. Nr. 79.**

[3] In den in Satz 2 Nummer 2 genannten Fällen kann der Aufsichtsrat die Bestellung des Vorstandsmitglieds auf dessen Verlangen mit Zusicherung der Wiederbestellung nach einem Zeitraum von bis zu zwölf Monaten widerrufen. [4] Das vorgesehene Ende der vorherigen Amtszeit bleibt auch als Ende der Amtszeit nach der Wiederbestellung bestehen. [5] Im Übrigen bleiben die Regelungen des Absatzes 1 unberührt. [6] Die Vorgabe des § 76 Absatz 2 Satz 2, dass der Vorstand aus mindestens zwei Personen zu bestehen hat, gilt während des Zeitraums nach den Sätzen 2 oder 3 auch dann als erfüllt, wenn diese Vorgabe ohne den Widerruf eingehalten wäre. [7] Ein Unterschreiten der in der Satzung festgelegten Mindestzahl an Vorstandsmitgliedern ist während des Zeitraums nach den Sätzen 2 oder 3 unbeachtlich. [8] § 76 Absatz 3a und § 393a Absatz 2 Nummer 1 finden auf Bestellungen während des Zeitraums nach den Sätzen 2 oder 3 keine Anwendung, wenn das Beteiligungsgebot ohne den Widerruf eingehalten wäre. [9] § 88 ist während des Zeitraums nach den Sätzen 2 oder 3 entsprechend anzuwenden.

(4) [1] Der Aufsichtsrat kann die Bestellung zum Vorstandsmitglied und die Ernennung zum Vorsitzenden des Vorstands widerrufen, wenn ein wichtiger Grund vorliegt. [2] Ein solcher Grund ist namentlich grobe Pflichtverletzung, Unfähigkeit zur ordnungsmäßigen Geschäftsführung oder Vertrauensentzug durch die Hauptversammlung, es sei denn, daß das Vertrauen aus offenbar unsachlichen Gründen entzogen worden ist. [3] Dies gilt auch für den vom ersten Aufsichtsrat bestellten Vorstand. [4] Der Widerruf ist wirksam, bis seine Unwirksamkeit rechtskräftig festgestellt ist. [5] Für die Ansprüche aus dem Anstellungsvertrag gelten die allgemeinen Vorschriften.

(5) Die Vorschriften des Montan-Mitbestimmungsgesetzes[1] über die besonderen Mehrheitserfordernisse für einen Aufsichtsratsbeschluß über die Bestellung eines Arbeitsdirektors oder den Widerruf seiner Bestellung bleiben unberührt.

§ 85[2] Bestellung durch das Gericht. (1) [1] Fehlt ein erforderliches Vorstandsmitglied, so hat in dringenden Fällen das Gericht auf Antrag eines Beteiligten das Mitglied zu bestellen. [2] Gegen die Entscheidung ist die Beschwerde zulässig.

(1a) § 76 Absatz 3a gilt auch für die gerichtliche Bestellung.

(2) Das Amt des gerichtlich bestellten Vorstandsmitglieds erlischt in jedem Fall, sobald der Mangel behoben ist.

(3) [1] Das gerichtlich bestellte Vorstandsmitglied hat Anspruch auf Ersatz angemessener barer Auslagen und auf Vergütung für seine Tätigkeit. [2] Einigen sich das gerichtlich bestellte Vorstandsmitglied und die Gesellschaft nicht, so setzt das Gericht die Auslagen und die Vergütung fest. [3] Gegen die Entscheidung ist die Beschwerde zulässig; die Rechtsbeschwerde ist ausgeschlossen. [4] Aus der rechtskräftigen Entscheidung findet die Zwangsvollstreckung nach der Zivilprozeßordnung[3] statt.

§ 86[4] *(aufgehoben)*

---

[1] **Habersack, Deutsche Gesetze ErgBd. Nr. 82b.**

[2] § 85 Abs. 1 Satz 2 geänd., Abs. 3 Satz 3 neu gef., Satz 4 aufgeh., bish. Satz 5 wird Satz 4 mWv 1.9.2009 durch G v. 17.12.2008 (BGBl. I S. 2586); Abs. 1a eingef. mWv 12.8.2021 durch G v. 7.8.2021 (BGBl. I S. 3311).

[3] Nr. **100**.

[4] § 86 aufgeh. mWv 26.7.2002 durch G v. 19.7.2002 (BGBl. I S. 2681).

§ 87[1] Grundsätze für die Bezüge der Vorstandsmitglieder. (1) [1]Der Aufsichtsrat hat bei der Festsetzung der Gesamtbezüge des einzelnen Vorstandsmitglieds (Gehalt, Gewinnbeteiligungen, Aufwandsentschädigungen, Versicherungsentgelte, Provisionen, anreizorientierte Vergütungszusagen wie zum Beispiel Aktienbezugsrechte und Nebenleistungen jeder Art) dafür zu sorgen, dass diese in einem angemessenen Verhältnis zu den Aufgaben und Leistungen des Vorstandsmitglieds sowie zur Lage der Gesellschaft stehen und die übliche Vergütung nicht ohne besondere Gründe übersteigen. [2]Die Vergütungsstruktur ist bei börsennotierten Gesellschaften auf eine nachhaltige und langfristige Entwicklung der Gesellschaft auszurichten. [3]Variable Vergütungsbestandteile sollen daher eine mehrjährige Bemessungsgrundlage haben; für außerordentliche Entwicklungen soll der Aufsichtsrat eine Begrenzungsmöglichkeit vereinbaren. [4]Satz 1 gilt sinngemäß für Ruhegehalt, Hinterbliebenenbezüge und Leistungen verwandter Art.

(2) [1]Verschlechtert sich die Lage der Gesellschaft nach der Festsetzung so, dass die Weitergewährung der Bezüge nach Absatz 1 unbillig für die Gesellschaft wäre, so soll der Aufsichtsrat oder im Falle des § 85 Absatz 3 das Gericht auf Antrag des Aufsichtsrats die Bezüge auf die angemessene Höhe herabsetzen. [2]Ruhegehalt, Hinterbliebenenbezüge und Leistungen verwandter Art können nur in den ersten drei Jahren nach Ausscheiden aus der Gesellschaft nach Satz 1 herabgesetzt werden. [3]Durch eine Herabsetzung wird der Anstellungsvertrag im übrigen nicht berührt. [4]Das Vorstandsmitglied kann jedoch seinen Anstellungsvertrag für den Schluß des nächsten Kalendervierteljahrs mit einer Kündigungsfrist von sechs Wochen kündigen.

(3) Wird über das Vermögen der Gesellschaft das Insolvenzverfahren eröffnet und kündigt der Insolvenzverwalter den Anstellungsvertrag eines Vorstandsmitglieds, so kann es Ersatz für den Schaden, der ihm durch die Aufhebung des Dienstverhältnisses entsteht, nur für zwei Jahre seit dem Ablauf des Dienstverhältnisses verlangen.

(4) Die Hauptversammlung kann auf Antrag nach § 122 Absatz 2 Satz 1 die nach § 87a Absatz 1 Satz 2 Nummer 1 festgelegte Maximalvergütung herabsetzen.

§ 87a[2] [3] Vergütungssystem börsennotierter Gesellschaften. (1) [1]Der Aufsichtsrat der börsennotierten Gesellschaft beschließt ein klares und verständliches System zur Vergütung der Vorstandsmitglieder. [2]Dieses Vergütungssystem enthält mindestens die folgenden Angaben, in Bezug auf Vergütungsbestandteile jedoch nur, soweit diese tatsächlich vorgesehen sind:

1. die Festlegung einer Maximalvergütung der Vorstandsmitglieder;
2. den Beitrag der Vergütung zur Förderung der Geschäftsstrategie und zur langfristigen Entwicklung der Gesellschaft;
3. alle festen und variablen Vergütungsbestandteile und ihren jeweiligen relativen Anteil an der Vergütung;
4. alle finanziellen und nichtfinanziellen Leistungskriterien für die Gewährung variabler Vergütungsbestandteile einschließlich
   a) einer Erläuterung, wie diese Kriterien zur Förderung der Ziele gemäß Nummer 2 beitragen, und

---

[1] § 87 Abs. 3 neu gef. durch G v. 5.10.1994 (BGBl. I S. 2911); Abs. 1 und Abs. 2 Satz 1 neu gef., Abs. 2 Satz 2 eingef., bish. Sätze 2 und 3 werden Sätze 3 und 4 mWv 5.8.2009 durch G v. 31.7.2009 (BGBl. I S. 2509); Abs. 1 Satz 2 geänd., Abs. 4 angef. mWv 1.1.2020 durch G v. 12.12.2019 (BGBl. I S. 2637).

[2] § 87a eingef. mWv 1.1.2020 durch G v. 12.12.2019 (BGBl. I S. 2637).

[3] Beachte hierzu Übergangsvorschrift in § 26j EGAktG (Nr. **51a**).

b) einer Darstellung der Methoden, mit denen die Erreichung der Leistungskriterien festgestellt wird;
5. Aufschubzeiten für die Auszahlung von Vergütungsbestandteilen;
6. Möglichkeiten der Gesellschaft, variable Vergütungsbestandteile zurückzufordern;
7. im Falle aktienbasierter Vergütung:
   a) Fristen,
   b) die Bedingungen für das Halten von Aktien nach dem Erwerb und
   c) eine Erläuterung, wie diese Vergütung zur Förderung der Ziele gemäß Nummer 2 beiträgt;
8. hinsichtlich vergütungsbezogener Rechtsgeschäfte:
   a) die Laufzeiten und die Voraussetzungen ihrer Beendigung, einschließlich der jeweiligen Kündigungsfristen,
   b) etwaige Zusagen von Entlassungsentschädigungen und
   c) die Hauptmerkmale der Ruhegehalts- und Vorruhestandsregelungen;
9. eine Erläuterung, wie die Vergütungs- und Beschäftigungsbedingungen der Arbeitnehmer bei der Festsetzung des Vergütungssystems berücksichtigt wurden, einschließlich einer Erläuterung, welcher Kreis von Arbeitnehmern einbezogen wurde;
10. eine Darstellung des Verfahrens zur Fest- und zur Umsetzung sowie zur Überprüfung des Vergütungssystems, einschließlich der Rolle eventuell betroffener Ausschüsse und der Maßnahmen zur Vermeidung und zur Behandlung von Interessenkonflikten;
11. im Fall der Vorlage eines gemäß § 120a Absatz 3 überprüften Vergütungssystems:
    a) eine Erläuterung aller wesentlichen Änderungen und
    b) eine Übersicht, inwieweit Abstimmung und Äußerungen der Aktionäre in Bezug auf das Vergütungssystem und die Vergütungsberichte berücksichtigt wurden.

(2) [1] Der Aufsichtsrat der börsennotierten Gesellschaft hat die Vergütung der Vorstandsmitglieder in Übereinstimmung mit einem der Hauptversammlung nach § 120a Absatz 1 zur Billigung vorgelegten Vergütungssystem festzusetzen. [2] Der Aufsichtsrat kann vorübergehend von dem Vergütungssystem abweichen, wenn dies im Interesse des langfristigen Wohlergehens der Gesellschaft notwendig ist und das Vergütungssystem das Verfahren des Abweichens sowie die Bestandteile des Vergütungssystems, von denen abgewichen werden kann, benennt.

§ 88[1)] Wettbewerbsverbot. (1) [1] Die Vorstandsmitglieder dürfen ohne Einwilligung des Aufsichtsrats weder ein Handelsgewerbe betreiben noch im Geschäftszweig der Gesellschaft für eigene oder fremde Rechnung Geschäfte machen. [2] Sie dürfen ohne Einwilligung auch nicht Mitglied des Vorstands oder Geschäftsführer oder persönlich haftender Gesellschafter einer anderen Handelsgesellschaft sein. [3] Die Einwilligung des Aufsichtsrats kann nur für bestimmte Handelsgewerbe oder Handelsgesellschaften oder für bestimmte Arten von Geschäften erteilt werden.

(2) [1] Verstößt ein Vorstandsmitglied gegen dieses Verbot, so kann die Gesellschaft Schadenersatz fordern. [2] Sie kann statt dessen von dem Mitglied verlangen,

---

1) § 88 Abs. 3 neu gef. mWv 15.12.2004 durch G v. 9.12.2004 (BGBl. I S. 3214).

daß es die für eigene Rechnung gemachten Geschäfte als für Rechnung der Gesellschaft eingegangen gelten läßt und die aus Geschäften für fremde Rechnung bezogene Vergütung herausgibt oder seinen Anspruch auf die Vergütung abtritt.

(3) [1] Die Ansprüche der Gesellschaft verjähren in drei Monaten seit dem Zeitpunkt, in dem die übrigen Vorstandsmitglieder und die Aufsichtsratsmitglieder von der zum Schadensersatz verpflichtenden Handlung Kenntnis erlangen oder ohne grobe Fahrlässigkeit erlangen müssten. [2] Sie verjähren ohne Rücksicht auf diese Kenntnis oder grob fahrlässige Unkenntnis in fünf Jahren von ihrer Entstehung an.

§ 89[1)] Kreditgewährung an Vorstandsmitglieder. (1) [1] Die Gesellschaft darf ihren Vorstandsmitgliedern Kredit nur auf Grund eines Beschlusses des Aufsichtsrats gewähren. [2] Der Beschluß kann nur für bestimmte Kreditgeschäfte oder Arten von Kreditgeschäften und nicht für länger als drei Monate im voraus gefaßt werden. [3] Er hat die Verzinsung und Rückzahlung des Kredits zu regeln. [4] Der Gewährung eines Kredits steht die Gestattung einer Entnahme gleich, die über die dem Vorstandsmitglied zustehenden Bezüge hinausgeht, namentlich auch die Gestattung der Entnahme von Vorschüssen auf Bezüge. [5] Dies gilt nicht für Kredite, die ein Monatsgehalt nicht übersteigen.

(2) [1] Die Gesellschaft darf ihren Prokuristen und zum gesamten Geschäftsbetrieb ermächtigten Handlungsbevollmächtigten Kredit nur mit Einwilligung des Aufsichtsrats gewähren. [2] Eine herrschende Gesellschaft darf Kredite an gesetzliche Vertreter, Prokuristen oder zum gesamten Geschäftsbetrieb ermächtigte Handlungsbevollmächtigte eines abhängigen Unternehmens nur mit Einwilligung ihres Aufsichtsrats, eine abhängige Gesellschaft darf Kredite an gesetzliche Vertreter, Prokuristen oder zum gesamten Geschäftsbetrieb ermächtigte Handlungsbevollmächtigte des herrschenden Unternehmens nur mit Einwilligung des Aufsichtsrats des herrschenden Unternehmens gewähren. [3] Absatz 1 Satz 2 bis 5 gilt sinngemäß.

(3) [1] Absatz 2 gilt auch für Kredite an den Ehegatten, Lebenspartner oder an ein minderjähriges Kind eines Vorstandsmitglieds, eines anderen gesetzlichen Vertreters, eines Prokuristen oder eines zum gesamten Geschäftsbetrieb ermächtigten Handlungsbevollmächtigten. [2] Er gilt ferner für Kredite an einen Dritten, der für Rechnung dieser Personen oder für Rechnung eines Vorstandsmitglieds, eines anderen gesetzlichen Vertreters, eines Prokuristen oder eines zum gesamten Geschäftsbetrieb ermächtigten Handlungsbevollmächtigten handelt.

(4) [1] Ist ein Vorstandsmitglied, ein Prokurist oder ein zum gesamten Geschäftsbetrieb ermächtigter Handlungsbevollmächtigter zugleich gesetzlicher Vertreter oder Mitglied des Aufsichtsrats einer anderen juristischen Person oder Gesellschafter einer Personenhandelsgesellschaft, so darf die Gesellschaft der juristischen Person oder der Personenhandelsgesellschaft Kredit nur mit Einwilligung des Aufsichtsrats gewähren; Absatz 1 Satz 2 und 3 gilt sinngemäß. [2] Dies gilt nicht, wenn die juristische Person oder die Personenhandelsgesellschaft mit der Gesellschaft verbunden ist oder wenn der Kredit für die Bezahlung von Waren gewährt wird, welche die Gesellschaft der juristischen Person oder der Personenhandelsgesellschaft liefert.

(5) Wird entgegen den Absätzen 1 bis 4 Kredit gewährt, so ist der Kredit ohne Rücksicht auf entgegenstehende Vereinbarungen sofort zurückzugewähren, wenn nicht der Aufsichtsrat nachträglich zustimmt.

[1)] § 89 Abs. 6 neu gef. durch G v. 22.10.1997 (BGBl. I S. 2567); Abs. 3 Satz 1 geänd. mWv 1.8.2001 durch G v. 16.2.2001 (BGBl. I S. 266).

(6) Ist die Gesellschaft ein Kreditinstitut oder Finanzdienstleistungsinstitut, auf das § 15 des Gesetzes über das Kreditwesen[1)] anzuwenden ist, gelten anstelle der Absätze 1 bis 5 die Vorschriften des Gesetzes über das Kreditwesen.

§ 90[2)] Berichte an den Aufsichtsrat. (1) [1]Der Vorstand hat dem Aufsichtsrat zu berichten über

1. die beabsichtigte Geschäftspolitik und andere grundsätzliche Fragen der Unternehmensplanung (insbesondere die Finanz-, Investitions- und Personalplanung), wobei auf Abweichungen der tatsächlichen Entwicklung von früher berichteten Zielen unter Angabe von Gründen einzugehen ist;
2. die Rentabilität der Gesellschaft, insbesondere die Rentabilität des Eigenkapitals;
3. den Gang der Geschäfte, insbesondere den Umsatz, und die Lage der Gesellschaft;
4. Geschäfte, die für die Rentabilität oder Liquidität der Gesellschaft von erheblicher Bedeutung sein können.

[2]Ist die Gesellschaft Mutterunternehmen (§ 290 Abs. 1, 2 des Handelsgesetzbuchs[3)]), so hat der Bericht auch auf Tochterunternehmen und auf Gemeinschaftsunternehmen (§ 310 Abs. 1 des Handelsgesetzbuchs) einzugehen. [3]Außerdem ist dem Vorsitzenden des Aufsichtsrats aus sonstigen wichtigen Anlässen zu berichten; als wichtiger Anlaß ist auch ein dem Vorstand bekanntgewordener geschäftlicher Vorgang bei einem verbundenen Unternehmen anzusehen, der auf die Lage der Gesellschaft von erheblichem Einfluß sein kann.

(2) Die Berichte nach Absatz 1 Satz 1 Nr. 1 bis 4 sind wie folgt zu erstatten:

1. die Berichte nach Nummer 1 mindestens einmal jährlich, wenn nicht Änderungen der Lage oder neue Fragen eine unverzügliche Berichterstattung gebieten;
2. die Berichte nach Nummer 2 in der Sitzung des Aufsichtsrats, in der über den Jahresabschluß verhandelt wird;
3. die Berichte nach Nummer 3 regelmäßig, mindestens vierteljährlich;
4. die Berichte nach Nummer 4 möglichst so rechtzeitig, daß der Aufsichtsrat vor Vornahme der Geschäfte Gelegenheit hat, zu ihnen Stellung zu nehmen.

(3) [1]Der Aufsichtsrat kann vom Vorstand jederzeit einen Bericht verlangen über Angelegenheiten der Gesellschaft, über ihre rechtlichen und geschäftlichen Beziehungen zu verbundenen Unternehmen sowie über geschäftliche Vorgänge bei diesen Unternehmen, die auf die Lage der Gesellschaft von erheblichem Einfluß sein können. [2]Auch ein einzelnes Mitglied kann einen Bericht, jedoch nur an den Aufsichtsrat, verlangen.

(4) [1]Die Berichte haben den Grundsätzen einer gewissenhaften und getreuen Rechenschaft zu entsprechen. [2]Sie sind möglichst rechtzeitig und, mit Ausnahme des Berichts nach Absatz 1 Satz 3, in der Regel in Textform zu erstatten.

(5) [1]Jedes Aufsichtsratsmitglied hat das Recht, von den Berichten Kenntnis zu nehmen. [2]Soweit die Berichte in Textform erstattet worden sind, sind sie auch jedem Aufsichtsratsmitglied auf Verlangen zu übermitteln, soweit der Aufsichtsrat

---

1) **Sartorius ErgBd. Nr. 856.**

2) § 90 Abs. 1 Satz 1 Nr. 1 neu gef. durch G v. 27.4.1998 (BGBl. I S. 786); Abs. 1 Satz 1 Nr. 1, Abs. 3 Satz 2, Abs. 5 Satz 2 geänd., Abs. 1 Satz 2 eingef., bish. Satz 2 wird Satz 3, Abs. 4 Satz 2 angef. mWv 26.7.2002 durch G v. 19.7.2002 (BGBl. I S. 2681); Abs. 5 Satz 3 geänd. mWv 31.12.2015 durch G v. 22.12.2015 (BGBl. I S. 2565).

3) Nr. **50**.

nichts anderes beschlossen hat. [3] Der Vorsitzende des Aufsichtsrats hat die Aufsichtsratsmitglieder über die Berichte nach Absatz 1 Satz 3 spätestens in der nächsten Aufsichtsratssitzung zu unterrichten.

§ 91[1)] Organisation; Buchführung. (1) Der Vorstand hat dafür zu sorgen, daß die erforderlichen Handelsbücher geführt werden.

(2) Der Vorstand hat geeignete Maßnahmen zu treffen, insbesondere ein Überwachungssystem einzurichten, damit den Fortbestand der Gesellschaft gefährdende Entwicklungen früh erkannt werden.

(3) Der Vorstand einer börsennotierten Gesellschaft hat darüber hinaus ein im Hinblick auf den Umfang der Geschäftstätigkeit und die Risikolage des Unternehmens angemessenes und wirksames internes Kontrollsystem und Risikomanagementsystem einzurichten.

§ 92[2)] Vorstandspflichten bei Verlust, Überschuldung oder Zahlungsunfähigkeit. Ergibt sich bei Aufstellung der Jahresbilanz oder einer Zwischenbilanz oder ist bei pflichtmäßigem Ermessen anzunehmen, daß ein Verlust in Höhe der Hälfte des Grundkapitals besteht, so hat der Vorstand unverzüglich die Hauptversammlung einzuberufen und ihr dies anzuzeigen.

§ 93[3)] Sorgfaltspflicht und Verantwortlichkeit der Vorstandsmitglieder.

(1) [1] Die Vorstandsmitglieder haben bei ihrer Geschäftsführung die Sorgfalt eines ordentlichen und gewissenhaften Geschäftsleiters anzuwenden. [2] Eine Pflichtverletzung liegt nicht vor, wenn das Vorstandsmitglied bei einer unternehmerischen Entscheidung vernünftigerweise annehmen durfte, auf der Grundlage angemessener Information zum Wohle der Gesellschaft zu handeln. [3] Über vertrauliche Angaben und Geheimnisse der Gesellschaft, namentlich Betriebs- oder Geschäftsgeheimnisse, die den Vorstandsmitgliedern durch ihre Tätigkeit im Vorstand bekanntgeworden sind, haben sie Stillschweigen zu bewahren.

(2) [1] Vorstandsmitglieder, die ihre Pflichten verletzen, sind der Gesellschaft zum Ersatz des daraus entstehenden Schadens als Gesamtschuldner verpflichtet. [2] Ist streitig, ob sie die Sorgfalt eines ordentlichen und gewissenhaften Geschäftsleiters angewandt haben, so trifft sie die Beweislast. [3] Schließt die Gesellschaft eine Versicherung zur Absicherung eines Vorstandsmitglieds gegen Risiken aus dessen beruflicher Tätigkeit für die Gesellschaft ab, ist ein Selbstbehalt von mindestens 10 Prozent des Schadens bis mindestens zur Höhe des Eineinhalbfachen der festen jährlichen Vergütung des Vorstandsmitglieds vorzusehen.

(3) Die Vorstandsmitglieder sind namentlich zum Ersatz verpflichtet, wenn entgegen diesem Gesetz

1. Einlagen an die Aktionäre zurückgewährt werden,

[1)] § 91 Überschrift neu gef., Abs. 2 angef. durch G v. 27.4.1998 (BGBl. I S. 786); Abs. 3 angef. mWv 1.7.2021 durch G v. 3.6.2021 (BGBl. I S. 1534).

[2)] § 92 Abs. 2 aufgeh., bish. Abs. 3 wird Abs. 2 mWv 1.11.2008 durch G v. 23.10.2008 (BGBl. I S. 2026); Abs. 2 aufgeh. mWv 1.1.2021 durch G v. 22.12.2020 (BGBl. I S. 3256).

[3)] § 93 Abs. 3 Nr. 4 geänd. durch G v. 25.3.1998 (BGBl. I S. 590); Abs. 4 Satz 4 und Abs. 5 Satz 4 neu gef. durch G v. 5.10.1994 (BGBl. I S. 2911); Abs. 1 Satz 3 angef. mWv 21.12.2004 durch G v. 15.12.2004 (BGBl. I S. 3408); Abs. 1 Satz 2 eingef., bish. Sätze 2 und 3 werden Sätze 3 und 4, neuer Satz 3 geänd. mWv 1.11.2005 durch G v. 22.9.2005 (BGBl. I S. 2802); Abs. 2 Satz 3 angef. mWv 5.8.2009 durch G v. 31.7.2009 (BGBl. I S. 2509); Abs. 6 neu gef. mWv 15.12.2010 durch G v. 9.12.2010 (BGBl. I S. 1900); Abs. 3 Nr. 6 aufgeh. mWv 1.1.2021 durch G v. 22.12.2020 (BGBl. I S. 3256); Abs. 1 Satz 4 aufgeh. mWv 1.1.2022 durch G v. 3.6.2021 (BGBl. I S. 1534).

2. den Aktionären Zinsen oder Gewinnanteile gezahlt werden,
3. eigene Aktien der Gesellschaft oder einer anderen Gesellschaft gezeichnet, erworben, als Pfand genommen oder eingezogen werden,
4. Aktien vor der vollen Leistung des Ausgabebetrags ausgegeben werden,
5. Gesellschaftsvermögen verteilt wird,
6. *(aufgehoben)*
7. Vergütungen an Aufsichtsratsmitglieder gewährt werden,
8. Kredit gewährt wird,
9. bei der bedingten Kapitalerhöhung außerhalb des festgesetzten Zwecks oder vor der vollen Leistung des Gegenwerts Bezugsaktien ausgegeben werden.

(4) [1] Der Gesellschaft gegenüber tritt die Ersatzpflicht nicht ein, wenn die Handlung auf einem gesetzmäßigen Beschluß der Hauptversammlung beruht. [2] Dadurch, daß der Aufsichtsrat die Handlung gebilligt hat, wird die Ersatzpflicht nicht ausgeschlossen. [3] Die Gesellschaft kann erst drei Jahre nach der Entstehung des Anspruchs und nur dann auf Ersatzansprüche verzichten oder sich über sie vergleichen, wenn die Hauptversammlung zustimmt und nicht eine Minderheit, deren Anteile zusammen den zehnten Teil des Grundkapitals erreichen, zur Niederschrift Widerspruch erhebt. [4] Die zeitliche Beschränkung gilt nicht, wenn der Ersatzpflichtige zahlungsunfähig ist und sich zur Abwendung des Insolvenzverfahrens mit seinen Gläubigern vergleicht oder wenn die Ersatzpflicht in einem Insolvenzplan geregelt wird.

(5) [1] Der Ersatzanspruch der Gesellschaft kann auch von den Gläubigern der Gesellschaft geltend gemacht werden, soweit sie von dieser keine Befriedigung erlangen können. [2] Dies gilt jedoch in anderen Fällen als denen des Absatzes 3 nur dann, wenn die Vorstandsmitglieder die Sorgfalt eines ordentlichen und gewissenhaften Geschäftsleiters gröblich verletzt haben; Absatz 2 Satz 2 gilt sinngemäß. [3] Den Gläubigern gegenüber wird die Ersatzpflicht weder durch einen Verzicht oder Vergleich der Gesellschaft noch dadurch aufgehoben, daß die Handlung auf einem Beschluß der Hauptversammlung beruht. [4] Ist über das Vermögen der Gesellschaft das Insolvenzverfahren eröffnet, so übt während dessen Dauer der Insolvenzverwalter oder der Sachwalter das Recht der Gläubiger gegen die Vorstandsmitglieder aus.

(6) Die Ansprüche aus diesen Vorschriften verjähren bei Gesellschaften, die zum Zeitpunkt der Pflichtverletzung börsennotiert sind, in zehn Jahren, bei anderen Gesellschaften in fünf Jahren.

§ 94 Stellvertreter von Vorstandsmitgliedern. Die Vorschriften für die Vorstandsmitglieder gelten auch für ihre Stellvertreter.

Zweiter Abschnitt. Aufsichtsrat

§ 95[1] Zahl der Aufsichtsratsmitglieder. [1] Der Aufsichtsrat besteht aus drei Mitgliedern. [2] Die Satzung kann eine bestimmte höhere Zahl festsetzen. [3] Die Zahl muß durch drei teilbar sein, wenn dies zur Erfüllung mitbestimmungsrechtlicher Vorgaben erforderlich ist. [4] Die Höchstzahl der Aufsichtsratsmitglieder beträgt bei Gesellschaften mit einem Grundkapital

[1] § 95 Satz 5 neu gef. durch G v. 4.5.1976 (BGBl. I S. 1153); Satz 4 geänd. durch G v. 9.6.1998 (BGBl. I S. 1242); Satz 5 geänd. mWv 1.5.2015 durch G v. 24.4.2015 (BGBl. I S. 642); Satz 3 geänd. mWv 31.12.2015 durch G v. 22.12.2015 (BGBl. I S. 2565); Satz 5 geänd. mWv 12.8.2021 durch G v. 7.8.2021 (BGBl. I S. 3311).

bis zu	1 500 000 Euro	neun,
von mehr als	1 500 000 Euro	fünfzehn,
von mehr als	10 000 000 Euro	einundzwanzig.

[5] Durch die vorstehenden Vorschriften werden hiervon abweichende Vorschriften des Mitbestimmungsgesetzes[1)], des Montan-Mitbestimmungsgesetzes[2)] und des Mitbestimmungsergänzungsgesetzes[3)] nicht berührt.

§ 96[4)] Zusammensetzung des Aufsichtsrats. (1) Der Aufsichtsrat setzt sich zusammen

bei Gesellschaften, für die das Mitbestimmungsgesetz[1)] gilt, aus Aufsichtsratsmitgliedern der Aktionäre und der Arbeitnehmer,[5)]

bei Gesellschaften, für die das Montan-Mitbestimmungsgesetz[2)] gilt, aus Aufsichtsratsmitgliedern der Aktionäre und der Arbeitnehmer und aus weiteren Mitgliedern,

bei Gesellschaften, für die die §§ 5 bis 13 des Mitbestimmungsergänzungsgesetzes[3)] gelten, aus Aufsichtsratsmitgliedern der Aktionäre und der Arbeitnehmer und aus einem weiteren Mitglied,

bei Gesellschaften, für die das Drittelbeteiligungsgesetz[6)] gilt, aus Aufsichtsratsmitgliedern der Aktionäre und der Arbeitnehmer,

bei Gesellschaften für die das Gesetz über die Mitbestimmung der Arbeitnehmer bei einer grenzüberschreitenden Verschmelzung[7)] vom 21. Dezember 2006 (BGBl. I S. 3332) gilt, aus Aufsichtsratsmitgliedern der Aktionäre und der Arbeitnehmer,

bei den übrigen Gesellschaften nur aus Aufsichtsratsmitgliedern der Aktionäre.

(2) [1] Bei börsennotierten Gesellschaften, für die das Mitbestimmungsgesetz, das Montan-Mitbestimmungsgesetz oder das Mitbestimmungsergänzungsgesetz gilt, setzt sich der Aufsichtsrat zu mindestens 30 Prozent aus Frauen und zu mindestens 30 Prozent aus Männern zusammen. [2] Der Mindestanteil ist vom Aufsichtsrat insgesamt zu erfüllen. [3] Widerspricht die Seite der Anteilseigner- oder Arbeitnehmervertreter auf Grund eines mit Mehrheit gefassten Beschlusses vor der Wahl der Gesamterfüllung gegenüber dem Aufsichtsratsvorsitzenden, so ist der Mindestanteil für diese Wahl von der Seite der Anteilseigner und der Seite der Arbeitnehmer getrennt zu erfüllen. [4] Es ist in allen Fällen auf volle Personenzahlen mathematisch auf- beziehungsweise abzurunden. [5] Verringert sich bei Gesamterfüllung der höhere Frauenanteil einer Seite nachträglich und widerspricht sie nun der Gesamterfüllung, so wird dadurch die Besetzung auf der anderen Seite nicht unwirksam. [6] Eine Wahl der Mitglieder des Aufsichtsrats durch die Hauptversammlung und eine Entsendung in den Aufsichtsrat unter Verstoß gegen das Mindestanteilsgebot ist nichtig. [7] Ist eine Wahl aus anderen Gründen für nichtig erklärt, so verstoßen zwischenzeitlich erfolgte Wahlen insoweit nicht gegen das Mindestanteilsgebot.

[1)] **Habersack, Deutsche Gesetze ErgBd. Nr. 82a.**

[2)] **Habersack, Deutsche Gesetze ErgBd. Nr. 82b.**

[3)] **Habersack, Deutsche Gesetze ErgBd. Nr. 82c.**

[4)] § 96 Abs. 1 neu gef. durch G v. 4.5.1976 (BGBl. I S. 1153); Abs. 1 geänd. mWv 1.7.2004 durch G v. 18.5.2004 (BGBl. I S. 974, ber. 2769); Abs. 1 geänd. mWv 29.12.2006 durch G v. 21.12.2006 (BGBl. I S. 3332); Abs. 1 geänd., Abs. 2 und 3 eingef., bish. Abs. 2 wird Abs. 4 mWv 1.5.2015 durch G v. 24.4.2015 (BGBl. I S. 642).

[5)] Beachte hierzu §§ 1–7 MitbestimmungsG **(Habersack, Deutsche Gesetze ErgBd. Nr. 82a)**.

[6)] **Habersack, Deutsche Gesetze ErgBd. Nr. 82d.**

[7)] **Loseblatt-Textsammlung Arbeitsrecht Nr. 568a.**

[8] Auf die Wahl der Aufsichtsratsmitglieder der Arbeitnehmer sind die in Satz 1 genannten Gesetze zur Mitbestimmung anzuwenden.

(3) [1] Bei börsennotierten Gesellschaften, die aus einer grenzüberschreitenden Verschmelzung hervorgegangen sind und bei denen nach dem Gesetz über die Mitbestimmung der Arbeitnehmer bei einer grenzüberschreitenden Verschmelzung das Aufsichts- oder Verwaltungsorgan aus derselben Zahl von Anteilseigner- und Arbeitnehmervertretern besteht, müssen in dem Aufsichts- oder Verwaltungsorgan Frauen und Männer jeweils mit einem Anteil von mindestens 30 Prozent vertreten sein. [2] Absatz 2 Satz 2, 4, 6 und 7 gilt entsprechend.

(4) Nach anderen als den zuletzt angewandten gesetzlichen Vorschriften kann der Aufsichtsrat nur zusammengesetzt werden[1)], wenn nach § 97 oder nach § 98 die in der Bekanntmachung des Vorstands oder in der gerichtlichen Entscheidung angegebenen gesetzlichen Vorschriften anzuwenden sind.

§ 97[2)] [1)] Bekanntmachung über die Zusammensetzung des Aufsichtsrats.

(1) [1] Ist der Vorstand der Ansicht, daß der Aufsichtsrat nicht nach den für ihn maßgebenden gesetzlichen Vorschriften zusammengesetzt ist, so hat er dies unverzüglich in den Gesellschaftsblättern und gleichzeitig durch Aushang in sämtlichen Betrieben der Gesellschaft und ihrer Konzernunternehmen bekanntzumachen. [2] In der Bekanntmachung sind die nach Ansicht des Vorstands maßgebenden gesetzlichen Vorschriften anzugeben. [3] Es ist darauf hinzuweisen, daß der Aufsichtsrat nach diesen Vorschriften zusammengesetzt wird, wenn nicht Antragsberechtigte nach § 98 Abs. 2 innerhalb eines Monats nach der Bekanntmachung im Bundesanzeiger das nach § 98 Abs. 1 zuständige Gericht anrufen.

(2) [1] Wird das nach § 98 Abs. 1 zuständige Gericht nicht innerhalb eines Monats nach der Bekanntmachung im Bundesanzeiger angerufen, so ist der neue Aufsichtsrat nach den in der Bekanntmachung des Vorstands angegebenen gesetzlichen Vorschriften zusammenzusetzen. [2] Die Bestimmungen der Satzung über die Zusammensetzung des Aufsichtsrats, über die Zahl der Aufsichtsratsmitglieder sowie über die Wahl, Abberufung und Entsendung von Aufsichtsratsmitgliedern treten mit der Beendigung der ersten Hauptversammlung, die nach Ablauf der Anrufungsfrist einberufen wird, spätestens sechs Monate nach Ablauf dieser Frist insoweit außer Kraft, als sie den nunmehr anzuwendenden gesetzlichen Vorschriften widersprechen. [3] Mit demselben Zeitpunkt erlischt das Amt der bisherigen Aufsichtsratsmitglieder. [4] Eine Hauptversammlung, die innerhalb der Frist von sechs Monaten stattfindet, kann an Stelle der außer Kraft tretenden Satzungsbestimmungen mit einfacher Stimmenmehrheit neue Satzungsbestimmungen beschließen.

(3) Solange ein gerichtliches Verfahren nach §§ 98, 99 anhängig ist, kann eine Bekanntmachung über die Zusammensetzung des Aufsichtsrats nicht erfolgen.

§ 98[3)] [1)] Gerichtliche Entscheidung über die Zusammensetzung des Aufsichtsrats. (1) Ist streitig oder ungewiss, nach welchen gesetzlichen Vorschriften

---

1) Beachte hierzu auch § 27 EGAktG (Nr. **51a**).

2) § 97 Abs. 1 Satz 3, Abs. 2 Satz 1 geänd. mWv 1.7.2004 durch G v. 18.5.2004 (BGBl. I S. 974); Abs. 1 Satz 3, Abs. 2 Satz 1 geänd. mWv 1.4.2012 durch G v. 22.12.2011 (BGBl. I S. 3044).

3) § 98 Abs. 2 Satz 1 Nr. 4, 5 neu gef., Nr. 8 und Satz 2 angef. durch G v. 4.5.1976 (BGBl. I S. 1153); Abs. 2 Satz 1 Nr. 7 geänd. durch G v. 19.12.1985 (BGBl. I S. 2355); Abs. 2 Satz 1 Nr. 5, 6 und Abs. 3 geänd. durch G v. 20.12.1988 (BGBl. I S. 2312); Abs. 2 Satz 1 Nr. 5, 6 geänd. durch G v. 26.6.1990 (BGBl. I S. 1206); Abs. 2 Satz 1 Nr. 5, 7 eingef., bish. Nr. 5, 6–8 werden Nr. 6, 8–10, Satz 2 geänd. mWv 27.3.2002 durch G v. 23.3.2002 (BGBl. I S. 1130); Abs. 1 neu gef. mWv 1.9.2009 durch G v. 17.12.2008 (BGBl. I S. 2586).

der Aufsichtsrat zusammenzusetzen ist, so entscheidet darüber auf Antrag ausschließlich das Landgericht, in dessen Bezirk die Gesellschaft ihren Sitz hat.

(2) [1] Antragsberechtigt sind

1. der Vorstand,
2. jedes Aufsichtsratsmitglied,
3. jeder Aktionär,
4. der Gesamtbetriebsrat der Gesellschaft oder, wenn in der Gesellschaft nur ein Betriebsrat besteht, der Betriebsrat,
5. der Gesamt- oder Unternehmenssprecherausschuss der Gesellschaft oder, wenn in der Gesellschaft nur ein Sprecherausschuss besteht, der Sprecherausschuss,
6. der Gesamtbetriebsrat eines anderen Unternehmens, dessen Arbeitnehmer nach den gesetzlichen Vorschriften, deren Anwendung streitig oder ungewiß ist, selbst oder durch Delegierte an der Wahl von Aufsichtsratsmitgliedern der Gesellschaft teilnehmen, oder, wenn in dem anderen Unternehmen nur ein Betriebsrat besteht, der Betriebsrat,
7. der Gesamt- oder Unternehmenssprecherausschuss eines anderen Unternehmens, dessen Arbeitnehmer nach den gesetzlichen Vorschriften, deren Anwendung streitig oder ungewiss ist, selbst oder durch Delegierte an der Wahl von Aufsichtsratsmitgliedern der Gesellschaft teilnehmen, oder, wenn in dem anderen Unternehmen nur ein Sprecherausschuss besteht, der Sprecherausschuss,
8. mindestens ein Zehntel oder einhundert der Arbeitnehmer, die nach den gesetzlichen Vorschriften, deren Anwendung streitig oder ungewiß ist, selbst oder durch Delegierte an der Wahl von Aufsichtsratsmitgliedern der Gesellschaft teilnehmen,
9. Spitzenorganisationen der Gewerkschaften, die nach den gesetzlichen Vorschriften, deren Anwendung streitig oder ungewiß ist, ein Vorschlagsrecht hätten,
10. Gewerkschaften, die nach den gesetzlichen Vorschriften, deren Anwendung streitig oder ungewiß ist, ein Vorschlagsrecht hätten.

[2] Ist die Anwendung des Mitbestimmungsgesetzes[1)] oder die Anwendung von Vorschriften des Mitbestimmungsgesetzes streitig oder ungewiß, so sind außer den nach Satz 1 Antragsberechtigten auch je ein Zehntel der wahlberechtigten in § 3 Abs. 1 Nr. 1 des Mitbestimmungsgesetzes bezeichneten Arbeitnehmer oder der wahlberechtigten leitenden Angestellten im Sinne des Mitbestimmungsgesetzes antragsberechtigt.

(3) Die Absätze 1 und 2 gelten sinngemäß, wenn streitig ist, ob der Abschlußprüfer das nach § 3 oder § 16 des Mitbestimmungsergänzungsgesetzes[2)] maßgebliche Umsatzverhältnis richtig ermittelt hat.

(4) [1] Entspricht die Zusammensetzung des Aufsichtsrats nicht der gerichtlichen Entscheidung, so ist der neue Aufsichtsrat nach den in der Entscheidung angegebenen gesetzlichen Vorschriften zusammenzusetzen. [2] § 97 Abs. 2 gilt sinngemäß mit der Maßgabe, daß die Frist von sechs Monaten mit dem Eintritt der Rechtskraft beginnt.

[1)] **Habersack, Deutsche Gesetze ErgBd. Nr. 82a.**
[2)] **Habersack, Deutsche Gesetze ErgBd. Nr. 82c.**

§ 99[1) 2)] **Verfahren.** (1) Auf das Verfahren ist das Gesetz über das Verfahren in Familiensachen und in den Angelegenheiten der freiwilligen Gerichtsbarkeit[3)] anzuwenden, soweit in den Absätzen 2 bis 5 nichts anderes bestimmt ist.

(2) [1]Das Landgericht hat den Antrag in den Gesellschaftsblättern bekanntzumachen. [2]Der Vorstand und jedes Aufsichtsratsmitglied sowie die nach § 98 Abs. 2 antragsberechtigten Betriebsräte, Sprecherausschüsse, Spitzenorganisationen und Gewerkschaften sind zu hören.

(3) [1]Das Landgericht entscheidet durch einen mit Gründen versehenen Beschluss. [2]Gegen die Entscheidung des Landgerichts findet die Beschwerde statt. [3]Sie kann nur auf eine Verletzung des Rechts gestützt werden; § 72 Abs. 1 Satz 2 und § 74 Abs. 2 und 3 des Gesetzes über das Verfahren in Familiensachen und in den Angelegenheiten der freiwilligen Gerichtsbarkeit sowie § 547 der Zivilprozessordnung[4)] gelten sinngemäß. [4]Die Beschwerde kann nur durch die Einreichung einer von einem Rechtsanwalt unterzeichneten Beschwerdeschrift eingelegt werden. [5]Die Landesregierung kann durch Rechtsverordnung die Entscheidung über die Beschwerde für die Bezirke mehrerer Oberlandesgerichte einem der Oberlandesgerichte oder dem Obersten Landesgericht übertragen, wenn dies der Sicherung einer einheitlichen Rechtsprechung dient. [6]Die Landesregierung kann die Ermächtigung auf die Landesjustizverwaltung übertragen.

(4) [1]Das Gericht hat seine Entscheidung dem Antragsteller und der Gesellschaft zuzustellen. [2]Es hat sie ferner ohne Gründe in den Gesellschaftsblättern bekanntzumachen. [3]Die Beschwerde steht jedem nach § 98 Abs. 2 Antragsberechtigten zu. [4]Die Beschwerdefrist beginnt mit der Bekanntmachung der Entscheidung im Bundesanzeiger, für den Antragsteller und die Gesellschaft jedoch nicht vor der Zustellung der Entscheidung.

(5) [1]Die Entscheidung wird erst mit der Rechtskraft wirksam. [2]Sie wirkt für und gegen alle. [3]Der Vorstand hat die rechtskräftige Entscheidung unverzüglich zum Handelsregister einzureichen.

(6) [1]Die Kosten können ganz oder zum Teil dem Antragsteller auferlegt werden, wenn dies der Billigkeit entspricht. [2]Kosten der Beteiligten werden nicht erstattet.

§ 100[5)] **Persönliche Voraussetzungen für Aufsichtsratsmitglieder.**

(1) [1]Mitglied des Aufsichtsrats kann nur eine natürliche, unbeschränkt geschäftsfähige Person sein. [2]Ein Betreuer, der bei der Besorgung seiner Vermögensange-

---

[1)] § 99 Abs. 1, 3 Satz 6 geänd. durch G v. 19.12.1985 (BGBl. I S. 2355); Abs. 2 geänd. durch G v. 20.12.1988 (BGBl. I S. 2312); Abs. 6 Satz 7 aufgeh., bish. Sätze 8–10 werden Sätze 7–9 durch G v. 28.10. 1994 (BGBl. I S. 3210); Abs. 6 Satz 6 geänd. mWv 1.1.2002 durch G v. 27.4.2001 (BGBl. I S. 751); Abs. 2 Satz 2 geänd. mWv 27.3.2002 durch G v. 23.3.2002 (BGBl. I S. 1130); Abs. 4 Satz 4 geänd. mWv 1.7. 2004 durch G v. 18.5.2004 (BGBl. I S. 974); Abs. 1, 6 Sätze 3 und 4 geänd., Abs. 3 Sätze 1–4 neu gef., Sätze 5–7 aufgeh., bish. Sätze 8, 9 werden Sätze 5, 6 mWv 1.9.2009 durch G v. 17.12.2008 (BGBl. I S. 2586); Abs. 4 Satz 4 geänd. mWv 1.4.2012 durch G v. 22.12.2011 (BGBl. I S. 3044); Abs. 6 Sätze 1–7 aufgeh., bish. Sätze 8, 9 werden Sätze 1, 2, neuer Satz 1 geänd. mWv 1.8.2013 durch G v. 23.7.2013 (BGBl. I S. 2586).

[2)] Beachte hierzu auch § 27 EGAktG (Nr. **51a**).

[3)] Nr. **112**.

[4)] Nr. **100**.

[5)] § 100 Abs. 3 geänd. durch G v. 4.5.1976 (BGBl. I S. 1153); Abs. 1 Satz 2 angef. durch G v. 12.9.1990 (BGBl. I S. 2002); Abs. 2 Satz 1 Nr. 1, 3 und Satz 2 geänd., Satz 3 angef. durch G v. 27.4.1998 (BGBl. I S. 786); Abs. 3 geänd. mWv 1.7.2004 durch G v. 18.5.2004 (BGBl. I S. 974); Abs. 3 geänd. mWv 29.12. 2006 durch G v. 21.12.2006 (BGBl. I S. 3332); Abs. 5 angef. mWv 29.5.2009 durch G v. 25.5.2009 (BGBl. I S. 1102); Abs. 2 Satz 1 Nr. 2, 3 geänd., Nr. 4 angef. mWv 5.8.2009 durch G v. 31.7.2009 →

legenheiten ganz oder teilweise einem Einwilligungsvorbehalt (§ 1825 des Bürgerlichen Gesetzbuchs[1)]) unterliegt, kann nicht Mitglied des Aufsichtsrats sein.

(2) [1] Mitglied des Aufsichtsrats kann nicht sein, wer

1. bereits in zehn Handelsgesellschaften, die gesetzlich einen Aufsichtsrat zu bilden haben, Aufsichtsratsmitglied ist,
2. gesetzlicher Vertreter eines von der Gesellschaft abhängigen Unternehmens ist,
3. gesetzlicher Vertreter einer anderen Kapitalgesellschaft ist, deren Aufsichtsrat ein Vorstandsmitglied der Gesellschaft angehört, oder
4. in den letzten zwei Jahren Vorstandsmitglied derselben börsennotierten Gesellschaft war, es sei denn, seine Wahl erfolgt auf Vorschlag von Aktionären, die mehr als 25 Prozent der Stimmrechte an der Gesellschaft halten.

[2] Auf die Höchstzahl nach Satz 1 Nr. 1 sind bis zu fünf Aufsichtsratssitze nicht anzurechnen, die ein gesetzlicher Vertreter (beim Einzelkaufmann der Inhaber) des herrschenden Unternehmens eines Konzerns in zum Konzern gehörenden Handelsgesellschaften, die gesetzlich einen Aufsichtsrat zu bilden haben, inne hat. [3] Auf die Höchstzahl nach Satz 1 Nr. 1 sind Aufsichtsratsämter im Sinne der Nummer 1 doppelt anzurechnen, für die das Mitglied zum Vorsitzenden gewählt worden ist.

(3) Die anderen persönlichen Voraussetzungen der Aufsichtsratsmitglieder der Arbeitnehmer sowie der weiteren Mitglieder bestimmen sich nach dem Mitbestimmungsgesetz[2)], dem Montan-Mitbestimmungsgesetz[3)], dem Mitbestimmungsergänzungsgesetz[4)], dem Drittelbeteiligungsgesetz[5)] und dem Gesetz über die Mitbestimmung der Arbeitnehmer bei einer grenzüberschreitenden Verschmelzung.

(4) Die Satzung kann persönliche Voraussetzungen nur für Aufsichtsratsmitglieder fordern, die von der Hauptversammlung ohne Bindung an Wahlvorschläge gewählt oder auf Grund der Satzung in den Aufsichtsrat entsandt werden.

(5)[6)] Bei Gesellschaften, die Unternehmen von öffentlichem Interesse nach § 316a Satz 2 des Handelsgesetzbuchs[7)] sind, muss mindestens ein Mitglied des Aufsichtsrats über Sachverstand auf dem Gebiet Rechnungslegung und mindestens ein weiteres Mitglied des Aufsichtsrats über Sachverstand auf dem Gebiet Abschlussprüfung verfügen; die Mitglieder müssen in ihrer Gesamtheit mit dem Sektor, in dem die Gesellschaft tätig ist, vertraut sein.

§ 101[8)] Bestellung der Aufsichtsratsmitglieder. (1) [1] Die Mitglieder des Aufsichtsrats werden von der Hauptversammlung gewählt, soweit sie nicht in den Aufsichtsrat zu entsenden oder als Aufsichtsratsmitglieder der Arbeitnehmer nach dem Mitbestimmungsgesetz[2)], dem Mitbestimmungsergänzungsgesetz[4)], dem Drit-

---

(Fortsetzung der Anm. von voriger Seite)
(BGBl. I S. 2509); Abs. 1 Satz 2 geänd. mWv 1.1.2023 durch G v. 4.5.2021 (BGBl. I S. 882); Abs. 5 neu gef. mWv 1.7.2021 durch G v. 3.6.2021 (BGBl. I S. 1534).

[1)] Nr. **20**.

[2)] **Habersack, Deutsche Gesetze ErgBd. Nr. 82a.**

[3)] **Habersack, Deutsche Gesetze ErgBd. Nr. 82b.**

[4)] **Habersack, Deutsche Gesetze ErgBd. Nr. 82c.**

[5)] **Habersack, Deutsche Gesetze ErgBd. Nr. 82d.**

[6)] Beachte hierzu § 12 Abs. 6 EGAktG (Nr. **51a**).

[7)] Nr. **50**.

[8)] § 101 Abs. 1 Sätze 1 und 2 geänd., Abs. 2 Satz 5 angef., Abs. 3 Satz 2 geänd. durch G v. 4.5.1976 (BGBl. I S. 1153); Abs. 2 Satz 1 geänd. durch G v. 19.12.1985 (BGBl. I S. 2355); Abs. 1 geänd. mWv 1.7.2004 durch G v. 18.5.2004 (BGBl. I S. 974); Abs. 1 Satz 1 geänd. mWv 29.12.2006 durch G v. 21.12.2006 (BGBl. I S. 3332); Abs. 2 Satz 5 aufgeh. mWv 11.12.2008 durch G v. 8.12.2008 (BGBl. I S. 2369).

telbeteiligungsgesetz[1] oder dem Gesetz über die Mitbestimmung der Arbeitnehmer bei einer grenzüberschreitenden Verschmelzung zu wählen sind. [2] An Wahlvorschläge ist die Hauptversammlung nur gemäß §§ 6 und 8 des Montan-Mitbestimmungsgesetzes[2] gebunden.

(2) [1] Ein Recht, Mitglieder in den Aufsichtsrat zu entsenden, kann nur durch die Satzung und nur für bestimmte Aktionäre oder für die jeweiligen Inhaber bestimmter Aktien begründet werden. [2] Inhabern bestimmter Aktien kann das Entsendungsrecht nur eingeräumt werden, wenn die Aktien auf Namen lauten und ihre Übertragung an die Zustimmung der Gesellschaft gebunden ist. [3] Die Aktien der Entsendungsberechtigten gelten nicht als eine besondere Gattung. [4] Die Entsendungsrechte können insgesamt höchstens für ein Drittel der sich aus

(Fortsetzung nächstes Blatt)

[1] **Habersack, Deutsche Gesetze ErgBd. Nr. 82d.**
[2] **Habersack, Deutsche Gesetze ErgBd. Nr. 82b.**

Lfd. Nr.	Änderndes Gesetz	Datum	Fundstelle	Betroffen	Hinweis
40.	Art. 76 FGG-ReformG	17.12. 2008	BGBl. I S. 2586	§§ 60, 66, 71, 74	gänd. mWv 1.9.2009
41.	Art. 8 Bilanzrechtsmodernisierungs G[1]	25.5.2009	BGBl. I S. 1102	§§ 33, 52, 57f	geänd. mWv 29.5.2009
42.	Art. 14b G zur Umsetzung der Aktionärsrechterichtlinie (ARUG)[2]	30.7.2009	BGBl. I S. 2479	§§ 10, 57n, 58, 58a, 58e, 58f, 65, 67, 73	geänd. mWv 1.9.2009
43.	Art. 5 G zur Angemessenheit der Vorstandsvergütung (VorstAG)	31.7.2009	BGBl. I S. 2509	§ 52	geänd. mWv 5.8.2009
44.	Art. 2 Abs. 51 G zur Änd. von Vorschriften über Verkündung und Bekanntmachungen sowie der ZPO, des EGZPO und der AO	22.12. 2011	BGBl. I S. 3044	§ 12	geänd. mWv 1.4.2012
45.	Art. 7 EhrenamtsstärkungsG	21.3.2013	BGBl. I S. 556	§ 4	geänd. mWv 29.3.2013
46.	Art. 27 2. Kostenrechtsmodernisierungs G	23.7.2013	BGBl. I S. 2586	§ 51b	geänd. mWv 1.8.2013
47.	Art. 15 G für die gleichber. Teilhabe von Frauen und Männern an Führungspositionen in der Privatwirtschaft u. im öffentl. Dienst	24.4.2015	BGBl. I S. 642	Inhaltsübersicht, § 52	geänd. mWv 1.5.2015
				§ 36	neu gef. mWv 1.5.2015
48.	Art. 6 Bilanzrichtlinie-UmsetzungsG	17.7.2015	BGBl. I S. 1245	§ 29	geänd. mWv 23.7.2015
49.	Art. 5 Aktienrechtsnovelle 2016	22.12. 2015	BGBl. I S. 2565	§ 52	geänd. mWv 31.12.2015
50.	Art. 8 Abschlussprüfungsreform G	10.5.2016	BGBl. I S. 1142	Inhaltsübersicht, § 52	geänd. mWv 17.6.2016
				§§ 86, 87, 88	eingef. mWv 17.6.2016
51.	Art. 14 G zur Umsetzung der Vierten EU-GeldwäscheRL, zur Ausf. der EU-GeldtransferVO u. zur Neuorganisation der Zentralstelle für Finanztransaktionsuntersuchungen[3]	23.6.2017	BGBl. I S. 1822	Inhaltsübersicht, §§ 8, 40	geänd. mWv 26.6.2017
52.	Art. 10 G zur Umsetzung der Zweiten ZahlungsdiensteRL[4]	17.7.2017	BGBl. I S. 2446	§§ 86, 87	geänd. mWv 22.7.2017

[1] **Amtl. Anm.:** *(abgedruckt in Änderungstabelle Nr.* **50***)*

[2] **Amtl. Anm.:** *(abgedruckt in Änderungstabelle Nr.* **51***)*

[3] **Amtl. Anm.:** Dieses Gesetz dient der Umsetzung der Richtlinie (EU) 2015/849 des Europäischen Parlaments und des Rates vom 20. Mai 2015 zur Verhinderung der Nutzung des Finanzsystems zum Zwecke der Geldwäsche und der Terrorismusfinanzierung, zur Änderung der Verordnung (EU) Nr. 648/2012 des Europäischen Parlaments und des Rates und zur Aufhebung der Richtlinie 2005/60/EG des Europäischen Parlaments und des Rates und der Richtlinie 2006/70/EG der Kommission (ABl. L 141 vom 5.6.2015, S. 73).

[4] **Amtl. Anm.:** Dieses Gesetz dient der Umsetzung der Richtlinie (EU) 2015/2366 des Europäischen Parlaments und des Rates vom 25. November 2015 über Zahlungsdienste im Binnenmarkt, zur Änderung der Richtlinien 2002/65/EG, 2009/110/EG und 2013/36/EU und der Verordnung (EU) Nr. 1093/2010 sowie zur Aufhebung der Richtlinie 2007/64/EG (ABl. L 337 vom 23.12.2015, S. 35; L 169 vom 28.6.2016, S. 18).

Lfd. Nr.	Änderndes Gesetz	Datum	Fundstelle	Betroffen	Hinweis
53.	Art. 16 Sanierungs- und Insolvenzrechtsfortentwicklungs G[1]	22.12. 2020	BGBl. I S. 3256	Inhaltsübersicht, § 71	geänd. mWv 1.1.2021
				§ 64	aufgeh. mit Ablauf des 31.12. 2020
54.	Art. 15 Abs. 23 G zur Reform des Vormundschafts- und Betreuungsrechts	4.5.2021	BGBl. I S. 882	§ 6	geänd. mWv 1.1.2023
55.	Art. 18 Finanzmarktintegritätsstärkungs G	3.6.2021	BGBl. I S. 1534	§§ 57f, 87	geänd. mWv 1.7.2021
				§ 86	neu gef. mWv 1.7.2021
56.	Art. 10 G zur Ergänzung und Änd. der Regelungen für die gleichberechtigte Teilhabe von Frauen an Führungspositionen in der Privatwirtschaft und im öffentlichen Dienst	7.8.2021	BGBl. I S. 3311	Inhaltsübersicht, §§ 36, 38, 52, Abschnitt 7	geänd. mWv 12.8.2021
				Abschnitt 6 (§ 77a)	eingef. mWv 12.8.2021
57.	Art. 20 G zur Umsetzung der Digitalisierungsrichtlinie (DiRUG)[2]	5.7.2021	BGBl. I S. 3338	Inhaltsübersicht, §§ 2, 6, 8, 39, 40, 58d, 66, 67, Anl. 1	geänd. mWv 1.8.2022
				Anl. 2	eingef. mWv 1.8.2022
58.	Art. 64 Personengesellschaftsrechtsmodernisierungs G (MoPeG)	10.8.2021	BGBl. I S. 3436	§ 40	geänd. mWv 1.1.2024
59.	Art. 5, 6 G zur Ergänzung der Regelungen zur Umsetzung der DigitalisierungsRL und zur Änd. weiterer Vorschriften[3]	15.7.2022	BGBl. I S. 1146	§§ 2, 48	geänd. mWv 1.8.2022
				§§ 2, 53, 55, 57	geänd. mWv 1.8.2023

Vorbemerkung:

Die Änderung durch G v. 10.8.2021 (BGBl. I S. 3436) tritt erst mWv 1.1.2024 in Kraft und ist im Text noch nicht berücksichtigt.

Die Änderungen durch G v. 15.7.2022 (BGBl. I S. 1146) treten teilweise erst mWv 1.8.2023 in Kraft und sind insoweit im Text noch nicht berücksichtigt.

[1] **Amtl. Anm.:** Dieses Gesetz dient der weiteren Umsetzung der Richtlinie (EU) 2019/1023 des Europäischen Parlaments und des Rates vom 20. Juni 2019 über präventive Restrukturierungsrahmen, über Entschuldung und über Tätigkeitsverbote sowie über Maßnahmen zur Steigerung der Effizienz von Restrukturierungs-, Insolvenz- und Entschuldungsverfahren und zur Änderung der Richtlinie (EU) 2017/1132 (Richtlinie über Restrukturierung und Insolvenz) (ABl. L 172 vom 26.6.2019, S. 18).

[2] **Amtl. Anm.:** Dieses Gesetz dient der Umsetzung der Richtlinie (EU) 2019/1151 des Europäischen Parlaments und des Rates vom 20. Juni 2019 zur Änderung der Richtlinie (EU) 2017/1132 im Hinblick auf den Einsatz digitaler Werkzeuge und Verfahren im Gesellschaftsrecht (ABl. L 186 vom 11.7.2019, S. 80).

[3] **Amtl. Anm.:** Notifiziert gemäß der Richtlinie (EU) 2015/1535 des Europäischen Parlaments und des Rates vom 9. September 2015 über ein Informationsverfahren auf dem Gebiet der technischen Vorschriften und der Vorschriften für die Dienste der Informationsgesellschaft (ABl. L 241 vom 17.9.2015, S. 1).

Inhaltsübersicht[1)]

Abschnitt 1. Errichtung der Gesellschaft

Abschnitt 2. Rechtsverhältnisse der Gesellschaft und der Gesellschafter

Abschnitt 3. Vertretung und Geschäftsführung

[1)] Inhaltsübersicht eingef. mWv 1.11.2008 durch G v. 23.10.2008 (BGBl. I S. 2026); geänd. mWv 1.5.2015 durch G v. 24.4.2015 (BGBl. I S. 642); mWv 17.6.2016 durch G v. 10.5.2016 (BGBl. I S. 1142); mWv 26.6. 2017 durch G v. 23.6.2017 (BGBl. I S. 1822); mWv 1.1.2021 durch G v. 22.12.2020 (BGBl. I S. 3256); mWv 12.8.2021 durch G v. 7.8.2021 (BGBl. I S. 3311); mWv 1.8.2022 durch G v. 5.7.2021 (BGBl. I S. 3338).

Abschnitt 1.[1] Errichtung der Gesellschaft

§ 1[2] Zweck; Gründerzahl. Gesellschaften mit beschränkter Haftung können nach Maßgabe der Bestimmungen dieses Gesetzes zu jedem gesetzlich zulässigen Zweck durch eine oder mehrere Personen errichtet werden.

§ 2[3] Form des Gesellschaftsvertrags. (1) [1] Der Gesellschaftsvertrag bedarf notarieller Form. [2] Er ist von sämtlichen Gesellschaftern zu unterzeichnen.

(1a) [1] Die Gesellschaft kann in einem vereinfachten Verfahren gegründet werden, wenn sie höchstens drei Gesellschafter und einen Geschäftsführer hat. [2] Für die Gründung im vereinfachten Verfahren ist das in Anlage 1 bestimmte Musterprotokoll zu verwenden. [3] Darüber hinaus dürfen keine vom Gesetz abweichenden Bestimmungen getroffen werden. [4] Das Musterprotokoll gilt zugleich als Gesellschafterliste. [5] Im Übrigen finden auf das Musterprotokoll die Vorschriften dieses Gesetzes über den Gesellschaftsvertrag entsprechende Anwendung.

(2) [1] Die Unterzeichnung durch Bevollmächtigte ist nur auf Grund einer notariell errichteten oder beglaubigten Vollmacht zulässig. [2] Die notarielle Errichtung der Vollmacht kann auch mittels Videokommunikation gemäß den §§ 16a bis 16e des Beurkundungsgesetzes[4] erfolgen.

(3) [1] Die notarielle Beurkundung des Gesellschaftsvertrags kann im Fall einer Gründung ohne Sacheinlagen auch mittels Videokommunikation gemäß den §§ 16a bis 16e des Beurkundungsgesetzes erfolgen. [2] In diesem Fall genügen abweichend von Absatz 1 Satz 2 für die Unterzeichnung die qualifizierten elektronischen Signaturen der mittels Videokommunikation an der Beurkundung teilnehmenden Gesellschaf-

[1] Siehe hierzu auch das MitbestimmungsG **(Habersack, Deutsche Gesetze ErgBd. Nr. 82a)**, das Montan-MitbestimmungsG **(Habersack, Deutsche Gesetze ErgBd. Nr. 82b)** und das MitbestimmungsergänzungsG **(Habersack, Deutsche Gesetze ErgBd. Nr. 82c)**.

[2] § 1 neu gef. durch G v. 4.7.1980 (BGBl. I S. 836).

[3] § 2 Abs. 1 Satz 1 neu gef. durch G v. 4.7.1980 (BGBl. I S. 836); Abs. 2 geänd. durch G v. 28.8.1969 (BGBl. I S. 1513); Abs. 1a eingef. mWv 1.11.2008 durch G v. 23.10.2008 (BGBl. I S. 2026); Abs. 1a Satz 2 geänd., Abs. 3 angef. mWv 1.8.2022 durch G v. 5.7.2021 (BGBl. I S. 3338); Abs. 2 Satz 2 angef., Abs. 3 Satz 1 geänd., Sätze 3 und 4 eingef., bish. Sätze 3 und 4 werden Sätze 5 und 6 mWv 1.8.2022 durch G v. 15.7.2022 (BGBl. I S. 1146).

[4] Nr. **23**.

ter. [3] Sonstige Willenserklärungen, welche nicht der notariellen Form bedürfen, können mittels Videokommunikation gemäß den §§ 16a bis 16e des Beurkundungsgesetzes beurkundet werden; sie müssen in die nach Satz 1 errichtete elektronische Niederschrift aufgenommen werden. [4] Satz 3 ist auf einstimmig gefasste Beschlüsse entsprechend anzuwenden. [5] Die Gründung mittels Videokommunikation kann auch im Wege des vereinfachten Verfahrens nach Absatz 1a oder unter Verwendung der in Anlage 2 bestimmten Musterprotokolle erfolgen. [6] Bei Verwendung der in Anlage 2 bestimmten Musterprotokolle gilt Absatz 1a Satz 3 bis 5 entsprechend.

§ 3[1)] Inhalt des Gesellschaftsvertrags. (1) Der Gesellschaftsvertrag muß enthalten:

1. die Firma und den Sitz der Gesellschaft,
2. den Gegenstand des Unternehmens,
3. den Betrag des Stammkapitals,
4. die Zahl und die Nennbeträge der Geschäftsanteile, die jeder Gesellschafter gegen Einlage auf das Stammkapital (Stammeinlage) übernimmt.

(2) Soll das Unternehmen auf eine gewisse Zeit beschränkt sein oder sollen den Gesellschaftern außer der Leistung von Kapitaleinlagen noch andere Verpflichtungen gegenüber der Gesellschaft auferlegt werden, so bedürfen auch diese Bestimmungen der Aufnahme in den Gesellschaftsvertrag.

§ 4[2)] Firma. [1] Die Firma der Gesellschaft muß, auch wenn sie nach § 22 des Handelsgesetzbuchs[3)] oder nach anderen gesetzlichen Vorschriften fortgeführt wird, die Bezeichnung „Gesellschaft mit beschränkter Haftung" oder eine allgemein verständliche Abkürzung dieser Bezeichnung enthalten. [2] Verfolgt die Gesellschaft ausschließlich und unmittelbar steuerbegünstigte Zwecke nach den §§ 51 bis 68 der Abgabenordnung kann die Abkürzung „gGmbH" lauten.

§ 4a[4)] Sitz der Gesellschaft. Sitz der Gesellschaft ist der Ort im Inland, den der Gesellschaftsvertrag bestimmt.

§ 5[5)] Stammkapital; Geschäftsanteil. (1) Das Stammkapital der Gesellschaft muß mindestens fünfundzwanzigtausend Euro betragen.

(2) [1] Der Nennbetrag jedes Geschäftsanteils muss auf volle Euro lauten. [2] Ein Gesellschafter kann bei Errichtung der Gesellschaft mehrere Geschäftsanteile übernehmen.

(3) [1] Die Höhe der Nennbeträge der einzelnen Geschäftsanteile kann verschieden bestimmt werden. [2] Die Summe der Nennbeträge aller Geschäftsanteile muss mit dem Stammkapital übereinstimmen.

(4) [1] Sollen Sacheinlagen geleistet werden, so müssen der Gegenstand der Sacheinlage und der Nennbetrag des Geschäftsanteils, auf den sich die Sacheinlage bezieht, im Gesellschaftsvertrag festgesetzt werden. [2] Die Gesellschafter haben in einem Sach-

---

[1)] § 3 Abs. 1 Nr. 4 neu gef. mWv 1.11.2008 durch G v. 23.10.2008 (BGBl. I S. 2026).

[2)] § 4 neu gef. durch G v. 22.6.1998 (BGBl. I S. 1474); Satz 2 angef. mWv 29.3.2013 durch G v. 21.3.2013 (BGBl. I S. 556).

[3)] Nr. **50**.

[4)] § 4a eingef. durch G v. 22.6.1998 (BGBl. I S. 1474); bish. Abs. 1 geänd., Abs. 2 aufgeh. mWv 1.11.2008 durch G v. 23.10.2008 (BGBl. I S. 2026).

[5)] § 5 Abs. 1 neu gef. durch G v. 28.6.1926 (RGBl. I S. 315); Abs. 1 geänd., Abs. 4 neu gef. durch G v. 4.7. 1980 (BGBl. I S. 836); Abs. 1 geänd. durch G v. 9.6.1998 (BGBl. I S. 1242); Abs. 1 und 4 Satz 1 geänd., Abs. 2 und 3 neu gef. mWv 1.11.2008 durch G v. 23.10.2008 (BGBl. I S. 2026).

gründungsbericht die für die Angemessenheit der Leistungen für Sacheinlagen wesentlichen Umstände darzulegen und beim Übergang eines Unternehmens auf die Gesellschaft die Jahresergebnisse der beiden letzten Geschäftsjahre anzugeben.

§ 5a[1] **Unternehmergesellschaft.** (1) Eine Gesellschaft, die mit einem Stammkapital gegründet wird, das den Betrag des Mindeststammkapitals nach § 5 Abs. 1 unterschreitet, muss in der Firma abweichend von § 4 die Bezeichnung „Unternehmergesellschaft (haftungsbeschränkt)" oder „UG (haftungsbeschränkt)" führen.

(2) [1] Abweichend von § 7 Abs. 2 darf die Anmeldung erst erfolgen, wenn das Stammkapital in voller Höhe eingezahlt ist. [2] Sacheinlagen sind ausgeschlossen.

(3) [1] In der Bilanz des nach den §§ 242, 264 des Handelsgesetzbuchs[2] aufzustellenden Jahresabschlusses ist eine gesetzliche Rücklage zu bilden, in die ein Viertel des um einen Verlustvortrag aus dem Vorjahr geminderten Jahresüberschusses einzustellen ist. [2] Die Rücklage darf nur verwandt werden

1. für Zwecke des § 57c;
2. zum Ausgleich eines Jahresfehlbetrags, soweit er nicht durch einen Gewinnvortrag aus dem Vorjahr gedeckt ist;
3. zum Ausgleich eines Verlustvortrags aus dem Vorjahr, soweit er nicht durch einen Jahresüberschuss gedeckt ist.

(4) Abweichend von § 49 Abs. 3 muss die Versammlung der Gesellschafter bei drohender Zahlungsunfähigkeit unverzüglich einberufen werden.

(5) Erhöht die Gesellschaft ihr Stammkapital so, dass es den Betrag des Mindeststammkapitals nach § 5 Abs. 1 erreicht oder übersteigt, finden die Absätze 1 bis 4 keine Anwendung mehr; die Firma nach Absatz 1 darf beibehalten werden.

§ 6[3] [4] **Geschäftsführer.** (1) Die Gesellschaft muß einen oder mehrere Geschäftsführer haben.

(2) [1] Geschäftsführer kann nur eine natürliche, unbeschränkt geschäftsfähige Person sein. [2] Geschäftsführer kann nicht sein, wer

1. als Betreuter bei der Besorgung seiner Vermögensangelegenheiten ganz oder teilweise einem Einwilligungsvorbehalt (§ 1825 des Bürgerlichen Gesetzbuchs[5]) unterliegt,
2. aufgrund eines gerichtlichen Urteils oder einer vollziehbaren Entscheidung einer Verwaltungsbehörde einen Beruf, einen Berufszweig, ein Gewerbe oder einen Gewerbezweig nicht ausüben darf, sofern der Unternehmensgegenstand ganz oder teilweise mit dem Gegenstand des Verbots übereinstimmt,
3. wegen einer oder mehrerer vorsätzlich begangener Straftaten
   a) des Unterlassens der Stellung des Antrags auf Eröffnung des Insolvenzverfahrens (Insolvenzverschleppung),
   b) nach den §§ 283 bis 283d des Strafgesetzbuchs[6] (Insolvenzstraftaten),

---

[1] § 5a eingef. mWv 1.11.2008 durch G v. 23.10.2008 (BGBl. I S. 2026).

[2] Nr. **50**.

[3] § 6 Abs. 2 eingef., bish. Abs. 2 und 3 werden Abs. 3 und 4 durch G v. 4.7.1980 (BGBl. I S. 836); Abs. 2 Satz 2 eingef., bish. Sätze 2 und 3 werden Sätze 3 und 4 durch G v. 12.9.1990 (BGBl. I S. 2002); Abs. 2 Sätze 2 und 3 neu gef., Satz 4 aufgeh., Abs. 5 angef. mWv 1.11.2008 durch G v. 23.10.2008 (BGBl. I S. 2026); Abs. 2 Satz 2 Nr. 1 geänd. mWv 1.1.2023 durch G v. 4.5.2021 (BGBl. I S. 882); Abs. 2 Satz 3 eingef., bish. Satz 3 wird Satz 4 mWv 1.8.2022 durch G v. 5.7.2021 (BGBl. I S. 3338).

[4] Beachte hierzu Übergangsvorschrift in § 11 EGGmbHG (Nr. **52/1**).

[5] Nr. **20**.

[6] Nr. **85**.

c) der falschen Angaben nach § 82 dieses Gesetzes oder § 399 des Aktiengesetzes[1)],

d) der unrichtigen Darstellung nach § 400 des Aktiengesetzes, § 331 des Handelsgesetzbuchs[2)], § 313 des Umwandlungsgesetzes[3)] oder § 17 des Publizitätsgesetzes[4)] oder

e) nach den §§ 263 bis 264a oder den §§ 265b bis 266a des Strafgesetzbuchs zu einer Freiheitsstrafe von mindestens einem Jahr

verurteilt worden ist; dieser Ausschluss gilt für die Dauer von fünf Jahren seit der Rechtskraft des Urteils, wobei die Zeit nicht eingerechnet wird, in welcher der Täter auf behördliche Anordnung in einer Anstalt verwahrt worden ist.

[3] Satz 2 Nummer 2 gilt entsprechend, wenn die Person in einem anderen Mitgliedstaat der Europäischen Union oder einem anderen Vertragsstaat des Abkommens über den Europäischen Wirtschaftsraum einem vergleichbaren Verbot unterliegt. [4] Satz 2 Nr. 3 gilt entsprechend bei einer Verurteilung im Ausland wegen einer Tat, die mit den in Satz 2 Nr. 3 genannten Taten vergleichbar ist.

(3) [1] Zu Geschäftsführern können Gesellschafter oder andere Personen bestellt werden. [2] Die Bestellung erfolgt entweder im Gesellschaftsvertrag oder nach Maßgabe der Bestimmungen des dritten Abschnitts.

(4) Ist im Gesellschaftsvertrag bestimmt, daß sämtliche Gesellschafter zur Geschäftsführung berechtigt sein sollen, so gelten nur die der Gesellschaft bei Festsetzung dieser Bestimmung angehörenden Personen als die bestellten Geschäftsführer.

(5) Gesellschafter, die vorsätzlich oder grob fahrlässig einer Person, die nicht Geschäftsführer sein kann, die Führung der Geschäfte überlassen, haften der Gesellschaft solidarisch für den Schaden, der dadurch entsteht, dass diese Person die ihr gegenüber der Gesellschaft bestehenden Obliegenheiten verletzt.

§ 7[5)] Anmeldung der Gesellschaft. (1) Die Gesellschaft ist bei dem Gericht, in dessen Bezirk sie ihren Sitz hat, zur Eintragung in das Handelsregister anzumelden.

(2) [1] Die Anmeldung darf erst erfolgen, wenn auf jeden Geschäftsanteil, soweit nicht Sacheinlagen vereinbart sind, ein Viertel des Nennbetrags eingezahlt ist. [2] Insgesamt muß auf das Stammkapital mindestens soviel eingezahlt sein, daß der Gesamtbetrag der eingezahlten Geldeinlagen zuzüglich des Gesamtnennbetrags der Geschäftsanteile, für die Sacheinlagen zu leisten sind, die Hälfte des Mindeststammkapitals gemäß § 5 Abs. 1 erreicht.

(3) Die Sacheinlagen sind vor der Anmeldung der Gesellschaft zur Eintragung in das Handelsregister so an die Gesellschaft zu bewirken, daß sie endgültig zur freien Verfügung der Geschäftsführer stehen.

§ 8[6) 7)] Inhalt der Anmeldung. (1) Der Anmeldung müssen beigefügt sein:

[1)] Nr. **51**.

[2)] Nr. **50**.

[3)] Nr. **52a**.

[4)] Nr. **52b**.

[5)] § 7 Abs. 2 neu gef., Abs. 3 angef. durch G v. 4.7.1980 (BGBl. I S. 836); Abs. 2 Satz 2 geänd. durch G v. 9.6.1998 (BGBl. I S. 1242); Abs. 2 Sätze 1 und 2 geänd., Satz 3 aufgeh. mWv 1.11.2008 durch G v. 23.10.2008 (BGBl. I S. 2026).

[6)] § 8 Abs. 1 Nr. 4 und 5 eingef., bish. Nr. 4 wird Nr. 6, Abs. 2 neu gef. durch G v. 4.7.1980 (BGBl. I S. 836); Abs. 3 eingef., bish. Abs. 3 wird Abs. 4 durch G v. 15.8.1969 (BGBl. I S. 1146); Abs. 3 eingef., bish. Abs. 3 und 4 werden Abs. 4 und 5 durch G v. 4.7.1980 (BGBl. I S. 836); Abs. 3 Satz 1 geänd. durch G v. 12.9.1990 (BGBl. I S. 2002); Abs. 5 neu gef. mWv 1.1.2007 durch G v. 10.11.2006 (BGBl. I S. 2553); Abs. 1 Nr. 5 geänd., Nr. 6 aufgeh., Abs. 2 Satz 1, Abs. 3 Satz 1 geänd., Abs. 4 neu gef. mWv 1.11.2008 durch G v. 23.10.2008 (BGBl. I S. 2026); Abs. 1 Nr. 3 neu gef. mWv 26.6.2017 durch G v. 23.6.2017 (BGBl. I S. 1822); Abs. 1 →

1. der Gesellschaftsvertrag und im Fall des § 2 Abs. 2 die Vollmachten der Vertreter, welche den Gesellschaftsvertrag unterzeichnet haben, oder eine beglaubigte Abschrift dieser Urkunden,
2. die Legitimation der Geschäftsführer, sofern dieselben nicht im Gesellschaftsvertrag bestellt sind,
3. eine von den Anmeldenden unterschriebene oder mit den qualifizierten elektronischen Signaturen der Anmeldenden versehene Liste der Gesellschafter nach den Vorgaben des § 40,
4. im Fall des § 5 Abs. 4 die Verträge, die den Festsetzungen zugrunde liegen oder zu ihrer Ausführung geschlossen worden sind, und der Sachgründungsbericht,
5. wenn Sacheinlagen vereinbart sind, Unterlagen darüber, daß der Wert der Sacheinlagen den Nennbetrag der dafür übernommenen Geschäftsanteile erreicht.

(2) [1] In der Anmeldung ist die Versicherung abzugeben, daß die in § 7 Abs. 2 und 3 bezeichneten Leistungen auf die Geschäftsanteile bewirkt sind und daß der Gegenstand der Leistungen sich endgültig in der freien Verfügung der Geschäftsführer befindet. [2] Das Gericht kann bei erheblichen Zweifeln an der Richtigkeit der Versicherung Nachweise wie insbesondere die Vorlage von Einzahlungsbelegen eines in der Europäischen Union niedergelassenen Finanzinstituts oder Zahlungsdienstleisters verlangen.

(3) [1] In der Anmeldung haben die Geschäftsführer zu versichern, daß keine Umstände vorliegen, die ihrer Bestellung nach § 6 Abs. 2 Satz 2 Nr. 2 und 3 sowie Satz 3 und 4 entgegenstehen, und daß sie über ihre unbeschränkte Auskunftspflicht gegenüber dem Gericht belehrt worden sind. [2] Die Belehrung nach § 53 Abs. 2 des Bundeszentralregistergesetzes[1)] kann schriftlich vorgenommen werden; sie kann auch durch einen Notar oder einen im Ausland bestellten Notar, durch einen Vertreter eines vergleichbaren rechtsberatenden Berufs oder einen Konsularbeamten erfolgen.

(4) In der Anmeldung sind ferner anzugeben:
1. eine inländische Geschäftsanschrift,
2. Art und Umfang der Vertretungsbefugnis der Geschäftsführer.

(5) Für die Einreichung von Unterlagen nach diesem Gesetz gilt § 12 Abs. 2 des Handelsgesetzbuchs[2)] entsprechend.

§ 9[3)] Überbewertung der Sacheinlagen. (1) [1] Erreicht der Wert einer Sacheinlage im Zeitpunkt der Anmeldung der Gesellschaft zur Eintragung in das Handelsregister nicht den Nennbetrag des dafür übernommenen Geschäftsanteils, hat der Gesellschafter in Höhe des Fehlbetrags eine Einlage in Geld zu leisten. [2] Sonstige Ansprüche bleiben unberührt.

(2) Der Anspruch der Gesellschaft nach Absatz 1 Satz 1 verjährt in zehn Jahren seit der Eintragung der Gesellschaft in das Handelsregister.

(Fortsetzung der Anm. von voriger Seite)
Nr. 3 geänd., Abs. 2 Satz 2 neu gef., Abs. 3 Satz 1 geänd. mWv 1.8.2022 durch G v. 5.7.2021 (BGBl. I S. 3338).

[7)] Beachte hierzu Übergangsvorschriften in §§ 8 und 11 EGGmbHG (Nr. **52/1**).

[1)] Nr. **92**.

[2)] Nr. **50**.

[3)] § 9 neu gef. durch G v. 4.7.1980 (BGBl. I S. 836); Abs. 2 geänd. mWv 15.12.2004 durch G v. 9.12.2004 (BGBl. I S. 3214); Abs. 1 Satz 1 geänd., Satz 2 angef., Abs. 2 geänd. mWv 1.11.2008 durch G v. 23.10.2008 (BGBl. I S. 2026).

§ 9a[1)] Ersatzansprüche der Gesellschaft. (1) Werden zum Zweck der Errichtung der Gesellschaft falsche Angaben gemacht, so haben die Gesellschafter und Geschäftsführer der Gesellschaft als Gesamtschuldner fehlende Einzahlungen zu leisten, eine Vergütung, die nicht unter den Gründungsaufwand aufgenommen ist, zu ersetzen und für den sonst entstehenden Schaden Ersatz zu leisten.

(2) Wird die Gesellschaft von Gesellschaftern durch Einlagen oder Gründungsaufwand vorsätzlich oder aus grober Fahrlässigkeit geschädigt, so sind ihr alle Gesellschafter als Gesamtschuldner zum Ersatz verpflichtet.

(3) Von diesen Verpflichtungen ist ein Gesellschafter oder ein Geschäftsführer befreit, wenn er die die Ersatzpflicht begründenden Tatsachen weder kannte noch bei Anwendung der Sorgfalt eines ordentlichen Geschäftsmannes kennen mußte.

(4) [1] Neben den Gesellschaftern sind in gleicher Weise Personen verantwortlich, für deren Rechnung die Gesellschafter Geschäftsanteile übernommen haben. [2] Sie können sich auf ihre eigene Unkenntnis nicht wegen solcher Umstände berufen, die ein für ihre Rechnung handelnder Gesellschafter kannte oder bei Anwendung der Sorgfalt eines ordentlichen Geschäftsmannes kennen mußte.

§ 9b[2)] Verzicht auf Ersatzansprüche. (1) [1] Ein Verzicht der Gesellschaft auf Ersatzansprüche nach § 9a oder ein Vergleich der Gesellschaft über diese Ansprüche ist unwirksam, soweit der Ersatz zur Befriedigung der Gläubiger der Gesellschaft erforderlich ist. [2] Dies gilt nicht, wenn der Ersatzpflichtige zahlungsunfähig ist und sich zur Abwendung des Insolvenzverfahrens mit seinen Gläubigern vergleicht oder wenn die Ersatzpflicht in einem Insolvenzplan geregelt wird.

(2) [1] Ersatzansprüche der Gesellschaft nach § 9a verjähren in fünf Jahren. [2] Die Verjährung beginnt mit der Eintragung der Gesellschaft in das Handelsregister oder, wenn die zum Ersatz verpflichtende Handlung später begangen worden ist, mit der Vornahme der Handlung.

§ 9c[3)] Ablehnung der Eintragung. (1) [1] Ist die Gesellschaft nicht ordnungsgemäß errichtet und angemeldet, so hat das Gericht die Eintragung abzulehnen. [2] Dies gilt auch, wenn Sacheinlagen nicht unwesentlich überbewertet worden sind.

(2) Wegen einer mangelhaften, fehlenden oder nichtigen Bestimmung des Gesellschaftsvertrages darf das Gericht die Eintragung nach Absatz 1 nur ablehnen, soweit diese Bestimmung, ihr Fehlen oder ihre Nichtigkeit

1. Tatsachen oder Rechtsverhältnisse betrifft, die nach § 3 Abs. 1 oder auf Grund anderer zwingender gesetzlicher Vorschriften in dem Gesellschaftsvertrag bestimmt sein müssen oder die in das Handelsregister einzutragen oder von dem Gericht bekanntzumachen sind,
2. Vorschriften verletzt, die ausschließlich oder überwiegend zum Schutze der Gläubiger der Gesellschaft oder sonst im öffentlichen Interesse gegeben sind, oder
3. die Nichtigkeit des Gesellschaftsvertrages zur Folge hat.

[1)] § 9a eingef. durch G v. 4.7.1980 (BGBl. I S. 836); Abs. 4 Satz 1 geänd. mWv 1.11.2008 durch G v. 23.10. 2008 (BGBl. I S. 2026).

[2)] § 9b eingef. durch G v. 4.7.1980 (BGBl. I S. 836); Abs. 1 Satz 2 neu gef. durch G v. 5.10.1994 (BGBl. I S. 2911).

[3)] § 9c eingef. durch G v. 4.7.1980 (BGBl. I S. 836); Abs. 2 angef. durch G v. 22.6.1998 (BGBl. I S. 1474); Abs. 1 Satz 2 geänd. mWv 1.11.2008 durch G v. 23.10.2008 (BGBl. I S. 2026).

Lfd. Nr.	Änderndes Gesetz	Datum	Fundstelle	Betroffen	Hinweis
33.	Art. 4 G zur Änd. des EnergiesicherungsG 1975 und anderer energiewirtschaftlicher Vorschriften	20.5.2022	BGBl. I S. 730	§ 185	geänd. mWv 22.5.2022
34.	Art. 2 G zur Änd. des Energiewirtschaftsrechts im Zusammenhang mit dem Klimaschutz-Sofortprogramm und zu Anpassungen im Recht der Endkundenbelieferung	19.7.2022	BGBl. I S. 1214	Inhaltsübersicht, §§ 29, 47k, 81, 187 § 186	geänd. mWv 29.7.2022 eingef. mWv 29.7.2022

gegen das Unternehmen eine Geldbuße nach § 30 des Gesetzes über Ordnungswidrigkeiten[1] rechtskräftig festgesetzt worden ist wegen einer Straftat nach:

1. § 129 des Strafgesetzbuchs[2] (Bildung krimineller Vereinigungen), § 129a des Strafgesetzbuchs (Bildung terroristischer Vereinigungen) oder § 129b des Strafgesetzbuchs (Kriminelle und terroristische Vereinigungen im Ausland),
2. § 89c des Strafgesetzbuchs (Terrorismusfinanzierung) oder wegen der Teilnahme an einer solchen Tat oder wegen der Bereitstellung oder Sammlung finanzieller Mittel in Kenntnis dessen, dass diese finanziellen Mittel ganz oder teilweise dazu verwendet werden oder verwendet werden sollen, eine Tat nach § 89a Absatz 2 Nummer 2 des Strafgesetzbuchs zu begehen,
3. § 261 des Strafgesetzbuchs (Geldwäsche),
4. § 263 des Strafgesetzbuchs (Betrug), soweit sich die Straftat gegen den Haushalt der Europäischen Union oder gegen Haushalte richtet, die von der Europäischen Union oder in ihrem Auftrag verwaltet werden,
5. § 264 des Strafgesetzbuchs (Subventionsbetrug), soweit sich die Straftat gegen den Haushalt der Europäischen Union oder gegen Haushalte richtet, die von der Europäischen Union oder in ihrem Auftrag verwaltet werden,
6. § 299 des Strafgesetzbuchs (Bestechlichkeit und Bestechung im geschäftlichen Verkehr), §§ 299a und 299b des Strafgesetzbuchs (Bestechlichkeit und Bestechung im Gesundheitswesen),
7. § 108e des Strafgesetzbuchs (Bestechlichkeit und Bestechung von Mandatsträgern),
8. den §§ 333 und 334 des Strafgesetzbuchs (Vorteilsgewährung und Bestechung), jeweils auch in Verbindung mit § 335a des Strafgesetzbuchs (Ausländische und internationale Bedienstete),
9. Artikel 2 § 2 des Gesetzes zur Bekämpfung internationaler Bestechung (Bestechung ausländischer Abgeordneter im Zusammenhang mit internationalem Geschäftsverkehr) oder
10. den §§ 232, 232a Absatz 1 bis 5, den §§ 232b bis 233a des Strafgesetzbuches (Menschenhandel, Zwangsprostitution, Zwangsarbeit, Ausbeutung der Arbeitskraft, Ausbeutung unter Ausnutzung einer Freiheitsberaubung).

(2) Einer Verurteilung oder der Festsetzung einer Geldbuße im Sinne des Absatzes 1 stehen eine Verurteilung oder die Festsetzung einer Geldbuße nach den vergleichbaren Vorschriften anderer Staaten gleich.

(3) Das Verhalten einer rechtskräftig verurteilten Person ist einem Unternehmen zuzurechnen, wenn diese Person als für die Leitung des Unternehmens Verantwortlicher gehandelt hat; dazu gehört auch die Überwachung der Geschäftsführung oder die sonstige Ausübung von Kontrollbefugnissen in leitender Stellung.

(4) [1] Öffentliche Auftraggeber schließen ein Unternehmen zu jedem Zeitpunkt des Vergabeverfahrens von der Teilnahme an einem Vergabeverfahren aus, wenn

1. das Unternehmen seinen Verpflichtungen zur Zahlung von Steuern, Abgaben oder Beiträgen zur Sozialversicherung nicht nachgekommen ist und dies durch eine rechtskräftige Gerichts- oder bestandskräftige Verwaltungsentscheidung festgestellt wurde oder

---

[1] Nr. **94**.
[2] Nr. **85**.

2. die öffentlichen Auftraggeber auf sonstige geeignete Weise die Verletzung einer Verpflichtung nach Nummer 1 nachweisen können.

[2] Satz 1 ist nicht anzuwenden, wenn das Unternehmen seinen Verpflichtungen dadurch nachgekommen ist, dass es die Zahlung vorgenommen oder sich zur Zahlung der Steuern, Abgaben und Beiträge zur Sozialversicherung einschließlich Zinsen, Säumnis- und Strafzuschlägen verpflichtet hat.

(5) [1] Von einem Ausschluss nach Absatz 1 kann abgesehen werden, wenn dies aus zwingenden Gründen des öffentlichen Interesses geboten ist. [2] Von einem Ausschluss nach Absatz 4 Satz 1 kann abgesehen werden, wenn dies aus zwingenden Gründen des öffentlichen Interesses geboten ist oder ein Ausschluss offensichtlich unverhältnismäßig wäre. [3] § 125 bleibt unberührt.

§ 124[1)] Fakultative Ausschlussgründe. (1) Öffentliche Auftraggeber können unter Berücksichtigung des Grundsatzes der Verhältnismäßigkeit ein Unternehmen zu jedem Zeitpunkt des Vergabeverfahrens von der Teilnahme an einem Vergabeverfahren ausschließen, wenn

1. das Unternehmen bei der Ausführung öffentlicher Aufträge nachweislich gegen geltende umwelt-, sozial- oder arbeitsrechtliche Verpflichtungen verstoßen hat,
2. das Unternehmen zahlungsunfähig ist, über das Vermögen des Unternehmens ein Insolvenzverfahren oder ein vergleichbares Verfahren beantragt oder eröffnet worden ist, die Eröffnung eines solchen Verfahrens mangels Masse abgelehnt worden ist, sich das Unternehmen im Verfahren der Liquidation befindet oder seine Tätigkeit eingestellt hat,
3. das Unternehmen im Rahmen der beruflichen Tätigkeit nachweislich eine schwere Verfehlung begangen hat, durch die die Integrität des Unternehmens infrage gestellt wird; § 123 Absatz 3 ist entsprechend anzuwenden,
4. der öffentliche Auftraggeber über hinreichende Anhaltspunkte dafür verfügt, dass das Unternehmen mit anderen Unternehmen Vereinbarungen getroffen oder Verhaltensweisen aufeinander abgestimmt hat, die eine Verhinderung, Einschränkung oder Verfälschung des Wettbewerbs bezwecken oder bewirken,
5. ein Interessenkonflikt bei der Durchführung des Vergabeverfahrens besteht, der die Unparteilichkeit und Unabhängigkeit einer für den öffentlichen Auftraggeber tätigen Person bei der Durchführung des Vergabeverfahrens beeinträchtigen könnte und der durch andere, weniger einschneidende Maßnahmen nicht wirksam beseitigt werden kann,
6. eine Wettbewerbsverzerrung daraus resultiert, dass das Unternehmen bereits in die Vorbereitung des Vergabeverfahrens einbezogen war, und diese Wettbewerbsverzerrung nicht durch andere, weniger einschneidende Maßnahmen beseitigt werden kann,
7. das Unternehmen eine wesentliche Anforderung bei der Ausführung eines früheren öffentlichen Auftrags oder Konzessionsvertrags erheblich oder fortdauernd mangelhaft erfüllt hat und dies zu einer vorzeitigen Beendigung, zu Schadensersatz oder zu einer vergleichbaren Rechtsfolge geführt hat,
8. das Unternehmen in Bezug auf Ausschlussgründe oder Eignungskriterien eine schwerwiegende Täuschung begangen oder Auskünfte zurückgehalten hat oder nicht in der Lage ist, die erforderlichen Nachweise zu übermitteln, oder

---

[1)] § 124 neu gef. mWv 18.4.2016 durch G v. 17.2.2016 (BGBl. I S. 203); Abs. 1 Nr. 4 geänd. mWv 29.7.2017 durch G v. 18.7.2017 (BGBl. I S. 2739); Abs. 2 geänd. mWv 1.1.2023 durch G v. 16.7.2021 (BGBl. I S. 2959).

9. das Unternehmen
   a) versucht hat, die Entscheidungsfindung des öffentlichen Auftraggebers in unzulässiger Weise zu beeinflussen,
   b) versucht hat, vertrauliche Informationen zu erhalten, durch die es unzulässige Vorteile beim Vergabeverfahren erlangen könnte, oder
   c) fahrlässig oder vorsätzlich irreführende Informationen übermittelt hat, die die Vergabeentscheidung des öffentlichen Auftraggebers erheblich beeinflussen könnten, oder versucht hat, solche Informationen zu übermitteln.

(2) § 21 des Arbeitnehmer-Entsendegesetzes[1)], § 98c des Aufenthaltsgesetzes[2)], § 19 des Mindestlohngesetzes[3)], § 21 des Schwarzarbeitsbekämpfungsgesetzes[4)] und § 22 des Lieferkettensorgfaltspflichtengesetzes vom 16. Juli 2021 (BGBl. I S. 2959) bleiben unberührt.

§ 125[5)] Selbstreinigung. (1) [1]Öffentliche Auftraggeber schließen ein Unternehmen, bei dem ein Ausschlussgrund nach § 123 oder § 124 vorliegt, nicht von der Teilnahme an dem Vergabeverfahren aus, wenn das Unternehmen dem öffentlichen Auftraggeber oder nach § 8 des Wettbewerbsregistergesetzes dem Bundeskartellamt nachgewiesen hat, dass es

1. für jeden durch eine Straftat oder ein Fehlverhalten verursachten Schaden einen Ausgleich gezahlt oder sich zur Zahlung eines Ausgleichs verpflichtet hat,
2. die Tatsachen und Umstände, die mit der Straftat oder dem Fehlverhalten und dem dadurch verursachten Schaden in Zusammenhang stehen, durch eine aktive Zusammenarbeit mit den Ermittlungsbehörden und dem öffentlichen Auftraggeber umfassend geklärt hat und
3. konkrete technische, organisatorische und personelle Maßnahmen ergriffen hat, die geeignet sind, weitere Straftaten oder weiteres Fehlverhalten zu vermeiden.

[2]§ 123 Absatz 4 Satz 2 bleibt unberührt.

(2) [1]Bei der Bewertung der von dem Unternehmen ergriffenen Selbstreinigungsmaßnahmen sind die Schwere und die besonderen Umstände der Straftat oder des Fehlverhaltens zu berücksichtigen. [2]Die Entscheidung, dass die Selbstreinigungsmaßnahmen des Unternehmens als unzureichend bewertet werden, ist gegenüber dem Unternehmen zu begründen.

§ 126[6)] Zulässiger Zeitraum für Ausschlüsse. Wenn ein Unternehmen, bei dem ein Ausschlussgrund vorliegt, keine oder keine ausreichenden Selbstreinigungsmaßnahmen nach § 125 ergriffen hat, darf es

1. bei Vorliegen eines Ausschlussgrundes nach § 123 höchstens fünf Jahre ab dem Tag der rechtskräftigen Verurteilung von der Teilnahme an Vergabeverfahren ausgeschlossen werden,
2. bei Vorliegen eines Ausschlussgrundes nach § 124 höchstens drei Jahre ab dem betreffenden Ereignis von der Teilnahme an Vergabeverfahren ausgeschlossen werden.

[1)] **Loseblatt-Textsammlung Arbeitsrecht Nr. 506.**

[2)] **Sartorius Nr. 565.**

[3)] **Habersack, Deutsche Gesetze ErgBd. Nr. 80c.**

[4)] **Habersack, Deutsche Gesetze ErgBd. Nr. 94b.**

[5)] § 125 neu gef. mWv 1.12.2021 durch G v. 18.7.2017 (BGBl. I S. 2739, geänd. durch G v. 18.1.2021, BGBl. I S. 2) iVm Bek. v. 18.10.2021 (BAnz AT 29.10.2021 B3) und Bek. v. 16.2.2022 (BGBl. I S. 306).

[6)] § 126 neu gef. mWv 18.4.2016 durch G v. 17.2.2016 (BGBl. I S. 203).

§ 127[1)] Zuschlag. (1) [1] Der Zuschlag wird auf das wirtschaftlichste Angebot erteilt. [2] Grundlage dafür ist eine Bewertung des öffentlichen Auftraggebers, ob und inwieweit das Angebot die vorgegebenen Zuschlagskriterien erfüllt. [3] Das wirtschaftlichste Angebot bestimmt sich nach dem besten Preis-Leistungs-Verhältnis. [4] Zu dessen Ermittlung können neben dem Preis oder den Kosten auch qualitative, umweltbezogene oder soziale Aspekte berücksichtigt werden.

(2) Verbindliche Vorschriften zur Preisgestaltung sind bei der Ermittlung des wirtschaftlichsten Angebots zu beachten.

(3) [1] Die Zuschlagskriterien müssen mit dem Auftragsgegenstand in Verbindung stehen. [2] Diese Verbindung ist auch dann anzunehmen, wenn sich ein Zuschlagskriterium auf Prozesse im Zusammenhang mit der Herstellung, Bereitstellung oder Entsorgung der Leistung, auf den Handel mit der Leistung oder auf ein anderes Stadium im Lebenszyklus der Leistung bezieht, auch wenn sich diese Faktoren nicht auf die materiellen Eigenschaften des Auftragsgegenstandes auswirken.

(4) [1] Die Zuschlagskriterien müssen so festgelegt und bestimmt sein, dass die Möglichkeit eines wirksamen Wettbewerbs gewährleistet wird, der Zuschlag nicht willkürlich erteilt werden kann und eine wirksame Überprüfung möglich ist, ob und inwieweit die Angebote die Zuschlagskriterien erfüllen. [2] Lassen öffentliche Auftraggeber Nebenangebote zu, legen sie die Zuschlagskriterien so fest, dass sie sowohl auf Hauptangebote als auch auf Nebenangebote anwendbar sind.

(5) Die Zuschlagskriterien und deren Gewichtung müssen in der Auftragsbekanntmachung oder den Vergabeunterlagen aufgeführt werden.

§ 128[1)] Auftragsausführung. (1) Unternehmen haben bei der Ausführung des öffentlichen Auftrags alle für sie geltenden rechtlichen Verpflichtungen einzuhalten, insbesondere Steuern, Abgaben und Beiträge zur Sozialversicherung zu entrichten, die arbeitsschutzrechtlichen Regelungen einzuhalten und den Arbeitnehmerinnen und Arbeitnehmern wenigstens diejenigen Mindestarbeitsbedingungen

(Fortsetzung nächstes Blatt)

[1)] Teil 4 (§§ 97–184) neu gef. mWv 18.4.2016 durch G v. 17.2.2016 (BGBl. I S. 203).

Lfd. Nr.	Änderndes Gesetz	Datum	Fundstelle	Betroffen	Hinweis
39.	Art. 1 G zur Stärkung der Verfahrensrechte von Beschuldigten im Jugendstrafverfahren[1]	9.12.2019	BGBl. I S. 2146	§§ 1, 38, 43, 44, 50, 51, 67, 68, 70, 70b, 78, 89c, 92, 93, 104, 109, 110	geänd. mWv 17.12.2019
				§ 67a	neu gef. mWv 17.12.2019
				§§ 46a, 51a, 68a, 68b, 70a, 70c	eingef. mWv 17.12.2019
				§ 70c	geänd. mWv 1.1.2020
40.	Art. 15 Abs. 25 G zur Reform des Vormundschafts- und Betreuungsrechts	4.5.2021	BGBl. I S. 882	§ 34	geänd. mWv 1.1.2023
41.	Art. 8 Kinder- und JugendstärkungsG	3.6.2021	BGBl. I S. 1444	§ 37a	eingef. mWv 10.6.2021
42.	Art. 6 G zur Bekämpfung sexualisierter Gewalt gegen Kinder	16.6.2021	BGBl. I S. 1810	§ 106	geänd. mWv 1.7.2021
				§ 37	geänd. mWv 1.1.2022
43.	Art. 21 G zur Fortentwicklung der StrafprozessO und zur Änd. weiterer Vorschriften	25.6.2021	BGBl. I S. 2099	§§ 35, 81, 109	geänd. mWv 1.7.2021

[1] **Amtl. Anm.:** Dieses Gesetz dient der Umsetzung der Richtlinie (EU) 2016/800 des Europäischen Parlaments und des Rates vom 11. Mai 2016 über Verfahrensgarantien für Kinder, die Verdächtige oder beschuldigte Personen in Strafverfahren sind (ABl. L 132 vom 21.5.2016, S. 1).

Jugendstrafrecht, wenn das Schwergewicht bei den Straftaten liegt, die nach Jugendstrafrecht zu beurteilen wären. [2] Ist dies nicht der Fall, so ist einheitlich das allgemeine Strafrecht anzuwenden.

Zweites Hauptstück. Jugendgerichtsverfassung und Jugendstrafverfahren

Erster Abschnitt. Jugendgerichtsverfassung

§ 33[1)] Jugendgerichte. (1) Über Verfehlungen Jugendlicher entscheiden die Jugendgerichte.

(2) Jugendgerichte sind der Strafrichter als Jugendrichter, das Schöffengericht (Jugendschöffengericht) und die Strafkammer (Jugendkammer).

(3) [1] Die Landesregierungen werden ermächtigt, durch Rechtsverordnung zu regeln, daß ein Richter bei einem Amtsgericht zum Jugendrichter für den Bezirk mehrerer Amtsgerichte (Bezirksjugendrichter) bestellt und daß bei einem Amtsgericht ein gemeinsames Jugendschöffengericht für den Bezirk mehrerer Amtsgerichte eingerichtet wird. [2] Die Landesregierungen können die Ermächtigung durch Rechtsverordnung auf die Landesjustizverwaltungen übertragen.[2)]

§ 33a[3)] Besetzung des Jugendschöffengerichts. (1) [1] Das Jugendschöffengericht besteht aus dem Jugendrichter als Vorsitzenden und zwei Jugendschöffen. [2] Als Jugendschöffen sollen zu jeder Hauptverhandlung ein Mann und eine Frau herangezogen werden.

(2) Bei Entscheidungen außerhalb der Hauptverhandlung wirken die Jugendschöffen nicht mit.

§ 33b[4)] Besetzung der Jugendkammer. (1) Die Jugendkammer ist mit drei Richtern einschließlich des Vorsitzenden und zwei Jugendschöffen (große Jugendkammer), in Verfahren über Berufungen gegen Urteile des Jugendrichters mit dem Vorsitzenden und zwei Jugendschöffen (kleine Jugendkammer) besetzt.

[1)] § 33 Abs. 3 aufgeh., bish. Abs. 4 wird Abs. 3 durch G v. 11.1.1993 (BGBl. I S. 50).

[2)] Die Länder haben hierzu ua folgende Vorschriften erlassen: **Baden-Württemberg:** §§ 21 und 23 ZuVOJu v. 20.11.1998 (GBl. S. 680), zuletzt geänd. durch VO v. 21.12.2021 (GBl. 2022 S. 1); **Bayern:** GZVJu v. 11.6.2012 (GVBl. S. 295), zuletzt geänd. durch V v. 12.9.2022 (GVBl. S. 633); **Berlin:** ZuwV v. 8.5.2008 (GVBl. S. 116), zuletzt geänd. durch VO v. 20.12.2021 (GVBl. S. 1396); **Brandenburg:** GerZV v. 2.9.2014 (GVBl. II Nr. 62), zuletzt geänd. durch G v. 30.6.2022 (GVBl. I Nr. 16); **Hamburg:** WeiterübertragungsVO-JugendgerichtsG v. 22.1.2002 (HmbGVBl. S. 11), zuletzt geänd. durch VO v. 6.10.2020 (HmbGVBl. S. 523), VO über die Zuständigkeit des Amtsgerichts Hamburg in Strafsachen gegen Jugendliche und Heranwachsende v. 18.3.2004 (HmbGVBl. S. 182); **Hessen:** JuZuV v. 3.6.2013 (GVBl. S. 386), zuletzt geänd. durch VO v. 17.5.2022 (GVBl. S. 360); **Niedersachsen:** Subdelegations-VO-Justiz v. 6.7.2007 (Nds. GVBl. S. 244), zuletzt geänd. durch VO v. 11.8.2022 (Nds. GVBl. S. 484); **Nordrhein-Westfalen:** VO über die Zuständigkeit der Amtsgerichte in Strafsachen gegen Erwachsene, in Jugendstrafsachen, in Bußgeldverfahren und Abschiebungshaftsachen v. 5.7.2010 (GV. NRW. S. 422), zuletzt geänd. durch VO v. 22.2.2022 (GV. NRW. S. 308); **Rheinland-Pfalz:** LandesVO über die gerichtliche Zuständigkeit in Strafsachen und Bußgeldverfahren v. 19.11.1985 (GVBl. S. 265), zuletzt geänd. durch VO v. 11.8.2017 (GVBl. S. 186); **Sachsen-Anhalt:** VO zur Übertragung von Verordnungsermächtigungen im Bereich der Justiz v. 28.3.2008 (GVBl. LSA S. 137), zuletzt geänd. durch VO v. 14.12.2021 (GVBl. LSA S. 612); **Schleswig-Holstein:** JErmÜVO v. 4.12.1996 (GVOBl. Schl.-H. S. 720), zuletzt geänd. durch VO v. 29.4.2022 (GVOBl. Schl.-H. S. 601).

[3)] § 33a eingef. durch G v. 11.1.1993 (BGBl. I S. 50); Überschrift neu gef. mWv 1.1.2012 durch G v. 6.12.2011 (BGBl. I S. 2554).

[4)] § 33b eingef. mWv 1.3.1993, Abs. 2 aufgeh. mWv 1.1.2012 durch G v. 11.1.1993 (BGBl. I S. 50, geänd. durch G v. 22.12.1997, BGBl. I S. 3223, G v. 19.12.2000, BGBl. I S. 1756, G v. 23.7.2002, BGBl. I S. 2850, G v. 24.8.2004, BGBl. I S. 2198, G v. 22.12.2006, BGBl. I S. 3416, G v. 7.12.2008, BGBl. I S. 2348); Überschrift und Abs. 2 neu gef., Abs. 3–6 eingef., bish. Abs. 3 wird Abs. 7 mWv 1.1.2012 durch G v. 6.12.2011 (BGBl. I S. 2554).

(2) [1]Bei der Eröffnung des Hauptverfahrens beschließt die große Jugendkammer über ihre Besetzung in der Hauptverhandlung. [2]Ist das Hauptverfahren bereits eröffnet, beschließt sie hierüber bei der Anberaumung des Termins zur Hauptverhandlung. [3]Sie beschließt eine Besetzung mit drei Richtern einschließlich des Vorsitzenden und zwei Jugendschöffen, wenn

1. die Sache nach den allgemeinen Vorschriften einschließlich der Regelung des § 74e des Gerichtsverfassungsgesetzes[1)] zur Zuständigkeit des Schwurgerichts gehört,
2. ihre Zuständigkeit nach § 41 Absatz 1 Nummer 5 begründet ist oder
3. nach dem Umfang oder der Schwierigkeit der Sache die Mitwirkung eines dritten Richters notwendig erscheint.

[4]Im Übrigen beschließt die große Jugendkammer eine Besetzung mit zwei Richtern einschließlich des Vorsitzenden und zwei Jugendschöffen.

(3) Die Mitwirkung eines dritten Richters ist nach Absatz 2 Satz 3 Nummer 3 in der Regel notwendig, wenn

1. die Jugendkammer die Sache nach § 41 Absatz 1 Nummer 2 übernommen hat,
2. die Hauptverhandlung voraussichtlich länger als zehn Tage dauern wird oder
3. die Sache eine der in § 74c Absatz 1 Satz 1 des Gerichtsverfassungsgesetzes genannten Straftaten zum Gegenstand hat.

(4) [1]In Verfahren über die Berufung gegen ein Urteil des Jugendschöffengerichts gilt Absatz 2 entsprechend. [2]Die große Jugendkammer beschließt ihre Besetzung mit drei Richtern einschließlich des Vorsitzenden und zwei Jugendschöffen auch dann, wenn mit dem angefochtenen Urteil auf eine Jugendstrafe von mehr als vier Jahren erkannt wurde.

(5) Hat die große Jugendkammer eine Besetzung mit zwei Richtern einschließlich des Vorsitzenden und zwei Jugendschöffen beschlossen und ergeben sich vor Beginn der Hauptverhandlung neue Umstände, die nach Maßgabe der Absätze 2 bis 4 eine Besetzung mit drei Richtern einschließlich des Vorsitzenden und zwei Jugendschöffen erforderlich machen, beschließt sie eine solche Besetzung.

(6) Ist eine Sache vom Revisionsgericht zurückverwiesen oder die Hauptverhandlung ausgesetzt worden, kann die jeweils zuständige Jugendkammer erneut nach Maßgabe der Absätze 2 bis 4 über ihre Besetzung beschließen.

(7) § 33a Abs. 1 Satz 2, Abs. 2 gilt entsprechend.

§ 34[2)] Aufgaben des Jugendrichters. (1) Dem Jugendrichter obliegen alle Aufgaben, die ein Richter beim Amtsgericht im Strafverfahren hat.

(2) [1]Dem Jugendrichter sollen für die Jugendlichen die familiengerichtlichen Erziehungsaufgaben übertragen werden. [2]Aus besonderen Gründen, namentlich wenn der Jugendrichter für den Bezirk mehrerer Amtsgerichte bestellt ist, kann hiervon abgewichen werden.

[1)] Nr. **95**.

[2)] § 34 Abs. 3 Nr. 2 geänd., Nr. 3 aufgeh. durch G v. 26.6.1990 (BGBl. I S. 1163); Abs. 2 Satz 2, Abs. 3 Nr. 2 geänd. durch G v. 30.8.1990 (BGBl. I S. 1853); Abs. 2 Satz 1 neu gef., Abs. 3 einl. Satzteil und Nr. 2 geänd. durch G v. 16.12.1997 (BGBl. I S. 2942); Abs. 2 Satz 1 und Abs. 3 einl. Satzteil geänd. mWv 1.9. 2009 durch G v. 17.12.2008 (BGBl. I S. 2586); Abs. 3 Nr. 1 neu gef., Nr. 2 geänd. mWv 1.1.2023 durch G v. 4.5.2021 (BGBl. I S. 882).

(3) Familiengerichtliche Erziehungsaufgaben sind

1. die Unterstützung der Eltern, des Vormunds und des Pflegers durch geeignete Maßnahmen (§ 1631 Absatz 3, § 1802 Absatz 1 Satz 1, § 1813 Absatz 1 des Bürgerlichen Gesetzbuchs[1]),
2. die Maßnahmen zur Abwendung einer Gefährdung des Jugendlichen (§§ 1666, 1666a, auch in Verbindung mit § 1802 Absatz 2 Satz 3 und § 1813 Absatz 1 des Bürgerlichen Gesetzbuches).

§ 35[2] Jugendschöffen. (1) [1] Die Schöffen der Jugendgerichte (Jugendschöffen) werden auf Vorschlag des Jugendhilfeausschusses für die Dauer von fünf Geschäftsjahren von dem in § 40 des Gerichtsverfassungsgesetzes[3] vorgesehenen Ausschuß gewählt. [2] Dieser soll eine gleiche Anzahl von Männern und Frauen wählen.

(2) [1] Der Jugendhilfeausschuß soll ebensoviele Männer wie Frauen und muss mindestens die doppelte Anzahl von Personen vorschlagen, die als Jugendschöffen und Jugendersatzschöffen benötigt werden. [2] Die Vorgeschlagenen sollen erzieherisch befähigt und in der Jugenderziehung erfahren sein.

(3) [1] Die Vorschlagsliste des Jugendhilfeausschusses gilt als Vorschlagsliste im Sinne des § 36 des Gerichtsverfassungsgesetzes. [2] Für die Aufnahme in die Liste ist die Zustimmung von zwei Dritteln der anwesenden stimmberechtigten Mitglieder, mindestens jedoch der Hälfte aller stimmberechtigten Mitglieder des Jugendhilfeausschusses erforderlich. [3] Die Vorschlagsliste ist im Jugendamt eine Woche lang zu jedermanns Einsicht aufzulegen. [4] Der Zeitpunkt der Auflegung ist vorher öffentlich bekanntzumachen.

(4) Bei der Entscheidung über Einsprüche gegen die Vorschlagsliste des Jugendhilfeausschusses und bei der Wahl der Jugendschöffen und Jugendersatzschöffen führt der Jugendrichter den Vorsitz in dem Schöffenwahlausschuß.

(5) Die Jugendschöffen werden in besondere für Männer und Frauen getrennt zu führende Schöffenlisten aufgenommen.

(6) Die Wahl der Jugendschöffen erfolgt gleichzeitig mit der Wahl der Schöffen für die Schöffengerichte und die Strafkammern.

§ 36[4] Jugendstaatsanwalt. (1) [1] Für Verfahren, die zur Zuständigkeit der Jugendgerichte gehören, werden Jugendstaatsanwälte bestellt. [2] Richter auf Probe und Beamte auf Probe sollen im ersten Jahr nach ihrer Ernennung nicht zum Jugendstaatsanwalt bestellt werden.

(2) [1] Jugendstaatsanwaltliche Aufgaben dürfen Amtsanwälten nur übertragen werden, wenn diese die besonderen Anforderungen erfüllen, die für die Wahrnehmung jugendstaatsanwaltlicher Aufgaben an Staatsanwälte gestellt werden. [2] Referendaren kann im Einzelfall die Wahrnehmung jugendstaatsanwaltlicher Aufgaben unter Aufsicht eines Jugendstaatsanwalts übertragen werden. [3] Die Sitzungsvertretung in Verfahren vor den Jugendgerichten dürfen Referendare nur unter Aufsicht und im Beisein eines Jugendstaatsanwalts wahrnehmen.

---

[1] Nr. **20**.

[2] § 35 Abs. 1 Satz 1, Abs. 2 Satz 1, Abs. 3 Satz 1 und Abs. 4 geänd. durch G v. 16.2.1993 (BGBl. I S. 239); Abs. 1 Satz 1, Abs. 2 Satz 1 geänd. mWv 1.1.2005 durch G v. 21.12.2004 (BGBl. I S. 3599); Abs. 3 Satz 2 neu gef., Abs. 6 angef. mWv 15.12.2010 durch G v. 8.12.2010 (BGBl. I S. 1864); Abs. 2 Satz 1, Abs. 4 geänd. mWv 1.7.2021 durch G v. 25.6.2021 (BGBl. I S. 2099).

[3] Nr. **95**.

[4] § 36 Abs. 1 Satz 2 und Abs. 2 angef. mWv 1.1.2014 durch G v. 26.6.2013 (BGBl. I S. 1805).

§ 37[1] Auswahl der Jugendrichter und Jugendstaatsanwälte. (1) [1]Die Richter bei den Jugendgerichten und die Jugendstaatsanwälte sollen erzieherisch befähigt und in der Jugenderziehung erfahren sein. [2]Sie sollen über Kenntnisse auf den Gebieten der Kriminologie, Pädagogik und Sozialpädagogik sowie der Jugendpsychologie verfügen. [3]Einem Richter oder Staatsanwalt, dessen Kenntnisse auf diesen Gebieten nicht belegt sind, sollen die Aufgaben eines Jugendrichters oder Jugendstaatsanwalts erstmals nur zugewiesen werden, wenn der Erwerb der Kenntnisse durch die Wahrnehmung von einschlägigen Fortbildungsangeboten oder eine anderweitige einschlägige Weiterqualifizierung alsbald zu erwarten ist.

(2) Von den Anforderungen des Absatzes 1 kann bei Richtern und Staatsanwälten, die nur im Bereitschaftsdienst zur Wahrnehmung jugendgerichtlicher oder jugendstaatsanwaltlicher Aufgaben eingesetzt werden, abgewichen werden, wenn andernfalls ein ordnungsgemäßer und den betroffenen Richtern und Staatsanwälten zumutbarer Betrieb des Bereitschaftsdiensts nicht gewährleistet wäre.

(3) [1]Als Jugendrichter beim Amtsgericht oder als Vorsitzender einer Jugendkammer sollen nach Möglichkeit Personen eingesetzt werden, die bereits über Erfahrungen aus früherer Wahrnehmung jugendgerichtlicher oder jugendstaatsanwaltlicher Aufgaben verfügen. [2]Davon kann bei Richtern, die nur im Bereitschaftsdienst Geschäfte des Jugendrichters wahrnehmen, abgewichen werden. [3]Ein Richter auf Probe darf im ersten Jahr nach seiner Ernennung Geschäfte des Jugendrichters nicht wahrnehmen.

§ 37a[2] Zusammenarbeit in gemeinsamen Gremien. (1) Jugendrichter und Jugendstaatsanwälte können zum Zweck einer abgestimmten Aufgabenwahrnehmung fallübergreifend mit öffentlichen Einrichtungen und sonstigen Stellen, deren Tätigkeit sich auf die Lebenssituation junger Menschen auswirkt, zusammenarbeiten, insbesondere durch Teilnahme an gemeinsamen Konferenzen und Mitwirkung in vergleichbaren gemeinsamen Gremien.

(2) An einzelfallbezogener derartiger Zusammenarbeit sollen Jugendstaatsanwälte teilnehmen, wenn damit aus ihrer Sicht die Erreichung des Ziels nach § 2 Absatz 1 gefördert wird.

(Fortsetzung nächstes Blatt)

[1] § 37 Abs. 1 Sätze 2 und 3, Abs. 2 und 3 angef. mWv 1.1.2022 durch G v. 16.6.2021 (BGBl. I S. 1810).

[2] § 37a eingef. mWv 10.6.2021 durch G v. 3.6.2021 (BGBl. I S. 1444).

Lfd. Nr.	Änderndes Gesetz	Datum	Fund-stelle	Betroffen	Hinweis
				Buch 2. Abschnitt, § 385, 5. Buch 3. und 4. Abschnitt, §§ 403, 404, 405, 5. Buch 5. Abschnitt, §§ 406e, 413, 421, 430, 435, 459g–459m, 462, 472a, 479, 492	
				5. Buch 4. Abschnitt Überschrift	neu gef. mWv 1.7.2021
				§§ 95a, 163g, 5. Buch 1. Abschnitt (§ 373b), § 463e	eingef. mWv 1.7.2021
186.	Art. 15 G zur Neuregelung des Berufsrechts der anwaltlichen und steuerberatenden Berufsausübungsgesellschaften sowie zur Änd. weiterer Vorschriften im Bereich der rechtsberatenden Berufe	7.7.2021	BGBl. I S. 2363	§§ 32a, 53a	geänd. mWv 1.8.2022
187.	Art. 1 G zur Durchf. der VO (EU) 2019/816 sowie zur Änd. weiterer Vorschr.	10.8.2021	BGBl. I S. 3420	§ 81b	geänd. mWv 1.10.2022
188.	Art. 2 G zur Änd. des StGB – Strafbarkeit des Betreibens krimineller Handelsplattformen im Internet[1]	12.8.2021	BGBl. I S. 3544	§§ 100a, 100b, 100g, 100j	geänd. mWv 1.10.2021
189.	Art. 2 G zur Änd. des StGB – Verbesserung des strafrechtlichen Schutzes gegen sogenannte Feindeslisten, Strafbarkeit der Verbreitung und des Besitzes von Anleitungen zu sexuellem Missbrauch von Kindern und Verbesserung der Bekämpfung verhetzender Inhalte sowie Bekämpfung von Propagandamitteln und Kennzeichen verfassungswidriger und terroristischer Organisationen	14.9.2021	BGBl. I S. 4250	Inhaltsübersicht, §§ 110d, 112a	geänd. mWv 22.9.2021
190.	Art. 4 G zum Ausbau des elektron. Rechtsverkehrs mit den Gerichten und zur Änd. weiterer Vorschr.[1]	5.10.2021	BGBl. I S. 4607	§§ 32a, 111k	geänd. mWv 1.1.2022
191.	Art. 1 G zur Herstellung materieller Gerechtigkeit	21.12. 2021	BGBl. I S. 5252	§ 362	geänd. mWv 30.12.2021
192.	Art. 2 G über die Feststellung des Wirtschaftsplans des ERP-Sondervermögens für das Jahr 2022, zur elektronischen Erhebung der Bankenabgabe und zur Änd. der StPO	25.3.2022	BGBl. I S. 571	§ 110d	geänd. mWv 2.4.2022

[1] **Amtl. Anm.:** Notifiziert gemäß der Richtlinie (EU) 2015/1535 des Europäischen Parlaments und des Rates vom 9. September 2015 über ein Informationsverfahren auf dem Gebiet der technischen Vorschriften und der Vorschriften für die Dienste der Informationsgesellschaft (ABl. L 241 vom 17.9.2015, S. 1).

lichen Genehmigung bedarf, ist das Amtsgericht zuständig, in dessen Bezirk die Maßnahme durchgeführt wird. [2]Unterhält ein Land für den Vollzug der Untersuchungshaft eine Einrichtung auf dem Gebiet eines anderen Landes, können die beteiligten Länder vereinbaren, dass das Amtsgericht zuständig ist, in dessen Bezirk die für die Einrichtung zuständige Aufsichtsbehörde ihren Sitz hat. [3]Für das Verfahren gilt § 121b des Strafvollzugsgesetzes[1)] entsprechend.

§ 126a[2)] Einstweilige Unterbringung. (1) Sind dringende Gründe für die Annahme vorhanden, daß jemand eine rechtswidrige Tat im Zustand der Schuldunfähigkeit oder verminderten Schuldfähigkeit (§§ 20, 21 des Strafgesetzbuches[3)]) begangen hat und daß seine Unterbringung in einem psychiatrischen Krankenhaus oder einer Entziehungsanstalt angeordnet werden wird, so kann das Gericht durch Unterbringungsbefehl die einstweilige Unterbringung in einer dieser Anstalten anordnen, wenn die öffentliche Sicherheit es erfordert.

(2) [1]Für die einstweilige Unterbringung gelten die §§ 114 bis 115a, 116 Abs. 3 und 4, §§ 117 bis 119a, 123, 125 und 126 entsprechend. [2]Die §§ 121, 122 gelten entsprechend mit der Maßgabe, dass das Oberlandesgericht prüft, ob die Voraussetzungen der einstweiligen Unterbringung weiterhin vorliegen.

(3) [1]Der Unterbringungsbefehl ist aufzuheben, wenn die Voraussetzungen der einstweiligen Unterbringung nicht mehr vorliegen oder wenn das Gericht im Urteil die Unterbringung in einem psychiatrischen Krankenhaus oder einer Entziehungsanstalt nicht anordnet. [2]Durch die Einlegung eines Rechtsmittels darf die Freilassung nicht aufgehalten werden. [3]§ 120 Abs. 3 gilt entsprechend.

(4) Hat der Untergebrachte einen gesetzlichen Vertreter oder einen Bevollmächtigten im Sinne des § 1831 Absatz 5 und des § 1820 Absatz 2 Nummer 2 des Bürgerlichen Gesetzbuches[4)], so sind Entscheidungen nach Absatz 1 bis 3 auch diesem bekannt zu geben.

§ 127[5)] Vorläufige Festnahme. (1) [1]Wird jemand auf frischer Tat betroffen oder verfolgt, so ist, wenn er der Flucht verdächtig ist oder seine Identität nicht sofort festgestellt werden kann, jedermann befugt, ihn auch ohne richterliche Anordnung vorläufig festzunehmen. [2]Die Feststellung der Identität einer Person durch die Staatsanwaltschaft oder die Beamten des Polizeidienstes bestimmt sich nach § 163b Abs. 1.

(2) Die Staatsanwaltschaft und die Beamten des Polizeidienstes sind bei Gefahr im Verzug auch dann zur vorläufigen Festnahme befugt, wenn die Voraussetzungen eines Haftbefehls oder eines Unterbringungsbefehls vorliegen.

(3) [1]Ist eine Straftat nur auf Antrag verfolgbar, so ist die vorläufige Festnahme auch dann zulässig, wenn ein Antrag noch nicht gestellt ist. [2]Dies gilt entsprechend, wenn eine Straftat nur mit Ermächtigung oder auf Strafverlangen verfolgbar ist.

(4) Für die vorläufige Festnahme durch die Staatsanwaltschaft und die Beamten des Polizeidienstes gelten die §§ 114a bis 114c entsprechend.

[1)] **Habersack, Deutsche Gesetze ErgBd. Nr. 91.**

[2)] § 126a Abs. 2 Satz 1 geänd., Satz 2 neu gef., Abs. 4 angef. mWv 20.7.2007 durch G v. 16.7.2007 (BGBl. I S. 1327); Abs. 2 Satz 1 geänd. mWv 1.1.2010 durch G v. 29.7.2009 (BGBl. I S. 2274); Abs. 4 geänd. mWv 1.1.2023 durch G v. 4.5.2021 (BGBl. I S. 882).

[3)] Nr. **85**.

[4)] Nr. **20**.

[5)] § 127 Abs. 4 angef. mWv 1.1.2010 durch G v. 29.7.2009 (BGBl. I S. 2274).

oder dem Antritt der erkannten Freiheitsstrafe oder freiheitsentziehenden Maßregel der Besserung und Sicherung entzieht.

(2) [1] Vor der Entscheidung sind der Beschuldigte sowie derjenige, welcher für den Beschuldigten Sicherheit geleistet hat, zu einer Erklärung aufzufordern. [2] Gegen die Entscheidung steht ihnen nur die sofortige Beschwerde zu. [3] Vor der Entscheidung über die Beschwerde ist ihnen und der Staatsanwaltschaft Gelegenheit zur mündlichen Begründung ihrer Anträge sowie zur Erörterung über durchgeführte Ermittlungen zu geben.

(3) Die den Verfall aussprechende Entscheidung hat gegen denjenigen, welcher für den Beschuldigten Sicherheit geleistet hat, die Wirkungen eines von dem Zivilrichter erlassenen, für vorläufig vollstreckbar erklärten Endurteils und nach Ablauf der Beschwerdefrist die Wirkungen eines rechtskräftigen Zivilendurteils.

§ 125 Zuständigkeit für den Erlass des Haftbefehls. (1) Vor Erhebung der öffentlichen Klage erläßt der Richter bei dem Amtsgericht, in dessen Bezirk ein Gerichtsstand begründet ist oder der Beschuldigte sich aufhält, auf Antrag der Staatsanwaltschaft oder, wenn ein Staatsanwalt nicht erreichbar und Gefahr im Verzug ist, von Amts wegen den Haftbefehl.

(2) [1] Nach Erhebung der öffentlichen Klage erläßt den Haftbefehl das Gericht, das mit der Sache befaßt ist, und, wenn Revision eingelegt ist, das Gericht, dessen Urteil angefochten ist. [2] In dringenden Fällen kann auch der Vorsitzende den Haftbefehl erlassen.

§ 126[1)] Zuständigkeit für weitere gerichtliche Entscheidungen. (1) [1] Vor Erhebung der öffentlichen Klage ist für die weiteren gerichtlichen Entscheidungen und Maßnahmen, die sich auf die Untersuchungshaft, die Aussetzung ihres Vollzugs (§ 116), ihre Vollstreckung (§ 116b) sowie auf Anträge nach § 119a beziehen, das Gericht zuständig, das den Haftbefehl erlassen hat. [2] Hat das Beschwerdegericht den Haftbefehl erlassen, so ist das Gericht zuständig, das die vorangegangene Entscheidung getroffen hat. [3] Wird das vorbereitende Verfahren an einem anderen Ort geführt oder die Untersuchungshaft an einem anderen Ort vollzogen, so kann das Gericht seine Zuständigkeit auf Antrag der Staatsanwaltschaft auf das für diesen Ort zuständige Amtsgericht übertragen. [4] Ist der Ort in mehrere Gerichtsbezirke geteilt, so bestimmt die Landesregierung durch Rechtsverordnung das zuständige Amtsgericht. [5] Die Landesregierung kann diese Ermächtigung auf die Landesjustizverwaltung übertragen.

(2) [1] Nach Erhebung der öffentlichen Klage ist das Gericht zuständig, das mit der Sache befaßt ist. [2] Während des Revisionsverfahrens ist das Gericht zuständig, dessen Urteil angefochten ist. [3] Einzelne Maßnahmen, insbesondere nach § 119, ordnet der Vorsitzende an. [4] In dringenden Fällen kann er auch den Haftbefehl aufheben oder den Vollzug aussetzen (§ 116), wenn die Staatsanwaltschaft zustimmt; andernfalls ist unverzüglich die Entscheidung des Gerichts herbeizuführen.

(3) Das Revisionsgericht kann den Haftbefehl aufheben, wenn es das angefochtene Urteil aufhebt und sich bei dieser Entscheidung ohne weiteres ergibt, daß die Voraussetzungen des § 120 Abs. 1 vorliegen.

(4) Die §§ 121 und 122 bleiben unberührt.

(5) [1] Soweit nach den Gesetzen der Länder über den Vollzug der Untersuchungshaft eine Maßnahme der vorherigen gerichtlichen Anordnung oder der gericht-

---

[1)] § 126 Abs. 1 Sätze 1 und 3 neu gef., Satz 2 und Abs. 2 Satz 2 geänd. mWv 1.1.2010 durch G v. 29.7. 2009 (BGBl. I S. 2274); Abs. 5 angef. mWv 28.6.2019 durch G v. 19.6.2019 (BGBl. I S. 840).

Lfd. Nr.	Änderndes Gesetz	Datum	Fund-stelle	Betroffen	Hinweis
23.	Art. 6a, 6b G zur Stärkung des Schutzes der Bevölkerung und insbesondere vulnerabler Personengruppen vor COVID-19	16.9.2022	BGBl. I S. 1454	§ 10	neu gef. mWv 17.9.2022
				§ 10	aufgeh. mit Ablauf des 7.4.2023

§ 1[1)] *(aufgehoben)*

§ 2 *(gegenstandslos)*

§ 3[2)] **Anwendungsbereich der Strafprozessordnung.** (1) Die Strafprozeßordnung[3)] findet auf alle Strafsachen Anwendung, welche vor die ordentlichen Gerichte gehören.

(2) Insoweit die Gerichtsbarkeit in Strafsachen, für welche besondere Gerichte zugelassen sind, durch die Landesgesetzgebung den ordentlichen Gerichten übertragen wird, kann diese ein abweichendes Verfahren gestatten.

(3) Die Landesgesetze können anordnen, daß Forst- und Feldrügesachen durch die Amtsgerichte in einem besonderen Verfahren, sowie ohne Zuziehung von Schöffen verhandelt und entschieden werden.

§ 4 *(gegenstandslos)*

§ 5[1)] *(aufgehoben)*

§ 6[4)] **Verhältnis zu landesgesetzlichen Vorschriften.** (1) [1] Die prozeßrechtlichen Vorschriften der Landesgesetze treten für alle Strafsachen, über die gemäß § 3 nach den Vorschriften der Strafprozeßordnung[3)] zu entscheiden ist, außer Kraft, soweit nicht in der Strafprozeßordnung auf sie verwiesen ist. [2] Außer Kraft treten insbesondere die Vorschriften über die Befugnis zum Erlaß polizeilicher Strafverfügungen.

(2) Unberührt bleiben landesgesetzliche Vorschriften:

1. über die Voraussetzungen, unter denen gegen Mitglieder eines Organs der Gesetzgebung eine Strafverfolgung eingeleitet oder fortgesetzt werden kann;
2. über das Verfahren bei Zuwiderhandlungen gegen die Vorschriften über die Erhebung öffentlicher Abgaben und Gefälle, soweit sie auf die Abgabenordnung verweisen.

§ 7[2)] **Begriff des Gesetzes.** Gesetz im Sinne der Strafprozeßordnung[3)] und dieses Gesetzes ist jede Rechtsnorm.

§ 8[5)] **Mitteilungen in Strafsachen gegen Mandatsträger.** (1) [1] In Strafsachen gegen Mitglieder der gesetzgebenden Körperschaften des Bundes oder eines Landes oder gegen Mitglieder des Europäischen Parlaments ist dem Präsidenten der

---

1) §§ 1 und 5 aufgeh. mWv 25.4.2006 durch G v. 19.4.2006 (BGBl. I S. 866).

2) §§ 3 und 7 jeweils Überschrift neu gef. mWv 18.5.2017 durch G v. 12.5.2017 (BGBl. I S. 1121).

3) Nr. **90**.

4) § 6 neu gef. durch G v. 12.9.1950 (BGBl. S. 455); Abs. 2 Nr. 2 geänd. durch G v. 14.12.1976 (BGBl. I S. 3341); Überschrift neu gef. mWv 18.5.2017 durch G v. 12.5.2017 (BGBl. I S. 1121).

5) § 8 neu gef. durch G v. 18.6.1997 (BGBl. I S. 1430); Abs. 1 Satz 2 geänd. mWv 8.9.2015 durch VO v. 31.8.2015 (BGBl. I S. 1474); Überschrift neu gef. mWv 18.5.2017 durch G v. 12.5.2017 (BGBl. I S. 1121).

Körperschaft, dem das Mitglied angehört, nach nicht nur vorläufiger Einstellung oder nach rechtskräftigem Abschluß des Verfahrens zur Sicherstellung der Funktionsfähigkeit oder zur Wahrung des Ansehens der jeweiligen Körperschaft die das Verfahren abschließende Entscheidung mit Begründung zu übermitteln; ist mit dieser Entscheidung ein Rechtsmittel verworfen worden, so ist auch die angefochtene Entscheidung zu übermitteln. [2] Bei Mitgliedern des Deutschen Bundestages oder des Europäischen Parlaments erfolgt die Übermittlung über das Bundesministerium der Justiz und für Verbraucherschutz. [3] Die Übermittlung veranlaßt die Strafverfolgungs- oder Strafvollstreckungsbehörde.

(2) Die Übermittlung unterbleibt, wenn die jeweilige Körperschaft darauf verzichtet hat.

§ 9[1)] Vorwarnmechanismus. (1) [1] Das Gericht unterrichtet die zuständigen Behörden der anderen Mitgliedstaaten der Europäischen Union, der anderen Vertragsstaaten des Abkommens über den Europäischen Wirtschaftsraum und der Schweiz mittels des durch die Verordnung (EU) Nr. 1024/2012 des Europäischen Parlaments und des Rates vom 25. Oktober 2012 über die Verwaltungszusammenarbeit mit Hilfe des Binnenmarkt-Informationssystems und zur Aufhebung der Entscheidung 2008/49/EG der Kommission („IMI-Verordnung“) (ABl. L 316 vom 14.11.2012, S. 1), die zuletzt durch die Richtlinie 2014/67/EU (ABl. L 159 vom 28.5.2014, S. 11) geändert worden ist, in der jeweils geltenden Fassung eingerichteten Binnenmarkt-Informationssystems über Entscheidungen in Strafsachen, durch die ein vorläufiges Berufsverbot nach § 132a der Strafprozessordnung[2)] oder ein Berufsverbot nach § 70 des Strafgesetzbuches[3)] gegen Angehörige folgender Berufe angeordnet wurde:

1. Heilberufe:
   a) Ärztinnen und Ärzte,
   b) Altenpflegerinnen und -pfleger,
   c) Apothekerinnen und Apotheker,
   d) Diätassistentinnen und -assistenten,
   e) Ergotherapeutinnen und -therapeuten,
   f) Hebammen und Entbindungspfleger,
   g) Heilpraktikerinnen und -praktiker,
   h) Kinder- und Jugendlichenpsychotherapeutinnen und -therapeuten,
   i) Krankenschwestern und -pfleger,
   j) Logopädinnen und Logopäden,
   k) Masseurinnen und Masseure sowie medizinische Bademeisterinnen und -meister,
   l) Medizinisch-technische Assistentinnen und Assistenten,
   m) Notfallsanitäterinnen und -sanitäter,
   n) Orthoptistinnen und Orthoptisten,
   o) Pharmazeutisch-technische Assistentinnen und Assistenten,
   p) Physiotherapeutinnen und -therapeuten,
   q) Podologinnen und Podologen,

[1)] § 9 neu gef. mWv 18.5.2017 durch G v. 12.5.2017 (BGBl. I S. 1121); Abs. 1 Satz 1 Nr. 1 Buchst. r eingef., bish. Buchst. r–v werden Buchst. s–w mWv 1.9.2020 durch G v. 15.11.2019 (BGBl. I S. 1604).

[2)] Nr. **90**.

[3)] Nr. **85**.

r) Psychotherapeutinnen und Psychotherapeuten,
s) Psychologische Psychotherapeutinnen und -therapeuten,
t) Rettungsassistentinnen und -assistenten,
u) Tierärztinnen und Tierärzte,
v) Zahnärztinnen und Zahnärzte und
w) sonstige Angehörige reglementierter Berufe, die Tätigkeiten ausüben, die Auswirkungen auf die Patientensicherheit haben;

2. Erziehungsberufe:
a) Erzieherinnen und Erzieher,
b) Lehrerinnen und Lehrer und
c) sonstige Angehörige reglementierter Berufe, die Tätigkeiten im Bereich der Erziehung Minderjähriger ausüben.

[2] Die Unterrichtung erfolgt im Fall eines vorläufigen Berufsverbots spätestens drei Tage nach dessen Anordnung durch das entscheidende Gericht, im Fall eines Berufsverbots spätestens drei Tage nach dessen Rechtskraft durch das Gericht, bei dem das Verfahren im Zeitpunkt der Rechtskraft anhängig ist. [3] Dabei sind folgende Daten mitzuteilen:

1. Angaben zur Identität der betroffenen Person,
2. betroffener Beruf,
3. Angabe des Gerichts, das die Anordnung getroffen hat,
4. Umfang des Berufsverbots und
5. Zeitraum, für den das Berufsverbot gilt.

(2) [1] Wird eine Person verurteilt, weil sie bei einem Antrag auf Anerkennung ihrer Berufsqualifikation nach der Richtlinie 2005/36/EG des Europäischen Parlaments und des Rates vom 7. September 2005 über die Anerkennung von Berufsqualifikationen (ABl. L 255 vom 30.9.2005, S. 22; L 271 vom 16.10.2007, S. 18; L 93 vom 4.4.2008, S. 28; L 33 vom 3.2.2009, S. 49; L 305 vom 24.10.2014, S. 115), die zuletzt durch die Richtlinie 2013/55/EU (ABl. L 354 vom 28.12.2013, S. 132; L 268 vom 15.10.2015, S. 35; L 95 vom 9.4.2016, S. 20) geändert worden ist, in der jeweils geltenden Fassung einen gefälschten Berufsqualifikationsnachweis verwendet hat, unterrichtet das Gericht, bei dem das Verfahren im Zeitpunkt der Rechtskraft der Verurteilung anhängig ist, die zuständigen Behörden der anderen in Absatz 1 Satz 1 genannten Staaten mittels des Binnenmarkt-Informationssystems spätestens drei Tage nach Rechtskraft hierüber. [2] Dabei sind folgende Daten mitzuteilen:

1. Angaben zur Identität der betroffenen Person,
2. betroffener Beruf und
3. Angabe des verurteilenden Gerichts.

(3) [1] Unverzüglich nach der Mitteilung nach Absatz 1 oder 2 unterrichtet das Gericht die betroffene Person schriftlich über die Mitteilung und belehrt sie über die Rechtsbehelfe, die ihr gegen die Entscheidung, die Mitteilung zu veranlassen, zustehen. [2] Legt die betroffene Person gegen die Entscheidung einen Rechtsbehelf ein, ist die Mitteilung unverzüglich um einen entsprechenden Hinweis zu ergänzen.

(4) [1] Spätestens drei Tage nach der Aufhebung eines vorläufigen Berufsverbots unterrichtet das Gericht die zuständigen Behörden der anderen in Absatz 1 Satz 1 genannten Staaten mittels des Binnenmarkt-Informationssystems hierüber und

veranlasst die Löschung der ursprünglichen Mitteilung. [2]Wird ein rechtskräftig angeordnetes Berufsverbot aufgehoben, ändert sich der Zeitraum, für den es gilt, oder wird die Vollstreckung unterbrochen, so unterrichtet das Gericht die zuständigen Behörden hierüber und veranlasst gegebenenfalls die Löschung der ursprünglichen Mitteilung. [3]Bei einer Aufhebung oder Veränderung des Geltungszeitraums des Berufsverbots auf Grund einer Gnadenentscheidung, auf Grund einer Entscheidung nach § 456c Absatz 2 der Strafprozessordnung oder auf Grund des § 70 Absatz 4 Satz 3 des Strafgesetzbuches nimmt die Staatsanwaltschaft die Unterrichtung vor und veranlasst gegebenenfalls die Löschung der ursprünglichen Mitteilung.

[§ 10 bis 7.4.2023:]

§ 10[1)] Hemmung der Unterbrechungsfristen wegen Infektionsschutzmaßnahmen. (1) [1]Unabhängig von der Dauer der Hauptverhandlung ist der Lauf der in § 229 Absatz 1 und 2 der Strafprozessordnung[2)] genannten Unterbrechungsfristen gehemmt, solange die Hauptverhandlung auf Grund von Schutzmaßnahmen zur Verhinderung der Verbreitung von Infektionen mit dem SARS-CoV-2-Virus (COVID-19-Pandemie) nicht durchgeführt werden kann, längstens jedoch für einen Monat; diese Fristen enden frühestens zehn Tage nach Ablauf der Hemmung. [2]Beginn und Ende der Hemmung stellt das Gericht durch unanfechtbaren Beschluss fest.

(2) Absatz 1 gilt entsprechend für die in § 268 Absatz 3 Satz 2 der Strafprozessordnung genannte Frist zur Urteilsverkündung.

[§ 10 ab 8.4.2023:]

§ 10[1)] *(aufgehoben)*

§ 11[3)] Übergangsregelung zum Gesetz zur Novellierung der forensischen DNA-Analyse. Für die nach dem DNA-Identitätsfeststellungsgesetz vom 7. September 1998 (BGBl. I S. 2646), das zuletzt durch Artikel 4 des Gesetzes vom 27. Dezember 2003 (BGBl. I S. 3007) geändert worden ist, erhobenen und verwendeten Daten finden ab dem 1. November 2005 die Regelungen der Strafprozessordnung[2)] Anwendung.

§ 12[4)] Übergangsregelung zum Gesetz zur Einführung einer Speicherpflicht und einer Höchstspeicherfrist für Verkehrsdaten. (1) Nach § 96 Absatz 1 Satz 1 Nummer 1 des Telekommunikationsgesetzes gespeicherte Standortdaten dürfen erhoben werden bis zum 29. Juli 2017 auf der Grundlage des § 100g Absatz 1 der Strafprozessordnung[2)] in der bis zum Inkrafttreten des Gesetzes zur Einführung einer Speicherpflicht und einer Höchstspeicherfrist für Verkehrsdaten vom 10. Dezember 2015 (BGBl. I S. 2218) geltenden Fassung.

(2) [1]Die Übersicht nach § 101b der Strafprozessordnung in der Fassung des Artikels 1 des Gesetzes vom 10. Dezember 2015 (BGBl. I S. 2218) ist erstmalig für das Berichtsjahr 2018 zu erstellen. [2]Für die vorangehenden Berichtsjahre ist § 100g Absatz 4 der Strafprozessordnung in der bis zum Inkrafttreten des Gesetzes zur Einführung einer Speicherpflicht und einer Höchstspeicherfrist für Verkehrsdaten geltenden Fassung anzuwenden.

[1)] § 10 neu gef. mWv 17.9.2022 und aufgeh. **mWv 8.4.2023** durch G v. 16.9.2022 (BGBl. I S. 1454).
[2)] Nr. **90**.
[3)] § 11 neu gef. mWv 18.5.2017 durch G v. 12.5.2017 (BGBl. I S. 1121).
[4)] § 12 neu gef. mWv 18.12.2015 durch G v. 10.12.2015 (BGBl. I S. 2218).

§ 13[1] Übergangsvorschrift zum Gesetz zur Novellierung des Rechts der Unterbringung in einem psychiatrischen Krankenhaus gemäß § 63 des Strafgesetzbuches und zur Änderung anderer Vorschriften. [1] Auf am 1. August 2016 bereits anhängige Vollstreckungsverfahren ist § 463 Absatz 4 Satz 2 und 8 der Strafprozessordnung[2] in der seit dem 1. August 2016 geltenden Fassung erst ab dem 1. August 2018 anwendbar; die Pflicht des Gerichts zur Sachaufklärung, namentlich für die nach § 67d Absatz 6 Satz 2 und 3 des Strafgesetzbuches[3] in der seit dem 1. August 2016 geltenden Fassung gebotenen Überprüfungen, bleibt unberührt. [2] § 463 Absatz 4 Satz 3 und 4 der Strafprozessordnung in der seit dem 1. August 2016 geltenden Fassung ist auf am 1. August 2016 bereits anhängige Vollstreckungsverfahren erst ab dem 1. Februar 2017 anwendbar. [3] Bis zur Anwendbarkeit des neuen Rechts nach Satz 1 ist § 463 Absatz 4 Satz 1 und 5 der Strafprozessordnung und bis zur Anwendbarkeit des neuen Rechts nach Satz 2 ist § 463 Absatz 4 Satz 2 der Strafprozessordnung für die genannten Vollstreckungsverfahren in der jeweils am 31. Juli 2016 geltenden Fassung weiter anzuwenden.

§ 14[4] Übergangsregelung zum Gesetz zur Reform der strafrechtlichen Vermögensabschöpfung. Das Gesetz zur Reform der strafrechtlichen Vermögensabschöpfung vom 13. April 2017 (BGBl. I S. 872) gilt nicht für Verfahren, in denen bis zum Inkrafttreten[5] dieses Gesetzes im Urteil oder Strafbefehl festgestellt wurde, dass deshalb nicht auf Verfall erkannt wird, weil Ansprüche eines Verletzten im Sinne des § 73 Absatz 1 Satz 2 des Strafgesetzbuches[3] entgegenstehen.

§ 15[6] Übergangsregelung zum Gesetz zur Einführung der elektronischen Akte in der Justiz und zur weiteren Förderung des elektronischen Rechtsverkehrs; Verordnungsermächtigungen. [1] Die Bundesregierung und die Landesregierungen können jeweils für ihren Bereich durch Rechtsverordnung bestimmen, dass die Einreichung elektronischer Dokumente abweichend von § 32a der Strafprozessordnung[2] erst zum 1. Januar des Jahres 2019 oder 2020 möglich ist und § 41a der Strafprozessordnung in der am 31. Dezember 2017 geltenden Fassung bis jeweils zum 31. Dezember des Jahres 2018 oder 2019 weiter Anwendung findet. [2] Sie können die Ermächtigung nach Satz 1 durch Rechtsverordnung auf die zuständigen Bundes- oder Landesministerien übertragen.

§ 16[7] Übergangsregelung zum Gesetz zur effektiveren und praxistauglicheren Ausgestaltung des Strafverfahrens. [1] Die Übersichten nach § 101b der Strafprozessordnung[2] sind erstmalig für das Berichtsjahr 2019 zu erstellen. [2] Für die vorangehenden Berichtsjahre sind § 100b Absatz 6, § 100e Absatz 2 und § 101b Nummer 2 der Strafprozessordnung in der bis zum 23. August 2017 geltenden Fassung weiter anzuwenden.

---

[1] § 13 angef. mWv 1.8.2016 durch G v. 8.7.2016 (BGBl. I S. 1610).
[2] Nr. **90**.
[3] Nr. **85**.
[4] § 14 angef. mWv 1.7.2017 durch G v. 13.4.2017 (BGBl. I S. 872).
[5] Das G tritt am 1.7.2017 in Kraft.
[6] § 15 angef. mWv 13.7.2017 durch G v. 5.7.2017 (BGBl. I S. 2208).
[7] § 16 angef. mWv 24.8.2017 durch G v. 17.8.2017 (BGBl. I S. 3202).

§ 17[1] Übergangsregelung zum Gesetz zur Umsetzung der Richtlinie (EU) 2016/680 im Strafverfahren sowie zur Anpassung datenschutzrechtlicher Bestimmungen an die Verordnung (EU) 2016/679 und zu § 76 des Bundesdatenschutzgesetzes vom 30. Juni 2017. (1) [1] Für vor dem 6. Mai 2016 eingerichtete automatisierte Verarbeitungssysteme sind die durch das Gesetz zur Umsetzung der Richtlinie (EU) 2016/680 im Strafverfahren sowie zur Anpassung datenschutzrechtlicher Bestimmungen an die Verordnung (EU) 2016/679 vom 20. November 2019 (BGBl. I S. 1724) neu gefassten Vorgaben zur Protokollierung in den §§ 488 und 493 der Strafprozessordnung[2] sowie in § 76 des Bundesdatenschutzgesetzes[3] vom 30. Juni 2017 (BGBl. I S. 2097) erst ab dem 6. Mai 2023 anzuwenden. [2] Bis zum 5. Mai 2023 sind für vor dem 6. Mai 2016 eingerichtete automatisierte Abrufverfahren die Vorschriften zur Protokollierung des § 488 Absatz 3 der Strafprozessordnung in der bis zum Inkrafttreten des Gesetzes zur Umsetzung der Richtlinie (EU) 2016/680 im Strafverfahren sowie zur Anpassung datenschutzrechtlicher Bestimmungen an die Verordnung (EU) 2016/679 geltenden Fassung anzuwenden.

(2) Für die IT-Anwendungen der Staatsanwaltschaften und Gerichte zur Verarbeitung und Verwaltung von Verfahrensdaten (Fachverfahren) tritt an die Stelle des 6. Mai 2023 in Absatz 1 Satz 1 der 6. Mai 2026 und an die Stelle des 5. Mai 2023 in Absatz 1 Satz 2 der 5. Mai 2026.

§ 18[4] Übergangsregelung zum Gesetz zur Bekämpfung des Rechtsextremismus und der Hasskriminalität. [1] Die Übersichten nach § 101b Absatz 5 und 6 der Strafprozessordnung[2] in der vom 2. April 2021 an geltenden Fassung sind erstmalig für das auf den 2. April 2021 folgende Berichtsjahr zu erstellen. [2] Für die vorangehenden Berichtsjahre ist § 101b Absatz 5 der Strafprozessordnung in der bis zum 1. April 2021 geltenden Fassung anzuwenden.

---

[1] § 17 angef. mWv 26.11.2019 durch G v. 20.11.2019 (BGBl. I S. 1724).

[2] Nr. **90**.

[3] **Sartorius Nr. 245.**

[4] § 18 angef. mWv 1.7.2021 durch G v. 30.3.2021 (BGBl. I S. 441, insoweit aufgeh. durch G v. 30.3. 2021, BGBl. I S. 448); angef. mWv 2.4.2021 durch G v. 30.3.2021 (BGBl. I S. 448, ber. S. 1380).

92. Gesetz über das Zentralregister und das Erziehungsregister (Bundeszentralregistergesetz – BZRG)

In der Fassung der Bekanntmachung vom 21. September 1984[1)]
(BGBl. I S. 1229, ber. 1985 I S. 195)

FNA 312-7

Lfd. Nr.	Änderndes Gesetz	Datum	Fundstelle	Betroffen	Hinweis
1.–34.	Änderungsgesetze bis einschl. G v. 21.8.2007 (BGBl. I S. 2118) nur noch in den Anmerkungen nachgewiesen				
35.	Art. 34 FGG-ReformG	17.12.2008	BGBl. I S. 2586	§§ 60, 61	geänd. mWv 1.9.2009
36	Fünftes ÄndG	16.7.2009	BGBl. I S. 1952	§§ 31, 32, 34, 39, 41, 46, 69	geänd. mWv 1.5.2010
				§ 30a	eingef. mWv 1.5.2010
				§ 21	aufgeh. mWv 1.5.2010
37.	Art. 3 Abs. 2 Viertes G zur Änd. des SprengstoffG[2) 3)]	17.7.2009	BGBl. I S. 2062	§ 10	geänd. mWv 1.10.2009
38.	Art. 2 Abs. 2 G zur Modernisierung von Verfahren im patentanwaltl. BerufsR[4)]	14.8.2009	BGBl. I S. 2827	§ 41	geänd. mWv 1.9.2009
39.	Art. 4 Viertes DDR-RehabilitierungsG	2.12.2010	BGBl. I S. 1744	§ 64b	geänd. mWv 9.12.2010
40.	Art. 110 Abs. 1 Bundesrecht-BereinigungsG	8.12.2010	BGBl. I S. 1864	§ 60	geänd. mWv 15.12.2010
41.	Art. 5 G zur Durchf. der VO (EG) Nr. 4/2009 und zur NeuO bestehender Aus- und Durchführungsbestimmungen auf dem Gebiet des internationalen Unterhaltsverfahrensrechts	23.5.2011	BGBl. I S. 898	§ 27	geänd. mWv 18.6.2011

[1)] Neubekanntmachung des BZRG v. 18.3.1971 (BGBl. I S. 243) in der ab 31.1.1985 geltenden Fassung.

[2)] **Amtl. Anm.:** Dieses Gesetz dient der Umsetzung der Richtlinie 2007/23/EG des Europäischen Parlaments und des Rates vom 23. Mai 2007 über das Inverkehrbringen pyrotechnischer Gegenstände (ABl. L 154 vom 14.6.2007, S. 1), der Richtlinie 2008/43/EG der Kommission vom 4. April 2008 zur Kennzeichnung und Nachverfolgung von Explosivstoffen für zivile Zwecke gemäß der Richtlinie 93/15/EWG des Rates (ABl. L 94 vom 5.4.2008, S. 8) sowie der Richtlinie 2005/36/EG des Europäischen Parlaments und des Rates vom 7. September 2005 über die Anerkennung von Berufsqualifikationen (ABl. L 255 vom 30.9.2005, S. 22) und der Richtlinie 2006/123/EG des Europäischen Parlaments und des Rates vom 12. Dezember 2006 über Dienstleistungen im Binnenmarkt (ABl. L 376 vom 27.12.2006, S. 36).

[3)] **Amtl. Anm.:** *(vom Abdruck wurde abgesehen)*

[4)] **Amtl. Anm.:** Dieses Gesetz dient der Umsetzung der Richtlinie 2006/123/EG des Europäischen Parlaments und des Rates vom 12. Dezember 2006 über Dienstleistungen im Binnenmarkt (ABl. L 376 vom 27.12.2006, S. 36).

Lfd. Nr.	Änderndes Gesetz	Datum	Fundstelle	Betroffen	Hinweis
42.	Art. 1 G zur Verbesserung des Austauschs von strafregisterrechtlicher Daten zwischen den Mitgliedstaaten der EU und zur Änd. registerrechtlicher Vorschriften[1]	15.12. 2011	BGBl. I S. 2714	§ 42a	geänd. mWv 22.12.2011
				§§ 43a, 56a	eingef. mWv 22.12.2011
				§§ 1, 10, 13, 15, 22, 2. Teil 3. Abschnitt Überschrift, §§ 30, 34, 2. Teil 3. Abschnitt 2. UAbschnitt Überschrift, §§ 41, 44, 44a, 46, 54, 56, 57, 59, 60, 64a, 64b, 69	geänd. mWv 27.4.2012
				2. Teil 7. Abschnitt Überschrift	neu gef. mWv 27.4.2012
				§§ 30b, 53a, 56b, 57a	eingef. mWv 27.4.2012
43.	Art. 1 G zur Änd. des BZRG und anderer registerrechtlicher Vorschriften	6.9.2013	BGBl. I S. 3556	§§ 21a, 30, 41, 42, 46	geänd. mWv 14.9.2013
				§§ 20, 20a	geänd. mWv 1.9.2014
				§ 30c	eingef. mWv 1.9.2014
44.	Art. 3 G zur Änd. des StraßenverkehrsG, der GewerbeO und des BZRG	28.11. 2014	BGBl. I S. 1802	§ 52	geänd. mWv 5.12.2014
45.	Art. 2 Abs. 4 49. G zur Änd. des StGB[2]	21.1.2015	BGBl. I S. 10	§§ 32, 34, 41, 46	geänd. mWv 27.1.2015
46.	Art. 11 G zur Verbesserung der Zusammenarbeit im Bereich des Verfassungsschutzes	17.11. 2015	BGBl. I S. 1938	§§ 21a, 61	geänd. mWv 21.11.2015
47.	Sechstes ÄndG	20.11. 2015	BGBl. I S. 2017	§§ 21a, 69	geänd. mWv 26.11.2015
48.	Art. 11 G zur Neuordnung der Organisationsstruktur im Bereich der Endlagerung	26.7.2016	BGBl. I S. 1843	§ 41	geänd. mWv 30.7.2016
49.	Art. 2 G zur Verbesserung der Bekämpfung des Menschenhandels und zur Änd. des BZRG sowie des SGB VIII	11.10. 2016	BGBl. I S. 2226	§§ 32, 34, 41, 46	geänd. mWv 15.10.2016

[1] **Amtl. Anm.:** Dieses Gesetz dient der Umsetzung des Rahmenbeschlusses 2009/315/JI des Rates vom 26. Februar 2009 über die Durchführung und den Inhalt des Austauschs von Informationen aus dem Strafregister zwischen den Mitgliedstaaten (ABl. L 93 vom 7.4.2009, S. 23), des Beschlusses 2009/316/JI des Rates vom 6. April 2009 zur Errichtung des Europäischen Strafregisterinformationssystems (ECRIS) gemäß Artikel 11 des Rahmenbeschlusses 2009/315/JI (ABl. L 93 vom 7.4.2009, S. 33) und der Richtlinie 2006/123/EG des Europäischen Parlaments und des Rates vom 12. Dezember 2006 über Dienstleistungen im Binnenmarkt (ABl. L 376 vom 27.12.2006, S. 36).

[2] **Amtl. Anm.:** Umsetzung von Artikel 4 Absatz 4 und Artikel 17 Absatz 1 Buchstabe b, Absatz 4 in Verbindung mit Artikel 3 Absatz 5 und 6 der Richtlinie 2011/93/EU des Europäischen Parlaments und des Rates vom 13. Dezember 2011 zur Bekämpfung des sexuellen Missbrauchs und der sexuellen Ausbeutung von Kindern sowie der Kinderpornografie sowie zur Ersetzung des Rahmenbeschlusses 2004/68/JI des Rates (ABl. L 335 vom 17.12.2011, S. 1, L 18 vom 21.1.2012, S. 7)

Lfd. Nr.	Änderndes Gesetz	Datum	Fundstelle	Betroffen	Hinweis
50.	Art. 2 Abs. 6 50. G zur Änd. des StGB – Verbesserung des Schutzes der sexuellen Selbstbestimmung	4.11.2016	BGBl. I S. 2460	§§ 32, 34, 41, 46	geänd. mWv 10.11.2016
51.	Art. 5 G zur Umsetzung der Vierten EU-GeldwäscheRL, zur Ausführung der EU-GeldtransferVO und zur Neuorganisation der Zentralstelle für Finanztransaktionsuntersuchungen[1]	23.6.2017	BGBl. I S. 1822	§ 41	geänd. mWv 26.6.2017
52.	Art. 1 Siebtes G zur Änd. des BundeszentralregisterG	18.7.2017	BGBl. I S. 2732	§§ 1, 3, 7, 10, 13, 19, 20a, 21, 21a, 25, 26, 27, 28, 29, 30, 30a, 30c, 31, 32, 34, 35, 37, 39, 40, 41, 42, 42a, 44a, 45, 49, 50, 51, 52, 53, 54, 55, 57, 58, 60, 61, 62, 63, 64, 64b, 65, 69	geänd. mWv 29.7.2017
				§ 48	neu gef. mWv 29.7.2017
				§ 21a	eingef. mWv 29.7.2017
				§§ 42c, 56a	aufgeh. mit Ablauf des 28.7. 2017
				§ 30b	geänd. mWv 31.8.2018
				§§ 3, 11, 15, 24, 60	geänd. mWv 31.8.2020
				§ 8	aufgeh. mit Ablauf des 30.8. 2020
53.	Art. 5 Abs. 3 G zur Einführung einer Karte für Unionsbürger und Angehörige des Europäischen Wirtschaftsraums mit Funktion zum elektronischen Identitätsnachweis sowie zur Änd. des PersonalausweisG und weiterer Vorschriften[2) 3)]	21.6.2019	BGBl. I S. 846	§ 30c	geänd. mWv 1.11.2019

[1)] **Amtl. Anm.:** Dieses Gesetz dient der Umsetzung der Richtlinie (EU) 2015/849 des Europäischen Parlaments und des Rates vom 20. Mai 2015 zur Verhinderung der Nutzung des Finanzsystems zum Zwecke der Geldwäsche und der Terrorismusfinanzierung, zur Änderung der Verordnung (EU) Nr. 648/2012 des Europäischen Parlaments und des Rates und zur Aufhebung der Richtlinie 2005/60/EG des Europäischen Parlaments und des Rates und der Richtlinie 2006/70/EG der Kommission (ABl. L 141 vom 5.6.2015, S. 73).

[2)] **Amtl. Anm.:** Notifiziert gemäß der Richtlinie (EU) 2015/1535 des Europäischen Parlaments und des Rates vom 9. September 2015 über ein Informationsverfahren auf dem Gebiet der technischen Vorschriften und der Vorschriften für die Dienste der Informationsgesellschaft (ABl. L 241 vom 17.9.2015, S. 1).

[3)] Die Änd. des Inkrafttretens dieses G durch Art. 154a G v. 20.11.2019 (BGBl. I S. 1626) ist unbeachtlich, da das G bei Erlass des ÄndG bereits in Kraft getreten war.

Lfd. Nr.	Änderndes Gesetz	Datum	Fundstelle	Betroffen	Hinweis
54.	Art. 52 Zweites Datenschutz-Anpassungs- und Umsetzungsgesetz EU[1]	20.11. 2019	BGBl. I S. 1626	§§ 5, 11, 20, 21, 21a, 42, 42a, 57, 64, 64b, 69	geänd. mWv 26.11.2019
55.	Art. 26 Abs. 3 G zur Umsetzung der RL (EU) 2016/680 im Strafverfahren sowie zur Anpassung datenschutzrechtlicher Bestimmungen an die VO (EU) 2016/679	20.11. 2019	BGBl. I S. 1724	§ 20a	geänd. mWv 26.11.2019
56.	Art. 4 G zur Verbesserung rehabilitierungsrechtlicher Vorschriften für Opfer der politischen Verfolgung in der ehemaligen DDR und zur Änd. des AdoptionsvermittlungsG	22.11. 2019	BGBl. I S. 1752	§ 64b	geänd. mWv 29.11.2019
57.	Art. 2 G zur Durchführung der Eurojust-VO	9.12.2019	BGBl. I S. 2010	§ 41	geänd. mWv 12.12.2019
58.	Art. 7 G zur Änd. des UmweltauditG, des AtomG, des StandortauswahlG, der EndlagervorausleistungsVO und anderer G und VO	12.12. 2019	BGBl. I S. 2510	§ 41	geänd. mWv 1.1.2020
59.	Art. 4 G zur Verbesserung der Rahmenbedingungen luftsicherheitsrechtl. Zuverlässigkeitsüberprüfungen	22.4.2020	BGBl. I S. 840	§ 61	geänd. mWv 1.5.2020
60.	Art. 4 G zur Durchführung der VO (EU) 2017/1939 des Rates vom 12.10.2017 zur Durchführung einer Verstärkten Zusammenarbeit zur Errichtung der Europäischen Staatsanwaltschaft und zur Änd. weiterer Vorschriften[2]	10.7.2020	BGBl. I S. 1648	§§ 42, 57a § 30b	geänd. mWv 17.7.2020 neu gef. mWv 17.7.2020
61.	Art. 3 Abs. 3 59. G zur Änd. des StGB – Verbesserung des Persönlichkeitsschutzes bei Bildaufnahmen	9.10.2020	BGBl. I S. 2075	§§ 32, 34, 41, 46	geänd. mWv 1.1.2021
62.	Art. 4 G zur Anpassung der Kostenvorschriften im Bereich der Entsorgung radioaktiver Abfälle sowie zur Änd. weiterer Vorschriften	7.12.2020	BGBl. I S. 2760	§ 41	geänd. mWv 1.1.2021

[1] **Amtl. Anm.:** Dieses Gesetz dient der Umsetzung der Richtlinie (EU) 2016/680 des Europäischen Parlaments und des Rates vom 27. April 2016 zum Schutz natürlicher Personen bei der Verarbeitung personenbezogener Daten durch die zuständigen Behörden zum Zweck der Verhütung, Ermittlung, Aufdeckung oder Verfolgung von Straftaten oder der Strafvollstreckung sowie zum freien Datenverkehr und zur Aufhebung des Rahmenbeschlusses 2008/977/JI des Rates (ABl. L 119 vom 4.5.2016, S. 89; L 127 vom 23.5.2018, S. 9).

[2] **Amtl. Anm.:** Artikel 4 dieses Gesetzes dient der Umsetzung der Richtlinie (EU) 2019/884 des Europäischen Parlaments und des Rates vom 17. April 2019 zur Änderung des Rahmenbeschlusses 2009/315/JI des Rates im Hinblick auf den Austausch von Informationen über Drittstaatsangehörige und auf das Europäische Strafregisterinformationssystem (ECRIS) sowie zur Ersetzung des Beschlusses 2009/316/JI des Rates (ABl. L 151 vom 7.6.2019, S. 143).

Lfd. Nr.	Änderndes Gesetz	Datum	Fundstelle	Betroffen	Hinweis
63.	Art. 15 Abs. 7 G zur Reform des Vormundschafts- und Betreuungsrechts	4.5.2021	BGBl. I S. 882	§ 60	geänd. mWv 1.1.2023
64.	Art. 4 G zur Bekämpfung sexualisierter Gewalt gegen Kinder	16.6.2021	BGBl. I S. 1810	§§ 32, 33, 34, 41, 45, 46, 69	geänd. mWv 1.7.2022
65.	Art. 2 G zur Durchführung der VO (EU) 2019/816 sowie zur Änd. weiterer Vorschriften	10.8.2021	BGBl. I S. 3420	§§ 5, 21, 41	geänd. mWv 18.8.2021
				§ 20b	eingef. mWv 18.8.2021
				§§ 5, 21a, 32, 41, 57, 57a	geänd. mWv 1.10.2022
				2. Teil 8. Abschnitt (§§ 58a, 58b, 58c)	eingef. mWv 1.10.2022

§ 58c[1] Ablauf der Speicherfrist in ECRIS-TCN. Die Speicherfrist nach Artikel 8 der Verordnung (EU) 2019/816 endet mit dem Eintritt der Tilgungsreife.

Dritter Teil. Das Erziehungsregister

§ 59[2] Führung des Erziehungsregisters. Für das Erziehungsregister gelten die Vorschriften des Zweiten Teils, soweit die §§ 60 bis 64 nicht etwas anderes bestimmen.

§ 60[3] Eintragungen in das Erziehungsregister. (1) In das Erziehungsregister werden die folgenden Entscheidungen und Anordnungen eingetragen, soweit sie nicht nach § 5 Abs. 2 in das Zentralregister einzutragen sind:

1. die Anordnung von Maßnahmen nach § 3 Satz 2 des Jugendgerichtsgesetzes[4],
2. die Anordnung von Erziehungsmaßregeln oder Zuchtmitteln sowie eines diesbezüglich verhängten Ungehorsamsarrestes (§§ 9 bis 16 des Jugendgerichtsgesetzes), Nebenstrafen oder Nebenfolgen (§ 8 Abs. 3, § 76 des Jugendgerichtsgesetzes) allein oder in Verbindung miteinander,
3. der Schuldspruch, der nach § 13 Absatz 2 Satz 2 aus dem Zentralregister entfernt worden ist, sowie die Entscheidung, die nach § 13 Absatz 3 aus dem Zentralregister entfernt worden ist,
4. Entscheidungen, in denen das Gericht die Auswahl und Anordnung von Erziehungsmaßregeln dem Familiengericht überläßt (§§ 53, 104 Abs. 4 des Jugendgerichtsgesetzes),
5. Anordnungen des Familiengerichts, die auf Grund einer Entscheidung nach Nummer 4 ergehen,
6. der Freispruch wegen mangelnder Reife und die Einstellung des Verfahrens aus diesem Grunde (§ 3 Satz 1 des Jugendgerichtsgesetzes),
7. das Absehen von der Verfolgung nach § 45 des Jugendgerichtsgesetzes und die Einstellung des Verfahrens nach § 47 des Jugendgerichtsgesetzes,
8. *(aufgehoben)*
9. vorläufige und endgültige Entscheidungen des Familiengerichts nach § 1666 Abs. 1 und § 1666a des Bürgerlichen Gesetzbuchs[5] sowie Entscheidungen des Familiengerichts nach § 1802 Absatz 2 Satz 3 in Verbindung mit § 1666 Abs. 1 und § 1666a des Bürgerlichen Gesetzbuchs, welche die Sorge für die Person des Minderjährigen betreffen; ferner die Entscheidungen, durch welche die vorgenannten Entscheidungen aufgehoben oder geändert werden.

(2) In den Fällen des Absatzes 1 Nr. 7 ist zugleich die vom Gericht nach § 45 Abs. 3 oder § 47 Abs. 1 Satz 1 Nr. 3 des Jugendgerichtsgesetzes getroffene Maßnahme einzutragen.

---

[1] 8. Abschnitt (§§ 58a–58c) eingef. mWv 1.10.2022 durch G v. 10.8.2021 (BGBl. I S. 3420).

[2] § 59 Satz 1 aufgeh. mWv 27.4.2012 durch G v. 15.12.2011 (BGBl. I S. 2714).

[3] § 60 Abs. 1 Nr. 8 sowie Abs. 3 und 4 aufgeh. durch G v. 26.6.1990 (BGBl. I S. 1163); Abs. 2 geänd. durch G v. 30.8.1990 (BGBl. I S. 1853); Abs. 1 Nr. 4 und 5 geänd., Nr. 9 neu gef. durch G v. 16.12.1997 (BGBl. I S. 2942); Abs. 1 Nr. 4, 5 und 9 geänd. mWv 1.9.2009 durch G v. 17.12.2008 (BGBl. I S. 2586); Abs. 1 Nr. 2 geänd. mWv 15.12.2010 durch G v. 8.12.2010 (BGBl. I S. 1864); Abs. 1 Nr. 3 neu gef., Abs. 3 angef. mWv 27.4.2012 durch G v. 15.12.2011 (BGBl. I S. 2714); Abs. 1 Nr. 2 und 4, Abs. 2 geänd. mWv 29.7.2017, Abs. 1 Nr. 3 geänd. mWv 31.8.2020 durch G v. 18.7.2017 (BGBl. I S. 2732); Abs. 1 Nr. 9 geänd. mWv 1.1.2023 durch G v. 4.5.2021 (BGBl. I S. 882).

[4] Nr. **89**.

[5] Nr. **20**.

(3) Ist ein Jugendarrest angeordnet worden, wird auch seine vollständige Nichtvollstreckung eingetragen.

§ 61[1] Auskunft aus dem Erziehungsregister. (1) Eintragungen im Erziehungsregister dürfen – unbeschadet der §§ 21a, 42a – nur mitgeteilt werden

1. den Strafgerichten und Staatsanwaltschaften für Zwecke der Rechtspflege sowie den Justizvollzugsbehörden für Zwecke des Strafvollzugs einschließlich der Überprüfung aller im Strafvollzug tätigen Personen,
2. den Familiengerichten für Verfahren, welche die Sorge für die Person des im Register Geführten betreffen,
3. den Jugendämtern und den Landesjugendämtern für die Wahrnehmung von Erziehungsaufgaben der Jugendhilfe,
4. den Gnadenbehörden für Gnadensachen,
5. den für waffen- und sprengstoffrechtliche Erlaubnisse sowie den für luftsicherheitsrechtliche Zuverlässigkeitsüberprüfungen zuständigen Behörden mit der Maßgabe, dass nur Entscheidungen und Anordnungen nach § 60 Abs. 1 Nr. 1 bis 7 mitgeteilt werden dürfen,
6. den Verfassungsschutzbehörden des Bundes und der Länder, dem Bundesnachrichtendienst und dem Militärischen Abschirmdienst für die diesen Behörden übertragenen Sicherheitsaufgaben, wenn eine Auskunft nach § 41 Absatz 1 Nummer 3 im Einzelfall nicht ausreicht, und mit der Maßgabe, dass nur Entscheidungen und Anordnungen nach § 60 Absatz 1 Nummer 1 bis 7 mitgeteilt werden dürfen.

(2) Soweit Behörden sowohl aus dem Zentralregister als auch aus dem Erziehungsregister Auskunft zu erteilen ist, werden auf ein Ersuchen um Auskunft aus dem Zentralregister (§ 41 Absatz 3) auch die in das Erziehungsregister aufgenommenen Eintragungen mitgeteilt.

(3) Auskünfte aus dem Erziehungsregister dürfen nicht an andere als die in Absatz 1 genannten Behörden weitergeleitet werden.

§ 62[2] Suchvermerke. Im Erziehungsregister können Suchvermerke unter den Voraussetzungen des § 27 nur von den Behörden gespeichert werden, denen Auskunft aus dem Erziehungsregister erteilt wird.

§ 63[3] Entfernung von Eintragungen. (1) Eintragungen im Erziehungsregister werden entfernt, sobald die betroffene Person das 24. Lebensjahr vollendet hat.

(2) Die Entfernung unterbleibt, solange im Zentralregister eine Verurteilung zu Freiheitsstrafe, Strafarrest oder Jugendstrafe oder eine freiheitsentziehende Maßregel der Besserung und Sicherung eingetragen ist.

(3) [1] Die Registerbehörde kann auf Antrag oder von Amts wegen anordnen, daß Eintragungen vorzeitig entfernt werden, wenn die Vollstreckung erledigt ist

---

[1] § 61 Abs. 1 einl. Satzteil und Nr. 1 geänd. mWv 30.4.2002 durch G v. 23.4.2002 (BGBl. I S. 1406); Abs. 1 Nr. 4 geänd., Nr. 5 angef. mWv 1.4.2003 durch G v. 11.10.2002 (BGBl. I S. 3970); Abs. 1 Nr. 5 geänd. mWv 1.9.2005 durch G v. 15.6.2005 (BGBl. I S. 1626); Abs. 1 Nr. 2 geänd. mWv 1.9.2009 durch G v. 17.12.2008 (BGBl. I S. 2586); Abs. 1 Nr. 5 geänd., Nr. 6 angef. mWv 21.11.2015 durch G v. 17.11.2015 (BGBl. I S. 1938); Abs. 1 einl. Satzteil und Abs. 2 geänd. mWv 29.7.2017 durch G v. 18.7.2017 (BGBl. I S. 2732); Abs. 1 Nr. 5 geänd. mWv 1.5.2020 durch G v. 22.4.2020 (BGBl. I S. 840).

[2] § 62 neu gef. mWv 30.4.2002 durch G v. 23.4.2002 (BGBl. I S. 1406); geänd. mWv 29.7.2017 durch G v. 18.7.2017 (BGBl. I S. 2732).

[3] § 63 Abs. 1 ber. durch BGBl. 1985 I S. 195; Abs. 3 Satz 1 geänd. mWv 1.1.2007 durch G v. 17.12.2006 (BGBl. I S. 3171); Abs. 1 geänd. mWv 29.7.2017 durch G v. 18.7.2017 (BGBl. I S. 2732).

Lfd. Nr.	Änderndes Gesetz	Datum	Fundstelle	Betroffen	Hinweis
132.	Art. 6 Neuntes G zur Änd. des G gegen Wettbewerbsbeschränkungen[1]	1.6.2017	BGBl. I S. 1416	§ 95	geänd. mWv 9.6.2017
133.	Art. 28 G zur Einführung der elektronischen Akte in der Justiz und zur weiteren Förderung des elektronischen Rechtsverkehrs	5.7.2017	BGBl. I S. 2208	§ 17c	eingef. mWv 13.7.2017
134.	Art. 4 G zur effektiveren und praxistauglicheren Ausgestaltung des Strafverfahrens	17.8.2017	BGBl. I S. 3202, ber. S. 3630	§§ 74a, 78a, 78b, 120	geänd. mWv 24.8.2017
135.	Art. 7 Zweites G zur Stärkung der Verfahrensrechte von Beschuldigten im Strafverfahren und zur Änd. des Schöffenrechts	27.8.2017	BGBl. I S. 3295	§§ 34, 35	geänd. mWv 5.9.2017
136.	Art. 1 G über die Erweiterung der Medienöffentlichkeit in Gerichtsverfahren	8.10.2017	BGBl. I S. 3546	§§ 186, 187 § 169	geänd. mWv 19.10.2017 geänd. mWv 18.4.2018
137.	Art. 10 Abs. 6 G zur Neuregelung des Schutzes von Geheimnissen bei der Mitwirkung Dritter an der Berufsausübung schweigepflichtiger Personen	30.10.2017	BGBl. I S. 3618	§ 193	geänd. mWv 9.11.2017
138.	Art. 13 Abs. 1 G zur Ausübung von Optionen der EU-ProspektVO und zur Anpassung weiterer Finanzmarktgesetze	10.7.2018	BGBl. I S. 1102	§ 95	geänd. mWv 21.7.2018
139.	Art. 1 G zur Einführung einer zivilprozessualen Musterfeststellungsklage	12.7.2018	BGBl. I S. 1151	§ 119	geänd. mWv 18.7.2018
140.	Art. 2 G zur Umsetzung der RL (EU) 2016/943 zum Schutz von Geschäftsgeheimnissen vor rechtswidrigem Erwerb sowie rechtswidriger Nutzung und Offenlegung	18.4.2019	BGBl. I S. 466	§ 74c	geänd. mWv 26.4.2019
141.	Art. 4 G zur Stärkung der Rechte von Betroffenen bei Fixierungen im Rahmen von Freiheitsentziehungen	19.6.2019	BGBl. I S. 840	§§ 22c, 23d	geänd. mWv 28.6.2019
142.	Art. 3 G zur Umsetzung der RL (EU) 2017/1371[2]	19.6.2019	BGBl. I S. 844	§ 74c	geänd. mWv 28.6.2019

[1] **Amtl. Anm.:** Dieses Gesetz dient der Umsetzung der Richtlinie 2014/104/EU des Europäischen Parlaments und des Rates vom 26. November 2014 über bestimmte Vorschriften für Schadensersatzklagen nach nationalem Recht wegen Zuwiderhandlungen gegen wettbewerbsrechtliche Bestimmungen der Mitgliedstaaten und der Europäischen Union (ABl. L 349 vom 5.12.2014, S. 1).

[2] **Amtl. Anm.:** ABl. L 198 vom 28.7.2017, S. 29; L 350 vom 29.12.2017, S. 50.

Lfd. Nr.	Änderndes Gesetz	Datum	Fundstelle	Betroffen	Hinweis
143.	Art. 8 Abs. 1 G zur weiteren Ausführung der EU-ProspektVO und zur Änd. von Finanzmarktgesetzen	8.7.2019	BGBl. I S. 1002	§ 95	geänd. mWv 21.7.2019
144.	Art. 3, 4 G zur Modernisierung des Strafverfahrens	10.12. 2019	BGBl. I S. 2121, geänd. 2022, S. 1982	§§ 121, 135, 176, 189 § 189	geänd. mWv 13.12.2019 geänd. mWv 1.1.2027
145.	Art. 3 G zur Regelung der Wertgrenze für die Nichtzulassungsbeschwerde in Zivilsachen, zum Ausbau der Spezialisierung bei den Gerichten sowie zur Änd. weiterer prozessrechtlicher Vorschriften	12.12. 2019	BGBl. I S. 2633	§§ 13a, 60, 72a, 119a	neu gef. mWv 1.1.2021
146.	Art. 2 Abs. 2 G zur Änd. des EG-VerbraucherschutzdurchsetzungsG sowie des G über die Errichtung des Bundesamts für Justiz	25.6.2020	BGBl. I S. 1474	§ 95	geänd. mWv 30.6.2020
147.	Art. 2 G zur Durchführung der VO (EU) 2017/1939 des Rates vom 12.10.2017 zur Durchführung einer Verstärkten Zusammenarbeit zur Errichtung der Europäischen Staatsanwaltschaft und zur Änd. weiterer Vorschriften	10.7.2020	BGBl. I S. 1648	§ 143 § 142b	geänd. mWv 17.7.2020 eingef. mWv 17.7.2020
148.	Art. 3 Abs. 2 59. G zur Änd. des Strafgesetzbuches	9.10.2020	BGBl. I S. 2075	§ 171b	geänd. mWv 1.1.2021
149.	Art. 4 Wohnungseigentumsmodernisierungsgesetz (WEMoG)	16.10. 2020	BGBl. I S. 2187	§§ 23, 72	geänd. mWv 1.12.2020
150.	Art. 2 Sanierungs- und InsolvenzrechtsfortentwicklungsG[1)]	22.12. 2020	BGBl. I S. 3256	§§ 22, 71, 72a, 74c, 119a	geänd. mWv 1.1.2021
151.	Art. 4 G zur Verbesserung der strafrechtlichen Bekämpfung der Geldwäsche	9.3.2021	BGBl. I S. 327	§ 74c	geänd. mWv 18.3.2021
152.	Art. 3 G zur Bekämpfung sexualisierter Gewalt gegen Kinder	16.6.2021	BGBl. I S. 1810	§ 74 §§ 22, 23b, 119	geänd. mWv 1.7.2021 geänd. mWv 1.1.2022
153.	Art. 4 G zur Fortentwicklung der StrafprozessO und zur Änd. weiterer Vorschriften	25.6.2021	BGBl. I S. 2099	§§ 36, 42, 43, 44, 45, 46, 47, 48, 49, 52, 54, 58, 74c, 77, 78, 120	geänd. mWv 1.7.2021

[1)] **Amtl. Anm.:** Dieses Gesetz dient der weiteren Umsetzung der Richtlinie (EU) 2019/1023 des Europäischen Parlaments und des Rates vom 20. Juni 2019 über präventive Restrukturierungsrahmen, über Entschuldung und über Tätigkeitsverbote sowie über Maßnahmen zur Steigerung der Effizienz von Restrukturierungs-, Insolvenz- und Entschuldungsverfahren und zur Änderung der Richtlinie (EU) 2017/1132 (Richtlinie über Restrukturierung und Insolvenz) (ABl. L 172 vom 26.6.2019, S. 18).

§ 185[1)] [Dolmetscher] (1) [1]Wird unter Beteiligung von Personen verhandelt, die der deutschen Sprache nicht mächtig sind, so ist ein Dolmetscher zuzuziehen. [2]Ein Nebenprotokoll in der fremden Sprache wird nicht geführt; jedoch sollen Aussagen und Erklärungen in fremder Sprache, wenn und soweit der Richter dies mit Rücksicht auf die Wichtigkeit der Sache für erforderlich erachtet, auch in der fremden Sprache in das Protokoll oder in eine Anlage niedergeschrieben werden. [3]In den dazu geeigneten Fällen soll dem Protokoll eine durch den Dolmetscher zu beglaubigende Übersetzung beigefügt werden.

(1a) [1]Das Gericht kann gestatten, dass sich der Dolmetscher während der Verhandlung, Anhörung oder Vernehmung an einem anderen Ort aufhält. [2]Die Verhandlung, Anhörung oder Vernehmung wird zeitgleich in Bild und Ton an diesen Ort und in das Sitzungszimmer übertragen.

(2) Die Zuziehung eines Dolmetschers kann unterbleiben, wenn die beteiligten Personen sämtlich der fremden Sprache mächtig sind.

(3) In Familiensachen und in Angelegenheiten der freiwilligen Gerichtsbarkeit bedarf es der Zuziehung eines Dolmetschers nicht, wenn der Richter der Sprache, in der sich die beteiligten Personen erklären, mächtig ist.

§ 186[2)] [Verständigung mit hör- oder sprachbehinderter Person]

(1) [1]Die Verständigung mit einer hör- oder sprachbehinderten Person erfolgt nach ihrer Wahl mündlich, schriftlich oder mit Hilfe einer die Verständigung ermöglichenden Person, die vom Gericht hinzuzuziehen ist. [2]Für die mündliche und schriftliche Verständigung hat das Gericht die geeigneten technischen Hilfsmittel bereitzustellen. [3]Die hör- oder sprachbehinderte Person ist auf ihr Wahlrecht hinzuweisen.

(2) Das Gericht kann eine schriftliche Verständigung verlangen oder die Hinzuziehung einer Person als Dolmetscher anordnen, wenn die hör- oder sprachbehinderte Person von ihrem Wahlrecht nach Absatz 1 keinen Gebrauch gemacht hat oder eine ausreichende Verständigung in der nach Absatz 1 gewählten Form nicht oder nur mit unverhältnismäßigem Aufwand möglich ist.

(3) Das Bundesministerium der Justiz und für Verbraucherschutz bestimmt durch Rechtsverordnung, die der Zustimmung des Bundesrates bedarf,

1. den Umfang des Anspruchs auf Bereitstellung von geeigneten Kommunikationshilfen gemäß den Absätzen 1 und 2,
2. die Grundsätze einer angemessenen Vergütung für den Einsatz von Kommunikationshilfen gemäß den Absätzen 1 und 2,
3. die geeigneten Kommunikationshilfen, mit Hilfe derer die in den Absätzen 1 und 2 genannte Verständigung zu gewährleisten ist, und
4. ob und wie die Person mit Hör- oder Sprachbehinderung mitzuwirken hat.

§ 187[3)] [Dolmetscher oder Übersetzer für Beschuldigten oder Verurteilten] (1) [1]Das Gericht zieht für den Beschuldigten oder Verurteilten, der der deutschen Sprache nicht mächtig ist, einen Dolmetscher oder Übersetzer heran, soweit dies zur Ausübung seiner strafprozessualen Rechte erforderlich ist. [2]Das

---

[1)] § 185 Abs. 3 angef. mWv 1.9.2009 durch G v. 17.12.2008 (BGBl. I S. 2586); Abs. 1a eingef. mWv 1.11.2013 durch G v. 25.4.2013 (BGBl. I S. 935).

[2)] § 186 neu gef. mWv 1.8.2002 durch G v. 23.7.2002 (BGBl. I S. 2850); Abs. 1 Satz 1 geänd., Abs. 3 angef. mWv 19.10.2017 durch G v. 8.10.2017 (BGBl. I S. 3546).

[3)] § 187 neu gef. mWv 6.7.2013 durch G v. 2.7.2013 (BGBl. I S. 1938); Abs. 1 Satz 1 geänd. mWv 19.10.2017 durch G v. 8.10.2017 (BGBl. I S. 3546).

Gericht weist den Beschuldigten in einer ihm verständlichen Sprache darauf hin, dass er insoweit für das gesamte Strafverfahren die unentgeltliche Hinzuziehung eines Dolmetschers oder Übersetzers beanspruchen kann.

(2) [1] Erforderlich zur Ausübung der strafprozessualen Rechte des Beschuldigten, der der deutschen Sprache nicht mächtig ist, ist in der Regel die schriftliche Übersetzung von freiheitsentziehenden Anordnungen sowie von Anklageschriften, Strafbefehlen und nicht rechtskräftigen Urteilen. [2] Eine auszugsweise schriftliche Übersetzung ist ausreichend, wenn hierdurch die strafprozessualen Rechte des Beschuldigten gewahrt werden. [3] Die schriftliche Übersetzung ist dem Beschuldigten unverzüglich zur Verfügung zu stellen. [4] An die Stelle der schriftlichen Übersetzung kann eine mündliche Übersetzung der Unterlagen oder eine mündliche Zusammenfassung des Inhalts der Unterlagen treten, wenn hierdurch die strafprozessualen Rechte des Beschuldigten gewahrt werden. [5] Dies ist in der Regel dann anzunehmen, wenn der Beschuldigte einen Verteidiger hat.

(3) [1] Der Beschuldigte kann auf eine schriftliche Übersetzung nur wirksam verzichten, wenn er zuvor über sein Recht auf eine schriftliche Übersetzung nach den Absätzen 1 und 2 und über die Folgen eines Verzichts auf eine schriftliche Übersetzung belehrt worden ist. [2] Die Belehrung nach Satz 1 und der Verzicht des Beschuldigten sind zu dokumentieren.

(4) Absatz 1 gilt entsprechend für Personen, die nach § 395 der Strafprozessordnung[1)] berechtigt sind, sich der öffentlichen Klage mit der Nebenklage anzuschließen.

§ 188 [Eide Fremdsprachiger] Personen, die der deutschen Sprache nicht mächtig sind, leisten Eide in der ihnen geläufigen Sprache.

§ 189[2)] [Dolmetschereid] (1) [1] Der Dolmetscher hat einen Eid dahin zu leisten:

daß er treu und gewissenhaft übertragen werde.

[2] Gibt der Dolmetscher an, daß er aus Glaubens- oder Gewissensgründen keinen Eid leisten wolle, so hat er eine Bekräftigung abzugeben. [3] Diese Bekräftigung steht dem Eid gleich; hierauf ist der Dolmetscher hinzuweisen.

(2) Ist der Dolmetscher für Übertragungen der betreffenden Art nach dem Gerichtsdolmetschergesetz[3)] ***[bis 31.12.2026:*** oder in einem Land nach den landesrechtlichen Vorschriften***]*** allgemein beeidigt, so genügt vor allen Gerichten des Bundes und der Länder die Berufung auf diesen Eid.

(3) In Familiensachen und in Angelegenheiten der freiwilligen Gerichtsbarkeit ist die Beeidigung des Dolmetschers nicht erforderlich, wenn die beteiligten Personen darauf verzichten.

(4) [1] Der Dolmetscher oder Übersetzer soll über Umstände, die ihm bei seiner Tätigkeit zur Kenntnis gelangen, Verschwiegenheit wahren. [2] Hierauf weist ihn das Gericht hin.

[1)] Nr. **90**.

[2)] § 189 Abs. 2 neu gef. mWv 12.12.2008 durch G v. 30.10.2008 (BGBl. I S. 2122); Abs. 3 angef. mWv 1.9.2009 durch G v. 17.12.2008 (BGBl. I S. 2586); Abs. 4 angef. mWv 6.7.2013 durch G v. 2.7.2013 (BGBl. I S. 1938); Abs. 2 neu gef. mWv 13.12.2019 und geänd. **mWv 1.1.2027** durch G v. 10.12.2019 (BGBl. I S. 2121, geänd. durch G v. 7.11.2022, BGBl. I S. 1982).

[3)] **Habersack, Deutsche Gesetze ErgBd. Nr. 95c.**

Lfd. Nr.	Änderndes Gesetz	Datum	Fundstelle	Betroffen	Hinweis
23.	Art. 3 G zur Neuordnung der Aufbewahrung von Notariatsunterlagen und zur Einrichtung des Elektron. Urkundenarchivs bei der Bundesnotarkammer sowie zur Änd. weiterer Gesetze	1.6.2017	BGBl. I S. 1396	§ 33	geänd. mWv 1.1.2018
24.	Art. 1 G zur Durchführung der VO (EU) 2015/848 über Insolvenzverfahren[1]	5.6.2017	BGBl. I S. 1476	§§ 3, 19a	geänd. mWv 26.6.2017
25.	Art. 6 Abs. 1 G zur Änd. von Vorschriften im Bereich des Internationalen Privat- und Zivilverfahrensrechts	11.6.2017	BGBl. I S. 1607	§§ 20, 36b	geänd. mWv 17.6.2017
26.	Art. 6 G zur Bekämpfung von Kinderehen	17.7.2017	BGBl. I S. 2429	§ 14	geänd. mWv 22.7.2017
27.	Art. 4 G zum Internationalen Güterrecht und zur Änd. von Vorschriften des Internationalen Privatrechts	17.12. 2018	BGBl. I S. 2573	§ 20	geänd. mWv 29.1.2019
28.	Art. 3 G zur Umsetzung der Entscheidung des Bundesverfassungsgerichts vom 26. März 2019 zum Ausschluss der Stiefkindadoption in nichtehel. Familien	19.3.2020	BGBl. I S. 541	§ 14	geänd. mWv 31.3.2020
29.	Art. 4 G zur Reform des Vormundschafts- und Betreuungsrechts	4.5.2021	BGBl. I S. 882	§§ 14, 15, 19, 33	geänd. mWv 1.1.2023
30.	Art. 4 G zum Schutz von Kindern mit Varianten der Geschlechtsentwicklung	12.5.2021	BGBl. I S. 1082	§ 14	geänd. mWv 22.5.2021
31.	Art. 6 G zur Fortentwicklung der StrafprozessO und zur Änd. weiterer Vorschr.	25.6.2021	BGBl. I S. 2099	§ 31	geänd. mWv 1.7.2021
32.	Art. 24 Abs. 4 G zur Modernisierung des notariellen Berufsrechts und zur Änd. weiterer Vorschriften	25.6.2021	BGBl. I S. 2154	§§ 20, 23, 36b	geänd. mWv 1.8.2021
33.	Art. 9 G zur Neuregelung des Berufsrechts der anwaltlichen und steuerberatenden Berufsausübungsgesellschaften sowie zur Änd. weiterer Vorschriften im Bereich der rechtsberatenden Berufe	7.7.2021	BGBl. I S. 2363	§§ 3, 20, 23, 25a, 26, 31, 36b § 39	geänd. mWv 1.8.2022 aufgeh. mit Ablauf des 31.7. 2022
34.	Art. 2 G zur Durchführung der VO (EU) 2019/1111 sowie zur Änd. sonstiger Vorschriften	10.8.2021	BGBl. I S. 3424	§ 14	geänd. mWv 1.8.2022

[1] **Amtl. Anm.:** Dieses Gesetz dient der Durchführung der Verordnung (EU) 2015/848 des Europäischen Parlaments und des Rates vom 20. Mai 2015 über Insolvenzverfahren (ABl. L 141 vom 5.6.2015, S. 19; L 349 vom 21.12.2016, S. 6), die zuletzt durch die Verordnung (EU) 2017/353 (ABl. L 57 vom 3.3. 2017, S. 19) geändert worden ist.

Lfd. Nr.	Änderndes Gesetz	Datum	Fundstelle	Betroffen	Hinweis
35.	Art. 30 Personengesellschaftsrechtsmodernisierungs G (MoPeG)	10.8.2021	BGBl. I S. 3436	§§ 3, 17	geänd. mWv 1.1.2024
36.	Art. 11 Abs. 1 Zweites G zur Vereinfachung und Modernisierung des Patentrechts	10.8.2021	BGBl. I S. 3490	§ 23	geänd. mWv 1.5.2022
37.	Art. 7 Abs. 1 G zur Abschaffung des Güterrechtsregisters und zur Änd. des COVID-19-InsolvenzaussetzungsG	31.10. 2022	BGBl. I S. 1966	§ 3	geänd. mWv 1.1.2023
38.	Art. 3 G zur Durchführung des Haager Übereinkommens über die Anerkennung und Vollstreckung ausländischer Entscheidungen in Zivil- und Handelssachen sowie zur Änd. der ZPO, des BGB, des WohnungseigentumsG und des G zur Modernisierung des Strafverfahrens	7.11.2022	BGBl. I S. 1982	§ 20	geänd. mit noch nicht bestimmtem Inkrafttreten

Vorbemerkung:

Die Änderungen durch G v. 10.8.2021 (BGBl. I S. 3436) treten erst mWv 1.1.2024 in Kraft und sind im Text noch nicht berücksichtigt.

Die Änderung durch G v. 7.11.2022 (BGBl. I S. 1982) tritt gem. Art. 9 Satz 2 dieses G erst an dem Tag in Kraft, an dem das Haager Übereinkommen vom 2. Juli 2019 über die Anerkennung und Vollstreckung ausländischer Entscheidungen in Zivil- und Handelssachen nach seinem Art. 28 für die Europäische Union mit Ausnahme des Königreiches Dänemark in Kraft tritt; sie ist im Text noch nicht berücksichtigt.

Erster Abschnitt. Aufgaben und Stellung des Rechtspflegers

§ 1 Allgemeine Stellung des Rechtspflegers. Der Rechtspfleger nimmt die ihm durch dieses Gesetz übertragenen Aufgaben der Rechtspflege wahr.

§ 2 Voraussetzungen für die Tätigkeit als Rechtspfleger. (1) [1] Mit den Aufgaben eines Rechtspflegers kann ein Beamter des Justizdienstes betraut werden, der einen Vorbereitungsdienst von drei Jahren abgeleistet und die Rechtspflegerprüfung bestanden hat. [2] Der Vorbereitungsdienst vermittelt in einem Studiengang einer Fachhochschule oder in einem gleichstehenden Studiengang dem Beamten die wissenschaftlichen Erkenntnisse und Methoden sowie die berufspraktischen Fähigkeiten und Kenntnisse, die zur Erfüllung der Aufgaben eines Rechtspflegers erforderlich sind. [3] Der Vorbereitungsdienst besteht aus Fachstudien von mindestens achtzehnmonatiger Dauer und berufspraktischen Studienzeiten. [4] Die berufspraktischen Studienzeiten umfassen die Ausbildung in den Schwerpunktbereichen der Aufgaben eines Rechtspflegers; die praktische Ausbildung darf die Dauer von einem Jahr nicht unterschreiten.

(2) [1] Zum Vorbereitungsdienst kann zugelassen werden, wer eine zu einem Hochschulstudium berechtigende Schulbildung besitzt oder einen als gleichwertig anerkannten Bildungsstand nachweist. [2] Beamte des mittleren Justizdienstes können zur Rechtspflegerausbildung zugelassen werden, wenn sie nach der Laufbahnprüfung mindestens drei Jahre im mittleren Justizdienst tätig waren und nach ihrer Persönlichkeit sowie ihren bisherigen Leistungen für den Dienst als Rechtspfleger geeignet erscheinen. [3] Die Länder können bestimmen, dass die Zeit der Tätigkeit im mittleren Justizdienst bis zu einer Dauer von sechs Monaten auf die berufspraktischen Studienzeiten angerechnet werden kann.

(3) Mit den Aufgaben eines Rechtspflegers kann auf seinen Antrag auch betraut werden, wer die Befähigung zum Richteramt besitzt.

(4) [1] Auf den Vorbereitungsdienst können ein erfolgreich abgeschlossenes Studium der Rechtswissenschaften bis zur Dauer von zwölf Monaten und ein Vorbereitungsdienst nach § 5b des Deutschen Richtergesetzes[1)] bis zur Dauer von sechs Monaten angerechnet werden. [2] Auf Teilnehmer einer Ausbildung nach § 5b des Deutschen Richtergesetzes in der Fassung des Gesetzes vom 10. September 1971 (BGBl. I S. 1557) ist Satz 1 entsprechend anzuwenden.

(5) Referendare können mit der zeitweiligen Wahrnehmung der Geschäfte eines Rechtspflegers beauftragt werden.

(6) Die Länder erlassen die näheren Vorschriften.[2)]

[1)] **Habersack, Deutsche Gesetze ErgBd. Nr. 97.**

[2)] Siehe ua die folgenden landesrechtlichen Bestimmungen:
- **Baden-Württemberg:** VO des Justizministeriums über die Ausbildung und Prüfung der Rechtspflegerinnen und Rechtspfleger v. 27.7.2011 (GBl. S. 429), zuletzt geänd. durch VO v. 22.12.2021 (GBl. 2022 S. 25)
- **Bayern:** AusbildungsO Justiz v. 16.6.2016 (GVBl. S. 123), zuletzt geänd. durch V v. 8.3.2021 (GVBl. S. 137)
- **Berlin:** Ausbildungs- und PrüfungsO für Rechtspflegerinnen und Rechtspfleger v. 11.2.2020 (GVBl. S. 39)
- **Brandenburg:** RechtspflegerausbildungsVO v. 8.12.2020 (GVBl. II Nr. 118)
- **Bremen:** Bremische VO über die Ausbildung und Prüfung für die Laufbahngruppe 2, erstes Einstiegsamt in der Fachrichtung Justiz zur Verwendung im Rechtspflegerdienst v. 27.9.2022 (Brem.GBl. S. 538)
- **Hamburg:** Ausbildungs- und PrüfungsO Rechtspflegerdienst v. 6.9.2022 (HmbGVBl. S. 459)
- **Hessen:** Ausbildungs- und PrüfungsO für die Anwärter der Rechtspflegerlaufbahn v. 23.7.1980 (JMBl. S. 645)

→

(7) Das Berufsqualifikationsfeststellungsgesetz ist nicht anzuwenden.

§ 3[1] Übertragene Geschäfte. Dem Rechtspfleger werden folgende Geschäfte übertragen:

1. in vollem Umfange die nach den gesetzlichen Vorschriften vom Richter wahrzunehmenden Geschäfte des Amtsgerichts in
   a) Vereinssachen nach den §§ 29, 37, 55 bis 79 des Bürgerlichen Gesetzbuchs[2] sowie nach Buch 5 des Gesetzes über das Verfahren in Familiensachen und in den Angelegenheiten der freiwilligen Gerichtsbarkeit[3],
   b) den weiteren Angelegenheiten der freiwilligen Gerichtsbarkeit nach § 410 des Gesetzes über das Verfahren in Familiensachen und in den Angelegenheiten der freiwilligen Gerichtsbarkeit sowie den Verfahren nach § 84 Absatz 2, § 189 des Versicherungsvertragsgesetzes[4],
   c) Aufgebotsverfahren nach Buch 8 des Gesetzes über das Verfahren in Familiensachen und in den Angelegenheiten der freiwilligen Gerichtsbarkeit,
   d) Pachtkreditsachen im Sinne des Pachtkreditgesetzes[5],
   e) *(aufgehoben)*
   f) Urkundssachen einschließlich der Entgegennahme der Erklärung,
   g) Verschollenheitssachen,
   h) Grundbuchsachen, Schiffsregister- und Schiffsbauregistersachen sowie Sachen des Registers für Pfandrechte an Luftfahrzeugen,
   i) Verfahren nach dem Gesetz über die Zwangsversteigerung und die Zwangsverwaltung[6],

---

(Fortsetzung der Anm. von voriger Seite)
– **Mecklenburg-Vorpommern:** Rechtspflegerausbildungs- und PrüfungsO v. 8.7.2022 (GVOBl. M-V S. 434)
– **Niedersachsen:** VO über die Ausbildung und Prüfung für den Rechtspflegerdienst in der Laufbahn der Laufbahngruppe 2 der Fachrichtung Justiz v. 28.7.2022 (Nds. GVBl. S. 489)
– **Nordrhein-Westfalen:** RechtspflegerausbildungsO v. 8.10.2018 (GV. NRW. S. 546), geänd. durch VO v. 5.8.2019 (GV. NRW. S. 533)
– **Rheinland-Pfalz:** Rechtspfleger-Ausbildungs- und PrüfungsO v. 12.8.2011 (GVBl. S. 333), zuletzt geänd. durch VO v. 9.4.2020 (GVBl. S. 135)
– **Saarland:** RechtspflegerausbildungsO v. 2.8.2011 (Amtsbl. I S. 266), geänd. durch VO v. 23.4.2018 (Amtsbl. I S. 249)
– **Sachsen:** Sächsische Ausbildungs- und PrüfungsO Rechtspfleger v. 15.7.2020 (SächsGVBl. S. 438)
– **Sachsen-Anhalt:** Ausbildungs-, Prüfungs- und AufstiegsVO für die Laufbahn des Rechtspfleger- und Justizverwaltungsdienstes v. 23.9.2002 (GVBl. LSA S. 394), zuletzt geänd. durch VO v. 28.9.2020 (GVBl. LSA S. 563)
– **Schleswig-Holstein:** LandesVO über die Laufbahn, Ausbildung und Prüfung für den Rechtspflegerdienst der Laufbahngruppe 2 der Fachrichtung Justiz v. 24.8.2022 (GVOBl. Schl.-H. S. 791)
– **Thüringen:** Thüringer Rechtspflegerausbildungs- und -prüfungsO v. 19.11.2018 (GVBl. S. 712)

[1] § 3 Nr. 2 Buchst. c geänd. mWv 1.9.2013 durch G v. 26.6.2013 (BGBl. I S. 1800); Nr. 2 Buchst. h geänd., Buchst. i angef. mWv 17.8.2015 durch G v. 29.6.2015 (BGBl. I S. 1042); Nr. 2 Buchst. g neu gef. mWv 26.6.2017 durch G v. 5.6.2017 (BGBl. I S. 1476); Nr. 3 Buchst. d geänd. mWv 1.8.2022 durch G v. 7.7.2021 (BGBl. I S. 2363); Nr. 1 Buchst. e aufgeh. mWv 1.1.2023 durch G v. 31.10.2022 (BGBl. I S. 1966).

[2] Nr. **20**.

[3] Nr. **112**.

[4] Nr. **62**.

[5] **Habersack, Deutsche Gesetze ErgBd. Nr. 42.**

[6] Nr. **108**.

k) Verteilungsverfahren, die außerhalb der Zwangsvollstreckung nach den Vorschriften der Zivilprozessordnung[1] über das Verteilungsverfahren durchzuführen sind,

l) Verteilungsverfahren, die außerhalb der Zwangsversteigerung nach den für die Verteilung des Erlöses im Falle der Zwangsversteigerung geltenden Vorschriften durchzuführen sind,

m) Verteilungsverfahren nach § 75 Absatz 2 des Flurbereinigungsgesetzes, § 54 Absatz 3 des Landbeschaffungsgesetzes, § 119 Absatz 3 des Baugesetzbuchs[2] und § 94 Absatz 4 des Bundesberggesetzes[3];

2. vorbehaltlich der in den §§ 14 bis 19b dieses Gesetzes aufgeführten Ausnahmen die nach den gesetzlichen Vorschriften vom Richter wahrzunehmenden Geschäfte des Amtsgerichts in

a) Kindschaftssachen und Adoptionssachen sowie entsprechenden Lebenspartnerschaftssachen nach den §§ 151, 186 und 269 des Gesetzes über das Verfahren in Familiensachen und in den Angelegenheiten der freiwilligen Gerichtsbarkeit,

b) Betreuungssachen sowie betreuungsgerichtlichen Zuweisungssachen nach den §§ 271 und 340 des Gesetzes über das Verfahren in Familiensachen und in den Angelegenheiten der freiwilligen Gerichtsbarkeit,

c) Nachlass- und Teilungssachen nach § 342 Absatz 1 und 2 Nummer 2 des Gesetzes über das Verfahren in Familiensachen und in den Angelegenheiten der freiwilligen Gerichtsbarkeit,

d) Handels-, Genossenschafts- und Partnerschaftsregistersachen sowie unternehmensrechtlichen Verfahren nach den §§ 374 und 375 des Gesetzes über das Verfahren in Familiensachen und in den Angelegenheiten der freiwilligen Gerichtsbarkeit,

e) Verfahren nach der Insolvenzordnung[4],

f) (weggefallen)

g) Verfahren nach der Verordnung (EG) Nr. 1346/2000 des Rates vom 29. Mai 2000 über Insolvenzverfahren (ABl. L 160 vom 30.6.2000, S. 1; L 350 vom 6.12.2014, S. 15), die zuletzt durch die Durchführungsverordnung (EU) 2016/1792 (ABl. L 274 vom 11.10.2016, S. 35) geändert worden ist, Verfahren nach der Verordnung (EU) 2015/848[5] des Europäischen Parlaments und des Rates vom 20. Mai 2015 über Insolvenzverfahren (ABl. L 141 vom 5.6.2015, S. 19; L 349 vom 21.12.2016, S. 6), die zuletzt durch die Verordnung (EU) 2017/353 (ABl. L 57 vom 3.3.2017, S. 19) geändert worden ist, Verfahren nach den Artikeln 102 und 102c des Einführungsgesetzes zur Insolvenzordnung[6] sowie Verfahren nach dem Ausführungsgesetz zum deutsch-österreichischen Konkursvertrag vom 8. März 1985 (BGBl. I S. 535),

h) Verfahren nach der Schifffahrtsrechtlichen Verteilungsordnung,

i) Verfahren nach § 33 des Internationalen Erbrechtsverfahrensgesetzes[7] vom 29. Juni 2015 (BGBl. I S. 1042) über die Ausstellung, Berichtigung, Ände-

---

[1] Nr. **100**.
[2] **Sartorius Nr. 300.**
[3] **Habersack II Nr. 27a.**
[4] Nr. **110**.
[5] **Habersack, Deutsche Gesetze ErgBd. Nr. 110b.**
[6] Nr. **110a**.
[7] **Habersack, Deutsche Gesetze ErgBd. Nr. 103p.**

rung oder den Widerruf eines Europäischen Nachlasszeugnisses, über die Erteilung einer beglaubigten Abschrift eines Europäischen Nachlasszeugnisses oder die Verlängerung der Gültigkeitsfrist einer beglaubigten Abschrift sowie über die Aussetzung der Wirkungen eines Europäischen Nachlasszeugnisses;

3. die in den §§ 20 bis 24a, 25 und 25a dieses Gesetzes einzeln aufgeführten Geschäfte
   a) in Verfahren nach der Zivilprozessordnung,
   b) in Festsetzungsverfahren,
   c) des Gerichts in Straf- und Bußgeldverfahren,
   d) in Verfahren vor dem Bundespatentgericht,
   e) auf dem Gebiet der Aufnahme von Erklärungen,
   f) auf dem Gebiet der Beratungshilfe,
   g) auf dem Gebiet der Familiensachen,
   h) in Verfahren über die Verfahrenskostenhilfe nach dem Gesetz über das Verfahren in Familiensachen und in den Angelegenheiten der freiwilligen Gerichtsbarkeit;
4. die in den §§ 29 und 31 dieses Gesetzes einzeln aufgeführten Geschäfte
   a) im internationalen Rechtsverkehr,
   b) (weggefallen)
   c) der Staatsanwaltschaft im Strafverfahren und der Vollstreckung in Straf- und Bußgeldsachen sowie von Ordnungs- und Zwangsmitteln.

§ 4 Umfang der Übertragung. (1) Der Rechtspfleger trifft alle Maßnahmen, die zur Erledigung der ihm übertragenen Geschäfte erforderlich sind.

(2) Der Rechtspfleger ist nicht befugt,

1. eine Beeidigung anzuordnen oder einen Eid abzunehmen,
2. Freiheitsentziehungen anzudrohen oder anzuordnen, sofern es sich nicht um Maßnahmen zur Vollstreckung
   a) einer Freiheitsstrafe nach § 457 der Strafprozessordnung[1] oder einer Ordnungshaft nach § 890 der Zivilprozessordnung[2],
   b) einer Maßregel der Besserung und Sicherung nach § 463 der Strafprozessordnung oder
   c) der Erzwingungshaft nach § 97 des Gesetzes über Ordnungswidrigkeiten[3]

   handelt.

(3) Hält der Rechtspfleger Maßnahmen für geboten, zu denen er nach Absatz 2 Nummer 1 und 2 nicht befugt ist, so legt er deswegen die Sache dem Richter zur Entscheidung vor.

---

[1] Nr. **90**.
[2] Nr. **100**.
[3] Nr. **94**.

§ 5 Vorlage an den Richter. (1) Der Rechtspfleger hat ihm übertragene Geschäfte dem Richter vorzulegen, wenn

1. sich bei der Bearbeitung der Sache ergibt, dass eine Entscheidung des Bundesverfassungsgerichts oder eines für Verfassungsstreitigkeiten zuständigen Gerichts eines Landes nach Artikel 100 des Grundgesetzes[1] einzuholen ist;
2. zwischen dem übertragenen Geschäft und einem vom Richter wahrzunehmenden Geschäft ein so enger Zusammenhang besteht, dass eine getrennte Behandlung nicht sachdienlich ist.

(2) Der Rechtspfleger kann ihm übertragene Geschäfte dem Richter vorlegen, wenn die Anwendung ausländischen Rechts in Betracht kommt.

(3) [1] Die vorgelegten Sachen bearbeitet der Richter, solange er es für erforderlich hält. [2] Er kann die Sachen dem Rechtspfleger zurückgeben. [3] Gibt der Richter eine Sache an den Rechtspfleger zurück, so ist dieser an eine von dem Richter mitgeteilte Rechtsauffassung gebunden.

§ 6 Bearbeitung übertragener Sachen durch den Richter. Steht ein übertragenes Geschäft mit einem vom Richter wahrzunehmenden Geschäft in einem so engen Zusammenhang, dass eine getrennte Bearbeitung nicht sachdienlich wäre, so soll der Richter die gesamte Angelegenheit bearbeiten.

§ 7 Bestimmung des zuständigen Organs der Rechtspflege. [1] Bei Streit oder Ungewissheit darüber, ob ein Geschäft von dem Richter oder dem Rechtspfleger zu bearbeiten ist, entscheidet der Richter über die Zuständigkeit durch Beschluss. [2] Der Beschluss ist unanfechtbar.

§ 8 Gültigkeit von Geschäften. (1) Hat der Richter ein Geschäft wahrgenommen, das dem Rechtspfleger übertragen ist, so wird die Wirksamkeit des Geschäfts hierdurch nicht berührt.

(2) Hat der Rechtspfleger ein Geschäft wahrgenommen, das ihm der Richter nach diesem Gesetz übertragen kann, so ist das Geschäft nicht deshalb unwirksam, weil die Übertragung unterblieben ist oder die Voraussetzungen für die Übertragung im Einzelfalle nicht gegeben waren.

(3) Ein Geschäft ist nicht deshalb unwirksam, weil es der Rechtspfleger entgegen § 5 Absatz 1 dem Richter nicht vorgelegt hat.

(4) [1] Hat der Rechtspfleger ein Geschäft des Richters wahrgenommen, das ihm nach diesem Gesetz weder übertragen ist noch übertragen werden kann, so ist das Geschäft unwirksam. [2] Das gilt nicht, wenn das Geschäft dem Rechtspfleger durch eine Entscheidung nach § 7 zugewiesen worden war.

(5) Hat der Rechtspfleger ein Geschäft des Urkundsbeamten der Geschäftsstelle wahrgenommen, so wird die Wirksamkeit des Geschäfts hierdurch nicht berührt.

§ 9 Weisungsfreiheit des Rechtspflegers. Der Rechtspfleger ist sachlich unabhängig und nur an Recht und Gesetz gebunden.

§ 10 Ausschließung und Ablehnung des Rechtspflegers. [1] Für die Ausschließung und Ablehnung des Rechtspflegers sind die für den Richter geltenden Vorschriften entsprechend anzuwenden. [2] Über die Ablehnung des Rechtspflegers entscheidet der Richter.

---

[1] Nr. **1**.

§ 11[1] Rechtsbehelfe. (1) Gegen die Entscheidungen des Rechtspflegers ist das Rechtsmittel gegeben, das nach den allgemeinen verfahrensrechtlichen Vorschriften zulässig ist.

(2) [1]Kann gegen die Entscheidung nach den allgemeinen verfahrensrechtlichen Vorschriften ein Rechtsmittel nicht eingelegt werden, so findet die Erinnerung statt, die innerhalb einer Frist von zwei Wochen einzulegen ist. [2]Hat der Erinnerungsführer die Frist ohne sein Verschulden nicht eingehalten, ist ihm auf Antrag Wiedereinsetzung in den vorigen Stand zu gewähren, wenn er die Erinnerung binnen zwei Wochen nach der Beseitigung des Hindernisses einlegt und die Tatsachen, welche die Wiedereinsetzung begründen, glaubhaft macht. [3]Ein Fehlen des Verschuldens wird vermutet, wenn eine Rechtsbehelfsbelehrung unterblieben oder fehlerhaft ist. [4]Die Wiedereinsetzung kann nach Ablauf eines Jahres, von dem Ende der versäumten Frist an gerechnet, nicht mehr beantragt werden. [5]Der Rechtspfleger kann der Erinnerung abhelfen. [6]Erinnerungen, denen er nicht abhilft, legt er dem Richter zur Entscheidung vor. [7]Auf die Erinnerung sind im Übrigen die Vorschriften der Zivilprozessordnung[2] über die sofortige Beschwerde sinngemäß anzuwenden.

(3) [1]Gerichtliche Verfügungen, Beschlüsse oder Zeugnisse, die nach den Vorschriften der Grundbuchordnung[3], der Schiffsregisterordnung oder des Gesetzes über das Verfahren in Familiensachen und in den Angelegenheiten der freiwilligen Gerichtsbarkeit[4] wirksam geworden sind und nicht mehr geändert werden können, sind mit der Erinnerung nicht anfechtbar. [2]Die Erinnerung ist ferner in den Fällen der §§ 694, 700 der Zivilprozessordnung und gegen die Entscheidungen über die Gewährung eines Stimmrechts (§ 77 der Insolvenzordnung[5]) ausgeschlossen.

(4) [1]Das Erinnerungsverfahren ist gerichtsgebührenfrei.

§ 12 Bezeichnung des Rechtspflegers. Im Schriftverkehr und bei der Aufnahme von Urkunden in übertragenen Angelegenheiten hat der Rechtspfleger seiner Unterschrift das Wort „Rechtspfleger“ beizufügen.

§ 13 Ausschluss des Anwaltszwangs. § 78 Absatz 1 der Zivilprozessordnung[2] und § 114 Absatz 1 des Gesetzes über das Verfahren in Familiensachen und in den Angelegenheiten der freiwilligen Gerichtsbarkeit[4] sind auf Verfahren vor dem Rechtspfleger nicht anzuwenden.

Zweiter Abschnitt. Dem Richter vorbehaltene Geschäfte in Familiensachen und auf dem Gebiet der freiwilligen Gerichtsbarkeit sowie in Insolvenzverfahren und schifffahrtsrechtlichen Verteilungsverfahren

§ 14[6] Kindschafts- und Adoptionssachen. (1) Von den dem Familiengericht übertragenen Angelegenheiten in Kindschafts- und Adoptionssachen sowie den entsprechenden Lebenspartnerschaftssachen bleiben dem Richter vorbehalten:

---

[1] § 11 Abs. 2 neu gef. mWv 1.1.2014 durch G v. 5.12.2012 (BGBl. I S. 2418).
[2] Nr. **100**.
[3] Nr. **114**.
[4] Nr. **112**.
[5] Nr. **110**.
[6] § 14 Abs. 1 Nr. 3 geänd., Nr. 6 aufgeh. mWv 19.5.2013 durch G v. 16.4.2013 (BGBl. I S. 795); Abs. 1 Nr. 7 geänd. mWv 13.7.2013 durch G v. 4.7.2013 (BGBl. I S. 2176); Abs. 1 Nr. 12 Buchst. b geänd., →

1. Verfahren, die die Feststellung des Bestehens oder Nichtbestehens der elterlichen Sorge eines Beteiligten für den anderen zum Gegenstand haben;
2. die Maßnahmen auf Grund des § 1666 des Bürgerlichen Gesetzbuchs[1] zur Abwendung der Gefahr für das körperliche, geistige oder seelische Wohl des Kindes;
3. die Übertragung der elterlichen Sorge nach den §§ 1626a, 1671, 1678 Absatz 2, § 1680 Absatz 2 und 3 sowie § 1681 Absatz 1 und 2 des Bürgerlichen Gesetzbuchs;
4. die Entscheidung über die Übertragung von Angelegenheiten der elterlichen Sorge auf die Pflegeperson nach § 1630 Absatz 3 des Bürgerlichen Gesetzbuchs;
5. die Entscheidung von Meinungsverschiedenheiten zwischen den Sorgeberechtigten;
6. die Genehmigung einer freiheitsentziehenden Unterbringung oder einer freiheitsentziehenden Maßnahme nach § 1631b des Bürgerlichen Gesetzbuchs und die Genehmigung einer Einwilligung nach § 1631e Absatz 3 des Bürgerlichen Gesetzbuchs;
7. die Regelung des persönlichen Umgangs zwischen Eltern und Kindern sowie Kindern und Dritten nach § 1684 Absatz 3 und 4, § 1685 Absatz 3 und § 1686a Absatz 2 des Bürgerlichen Gesetzbuchs, die Entscheidung über die Beschränkung oder den Ausschluss des Rechts zur alleinigen Entscheidung in Angelegenheiten des täglichen Lebens nach den §§ 1687, 1687a des Bürgerlichen Gesetzbuchs sowie über Streitigkeiten, die eine Angelegenheit nach § 1632 Absatz 2 des Bürgerlichen Gesetzbuchs betreffen;
8. die Entscheidung über den Anspruch auf Herausgabe eines Kindes nach § 1632 Absatz 1 des Bürgerlichen Gesetzbuchs sowie die Entscheidung über den Verbleib des Kindes bei der Pflegeperson nach § 1632 Absatz 4 oder bei dem Ehegatten, Lebenspartner oder Umgangsberechtigten nach § 1682 des Bürgerlichen Gesetzbuchs;
9. die Anordnung einer Betreuung oder Pflegschaft auf Grund dienstrechtlicher Vorschriften, soweit hierfür das Familiengericht zuständig ist;
10. *(aufgehoben)*
11. die religiöse Kindererziehung betreffenden Maßnahmen nach den §§ 2, 3 und 7 des Gesetzes über die religiöse Kindererziehung[2];
12. die Ersetzung der Zustimmung
    a) eines Sorgeberechtigten zu einem Rechtsgeschäft,
    b) eines gesetzlichen Vertreters zu der Sorgeerklärung eines beschränkt geschäftsfähigen Elternteils nach § 1626c Absatz 2 Satz 1 des Bürgerlichen Gesetzbuchs;

(Fortsetzung der Anm. von voriger Seite)
Buchst. c und Nr. 13 aufgeh., bish. Nr. 14–17 werden Nr. 13–16, neue Nr. 14 geänd. mWv 22.7.2017 durch G v. 17.7.2017 (BGBl. I S. 2429); Abs. 1 Nr. 14 geänd. mWv 31.3.2020 durch G v. 19.3.2020 (BGBl. I S. 541); Abs. 1 Nr. 10 aufgeh., Nr. 11 geänd. mWv 1.1.2023 durch G v. 4.5.2021 (BGBl. I S. 882); Abs. 1 Nr. 6 neu gef. mWv 22.5.2021 durch G v. 12.5.2021 (BGBl. I S. 1082); Abs. 2 neu gef. mWv 1.8.2022 durch G v. 10.8.2021 (BGBl. I S. 3424).

[1] Nr. **20**.

[2] **Habersack, Deutsche Gesetze ErgBd. Nr. 45k.**

13. die im Jugendgerichtsgesetz[1] genannten Verrichtungen mit Ausnahme der Bestellung eines Pflegers nach § 67 Absatz 4 Satz 3 des Jugendgerichtsgesetzes;
14. die Ersetzung der Einwilligung oder der Zustimmung zu einer Annahme als Kind nach § 1746 Absatz 3 sowie nach den §§ 1748 und 1749 Absatz 1 des Bürgerlichen Gesetzbuchs, die Entscheidung über die Annahme als Kind einschließlich der Entscheidung über den Namen des Kindes nach den §§ 1752, 1768 und 1757 Absatz 3 des Bürgerlichen Gesetzbuchs, die Aufhebung des Annahmeverhältnisses nach den §§ 1760, 1763 und 1771 des Bürgerlichen Gesetzbuchs sowie die Entscheidungen nach § 1751 Absatz 3, § 1764 Absatz 4, § 1765 Absatz 2 des Bürgerlichen Gesetzbuchs und nach dem Adoptionswirkungsgesetz[2] vom 5. November 2001 (BGBl. I S. 2950, 2953), soweit sie eine richterliche Entscheidung enthalten;
15. die Befreiung vom Eheverbot der durch die Annahme als Kind begründeten Verwandtschaft in der Seitenlinie nach § 1308 Absatz 2 des Bürgerlichen Gesetzbuchs;
16. die Genehmigung für den Antrag auf Scheidung oder Aufhebung der Ehe oder auf Aufhebung der Lebenspartnerschaft durch den gesetzlichen Vertreter eines geschäftsunfähigen Ehegatten oder Lebenspartners nach § 125 Absatz 2 Satz 2, § 270 Absatz 1 Satz 1 des Gesetzes über das Verfahren in Familiensachen und in den Angelegenheiten der freiwilligen Gerichtsbarkeit[3].

(2) Soweit die Maßnahmen und Anordnungen nach den §§ 10 bis 15, 20, 21, 32 bis 35, 38 bis 41, 44 bis 44c, 44f, 44h, 44j und 47 bis 50 des Internationalen Familienrechtsverfahrensgesetzes[4] dem Familiengericht obliegen, bleiben sie dem Richter vorbehalten.

§ 15[5] Betreuungssachen und betreuungsgerichtliche Zuweisungssachen.

(1) Von den Angelegenheiten, die dem Betreuungsgericht übertragen sind, bleiben dem Richter vorbehalten:

1. Verrichtungen aufgrund der §§ 1814 bis 1816, 1817 Absatz 1 bis 4, der §§ 1818, 1819, 1820 Absatz 3 bis 5 und des § 1868 Absatz 1 bis 4 und 7 des Bürgerlichen Gesetzbuchs[6] sowie die anschließende Bestellung eines neuen Betreuers;
2. die Bestellung eines neuen Betreuers im Fall des Todes des Betreuers nach § 1869 des Bürgerlichen Gesetzbuchs;
3. Verrichtungen auf Grund des § 1871 des Bürgerlichen Gesetzbuchs, des § 291 des Gesetzes über das Verfahren in Familiensachen und in den Angelegenheiten der freiwilligen Gerichtsbarkeit[3];
4. Verrichtungen auf Grund der §§ 1825, 1829 und 1830 des Bürgerlichen Gesetzbuchs;
5. *(aufgehoben)*
6. die Anordnung einer Betreuung oder Pflegschaft auf Grund dienstrechtlicher Vorschriften;

---

[1] Nr. **89**.
[2] **Habersack, Deutsche Gesetze ErgBd. Nr. 45j.**
[3] Nr. **112**.
[4] **Habersack, Deutsche Gesetze ErgBd. Nr. 103n.**
[5] § 15 Abs. 1 Nr. 1 neu gef., Nr. 2–4 geänd., Nr. 5 aufgeh., Nr. 7 neu gef., Satz 2 aufgeh. mWv 1.1. 2023 durch G v. 4.5.2021 (BGBl. I S. 882).
[6] Nr. **20**.

7. die Entscheidung nach § 1834 des Bürgerlichen Gesetzbuchs;
8. die Genehmigung nach § 6 des Gesetzes über die freiwillige Kastration und andere Behandlungsmethoden;
9. die Genehmigung nach § 3 Absatz 1 Satz 2 sowie nach § 6 Absatz 2 Satz 1, § 7 Absatz 3 Satz 2 und § 9 Absatz 3 Satz 1, jeweils in Verbindung mit § 3 Absatz 1 Satz 2 des Gesetzes über die Änderung der Vornamen und die Feststellung der Geschlechtszugehörigkeit in besonderen Fällen;
10. die Genehmigung für den Antrag auf Scheidung oder Aufhebung der Ehe oder auf Aufhebung der Lebenspartnerschaft durch den gesetzlichen Vertreter eines geschäftsunfähigen Ehegatten oder Lebenspartners nach § 125 Absatz 2 Satz 2, § 270 Absatz 1 Satz 1 des Gesetzes über das Verfahren in Familiensachen und in den Angelegenheiten der freiwilligen Gerichtsbarkeit.

(2) Die Maßnahmen und Anordnungen nach den §§ 6 bis 12 des Erwachsenenschutzübereinkommens-Ausführungsgesetzes vom 17. März 2007 (BGBl. I S. 314) bleiben dem Richter vorbehalten.

§ 16[1] Nachlass- und Teilungssachen; Europäisches Nachlasszeugnis.

(1) In Nachlass- und Teilungssachen bleiben dem Richter vorbehalten

1. die Geschäfte des Nachlassgerichts, die bei einer Nachlasspflegschaft oder Nachlassverwaltung erforderlich werden, soweit sie den nach § 14 dieses Gesetzes von der Übertragung ausgeschlossenen Geschäften in Kindschaftssachen entsprechen;
2. die Ernennung von Testamentsvollstreckern (§ 2200 des Bürgerlichen Gesetzbuchs[2]);
3. die Entscheidung über Anträge, eine vom Erblasser für die Verwaltung des Nachlasses durch letztwillige Verfügung getroffene Anordnung außer Kraft zu setzen (§ 2216 Absatz 2 Satz 2 des Bürgerlichen Gesetzbuchs);
4. die Entscheidung von Meinungsverschiedenheiten zwischen mehreren Testamentsvollstreckern (§ 2224 des Bürgerlichen Gesetzbuchs);
5. die Entlassung eines Testamentsvollstreckers aus wichtigem Grund (§ 2227 des Bürgerlichen Gesetzbuchs);
6. die Erteilung von Erbscheinen (§ 2353 des Bürgerlichen Gesetzbuchs) sowie Zeugnissen nach den §§ 36, 37 der Grundbuchordnung[3] oder den §§ 42, 74 der Schiffsregisterordnung, sofern eine Verfügung von Todes wegen vorliegt oder die Anwendung ausländischen Rechts in Betracht kommt, ferner die Erteilung von Testamentsvollstreckerzeugnissen (§ 2368 des Bürgerlichen Gesetzbuchs);
7. die Einziehung von Erbscheinen (§ 2361 des Bürgerlichen Gesetzbuchs) und von Zeugnissen nach den §§ 36, 37 der Grundbuchordnung und den §§ 42, 74 der Schiffsregisterordnung, wenn die Erbscheine oder Zeugnisse vom Richter erteilt oder wegen einer Verfügung von Todes wegen einzuziehen sind, ferner die Einziehung von Testamentsvollstreckerzeugnissen (§ 2368 des Bürgerlichen Gesetzbuchs) und von Zeugnissen über die Fortsetzung einer Gütergemeinschaft (§ 1507 des Bürgerlichen Gesetzbuchs).

---

[1] § 16 Abs. 1 Nr. 6 ber. BGBl. 2014 I S. 46; Überschrift neu gef., Abs. 2 eingef., bish. Abs. 2 wird Abs. 3 und Satz 1 neu gef. mWv 17.8.2015 durch G v. 29.6.2015 (BGBl. I S. 1042).

[2] Nr. **20**.

[3] Nr. **114**.

(2) In Verfahren im Zusammenhang mit dem Europäischen Nachlasszeugnis bleiben die Ausstellung, Berichtigung, Änderung oder der Widerruf eines Europäischen Nachlasszeugnisses (§ 33 Nummer 1 des Internationalen Erbrechtsverfahrensgesetzes[1)]) sowie die Aussetzung der Wirkungen eines Europäischen Nachlasszeugnisses (§ 33 Nummer 3 des Internationalen Erbrechtsverfahrensgesetzes) dem Richter vorbehalten, sofern eine Verfügung von Todes wegen vorliegt oder die Anwendung ausländischen Rechts in Betracht kommt.

(3) [1] Wenn trotz Vorliegens einer Verfügung von Todes wegen die gesetzliche Erbfolge maßgeblich ist und deutsches Erbrecht anzuwenden ist, kann der Richter dem Rechtspfleger folgende Angelegenheiten übertragen:

1. die Erteilung eines Erbscheins;
2. die Ausstellung eines Europäischen Nachlasszeugnisses;
3. die Erteilung eines Zeugnisses nach den §§ 36 und 37 der Grundbuchordnung oder den §§ 42 und 74 der Schiffsregisterordnung.

[2] Der Rechtspfleger ist an die ihm mitgeteilte Auffassung des Richters gebunden.

§ 17[2)] Registersachen und unternehmensrechtliche Verfahren. In Handels-, Genossenschafts- und Partnerschaftsregistersachen sowie in unternehmensrechtlichen Verfahren nach dem Buch 5 des Gesetzes über das Verfahren in Familiensachen und in den Angelegenheiten der freiwilligen Gerichtsbarkeit[3)] bleiben dem Richter vorbehalten

1. bei Aktiengesellschaften, Kommanditgesellschaften auf Aktien, Gesellschaften mit beschränkter Haftung und Versicherungsvereinen auf Gegenseitigkeit folgende Verfügungen beim Gericht des Sitzes und, wenn es sich um eine Gesellschaft mit Sitz im Ausland handelt, beim Gericht der Zweigniederlassung:
   a) auf erste Eintragung,
   b) auf Eintragung von Satzungsänderungen, die nicht nur die Fassung betreffen,
   c) auf Eintragung der Eingliederung oder der Umwandlung,
   d) auf Eintragung des Bestehens, der Änderung oder der Beendigung eines Unternehmensvertrages,
   e) auf Löschung im Handelsregister nach den §§ 394, 395, 397 und 398 des Gesetzes über das Verfahren in Familiensachen und in den Angelegenheiten der freiwilligen Gerichtsbarkeit und nach § 6 Absatz 4 Satz 1 des Versicherungsaufsichtsgesetzes,
   f) Beschlüsse nach § 399 des Gesetzes über das Verfahren in Familiensachen und in den Angelegenheiten der freiwilligen Gerichtsbarkeit;
2. die nach § 375 Nummer 1 bis 6, 9 bis 14 und 16 des Gesetzes über das Verfahren in Familiensachen und in den Angelegenheiten der freiwilligen Gerichtsbarkeit zu erledigenden Geschäfte mit Ausnahme der in
   a) § 146 Absatz 2, § 147 und § 157 Absatz 2 des Handelsgesetzbuchs[4)],
   b) § 166 Absatz 3 und § 233 Absatz 3 des Handelsgesetzbuchs,
   c) § 264 Absatz 2, § 273 Absatz 4 und § 290 Absatz 3 des Aktiengesetzes[5)],

---

[1)] **Habersack, Deutsche Gesetze ErgBd. Nr. 103p.**

[2)] § 17 Nr. 2 Buchst. e aufgeh. mWv 25.4.2013 durch G v. 20.4.2013 (BGBl. I S. 831); Nr. 1 Buchst. e geänd. mWv 1.1.2016 durch G v. 1.4.2015 (BGBl. I S. 434).

[3)] Nr. **112**.

[4)] Nr. **50**.

[5)] Nr. **51**.

d) § 66 Absatz 2, 3 und 5 sowie § 74 Absatz 2 und 3 des Gesetzes betreffend die Gesellschaften mit beschränkter Haftung[1),2)]

geregelten Geschäfte.

§ 18[3)] **Insolvenzverfahren.** (1) In Verfahren nach der Insolvenzordnung[4)] bleiben dem Richter vorbehalten:

1. das Verfahren bis zur Entscheidung über den Eröffnungsantrag unter Einschluss dieser Entscheidung und der Ernennung des Insolvenzverwalters sowie des Verfahrens über einen Schuldenbereinigungsplan nach den §§ 305 bis 310 der Insolvenzordnung,
2. das Verfahren über einen Insolvenzplan nach den §§ 217 bis 256 und den §§ 258 bis 269 der Insolvenzordnung,
3. die Entscheidung über die Begründung des Gruppen-Gerichtsstands nach § 3a Absatz 1 der Insolvenzordnung, die Entscheidung über den Antrag auf Verweisung an das Gericht des Gruppen-Gerichtsstands nach § 3d Absatz 1 der Insolvenzordnung sowie das Koordinationsverfahren nach den §§ 269d bis 269i der Insolvenzordnung,
4. bei einem Antrag des Schuldners auf Erteilung der Restschuldbefreiung die Entscheidungen nach den §§ 287a, 290, 296 bis 297a und 300 der Insolvenzordnung, wenn ein Insolvenzgläubiger die Versagung der Restschuldbefreiung beantragt, sowie die Entscheidung über den Widerruf der Restschuldbefreiung nach § 303 der Insolvenzordnung,
5. Entscheidungen nach den §§ 344 bis 346 der Insolvenzordnung.

(2) [1] Der Richter kann sich das Insolvenzverfahren ganz oder teilweise vorbehalten, wenn er dies für geboten erachtet. [2] Hält er den Vorbehalt nicht mehr für erforderlich, kann er das Verfahren dem Rechtspfleger übertragen. [3] Auch nach der Übertragung kann er das Verfahren wieder an sich ziehen, wenn und solange er dies für erforderlich hält.

(3) Hat sich die Entscheidung des Rechtspflegers über die Gewährung des Stimmrechts nach § 77 der Insolvenzordnung auf das Ergebnis einer Abstimmung ausgewirkt, so kann der Richter auf Antrag eines Gläubigers oder des Insolvenzverwalters das Stimmrecht neu festsetzen und die Wiederholung der Abstimmung anordnen; der Antrag kann nur bis zum Schluss des Termins gestellt werden, in dem die Abstimmung stattfindet.

(4) [1] Ein Beamter auf Probe darf im ersten Jahr nach seiner Ernennung Geschäfte des Rechtspflegers in Insolvenzsachen nicht wahrnehmen. [2] Rechtspfleger in Insolvenzsachen sollen über belegbare Kenntnisse des Insolvenzrechts und Grundkenntnisse des Handels- und Gesellschaftsrechts und der für das Insolvenzverfahren notwendigen Teile des Arbeits-, Sozial- und Steuerrechts und des Rechnungswesens verfügen. [3] Einem Rechtspfleger, dessen Kenntnisse auf diesen Gebieten nicht belegt sind, dürfen die Aufgaben eines Rechtspflegers in Insolvenzsachen nur zugewiesen werden, wenn der Erwerb der Kenntnisse alsbald zu erwarten ist.

---

1) Nr. **52**.

2) Zeichensetzung amtlich.

3) § 18 Abs. 1 Nr. 3 geänd. mWv 1.7.2014 durch G v. 15.7.2013 (BGBl. I S. 2379); Abs. 1 einl. Satzteil ber. 2014 I S. 46; Abs. 1 Nr. 3 eingef., bish. Nr. 3 und 4 werden Nr. 4 und 5 mWv 21.4.2018 durch G v. 13.4.2017 (BGBl. I S. 866).

4) Nr. **110**.

§ 19[1] Aufhebung von Richtervorbehalten. (1) [1] Die Landesregierungen werden ermächtigt, durch Rechtsverordnung die in den vorstehenden Vorschriften bestimmten Richtervorbehalte ganz oder teilweise aufzuheben, soweit sie folgende Angelegenheiten betreffen:

1. die Geschäfte nach § 14 Absatz 1 Nummer 9 sowie § 15 Absatz 1 Nummer 1 bis 6, soweit sie nicht die Entscheidung über die Anordnung einer Betreuung und die Festlegung des Aufgabenkreises des Betreuers aufgrund der §§ 1814, 1815 und 1820 Absatz 3 des Bürgerlichen Gesetzbuchs[2] sowie die Verrichtungen aufgrund des § 1820 Absatz 4 und 5, der §§ 1825, 1829 und 1830 und 1871 des Bürgerlichen Gesetzbuchs und von § 278 Absatz 5 und § 283 des Gesetzes über das Verfahren in Familiensachen und in den Angelegenheiten der freiwilligen Gerichtsbarkeit[3] betreffen;
2. die Geschäfte nach § 16 Absatz 1 Nummer 1, soweit sie den nach § 14 Absatz 1 Nummer 9 dieses Gesetzes ausgeschlossenen Geschäften in Kindschaftssachen entsprechen;
3. die Geschäfte nach § 16 Absatz 1 Nummer 2;
4. die Geschäfte nach § 16 Absatz 1 Nummer 5, soweit der Erblasser den Testamentsvollstrecker nicht selbst ernannt oder einen Dritten zu dessen Ernennung bestimmt hat;
5. die Geschäfte nach § 16 Absatz 1 Nummer 6 und 7 sowie Absatz 2;
6. die Geschäfte nach § 17 Nummer 1.

[2] Die Landesregierungen können die Ermächtigung auf die Landesjustizverwaltungen übertragen.

(2) In der Verordnung nach Absatz 1 ist vorzusehen, dass der Rechtspfleger das Verfahren dem Richter zur weiteren Bearbeitung vorzulegen hat, soweit bei den Geschäften nach Absatz 1 Satz 1 Nummer 2 bis 5 gegen den Erlass der beantragten Entscheidung Einwände erhoben werden.

(3) Soweit von der Ermächtigung nach Absatz 1 Nummer 1 hinsichtlich der Auswahl und Bestellung eines Betreuers Gebrauch gemacht wird, sind die Vorschriften des Gesetzes über das Verfahren in Familiensachen und in den Angelegenheiten der freiwilligen Gerichtsbarkeit über die Bestellung eines Betreuers auch für die Anordnung einer Betreuung und Festlegung des Aufgabenkreises des Betreuers nach den §§ 1814 und 1815 des Bürgerlichen Gesetzbuchs anzuwenden.

§ 19a[4] Verfahren nach dem internationalen Insolvenzrecht. (1) In Verfahren nach der Verordnung (EG) Nr. 1346/2000 des Rates vom 29. Mai 2000 über Insolvenzverfahren (ABl. EG Nr. L 160 S. 1) und nach Artikel 102 des Einführungsgesetzes zur Insolvenzordnung[5] bleiben dem Richter vorbehalten:

1. die Einstellung eines Insolvenzverfahrens zugunsten der Gerichte eines anderen Mitgliedstaats nach Artikel 102 § 4 des Einführungsgesetzes zur Insolvenzordnung,

---

[1] § 19 Abs. 1 Satz 1 Nr. 5 neu gef. mWv 17.8.2015 durch G v. 29.6.2015 (BGBl. I S. 1042); Abs. 1 Satz 1 Nr. 1 neu gef., Nr. 2 und Abs. 3 geänd. mWv 1.1.2023 durch G v. 4.5.2021 (BGBl. I S. 882).
[2] Nr. **20**.
[3] Nr. **112**.
[4] § 19a Abs. 3 angef. mWv 26.6.2017 durch G v. 5.6.2017 (BGBl. I S. 1476).
[5] Nr. **110a**.

Sechster Abschnitt. Schlussvorschriften

§ 33[1)] Regelung für die Übergangszeit; Befähigung zum Amt des Bezirksnotars. (1) Justizbeamte, die die Voraussetzungen des § 2 nicht erfüllen, können mit den Aufgaben eines Rechtspflegers betraut werden, wenn sie vor dem 1. September 1976 nach den jeweils geltenden Vorschriften die Prüfung für den gehobenen Justizdienst bestanden haben oder, soweit sie eine Prüfung nicht abgelegt haben, vor dem 1. Juli 1970 nicht nur zeitweilig als Rechtspfleger tätig waren.

(2) Mit den Aufgaben eines Rechtspflegers kann auch ein Beamter des Justizdienstes betraut werden, der im Lande Baden-Württemberg die Befähigung zum Amt des Bezirksnotars erworben hat.

(3) [1] Nimmt ein Beamter des Justizdienstes nach Absatz 2 Aufgaben nach § 3 Nummer 2 Buchstabe b, c oder i wahr, gelten weder § 15 Absatz 1 Nummer 1 bis 3 noch § 16. [2] Dem Richter bleiben vorbehalten:

1. die Anordnung einer Vorführung nach § 278 Absatz 5 des Gesetzes über das Verfahren in Familiensachen und in den Angelegenheiten der freiwilligen Gerichtsbarkeit[2)],
2. die Anordnung, Erweiterung oder Aufhebung eines Einwilligungsvorbehalts und
3. der Erlass einer Maßregel in Bezug auf eine Untersuchung des Gesundheitszustandes, auf eine Heilbehandlung oder einen ärztlichen Eingriff nach § 1867 auch in Verbindung mit § 1888 Absatz 1 des Bürgerlichen Gesetzbuchs[3)].

§ 33a Übergangsregelung für die Jugendstrafvollstreckung. Bis zum Inkrafttreten der auf Grund der Ermächtigung nach § 31 Absatz 5 zu erlassenden Rechtsverordnung gelten die Bestimmungen über die Entlastung des Jugendrichters in Strafvollstreckungsgeschäften weiter.

§ 34 Wahrnehmung von Rechtspflegeraufgaben durch Bereichsrechtspfleger. (1) Mit Ablauf des 31. Dezember 1996 ist die Maßgabe zu diesem Gesetz in Anlage I Kapitel III Sachgebiet A Abschnitt III Nummer 3 des Einigungsvertrages[4)] vom 31. August 1990 (BGBl. 1990 II S. 889) nicht mehr anzuwenden.

(2) Beschäftigte, die nach dieser Maßgabe mit Rechtspflegeraufgaben betraut worden sind (Bereichsrechtspfleger), dürfen die Aufgaben eines Rechtspflegers auf den ihnen übertragenen Sachgebieten auch nach Ablauf der in Absatz 1 genannten Frist wahrnehmen.

(3) [1] Bereichsrechtspfleger können auch nach dem 31. Dezember 1996 auf weiteren Sachgebieten mit Rechtspflegeraufgaben betraut werden, wenn sie auf Grund von Fortbildungsmaßnahmen zur Erledigung von Aufgaben auf diesen Sachgebieten geeignet sind. [2] Dies gilt entsprechend für Beschäftigte, die bis zu diesem Zeitpunkt nur an Fortbildungsmaßnahmen für die Aufgaben der Justizverwaltung, die von Beamten des gehobenen Dienstes wahrgenommen werden, erfolgreich teilgenommen haben.

[1)] § 33 Überschrift ber. BGBl. 2014 I S. 46; Abs. 3 angef. mWv 1.1.2018 durch G v. 1.6.2017 (BGBl. I S. 1396); Abs. 3 Satz 1, Satz 2 Nr. 3 geänd. mWv 1.1.2023 durch G v. 4.5.2021 (BGBl. I S. 882).

[2)] Nr. **112**.

[3)] Nr. **20**.

[4)] **Habersack II Nr. 2.**

§ 34a Ausbildung von Bereichsrechtspflegern zu Rechtspflegern.

(1) [1]Bereichsrechtspfleger, die an für sie bestimmten Lehrgängen einer Fachhochschule teilgenommen und diese Ausbildung mit einer Prüfung erfolgreich abgeschlossen haben, erwerben die Stellung eines Rechtspflegers und dürfen mit allen Rechtspflegeraufgaben betraut werden. [2]Die Lehrgänge dauern insgesamt achtzehn Monate und vermitteln den Teilnehmern die wissenschaftlichen Erkenntnisse und Methoden sowie die berufspraktischen Fähigkeiten und Kenntnisse, die zur Erfüllung der Aufgaben eines Rechtspflegers erforderlich sind.

(2) [1]Erfolgreich abgeschlossene Aus- und Fortbildungslehrgänge, an denen ein Bereichsrechtspfleger seit dem 3. Oktober 1990 teilgenommen hat, können auf die für die betreffenden Sachgebiete bestimmten Lehrgänge nach Absatz 1 angerechnet werden. [2]Auf diesen Sachgebieten kann eine Prüfung nach Absatz 1 entfallen.

(3) Die Länder können vorsehen, dass die Prüfung nach Absatz 1 jeweils für die einzelnen Sachgebiete am Ende der Lehrgänge abgelegt wird.

(4) Das Nähere regelt das Landesrecht.

§ 35[1)] *(aufgehoben)*

§ 35a[2)] **Ratschreiber und Beschlussfertiger in Baden-Württemberg.**

(1) [1]Ratschreiber mit Befähigung zum gehobenen Verwaltungs- oder Justizdienst, die bis 31. Dezember 2017 das Amt im Sinne des § 32 des Landesgesetzes über die freiwillige Gerichtsbarkeit mindestens drei Jahre nicht nur zeitweilig ausgeübt haben, dürfen als Beamte im Landesdienst die Aufgaben eines Rechtspflegers in Grundbuchsachen wahrnehmen. [2]Das Land stellt die fachliche Qualifikation durch geeignete Fortbildungsmaßnahmen sicher.

(2) [1]Beamte des mittleren Dienstes, die seit mindestens fünf Jahren im Justizdienst beschäftigt sind und die vor dem 1. Januar 2018 überwiegend als Beschlussfertiger in Grundbuchämtern tätig waren, dürfen als Beamte im Landesdienst die Aufgaben eines Rechtspflegers in Grundbuchsachen wahrnehmen. [2]Vor Wahrnehmung der Rechtspflegeraufgaben haben diese Beamten an für sie bestimmten Lehrgängen einer Fachhochschule erfolgreich teilzunehmen, die insgesamt mindestens acht Monate dauern und die wissenschaftlichen Erkenntnisse und Methoden sowie die berufspraktischen Fähigkeiten und Kenntnisse, die zur Erfüllung der Aufgaben eines Rechtspflegers in Grundbuchsachen erforderlich sind, vermitteln.

(3) Das Nähere regelt das Landesrecht.

§ 36[3)] *(aufgehoben)*

§ 36a Vorbehalt für die Freie und Hansestadt Hamburg. In der Freien und Hansestadt Hamburg gilt § 24 Absatz 2 mit der Maßgabe, dass der Rechtspfleger die dort bezeichneten Anträge und Erklärungen nur dann aufnehmen soll, wenn dies wegen des Zusammenhangs mit einem von ihm wahrzunehmenden Geschäft, wegen rechtlicher Schwierigkeiten oder aus sonstigen Gründen geboten ist.

[1)] § 35 aufgeh. mWv 1.1.2018 durch G v. 15.7.2009 (BGBl. I S. 1798).
[2)] § 35a eingef. mWv 13.12.2014 durch G v. 5.12.2014 (BGBl. I S. 1962).
[3)] § 36 aufgeh. mWv 1.1.2018 durch G v. 15.7.2009 (BGBl. I S. 1798).

Lfd. Nr.	Änderndes Gesetz	Datum	Fundstelle	Betroffen	Hinweis
69.	Art. 13 G zur Neuregelung des Berufsrechts der anwaltlichen und steuerberatenden Berufsausübungsgesellschaften sowie zur Änd. weiterer Vorschriften im Bereich der rechtsberatenden Berufe	7.7.2021	BGBl. I S. 2363	§ 130a	geänd. mWv 1.8.2022
70.	Art. 3 G zur Durchführung der VO (EU) 2019/1111 sowie zur Änd. sonstiger Vorschriften	10.8.2021	BGBl. I S. 3424	§§ 1080, 1111	geänd. mWv 18.8.2021
71.	Art. 34 PersonengesellschaftsrechtsmodernisierungsG (MoPeG)	10.8.2021	BGBl. I S. 3436	Inhaltsübersicht, § 50	geänd. mWv 1.1.2024
				§§ 736, 859	neu gef. mWv 1.1.2024
				§ 735	aufgeh. mit Ablauf des 31.12. 2023
72.	Art. 1–3 G zum Ausbau des elektronischen Rechtsverkehrs mit den Gerichten und zur Änd. weiterer Vorschriften[1]	5.10.2021	BGBl. I S. 4607	Inhaltsübersicht, §§ 91, 130a, 168, 171, 183, 186, 193, 195, 278, 317, 699, 702, 724, 753, 829, 840	geänd. mWv 1.1.2022
				§§ 175, 176, 192	neu gef. mWv 1.1.2022
				§§ 173, 193a	eingef. mWv 1.1.2022
				Bish. § 174	aufgeh. mit Ablauf des 31.12. 2021
				§ 173	geänd. mWv 1.1.2023
				§ 173	geänd. mWv 1.1.2024
73.	Art. 1 G zur Durchführung der EU-Verordnungen über grenzüberschreitende Zustellungen und grenzüberschreitende Beweisaufnahmen in Zivil- oder Handelssachen sowie zur Änd. sonstiger Vorschriften	24.6.2022	BGBl. I S. 959	Inhaltsübersicht, §§ 183, 829, 845, Buch 11 Abschnitt 1 Überschrift, §§ 1067, 1069, 1071, Buch 11 Abschnitt 2 Überschrift, §§ 1072, 1073, 1074, 1075, 1089	geänd. mWv 1.7.2022
				§§ 363, 1068	neu gef. mWv 1.7.2022
				§ 1070	eingef. mWv 1.7.2022
74.	Art. 7 Abs. 2 G zur Abschaffung des Güterrechtsregisters und zur Änd. des COVID-19-InsolvenzaussetzungsG	31.10. 2022	BGBl. I S. 1966	§ 741	neu gef. mWv 1.1.2023

[1] **Amtl. Anm.:** Notifiziert gemäß der Richtlinie (EU) 2015/1535 des Europäischen Parlaments und des Rates vom 9. September 2015 über ein Informationsverfahren auf dem Gebiet der technischen Vorschriften und der Vorschriften für die Dienste der Informationsgesellschaft (ABl. L 241 vom 17.9.2015, S. 1).

Lfd. Nr.	Änderndes Gesetz	Datum	Fundstelle	Betroffen	Hinweis
75.	Art. 2 G zur Durchführung des Haager Übereinkommens über die Anerkennung und Vollstreckung ausländischer Entscheidungen in Zivil- und Handelssachen sowie zur Änd. der ZPO, des BGB, des WohnungseigentumsG und des G zur Modernisierung des Strafverfahrens	7.11.2022	BGBl. I S. 1982	§ 183 Inhaltsübersicht, § 722	geänd. mWv 12.11.2022 geänd. mit noch nicht bestimmtem Inkrafttreten

Vorbemerkung:

Die Änderungen durch G v. 10.8.2021 (BGBl. I S. 3436) treten erst mWv 1.1.2024 in Kraft und sind im Text noch nicht berücksichtigt.

Die Änderungen durch G v. 7.11.2022 (BGBl. I S. 1982) treten gem. Art. 9 Satz 2 dieses G teilweise erst an dem Tag in Kraft, an dem das Haager Übereinkommen vom 2. Juli 2019 über die Anerkennung und Vollstreckung ausländischer Entscheidungen in Zivil- und Handelssachen nach seinem Art. 28 für die Europäische Union mit Ausnahme des Königreiches Dänemark in Kraft tritt; sie sind insoweit im Text noch nicht berücksichtigt.

§ 49 Urkundsbeamte. Die Vorschriften dieses Titels sind auf den Urkundsbeamten der Geschäftsstelle entsprechend anzuwenden; die Entscheidung ergeht durch das Gericht, bei dem er angestellt ist.

Abschnitt 2. Parteien

Titel 1. Parteifähigkeit; Prozessfähigkeit

§ 50[1] Parteifähigkeit. (1) Parteifähig ist, wer rechtsfähig ist.

(2) Ein Verein, der nicht rechtsfähig ist, kann klagen und verklagt werden; in dem Rechtsstreit hat der Verein die Stellung eines rechtsfähigen Vereins.

§ 51[2] Prozessfähigkeit; gesetzliche Vertretung; Prozessführung.

(1) Die Fähigkeit einer Partei, vor Gericht zu stehen, die Vertretung nicht prozessfähiger Parteien durch andere Personen (gesetzliche Vertreter) und die Notwendigkeit einer besonderen Ermächtigung zur Prozessführung bestimmt sich nach den Vorschriften des bürgerlichen Rechts, soweit nicht die nachfolgenden Paragraphen abweichende Vorschriften enthalten.

(2) Das Verschulden eines gesetzlichen Vertreters steht dem Verschulden der Partei gleich.

(3) Hat eine nicht prozessfähige Partei, die eine volljährige natürliche Person ist, wirksam eine andere natürliche Person schriftlich mit ihrer gerichtlichen Vertretung bevollmächtigt, so steht diese Person einem gesetzlichen Vertreter gleich, wenn die Bevollmächtigung geeignet ist, gemäß § 1814 Absatz 3 Satz 2 Nummer 1 des Bürgerlichen Gesetzbuchs[3] die Erforderlichkeit einer Betreuung entfallen zu lassen.

§ 52[4] Umfang der Prozessfähigkeit. Eine Person ist insoweit prozessfähig, als sie sich durch Verträge verpflichten kann.

§ 53[5] Prozessfähigkeit bei rechtlicher Betreuung. (1) Bei Personen, für die ein Betreuer bestellt ist, richtet sich die Prozessfähigkeit nach den allgemeinen Vorschriften.

(2) [1] Wird ein Betreuter in einem Rechtsstreit durch einen Betreuer vertreten, kann der Betreuer in jeder Lage des Verfahrens gegenüber dem Prozessgericht schriftlich oder zu Protokoll der Geschäftsstelle erklären, dass der Rechtsstreit fortan ausschließlich durch ihn geführt wird (Ausschließlichkeitserklärung). [2] Mit Eingang der Ausschließlichkeitserklärung steht der Betreute für den weiteren Rechtsstreit einer nicht prozessfähigen Person gleich. [3] Der Betreuer kann die Ausschließlichkeitserklärung jederzeit mit Wirkung für die Zukunft zurücknehmen.

§ 53a[6] *(aufgehoben)*

§ 54 Besondere Ermächtigung zu Prozesshandlungen. Einzelne Prozesshandlungen, zu denen nach den Vorschriften des bürgerlichen Rechts eine besondere Ermächtigung erforderlich ist, sind ohne sie gültig, wenn die Ermächtigung zur Prozessführung im Allgemeinen erteilt oder die Prozessführung auch ohne eine solche Ermächtigung im Allgemeinen statthaft ist.

---

[1] § 50 Abs. 2 geänd. mWv 30.9.2009 durch G v. 24.9.2009 (BGBl. I S. 3145).
[2] § 51 Abs. 3 geänd. mWv 1.1.2023 durch G v. 4.5.2021 (BGBl. I S. 882).
[3] Nr. **20**.
[4] § 52 geänd. mWv 1.1.2023 durch G v. 4.5.2021 (BGBl. I S. 882).
[5] § 53 neu gef. mWv 1.1.2023 durch G v. 4.5.2021 (BGBl. I S. 882).
[6] § 53a aufgeh. mWv 1.9.2009 durch G v. 17.12.2008 (BGBl. I S. 2586).

§ 55 Prozessfähigkeit von Ausländern. Ein Ausländer, dem nach dem Recht seines Landes die Prozessfähigkeit mangelt, gilt als prozessfähig, wenn ihm nach dem Recht des Prozessgerichts die Prozessfähigkeit zusteht.

§ 56 Prüfung von Amts wegen. (1) Das Gericht hat den Mangel der Parteifähigkeit, der Prozessfähigkeit, der Legitimation eines gesetzlichen Vertreters und der erforderlichen Ermächtigung zur Prozessführung von Amts wegen zu berücksichtigen.

(2) [1] Die Partei oder deren gesetzlicher Vertreter kann zur Prozessführung mit Vorbehalt der Beseitigung des Mangels zugelassen werden, wenn mit dem Verzug Gefahr für die Partei verbunden ist. [2] Das Endurteil darf erst erlassen werden, nachdem die für die Beseitigung des Mangels zu bestimmende Frist abgelaufen ist.

§ 57 Prozesspfleger. (1) Soll eine nicht prozessfähige Partei verklagt werden, die ohne gesetzlichen Vertreter ist, so hat ihr der Vorsitzende des Prozessgerichts, falls mit dem Verzug Gefahr verbunden ist, auf Antrag bis zu dem Eintritt des gesetzlichen Vertreters einen besonderen Vertreter zu bestellen.

(2) Der Vorsitzende kann einen solchen Vertreter auch bestellen, wenn in den Fällen des § 20 eine nicht prozessfähige Person bei dem Gericht ihres Aufenthaltsortes verklagt werden soll.

§ 58 Prozesspfleger bei herrenlosem Grundstück oder Schiff. (1) Soll ein Recht an einem Grundstück, das von dem bisherigen Eigentümer nach § 928 des Bürgerlichen Gesetzbuchs[1)] aufgegeben und von dem Aneignungsberechtigten noch nicht erworben worden ist, im Wege der Klage geltend gemacht werden, so hat der Vorsitzende des Prozessgerichts auf Antrag einen Vertreter zu bestellen, dem bis zur Eintragung eines neuen Eigentümers die Wahrnehmung der sich aus dem Eigentum ergebenden Rechte und Verpflichtungen im Rechtsstreit obliegt.

(2) Absatz 1 gilt entsprechend, wenn im Wege der Klage ein Recht an einem eingetragenen Schiff oder Schiffsbauwerk geltend gemacht werden soll, das von dem bisherigen Eigentümer nach § 7 des Gesetzes über Rechte an eingetragenen Schiffen und Schiffsbauwerken vom 15. November 1940 (RGBl. I S. 1499) aufgegeben und von dem Aneignungsberechtigten noch nicht erworben worden ist.

Titel 2. Streitgenossenschaft

§ 59 Streitgenossenschaft bei Rechtsgemeinschaft oder Identität des Grundes. Mehrere Personen können als Streitgenossen gemeinschaftlich klagen oder verklagt werden, wenn sie hinsichtlich des Streitgegenstandes in Rechtsgemeinschaft stehen oder wenn sie aus demselben tatsächlichen und rechtlichen Grund berechtigt oder verpflichtet sind.

§ 60 Streitgenossenschaft bei Gleichartigkeit der Ansprüche. Mehrere Personen können auch dann als Streitgenossen gemeinschaftlich klagen oder verklagt werden, wenn gleichartige und auf einem im Wesentlichen gleichartigen tatsächlichen und rechtlichen Grund beruhende Ansprüche oder Verpflichtungen den Gegenstand des Rechtsstreits bilden.

§ 61 Wirkung der Streitgenossenschaft. Streitgenossen stehen, soweit nicht aus den Vorschriften des bürgerlichen Rechts oder dieses Gesetzes sich ein anderes

---

[1)] Nr. 20.

ergibt, dem Gegner dergestalt als *Einzelne*[1] gegenüber, dass die Handlungen des einen Streitgenossen dem anderen weder zum Vorteil noch zum Nachteil gereichen.

§ 62 Notwendige Streitgenossenschaft. (1) Kann das streitige Rechtsverhältnis allen Streitgenossen gegenüber nur einheitlich festgestellt werden oder ist die Streitgenossenschaft aus einem sonstigen Grund eine notwendige, so werden, wenn ein Termin oder eine Frist nur von einzelnen Streitgenossen versäumt wird, die säumigen Streitgenossen als durch die nicht säumigen vertreten angesehen.

(2) Die säumigen Streitgenossen sind auch in dem späteren Verfahren zuzuziehen.

§ 63 Prozessbetrieb; Ladungen. Das Recht zur Betreibung des Prozesses steht jedem Streitgenossen zu; zu allen Terminen sind sämtliche Streitgenossen zu laden.

Titel 3. Beteiligung Dritter am Rechtsstreit

§ 64 Hauptintervention. Wer die Sache oder das Recht, worüber zwischen anderen Personen ein Rechtsstreit anhängig geworden ist, ganz oder teilweise für sich in Anspruch nimmt, ist bis zur rechtskräftigen Entscheidung dieses Rechtsstreits berechtigt, seinen Anspruch durch eine gegen beide Parteien gerichtete Klage bei dem Gericht geltend zu machen, vor dem der Rechtsstreit im ersten Rechtszug anhängig wurde.

§ 65 Aussetzung des Hauptprozesses. Der Hauptprozess kann auf Antrag einer Partei bis zur rechtskräftigen Entscheidung über die Hauptintervention ausgesetzt werden.

§ 66 Nebenintervention. (1) Wer ein rechtliches Interesse daran hat, dass in einem zwischen anderen Personen anhängigen Rechtsstreit die eine Partei obsiege, kann dieser Partei zum Zwecke ihrer Unterstützung beitreten.

(2) Die Nebenintervention kann in jeder Lage des Rechtsstreits bis zur rechtskräftigen Entscheidung, auch in Verbindung mit der Einlegung eines Rechtsmittels, erfolgen.

§ 67[2] Rechtsstellung des Nebenintervenienten. [1]Der Nebenintervenient muss den Rechtsstreit in der Lage annehmen, in der er sich zur Zeit seines Beitritts befindet; er ist berechtigt, Angriffs- und Verteidigungsmittel geltend zu machen und alle Prozesshandlungen wirksam vorzunehmen, insoweit nicht seine Erklärungen und Handlungen mit Erklärungen und Handlungen der Hauptpartei in Widerspruch stehen. [2]Für ihn gelten die §§ 141 und 278 Absatz 3 entsprechend.

§ 68 Wirkung der Nebenintervention. Der Nebenintervenient wird im Verhältnis zu der Hauptpartei mit der Behauptung nicht gehört, dass der Rechtsstreit, wie er dem Richter vorgelegen habe, unrichtig entschieden sei; er wird mit der Behauptung, dass die Hauptpartei den Rechtsstreit mangelhaft geführt habe, nur insoweit gehört, als er durch die Lage des Rechtsstreits zur Zeit seines Beitritts oder durch Erklärungen und Handlungen der Hauptpartei verhindert worden ist, Angriffs- oder Verteidigungsmittel geltend zu machen, oder als Angriffs- oder Verteidigungsmittel, die ihm unbekannt waren, von der Hauptpartei absichtlich oder durch grobes Verschulden nicht geltend gemacht sind.

---

[1] Richtig wohl: „einzelne".

[2] § 67 Satz 2 angef. mWv 1.1.2020 durch G v. 12.12.2019 (BGBl. I S. 2633).

§ 69 Streitgenössische Nebenintervention. Insofern nach den Vorschriften des bürgerlichen Rechts die Rechtskraft der in dem Hauptprozess erlassenen Entscheidung auf das Rechtsverhältnis des Nebenintervenienten zu dem Gegner von Wirksamkeit ist, gilt der Nebenintervenient im Sinne des § 61 als Streitgenosse der Hauptpartei.

§ 70 Beitritt des Nebenintervenienten. (1) [1]Der Beitritt des Nebenintervenienten erfolgt durch Einreichung eines Schriftsatzes bei dem Prozessgericht und, wenn er mit der Einlegung eines Rechtsmittels verbunden wird, durch Einreichung eines Schriftsatzes bei dem Rechtsmittelgericht. [2]Der Schriftsatz ist beiden Parteien zuzustellen und muss enthalten:

1. die Bezeichnung der Parteien und des Rechtsstreits;
2. die bestimmte Angabe des Interesses, das der Nebenintervenient hat;
3. die Erklärung des Beitritts.

(2) Außerdem gelten die allgemeinen Vorschriften über die vorbereitenden Schriftsätze.

§ 71 Zwischenstreit über Nebenintervention. (1) [1]Über den Antrag auf Zurückweisung einer Nebenintervention wird nach mündlicher Verhandlung unter den Parteien und dem Nebenintervenienten entschieden. [2]Der Nebenintervenient ist zuzulassen, wenn er sein Interesse glaubhaft macht.

(2) Gegen das Zwischenurteil findet sofortige Beschwerde statt.

(3) Solange nicht die Unzulässigkeit der Intervention rechtskräftig ausgesprochen ist, wird der Intervenient im Hauptverfahren zugezogen.

§ 72[1)] Zulässigkeit der Streitverkündung. (1) Eine Partei, die für den Fall des ihr ungünstigen Ausganges des Rechtsstreits einen Anspruch auf Gewährleistung oder Schadloshaltung gegen einen Dritten erheben zu können glaubt oder den Anspruch eines Dritten besorgt, kann bis zur rechtskräftigen Entscheidung des Rechtsstreits dem Dritten gerichtlich den Streit verkünden.

(2) [1]Das Gericht und ein vom Gericht ernannter Sachverständiger sind nicht Dritter im Sinne dieser Vorschrift. [2]§ 73 Satz 2 ist nicht anzuwenden.

(3) Der Dritte ist zu einer weiteren Streitverkündung berechtigt.

§ 73 Form der Streitverkündung. [1]Zum Zwecke der Streitverkündung hat die Partei einen Schriftsatz einzureichen, in dem der Grund der Streitverkündung und die Lage des Rechtsstreits anzugeben ist. [2]Der Schriftsatz ist dem Dritten zuzustellen und dem Gegner des Streitverkünders in Abschrift mitzuteilen. [3]Die Streitverkündung wird erst mit der Zustellung an den Dritten wirksam.

§ 74 Wirkung der Streitverkündung. (1) Wenn der Dritte dem Streitverkünder beitritt, so bestimmt sich sein Verhältnis zu den Parteien nach den Grundsätzen über die Nebenintervention.

(2) Lehnt der Dritte den Beitritt ab oder erklärt er sich nicht, so wird der Rechtsstreit ohne Rücksicht auf ihn fortgesetzt.

[1)] § 72 Abs. 2 eingef., bish. Abs. 2 wird Abs. 3 mWv 31.12.2006 durch G v. 22.12.2006 (BGBl. I S. 3416).

§ 167 Rückwirkung der Zustellung. Soll durch die Zustellung eine Frist gewahrt werden oder die Verjährung neu beginnen oder nach § 204 des Bürgerlichen Gesetzbuchs[1)] gehemmt werden, tritt diese Wirkung bereits mit Eingang des Antrags oder der Erklärung ein, wenn die Zustellung demnächst erfolgt.

§ 168[2)] Aufgaben der Geschäftsstelle. (1) [1]Die Geschäftsstelle führt die Zustellung nach §§ 173 bis 176 Absatz 1 aus. [2]Sie kann einen nach § 33 Abs. 1 des Postgesetzes[3)] beliehenen Unternehmer (Post) oder einen Justizbediensteten mit der Ausführung der Zustellung beauftragen. [3]Den Auftrag an die Post erteilt die Geschäftsstelle auf dem dafür vorgesehenen Vordruck.

(2) Der Vorsitzende des Prozessgerichts oder ein von ihm bestimmtes Mitglied können einen Gerichtsvollzieher oder eine andere Behörde mit der Ausführung der Zustellung beauftragen, wenn eine Zustellung nach Absatz 1 keinen Erfolg verspricht.

§ 169[4)] Bescheinigung des Zeitpunktes der Zustellung; Beglaubigung.

(1) Die Geschäftsstelle bescheinigt auf Antrag den Zeitpunkt der Zustellung.

(2) [1]Die Beglaubigung der zuzustellenden Schriftstücke wird von der Geschäftsstelle vorgenommen. [2]Dies gilt auch, soweit von einem Anwalt eingereichte Schriftstücke nicht bereits von diesem beglaubigt wurden.

(3) [1]Eine in Papierform zuzustellende Abschrift kann auch durch maschinelle Bearbeitung beglaubigt werden. [2]Anstelle der handschriftlichen Unterzeichnung ist die Abschrift mit dem Gerichtssiegel zu versehen. [3]Dasselbe gilt, wenn eine Abschrift per Telekopie zugestellt wird.

(4) [1]Ein Schriftstück oder ein elektronisches Dokument kann in beglaubigter elektronischer Abschrift zugestellt werden. [2]Die Beglaubigung erfolgt mit einer qualifizierten elektronischen Signatur des Urkundsbeamten der Geschäftsstelle.

(5) Ein elektronisches Dokument kann ohne Beglaubigung elektronisch zugestellt werden, wenn es

1. nach § 130a oder § 130b Satz 1 mit einer qualifizierten elektronischen Signatur der verantwortenden Personen versehen ist,
2. nach § 130a auf einem sicheren Übermittlungsweg eingereicht wurde und mit einem Authentizitäts- und Integritätsnachweis versehen ist oder
3. nach Maßgabe des § 298a errichtet wurde und mit einem Übertragungsnachweis nach § 298a Absatz 2 Satz 3 oder 4 versehen ist.

§ 170 Zustellung an Vertreter. (1) [1]Bei nicht prozessfähigen Personen ist an ihren gesetzlichen Vertreter zuzustellen. [2]Die Zustellung an die nicht prozessfähige Person ist unwirksam.

(2) Ist der Zustellungsadressat keine natürliche Person, genügt die Zustellung an den Leiter.

(3) Bei mehreren gesetzlichen Vertretern oder Leitern genügt die Zustellung an einen von ihnen.

[1)] Nr. **20**.

[2)] § 168 Abs. 1 Satz 1 geänd. mWv 1.1.2022 durch G v. 5.10.2021 (BGBl. I S. 4607).

[3)] **Sartorius ErgBd. Nr. 910.**

[4)] § 169 Abs. 3–5 angef. mWv 1.7.2014 durch G v. 10.10.2013 (BGBl. I S. 3786); Abs. 4 und 5 neu gef. mWv 1.1.2018 durch G v. 5.7.2017 (BGBl. I S. 2208); Abs. 4 Satz 1 geänd. mWv 1.1.2020 durch G v. 12.12.2019 (BGBl. I S. 2633).

§ 170a[1] Zustellung bei rechtlicher Betreuung. (1) Wird an eine Person zugestellt, für die ein Betreuer bestellt ist, ist diesem eine Abschrift des zugestellten Dokuments mitzuteilen, soweit er bekannt ist und sein Aufgabenkreis betroffen ist.

(2) Wird nach § 170 Absatz 1 an den Betreuer zugestellt, ist dem Betreuten eine Abschrift des zugestellten Dokuments mitzuteilen.

§ 171 Zustellung an Bevollmächtigte. [1] An den rechtsgeschäftlich bestellten Vertreter kann mit gleicher Wirkung wie an den Vertretenen zugestellt werden. [2] Der Vertreter hat eine schriftliche Vollmacht vorzulegen.

§ 172 Zustellung an Prozessbevollmächtigte. (1) [1] In einem anhängigen Verfahren hat die Zustellung an den für den Rechtszug bestellten Prozessbevollmächtigten zu erfolgen. [2] Das gilt auch für die Prozesshandlungen, die das Verfahren vor diesem Gericht infolge eines Einspruchs, einer Aufhebung des Urteils dieses Gerichts, einer Wiederaufnahme des Verfahrens, einer Rüge nach § 321a oder eines neuen Vorbringens in dem Verfahren der Zwangsvollstreckung betreffen. [3] Das Verfahren vor dem Vollstreckungsgericht gehört zum ersten Rechtszug.

(2) [1] Ein Schriftsatz, durch den ein Rechtsmittel eingelegt wird, ist dem Prozessbevollmächtigten des Rechtszuges zuzustellen, dessen Entscheidung angefochten wird. [2] Wenn bereits ein Prozessbevollmächtigter für den höheren Rechtszug bestellt ist, ist der Schriftsatz diesem zuzustellen. [3] Der Partei ist selbst zuzustellen, wenn sie einen Prozessbevollmächtigten nicht bestellt hat.

§ 173[2] Zustellung von elektronischen Dokumenten. (1) Ein elektronisches Dokument kann elektronisch nur auf einem sicheren Übermittlungsweg zugestellt werden.

[Abs. 2 bis 31.12.2023:]

(2) [1] Einen sicheren Übermittlungsweg für die elektronische Zustellung eines elektronischen Dokuments haben zu eröffnen:

1. Rechtsanwälte, Notare, Gerichtsvollzieher, Steuerberater sowie
2. Behörden, Körperschaften oder Anstalten des öffentlichen Rechts.

[2] *sonstige*[3] in professioneller Eigenschaft am Prozess beteiligte Personen, Vereinigungen und Organisationen, bei denen von einer erhöhten Zuverlässigkeit ausgegangen werden kann, sollen einen sicheren Übermittlungsweg für die elektronische Zustellung eröffnen.

[Abs. 2 ab 1.1.2024:]

(2) Einen sicheren Übermittlungsweg für die elektronische Zustellung eines elektronischen Dokuments haben zu eröffnen:

1. Rechtsanwälte, Notare, Gerichtsvollzieher, Steuerberater sowie sonstige in professioneller Eigenschaft am Prozess beteiligte Personen, Vereinigungen und Organisationen, bei denen von einer erhöhten Zuverlässigkeit ausgegangen werden kann, sowie

2. Behörden, Körperschaften oder Anstalten des öffentlichen Rechts.

---

[1] § 170a eingef. mWv 1.1.2023 durch G v. 4.5.2021 (BGBl. I S. 882).

[2] § 173 eingef. mWv 1.1.2022, Abs. 2 Satz 1 Nr. 1 und Satz 2 geänd. mWv 1.1.2023, Abs. 2 bish. Satz 1 Nr. 1 geänd., Satz 2 aufgeh. **mWv 1.1.2024** durch G v. 5.10.2021 (BGBl. I S. 4607).

[3] Richtig wohl: „Sonstige“.

(3) [1]Die elektronische Zustellung an die in Absatz 2 Genannten wird durch ein elektronisches Empfangsbekenntnis nachgewiesen, das an das Gericht zu übermitteln ist. [2]Für die Übermittlung ist der vom Gericht mit der Zustellung zur Verfügung gestellte strukturierte Datensatz zu verwenden. [3]Stellt das Gericht keinen strukturierten Datensatz zur Verfügung, so ist dem Gericht das elektronische Empfangsbekenntnis als elektronisches Dokument (§ 130a) zu übermitteln.

(4) [1]An andere als die in Absatz 2 Genannten kann ein elektronisches Dokument elektronisch nur zugestellt werden, wenn sie der Zustellung elektronischer Dokumente für das jeweilige Verfahren zugestimmt haben. [2]Die Zustimmung gilt mit der Einreichung eines elektronischen Dokuments im jeweiligen Verfahren auf einem sicheren Übermittlungsweg als erteilt. [3]Andere als natürliche Personen können die Zustimmung auch allgemein erteilen. [4]Ein elektronisches Dokument gilt am dritten Tag nach dem auf der automatisierten Eingangsbestätigung ausgewiesenen Tag des Eingangs in dem vom Empfänger eröffneten elektronischen Postfach als zugestellt. [5]Satz 4 gilt nicht, wenn der Empfänger nachweist, dass das Dokument nicht oder zu einem späteren Zeitpunkt zugegangen ist.

§ 174[1)] Zustellung durch Aushändigung an der Amtsstelle. [1]Ein Schriftstück kann dem Adressaten oder seinem rechtsgeschäftlich bestellten Vertreter durch Aushändigung an der Amtsstelle zugestellt werden. [2]Zum Nachweis der Zustellung ist auf dem Schriftstück und in den Akten zu vermerken, dass es zum Zwecke der Zustellung ausgehändigt wurde und wann das geschehen ist; bei Aushändigung an den Vertreter ist dies mit dem Zusatz zu vermerken, an wen das Schriftstück ausgehändigt wurde und dass die Vollmacht nach § 171 Satz 2 vorgelegt wurde. [3]Der Vermerk ist von dem Bediensteten zu unterschreiben, der die Aushändigung vorgenommen hat.

§ 175[2)] Zustellung von Schriftstücken gegen Empfangsbekenntnis.

(1) Ein Schriftstück kann den in § 173 Absatz 2 Genannten gegen Empfangsbekenntnis zugestellt werden.

(2) [1]Eine Zustellung gegen Empfangsbekenntnis kann auch durch Telekopie erfolgen. [2]Die Übermittlung soll mit dem Hinweis „Zustellung gegen Empfangsbekenntnis" eingeleitet werden und die absendende Stelle, den Namen und die Anschrift des Zustellungsadressaten sowie den Namen des Justizbediensteten erkennen lassen, der das Dokument zur Übermittlung aufgegeben hat.

(3) Die Zustellung nach den Absätzen 1 und 2 wird durch das mit Datum und Unterschrift des Adressaten versehene Empfangsbekenntnis nachgewiesen.

(4) Das Empfangsbekenntnis muss schriftlich, durch Telekopie oder als elektronisches Dokument (§ 130a) an das Gericht gesandt werden.

§ 176[3)] Zustellung durch Einschreiben mit Rückschein; Zustellungsauftrag. (1) [1]Ein Schriftstück kann durch Einschreiben mit Rückschein zugestellt werden. [2]Zum Nachweis der Zustellung genügt der Rückschein.

(2) [1]Wird die Post, ein Justizbediensteter oder ein Gerichtsvollzieher mit der Zustellung eines Schriftstücks beauftragt oder wird eine andere Behörde um die Zustellung ersucht, so übergibt die Geschäftsstelle das zuzustellende Schriftstück in

---

[1)] § 174 aufgeh., bish. § 173 wird § 174 mWv 1.1.2022 durch G v. 5.10.2021 (BGBl. I S. 4607).
[2)] § 175 neu gef. mWv 1.1.2022 durch G v. 5.10.2021 (BGBl. I S. 4607).
[3)] § 176 neu gef. mWv 1.1.2022 durch G v. 5.10.2021 (BGBl. I S. 4607).

einem verschlossenen Umschlag und ein vorbereitetes Formular einer Zustellungsurkunde. [2] Die Zustellung erfolgt nach den §§ 177 bis 181.

§ 177 Ort der Zustellung. Das Schriftstück kann der Person, der zugestellt werden soll, an jedem Ort übergeben werden, an dem sie angetroffen wird.

§ 178[1)] Ersatzzustellung in der Wohnung, in Geschäftsräumen und Einrichtungen. (1) Wird die Person, der zugestellt werden soll, in ihrer Wohnung, in dem Geschäftsraum oder in einer Gemeinschaftseinrichtung, in der sie wohnt, nicht angetroffen, kann das Schriftstück zugestellt werden

1. in der Wohnung einem erwachsenen Familienangehörigen, einer in der Familie beschäftigten Person oder einem erwachsenen ständigen Mitbewohner,
2. in Geschäftsräumen einer dort beschäftigten Person,
3. in Gemeinschaftseinrichtungen dem Leiter der Einrichtung oder einem dazu ermächtigten Vertreter.

(2) Die Zustellung an eine der in Absatz 1 bezeichneten Personen ist unwirksam, wenn diese an dem Rechtsstreit als Gegner der Person, der zugestellt werden soll, beteiligt ist.

§ 179 Zustellung bei verweigerter Annahme. [1] Wird die Annahme des zuzustellenden Schriftstücks unberechtigt verweigert, so ist das Schriftstück in der Wohnung oder in dem Geschäftsraum zurückzulassen. [2] Hat der Zustellungsadressat keine Wohnung oder ist kein Geschäftsraum vorhanden, ist das zuzustellende Schriftstück zurückzusenden. [3] Mit der Annahmeverweigerung gilt das Schriftstück als zugestellt.

§ 180 Ersatzzustellung durch Einlegen in den Briefkasten. [1] Ist die Zustellung nach § 178 Abs. 1 Nr. 1 oder 2 nicht ausführbar, kann das Schriftstück in einen zu der Wohnung oder dem Geschäftsraum gehörenden Briefkasten oder in eine ähnliche Vorrichtung eingelegt werden, die der Adressat für den Postempfang eingerichtet hat und die in der allgemein üblichen Art für eine sichere Aufbewahrung geeignet ist. [2] Mit der Einlegung gilt das Schriftstück als zugestellt. [3] Der Zusteller vermerkt auf dem Umschlag des zuzustellenden Schriftstücks das Datum der Zustellung.

§ 181 Ersatzzustellung durch Niederlegung. (1) [1] Ist die Zustellung nach § 178 Abs. 1 Nr. 3 oder § 180 nicht ausführbar, kann das zuzustellende Schriftstück auf der Geschäftsstelle des Amtsgerichts, in dessen Bezirk der Ort der Zustellung liegt, niedergelegt werden. [2] Wird die Post mit der Ausführung der Zustellung beauftragt, ist das zuzustellende Schriftstück am Ort der Zustellung oder am Ort des Amtsgerichts bei einer von der Post dafür bestimmten Stelle niederzulegen. [3] Über die Niederlegung ist eine schriftliche Mitteilung auf dem vorgesehenen Formular unter der Anschrift der Person, der zugestellt werden soll, in der bei gewöhnlichen Briefen üblichen Weise abzugeben oder, wenn das nicht möglich ist, an der Tür der Wohnung, des Geschäftsraums oder der Gemeinschaftseinrichtung anzuheften. [4] Das Schriftstück gilt mit der Abgabe der schriftlichen Mitteilung als zugestellt. [5] Der Zusteller vermerkt auf dem Umschlag des zuzustellenden Schriftstücks das Datum der Zustellung.

[1)] § 178 Abs. 2 ber. BGBl. 2007 I S. 1781.

(2) [1]Das niedergelegte Schriftstück ist drei Monate zur Abholung bereitzuhalten. [2]Nicht abgeholte Schriftstücke sind danach an den Absender zurückzusenden.

§ 182[1)] Zustellungsurkunde. (1) [1]Zum Nachweis der Zustellung nach den §§ 171, 177 bis 181 ist eine Urkunde auf dem hierfür vorgesehenen Formular anzufertigen. [2]Für diese Zustellungsurkunde gilt § 418.

(2) Die Zustellungsurkunde muss enthalten:

1. die Bezeichnung der Person, der zugestellt werden soll,
2. die Bezeichnung der Person, an die der Brief oder das Schriftstück übergeben wurde,
3. im Falle des § 171 die Angabe, dass die Vollmachtsurkunde vorgelegen hat,
4. im Falle der §§ 178, 180 die Angabe des Grundes, der diese Zustellung rechtfertigt und wenn nach § 181 verfahren wurde, die Bemerkung, wie die schriftliche Mitteilung abgegeben wurde,
5. im Falle des § 179 die Erwähnung, wer die Annahme verweigert hat und dass der Brief am Ort der Zustellung zurückgelassen oder an den Absender zurückgesandt wurde,
6. die Bemerkung, dass der Tag der Zustellung auf dem Umschlag, der das zuzustellende Schriftstück enthält, vermerkt ist,
7. den Ort, das Datum und auf Anordnung der Geschäftsstelle auch die Uhrzeit der Zustellung,
8. Name, Vorname und Unterschrift des Zustellers sowie die Angabe des beauftragten Unternehmens oder der ersuchten Behörde.

(3) Die Zustellungsurkunde ist der Geschäftsstelle in Urschrift oder als elektronisches Dokument unverzüglich zurückzuleiten.

§ 183[2)] Zustellung im Ausland. (1) [1]Für die Durchführung

1. der Verordnung (EU) 2020/1784[3)] des Europäischen Parlaments und des Rates vom 25. November 2020 über die Zustellung gerichtlicher und außergerichtlicher Schriftstücke in Zivil- oder Handelssachen in den Mitgliedstaaten (Zustellung von Schriftstücken) (ABl. L 405 vom 2.12.2020, S. 40; L 173 vom 30.6. 2022, S. 133) in ihrer jeweils geltenden Fassung sowie
2. des Abkommens zwischen der Europäischen Gemeinschaft und dem Königreich Dänemark vom 19. Oktober 2005 über die Zustellung gerichtlicher und außergerichtlicher Schriftstücke in Zivil- oder Handelssachen (ABl. L 300 vom 17.11.2005, S. 55; L 120 vom 5.5.2006, S. 23), das durch die Mitteilung Dänemarks vom 22. Dezember 2020 (ABl. L 19 vom 21.1.2021, S. 1) geändert worden ist,

gelten § 1067 Absatz 1, § 1069 Absatz 1 sowie die §§ 1070 und 1071. [2]Soweit nicht für die Zustellung im Ausland die vorgenannten Regelungen maßgeblich sind, gelten für die Zustellung im Ausland die Absätze 2 bis 6.

[1)] § 182 Abs. 3 neu gef. mWv 1.7.2014 durch G v. 10.10.2013 (BGBl. I S. 3786).

[2)] § 183 neu gef. mWv 13.11.2008 durch G v. 30.10.2008 (BGBl. I S. 2122); Abs. 1 eingef., bish. Abs. 1 wird Abs. 2, bish. Abs. 2 wird Abs. 3 und Satz 1 geänd., bish. Abs. 3 und 4 werden Abs. 4 und 5 und neu gef., bish. Abs. 5 aufgeh. mWv 17.6.2017 durch G v. 11.6.2017 (BGBl. I S. 1607); Abs. 2 Satz 2 neu gef., Abs. 5 Satz 1 geänd. mWv 1.1.2022 durch G v. 5.10.2021 (BGBl. I S. 4607); Abs. 1 neu gef., Abs. 2 Sätze 1 und 2 geänd., Satz 3 angef., Abs. 3 und 4, Abs. 5 Satz 2 neu gef., Abs. 6 angef. mWv 1.7.2022 durch G v. 24.6.2022 (BGBl. I S. 959); Abs. 1 Satz 1 Nr. 1 geänd. mWv 12.11.2022 durch G v. 7.11.2022 (BGBl. I S. 1982).

[3)] **Habersack, Deutsche Gesetze ErgBd. Nr. 103c.**

(2) [1] Eine Zustellung im Ausland ist nach den völkerrechtlichen Vereinbarungen vorzunehmen, die im Verhältnis zu dem jeweiligen Staat gelten. [2] Wenn Schriftstücke aufgrund solcher Vereinbarungen unmittelbar durch die Post zugestellt werden dürfen, dann soll dies durch Einschreiben mit Rückschein oder mittels eines gleichwertigen Nachweises bewirkt werden, anderenfalls soll die Zustellung auf Ersuchen des Vorsitzenden des Prozessgerichts unmittelbar durch die Behörden des ausländischen Staates erfolgen. [3] Eine Zustellung durch die zuständige deutsche Auslandsvertretung soll nur in den Fällen des Absatzes 4 erfolgen.

(3) Bestehen keine völkerrechtlichen Vereinbarungen zur Zustellung, so erfolgt die Zustellung vorbehaltlich des Absatzes 4 auf Ersuchen des Vorsitzenden des Prozessgerichts durch die Behörden des ausländischen Staates.

(4) Folgende Zustellungen in den Fällen der Absätze 2 und 3 erfolgen auf Ersuchen des Vorsitzenden des Prozessgerichts durch die zuständige deutsche Auslandsvertretung:

1. Zustellungen, deren Erledigung durch die Behörden des ausländischen Staates nicht oder nicht innerhalb einer angemessenen Zeit zu erwarten ist oder für die ein sonstiger begründeter Ausnahmefall vorliegt,
2. Zustellungen an ausländische Staaten sowie
3. Zustellungen an entsandte Beschäftigte einer deutschen Auslandsvertretung und die in ihrer Privatwohnung lebenden Personen.

(5) [1] Zum Nachweis der Zustellung nach Absatz 2 Satz 2 erster Halbsatz genügt der Rückschein oder ein gleichwertiger Nachweis. [2] Im Übrigen wird die Zustellung durch das Zeugnis der ersuchten Behörde nachgewiesen.

(6) [1] Soweit völkerrechtliche Vereinbarungen eine Zustellung außergerichtlicher Schriftstücke ermöglichen, ist für die Übermittlung solcher Schriftstücke in das Ausland das Amtsgericht zuständig, in dessen Bezirk die Person, die die Zustellung betreibt, ihren Wohnsitz oder gewöhnlichen Aufenthalt hat. [2] Bei notariellen Urkunden ist auch das Amtsgericht zuständig, in dessen Bezirk der beurkundende Notar seinen Amtssitz hat. [3] Bei juristischen Personen tritt an die Stelle des Wohnsitzes oder des gewöhnlichen Aufenthalts der Sitz der juristischen Person.

§ 184[1)] Zustellungsbevollmächtigter; Zustellung durch Aufgabe zur Post. (1) [1] Das Gericht kann bei der Zustellung nach § 183 Absatz 2 bis 5 anordnen, dass die Partei innerhalb einer angemessenen Frist einen Zustellungsbevollmächtigten benennt, der im Inland wohnt oder dort einen Geschäftsraum hat, falls sie nicht einen Prozessbevollmächtigten bestellt hat. [2] Wird kein Zustellungsbevollmächtigter benannt, so können spätere Zustellungen bis zur nachträglichen Benennung dadurch bewirkt werden, dass das Schriftstück unter der Anschrift der Partei zur Post gegeben wird.

(2) [1] Das Schriftstück gilt zwei Wochen nach Aufgabe zur Post als zugestellt. [2] Das Gericht kann eine längere Frist bestimmen. [3] In der Anordnung nach Absatz 1 ist auf diese Rechtsfolgen hinzuweisen. [4] Zum Nachweis der Zustellung ist in den Akten zu vermerken, zu welcher Zeit und unter welcher Anschrift das Schriftstück zur Post gegeben wurde.

[1)] § 184 Abs. 1 neu gef. mWv 13.11.2008 durch G v. 30.10.2008 (BGBl. I S. 2122); Abs. 1 Satz 1 geänd. mWv 17.6.2017 durch G v. 11.6.2017 (BGBl. I S. 1607).

(2) Die Geschäftsstelle hat von der Erteilung der weiteren Ausfertigung den Gegner in Kenntnis zu setzen.

(3) Die weitere Ausfertigung ist als solche ausdrücklich zu bezeichnen.

§ 734 Vermerk über Ausfertigungserteilung auf der Urteilsurschrift.

[1] Vor der Aushändigung einer vollstreckbaren Ausfertigung ist auf der Urschrift des Urteils zu vermerken, für welche Partei und zu welcher Zeit die Ausfertigung erteilt ist. [2] Werden die Prozessakten elektronisch geführt, so ist der Vermerk in einem gesonderten elektronischen Dokument festzuhalten. [3] Das Dokument ist mit dem Urteil untrennbar zu verbinden.

§ 735 Zwangsvollstreckung gegen nicht rechtsfähigen Verein. Zur Zwangsvollstreckung in das Vermögen eines nicht rechtsfähigen Vereins genügt ein gegen den Verein ergangenes Urteil.

§ 736 Zwangsvollstreckung gegen BGB-Gesellschaft. Zur Zwangsvollstreckung in das Gesellschaftsvermögen einer nach § 705 des Bürgerlichen Gesetzbuchs[1)] eingegangenen Gesellschaft ist ein gegen alle Gesellschafter ergangenes Urteil erforderlich.[2)]

§ 737 Zwangsvollstreckung bei Vermögens- oder Erbschaftsnießbrauch.

(1) Bei dem Nießbrauch an einem Vermögen ist wegen der vor der Bestellung des Nießbrauchs entstandenen Verbindlichkeiten des Bestellers die Zwangsvollstreckung in die dem Nießbrauch unterliegenden Gegenstände ohne Rücksicht auf den Nießbrauch zulässig, wenn der Besteller zu der Leistung und der Nießbraucher zur Duldung der Zwangsvollstreckung verurteilt ist.

(2) Das Gleiche gilt bei dem Nießbrauch an einer Erbschaft für die Nachlassverbindlichkeiten.

§ 738 Vollstreckbare Ausfertigung gegen Nießbraucher. (1) Ist die Bestellung des Nießbrauchs an einem Vermögen nach der rechtskräftigen Feststellung einer Schuld des Bestellers erfolgt, so sind auf die Erteilung einer in Ansehung der dem Nießbrauch unterliegenden Gegenstände vollstreckbaren Ausfertigung des Urteils gegen den Nießbraucher die Vorschriften der §§ 727, 730 bis 732 entsprechend anzuwenden.

(2) Das Gleiche gilt bei dem Nießbrauch an einer Erbschaft für die Erteilung einer vollstreckbaren Ausfertigung des gegen den Erblasser ergangenen Urteils.

§ 739[3)] Gewahrsamsvermutung bei Zwangsvollstreckung gegen Ehegatten und Lebenspartner. (1) Wird zugunsten der Gläubiger eines der Ehegatten gemäß § 1362 des Bürgerlichen Gesetzbuchs[1)] vermutet, dass der Schuldner Eigentümer beweglicher Sachen ist, so gilt, unbeschadet der Rechte Dritter, für die Durchführung der Zwangsvollstreckung nur der Schuldner als Gewahrsamsinhaber und Besitzer.

(2) Absatz 1 gilt entsprechend für die Vermutung des § 8 Abs. 1 des Lebenspartnerschaftsgesetzes zugunsten der Gläubiger eines der Lebenspartner.

[1)] Nr. **20**.
[2)] Für die OHG vgl. § 124 Abs. 2 und § 129 Abs. 4 HGB (Nr. **50**).
[3)] § 739 Abs. 1 neu gef. mWv 22.12.2018 durch G v. 18.12.2018 (BGBl. I S. 2639).

§ 740[1] Zwangsvollstreckung in das Gesamtgut. (1) Leben die Ehegatten oder Lebenspartner in Gütergemeinschaft und verwaltet einer von ihnen das Gesamtgut allein, so ist zur Zwangsvollstreckung in das Gesamtgut ein Urteil gegen diesen Ehegatten oder Lebenspartner erforderlich und genügend.

(2) Verwalten die Ehegatten oder Lebenspartner das Gesamtgut gemeinschaftlich, so ist die Zwangsvollstreckung in das Gesamtgut nur zulässig, wenn beide Ehegatten oder Lebenspartner zur Leistung verurteilt sind.

§ 741[2] Zwangsvollstreckung in das Gesamtgut bei Erwerbsgeschäft.

Betreibt ein Ehegatte, der in Gütergemeinschaft lebt und das Gesamtgut nicht oder nicht allein verwaltet, selbständig ein Erwerbsgeschäft, so genügt zur Zwangsvollstreckung in das Gesamtgut ein gegen ihn ergangenes Urteil.

§ 742[3] Vollstreckbare Ausfertigung bei Gütergemeinschaft während des Rechtsstreits. Ist die Gütergemeinschaft erst eingetreten, nachdem ein von einem Ehegatten oder Lebenspartner oder gegen einen Ehegatten oder Lebenspartner geführter Rechtsstreit rechtshängig geworden ist, und verwaltet dieser Ehegatte oder Lebenspartner das Gesamtgut nicht oder nicht allein, so sind auf die Erteilung einer in Ansehung des Gesamtgutes vollstreckbaren Ausfertigung des Urteils für oder gegen den anderen Ehegatten oder Lebenspartner die Vorschriften der §§ 727, 730 bis 732 entsprechend anzuwenden.

§ 743[4] Beendete Gütergemeinschaft. Nach der Beendigung der Gütergemeinschaft ist vor der Auseinandersetzung die Zwangsvollstreckung in das Gesamtgut nur zulässig, wenn

1. beide Ehegatten oder Lebenspartner zu der Leistung verurteilt sind oder
2. der eine Ehegatte oder Lebenspartner zu der Leistung verurteilt ist und der andere zur Duldung der Zwangsvollstreckung.

§ 744[5] Vollstreckbare Ausfertigung bei beendeter Gütergemeinschaft.

Ist die Beendigung der Gütergemeinschaft nach der Beendigung eines Rechtsstreits des Ehegatten oder Lebenspartners eingetreten, der das Gesamtgut allein verwaltet, so sind auf die Erteilung einer in Ansehung des Gesamtgutes vollstreckbaren Ausfertigung des Urteils gegen den anderen Ehegatten oder Lebenspartner die Vorschriften der §§ 727, 730 bis 732 entsprechend anzuwenden.

§ 744a Zwangsvollstreckung bei Eigentums- und Vermögensgemeinschaft. Leben die Ehegatten gemäß Artikel 234 § 4 Abs. 2 des Einführungsgesetzes zum Bürgerlichen Gesetzbuch[6] im Güterstand der Eigentums- und Vermögensgemeinschaft, sind für die Zwangsvollstreckung in Gegenstände des ge-

---

[1] § 740 Abs. 1 und 2 geänd. mWv 26.11.2015 durch G v. 20.11.2015 (BGBl. I S. 2010).
[2] § 741 neu gef. mWv 1.1.2023 durch G v. 31.10.2022 (BGBl. I S. 1966).
[3] § 742 geänd. mWv 26.11.2015 durch G v. 20.11.2015 (BGBl. I S. 2010).
[4] § 743 neu gef. mWv 26.11.2015 durch G v. 20.11.2015 (BGBl. I S. 2010).
[5] § 744 geänd. mWv 26.11.2015 durch G v. 20.11.2015 (BGBl. I S. 2010).
[6] Nr. **21**.

Lfd. Nr.	Änderndes Gesetz	Datum	Fundstelle	Betroffen	Hinweis
28.	Art. 7 G zur Umsetzung der RL über alternative Streitbeilegung in Verbraucherangelegenheiten und zur Durchführung der VO über Online-Streitbeilegung in Verbraucherangelegenheiten[1]	19.2.2016	BGBl. I S. 254	§ 8 §§ 14, 16 § 2	geänd. mWv 26.2.2016 neu gef. mWv 26.2.2016 geänd. mWv 1.2.2017
29.	Art. 6 G zur Umsetzung der WohnimmobilienkreditRL und zur Änd. handelsrechtl. Vorschriften[2]	11.3.2016	BGBl. I S. 396	§ 14	geänd. mWv 21.3.2016
30.	Art. 3 G zur Umsetzung der RL über die Vergleichbarkeit von Zahlungskontoentgelten, den Wechsel von Zahlungskonten sowie den Zugang zu Zahlungskonten mit grundlegenden Funktionen[3]	11.4.2016	BGBl. I S. 720	§§ 2, 14, 16	geänd. mWv 18.6.2016
31.	Art. 3 G zur Reform des Bauvertragsrechts, zur Änd. der kaufrechtlichen Mängelhaftung, zur Stärkung des zivilprozessualen Rechtsschutzes und zum maschinellen Siegel im Grundbuch- und Schiffsregisterverfahren	28.4.2017	BGBl. I S. 969	§ 2	geänd. mWv 1.1.2018
32.	Art. 24 Abs. 5 Zweites FinanzmarktnovellierungsG	23.6.2017	BGBl. I S. 1693	§ 2	geänd. mWv 3.1.2018
33.	Art. 3 Drittes G zur Änd. reiserechtlicher Vorschriften[4]	17.7.2017	BGBl. I S. 2394	§ 2	geänd. mWv 1.7.2018
34.	Art. 4 G zur Umsetzung der Zweiten ZahlungsdiensteRL[5]	17.7.2017	BGBl. I S. 2446	§ 14	geänd. mWv 13.1.2018

[1] **Amtl. Anm.:** *(abgedruckt in Änderungstabelle Nr.* **20***)*

[2] **Amtl. Anm.:** Dieses Gesetz dient der Umsetzung der Richtlinie 2014/17/EU des Europäischen Parlaments und des Rates vom 4. Februar 2014 über Wohnimmobilienkreditverträge für Verbraucher und zur Änderung der Richtlinien 2008/48/EG und 2013/36/EU und der Verordnung (EU) Nr. 1093/2010 (ABl. L 60 vom 28.2.2014, S. 34).

[3] **Amtl. Anm.:** Dieses Gesetz dient der Umsetzung der Richtlinie 2014/92/EU des Europäischen Parlaments und des Rates vom 23. Juli 2014 über die Vergleichbarkeit von Zahlungskontoentgelten, den Wechsel von Zahlungskonten und den Zugang zu Zahlungskonten mit grundlegenden Funktionen (ABl. L 257 vom 28.8.2014, S. 214).

[4] **Amtl. Anm.:** Dieses Gesetz dient der Umsetzung der Richtlinie (EU) 2015/2302 des Europäischen Parlaments und des Rates vom 25. November 2015 über Pauschalreisen und verbundene Reiseleistungen, zur Änderung der Verordnung (EG) Nr. 2006/2004 und der Richtlinie 2011/83/EU des Europäischen Parlaments und des Rates sowie zur Aufhebung der Richtlinie 90/314/EWG des Rates (ABl. L 326 vom 11.12.2015, S. 1).

[5] **Amtl. Anm.:** Dieses Gesetz dient der Umsetzung der Richtlinie (EU) 2015/2366 des Europäischen Parlaments und des Rates vom 25. November 2015 über Zahlungsdienste im Binnenmarkt, zur Änderung der Richtlinien 2002/65/EG, 2009/110/EG und 2013/36/EU und der Verordnung (EU) Nr. 1093/2010 sowie zur Aufhebung der Richtlinie 2007/64/EG (ABl. L 337 vom 23.12.2015, S. 35; L 169 vom 28.6. 2016, S. 18).

Lfd. Nr.	Änderndes Gesetz	Datum	Fundstelle	Betroffen	Hinweis
35.	Art. 2 Abs. 6 G zur Änd. des EG-VerbraucherschutzdurchsetzungsG sowie des G über die Errichtung des Bundesamts für Justiz	25.6.2020	BGBl. I S. 1474	§ 4a	neu gef. mWv 30.6.2020
36.	Art. 2 G zur Stärkung des fairen Wettbewerbs	26.11. 2020	BGBl. I S. 2568	§§ 2b, 4e, 5, 13, 13a	geänd. mWv 2.12.2020
				§§ 4, Abschnitt 6 Überschrift, §§ 16, 17	neu gef. mWv 2.12.2020
				§§ 4a, 4b, 4c, 4d, Abschnitt 7 Überschrift	eingef. mWv 2.12.2020
				§ 3	geänd. mWv 1.12.2021
37.	Art. 4 G zur Anpassung des Urheberrechts an die Erfordernisse des digitalen Binnenmarktes[1]	31.5.2021	BGBl. I S. 1204	§§ 3a, 6	geänd. mWv 7.6.2021
				§ 2a	neu gef. mWv 7.6.2021
38.	Art. 20 TelekommunikationsmodernisierungsG[2]	23.6.2021	BGBl. I S. 1858	§ 2	geänd. mWv 1.12.2021
39.	Art. 3 G zur Umsetzung der RL über bestimmte vertragsrechtliche Aspekte der Bereitstellung digitaler Inhalte und digitaler Dienstleistungen[3]	25.6.2021	BGBl. I S. 2123	§ 2	geänd. mWv 1.1.2022
40.	Art. 4 G zu Sofortmaßnahmen für einen beschleunigten Ausbau der erneuerbaren Energien und weiteren Maßnahmen im Stromsektor	20.7.2022	BGBl. I S. 1237	§ 2	geänd. mWv 1.1.2023

[1] **Amtl. Anm.:** Dieses Gesetz dient der Umsetzung der Richtlinie (EU) 2019/790 des Europäischen Parlaments und des Rates vom 17. April 2019 über das Urheberrecht und die verwandten Schutzrechte im digitalen Binnenmarkt und zur Änderung der Richtlinien 96/9/EG und 2001/29/EG (ABl. L 130 vom 17.5.2019, S. 92; L 259 vom 10.10.2019, S. 86). [...]

[2] **Amtl. Anm.:** Dieses Gesetz dient der Umsetzung der Richtlinie (EU) 2018/1972 des Europäischen Parlaments und des Rates vom 11. Dezember 2018 über den europäischen Kodex für die elektronische Kommunikation (Neufassung) (ABl. L 321 vom 17.12.2018, S. 36).

[3] **Amtl. Anm.:** Dieses Gesetz dient der Umsetzung der Richtlinie (EU) 2019/770 des Europäischen Parlaments und des Rates vom 20. Mai 2019 über bestimmte vertragsrechtliche Aspekte der Bereitstellung digitaler Inhalte und digitaler Dienstleistungen (ABl. L 136 vom 22.5.2019, S. 1; L 305 vom 26.11.2019, S. 62).

Abschnitt 1. Ansprüche bei Verbraucherrechts- und anderen Verstößen

§ 1 Unterlassungs- und Widerrufsanspruch bei Allgemeinen Geschäftsbedingungen. Wer in Allgemeinen Geschäftsbedingungen Bestimmungen, die nach den §§ 307 bis 309 des Bürgerlichen Gesetzbuchs unwirksam sind, verwendet oder für den rechtsgeschäftlichen Verkehr empfiehlt, kann auf Unterlassung und im Fall des Empfehlens auch auf Widerruf in Anspruch genommen werden.

§ 1a[1] Unterlassungsanspruch wegen der Beschränkung der Haftung bei Zahlungsverzug. Wer in anderer Weise als durch Verwendung oder Empfehlung von Allgemeinen Geschäftsbedingungen den Vorschriften des § 271a Absatz 1 bis 3, des § 286 Absatz 5 oder des § 288 Absatz 6 des Bürgerlichen Gesetzbuchs[2] zuwiderhandelt, kann auf Unterlassung in Anspruch genommen werden.

§ 2[3] Ansprüche bei verbraucherschutzgesetzwidrigen Praktiken.

(1) [1] Wer in anderer Weise als durch Verwendung oder Empfehlung von Allgemeinen Geschäftsbedingungen Vorschriften zuwiderhandelt, die dem Schutz der Verbraucher dienen (Verbraucherschutzgesetze), kann im Interesse des Verbraucherschutzes auf Unterlassung und Beseitigung in Anspruch genommen werden. [2] Werden die Zuwiderhandlungen in einem Unternehmen von einem Mitarbeiter oder Beauftragten begangen, so ist der Unterlassungsanspruch oder der Beseitigungsanspruch auch gegen den Inhaber des Unternehmens begründet. [3] Bei Zuwiderhandlungen gegen die in Absatz 2 Satz 1 Nummer 11 genannten Vorschriften richtet sich der Beseitigungsanspruch nach den entsprechenden datenschutzrechtlichen Vorschriften.

(2) [1] Verbraucherschutzgesetze im Sinne dieser Vorschrift sind insbesondere

1. die Vorschriften des Bürgerlichen Rechts, die für
   a) außerhalb von Geschäftsräumen geschlossene Verträge,
   b) Fernabsatzverträge,
   c) Verbraucherverträge über digitale Produkte,
   d) Verbrauchsgüterkäufe,

---

[1] § 1a eingef. mWv 29.7.2014 durch G v. 22.7.2014 (BGBl. I S. 1218).

[2] Nr. **20**.

[3] § 2 Abs. 2 Nr. 6 neu gef. mWv 1.1.2004 durch G v. 15.12.2003 (BGBl. I S. 2676); Abs. 2 Nr. 6 geänd., Nr. 7 angef. mWv 1.1.2008 durch G v. 16.7.2007 (BGBl. I S. 1330); Abs. 2 Nr. 7 geänd., Nr. 8 angef. mWv 1.7.2008 durch G v. 12.12.2007 (BGBl. I S. 2840, geänd. durch G v. 12.6.2008, BGBl. I S. 1000); Abs. 2 Nr. 8 geänd., Nr. 9 angef. mWv 1.1.2009 durch G v. 25.10.2008 (BGBl. I S. 2074, ber. 2009 S. 371); Abs. 2 Nr. 10 angef. mWv 1.10.2009 durch G v. 29.7.2009 (BGBl. I S. 2319); Abs. 2 Nr. 1 neu gef. mWv 23.2.2011 durch G v. 17.1.2011 (BGBl. I S. 34); Abs. 2 Nr. 6 geänd. mWv 22.7.2013 durch G v. 4.7.2013 (BGBl. I S. 1981); Abs. 2 Nr. 1 Buchst. a geänd. mWv 13.6.2014 durch G v. 20.9. 2013 (BGBl. I S. 3642); Überschrift geänd., Abs. 1 Satz 1 geänd., Satz 2 neu gef., Satz 3 angef., Abs. 2 Satz 1 Nr. 4 neu gef., Nr. 10 geänd., Nr. 11 und Satz 2 angef., Abs. 3 aufgeh. mWv 24.2.2016 durch G v. 17.2.2016 (BGBl. I S. 233); Abs. 2 Satz 1 Nr. 10 geänd., Nr. 12 angef. mWv 1.2.2017 durch G v. 19.2. 2016 (BGBl. I S. 254); Abs. 2 Satz 1 Nr. 11 und 12 geänd., Nr. 13 angef. mWv 18.6.2016 durch G v. 11.4.2016 (BGBl. I S. 720); Abs. 2 Satz 1 Nr. 1 Buchst. f eingef., bish. Buchst. f–h werden Buchst. g–i mWv 1.1.2018 durch G v. 28.4.2017 (BGBl. I S. 969); Abs. 2 Satz 1 Nr. 7 geänd. mWv 3.1.2018 durch G v. 23.6.2017 (BGBl. I S. 1693); Abs. 2 Satz 1 Nr. 1 Buchst. g geänd. mWv 1.7.2018 durch G v. 17.7.2017 (BGBl. I S. 2394); Abs. 2 Satz 1 Nr. 12 und 13 geänd., Nr. 14 angef. mWv 1.12.2021 durch G v. 23.6. 2021 (BGBl. I S. 1858); Abs. 2 Satz 1 Nr. 1 Buchst. c eingef., bish. Buchst. c–i werden Buchst. d–j mWv 1.1.2022 durch G v. 25.6.2021 (BGBl. I S. 2123); Abs. 2 Satz 1 Nr. 9 neu gef. mWv 1.1.2023 durch G v. 20.7.2022 (BGBl. I S. 1237).

e) Teilzeit-Wohnrechteverträge, Verträge über langfristige Urlaubsprodukte sowie Vermittlungsverträge und Tauschsystemverträge,

f) Verbraucherdarlehensverträge, Finanzierungshilfen und Ratenlieferungsverträge,

g) Bauverträge,

h) Pauschalreiseverträge, die Reisevermittlung und die Vermittlung verbundener Reiseleistungen,

i) Darlehensvermittlungsverträge sowie

j) Zahlungsdiensteverträge

zwischen einem Unternehmer und einem Verbraucher gelten,

2. die Vorschriften zur Umsetzung der Artikel 5, 10 und 11 der Richtlinie 2000/31/EG des Europäischen Parlaments und des Rates vom 8. Juni 2000 über bestimmte rechtliche Aspekte der Dienste der Informationsgesellschaft, insbesondere des elektronischen Geschäftsverkehrs, im Binnenmarkt („Richtlinie über den elektronischen Geschäftsverkehr", ABl. EG Nr. L 178 S. 1),
3. das Fernunterrichtsschutzgesetz,
4. die Vorschriften zur Umsetzung der Artikel 19 bis 26 der Richtlinie 2010/13/EU des Europäischen Parlaments und des Rates vom 10. März 2010 zur Koordinierung bestimmter Rechts- und Verwaltungsvorschriften der Mitgliedstaaten über die Bereitstellung audiovisueller Mediendienste (ABl. L 95 vom 15.4. 2010, S. 1),
5. die entsprechenden Vorschriften des Arzneimittelgesetzes[1] sowie Artikel 1 §§ 3 bis 13 des Gesetzes über die Werbung auf dem Gebiete des Heilwesens[2],
6. § 126 des Investmentgesetzes oder § 305 des Kapitalanlagegesetzbuchs,
7. die Vorschriften des Abschnitts 11 des Wertpapierhandelsgesetzes[3], die das Verhältnis zwischen einem Wertpapierdienstleistungsunternehmen und einem Kunden regeln,
8. das Rechtsdienstleistungsgesetz[4],
9. die §§ 57, 79 Absatz 2 und 3 sowie § 80 des Erneuerbare-Energien-Gesetzes[5],
10. das Wohn- und Betreuungsvertragsgesetz[6],
11. die Vorschriften, welche die Zulässigkeit regeln

a) der Erhebung personenbezogener Daten eines Verbrauchers durch einen Unternehmer oder

b) der Verarbeitung oder der Nutzung personenbezogener Daten, die über einen Verbraucher erhoben wurden, durch einen Unternehmer,

wenn die Daten zu Zwecken der Werbung, der Markt- und Meinungsforschung, des Betreibens einer Auskunftei, des Erstellens von Persönlichkeits- und Nutzungsprofilen, des Adresshandels, des sonstigen Datenhandels oder zu vergleichbaren kommerziellen Zwecken erhoben, verarbeitet oder genutzt werden,

---

[1] **Sartorius ErgBd. Nr. 272.**
[2] **Sartorius ErgBd. Nr. 277.**
[3] **Habersack, Deutsche Gesetze ErgBd. Nr. 58.**
[4] **Habersack, Deutsche Gesetze ErgBd. Nr. 99.**
[5] **Sartorius ErgBd. Nr. 833.**
[6] **Habersack, Deutsche Gesetze ErgBd. Nr. 30a.**

110d. Gesetz zur vorübergehenden Anpassung sanierungs- und insolvenzrechtlicher Vorschriften zur Abmilderung von Krisenfolgen (Sanierungs- und insolvenzrechtliches Krisenfolgenabmilderungsgesetz – SanInsKG)[1) 2)]

Vom 27. März 2020
(BGBl. I S. 569)

FNA 311-19

Lfd. Nr.	Änderndes Gesetz	Datum	Fundstelle	Betroffen	Hinweis
1.	Art. 1 ÄndG	25.9.2020	BGBl. I S. 2016	§§ 1, 2	geänd. mWv 1.10.2020
				§ 4	aufgeh. mit Ablauf des 30.9. 2020
2.	Art. 10 Sanierungs- und Insolvenzrechtsfortentwicklungs G[3)]	22.12. 2020	BGBl. I S. 3256	§§ 1, 2	geänd. mWv 1.1.2021
				§§ 4, 5, 6, 7	eingef. mWv 1.1.2021
3.	Art. 1 G zur Verlängerung der Aussetzung der Insolvenzantragspflicht und des Anfechtungsschutzes für pandemiebedingte Stundungen sowie zur Verlängerung der Steuererklärungsfrist in beratenen Fällen und der zinsfreien Karenzzeit für den Veranlagungszeitraum 2019	15.2.2021	BGBl. I S. 237	§ 2	geänd. mWv 1.1.2021
				§ 1	geänd. mWv 1.2.2021
				§ 2	geänd. mWv 19.2.2021
4.	Art. 9 G zur Abschaffung des Güterrechtsregisters und zur Änd. des COVID-19-InsolvenzaussetzungsG	31.10. 2022	BGBl. I S. 1966	§ 4	geänd. mWv 9.11.2022
				Überschrift	neu gef. mWv 9.11.2022
				§ 4a	eingef. mWv 9.11.2022

§ 1[4)] Aussetzung der Insolvenzantragspflicht. (1) [1] Die Pflicht zur Stellung eines Insolvenzantrags nach § 15a der Insolvenzordnung[5)] und nach § 42 Absatz 2 des Bürgerlichen Gesetzbuchs[6)] ist bis zum 30. September 2020 ausgesetzt. [2] Dies

[1)] Verkündet als Art. 1 G v. 27.3.2020 (BGBl. I S. 569); Inkrafttreten gem. Art. 6 Abs. 1 dieses G am 1.3.2020.

[2)] Überschrift neu gef. mWv 9.11.2022 durch G v. 31.10.2022 (BGBl. I S. 1966).

[3)] **Amtl. Anm.:** Dieses Gesetz dient der weiteren Umsetzung der Richtlinie (EU) 2019/1023 des Europäischen Parlaments und des Rates vom 20. Juni 2019 über präventive Restrukturierungsrahmen, über Entschuldung und über Tätigkeitsverbote sowie über Maßnahmen zur Steigerung der Effizienz von Restrukturierungs-, Insolvenz- und Entschuldungsverfahren und zur Änderung der Richtlinie (EU) 2017/1132 (Richtlinie über Restrukturierung und Insolvenz) (ABl. L 172 vom 26.6.2019, S. 18).

[4)] § 1 Abs. 2 angef. mWv 1.10.2020 durch G v. 25.9.2020 (BGBl. I S. 2016); Abs. 3 angef. mWv 1.1. 2021 durch G v. 22.12.2020 (BGBl. I S. 3256); Abs. 3 Satz 1 geänd. mWv 1.2.2021 durch G v. 15.2.2021 (BGBl. I S. 237).

[5)] Nr. **110**.

gilt nicht, wenn die Insolvenzreife nicht auf den Folgen der Ausbreitung des SARS-CoV-2-Virus (COVID-19-Pandemie) beruht oder wenn keine Aussichten darauf bestehen, eine bestehende Zahlungsunfähigkeit zu beseitigen. [3] War der Schuldner am 31. Dezember 2019 nicht zahlungsunfähig, wird vermutet, dass die Insolvenzreife auf den Auswirkungen der COVID-19-Pandemie beruht und Aussichten darauf bestehen, eine bestehende Zahlungsunfähigkeit zu beseitigen. [4] Ist der Schuldner eine natürliche Person, so ist § 290 Absatz 1 Nummer 4 der Insolvenzordnung mit der Maßgabe anzuwenden, dass auf die Verzögerung der Eröffnung des Insolvenzverfahrens im Zeitraum zwischen dem 1. März 2020 und dem 30. September 2020 keine Versagung der Restschuldbefreiung gestützt werden kann. [5] Die Sätze 2 und 3 gelten entsprechend.

(2) Vom 1. Oktober 2020 bis zum 31. Dezember 2020 ist allein die Pflicht zur Stellung eines Insolvenzantrags wegen Überschuldung nach Maßgabe des Absatzes 1 ausgesetzt.

(3) [1] Vom 1. Januar 2021 bis zum 30. April 2021 ist die Pflicht zur Stellung eines Insolvenzantrags nach Maßgabe des Absatzes 1 für die Geschäftsleiter solcher Schuldner ausgesetzt, die im Zeitraum vom 1. November 2020 bis zum 28. Februar 2021 einen Antrag auf die Gewährung finanzieller Hilfeleistungen im Rahmen staatlicher Hilfsprogramme zur Abmilderung der Folgen der COVID-19-Pandemie gestellt haben. [2] War eine Antragstellung aus rechtlichen oder tatsächlichen Gründen innerhalb des Zeitraums nicht möglich, gilt Satz 1 auch für Schuldner, die nach den Bedingungen des staatlichen Hilfsprogramms in den Kreis der Antragsberechtigten fallen. [3] Die Sätze 1 und 2 gelten nicht, wenn offensichtlich keine Aussicht auf Erlangung der Hilfeleistung besteht oder die erlangbare Hilfeleistung für die Beseitigung der Insolvenzreife unzureichend ist.

§ 2[1)] Folgen der Aussetzung. (1) Soweit nach § 1 Absatz 1 die Pflicht zur Stellung eines Insolvenzantrags ausgesetzt ist,

1. gelten Zahlungen, die im ordnungsgemäßen Geschäftsgang erfolgen, insbesondere solche Zahlungen, die der Aufrechterhaltung oder Wiederaufnahme des Geschäftsbetriebes oder der Umsetzung eines Sanierungskonzepts dienen, als mit der Sorgfalt eines ordentlichen und gewissenhaften Geschäftsleiters im Sinne des § 64 Satz 2 des Gesetzes betreffend die Gesellschaften mit beschränkter Haftung[2)], des § 92 Absatz 2 Satz 2 des Aktiengesetzes[3)], des § 130a Absatz 1 Satz 2, auch in Verbindung mit § 177a Satz 1,[4)] des Handelsgesetzbuchs[5)] und des § 99 Satz 2 des Genossenschaftsgesetzes[6)] vereinbar;
2. gilt die bis zum 30. September 2023 erfolgende Rückgewähr eines im Aussetzungszeitraum gewährten neuen Kredits sowie die im Aussetzungszeitraum erfolgte Bestellung von Sicherheiten zur Absicherung solcher Kredite als nicht gläubigerbenachteiligend; dies gilt auch für die Rückgewähr von Gesellschafterdarlehen und Zahlungen auf Forderungen aus Rechtshandlungen, die einem

[6)] Nr. **20**.

[1)] § 2 Abs. 1 einl. Satzteil geänd., Abs. 4 angef. mWv 1.10.2020 durch G v. 25.9.2020 (BGBl. I S. 2016); Abs. 5 angef. mWv 1.1.2021 durch G v. 22.12.2020 (BGBl. I S. 3256); Abs. 5 neu gef. mWv 1.1.2021, Abs. 1 Nr. 4 Buchst. d geänd., Buchst. e aufgeh., Nr. 5 angef., Abs. 2 geänd. mWv 19.2.2021 durch G v. 15.2.2021 (BGBl. I S. 237).

[2)] Nr. **52**.

[3)] Nr. **51**.

[4)] Zeichensetzung amtlich.

[5)] Nr. **50**.

[6)] Nr. **53**.

solchen Darlehen wirtschaftlich entsprechen, nicht aber deren Besicherung; § 39 Absatz 1 Nummer 5 und § 44a der Insolvenzordnung[1)] finden insoweit in Insolvenzverfahren über das Vermögen des Schuldners, die bis zum 30. September 2023 beantragt wurden, keine Anwendung;

3. sind Kreditgewährungen und Besicherungen im Aussetzungszeitraum nicht als sittenwidriger Beitrag zur Insolvenzverschleppung anzusehen;
4. sind Rechtshandlungen, die dem anderen Teil eine Sicherung oder Befriedigung gewährt oder ermöglicht haben, die dieser in der Art und zu der Zeit beanspruchen konnte, in einem späteren Insolvenzverfahren nicht anfechtbar; dies gilt nicht, wenn dem anderen Teil bekannt war, dass die Sanierungs- und Finanzierungsbemühungen des Schuldners nicht zur Beseitigung einer eingetretenen Zahlungsunfähigkeit geeignet gewesen sind. Entsprechendes gilt für
   a) Leistungen an Erfüllungs statt oder erfüllungshalber;
   b) Zahlungen durch einen Dritten auf Anweisung des Schuldners;
   c) die Bestellung einer anderen als der ursprünglich vereinbarten Sicherheit, wenn diese nicht werthaltiger ist;
   d) die Verkürzung von Zahlungszielen;
5. gelten die bis zum 31. März 2022 erfolgten Zahlungen auf Forderungen aufgrund von bis zum 28. Februar 2021 gewährten Stundungen als nicht gläubigerbenachteiligend, sofern über das Vermögen des Schuldners ein Insolvenzverfahren bis zum Ablauf des 18. Februar 2021 noch nicht eröffnet worden ist.

(2) Absatz 1 Nummer 2 bis 5 gilt auch für Unternehmen, die keiner Antragspflicht unterliegen, sowie für Schuldner, die weder zahlungsunfähig noch überschuldet sind.

(3) Absatz 1 Nummer 2 und 3 gilt im Fall von Krediten, die von der Kreditanstalt für Wiederaufbau und ihren Finanzierungspartnern oder von anderen Institutionen im Rahmen staatlicher Hilfsprogramme anlässlich der COVID-19-Pandemie gewährt werden, auch dann, wenn der Kredit nach dem Ende des Aussetzungszeitraums gewährt oder besichert wird, und unbefristet für deren Rückgewähr.

(4) [1] Soweit nach § 1 Absatz 2 die Pflicht zur Stellung eines Insolvenzantrags ausgesetzt ist und keine Zahlungsunfähigkeit vorliegt, ist Absatz 1 anwendbar. [2] Absatz 2 findet entsprechende Anwendung. [3] Absatz 3 bleibt unberührt.

(5) Ist die Pflicht zur Stellung eines Insolvenzantrags nach § 1 Absatz 3 ausgesetzt, gelten die Absätze 1 bis 3 entsprechend, jedoch Absatz 1 Nummer 1 nur mit der Maßgabe, dass an die Stelle der darin genannten Vorschriften § 15b Absatz 1 bis 3 der Insolvenzordnung tritt.

§ 3 Eröffnungsgrund bei Gläubigerinsolvenzanträgen. Bei zwischen dem 28. März 2020 und dem 28. Juni 2020 gestellten Gläubigerinsolvenzanträgen setzt die Eröffnung des Insolvenzverfahrens voraus, dass der Eröffnungsgrund bereits am 1. März 2020 vorlag.

§ 4[2)] Prognose- und Planungszeiträume. (1) [1] Abweichend von § 19 Absatz 2 Satz 1 der Insolvenzordnung[1)] ist zwischen dem 1. Januar 2021 und dem 31. Dezember 2021 anstelle des Zeitraums von zwölf Monaten ein Zeitraum von vier

---

[1)] Nr. **110**.

[2)] § 4 angef. mWv 1.1.2021 durch G v. 22.12.2020 (BGBl. I S. 3256); Überschrift neu gef., Abs. 2 angef. mWv 9.11.2022 durch G v. 31.10.2022 (BGBl. I S. 1966).

Monaten zugrunde zu legen, wenn die Überschuldung des Schuldners auf die COVID-19-Pandemie zurückzuführen ist. [2]Dies wird vermutet, wenn

1. der Schuldner am 31. Dezember 2019 nicht zahlungsunfähig war,
2. der Schuldner in dem letzten, vor dem 1. Januar 2020 abgeschlossenen Geschäftsjahr ein positives Ergebnis aus der gewöhnlichen Geschäftstätigkeit erwirtschaftet hat und
3. der Umsatz aus der gewöhnlichen Geschäftstätigkeit im Kalenderjahr 2020 im Vergleich zum Vorjahr um mehr als 30 Prozent eingebrochen ist.

(2) [1]In dem Zeitraum vom 9. November 2022 bis einschließlich 31. Dezember 2023 tritt an die Stelle des in

1. § 19 Absatz 2 Satz 1 der Insolvenzordnung genannten Zeitraums von zwölf Monaten,
2. § 270a Absatz 1 Nummer 1 der Insolvenzordnung genannten Zeitraums von sechs Monaten und
3. § 50 Absatz 2 Nummer 2 des Unternehmensstabilisierungs- und -restrukturierungsgesetzes[1)] genannten Zeitraums von sechs Monaten

ein Zeitraum von vier Monaten. [2]Satz 1 gilt auch, wenn vor dem 9. November 2022 eine Überschuldung nach § 19 Absatz 2 Satz 1 der Insolvenzordnung vorlag, es sei denn, dass der für eine rechtzeitige Antragstellung maßgebliche Zeitpunkt nach § 15a Absatz 1 Satz 1 und 2 der Insolvenzordnung bereits verstrichen ist.

§ 4a[2)] Höchstfrist für die Antragstellung bei Überschuldung. In dem Zeitraum vom 9. November 2022 bis einschließlich 31. Dezember 2023 tritt an die Stelle des in § 15a Absatz 1 Satz 2 der Insolvenzordnung[3)] genannten Zeitraums von sechs Wochen ein Zeitraum von acht Wochen.

§ 5[4)] Anwendung des bisherigen Rechts. (1) Auf Eigenverwaltungsverfahren, die zwischen dem 1. Januar 2021 und dem 31. Dezember 2021 beantragt werden, sind, soweit in den folgenden Absätzen und § 6 nichts anderes bestimmt ist, die §§ 270 bis 285 der Insolvenzordnung[3)] in der bis zum 31. Dezember 2020 geltenden Fassung weiter anzuwenden, wenn die Zahlungsunfähigkeit oder Überschuldung des Schuldners auf die COVID-19-Pandemie zurückzuführen ist.

(2) [1]Die Insolvenzreife gilt als auf die COVID-19-Pandemie zurückführbar, wenn der Schuldner eine von einem in Insolvenzsachen erfahrenen Steuerberater, Wirtschaftsprüfer oder Rechtsanwalt oder einer Person mit vergleichbarer Qualifikation ausgestellte Bescheinigung vorlegt, aus der sich ergibt, dass

1. der Schuldner am 31. Dezember 2019 weder zahlungsunfähig noch überschuldet war,
2. der Schuldner in dem letzten vor dem 1. Januar 2020 abgeschlossenen Geschäftsjahr ein positives Ergebnis aus der gewöhnlichen Geschäftstätigkeit erwirtschaftet hat und
3. der Umsatz aus der gewöhnlichen Geschäftstätigkeit im Kalenderjahr 2020 im Vergleich zum Vorjahr um mehr als 30 Prozent eingebrochen ist.

---

1) **Habersack, Deutsche Gesetze ErgBd. Nr. 110e.**
2) § 4a eingef. mWv 9.11.2022 durch G v. 31.10.2022 (BGBl. I S. 1966).
3) Nr. **110**.
4) § 5 angef. mWv 1.1.2021 durch G v. 22.12.2020 (BGBl. I S. 3256).

[2] Satz 1 gilt entsprechend, wenn die nach Satz 1 Nummer 2 und 3 zu bescheinigenden Voraussetzungen zwar nicht oder nicht vollständig vorliegen, aus der Bescheinigung jedoch hervorgeht, dass aufgrund von Besonderheiten, die im Schuldner oder in der Branche, der er angehört, begründet sind oder aufgrund sonstiger Umstände oder Verhältnisse, dennoch davon ausgegangen werden kann, dass die Insolvenzreife auf die COVID-19-Pandemie zurückzuführen ist.

(3) [1] Die Insolvenzreife gilt auch als auf die COVID-19-Pandemie zurückführbar, wenn der Schuldner im Eröffnungsantrag darlegt, dass keine Verbindlichkeiten bestehen, die am 31. Dezember 2019 bereits fällig und zu diesem Zeitpunkt noch nicht bestritten waren. [2] Die Erklärung zur Richtigkeit und Vollständigkeit der Angaben nach § 13 Absatz 1 Satz 7 der Insolvenzordnung muss sich auch auf die Angaben nach Satz 1 beziehen.

(4) Erlangt das Gericht Kenntnis davon, dass die Zahlungsunfähigkeit oder Überschuldung des Schuldners nicht auf die Auswirkungen der COVID-19-Pandemie zurückzuführen ist, kann es auch aus diesem Grund

1. anstelle des vorläufigen Sachwalters einen vorläufigen Insolvenzverwalter bestellen,
2. die Anordnung nach § 270b Absatz 1 der Insolvenzordnung in der bis zum 31. Dezember 2020 geltenden Fassung vor Ablauf der Frist aufheben, oder
3. die Anordnung der Eigenverwaltung aufheben.

(5) Ordnet das Gericht die vorläufige Eigenverwaltung oder Eigenverwaltung an, kann es zugleich anordnen, dass Verfügungen des Schuldners der Zustimmung durch den vorläufigen Sachwalter oder den Sachwalter bedürfen.

(6) Die Annahme von Nachteilen für die Gläubiger kann nicht allein darauf gestützt werden, dass der Schuldner keine Vorkehrungen zur Sicherstellung seiner Fähigkeit zur Erfüllung insolvenzrechtlicher Pflichten getroffen hat.

(7) [1] Ordnet das Gericht die vorläufige Eigenverwaltung oder Eigenverwaltung an, so ist die Insolvenzrechtliche Vergütungsverordnung in der bis zum 31. Dezember 2020 geltenden Fassung anzuwenden. [2] Dies gilt auch, wenn die vorläufige Eigenverwaltung oder Eigenverwaltung aufgehoben wird.

§ 6[1)] Erleichterter Zugang zum Schutzschirmverfahren. [1] Die Zahlungsunfähigkeit eines Schuldners steht der Anwendung des § 270b der Insolvenzordnung[2)] in der bis zum 31. Dezember 2020 geltenden Fassung bei einem zwischen dem 1. Januar 2021 und dem 31. Dezember 2021 gestellten Insolvenzantrag nicht entgegen, wenn in der Bescheinigung nach § 270b Absatz 1 Satz 3 der Insolvenzordnung in der bis zum 31. Dezember 2020 geltenden Fassung auch bestätigt wird, dass

1. der Schuldner am 31. Dezember 2019 nicht zahlungsunfähig war,
2. der Schuldner in dem letzten, vor dem 1. Januar 2020 abgeschlossenen Geschäftsjahr ein positives Ergebnis aus der gewöhnlichen Geschäftstätigkeit erwirtschaftet hat und
3. der Umsatz aus der gewöhnlichen Geschäftstätigkeit im Kalenderjahr 2020 im Vergleich zum Vorjahr um mehr als 30 Prozent eingebrochen ist.

[2] Satz 1 gilt entsprechend, wenn die nach Satz 1 Nummer 2 und 3 zu bescheinigenden Voraussetzungen zwar nicht oder nicht vollständig vorliegen, aus der

---

1) § 6 angef. mWv 1.1.2021 durch G v. 22.12.2020 (BGBl. I S. 3256).
2) Nr. **110**.

Bescheinigung jedoch hervorgeht, dass aufgrund von Besonderheiten, die im Schuldner oder in der Branche, der er angehört, begründet sind oder aufgrund sonstiger Umstände oder Verhältnisse, dennoch davon ausgegangen werden kann, dass die Zahlungsunfähigkeit auf die COVID-19-Pandemie zurückzuführen ist. [3] § 5 Absatz 7 gilt entsprechend.

§ 7[1)] Sicherstellung der Gläubigergleichbehandlung bei Stützungsmaßnahmen anlässlich der COVID-19-Pandemie. [1] Der Umstand, dass Forderungen im Zusammenhang mit staatlichen Leistungen stehen, die im Rahmen von staatlichen Programmen zur Bewältigung der COVID-19-Pandemie gewährt wurden, ist für sich allein kein geeignetes Kriterium für die Einbeziehung in den Restrukturierungsplan nach § 8 des Unternehmensstabilisierungs- und -restrukturierungsgesetzes[2)] oder die Abgrenzung der Gruppen nach § 9 des Unternehmensstabilisierungs- und -restrukturierungsgesetzes oder § 222 der Insolvenzordnung[3)]. [2] Staatliche Leistungen im Sinne von Satz 1 sind sämtliche Finanzhilfen einschließlich der Gewährung von Darlehen und die Übernahme einer Bürgschaft, einer Garantie oder eine sonstige Übernahme des Ausfallrisikos bezüglich von Forderungen Dritter, die durch öffentliche Anstalten, Körperschaften oder Rechtsträgern öffentlicher Sondervermögen sowie im Mehrheitsbesitz des Bundes, der Länder oder der Kommunen stehenden Rechtsträger gewährt werden. [3] Soweit im Rahmen einer staatlichen Leistung das Ausfallrisiko übernommen worden ist, ist die besicherte Forderung als eine Forderung anzusehen, die nach Satz 1 im Zusammenhang mit staatlichen Leistungen steht.

---

1) § 7 angef. mWv 1.1.2021 durch G v. 22.12.2020 (BGBl. I S. 3256).

2) **Habersack, Deutsche Gesetze ErgBd. Nr. 110e.**

3) Nr. **110**.

Lfd. Nr.	Änderndes Gesetz	Datum	Fundstelle	Betroffen	Hinweis
55.	Art. 7 Abs. 39 G zur Umsetzung der RL (EU) 2019/2034 über die Beaufsichtigung von Wertpapierinstituten[1)]	12.5.2021	BGBl. I S. 990	§ 375	geänd. mWv 26.6.2021
56.	Art. 3 G zum Schutz von Kindern mit Varianten der Geschlechtsentwicklung	12.5.2021	BGBl. I S. 1082	Inhaltsübersicht	geänd. mWv 22.5.2021
				§ 167b	eingef. mWv 22.5.2021
57.	Art. 2 G zur Änd. des Versorgungsausgleichsrechts	12.5.2021	BGBl. I S. 1085	§§ 114, 222, 226	geänd. mWv 1.8.2021
58.	Art. 7 Kinder- und JugendstärkungsG	3.6.2021	BGBl. I S. 1444	§ 166	geänd. mWv 10.6.2021
59.	Art. 26 Abs. 5 FinanzmarktintegritätsstärkungsG	3.6.2021	BGBl. I S. 1534	§ 375	geänd. mWv 1.7.2021
60.	Art. 5 G zur Bekämpfung sexualisierter Gewalt gegen Kinder	16.6.2021	BGBl. I S. 1810	Inhaltsübersicht, §§ 68, 174, 191, 493	geänd. mWv 1.7.2021
				§§ 158, 159	neu gef. mWv 1.7.2021
				§§ 158b, 158c	eingef. mWv 1.7.2021
				§ 158a	eingef. mWv 1.1.2022
61.	Art. 15 G zur Modernisierung des notariellen Berufsrechts und zur Änd. weiterer Vorschriften	25.6.2021	BGBl. I S. 2154	§ 347	geänd. mWv 1.8.2021
62.	Art. 6 G zur Vereinheitlichung des Stiftungsrechts und zur Änd. des InfektionsschutzG	16.7.2021	BGBl. I S. 2947	§ 356	geänd. mWv 1.7.2023
63.	Art. 8 G zur Umsetzung der Digitalisierungsrichtlinie (DiRUG)[2)]	5.7.2021	BGBl. I S. 3338	§§ 387, 393, 394	geänd. mWv 1.8.2022
64.	Art. 45 PersonengesellschaftsrechtsmodernisierungsG (MoPeG)	10.8.2021	BGBl. I S. 3436, geänd. durch G v. 31.10. 2022, BGBl. I S. 1966	§§ 376, 387	geänd. mWv 18.8.2021
				Inhaltsübersicht, §§ 375, 376, 378, 379, 380, 388, 392, 393, 394	geänd. mWv 1.1.2024

[1)] **Amtl. Anm.:** Dieses Gesetz dient der Umsetzung der Richtlinie (EU) 2019/2034 des Europäischen Parlaments und des Rates vom 27. November 2019 über die Beaufsichtigung von Wertpapierfirmen und zur Änderung der Richtlinien 2002/87/EG, 2009/65/EG, 2011/61/EU, 2013/36/EU, 2014/59/EU und 2014/65/EU (ABl. L 314 vom 5.12.2019, S. 64) sowie der Anpassung der nationalen Gesetze und Verordnungen an die Verordnung (EU) 2019/2033 des Europäischen Parlaments und des Rates vom 27. November 2019 über die Aufsichtsanforderungen an Wertpapierfirmen und zur Änderung der Verordnungen (EU) Nr. 1093/2010, (EU) Nr. 575/2013, (EU) Nr. 600/2014 und (EU) Nr. 806/2014 (ABl. L 314 vom 5.12.2019, S. 1; L 20 vom 24.1.2020, S. 26).

[2)] **Amtl. Anm.:** Dieses Gesetz dient der Umsetzung der Richtlinie (EU) 2019/1151 des Europäischen Parlaments und des Rates vom 20. Juni 2019 zur Änderung der Richtlinie (EU) 2017/1132 im Hinblick auf den Einsatz digitaler Werkzeuge und Verfahren im Gesellschaftsrecht (ABl. L 186 vom 11.7.2019, S. 80).

Lfd. Nr.	Änderndes Gesetz	Datum	Fund-stelle	Betroffen	Hinweis
65.	Art. 5 G zum Ausbau des elektronischen Rechtsverkehrs mit den Gerichten und zur Änd. weiterer Vorschriften[1]	5.10.2021	BGBl. I S. 4607	§ 14b	neu gef. mWv 1.1.2022
66.	Art. 4 G zur Durchführung der EU-Verordnungen über grenzüberschreitende Zustellungen und grenzüberschreitende Beweisaufnahmen in Zivil- oder Handelssachen sowie zur Änd. sonstiger Vorschriften	24.6.2022	BGBl. I S. 959	§ 158a	geänd. mWv 1.7.2022
				Inhaltsübersicht, §§ 158c, 282, 285, 292, 292a, 294	geänd. mWv 1.1.2023
				§ 310	neu gef. mWv 1.1.2023
67.	Art. 4, 5 G zur Abschaffung des Güterrechtsregisters und zur Änd. des COVID-19-InsolvenzaussetzungsG	31.10.2022	BGBl. I S. 1966	§§ 374, 377, 382	geänd. mWv 1.1.2023
				§ 374	geänd. mWv 1.1.2024

Vorbemerkung:

Die Änderung durch G v. 16.7.2021 (BGBl. I S. 2947) tritt erst mWv 1.7. 2023 in Kraft und ist im Text noch nicht berücksichtigt.

Die Änderungen durch G v. 10.8.2021 (BGBl. I S. 3436, geänd. durch G v. 31.10.2022, BGBl. I S. 1966) treten teilweise erst mWv 1.1.2024 in Kraft und sind insoweit im Text noch nicht berücksichtigt.

[1] **Amtl. Anm.:** Notifiziert gemäß der Richtlinie (EU) 2015/1535 des Europäischen Parlaments und des Rates vom 9. September 2015 über ein Informationsverfahren auf dem Gebiet der technischen Vorschriften und der Vorschriften für die Dienste der Informationsgesellschaft (ABl. L 241 vom 17.9.2015, S. 1).

Nichtamtliche Inhaltsübersicht[1)]

[1)] Von der Darstellung der einzelnen Paragraphen wurde abgesehen.

Buch 1. Allgemeiner Teil

Abschnitt 1. Allgemeine Vorschriften

§ 1 Anwendungsbereich. Dieses Gesetz gilt für das Verfahren in Familiensachen sowie in den Angelegenheiten der freiwilligen Gerichtsbarkeit, soweit sie durch Bundesgesetz den Gerichten zugewiesen sind.

§ 2 Örtliche Zuständigkeit. (1) Unter mehreren örtlich zuständigen Gerichten ist das Gericht zuständig, das zuerst mit der Angelegenheit befasst ist.

(2) Die örtliche Zuständigkeit eines Gerichts bleibt bei Veränderung der sie begründenden Umstände erhalten.

(3) Gerichtliche Handlungen sind nicht deswegen unwirksam, weil sie von einem örtlich unzuständigen Gericht vorgenommen worden sind.

§ 3 Verweisung bei Unzuständigkeit. (1) [1] Ist das angerufene Gericht örtlich oder sachlich unzuständig, hat es sich, sofern das zuständige Gericht bestimmt werden kann, durch Beschluss für unzuständig zu erklären und die Sache an das zuständige Gericht zu verweisen. [2] Vor der Verweisung sind die Beteiligten anzuhören.

(2) [1] Sind mehrere Gerichte zuständig, ist die Sache an das vom Antragsteller gewählte Gericht zu verweisen. [2] Unterbleibt die Wahl oder ist das Verfahren von Amts wegen eingeleitet worden, ist die Sache an das vom angerufenen Gericht bestimmte Gericht zu verweisen.

(3) [1] Der Beschluss ist nicht anfechtbar. [2] Er ist für das als zuständig bezeichnete Gericht bindend.

(4) Die im Verfahren vor dem angerufenen Gericht entstehenden Kosten werden als Teil der Kosten behandelt, die bei dem im Beschluss bezeichneten Gericht anfallen.

§ 4 Abgabe an ein anderes Gericht. [1] Das Gericht kann die Sache aus wichtigem Grund an ein anderes Gericht abgeben, wenn sich dieses zur Übernahme der Sache bereit erklärt hat. [2] Vor der Abgabe sollen die Beteiligten angehört werden.

§ 147 Erweiterte Aufhebung. [1] Wird eine Entscheidung auf Rechtsbeschwerde teilweise aufgehoben, kann das Rechtsbeschwerdegericht auf Antrag eines Beteiligten die Entscheidung auch insoweit aufheben und die Sache zur anderweitigen Verhandlung und Entscheidung an das Beschwerdegericht zurückverweisen, als dies wegen des Zusammenhangs mit der aufgehobenen Entscheidung geboten erscheint. [2] Eine Aufhebung des Scheidungsausspruchs kann nur innerhalb eines Monats nach Zustellung der Rechtsmittelbegründung oder des Beschlusses über die Zulassung der Rechtsbeschwerde, bei mehreren Zustellungen bis zum Ablauf eines Monats nach der letzten Zustellung, beantragt werden.

§ 148 Wirksamwerden von Entscheidungen in Folgesachen. Vor Rechtskraft des Scheidungsausspruchs werden die Entscheidungen in Folgesachen nicht wirksam.

§ 149 Erstreckung der Bewilligung von Verfahrenskostenhilfe. Die Bewilligung der Verfahrenskostenhilfe für die Scheidungssache erstreckt sich auf eine Versorgungsausgleichsfolgesache, sofern nicht eine Erstreckung ausdrücklich ausgeschlossen wird.

§ 150[1)] Kosten in Scheidungssachen und Folgesachen. (1) Wird die Scheidung der Ehe ausgesprochen, sind die Kosten der Scheidungssache und der Folgesachen gegeneinander aufzuheben.

(2) [1] Wird der Scheidungsantrag abgewiesen oder zurückgenommen, trägt der Antragsteller die Kosten der Scheidungssache und der Folgesachen. [2] Werden Scheidungsanträge beider Ehegatten zurückgenommen oder abgewiesen oder ist das Verfahren in der Hauptsache erledigt, sind die Kosten der Scheidungssache und der Folgesachen gegeneinander aufzuheben.

(3) Sind in einer Folgesache, die nicht nach § 140 Abs. 1 abzutrennen ist, außer den Ehegatten weitere Beteiligte vorhanden, tragen diese ihre außergerichtlichen Kosten selbst.

(4) [1] Erscheint in den Fällen der Absätze 1 bis 3 die Kostenverteilung insbesondere im Hinblick auf eine Versöhnung der Ehegatten oder auf das Ergebnis einer als Folgesache geführten Unterhaltssache oder Güterrechtssache als unbillig, kann das Gericht die Kosten nach billigem Ermessen anderweitig verteilen. [2] Es kann dabei auch berücksichtigen, ob ein Beteiligter einer richterlichen Anordnung zur Teilnahme an einem Informationsgespräch nach § 135 nicht nachgekommen ist, sofern der Beteiligte dies nicht genügend entschuldigt hat. [3] Haben die Beteiligten eine Vereinbarung über die Kosten getroffen, soll das Gericht sie ganz oder teilweise der Entscheidung zugrunde legen.

(5) [1] Die Vorschriften der Absätze 1 bis 4 gelten auch hinsichtlich der Folgesachen, über die infolge einer Abtrennung gesondert zu entscheiden ist. [2] Werden Folgesachen als selbständige Familiensachen fortgeführt, sind die hierfür jeweils geltenden Kostenvorschriften anzuwenden.

---

1) § 150 Abs. 4 Satz 2 geänd. mWv 26.7.2012 durch G v. 21.7.2012 (BGBl. I S. 1577).

Abschnitt 3. Verfahren in Kindschaftssachen

§ 151[1)] Kindschaftssachen. Kindschaftssachen sind die dem Familiengericht zugewiesenen Verfahren, die

1. die elterliche Sorge,
2. das Umgangsrecht und das Recht auf Auskunft über die persönlichen Verhältnisse des Kindes,
3. die Kindesherausgabe,
4. die Vormundschaft,
5. die Pflegschaft oder die gerichtliche Bestellung eines sonstigen Vertreters für einen Minderjährigen oder für ein bereits gezeugtes Kind,
6. die Genehmigung von freiheitsentziehender Unterbringung und freiheitsentziehenden Maßnahmen nach § 1631b des Bürgerlichen Gesetzbuchs[2)], auch in Verbindung mit § 1795 Absatz 1 Satz 3 und § 1813 Absatz 1 des Bürgerlichen Gesetzbuchs,
7. die Genehmigung oder Anordnung einer freiheitsentziehenden Unterbringung, freiheitsentziehenden Maßnahme oder ärztlichen Zwangsmaßnahme bei einem Minderjährigen nach den Landesgesetzen über die Unterbringung psychisch Kranker oder
8. die Aufgaben nach dem Jugendgerichtsgesetz[3)]

betreffen.

§ 152[4)] Örtliche Zuständigkeit. (1) Während der Anhängigkeit einer Ehesache ist unter den deutschen Gerichten das Gericht, bei dem die Ehesache im ersten Rechtszug anhängig ist oder war, ausschließlich zuständig für Kindschaftssachen, sofern sie gemeinschaftliche Kinder der Ehegatten betreffen.

(2) Ansonsten ist das Gericht zuständig, in dessen Bezirk das Kind seinen gewöhnlichen Aufenthalt hat.

(3) Ist die Zuständigkeit eines deutschen Gerichts nach den Absätzen 1 und 2 nicht gegeben, ist das Gericht zuständig, in dessen Bezirk das Bedürfnis der Fürsorge bekannt wird.

(4) [1] Für die in den §§ 1693 und 1802 Absatz 2 Satz 3 in Verbindung mit § 1867 bezeichneten Maßnahmen ist auch das Gericht zuständig, in dessen Bezirk das Bedürfnis der Fürsorge bekannt wird. [2] Es soll die angeordneten Maßnahmen dem Gericht mitteilen, bei dem eine Vormundschaft oder Pflegschaft anhängig ist.

§ 153 Abgabe an das Gericht der Ehesache. [1] Wird eine Ehesache rechtshängig, während eine Kindschaftssache, die ein gemeinschaftliches Kind der Ehegatten betrifft, bei einem anderen Gericht im ersten Rechtszug anhängig ist, ist diese von Amts wegen an das Gericht der Ehesache abzugeben. [2] § 281 Abs. 2 und 3 Satz 1 der Zivilprozessordnung[5)] gilt entsprechend.

[1)] § 151 Nr. 2 neu gef. mWv 13.7.2013 durch G v. 4.7.2013 (BGBl. I S. 2176); Nr. 6 neu gef. mWv 1.10.2017 durch G v. 17.7.2017 (BGBl. I S. 2424); Nr. 7 neu gef. mWv 28.6.2019 durch G v. 19.6.2019 (BGBl. I S. 840); Nr. 5 und 6 geänd. mWv 1.1.2023 durch G v. 4.5.2021 (BGBl. I S. 882).

[2)] Nr. **20**.

[3)] Nr. **89**.

[4)] § 152 Abs. 4 Satz 1 geänd. mWv 1.1.2023 durch G v. 4.5.2021 (BGBl. I S. 882).

[5)] Nr. **100**.

§ 154 Verweisung bei einseitiger Änderung des Aufenthalts des Kindes. [1] Das nach § 152 Abs. 2 zuständige Gericht kann ein Verfahren an das Gericht des früheren gewöhnlichen Aufenthaltsorts des Kindes verweisen, wenn ein Elternteil den Aufenthalt des Kindes ohne vorherige Zustimmung des anderen geändert hat. [2] Dies gilt nicht, wenn dem anderen Elternteil das Recht der Aufenthaltsbestimmung nicht zusteht oder die Änderung des Aufenthaltsorts zum Schutz des Kindes oder des betreuenden Elternteils erforderlich war.

§ 155[1)] Vorrang- und Beschleunigungsgebot. (1) Kindschaftssachen, die den Aufenthalt des Kindes, das Umgangsrecht oder die Herausgabe des Kindes betreffen, sowie Verfahren wegen Gefährdung des Kindeswohls sind vorrangig und beschleunigt durchzuführen.

(2) [1] Das Gericht erörtert in Verfahren nach Absatz 1 die Sache mit den Beteiligten in einem Termin. [2] Der Termin soll spätestens einen Monat nach Beginn des Verfahrens stattfinden. [3] Das Gericht hört in diesem Termin das Jugendamt an. [4] Eine Verlegung des Termins ist nur aus zwingenden Gründen zulässig. [5] Der Verlegungsgrund ist mit dem Verlegungsgesuch glaubhaft zu machen.

(3) Das Gericht soll das persönliche Erscheinen der verfahrensfähigen Beteiligten zu dem Termin anordnen.

(4) Hat das Gericht ein Verfahren nach Absatz 1 zur Durchführung einer Mediation oder eines anderen Verfahrens der außergerichtlichen Konfliktbeilegung ausgesetzt, nimmt es das Verfahren in der Regel nach drei Monaten wieder auf, wenn die Beteiligten keine einvernehmliche Regelung erzielen.

§ 155a[2)] Verfahren zur Übertragung der gemeinsamen elterlichen Sorge. (1) [1] Die nachfolgenden Bestimmungen dieses Paragrafen gelten für das Verfahren nach § 1626a Absatz 2 des Bürgerlichen Gesetzbuchs[3)]. [2] Im Antrag auf Übertragung der gemeinsamen Sorge sind Geburtsdatum und Geburtsort des Kindes anzugeben.

(2) [1] § 155 Absatz 1 ist entsprechend anwendbar. [2] Das Gericht stellt dem anderen Elternteil den Antrag auf Übertragung der gemeinsamen Sorge nach den §§ 166 bis 195 der Zivilprozessordnung[4)] zu und setzt ihm eine Frist zur Stellungnahme, die für die Mutter frühestens sechs Wochen nach der Geburt des Kindes endet.

(3) [1] In den Fällen des § 1626a Absatz 2 Satz 2 des Bürgerlichen Gesetzbuchs soll das Gericht im schriftlichen Verfahren ohne Anhörung des Jugendamts und ohne persönliche Anhörung der Eltern entscheiden. [2] § 162 ist nicht anzuwenden. [3] Das Gericht teilt dem nach § 87c Absatz 6 Satz 2 des Achten Buches Sozialgesetzbuch[5)] zuständigen Jugendamt seine Entscheidung unter Angabe des Geburtsdatums und des Geburtsorts des Kindes sowie des Namens, den das Kind zur Zeit der Beurkundung seiner Geburt geführt hat, zu den in § 58 des Achten Buches Sozialgesetzbuch genannten Zwecken formlos mit.

(4) [1] Werden dem Gericht durch den Vortrag der Beteiligten oder auf sonstige Weise Gründe bekannt, die der gemeinsamen elterlichen Sorge entgegenstehen

---

[1)] § 155 Abs. 4 angef. mWv 26.7.2012 durch G v. 21.7.2012 (BGBl. I S. 1577).

[2)] § 155a eingef. mWv 19.5.2013 durch G v. 16.4.2013 (BGBl. I S. 795); Abs. 3 Satz 3 geänd. mWv 1.1.2023 durch G v. 4.5.2021 (BGBl. I S. 882).

[3)] Nr. **20**.

[4)] Nr. **100**.

[5)] **Habersack, Deutsche Gesetze ErgBd. Nr. 46.**

können, gilt § 155 Absatz 2 mit der Maßgabe entsprechend, dass der Termin nach Satz 2 spätestens einen Monat nach Bekanntwerden der Gründe stattfinden soll, jedoch nicht vor Ablauf der Stellungnahmefrist der Mutter nach Absatz 2 Satz 2. [2] § 155 Absatz 3 und § 156 Absatz 1 gelten entsprechend.

(5) [1] Sorgeerklärungen und Zustimmungen des gesetzlichen Vertreters eines beschränkt geschäftsfähigen Elternteils können auch im Erörterungstermin zur Niederschrift des Gerichts erklärt werden. [2] § 1626d Absatz 2 des Bürgerlichen Gesetzbuchs gilt entsprechend.

§ 155b[1)] Beschleunigungsrüge. (1) [1] Ein Beteiligter in einer in § 155 Absatz 1 bestimmten Kindschaftssache kann geltend machen, dass die bisherige Verfahrensdauer nicht dem Vorrang- und Beschleunigungsgebot nach der genannten Vorschrift entspricht (Beschleunigungsrüge). [2] Er hat dabei Umstände darzulegen, aus denen sich ergibt, dass das Verfahren nicht vorrangig und beschleunigt durchgeführt worden ist.

(2) [1] Das Gericht entscheidet über die Beschleunigungsrüge spätestens innerhalb eines Monats nach deren Eingang durch Beschluss. [2] Hält das Gericht die Beschleunigungsrüge für begründet, hat es unverzüglich geeignete Maßnahmen zur vorrangigen und beschleunigten Durchführung des Verfahrens zu ergreifen; insbesondere ist der Erlass einer einstweiligen Anordnung zu prüfen.

(3) Die Beschleunigungsrüge gilt zugleich als Verzögerungsrüge im Sinne des § 198 Absatz 3 Satz 1 des Gerichtsverfassungsgesetzes[2)].

§ 155c[3)] Beschleunigungsbeschwerde. (1) [1] Der Beschluss nach § 155b Absatz 2 Satz 1 kann von dem Beteiligten innerhalb einer Frist von zwei Wochen nach der schriftlichen Bekanntgabe mit der Beschwerde angefochten werden. [2] § 64 Absatz 1 gilt entsprechend. [3] Das Gericht ist zur Abhilfe nicht befugt; es hat die Akten unverzüglich dem Beschwerdegericht nach Absatz 2 vorzulegen.

(2) [1] Über die Beschleunigungsbeschwerde entscheidet das Oberlandesgericht, wenn das Amtsgericht den Beschluss nach § 155b Absatz 2 Satz 1 gefasst hat. [2] Hat das Oberlandesgericht oder der Bundesgerichtshof den Beschluss gefasst, so entscheidet ein anderer Spruchkörper desselben Gerichts.

(3) [1] Das Beschwerdegericht entscheidet unverzüglich nach Aktenlage; seine Entscheidung soll spätestens innerhalb eines Monats ergehen. [2] § 68 Absatz 2 gilt entsprechend. [3] Das Beschwerdegericht hat festzustellen, ob die bisherige Dauer des Verfahrens dem Vorrang- und Beschleunigungsgebot des § 155 Absatz 1 entspricht. [4] Stellt es fest, dass dies nicht der Fall ist, hat das Gericht, dessen Beschluss angefochten worden ist, das Verfahren unter Beachtung der rechtlichen Beurteilung des Beschwerdegerichts unverzüglich vorrangig und beschleunigt durchzuführen.

(4) [1] Hat das Gericht innerhalb der Monatsfrist des § 155b Absatz 2 Satz 1 keine Entscheidung über die Beschleunigungsrüge getroffen, kann der Beteiligte innerhalb einer Frist von zwei Monaten bei dem Beschwerdegericht nach Absatz 2 die Beschleunigungsbeschwerde einlegen. [2] Die Frist beginnt mit Eingang der Beschleunigungsrüge bei dem Gericht. [3] Die Absätze 2 und 3 gelten entsprechend.

---

1) § 155b eingef. mWv 15.10.2016 durch G v. 11.10.2016 (BGBl. I S. 2222).
2) Nr. **95**.
3) § 155c eingef. mWv 15.10.2016 durch G v. 11.10.2016 (BGBl. I S. 2222).

§ 156[1)] Hinwirken auf Einvernehmen. (1) [1]Das Gericht soll in Kindschaftssachen, die die elterliche Sorge bei Trennung und Scheidung, den Aufenthalt des Kindes, das Umgangsrecht oder die Herausgabe des Kindes betreffen, in jeder Lage des Verfahrens auf ein Einvernehmen der Beteiligten hinwirken, wenn dies dem Kindeswohl nicht widerspricht. [2]Es weist auf Möglichkeiten der Beratung durch die Beratungsstellen und -dienste der Träger der Kinder- und Jugendhilfe insbesondere zur Entwicklung eines einvernehmlichen Konzepts für die Wahrnehmung der elterlichen Sorge und der elterlichen Verantwortung hin. [3]Das Gericht kann anordnen, dass die Eltern einzeln oder gemeinsam an einem kostenfreien Informationsgespräch über Mediation oder über eine sonstige Möglichkeit der außergerichtlichen Konfliktbeilegung bei einer von dem Gericht benannten Person oder Stelle teilnehmen und eine Bestätigung hierüber vorlegen. [4]Es kann ferner anordnen, dass die Eltern an einer Beratung nach Satz 2 teilnehmen. [5]Die Anordnungen nach den Sätzen 3 und 4 sind nicht selbständig anfechtbar und nicht mit Zwangsmitteln durchsetzbar.

(2) [1]Erzielen die Beteiligten Einvernehmen über den Umgang oder die Herausgabe des Kindes, ist die einvernehmliche Regelung als Vergleich aufzunehmen, wenn das Gericht diese billigt (gerichtlich gebilligter Vergleich). [2]Das Gericht billigt die Umgangsregelung, wenn sie dem Kindeswohl nicht widerspricht.

(3) [1]Kann in Kindschaftssachen, die den Aufenthalt des Kindes, das Umgangsrecht oder die Herausgabe des Kindes betreffen, eine einvernehmliche Regelung im Termin nach § 155 Abs. 2 nicht erreicht werden, hat das Gericht mit den Beteiligten und dem Jugendamt den Erlass einer einstweiligen Anordnung zu erörtern. [2]Wird die Teilnahme an einer Beratung, an einem kostenfreien Informationsgespräch über Mediation oder einer sonstigen Möglichkeit der außergerichtlichen Konfliktbeilegung oder eine schriftliche Begutachtung angeordnet, soll das Gericht in Kindschaftssachen, die das Umgangsrecht betreffen, den Umgang durch einstweilige Anordnung regeln oder ausschließen. [3]Das Gericht soll das Kind vor dem Erlass einer einstweiligen Anordnung persönlich anhören.

§ 157[2)] Erörterung der Kindeswohlgefährdung; einstweilige Anordnung.

(1) In Verfahren nach den §§ 1666 und 1666a des Bürgerlichen Gesetzbuchs[3)] soll das Gericht mit den Eltern und in geeigneten Fällen auch mit dem Kind erörtern, wie einer möglichen Gefährdung des Kindeswohls, insbesondere durch öffentliche Hilfen, begegnet werden und welche Folgen die Nichtannahme notwendiger Hilfen haben kann.

(2) [1]Das Gericht hat das persönliche Erscheinen der Eltern zu dem Termin nach Absatz 1 anzuordnen. [2]Das Gericht führt die Erörterung in Abwesenheit eines Elternteils durch, wenn dies zum Schutz eines Beteiligten oder aus anderen Gründen erforderlich ist.

(3) In Verfahren nach den §§ 1666 und 1666a des Bürgerlichen Gesetzbuchs hat das Gericht unverzüglich den Erlass einer einstweiligen Anordnung zu prüfen.

§ 158[4)] Bestellung des Verfahrensbeistands. (1) [1]Das Gericht hat dem minderjährigen Kind in Kindschaftssachen, die seine Person betreffen, einen fachlich und persönlich geeigneten Verfahrensbeistand zu bestellen, soweit dies zur Wahr-

---

[1)] § 156 Abs. 1 Satz 3 neu gef., Sätze 4, 5 und Abs. 3 Satz 2 geänd. mWv 26.7.2012 durch G v. 21.7. 2012 (BGBl. I S. 1577).

[2)] § 157 Abs. 1 Satz 2 aufgeh. mWv 1.1.2013 durch G v. 5.12.2012 (BGBl. I S. 2418).

[3)] Nr. **20**.

[4)] § 158 neu gef. mWv 1.7.2021 durch G v. 16.6.2021 (BGBl. I S. 1810).

nehmung der Interessen des Kindes erforderlich ist. [2] Der Verfahrensbeistand ist so früh wie möglich zu bestellen.

(2) Die Bestellung ist stets erforderlich, wenn eine der folgenden Entscheidungen in Betracht kommt:

1. die teilweise oder vollständige Entziehung der Personensorge nach den §§ 1666 und 1666a des Bürgerlichen Gesetzbuchs[1)],
2. der Ausschluss des Umgangsrechts nach § 1684 des Bürgerlichen Gesetzbuchs oder
3. eine Verbleibensanordnung nach § 1632 Absatz 4 oder § 1682 des Bürgerlichen Gesetzbuchs.

(3) [1] Die Bestellung ist in der Regel erforderlich, wenn

1. das Interesse des Kindes zu dem seiner gesetzlichen Vertreter in erheblichem Gegensatz steht,
2. eine Trennung des Kindes von der Person erfolgen soll, in deren Obhut es sich befindet,
3. Verfahren die Herausgabe des Kindes zum Gegenstand haben oder
4. eine wesentliche Beschränkung des Umgangsrechts in Betracht kommt.

[2] Sieht das Gericht in den genannten Fällen von der Bestellung eines Verfahrensbeistands ab, ist dies in der Endentscheidung zu begründen.

(4) [1] Die Bestellung endet mit der Aufhebung der Bestellung, mit Rechtskraft der das Verfahren abschließenden Entscheidung oder mit dem sonstigen Abschluss des Verfahrens. [2] Das Gericht hebt die Bestellung auf, wenn

1. der Verfahrensbeistand dies beantragt und einer Entlassung keine erheblichen Gründe entgegenstehen oder
2. die Fortführung des Amtes die Interessen des Kindes gefährden würde.

(5) Die Bestellung eines Verfahrensbeistands oder deren Aufhebung sowie die Ablehnung einer derartigen Maßnahme sind nicht selbständig anfechtbar.

§ 158a[2)] [3)] Eignung des Verfahrensbeistands. (1) [1] Fachlich geeignet im Sinne des § 158 Absatz 1 ist eine Person, die Grundkenntnisse auf den Gebieten des Familienrechts, insbesondere des Kindschaftsrechts, des Verfahrensrechts in Kindschaftssachen und des Kinder- und Jugendhilferechts, sowie Kenntnisse der Entwicklungspsychologie des Kindes hat und über kindgerechte Gesprächstechniken verfügt. [2] Die nach Satz 1 erforderlichen Kenntnisse und Fähigkeiten sind auf Verlangen des Gerichts nachzuweisen. [3] Der Nachweis kann insbesondere über eine sozialpädagogische, pädagogische, juristische oder psychologische Berufsqualifikation sowie eine für die Tätigkeit als Verfahrensbeistand spezifische Zusatzqualifikation erbracht werden. [4] Der Verfahrensbeistand hat sich regelmäßig, mindestens alle zwei Jahre, fortzubilden und dies dem Gericht auf Verlangen nachzuweisen.

(2) [1] Persönlich geeignet im Sinne des § 158 Absatz 1 ist eine Person, die Gewähr bietet, die Interessen des Kindes gewissenhaft, unvoreingenommen und unabhängig wahrzunehmen. [2] Persönlich ungeeignet ist eine Person insbesondere dann, wenn sie rechtskräftig wegen einer Straftat nach den §§ 171, 174 bis 174c,

---

1) Nr. **20**.

2) § 158a eingef. mWv 1.1.2022 durch G v. 16.6.2021 (BGBl. I S. 1810); Abs. 2 Satz 2 geänd. mWv 1.7.2022 durch G v. 24.6.2022 (BGBl. I S. 959).

3) Beachte hierzu Übergangsvorschrift in § 493 Abs. 4.

176 bis 178, 180, 180a, 181a, 182 bis 184c, 184e bis 184g, 184i bis 184l, 201a Absatz 3, den §§ 225, 232 bis 233a, 234, 235 oder § 236 des Strafgesetzbuchs[1)] verurteilt worden ist. 3 Zur Überprüfung der Voraussetzungen des Satzes 2 soll sich das Gericht ein erweitertes Führungszeugnis von der betreffenden Person (§ 30a des Bundeszentralregistergesetzes[2)]) vorlegen lassen oder im Einverständnis mit der betreffenden Person anderweitig Einsicht in ein bereits vorliegendes erweitertes Führungszeugnis nehmen. 4 Ein solches darf nicht älter als drei Jahre sein. 5 Aktenkundig zu machen sind nur die Einsichtnahme in das erweiterte Führungszeugnis des bestellten Verfahrensbeistands, das Ausstellungsdatum sowie die Feststellung, dass das erweiterte Führungszeugnis keine Eintragung über eine rechtskräftige Verurteilung wegen einer in Satz 2 genannten Straftat enthält.

§ 158b[3)] Aufgaben und Rechtsstellung des Verfahrensbeistands.

(1) 1 Der Verfahrensbeistand hat das Interesse des Kindes festzustellen und im gerichtlichen Verfahren zur Geltung zu bringen. 2 Er soll zu diesem Zweck auch eine schriftliche Stellungnahme erstatten. 3 Der Verfahrensbeistand hat das Kind über Gegenstand, Ablauf und möglichen Ausgang des Verfahrens in geeigneter Weise zu informieren. 4 Endet das Verfahren durch Endentscheidung, soll der Verfahrensbeistand den gerichtlichen Beschluss mit dem Kind erörtern.

(2) 1 Soweit erforderlich kann das Gericht dem Verfahrensbeistand die Aufgabe übertragen, Gespräche mit den Eltern und weiteren Bezugspersonen des Kindes zu führen sowie am Zustandekommen einer einvernehmlichen Regelung über den Verfahrensgegenstand mitzuwirken. 2 Das Gericht hat Art und Umfang der Beauftragung konkret festzulegen und die Beauftragung zu begründen.

(3) 1 Der Verfahrensbeistand wird durch seine Bestellung als Beteiligter zum Verfahren hinzugezogen. 2 Er kann im Interesse des Kindes Rechtsmittel einlegen. 3 Der Verfahrensbeistand ist nicht gesetzlicher Vertreter des Kindes.

§ 158c[4)] Vergütung; Kosten. (1) 1 Führt der Verfahrensbeistand die Verfahrensbeistandschaft berufsmäßig, erhält er für die Wahrnehmung seiner Aufgaben in jedem Rechtszug jeweils eine einmalige Vergütung von 350 Euro. 2 Im Fall der Übertragung von Aufgaben nach § 158b Absatz 2 erhöht sich die Vergütung auf 550 Euro. 3 Die Vergütung deckt auch Ansprüche auf Ersatz anlässlich der Verfahrensbeistandschaft entstandener Aufwendungen ab.

(2) Für den Ersatz von Aufwendungen des nicht berufsmäßigen Verfahrensbeistands ist § 277 Absatz 1 entsprechend anzuwenden.

(3) 1 Der Aufwendungsersatz und die Vergütung sind stets aus der Staatskasse zu zahlen. 2 § 292 Absatz 1 und 5 ist entsprechend anzuwenden.

(4) Dem Verfahrensbeistand sind keine Kosten aufzuerlegen.

§ 159[5)] Persönliche Anhörung des Kindes. (1) Das Gericht hat das Kind persönlich anzuhören und sich einen persönlichen Eindruck von dem Kind zu verschaffen.

(2) 1 Von der persönlichen Anhörung und der Verschaffung eines persönlichen Eindrucks nach Absatz 1 kann das Gericht nur absehen, wenn

---

[1)] Nr. **85**.

[2)] Nr. **92**.

[3)] § 158b eingef. mWv 1.7.2021 durch G v. 16.6.2021 (BGBl. I S. 1810).

[4)] § 158c eingef. mWv 1.7.2021 durch G v. 16.6.2021 (BGBl. I S. 1810); Abs. 3 Satz 2 neu gef. mWv 1.1.2023 durch G v. 24.6.2022 (BGBl. I S. 959).

[5)] § 159 neu gef. mWv 1.7.2021 durch G v. 16.6.2021 (BGBl. I S. 1810).

1. ein schwerwiegender Grund dafür vorliegt,
2. das Kind offensichtlich nicht in der Lage ist, seine Neigungen und seinen Willen kundzutun,
3. die Neigungen, Bindungen und der Wille des Kindes für die Entscheidung nicht von Bedeutung sind und eine persönliche Anhörung auch nicht aus anderen Gründen angezeigt ist oder
4. das Verfahren ausschließlich das Vermögen des Kindes betrifft und eine persönliche Anhörung nach der Art der Angelegenheit nicht angezeigt ist.

[2]Satz 1 Nummer 3 ist in Verfahren nach den §§ 1666 und 1666a des Bürgerlichen Gesetzbuchs[1)], die die Person des Kindes betreffen, nicht anzuwenden. [3]Das Gericht hat sich in diesen Verfahren einen persönlichen Eindruck von dem Kind auch dann zu verschaffen, wenn das Kind offensichtlich nicht in der Lage ist, seine Neigungen und seinen Willen kundzutun.

(3) [1]Sieht das Gericht davon ab, das Kind persönlich anzuhören oder sich einen persönlichen Eindruck von dem Kind zu verschaffen, ist dies in der Endentscheidung zu begründen. [2]Unterbleibt eine Anhörung oder die Verschaffung eines persönlichen Eindrucks allein wegen Gefahr im Verzug, ist sie unverzüglich nachzuholen.

(4) [1]Das Kind soll über den Gegenstand, Ablauf und möglichen Ausgang des Verfahrens in einer geeigneten und seinem Alter entsprechenden Weise informiert werden, soweit nicht Nachteile für seine Entwicklung, Erziehung oder Gesundheit zu befürchten sind. [2]Ihm ist Gelegenheit zur Äußerung zu geben. [3]Hat das Gericht dem Kind nach § 158 einen Verfahrensbeistand bestellt, soll die persönliche Anhörung und die Verschaffung eines persönlichen Eindrucks in dessen Anwesenheit stattfinden. [4]Im Übrigen steht die Gestaltung der persönlichen Anhörung im Ermessen des Gerichts.

§ 160 Anhörung der Eltern. (1) [1]In Verfahren, die die Person des Kindes betreffen, soll das Gericht die Eltern persönlich anhören. [2]In Verfahren nach den §§ 1666 und 1666a des Bürgerlichen Gesetzbuchs[1)] sind die Eltern persönlich anzuhören.

(2) [1]In sonstigen Kindschaftssachen hat das Gericht die Eltern anzuhören. [2]Dies gilt nicht für einen Elternteil, dem die elterliche Sorge nicht zusteht, sofern von der Anhörung eine Aufklärung nicht erwartet werden kann.

(3) Von der Anhörung darf nur aus schwerwiegenden Gründen abgesehen werden.

(4) Unterbleibt die Anhörung allein wegen Gefahr im Verzug, ist sie unverzüglich nachzuholen.

§ 161 Mitwirkung der Pflegeperson. (1) [1]Das Gericht kann in Verfahren, die die Person des Kindes betreffen, die Pflegeperson im Interesse des Kindes als Beteiligte hinzuziehen, wenn das Kind seit längerer Zeit in Familienpflege lebt. [2]Satz 1 gilt entsprechend, wenn das Kind auf Grund einer Entscheidung nach § 1682 des Bürgerlichen Gesetzbuchs[1)] bei dem dort genannten Ehegatten, Lebenspartner oder Umgangsberechtigten lebt.

(2) Die in Absatz 1 genannten Personen sind anzuhören, wenn das Kind seit längerer Zeit in Familienpflege lebt.

[1)] Nr. **20**.

§ 162[1)] Mitwirkung des Jugendamts. (1) [1]Das Gericht hat in Verfahren, die die Person des Kindes betreffen, das Jugendamt anzuhören. [2]Unterbleibt die Anhörung wegen Gefahr im Verzug, ist sie unverzüglich nachzuholen.

(2) [1]In Verfahren nach den §§ 1666 und 1666a des Bürgerlichen Gesetzbuchs[2)] ist das Jugendamt zu beteiligen. [2]Im Übrigen ist das Jugendamt auf seinen Antrag am Verfahren zu beteiligen.

(3) [1]In Verfahren, die die Person des Kindes betreffen, ist das Jugendamt von Terminen zu benachrichtigen und ihm sind alle Entscheidungen des Gerichts bekannt zu machen. [2]Gegen den Beschluss steht dem Jugendamt die Beschwerde zu.

§ 163[3)] Sachverständigengutachten. (1) [1]In Verfahren nach § 151 Nummer 1 bis 3 ist das Gutachten durch einen geeigneten Sachverständigen zu erstatten, der mindestens über eine psychologische, psychotherapeutische, kinder- und jugendpsychiatrische, psychiatrische, ärztliche, pädagogische oder sozialpädagogische Berufsqualifikation verfügen soll. [2]Verfügt der Sachverständige über eine pädagogische oder sozialpädagogische Berufsqualifikation, ist der Erwerb ausreichender diagnostischer und analytischer Kenntnisse durch eine anerkannte Zusatzqualifikation nachzuweisen.

(2) Das Gericht kann in Verfahren, die die Person des Kindes betreffen, anordnen, dass der Sachverständige bei der Erstellung des Gutachtens auch auf die Herstellung des Einvernehmens zwischen den Beteiligten hinwirken soll.

§ 163a[4)] Ausschluss der Vernehmung des Kindes. Eine Vernehmung des Kindes als Zeuge oder als Beteiligter findet nicht statt.

§ 164 Bekanntgabe der Entscheidung an das Kind. [1]Die Entscheidung, gegen die das Kind das Beschwerderecht ausüben kann, ist dem Kind selbst bekannt zu machen, wenn es das 14. Lebensjahr vollendet hat und nicht geschäftsunfähig ist. [2]Eine Begründung soll dem Kind nicht mitgeteilt werden, wenn Nachteile für dessen Entwicklung, Erziehung oder Gesundheit zu befürchten sind. [3]§ 38 Abs. 4 Nr. 2 ist nicht anzuwenden.

§ 165 Vermittlungsverfahren. (1) [1]Macht ein Elternteil geltend, dass der andere Elternteil die Durchführung einer gerichtlichen Entscheidung oder eines gerichtlich gebilligten Vergleichs über den Umgang mit dem gemeinschaftlichen Kind vereitelt oder erschwert, vermittelt das Gericht auf Antrag eines Elternteils zwischen den Eltern. [2]Das Gericht kann die Vermittlung ablehnen, wenn bereits ein Vermittlungsverfahren oder eine anschließende außergerichtliche Beratung erfolglos geblieben ist.

(2) [1]Das Gericht lädt die Eltern unverzüglich zu einem Vermittlungstermin. [2]Zu diesem Termin ordnet das Gericht das persönliche Erscheinen der Eltern an. [3]In der Ladung weist das Gericht darauf hin, welche Rechtsfolgen ein erfolgloses Vermittlungsverfahren nach Absatz 5 haben kann. [4]In geeigneten Fällen lädt das Gericht auch das Jugendamt zu dem Termin.

[1)] § 162 Abs. 2 und 3 Satz 1 neu gef. mWv 1.1.2013 durch G v. 5.12.2012 (BGBl. I S. 2418).
[2)] Nr. **20**.
[3)] § 163 Abs. 2 geänd. mWv 1.1.2013 durch G v. 5.12.2012 (BGBl. I S. 2418); Überschrift und Abs. 1 neu gef., Abs. 3 aufgeh. mWv 15.10.2016 durch G v. 11.10.2016 (BGBl. I S. 2222).
[4)] § 163a eingef. mWv 15.10.2016 durch G v. 11.10.2016 (BGBl. I S. 2222).

(3) [1] In dem Termin erörtert das Gericht mit den Eltern, welche Folgen das Unterbleiben des Umgangs für das Wohl des Kindes haben kann. [2] Es weist auf die Rechtsfolgen hin, die sich ergeben können, wenn der Umgang vereitelt oder erschwert wird, insbesondere darauf, dass Ordnungsmittel verhängt werden können oder die elterliche Sorge eingeschränkt oder entzogen werden kann. [3] Es weist die Eltern auf die bestehenden Möglichkeiten der Beratung durch die Beratungsstellen und -dienste der Träger der Kinder- und Jugendhilfe hin.

(4) [1] Das Gericht soll darauf hinwirken, dass die Eltern Einvernehmen über die Ausübung des Umgangs erzielen. [2] Kommt ein gerichtlich gebilligter Vergleich zustande, tritt dieser an die Stelle der bisherigen Regelung. [3] Wird ein Einvernehmen nicht erzielt, sind die Streitpunkte im Vermerk festzuhalten.

(5) [1] Wird weder eine einvernehmliche Regelung des Umgangs noch Einvernehmen über eine nachfolgende Inanspruchnahme außergerichtlicher Beratung erreicht oder erscheint mindestens ein Elternteil in dem Vermittlungstermin nicht, stellt das Gericht durch nicht anfechtbaren Beschluss fest, dass das Vermittlungsverfahren erfolglos geblieben ist. [2] In diesem Fall prüft das Gericht, ob Ordnungsmittel ergriffen, Änderungen der Umgangsregelung vorgenommen oder Maßnahmen in Bezug auf die Sorge ergriffen werden sollen. [3] Wird ein entsprechendes Verfahren von Amts wegen oder auf einen binnen eines Monats gestellten Antrag eines Elternteils eingeleitet, werden die Kosten des Vermittlungsverfahrens als Teil der Kosten des anschließenden Verfahrens behandelt.

§ 166[1)] Abänderung und Überprüfung von Entscheidungen und gerichtlich gebilligten Vergleichen. (1) Das Gericht ändert eine Entscheidung oder einen gerichtlich gebilligten Vergleich nach Maßgabe des § 1696 des Bürgerlichen Gesetzbuchs[2)].

(2) Eine länger dauernde kindesschutzrechtliche Maßnahme, die von Amts wegen geändert werden kann, hat das Gericht in angemessenen Zeitabständen zu überprüfen.

(3) Sieht das Gericht von einer Maßnahme nach den §§ 1666 bis 1667 des Bürgerlichen Gesetzbuchs ab, soll es seine Entscheidung in einem angemessenen Zeitabstand, in der Regel nach drei Monaten, überprüfen.

§ 167[3)] Anwendbare Vorschriften bei Unterbringung Minderjähriger und bei freiheitsentziehenden Maßnahmen bei Minderjährigen.

(1) [1] In Verfahren nach § 151 Nummer 6 sind die für Unterbringungssachen nach § 312 Nummer 1 und 2, in Verfahren nach § 151 Nummer 7 die für Unterbringungssachen nach § 312 Nummer 4 geltenden Vorschriften anzuwenden. [2] An die Stelle des Verfahrenspflegers tritt der Verfahrensbeistand. [3] Die Bestellung eines Verfahrensbeistands ist stets erforderlich.

(2) Ist für eine Kindschaftssache nach Absatz 1 ein anderes Gericht zuständig als dasjenige, bei dem eine Vormundschaft oder eine die Unterbringung erfassende Pflegschaft für den Minderjährigen eingeleitet ist, teilt dieses Gericht dem für das Verfahren nach Absatz 1 zuständigen Gericht die Anordnung und Aufhebung der Vormundschaft oder Pflegschaft, den Wegfall des Aufgabenbereichs Unterbrin-

---

[1)] § 166 Abs. 2 geänd. mWv 10.6.2021 durch G v. 3.6.2021 (BGBl. I S. 1444).

[2)] Nr. **20**.

[3)] § 167 Überschrift geänd., Abs. 1 neu gef., Abs. 6 Satz 3 und Abs. 7 angef. mWv 1.10.2017 durch G v. 17.7.2017 (BGBl. I S. 2424); Abs. 1 Satz 1 geänd. mWv 22.7.2017 durch G v. 17.7.2017 (BGBl. I S. 2426).

gung und einen Wechsel in der Person des Vormunds oder Pflegers mit; das für das Verfahren nach Absatz 1 zuständige Gericht teilt dem anderen Gericht die Unterbringungsmaßnahme, ihre Änderung, Verlängerung und Aufhebung mit.

(3) Der Betroffene ist ohne Rücksicht auf seine Geschäftsfähigkeit verfahrensfähig, wenn er das 14. Lebensjahr vollendet hat.

(4) In den in Absatz 1 Satz 1 genannten Verfahren sind die Elternteile, denen die Personensorge zusteht, der gesetzliche Vertreter in persönlichen Angelegenheiten sowie die Pflegeeltern persönlich anzuhören.

(5) Das Jugendamt hat die Eltern, den Vormund oder den Pfleger auf deren Wunsch bei der Zuführung zur Unterbringung zu unterstützen.

(6) [1] In Verfahren nach § 151 Nr. 6 und 7 soll der Sachverständige Arzt für Kinder- und Jugendpsychiatrie und -psychotherapie sein. [2] In Verfahren nach § 151 Nr. 6 kann das Gutachten auch durch einen in Fragen der Heimerziehung ausgewiesenen Psychotherapeuten, Psychologen, Pädagogen oder Sozialpädagogen erstattet werden. [3] In Verfahren der Genehmigung freiheitsentziehender Maßnahmen genügt ein ärztliches Zeugnis; Satz 1 gilt entsprechend.

(7) Die freiheitsentziehende Unterbringung und freiheitsentziehende Maßnahmen enden spätestens mit Ablauf von sechs Monaten, bei offensichtlich langer Sicherungsbedürftigkeit spätestens mit Ablauf von einem Jahr, wenn sie nicht vorher verlängert werden.

§ 167a[1)] Besondere Vorschriften für Verfahren nach § 1686a des Bürgerlichen Gesetzbuchs. (1) Anträge auf Erteilung des Umgangs- oder Auskunftsrechts nach § 1686a des Bürgerlichen Gesetzbuchs[2)] sind nur zulässig, wenn der Antragsteller an Eides statt versichert, der Mutter des Kindes während der Empfängniszeit beigewohnt zu haben.

(2) Soweit es in einem Verfahren, das das Umgangs- oder Auskunftsrecht nach § 1686a des Bürgerlichen Gesetzbuchs betrifft, zur Klärung der leiblichen Vaterschaft erforderlich ist, hat jede Person Untersuchungen, insbesondere die Entnahme von Blutproben, zu dulden, es sei denn, dass ihr die Untersuchung nicht zugemutet werden kann.

(3) § 177 Absatz 2 Satz 2 und § 178 Absatz 2 gelten entsprechend.

§ 167b[3)] Genehmigungsverfahren nach § 1631e des Bürgerlichen Gesetzbuchs; Verordnungsermächtigung. (1) [1] In Verfahren nach § 1631e Absatz 3 des Bürgerlichen Gesetzbuchs[2)] erteilt das Gericht die Genehmigung im schriftlichen Verfahren, sofern die Eltern eine den Eingriff befürwortende Stellungnahme vorlegen und keine Gründe ersichtlich sind, die einer Genehmigung entgegenstehen. [2] Wenn das Gericht im schriftlichen Verfahren entscheidet, soll es von der Anhörung des Jugendamts, der persönlichen Anhörung der Eltern und der Bestellung eines Verfahrensbeistands absehen. [3] § 162 ist nicht anwendbar.

(2) [1] Legen die Eltern dem Gericht keine den Eingriff befürwortende Stellungnahme vor oder sind Gründe ersichtlich, die einer Genehmigung nach Absatz 1 entgegenstehen, erörtert das Gericht die Sache mit den Beteiligten in einem Termin. [2] Das Gericht weist auf Möglichkeiten der Beratung durch die Beratungsstellen und Beratungsdienste der Träger der Kinder- und Jugendhilfe hin. [3] Es kann anordnen, dass sich die Eltern über den Umgang mit Varianten der Geschlechts-

---

[1)] § 167a eingef. mWv 13.7.2013 durch G v. 4.7.2013 (BGBl. I S. 2176).
[2)] Nr. **20**.
[3)] § 167b eingef. mWv 22.5.2021 durch G v. 12.5.2021 (BGBl. I S. 1082).

entwicklung beraten lassen und dem Gericht eine Bestätigung hierüber vorlegen. [4]Diese Anordnung ist nicht selbständig anfechtbar und nicht mit Zwangsmitteln durchsetzbar.

(3) [1]Die Landesregierungen werden ermächtigt, durch Rechtsverordnung die Zuständigkeit für Verfahren nach den Absätzen 1 und 2 dem Familiengericht, in dessen Bezirk das Oberlandesgericht seinen Sitz hat, oder einem anderen Familiengericht zuzuweisen. [2]Diese Ermächtigung kann von der jeweiligen Landesregierung auf die Landesjustizverwaltung übertragen werden. [3]Mehrere Länder können die Zuständigkeit eines Gerichts für Verfahren nach dieser Vorschrift über die Landesgrenzen hinaus vereinbaren.

§ 168[1)] Auswahl des Vormunds. (1) Hat das Gericht einen Vormund zu bestellen, so soll es bei der Auswahl auch nahestehende Familienangehörige sowie Personen des Vertrauens des betroffenen Kindes anhören, wenn dies ohne erhebliche Verzögerungen möglich ist.

(2) [1]Vor der Bestellung einer Person als ehrenamtlicher Vormund oder als Berufsvormund, hat das Gericht eine Auskunft nach § 41 des Bundeszentralregistergesetzes[2)] einzuholen. [2]Das Gericht überprüft in angemessenen Zeitabständen, spätestens alle zwei Jahre nach der Bestellung, durch Einholung einer Auskunft, ob die Eignung des Vormunds fortbesteht.

(3) Für ein Mündel, der das 14. Lebensjahr vollendet hat und nicht geschäftsunfähig ist, gilt § 291 entsprechend.

§ 168a[1)] Inhalt der Beschlussformel und Wirksamwerden der Beschlüsse. (1) Die Beschlussformel enthält im Fall der Bestellung eines Vormunds auch

1. bei Bestellung eines Berufsvormunds die Bezeichnung als Berufsvormund;
2. bei Bestellung eines Vereinsvormunds die Bezeichnung als Vereinsvormund und die des Vormundschaftsvereins;
3. bei Bestellung des Jugendamtes die Bezeichnung des zuständigen Amtes;
4. bei Bestellung eines Pflegers nach § 1776 oder § 1777 des Bürgerlichen Gesetzbuchs[3)] die Bezeichnung des Pflegers und die ihm übertragenen Angelegenheiten;
5. bei einer Bestellung nach § 1781 des Bürgerlichen Gesetzbuchs die Bezeichnung als vorläufiger Vormund.

(2) [1]Beschlüsse über Inhalt oder Bestand der Bestellung eines Vormunds werden mit Bekanntgabe an den Vormund wirksam. [2]§ 287 Absatz 2 gilt entsprechend.

§ 168b[1)] Bestellungsurkunde. (1) [1]Der Vormund erhält eine Urkunde über seine Bestellung. [2]Die Urkunde soll enthalten:

1. die Bezeichnung des Mündels und des Vormunds;
2. in den Fällen des § 1776 oder § 1777 des Bürgerlichen Gesetzbuchs[3)] die Bezeichnung der dem Pfleger übertragenen Angelegenheiten;
3. Angaben über die Beschränkungen der Vertretungsmacht gemäß § 1789 Absatz 2 Satz 3 des Bürgerlichen Gesetzbuchs;
4. Angaben über Befreiungen gemäß § 1801 des Bürgerlichen Gesetzbuchs.

[1)] § 168 neu gef., §§ 168a und 168b eingef. mWv 1.1.2023 durch G v. 4.5.2021 (BGBl. I S. 882).
[2)] Nr. **92**.
[3)] Nr. **20**.

(2) Ist das Jugendamt nach § 1751 Absatz 1 Satz 2, § 1786 oder § 1787 des Bürgerlichen Gesetzbuchs Vormund geworden, hat das Gericht ihm unverzüglich eine Bescheinigung über den Eintritt der Vormundschaft zu erteilen.

(3) Nach Beendigung seines Amtes hat der Vormund die Bestellungsurkunde oder die Bescheinigung zurückzugeben.

§ 168c[1] Anhörung in wichtigen Angelegenheiten. Das Gericht soll vor Entscheidungen in wichtigen Angelegenheiten auch nahestehende Familienangehörige des Mündels anhören, wenn dies ohne erhebliche Verzögerung geschehen kann.

§ 168d[1] Verfahren zur Festsetzung von Zahlungen. Für das Verfahren zur Festsetzung von Zahlungen an den Vormund ist § 292 Absatz 1 und Absatz 3 bis 6 entsprechend anzuwenden.

§ 168e[1] Beendigung der Vormundschaft. Bestehen Zweifel oder Uneinigkeit, ob und wann die Vormundschaft beendet ist, stellt das Gericht die Beendigung der Vormundschaft und den Zeitpunkt der Beendigung durch Beschluss fest.

§ 168f[1] Pflegschaft für Minderjährige. [1] Auf die Pflegschaft für Minderjährige sind die für die Vormundschaft geltenden Vorschriften entsprechend anzuwenden. [2] Die Beschlussformel und die Bestellungsurkunde enthalten die Bezeichnung des Pflegers und der ihm übertragenen Angelegenheiten.

§ 168g[2] Mitteilungspflichten des Standesamts. (1) Wird dem Standesamt der Tod einer Person, die ein minderjähriges Kind hinterlassen hat, oder die Geburt eines Kindes nach dem Tod des Vaters oder das Auffinden eines Minderjährigen, dessen Familienstand nicht zu ermitteln ist, oder die Geburt eines Kindes im Wege der vertraulichen Geburt nach § 25 Absatz 1 des Schwangerschaftskonfliktgesetzes[3] angezeigt, oder fehlt in den Fällen des § 45b Absatz 2 Satz 3 des Personenstandsgesetzes[4] die Zustimmung des gesetzlichen Vertreters,[5] hat das Standesamt dies dem Familiengericht mitzuteilen.

(2) Führen Eltern, die gemeinsam für ein Kind sorgeberechtigt sind, keinen Ehenamen und ist von ihnen binnen eines Monats nach der Geburt des Kindes der Geburtsname des Kindes nicht bestimmt worden, teilt das Standesamt dies dem Familiengericht mit.

Abschnitt 4. Verfahren in Abstammungssachen

§ 169 Abstammungssachen. Abstammungssachen sind Verfahren

1. auf Feststellung des Bestehens oder Nichtbestehens eines Eltern-Kind-Verhältnisses, insbesondere der Wirksamkeit oder Unwirksamkeit einer Anerkennung der Vaterschaft,
2. auf Ersetzung der Einwilligung in eine genetische Abstammungsuntersuchung und Anordnung der Duldung einer Probeentnahme,

---

[1] §§ 168c–168f eingef. mWv 1.1.2023 durch G v. 4.5.2021 (BGBl. I S. 882).

[2] Früherer § 168a Abs. 1 neu gef. mWv 1.5.2014 durch G v. 28.8.2013 (BGBl. I S. 3458); Abs. 1 geänd. mWv 22.12.2018 durch G v. 18.12.2018 (BGBl. I S. 2635); bish. § 168a wird § 168g mWv 1.1.2023 durch G v. 4.5.2021 (BGBl. I S. 882).

[3] **Habersack, Deutsche Gesetze ErgBd. Nr. 85e.**

[4] **Habersack, Deutsche Gesetze ErgBd. Nr. 113.**

[5] Komma fehlt im BGBl. I.

3. auf Einsicht in ein Abstammungsgutachten oder Aushändigung einer Abschrift oder
4. auf Anfechtung der Vaterschaft.

§ 170 Örtliche Zuständigkeit. (1) Ausschließlich zuständig ist das Gericht, in dessen Bezirk das Kind seinen gewöhnlichen Aufenthalt hat.

(2) Ist die Zuständigkeit eines deutschen Gerichts nach Absatz 1 nicht gegeben, ist der gewöhnliche Aufenthalt der Mutter, ansonsten der des Vaters maßgebend.

(3) Ist eine Zuständigkeit nach den Absätzen 1 und 2 nicht gegeben, ist das Amtsgericht Schöneberg in Berlin ausschließlich zuständig.

§ 171[1] Antrag. (1) Das Verfahren wird durch einen Antrag eingeleitet.

(2) [1] In dem Antrag sollen das Verfahrensziel und die betroffenen Personen bezeichnet werden. [2] In einem Verfahren auf Anfechtung der Vaterschaft nach § 1600 Abs. 1 Nr. 1 bis 4 des Bürgerlichen Gesetzbuchs[2] sollen die Umstände angegeben werden, die gegen die Vaterschaft sprechen, sowie der Zeitpunkt, in dem diese Umstände bekannt wurden.

§ 172 Beteiligte. (1) Zu beteiligen sind
1. das Kind,
2. die Mutter,
3. der Vater.

(2) Das Jugendamt ist in den Fällen des § 176 Abs. 1 Satz 1 auf seinen Antrag zu beteiligen.

§ 173 Vertretung eines Kindes durch einen Beistand. Wird das Kind durch das Jugendamt als Beistand vertreten, ist die Vertretung durch den sorgeberechtigten Elternteil ausgeschlossen.

§ 174[3] Verfahrensbeistand. [1] Das Gericht hat einem minderjährigen Beteiligten in Abstammungssachen einen Verfahrensbeistand zu bestellen, sofern dies zur Wahrnehmung seiner Interessen erforderlich ist. [2] Die §§ 158 bis 158c gelten entsprechend.

§ 175 Erörterungstermin; persönliche Anhörung. (1) [1] Das Gericht soll vor einer Beweisaufnahme über die Abstammung die Angelegenheit in einem Termin erörtern. [2] Es soll das persönliche Erscheinen der verfahrensfähigen Beteiligten anordnen.

(2) [1] Das Gericht soll vor einer Entscheidung über die Ersetzung der Einwilligung in eine genetische Abstammungsuntersuchung und die Anordnung der Duldung der Probeentnahme (§ 1598a Abs. 2 des Bürgerlichen Gesetzbuchs[2]) die Eltern und ein Kind, das das 14. Lebensjahr vollendet hat, persönlich anhören. [2] Ein jüngeres Kind kann das Gericht persönlich anhören.

§ 176[4] Anhörung des Jugendamts. (1) [1] Das Gericht soll im Fall einer Anfechtung nach § 1600 Absatz 1 Nummer 2 des Bürgerlichen Gesetzbuchs[2] sowie

---

[1] § 171 Abs. 2 Satz 3 aufgeh. mWv 29.7.2017 durch G v. 20.7.2017 (BGBl. I S. 2780).
[2] Nr. **20**.
[3] § 174 Satz 2 neu gef. mWv 1.7.2021 durch G v. 16.6.2021 (BGBl. I S. 1810).
[4] § 176 Abs. 1 Satz 1 geänd. mWv 29.7.2017 durch G v. 20.7.2017 (BGBl. I S. 2780).

im Fall einer Anfechtung nach § 1600 Abs. 1 Nr. 4 des Bürgerlichen Gesetzbuchs, wenn die Anfechtung durch den gesetzlichen Vertreter erfolgt, das Jugendamt anhören. [2] Im Übrigen kann das Gericht das Jugendamt anhören, wenn ein Beteiligter minderjährig ist.

(2) [1] Das Gericht hat dem Jugendamt in den Fällen einer Anfechtung nach Absatz 1 Satz 1 sowie einer Anhörung nach Absatz 1 Satz 2 die Entscheidung mitzuteilen. [2] Gegen den Beschluss steht dem Jugendamt die Beschwerde zu.

§ 177 Eingeschränkte Amtsermittlung; förmliche Beweisaufnahme.

(1) Im Verfahren auf Anfechtung der Vaterschaft dürfen von den beteiligten Personen nicht vorgebrachte Tatsachen nur berücksichtigt werden, wenn sie geeignet sind, dem Fortbestand der Vaterschaft zu dienen, oder wenn der die Vaterschaft Anfechtende einer Berücksichtigung nicht widerspricht.

(2) [1] Über die Abstammung in Verfahren nach § 169 Nr. 1 und 4 hat eine förmliche Beweisaufnahme stattzufinden. [2] Die Begutachtung durch einen Sachverständigen kann durch die Verwertung eines von einem Beteiligten mit Zustimmung der anderen Beteiligten eingeholten Gutachtens über die Abstammung ersetzt werden, wenn das Gericht keine Zweifel an der Richtigkeit und Vollständigkeit der im Gutachten getroffenen Feststellungen hat und die Beteiligten zustimmen.

§ 178 Untersuchungen zur Feststellung der Abstammung. (1) Soweit es zur Feststellung der Abstammung erforderlich ist, hat jede Person Untersuchungen, insbesondere die Entnahme von Blutproben, zu dulden, es sei denn, dass ihr die Untersuchung nicht zugemutet werden kann.

(2) [1] Die §§ 386 bis 390 der Zivilprozessordnung[1)] gelten entsprechend. [2] Bei wiederholter unberechtigter Verweigerung der Untersuchung kann auch unmittelbarer Zwang angewendet, insbesondere die zwangsweise Vorführung zur Untersuchung angeordnet werden.

§ 179 Mehrheit von Verfahren. (1) [1] Abstammungssachen, die dasselbe Kind betreffen, können miteinander verbunden werden. [2] Mit einem Verfahren auf Feststellung des Bestehens der Vaterschaft kann eine Unterhaltssache nach § 237 verbunden werden.

(2) Im Übrigen ist eine Verbindung von Abstammungssachen miteinander oder mit anderen Verfahren unzulässig.

§ 180 Erklärungen zur Niederschrift des Gerichts. [1] Die Anerkennung der Vaterschaft, die Zustimmung der Mutter sowie der Widerruf der Anerkennung können auch in einem Erörterungstermin zur Niederschrift des Gerichts erklärt werden. [2] Das Gleiche gilt für die etwa erforderliche Zustimmung des Mannes, der im Zeitpunkt der Geburt mit der Mutter des Kindes verheiratet ist, des Kindes oder eines gesetzlichen Vertreters.

§ 181 Tod eines Beteiligten. [1] Stirbt ein Beteiligter vor Rechtskraft der Endentscheidung, hat das Gericht die übrigen Beteiligten darauf hinzuweisen, dass das Verfahren nur fortgesetzt wird, wenn ein Beteiligter innerhalb einer Frist von einem Monat dies durch Erklärung gegenüber dem Gericht verlangt. [2] Verlangt kein Beteiligter innerhalb der vom Gericht gesetzten Frist die Fortsetzung des Verfahrens, gilt dieses als in der Hauptsache erledigt.

[1)] Nr. **100**.

§ 182 Inhalt des Beschlusses. (1) [1] Ein rechtskräftiger Beschluss, der das Nichtbestehen einer Vaterschaft nach § 1592 des Bürgerlichen Gesetzbuchs[1)] infolge der Anfechtung nach § 1600 Abs. 1 Nr. 2 des Bürgerlichen Gesetzbuchs feststellt, enthält die Feststellung der Vaterschaft des Anfechtenden. [2] Diese Wirkung ist in der Beschlussformel von Amts wegen auszusprechen.

(2) Weist das Gericht einen Antrag auf Feststellung des Nichtbestehens der Vaterschaft ab, weil es den Antragsteller oder einen anderen Beteiligten als Vater festgestellt hat, spricht es dies in der Beschlussformel aus.

§ 183 Kosten bei Anfechtung der Vaterschaft. Hat ein Antrag auf Anfechtung der Vaterschaft Erfolg, tragen die Beteiligten, mit Ausnahme des minderjährigen Kindes, die Gerichtskosten zu gleichen Teilen; die Beteiligten tragen ihre außergerichtlichen Kosten selbst.

§ 184 Wirksamkeit des Beschlusses; Ausschluss der Abänderung; ergänzende Vorschriften über die Beschwerde. (1) [1] Die Endentscheidung in Abstammungssachen wird mit Rechtskraft wirksam. [2] Eine Abänderung ist ausgeschlossen.

(2) Soweit über die Abstammung entschieden ist, wirkt der Beschluss für und gegen alle.

(3) Gegen Endentscheidungen in Abstammungssachen steht auch demjenigen die Beschwerde zu, der an dem Verfahren beteiligt war oder zu beteiligen gewesen wäre.

§ 185 Wiederaufnahme des Verfahrens. (1) Der Restitutionsantrag gegen einen rechtskräftigen Beschluss, in dem über die Abstammung entschieden ist, ist auch statthaft, wenn ein Beteiligter ein neues Gutachten über die Abstammung vorlegt, das allein oder in Verbindung mit den im früheren Verfahren erhobenen Beweisen eine andere Entscheidung herbeigeführt haben würde.

(2) Der Antrag auf Wiederaufnahme kann auch von dem Beteiligten erhoben werden, der in dem früheren Verfahren obsiegt hat.

(3) [1] Für den Antrag ist das Gericht ausschließlich zuständig, das im ersten Rechtszug entschieden hat; ist der angefochtene Beschluss von dem Beschwerdegericht oder dem Rechtsbeschwerdegericht erlassen, ist das Beschwerdegericht zuständig. [2] Wird der Antrag mit einem Nichtigkeitsantrag oder mit einem Restitutionsantrag nach § 580 der Zivilprozessordnung[2)] verbunden, ist § 584 der Zivilprozessordnung anzuwenden.

(4) § 586 der Zivilprozessordnung ist nicht anzuwenden.

Abschnitt 5. Verfahren in Adoptionssachen

§ 186 Adoptionssachen. Adoptionssachen sind Verfahren, die

1. die Annahme als Kind,
2. die Ersetzung der Einwilligung zur Annahme als Kind,
3. die Aufhebung des Annahmeverhältnisses oder
4. die Befreiung vom Eheverbot des § 1308 Abs. 1 des Bürgerlichen Gesetzbuchs[1)]

betreffen.

[1)] Nr. **20**.
[2)] Nr. **100**.

§ 187[1] Örtliche Zuständigkeit. (1) Für Verfahren nach § 186 Nr. 1 bis 3 ist das Gericht ausschließlich zuständig, in dessen Bezirk der Annehmende oder einer der Annehmenden seinen gewöhnlichen Aufenthalt hat.

(2) Ist die Zuständigkeit eines deutschen Gerichts nach Absatz 1 nicht gegeben, ist der gewöhnliche Aufenthalt des Kindes maßgebend.

(3) Für Verfahren nach § 186 Nr. 4 ist das Gericht ausschließlich zuständig, in dessen Bezirk einer der Verlobten seinen gewöhnlichen Aufenthalt hat.

(4) In Adoptionssachen, die einen Minderjährigen betreffen, ist § 6 Absatz 1 Satz 1 und Absatz 2 des Adoptionswirkungsgesetzes[2] entsprechend anzuwenden, wenn

1. der gewöhnliche Aufenthalt der Annehmenden und des Anzunehmenden im Ausland liegt oder
2. der Anzunehmende in den letzten zwei Jahren vor der Antragstellung seinen gewöhnlichen Aufenthalt im Ausland hatte.

(5) [1] Ist nach den Absätzen 1 bis 4 eine Zuständigkeit nicht gegeben, ist das Amtsgericht Schöneberg in Berlin zuständig. [2] Es kann die Sache aus wichtigem Grund an ein anderes Gericht verweisen.

§ 188[3] Beteiligte. (1) Zu beteiligen sind

1. in Verfahren nach § 186 Nr. 1
   a) der Annehmende und der Anzunehmende,
   b) die Eltern des Anzunehmenden, wenn dieser entweder minderjährig ist und ein Fall des § 1747 Abs. 2 Satz 2 oder Abs. 4 des Bürgerlichen Gesetzbuchs[4] nicht vorliegt oder im Fall des § 1772 des Bürgerlichen Gesetzbuchs,
   c) der Ehegatte oder Lebenspartner des Annehmenden und der Ehegatte oder Lebenspartner des Anzunehmenden, sofern nicht ein Fall des § 1749 Absatz 2 des Bürgerlichen Gesetzbuchs vorliegt;
2. in Verfahren nach § 186 Nr. 2 derjenige, dessen Einwilligung ersetzt werden soll;
3. in Verfahren nach § 186 Nr. 3
   a) der Annehmende und der Angenommene,
   b) die leiblichen Eltern des minderjährigen Angenommenen;
4. in Verfahren nach § 186 Nr. 4 die Verlobten.

(2) Das Jugendamt und das Landesjugendamt sind auf ihren Antrag zu beteiligen.

§ 189[5] Fachliche Äußerung. (1) Soll ein Minderjähriger als Kind angenommen werden, hat das Gericht eine fachliche Äußerung darüber einzuholen, ob das Kind und die Familie des Annehmenden für die Annahme geeignet sind.

(2) [1] Die fachliche Äußerung ist von der Adoptionsvermittlungsstelle einzuholen, die das Kind vermittelt oder den Beratungsschein nach § 9a Absatz 2 des

[1] § 187 Abs. 4 neu gef. mWv 1.4.2021 durch G v. 12.2.2021 (BGBl. I S. 226).

[2] **Habersack, Deutsche Gesetze ErgBd. Nr. 45j.**

[3] § 188 Abs. 1 Nr. 1 Buchst. c geänd. mWv 27.6.2014 durch G v. 20.6.2014 (BGBl. I S. 786); Abs. 1 Nr. 1 Buchst. c geänd. mWv 22.7.2017 durch G v. 17.7.2017 (BGBl. I S. 2429).

[4] Nr. **20**.

[5] § 189 neu gef. mWv 1.4.2021 durch G v. 12.2.2021 (BGBl. I S. 226).

Adoptionsvermittlungsgesetzes[1] ausgestellt hat. [2] Ist keine Adoptionsvermittlungsstelle tätig geworden, ist eine fachliche Äußerung des Jugendamts einzuholen.

(3) Die fachliche Äußerung ist kostenlos abzugeben.

(4) Das Gericht hat der Adoptionsvermittlungsstelle, die das Kind vermittelt hat, die Entscheidung mitzuteilen.

§ 190[2] *(aufgehoben)*

§ 191[3] **Verfahrensbeistand.** [1] Das Gericht hat einem minderjährigen Beteiligten in Adoptionssachen einen Verfahrensbeistand zu bestellen, sofern dies zur Wahrnehmung seiner Interessen erforderlich ist. [2] Die §§ 158 bis 158c gelten entsprechend.

§ 192 Anhörung der Beteiligten. (1) Das Gericht hat in Verfahren auf Annahme als Kind oder auf Aufhebung des Annahmeverhältnisses den Annehmenden und das Kind persönlich anzuhören.

(2) Im Übrigen sollen die beteiligten Personen angehört werden.

(3) Von der Anhörung eines minderjährigen Beteiligten kann abgesehen werden, wenn Nachteile für seine Entwicklung, Erziehung oder Gesundheit zu befürchten sind oder wenn wegen des geringen Alters von einer Anhörung eine Aufklärung nicht zu erwarten ist.

§ 193 Anhörung weiterer Personen. [1] Das Gericht hat in Verfahren auf Annahme als Kind die Kinder des Annehmenden und des Anzunehmenden anzuhören. [2] § 192 Abs. 3 gilt entsprechend.

§ 194 Anhörung des Jugendamts. (1) [1] In Adoptionssachen hat das Gericht das Jugendamt anzuhören, sofern der Anzunehmende oder Angenommene minderjährig ist. [2] Dies gilt nicht, wenn das Jugendamt nach § 189 eine fachliche Äußerung abgegeben hat.

(2) [1] Das Gericht hat dem Jugendamt in den Fällen, in denen dieses angehört wurde oder eine fachliche Äußerung abgegeben hat, die Entscheidung mitzuteilen. [2] Gegen den Beschluss steht dem Jugendamt die Beschwerde zu.

§ 195[4] **Anhörung des Landesjugendamts.** (1) [1] In den Fällen des § 11 Absatz 1 Nummer 2 und 3 des Adoptionsvermittlungsgesetzes[1] hat das Gericht vor dem Ausspruch der Annahme auch die zentrale Adoptionsstelle des Landesjugendamts, in deren Bereich die Annehmenden ihren gewöhnlichen Aufenthalt haben, anzuhören. [2] Ist eine zentrale Adoptionsstelle nicht beteiligt worden, tritt an seine Stelle das Landesjugendamt, in dessen Bereich das Jugendamt liegt, das nach § 194 Gelegenheit zur Äußerung erhält oder das nach § 189 eine fachliche Äußerung abgegeben hat.

(2) [1] Das Gericht hat dem Landesjugendamt alle Entscheidungen mitzuteilen, zu denen dieses nach Absatz 1 anzuhören war. [2] Gegen den Beschluss steht dem Landesjugendamt die Beschwerde zu.

---

[1] **Habersack, Deutsche Gesetze ErgBd. Nr. 45i.**
[2] § 190 aufgeh. mWv 1.1.2023 durch G v. 4.5.2021 (BGBl. I S. 882).
[3] § 191 Satz 2 neu gef. mWv 1.7.2021 durch G v. 16.6.2021 (BGBl. I S. 1810).
[4] § 195 Abs. 1 Satz 1 neu gef. mWv 1.4.2021 durch G v. 12.2.2021 (BGBl. I S. 226).

§ 196 Unzulässigkeit der Verbindung. Eine Verbindung von Adoptionssachen mit anderen Verfahren ist unzulässig.

§ 196a[1] Zurückweisung des Antrags. Das Gericht weist den Antrag auf Annahme als Kind zurück, wenn die gemäß § 9a des Adoptionsvermittlungsgesetzes[2] erforderlichen Bescheinigungen über eine Beratung nicht vorliegen.

§ 197 Beschluss über die Annahme als Kind. (1) [1] In einem Beschluss, durch den das Gericht die Annahme als Kind ausspricht, ist anzugeben, auf welche gesetzlichen Vorschriften sich die Annahme gründet. [2] Wurde die Einwilligung eines Elternteils nach § 1747 Abs. 4 des Bürgerlichen Gesetzbuchs[3] nicht für erforderlich erachtet, ist dies ebenfalls in dem Beschluss anzugeben.

(Fortsetzung nächstes Blatt)

[1] § 196a eingef. mWv 1.4.2021 durch G v. 12.2.2021 (BGBl. I S. 226).
[2] **Habersack, Deutsche Gesetze ErgBd. Nr. 45i.**
[3] Nr. **20**.

3. das Gericht, in dessen Bezirk das Bedürfnis der Fürsorge hervortritt;
4. das Amtsgericht Schöneberg in Berlin, wenn der Betroffene Deutscher ist.

(2) [1] Für einstweilige Anordnungen nach § 300 oder vorläufige Maßregeln ist auch das Gericht zuständig, in dessen Bezirk das Bedürfnis der Fürsorge bekannt wird. [2] Es soll die angeordneten Maßregeln dem nach Absatz 1 Nr. 1, 2 oder Nr. 4 zuständigen Gericht mitteilen.

§ 273 Abgabe bei Änderung des gewöhnlichen Aufenthalts. [1] Als wichtiger Grund für eine Abgabe im Sinne des § 4 Satz 1 ist es in der Regel anzusehen, wenn sich der gewöhnliche Aufenthalt des Betroffenen geändert hat und die Aufgaben des Betreuers im Wesentlichen am neuen Aufenthaltsort des Betroffenen zu erfüllen sind. [2] Der Änderung des gewöhnlichen Aufenthalts steht ein tatsächlicher Aufenthalt von mehr als einem Jahr an einem anderen Ort gleich.

§ 274[1)] Beteiligte. (1) Zu beteiligen sind
1. der Betroffene,
2. der Betreuer, sofern sein Aufgabenkreis betroffen ist,
3. der Bevollmächtigte im Sinne des § 1814 Absatz 3 Satz 2 Nummer 1 des Bürgerlichen Gesetzbuchs[2)], sofern sein Aufgabenkreis betroffen ist.

(2) Der Verfahrenspfleger wird durch seine Bestellung als Beteiligter zum Verfahren hinzugezogen.

(3) Die zuständige Behörde ist auf ihren Antrag als Beteiligte in Verfahren über
1. die Bestellung eines Betreuers oder die Anordnung eines Einwilligungsvorbehalts,
2. Umfang, Inhalt oder Bestand von Entscheidungen der in Nummer 1 genannten Art

hinzuzuziehen.

(4) Beteiligt werden können
1. in den in Absatz 3 genannten Verfahren im Interesse des Betroffenen dessen Ehegatte oder Lebenspartner, wenn die Ehegatten oder Lebenspartner nicht dauernd getrennt leben, sowie dessen Eltern, Pflegeeltern, Großeltern, Abkömmlinge, Geschwister und eine Person seines Vertrauens,
2. der Vertreter der Staatskasse, soweit das Interesse der Staatskasse durch den Ausgang des Verfahrens betroffen sein kann.

§ 275[3)] Stellung des Betroffenen im Verfahren. (1) In Betreuungssachen ist der Betroffene ohne Rücksicht auf seine Geschäftsfähigkeit verfahrensfähig.

(2) Das Gericht unterrichtet den Betroffenen bei Einleitung des Verfahrens in möglichst adressatengerechter Weise über die Aufgaben eines Betreuers, den möglichen Verlauf des Verfahrens sowie die Kosten, die allgemein aus der Bestellung eines Betreuers folgen können.

§ 276[4)] Verfahrenspfleger. (1) [1] Das Gericht hat dem Betroffenen einen geeigneten Verfahrenspfleger zu bestellen, wenn dies zur Wahrnehmung der Interessen

---

[1)] § 274 Abs. 1 Nr. 3 geänd. mWv 1.1.2023 durch G v. 4.5.2021 (BGBl. I S. 882).

[2)] Nr. **20**.

[3)] § 275 Überschrift neu gef., Abs. 2 angef. mWv 1.1.2023 durch G v. 4.5.2021 (BGBl. I S. 882).

[4)] § 276 Abs. 1 Satz 1 geänd., Satz 2 Nr. 2 neu gef., Abs. 3 eingef., bish. Abs. 3–7 werden Abs. 4–8, neuer Abs. 4 Satz 1 eingef. mWv 1.1.2023 durch G v. 4.5.2021 (BGBl. I S. 882).

des Betroffenen erforderlich ist. [2]Die Bestellung ist in der Regel erforderlich, wenn

1. von der persönlichen Anhörung des Betroffenen nach § 278 Abs. 4 in Verbindung mit § 34 Abs. 2 abgesehen werden soll oder
2. die Bestellung eines Betreuers oder die Anordnung eines Einwilligungsvorbehalts gegen den erklärten Willen des Betroffenen erfolgen soll.

(2) [1]Von der Bestellung kann in den Fällen des Absatzes 1 Satz 2 abgesehen werden, wenn ein Interesse des Betroffenen an der Bestellung des Verfahrenspflegers offensichtlich nicht besteht. [2]Die Nichtbestellung ist zu begründen.

(3) [1]Der Verfahrenspfleger hat die Wünsche, hilfsweise den mutmaßlichen Willen des Betroffenen festzustellen und im gerichtlichen Verfahren zur Geltung zu bringen. [2]Er hat den Betroffenen über Gegenstand, Ablauf und möglichen Ausgang des Verfahrens in geeigneter Weise zu informieren und ihn bei Bedarf bei der Ausübung seiner Rechte im Verfahren zu unterstützen. [3]Er ist nicht gesetzlicher Vertreter des Betroffenen.

(4) [1]Als Verfahrenspfleger ist eine natürliche Person zu bestellen. [2]Wer Verfahrenspflegschaften im Rahmen seiner Berufsausübung führt, soll nur dann zum Verfahrenspfleger bestellt werden, wenn keine andere geeignete Person zur Verfügung steht, die zur ehrenamtlichen Führung der Verfahrenspflegschaft bereit ist.

(5) Die Bestellung eines Verfahrenspflegers soll unterbleiben oder aufgehoben werden, wenn die Interessen des Betroffenen von einem Rechtsanwalt oder einem anderen geeigneten Verfahrensbevollmächtigten vertreten werden.

(6) Die Bestellung endet, sofern sie nicht vorher aufgehoben wird, mit der Rechtskraft der Endentscheidung oder mit dem sonstigen Abschluss des Verfahrens.

(7) Die Bestellung eines Verfahrenspflegers oder deren Aufhebung sowie die Ablehnung einer derartigen Maßnahme sind nicht selbständig anfechtbar.

(8) Dem Verfahrenspfleger sind keine Kosten aufzuerlegen.

§ 277[1)] Vergütung und Aufwendungsersatz des Verfahrenspflegers.

(1) [1]Die Verfahrenspflegschaft wird unentgeltlich geführt. [2]Der Verfahrenspfleger erhält Ersatz seiner Aufwendungen nach § 1877 Absatz 1 bis 2 und 4 Satz 1 des Bürgerlichen Gesetzbuchs[2)]. [3]Vorschuss kann nicht verlangt werden.

(2) [1]Wird die Verfahrenspflegschaft ausnahmsweise berufsmäßig geführt, ist dies in der Bestellung festzustellen. [2]Die Ansprüche des berufsmäßig tätigen Verfahrenspflegers auf Vergütung und Aufwendungsersatz richten sich nach § 2 Absatz 2 Satz 1 und den §§ 3 bis 5 des Vormünder- und Betreuervergütungsgesetzes[3)].

(3) [1]Anstelle des Aufwendungsersatzes und der Vergütung nach Absatz 2 kann das Gericht dem Verfahrenspfleger eine Pauschale zubilligen, wenn die für die Führung der Pflegschaftsgeschäfte erforderliche Zeit vorhersehbar und ihre Ausschöpfung durch den Verfahrenspfleger gewährleistet ist. [2]Bei der Bemessung des Geldbetrags ist die voraussichtlich erforderliche Zeit mit den in § 3 Absatz 1 des Vormünder- und Betreuervergütungsgesetzes bestimmten Stundensätzen zuzüglich einer Aufwandspauschale von 4 Euro je veranschlagter Stunde zu vergüten. [3]In diesem Fall braucht der Verfahrenspfleger die von ihm aufgewandte Zeit und

---

[1)] § 277 neu gef. mWv 1.1.2023 durch G v. 4.5.2021 (BGBl. I S. 882).
[2)] Nr. **20**.
[3)] **Habersack, Deutsche Gesetze ErgBd. Nr. 49b.**

eingesetzten Mittel nicht nachzuweisen; weitergehende Aufwendungsersatz- und Vergütungsansprüche stehen ihm nicht zu.

(4) [1] Der Aufwendungsersatz und die Vergütung des Verfahrenspflegers sind stets aus der Staatskasse zu zahlen. [2] § 292 Absatz 1 und 5 ist entsprechend anzuwenden.

§ 278[1)] Persönliche Anhörung des Betroffenen. (1) [1] Das Gericht hat den Betroffenen vor der Bestellung eines Betreuers oder der Anordnung eines Einwilligungsvorbehalts persönlich anzuhören und dessen Wünsche zu erfragen. [2] Es hat sich einen persönlichen Eindruck von dem Betroffenen zu verschaffen. [3] Diesen persönlichen Eindruck soll sich das Gericht in dessen üblicher Umgebung verschaffen, wenn es der Betroffene verlangt oder wenn es der Sachaufklärung dient und der Betroffene nicht widerspricht.

(2) [1] In der Anhörung erörtert das Gericht mit dem Betroffenen das Verfahren, das Ergebnis des übermittelten Gutachtens, die Person oder Stelle, die als Betreuer in Betracht kommt, den Umfang des Aufgabenkreises und den Zeitpunkt, bis zu dem das Gericht über eine Aufhebung oder Verlängerung der Betreuung oder der Anordnung eines Einwilligungsvorbehalts zu entscheiden hat. [2] In geeigneten Fällen hat es den Betroffenen auf die Möglichkeit der Vorsorgevollmacht, deren Inhalt sowie auf die Möglichkeit ihrer Registrierung bei dem zentralen Vorsorgeregister nach § 78a Absatz 2 der Bundesnotarordnung[2)] hinzuweisen. [3] Hat das Gericht dem Betroffenen nach § 276 einen Verfahrenspfleger bestellt, soll die persönliche Anhörung in dessen Anwesenheit stattfinden.

(3) Verfahrenshandlungen nach Absatz 1 dürfen nur dann im Wege der Rechtshilfe erfolgen, wenn anzunehmen ist, dass die Entscheidung ohne eigenen Eindruck von dem Betroffenen getroffen werden kann.

(4) [1] Soll eine persönliche Anhörung nach § 34 Abs. 2 unterbleiben, weil hiervon erhebliche Nachteile für die Gesundheit des Betroffenen zu besorgen sind, darf diese Entscheidung nur auf Grundlage eines ärztlichen Gutachtens getroffen werden. [2] Unterbleibt aus diesem Grund die persönliche Anhörung, bedarf es auch keiner Verschaffung eines persönlichen Eindrucks.

(5) Das Gericht kann den Betroffenen durch die zuständige Behörde vorführen lassen, wenn er sich weigert, an Verfahrenshandlungen nach Absatz 1 mitzuwirken.

(6) [1] Gewalt darf die Behörde nur anwenden, wenn das Gericht dies ausdrücklich angeordnet hat. [2] Die zuständige Behörde ist befugt, erforderlichenfalls um Unterstützung der polizeilichen Vollzugsorgane nachzusuchen.

(7) [1] Die Wohnung des Betroffenen darf ohne dessen Einwilligung nur gewaltsam geöffnet, betreten und durchsucht werden, wenn das Gericht dies zu dessen Vorführung zur Anhörung ausdrücklich angeordnet hat. [2] Bei Gefahr im Verzug kann die Anordnung nach Satz 1 durch die zuständige Behörde erfolgen. [3] Durch diese Regelung wird das Grundrecht auf Unverletzlichkeit der Wohnung aus Artikel 13 Absatz 1 des Grundgesetzes[3)] eingeschränkt.

[1)] § 278 Abs. 6 und 7 angef. mWv 1.1.2013 durch G v. 5.12.2012 (BGBl. I S. 2418); Abs. 2 Satz 2 geänd. mWv 9.6.2017 durch G v. 1.6.2017 (BGBl. I S. 1396); Überschrift neu gef., Abs. 1 Satz 1 geänd., Abs. 2 Sätze 1 und 3 neu gef., Abs. 4 Satz 2 angef. mWv 1.1.2023 durch G v. 4.5.2021 (BGBl. I S. 882).

[2)] **Habersack, Deutsche Gesetze ErgBd. Nr. 98a.**

[3)] Nr. **1**.

§ 279[1] Anhörung der sonstigen Beteiligten, der Betreuungsbehörde und des gesetzlichen Vertreters. (1) Das Gericht hat die sonstigen Beteiligten vor der Bestellung eines Betreuers oder der Anordnung eines Einwilligungsvorbehalts anzuhören.

(2) [1] Das Gericht hat die zuständige Behörde vor der Bestellung eines Betreuers oder der Anordnung eines Einwilligungsvorbehalts anzuhören. [2] Die Anhörung soll vor der Einholung eines Gutachtens nach § 280 erfolgen und sich insbesondere auf folgende Kriterien beziehen:

1. persönliche, gesundheitliche und soziale Situation des Betroffenen,
2. Erforderlichkeit der Betreuung einschließlich geeigneter anderer Hilfen (§ 1814 Absatz 3 des Bürgerlichen Gesetzbuchs[2]),
3. Betreuerauswahl unter Berücksichtigung des Vorrangs der Ehrenamtlichkeit (§ 1816 des Bürgerlichen Gesetzbuchs) und
4. diesbezügliche Sichtweise des Betroffenen.

(3) Auf Verlangen des Betroffenen hat das Gericht eine ihm nahestehende Person anzuhören, wenn dies ohne erhebliche Verzögerung möglich ist.

(4) Das Gericht hat im Fall einer Betreuerbestellung oder der Anordnung eines Einwilligungsvorbehalts für einen Minderjährigen (§ 1814 Absatz 5 und § 1825 Absatz 4 des Bürgerlichen Gesetzbuchs) den gesetzlichen Vertreter des Betroffenen anzuhören.

§ 280[3] Einholung eines Gutachtens. (1) [1] Vor der Bestellung eines Betreuers oder der Anordnung eines Einwilligungsvorbehalts hat eine förmliche Beweisaufnahme durch Einholung eines Gutachtens über die Notwendigkeit der Maßnahme stattzufinden. [2] Der Sachverständige soll Arzt für Psychiatrie oder Arzt mit Erfahrung auf dem Gebiet der Psychiatrie sein.

(2) [1] Der Sachverständige hat den Betroffenen vor der Erstattung des Gutachtens persönlich zu untersuchen oder zu befragen. [2] Das Ergebnis einer Anhörung nach § 279 Absatz 2 Satz 2 hat der Sachverständige zu berücksichtigen, wenn es ihm bei Erstellung seines Gutachtens vorliegt.

(3) Das Gutachten hat sich auf folgende Bereiche zu erstrecken:

1. das Krankheits- oder Behinderungsbild einschließlich dessen Entwicklung,
2. die durchgeführten Untersuchungen und die diesen zugrunde gelegten Forschungserkenntnisse,
3. den körperlichen und psychischen Zustand des Betroffenen,
4. den aus medizinischer Sicht aufgrund der Krankheit oder Behinderung erforderlichen Unterstützungsbedarf und
5. die voraussichtliche Dauer der Maßnahme.

§ 281[4] Ärztliches Zeugnis; Entbehrlichkeit eines Gutachtens. (1) Anstelle eines Sachverständigengutachtens nach § 280 genügt ein ärztliches Zeugnis, wenn der Betroffene die Bestellung eines Betreuers beantragt und auf die Begutachtung

---

[1] § 279 Abs. 2 geänd., Satz 2 angef. mWv 1.7.2014 durch G v. 28.8.2013 (BGBl. I S. 3393); Abs. 2 Satz 2 einl. Satzteil, Nr. 2 und 3, Abs. 4 geänd. mWv 1.1.2023 durch G v. 4.5.2021 (BGBl. I S. 882).

[2] Nr. **20**.

[3] § 280 Abs. 2 Satz 2 angef. mWv 1.7.2014 durch G v. 28.8.2013 (BGBl. I S. 3393); Abs. 3 Nr. 1 und 4 neu gef., Nr. 3 geänd. mWv 1.1.2023 durch G v. 4.5.2021 (BGBl. I S. 882).

[4] § 281 Abs. 1 neu gef. mWv 1.1.2023 durch G v. 4.5.2021 (BGBl. I S. 882).

verzichtet hat und die Einholung des Gutachtens insbesondere im Hinblick auf den Umfang des Aufgabenkreises des Betreuers unverhältnismäßig wäre.

(2) § 280 Abs. 2 gilt entsprechend.

§ 282[1)] Vorhandene Gutachten zur Feststellung der Pflegebedürftigkeit.

(1) Das Gericht kann im Verfahren zur Bestellung eines Betreuers von der Einholung eines Gutachtens (§ 280 Absatz 1) absehen, soweit es durch die Verwendung eines bestehenden ärztlichen Gutachtens zur Feststellung der Pflegebedürftigkeit nach § 18 des Elften Buches Sozialgesetzbuch[2)] feststellen kann, inwieweit bei dem Betroffenen infolge einer Krankheit oder einer Behinderung die Voraussetzungen für die Bestellung eines Betreuers vorliegen.

(2) [1] Das Gericht darf dieses Gutachten einschließlich dazu vorhandener Befunde zur Vermeidung weiterer Gutachten bei der Pflegekasse anfordern. [2] Das Gericht hat in seiner Anforderung anzugeben, für welchen Zweck das Gutachten und die Befunde verwandt werden sollen. [3] Das Gericht hat übermittelte Daten unverzüglich zu löschen, wenn es feststellt, dass diese für den Verwendungszweck nicht geeignet sind.

(3) [1] Kommt das Gericht zu der Überzeugung, dass das eingeholte Gutachten und die Befunde im Verfahren zur Bestellung eines Betreuers geeignet sind, eine weitere Begutachtung ganz oder teilweise zu ersetzen, hat es vor einer weiteren Verwendung die Einwilligung des Betroffenen oder des Pflegers für das Verfahren einzuholen. [2] Wird die Einwilligung nicht erteilt, hat das Gericht die übermittelten Daten unverzüglich zu löschen.

(4) Das Gericht kann unter den Voraussetzungen der Absätze 1 bis 3 von der Einholung eines Gutachtens nach § 280 insgesamt absehen, wenn die sonstigen Voraussetzungen für die Bestellung eines Betreuers zur Überzeugung des Gerichts feststehen.

§ 283[3)] Vorführung zur Untersuchung. (1) [1] Das Gericht kann anordnen, dass der Betroffene zur Vorbereitung eines Gutachtens untersucht und durch die zuständige Behörde zu einer Untersuchung vorgeführt wird. [2] Der Betroffene soll vorher persönlich angehört werden.

(2) [1] Gewalt darf die Behörde nur anwenden, wenn das Gericht dies ausdrücklich angeordnet hat. [2] Die zuständige Behörde ist befugt, erforderlichenfalls die Unterstützung der polizeilichen Vollzugsorgane nachzusuchen.

(3) [1] Die Wohnung des Betroffenen darf ohne dessen Einwilligung nur gewaltsam geöffnet, betreten und durchsucht werden, wenn das Gericht dies zu dessen Vorführung zur Untersuchung ausdrücklich angeordnet hat. [2] Vor der Anordnung ist der Betroffene persönlich anzuhören. [3] Bei Gefahr im Verzug kann die Anordnung durch die zuständige Behörde ohne vorherige Anhörung des Betroffenen erfolgen. [4] Durch diese Regelung wird das Grundrecht auf Unverletzlichkeit der Wohnung aus Artikel 13 Absatz 1 des Grundgesetzes[4)] eingeschränkt.

[1)] § 282 Überschrift, Abs. 1 neu gef. mWv 1.1.2023 durch G v. 24.6.2022 (BGBl. I S. 959).
[2)] **Aichberger, SGB Nr. 11.**
[3)] § 283 Abs. 2 Satz 1 und Abs. 3 neu gef. mWv 1.1.2013 durch G v. 5.12.2012 (BGBl. I S. 2418).
[4)] Nr. **1**.

§ 284 Unterbringung zur Begutachtung. (1) [1]Das Gericht kann nach Anhörung eines Sachverständigen beschließen, dass der Betroffene auf bestimmte Dauer untergebracht und beobachtet wird, soweit dies zur Vorbereitung des Gutachtens erforderlich ist. [2]Der Betroffene ist vorher persönlich anzuhören.

(2) [1]Die Unterbringung darf die Dauer von sechs Wochen nicht überschreiten. [2]Reicht dieser Zeitraum nicht aus, um die erforderlichen Erkenntnisse für das Gutachten zu erlangen, kann die Unterbringung durch gerichtlichen Beschluss bis zu einer Gesamtdauer von drei Monaten verlängert werden.

(3) [1]§ 283 Abs. 2 und 3 gilt entsprechend. [2]Gegen Beschlüsse nach den Absätzen 1 und 2 findet die sofortige Beschwerde nach den §§ 567 bis 572 der Zivilprozessordnung[1)] statt.

§ 285[2)] Ermittlung und Herausgabe einer Betreuungsverfügung oder einer Vorsorgevollmacht. (1) [1]Vor der Bestellung eines Betreuers soll das Gericht die Auskunft einholen, ob eine Vorsorgevollmacht oder eine Betreuungsverfügung des Betroffenen im Zentralen Vorsorgeregister registriert ist. [2]Hat das Gericht von der Einholung einer Auskunft nur wegen Gefahr in Verzug abgesehen, ist die Auskunft unverzüglich nachträglich einzuholen.

(2) [1]In den Fällen des § 1820 Absatz 1 Satz 2, Absatz 4 Satz 1 und 2, Absatz 5 Satz 3 des Bürgerlichen Gesetzbuchs[3)] erfolgt die Anordnung der Vorlage einer Abschrift des dort genannten Dokuments oder die Anordnung der Herausgabe der Vollmachtsurkunde durch Beschluss. [2]Gleiches gilt für eine Anordnung der nach § 1816 Absatz 2 Satz 4 des Bürgerlichen Gesetzbuchs vorgeschriebenen Übermittlung einer Betreuungsverfügung.

§ 286[4)] Inhalt der Beschlussformel. (1) Die Beschlussformel enthält im Fall der Bestellung eines Betreuers auch

1. die Bezeichnung des Aufgabenkreises des Betreuers unter Benennung der einzelnen Aufgabenbereiche;
2. bei Bestellung eines Vereinsbetreuers die Bezeichnung als Vereinsbetreuer und die des Vereins;
3. bei Bestellung eines Behördenbetreuers die Bezeichnung als Behördenbetreuer und die der Behörde;
4. bei Bestellung eines beruflichen Betreuers die Bezeichnung als beruflicher Betreuer.

(2) Die Beschlussformel enthält im Fall der Anordnung eines Einwilligungsvorbehalts die Bezeichnung des Kreises der einwilligungsbedürftigen Willenserklärungen.

(3) Der Zeitpunkt, bis zu dem das Gericht über die Aufhebung oder Verlängerung einer Maßnahme nach Absatz 1 oder Absatz 2 zu entscheiden hat, ist in der Beschlussformel zu bezeichnen.

[1)] Nr. **100**.

[2)] § 285 neu gef. mWv 1.1.2023 durch G v. 4.5.2021 (BGBl. I S. 882); Abs. 2 Satz 2 angef. mWv 1.1. 2023 durch G v. 24.6.2022 (BGBl. I S. 959).

[3)] Nr. **20**.

[4)] § 286 Abs. 1 Nr. 1 geänd., Nr. 4 neu gef. mWv 1.1.2023 durch G v. 4.5.2021 (BGBl. I S. 882).

§ 287[1] **Wirksamwerden von Beschlüssen.** (1) Beschlüsse über Umfang, Inhalt oder Bestand der Bestellung eines Betreuers, über die Anordnung eines Einwilligungsvorbehalts oder über den Erlass einer einstweiligen Anordnung nach § 300 werden mit der Bekanntgabe an den Betreuer wirksam.

(2) [1] Ist die Bekanntgabe an den Betreuer nicht möglich oder ist Gefahr im Verzug, kann das Gericht die sofortige Wirksamkeit des Beschlusses anordnen. [2] In diesem Fall wird er wirksam, wenn der Beschluss und die Anordnung seiner sofortigen Wirksamkeit

1. dem Betroffenen oder dem Verfahrenspfleger bekannt gegeben werden oder
2. der Geschäftsstelle zum Zweck der Bekanntgabe nach Nummer 1 übergeben werden.

[3] Der Zeitpunkt der sofortigen Wirksamkeit ist auf dem Beschluss zu vermerken.

(3) Ein Beschluss, der die Genehmigung nach § 1829 Absatz 2 des Bürgerlichen Gesetzbuchs[2] zum Gegenstand hat, wird erst zwei Wochen nach Bekanntgabe an den Betreuer oder Bevollmächtigten sowie an den Verfahrenspfleger wirksam.

§ 288 Bekanntgabe. (1) Von der Bekanntgabe der Gründe eines Beschlusses an den Betroffenen kann abgesehen werden, wenn dies nach ärztlichem Zeugnis erforderlich ist, um erhebliche Nachteile für seine Gesundheit zu vermeiden.

(2) [1] Das Gericht hat der zuständigen Behörde den Beschluss über die Bestellung eines Betreuers oder die Anordnung eines Einwilligungsvorbehalts oder Beschlüsse über Umfang, Inhalt oder Bestand einer solchen Maßnahme stets bekannt zu geben. [2] Andere Beschlüsse sind der zuständigen Behörde bekannt zu geben, wenn sie vor deren Erlass angehört wurde.

§ 289[3] *(aufgehoben)*

§ 290[4] **Bestellungsurkunde.** (1) [1] Der Betreuer erhält eine Urkunde über seine Bestellung. [2] Die Urkunde soll enthalten:

1. die Bezeichnung des Betroffenen und des Betreuers;
2. bei Bestellung eines Vereinsbetreuers oder Behördenbetreuers diese Bezeichnung und die Bezeichnung des Vereins oder der Behörde;
3. den Aufgabenkreis des Betreuers unter Benennung der einzelnen Aufgabenbereiche;
4. bei Anordnung eines Einwilligungsvorbehalts die Bezeichnung des Kreises der einwilligungsbedürftigen Willenserklärungen;
5. bei der Bestellung eines vorläufigen Betreuers durch einstweilige Anordnung das Ende der einstweiligen Maßnahme;
6. Angaben über eine Befreiung gemäß den §§ 1859 und 1860 des Bürgerlichen Gesetzbuchs[2].

(2) Soweit dies zur Beachtung berechtigter Interessen des Betroffenen erforderlich ist und der Schutz des Rechtsverkehrs dem nicht entgegensteht, erstellt das Gericht auf Antrag des Betreuers eine weitere Urkunde, in welcher die Angaben

---

[1] § 287 Abs. 3 angef. mWv 1.9.2009 durch G v. 29.7.2009 (BGBl. I S. 2286); Abs. 3 geänd. mWv 1.1.2023 durch G v. 4.5.2021 (BGBl. I S. 882).

[2] Nr. **20**.

[3] § 289 aufgeh. mWv 1.1.2023 durch G v. 4.5.2021 (BGBl. I S. 882).

[4] § 290 Abs. 1 Satz 2 Nr. 3 und 5 geänd., Nr. 6, Abs. 2 und 3 angef. mWv 1.1.2023 durch G v. 4.5.2021 (BGBl. I S. 882).

zu den Aufgabenbereichen des Betreuers oder die Anordnung eines Einwilligungsvorbehalts nur eingeschränkt ausgewiesen werden.

(3) Der Betreuer hat dem Gericht nach Beendigung seines Amtes die Bestellungsurkunde und weitere Urkunden nach Absatz 2 zurückzugeben.

§ 291[1)] Überprüfung der Betreuerauswahl. [1]Der Betroffene kann verlangen, dass die Auswahl der Person, der ein Verein oder eine Behörde die Wahrnehmung der Betreuung übertragen hat, durch gerichtliche Entscheidung überprüft wird. [2]Das Gericht kann dem Verein oder der Behörde aufgeben, eine andere Person auszuwählen, wenn einem Vorschlag des Betroffenen, dem keine wichtigen Gründe entgegenstehen, nicht entsprochen wurde oder die ausgewählte Person zur Wahrnehmung dieser Betreuung nicht geeignet erscheint. [3]§ 35 ist nicht anzuwenden.

§ 292[2)] Zahlungen an den Betreuer; Verordnungsermächtigung.

(1) Das Gericht setzt auf Antrag des Betreuers oder des Betroffenen oder nach eigenem Ermessen durch Beschluss fest:

1. einen dem Betreuer zu zahlenden Vorschuss, den ihm zu leistenden Ersatz von Aufwendungen oder die Aufwandspauschale, soweit der Betreuer die Zahlungen aus der Staatskasse verlangen kann (§ 1879 des Bürgerlichen Gesetzbuchs[3)]) oder ihm die Vermögenssorge nicht übertragen wurde,
2. eine dem ehrenamtlichen Betreuer zu bewilligende Vergütung oder Abschlagszahlung (§ 1876 des Bürgerlichen Gesetzbuchs) oder
3. eine dem beruflichen Betreuer oder dem Betreuungsverein zu bewilligende Vergütung nach dem Vormünder- und Betreuervergütungsgesetz[4)].

(2) [1]Das Gericht kann eine nach Absatz 1 Nummer 3 zu bewilligende Vergütung auf Antrag des Betreuers oder des Betreuungsvereins auch für zukünftige Zeiträume durch Beschluss festsetzen, wenn die Voraussetzungen des § 15 Absatz 2 Satz 1 des Vormünder- und Betreuervergütungsgesetzes vorliegen. [2]Die Auszahlung der Vergütung erfolgt für die jeweils nach § 15 Absatz 1 Satz 1 des Vormünder- und Betreuervergütungsgesetzes maßgeblichen Zeiträume. [3]Die Festsetzung ist in regelmäßigen, im Voraus festzulegenden Abständen, die zwei Jahre nicht überschreiten dürfen, zu überprüfen.

(3) [1]Im Antrag sollen die persönlichen und wirtschaftlichen Verhältnisse des Betroffenen dargestellt werden. [2]§ 118 Absatz 2 Satz 1 und 2 der Zivilprozessordnung[5)] ist entsprechend anzuwenden. [3]Steht nach der freien Überzeugung des Gerichts der Aufwand für die Ermittlung der persönlichen und wirtschaftlichen Verhältnisse des Betroffenen außer Verhältnis zur Höhe des aus der Staatskasse zu begleichenden Anspruchs oder zur Höhe der vom Betroffenen voraussichtlich zu leistenden Zahlungen, so kann das Gericht ohne weitere Prüfung den zu leistenden Betrag festsetzen oder von einer Festsetzung der vom Betroffenen zu leistenden Zahlungen absehen.

(4) Der Betroffene ist vor der Festsetzung einer von ihm zu leistenden Zahlung anzuhören.

[1)] § 291 Satz 2 geänd. mWv 1.1.2023 durch G v. 4.5.2021 (BGBl. I S. 882).

[2)] § 292 neu gef. mWv 1.1.2023 durch G v. 4.5.2021 (BGBl. I S. 882); Abs. 3 Satz 2 neu gef. mWv 1.1.2023 durch G v. 24.6.2022 (BGBl. I S. 959).

[3)] Nr. **20**.

[4)] **Habersack, Deutsche Gesetze ErgBd. Nr. 49b.**

[5)] Nr. **100**.

(5) Ist eine Festsetzung nicht beantragt, so gelten für die Zahlungen, die aus der Staatskasse verlangt werden können, die Vorschriften über das Verfahren bei der Entschädigung von Zeugen hinsichtlich ihrer baren Auslagen sinngemäß.

(6) [1] Die Landesregierungen werden ermächtigt, durch Rechtsverordnung für Anträge nach den Absätzen 1 und 2 Formulare einzuführen. [2] Soweit Formulare eingeführt sind, muss der berufliche Betreuer oder der Betreuungsverein diese verwenden und sie, sofern sie hierzu bestimmt sind, als elektronisches Dokument einreichen. [3] Andernfalls liegt keine ordnungsgemäße Geltendmachung im Sinne des § 1875 Absatz 2 des Bürgerlichen Gesetzbuchs in Verbindung mit dem Vormünder- und Betreuervergütungsgesetz vor. [4] Die Landesregierungen können die Ermächtigung nach Satz 1 durch Rechtsverordnung auf die Landesjustizverwaltungen übertragen.

§ 292a[1)] Zahlungen an die Staatskasse. (1) [1] Mit der Festsetzung nach § 292 Absatz 1 legt das Gericht zugleich Höhe und Zeitpunkt der Zahlungen fest, die der Betroffene nach § 1880 Absatz 2 und § 1881 Satz 1 des Bürgerlichen Gesetzbuchs[2)] an die Staatskasse zu leisten hat. [2] Das Gericht kann Höhe und Zeitpunkt der zu leistenden Zahlungen gesondert festsetzen, wenn dies zweckmäßig ist. [3] § 120 Absatz 2 und 3 und § 120a Absatz 1 Satz 1 bis 3 der Zivilprozessordnung[3)] sind entsprechend anzuwenden.

(2) [1] Ist der Betroffene verstorben, so legt das Gericht Höhe und Zeitpunkt der Zahlungen fest, die der Erbe nach § 1881 Satz 2 des Bürgerlichen Gesetzbuchs an die Staatskasse zu leisten hat. [2] Der Erbe ist verpflichtet, dem Gericht die hierfür notwendigen Auskünfte zu erteilen, insbesondere dem Gericht auf dessen Verlangen ein Verzeichnis der zur Erbschaft gehörenden Gegenstände vorzulegen und an Eides statt zu versichern, dass er den Bestand nach bestem Wissen und Gewissen so vollständig angegeben habe, wie er dazu imstande ist.

(3) Vor einer Entscheidung ist der Betroffene oder der Erbe anzuhören.

§ 293[4)] Erweiterung der Betreuung oder des Einwilligungsvorbehalts.

(1) [1] Für die Erweiterung des Aufgabenkreises des Betreuers und die Erweiterung des Kreises der einwilligungsbedürftigen Willenserklärungen gelten die Vorschriften über die Anordnung dieser Maßnahmen entsprechend. [2] Das Gericht hat die zuständige Behörde nur anzuhören, wenn es der Betroffene verlangt oder es zur Sachaufklärung erforderlich ist.

(2) [1] Einer persönlichen Anhörung nach § 278 Abs. 1 sowie der Einholung eines Gutachtens oder ärztlichen Zeugnisses (§§ 280 und 281) bedarf es nicht,

1. wenn diese Verfahrenshandlungen nicht länger als sechs Monate zurückliegen oder
2. die beabsichtigte Erweiterung nach Absatz 1 nicht wesentlich ist.

[2] Eine wesentliche Erweiterung des Aufgabenkreises des Betreuers liegt insbesondere vor, wenn erstmals ganz oder teilweise die Personensorge oder eine der in

---

[1)] § 292a eingef. mWv 1.1.2023 durch G v. 4.5.2021 (BGBl. I S. 882); Abs. 1 Satz 3 angef. mWv 1.1.2023 durch G v. 24.6.2022 (BGBl. I S. 959).

[2)] Nr. **20**.

[3)] Nr. **100**.

[4)] § 293 Abs. 1 Satz 2 angef. mWv 1.7.2014 durch G v. 28.8.2013 (BGBl. I S. 3393); Abs. 2 Satz 2 geänd. mWv 22.7.2017 durch G v. 17.7.2017 (BGBl. I S. 2426); Abs. 2 Satz 2 geänd., Abs. 3 eingef., bish. Abs. 3 wird Abs. 4 und geänd. mWv 1.1.2023 durch G v. 4.5.2021 (BGBl. I S. 882).

§ 1815 Absatz 2 oder in den §§ 1829 bis 1832 des Bürgerlichen Gesetzbuchs[1)] genannten Aufgaben einbezogen wird.

(3) Unbeschadet des Absatzes 2 kann das Gericht von der Einholung eines Gutachtens oder eines ärztlichen Zeugnisses absehen, wenn der Aufgabenkreis des Betreuers nicht aufgrund einer Änderung des Krankheits- oder Behinderungsbildes des Betroffenen, sondern aufgrund der Änderung seiner Lebensumstände oder einer unzureichenden Wirkung anderer Hilfen erweitert werden soll.

(4) Ist mit der Bestellung eines weiteren Betreuers nach § 1817 des Bürgerlichen Gesetzbuchs eine Erweiterung des Aufgabenkreises verbunden, gelten die Absätze 1 bis 3 entsprechend.

§ 294[2)] Aufhebung und Einschränkung der Betreuung oder des Einwilligungsvorbehalts. (1) [1] Für die Aufhebung der Betreuung oder der Anordnung eines Einwilligungsvorbehalts und für die Einschränkung des Aufgabenkreises des Betreuers oder des Kreises der einwilligungsbedürftigen Willenserklärungen gilt § 279 Absatz 1, 3 und 4 sowie § 288 Absatz 2 Satz 1 entsprechend. [2] Das Gericht hat die zuständige Behörde nur anzuhören, wenn es der Betroffene verlangt oder es zur Sachaufklärung erforderlich ist.

(2) Hat das Gericht nach § 281 Absatz 1 von der Einholung eines Gutachtens abgesehen, ist dies nachzuholen, wenn ein Antrag des Betroffenen auf Aufhebung der Betreuung oder Einschränkung des Aufgabenkreises erstmals abgelehnt werden soll.

(3) [1] Über die Aufhebung der Betreuung oder des Einwilligungsvorbehalts hat das Gericht spätestens sieben Jahre nach der Anordnung dieser Maßnahmen zu entscheiden. [2] Ist die Maßnahme gegen den erklärten Willen des Betroffenen angeordnet worden, hat die erstmalige Entscheidung über ihre Aufhebung spätestens zwei Jahre nach der Anordnung zu erfolgen.

§ 295[3)] Verlängerung der Betreuung oder des Einwilligungsvorbehalts.

(1) [1] Für die Verlängerung der Bestellung eines Betreuers oder der Anordnung eines Einwilligungsvorbehalts gelten die Vorschriften über die erstmalige Anordnung dieser Maßnahmen entsprechend. [2] Von der erneuten Einholung eines Gutachtens kann abgesehen werden, wenn sich aus der persönlichen Anhörung des Betroffenen und einem ärztlichen Zeugnis ergibt, dass sich der Umfang der Betreuungsbedürftigkeit offensichtlich nicht verringert hat und eine Verlängerung dem erklärten Willen des Betroffenen nicht widerspricht. [3] Das Gericht hat die zuständige Behörde nur anzuhören, wenn es der Betroffene verlangt oder es zur Sachaufklärung erforderlich ist.

(2) [1] Über die Verlängerung der Betreuung oder des Einwilligungsvorbehalts hat das Gericht spätestens sieben Jahre nach der Anordnung dieser Maßnahmen zu entscheiden. [2] Ist die Maßnahme gegen den erklärten Willen des Betroffenen angeordnet worden, ist über eine erstmalige Verlängerung spätestens nach zwei Jahren zu entscheiden.

[1)] Nr. **20**.

[2)] § 294 Abs. 1 Satz 1 geänd., Satz 2 angef. mWv 1.7.2014 durch G v. 28.8.2013 (BGBl. I S. 3393); Abs. 2 geänd. mWv 1.1.2023 durch G v. 4.5.2021 (BGBl. I S. 882); Abs. 3 Satz 2 angef. mWv 1.1.2023 durch G v. 24.6.2022 (BGBl. I S. 959).

[3)] § 295 Abs. 1 Satz 3 angef. mWv 1.7.2014 durch G v. 28.8.2013 (BGBl. I S. 3393); Abs. 1 Satz 2 geänd., Abs. 2 Satz 2 angef. mWv 1.1.2023 durch G v. 4.5.2021 (BGBl. I S. 882).

§ 296[1] Entlassung des Betreuers und Bestellung eines neuen Betreuers.

(1) Das Gericht hat den Betroffenen und den Betreuer persönlich anzuhören, wenn der Betroffene einer Entlassung des Betreuers (§ 1868 des Bürgerlichen Gesetzbuchs[2]) widerspricht.

(2) [1] Vor der Bestellung eines neuen Betreuers (§ 1869 des Bürgerlichen Gesetzbuchs) hat das Gericht den Betroffenen persönlich anzuhören. [2] Das gilt nicht, wenn der Betroffene sein Einverständnis mit dem Betreuerwechsel erklärt hat. [3] § 279 Absatz 1, 3 und 4 gilt entsprechend. [4] Das Gericht hat die zuständige Behörde nur anzuhören, wenn es der Betroffene verlangt oder es zur Sachaufklärung erforderlich ist.

§ 297[3] Sterilisation. (1) [1] Das Gericht hat den Betroffenen vor der Genehmigung einer Einwilligung des Betreuers in eine Sterilisation (§ 1830 Absatz 2 des Bürgerlichen Gesetzbuchs[2]) persönlich anzuhören und sich einen persönlichen Eindruck von ihm zu verschaffen. [2] Es hat den Betroffenen über den möglichen Verlauf des Verfahrens zu unterrichten.

(2) Das Gericht hat die zuständige Behörde anzuhören, wenn es der Betroffene verlangt oder es der Sachaufklärung dient.

(3) [1] Das Gericht hat die sonstigen Beteiligten anzuhören. [2] Auf Verlangen des Betroffenen hat das Gericht eine ihm nahestehende Person anzuhören, wenn dies ohne erhebliche Verzögerung möglich ist.

(4) Verfahrenshandlungen nach den Absätzen 1 bis 3 können nicht durch den ersuchten Richter vorgenommen werden.

(5) Die Bestellung eines Verfahrenspflegers ist stets erforderlich, sofern sich der Betroffene nicht von einem Rechtsanwalt oder einem anderen geeigneten Verfahrensbevollmächtigten vertreten lässt.

(6) [1] Die Genehmigung darf erst erteilt werden, nachdem durch förmliche Beweisaufnahme Gutachten von Sachverständigen eingeholt sind, die sich auf die medizinischen, psychologischen, sozialen, sonderpädagogischen und sexualpädagogischen Gesichtspunkte erstrecken. [2] Die Sachverständigen haben den Betroffenen vor Erstattung des Gutachtens persönlich zu untersuchen oder zu befragen. [3] Sachverständiger und ausführender Arzt dürfen nicht personengleich sein.

(7) Die Genehmigung wird wirksam mit der Bekanntgabe an den für die Entscheidung über die Einwilligung in die Sterilisation bestellten Betreuer und

1. an den Verfahrenspfleger oder
2. den Verfahrensbevollmächtigten, wenn ein Verfahrenspfleger nicht bestellt wurde.

(8) [1] Die Entscheidung über die Genehmigung ist dem Betroffenen stets selbst bekannt zu machen. [2] Von der Bekanntgabe der Gründe an den Betroffenen kann nicht abgesehen werden. [3] Der zuständigen Behörde ist die Entscheidung stets bekannt zu geben.

---

[1] § 296 Abs. 1, Abs. 2 Sätze 1 und 3 geänd., Satz 4 angef. mWv 1.1.2023 durch G v. 4.5.2021 (BGBl. I S. 882).

[2] Nr. **20**.

[3] § 297 Abs. 1 Satz 1 geänd. mWv 1.1.2023 durch G v. 4.5.2021 (BGBl. I S. 882).

§ 298[1] Verfahren in Fällen des § 1829 des Bürgerlichen Gesetzbuchs.

(1) [1]Das Gericht darf die Einwilligung, die Nichteinwilligung oder den Widerruf einer Einwilligung eines Betreuers oder eines Bevollmächtigten (§ 1829 Absatz 1, 2 und 5 des Bürgerlichen Gesetzbuchs[2]) nur genehmigen, wenn es den Betroffenen zuvor persönlich angehört hat. [2]Das Gericht soll die sonstigen Beteiligten anhören. [3]Auf Verlangen des Betroffenen hat das Gericht eine ihm nahestehende Person anzuhören, wenn dies ohne erhebliche Verzögerung möglich ist.

(2) Die Bestellung eines Verfahrenspflegers ist stets erforderlich, wenn Gegenstand des Verfahrens eine Genehmigung nach § 1829 Absatz 2 des Bürgerlichen Gesetzbuchs ist.

(3) [1]Vor der Genehmigung ist ein Sachverständigengutachten einzuholen. [2]Der Sachverständige soll nicht auch der behandelnde Arzt sein.

§ 299[3] Persönliche Anhörung in anderen Genehmigungsverfahren.

[1]Das Gericht hat den Betroffenen vor einer Entscheidung nach § 1833 Absatz 3 oder § 1820 Absatz 5 Satz 2 des Bürgerlichen Gesetzbuchs[2] persönlich anzuhören. [2]Das Gericht soll den Betroffenen vor einer Entscheidung nach den §§ 1850 bis 1854 persönlich anhören.

§ 300 Einstweilige Anordnung. (1) [1]Das Gericht kann durch einstweilige Anordnung einen vorläufigen Betreuer bestellen oder einen vorläufigen Einwilligungsvorbehalt anordnen, wenn

1. dringende Gründe für die Annahme bestehen, dass die Voraussetzungen für die Bestellung eines Betreuers oder die Anordnung eines Einwilligungsvorbehalts gegeben sind und ein dringendes Bedürfnis für ein sofortiges Tätigwerden besteht,
2. ein ärztliches Zeugnis über den Zustand des Betroffenen vorliegt,
3. im Fall des § 276 ein Verfahrenspfleger bestellt und angehört worden ist und
4. der Betroffene persönlich angehört worden ist.

[2]Eine Anhörung des Betroffenen im Wege der Rechtshilfe ist abweichend von § 278 Abs. 3 zulässig.

(2) Das Gericht kann durch einstweilige Anordnung einen Betreuer entlassen, wenn dringende Gründe für die Annahme bestehen, dass die Voraussetzungen für die Entlassung vorliegen und ein dringendes Bedürfnis für ein sofortiges Tätigwerden besteht.

§ 301[4] Einstweilige Anordnung bei gesteigerter Dringlichkeit.

(1) [1]Bei Gefahr im Verzug kann das Gericht eine einstweilige Anordnung nach § 300 bereits vor der persönlichen Anhörung des Betroffenen sowie vor Anhörung und Bestellung des Verfahrenspflegers erlassen. [2]Diese Verfahrenshandlungen sind unverzüglich nachzuholen.

(2) Das Gericht ist bei Gefahr im Verzug bei der Auswahl des Betreuers nicht an § 1816 Absatz 2 und 3 des Bürgerlichen Gesetzbuchs[2] gebunden.

---

[1] § 298 neu gef. mWv 1.9.2009 durch G v. 29.7.2009 (BGBl. I S. 2286); Abs. 1 Satz 1 neu gef., Abs. 2 aufgeh., bish. Abs. 3 und 4 werden Abs. 2 und 3 mWv 1.1.2013 durch G v. 5.12.2012 (BGBl. I S. 2418); Überschrift, Abs. 1 Satz 1, Abs. 2 geänd. mWv 1.1.2023 durch G v. 4.5.2021 (BGBl. I S. 882).

[2] Nr. **20**.

[3] § 299 neu gef. mWv 1.1.2023 durch G v. 4.5.2021 (BGBl. I S. 882).

[4] § 301 Abs. 1 Satz 1, Abs. 2 geänd. mWv 1.1.2023 durch G v. 4.5.2021 (BGBl. I S. 882).

§ 302 Dauer der einstweiligen Anordnung. [1] Eine einstweilige Anordnung tritt, sofern das Gericht keinen früheren Zeitpunkt bestimmt, nach sechs Monaten außer Kraft. [2] Sie kann jeweils nach Anhörung eines Sachverständigen durch weitere einstweilige Anordnungen bis zu einer Gesamtdauer von einem Jahr verlängert werden.

§ 303 Ergänzende Vorschriften über die Beschwerde. (1) Das Recht der Beschwerde steht der zuständigen Behörde gegen Entscheidungen über

1. die Bestellung eines Betreuers oder die Anordnung eines Einwilligungsvorbehalts,
2. Umfang, Inhalt oder Bestand einer in Nummer 1 genannten Maßnahme

zu.

(2) Das Recht der Beschwerde gegen eine von Amts wegen ergangene Entscheidung steht im Interesse des Betroffenen

1. dessen Ehegatten oder Lebenspartner, wenn die Ehegatten oder Lebenspartner nicht dauernd getrennt leben, sowie den Eltern, Großeltern, Pflegeeltern, Abkömmlingen und Geschwistern des Betroffenen sowie
2. einer Person seines Vertrauens

zu, wenn sie im ersten Rechtszug beteiligt worden sind.

(3) Das Recht der Beschwerde steht dem Verfahrenspfleger zu.

(4) [1] Der Betreuer oder der Vorsorgebevollmächtigte kann gegen eine Entscheidung, die seinen Aufgabenkreis betrifft, auch im Namen des Betroffenen Beschwerde einlegen. [2] Führen mehrere Betreuer oder Vorsorgebevollmächtigte ihr Amt gemeinschaftlich, kann jeder von ihnen für den Betroffenen selbständig Beschwerde einlegen.

§ 304[1)] Beschwerde der Staatskasse. (1) [1] Das Recht der Beschwerde steht dem Vertreter der Staatskasse zu, soweit die Interessen der Staatskasse durch den Beschluss betroffen sind. [2] Hat der Vertreter der Staatskasse geltend gemacht, der Betreuer habe eine Abrechnung falsch erteilt oder der Betreute könne anstelle eines nach § 1816 Absatz 5 des Bürgerlichen Gesetzbuchs[2)] bestellten Betreuers durch eine oder mehrere andere geeignete Personen außerhalb einer Berufsausübung betreut werden, steht ihm gegen einen die Entlassung des Betreuers ablehnenden Beschluss die Beschwerde zu.

(2) Die Frist zur Einlegung der Beschwerde durch den Vertreter der Staatskasse beträgt drei Monate und beginnt mit der formlosen Mitteilung (§ 15 Abs. 3) an ihn.

§ 305 Beschwerde des Untergebrachten. Ist der Betroffene untergebracht, kann er Beschwerde auch bei dem Amtsgericht einlegen, in dessen Bezirk er untergebracht ist.

§ 306 Aufhebung des Einwilligungsvorbehalts. Wird ein Beschluss, durch den ein Einwilligungsvorbehalt angeordnet worden ist, als ungerechtfertigt aufgehoben, bleibt die Wirksamkeit der von oder gegenüber dem Betroffenen vorgenommenen Rechtsgeschäfte unberührt.

---

1) § 304 Abs. 1 Satz 2 geänd. mWv 1.1.2023 durch G v. 4.5.2021 (BGBl. I S. 882).
2) Nr. **20**.

§ 307[1] **Kosten in Betreuungssachen.** In Betreuungssachen kann das Gericht die Auslagen des Betroffenen, soweit sie zur zweckentsprechenden Rechtsverfolgung notwendig waren, ganz oder teilweise der Staatskasse auferlegen, wenn eine Betreuungsmaßnahme nach den §§ 1814 bis 1881 des Bürgerlichen Gesetzbuchs[2] abgelehnt, als ungerechtfertigt aufgehoben, eingeschränkt oder das Verfahren ohne Entscheidung über eine solche Maßnahme beendet wird.

§ 308 Mitteilung von Entscheidungen. (1) Entscheidungen teilt das Gericht anderen Gerichten, Behörden oder sonstigen öffentlichen Stellen mit, soweit dies unter Beachtung berechtigter Interessen des Betroffenen erforderlich ist, um eine erhebliche Gefahr für das Wohl des Betroffenen, für Dritte oder für die öffentliche Sicherheit abzuwenden.

(2) Ergeben sich im Verlauf eines gerichtlichen Verfahrens Erkenntnisse, die eine Mitteilung nach Absatz 1 vor Abschluss des Verfahrens erfordern, hat diese Mitteilung über die bereits gewonnenen Erkenntnisse unverzüglich zu erfolgen.

(3) [1]Das Gericht unterrichtet zugleich mit der Mitteilung den Betroffenen, seinen Verfahrenspfleger und seinen Betreuer über Inhalt und Empfänger der Mitteilung. [2]Die Unterrichtung des Betroffenen unterbleibt, wenn

1. der Zweck des Verfahrens oder der Zweck der Mitteilung durch die Unterrichtung gefährdet würde,
2. nach ärztlichem Zeugnis hiervon erhebliche Nachteile für die Gesundheit des Betroffenen zu besorgen sind oder
3. der Betroffene nach dem unmittelbaren Eindruck des Gerichts offensichtlich nicht in der Lage ist, den Inhalt der Unterrichtung zu verstehen.

[3]Sobald die Gründe nach Satz 2 entfallen, ist die Unterrichtung nachzuholen.

(4) Der Inhalt der Mitteilung, die Art und Weise ihrer Übermittlung, ihr Empfänger, die Unterrichtung des Betroffenen oder im Fall ihres Unterbleibens deren Gründe sowie die Unterrichtung des Verfahrenspflegers und des Betreuers sind aktenkundig zu machen.

§ 309[3] **Mitteilungen an die Meldebehörde.** [1]Wird ein Einwilligungsvorbehalt angeordnet, der sich auf die Aufenthaltsbestimmung des Betroffenen erstreckt, so hat das Gericht dies der Meldebehörde unter Angabe des Betreuers mitzuteilen. [2]Eine Mitteilung hat auch zu erfolgen, wenn der Einwilligungsvorbehalt nach Satz 1 aufgehoben wird oder ein Wechsel in der Person des Betreuers eintritt.

§ 309a[4] **Mitteilungen an die Betreuungsbehörde.** (1) Endet die Betreuung durch Tod des Betroffenen, so hat das Gericht dies der Betreuungsbehörde mitzuteilen.

(2) [1]Das Gericht kann der Betreuungsbehörde Umstände mitteilen, die die Eignung oder Zuverlässigkeit des Betreuers betreffen. [2]Das Gericht unterrichtet zugleich den Betreuer über die Mitteilung und deren Inhalt. [3]Die Unterrichtung des Betreuers unterbleibt, solange der Zweck der Mitteilung hierdurch gefährdet würde. [4]Sie ist nachzuholen, sobald die Gründe nach Satz 3 entfallen sind.

---

[1] § 307 geänd. mWv 1.1.2023 durch G v. 4.5.2021 (BGBl. I S. 882).

[2] Nr. **20**.

[3] § 309 Abs. 1 aufgeh. mWv 1.7.2019 durch G v. 18.6.2019 (BGBl. I S. 834); Überschrift neu gef. mWv 1.1.2023 durch G v. 4.5.2021 (BGBl. I S. 882).

[4] § 309a eingef. mWv 1.1.2023 durch G v. 4.5.2021 (BGBl. I S. 882).

§ 310[1] Mitteilungen während einer freiheitsentziehenden Unterbringung oder freiheitsentziehenden Maßnahme. Während der Dauer einer freiheitsentziehenden Unterbringung oder freiheitsentziehenden Maßnahme hat das Gericht dem Leiter der Einrichtung, in der die Unterbringungsmaßnahme durchgeführt wird, die Bestellung eines Betreuers, die sich auf die Aufenthaltsbestimmung oder die Entscheidung über eine der genannten Unterbringungsmaßnahmen erstreckt, die Aufhebung einer solchen Betreuung und jeden Wechsel in der Person des Betreuers mitzuteilen.

§ 311[2] Mitteilungen zur Strafverfolgung. [1] Außer in den sonst in diesem Gesetz, in § 16 des Einführungsgesetzes zum Gerichtsverfassungsgesetz[3] sowie in § 70 Absatz 1 Satz 2 und 3 des Jugendgerichtsgesetzes[4] genannten Fällen, darf das Gericht Entscheidungen oder Erkenntnisse aus dem Verfahren, aus denen die Person des Betroffenen erkennbar ist, von Amts wegen nur zur Verfolgung von Straftaten oder Ordnungswidrigkeiten anderen Gerichten oder Behörden mitteilen, soweit nicht schutzwürdige Interessen des Betroffenen an dem Ausschluss der Übermittlung überwiegen. [2] § 308 Abs. 3 und 4 gilt entsprechend.

Abschnitt 2. Verfahren in Unterbringungssachen

§ 312[5] Unterbringungssachen. Unterbringungssachen sind Verfahren, die die Genehmigung oder Anordnung einer

1. freiheitsentziehenden Unterbringung nach § 1831 Absatz 1 und 2 auch in Verbindung mit Absatz 5 des Bürgerlichen Gesetzbuchs[6],
2. freiheitsentziehenden Maßnahme nach § 1831 Absatz 4 auch in Verbindung mit Absatz 5 des Bürgerlichen Gesetzbuchs,
3. ärztlichen Zwangsmaßnahme, auch einschließlich einer Verbringung zu einem stationären Aufenthalt, nach § 1832 Absatz 1, 2 und 4 auch in Verbindung mit Absatz 5 des Bürgerlichen Gesetzbuchs oder
4. freiheitsentziehenden Unterbringung, freiheitsentziehenden Maßnahme oder ärztlichen Zwangsmaßnahme bei Volljährigen nach den Landesgesetzen über die Unterbringung psychisch Kranker

betreffen (Unterbringungsmaßnahme).

§ 313[7] Örtliche Zuständigkeit. (1) Ausschließlich zuständig für Unterbringungssachen nach § 312 Nummer 1 bis 3 ist in dieser Rangfolge:

1. das Gericht, bei dem ein Verfahren zur Bestellung eines Betreuers eingeleitet oder das Betreuungsverfahren anhängig ist;
2. das Gericht, in dessen Bezirk der Betroffene seinen gewöhnlichen Aufenthalt hat;

---

[1] § 310 neu gef. mWv 1.1.2023 durch G v. 24.6.2022 (BGBl. I S. 959).

[2] § 311 Satz 1 geänd. mWv 17.12.2019 durch G v. 9.12.2019 (BGBl. I S. 2146).

[3] Nr. **95a**.

[4] Nr. **89**.

[5] § 312 neu gef. mWv 22.7.2017 durch G v. 17.7.2017 (BGBl. I S. 2426); Nr. 4 neu gef., abschl. Satzteil geänd. mWv 28.6.2019 durch G v. 19.6.2019 (BGBl. I S. 840); Nr. 1–3 geänd. mWv 1.1.2023 durch G v. 4.5.2021 (BGBl. I S. 882).

[6] Nr. **20**.

[7] § 313 Abs. 1 einl. Satzteil und Abs. 3 Satz 1 geänd. mWv 22.7.2017 durch G v. 17.7.2017 (BGBl. I S. 2426); Abs. 3 Satz 1 geänd. mWv 28.6.2019 durch G v. 19.6.2019 (BGBl. I S. 840).

3. das Gericht, in dessen Bezirk das Bedürfnis für die Unterbringungsmaßnahme hervortritt;
4. das Amtsgericht Schöneberg in Berlin, wenn der Betroffene Deutscher ist.

(2) [1] Für einstweilige Anordnungen oder einstweilige Maßregeln ist auch das Gericht zuständig, in dessen Bezirk das Bedürfnis für die Unterbringungsmaßnahme bekannt wird. [2] In den Fällen einer einstweiligen Anordnung oder einstweiligen Maßregel soll es dem nach Absatz 1 Nr. 1 oder Nr. 2 zuständigen Gericht davon Mitteilung machen.

(3) [1] Ausschließlich zuständig für Unterbringungsmaßnahmen nach § 312 Nummer 4 ist das Gericht, in dessen Bezirk das Bedürfnis für die Unterbringungsmaßnahme hervortritt. [2] Befindet sich der Betroffene bereits in einer Einrichtung zur freiheitsentziehenden Unterbringung, ist das Gericht ausschließlich zuständig, in dessen Bezirk die Einrichtung liegt.

(4) [1] Ist für die Unterbringungssache ein anderes Gericht zuständig als dasjenige, bei dem ein die Unterbringung erfassendes Verfahren zur Bestellung eines Betreuers eingeleitet ist, teilt dieses Gericht dem für die Unterbringungssache zuständigen Gericht die Aufhebung der Betreuung, den Wegfall des Aufgabenbereiches Unterbringung und einen Wechsel in der Person des Betreuers mit. [2] Das für die Unterbringungssache zuständige Gericht teilt dem anderen Gericht die Unterbringungsmaßnahme, ihre Änderung, Verlängerung und Aufhebung mit.

§ 314 Abgabe der Unterbringungssache. Das Gericht kann die Unterbringungssache abgeben, wenn der Betroffene sich im Bezirk des anderen Gerichts aufhält und die Unterbringungsmaßnahme dort vollzogen werden soll, sofern sich dieses zur Übernahme des Verfahrens bereit erklärt hat.

§ 315[1)] Beteiligte. (1) Zu beteiligen sind
1. der Betroffene,
2. der Betreuer,
3. der Bevollmächtigte im Sinne des § 1814 Absatz 3 Satz 2 Nummer 1 des Bürgerlichen Gesetzbuchs[2)].

(2) Der Verfahrenspfleger wird durch seine Bestellung als Beteiligter zum Verfahren hinzugezogen.

(3) Die zuständige Behörde ist auf ihren Antrag als Beteiligte hinzuzuziehen.

(4) [1] Beteiligt werden können im Interesse des Betroffenen
1. dessen Ehegatte oder Lebenspartner, wenn die Ehegatten oder Lebenspartner nicht dauernd getrennt leben, sowie dessen Eltern und Kinder, wenn der Betroffene bei diesen lebt oder bei Einleitung des Verfahrens gelebt hat, sowie die Pflegeeltern,
2. eine von ihm benannte Person seines Vertrauens,
3. der Leiter der Einrichtung, in der der Betroffene lebt.

[2] Das Landesrecht kann vorsehen, dass weitere Personen und Stellen beteiligt werden können.

§ 316 Verfahrensfähigkeit. In Unterbringungssachen ist der Betroffene ohne Rücksicht auf seine Geschäftsfähigkeit verfahrensfähig.

[1)] § 315 Abs. 1 Nr. 3 geänd. mWv 1.1.2023 durch G v. 4.5.2021 (BGBl. I S. 882).
[2)] Nr. **20**.

§ 317[1)] Verfahrenspfleger. (1) [1]Das Gericht hat dem Betroffenen einen geeigneten Verfahrenspfleger zu bestellen, wenn dies zur Wahrnehmung der Interessen des Betroffenen erforderlich ist. [2]Die Bestellung ist insbesondere erforderlich, wenn von einer Anhörung des Betroffenen abgesehen werden soll. [3]Bei der Genehmigung einer Einwilligung in eine ärztliche Zwangsmaßnahme oder deren Anordnung ist die Bestellung eines Verfahrenspflegers stets erforderlich.

(2) Bestellt das Gericht dem Betroffenen keinen Verfahrenspfleger, ist dies in der Entscheidung, durch die eine Unterbringungsmaßnahme genehmigt oder angeordnet wird, zu begründen.

(3) [1]Der Verfahrenspfleger hat die Wünsche, hilfsweise den mutmaßlichen Willen des Betroffenen festzustellen und im gerichtlichen Verfahren zur Geltung zu bringen. [2]Er hat den Betroffenen über Gegenstand, Ablauf und möglichen Ausgang des Verfahrens in geeigneter Weise zu informieren und ihn bei Bedarf bei der Ausübung seiner Rechte im Verfahren zu unterstützen. [3]Er ist nicht gesetzlicher Vertreter des Betroffenen.

(4) [1]Als Verfahrenspfleger ist eine natürliche Person zu bestellen. [2]Wer Verfahrenspflegschaften im Rahmen seiner Berufsausübung führt, soll nur dann zum Verfahrenspfleger bestellt werden, wenn keine andere geeignete Person zur Verfügung steht, die zur ehrenamtlichen Führung der Verfahrenspflegschaft bereit ist.

(5) Die Bestellung eines Verfahrenspflegers soll unterbleiben oder aufgehoben werden, wenn die Interessen des Betroffenen von einem Rechtsanwalt oder einem anderen geeigneten Verfahrensbevollmächtigten vertreten werden.

(6) Die Bestellung endet, sofern sie nicht vorher aufgehoben wird, mit der Rechtskraft der Endentscheidung oder mit dem sonstigen Abschluss des Verfahrens.

(7) Die Bestellung eines Verfahrenspflegers oder deren Aufhebung sowie die Ablehnung einer derartigen Maßnahme sind nicht selbständig anfechtbar.

(8) Dem Verfahrenspfleger sind keine Kosten aufzuerlegen.

§ 318 Vergütung und Aufwendungsersatz des Verfahrenspflegers. Für die Vergütung und den Aufwendungsersatz des Verfahrenspflegers gilt § 277 entsprechend.

§ 319[2)] Persönliche Anhörung des Betroffenen. (1) [1]Das Gericht hat den Betroffenen vor einer Unterbringungsmaßnahme persönlich anzuhören und sich einen persönlichen Eindruck von ihm zu verschaffen. [2]Den persönlichen Eindruck verschafft sich das Gericht, soweit dies erforderlich ist, in der üblichen Umgebung des Betroffenen.

(2) [1]In der Anhörung erörtert das Gericht mit dem Betroffenen das Verfahren, das Ergebnis des übermittelten Gutachtens und die mögliche Dauer einer Unterbringung. [2]Hat das Gericht dem Betroffenen nach § 317 einen Verfahrenspfleger bestellt, soll die persönliche Anhörung in dessen Anwesenheit stattfinden.

(3) [1]Soll eine persönliche Anhörung nach § 34 Abs. 2 unterbleiben, weil hiervon erhebliche Nachteile für die Gesundheit des Betroffenen zu besorgen sind, darf diese Entscheidung nur auf Grundlage eines ärztlichen Gutachtens getroffen

---

[1)] § 317 Abs. 1 Satz 3 angef. mWv 22.7.2017 durch G v. 17.7.2017 (BGBl. I S. 2426); Abs. 1 Satz 1 geänd., Abs. 3 eingef., bish. Abs. 3–7 werden Abs. 4–8, neuer Abs. 4 Satz 1 eingef. mWv 1.1.2023 durch G v. 4.5.2021 (BGBl. I S. 882).

[2)] § 319 Abs. 6 und 7 angef. mWv 1.1.2013 durch G v. 5.12.2012 (BGBl. I S. 2418); Überschrift und Abs. 2 neu gef., Abs. 3 Satz 2 angef. mWv 1.1.2023 durch G v. 4.5.2021 (BGBl. I S. 882).

werden. [2]Unterbleibt aus diesem Grund die persönliche Anhörung, so bedarf es auch keiner Verschaffung eines persönlichen Eindrucks.

(4) Verfahrenshandlungen nach Absatz 1 sollen nicht im Wege der Rechtshilfe erfolgen.

(5) Das Gericht kann den Betroffenen durch die zuständige Behörde vorführen lassen, wenn er sich weigert, an Verfahrenshandlungen nach Absatz 1 mitzuwirken.

(6) [1]Gewalt darf die Behörde nur anwenden, wenn das Gericht dies ausdrücklich angeordnet hat. [2]Die zuständige Behörde ist befugt, erforderlichenfalls um Unterstützung der polizeilichen Vollzugsorgane nachzusuchen.

(7) [1]Die Wohnung des Betroffenen darf ohne dessen Einwilligung nur gewaltsam geöffnet, betreten und durchsucht werden, wenn das Gericht dies zu dessen Vorführung zur Anhörung ausdrücklich angeordnet hat. [2]Bei Gefahr im Verzug kann die Anordnung nach Satz 1 durch die zuständige Behörde erfolgen. [3]Durch diese Regelung wird das Grundrecht auf Unverletzlichkeit der Wohnung aus Artikel 13 Absatz 1 des Grundgesetzes[1)] eingeschränkt.

§ 320 Anhörung der sonstigen Beteiligten und der zuständigen Behörde.

[1]Das Gericht hat die sonstigen Beteiligten anzuhören. [2]Es soll die zuständige Behörde anhören.

§ 321[2)] Einholung eines Gutachtens. (1) [1]Vor einer Unterbringungsmaßnahme hat eine förmliche Beweisaufnahme durch Einholung eines Gutachtens über die Notwendigkeit der Maßnahme stattzufinden. [2]Der Sachverständige hat den Betroffenen vor der Erstattung des Gutachtens persönlich zu untersuchen oder zu befragen. [3]Das Gutachten soll sich auch auf die voraussichtliche Dauer der Unterbringungsmaßnahme erstrecken. [4]Der Sachverständige soll Arzt für Psychiatrie sein; er muss Arzt mit Erfahrung auf dem Gebiet der Psychiatrie sein. [5]Bei der Genehmigung einer Einwilligung in eine ärztliche Zwangsmaßnahme oder bei deren Anordnung soll der Sachverständige nicht der zwangsbehandelnde Arzt sein.

(2) Für eine freiheitsentziehende Maßnahme nach § 312 Nummer 2 oder 4 genügt ein ärztliches Zeugnis.

§ 322 Vorführung zur Untersuchung; Unterbringung zur Begutachtung.

Für die Vorführung zur Untersuchung und die Unterbringung zur Begutachtung gelten die §§ 283 und 284 entsprechend.

§ 323[3)] Inhalt der Beschlussformel. (1) Die Beschlussformel enthält im Fall der Genehmigung oder Anordnung einer Unterbringungsmaßnahme auch

1. die nähere Bezeichnung der Unterbringungsmaßnahme sowie
2. den Zeitpunkt, zu dem die Unterbringungsmaßnahme endet.

(2) Die Beschlussformel enthält bei der Genehmigung einer Einwilligung in eine ärztliche Zwangsmaßnahme oder bei deren Anordnung auch Angaben zur Durchführung und Dokumentation dieser Maßnahme in der Verantwortung eines Arztes.

[1)] Nr. **1**.

[2)] § 321 Abs. 1 Satz 5 angef. mWv 26.2.2013 durch G v. 18.2.2013 (BGBl. I S. 266); Abs. 1 Satz 3, Abs. 2 geänd. mWv 28.6.2019 durch G v. 19.6.2019 (BGBl. I S. 840).

[3)] § 323 Abs. 2 angef. mWv 26.2.2013 durch G v. 18.2.2013 (BGBl. I S. 266).

§ 324[1] Wirksamwerden von Beschlüssen. (1) Beschlüsse über die Genehmigung oder die Anordnung einer Unterbringungsmaßnahme werden mit Rechtskraft wirksam.

(2) [1] Das Gericht kann die sofortige Wirksamkeit des Beschlusses anordnen. [2] In diesem Fall wird er wirksam, wenn der Beschluss und die Anordnung seiner sofortigen Wirksamkeit

1. dem Betroffenen, dem Verfahrenspfleger, dem Betreuer oder dem Bevollmächtigten im Sinne des § 1814 Absatz 3 Satz 2 Nummer 1 des Bürgerlichen Gesetzbuchs[2] bekannt gegeben werden,
2. einem Dritten zum Zweck des Vollzugs des Beschlusses mitgeteilt werden oder
3. der Geschäftsstelle des Gerichts zum Zweck der Bekanntgabe übergeben werden.

[3] Der Zeitpunkt der sofortigen Wirksamkeit ist auf dem Beschluss zu vermerken.

§ 325 Bekanntgabe. (1) Von der Bekanntgabe der Gründe eines Beschlusses an den Betroffenen kann abgesehen werden, wenn dies nach ärztlichem Zeugnis erforderlich ist, um erhebliche Nachteile für seine Gesundheit zu vermeiden.

(2) [1] Der Beschluss, durch den eine Unterbringungsmaßnahme genehmigt oder angeordnet wird, ist auch dem Leiter der Einrichtung, in der der Betroffene untergebracht werden soll, bekannt zu geben. [2] Das Gericht hat der zuständigen Behörde die Entscheidung, durch die eine Unterbringungsmaßnahme genehmigt, angeordnet oder aufgehoben wird, bekannt zu geben.

§ 326[3] Zuführung zur Unterbringung; Verbringung zu einem stationären Aufenthalt. (1) Die zuständige Behörde hat den Betreuer oder den Bevollmächtigten im Sinne des § 1814 Absatz 3 Satz 2 Nummer 1 des Bürgerlichen Gesetzbuchs[2] auf deren Wunsch bei der Zuführung zur Unterbringung nach § 312 Nr. 1 oder bei der Verbringung nach § 312 Nummer 3 zu unterstützen.

(2) [1] Gewalt darf die Behörde nur anwenden, wenn das Gericht dies ausdrücklich angeordnet hat. [2] Die zuständige Behörde ist befugt, erforderlichenfalls die Unterstützung der polizeilichen Vollzugsorgane nachzusuchen.

(3) [1] Die Wohnung des Betroffenen darf ohne dessen Einwilligung nur gewaltsam geöffnet, betreten und durchsucht werden, wenn das Gericht dies zu dessen Zuführung zur Unterbringung oder zu dessen Verbringung nach § 312 Nummer 3 ausdrücklich angeordnet hat. [2] Vor der Anordnung ist der Betroffene persönlich anzuhören. [3] Bei Gefahr im Verzug kann die Anordnung durch die zuständige Behörde ohne vorherige Anhörung des Betroffenen erfolgen. [4] Durch diese Regelung wird das Grundrecht auf Unverletzlichkeit der Wohnung aus Artikel 13 Absatz 1 des Grundgesetzes[4] eingeschränkt.

---

[1] § 324 Abs. 2 Satz 2 Nr. 1 geänd. mWv 1.1.2023 durch G v. 4.5.2021 (BGBl. I S. 882).

[2] Nr. **20**.

[3] § 326 Abs. 2 Satz 1 und Abs. 3 neu gef. mWv 1.1.2013 durch G v. 5.12.2012 (BGBl. I S. 2418); Überschrift neu gef., Abs. 1 und 3 Satz 1 geänd. mWv 22.7.2017 durch G v. 17.7.2017 (BGBl. I S. 2426); Abs. 1 geänd. mWv 1.1.2023 durch G v. 4.5.2021 (BGBl. I S. 882).

[4] Nr. **1**.

§ 327[1] Vollzugsangelegenheiten. (1) [1]Gegen eine Maßnahme zur Regelung einzelner Angelegenheiten im Vollzug einer Unterbringungsmaßnahme nach § 312 Nummer 4 kann der Betroffene eine Entscheidung des Gerichts beantragen. [2]Mit dem Antrag kann auch die Verpflichtung zum Erlass einer abgelehnten oder unterlassenen Maßnahme begehrt werden.

(2) Der Antrag ist nur zulässig, wenn der Betroffene geltend macht, durch die Maßnahme, ihre Ablehnung oder Unterlassung in seinen Rechten verletzt zu sein.

(3) [1]Der Antrag hat keine aufschiebende Wirkung. [2]Das Gericht kann die aufschiebende Wirkung anordnen.

(4) Der Beschluss ist nicht anfechtbar.

§ 328[2] Aussetzung des Vollzugs. (1) [1]Das Gericht kann die Vollziehung einer Unterbringung nach § 312 Nummer 4 aussetzen. [2]Die Aussetzung kann mit Auflagen versehen werden. [3]Die Aussetzung soll sechs Monate nicht überschreiten; sie kann bis zu einem Jahr verlängert werden.

(2) Das Gericht kann die Aussetzung widerrufen, wenn der Betroffene eine Auflage nicht erfüllt oder sein Zustand dies erfordert.

§ 329[3] Dauer und Verlängerung der Unterbringungsmaßnahme.

(1) [1]Die Unterbringungsmaßnahme endet spätestens mit Ablauf eines Jahres, bei offensichtlich langer Unterbringungsbedürftigkeit spätestens mit Ablauf von zwei Jahren, wenn sie nicht vorher verlängert wird. [2]Die Genehmigung einer Einwilligung in eine ärztliche Zwangsmaßnahme oder deren Anordnung darf die Dauer von sechs Wochen nicht überschreiten, wenn sie nicht vorher verlängert wird.

(2) [1]Für die Verlängerung der Genehmigung oder Anordnung einer Unterbringungsmaßnahme gelten die Vorschriften für die erstmalige Anordnung oder Genehmigung entsprechend. [2]Bei Unterbringungen mit einer Gesamtdauer von mehr als vier Jahren soll das Gericht keinen Sachverständigen bestellen, der den Betroffenen bisher behandelt oder begutachtet hat oder in der Einrichtung tätig ist, in der der Betroffene untergebracht ist.

(3) Bei der Genehmigung einer Einwilligung in eine ärztliche Zwangsmaßnahme oder deren Anordnung mit einer Gesamtdauer von mehr als zwölf Wochen soll das Gericht keinen Sachverständigen bestellen, der den Betroffenen bisher behandelt oder begutachtet hat oder in der Einrichtung tätig ist, in der der Betroffene untergebracht ist.

§ 330[4] Aufhebung der Unterbringungsmaßnahme. [1]Die Genehmigung oder Anordnung der Unterbringungsmaßnahme ist aufzuheben, wenn ihre Voraussetzungen wegfallen. [2]Vor der Aufhebung einer Unterbringungsmaßnahme nach § 312 Nummer 4 soll das Gericht die zuständige Behörde anhören, es sei denn, dass dies zu einer nicht nur geringen Verzögerung des Verfahrens führen würde.

---

[1] § 327 Abs. 1 Satz 1 geänd. mWv 22.7.2017 durch G v. 17.7.2017 (BGBl. I S. 2426); Abs. 1 Satz 1 geänd. mWv 28.6.2019 durch G v. 19.6.2019 (BGBl. I S. 840).

[2] § 328 Abs. 1 Satz 1 geänd. mWv 22.7.2017 durch G v. 17.7.2017 (BGBl. I S. 2426).

[3] § 329 Abs. 1 Satz 2 und Abs. 3 angef. mWv 26.2.2013 durch G v. 18.2.2013 (BGBl. I S. 266); Überschrift, Abs. 1 Satz 1 geänd. mWv 28.6.2019 durch G v. 19.6.2019 (BGBl. I S. 840).

[4] § 330 Satz 2 geänd. mWv 22.7.2017 durch G v. 17.7.2017 (BGBl. I S. 2426); Überschrift geänd. mWv 28.6.2019 durch G v. 19.6.2019 (BGBl. I S. 840).

§ 331[1)] **Einstweilige Anordnung.** [1]Das Gericht kann durch einstweilige Anordnung eine vorläufige Unterbringungsmaßnahme anordnen oder genehmigen, wenn

1. dringende Gründe für die Annahme bestehen, dass die Voraussetzungen für die Genehmigung oder Anordnung einer Unterbringungsmaßnahme gegeben sind und ein dringendes Bedürfnis für ein sofortiges Tätigwerden besteht,
2. ein ärztliches Zeugnis über den Zustand des Betroffenen und über die Notwendigkeit der Maßnahme vorliegt; der Arzt, der das ärztliche Zeugnis ausstellt, soll Arzt für Psychiatrie sein; er muss Erfahrung auf dem Gebiet der Psychiatrie haben; dies gilt nicht für freiheitsentziehende Maßnahmen nach § 312 Nummer 2 und 4,
3. im Fall des § 317 ein Verfahrenspfleger bestellt und angehört worden ist und
4. der Betroffene persönlich angehört worden ist.

[2]Eine Anhörung des Betroffenen im Wege der Rechtshilfe ist abweichend von § 319 Abs. 4 zulässig.

§ 332[2)] **Einstweilige Anordnung bei gesteigerter Dringlichkeit.** [1]Bei Gefahr im Verzug kann das Gericht eine einstweilige Anordnung nach § 331 bereits vor der persönlichen Anhörung des Betroffenen sowie vor Anhörung und Bestellung des Verfahrenspflegers erlassen. [2]Diese Verfahrenshandlungen sind unverzüglich nachzuholen.

§ 333[3)] **Dauer der einstweiligen Anordnung.** (1) [1]Die einstweilige Anordnung darf die Dauer von sechs Wochen nicht überschreiten. [2]Reicht dieser Zeitraum nicht aus, kann sie nach Anhörung eines Sachverständigen durch eine weitere einstweilige Anordnung verlängert werden. [3]Die mehrfache Verlängerung ist unter den Voraussetzungen der Sätze 1 und 2 zulässig. [4]Sie darf die Gesamtdauer von drei Monaten nicht überschreiten. [5]Eine Unterbringung zur Vorbereitung eines Gutachtens (§ 322) ist in diese Gesamtdauer einzubeziehen.

(2) [1]Die einstweilige Anordnung darf bei der Genehmigung einer Einwilligung in eine ärztliche Zwangsmaßnahme oder deren Anordnung die Dauer von zwei Wochen nicht überschreiten. [2]Bei mehrfacher Verlängerung darf die Gesamtdauer sechs Wochen nicht überschreiten.

§ 334[4)] **Einstweilige Maßregeln.** Die §§ 331, 332 und 333 gelten entsprechend, wenn nach § 1867 des Bürgerlichen Gesetzbuchs[5)] eine Unterbringungsmaßnahme getroffen werden soll.

§ 335 Ergänzende Vorschriften über die Beschwerde. (1) Das Recht der Beschwerde steht im Interesse des Betroffenen

1. dessen Ehegatten oder Lebenspartner, wenn die Ehegatten oder Lebenspartner nicht dauernd getrennt leben, sowie dessen Eltern und Kindern, wenn der Betroffene bei diesen lebt oder bei Einleitung des Verfahrens gelebt hat, den Pflegeeltern,

---

[1)] § 331 Satz 1 Nr. 2 neu gef. mWv 26.2.2013 durch G v. 18.2.2013 (BGBl. I S. 266); Satz 1 Nr. 2 geänd. mWv 22.7.2017 durch G v. 17.7.2017 (BGBl. I S. 2426); Satz 1 Nr. 2 geänd. mWv 28.6.2019 durch G v. 19.6.2019 (BGBl. I S. 840).

[2)] § 332 Satz 1 geänd. mWv 1.1.2023 durch G v. 4.5.2021 (BGBl. I S. 882).

[3)] § 333 Abs. 2 angef. mWv 26.2.2013 durch G v. 18.2.2013 (BGBl. I S. 266).

[4)] § 334 geänd. mWv 1.1.2023 durch G v. 4.5.2021 (BGBl. I S. 882).

[5)] Nr. **20**.

2. einer von dem Betroffenen benannten Person seines Vertrauens sowie
3. dem Leiter der Einrichtung, in der der Betroffene lebt,

zu, wenn sie im ersten Rechtszug beteiligt worden sind.

(2) Das Recht der Beschwerde steht dem Verfahrenspfleger zu.

(3) Der Betreuer oder der Vorsorgebevollmächtigte kann gegen eine Entscheidung, die seinen Aufgabenkreis betrifft, auch im Namen des Betroffenen Beschwerde einlegen.

(4) Das Recht der Beschwerde steht der zuständigen Behörde zu.

§ 336 Einlegung der Beschwerde durch den Betroffenen. Der Betroffene kann die Beschwerde auch bei dem Amtsgericht einlegen, in dessen Bezirk er untergebracht ist.

§ 337[1] Kosten in Unterbringungssachen. (1) In Unterbringungssachen kann das Gericht die Auslagen des Betroffenen, soweit sie zur zweckentsprechenden Rechtsverfolgung notwendig waren, ganz oder teilweise der Staatskasse auferlegen, wenn eine Unterbringungsmaßnahme nach § 312 Nummer 1 bis 3 abgelehnt, als ungerechtfertigt aufgehoben, eingeschränkt oder das Verfahren ohne Entscheidung über eine Maßnahme beendet wird.

(2) Wird ein Antrag auf eine Unterbringungsmaßnahme nach den Landesgesetzen über die Unterbringung psychisch Kranker nach § 312 Nummer 4 abgelehnt oder zurückgenommen und hat das Verfahren ergeben, dass für die zuständige Verwaltungsbehörde ein begründeter Anlass, den Antrag zu stellen, nicht vorgelegen hat, hat das Gericht die Auslagen des Betroffenen der Körperschaft aufzuerlegen, der die Verwaltungsbehörde angehört.

§ 338 Mitteilung von Entscheidungen. [1] Für Mitteilungen gelten die §§ 308 und 311 entsprechend. [2] Die Aufhebung einer Unterbringungsmaßnahme nach § 330 Satz 1 und die Aussetzung der Unterbringung nach § 328 Abs. 1 Satz 1 sind dem Leiter der Einrichtung, in der der Betroffene lebt, mitzuteilen.

§ 339[2] Benachrichtigung von Angehörigen. Von der Anordnung oder Genehmigung einer Unterbringungsmaßnahme und deren Verlängerung hat das Gericht einen Angehörigen des Betroffenen oder eine Person seines Vertrauens unverzüglich zu benachrichtigen.

Abschnitt 3. Verfahren in betreuungsgerichtlichen Zuweisungssachen

§ 340[3] Betreuungsgerichtliche Zuweisungssachen. Betreuungsgerichtliche Zuweisungssachen sind

1. Verfahren, die die Pflegschaft mit Ausnahme der Pflegschaft für Minderjährige oder für ein bereits gezeugtes Kind betreffen,
2. Verfahren, die die gerichtliche Bestellung eines sonstigen Vertreters für einen Volljährigen betreffen sowie
3. sonstige dem Betreuungsgericht zugewiesene Verfahren,

soweit es sich nicht um Betreuungssachen oder Unterbringungssachen handelt.

---

[1] § 337 Abs. 1 und 2 geänd. mWv 22.7.2017 durch G v. 17.7.2017 (BGBl. I S. 2426); Abs. 2 geänd. mWv 28.6.2019 durch G v. 19.6.2019 (BGBl. I S. 840).

[2] § 339 geänd. mWv 28.6.2019 durch G v. 19.6.2019 (BGBl. I S. 840).

[3] § 340 Nr. 1 geänd. mWv 1.1.2023 durch G v. 4.5.2021 (BGBl. I S. 882).

§ 341 Örtliche Zuständigkeit. Die Zuständigkeit des Gerichts bestimmt sich in betreuungsgerichtlichen Zuweisungssachen nach § 272.

Buch 4. Verfahren in Nachlass- und Teilungssachen

Abschnitt 1. Begriffsbestimmung; örtliche Zuständigkeit

§ 342 Begriffsbestimmung. (1) Nachlasssachen sind Verfahren, die

1. die besondere amtliche Verwahrung von Verfügungen von Todes wegen,
2. die Sicherung des Nachlasses einschließlich Nachlasspflegschaften,
3. die Eröffnung von Verfügungen von Todes wegen,
4. die Ermittlung der Erben,
5. die Entgegennahme von Erklärungen, die nach gesetzlicher Vorschrift dem Nachlassgericht gegenüber abzugeben sind,
6. Erbscheine, Testamentsvollstreckerzeugnisse und sonstige vom Nachlassgericht zu erteilende Zeugnisse,
7. die Testamentsvollstreckung,
8. die Nachlassverwaltung sowie
9. sonstige den Nachlassgerichten durch Gesetz zugewiesene Aufgaben

betreffen.

(2) Teilungssachen sind

1. die Aufgaben, die Gerichte nach diesem Buch bei der Auseinandersetzung eines Nachlasses und des Gesamtguts zu erledigen haben, nachdem eine eheliche, lebenspartnerschaftliche oder fortgesetzte Gütergemeinschaft beendet wurde, und
2. Verfahren betreffend Zeugnisse über die Auseinandersetzung des Gesamtguts einer ehelichen, lebenspartnerschaftlichen oder fortgesetzten Gütergemeinschaft nach den §§ 36 und 37 der Grundbuchordnung[1] sowie nach den §§ 42 und 74 der Schiffsregisterordnung.

§ 343[2] Örtliche Zuständigkeit. (1) Örtlich zuständig ist das Gericht, in dessen Bezirk der Erblasser im Zeitpunkt seines Todes seinen gewöhnlichen Aufenthalt hatte.

(2) Hatte der Erblasser im Zeitpunkt seines Todes keinen gewöhnlichen Aufenthalt im Inland, ist das Gericht zuständig, in dessen Bezirk der Erblasser seinen letzten gewöhnlichen Aufenthalt im Inland hatte.

(3) [1] Ist eine Zuständigkeit nach den Absätzen 1 und 2 nicht gegeben, ist das Amtsgericht Schöneberg in Berlin zuständig, wenn der Erblasser Deutscher ist oder sich Nachlassgegenstände im Inland befinden. [2] Das Amtsgericht Schöneberg in Berlin kann die Sache aus wichtigem Grund an ein anderes Nachlassgericht verweisen.

---

[1] Nr. **114**.
[2] § 343 neu gef. mWv 17.8.2015 durch G v. 29.6.2015 (BGBl. I S. 1042).

§ 344[1)] Besondere örtliche Zuständigkeit. (1) [1] Für die besondere amtliche Verwahrung von Testamenten ist zuständig,

1. wenn das Testament vor einem Notar errichtet ist, das Gericht, in dessen Bezirk der Notar seinen Amtssitz hat;
2. wenn das Testament vor dem Bürgermeister einer Gemeinde errichtet ist, das Gericht, zu dessen Bezirk die Gemeinde gehört;
3. wenn das Testament nach § 2247 des Bürgerlichen Gesetzbuchs[2)] errichtet ist, jedes Gericht.

[2] Der Erblasser kann jederzeit die Verwahrung bei einem nach Satz 1 örtlich nicht zuständigen Gericht verlangen.

(2) Die erneute besondere amtliche Verwahrung eines gemeinschaftlichen Testaments nach § 349 Abs. 2 Satz 2 erfolgt bei dem für den Nachlass des Erstverstorbenen zuständigen Gericht, es sei denn, dass der überlebende Ehegatte oder Lebenspartner die Verwahrung bei einem anderen Amtsgericht verlangt.

(3) Die Absätze 1 und 2 gelten entsprechend für die besondere amtliche Verwahrung von Erbverträgen.

(4) Für die Sicherung des Nachlasses ist jedes Gericht zuständig, in dessen Bezirk das Bedürfnis für die Sicherung besteht.

(4a) [1] Für die Auseinandersetzung eines Nachlasses ist jeder Notar zuständig, der seinen Amtssitz im Bezirk des Amtsgerichts hat, in dem der Erblasser seinen letzten gewöhnlichen Aufenthalt hatte. [2] Hatte der Erblasser keinen gewöhnlichen Aufenthalt im Inland, ist jeder Notar zuständig, der seinen Amtssitz im Bezirk eines Amtsgerichts hat, in dem sich Nachlassgegenstände befinden. [3] Von mehreren örtlich zuständigen Notaren ist derjenige zur Vermittlung berufen, bei dem zuerst ein auf Auseinandersetzung gerichteter Antrag eingeht. [4] Vereinbarungen der an der Auseinandersetzung Beteiligten bleiben unberührt.

(5) [1] Für die Auseinandersetzung des Gesamtguts einer Gütergemeinschaft ist, falls ein Anteil an dem Gesamtgut zu einem Nachlass gehört, der Notar zuständig, der für die Auseinandersetzung über den Nachlass zuständig ist. [2] Im Übrigen ist jeder Notar zuständig, der seinen Amtssitz im Bezirk des nach § 122 Nummer 1 bis 5 zuständigen Gerichts hat. [3] Ist danach keine Zuständigkeit gegeben, ist jeder Notar zuständig, der seinen Amtssitz im Bezirk eines Amtsgerichts hat, in dem sich Gegenstände befinden, die zum Gesamtgut gehören. [4] Absatz 4a Satz 3 und 4 gilt entsprechend.

(6) Hat ein anderes Gericht als das nach § 343 zuständige Gericht eine Verfügung von Todes wegen in amtlicher Verwahrung, ist dieses Gericht für die Eröffnung der Verfügung zuständig.

(7) [1] Für die Entgegennahme einer Erklärung, mit der eine Erbschaft ausgeschlagen oder mit der die Versäumung der Ausschlagungsfrist, die Annahme oder Ausschlagung einer Erbschaft oder eine Anfechtungserklärung ihrerseits angefochten wird, ist auch das Nachlassgericht zuständig, in dessen Bezirk die erklärende Person ihren gewöhnlichen Aufenthalt hat. [2] Die Urschrift der Niederschrift oder die Urschrift der Erklärung in öffentlich beglaubigter Form ist von diesem Gericht an das zuständige Nachlassgericht zu übersenden.

[1)] § 344 Abs. 4a eingef., Abs. 5 Satz 1 geänd., Satz 2 neu gef., Sätze 3 und 4 angef. mWv 1.9.2013 durch G v. 26.6.2013 (BGBl. I S. 1800); Abs. 4a Sätze 1 und 2 geänd., Abs. 7 neu gef. mWv 17.8.2015 durch G v. 29.6.2015 (BGBl. I S. 1042).

[2)] Nr. **20**.

Abschnitt 2. Verfahren in Nachlasssachen

Unterabschnitt 1. Allgemeine Bestimmungen

§ 345 Beteiligte. (1) [1] In Verfahren auf Erteilung eines Erbscheins ist Beteiligter der Antragsteller. [2] Ferner können als Beteiligte hinzugezogen werden:
1. die gesetzlichen Erben,
2. diejenigen, die nach dem Inhalt einer vorliegenden Verfügung von Todes wegen als Erben in Betracht kommen,
3. die Gegner des Antragstellers, wenn ein Rechtsstreit über das Erbrecht anhängig ist,
4. diejenigen, die im Fall der Unwirksamkeit der Verfügung von Todes wegen Erbe sein würden, sowie
5. alle Übrigen, deren Recht am Nachlass durch das Verfahren unmittelbar betroffen wird.

[3] Auf ihren Antrag sind sie hinzuzuziehen.

(2) Absatz 1 gilt entsprechend für die Erteilung eines Zeugnisses nach § 1507 des Bürgerlichen Gesetzbuchs[1)] oder nach den §§ 36 und 37 der Grundbuchordnung[2)] sowie den §§ 42 und 74 der Schiffsregisterordnung.

(3) [1] Im Verfahren zur Ernennung eines Testamentsvollstreckers und zur Erteilung eines Testamentsvollstreckerzeugnisses ist Beteiligter der Testamentsvollstrecker. [2] Das Gericht kann als Beteiligte hinzuziehen:
1. die Erben,
2. den Mitvollstrecker.

[3] Auf ihren Antrag sind sie hinzuzuziehen.

(4) [1] In den sonstigen auf Antrag durchzuführenden Nachlassverfahren sind als Beteiligte hinzuzuziehen in Verfahren betreffend
1. eine Nachlasspflegschaft oder eine Nachlassverwaltung der Nachlasspfleger oder Nachlassverwalter;
2. die Entlassung eines Testamentsvollstreckers der Testamentsvollstrecker;
3. die Bestimmung erbrechtlicher Fristen derjenige, dem die Frist bestimmt wird;
4. die Bestimmung oder Verlängerung einer Inventarfrist der Erbe, dem die Frist bestimmt wird, sowie im Fall des § 2008 des Bürgerlichen Gesetzbuchs dessen Ehegatte oder Lebenspartner;
5. die Abnahme einer eidesstattlichen Versicherung derjenige, der die eidesstattliche Versicherung abzugeben hat, sowie im Fall des § 2008 des Bürgerlichen Gesetzbuchs dessen Ehegatte oder Lebenspartner.

[2] Das Gericht kann alle Übrigen, deren Recht durch das Verfahren unmittelbar betroffen wird, als Beteiligte hinzuziehen. [3] Auf ihren Antrag sind sie hinzuzuziehen.

Unterabschnitt 2. Verwahrung von Verfügungen von Todes wegen

§ 346 Verfahren bei besonderer amtlicher Verwahrung. (1) Die Annahme einer Verfügung von Todes wegen in besondere amtliche Verwahrung sowie deren

---
1) Nr. **20**.
2) Nr. **114**.

Herausgabe ist von dem Richter anzuordnen und von ihm und dem Urkundsbeamten der Geschäftsstelle gemeinschaftlich zu bewirken.

(2) Die Verwahrung erfolgt unter gemeinschaftlichem Verschluss des Richters und des Urkundsbeamten der Geschäftsstelle.

(3) Dem Erblasser soll über die in Verwahrung genommene Verfügung von Todes wegen ein Hinterlegungsschein erteilt werden; bei einem gemeinschaftlichen Testament erhält jeder Erblasser einen eigenen Hinterlegungsschein, bei einem Erbvertrag jeder Vertragschließende.

§ 347[1)] Mitteilung über die Verwahrung. (1) [1]Nimmt das Gericht ein eigenhändiges Testament oder ein Nottestament in die besondere amtliche Verwahrung, übermittelt es unverzüglich die Verwahrangaben im Sinne von § 78d Absatz 2 Satz 2 der Bundesnotarordnung[2)] elektronisch an die das Zentrale Testamentsregister führende Registerbehörde. [2]Satz 1 gilt entsprechend für eigenhändige gemeinschaftliche Testamente und Erbverträge, die nicht in besondere amtliche Verwahrung genommen worden sind, wenn sie nach dem Tod des Erstverstorbenen eröffnet wurden und nicht ausschließlich Anordnungen enthalten, die sich auf den mit dem Tod des Erstverstorbenen eingetretenen Erbfall beziehen.

(2) Wird ein gemeinschaftliches Testament oder ein Erbvertrag nach § 349 Absatz 2 Satz 2 und Absatz 4 erneut in die besondere amtliche Verwahrung genommen, so übermittelt das nach § 344 Absatz 2 oder Absatz 3 zuständige Gericht die Verwahrangaben an die das Zentrale Testamentsregister führende Registerbehörde, soweit vorhanden unter Bezugnahme auf die bisherige Registrierung.

(3) Wird eine in die besondere amtliche Verwahrung genommene Verfügung von Todes wegen aus der besonderen amtlichen Verwahrung zurückgegeben, teilt das verwahrende Gericht dies der Registerbehörde mit.

Unterabschnitt 3. Eröffnung von Verfügungen von Todes wegen

§ 348 Eröffnung von Verfügungen von Todes wegen durch das Nachlassgericht. (1) [1]Sobald das Gericht vom Tod des Erblassers Kenntnis erlangt hat, hat es eine in seiner Verwahrung befindliche Verfügung von Todes wegen zu eröffnen. [2]Über die Eröffnung ist eine Niederschrift aufzunehmen. [3]War die Verfügung von Todes wegen verschlossen, ist in der Niederschrift festzustellen, ob der Verschluss unversehrt war.

(2) [1]Das Gericht kann zur Eröffnung der Verfügung von Todes wegen einen Termin bestimmen und die gesetzlichen Erben sowie die sonstigen Beteiligten zum Termin laden. [2]Den Erschienenen ist der Inhalt der Verfügung von Todes wegen mündlich bekannt zu geben. [3]Sie kann den Erschienenen auch vorgelegt werden; auf Verlangen ist sie ihnen vorzulegen.

(3) [1]Das Gericht hat den Beteiligten den sie betreffenden Inhalt der Verfügung von Todes wegen schriftlich bekannt zu geben. [2]Dies gilt nicht für Beteiligte, die in einem Termin nach Absatz 2 anwesend waren.

[1)] § 347 Abs. 1–3 neu gef. mWv 1.1.2012 durch G v. 22.12.2010 (BGBl. I S. 2255); Abs. 1 Satz 1 geänd. mWv 9.6.2017 durch G v. 1.6.2017 (BGBl. I S. 1396); Abs. 4–6 aufgeh. mWv 1.8.2021 durch G v. 25.6.2021 (BGBl. I S. 2154).

[2)] **Habersack, Deutsche Gesetze ErgBd. Nr. 98a.**

§ 349 Besonderheiten bei der Eröffnung von gemeinschaftlichen Testamenten und Erbverträgen. (1) Bei der Eröffnung eines gemeinschaftlichen Testaments sind die Verfügungen des überlebenden Ehegatten oder Lebenspartners, soweit sie sich trennen lassen, den Beteiligten nicht bekannt zu geben.

(2) [1] Hat sich ein gemeinschaftliches Testament in besonderer amtlicher Verwahrung befunden, ist von den Verfügungen des verstorbenen Ehegatten oder Lebenspartners eine beglaubigte Abschrift anzufertigen. [2] Das Testament ist wieder zu verschließen und bei dem nach § 344 Abs. 2 zuständigen Gericht erneut in besondere amtliche Verwahrung zurückzubringen.

(3) Absatz 2 gilt nicht, wenn das Testament nur Anordnungen enthält, die sich auf den Erbfall des erstversterbenden Ehegatten oder Lebenspartners beziehen, insbesondere wenn das Testament sich auf die Erklärung beschränkt, dass die Ehegatten oder Lebenspartner sich gegenseitig zu Erben einsetzen.

(4) Die Absätze 1 bis 3 sind auf Erbverträge entsprechend anzuwenden.

§ 350 Eröffnung der Verfügung von Todes wegen durch ein anderes Gericht. Hat ein nach § 344 Abs. 6 zuständiges Gericht die Verfügung von Todes wegen eröffnet, hat es diese und eine beglaubigte Abschrift der Eröffnungsniederschrift dem Nachlassgericht zu übersenden; eine beglaubigte Abschrift der Verfügung von Todes wegen ist zurückzubehalten.

§ 351 Eröffnungsfrist für Verfügungen von Todes wegen. [1] Befindet sich ein Testament, ein gemeinschaftliches Testament oder ein Erbvertrag seit mehr als 30 Jahren in amtlicher Verwahrung, soll die verwahrende Stelle von Amts wegen ermitteln, ob der Erblasser noch lebt. [2] Kann die verwahrende Stelle nicht ermitteln, dass der Erblasser noch lebt, ist die Verfügung von Todes wegen zu eröffnen. [3] Die §§ 348 bis 350 gelten entsprechend.

Unterabschnitt 4. Erbscheinsverfahren; Testamentsvollstreckung

§ 352[1)] Angaben im Antrag auf Erteilung eines Erbscheins; Nachweis der Richtigkeit. (1) [1] Wer die Erteilung eines Erbscheins als gesetzlicher Erbe beantragt, hat anzugeben

1. den Zeitpunkt des Todes des Erblassers,
2. den letzten gewöhnlichen Aufenthalt und die Staatsangehörigkeit des Erblassers,
3. das Verhältnis, auf dem sein Erbrecht beruht,
4. ob und welche Personen vorhanden sind oder vorhanden waren, durch die er von der Erbfolge ausgeschlossen oder sein Erbteil gemindert werden würde,
5. ob und welche Verfügungen des Erblassers von Todes wegen vorhanden sind,
6. ob ein Rechtsstreit über sein Erbrecht anhängig ist,
7. dass er die Erbschaft angenommen hat,
8. die Größe seines Erbteils.

[2] Ist eine Person weggefallen, durch die der Antragsteller von der Erbfolge ausgeschlossen oder sein Erbteil gemindert werden würde, so hat der Antragsteller anzugeben, in welcher Weise die Person weggefallen ist.

(2) Wer die Erteilung des Erbscheins auf Grund einer Verfügung von Todes wegen beantragt, hat

1. die Verfügung zu bezeichnen, auf der sein Erbrecht beruht,

---

[1)] § 352 neu gef. mWv 17.8.2015 durch G v. 29.6.2015 (BGBl. I S. 1042).

2. anzugeben, ob und welche sonstigen Verfügungen des Erblassers von Todes wegen vorhanden sind, und
3. die in Absatz 1 Satz 1 Nummer 1, 2 und 6 bis 8 sowie Satz 2 vorgeschriebenen Angaben zu machen.

(3) [1] Der Antragsteller hat die Richtigkeit der Angaben nach Absatz 1 Satz 1 Nummer 1 und 3 sowie Satz 2 durch öffentliche Urkunden nachzuweisen und im Fall des Absatzes 2 die Urkunde vorzulegen, auf der sein Erbrecht beruht. [2] Sind die Urkunden nicht oder nur mit unverhältnismäßigen Schwierigkeiten zu beschaffen, so genügt die Angabe anderer Beweismittel. [3] Zum Nachweis, dass der Erblasser zur Zeit seines Todes im Güterstand der Zugewinngemeinschaft gelebt hat, und zum Nachweis der übrigen nach den Absätzen 1 und 2 erforderlichen Angaben hat der Antragsteller vor Gericht oder vor einem Notar an Eides statt zu versichern, dass ihm nichts bekannt sei, was der Richtigkeit seiner Angaben entgegensteht. [4] Das Nachlassgericht kann dem Antragsteller die Versicherung erlassen, wenn es sie für nicht erforderlich hält.

§ 352a[1)] Gemeinschaftlicher Erbschein. (1) [1] Sind mehrere Erben vorhanden, so ist auf Antrag ein gemeinschaftlicher Erbschein zu erteilen. [2] Der Antrag kann von jedem der Erben gestellt werden.

(2) [1] In dem Antrag sind die Erben und ihre Erbteile anzugeben. [2] Die Angabe der Erbteile ist nicht erforderlich, wenn alle Antragsteller in dem Antrag auf die Aufnahme der Erbteile in den Erbschein verzichten.

(3) [1] Wird der Antrag nicht von allen Erben gestellt, so hat er die Angabe zu enthalten, dass die übrigen Erben die Erbschaft angenommen haben. [2] § 352 Absatz 3 gilt auch für die sich auf die übrigen Erben beziehenden Angaben des Antragstellers.

(4) Die Versicherung an Eides statt gemäß § 352 Absatz 3 Satz 3 ist von allen Erben abzugeben, sofern nicht das Nachlassgericht die Versicherung eines oder mehrerer Erben für ausreichend hält.

§ 352b[1)] Inhalt des Erbscheins für den Vorerben; Angabe des Testamentsvollstreckers. (1) [1] In dem Erbschein, der einem Vorerben erteilt wird, ist anzugeben, dass eine Nacherbfolge angeordnet ist, unter welchen Voraussetzungen sie eintritt und wer der Nacherbe ist. [2] Hat der Erblasser den Nacherben auf dasjenige eingesetzt, was von der Erbschaft bei dem Eintritt der Nacherbfolge übrig sein wird, oder hat er bestimmt, dass der Vorerbe zur freien Verfügung über die Erbschaft berechtigt sein soll, so ist auch dies anzugeben.

(2) Hat der Erblasser einen Testamentsvollstrecker ernannt, so ist die Ernennung in dem Erbschein anzugeben.

§ 352c[1)] Gegenständlich beschränkter Erbschein. (1) Gehören zu einer Erbschaft auch Gegenstände, die sich im Ausland befinden, kann der Antrag auf Erteilung eines Erbscheins auf die im Inland befindlichen Gegenstände beschränkt werden.

(2) [1] Ein Gegenstand, für den von einer deutschen Behörde ein zur Eintragung des Berechtigten bestimmtes Buch oder Register geführt wird, gilt als im Inland befindlich. [2] Ein Anspruch gilt als im Inland befindlich, wenn für die Klage ein deutsches Gericht zuständig ist.

[1)] §§ 352a–352c eingef. mWv 17.8.2015 durch G v. 29.6.2015 (BGBl. I S. 1042).

§ 352d[1] Öffentliche Aufforderung. Das Nachlassgericht kann eine öffentliche Aufforderung zur Anmeldung der anderen Personen zustehenden Erbrechte erlassen; die Art der Bekanntmachung und die Dauer der Anmeldungsfrist bestimmen sich nach den für das Aufgebotsverfahren geltenden Vorschriften.

§ 352e[1] Entscheidung über Erbscheinsanträge. (1) [1]Der Erbschein ist nur zu erteilen, wenn das Nachlassgericht die zur Begründung des Antrags erforderlichen Tatsachen für festgestellt erachtet. [2]Die Entscheidung ergeht durch Beschluss. [3]Der Beschluss wird mit Erlass wirksam. [4]Einer Bekanntgabe des Beschlusses bedarf es nicht.

(2) [1]Widerspricht der Beschluss dem erklärten Willen eines Beteiligten, ist der Beschluss den Beteiligten bekannt zu geben. [2]Das Gericht hat in diesem Fall die sofortige Wirksamkeit des Beschlusses auszusetzen und die Erteilung des Erbscheins bis zur Rechtskraft des Beschlusses zurückzustellen.

(3) Ist der Erbschein bereits erteilt, ist die Beschwerde gegen den Beschluss nur noch insoweit zulässig, als die Einziehung des Erbscheins beantragt wird.

§ 353[2] Einziehung oder Kraftloserklärung von Erbscheinen. (1) [1]Kann der Erbschein im Verfahren über die Einziehung nicht sofort erlangt werden, so hat ihn das Nachlassgericht durch Beschluss für kraftlos zu erklären. [2]Der Beschluss ist entsprechend § 435 öffentlich bekannt zu machen. [3]Mit Ablauf eines Monats nach Veröffentlichung im Bundesanzeiger wird die Kraftloserklärung wirksam. [4]Nach Veröffentlichung des Beschlusses kann dieser nicht mehr angefochten werden.

(2) [1]In Verfahren über die Einziehung oder Kraftloserklärung eines Erbscheins hat das Gericht über die Kosten des Verfahrens zu entscheiden. [2]Die Kostenentscheidung soll zugleich mit der Endentscheidung ergehen.

(3) [1]Ist der Erbschein bereits eingezogen, ist die Beschwerde gegen den Einziehungsbeschluss nur insoweit zulässig, als die Erteilung eines neuen gleichlautenden Erbscheins beantragt wird. [2]Die Beschwerde gilt im Zweifel als Antrag auf Erteilung eines neuen gleichlautenden Erbscheins.

§ 354[3] Sonstige Zeugnisse. (1) Die §§ 352 bis 353 gelten entsprechend für die Erteilung von Zeugnissen nach den §§ 1507 und 2368 des Bürgerlichen Gesetzbuchs[4], den §§ 36 und 37 der Grundbuchordnung[5] sowie den §§ 42 und 74 der Schiffsregisterordnung.

(2) Ist der Testamentsvollstrecker in der Verwaltung des Nachlasses beschränkt oder hat der Erblasser angeordnet, dass der Testamentsvollstrecker in der Eingehung von Verbindlichkeiten für den Nachlass nicht beschränkt sein soll, so ist dies in dem Zeugnis nach § 2368 des Bürgerlichen Gesetzbuchs anzugeben.

§ 355 Testamentsvollstreckung. (1) Ein Beschluss, durch den das Nachlassgericht einem Dritten eine Frist zur Erklärung nach § 2198 Abs. 2 des Bürgerlichen Gesetzbuchs[4] oder einer zum Testamentsvollstrecker ernannten Person eine Frist zur Annahme des Amtes bestimmt, ist mit der sofortigen Beschwerde in

---

[1] §§ 352d und 352e eingef. mWv 17.8.2015 durch G v. 29.6.2015 (BGBl. I S. 1042).

[2] § 353 Abs. 1 eingef., bish. Abs. 1 und 2 werden Abs. 2 und 3, bish. Abs. 3 aufgeh. mWv 17.8.2015 durch G v. 29.6.2015 (BGBl. I S. 1042).

[3] § 354 neu gef. mWv 17.8.2015 durch G v. 29.6.2015 (BGBl. I S. 1042).

[4] Nr. **20**.

[5] Nr. **114**.

entsprechender Anwendung der §§ 567 bis 572 der Zivilprozessordnung[1] anfechtbar.

(2) Auf einen Beschluss, durch den das Gericht bei einer Meinungsverschiedenheit zwischen mehreren Testamentsvollstreckern über die Vornahme eines Rechtsgeschäfts entscheidet, ist § 40 Abs. 3 entsprechend anzuwenden; die Beschwerde ist binnen einer Frist von zwei Wochen einzulegen.

(3) Führen mehrere Testamentsvollstrecker das Amt gemeinschaftlich, steht die Beschwerde gegen einen Beschluss, durch den das Gericht Anordnungen des Erblassers für die Verwaltung des Nachlasses außer Kraft setzt, sowie gegen einen Beschluss, durch den das Gericht über Meinungsverschiedenheiten zwischen den Testamentsvollstreckern entscheidet, jedem Testamentsvollstrecker selbständig zu.

Unterabschnitt 5. Sonstige verfahrensrechtliche Regelungen

§ 356 Mitteilungspflichten. (1) Erhält das Gericht Kenntnis davon, dass ein Kind Vermögen von Todes wegen erworben hat, das nach § 1640 Abs. 1 Satz 1 und Abs. 2 des Bürgerlichen Gesetzbuchs[2] zu verzeichnen ist, teilt es dem Familiengericht den Vermögenserwerb mit.

(2) Hat ein Gericht nach § 344 Abs. 4 Maßnahmen zur Sicherung des Nachlasses angeordnet, soll es das nach § 343 zuständige Gericht hiervon unterrichten.

§ 357 Einsicht in eine eröffnete Verfügung von Todes wegen; Ausfertigung eines Erbscheins oder anderen Zeugnisses. (1) Wer ein rechtliches Interesse glaubhaft macht, ist berechtigt, eine eröffnete Verfügung von Todes wegen einzusehen.

(2) [1] Wer ein rechtliches Interesse glaubhaft macht, kann verlangen, dass ihm von dem Gericht eine Ausfertigung des Erbscheins erteilt wird. [2] Das Gleiche gilt für die nach § 354 erteilten gerichtlichen Zeugnisse sowie für die Beschlüsse, die sich auf die Ernennung oder die Entlassung eines Testamentsvollstreckers beziehen.

§ 358 Zwang zur Ablieferung von Testamenten. In den Fällen des § 2259 Abs. 1 des Bürgerlichen Gesetzbuchs[2] erfolgt die Anordnung der Ablieferung des Testaments durch Beschluss.

§ 359 Nachlassverwaltung. (1) Der Beschluss, durch den dem Antrag des Erben, die Nachlassverwaltung anzuordnen, stattgegeben wird, ist nicht anfechtbar.

(2) Gegen den Beschluss, durch den dem Antrag eines Nachlassgläubigers, die Nachlassverwaltung anzuordnen, stattgegeben wird, steht die Beschwerde nur dem Erben, bei Miterben jedem Erben, sowie dem Testamentsvollstrecker zu, der zur Verwaltung des Nachlasses berechtigt ist.

§ 360 Bestimmung einer Inventarfrist. (1) Die Frist zur Einlegung einer Beschwerde gegen den Beschluss, durch den dem Erben eine Inventarfrist bestimmt wird, beginnt für jeden Nachlassgläubiger mit dem Zeitpunkt, in dem der Beschluss dem Nachlassgläubiger bekannt gemacht wird, der den Antrag auf die Bestimmung der Inventarfrist gestellt hat.

---

[1] Nr. **100**.
[2] Nr. **20**.

(2) Absatz 1 gilt entsprechend für die Beschwerde gegen einen Beschluss, durch den über die Bestimmung einer neuen Inventarfrist oder über den Antrag des Erben, die Inventarfrist zu verlängern, entschieden wird.

§ 361 Eidesstattliche Versicherung. [1] Verlangt ein Nachlassgläubiger von dem Erben die Abgabe der in § 2006 des Bürgerlichen Gesetzbuchs[1)] vorgesehenen eidesstattlichen Versicherung, kann die Bestimmung des Termins zur Abgabe der eidesstattlichen Versicherung sowohl von dem Nachlassgläubiger als auch von dem Erben beantragt werden. [2] Zu dem Termin sind beide Teile zu laden. [3] Die Anwesenheit des Gläubigers ist nicht erforderlich. [4] Die §§ 478 bis 480 und 483 der Zivilprozessordnung[2)] gelten entsprechend.

§ 362 Stundung des Pflichtteilsanspruchs. Für das Verfahren über die Stundung eines Pflichtteilsanspruchs (§ 2331a in Verbindung mit § 1382 des Bürgerlichen Gesetzbuchs[1)]) gilt § 264 entsprechend.

Abschnitt 3. Verfahren in Teilungssachen

§ 363[3)] Antrag. (1) Bei mehreren Erben hat der Notar auf Antrag die Auseinandersetzung des Nachlasses zwischen den Beteiligten zu vermitteln; das gilt nicht, wenn ein zur Auseinandersetzung berechtigter Testamentsvollstrecker vorhanden ist.

(2) Antragsberechtigt ist jeder Miterbe, der Erwerber eines Erbteils sowie derjenige, welchem ein Pfandrecht oder ein Nießbrauch an einem Erbteil zusteht.

(3) In dem Antrag sollen die Beteiligten und die Teilungsmasse bezeichnet werden.

§ 364[4)] *(aufgehoben)*

§ 365[5)] Ladung. (1) [1] Der Notar hat den Antragsteller und die übrigen Beteiligten zu einem Verhandlungstermin zu laden. [2] Die Ladung durch öffentliche Zustellung ist unzulässig.

(2) [1] Die Ladung soll den Hinweis darauf enthalten, dass ungeachtet des Ausbleibens eines Beteiligten über die Auseinandersetzung verhandelt wird und dass die Ladung zu dem neuen Termin unterbleiben kann, falls der Termin vertagt oder ein neuer Termin zur Fortsetzung der Verhandlung anberaumt werden sollte. [2] Sind Unterlagen für die Auseinandersetzung vorhanden, ist in der Ladung darauf hinzuweisen, dass die Unterlagen in den Geschäftsräumen des Notars eingesehen werden können.

§ 366[6)] Außergerichtliche Vereinbarung. (1) [1] Treffen die erschienenen Beteiligten vor der Auseinandersetzung eine Vereinbarung, insbesondere über die Art der Teilung, hat der Notar die Vereinbarung zu beurkunden. [2] Das Gleiche gilt für Vorschläge eines Beteiligten, wenn nur dieser erschienen ist.

---

1) Nr. **20**.
2) Nr. **100**.
3) § 363 Abs. 1 geänd. mWv 1.9.2013 durch G v. 26.6.2013 (BGBl. I S. 1800).
4) § 364 aufgeh. mWv 1.9.2013 durch G v. 26.6.2013 (BGBl. I S. 1800).
5) § 365 Abs. 1 Satz 1 und Abs. 2 Satz 2 geänd. mWv 1.9.2013 durch G v. 26.6.2013 (BGBl. I S. 1800).
6) § 366 Abs. 1 Satz 1, Abs. 2 Satz 1, Abs. 3 Satz 1 und Satz 2, Abs. 4 geänd. mWv 1.9.2013 durch G v. 26.6.2013 (BGBl. I S. 1800).

(2) [1] Sind alle Beteiligten erschienen, hat der Notar die von ihnen getroffene Vereinbarung zu bestätigen. [2] Dasselbe gilt, wenn die nicht erschienenen Beteiligten ihre Zustimmung zu einer gerichtlichen Niederschrift oder in einer öffentlich beglaubigten Urkunde erteilen.

(3) [1] Ist ein Beteiligter nicht erschienen, hat der Notar, wenn der Beteiligte nicht nach Absatz 2 Satz 2 zugestimmt hat, ihm den ihn betreffenden Inhalt der Urkunde bekannt zu geben und ihn gleichzeitig zu benachrichtigen, dass er die Urkunde in den Geschäftsräumen des Notars einsehen und eine Abschrift der Urkunde fordern kann. [2] Die Bekanntgabe muss den Hinweis enthalten, dass sein Einverständnis mit dem Inhalt der Urkunde angenommen wird, wenn er nicht innerhalb einer von dem Notar zu bestimmenden Frist die Anberaumung eines neuen Termins beantragt oder wenn er in dem neuen Termin nicht erscheint.

(4) Beantragt der Beteiligte rechtzeitig die Anberaumung eines neuen Termins und erscheint er in diesem Termin, ist die Verhandlung fortzusetzen; anderenfalls hat der Notar die Vereinbarung zu bestätigen.

§ 367 Wiedereinsetzung. War im Fall des § 366 der Beteiligte ohne sein Verschulden verhindert, die Anberaumung eines neuen Termins rechtzeitig zu beantragen oder in dem neuen Termin zu erscheinen, gelten die Vorschriften über die Wiedereinsetzung in den vorigen Stand (§§ 17, 18 und 19 Abs. 1) entsprechend.

§ 368[1)] Auseinandersetzungsplan; Bestätigung. (1) [1] Sobald nach Lage der Sache die Auseinandersetzung stattfinden kann, hat der Notar einen Auseinandersetzungsplan anzufertigen. [2] Sind die erschienenen Beteiligten mit dem Inhalt des Plans einverstanden, hat der Notar die Auseinandersetzung zu beurkunden. [3] Sind alle Beteiligten erschienen, hat der Notar die Auseinandersetzung zu bestätigen; dasselbe gilt, wenn die nicht erschienenen Beteiligten ihre Zustimmung zu gerichtlichem Protokoll oder in einer öffentlich beglaubigten Urkunde erteilen.

(2) [1] Ist ein Beteiligter nicht erschienen, hat der Notar nach § 366 Abs. 3 und 4 zu verfahren. [2] § 367 ist entsprechend anzuwenden.

§ 369[2)] Verteilung durch das Los. Ist eine Verteilung durch das Los vereinbart, wird das Los, wenn nicht ein anderes bestimmt ist, für die nicht erschienenen Beteiligten von einem durch den Notar zu bestellenden Vertreter gezogen.

§ 370[3)] Aussetzung bei Streit. [1] Ergeben sich bei den Verhandlungen Streitpunkte, ist darüber eine Niederschrift aufzunehmen und das Verfahren bis zur Erledigung der Streitpunkte auszusetzen. [2] Soweit unstreitige Punkte beurkundet werden können, hat der Notar nach den §§ 366 und 368 Abs. 1 und 2 zu verfahren.

§ 371 Wirkung der bestätigten Vereinbarung und Auseinandersetzung; Vollstreckung. (1) Vereinbarungen nach § 366 Abs. 1 sowie Auseinandersetzungen nach § 368 werden mit Rechtskraft des Bestätigungsbeschlusses wirksam und für alle Beteiligten in gleicher Weise verbindlich wie eine vertragliche Vereinbarung oder Auseinandersetzung.

---

1) § 368 Abs. 1 Sätze 1–3, Abs. 2 Satz 1 geänd., Abs. 3 aufgeh. mWv 1.9.2013 durch G v. 26.6.2013 (BGBl. I S. 1800).

2) § 369 geänd. mWv 1.9.2013 durch G v. 26.6.2013 (BGBl. I S. 1800).

3) § 370 Satz 2 geänd. mWv 1.9.2013 durch G v. 26.6.2013 (BGBl. I S. 1800).

(2) [1] Aus der Vereinbarung nach § 366 Abs. 1 sowie aus der Auseinandersetzung findet nach deren Wirksamwerden die Vollstreckung statt. [2] Die §§ 795 und 797 der Zivilprozessordnung[1)] sind anzuwenden.

§ 372 Rechtsmittel. (1) Ein Beschluss, durch den eine Frist nach § 366 Abs. 3 bestimmt wird, und ein Beschluss, durch den über die Wiedereinsetzung entschieden wird, ist mit der sofortigen Beschwerde in entsprechender Anwendung der §§ 567 bis 572 der Zivilprozessordnung[1)] anfechtbar.

(2) Die Beschwerde gegen den Bestätigungsbeschluss kann nur darauf gegründet werden, dass die Vorschriften über das Verfahren nicht beachtet wurden.

§ 373[2)] Auseinandersetzung einer Gütergemeinschaft. (1) Auf die Auseinandersetzung des Gesamtguts nach der Beendigung der ehelichen, lebenspartnerschaftlichen oder der fortgesetzten Gütergemeinschaft sind die Vorschriften dieses Abschnitts entsprechend anzuwenden.

(2) Für das Verfahren zur Erteilung, Einziehung oder Kraftloserklärung von Zeugnissen über die Auseinandersetzung des Gesamtguts einer ehelichen, lebenspartnerschaftlichen oder fortgesetzten Gütergemeinschaft nach den §§ 36 und 37 der Grundbuchordnung[3)] sowie den §§ 42 und 74 der Schiffsregisterordnung gelten § 345 Abs. 1 sowie die §§ 352, 352a, 352c bis 353 und 357 entsprechend.

Buch 5. Verfahren in Registersachen, unternehmensrechtliche Verfahren

Abschnitt 1. Begriffsbestimmung

[§ 374 bis 31.12.2023:]

§ 374[4)] Registersachen. Registersachen sind

1. Handelsregistersachen,
2. Genossenschaftsregistersachen,
3. Partnerschaftsregistersachen,
4. Vereinsregistersachen.

[§ 374 ab 1.1.2024:]

§ 374[5)] ***Registersachen.*** *Registersachen sind*

1. Handelsregistersachen,
2. Gesellschaftsregistersachen,
3. Genossenschaftsregistersachen,
4. Partnerschaftsregistersachen,
5. Vereinsregistersachen.

---

1) Nr. **100**.
2) § 373 Abs. 2 geänd. mWv 17.8.2015 durch G v. 29.6.2015 (BGBl. I S. 1042).
3) Nr. **114**.
4) § 374 Nr. 4 geänd., Nr. 5 aufgeh. mWv 1.1.2023 durch G v. 31.10.2022 (BGBl. I S. 1966).
5) § 374 Nr. 4 geänd., Nr. 5 aufgeh. mWv 1.1.2023, Nr. 2 eingef., bish. Nr. 2–4 werden Nr. 3–5 **mWv 1.1.2024** durch G v. 31.10.2022 (BGBl. I S. 1966).

§ 375[1] **Unternehmensrechtliche Verfahren.** Unternehmensrechtliche Verfahren sind die nach

1. § 146 Abs. 2, den §§ 147, 157 Abs. 2, § 166 Abs. 3, § 233 Abs. 3 und § 318 Abs. 3 bis 5 des Handelsgesetzbuchs[2],
2. § 11 des Binnenschifffahrtsgesetzes, nach den Vorschriften dieses Gesetzes, die die Dispache betreffen, sowie nach § 595 Absatz 2 des Handelsgesetzbuchs, auch in Verbindung mit § 78 des Binnenschifffahrtsgesetzes,
3. § 33 Abs. 3, den §§ 35 und 73 Abs. 1, den §§ 85 und 103 Abs. 3, den §§ 104 und 122 Abs. 3, § 147 Abs. 2, § 183a Absatz 3, § 264 Absatz 2, § 265 Abs. 3 und 4, § 270 Abs. 3, § 273 Abs. 2 bis 4 sowie § 290 Absatz 3 des Aktiengesetzes[3],
4. Artikel 55 Abs. 3 der Verordnung (EG) Nr. 2157/2001 des Rates vom 8. Oktober 2001 über das Statut der Europäischen Gesellschaft (SE) (ABl. EG Nr. L 294 S. 1) sowie § 29 Abs. 3, § 30 Abs. 1, 2 und 4, § 45 des SE-Ausführungsgesetzes,
5. § 26 Abs. 1 und 4 sowie § 206 Satz 2 und 3 des Umwandlungsgesetzes[4],
6. § 66 Abs. 2, 3 und 5, § 71 Abs. 3 sowie § 74 Abs. 2 und 3 des Gesetzes betreffend die Gesellschaften mit beschränkter Haftung[5],
7. § 45 Abs. 3, den §§ 64b, 83 Abs. 3, 4 und 5 sowie § 93 des Genossenschaftsgesetzes[6],
8. Artikel 54 Abs. 2 der Verordnung (EG) Nr. 1435/2003 des Rates vom 22. Juli 2003 über das Statut der Europäischen Genossenschaft (SCE) (ABl. EU Nr. L 207 S. 1),
9. § 2 Abs. 3 und § 12 Abs. 3 des Publizitätsgesetzes[7],
10. § 11 Abs. 3 des Gesetzes über die Mitbestimmung der Arbeitnehmer in den Aufsichtsräten und Vorständen der Unternehmen des Bergbaus und der Eisen und Stahl erzeugenden Industrie[8],
11. § 2c Abs. 2 Satz 2 bis 7, den §§ 22o, 36 Absatz 3 Satz 2, § 28 Absatz 2, § 38 Abs. 2 Satz 2, § 45a Abs. 2 Satz 1, 3, 4 und 6 des Kreditwesengesetzes[9],

11a. § 2a Absatz 4 Satz 2 und 3 des Investmentgesetzes,

11b. § 27 Absatz 2 Satz 1 bis 6 und § 77 Absatz 2 des Wertpapierinstitutsgesetzes,

12. § 23 Absatz 2 des Zahlungsdiensteaufsichtsgesetzes,

---

[1] § 375 Nr. 11 und 13 geänd. mWv 1.9.2009 durch G v. 12.3.2009 (BGBl. I S. 470); Nr. 15 geänd., Nr. 16 angef. mWv 5.8.2009 durch G v. 31.7.2009 (BGBl. I S. 2512); Nr. 3, 11, 12 und 16 geänd. mWv 25.11.2010 durch G v. 19.11.2010 (BGBl. I S. 1592); Nr. 11 geänd. mWv 1.1.2011 durch G v. 9.12.2010 (BGBl. I S. 1900); Nr. 3, 11 und 13 geänd., Nr. 11a eingef. mWv 1.1.2013 durch G v. 5.12.2012 (BGBl. I S. 2418); Nr. 2 neu gef. mWv 25.4.2013 durch G v. 20.4.2013 (BGBl. I S. 831); Nr. 13 geänd. mWv 4.7.2013 durch G v. 27.6.2013 (BGBl. I S. 1862); Nr. 11 geänd., Nr. 12 aufgeh. mWv 1.1.2014 durch G v. 28.8.2013 (BGBl. I S. 3395); Nr. 13 geänd. mWv 1.1.2016 durch G v. 1.4.2015 (BGBl. I S. 434); Nr. 11b und 12 eingef. mWv 26.6.2021 durch G v. 12.5.2021 (BGBl. I S. 990); Nr. 13 geänd. mWv 1.7.2021 durch G v. 3.6.2021 (BGBl. I S. 1534).

[2] Nr. **50**.

[3] Nr. **51**.

[4] Nr. **52a**.

[5] Nr. **52**.

[6] Nr. **53**.

[7] Nr. **52b**.

[8] **Habersack, Deutsche Gesetze ErgBd. Nr. 82b.**

[9] **Sartorius ErgBd. Nr. 856.**

13. § 19 Absatz 2 Satz 1 bis 6, § 36 Absatz 1a und § 204 Absatz 2 des Versicherungsaufsichtsgesetzes und § 28 Absatz 2 Satz 1 bis 5 des Finanzkonglomerate-Aufsichtsgesetzes,
14. § 6 Abs. 4 Satz 4 bis 7 des Börsengesetzes,
15. § 10 des Partnerschaftsgesellschaftsgesetzes[1] in Verbindung mit § 146 Abs. 2 und den §§ 147 und 157 Abs. 2 des Handelsgesetzbuchs,
16. § 9 Absatz 2 und 3 Satz 2 und § 18 Absatz 2 Satz 2 und 3 des Schuldverschreibungsgesetzes

vom Gericht zu erledigenden Angelegenheiten.

Abschnitt 2. Zuständigkeit

§ 376[2] Besondere Zuständigkeitsregelungen. (1) Für Verfahren nach § 374 Nr. 1 und 2 sowie § 375 Nummer 1, 3 bis 14 und 16 ist das Gericht, in dessen Bezirk ein Landgericht seinen Sitz hat, für den Bezirk dieses Landgerichts zuständig.

(2)[3] [1] Die Landesregierungen werden ermächtigt, durch Rechtsverordnung die Aufgaben nach § 374 Nummer 1 bis 4 sowie § 375 Nummer 1, 3 bis 14, 16 und 17 anderen oder zusätzlichen Amtsgerichten zu übertragen und die Bezirke der Gerichte abweichend von Absatz 1 festzulegen. [2] Sie können die Ermächtigung nach Satz 1 durch Rechtsverordnung auf die Landesjustizverwaltungen übertragen. [3] Mehrere Länder können die Zuständigkeit eines Gerichts für Verfahren nach § 374 Nr. 1 bis 3 über die Landesgrenzen hinaus vereinbaren.

§ 377[4] Örtliche Zuständigkeit. (1) Ausschließlich zuständig ist das Gericht, in dessen Bezirk sich die Niederlassung des Einzelkaufmanns, der Sitz der Gesellschaft, des Versicherungsvereins, der Genossenschaft, der Partnerschaft oder des Vereins befindet, soweit sich aus den entsprechenden Gesetzen nichts anderes ergibt.

(2) Für die Angelegenheiten, die den Gerichten in Ansehung der nach dem Handelsgesetzbuch[5] oder nach dem Binnenschifffahrtsgesetz aufzumachenden Dispache zugewiesen sind, ist das Gericht des Ortes zuständig, an dem die Verteilung der Havereischäden zu erfolgen hat.

(3) § 2 Abs. 1 ist nicht anzuwenden.

Abschnitt 3. Registersachen

Unterabschnitt 1. Verfahren

§ 378[6] Vertretung; notarielle Zuständigkeit; Verordnungsermächtigung. (1) [1] Für Erklärungen gegenüber dem Register, die zu der Eintragung erforderlich sind und in öffentlicher oder öffentlich beglaubigter Form abgegeben werden, können sich die Beteiligten auch durch Personen vertreten lassen, die nicht nach

---

[1] Nr. **50b**.

[2] § 376 Abs. 1 und 2 Satz 2 geänd. mWv 5.8.2009 durch G v. 31.7.2009 (BGBl. I S. 2512); Abs. 2 Satz 1 neu gef. mWv 18.8.2021 durch G v. 10.8.2021 (BGBl. I S. 3436).

[3] Inkrafttreten gem. Art. 14 Abs. 1 G v. 25.5.2009 (BGBl. I S. 1102) am 29.5.2009.

[4] § 377 Abs. 3 aufgeh., bish. Abs. 4 wird Abs. 3 mWv 1.1.2023 durch G v. 31.10.2022 (BGBl. I S. 1966).

[5] Nr. **50**.

[6] § 378 Überschrift neu gef., Abs. 3 und 4 angef. mWv 9.6.2017 durch G v. 1.6.2017 (BGBl. I S. 1396).

§ 10 Abs. 2 vertretungsberechtigt sind. [2] Dies gilt auch für die Entgegennahme von Eintragungsmitteilungen und Verfügungen des Registers.

(2) Ist die zu einer Eintragung erforderliche Erklärung von einem Notar beurkundet oder beglaubigt, gilt dieser als ermächtigt, im Namen des zur Anmeldung Berechtigten die Eintragung zu beantragen.

(3) [1] Anmeldungen in Registersachen mit Ausnahme der Genossenschafts- und Partnerschaftsregistersachen sind vor ihrer Einreichung für das Registergericht von einem Notar auf Eintragungsfähigkeit zu prüfen. [2] In Handelsregistersachen sind sie zudem bei einem Notar zur Weiterleitung an die für die Eintragung zuständige Stelle einzureichen.

(4) [1] Die Landesregierungen werden ermächtigt, durch Rechtsverordnung zu bestimmen, dass Notare neben den elektronischen Anmeldungen bestimmte darin enthaltene Angaben in strukturierter maschinenlesbarer Form zu übermitteln haben, soweit nicht durch das Bundesministerium der Justiz und für Verbraucherschutz nach § 387 Absatz 2 entsprechende Vorschriften erlassen werden. [2] Die Landesregierungen können die Ermächtigung durch Rechtsverordnung auf die Landesjustizverwaltungen übertragen.

§ 379 Mitteilungspflichten der Behörden. (1) Die Gerichte, die Staatsanwaltschaften, die Polizei- und Gemeindebehörden sowie die Notare haben die ihnen amtlich zur Kenntnis gelangenden Fälle einer unrichtigen, unvollständigen oder unterlassenen Anmeldung zum Handels-, Genossenschafts-, Vereins- oder Partnerschaftsregister dem Registergericht mitzuteilen.

(2) [1] Die Finanzbehörden haben den Registergerichten Auskunft über die steuerlichen Verhältnisse von Kaufleuten oder Unternehmen, insbesondere auf dem Gebiet der Gewerbe- und Umsatzsteuer, zu erteilen, soweit diese Auskunft zur Verhütung unrichtiger Eintragungen im Handels- oder Partnerschaftsregister sowie zur Berichtigung, Vervollständigung oder Löschung von Eintragungen im Register benötigt wird. [2] Die Auskünfte unterliegen nicht der Akteneinsicht (§ 13).

§ 380 Beteiligung der berufsständischen Organe; Beschwerderecht.

(1) Die Registergerichte werden bei der Vermeidung unrichtiger Eintragungen, der Berichtigung und Vervollständigung des Handels- und Partnerschaftsregisters, der Löschung von Eintragungen in diesen Registern und beim Einschreiten gegen unzulässigen Firmengebrauch oder unzulässigen Gebrauch eines Partnerschaftsnamens von

1. den Organen des Handelsstandes,
2. den Organen des Handwerksstandes, soweit es sich um die Eintragung von Handwerkern handelt,
3. den Organen des land- und forstwirtschaftlichen Berufsstandes, soweit es sich um die Eintragung von Land- oder Forstwirten handelt,
4. den berufsständischen Organen der freien Berufe, soweit es sich um die Eintragung von Angehörigen dieser Berufe handelt,

(berufsständische Organe) unterstützt.

(2) [1] Das Gericht kann in zweifelhaften Fällen die berufsständischen Organe anhören, soweit dies zur Vornahme der gesetzlich vorgeschriebenen Eintragungen sowie zur Vermeidung unrichtiger Eintragungen in das Register erforderlich ist. [2] Auf ihren Antrag sind die berufsständischen Organe als Beteiligte hinzuzuziehen.

(3) In Genossenschaftsregistersachen beschränkt sich die Anhörung nach Absatz 2 auf die Frage der Zulässigkeit des Firmengebrauchs.

(4) Soweit die berufsständischen Organe angehört wurden, ist ihnen die Entscheidung des Gerichts bekannt zu geben.

(5) Gegen einen Beschluss steht den berufsständischen Organen die Beschwerde zu.

§ 381 Aussetzung des Verfahrens. [1] Das Registergericht kann, wenn die sonstigen Voraussetzungen des § 21 Abs. 1 vorliegen, das Verfahren auch aussetzen, wenn ein Rechtsstreit nicht anhängig ist. [2] Es hat in diesem Fall einem der Beteiligten eine Frist zur Erhebung der Klage zu bestimmen.

§ 382[1)] Entscheidung über Eintragungsanträge. (1) [1] Das Registergericht gibt einem Eintragungsantrag durch die Eintragung in das Register statt. [2] Die Eintragung wird mit ihrem Vollzug im Register wirksam.

(2) Die Eintragung soll den Tag, an welchem sie vollzogen worden ist, angeben; sie ist mit der Unterschrift oder der elektronischen Signatur des zuständigen Richters oder Beamten zu versehen.

(3) Die einen Eintragungsantrag ablehnende Entscheidung ergeht durch Beschluss.

(4) [1] Ist eine Anmeldung zur Eintragung in die in § 374 genannten Register unvollständig oder steht der Eintragung ein anderes durch den Antragsteller behebbares Hindernis entgegen, hat das Registergericht dem Antragsteller eine angemessene Frist zur Beseitigung des Hindernisses zu bestimmen. [2] Die Entscheidung ist mit der Beschwerde anfechtbar.

§ 383[2)] Mitteilung; Anfechtbarkeit. (1) Die Eintragung ist den Beteiligten formlos mitzuteilen; auf die Mitteilung kann verzichtet werden.

(2) Die Vorschriften über die Veröffentlichung von Eintragungen in das Register bleiben unberührt.

(3) Die Eintragung ist nicht anfechtbar.

§ 384 Von Amts wegen vorzunehmende Eintragungen. (1) Auf Eintragungen von Amts wegen sind § 382 Abs. 1 Satz 2 und Abs. 2 sowie § 383 entsprechend anwendbar.

(2) Führt eine von Amts wegen einzutragende Tatsache zur Unrichtigkeit anderer in diesem Registerblatt eingetragener Tatsachen, ist dies von Amts wegen in geeigneter Weise kenntlich zu machen.

§ 385 Einsicht in die Register. Die Einsicht in die in § 374 genannten Register sowie die zum jeweiligen Register eingereichten Dokumente bestimmt sich nach den besonderen registerrechtlichen Vorschriften sowie den auf Grund von § 387 erlassenen Rechtsverordnungen.

§ 386 Bescheinigungen. Das Registergericht hat auf Verlangen eine Bescheinigung darüber zu erteilen, dass bezüglich des Gegenstands einer Eintragung weitere Eintragungen in das Register nicht vorhanden sind oder dass eine bestimmte Eintragung in das Register nicht erfolgt ist.

[1)] § 382 Abs. 4 Satz 1 geänd. mWv 1.1.2023 durch G v. 31.10.2022 (BGBl. I S. 1966).
[2)] § 383 Überschrift und Abs. 1 geänd. mWv 1.1.2013 durch G v. 5.12.2012 (BGBl. I S. 2418).

§ 387[1)] Ermächtigungen. (1) [1]Die Landesregierungen werden ermächtigt, durch Rechtsverordnung zu bestimmen, dass die Daten des bei einem Gericht geführten Handels-, Genossenschafts-, Gesellschafts-, Partnerschafts- oder Vereinsregisters auch bei anderen Amtsgerichten zur Einsicht und zur Erteilung von Ausdrucken zugänglich sind. [2]Die Landesregierungen können diese Ermächtigung durch Rechtsverordnung auf die Landesjustizverwaltungen übertragen. [3]Mehrere Länder können auch vereinbaren, dass die bei den Gerichten eines Landes geführten Registerdaten auch bei den Amtsgerichten des anderen Landes zur Einsicht und zur Erteilung von Ausdrucken zugänglich sind.

(2) [1]Das Bundesministerium der Justiz und für Verbraucherschutz wird ermächtigt, durch Rechtsverordnung mit Zustimmung des Bundesrates die näheren Bestimmungen über die Einrichtung und Führung des Handels-, Genossenschafts-, Gesellschafts- und Partnerschaftsregisters, die Übermittlung der Daten an das Unternehmensregister und die Aktenführung in Beschwerdeverfahren, die Einsicht in das Register, die Einzelheiten der elektronischen Übermittlung nach § 9 des Handelsgesetzbuchs[2)] und das Verfahren bei Anmeldungen, Eintragungen und Bekanntmachungen zu treffen. [2]Dabei kann auch vorgeschrieben werden, dass das Geburtsdatum von in das Register einzutragenden Personen zur Eintragung anzumelden sowie die Anschrift der einzutragenden Unternehmen und Zweigniederlassungen bei dem Gericht einzureichen ist; soweit in der Rechtsverordnung solche Angaben vorgeschrieben werden, ist § 14 des Handelsgesetzbuchs entsprechend anzuwenden.

(3) [1]Durch Rechtsverordnung nach Absatz 2 können auch die näheren Bestimmungen über die Mitwirkung der in § 380 bezeichneten Organe im Verfahren vor den Registergerichten getroffen werden. [2]Dabei kann insbesondere auch bestimmt werden, dass diesen Organen laufend oder in regelmäßigen Abständen die zur Erfüllung ihrer gesetzlichen Aufgaben erforderlichen Daten aus dem Handels-, Gesellschafts- oder Partnerschaftsregister und den zu diesen Registern eingereichten Dokumenten mitgeteilt werden. [3]Die mitzuteilenden Daten sind in der Rechtsverordnung festzulegen. [4]Die Empfänger dürfen die übermittelten personenbezogenen Daten nur für den Zweck verwenden, zu dessen Erfüllung sie ihnen übermittelt worden sind.

(4) Des Weiteren können durch Rechtsverordnung nach Absatz 2 nähere Bestimmungen über die Einrichtung und Führung des Vereinsregisters, insbesondere über das Verfahren bei Anmeldungen, Eintragungen und Bekanntmachungen sowie über die Einsicht in das Register, und über die Aktenführung im Beschwerdeverfahren erlassen werden.

(5) Die elektronische Datenverarbeitung zur Führung des Handels-, Genossenschafts-, Gesellschafts-, Partnerschafts- oder Vereinsregisters kann im Auftrag des zuständigen Gerichts auf den Anlagen einer anderen staatlichen Stelle oder auf den Anlagen eines Dritten vorgenommen werden, wenn die ordnungsgemäße Erledigung der Registersachen sichergestellt ist.

(6) Durch Rechtsverordnung nach Absatz 2 können überdies die erforderlichen Bestimmungen getroffen werden über

1. Struktur, Zuordnung und Verwendung der einheitlichen europäischen Kennung nach § 9b Absatz 2 Satz 2 des Handelsgesetzbuchs,

---

[1)] § 387 Abs. 2 Satz 1 geänd. mWv 8.9.2015 durch VO v. 31.8.2015 (BGBl. I S. 1474); Abs. 6 angef. mWv 1.8.2022 durch G v. 5.7.2021 (BGBl. I S. 3338); Abs. 1 Satz 1, Abs. 2 Satz 1, Abs. 3 Satz 2, Abs. 5 geänd. mWv 18.8.2021 durch G v. 10.8.2021 (BGBl. I S. 3436).

[2)] Nr. **50**.

2. den Umfang der Mitteilungspflicht im Rahmen des Informationsaustauschs zwischen den Registern sowie über die Liste der dabei zu übermittelnden Daten,
3. die Einzelheiten des elektronischen Datenverkehrs nach § 9b Absatz 1 und 2 des Handelsgesetzbuchs einschließlich der Vorgaben für Datenformate und Zahlungsmodalitäten.

Unterabschnitt 2. Zwangsgeldverfahren

§ 388 Androhung. (1) Sobald das Registergericht von einem Sachverhalt, der sein Einschreiten nach den §§ 14, 37a Abs. 4 und § 125a Abs. 2 des Handelsgesetzbuchs[1], auch in Verbindung mit § 5 Abs. 2 des Partnerschaftsgesellschaftsgesetzes[2], den §§ 407 und 408 des Aktiengesetzes[3], § 79 Abs. 1 des Gesetzes betreffend die Gesellschaften mit beschränkter Haftung[4], § 316 des Umwandlungsgesetzes[5] oder § 12 des EWIV-Ausführungsgesetzes rechtfertigt, glaubhafte Kenntnis erhält, hat es dem Beteiligten unter Androhung eines Zwangsgelds aufzugeben, innerhalb einer bestimmten Frist seiner gesetzlichen Verpflichtung nachzukommen oder die Unterlassung mittels Einspruchs zu rechtfertigen.

(2) In gleicher Weise kann das Registergericht gegen die Mitglieder des Vorstands eines Vereins oder dessen Liquidatoren vorgehen, um sie zur Befolgung der in § 78 des Bürgerlichen Gesetzbuchs[6] genannten Vorschriften anzuhalten.

§ 389 Festsetzung. (1) Wird innerhalb der bestimmten Frist weder der gesetzlichen Verpflichtung genügt noch Einspruch erhoben, ist das angedrohte Zwangsgeld durch Beschluss festzusetzen und zugleich die Aufforderung nach § 388 unter Androhung eines erneuten Zwangsgelds zu wiederholen.

(2) Mit der Festsetzung des Zwangsgelds sind dem Beteiligten zugleich die Kosten des Verfahrens aufzuerlegen.

(3) In gleicher Weise ist fortzufahren, bis der gesetzlichen Verpflichtung genügt oder Einspruch erhoben wird.

§ 390 Verfahren bei Einspruch. (1) Wird rechtzeitig Einspruch erhoben, soll das Gericht, wenn sich der Einspruch nicht ohne weiteres als begründet erweist, den Beteiligten zur Erörterung der Sache zu einem Termin laden.

(2) Das Gericht kann, auch wenn der Beteiligte zum Termin nicht erscheint, in der Sache entscheiden.

(3) Wird der Einspruch für begründet erachtet, ist die getroffene Entscheidung aufzuheben.

(4) [1]Andernfalls hat das Gericht den Einspruch durch Beschluss zu verwerfen und das angedrohte Zwangsgeld festzusetzen. [2]Das Gericht kann, wenn die Umstände es rechtfertigen, von der Festsetzung eines Zwangsgelds absehen oder ein geringeres als das angedrohte Zwangsgeld festsetzen.

(5) [1]Im Fall der Verwerfung des Einspruchs hat das Gericht zugleich eine erneute Aufforderung nach § 388 zu erlassen. [2]Die in dieser Entscheidung be-

---

1) Nr. **50**.
2) Nr. **50b**.
3) Nr. **51**.
4) Nr. **52**.
5) Nr. **52a**.
6) Nr. **20**.

stimmte Frist beginnt mit dem Eintritt der Rechtskraft der Verwerfung des Einspruchs.

(6) Wird im Fall des § 389 gegen die wiederholte Androhung Einspruch erhoben und dieser für begründet erachtet, kann das Gericht, wenn die Umstände es rechtfertigen, zugleich ein früher festgesetztes Zwangsgeld aufheben oder an dessen Stelle ein geringeres Zwangsgeld festsetzen.

§ 391 Beschwerde. (1) Der Beschluss, durch den das Zwangsgeld festgesetzt oder der Einspruch verworfen wird, ist mit der Beschwerde anfechtbar.

(2) Ist das Zwangsgeld nach § 389 festgesetzt, kann die Beschwerde nicht darauf gestützt werden, dass die Androhung des Zwangsgelds nicht gerechtfertigt gewesen sei.

§ 392 Verfahren bei unbefugtem Firmengebrauch. (1) Soll nach § 37 Abs. 1 des Handelsgesetzbuchs[1] gegen eine Person eingeschritten werden, die eine ihr nicht zustehende Firma gebraucht, sind die §§ 388 bis 391 anzuwenden, wobei

1. dem Beteiligten unter Androhung eines Ordnungsgelds aufgegeben wird, sich des Gebrauchs der Firma zu enthalten oder binnen einer bestimmten Frist den Gebrauch der Firma mittels Einspruchs zu rechtfertigen;
2. das Ordnungsgeld festgesetzt wird, falls kein Einspruch erhoben oder der erhobene Einspruch rechtskräftig verworfen ist und der Beteiligte nach der Bekanntmachung des Beschlusses diesem zuwidergehandelt hat.

(2) Absatz 1 gilt entsprechend im Fall des unbefugten Gebrauchs des Namens einer Partnerschaft.

Unterabschnitt 3. Löschungs- und Auflösungsverfahren

§ 393[2] Löschung einer Firma. (1) [1] Das Erlöschen einer Firma ist gemäß § 31 Abs. 2 des Handelsgesetzbuchs[1] von Amts wegen oder auf Antrag der berufsständischen Organe in das Handelsregister einzutragen. [2] Das Gericht hat den eingetragenen Inhaber der Firma oder dessen Rechtsnachfolger von der beabsichtigten Löschung zu benachrichtigen und ihm zugleich eine angemessene Frist zur Geltendmachung eines Widerspruchs zu bestimmen.

(2) Sind die bezeichneten Personen oder deren Aufenthalt nicht bekannt, erfolgt die Benachrichtigung und die Bestimmung der Frist durch Bekanntmachung in dem für die Registerbekanntmachungen bestimmten elektronischen Informations- und Kommunikationssystem nach § 10 des Handelsgesetzbuchs.

(3) [1] Das Gericht entscheidet durch Beschluss, wenn es einem Antrag auf Einleitung des Löschungsverfahrens nicht entspricht oder Widerspruch gegen die Löschung erhoben wird. [2] Der Beschluss ist mit der Beschwerde anfechtbar.

(4) Mit der Zurückweisung eines Widerspruchs sind dem Beteiligten zugleich die Kosten des Widerspruchsverfahrens aufzuerlegen, soweit dies nicht unbillig ist.

(5) Die Löschung darf nur erfolgen, wenn kein Widerspruch erhoben oder wenn der den Widerspruch zurückweisende Beschluss rechtskräftig geworden ist.

(6) Die Absätze 1 bis 5 gelten entsprechend, wenn die Löschung des Namens einer Partnerschaft eingetragen werden soll.

---

[1] Nr. **50**.
[2] § 393 Abs. 2 geänd. mWv 1.8.2022 durch G v. 5.7.2021 (BGBl. I S. 3338).

§ 394[1)] Löschung vermögensloser Gesellschaften und Genossenschaften.

(1) [1] Eine Aktiengesellschaft, Kommanditgesellschaft auf Aktien, Gesellschaft mit beschränkter Haftung oder Genossenschaft, die kein Vermögen besitzt, kann von Amts wegen oder auf Antrag der Finanzbehörde oder der berufsständischen Organe gelöscht werden. [2] Sie ist von Amts wegen zu löschen, wenn das Insolvenzverfahren über das Vermögen der Gesellschaft durchgeführt worden ist und keine Anhaltspunkte dafür vorliegen, dass die Gesellschaft noch Vermögen besitzt.

(2) [1] Das Gericht hat die Absicht der Löschung den gesetzlichen Vertretern der Gesellschaft oder Genossenschaft, soweit solche vorhanden sind und ihre Person und ihr inländischer Aufenthalt bekannt ist, bekannt zu machen und ihnen zugleich eine angemessene Frist zur Geltendmachung des Widerspruchs zu bestimmen. [2] Auch wenn eine Pflicht zur Bekanntmachung und Fristbestimmung nach Satz 1 nicht besteht, kann das Gericht anordnen, dass die Bekanntmachung und die Bestimmung der Frist durch Bekanntmachung in dem für die Registerbekanntmachungen bestimmten elektronischen Informations- und Kommunikationssystem nach § 10 des Handelsgesetzbuchs[2)] erfolgt; in diesem Fall ist jeder zur Erhebung des Widerspruchs berechtigt, der an der Unterlassung der Löschung ein berechtigtes Interesse hat. [3] Vor der Löschung sind die in § 380 bezeichneten Organe, im Fall einer Genossenschaft der Prüfungsverband, zu hören.

(3) Für das weitere Verfahren gilt § 393 Abs. 3 bis 5 entsprechend.

(4) [1] Die Absätze 1 bis 3 sind entsprechend anzuwenden auf offene Handelsgesellschaften und Kommanditgesellschaften, bei denen keiner der persönlich haftenden Gesellschafter eine natürliche Person ist. [2] Eine solche Gesellschaft kann jedoch nur gelöscht werden, wenn die für die Vermögenslosigkeit geforderten Voraussetzungen sowohl bei der Gesellschaft als auch bei den persönlich haftenden Gesellschaftern vorliegen. [3] Die Sätze 1 und 2 gelten nicht, wenn zu den persönlich haftenden Gesellschaftern eine andere offene Handelsgesellschaft oder Kommanditgesellschaft gehört, bei der eine natürliche Person persönlich haftender Gesellschafter ist.

§ 395 Löschung unzulässiger Eintragungen. (1) [1] Ist eine Eintragung im Register wegen des Mangels einer wesentlichen Voraussetzung unzulässig, kann das Registergericht sie von Amts wegen oder auf Antrag der berufsständischen Organe löschen. [2] Die Löschung geschieht durch Eintragung eines Vermerks.

(2) [1] Das Gericht hat den Beteiligten von der beabsichtigten Löschung zu benachrichtigen und ihm zugleich eine angemessene Frist zur Geltendmachung eines Widerspruchs zu bestimmen. [2] § 394 Abs. 2 Satz 1 und 2 gilt entsprechend.

(3) Für das weitere Verfahren gilt § 393 Abs. 3 bis 5 entsprechend.

§ 396 (entfallen)

§ 397 Löschung nichtiger Gesellschaften und Genossenschaften. [1] Eine in das Handelsregister eingetragene Aktiengesellschaft oder Kommanditgesellschaft auf Aktien kann nach § 395 als nichtig gelöscht werden, wenn die Voraussetzungen vorliegen, unter denen nach den §§ 275 und 276 des Aktiengesetzes[3)] die Klage auf Nichtigerklärung erhoben werden kann. [2] Das Gleiche gilt für eine in das Handelsregister eingetragene Gesellschaft mit beschränkter Haftung, wenn die

---

1) § 394 Abs. 2 Satz 2 geänd. mWv 1.8.2022 durch G v. 5.7.2021 (BGBl. I S. 3338).
2) Nr. **50**.
3) Nr. **51**.

Voraussetzungen vorliegen, unter denen nach den §§ 75 und 76 des Gesetzes betreffend die Gesellschaften mit beschränkter Haftung[1] die Nichtigkeitsklage erhoben werden kann, sowie für eine in das Genossenschaftsregister eingetragene Genossenschaft, wenn die Voraussetzungen vorliegen, unter denen nach den §§ 94 und 95 des Genossenschaftsgesetzes[2] die Nichtigkeitsklage erhoben werden kann.

§ 398 Löschung nichtiger Beschlüsse. Ein in das Handelsregister eingetragener Beschluss der Hauptversammlung oder Versammlung der Gesellschafter einer der in § 397 bezeichneten Gesellschaften sowie ein in das Genossenschaftsregister eingetragener Beschluss der Generalversammlung einer Genossenschaft kann nach § 395 als nichtig gelöscht werden, wenn er durch seinen Inhalt zwingende gesetzliche Vorschriften verletzt und seine Beseitigung im öffentlichen Interesse erforderlich erscheint.

§ 399 Auflösung wegen Mangels der Satzung. (1) 1 Enthält die Satzung einer in das Handelsregister eingetragenen Aktiengesellschaft oder einer Kommanditgesellschaft auf Aktien eine der nach § 23 Abs. 3 Nr. 1, 4, 5 oder Nr. 6 des Aktiengesetzes[3] wesentlichen Bestimmungen nicht oder ist eine dieser Bestimmungen oder die Bestimmung nach § 23 Abs. 3 Nr. 3 des Aktiengesetzes nichtig, hat das Registergericht die Gesellschaft von Amts wegen oder auf Antrag der berufsständischen Organe aufzufordern, innerhalb einer bestimmten Frist eine Satzungsänderung, die den Mangel der Satzung behebt, zur Eintragung in das Handelsregister anzumelden oder die Unterlassung durch Widerspruch gegen die Aufforderung zu rechtfertigen. 2 Das Gericht hat gleichzeitig darauf hinzuweisen, dass andernfalls ein nicht behobener Mangel im Sinne des Absatzes 2 festzustellen ist und dass die Gesellschaft dadurch nach § 262 Abs. 1 Nr. 5 oder § 289 Abs. 2 Nr. 2 des Aktiengesetzes aufgelöst wird.

(2) 1 Wird innerhalb der nach Absatz 1 bestimmten Frist weder der Aufforderung genügt noch Widerspruch erhoben oder ist ein Widerspruch zurückgewiesen worden, hat das Gericht den Mangel der Satzung festzustellen. 2 Die Feststellung kann mit der Zurückweisung des Widerspruchs verbunden werden. 3 Mit der Zurückweisung des Widerspruchs sind der Gesellschaft zugleich die Kosten des Widerspruchsverfahrens aufzuerlegen, soweit dies nicht unbillig ist.

(3) Der Beschluss, durch den eine Feststellung nach Absatz 2 getroffen, ein Antrag oder ein Widerspruch zurückgewiesen wird, ist mit der Beschwerde anfechtbar.

(4) Die Absätze 1 bis 3 gelten entsprechend, wenn der Gesellschaftsvertrag einer in das Handelsregister eingetragenen Gesellschaft mit beschränkter Haftung eine der nach § 3 Abs. 1 Nr. 1 oder Nr. 4 des Gesetzes betreffend die Gesellschaften mit beschränkter Haftung[1] wesentlichen Bestimmungen nicht enthält oder eine dieser Bestimmungen oder die Bestimmung nach § 3 Abs. 1 Nr. 3 des Gesetzes betreffend die Gesellschaften mit beschränkter Haftung nichtig ist.

Unterabschnitt 4. Ergänzende Vorschriften für das Vereinsregister

§ 400 Mitteilungspflichten. Das Gericht hat die Eintragung eines Vereins oder einer Satzungsänderung der zuständigen Verwaltungsbehörde mitzuteilen, wenn Anhaltspunkte bestehen, dass es sich um einen Ausländerverein oder eine organisa-

[1] Nr. 52.
[2] Nr. 53.
[3] Nr. 51.

torische Einrichtung eines ausländischen Vereins nach den §§ 14 und 15 des Vereinsgesetzes[1] handelt.

§ 401 Entziehung der Rechtsfähigkeit. Der Beschluss, durch den einem Verein nach § 73 des Bürgerlichen Gesetzbuchs[2] die Rechtsfähigkeit entzogen wird, wird erst mit Rechtskraft wirksam.

Abschnitt 4. Unternehmensrechtliche Verfahren

§ 402[3] Anfechtbarkeit. (1) Der Beschluss des Gerichts, durch den über Anträge nach § 375 entschieden wird, ist mit der Beschwerde anfechtbar.

(2) Eine Anfechtung des Beschlusses, durch den einem Antrag nach § 11 des Binnenschifffahrtsgesetzes oder § 595 Absatz 2 des Handelsgesetzbuchs[4], auch in Verbindung mit § 78 des Binnenschifffahrtsgesetzes, stattgegeben wird, ist ausgeschlossen.

(3) Die Vorschriften des Handelsgesetzbuchs, des Aktiengesetzes[5] und des Publizitätsgesetzes[6] über die Beschwerde bleiben unberührt.

§ 403 Weigerung des Dispacheurs. (1) Lehnt der Dispacheur den Auftrag eines Beteiligten zur Aufmachung der Dispache aus dem Grund ab, weil ein Fall der großen Haverei nicht vorliege, entscheidet über die Verpflichtung des Dispacheurs auf Antrag des Beteiligten das Gericht.

(2) Der Beschluss ist mit der Beschwerde anfechtbar.

§ 404[7] Aushändigung von Schriftstücken; Einsichtsrecht. (1) Auf Antrag des Dispacheurs kann das Gericht einen Beteiligten verpflichten, dem Dispacheur die in seinem Besitz befindlichen Schriftstücke, zu deren Mitteilung er gesetzlich verpflichtet ist, auszuhändigen.

(2) Der Dispacheur ist verpflichtet, jedem Beteiligten Einsicht in die Dispache zu gewähren und ihm auf Verlangen eine Abschrift gegen Erstattung der Kosten zu erteilen.

§ 405 Termin; Ladung. (1) [1]Jeder Beteiligte ist befugt, bei dem Gericht eine mündliche Verhandlung über die von dem Dispacheur aufgemachte Dispache zu beantragen. [2]In dem Antrag sind diejenigen Beteiligten zu bezeichnen, welche zu dem Verfahren hinzugezogen werden sollen.

(2) Wird ein Antrag auf mündliche Verhandlung gestellt, hat das Gericht die Dispache und deren Unterlagen von dem Dispacheur einzuziehen und, wenn nicht offensichtlich die Voraussetzungen der großen Haverei fehlen, den Antragsteller sowie die von ihm bezeichneten Beteiligten zu einem Termin zu laden.

(3) [1]Die Ladung muss den Hinweis darauf enthalten, dass, wenn der Geladene weder in dem Termin erscheint noch vorher Widerspruch gegen die Dispache bei dem Gericht anmeldet, sein Einverständnis mit der Dispache angenommen wird. [2]In der Ladung ist zu bemerken, dass die Dispache und deren Unterlagen auf der Geschäftsstelle eingesehen werden können.

---

[1] **Sartorius Nr. 425.**
[2] Nr. **20**.
[3] § 402 Abs. 2 geänd. mWv 25.4.2013 durch G v. 20.4.2013 (BGBl. I S. 831).
[4] Nr. **50**.
[5] Nr. **51**.
[6] Nr. **52b**.
[7] § 404 Abs. 2 Satz 2 aufgeh. mWv 25.4.2013 durch G v. 20.4.2013 (BGBl. I S. 831).

(4) Die Frist zwischen der Ladung und dem Termin muss mindestens zwei Wochen betragen.

(5) [1] Erachtet das Gericht eine Vervollständigung der Unterlagen der Dispache für notwendig, hat es die Beibringung der erforderlichen Belege anzuordnen. [2] § 404 Abs. 1 gilt entsprechend.

§ 406 Verfahren im Termin. (1) Wird im Termin ein Widerspruch gegen die Dispache nicht erhoben und ist ein solcher auch vorher nicht angemeldet, hat das Gericht die Dispache gegenüber den an dem Verfahren Beteiligten zu bestätigen.

(2) [1] Liegt ein Widerspruch vor, haben sich die Beteiligten, deren Rechte durch ihn betroffen werden, zu erklären. [2] Wird der Widerspruch als begründet anerkannt oder kommt anderweitig eine Einigung zustande, ist die Dispache entsprechend zu berichtigen. [3] Erledigt sich der Widerspruch nicht, so ist die Dispache insoweit zu bestätigen, als sie durch den Widerspruch nicht berührt wird.

(3) Werden durch den Widerspruch die Rechte eines in dem Termin nicht erschienenen Beteiligten betroffen, wird angenommen, dass dieser den Widerspruch nicht als begründet anerkennt.

§ 407 Verfolgung des Widerspruchs. (1) [1] Soweit ein Widerspruch nicht nach § 406 Abs. 2 erledigt wird, hat ihn der Widersprechende durch Erhebung der Klage gegen diejenigen an dem Verfahren Beteiligten, deren Rechte durch den Widerspruch betroffen werden, zu verfolgen. [2] Die §§ 878 und 879 der Zivilprozessordnung[1)] sind mit der Maßgabe entsprechend anzuwenden, dass das Gericht einem Beteiligten auf seinen Antrag, wenn erhebliche Gründe glaubhaft gemacht werden, die Frist zur Erhebung der Klage verlängern kann und dass an die Stelle der Ausführung des Verteilungsplans die Bestätigung der Dispache tritt.

(2) Ist der Widerspruch durch rechtskräftiges Urteil oder in anderer Weise erledigt, so wird die Dispache bestätigt, nachdem sie erforderlichenfalls von dem Amtsgericht nach Maßgabe der Erledigung der Einwendungen berichtigt ist.

§ 408 Beschwerde. (1) Der Beschluss, durch den ein nach § 405 gestellter Antrag auf gerichtliche Verhandlung zurückgewiesen, über die Bestätigung der Dispache entschieden oder ein Beteiligter nach § 404 zur Herausgabe von Schriftstücken verpflichtet wird, ist mit der Beschwerde anfechtbar.

(2) Einwendungen gegen die Dispache, die mittels Widerspruchs geltend zu machen sind, können nicht mit der Beschwerde geltend gemacht werden.

§ 409[2)] Wirksamkeit; Vollstreckung. (1) Die Bestätigung der Dispache ist nur für das gegenseitige Verhältnis der an dem Verfahren Beteiligten wirksam.

(2) [1] Der Bestätigungsbeschluss wird erst mit Rechtskraft wirksam. [2] Aus der rechtskräftig bestätigten Dispache findet die Vollstreckung statt.

(3) [1] Für Klagen auf Erteilung der Vollstreckungsklausel sowie für Klagen, durch welche Einwendungen gegen die in der Dispache festgestellten Ansprüche geltend gemacht werden oder die bei der Erteilung der Vollstreckungsklausel als eingetreten angenommene Rechtsnachfolge bestritten wird, ist das Gericht zuständig, das die Dispache bestätigt hat. [2] Gehört der Anspruch nicht vor die Amtsgerichte, sind die Klagen bei dem zuständigen Landgericht zu erheben.

[1)] Nr. **100**.

[2)] § 409 Abs. 2 Satz 2 angef. mWv 15.10.2016 durch G v. 11.10.2016 (BGBl. I S. 2222).

Buch 6. Verfahren in weiteren Angelegenheiten der freiwilligen Gerichtsbarkeit

§ 410[1] **Weitere Angelegenheiten der freiwilligen Gerichtsbarkeit.** Weitere Angelegenheiten der freiwilligen Gerichtsbarkeit sind

1. die Abgabe einer nicht vor dem Vollstreckungsgericht zu erklärenden eidesstattlichen Versicherung nach den §§ 259, 260, 2028 und 2057 des Bürgerlichen Gesetzbuchs[2],
2. die Ernennung, Beeidigung und Vernehmung des Sachverständigen in den Fällen, in denen jemand nach den Vorschriften des bürgerlichen Rechts den Zustand oder den Wert einer Sache durch einen Sachverständigen feststellen lassen kann,
3. die Bestellung des Verwahrers in den Fällen der §§ 432, 1217, 1281 und 2039 des Bürgerlichen Gesetzbuchs sowie die Festsetzung der von ihm beanspruchten Vergütung und seiner Aufwendungen,
4. eine abweichende Art des Pfandverkaufs im Fall des § 1246 Abs. 2 des Bürgerlichen Gesetzbuchs.

§ 411 Örtliche Zuständigkeit. (1) [1]In Verfahren nach § 410 Nr. 1 ist das Gericht zuständig, in dessen Bezirk die Verpflichtung zur Auskunft, zur Rechnungslegung oder zur Vorlegung des Verzeichnisses zu erfüllen ist. [2]Hat der Verpflichtete seinen Wohnsitz oder seinen Aufenthalt im Inland, kann er die Versicherung vor dem Amtsgericht des Wohnsitzes oder des Aufenthaltsorts abgeben.

(2) [1]In Verfahren nach § 410 Nr. 2 ist das Gericht zuständig, in dessen Bezirk sich die Sache befindet. [2]Durch eine ausdrückliche Vereinbarung derjenigen, um deren Angelegenheit es sich handelt, kann die Zuständigkeit eines anderen Amtsgerichts begründet werden.

(3) In Verfahren nach § 410 Nr. 3 ist das Gericht zuständig, in dessen Bezirk sich die Sache befindet.

(4) In Verfahren nach § 410 Nr. 4 ist das Gericht zuständig, in dessen Bezirk das Pfand aufbewahrt wird.

§ 412 Beteiligte. Als Beteiligte sind hinzuzuziehen:

1. in Verfahren nach § 410 Nr. 1 derjenige, der zur Abgabe der eidesstattlichen Versicherung verpflichtet ist, und der Berechtigte;
2. in Verfahren nach § 410 Nr. 2 derjenige, der zum Sachverständigen ernannt werden soll, und der Gegner, soweit ein solcher vorhanden ist;
3. in Verfahren nach § 410 Nr. 3 derjenige, der zum Verwahrer bestellt werden soll, in den Fällen der §§ 432, 1281 und 2039 des Bürgerlichen Gesetzbuchs[2] außerdem der Mitberechtigte, im Fall des § 1217 des Bürgerlichen Gesetzbuchs außerdem der Pfandgläubiger und in einem Verfahren, das die Festsetzung der Vergütung und der Auslagen des Verwahrers betrifft, dieser und die Gläubiger;
4. in Verfahren nach § 410 Nr. 4 der Eigentümer, der Pfandgläubiger und jeder, dessen Recht durch eine Veräußerung des Pfands erlöschen würde.

---

[1] § 410 Nr. 3 geänd. mWv 1.1.2013 durch G v. 5.12.2012 (BGBl. I S. 2418).
[2] Nr. **20**.

§ 413 Eidesstattliche Versicherung. [1]In Verfahren nach § 410 Nr. 1 kann sowohl der Verpflichtete als auch der Berechtigte die Abgabe der eidesstattlichen Versicherung beantragen. [2]Das Gericht hat das persönliche Erscheinen des Verpflichteten anzuordnen. [3]Die §§ 478 bis 480 und 483 der Zivilprozessordnung[1)] gelten entsprechend.

§ 414 Unanfechtbarkeit. Die Entscheidung, durch die in Verfahren nach § 410 Nr. 2 dem Antrag stattgegeben wird, ist nicht anfechtbar.

Buch 7. Verfahren in Freiheitsentziehungssachen

§ 415 Freiheitsentziehungssachen. (1) Freiheitsentziehungssachen sind Verfahren, die die auf Grund von Bundesrecht angeordnete Freiheitsentziehung betreffen, soweit das Verfahren bundesrechtlich nicht abweichend geregelt ist.

(2) Eine Freiheitsentziehung liegt vor, wenn einer Person gegen ihren Willen oder im Zustand der Willenlosigkeit insbesondere in einer abgeschlossenen Einrichtung, wie einem Gewahrsamsraum oder einem abgeschlossenen Teil eines Krankenhauses, die Freiheit entzogen wird.

§ 416 Örtliche Zuständigkeit. [1]Zuständig ist das Gericht, in dessen Bezirk die Person, der die Freiheit entzogen werden soll, ihren gewöhnlichen Aufenthalt hat, sonst das Gericht, in dessen Bezirk das Bedürfnis für die Freiheitsentziehung entsteht. [2]Befindet sich die Person bereits in Verwahrung einer abgeschlossenen Einrichtung, ist das Gericht zuständig, in dessen Bezirk die Einrichtung liegt.

§ 417[2)] Antrag. (1) Die Freiheitsentziehung darf das Gericht nur auf Antrag der zuständigen Verwaltungsbehörde anordnen.

(2) [1]Der Antrag ist zu begründen. [2]Die Begründung hat folgende Tatsachen zu enthalten:

1. die Identität des Betroffenen,
2. den gewöhnlichen Aufenthaltsort des Betroffenen,
3. die Erforderlichkeit der Freiheitsentziehung,
4. die erforderliche Dauer der Freiheitsentziehung sowie
5. in Verfahren der Abschiebungs-, Zurückschiebungs- und Zurückweisungshaft die Verlassenspflicht des Betroffenen sowie die Voraussetzungen und die Durchführbarkeit der Abschiebung, Zurückschiebung und Zurückweisung.

[3]Die Behörde soll in Verfahren der Abschiebungshaft mit der Antragstellung die Akte des Betroffenen vorlegen.

(3) Tatsachen nach Absatz 2 Satz 2 können bis zum Ende der letzten Tatsacheninstanz ergänzt werden.

§ 418 Beteiligte. (1) Zu beteiligen sind die Person, der die Freiheit entzogen werden soll (Betroffener), und die Verwaltungsbehörde, die den Antrag auf Freiheitsentziehung gestellt hat.

(2) Der Verfahrenspfleger wird durch seine Bestellung als Beteiligter zum Verfahren hinzugezogen.

[1)] Nr. **100**.

[2)] § 417 Abs. 3 angef. mWv 21.8.2019 durch G v. 15.8.2019 (BGBl. I S. 1294).

(3) Beteiligt werden können im Interesse des Betroffenen

1. dessen Ehegatte oder Lebenspartner, wenn die Ehegatten oder Lebenspartner nicht dauernd getrennt leben, sowie dessen Eltern und Kinder, wenn der Betroffene bei diesen lebt oder bei Einleitung des Verfahrens gelebt hat, die Pflegeeltern sowie
2. eine von ihm benannte Person seines Vertrauens.

§ 419[1)] Verfahrenspfleger. (1) [1]Das Gericht hat dem Betroffenen einen geeigneten Verfahrenspfleger zu bestellen, wenn dies zur Wahrnehmung seiner Interessen erforderlich ist. [2]Die Bestellung ist insbesondere erforderlich, wenn von einer Anhörung des Betroffenen abgesehen werden soll.

(2) [1]Der Verfahrenspfleger hat die Wünsche, hilfsweise den mutmaßlichen Willen des Betroffenen festzustellen und im gerichtlichen Verfahren zur Geltung zu bringen. [2]Er hat den Betroffenen über Gegenstand, Ablauf und möglichen Ausgang des Verfahrens in geeigneter Weise zu informieren und ihn bei Bedarf bei der Ausübung seiner Rechte im Verfahren zu unterstützen. [3]Er ist nicht gesetzlicher Vertreter des Betroffenen.

(3) Die Bestellung eines Verfahrenspflegers soll unterbleiben oder aufgehoben werden, wenn die Interessen des Betroffenen von einem Rechtsanwalt oder einem anderen geeigneten Verfahrensbevollmächtigten vertreten werden.

(4) Die Bestellung endet, wenn sie nicht vorher aufgehoben wird, mit der Rechtskraft des Beschlusses über die Freiheitsentziehung oder mit dem sonstigen Abschluss des Verfahrens.

(5) Die Bestellung eines Verfahrenspflegers oder deren Aufhebung sowie die Ablehnung einer derartigen Maßnahme sind nicht selbständig anfechtbar.

(6) [1]Für die Vergütung und den Aufwendungsersatz des Verfahrenspflegers gilt § 277 entsprechend. [2]Dem Verfahrenspfleger sind keine Kosten aufzuerlegen.

§ 420 Anhörung; Vorführung. (1) [1]Das Gericht hat den Betroffenen vor der Anordnung der Freiheitsentziehung persönlich anzuhören. [2]Erscheint er zu dem Anhörungstermin nicht, kann abweichend von § 33 Abs. 3 seine sofortige Vorführung angeordnet werden. [3]Das Gericht entscheidet hierüber durch nicht anfechtbaren Beschluss.

(2) Die persönliche Anhörung des Betroffenen kann unterbleiben, wenn nach ärztlichem Gutachten hiervon erhebliche Nachteile für seine Gesundheit zu besorgen sind oder wenn er an einer übertragbaren Krankheit im Sinne des Infektionsschutzgesetzes[2)] leidet.

(3) [1]Das Gericht hat die sonstigen Beteiligten anzuhören. [2]Die Anhörung kann unterbleiben, wenn sie nicht ohne erhebliche Verzögerung oder nicht ohne unverhältnismäßige Kosten möglich ist.

(4) [1]Die Freiheitsentziehung in einem abgeschlossenen Teil eines Krankenhauses darf nur nach Anhörung eines ärztlichen Sachverständigen angeordnet werden. [2]Die Verwaltungsbehörde, die den Antrag auf Freiheitsentziehung gestellt hat, soll ihrem Antrag ein ärztliches Gutachten beifügen.

(Fortsetzung nächstes Blatt)

[1)] § 419 Abs. 1 Satz 1 geänd., Abs. 2 eingef., bish. Abs. 2–5 werden Abs. 3–6 mWv 1.1.2023 durch G v. 4.5.2021 (BGBl. I S. 882).

[2)] **Sartorius ErgBd. Nr. 285.**

(3) Beteiligt werden können im Interesse des Betroffenen
1. dessen Ehegatte oder Lebenspartner, wenn die Ehegatten oder Lebenspartner nicht dauernd getrennt leben, sowie dessen Eltern und Kinder, wenn der Betroffene bei diesen lebt oder bei Einleitung des Verfahrens gelebt hat, die Pflegeeltern sowie
2. eine von ihm benannte Person seines Vertrauens.

§ 419 Verfahrenspfleger.[1] (1) Das Gericht hat dem Betroffenen einen geeigneten Verfahrenspfleger zu bestellen, wenn dies zur Wahrnehmung seiner Interessen erforderlich ist. Die Bestellung ist insbesondere erforderlich, wenn von einer Anhörung des Betroffenen abgesehen werden soll.

(2) Der Verfahrenspfleger hat die Wünsche, hilfsweise den mutmaßlichen Willen des Betroffenen festzustellen und im gerichtlichen Verfahren zur Geltung zu bringen. Er hat den Betroffenen über Gegenstand, Ablauf und möglichen Ausgang des Verfahrens in geeigneter Weise zu informieren und ihn bei Bedarf bei der Ausübung seiner Rechte im Verfahren zu unterstützen. Er ist nicht gesetzlicher Vertreter des Betroffenen.

(3) Die Bestellung eines Verfahrenspflegers soll unterbleiben oder aufgehoben werden, wenn die Interessen des Betroffenen von einem Rechtsanwalt oder einem anderen geeigneten Verfahrensbevollmächtigten vertreten werden.

(4) Die Bestellung endet, sofern sie nicht vorher aufgehoben wird, mit der Rechtskraft des Beschlusses über die Freiheitsentziehung oder mit dem sonstigen Abschluss des Verfahrens.

(5) Die Bestellung eines Verfahrenspflegers oder deren Aufhebung sowie die Ablehnung einer derartigen Maßnahme sind nicht selbständig anfechtbar.

(6) Für die Vergütung und den Aufwendungsersatz des Verfahrenspflegers gilt § 277 entsprechend. Dem Verfahrenspfleger sind keine Kosten aufzuerlegen.

§ 420 Anhörung; Vorführung. (1) Das Gericht hat den Betroffenen vor der Anordnung der Freiheitsentziehung persönlich anzuhören. Erscheint er zu dem Anhörungstermin nicht, kann abweichend von § 33 Abs. 3 seine sofortige Vorführung angeordnet werden. Das Gericht entscheidet hierüber durch nicht anfechtbaren Beschluss.

(2) Die persönliche Anhörung des Betroffenen kann unterbleiben, wenn nach ärztlichem Gutachten hiervon erhebliche Nachteile für seine Gesundheit zu besorgen sind oder wenn er an einer übertragbaren Krankheit im Sinne des Infektionsschutzgesetzes leidet.

(3) Das Gericht hat die sonstigen Beteiligten anzuhören. Die Anhörung kann unterbleiben, wenn sie nicht ohne erhebliche Verzögerung oder nicht ohne unverhältnismäßige Kosten möglich ist.

(4) Die freiheitsentziehende Maßnahme in einem abgeschlossenen Teil eines Krankenhauses darf nur nach Anhörung eines ärztlichen Sachverständigen angeordnet werden. Die Verwaltungsbehörde, die den Antrag auf Freiheitsentziehung gestellt hat, soll ihrem Antrag ein ärztliches Gutachten beifügen.

(Fortsetzung nächstes Blatt)

[1] § 419 Abs. 1 Satz 1 und Abs. 2 [illegible] (BGBl. I S. 882).
[illegible]

Lfd. Nr.	Änderndes Gesetz	Datum	Fund-stelle	Betroffen	Hinweis
17.	Art. 1 G zur Einführung eines Datenbankgrundbuchs	1.10.2013	BGBl. I S. 3719	§§ 2, 5, 6, 7, 12c, 33, 36, 37, 44, 116, 126, 129, 131, 133, 134, 134a, 140, 141, 148, 149	geänd. mWv 9.10.2013
				§ 127	neu gef. mWv 9.10.2013
				§ 117	aufgeh. mWv 9.10.2013
				§§ 12, 12a	geänd. mWv 1.10.2014
18.	Art. 12 G zur Förderung des elektronischen Rechtsverkehrs mit den Gerichten	10.10. 2013	BGBl. I S. 3786	§ 137	geänd. mWv 1.7.2014
				§ 81	geänd. mWv 1.1.2018
19.	Art. 2 G zur Erleichterung der Umsetzung der Grundbuchamtsreform in Baden-Württemberg sowie zur Änd. des EGZPO und des WohnungseigentumsG	5.12.2014	BGBl. I S. 1962	§ 1	geänd. mWv 1.1.2018
				§ 149	neu gef. mWv 1.1.2018
20.	Art. 6 G zum Internationalen Erbrecht und zur Änd. von Vorschriften zum Erbschein sowie zur Änd. sonstiger Vorschriften	29.6.2015	BGBl. I S. 1042	§§ 35, 83	geänd. mWv 17.8.2015
21.	Art. 153 Zehnte ZuständigkeitsanpassungsVO	31.8.2015	BGBl. I S. 1474	§§ 1, 10, 10a, 12, 28, 133, 134, 141, 148, 150	geänd. mWv 8.9.2015
22.	Art. 3 G zur Verlängerung der Befristung von Vorschriften nach den Terrorismusbekämpfungsgesetzen	3.12.2015	BGBl. I S. 2161	§§ 12, 133	geänd. mWv 1.3.2016
23.	Art. 16 EU-KontenpfändungsVO-DurchführungsG	21.11. 2016	BGBl. I S. 2591	§ 149	geänd. mWv 1.4.2012
24.	Art. 8 G zur Reform des Bauvertragsrechts, zur Änd. der kaufrechtlichen Mängelhaftung, zur Stärkung des zivilprozessualen Rechtsschutzes und zum maschinellen Siegel im Grundbuch- und Schiffsregisterverfahren	28.4.2017	BGBl. I S. 969	§ 29	geänd. mWv 5.5.2017
25.	Art. 5 G zur Neuordnung der Aufbewahrung von Notariatsunterlagen und zur Einrichtung des Elektronischen Urkundenarchivs bei der Bundesnotarkammer sowie zur Änd. weiterer Gesetze	1.6.2017	BGBl. I S. 1396	§§ 15, 143	geänd. mWv 9.6.2017
				§ 151	eingef. mWv 9.6.2017

Lfd. Nr.	Änderndes Gesetz	Datum	Fundstelle	Betroffen	Hinweis
26.	Art. 11 Abs. 18 eIDAS-DurchführungsG[1) 2)]	18.7.2017	BGBl. I S. 2745	§§ 137, 140	geänd. mWv 29.7.2017
27.	Art. 15 G zur Umsetzung der RL (EU) 2016/680 im Strafverfahren sowie zur Anpassung datenschutzrechtl. Bestimmungen an die VO (EU) 2016/679[3)]	20.11. 2019	BGBl. I S. 1724	§§ 126, 131, 133, 134a	geänd. mWv 26.11.2019
				§ 12d	eingef. mWv 26.11.2019
				Anl.	aufgeh. mit Ablauf des 25.11. 2019
28.	Art. 15 G zur Änd. von Vorschriften über die außergerichtliche Streitbeilegung in Verbrauchersachen und zur Änd. weiterer Gesetze	30.11. 2019	BGBl. I S. 1942	§ 133	geänd. mWv 6.12.2019
29.	Art. 11 G zur Umsetzung der ÄndRL zur Vierten EU-GeldwäscheRL[4)]	12.12. 2019	BGBl. I S. 2602	§ 12	geänd. mWv 1.1.2020
30.	Art. 6 Wohnungseigentumsmodernisierungsgesetz (WEMoG)	16.10. 2020	BGBl. I S. 2187	§ 150	geänd. mWv 23.10.2020
31.	Art. 40 Personengesellschaftsrechtsmodernisierungs G (MoPeG)	10.8.2021	BGBl. I S. 3436	§§ 32, 47, 82	geänd. mWv 1.1.2024
32.	Art. 28 G zum Ausbau des elektronischen Rechtsverkehrs mit den Gerichten und zur Änd. weiterer Vorschriften[2)]	5.10.2021	BGBl. I S. 4607	§ 140	geänd. mWv 1.1.2022
33.	Art. 7 Abs. 3 G zur Abschaffung des Güterrechtsregisters und zur Änd. des COVID-19-InsolvenzaussetzungsG	31.10. 2022	BGBl. I S. 1966	§ 33	aufgeh. mit Ablauf des 31.12. 2022

Vorbemerkung:
Die Änderungen durch G v. 10.8.2021 (BGBl. I S. 3436) treten erst mWv 1.1.2024 in Kraft und sind im Text noch nicht berücksichtigt.

[1)] **Amtl. Anm.:** Dieses Gesetz dient der Durchführung der Verordnung (EU) Nr. 910/2014 des Europäischen Parlaments und des Rates vom 23. Juli 2014 über elektronische Identifizierung und Vertrauensdienste für elektronische Transaktionen im Binnenmarkt und zur Aufhebung der Richtlinie 1999/93/EG.

[2)] **Amtl. Anm.:** Notifiziert gemäß der Richtlinie (EU) 2015/1535 des Europäischen Parlaments und des Rates vom 9. September 2015 über ein Informationsverfahren auf dem Gebiet der technischen Vorschriften und der Vorschriften für die Dienste der Informationsgesellschaft (ABl. L 241 vom 17.9.2015, S. 1).

[3)] **Amtl. Anm.:** Die Artikel 1, 10, 13 und 15 dieses Gesetzes dienen der Umsetzung der Richtlinie (EU) 2016/680 des Europäischen Parlaments und des Rates vom 27. April 2016 zum Schutz natürlicher Personen bei der Verarbeitung personenbezogener Daten durch die zuständigen Behörden zum Zwecke der Verhütung, Ermittlung, Aufdeckung oder Verfolgung von Straftaten oder der Strafvollstreckung sowie zum freien Datenverkehr und zur Aufhebung des Rahmenbeschlusses 2008/977/JI des Rates (ABl. L 119 vom 4.5.2016, S. 89; L 127 vom 23.5.2018, S. 9).

[4)] **Amtl. Anm.:** Dieses Gesetz dient der Umsetzung der Richtlinie (EU) 2018/843 des Europäischen Parlaments und des Rates vom 30. Mai 2018 zur Änderung der Richtlinie (EU) 2015/849 zur Verhinderung der Nutzung des Finanzsystems zum Zwecke der Geldwäsche und der Terrorismusfinanzierung und zur Änderung der Richtlinien 2009/138/EG und 2013/36/EU (ABl. L 156 vom 19.6.2018, S. 43).

Nichtamtliche Inhaltsübersicht

Erster Abschnitt. Allgemeine Vorschriften

§ 1[1)] **[Amtsgericht als Grundbuchamt; Zuständigkeit]** (1) [1] Die Grundbücher, die auch als Loseblattgrundbuch geführt werden können, werden von den Amtsgerichten geführt (Grundbuchämter). [2] Diese sind für die in ihrem Bezirk liegenden Grundstücke zuständig. [3] Die abweichenden Vorschriften des § 150 für das in Artikel 3 des Einigungsvertrages[2)] genannte Gebiet bleiben unberührt.

(2) Liegt ein Grundstück in dem Bezirk mehrerer Grundbuchämter, so ist das zuständige Grundbuchamt nach § 5 des Gesetzes über das Verfahren in Familiensachen und in den Angelegenheiten der freiwilligen Gerichtsbarkeit[3)] zu bestimmen.

(3) [1] Die Landesregierungen werden ermächtigt, durch Rechtsverordnung[4)] die Führung des Grundbuchs einem Amtsgericht für die Bezirke mehrerer Amtsgerichte zuzuweisen, wenn dies einer schnelleren und rationelleren Grundbuchführung dient. [2] Sie können die Ermächtigung durch Rechtsverordnung auf die Landesjustizverwaltungen übertragen.

(4) [1] Das Bundesministerium der Justiz und für Verbraucherschutz wird ermächtigt, durch Rechtsverordnung[5)], die der Zustimmung des Bundesrates bedarf, die näheren Vorschriften über die Einrichtung und die Führung der Grundbücher, die Hypotheken-, Grundschuld- und Rentenschuldbriefe und die Abschriften aus dem Grundbuch und den Grundakten sowie die Einsicht hierin zu erlassen sowie das Verfahren zur Beseitigung einer Doppelbuchung zu bestimmen. [2] Es kann hierbei auch regeln, inwieweit Änderungen bei einem Grundbuch, die sich auf Grund von Vorschriften der Rechtsverordnung ergeben, den Beteiligten und der Behörde, die das in § 2 Abs. 2 bezeichnete amtliche Verzeichnis führt, bekanntzugeben sind.

[1)] § 1 Abs. 2 geänd. mWv 1.9.2009 durch G v. 17.12.2008 (BGBl. I S. 2586); Abs. 1 Satz 3 geänd. mWv 1.10.2009 durch G v. 11.8.2009 (BGBl. I S. 2713); Abs. 1 Satz 3 geänd. mWv 1.1.2018 durch G v. 5.12. 2014 (BGBl. I S. 1962); Abs. 4 Satz 1 geänd. mWv 8.9.2015 durch VO v. 31.8.2015 (BGBl. I S. 1474).

[2)] **Habersack II Nr. 2.**

[3)] Nr. **112.**

[4)] Beachte auch VO zur Durchführung der GrundbuchO (Grundbuchverfügung – GBV) idF der Bek. v. 24.1.1995 (BGBl. I S. 114), zuletzt geänd. durch G v. 5.10.2021 (BGBl. I S. 4607).

[5)] Beachte auch Vereinsregisterverordnung (VRV) v. 10.2.1999 (BGBl. I S. 147), zuletzt geänd. durch G v. 5.7.2021 (BGBl. I S. 3338).

§ 2[1)] [Grundbuchbezirke; Liegenschaftskataster; Abschreibung von Grundstücksteilen] (1) Die Grundbücher sind für Bezirke einzurichten.

(2) Die Grundstücke werden im Grundbuch nach den in den Ländern eingerichteten amtlichen Verzeichnissen benannt (Liegenschaftskataster).

(3) Ein Teil eines Grundstücks darf von diesem nur abgeschrieben werden, wenn er im amtlichen Verzeichnis unter einer besonderen Nummer verzeichnet ist oder wenn die zur Führung des amtlichen Verzeichnisses zuständige Behörde bescheinigt, dass sie von der Buchung unter einer besonderen Nummer absieht, weil der Grundstücksteil mit einem benachbarten Grundstück oder einem Teil davon zusammengefasst wird.

§ 3 [Grundbuchblatt; buchungsfreie Grundstücke; Buchung von Miteigentumsanteilen] (1) [1] Jedes Grundstück erhält im Grundbuch eine besondere Stelle (Grundbuchblatt). [2] Das Grundbuchblatt ist für das Grundstück als das Grundbuch im Sinne des Bürgerlichen Gesetzbuchs[2)] anzusehen.

(2) Die Grundstücke des Bundes, der Länder, der Gemeinden und anderer Kommunalverbände, der Kirchen, Klöster und Schulen, die Wasserläufe, die öffentlichen Wege, sowie die Grundstücke, welche einem dem öffentlichen Verkehr dienenden Bahnunternehmen gewidmet sind, erhalten ein Grundbuchblatt nur auf Antrag des Eigentümers oder eines Berechtigten.

(3) Ein Grundstück ist auf Antrag des Eigentümers aus dem Grundbuch auszuscheiden, wenn der Eigentümer nach Absatz 2 von der Verpflichtung zur Eintragung befreit und eine Eintragung, von der das Recht des Eigentümers betroffen wird, nicht vorhanden ist.

(4) Das Grundbuchamt kann, sofern hiervon nicht Verwirrung oder eine wesentliche Erschwerung des Rechtsverkehrs oder der Grundbuchführung zu besorgen ist, von der Führung eines Grundbuchblatts für ein Grundstück absehen, wenn das Grundstück den wirtschaftlichen Zwecken mehrerer anderer Grundstücke zu dienen bestimmt ist, zu diesen in einem dieser Bestimmung entsprechenden räumlichen Verhältnis und im Miteigentum der Eigentümer dieser Grundstücke steht (dienendes Grundstück).

(5) [1] In diesem Fall müssen an Stelle des ganzen Grundstücks die den Eigentümern zustehenden einzelnen Miteigentumsanteile an dem dienenden Grundstück auf dem Grundbuchblatt des dem einzelnen Eigentümer gehörenden Grundstücks eingetragen werden. [2] Diese Eintragung gilt als Grundbuch für den einzelnen Miteigentumsanteil.

(6) Die Buchung nach den Absätzen 4 und 5 ist auch dann zulässig, wenn die beteiligten Grundstücke noch einem Eigentümer gehören, dieser aber die Teilung des Eigentums am dienenden Grundstück in Miteigentumsanteile und deren Zuordnung zu den herrschenden Grundstücken gegenüber dem Grundbuchamt erklärt hat; die Teilung wird mit der Buchung nach Absatz 5 wirksam.

(7) Werden die Miteigentumsanteile an dem dienenden Grundstück neu gebildet, so soll, wenn die Voraussetzungen des Absatzes 4 vorliegen, das Grundbuchamt in der Regel nach den vorstehenden Vorschriften verfahren.

(8) Stehen die Anteile an dem dienenden Grundstück nicht mehr den Eigentümern der herrschenden Grundstücke zu, so ist ein Grundbuchblatt anzulegen.

---

1) § 2 Abs. 3 neu gef., Abs. 4 und 5 aufgeh. mWv 9.10.2013 durch G v. 1.10.2013 (BGBl. I S. 3719).
2) Nr. **20**.

(9) Wird das dienende Grundstück als Ganzes belastet, so ist, sofern nicht ein besonderes Grundbuchblatt angelegt wird oder § 48 anwendbar ist, in allen beteiligten Grundbuchblättern kenntlich zu machen, daß das dienende Grundstück als Ganzes belastet ist; hierbei ist jeweils auf die übrigen Eintragungen zu verweisen.

§ 4[1] **[Gemeinschaftliches Grundbuchblatt]** (1) Über mehrere Grundstücke desselben Eigentümers, deren Grundbücher von demselben Grundbuchamt geführt werden, kann ein gemeinschaftliches Grundbuchblatt geführt werden, solange hiervon Verwirrung nicht zu besorgen ist.

(2) [1] Dasselbe gilt, wenn die Grundstücke zu einem Hof im Sinne der Höfeordnung gehören oder in ähnlicher Weise bundes- oder landesrechtlich miteinander verbunden sind, auch wenn ihre Grundbücher von verschiedenen Grundbuchämtern geführt werden. [2] In diesen Fällen ist, wenn es sich um einen Hof handelt, das Grundbuchamt zuständig, welches das Grundbuch über die Hofstelle führt; im übrigen ist das zuständige Grundbuchamt nach § 5 des Gesetzes über das Verfahren in Familiensachen und in den Angelegenheiten der freiwilligen Gerichtsbarkeit zu bestimmen.

§ 5[2] **[Vereinigung von Grundstücken]** (1) [1] Ein Grundstück soll nur dann mit einem anderen Grundstück vereinigt werden, wenn hiervon Verwirrung nicht zu besorgen ist. [2] Eine Vereinigung soll insbesondere dann unterbleiben, wenn die Grundstücke im Zeitpunkt der Vereinigung wie folgt belastet sind:

1. mit unterschiedlichen Grundpfandrechten oder Reallasten oder
2. mit denselben Grundpfandrechten oder Reallasten in unterschiedlicher Rangfolge.

[3] Werden die Grundbücher von verschiedenen Grundbuchämtern geführt, so ist das zuständige Grundbuchamt nach § 5 des Gesetzes über das Verfahren in Familiensachen und in den Angelegenheiten der freiwilligen Gerichtsbarkeit zu bestimmen.

(2) [1] Die an der Vereinigung beteiligten Grundstücke sollen im Bezirk desselben Grundbuchamts und derselben für die Führung des amtlichen Verzeichnisses nach § 2 Abs. 2 zuständigen Stelle liegen und unmittelbar aneinandergrenzen. [2] Von diesen Erfordernissen soll nur abgewichen werden, wenn hierfür, insbesondere wegen der Zusammengehörigkeit baulicher Anlagen und Nebenanlagen, ein erhebliches Bedürfnis *entsteht*[3]. [3] Die Lage der Grundstücke zueinander kann durch Bezugnahme auf das amtliche Verzeichnis nachgewiesen werden. [4] Das erhebliche Bedürfnis ist glaubhaft zu machen; § 29 gilt hierfür nicht.

§ 6[4] **[Zuschreibung]** (1) [1] Ein Grundstück soll nur dann einem anderen Grundstück als Bestandteil zugeschrieben werden, wenn hiervon Verwirrung nicht zu besorgen ist. [2] Werden die Grundbücher von verschiedenen Grundbuchämtern geführt, so ist für die Entscheidung über den Antrag auf Zuschreibung und, wenn dem Antrag stattgegeben wird, für die Führung des Grundbuchs über das ganze Grundstück das Grundbuchamt zuständig, das das Grundbuch über das Hauptgrundstück führt.

(2) § 5 Absatz 1 Satz 2 und Absatz 2 ist entsprechend anzuwenden.

---

[1] § 4 Abs. 2 Satz 2 geänd. mWv 1.9.2009 durch G v. 17.12.2008 (BGBl. I S. 2586).

[2] § 5 Abs. 1 Satz 2 geänd. mWv 1.9.2009 durch G v. 17.12.2008 (BGBl. I S. 2586); Abs. 1 Satz 2 eingef., bish. Satz 2 wird Satz 3, Abs. 2 Satz 3 neu gef. mWv 9.10.2013 durch G v. 1.10.2013 (BGBl. I S. 3719).

[3] Richtig wohl: „besteht“.

[4] § 6 Abs. 2 neu gef. mWv 9.10.2013 durch G v. 1.10.2013 (BGBl. I S. 3719).

§ 6a [Erfordernisse für Eintragung des Erbbaurechts] (1) [1] Dem Antrag auf Eintragung eines Erbbaurechts an mehreren Grundstücken oder Erbbaurechten soll unbeschadet des Satzes 2 nur entsprochen werden, wenn hinsichtlich der zu belastenden Grundstücke die Voraussetzungen des § 5 Abs. 2 Satz 1 vorliegen. [2] Von diesen Erfordernissen soll nur abgewichen werden, wenn die zu belastenden Grundstücke nahe beieinander liegen und entweder das Erbbaurecht in Wohnungs- oder Teilerbbaurechte aufgeteilt werden soll oder Gegenstand des Erbbaurechts ein einheitliches Bauwerk oder ein Bauwerk mit dazugehörenden Nebenanlagen auf den zu belastenden Grundstücken ist; § 5 Abs. 2 Satz 3 findet entsprechende Anwendung. [3] Im übrigen sind die Voraussetzungen des Satzes 2 glaubhaft zu machen; § 29 gilt hierfür nicht.

(2) Dem Antrag auf Eintragung eines Erbbaurechts soll nicht entsprochen werden, wenn das Erbbaurecht sowohl an einem Grundstück als auch an einem anderen Erbbaurecht bestellt werden soll.

§ 7[1)] [Abschreibung eines Grundstücksteils] (1) Soll ein Grundstücksteil mit einem Recht belastet werden, so ist er von dem Grundstück abzuschreiben und als selbständiges Grundstück einzutragen.

(2) [1] Ist das Recht eine Dienstbarkeit, so kann die Abschreibung unterbleiben, wenn hiervon Verwirrung nicht zu besorgen ist. [2] In diesem Fall soll ein von der für die Führung des Liegenschaftskatasters zuständigen Behörde erteilter beglaubigter Auszug aus der amtlichen Karte vorgelegt werden, in dem der belastete Grundstücksteil gekennzeichnet ist. [3] Die Vorlage eines solchen Auszugs ist nicht erforderlich, wenn der Grundstücksteil im Liegenschaftskataster unter einer besonderen Nummer verzeichnet ist.

(3) [1] Die Landesregierungen werden ermächtigt, durch Rechtsverordnung zu bestimmen, dass der nach Absatz 2 vorzulegende Auszug aus der amtlichen Karte der Beglaubigung nicht bedarf, wenn der Auszug maschinell hergestellt wird und ein ausreichender Schutz gegen die Vorlage von nicht von der zuständigen Behörde hergestellten oder von verfälschten Auszügen besteht. [2] Satz 1 gilt entsprechend für andere Fälle, in denen dem Grundbuchamt Angaben aus dem amtlichen Verzeichnis zu übermitteln sind. [3] Die Landesregierungen können die Ermächtigung durch Rechtsverordnung auf die Landesjustizverwaltungen übertragen.

§ 8 (weggefallen)

§ 9 [Subjektiv-dingliche Rechte] (1) [1] Rechte, die dem jeweiligen Eigentümer eines Grundstücks zustehen, sind auf Antrag auch auf dem Blatt dieses Grundstücks zu vermerken. [2] Antragsberechtigt ist der Eigentümer des Grundstücks sowie jeder, dessen Zustimmung nach § 876 Satz 2 des Bürgerlichen Gesetzbuchs[2)] zur Aufhebung des Rechtes erforderlich ist.

(2) Der Vermerk ist von Amts wegen zu berichtigen, wenn das Recht geändert oder aufgehoben wird.

(3) Die Eintragung des Vermerks (Absatz 1) ist auf dem Blatt des belasteten Grundstücks von Amts wegen ersichtlich zu machen.

---

1) § 7 Abs. 2 Satz 1 geänd., Satz 2 neu gef., Satz 3 und Abs. 3 angef. mWv 9.10.2013 durch G v. 1.10.2013 (BGBl. I S. 3719).

2) Nr. **20**.

§ 10[1)] **[Aufbewahrung von Urkunden]** (1) [1] Grundbücher und Urkunden, auf die eine Eintragung sich gründet oder Bezug nimmt, hat das Grundbuchamt dauernd aufzubewahren. [2] Eine Urkunde nach Satz 1 darf nur herausgegeben werden, wenn statt der Urkunde eine beglaubigte Abschrift bei dem Grundbuchamt bleibt.

(2) Das Bundesministerium der Justiz und für Verbraucherschutz wird ermächtigt, durch Rechtsverordnung, die der Zustimmung des Bundesrates bedarf, zu bestimmen, daß statt einer beglaubigten Abschrift der Urkunde eine Verweisung auf die anderen Akten genügt, wenn eine der in Absatz 1 bezeichneten Urkunden in anderen Akten des das Grundbuch führenden Amtsgerichts enthalten ist.

(3) *(aufgehoben)*

(4) (weggefallen)

§ 10a[2)] **[Aufbewahrung auf Datenträgern; Nachweis der Übereinstimmung]** (1) [1] Geschlossene Grundbücher können als Wiedergabe auf einem Bildträger oder auf anderen Datenträgern aufbewahrt werden, wenn sichergestellt ist, daß die Wiedergabe oder die Daten innerhalb angemessener Zeit lesbar gemacht werden können. [2] Die Landesjustizverwaltungen bestimmen durch allgemeine Verwaltungsanordnung Zeitpunkt und Umfang dieser Art der Aufbewahrung und die Einzelheiten der Durchführung.

(2) [1] Bei der Herstellung der Bild- oder sonstigen Datenträger ist ein schriftlicher Nachweis anzufertigen, dass die Wiedergabe mit dem Original des Grundbuchs übereinstimmt. [2] Weist das Original farbliche Eintragungen auf, die in der Wiedergabe nicht als solche erkennbar sind, ist dies in dem schriftlichen Nachweis anzugeben. [3] Die Originale der geschlossenen Grundbücher können ausgesondert werden.

(3) [1] Durch Rechtsverordnung des Bundesministeriums der Justiz und für Verbraucherschutz mit Zustimmung des Bundesrates kann vorgesehen werden, daß für die Führung des Grundbuchs nicht mehr benötigte, bei den Grundakten befindliche Schriftstücke ausgesondert werden können. [2] Welche Schriftstücke dies sind und unter welchen Voraussetzungen sie ausgesondert werden können, ist in der Rechtsverordnung nach Satz 1 zu bestimmen.

§ 11 [Ausgeschlossene Organe] Eine Eintragung in das Grundbuch ist nicht aus dem Grunde unwirksam, weil derjenige, der sie bewirkt hat, von der Mitwirkung kraft Gesetzes ausgeschlossen ist.

§ 12[3)] **[Grundbucheinsicht; Abschriften]** (1) [1] Die Einsicht des Grundbuchs ist jedem gestattet, der ein berechtigtes Interesse darlegt. [2] Das gleiche gilt von Urkunden, auf die im Grundbuch zur Ergänzung einer Eintragung Bezug genommen ist, sowie von den noch nicht erledigten Eintragungsanträgen.

[1)] § 10 Abs. 3 aufgeh. durch G v. 6.6.1995 (BGBl. I S. 778); Abs. 1 Sätze 1 und 2 geänd. mWv 1.10.2009 durch G v. 11.8.2009 (BGBl. I S. 2713); Abs. 2 geänd. mWv 8.9.2015 durch VO v. 31.8.2015 (BGBl. I S. 1474).

[2)] § 10a Abs. 1 Satz 1 geänd., Abs. 2 neu gef. mWv 1.10.2009 durch G v. 11.8.2009 (BGBl. I S. 2713); Abs. 3 Satz 1 geänd. mWv 8.9.2015 durch VO v. 31.8.2015 (BGBl. I S. 1474).

[3)] § 12 Abs. 3 neu gef. mWv 25.4.2006 durch G v. 19.4.2006 (BGBl. I S. 866); Abs. 4 angef. mWv 1.10.2014 durch G v. 1.10.2013 (BGBl. I S. 3719); Abs. 3 einl. Satzteil geänd. mWv 8.9.2015 durch VO v. 31.8.2015 (BGBl. I S. 1474); Abs. 4 Satz 2 geänd. mWv 1.3.2016 durch G v. 3.12.2015 (BGBl. I S. 2161); Abs. 4 Satz 2 geänd. mWv 1.1.2020 durch G v. 12.12.2019 (BGBl. I S. 2602).

(2) Soweit die Einsicht des Grundbuchs, der im Absatz 1 bezeichneten Urkunden und der noch nicht erledigten Eintragungsanträge gestattet ist, kann eine Abschrift gefordert werden; die Abschrift ist auf Verlangen zu beglaubigen.

(3) Das Bundesministerium der Justiz und für Verbraucherschutz kann durch Rechtsverordnung mit Zustimmung des Bundesrates bestimmen, dass

1. über die Absätze 1 und 2 hinaus die Einsicht in sonstige sich auf das Grundbuch beziehende Dokumente gestattet ist und Abschriften hiervon gefordert werden können;
2. bei Behörden von der Darlegung des berechtigten Interesses abgesehen werden kann, ebenso bei solchen Personen, bei denen es auf Grund ihres Amtes oder ihrer Tätigkeit gerechtfertigt ist.

(4) [1] Über Einsichten in Grundbücher und Grundakten sowie über die Erteilung von Abschriften aus Grundbüchern und Grundakten ist ein Protokoll zu führen. [2] Dem Eigentümer des betroffenen Grundstücks oder dem Inhaber eines grundstücksgleichen Rechts ist auf Verlangen Auskunft aus diesem Protokoll zu geben, es sei denn, die Bekanntgabe würde den Erfolg strafrechtlicher Ermittlungen oder die Aufgabenwahrnehmung einer Verfassungsschutzbehörde, des Bundesnachrichtendienstes, des Militärischen Abschirmdienstes oder *die*[1)] Zentralstelle für Finanztransaktionsuntersuchungen gefährden. [3] Das Protokoll kann nach Ablauf von zwei Jahren vernichtet werden. [4] Einer Protokollierung bedarf es nicht, wenn die Einsicht oder Abschrift dem Auskunftsberechtigten nach Satz 2 gewährt wird.

§ 12a[2)] [Einrichtung von Verzeichnissen; keine Haftung bei Auskünften]

(1) [1] Die Grundbuchämter dürfen auch ein Verzeichnis der Eigentümer und der Grundstücke sowie mit Genehmigung der Landesjustizverwaltung weitere, für die Führung des Grundbuchs erforderliche Verzeichnisse einrichten und, auch in maschineller Form, führen. [2] Eine Verpflichtung, diese Verzeichnisse auf dem neuesten Stand zu halten, besteht nicht; eine Haftung bei nicht richtiger Auskunft besteht nicht. [3] Aus öffentlich zugänglich gemachten Verzeichnissen dieser Art sind Auskünfte zu erteilen, soweit ein solches Verzeichnis der Auffindung der Grundbuchblätter dient, zur Einsicht in das Grundbuch oder für den Antrag auf Erteilung von Abschriften erforderlich ist und die Voraussetzungen für die Einsicht in das Grundbuch gegeben sind. [4] Unter den Voraussetzungen des § 12 kann Auskunft aus Verzeichnissen nach Satz 1 auch gewährt werden, wenn damit die Einsicht in das Grundbuch entbehrlich wird. [5] Inländischen Gerichten, Behörden und Notaren kann auch die Einsicht in den entsprechenden Teil des Verzeichnisses gewährt werden. [6] Ein Anspruch auf Erteilung von Abschriften aus dem Verzeichnis besteht nicht. [7] Für maschinell geführte Verzeichnisse gelten § 126 Abs. 2 und § 133 entsprechend.

(2) Als Verzeichnis im Sinne des Absatzes 1 kann mit Genehmigung der Landesjustizverwaltung auch das Liegenschaftskataster verwendet werden.

(3) [1] Über Einsichten in Verzeichnisse nach Absatz 1 oder die Erteilung von Auskünften aus solchen Verzeichnissen, durch die personenbezogene Daten bekanntgegeben werden, ist ein Protokoll zu führen. [2] § 12 Absatz 4 Satz 2 bis 4 gilt entsprechend.

[1)] Richtig wohl: „der".
[2)] § 12a Abs. 3 angef. mWv 1.10.2014 durch G v. 1.10.2013 (BGBl. I S. 3719).

§ 12b[1)] **[Grundbucheinsicht]** (1) [1] Nach der Übertragung von geschlossenen Grundbüchern und Grundakten auf einen Bild- oder sonstigen Datenträger in einem Verfahren nach § 10a Absatz 1 und 2, § 128 Absatz 3 oder § 138 Absatz 1 kann eine Einsicht in die vom Grundbuchamt weiter aufbewahrten Originale nicht mehr verlangt werden. [2] Werden die Originale nach ihrer Aussonderung durch eine andere Stelle als das Grundbuchamt aufbewahrt, bestimmt sich die Einsicht nach Landesrecht.

(2) Soweit in dem in Artikel 3 des Einigungsvertrages[2)] genannten Gebiet Grundakten und frühere Grundbücher von anderen als den grundbuchführenden Stellen aufbewahrt werden, gilt § 12 entsprechend.

§ 12c[3)] **[Zuständigkeit des Urkundsbeamten]** (1) Der Urkundsbeamte der Geschäftsstelle entscheidet über:

1. die Gestattung der Einsicht in das Grundbuch oder die in § 12 bezeichneten Akten und Anträge sowie die Erteilung von Abschriften hieraus, soweit nicht Einsicht zu wissenschaftlichen oder Forschungszwecken begehrt wird;
2. die Erteilung von Auskünften nach § 12a oder die Gewährung der Einsicht in ein dort bezeichnetes Verzeichnis;
3. die Erteilung von Auskünften in den sonstigen gesetzlich vorgesehenen Fällen;
4. die Anträge auf Rückgabe von Urkunden und Versendung von Grundakten an inländische Gerichte oder Behörden.

(2) Der Urkundsbeamte der Geschäftsstelle ist ferner zuständig für

1. die Beglaubigung von Abschriften (Absatz 1 Nr. 1), auch soweit ihm die Entscheidung über die Erteilung nicht zusteht; jedoch kann statt des Urkundsbeamten ein von der Leitung des Amtsgerichts ermächtigter Justizangestellter die Beglaubigung vornehmen;
2. die Verfügungen und Eintragungen zur Erhaltung der Übereinstimmung zwischen dem Grundbuch und dem amtlichen Verzeichnis nach § 2 Abs. 2 oder einem sonstigen, hiermit in Verbindung stehenden Verzeichnis, mit Ausnahme der Verfügungen und Eintragungen, die zugleich eine Berichtigung rechtlicher Art oder eine Berichtigung eines Irrtums über das Eigentum betreffen;
3. die Entscheidungen über Ersuchen des Gerichts um Eintragung oder Löschung des Vermerks über die Eröffnung des Insolvenzverfahrens und über die Verfügungsbeschränkungen nach der Insolvenzordnung[4)] oder des Vermerks über die Einleitung eines Zwangsversteigerungs- und Zwangsverwaltungsverfahrens;

3a. die Entscheidungen über Ersuchen um Eintragung und Löschung von Anmeldevermerken gemäß § 30b Absatz 1 des Vermögensgesetzes[5)];

4. die Berichtigung der Eintragung des Namens, des Berufs oder des Wohnortes natürlicher Personen im Grundbuch;
5. die Anfertigung der Nachweise nach § 10a Abs. 2.

[1)] § 12b neu gef. mWv 1.10.2009 durch G v. 11.8.2009 (BGBl. I S. 2713).

[2)] **Habersack II Nr. 2.**

[3)] § 12c Abs. 2 Nr. 3 neu gef. durch G v. 5.10.1994 (BGBl. I S. 2911); Abs. 3 neu gef. mWv 1.9.2009 durch G v. 17.12.2008 (BGBl. I S. 2586); Abs. 5 Satz 1 geänd. mWv 1.10.2009 durch G v. 11.8.2009 (BGBl. I S. 2713); Abs. 2 Nr. 3a eingef., Abs. 4 Sätze 1 und 2 geänd. mWv 9.10.2013 durch G v. 1.10.2013 (BGBl. I S. 3719).

[4)] Nr. **110**.

[5)] **Habersack II Nr. 66.**

(3) [1] Die Vorschrift des § 6 des Gesetzes über das Verfahren in Familiensachen und in den Angelegenheiten der freiwilligen Gerichtsbarkeit[1)] ist auf den Urkundsbeamten der Geschäftsstelle sinngemäß anzuwenden. [2] Handlungen des Urkundsbeamten der Geschäftsstelle sind nicht aus dem Grunde unwirksam, weil sie von einem örtlich unzuständigen oder von der Ausübung seines Amtes kraft Gesetzes ausgeschlossenen Urkundsbeamten vorgenommen worden sind.

(4) [1] Wird die Änderung einer Entscheidung des Urkundsbeamten der Geschäftsstelle verlangt, so entscheidet, wenn dieser dem Verlangen nicht entspricht, die für die Führung des Grundbuchs zuständige Person. [2] Die Beschwerde findet erst gegen ihre Entscheidung statt.

(5) [1] In den Fällen des § 12b Absatz 2 entscheidet über die Gewährung von Einsicht oder die Erteilung von Abschriften die Leitung der Stelle oder ein von ihm hierzu ermächtigter Bediensteter. [2] Gegen die Entscheidung ist die Beschwerde nach dem Vierten Abschnitt gegeben. [3] Örtlich zuständig ist das Gericht, in dessen Bezirk die Stelle ihren Sitz hat.

§ 12d[2)] Anwendung der Verordnung (EU) 2016/679. (1) [1] Das Auskunftsrecht nach Artikel 15 Absatz 1 und das Recht auf Erhalt einer Kopie nach Artikel 15 Absatz 3 der Verordnung (EU) 2016/679[3)] des Europäischen Parlaments und des Rates vom 27. April 2016 zum Schutz natürlicher Personen bei der Verarbeitung personenbezogener Daten, zum freien Datenverkehr und zur Aufhebung der Richtlinie 95/46/EG (Datenschutz-Grundverordnung) (ABl. L 119 vom 4.5.2016, S. 1; L 314 vom 22.11.2016, S. 72; L 127 vom 23.5.2018, S. 2) werden dadurch gewährt, dass die betroffene Person

1. nach Maßgabe des § 12 Absatz 1 und 2 und den dazu erlassenen Vorschriften der Grundbuchverfügung in der jeweils geltenden Fassung Einsicht in das Grundbuch, die Urkunden, auf die im Grundbuch zur Ergänzung einer Eintragung Bezug genommen ist, sowie in die noch nicht erledigten Eintragungsanträge nehmen und eine Abschrift verlangen kann,
2. in die nach § 12a Absatz 1 Satz 1 geführten weiteren Verzeichnisse Einsicht nehmen kann.

[2] Eine Information über Empfänger, gegenüber denen die im Grundbuch oder in den Grundakten enthaltenen personenbezogenen Daten offengelegt werden, erfolgt nur zu Gunsten der Eigentümer des betroffenen Grundstücks oder dem Inhaber eines grundstücksgleichen Rechts innerhalb der von § 12 Absatz 4 Satz 2 bis 4 und der Grundbuchverfügung gesetzten Grenzen.

(2) Hinsichtlich der im Grundbuch enthaltenen personenbezogenen Daten kann das Recht auf Berichtigung nach Artikel 16 der Verordnung (EU) 2016/679 nur unter den Voraussetzungen ausgeübt werden, die in den §§ 894 bis 896 des Bürgerlichen Gesetzbuchs[4)] sowie in den §§ 22 bis 25 und 27 dieses Gesetzes für eine Berichtigung oder Löschung vorgesehen sind.

(3) Das Widerspruchsrecht gemäß Artikel 21 der Verordnung (EU) 2016/679 findet in Bezug auf die im Grundbuch und in den Grundakten enthaltenen personenbezogenen Daten keine Anwendung.

[1)] Nr. **112**.
[2)] § 12d eingef. mWv 26.11.2019 durch G v. 20.11.2019 (BGBl. I S. 1724).
[3)] **Sartorius Nr. 246.**
[4)] Nr. **20**.

Zweiter Abschnitt. Eintragungen in das Grundbuch

§ 13[1] [Antragsgrundsatz] (1) [1] Eine Eintragung soll, soweit nicht das Gesetz etwas anderes vorschreibt, nur auf Antrag erfolgen. [2] Antragsberechtigt ist jeder, dessen Recht von der Eintragung betroffen wird oder zu dessen Gunsten die Eintragung erfolgen soll.

(2) [1] Der genaue Zeitpunkt, in dem ein Antrag beim Grundbuchamt eingeht, soll auf dem Antrag vermerkt werden. [2] Der Antrag ist beim Grundbuchamt eingegangen, wenn er einer zur Entgegennahme zuständigen Person vorgelegt ist. [3] Wird er zur Niederschrift einer solchen Person gestellt, so ist er mit Abschluß der Niederschrift eingegangen.

(3) [1] Für die Entgegennahme eines auf eine Eintragung gerichteten Antrags oder Ersuchens und die Beurkundung des Zeitpunkts, in welchem der Antrag oder das Ersuchen beim Grundbuchamt eingeht, sind nur die für die Führung des Grundbuchs über das betroffene Grundstück zuständige Person und der von der Leitung des Amtsgerichts für das ganze Grundbuchamt oder einzelne Abteilungen hierzu bestellte Beamte (Angestellte) der Geschäftsstelle zuständig. [2] Bezieht sich der Antrag oder das Ersuchen auf mehrere Grundstücke in verschiedenen Geschäftsbereichen desselben Grundbuchamts, so ist jeder zuständig, der nach Satz 1 in Betracht kommt.

§ 14 [Antragsrecht bei Berichtigung] Die Berichtigung des Grundbuchs durch Eintragung eines Berechtigten darf auch von demjenigen beantragt werden, welcher auf Grund eines gegen den Berechtigten vollstreckbaren Titels eine Eintragung in das Grundbuch verlangen kann, sofern die Zulässigkeit dieser Eintragung von der vorgängigen Berichtigung des Grundbuchs abhängt.

§ 15[2] [Vollmachtsvermutung des Notars] (1) [1] Für die Eintragungsbewilligung und die sonstigen Erklärungen, die zu der Eintragung erforderlich sind und in öffentlicher oder öffentlich beglaubigter Form abgegeben werden, können sich die Beteiligten auch durch Personen vertreten lassen, die nicht nach § 10 Abs. 2 des Gesetzes über das Verfahren in Familiensachen und in den Angelegenheiten der freiwilligen Gerichtsbarkeit[3] vertretungsbefugt sind. [2] Dies gilt auch für die Entgegennahme von Eintragungsmitteilungen und Verfügungen des Grundbuchamtes nach § 18.

(2) Ist die zu einer Eintragung erforderliche Erklärung von einem Notar beurkundet oder beglaubigt, so gilt dieser als ermächtigt, im Namen eines Antragsberechtigten die Eintragung zu beantragen.[4]

(3) [1] Die zu einer Eintragung erforderlichen Erklärungen sind vor ihrer Einreichung für das Grundbuchamt von einem Notar auf Eintragungsfähigkeit zu prüfen. [2] Dies gilt nicht, wenn die Erklärung von einer öffentlichen Behörde abgegeben wird.

§ 16 [Antrag unter Vorbehalt] (1) Einem Eintragungsantrag, dessen Erledigung an einen Vorbehalt geknüpft wird, soll nicht stattgegeben werden.

---

[1] § 13 Abs. 3 Satz 1 geänd. mWv 1.10.2009 durch G v. 11.8.2009 (BGBl. I S. 2713).

[2] § 15 Abs. 1 eingef. mWv 1.9.2009 durch G v. 30.7.2009 (BGBl. I S. 2449); Abs. 3 angef. mWv 9.6.2017 durch G v. 1.6.2017 (BGBl. I S. 1396).

[3] Nr. **112**.

[4] Vgl. hierzu auch § 24 Abs. 3 BNotO **(Habersack, Deutsche Gesetze ErgBd. Nr. 98a)**.

(2) Werden mehrere Eintragungen beantragt, so kann von dem Antragsteller bestimmt werden, daß die eine Eintragung nicht ohne die andere erfolgen soll.

§ 17 [Behandlung mehrerer Anträge] Werden mehrere Eintragungen beantragt, durch die dasselbe Recht betroffen wird, so darf die später beantragte Eintragung nicht vor der Erledigung des früher gestellten Antrags erfolgen.

§ 18 [Eintragungshindernis; Zurückweisung oder Zwischenverfügung]

(1) [1] Steht einer beantragten Eintragung ein Hindernis entgegen, so hat das Grundbuchamt entweder den Antrag unter Angabe der Gründe zurückzuweisen oder dem Antragsteller eine angemessene Frist zur Hebung des Hindernisses zu bestimmen. [2] Im letzteren Fall ist der Antrag nach dem Ablauf der Frist zurückzuweisen, wenn nicht inzwischen die Hebung des Hindernisses nachgewiesen ist.

(2) [1] Wird vor der Erledigung des Antrags eine andere Eintragung beantragt, durch die dasselbe Recht betroffen wird, so ist zugunsten des früher gestellten Antrags von Amts wegen eine Vormerkung oder ein Widerspruch einzutragen; die Eintragung gilt im Sinne des § 17 als Erledigung dieses Antrags. [2] Die Vormerkung oder der Widerspruch wird von Amts wegen gelöscht, wenn der früher gestellte Antrag zurückgewiesen wird.

§ 19 [Bewilligungsgrundsatz] Eine Eintragung erfolgt, wenn derjenige sie bewilligt, dessen Recht von ihr betroffen wird.

§ 20[1)] [Einigungsgrundsatz] Im Falle der Auflassung eines Grundstücks sowie im Falle der Bestellung, Änderung des Inhalts oder Übertragung eines Erbbaurechts darf die Eintragung nur erfolgen, wenn die erforderliche Einigung des Berechtigten und des anderen Teils erklärt ist.

§ 21 [Bewilligung bei subjektiv-dinglichen Rechten] Steht ein Recht, das durch die Eintragung betroffen wird, dem jeweiligen Eigentümer eines Grundstücks zu, so bedarf es der Bewilligung der Personen, deren Zustimmung nach § 876 Satz 2 des Bürgerlichen Gesetzbuchs[2)] zur Aufhebung des Rechtes erforderlich ist, nur dann, wenn das Recht auf dem Blatt des Grundstücks vermerkt ist.

§ 22 [Berichtigung des Grundbuchs] (1) [1] Zur Berichtigung des Grundbuchs bedarf es der Bewilligung nach § 19 nicht, wenn die Unrichtigkeit nachgewiesen wird. [2] Dies gilt insbesondere für die Eintragung oder Löschung einer Verfügungsbeschränkung.

(2) Die Berichtigung des Grundbuchs durch Eintragung eines Eigentümers oder eines Erbbauberechtigten darf, sofern nicht der Fall des § 14 vorliegt oder die Unrichtigkeit nachgewiesen wird, nur mit Zustimmung des Eigentümers oder des Erbbauberechtigten erfolgen.

§ 23 [Löschung von Rechten auf Lebenszeit] (1) [1] Ein Recht, das auf die Lebenszeit des Berechtigten beschränkt ist, darf nach dessen Tod, falls Rückstände von Leistungen nicht ausgeschlossen sind, nur mit Bewilligung des Rechtsnach-

---

[1)] In den Fällen des § 20 bedarf es in der Regel noch weiterer Eintragungsunterlagen. Als solche kommen in erster Linie in Betracht: Genehmigung nach § 22 Baugesetzbuch (BauGB) **(Sartorius Nr. 300)**; Genehmigung nach §§ 2 ff. GrundstückverkehrsG **(Habersack, Deutsche Gesetze ErgBd. Nr. 40)**; Unbedenklichkeitsbescheinigung des Finanzamts gemäß § 22 GrunderwerbsteuerG idF der Bek. v. 26.2. 1997 (BGBl. I S. 418, ber. S. 1804), zuletzt geänd. durch G v. 25.6.2021 (BGBl. I S. 2056); Genehmigung nach § 75 BundesversorgungsG **(Aichberger, SGB Nr. 20/10)**.

[2)] Nr. **20**.

folgers gelöscht werden, wenn die Löschung vor dem Ablauf eines Jahres nach dem Tod des Berechtigten erfolgen soll oder wenn der Rechtsnachfolger der Löschung bei dem Grundbuchamt widersprochen hat; der Widerspruch ist von Amts wegen in das Grundbuch einzutragen. [2] Ist der Berechtigte für tot erklärt, so beginnt die einjährige Frist mit dem Erlaß des die Todeserklärung aussprechenden Urteils.

(2) Der im Absatz 1 vorgesehenen Bewilligung des Rechtsnachfolgers bedarf es nicht, wenn im Grundbuch eingetragen ist, daß zur Löschung des Rechtes der Nachweis des Todes des Berechtigten genügen soll.

§ 24 [Löschung zeitlich beschränkter Rechte] Die Vorschriften des § 23 sind entsprechend anzuwenden, wenn das Recht mit der Erreichung eines bestimmten Lebensalters des Berechtigten oder mit dem Eintritt eines sonstigen bestimmten Zeitpunkts oder Ereignisses erlischt.

§ 25 [Löschung von Vormerkungen und Widersprüchen] [1] Ist eine Vormerkung oder ein Widerspruch auf Grund einer einstweiligen Verfügung eingetragen, so bedarf es zur Löschung nicht der Bewilligung des Berechtigten, wenn die einstweilige Verfügung durch eine vollstreckbare Entscheidung aufgehoben ist. [2] Diese Vorschrift ist entsprechend anzuwenden, wenn auf Grund eines vorläufig vollstreckbaren Urteils nach den Vorschriften der Zivilprozeßordnung[1)] oder auf Grund eines Bescheides nach dem Vermögensgesetz[2)] eine Vormerkung oder ein Widerspruch eingetragen ist.

§ 26 [Übertragung und Belastung von Briefrechten] (1) Soll die Übertragung einer Hypothek, Grundschuld oder Rentenschuld, über die ein Brief erteilt ist, eingetragen werden, so genügt es, wenn an Stelle der Eintragungsbewilligung die Abtretungserklärung des bisherigen Gläubigers vorgelegt wird.

(2) Diese Vorschrift ist entsprechend anzuwenden, wenn eine Belastung der Hypothek, Grundschuld oder Rentenschuld oder die Übertragung oder Belastung einer Forderung, für die ein eingetragenes Recht als Pfand haftet, eingetragen werden soll.

§ 27 [Löschung von Grundpfandrechten] [1] Eine Hypothek, eine Grundschuld oder eine Rentenschuld darf nur mit Zustimmung des Eigentümers des Grundstücks gelöscht werden. [2] Für eine Löschung zur Berichtigung des Grundbuchs ist die Zustimmung nicht erforderlich, wenn die Unrichtigkeit nachgewiesen wird.

§ 28[3)] [Bezeichnung des Grundstücks und der Geldbeträge] [1] In der Eintragungsbewilligung oder, wenn eine solche nicht erforderlich ist, in dem Eintragungsantrag ist das Grundstück übereinstimmend mit dem Grundbuch oder durch Hinweis auf das Grundbuchblatt zu bezeichnen. [2] Einzutragende Geldbeträge sind in inländischer Währung anzugeben; durch Rechtsverordnung[4)] des Bundesministeriums der Justiz und für Verbraucherschutz im Einvernehmen mit dem Bundesministerium der Finanzen kann die Angabe in einer einheitlichen europäischen Währung, in der Währung eines Mitgliedstaats der Europäischen Union oder des Europäischen Wirtschaftsraums oder einer anderen Währung, gegen die währungspolitische Bedenken nicht zu erheben sind, zugelassen und, wenn gegen die Fort-

---

1) Nr. **100**.

2) **Habersack II Nr. 66.**

3) § 28 Satz 2 geänd. mWv 8.9.2015 durch VO v. 31.8.2015 (BGBl. I S. 1474).

4) Beachte dazu VO über Grundpfandrechte in ausländischer Währung und in Euro v. 30.10.1997 (BGBl. I S. 2683) sowie Bek. über das Inkrafttreten v. 23.12.1998 (BGBl. I S. 4023).

dauer dieser Zulassung währungspolitische Bedenken bestehen, wieder eingeschränkt werden.

§ 29[1)] **[Nachweis der Eintragungsunterlagen]** (1) [1]Eine Eintragung soll nur vorgenommen werden, wenn die Eintragungsbewilligung oder die sonstigen zu der Eintragung erforderlichen Erklärungen durch öffentliche oder öffentlich beglaubigte Urkunden nachgewiesen werden.[2)] [2]Andere Voraussetzungen der Eintragung bedürfen, soweit sie nicht bei dem Grundbuchamt offenkundig sind, des Nachweises durch öffentliche Urkunden.

(2) (weggefallen)

(3) [1]Erklärungen oder Ersuchen einer Behörde, auf Grund deren eine Eintragung vorgenommen werden soll, sind zu unterschreiben und mit Siegel oder Stempel zu versehen. [2]Anstelle der Siegelung kann maschinell ein Abdruck des Dienstsiegels eingedruckt oder aufgedruckt werden.

§ 29a [Glaubhaftmachung bei Löschungsvormerkung] Die Voraussetzungen des § 1179 Nr. 2 des Bürgerlichen Gesetzbuchs[3)] sind glaubhaft zu machen; § 29 gilt hierfür nicht.

§ 30 [Form des Eintragungsantrages und der Vollmacht] Für den Eintragungsantrag sowie für die Vollmacht zur Stellung eines solchen gelten die Vorschriften des § 29 nur, wenn durch den Antrag zugleich eine zu der Eintragung erforderliche Erklärung ersetzt werden soll.

§ 31 [Form der Antragsrücknahme und des Widerrufs der Vollmacht]

[1]Eine Erklärung, durch die ein Eintragungsantrag zurückgenommen wird, bedarf der in § 29 Abs. 1 Satz 1 und Abs. 3 vorgeschriebenen Form. [2]Dies gilt nicht, sofern der Antrag auf eine Berichtigung des Grundbuchs gerichtet ist. [3]Satz 1 gilt für eine Erklärung, durch die eine zur Stellung des Eintragungsantrags erteilte Vollmacht widerrufen wird, entsprechend.

§ 32[4)] **[Nachweis rechtserheblicher Umstände]** (1) [1]Die im Handels-, Genossenschafts-, Partnerschafts- oder Vereinsregister eingetragenen Vertretungsberechtigungen, Sitzverlegungen, Firmen- oder Namensänderungen sowie das Bestehen juristischer Personen und Gesellschaften können durch eine Bescheinigung nach § 21 Absatz 1 der Bundesnotarordnung[5)] nachgewiesen werden. [2]Dasselbe gilt für sonstige rechtserhebliche Umstände, die sich aus Eintragungen im Register ergeben, insbesondere für Umwandlungen. [3]Der Nachweis kann auch durch einen amtlichen Registerausdruck oder eine beglaubigte Registerabschrift geführt werden.

(2) [1]Wird das Register elektronisch geführt, kann in den Fällen des Absatzes 1 Satz 1 der Nachweis auch durch die Bezugnahme auf das Register geführt werden. [2]Dabei sind das Registergericht und das Registerblatt anzugeben.

§ 33[6)] *(aufgehoben)*

---

1) § 29 Abs. 3 Satz 2 angef. mWv 5.5.2017 durch G v. 28.4.2017 (BGBl. I S. 969).

2) Bei der Löschung umgestellter Grundpfandrechte und Schiffshypotheken beachte jedoch §§ 18–20 G über Maßnahmen auf dem Gebiete des Grundbuchwesens v. 20.12.1963 (BGBl. I S. 986), zuletzt geänd. durch VO v. 31.8.2015 (BGBl. I S. 1474).

3) Nr. **20**.

4) § 32 neu gef. mWv 1.10.2009 durch G v. 11.8.2009 (BGBl. I S. 2713).

5) **Habersack, Deutsche Gesetze ErgBd. Nr. 98a.**

6) § 33 aufgeh. mWv 1.1.2023 durch G v. 31.10.2022 (BGBl. I S. 1966).

§ 34[1] **[Nachweis der Vertretungsmacht]** Eine durch Rechtsgeschäft erteilte Vertretungsmacht kann auch durch eine Bescheinigung nach § 21 Absatz 3 der Bundesnotarordnung[2] nachgewiesen werden.

§ 35[3] [4] **[Nachweis der Erbfolge ua]** (1) [1] Der Nachweis der Erbfolge kann nur durch einen Erbschein oder ein Europäisches Nachlasszeugnis geführt werden. [2] Beruht jedoch die Erbfolge auf einer Verfügung von Todes wegen, die in einer öffentlichen Urkunde enthalten ist, so genügt es, wenn an Stelle des Erbscheins oder des Europäischen Nachlasszeugnisses die Verfügung und die Niederschrift über die Eröffnung der Verfügung vorgelegt werden; erachtet das Grundbuchamt die Erbfolge durch diese Urkunden nicht für nachgewiesen, so kann es die Vorlegung eines Erbscheins oder eines Europäischen Nachlasszeugnisses verlangen.

(2) Das Bestehen der fortgesetzten Gütergemeinschaft sowie die Befugnis eines Testamentsvollstreckers zur Verfügung über einen Nachlaßgegenstand ist nur auf Grund der in den §§ 1507, 2368 des Bürgerlichen Gesetzbuchs[5] vorgesehenen Zeugnisse oder eines Europäischen Nachlasszeugnisses als nachgewiesen anzunehmen; auf den Nachweis der Befugnis des Testamentsvollstreckers sind jedoch die Vorschriften des Absatzes 1 Satz 2 entsprechend anzuwenden.

(3) [1] Zur Eintragung des Eigentümers oder Miteigentümers eines Grundstücks kann das Grundbuchamt von den in den Absätzen 1 und 2 genannten Beweismitteln absehen und sich mit anderen Beweismitteln, für welche die Form des § 29 nicht erforderlich ist, begnügen, wenn das Grundstück oder der Anteil am Grundstück weniger als 3 000 Euro wert ist und die Beschaffung des Erbscheins, des Europäischen Nachlasszeugnisses oder des Zeugnisses nach § 1507 des Bürgerlichen Gesetzbuchs nur mit unverhältnismäßigem Aufwand an Kosten oder Mühe möglich ist. [2] Der Antragsteller kann auch zur Versicherung an Eides Statt zugelassen werden.

§ 36[6] **[Auseinandersetzung eines Nachlasses oder Gesamtgutes]**

(1) [1] Soll bei einem zum Nachlass oder zu dem Gesamtgut einer Gütergemeinschaft gehörenden Grundstück oder Erbbaurecht einer der Beteiligten als Eigentümer oder Erbbauberechtigter eingetragen werden, so genügt zum Nachweis der Rechtsnachfolge und der zur Eintragung des Eigentumsübergangs erforderlichen Erklärungen der Beteiligten ein gerichtliches Zeugnis. [2] Das Zeugnis erteilt

1. das Nachlassgericht, wenn das Grundstück oder das Erbbaurecht zu einem Nachlass gehört,
2. das nach § 343 des Gesetzes über das Verfahren in Familiensachen und in den Angelegenheiten der freiwilligen Gerichtsbarkeit[7] zuständige Amtsgericht, wenn ein Anteil an dem Gesamtgut zu einem Nachlass gehört, und

---

[1] § 34 neu gef. mWv 1.9.2013 durch G v. 26.6.2013 (BGBl. I S. 1800).

[2] **Habersack, Deutsche Gesetze ErgBd. Nr. 98a.**

[3] § 35 Abs. 3 Satz 1 geänd. mWv 30.6.2000 durch G v. 27.6.2000 (BGBl. I S. 897); Abs. 1 Sätze 1 und 2, Abs. 2 und Abs. 3 Satz 1 geänd. mWv 17.8.2015 durch G v. 29.6.2015 (BGBl. I S. 1042).

[4] Beachte hierzu Anm. zu § 29 Abs. 1 Satz 1.

[5] Nr. **20**.

[6] § 36 Abs. 2 Buchst. b geänd. mWv 1.9.2009 durch G v. 17.12.2008 (BGBl. I S. 2586); Abs. 1 neu gef., Abs. 2 Buchst. a und b geänd., Abs. 2a eingef. mWv 1.9.2013 durch G v. 26.6.2013 (BGBl. I S. 1800); Änd. von Abs. 1 und Abs. 2 Buchst. a durch G v. 1.10.2013 (BGBl. I S. 3719) aufgrund der vorhergehenden Änd. durch G v. 26.6.2013 (BGBl. I S. 1800) nicht ausführbar.

[7] Nr. **112**.

3. im Übrigen das nach § 122 des Gesetzes über das Verfahren in Familiensachen und in den Angelegenheiten der freiwilligen Gerichtsbarkeit zuständige Amtsgericht.

(2) Das Zeugnis darf nur ausgestellt werden, wenn:

a) die Voraussetzungen für die Erteilung eines Erbscheins vorliegen oder der Nachweis der Gütergemeinschaft durch öffentliche Urkunden erbracht ist und
b) die Abgabe der Erklärungen der Beteiligten in einer den Vorschriften der Grundbuchordnung entsprechenden Weise dem nach Absatz 1 Satz 2 zuständigen Gericht nachgewiesen ist.

(2a) Ist ein Erbschein über das Erbrecht sämtlicher Erben oder ein Zeugnis über die Fortsetzung der Gütergemeinschaft erteilt, so ist auch der Notar, der die Auseinandersetzung vermittelt hat, für die Erteilung des Zeugnisses nach Absatz 1 Satz 1 zuständig.

(3) Die Vorschriften über die Zuständigkeit zur Entgegennahme der Auflassung bleiben unberührt.

§ 37[1)] [Auseinandersetzung bei Grundpfandrechten] Die Vorschriften des § 36 sind entsprechend anzuwenden, wenn bei einer Hypothek, Grundschuld oder Rentenschuld, die zu einem Nachlaß oder zu dem Gesamtgut einer Gütergemeinschaft gehört, einer der Beteiligten als neuer Gläubiger eingetragen werden soll.

§ 38 [Eintragung auf Ersuchen einer Behörde] In den Fällen, in denen nach gesetzlicher Vorschrift eine Behörde befugt ist, das Grundbuchamt um eine Eintragung zu ersuchen, erfolgt die Eintragung auf Grund des Ersuchens der Behörde.

§ 39 [Voreintragung des Betroffenen] (1) Eine Eintragung soll nur erfolgen, wenn die Person, deren Recht durch sie betroffen wird, als der Berechtigte eingetragen ist.

(2) Bei einer Hypothek, Grundschuld oder Rentenschuld, über die ein Brief erteilt ist, steht es der Eintragung des Gläubigers gleich, wenn dieser sich im Besitz des Briefes befindet und sein Gläubigerrecht nach § 1155 des Bürgerlichen Gesetzbuchs[2)] nachweist.

§ 40 [Ausnahmen von der Voreintragung] (1) Ist die Person, deren Recht durch eine Eintragung betroffen wird, Erbe des eingetragenen Berechtigten, so ist die Vorschrift des § 39 Abs. 1 nicht anzuwenden, wenn die Übertragung oder die Aufhebung des Rechts eingetragen werden soll oder wenn der Eintragungsantrag durch die Bewilligung des Erblassers oder eines Nachlaßpflegers oder durch einen gegen den Erblasser oder den Nachlaßpfleger vollstreckbaren Titel begründet wird.

(Fortsetzung nächstes Blatt)

[1)] § 37 geänd. mWv 9.10.2013 durch G v. 1.10.2013 (BGBl. I S. 3719).
[2)] Nr. **20**.

Lfd. Nr.	Änderndes Gesetz	Datum	Fundstelle	Betroffen	Hinweis
18.	Art. 24 G zur Einführung der elektronischen Akte in der Justiz und zur weiteren Förderung des elektronischen Rechtsverkehrs	5.7.2017	BGBl. I S. 2208	Anl. 1	geänd. mWv 1.1.2018
19.	Art. 2 Abs. 7 G zur Einführung eines Wettbewerbsregisters und zur Änd. des G gegen Wettbewerbsbeschränkungen	18.7.2017	BGBl. I S. 2739, geänd. 2021, S. 2 iVm BAnz AT 29.10.2021 B3 und BGBl. 2022 I S. 306	§§ 1, 50, Anl. 1	geänd. mWv 1.12.2021
20.	Art. 4 G zur Einführung einer zivilprozessualen Musterfeststellungsklage	12.7.2018	BGBl. I S. 1151	§ 48	geänd. mWv 1.11.2018
21.	Art. 4 G zur Umsetzung der RL (EU) 2016/943 zum Schutz von Geschäftsgeheimnissen vor rechtswidrigem Erwerb sowie rechtswidriger Nutzung und Offenlegung	18.4.2019	BGBl. I S. 466	§ 51	geänd. mWv 26.4.2019
22.	Art. 10a G für mehr Sicherheit in der Arzneimittelversorgung[1]	9.8.2019	BGBl. I S. 1202	§ 52	geänd. mWv 1.1.2019
23.	Art. 4 G zur Stärkung der Verfahrensrechte von Beschuldigten im Jugendstrafverfahren[2]	9.12.2019	BGBl. I S. 2146	Anl. 1	geänd. mWv 17.12.2019
24.	Art. 2 Abs. 4 G zur Änd. des EG-VerbraucherschutzdurchsetzungsG sowie des G über die Errichtung des Bundesamts für Justiz	25.6.2020	BGBl. I S. 1474	§§ 1, 50, Anl. 1	geänd. mWv 30.6.2020
25.	Art. 9 Wohnungseigentumsmodernisierungsgesetz (WEMoG)	16.10.2020	BGBl. I S. 2187	Anl. 1	geänd. mWv 23.10.2020
				Inhaltsübersicht	geänd. mWv 1.12.2020
				§ 49	neu gef. mWv 1.12.2020
				§ 49a	aufgeh. mit Ablauf des 30.11.2020

[1] **Amtl. Anm.:** Dieses Gesetz dient der Durchführung der Delegierten Verordnung (EU) 2016/161 der Kommission vom 2. Oktober 2015 zur Ergänzung der Richtlinie 2001/83/EG des Europäischen Parlaments und des Rates durch die Festlegung genauer Bestimmungen über die Sicherheitsmerkmale auf der Verpackung von Humanarzneimitteln (ABl. L 32 vom 9.2.2016, S. 1).

[2] **Amtl. Anm.:** Dieses Gesetz dient der Umsetzung der Richtlinie (EU) 2016/800 des Europäischen Parlaments und des Rates vom 11. Mai 2016 über Verfahrensgarantien für Kinder, die Verdächtige oder beschuldigte Personen in Strafverfahren sind (ABl. L 132 vom 21.5.2016, S. 1).

Lfd. Nr.	Änderndes Gesetz	Datum	Fundstelle	Betroffen	Hinweis
26.	Art. 2 Sechstes G zur Änd. des G über die internationale Rechtshilfe in Strafsachen	23.11. 2020	BGBl. I S. 2474	Anl. 1	geänd. mWv 27.11.2020
27.	Art. 3 G zur Stärkung des fairen Wettbewerbs	26.11. 2020	BGBl. I S. 2568	§ 51	geänd. mWv 2.12.2020
28.	Art. 1 KostenrechtsänderungsG 2021	21.12. 2020	BGBl. I S. 3229	§§ 14, 34, 41, 58, Anl. 1	geänd. mWv 1.1.2021
				Anl. 2	neu gef. mWv 1.1.2021
29.	Art. 11 Sanierungs- und Insolvenzrechtsfortentwicklungs G[1]	22.12. 2020	BGBl. I S. 3256	Inhaltsübersicht, §§ 1, 6, Anl. 1	geänd. mWv 1.1.2021
				§§ 13a, 25a	eingef. mWv 1.1.2021
30.	Art. 9 G zur weiteren Verkürzung des Restschuldbefreiungsverfahrens und zur Anpassung pandemiebedingter Vorschriften im Gesellschafts-, Genossenschafts-, Vereins- und Stiftungsrecht sowie im Miet- und Pachtrecht	22.12. 2020	BGBl. I S. 3328	Anl. 1	geänd. mWv 31.12.2020
31.	Art. 2 GWB-DigitalisierungsG	18.1.2021	BGBl. I S. 2	§ 50, Anl. 1	geänd. mWv 19.1.2021
32.	Art. 2 Zweites G zur Änd. des AgrarmarktstrukturG	2.6.2021	BGBl. I S. 1278	Inhaltsübersicht, § 1, Anl. 1	geänd. mWv 9.6.2021
				§ 50a	eingef. mWv 9.6.2021
33.	Art. 3 Zweites G zur Änd. mautrechtlicher Vorschriften hinsichtlich der Einführung des europäischen elektronischen Mautdienstes	8.6.2021	BGBl. I S. 1603	Anl. 1	geänd. mWv 1.10.2021
34.	Art. 16 G zur Fortentwicklung der StrafprozessO und zur Änd. weiterer Vorschriften	25.6.2021	BGBl. I S. 2099	Anl. 1	geänd. mWv 1.7.2021
35.	Art. 4 G zur Durchführung des Haager Übereinkommens über die Anerkennung und Vollstreckung ausländischer Entscheidungen in Zivil- und Handelssachen sowie zur Änd. der ZPO, des BGB, des WohnungseigentumsG und des G zur Modernisierung des Strafverfahrens	7.11.2022	BGBl. I S. 1982	§ 22, Anl. 1	geänd. mit noch nicht bestimmtem Inkrafttreten

[1] **Amtl. Anm.:** Dieses Gesetz dient der weiteren Umsetzung der Richtlinie (EU) 2019/1023 des Europäischen Parlaments und des Rates vom 20. Juni 2019 über präventive Restrukturierungsrahmen, über Entschuldung und über Tätigkeitsverbote sowie über Maßnahmen zur Steigerung der Effizienz von Restrukturierungs-, Insolvenz- und Entschuldungsverfahren und zur Änderung der Richtlinie (EU) 2017/1132 (Richtlinie über Restrukturierung und Insolvenz) (ABl. L 172 vom 26.6.2019, S. 18).

Vorbemerkung:

Die Änderungen durch G v. 7.11.2022 (BGBl. I S. 1982) treten gem. Art. 9 Satz 2 dieses G erst an dem Tag in Kraft, an dem das Haager Übereinkommen vom 2. Juli 2019 über die Anerkennung und Vollstreckung ausländischer Entscheidungen in Zivil- und Handelssachen nach seinem Art. 28 für die Europäische Union mit Ausnahme des Königreiches Dänemark in Kraft tritt; sie sind im Text noch nicht berücksichtigt.

116. Gesetz über die Vergütung von Sachverständigen, Dolmetscherinnen, Dolmetschern, Übersetzerinnen und Übersetzern sowie die Entschädigung von ehrenamtlichen Richterinnen, ehrenamtlichen Richtern, Zeuginnen, Zeugen und Dritten (Justizvergütungs- und -entschädigungsgesetz – JVEG)[1)]

Vom 5. Mai 2004
(BGBl. I S. 718, 776)

FNA 367-3

Lfd. Nr.	Änderndes Gesetz	Datum	Fundstelle	Betroffen	Hinweis
1.	Art. 16 AnhörungsrügenG	9.12.2004	BGBl. I S. 3220	Inhaltsübersicht, Anl. 1	geänd. mWv 1.1.2005
				§ 4a	eingef. mWv mWv 1.1.2005
2.	Art. 14 Abs. 5 JustizkommunikationsG	22.3.2005	BGBl. I S. 837	Inhaltsübersicht, §§ 4, 7, 12, 14	geänd. mWv 1.4.2005
				§ 4b	eingef. mWv 1.4.2005
3.	Art. 5 G zur Einführung von Kapitalanleger-Musterverfahren	16.8.2005	BGBl. I S. 2437, geänd. 2006, S. 3416	§ 13	geänd. mWv 1.11.2005
4.	Art. 19 Zweites JustizmodernisierungsG	22.12. 2006	BGBl. I S. 3416	§§ 7, 13	geänd. mWv 31.12.2006
5.	Art. 18 Abs. 4 G zur Neuregelung des Rechtsberatungsrechts[2)]	12.12. 2007	BGBl. I S. 2840	§§ 4, 4a	geänd. mWv 1.7.2008
6.	Art. 47 Abs. 5 FGG-ReformG	17.12. 2008	BGBl. I S. 2586	§ 13	geänd. mWv 1.9.2009
7.	Art. 1 TK-Entschädigungs-NeuordnungsG	29.4.2009	BGBl. I S. 994	§ 23	geänd. mWv 1.7.2009
				Anl. 3	eingef. mWv 1.7.2009
8.	Art. 7 Abs. 3 G zur Modernisierung von Verfahren im anwaltl. u. notariellen BerufsR, zur Errichtung einer Schlichtungsstelle der Rechtsanwaltschaft sowie zur Änd. sonst. Vorschr.[3)]	30.7.2009	BGBl. I S. 2449	§ 4	geänd. mWv 5.8.2009

[1)] Verkündet als Art. 2 KostenrechtsmodernisierungsG v. 5.5.2004 (BGBl. I S. 718); Inkrafttreten gem. Art. 8 Satz 1 dieses G am 1.7.2004.

[2)] **Amtl. Anm.:** Dieses Gesetz dient der Umsetzung der Richtlinie 2005/36/EG des Europäischen Parlaments und des Rates vom 7. September 2005 über die Anerkennung von Berufsqualifikationen (ABl. EU Nr. L 255 S. 22).

[3)] **Amtl. Anm.:** Dieses Gesetz dient der Umsetzung der Richtlinie 2006/123/EG des Europäischen Parlaments und des Rates vom 12. Dezember 2006 über Dienstleistungen im Binnenmarkt (ABl. L 376 vom 27.12.2006, S. 36).

Lfd. Nr.	Änderndes Gesetz	Datum	Fundstelle	Betroffen	Hinweis
9.	Art. 5 G zur Reform des KapMuG und zur Änd. anderer Vorschriften	19.10. 2012	BGBl. I S. 2182	§ 13	geänd. mWv 1.11.2012
10.	Art. 13 G zur Einführung einer Rechtsbehelfsbelehrung im Zivilprozess und zur Änd. anderer Vorschr.	5.12.2012	BGBl. I S. 2418	Inhaltsübersicht	geänd. mWv 1.1.2014
				§ 4b	eingef. mWv 1.1.2014
11.	Art. 7 2. KostenrechtsmodernisierungsG	23.7.2013	BGBl. I S. 2586	Inhaltsübersicht, §§ 1, 2, 7, 9, 10, 11, 12, 13, 16, 17, 18, 19, 20, 21, 22, Anl. 1, 2, 3	geänd. mWv 1.8.2013
				§ 4b	neu gef. mWv 1.8.2013
				§ 8a	eingef. mWv 1.8.2013
12.	Art. 4 G zur Einführung einer Speicherpflicht und einer Höchstspeicherfrist für Verkehrsdaten[1]	10.12. 2015	BGBl. I S. 2218	Inhaltsübersicht, §§ 6, 23, Anl. 2, 3	geänd. mWv 18.12.2015
13.	Art. 5 Abs. 2 G zur Änd. des Sachverständigenrechts und zur weiteren Änd. des FamFG sowie zur Änd. des SGG, der VwGO, der FGO und des GKG	11.10. 2016	BGBl. I S. 2222	§ 8a	geänd. mWv 15.10.2016
14.	Art. 6 KostenrechtsänderungsG 2021	21.12. 2020	BGBl. I S. 3229	Inhaltsübersicht, §§ 2, 3, 4, 5, 7, 8a, 10, 12, 13, 15, 16, 17, 18, 19, 20, 21, 22, 23	geänd. mWv 1.1.2021
				§ 9, 11, Anl. 1, 2	neu gef. mWv 1.1.2021
15.	Art. 15 Abs. 15 G zur Reform des Vormundschafts- und Betreuungsrechts	4.5.2021	BGBl. I S. 882	Anl. 1	geänd. mWv 1.1.2023
16.	Art. 18 TelekommunikationsmodernisierungsG[2]	23.6.2021	BGBl. I S. 1858	Anl. 3	geänd. mWv 1.12.2021
17.	Art. 17 G zur Modernisierung des notariellen Berufsrechts und zur Änd. weiterer Vorschriften	25.6.2021	BGBl. I S. 2154	Anl. 1	geänd. mWv 3.7.2021

[1] **Amtl. Anm.:** Notifiziert gemäß der Richtlinie 98/34/EG des Europäischen Parlaments und des Rates vom 22. Juni 1998 über ein Informationsverfahren auf dem Gebiet der Normen und technischen Vorschriften und der Vorschriften für die Dienste der Informationsgesellschaft (ABl. L 204 vom 21.07. 1998, S. 37), zuletzt geändert durch Artikel 26 Absatz 2 der Verordnung (EU) Nr. 1025/2012 des Europäischen Parlaments und des Rates vom 25. Oktober 2012 (ABl. L 316 vom 14.11.2012, S. 12).

[2] **Amtl. Anm.:** Dieses Gesetz dient der Umsetzung der Richtlinie (EU) 2018/1972 des Europäischen Parlaments und des Rates vom 11. Dezember 2018 über den europäischen Kodex für die elektronische Kommunikation (Neufassung) (ABl. L 321 vom 17.12.2018, S. 36).

Anlage 1[1)]
(zu § 9 Absatz 1 Satz 1)

[Honorartabellen für Sachverständige]

Teil 1

Nr.	Sachgebietsbezeichnung	Stundensatz (Euro)
1	Abfallstoffe einschließlich Altfahrzeuge und -geräte	115
2	Akustik, Lärmschutz	95
3	Altlasten und Bodenschutz	85
4	*Bauwesen – soweit nicht Sachgebiet 14 – einschließlich technische Gebäudeausrüstung*	
4.1	Planung	105
4.2	handwerklich-technische Ausführung	95
4.3	Schadensfeststellung und -ursachenermittlung	105
4.4	Bauprodukte	105
4.5	Bauvertragswesen, Baubetrieb und Abrechnung von Bauleistungen	105
4.6	Geotechnik, Erd- und Grundbau	100
5	Berufskunde, Tätigkeitsanalyse und Expositionsermittlung	105
6	*Betriebswirtschaft*	
6.1	Unternehmensbewertung, Betriebsunterbrechungs- und -verlagerungsschäden	135
6.2	Besteuerung	110
6.3	Rechnungswesen	105
6.4	Honorarabrechnungen von Steuerberatern	105
7	Bewertung von Immobilien und Rechten an Immobilien	115
8	Brandursachenermittlung	110
9	Briefmarken, Medaillen und Münzen	95
10	Einbauküchen	90
11	*Elektronik, Elektro- und Informationstechnologie*	
11.1	Elektronik (insbesondere Mess-, Steuerungs- und Regelungselektronik)	120
11.2	Elektrotechnische Anlagen und Geräte	115
11.3	Kommunikations- und Informationstechnik	115
11.4	Informatik	125
11.5	Datenermittlung und -aufbereitung	125
12	Emissionen und Immissionen	95
13	Fahrzeugbau	100
14	Garten- und Landschaftsbau einschließlich Sportanlagenbau	90

[1)] Anl. 1 neu gef. mWv 1.1.2021 durch G v. 21.12.2020 (BGBl. I S. 3229); geänd. mWv 1.1.2023 durch G v. 4.5.2021 (BGBl. I S. 882); geänd. mWv 3.7.2021 durch G v. 25.6.2021 (BGBl. I S. 2154).

Nr.	Sachgebietsbezeichnung	Stunden-satz (Euro)
15	Gesundheitshandwerke	85
16	Grafisches Gewerbe	115
17	Handschriften- und Dokumentenuntersuchung	105
18	Hausrat	110
19	Honorarabrechnungen von Architekten, Ingenieuren und Stadtplanern	145
20	Kältetechnik	120
21	*Kraftfahrzeuge*	
21.1	Kraftfahrzeugschäden und -bewertung	120
21.2	Kfz-Elektronik	95
22	Kunst und Antiquitäten	85
23	Lebensmittelchemie und -technologie	135
24	*Maschinen und Anlagen*	
24.1	Photovoltaikanlagen	110
24.2	Windkraftanlagen	120
24.3	Solarthermieanlagen	110
24.4	Maschinen und Anlagen im Übrigen	130
25	Medizintechnik und Medizinprodukte	105
26	Mieten und Pachten	115
27	Möbel und Inneneinrichtung	90
28	Musikinstrumente	80
29	Schiffe und Wassersportfahrzeuge	95
30	Schmuck, Juwelen, Perlen, Gold- und Silberwaren	85
31	Schweiß- und Fügetechnik	95
32	Spedition, Transport, Lagerwirtschaft und Ladungssicherung	90
33	Sprengtechnik	90
34	Textilien, Leder und Pelze	70
35	Tiere – Bewertung, Haltung, Tierschutz und Zucht	85
36	*Ursachenermittlung und Rekonstruktion von Unfällen*	
36.1	bei Luftfahrzeugen	100
36.2	bei sonstigen Fahrzeugen	155
36.3	bei Arbeitsunfällen	125
36.4	im Freizeit- und Sportbereich	95
37	Verkehrsregelungs- und Verkehrsüberwachungstechnik	135
38	*Vermessungs- und Katasterwesen*	
38.1	Vermessungstechnik	80
38.2	Vermessungs- und Katasterwesen im Übrigen	100
39	Waffen und Munition	85

Teil 2

Honorargruppe	Gegenstand medizinischer oder psychologischer Gutachten	Stundensatz (Euro)
M 1	Einfache gutachtliche Beurteilungen ohne Kausalitätsfeststellungen, insbesondere 1. in Gebührenrechtsfragen, 2. zur Verlängerung einer Betreuung oder zur Überprüfung eines angeordneten Einwilligungsvorbehalts nach § 1825 des Bürgerlichen Gesetzbuchs, 3. zur Minderung der Erwerbsfähigkeit nach einer Monoverletzung.	80
M 2	Beschreibende (Ist-Zustands-)Begutachtung nach standardisiertem Schema ohne Erörterung spezieller Kausalzusammenhänge mit einfacher medizinischer Verlaufsprognose und mit durchschnittlichem Schwierigkeitsgrad, insbesondere Gutachten 1. in Verfahren nach dem Neunten Buch Sozialgesetzbuch, 2. zur Erwerbsminderung oder Berufsunfähigkeit in Verfahren nach dem Sechsten Buch Sozialgesetzbuch, 3. zu rechtsmedizinischen und toxikologischen Fragestellungen im Zusammenhang mit der Feststellung einer Beeinträchtigung der Fahrtüchtigkeit durch Alkohol, Drogen, Medikamente oder Krankheiten, 4. zu spurenkundlichen oder rechtsmedizinischen Fragestellungen mit Befunderhebungen (z.B. bei Verletzungen und anderen Unfallfolgen), 5. zu einfachen Fragestellungen zur Schuldfähigkeit ohne besondere Schwierigkeiten der Persönlichkeitsdiagnostik, 6. zur Einrichtung oder Aufhebung einer Betreuung oder zur Anordnung oder Aufhebung eines Einwilligungsvorbehalts nach § 1825 des Bürgerlichen Gesetzbuchs, 7. zu Unterhaltsstreitigkeiten aufgrund einer Erwerbsminderung oder Berufsunfähigkeit, 8. zu neurologisch-psychologischen Fragestellungen in Verfahren nach der Fahrerlaubnis-Verordnung, 9. zur Haft-, Verhandlungs- oder Vernehmungsfähigkeit.	90
M 3	Gutachten mit hohem Schwierigkeitsgrad (Begutachtungen spezieller Kausalzusammenhänge und/oder differenzialdiagnostischer Probleme und/oder Beurteilung der Prognose und/oder Beurteilung strittiger Kausalitätsfragen), insbesondere Gutachten 1. zum Kausalzusammenhang bei problematischen Verletzungsfolgen, 2. zu ärztlichen Behandlungsfehlern, 3. in Verfahren nach dem sozialen Entschädigungsrecht, 4. zur Schuldfähigkeit bei Schwierigkeiten der Persönlichkeitsdiagnostik, 5. in Verfahren zur Anordnung einer Maßregel der Besserung und Sicherung (in Verfahren zur Entziehung der Fahrerlaubnis zu neurologisch/psychologischen Fragestellungen), 6. zur Kriminalprognose, 7. zur Glaubhaftigkeit oder Aussagetüchtigkeit,	120

Honorargruppe	Gegenstand medizinischer oder psychologischer Gutachten	Stundensatz (Euro)
	8. zur Widerstandsfähigkeit, 9. in Verfahren nach den §§ 3, 10, 17 und 105 des Jugendgerichtsgesetzes, 10. in Unterbringungsverfahren, 11. zur Fortdauer der Unterbringung im Maßregelvollzug über zehn Jahre hinaus, 12. zur Anordnung der Sicherungsverwahrung oder zur Prognose von Untergebrachten in der Sicherungsverwahrung, 13. in Verfahren nach den §§ 1829 und 1830 des Bürgerlichen Gesetzbuchs, 14. in Verfahren nach dem Transplantationsgesetz, 15. in Verfahren zur Regelung von Sorge- oder Umgangsrechten, 16. zu Fragestellungen der Hilfe zur Erziehung, 17. zur Geschäfts-, Testier- oder Prozessfähigkeit, 18. in Aufenthalts- oder Asylangelegenheiten, 19. zur persönlichen Eignung nach § 6 des Waffengesetzes, 20. zur Anerkennung von Berufskrankheiten, Arbeitsunfällen, zu den daraus folgenden Gesundheitsschäden und zur Minderung der Erwerbsfähigkeit nach dem Siebten Buch Sozialgesetzbuch, 21. zu rechtsmedizinischen, toxikologischen oder spurenkundlichen Fragestellungen im Zusammenhang mit einer abschließenden Todesursachenklärung, mit ärztlichen Behandlungsfehlern oder mit einer Beurteilung der Schuldfähigkeit, 22. in Verfahren nach dem Transsexuellengesetz.	

117. Gesetz über die Vergütung der Rechtsanwältinnen und Rechtsanwälte (Rechtsanwaltsvergütungsgesetz – RVG)

In der Fassung der Bekanntmachung vom 15. März 2022[1)]
(BGBl. I S. 610)

FNA 368-3

Lfd. Nr.	Änderndes Gesetz	Datum	Fundstelle	Betroffen	Hinweis
1.	Art. 15 Abs. 16 G zur Reform des Vormundschafts- und Betreuungsrechts	4.5.2021	BGBl. I S. 882	§ 1	geänd. mWv 1.1.2023
2.	Art. 22 G zur Neuregelung des Berufsrechts der anwaltlichen und steuerberatenden Berufsausübungsgesellschaften sowie zur Änd. weiterer Vorschriften im Bereich der rechtsberatenden Berufe	7.7.2021	BGBl. I S. 2363	Inhaltsübersicht, §§ 1, 41, 45	geänd. mWv 1.8.2022
3.	Art. 7 G zur Durchführung der VO (EU) 2019/1111 sowie zur Änd. sonstiger Vorschriften	10.8.2021	BGBl. I S. 3424	§§ 18, 19, Anl. 1	geänd. mWv 1.8.2022
4.	Art. 5 G zur Durchführung des Haager Übereinkommens über die Anerkennung und Vollstreckung ausländischer Entscheidungen in Zivil- und Handelssachen sowie zur Änd. der ZPO, des BGB, des WohnungseigentumsG und des G zur Modernisierung des Strafverfahrens	7.11.2022	BGBl. I S. 1982	§ 19	geänd. mit noch nicht bestimmtem Inkrafttreten

Vorbemerkung:

Die Änderung durch G v. 7.11.2022 (BGBl. I S. 1982) tritt gem. Art. 9 Satz 2 dieses G erst an dem Tag in Kraft, an dem das Haager Übereinkommen vom 2. Juli 2019 über die Anerkennung und Vollstreckung ausländischer Entscheidungen in Zivil- und Handelssachen nach seinem Art. 28 für die Europäische Union mit Ausnahme des Königreiches Dänemark in Kraft tritt; sie ist im Text noch nicht berücksichtigt.

[1)] Neubekanntmachung des RVG v. 5.5.2004 (BGBl. I S. 718, 788) in der ab 1.12.2021 geltenden Fassung.

Inhaltsübersicht[1)]

[1)] Inhaltsübersicht geänd. mWv 1.8.2022 durch G v. 7.7.2021 (BGBl. I S. 2363).

Abschnitt 1. Allgemeine Vorschriften

§ 1[1)] Geltungsbereich. (1) [1] Die Vergütung (Gebühren und Auslagen) für anwaltliche Tätigkeiten der Rechtsanwältinnen und Rechtsanwälte bemisst sich nach diesem Gesetz. [2] Dies gilt auch für eine Tätigkeit als besonderer Vertreter nach den §§ 57 und 58 der Zivilprozessordnung[2)], nach § 118e der Bundesrechtsanwaltsordnung[3)], nach § 103b der Patentanwaltsordnung oder nach § 111c des Steuerberatungsgesetzes. [3] Andere Mitglieder einer Rechtsanwaltskammer, Partnerschaftsgesellschaften und sonstige Gesellschaften stehen einem Rechtsanwalt im Sinne dieses Gesetzes gleich.

(2) [1] Dieses Gesetz gilt nicht für eine Tätigkeit als Syndikusrechtsanwalt (§ 46 Absatz 2 der Bundesrechtsanwaltsordnung). [2] Es gilt ferner nicht für eine Tätigkeit als Vormund, Betreuer, Pfleger, Verfahrenspfleger, Verfahrensbeistand, Testaments-

---

[1)] § 1 Abs. 2 Satz 3 geänd. mWv 1.1.2023 durch G v. 4.5.2021 (BGBl. I S. 882); Abs. 1 Satz 2 geänd. mWv 1.8.2022 durch G v. 7.7.2021 (BGBl. I S. 2363).
[2)] Nr. **100**.
[3)] **Habersack, Deutsche Gesetze ErgBd. Nr. 98.**

vollstrecker, Insolvenzverwalter, Sachwalter, Mitglied des Gläubigerausschusses, Restrukturierungsbeauftragter, Sanierungsmoderator, Mitglied des Gläubigerbeirats, Nachlassverwalter, Zwangsverwalter, Treuhänder oder Schiedsrichter oder für eine ähnliche Tätigkeit. [3] § 1877 Absatz 3 des Bürgerlichen Gesetzbuchs[1)] und § 4 Absatz 2 des Vormünder- und Betreuervergütungsgesetzes[2)] bleiben unberührt.

(3) Die Vorschriften dieses Gesetzes über die Erinnerung und die Beschwerde gehen den Regelungen der für das zugrunde liegende Verfahren geltenden Verfahrensvorschriften vor.

§ 2 Höhe der Vergütung. (1) Die Gebühren werden, soweit dieses Gesetz nichts anderes bestimmt, nach dem Wert berechnet, den der Gegenstand der anwaltlichen Tätigkeit hat (Gegenstandswert).

(2) [1] Die Höhe der Vergütung bestimmt sich nach dem Vergütungsverzeichnis der Anlage 1 zu diesem Gesetz. [2] Gebühren werden auf den nächstliegenden Cent auf- oder abgerundet; 0,5 Cent werden aufgerundet.

§ 3 Gebühren in sozialrechtlichen Angelegenheiten. (1) [1] In Verfahren vor den Gerichten der Sozialgerichtsbarkeit, in denen das Gerichtskostengesetz[3)] nicht anzuwenden ist, entstehen Betragsrahmengebühren. [2] In sonstigen Verfahren werden die Gebühren nach dem Gegenstandswert berechnet, wenn der Auftraggeber nicht zu den in § 183 des Sozialgerichtsgesetzes[4)] genannten Personen gehört; im Verfahren nach § 201 Absatz 1 des Sozialgerichtsgesetzes werden die Gebühren immer nach dem Gegenstandswert berechnet. [3] In Verfahren wegen überlanger Gerichtsverfahren (§ 202 Satz 2 des Sozialgerichtsgesetzes) werden die Gebühren nach dem Gegenstandswert berechnet.

(2) Absatz 1 gilt entsprechend für eine Tätigkeit außerhalb eines gerichtlichen Verfahrens.

§ 3a Vergütungsvereinbarung. (1) [1] Eine Vereinbarung über die Vergütung bedarf der Textform. [2] Sie muss als Vergütungsvereinbarung oder in vergleichbarer Weise bezeichnet werden, von anderen Vereinbarungen mit Ausnahme der Auftragserteilung deutlich abgesetzt sein und darf nicht in der Vollmacht enthalten sein. [3] Sie hat einen Hinweis darauf zu enthalten, dass die gegnerische Partei, ein Verfahrensbeteiligter oder die Staatskasse im Falle der Kostenerstattung regelmäßig nicht mehr als die gesetzliche Vergütung erstatten muss. [4] Die Sätze 1 und 2 gelten nicht für eine Gebührenvereinbarung nach § 34.

(2) [1] In der Vereinbarung kann es dem Vorstand der Rechtsanwaltskammer überlassen werden, die Vergütung nach billigem Ermessen festzusetzen. [2] Ist die Festsetzung der Vergütung dem Ermessen eines Vertragsteils überlassen, so gilt die gesetzliche Vergütung als vereinbart.

(3) [1] Ist eine vereinbarte, eine nach Absatz 2 Satz 1 von dem Vorstand der Rechtsanwaltskammer festgesetzte oder eine nach § 4a für den Erfolgsfall vereinbarte Vergütung unter Berücksichtigung aller Umstände unangemessen hoch, kann sie im Rechtsstreit auf den angemessenen Betrag bis zur Höhe der gesetzlichen Vergütung herabgesetzt werden. [2] Vor der Herabsetzung hat das Gericht ein Gutachten des Vorstands der Rechtsanwaltskammer einzuholen; dies gilt nicht, wenn

[1)] Nr. **20**.
[2)] **Habersack, Deutsche Gesetze ErgBd. Nr. 49b.**
[3)] Nr. **115**.
[4)] **Sartorius ErgBd. Nr. 415.**

der Vorstand der Rechtsanwaltskammer die Vergütung nach Absatz 2 Satz 1 festgesetzt hat. [3] Das Gutachten ist kostenlos zu erstatten.

(4) [1] Eine Vereinbarung, nach der ein im Wege der Prozesskostenhilfe beigeordneter Rechtsanwalt für die von der Beiordnung erfasste Tätigkeit eine höhere als die gesetzliche Vergütung erhalten soll, ist nichtig. [2] Die Vorschriften des bürgerlichen Rechts über die ungerechtfertigte Bereicherung bleiben unberührt.

§ 4 Unterschreitung der gesetzlichen Vergütung. (1) [1] In außergerichtlichen Angelegenheiten kann eine niedrigere als die gesetzliche Vergütung vereinbart werden. [2] Sie muss in einem angemessenen Verhältnis zu Leistung, Verantwortung und Haftungsrisiko des Rechtsanwalts stehen. [3] Ist Gegenstand der außergerichtlichen Angelegenheit eine Inkassodienstleistung (§ 2 Absatz 2 Satz 1 des Rechtsdienstleistungsgesetzes[1)]) oder liegen die Voraussetzungen für die Bewilligung von Beratungshilfe vor, gilt Satz 2 nicht und kann der Rechtsanwalt ganz auf eine Vergütung verzichten. [4] § 9 des Beratungshilfegesetzes[2)] bleibt unberührt.

(2) Ist Gegenstand der Angelegenheit eine Inkassodienstleistung in einem der in § 79 Absatz 2 Satz 2 Nummer 4 der Zivilprozessordnung[3)] genannten Verfahren, kann eine niedrigere als die gesetzliche Vergütung vereinbart werden oder kann der Rechtsanwalt ganz auf eine Vergütung verzichten.

§ 4a Erfolgshonorar. (1) [1] Ein Erfolgshonorar (§ 49b Absatz 2 Satz 1 der Bundesrechtsanwaltsordnung[4)]) darf nur vereinbart werden, wenn

1. sich der Auftrag auf eine Geldforderung von höchstens 2 000 Euro bezieht,
2. eine Inkassodienstleistung außergerichtlich oder in einem der in § 79 Absatz 2 Satz 2 Nummer 4 der Zivilprozessordnung[3)] genannten Verfahren erbracht wird oder
3. der Auftraggeber im Einzelfall bei verständiger Betrachtung ohne die Vereinbarung eines Erfolgshonorars von der Rechtsverfolgung abgehalten würde.

[2] Eine Vereinbarung nach Satz 1 Nummer 1 oder 2 ist unzulässig, soweit sich der Auftrag auf eine Forderung bezieht, die der Pfändung nicht unterworfen ist. [3] Für die Beurteilung nach Satz 1 Nummer 3 bleibt die Möglichkeit, Beratungs- oder Prozesskostenhilfe in Anspruch zu nehmen, außer Betracht.

(2) In anderen als den in Absatz 1 Satz 1 Nummer 2 genannten Angelegenheiten darf nur dann vereinbart werden, dass für den Fall des Misserfolgs keine oder eine geringere als die gesetzliche Vergütung zu zahlen ist, wenn für den Erfolgsfall ein angemessener Zuschlag auf die gesetzliche Vergütung vereinbart wird.

(3) In eine Vereinbarung über ein Erfolgshonorar sind aufzunehmen:

1. die Angabe, welche Vergütung bei Eintritt welcher Bedingungen verdient sein soll,
2. die Angabe, ob und gegebenenfalls welchen Einfluss die Vereinbarung auf die gegebenenfalls vom Auftraggeber zu zahlenden Gerichtskosten, Verwaltungskosten und die von diesem zu erstattenden Kosten anderer Beteiligter haben soll,
3. die wesentlichen Gründe, die für die Bemessung des Erfolgshonorars bestimmend sind, und

---

[1)] **Habersack, Deutsche Gesetze ErgBd. Nr. 99.**
[2)] **Habersack, Deutsche Gesetze ErgBd. Nr. 98b.**
[3)] Nr. **100**.
[4)] **Habersack, Deutsche Gesetze ErgBd. Nr. 98.**

4. im Fall des Absatzes 1 Satz 1 Nummer 3 die voraussichtliche gesetzliche Vergütung und gegebenenfalls die erfolgsunabhängige vertragliche Vergütung, zu der der Rechtsanwalt bereit wäre, den Auftrag zu übernehmen.

§ 4b Fehlerhafte Vergütungsvereinbarung. [1]Aus einer Vergütungsvereinbarung, die nicht den Anforderungen des § 3a Absatz 1 Satz 1 und 2 oder des § 4a Absatz 1 und 3 Nummer 1 und 4 entspricht, kann der Rechtsanwalt keine höhere als die gesetzliche Vergütung fordern. [2]Die Vorschriften des bürgerlichen Rechts über die ungerechtfertigte Bereicherung bleiben unberührt.

§ 5 Vergütung für Tätigkeiten von Vertretern des Rechtsanwalts. Die Vergütung für eine Tätigkeit, die der Rechtsanwalt nicht persönlich vornimmt, wird nach diesem Gesetz bemessen, wenn der Rechtsanwalt durch einen Rechtsanwalt, den allgemeinen Vertreter, einen Assessor bei einem Rechtsanwalt oder einen zur Ausbildung zugewiesenen Referendar vertreten wird.

§ 6 Mehrere Rechtsanwälte. Ist der Auftrag mehreren Rechtsanwälten zur gemeinschaftlichen Erledigung übertragen, erhält jeder Rechtsanwalt für seine Tätigkeit die volle Vergütung.

§ 7 Mehrere Auftraggeber. (1) Wird der Rechtsanwalt in derselben Angelegenheit für mehrere Auftraggeber tätig, erhält er die Gebühren nur einmal.

(2) [1]Jeder der Auftraggeber schuldet die Gebühren und Auslagen, die er schulden würde, wenn der Rechtsanwalt nur in seinem Auftrag tätig geworden wäre; die Dokumentenpauschale nach Nummer 7000 des Vergütungsverzeichnisses schuldet er auch insoweit, wie diese nur durch die Unterrichtung mehrerer Auftraggeber entstanden ist. [2]Der Rechtsanwalt kann aber insgesamt nicht mehr als die nach Absatz 1 berechneten Gebühren und die insgesamt entstandenen Auslagen fordern.

§ 8 Fälligkeit, Hemmung der Verjährung. (1) [1]Die Vergütung wird fällig, wenn der Auftrag erledigt oder die Angelegenheit beendet ist. [2]Ist der Rechtsanwalt in einem gerichtlichen Verfahren tätig, wird die Vergütung auch fällig, wenn eine Kostenentscheidung ergangen oder der Rechtszug beendet ist oder wenn das Verfahren länger als drei Monate ruht.

(2) [1]Die Verjährung der Vergütung für eine Tätigkeit in einem gerichtlichen Verfahren wird gehemmt, solange das Verfahren anhängig ist. [2]Die Hemmung endet mit der rechtskräftigen Entscheidung oder anderweitigen Beendigung des Verfahrens. [3]Ruht das Verfahren, endet die Hemmung drei Monate nach Eintritt der Fälligkeit. [4]Die Hemmung beginnt erneut, wenn das Verfahren weiter betrieben wird.

§ 9 Vorschuss. Der Rechtsanwalt kann von seinem Auftraggeber für die entstandenen und die voraussichtlich entstehenden Gebühren und Auslagen einen angemessenen Vorschuss fordern.

§ 10 Berechnung. (1) [1]Der Rechtsanwalt kann die Vergütung nur aufgrund einer von ihm unterzeichneten und dem Auftraggeber mitgeteilten Berechnung einfordern. [2]Der Lauf der Verjährungsfrist ist von der Mitteilung der Berechnung nicht abhängig.

(2) [1]In der Berechnung sind die Beträge der einzelnen Gebühren und Auslagen, Vorschüsse, eine kurze Bezeichnung des jeweiligen Gebührentatbestands, die Be-

zeichnung der Auslagen sowie die angewandten Nummern des Vergütungsverzeichnisses und bei Gebühren, die nach dem Gegenstandswert berechnet sind, auch dieser anzugeben. [2] Bei Entgelten für Post- und Telekommunikationsdienstleistungen genügt die Angabe des Gesamtbetrags.

(3) Hat der Auftraggeber die Vergütung gezahlt, ohne die Berechnung erhalten zu haben, kann er die Mitteilung der Berechnung noch fordern, solange der Rechtsanwalt zur Aufbewahrung der Handakten verpflichtet ist.

§ 11 Festsetzung der Vergütung. (1) [1] Soweit die gesetzliche Vergütung, eine nach § 42 festgestellte Pauschgebühr und die zu ersetzenden Aufwendungen (§ 670 des Bürgerlichen Gesetzbuchs[1)]) zu den Kosten des gerichtlichen Verfahrens gehören, werden sie auf Antrag des Rechtsanwalts oder des Auftraggebers durch das Gericht des ersten Rechtszugs festgesetzt. [2] Getilgte Beträge sind abzusetzen.

(2) [1] Der Antrag ist erst zulässig, wenn die Vergütung fällig ist. [2] Vor der Festsetzung sind die Beteiligten zu hören. [3] Die Vorschriften der jeweiligen Verfahrensordnung über das Kostenfestsetzungsverfahren mit Ausnahme des § 104 Absatz 2 Satz 3 der Zivilprozessordnung[2)] und die Vorschriften der Zivilprozessordnung über die Zwangsvollstreckung aus Kostenfestsetzungsbeschlüssen gelten entsprechend. [4] Das Verfahren vor dem Gericht des ersten Rechtszugs ist gebührenfrei. [5] In den Vergütungsfestsetzungsbeschluss sind die von dem Rechtsanwalt gezahlten Auslagen für die Zustellung des Beschlusses aufzunehmen. [6] Im Übrigen findet eine Kostenerstattung nicht statt; dies gilt auch im Verfahren über Beschwerden.

(3) [1] Im Verfahren vor den Gerichten der Verwaltungsgerichtsbarkeit, der Finanzgerichtsbarkeit und der Sozialgerichtsbarkeit wird die Vergütung vom Urkundsbeamten der Geschäftsstelle festgesetzt. [2] Die für die jeweilige Gerichtsbarkeit geltenden Vorschriften über die Erinnerung im Kostenfestsetzungsverfahren gelten entsprechend.

(4) Wird der vom Rechtsanwalt angegebene Gegenstandswert von einem Beteiligten bestritten, ist das Verfahren auszusetzen, bis das Gericht hierüber entschieden hat (§§ 32, 33 und 38 Absatz 1).

(5) [1] Die Festsetzung ist abzulehnen, soweit der Antragsgegner Einwendungen oder Einreden erhebt, die nicht im Gebührenrecht ihren Grund haben. [2] Hat der Auftraggeber bereits dem Rechtsanwalt gegenüber derartige Einwendungen oder Einreden erhoben, ist die Erhebung der Klage nicht von der vorherigen Einleitung des Festsetzungsverfahrens abhängig.

(6) [1] Anträge und Erklärungen können ohne Mitwirkung eines Bevollmächtigten schriftlich eingereicht oder zu Protokoll der Geschäftsstelle abgegeben werden. [2] § 129a der Zivilprozessordnung gilt entsprechend. [3] Für die Bevollmächtigung gelten die Regelungen der für das zugrunde liegende Verfahren geltenden Verfahrensordnung entsprechend.

(7) Durch den Antrag auf Festsetzung der Vergütung wird die Verjährung wie durch Klageerhebung gehemmt.

(8) [1] Die Absätze 1 bis 7 gelten bei Rahmengebühren nur, wenn die Mindestgebühren geltend gemacht werden oder der Auftraggeber der Höhe der Gebühren ausdrücklich zugestimmt hat. [2] Die Festsetzung auf Antrag des Rechtsanwalts ist abzulehnen, wenn er die Zustimmungserklärung des Auftraggebers nicht mit dem Antrag vorlegt.

[1)] Nr. **20**.
[2)] Nr. **100**.

§ 12 Anwendung von Vorschriften über die Prozesskostenhilfe. [1] Die Vorschriften dieses Gesetzes für im Wege der Prozesskostenhilfe beigeordnete Rechtsanwälte und für Verfahren über die Prozesskostenhilfe sind bei Verfahrenskostenhilfe und im Fall des § 4a der Insolvenzordnung[1)] entsprechend anzuwenden. [2] Der Bewilligung von Prozesskostenhilfe steht die Stundung nach § 4a der Insolvenzordnung gleich.

§ 12a Abhilfe bei Verletzung des Anspruchs auf rechtliches Gehör.

(1) Auf die Rüge eines durch die Entscheidung nach diesem Gesetz beschwerten Beteiligten ist das Verfahren fortzuführen, wenn

1. ein Rechtsmittel oder ein anderer Rechtsbehelf gegen die Entscheidung nicht gegeben ist und
2. das Gericht den Anspruch dieses Beteiligten auf rechtliches Gehör in entscheidungserheblicher Weise verletzt hat.

(2) [1] Die Rüge ist innerhalb von zwei Wochen nach Kenntnis von der Verletzung des rechtlichen Gehörs zu erheben; der Zeitpunkt der Kenntniserlangung ist glaubhaft zu machen. [2] Nach Ablauf eines Jahres seit Bekanntmachung der angegriffenen Entscheidung kann die Rüge nicht mehr erhoben werden. [3] Formlos mitgeteilte Entscheidungen gelten mit dem dritten Tage nach Aufgabe zur Post als bekannt gemacht. [4] Die Rüge ist bei dem Gericht zu erheben, dessen Entscheidung angegriffen wird; § 33 Absatz 7 Satz 1 und 2 gilt entsprechend. [5] Die Rüge muss die angegriffene Entscheidung bezeichnen und das Vorliegen der in Absatz 1 Nummer 2 genannten Voraussetzungen darlegen.

(3) Den übrigen Beteiligten ist, soweit erforderlich, Gelegenheit zur Stellungnahme zu geben.

(4) [1] Das Gericht hat von Amts wegen zu prüfen, ob die Rüge an sich statthaft und ob sie in der gesetzlichen Form und Frist erhoben ist. [2] Mangelt es an einem dieser Erfordernisse, so ist die Rüge als unzulässig zu verwerfen. [3] Ist die Rüge unbegründet, weist das Gericht sie zurück. [4] Die Entscheidung ergeht durch unanfechtbaren Beschluss. [5] Der Beschluss soll kurz begründet werden.

(5) Ist die Rüge begründet, so hilft ihr das Gericht ab, indem es das Verfahren fortführt, soweit dies aufgrund der Rüge geboten ist.

(6) Kosten werden nicht erstattet.

§ 12b Elektronische Akte, elektronisches Dokument. [1] In Verfahren nach diesem Gesetz sind die verfahrensrechtlichen Vorschriften über die elektronische Akte und über das elektronische Dokument für das Verfahren anzuwenden, in dem der Rechtsanwalt die Vergütung erhält. [2] Im Fall der Beratungshilfe sind die entsprechenden Vorschriften des Gesetzes über das Verfahren in Familiensachen und in den Angelegenheiten der freiwilligen Gerichtsbarkeit[2)] anzuwenden.

§ 12c Rechtsbehelfsbelehrung. Jede anfechtbare Entscheidung hat eine Belehrung über den statthaften Rechtsbehelf sowie über das Gericht, bei dem dieser Rechtsbehelf einzulegen ist, über dessen Sitz und über die einzuhaltende Form und Frist zu enthalten.

---

1) Nr. **110**.
2) Nr. **112**.

Abschnitt 2. Gebührenvorschriften

§ 13 Wertgebühren. (1) [1] Wenn sich die Gebühren nach dem Gegenstandswert richten, beträgt bei einem Gegenstandswert bis 500 Euro die Gebühr 49 Euro. [2] Die Gebühr erhöht sich bei einem

Gegenstandswert bis … Euro	für jeden angefangenen Betrag von weiteren … Euro	um … Euro
2 000	500	39
10 000	1 000	56
25 000	3 000	52
50 000	5 000	81
200 000	15 000	94
500 000	30 000	132
über 500 000	50 000	165

[3] Eine Gebührentabelle für Gegenstandswerte bis 500 000 Euro ist diesem Gesetz als Anlage 2 beigefügt.

(2) Bei der Geschäftsgebühr für eine außergerichtliche Inkassodienstleistung, die eine unbestrittene Forderung betrifft (Absatz 2 der Anmerkung zu Nummer 2300 des Vergütungsverzeichnisses), beträgt bei einem Gegenstandswert bis 50 Euro die Gebühr abweichend von Absatz 1 Satz 1 30 Euro.

(3) Der Mindestbetrag einer Gebühr ist 15 Euro.

§ 14 Rahmengebühren. (1) [1] Bei Rahmengebühren bestimmt der Rechtsanwalt die Gebühr im Einzelfall unter Berücksichtigung aller Umstände, vor allem des Umfangs und der Schwierigkeit der anwaltlichen Tätigkeit, der Bedeutung der Angelegenheit sowie der Einkommens- und Vermögensverhältnisse des Auftraggebers, nach billigem Ermessen. [2] Ein besonderes Haftungsrisiko des Rechtsanwalts kann bei der Bemessung herangezogen werden. [3] Bei Rahmengebühren, die sich nicht nach dem Gegenstandswert richten, ist das Haftungsrisiko zu berücksichtigen. [4] Ist die Gebühr von einem Dritten zu ersetzen, ist die von dem Rechtsanwalt getroffene Bestimmung nicht verbindlich, wenn sie unbillig ist.

(2) Ist eine Rahmengebühr auf eine andere Rahmengebühr anzurechnen, ist die Gebühr, auf die angerechnet wird, so zu bestimmen, als sei der Rechtsanwalt zuvor nicht tätig gewesen.

(3) [1] Im Rechtsstreit hat das Gericht ein Gutachten des Vorstands der Rechtsanwaltskammer einzuholen, soweit die Höhe der Gebühr streitig ist; dies gilt auch im Verfahren nach § 495a der Zivilprozessordnung[1)]. [2] Das Gutachten ist kostenlos zu erstatten.

§ 15 Abgeltungsbereich der Gebühren. (1) Die Gebühren entgelten, soweit dieses Gesetz nichts anderes bestimmt, die gesamte Tätigkeit des Rechtsanwalts vom Auftrag bis zur Erledigung der Angelegenheit.

(2) Der Rechtsanwalt kann die Gebühren in derselben Angelegenheit nur einmal fordern.

[1)] Nr. **100**.

(3) Sind für Teile des Gegenstands verschiedene Gebührensätze anzuwenden, entstehen für die Teile gesondert berechnete Gebühren, jedoch nicht mehr als die aus dem Gesamtbetrag der Wertteile nach dem höchsten Gebührensatz berechnete Gebühr.

(4) Auf bereits entstandene Gebühren ist es, soweit dieses Gesetz nichts anderes bestimmt, ohne Einfluss, wenn sich die Angelegenheit vorzeitig erledigt oder der Auftrag endigt, bevor die Angelegenheit erledigt ist.

(5) [1] Wird der Rechtsanwalt, nachdem er in einer Angelegenheit tätig geworden ist, beauftragt, in derselben Angelegenheit weiter tätig zu werden, erhält er nicht mehr an Gebühren, als er erhalten würde, wenn er von vornherein hiermit beauftragt worden wäre. [2] Ist der frühere Auftrag seit mehr als zwei Kalenderjahren erledigt, gilt die weitere Tätigkeit als neue Angelegenheit und in diesem Gesetz bestimmte Anrechnungen von Gebühren entfallen. [3] Satz 2 gilt entsprechend, wenn ein Vergleich mehr als zwei Kalenderjahre nach seinem Abschluss angefochten wird oder wenn mehr als zwei Kalenderjahre nach Zustellung eines Beschlusses nach § 23 Absatz 3 Satz 1 des Kapitalanleger-Musterverfahrensgesetzes[1)] der Kläger einen Antrag nach § 23 Absatz 4 des Kapitalanleger-Musterverfahrensgesetzes auf Wiedereröffnung des Verfahrens stellt.

(6) Ist der Rechtsanwalt nur mit einzelnen Handlungen oder mit Tätigkeiten, die nach § 19 zum Rechtszug oder zum Verfahren gehören, beauftragt, erhält er nicht mehr an Gebühren als der mit der gesamten Angelegenheit beauftragte Rechtsanwalt für die gleiche Tätigkeit erhalten würde.

§ 15a Anrechnung einer Gebühr. (1) Sieht dieses Gesetz die Anrechnung einer Gebühr auf eine andere Gebühr vor, kann der Rechtsanwalt beide Gebühren fordern, jedoch nicht mehr als den um den Anrechnungsbetrag verminderten Gesamtbetrag der beiden Gebühren.

(2) [1] Sind mehrere Gebühren teilweise auf dieselbe Gebühr anzurechnen, so ist der anzurechnende Betrag für jede anzurechnende Gebühr gesondert zu ermitteln. [2] Bei Wertgebühren darf der Gesamtbetrag der Anrechnung jedoch denjenigen Anrechnungsbetrag nicht übersteigen, der sich ergeben würde, wenn eine Gebühr anzurechnen wäre, die sich aus dem Gesamtbetrag der betroffenen Wertteile nach dem höchsten für die Anrechnungen einschlägigen Gebührensatz berechnet. [3] Bei Betragsrahmengebühren darf der Gesamtbetrag der Anrechnung den für die Anrechnung bestimmten Höchstbetrag nicht übersteigen.

(3) Ein Dritter kann sich auf die Anrechnung nur berufen, soweit er den Anspruch auf eine der beiden Gebühren erfüllt hat, wegen eines dieser Ansprüche gegen ihn ein Vollstreckungstitel besteht oder beide Gebühren in demselben Verfahren gegen ihn geltend gemacht werden.

Abschnitt 3. Angelegenheit

§ 16 Dieselbe Angelegenheit. Dieselbe Angelegenheit sind

1. das Verwaltungsverfahren auf Aussetzung oder Anordnung der sofortigen Vollziehung sowie über einstweilige Maßnahmen zur Sicherung der Rechte Dritter und jedes Verwaltungsverfahren auf Abänderung oder Aufhebung in den genannten Fällen;

[1)] **Habersack, Deutsche Gesetze ErgBd. Nr. 105d.**

2. das Verfahren über die Prozesskostenhilfe und das Verfahren, für das die Prozesskostenhilfe beantragt worden ist;
3. mehrere Verfahren über die Prozesskostenhilfe in demselben Rechtszug;
3a. das Verfahren zur Bestimmung des zuständigen Gerichts und das Verfahren, für das der Gerichtsstand bestimmt werden soll; dies gilt auch dann, wenn das Verfahren zur Bestimmung des zuständigen Gerichts vor Klageerhebung oder Antragstellung endet, ohne dass das zuständige Gericht bestimmt worden ist;
4. eine Scheidungssache oder ein Verfahren über die Aufhebung einer Lebenspartnerschaft und die Folgesachen;
5. das Verfahren über die Anordnung eines Arrests, zur Erwirkung eines Europäischen Beschlusses zur vorläufigen Kontenpfändung, über den Erlass einer einstweiligen Verfügung oder einstweiligen Anordnung, über die Anordnung oder Wiederherstellung der aufschiebenden Wirkung, über die Aufhebung der Vollziehung oder die Anordnung der sofortigen Vollziehung eines Verwaltungsakts und jedes Verfahren über deren Abänderung, Aufhebung oder Widerruf;
6. das Verfahren nach § 3 Absatz 1 des Gesetzes zur Ausführung des Vertrages zwischen der Bundesrepublik Deutschland und der Republik Österreich vom 6. Juni 1959 über die gegenseitige Anerkennung und Vollstreckung von gerichtlichen Entscheidungen, Vergleichen und öffentlichen Urkunden in Zivil- und Handelssachen in der im Bundesgesetzblatt Teil III, Gliederungsnummer 319-12, veröffentlichten bereinigten Fassung, das zuletzt durch Artikel 23 des Gesetzes vom 27. Juli 2001 (BGBl. I S. 1887) geändert worden ist, und das Verfahren nach § 3 Absatz 2 des genannten Gesetzes;
7. das Verfahren über die Zulassung der Vollziehung einer vorläufigen oder sichernden Maßnahme und das Verfahren über einen Antrag auf Aufhebung oder Änderung einer Entscheidung über die Zulassung der Vollziehung (§ 1041 der Zivilprozessordnung);
8. das schiedsrichterliche Verfahren und das gerichtliche Verfahren bei der Bestellung eines Schiedsrichters oder Ersatzschiedsrichters, über die Ablehnung eines Schiedsrichters oder über die Beendigung des Schiedsrichteramts, zur Unterstützung bei der Beweisaufnahme oder bei der Vornahme sonstiger richterlicher Handlungen;
9. das Verfahren vor dem Schiedsgericht und die gerichtlichen Verfahren über die Bestimmung einer Frist (§ 102 Absatz 3 des Arbeitsgerichtsgesetzes[1]), die Ablehnung eines Schiedsrichters (§ 103 Absatz 3 des Arbeitsgerichtsgesetzes) oder die Vornahme einer Beweisaufnahme oder einer Vereidigung (§ 106 Absatz 2 des Arbeitsgerichtsgesetzes);
10. im Kostenfestsetzungsverfahren und im Verfahren über den Antrag auf gerichtliche Entscheidung gegen einen Kostenfestsetzungsbescheid (§ 108 des Gesetzes über Ordnungswidrigkeiten[2]) einerseits und im Kostenansatzverfahren sowie im Verfahren über den Antrag auf gerichtliche Entscheidung gegen den Ansatz der Gebühren und Auslagen (§ 108 des Gesetzes über Ordnungswidrigkeiten) andererseits jeweils mehrere Verfahren über
    a) die Erinnerung,
    b) den Antrag auf gerichtliche Entscheidung,
    c) die Beschwerde in demselben Beschwerderechtszug;

---

[1] Nr. **83**.
[2] Nr. **94**.

11. das Rechtsmittelverfahren und das Verfahren über die Zulassung des Rechtsmittels; dies gilt nicht für das Verfahren über die Beschwerde gegen die Nichtzulassung eines Rechtsmittels;
12. das Verfahren über die Privatklage und die Widerklage und zwar auch im Fall des § 388 Absatz 2 der Strafprozessordnung[1] und
13. das erstinstanzliche Prozessverfahren und der erste Rechtszug des Musterverfahrens nach dem Kapitalanleger-Musterverfahrensgesetz[2].

§ 17 Verschiedene Angelegenheiten. Verschiedene Angelegenheiten sind

1. das Verfahren über ein Rechtsmittel und der vorausgegangene Rechtszug, soweit sich aus § 19 Absatz 1 Satz 2 Nummer 10a nichts anderes ergibt,

1a. jeweils das Verwaltungsverfahren, das einem gerichtlichen Verfahren vorausgehende und der Nachprüfung des Verwaltungsakts dienende weitere Verwaltungsverfahren (Vorverfahren, Einspruchsverfahren, Beschwerdeverfahren, Abhilfeverfahren), das Verfahren über die Beschwerde und die weitere Beschwerde nach der Wehrbeschwerdeordnung, das Verwaltungsverfahren auf Aussetzung oder Anordnung der sofortigen Vollziehung sowie über einstweilige Maßnahmen zur Sicherung der Rechte Dritter und ein gerichtliches Verfahren,

2. das Mahnverfahren und das streitige Verfahren,
3. das vereinfachte Verfahren über den Unterhalt Minderjähriger und das streitige Verfahren,
4. das Verfahren in der Hauptsache und ein Verfahren
   a) auf Anordnung eines Arrests oder zur Erwirkung eines Europäischen Beschlusses zur vorläufigen Kontenpfändung,
   b) auf Erlass einer einstweiligen Verfügung oder einer einstweiligen Anordnung,
   c) über die Anordnung oder Wiederherstellung der aufschiebenden Wirkung, über die Aufhebung der Vollziehung oder über die Anordnung der sofortigen Vollziehung eines Verwaltungsakts sowie
   d) über die Abänderung, die Aufhebung oder den Widerruf einer in einem Verfahren nach den Buchstaben a bis c ergangenen Entscheidung,
5. der Urkunden- oder Wechselprozess und das ordentliche Verfahren, das nach Abstandnahme vom Urkunden- oder Wechselprozess oder nach einem Vorbehaltsurteil anhängig bleibt (§§ 596, 600 der Zivilprozessordnung[3]),
6. das Schiedsverfahren und das Verfahren über die Zulassung der Vollziehung einer vorläufigen oder sichernden Maßnahme sowie das Verfahren über einen Antrag auf Aufhebung oder Änderung einer Entscheidung über die Zulassung der Vollziehung (§ 1041 der Zivilprozessordnung),
7. das gerichtliche Verfahren und ein vorausgegangenes
   a) Güteverfahren vor einer durch die Landesjustizverwaltung eingerichteten oder anerkannten Gütestelle (§ 794 Absatz 1 Nummer 1 der Zivilprozessordnung) oder, wenn die Parteien den Einigungsversuch einvernehmlich unternehmen, vor einer Gütestelle, die Streitbeilegung betreibt (§ 15a Absatz 3 des Einführungsgesetzes zur Zivilprozessordnung[4]),

---

[1] Nr. **90**.
[2] **Habersack, Deutsche Gesetze ErgBd. Nr. 105d.**
[3] Nr. **100**.
[4] Nr. **101**.

b) Verfahren vor einem Ausschuss der in § 111 Absatz 2 des Arbeitsgerichtsgesetzes[1)] bezeichneten Art,

c) Verfahren vor dem Seemannsamt zur vorläufigen Entscheidung von Arbeitssachen und

d) Verfahren vor sonstigen gesetzlich eingerichteten Einigungsstellen, Gütestellen oder Schiedsstellen,

8. das Vermittlungsverfahren nach § 165 des Gesetzes über das Verfahren in Familiensachen und in den Angelegenheiten der freiwilligen Gerichtsbarkeit[2)] und ein sich anschließendes gerichtliches Verfahren,
9. das Verfahren über ein Rechtsmittel und das Verfahren über die Beschwerde gegen die Nichtzulassung des Rechtsmittels,
10. das strafrechtliche Ermittlungsverfahren und

a) ein nachfolgendes gerichtliches Verfahren und

b) ein sich nach Einstellung des Ermittlungsverfahrens anschließendes Bußgeldverfahren,

11. das Bußgeldverfahren vor der Verwaltungsbehörde und das nachfolgende gerichtliche Verfahren,
12. das Strafverfahren und das Verfahren über die im Urteil vorbehaltene Sicherungsverwahrung und
13. das Wiederaufnahmeverfahren und das wiederaufgenommene Verfahren, wenn sich die Gebühren nach Teil 4 oder 5 des Vergütungsverzeichnisses richten.

§ 18[3)] **Besondere Angelegenheiten.** (1) Besondere Angelegenheiten sind

1. jede Vollstreckungsmaßnahme zusammen mit den durch diese vorbereiteten weiteren Vollstreckungshandlungen bis zur Befriedigung des Gläubigers; dies gilt entsprechend im Verwaltungszwangsverfahren (Verwaltungsvollstreckungsverfahren);
2. jede Vollziehungsmaßnahme bei der Vollziehung eines Arrests oder einer einstweiligen Verfügung (§§ 928 bis 934 und 936 der Zivilprozessordnung[4)]), die sich nicht auf die Zustellung beschränkt;
3. solche Angelegenheiten, in denen sich die Gebühren nach Teil 3 des Vergütungsverzeichnisses richten, jedes Beschwerdeverfahren, jedes Verfahren über eine Erinnerung gegen einen Kostenfestsetzungsbeschluss und jedes sonstige Verfahren über eine Erinnerung gegen eine Entscheidung des Rechtspflegers, soweit sich aus § 16 Nummer 10 nichts anderes ergibt;
4. das Verfahren über Einwendungen gegen die Erteilung der Vollstreckungsklausel, auf das § 732 der Zivilprozessordnung anzuwenden ist;
5. das Verfahren auf Erteilung einer weiteren vollstreckbaren Ausfertigung;
6. jedes Verfahren über Anträge nach den §§ 765a, 851a oder 851b der Zivilprozessordnung und jedes Verfahren über Anträge auf Änderung oder Aufhebung der getroffenen Anordnungen, jedes Verfahren über Anträge nach § 1084 Absatz 1, § 1096 oder § 1109 der Zivilprozessordnung, jedes Verfahren über Anträge auf Aussetzung der Vollstreckung nach § 44f des Internationalen

---

1) Nr. **83**.
2) Nr. **112**.
3) § 18 Abs. 1 Nr. 6 geänd. mWv 1.8.2022 durch G v. 10.8.2021 (BGBl. I S. 3424).
4) Nr. **100**.

Familienrechtsverfahrensgesetzes[1] und über Anträge nach § 31 des Auslandsunterhaltsgesetzes[2];

7. das Verfahren auf Zulassung der Austauschpfändung (§ 811a der Zivilprozessordnung);
8. das Verfahren über einen Antrag nach § 825 der Zivilprozessordnung;
9. die Ausführung der Zwangsvollstreckung in ein gepfändetes Vermögensrecht durch Verwaltung (§ 857 Absatz 4 der Zivilprozessordnung);
10. das Verteilungsverfahren (§ 858 Absatz 5, §§ 872 bis 877, 882 der Zivilprozessordnung);
11. das Verfahren auf Eintragung einer Zwangshypothek (§§ 867, 870a der Zivilprozessordnung);
12. die Vollstreckung der Entscheidung, durch die der Schuldner zur Vorauszahlung der Kosten, die durch die Vornahme einer Handlung entstehen, verurteilt wird (§ 887 Absatz 2 der Zivilprozessordnung);
13. das Verfahren zur Ausführung der Zwangsvollstreckung auf Vornahme einer Handlung durch Zwangsmittel (§ 888 der Zivilprozessordnung);
14. jede Verurteilung zu einem Ordnungsgeld gemäß § 890 Absatz 1 der Zivilprozessordnung;
15. die Verurteilung zur Bestellung einer Sicherheit im Fall des § 890 Absatz 3 der Zivilprozessordnung;
16. das Verfahren zur Abnahme der Vermögensauskunft (§§ 802f und 802g der Zivilprozessordnung);
17. das Verfahren auf Löschung der Eintragung im Schuldnerverzeichnis (§ 882e der Zivilprozessordnung);
18. das Ausüben der Veröffentlichungsbefugnis;
19. das Verfahren über Anträge auf Zulassung der Zwangsvollstreckung nach § 17 Absatz 4 der Schifffahrtsrechtlichen Verteilungsordnung;
20. das Verfahren über Anträge auf Aufhebung von Vollstreckungsmaßregeln (§ 8 Absatz 5 und § 41 der Schifffahrtsrechtlichen Verteilungsordnung) und
21. das Verfahren zur Anordnung von Zwangsmaßnahmen durch Beschluss nach § 35 des Gesetzes über das Verfahren in Familiensachen und in den Angelegenheiten der freiwilligen Gerichtsbarkeit[3].

(2) Absatz 1 gilt entsprechend für

1. die Vollziehung eines Arrestes und
2. die Vollstreckung

nach den Vorschriften des Gesetzes über das Verfahren in Familiensachen und in den Angelegenheiten der freiwilligen Gerichtsbarkeit.

§ 19[4] Rechtszug; Tätigkeiten, die mit dem Verfahren zusammenhängen. (1) [1]Zu dem Rechtszug oder dem Verfahren gehören auch alle Vorbereitungs-, Neben- und Abwicklungstätigkeiten und solche Verfahren, die mit dem Rechtszug oder Verfahren zusammenhängen, wenn die Tätigkeit nicht nach § 18 eine besondere Angelegenheit ist. [2]Hierzu gehören insbesondere

---

[1] **Habersack, Deutsche Gesetze ErgBd. Nr. 103n.**

[2] **Habersack, Deutsche Gesetze ErgBd. Nr. 103o.**

[3] Nr. **112**.

[4] § 19 Abs. 1 Satz 2 Nr. 9a Buchst. b geänd. mWv 1.8.2022 durch G v. 10.8.2021 (BGBl. I S. 3424).

1. die Vorbereitung der Klage, des Antrags oder der Rechtsverteidigung, soweit kein besonderes gerichtliches oder behördliches Verfahren stattfindet;
1a. die Einreichung von Schutzschriften und die Anmeldung von Ansprüchen oder Rechtsverhältnissen zum Klageregister für Musterfeststellungsklagen sowie die Rücknahme der Anmeldung;
1b. die Verkündung des Streits (§ 72 der Zivilprozessordnung[1]);
2. außergerichtliche Verhandlungen;
3. Zwischenstreite, die Bestellung von Vertretern durch das in der Hauptsache zuständige Gericht, die Ablehnung von Richtern, Rechtspflegern, Urkundsbeamten der Geschäftsstelle oder Sachverständigen, die Entscheidung über einen Antrag betreffend eine Sicherungsanordnung, die Wertfestsetzung, die Beschleunigungsrüge nach § 155b des Gesetzes über das Verfahren in Familiensachen und in den Angelegenheiten der freiwilligen Gerichtsbarkeit[2];
4. das Verfahren vor dem beauftragten oder ersuchten Richter;
5. das Verfahren
   a) über die Erinnerung (§ 573 der Zivilprozessordnung),
   b) über die Rüge wegen Verletzung des Anspruchs auf rechtliches Gehör,
   c) nach Artikel 18 der Verordnung (EG) Nr. 861/2007[3] des Europäischen Parlaments und des Rates vom 13. Juni 2007 zur Einführung eines europäischen Verfahrens für geringfügige Forderungen,
   d) nach Artikel 20 der Verordnung (EG) Nr. 1896/2006[4] des Europäischen Parlaments und des Rates vom 12. Dezember 2006 zur Einführung eines Europäischen Mahnverfahrens und
   e) nach Artikel 19 der Verordnung (EG) Nr. 4/2009[5] über die Zuständigkeit, das anwendbare Recht, die Anerkennung und Vollstreckung von Entscheidungen und die Zusammenarbeit in Unterhaltssachen;
6. die Berichtigung und Ergänzung der Entscheidung oder ihres Tatbestands;
7. die Mitwirkung bei der Erbringung der Sicherheitsleistung und das Verfahren wegen deren Rückgabe;
8. die für die Geltendmachung im Ausland vorgesehene Vervollständigung der Entscheidung und die Bezifferung eines dynamisierten Unterhaltstitels;
9. die Zustellung oder Empfangnahme von Entscheidungen oder Rechtsmittelschriften und ihre Mitteilung an den Auftraggeber, die Einwilligung zur Einlegung der Sprungrevision oder Sprungrechtsbeschwerde, der Antrag auf Entscheidung über die Verpflichtung, die Kosten zu tragen, die nachträgliche Vollstreckbarerklärung eines Urteils auf besonderen Antrag, die Erteilung des Notfrist- und des Rechtskraftzeugnisses;
9a. die Ausstellung von Bescheinigungen, Bestätigungen oder Formblättern einschließlich deren Berichtigung, Aufhebung oder Widerruf nach
   a) § 1079 oder § 1110 der Zivilprozessordnung,
   b) § 39 Absatz 1 und § 48 des Internationalen Familienrechtsverfahrensgesetzes[6],

---

[1] Nr. **100**.
[2] Nr. **112**.
[3] **Habersack, Deutsche Gesetze ErgBd. Nr. 103e.**
[4] **Habersack, Deutsche Gesetze ErgBd. Nr. 103g.**
[5] **Habersack, Deutsche Gesetze ErgBd. Nr. 21d.**
[6] **Habersack, Deutsche Gesetze ErgBd. Nr. 103n.**

c) § 57 oder § 58 des Anerkennungs- und Vollstreckungsausführungsgesetzes[1],
d) § 14 des EU-Gewaltschutzverfahrensgesetzes,
e) § 71 Absatz 1 des Auslandsunterhaltsgesetzes[2],
f) § 27 des Internationalen Erbrechtsverfahrensgesetzes[3] und
g) § 27 des Internationalen Güterrechtsverfahrensgesetzes[4];

10. die Einlegung von Rechtsmitteln bei dem Gericht desselben Rechtszugs in Verfahren, in denen sich die Gebühren nach Teil 4, 5 oder 6 des Vergütungsverzeichnisses richten; die Einlegung des Rechtsmittels durch einen neuen Verteidiger gehört zum Rechtszug des Rechtsmittels;

10a. Beschwerdeverfahren, wenn sich die Gebühren nach Teil 4, 5 oder 6 des Vergütungsverzeichnisses richten und dort nichts anderes bestimmt ist oder keine besonderen Gebührentatbestände vorgesehen sind;

11. die vorläufige Einstellung, Beschränkung oder Aufhebung der Zwangsvollstreckung, wenn nicht eine abgesonderte mündliche Verhandlung hierüber stattfindet;

12. die einstweilige Einstellung oder Beschränkung der Vollstreckung und die Anordnung, dass Vollstreckungsmaßnahmen aufzuheben sind (§ 93 Absatz 1 des Gesetzes über das Verfahren in Familiensachen und in den Angelegenheiten der freiwilligen Gerichtsbarkeit), wenn nicht ein besonderer gerichtlicher Termin hierüber stattfindet;

13. die erstmalige Erteilung der Vollstreckungsklausel, wenn deswegen keine Klage erhoben wird;

14. die Kostenfestsetzung und die Einforderung der Vergütung;

15. (weggefallen)

16. die Zustellung eines Vollstreckungstitels, der Vollstreckungsklausel und der sonstigen in § 750 der Zivilprozessordnung genannten Urkunden und

17. die Herausgabe der Handakten oder ihre Übersendung an einen anderen Rechtsanwalt.

(2) Zu den in § 18 Absatz 1 Nummer 1 und 2 genannten Verfahren gehören ferner insbesondere

1. gerichtliche Anordnungen nach § 758a der Zivilprozessordnung sowie Beschlüsse nach §§ 90 und 91 Absatz 1 des Gesetzes über das Verfahren in Familiensachen und in den Angelegenheiten der freiwilligen Gerichtsbarkeit,
2. die Erinnerung nach § 766 der Zivilprozessordnung,
3. die Bestimmung eines Gerichtsvollziehers (§ 827 Absatz 1 und § 854 Absatz 1 der Zivilprozessordnung) oder eines Sequesters (§§ 848 und 855 der Zivilprozessordnung),
4. die Anzeige der Absicht, die Zwangsvollstreckung gegen eine juristische Person des öffentlichen Rechts zu betreiben,
5. die einer Verurteilung vorausgehende Androhung von Ordnungsgeld und
6. die Aufhebung einer Vollstreckungsmaßnahme.

---

[1] **Habersack, Deutsche Gesetze ErgBd. Nr. 103a.**
[2] **Habersack, Deutsche Gesetze ErgBd. Nr. 103o.**
[3] **Habersack, Deutsche Gesetze ErgBd. Nr. 103p.**
[4] **Habersack, Deutsche Gesetze ErgBd. Nr. 103q.**

§ 20 Verweisung, Abgabe. [1] Soweit eine Sache an ein anderes Gericht verwiesen oder abgegeben wird, sind die Verfahren vor dem verweisenden oder abgebenden und vor dem übernehmenden Gericht ein Rechtszug. [2] Wird eine Sache an ein Gericht eines niedrigeren Rechtszugs verwiesen oder abgegeben, ist das weitere Verfahren vor diesem Gericht ein neuer Rechtszug.

§ 21 Zurückverweisung, Fortführung einer Folgesache als selbständige Familiensache. (1) Soweit eine Sache an ein untergeordnetes Gericht zurückverwiesen wird, ist das weitere Verfahren vor diesem Gericht ein neuer Rechtszug.

(2) In den Fällen des § 146 des Gesetzes über das Verfahren in Familiensachen und in den Angelegenheiten der freiwilligen Gerichtsbarkeit[1)], auch in Verbindung mit § 270 des Gesetzes über das Verfahren in Familiensachen und in den Angelegenheiten der freiwilligen Gerichtsbarkeit, bildet das weitere Verfahren vor dem Familiengericht mit dem früheren einen Rechtszug.

(3) Wird eine Folgesache als selbständige Familiensache fortgeführt, sind das fortgeführte Verfahren und das frühere Verfahren dieselbe Angelegenheit.

Abschnitt 4. Gegenstandswert

§ 22 Grundsatz. (1) In derselben Angelegenheit werden die Werte mehrerer Gegenstände zusammengerechnet.

(2) [1] Der Wert beträgt in derselben Angelegenheit höchstens 30 Millionen Euro, soweit durch Gesetz kein niedrigerer Höchstwert bestimmt ist. [2] Sind in derselben Angelegenheit mehrere Personen wegen verschiedener Gegenstände Auftraggeber, beträgt der Wert für jede Person höchstens 30 Millionen Euro, insgesamt jedoch nicht mehr als 100 Millionen Euro.

§ 23 Allgemeine Wertvorschrift. (1) [1] Soweit sich die Gerichtsgebühren nach dem Wert richten, bestimmt sich der Gegenstandswert im gerichtlichen Verfahren nach den für die Gerichtsgebühren geltenden Wertvorschriften. [2] In Verfahren, in denen Kosten nach dem Gerichtskostengesetz[2)] oder dem Gesetz über Gerichtskosten in Familiensachen[3)] erhoben werden, sind die Wertvorschriften des jeweiligen Kostengesetzes entsprechend anzuwenden, wenn für das Verfahren keine Gerichtsgebühr oder eine Festgebühr bestimmt ist. [3] Diese Wertvorschriften gelten auch entsprechend für die Tätigkeit außerhalb eines gerichtlichen Verfahrens, wenn der Gegenstand der Tätigkeit auch Gegenstand eines gerichtlichen Verfahrens sein könnte. [4] § 22 Absatz 2 Satz 2 bleibt unberührt.

(2) [1] In Beschwerdeverfahren, in denen Gerichtsgebühren unabhängig vom Ausgang des Verfahrens nicht erhoben werden oder sich nicht nach dem Wert richten, ist der Wert unter Berücksichtigung des Interesses des Beschwerdeführers nach Absatz 3 Satz 2 zu bestimmen, soweit sich aus diesem Gesetz nichts anderes ergibt. [2] Der Gegenstandswert ist durch den Wert des zugrunde liegenden Verfahrens begrenzt. [3] In Verfahren über eine Erinnerung oder eine Rüge wegen Verletzung des rechtlichen Gehörs richtet sich der Wert nach den für Beschwerdeverfahren geltenden Vorschriften.

(3) [1] Soweit sich aus diesem Gesetz nichts anderes ergibt, gelten in anderen Angelegenheiten für den Gegenstandswert die Bewertungsvorschriften des Ge-

---

[1)] Nr. **112**.
[2)] Nr. **115**.
[3)] Nr. **118**.

richts- und Notarkostengesetzes[1] und die §§ 37, 38, 42 bis 45 sowie 99 bis 102 des Gerichts- und Notarkostengesetzes entsprechend. [2]Soweit sich der Gegenstandswert aus diesen Vorschriften nicht ergibt und auch sonst nicht feststeht, ist er nach billigem Ermessen zu bestimmen; in Ermangelung genügender tatsächlicher Anhaltspunkte für eine Schätzung und bei nichtvermögensrechtlichen Gegenständen ist der Gegenstandswert mit 5000 Euro, nach Lage des Falles niedriger oder höher, jedoch nicht über 500 000 Euro anzunehmen.

§ 23a Gegenstandswert im Verfahren über die Prozesskostenhilfe.

(1) Im Verfahren über die Bewilligung der Prozesskostenhilfe oder die Aufhebung der Bewilligung nach § 124 Absatz 1 Nummer 1 der Zivilprozessordnung[2] bestimmt sich der Gegenstandswert nach dem für die Hauptsache maßgebenden Wert; im Übrigen ist er nach dem Kosteninteresse nach billigem Ermessen zu bestimmen.

(2) Der Wert nach Absatz 1 und der Wert für das Verfahren, für das die Prozesskostenhilfe beantragt worden ist, werden nicht zusammengerechnet.

§ 23b Gegenstandswert im Musterverfahren nach dem Kapitalanleger-Musterverfahrensgesetz. Im Musterverfahren nach dem Kapitalanleger-Musterverfahrensgesetz[3] bestimmt sich der Gegenstandswert nach der Höhe des von dem Auftraggeber oder gegen diesen im Ausgangsverfahren geltend gemachten Anspruchs, soweit dieser Gegenstand des Musterverfahrens ist.

§ 24 Gegenstandswert im Sanierungs- und Reorganisationsverfahren nach dem Kreditinstitute-Reorganisationsgesetz. Ist der Auftrag im Sanierungs- und Reorganisationsverfahren von einem Gläubiger erteilt, bestimmt sich der Wert nach dem Nennwert der Forderung.

§ 25 Gegenstandswert in der Vollstreckung und bei der Vollziehung.

(1) In der Zwangsvollstreckung, in der Vollstreckung, in Verfahren des Verwaltungszwangs und bei der Vollziehung eines Arrests oder einer einstweiligen Verfügung bestimmt sich der Gegenstandswert

1. nach dem Betrag der zu vollstreckenden Geldforderung einschließlich der Nebenforderungen; soll ein bestimmter Gegenstand gepfändet werden und hat dieser einen geringeren Wert, ist der geringere Wert maßgebend; wird künftig fällig werdendes Arbeitseinkommen nach § 850d Absatz 3 der Zivilprozessordnung[2] gepfändet, sind die noch nicht fälligen Ansprüche nach § 51 Absatz 1 Satz 1 des Gesetzes über Gerichtskosten in Familiensachen[4] und § 9 der Zivilprozessordnung zu bewerten; im Verteilungsverfahren (§ 858 Absatz 5, §§ 872 bis 877 und 882 der Zivilprozessordnung) ist höchstens der zu verteilende Geldbetrag maßgebend;
2. nach dem Wert der herauszugebenden oder zu leistenden Sachen; der Gegenstandswert darf jedoch den Wert nicht übersteigen, mit dem der Herausgabe- oder Räumungsanspruch nach den für die Berechnung von Gerichtskosten maßgeblichen Vorschriften zu bewerten ist;
3. nach dem Wert, den die zu erwirkende Handlung, Duldung oder Unterlassung für den Gläubiger hat, und

---

[1] Nr. **119**.
[2] Nr. **100**.
[3] **Habersack, Deutsche Gesetze ErgBd. Nr. 105d.**
[4] Nr. **118**.

4. in Verfahren über die Erteilung der Vermögensauskunft (§ 802c der Zivilprozessordnung) sowie in Verfahren über die Einholung von Auskünften Dritter über das Vermögen des Schuldners (§ 802l der Zivilprozessordnung) nach dem Betrag, der einschließlich der Nebenforderungen aus dem Vollstreckungstitel noch geschuldet wird; der Wert beträgt jedoch höchstens 2000 Euro.

(2) In Verfahren über Anträge des Schuldners ist der Wert nach dem Interesse des Antragstellers nach billigem Ermessen zu bestimmen.

§ 26 Gegenstandswert in der Zwangsversteigerung. In der Zwangsversteigerung bestimmt sich der Gegenstandswert

1. bei der Vertretung des Gläubigers oder eines anderen nach § 9 Nummer 1 und 2 des Gesetzes über die Zwangsversteigerung und die Zwangsverwaltung[1)] Beteiligten nach dem Wert des dem Gläubiger oder dem Beteiligten zustehenden Rechts; wird das Verfahren wegen einer Teilforderung betrieben, ist der Teilbetrag nur maßgebend, wenn es sich um einen nach § 10 Absatz 1 Nummer 5 des Gesetzes über die Zwangsversteigerung und die Zwangsverwaltung zu befriedigenden Anspruch handelt; Nebenforderungen sind mitzurechnen; der Wert des Gegenstands der Zwangsversteigerung (§ 66 Absatz 1, § 74a Absatz 5 des Gesetzes über die Zwangsversteigerung und die Zwangsverwaltung), im Verteilungsverfahren der zur Verteilung kommende Erlös, sind maßgebend, wenn sie geringer sind;
2. bei der Vertretung eines anderen Beteiligten, insbesondere des Schuldners, nach dem Wert des Gegenstands der Zwangsversteigerung, im Verteilungsverfahren nach dem zur Verteilung kommenden Erlös; bei Miteigentümern oder sonstigen Mitberechtigten ist der Anteil maßgebend;
3. bei der Vertretung eines Bieters, der nicht Beteiligter ist, nach dem Betrag des höchsten für den Auftraggeber abgegebenen Gebots, wenn ein solches Gebot nicht abgegeben ist, nach dem Wert des Gegenstands der Zwangsversteigerung.

§ 27 Gegenstandswert in der Zwangsverwaltung. [1] In der Zwangsverwaltung bestimmt sich der Gegenstandswert bei der Vertretung des Antragstellers nach dem Anspruch, wegen dessen das Verfahren beantragt ist; Nebenforderungen sind mitzurechnen; bei Ansprüchen auf wiederkehrende Leistungen ist der Wert der Leistungen eines Jahres maßgebend. [2] Bei der Vertretung des Schuldners bestimmt sich der Gegenstandswert nach dem zusammengerechneten Wert aller Ansprüche, wegen derer das Verfahren beantragt ist, bei der Vertretung eines sonstigen Beteiligten nach § 23 Absatz 3 Satz 2.

§ 28 Gegenstandswert im Insolvenzverfahren. (1) [1] Die Gebühren der Nummern 3313, 3317 sowie im Fall der Beschwerde gegen den Beschluss über die Eröffnung des Insolvenzverfahrens der Nummern 3500 und 3513 des Vergütungsverzeichnisses werden, wenn der Auftrag vom Schuldner erteilt ist, nach dem Wert der Insolvenzmasse (§ 58 des Gerichtskostengesetzes[2)]) berechnet. [2] Im Fall der Nummer 3313 des Vergütungsverzeichnisses beträgt der Gegenstandswert jedoch mindestens 4000 Euro.

(2) [1] Ist der Auftrag von einem Insolvenzgläubiger erteilt, werden die in Absatz 1 genannten Gebühren und die Gebühr nach Nummer 3314 nach dem Nennwert der Forderung berechnet. [2] Nebenforderungen sind mitzurechnen.

---

1) Nr. **108**.
2) Nr. **115**.

(3) Im Übrigen ist der Gegenstandswert im Insolvenzverfahren unter Berücksichtigung des wirtschaftlichen Interesses, das der Auftraggeber im Verfahren verfolgt, nach § 23 Absatz 3 Satz 2 zu bestimmen.

§ 29 Gegenstandswert im Verteilungsverfahren nach der Schifffahrtsrechtlichen Verteilungsordnung. Im Verfahren nach der Schifffahrtsrechtlichen Verteilungsordnung gilt § 28 entsprechend mit der Maßgabe, dass an die Stelle des Werts der Insolvenzmasse die festgesetzte Haftungssumme tritt.

§ 29a Gegenstandswert in Verfahren nach dem Unternehmensstabilisierungs- und -restrukturierungsgesetz. Der Gegenstandswert in Verfahren nach dem Unternehmensstabilisierungs- und -restrukturierungsgesetz[1] ist unter Berücksichtigung des wirtschaftlichen Interesses, das der Auftraggeber im Verfahren verfolgt, nach § 23 Absatz 3 Satz 2 zu bestimmen.

§ 30 Gegenstandswert in gerichtlichen Verfahren nach dem Asylgesetz.

(1) [1] In Klageverfahren nach dem Asylgesetz[2] beträgt der Gegenstandswert 5000 Euro, in Verfahren des vorläufigen Rechtsschutzes 2500 Euro. [2] Sind mehrere natürliche Personen an demselben Verfahren beteiligt, erhöht sich der Wert für jede weitere Person in Klageverfahren um 1000 Euro und in Verfahren des vorläufigen Rechtsschutzes um 500 Euro.

(2) Ist der nach Absatz 1 bestimmte Wert nach den besonderen Umständen des Einzelfalls unbillig, kann das Gericht einen höheren oder einen niedrigeren Wert festsetzen.

§ 31 Gegenstandswert in gerichtlichen Verfahren nach dem Spruchverfahrensgesetz. (1) [1] Vertritt der Rechtsanwalt im Verfahren nach dem Spruchverfahrensgesetz[3] einen von mehreren Antragstellern, bestimmt sich der Gegenstandswert nach dem Bruchteil des für die Gerichtsgebühren geltenden Geschäftswerts, der sich aus dem Verhältnis der Anzahl der Anteile des Auftraggebers zu der Gesamtzahl der Anteile aller Antragsteller ergibt. [2] Maßgeblicher Zeitpunkt für die Bestimmung der auf die einzelnen Antragsteller entfallenden Anzahl der Anteile ist der jeweilige Zeitpunkt der Antragstellung. [3] Ist die Anzahl der auf einen Antragsteller entfallenden Anteile nicht gerichtsbekannt, wird vermutet, dass er lediglich einen Anteil hält. [4] Der Wert beträgt mindestens 5000 Euro.

(2) Wird der Rechtsanwalt von mehreren Antragstellern beauftragt, sind die auf die einzelnen Antragsteller entfallenden Werte zusammenzurechnen; Nummer 1008 des Vergütungsverzeichnisses ist insoweit nicht anzuwenden.

§ 31a Ausschlussverfahren nach dem Wertpapiererwerbs- und Übernahmegesetz. [1] Vertritt der Rechtsanwalt im Ausschlussverfahren nach § 39b des Wertpapiererwerbs- und Übernahmegesetzes[4] einen Antragsgegner, bestimmt sich der Gegenstandswert nach dem Wert der Aktien, die dem Auftraggeber im Zeitpunkt der Antragstellung gehören. [2] § 31 Absatz 1 Satz 2 bis 4 und Absatz 2 gilt entsprechend.

---

[1] **Habersack, Deutsche Gesetze ErgBd. Nr. 110e.**
[2] **Sartorius Nr. 567.**
[3] **Habersack, Deutsche Gesetze ErgBd. Nr. 51b.**
[4] **Habersack, Deutsche Gesetze ErgBd. Nr. 58a.**

§ 31b Gegenstandswert bei Zahlungsvereinbarungen. Ist Gegenstand der Einigung eine Zahlungsvereinbarung (Gebühr 1000 Nummer 2 des Vergütungsverzeichnisses), beträgt der Gegenstandswert 50 Prozent des Anspruchs.

§ 32 Wertfestsetzung für die Gerichtsgebühren. (1) Wird der für die Gerichtsgebühren maßgebende Wert gerichtlich festgesetzt, ist die Festsetzung auch für die Gebühren des Rechtsanwalts maßgebend.

(2) [1] Der Rechtsanwalt kann aus eigenem Recht die Festsetzung des Werts beantragen und Rechtsmittel gegen die Festsetzung einlegen. [2] Rechtsbehelfe, die gegeben sind, wenn die Wertfestsetzung unterblieben ist, kann er aus eigenem Recht einlegen.

§ 33 Wertfestsetzung für die Rechtsanwaltsgebühren. (1) Berechnen sich die Gebühren in einem gerichtlichen Verfahren nicht nach dem für die Gerichtsgebühren maßgebenden Wert oder fehlt es an einem solchen Wert, setzt das Gericht des Rechtszugs den Wert des Gegenstands der anwaltlichen Tätigkeit auf Antrag durch Beschluss selbstständig fest.

(2) [1] Der Antrag ist erst zulässig, wenn die Vergütung fällig ist. [2] Antragsberechtigt sind der Rechtsanwalt, der Auftraggeber, ein erstattungspflichtiger Gegner und in den Fällen des § 45 die Staatskasse.

(3) [1] Gegen den Beschluss nach Absatz 1 können die Antragsberechtigten Beschwerde einlegen, wenn der Wert des Beschwerdegegenstands 200 Euro übersteigt. [2] Die Beschwerde ist auch zulässig, wenn sie das Gericht, das die angefochtene Entscheidung erlassen hat, wegen der grundsätzlichen Bedeutung der zur Entscheidung stehenden Frage in dem Beschluss zulässt. [3] Die Beschwerde ist nur zulässig, wenn sie innerhalb von zwei Wochen nach Zustellung der Entscheidung eingelegt wird.

(4) [1] Soweit das Gericht die Beschwerde für zulässig und begründet hält, hat es ihr abzuhelfen; im Übrigen ist die Beschwerde unverzüglich dem Beschwerdegericht vorzulegen. [2] Beschwerdegericht ist das nächsthöhere Gericht, in Zivilsachen der in § 119 Absatz 1 Nummer 1 des Gerichtsverfassungsgesetzes[1)] bezeichneten Art jedoch das Oberlandesgericht. [3] Eine Beschwerde an einen obersten Gerichtshof des Bundes findet nicht statt. [4] Das Beschwerdegericht ist an die Zulassung der Beschwerde gebunden; die Nichtzulassung ist unanfechtbar.

(5) [1] War der Beschwerdeführer ohne sein Verschulden verhindert, die Frist einzuhalten, ist ihm auf Antrag von dem Gericht, das über die Beschwerde zu entscheiden hat, Wiedereinsetzung in den vorigen Stand zu gewähren, wenn er die Beschwerde binnen zwei Wochen nach der Beseitigung des Hindernisses einlegt und die Tatsachen, welche die Wiedereinsetzung begründen, glaubhaft macht. [2] Ein Fehlen des Verschuldens wird vermutet, wenn eine Rechtsbehelfsbelehrung unterblieben oder fehlerhaft ist. [3] Nach Ablauf eines Jahres, von dem Ende der versäumten Frist an gerechnet, kann die Wiedereinsetzung nicht mehr beantragt werden. [4] Gegen die Ablehnung der Wiedereinsetzung findet die Beschwerde statt. [5] Sie ist nur zulässig, wenn sie innerhalb von zwei Wochen eingelegt wird. [6] Die Frist beginnt mit der Zustellung der Entscheidung. [7] Absatz 4 Satz 1 bis 3 gilt entsprechend.

(6) [1] Die weitere Beschwerde ist nur zulässig, wenn das Landgericht als Beschwerdegericht entschieden und sie wegen der grundsätzlichen Bedeutung der zur Entscheidung stehenden Frage in dem Beschluss zugelassen hat. [2] Sie kann nur

---

[1)] Nr. **95**.

darauf gestützt werden, dass die Entscheidung auf einer Verletzung des Rechts beruht; die §§ 546 und 547 der Zivilprozessordnung[1)] gelten entsprechend. [3] Über die weitere Beschwerde entscheidet das Oberlandesgericht. [4] Absatz 3 Satz 3, Absatz 4 Satz 1 und 4 und Absatz 5 gelten entsprechend.

(7) [1] Anträge und Erklärungen können ohne Mitwirkung eines Bevollmächtigten schriftlich eingereicht oder zu Protokoll der Geschäftsstelle abgegeben werden; § 129a der Zivilprozessordnung gilt entsprechend. [2] Für die Bevollmächtigung gelten die Regelungen der für das zugrunde liegende Verfahren geltenden Verfahrensordnung entsprechend. [3] Die Beschwerde ist bei dem Gericht einzulegen, dessen Entscheidung angefochten wird.

(8) [1] Das Gericht entscheidet über den Antrag durch eines seiner Mitglieder als Einzelrichter; dies gilt auch für die Beschwerde, wenn die angefochtene Entscheidung von einem Einzelrichter oder einem Rechtspfleger erlassen wurde. [2] Der Einzelrichter überträgt das Verfahren der Kammer oder dem Senat, wenn die Sache besondere Schwierigkeiten tatsächlicher oder rechtlicher Art aufweist oder die Rechtssache grundsätzliche Bedeutung hat. [3] Das Gericht entscheidet jedoch immer ohne Mitwirkung ehrenamtlicher Richter. [4] Auf eine erfolgte oder unterlassene Übertragung kann ein Rechtsmittel nicht gestützt werden.

(9) [1] Das Verfahren über den Antrag ist gebührenfrei. [2] Kosten werden nicht erstattet; dies gilt auch im Verfahren über die Beschwerde.

Abschnitt 5. Außergerichtliche Beratung und Vertretung

§ 34 Beratung, Gutachten und Mediation. (1) [1] Für einen mündlichen oder schriftlichen Rat oder eine Auskunft (Beratung), die nicht mit einer anderen gebührenpflichtigen Tätigkeit zusammenhängen, für die Ausarbeitung eines schriftlichen Gutachtens und für die Tätigkeit als Mediator soll der Rechtsanwalt auf eine Gebührenvereinbarung hinwirken, soweit in Teil 2 Abschnitt 1 des Vergütungsverzeichnisses keine Gebühren bestimmt sind. [2] Wenn keine Vereinbarung getroffen worden ist, erhält der Rechtsanwalt Gebühren nach den Vorschriften des bürgerlichen Rechts. [3] Ist im Fall des Satzes 2 der Auftraggeber Verbraucher, beträgt die Gebühr für die Beratung oder für die Ausarbeitung eines schriftlichen Gutachtens jeweils höchstens 250 Euro; § 14 Absatz 1 gilt entsprechend; für ein erstes Beratungsgespräch beträgt die Gebühr jedoch höchstens 190 Euro.

(2) Wenn nichts anderes vereinbart ist, ist die Gebühr für die Beratung auf eine Gebühr für eine sonstige Tätigkeit, die mit der Beratung zusammenhängt, anzurechnen.

§ 35 Hilfeleistung in Steuersachen. (1) Für die Hilfeleistung bei der Erfüllung allgemeiner Steuerpflichten und bei der Erfüllung steuerlicher Buchführungs- und Aufzeichnungspflichten gelten die §§ 23 bis 39 der Steuerberatervergütungsverordnung in Verbindung mit den §§ 10 und 13 der Steuerberatervergütungsverordnung entsprechend.

(2) [1] Sieht dieses Gesetz die Anrechnung einer Geschäftsgebühr auf eine andere Gebühr vor, stehen die Gebühren nach den §§ 23, 24 und 31 der Steuerberatervergütungsverordnung, bei mehreren Gebühren deren Summe, einer Geschäftsgebühr nach Teil 2 des Vergütungsverzeichnisses gleich. [2] Bei der Ermittlung des Höchstbetrags des anzurechnenden Teils der Geschäftsgebühr ist der Gegenstandswert derjenigen Gebühr zugrunde zu legen, auf die angerechnet wird.

[1)] Nr. **100**.

§ 36 Schiedsrichterliche Verfahren und Verfahren vor dem Schiedsgericht. (1) Teil 3 Abschnitt 1, 2 und 4 des Vergütungsverzeichnisses ist auf die folgenden außergerichtlichen Verfahren entsprechend anzuwenden:

1. schiedsrichterliche Verfahren nach Buch 10 der Zivilprozessordnung[1] und
2. Verfahren vor dem Schiedsgericht (§ 104 des Arbeitsgerichtsgesetzes[2]).

(2) Im Verfahren nach Absatz 1 Nummer 1 erhält der Rechtsanwalt die Terminsgebühr auch, wenn der Schiedsspruch ohne mündliche Verhandlung erlassen wird.

Abschnitt 6. Gerichtliche Verfahren

§ 37 Verfahren vor den Verfassungsgerichten. (1) Die Vorschriften für die Revision in Teil 4 Abschnitt 1 Unterabschnitt 3 des Vergütungsverzeichnisses gelten entsprechend in folgenden Verfahren vor dem Bundesverfassungsgericht oder dem Verfassungsgericht (Verfassungsgerichtshof, Staatsgerichtshof) eines Landes:

1. Verfahren über die Verwirkung von Grundrechten, den Verlust des Stimmrechts, den Ausschluss von Wahlen und Abstimmungen,
2. Verfahren über die Verfassungswidrigkeit von Parteien,
3. Verfahren über Anklagen gegen den Bundespräsidenten, gegen ein Regierungsmitglied eines Landes oder gegen einen Abgeordneten oder Richter und
4. Verfahren über sonstige Gegenstände, die in einem dem Strafprozess ähnlichen Verfahren behandelt werden.

(2) [1] In sonstigen Verfahren vor dem Bundesverfassungsgericht oder dem Verfassungsgericht eines Landes gelten die Vorschriften in Teil 3 Abschnitt 2 Unterabschnitt 2 des Vergütungsverzeichnisses entsprechend. [2] Der Gegenstandswert ist unter Berücksichtigung der in § 14 Absatz 1 genannten Umstände nach billigem Ermessen zu bestimmen; er beträgt mindestens 5000 Euro.

§ 38 Verfahren vor dem Gerichtshof der Europäischen Gemeinschaften. (1) [1] In Vorabentscheidungsverfahren vor dem Gerichtshof der Europäischen Gemeinschaften gelten die Vorschriften in Teil 3 Abschnitt 2 Unterabschnitt 2 des Vergütungsverzeichnisses entsprechend. [2] Der Gegenstandswert bestimmt sich nach den Wertvorschriften, die für die Gerichtsgebühren des Verfahrens gelten, in dem vorgelegt wird. [3] Das vorlegende Gericht setzt den Gegenstandswert auf Antrag durch Beschluss fest. [4] § 33 Absatz 2 bis 9 gilt entsprechend.

(2) Ist in einem Verfahren, in dem sich die Gebühren nach Teil 4, 5 oder 6 des Vergütungsverzeichnisses richten, vorgelegt worden, sind in dem Vorabentscheidungsverfahren die Nummern 4130 und 4132 des Vergütungsverzeichnisses entsprechend anzuwenden.

(3) Die Verfahrensgebühr des Verfahrens, in dem vorgelegt worden ist, wird auf die Verfahrensgebühr des Verfahrens vor dem Gerichtshof der Europäischen Gemeinschaften angerechnet, wenn nicht eine im Verfahrensrecht vorgesehene schriftliche Stellungnahme gegenüber dem Gerichtshof der Europäischen Gemeinschaften abgegeben wird.

---

[1] Nr. **100**.
[2] Nr. **83**.

§ 38a Verfahren vor dem Europäischen Gerichtshof für Menschenrechte.

[1] In Verfahren vor dem Europäischen Gerichtshof für Menschenrechte gelten die Vorschriften in Teil 3 Abschnitt 2 Unterabschnitt 2 des Vergütungsverzeichnisses entsprechend. [2] Der Gegenstandswert ist unter Berücksichtigung der in § 14 Absatz 1 genannten Umstände nach billigem Ermessen zu bestimmen; er beträgt mindestens 5000 Euro.

§ 39 Von Amts wegen beigeordneter Rechtsanwalt. (1) Der Rechtsanwalt, der nach § 138 des Gesetzes über das Verfahren in Familiensachen und in den Angelegenheiten der freiwilligen Gerichtsbarkeit[1)], auch in Verbindung mit § 270 des Gesetzes über das Verfahren in Familiensachen und in den Angelegenheiten der freiwilligen Gerichtsbarkeit, dem Antragsgegner beigeordnet ist, kann von diesem die Vergütung eines zum Prozessbevollmächtigten bestellten Rechtsanwalts und einen Vorschuss verlangen.

(2) Der Rechtsanwalt, der nach § 109 Absatz 3 oder § 119a Absatz 6 des Strafvollzugsgesetzes[2)] einer Person beigeordnet ist, kann von dieser die Vergütung eines zum Verfahrensbevollmächtigten bestellten Rechtsanwalts und einen Vorschuss verlangen.

§ 40 Als gemeinsamer Vertreter bestellter Rechtsanwalt. Der Rechtsanwalt kann von den Personen, für die er nach § 67a Absatz 1 Satz 2 der Verwaltungsgerichtsordnung[3)] bestellt ist, die Vergütung eines von mehreren Auftraggebern zum Prozessbevollmächtigten bestellten Rechtsanwalts und einen Vorschuss verlangen.

§ 41[4)] Besonderer Vertreter. [1] Der Rechtsanwalt, der nach § 57 oder § 58 der Zivilprozessordnung[5)], § 118e der Bundesrechtsanwaltsordnung[6)], § 103b der Patentanwaltsordnung oder § 111c des Steuerberatungsgesetzes als besonderer Vertreter bestellt ist, kann von dem Vertretenen die Vergütung eines zum Prozessbevollmächtigten oder zum Verteidiger gewählten Rechtsanwalts verlangen. [2] Er kann von diesem keinen Vorschuss fordern. [3] § 126 der Zivilprozessordnung ist entsprechend anzuwenden.

§ 41a Vertreter des Musterklägers. (1) [1] Für das erstinstanzliche Musterverfahren nach dem Kapitalanleger-Musterverfahrensgesetz[7)] kann das Oberlandesgericht dem Rechtsanwalt, der den Musterkläger vertritt, auf Antrag eine besondere Gebühr bewilligen, wenn sein Aufwand im Vergleich zu dem Aufwand der Vertreter der beigeladenen Kläger höher ist. [2] Bei der Bemessung der Gebühr sind der Mehraufwand sowie der Vorteil und die Bedeutung für die beigeladenen Kläger zu berücksichtigen. [3] Die Gebühr darf eine Gebühr mit einem Gebührensatz von 0,3 nach § 13 Absatz 1 nicht überschreiten. [4] Hierbei ist als Wert die Summe der in sämtlichen nach § 8 des Kapitalanleger-Musterverfahrensgesetzes ausgesetzten Verfahren geltend gemachten Ansprüche zugrunde zu legen, soweit diese Ansprüche von den Feststellungszielen des Musterverfahrens betroffen sind,

---

1) Nr. **112**.
2) **Habersack, Deutsche Gesetze ErgBd. Nr. 91.**
3) **Sartorius Nr. 600.**
4) § 41 Überschrift und Satz 1 neu gef. mWv 1.8.2022 durch G v. 7.7.2021 (BGBl. I S. 2363).
5) Nr. **100**.
6) **Habersack, Deutsche Gesetze ErgBd. Nr. 98.**
7) **Habersack, Deutsche Gesetze ErgBd. Nr. 105d.**

höchstens jedoch 30 Millionen Euro. [5] Der Vergütungsanspruch gegen den Auftraggeber bleibt unberührt.

(2) [1] Der Antrag ist spätestens vor dem Schluss der mündlichen Verhandlung zu stellen. [2] Der Antrag und ergänzende Schriftsätze werden entsprechend § 12 Absatz 2 des Kapitalanleger-Musterverfahrensgesetzes bekannt gegeben. [3] Mit der Bekanntmachung ist eine Frist zur Erklärung zu setzen. [4] Die Landeskasse ist nicht zu hören.

(3) [1] Die Entscheidung kann mit dem Musterentscheid getroffen werden. [2] Die Entscheidung ist dem Musterkläger, den Musterbeklagten, den Beigeladenen sowie dem Rechtsanwalt mitzuteilen. [3] § 16 Absatz 1 Satz 2 des Kapitalanleger-Musterverfahrensgesetzes ist entsprechend anzuwenden. [4] Die Mitteilung kann durch öffentliche Bekanntmachung ersetzt werden, § 11 Absatz 2 Satz 2 des Kapitalanleger-Musterverfahrensgesetzes ist entsprechend anzuwenden. [5] Die Entscheidung ist unanfechtbar.

(4) [1] Die Gebühr ist einschließlich der anfallenden Umsatzsteuer aus der Landeskasse zu zahlen. [2] Ein Vorschuss kann nicht gefordert werden.

Abschnitt 7. Straf- und Bußgeldsachen sowie bestimmte sonstige Verfahren

§ 42 Feststellung einer Pauschgebühr. (1) [1] In Strafsachen, gerichtlichen Bußgeldsachen, Verfahren nach dem Gesetz über die internationale Rechtshilfe in Strafsachen[1)], in Verfahren nach dem IStGH-Gesetz, in Freiheitsentziehungs- und Unterbringungssachen sowie in Verfahren nach § 151 Nummer 6 und 7 des Gesetzes über das Verfahren in Familiensachen und in den Angelegenheiten der freiwilligen Gerichtsbarkeit[2)] stellt das Oberlandesgericht, zu dessen Bezirk das Gericht des ersten Rechtszugs gehört, auf Antrag des Rechtsanwalts eine Pauschgebühr für das ganze Verfahren oder für einzelne Verfahrensabschnitte durch unanfechtbaren Beschluss fest, wenn die in den Teilen 4 bis 6 des Vergütungsverzeichnisses bestimmten Gebühren eines Wahlanwalts wegen des besonderen Umfangs oder der besonderen Schwierigkeit nicht zumutbar sind. [2] Dies gilt nicht, soweit Wertgebühren entstehen. [3] Beschränkt sich die Feststellung auf einzelne Verfahrensabschnitte, sind die Gebühren nach dem Vergütungsverzeichnis, an deren Stelle die Pauschgebühr treten soll, zu bezeichnen. [4] Die Pauschgebühr darf das Doppelte der für die Gebühren eines Wahlanwalts geltenden Höchstbeträge nach den Teilen 4 bis 6 des Vergütungsverzeichnisses nicht übersteigen. [5] Für den Rechtszug, in dem der Bundesgerichtshof für das Verfahren zuständig ist, ist er auch für die Entscheidung über den Antrag zuständig.

(2) [1] Der Antrag ist zulässig, wenn die Entscheidung über die Kosten des Verfahrens rechtskräftig ist. [2] Der gerichtlich bestellte oder beigeordnete Rechtsanwalt kann den Antrag nur unter den Voraussetzungen des § 52 Absatz 1 Satz 1, Absatz 2, auch in Verbindung mit § 53 Absatz 1, stellen. [3] Der Auftraggeber, in den Fällen des § 52 Absatz 1 Satz 1 der Beschuldigte, ferner die Staatskasse und andere Beteiligte, wenn ihnen die Kosten des Verfahrens ganz oder zum Teil auferlegt worden sind, sind zu hören.

[1)] **Habersack, Deutsche Gesetze ErgBd. Nr. 90h.**
[2)] Nr. **112**.

(3) [1] Der Senat des Oberlandesgerichts ist mit einem Richter besetzt. [2] Der Richter überträgt die Sache dem Senat in der Besetzung mit drei Richtern, wenn es zur Sicherung einer einheitlichen Rechtsprechung geboten ist.

(4) Die Feststellung ist für das Kostenfestsetzungsverfahren, das Vergütungsfestsetzungsverfahren (§ 11) und für einen Rechtsstreit des Rechtsanwalts auf Zahlung der Vergütung bindend.

(5) [1] Die Absätze 1 bis 4 gelten im Bußgeldverfahren vor der Verwaltungsbehörde entsprechend. [2] Über den Antrag entscheidet die Verwaltungsbehörde. [3] Gegen die Entscheidung kann gerichtliche Entscheidung beantragt werden. [4] Für das Verfahren gilt § 62 des Gesetzes über Ordnungswidrigkeiten[1)].

§ 43 Abtretung des Kostenerstattungsanspruchs. [1] Tritt der Beschuldigte oder der Betroffene den Anspruch gegen die Staatskasse auf Erstattung von Anwaltskosten als notwendige Auslagen an den Rechtsanwalt ab, ist eine von der Staatskasse gegenüber dem Beschuldigten oder dem Betroffenen erklärte Aufrechnung insoweit unwirksam, als sie den Anspruch des Rechtsanwalts vereiteln oder beeinträchtigen würde. [2] Dies gilt jedoch nur, wenn zum Zeitpunkt der Aufrechnung eine Urkunde über die Abtretung oder eine Anzeige des Beschuldigten oder des Betroffenen über die Abtretung in den Akten vorliegt.

Abschnitt 8. Beigeordneter oder bestellter Rechtsanwalt, Beratungshilfe

§ 44 Vergütungsanspruch bei Beratungshilfe. [1] Für die Tätigkeit im Rahmen der Beratungshilfe erhält der Rechtsanwalt eine Vergütung nach diesem Gesetz aus der Landeskasse, soweit nicht für die Tätigkeit in Beratungsstellen nach § 3 Absatz 1 des Beratungshilfegesetzes[2)] besondere Vereinbarungen getroffen sind. [2] Die Beratungshilfegebühr (Nummer 2500 des Vergütungsverzeichnisses) schuldet nur der Rechtsuchende.

§ 45[3)] Vergütungsanspruch des beigeordneten oder bestellten Rechtsanwalts. (1) Der im Wege der Prozesskostenhilfe beigeordnete oder zum besonderen Vertreter im Sinne des § 41 bestellte Rechtsanwalt erhält, soweit in diesem Abschnitt nichts anderes bestimmt ist, die gesetzliche Vergütung in Verfahren vor Gerichten des Bundes aus der Bundeskasse, in Verfahren vor Gerichten eines Landes aus der Landeskasse.

(2) Der Rechtsanwalt, der nach § 138 des Gesetzes über das Verfahren in Familiensachen und in den Angelegenheiten der freiwilligen Gerichtsbarkeit[4)], auch in Verbindung mit § 270 des Gesetzes über das Verfahren in Familiensachen und in den Angelegenheiten der freiwilligen Gerichtsbarkeit, nach § 109 Absatz 3 oder § 119a Absatz 6 des Strafvollzugsgesetzes[5)] beigeordnet oder nach § 67a Absatz 1 Satz 2 der Verwaltungsgerichtsordnung[6)] bestellt ist, kann eine Vergütung aus der Landeskasse verlangen, wenn der zur Zahlung Verpflichtete (§ 39 oder § 40) mit der Zahlung der Vergütung im Verzug ist.

[1)] Nr. **94**.
[2)] **Habersack, Deutsche Gesetze ErgBd. Nr. 98b.**
[3)] § 45 Abs. 1 geänd. mWv 1.8.2022 durch G v. 7.7.2021 (BGBl. I S. 2363).
[4)] Nr. **112**.
[5)] **Habersack, Deutsche Gesetze ErgBd. Nr. 91.**
[6)] **Sartorius Nr. 600.**

(3) [1] Ist der Rechtsanwalt sonst gerichtlich bestellt oder beigeordnet worden, erhält er die Vergütung aus der Landeskasse, wenn ein Gericht des Landes den Rechtsanwalt bestellt oder beigeordnet hat, im Übrigen aus der Bundeskasse. [2] Hat zuerst ein Gericht des Bundes und sodann ein Gericht des Landes den Rechtsanwalt bestellt oder beigeordnet, zahlt die Bundeskasse die Vergütung, die der Rechtsanwalt während der Dauer der Bestellung oder Beiordnung durch das Gericht des Bundes verdient hat, die Landeskasse die dem Rechtsanwalt darüber hinaus zustehende Vergütung. [3] Dies gilt entsprechend, wenn zuerst ein Gericht des Landes und sodann ein Gericht des Bundes den Rechtsanwalt bestellt oder beigeordnet hat.

(4) [1] Wenn der Verteidiger von der Stellung eines Wiederaufnahmeantrags abrät, hat er einen Anspruch gegen die Staatskasse nur dann, wenn er nach § 364b Absatz 1 Satz 1 der Strafprozessordnung[1)] bestellt worden ist oder das Gericht die Feststellung nach § 364b Absatz 1 Satz 2 der Strafprozessordnung getroffen hat. [2] Dies gilt auch im gerichtlichen Bußgeldverfahren (§ 85 Absatz 1 des Gesetzes über Ordnungswidrigkeiten[2)]).

(5) [1] Absatz 3 ist im Bußgeldverfahren vor der Verwaltungsbehörde entsprechend anzuwenden. [2] An die Stelle des Gerichts tritt die Verwaltungsbehörde.

§ 46 Auslagen und Aufwendungen. (1) Auslagen, insbesondere Reisekosten, werden nicht vergütet, wenn sie zur sachgemäßen Durchführung der Angelegenheit nicht erforderlich waren.

(2) [1] Wenn das Gericht des Rechtszugs auf Antrag des Rechtsanwalts vor Antritt der Reise feststellt, dass eine Reise erforderlich ist, ist diese Feststellung für das Festsetzungsverfahren (§ 55) bindend. [2] Im Bußgeldverfahren vor der Verwaltungsbehörde tritt an die Stelle des Gerichts die Verwaltungsbehörde. [3] Für Aufwendungen (§ 670 des Bürgerlichen Gesetzbuchs[3)]) gelten Absatz 1 und die Sätze 1 und 2 entsprechend; die Höhe zu ersetzender Kosten für die Zuziehung eines Dolmetschers oder Übersetzers ist auf die nach dem Justizvergütungs- und -entschädigungsgesetz[4)] zu zahlenden Beträge beschränkt.

(3) [1] Auslagen, die durch Nachforschungen zur Vorbereitung eines Wiederaufnahmeverfahrens entstehen, für das die Vorschriften der Strafprozessordnung[1)] gelten, werden nur vergütet, wenn der Rechtsanwalt nach § 364b Absatz 1 Satz 1 der Strafprozessordnung bestellt worden ist oder wenn das Gericht die Feststellung nach § 364b Absatz 1 Satz 2 der Strafprozessordnung getroffen hat. [2] Dies gilt auch im gerichtlichen Bußgeldverfahren (§ 85 Absatz 1 des Gesetzes über Ordnungswidrigkeiten[2)]).

§ 47 Vorschuss. (1) [1] Wenn dem Rechtsanwalt wegen seiner Vergütung ein Anspruch gegen die Staatskasse zusteht, kann er für die entstandenen Gebühren und die entstandenen und voraussichtlich entstehenden Auslagen aus der Staatskasse einen angemessenen Vorschuss fordern. [2] Der Rechtsanwalt, der nach § 138 des Gesetzes über das Verfahren in Familiensachen und in den Angelegenheiten der freiwilligen Gerichtsbarkeit[5)], auch in Verbindung mit § 270 des Gesetzes über das Verfahren in Familiensachen und in den Angelegenheiten der freiwilligen Gerichtsbarkeit, nach § 109 Absatz 3 oder § 119a Absatz 6 des Strafvollzugs-

---

1) Nr. **90**.
2) Nr. **94**.
3) Nr. **20**.
4) Nr. **116**.
5) Nr. **112**.

gesetzes[1] beigeordnet oder nach § 67a Absatz 1 Satz 2 der Verwaltungsgerichtsordnung[2] bestellt ist, kann einen Vorschuss nur verlangen, wenn der zur Zahlung Verpflichtete (§ 39 oder § 40) mit der Zahlung des Vorschusses im Verzug ist.

(2) Bei Beratungshilfe kann der Rechtsanwalt aus der Staatskasse keinen Vorschuss fordern.

§ 48 Umfang des Anspruchs und der Beiordnung. (1) [1]Der Vergütungsanspruch gegen die Staatskasse ist auf die gesetzliche Vergütung gerichtet und bestimmt sich nach den Beschlüssen, durch die die Prozesskostenhilfe bewilligt und der Rechtsanwalt beigeordnet oder bestellt worden ist, soweit nichts anderes bestimmt ist. [2]Erstreckt sich die Beiordnung auf den Abschluss eines Vertrags im Sinne der Nummer 1000 des Vergütungsverzeichnisses oder ist die Beiordnung oder die Bewilligung der Prozesskostenhilfe hierauf beschränkt, so umfasst der Anspruch alle gesetzlichen Gebühren und Auslagen, die durch die Tätigkeiten entstehen, die zur Herbeiführung der Einigung erforderlich sind.

(2) [1]In Angelegenheiten, in denen sich die Gebühren nach Teil 3 des Vergütungsverzeichnisses bestimmen und die Beiordnung eine Berufung, eine Beschwerde wegen des Hauptgegenstands, eine Revision oder eine Rechtsbeschwerde wegen des Hauptgegenstands betrifft, wird eine Vergütung aus der Staatskasse auch für die Rechtsverteidigung gegen ein Anschlussrechtsmittel und, wenn der Rechtsanwalt für die Erwirkung eines Arrests, einer einstweiligen Verfügung oder einer einstweiligen Anordnung beigeordnet ist, auch für deren Vollziehung oder Vollstreckung gewährt. [2]Dies gilt nicht, wenn der Beiordnungsbeschluss ausdrücklich etwas anderes bestimmt.

(3) [1]Die Beiordnung in einer Ehesache erstreckt sich im Fall des Abschlusses eines Vertrags im Sinne der Nummer 1000 des Vergütungsverzeichnisses auf alle mit der Herbeiführung der Einigung erforderlichen Tätigkeiten, soweit der Vertrag

1. den gegenseitigen Unterhalt der Ehegatten,
2. den Unterhalt gegenüber den Kindern im Verhältnis der Ehegatten zueinander,
3. die Sorge für die Person der gemeinschaftlichen minderjährigen Kinder,
4. die Regelung des Umgangs mit einem Kind,
5. die Rechtsverhältnisse an der Ehewohnung und den Haushaltsgegenständen,
6. die Ansprüche aus dem ehelichen Güterrecht oder
7. den Versorgungsausgleich

betrifft. [2]Satz 1 gilt im Fall der Beiordnung in Lebenspartnerschaftssachen nach § 269 Absatz 1 Nummer 1 und 2 des Gesetzes über das Verfahren in Familiensachen und in den Angelegenheiten der freiwilligen Gerichtsbarkeit[3] entsprechend.

(4) [1]Die Beiordnung in Angelegenheiten, in denen nach § 3 Absatz 1 Betragsrahmengebühren entstehen, erstreckt sich auf Tätigkeiten ab dem Zeitpunkt der Beantragung der Prozesskostenhilfe, wenn vom Gericht nichts anderes bestimmt ist. [2]Die Beiordnung erstreckt sich ferner auf die gesamte Tätigkeit im Verfahren über die Prozesskostenhilfe einschließlich der vorbereitenden Tätigkeit.

(5) [1]In anderen Angelegenheiten, die mit dem Hauptverfahren nur zusammenhängen, erhält der für das Hauptverfahren beigeordnete Rechtsanwalt eine Ver-

[1] **Habersack, Deutsche Gesetze ErgBd. Nr. 91.**
[2] **Sartorius Nr. 600.**
[3] Nr. **112.**

gütung aus der Staatskasse nur dann, wenn er ausdrücklich auch hierfür beigeordnet ist. [2] Dies gilt insbesondere für

1. die Zwangsvollstreckung, die Vollstreckung und den Verwaltungszwang;
2. das Verfahren über den Arrest, den Europäischen Beschluss zur vorläufigen Kontenpfändung, die einstweilige Verfügung und die einstweilige Anordnung;
3. das selbstständige Beweisverfahren;
4. das Verfahren über die Widerklage oder den Widerantrag, ausgenommen die Rechtsverteidigung gegen den Widerantrag in Ehesachen und in Lebenspartnerschaftssachen nach § 269 Absatz 1 Nummer 1 und 2 des Gesetzes über das Verfahren in Familiensachen und in den Angelegenheiten der freiwilligen Gerichtsbarkeit.

(6) [1] Wird der Rechtsanwalt in Angelegenheiten nach den Teilen 4 bis 6 des Vergütungsverzeichnisses im ersten Rechtszug bestellt oder beigeordnet, erhält er die Vergütung auch für seine Tätigkeit vor dem Zeitpunkt seiner Bestellung, in Strafsachen einschließlich seiner Tätigkeit vor Erhebung der öffentlichen Klage und in Bußgeldsachen einschließlich der Tätigkeit vor der Verwaltungsbehörde. [2] Wird der Rechtsanwalt in einem späteren Rechtszug beigeordnet, erhält er seine Vergütung in diesem Rechtszug auch für seine Tätigkeit vor dem Zeitpunkt seiner Bestellung. [3] Werden Verfahren verbunden und ist der Rechtsanwalt nicht in allen Verfahren bestellt oder beigeordnet, kann das Gericht die Wirkungen des Satzes 1 auch auf diejenigen Verfahren erstrecken, in denen vor der Verbindung keine Beiordnung oder Bestellung erfolgt war.

§ 49 Wertgebühren aus der Staatskasse. Bestimmen sich die Gebühren nach dem Gegenstandswert, werden bei einem Gegenstandswert von mehr als 4000 Euro anstelle der Gebühr nach § 13 Absatz 1 folgende Gebühren vergütet:

Gegenstandswert bis … Euro	Gebühr … Euro	Gegenstandswert bis … Euro	Gebühr … Euro
5 000	284	22 000	399
6 000	295	25 000	414
7 000	306	30 000	453
8 000	317	35 000	492
9 000	328	40 000	531
10 000	339	45 000	570
13 000	354	50 000	609
16 000	369	über	
19 000	384	50 000	659

§ 50 Weitere Vergütung bei Prozesskostenhilfe. (1) [1] Nach Deckung der in § 122 Absatz 1 Nummer 1 der Zivilprozessordnung[1)] bezeichneten Kosten und Ansprüche hat die Staatskasse über die auf sie übergegangenen Ansprüche des Rechtsanwalts hinaus weitere Beträge bis zur Höhe der Regelvergütung einzuziehen, wenn dies nach den Vorschriften der Zivilprozessordnung und nach den Bestimmungen, die das Gericht getroffen hat, zulässig ist. [2] Die weitere Vergütung ist festzusetzen, wenn das Verfahren durch rechtskräftige Entscheidung oder in sonstiger Weise beendet ist und die von der Partei zu zahlenden Beträge beglichen

[1)] Nr. **100**.

sind oder wegen dieser Beträge eine Zwangsvollstreckung in das bewegliche Vermögen der Partei erfolglos geblieben ist oder aussichtslos erscheint.

(2) Der beigeordnete Rechtsanwalt soll eine Berechnung seiner Regelvergütung unverzüglich zu den Prozessakten mitteilen.

(3) Waren mehrere Rechtsanwälte beigeordnet, bemessen sich die auf die einzelnen Rechtsanwälte entfallenden Beträge nach dem Verhältnis der jeweiligen Unterschiedsbeträge zwischen den Gebühren nach § 49 und den Regelgebühren; dabei sind Zahlungen, die nach § 58 auf den Unterschiedsbetrag anzurechnen sind, von diesem abzuziehen.

§ 51 Festsetzung einer Pauschgebühr. (1) [1]In Strafsachen, gerichtlichen Bußgeldsachen, Verfahren nach dem Gesetz über die internationale Rechtshilfe in Strafsachen[1)], in Verfahren nach dem IStGH-Gesetz, in Freiheitsentziehungs- und Unterbringungssachen sowie in Verfahren nach § 151 Nummer 6 und 7 des Gesetzes über das Verfahren in Familiensachen und in den Angelegenheiten der freiwilligen Gerichtsbarkeit[2)] ist dem gerichtlich bestellten oder beigeordneten Rechtsanwalt für das ganze Verfahren oder für einzelne Verfahrensabschnitte auf Antrag eine Pauschgebühr zu bewilligen, die über die Gebühren nach dem Vergütungsverzeichnis hinausgeht, wenn die in den Teilen 4 bis 6 des Vergütungsverzeichnisses bestimmten Gebühren wegen des besonderen Umfangs oder der besonderen Schwierigkeit nicht zumutbar sind. [2]Dies gilt nicht, soweit Wertgebühren entstehen. [3]Beschränkt sich die Bewilligung auf einzelne Verfahrensabschnitte, sind die Gebühren nach dem Vergütungsverzeichnis, an deren Stelle die Pauschgebühr treten soll, zu bezeichnen. [4]Eine Pauschgebühr kann auch für solche Tätigkeiten gewährt werden, für die ein Anspruch nach § 48 Absatz 6 besteht. [5]Auf Antrag ist dem Rechtsanwalt ein angemessener Vorschuss zu bewilligen, wenn ihm insbesondere wegen der langen Dauer des Verfahrens und der Höhe der zu erwartenden Pauschgebühr nicht zugemutet werden kann, die Festsetzung der Pauschgebühr abzuwarten.

(2) [1]Über die Anträge entscheidet das Oberlandesgericht, zu dessen Bezirk das Gericht des ersten Rechtszugs gehört, und im Fall der Beiordnung einer Kontaktperson (§ 34a des Einführungsgesetzes zum Gerichtsverfassungsgesetz[3)]) das Oberlandesgericht, in dessen Bezirk die Justizvollzugsanstalt liegt, durch unanfechtbaren Beschluss. [2]Der Bundesgerichtshof ist für die Entscheidung zuständig, soweit er den Rechtsanwalt bestellt hat. [3]In dem Verfahren ist die Staatskasse zu hören. [4]§ 42 Absatz 3 ist entsprechend anzuwenden.

(3) [1]Absatz 1 gilt im Bußgeldverfahren vor der Verwaltungsbehörde entsprechend. [2]Über den Antrag nach Absatz 1 Satz 1 bis 3 entscheidet die Verwaltungsbehörde gleichzeitig mit der Festsetzung der Vergütung.

§ 52 Anspruch gegen den Beschuldigten oder den Betroffenen.

(1) [1]Der gerichtlich bestellte Rechtsanwalt kann von dem Beschuldigten die Zahlung der Gebühren eines gewählten Verteidigers verlangen; er kann jedoch keinen Vorschuss fordern. [2]Der Anspruch gegen den Beschuldigten entfällt insoweit, als die Staatskasse Gebühren gezahlt hat.

(2) [1]Der Anspruch kann nur insoweit geltend gemacht werden, als dem Beschuldigten ein Erstattungsanspruch gegen die Staatskasse zusteht oder das Gericht

[1)] **Habersack, Deutsche Gesetze ErgBd. Nr. 90h.**
[2)] Nr. **112**.
[3)] Nr. **95a**.

des ersten Rechtszugs auf Antrag des Verteidigers feststellt, dass der Beschuldigte ohne Beeinträchtigung des für ihn und seine Familie notwendigen Unterhalts zur Zahlung oder zur Leistung von Raten in der Lage ist. [2] Ist das Verfahren nicht gerichtlich anhängig geworden, entscheidet das Gericht, das den Verteidiger bestellt hat.

(3) [1] Wird ein Antrag nach Absatz 2 Satz 1 gestellt, setzt das Gericht dem Beschuldigten eine Frist zur Darlegung seiner persönlichen und wirtschaftlichen Verhältnisse; § 117 Absatz 2 bis 4 der Zivilprozessordnung[1)] gilt entsprechend. [2] Gibt der Beschuldigte innerhalb der Frist keine Erklärung ab, wird vermutet, dass er leistungsfähig im Sinne des Absatzes 2 Satz 1 ist.

(4) [1] Gegen den Beschluss nach Absatz 2 ist die sofortige Beschwerde nach den Vorschriften der §§ 304 bis 311a der Strafprozessordnung[2)] zulässig. [2] Dabei steht im Rahmen des § 44 Satz 2 der Strafprozessordnung die Rechtsbehelfsbelehrung des § 12c der Belehrung nach § 35a Satz 1 der Strafprozessordnung gleich.

(5) [1] Der für den Beginn der Verjährung maßgebende Zeitpunkt tritt mit der Rechtskraft der das Verfahren abschließenden gerichtlichen Entscheidung, in Ermangelung einer solchen mit der Beendigung des Verfahrens ein. [2] Ein Antrag des Verteidigers hemmt den Lauf der Verjährungsfrist. [3] Die Hemmung endet sechs Monate nach der Rechtskraft der Entscheidung des Gerichts über den Antrag.

(6) [1] Die Absätze 1 bis 3 und 5 gelten im Bußgeldverfahren entsprechend. [2] Im Bußgeldverfahren vor der Verwaltungsbehörde tritt an die Stelle des Gerichts die Verwaltungsbehörde.

§ 53 Anspruch gegen den Auftraggeber, Anspruch des zum Beistand bestellten Rechtsanwalts gegen den Verurteilten. (1) Für den Anspruch des dem Privatkläger, dem Nebenkläger, dem Antragsteller im Klageerzwingungsverfahren oder des sonst in Angelegenheiten, in denen sich die Gebühren nach Teil 4, 5 oder 6 des Vergütungsverzeichnisses bestimmen, beigeordneten Rechtsanwalts gegen seinen Auftraggeber gilt § 52 entsprechend.

(2) [1] Der dem Nebenkläger, dem nebenklageberechtigten Verletzten oder dem Zeugen als Beistand bestellte Rechtsanwalt kann die Gebühren eines gewählten Beistands aufgrund seiner Bestellung nur von dem Verurteilten verlangen. [2] Der Anspruch entfällt insoweit, als die Staatskasse die Gebühren bezahlt hat.

(3) [1] Der in Absatz 2 Satz 1 genannte Rechtsanwalt kann einen Anspruch aus einer Vergütungsvereinbarung nur geltend machen, wenn das Gericht des ersten Rechtszugs auf seinen Antrag feststellt, dass der Nebenkläger, der nebenklageberechtigte Verletzte oder der Zeuge zum Zeitpunkt des Abschlusses der Vereinbarung allein auf Grund seiner persönlichen und wirtschaftlichen Verhältnisse die Voraussetzungen für die Bewilligung von Prozesskostenhilfe in bürgerlichen Rechtsstreitigkeiten nicht erfüllt hätte. [2] Ist das Verfahren nicht gerichtlich anhängig geworden, entscheidet das Gericht, das den Rechtsanwalt als Beistand bestellt hat. [3] § 52 Absatz 3 bis 5 gilt entsprechend.

§ 53a Vergütungsanspruch bei gemeinschaftlicher Nebenklagevertretung. [1] Stellt ein Gericht gemäß § 397b Absatz 3 der Strafprozessordnung[2)] fest, dass für einen nicht als Beistand bestellten oder beigeordneten Rechtsanwalt die Voraussetzungen einer Bestellung oder Beiordnung vorgelegen haben, so steht der Rechtsanwalt hinsichtlich der von ihm bis zu dem Zeitpunkt der Bestellung oder

---

[1)] Nr. **100**.
[2)] Nr. **90**.

Beiordnung eines anderen Rechtsanwalts erbrachten Tätigkeiten einem bestellten oder beigeordneten Rechtsanwalt gleich. [2]Der Rechtsanwalt erhält die Vergütung aus der Landeskasse, wenn die Feststellung von einem Gericht des Landes getroffen wird, im Übrigen aus der Bundeskasse.

§ 54 Verschulden eines beigeordneten oder bestellten Rechtsanwalts.

Hat der beigeordnete oder bestellte Rechtsanwalt durch schuldhaftes Verhalten die Beiordnung oder Bestellung eines anderen Rechtsanwalts veranlasst, kann er Gebühren, die auch für den anderen Rechtsanwalt entstehen, nicht fordern.

§ 55 Festsetzung der aus der Staatskasse zu zahlenden Vergütungen und Vorschüsse. (1) [1]Die aus der Staatskasse zu gewährende Vergütung und der Vorschuss hierauf werden auf Antrag des Rechtsanwalts von dem Urkundsbeamten der Geschäftsstelle des Gerichts des ersten Rechtszugs festgesetzt. [2]Ist das Verfahren nicht gerichtlich anhängig geworden, erfolgt die Festsetzung durch den Urkundsbeamten der Geschäftsstelle des Gerichts, das den Verteidiger bestellt hat.

(2) In Angelegenheiten, in denen sich die Gebühren nach Teil 3 des Vergütungsverzeichnisses bestimmen, erfolgt die Festsetzung durch den Urkundsbeamten des Gerichts des Rechtszugs, solange das Verfahren nicht durch rechtskräftige Entscheidung oder in sonstiger Weise beendet ist.

(3) Im Fall der Beiordnung einer Kontaktperson (§ 34a des Einführungsgesetzes zum Gerichtsverfassungsgesetz[1)]) erfolgt die Festsetzung durch den Urkundsbeamten der Geschäftsstelle des Landgerichts, in dessen Bezirk die Justizvollzugsanstalt liegt.

(4) Im Fall der Beratungshilfe wird die Vergütung von dem Urkundsbeamten der Geschäftsstelle des in § 4 Absatz 1 des Beratungshilfegesetzes[2)] bestimmten Gerichts festgesetzt.

(5) [1]§ 104 Absatz 2 Satz 1 und 2 der Zivilprozessordnung[3)] gilt entsprechend. [2]Der Antrag hat die Erklärung zu enthalten, ob und welche Zahlungen der Rechtsanwalt bis zum Tag der Antragstellung erhalten hat. [3]Bei Zahlungen auf eine anzurechnende Gebühr sind diese Zahlungen, der Satz oder der Betrag der Gebühr und bei Wertgebühren auch der zugrunde gelegte Wert anzugeben. [4]Zahlungen, die der Rechtsanwalt nach der Antragstellung erhalten hat, hat er unverzüglich anzuzeigen.

(6) [1]Der Urkundsbeamte kann vor einer Festsetzung der weiteren Vergütung (§ 50) den Rechtsanwalt auffordern, innerhalb einer Frist von einem Monat bei der Geschäftsstelle des Gerichts, dem der Urkundsbeamte angehört, Anträge auf Festsetzung der Vergütungen, für die ihm noch Ansprüche gegen die Staatskasse zustehen, einzureichen oder sich zu den empfangenen Zahlungen (Absatz 5 Satz 2) zu erklären. [2]Kommt der Rechtsanwalt der Aufforderung nicht nach, erlöschen seine Ansprüche gegen die Staatskasse.

(7) [1]Die Absätze 1 und 5 gelten im Bußgeldverfahren vor der Verwaltungsbehörde entsprechend. [2]An die Stelle des Urkundsbeamten der Geschäftsstelle tritt die Verwaltungsbehörde.

§ 56 Erinnerung und Beschwerde. (1) [1]Über Erinnerungen des Rechtsanwalts und der Staatskasse gegen die Festsetzung nach § 55 entscheidet das

---

[1)] Nr. **95a**.
[2)] **Habersack, Deutsche Gesetze ErgBd. Nr. 98b.**
[3)] Nr. **100**.

Gericht des Rechtszugs, bei dem die Festsetzung erfolgt ist, durch Beschluss. [2] Im Fall des § 55 Absatz 3 entscheidet die Strafkammer des Landgerichts. [3] Im Fall der Beratungshilfe entscheidet das nach § 4 Absatz 1 des Beratungshilfegesetzes[1)] zuständige Gericht.

(2) [1] Im Verfahren über die Erinnerung gilt § 33 Absatz 4 Satz 1, Absatz 7 und 8 und im Verfahren über die Beschwerde gegen die Entscheidung über die Erinnerung § 33 Absatz 3 bis 8 entsprechend. [2] Das Verfahren über die Erinnerung und über die Beschwerde ist gebührenfrei. [3] Kosten werden nicht erstattet.

§ 57 Rechtsbehelf in Bußgeldsachen vor der Verwaltungsbehörde. [1] Gegen Entscheidungen der Verwaltungsbehörde im Bußgeldverfahren nach den Vorschriften dieses Abschnitts kann gerichtliche Entscheidung beantragt werden. [2] Für das Verfahren gilt § 62 des Gesetzes über Ordnungswidrigkeiten[2)].

§ 58 Anrechnung von Vorschüssen und Zahlungen. (1) Zahlungen, die der Rechtsanwalt nach § 9 des Beratungshilfegesetzes[1)] erhalten hat, werden auf die aus der Landeskasse zu zahlende Vergütung angerechnet.

(2) [1] In Angelegenheiten, in denen sich die Gebühren nach Teil 3 des Vergütungsverzeichnisses bestimmen, sind Vorschüsse und Zahlungen, die der Rechtsanwalt vor oder nach der Beiordnung erhalten hat, zunächst auf die Vergütungen anzurechnen, für die ein Anspruch gegen die Staatskasse nicht oder nur unter den Voraussetzungen des § 50 besteht. [2] Ist eine Gebühr, für die kein Anspruch gegen die Staatskasse besteht, auf eine Gebühr anzurechnen, für die ein Anspruch gegen die Staatskasse besteht, so vermindert sich der Anspruch gegen die Staatskasse nur insoweit, als der Rechtsanwalt durch eine Zahlung auf die anzurechnende Gebühr und den Anspruch auf die ohne Anrechnung ermittelte andere Gebühr insgesamt mehr als den sich aus § 15a Absatz 1 ergebenden Gesamtbetrag erhalten würde.

(3) [1] In Angelegenheiten, in denen sich die Gebühren nach den Teilen 4 bis 6 des Vergütungsverzeichnisses bestimmen, sind Vorschüsse und Zahlungen, die der Rechtsanwalt vor oder nach der gerichtlichen Bestellung oder Beiordnung für seine Tätigkeit in einer gebührenrechtlichen Angelegenheit erhalten hat, auf die von der Staatskasse für diese Angelegenheit zu zahlenden Gebühren anzurechnen. [2] Hat der Rechtsanwalt Zahlungen empfangen, nachdem er Gebühren aus der Staatskasse erhalten hat, ist er zur Rückzahlung an die Staatskasse verpflichtet. [3] Die Anrechnung oder Rückzahlung erfolgt nur, soweit der Rechtsanwalt durch die Zahlungen insgesamt mehr als den doppelten Betrag der ihm ohne Berücksichtigung des § 51 aus der Staatskasse zustehenden Gebühren erhalten würde. [4] Sind die dem Rechtsanwalt nach Satz 3 verbleibenden Gebühren höher als die im Vergütungsverzeichnis vorgesehenen Höchstgebühren eines Wahlanwalts, ist auch der die Höchstgebühren übersteigende Betrag anzurechnen oder zurückzuzahlen.

§ 59 Übergang von Ansprüchen auf die Staatskasse. (1) [1] Soweit dem im Wege der Prozesskostenhilfe oder nach § 138 des Gesetzes über das Verfahren in Familiensachen und in den Angelegenheiten der freiwilligen Gerichtsbarkeit[3)], auch in Verbindung mit § 270 des Gesetzes über das Verfahren in Familiensachen und in den Angelegenheiten der freiwilligen Gerichtsbarkeit, beigeordneten oder

1) **Habersack, Deutsche Gesetze ErgBd. Nr. 98b.**
2) Nr. **94**.
3) Nr. **112**.

nach § 67a Absatz 1 Satz 2 der Verwaltungsgerichtsordnung[1] bestellten Rechtsanwalt wegen seiner Vergütung ein Anspruch gegen die Partei oder einen ersatzpflichtigen Gegner zusteht, geht der Anspruch mit der Befriedigung des Rechtsanwalts durch die Staatskasse auf diese über. [2] Der Übergang kann nicht zum Nachteil des Rechtsanwalts geltend gemacht werden.

(2) [1] Für die Geltendmachung des Anspruchs sowie für die Erinnerung und die Beschwerde gelten die Vorschriften über die Kosten des gerichtlichen Verfahrens entsprechend. [2] Ansprüche der Staatskasse werden bei dem Gericht des ersten Rechtszugs angesetzt. [3] Ist das Gericht des ersten Rechtszugs ein Gericht des Landes und ist der Anspruch auf die Bundeskasse übergegangen, wird er insoweit bei dem jeweiligen obersten Gerichtshof des Bundes angesetzt.

(3) Absatz 1 gilt entsprechend bei Beratungshilfe.

§ 59a Beiordnung und Bestellung durch Justizbehörden. (1) [1] Für den durch die Staatsanwaltschaft bestellten Rechtsanwalt gelten die Vorschriften über den gerichtlich bestellten Rechtsanwalt entsprechend. [2] Ist das Verfahren nicht gerichtlich anhängig geworden, tritt an die Stelle des Gerichts des ersten Rechtszugs das Gericht, das für die gerichtliche Bestätigung der Bestellung zuständig ist.

(2) [1] Für den durch die Staatsanwaltschaft beigeordneten Zeugenbeistand gelten die Vorschriften über den gerichtlich beigeordneten Zeugenbeistand entsprechend. [2] Über Anträge nach § 51 Absatz 1 entscheidet das Oberlandesgericht, in dessen Bezirk die Staatsanwaltschaft ihren Sitz hat. [3] Hat der Generalbundesanwalt einen Zeugenbeistand beigeordnet, entscheidet der Bundesgerichtshof.

(3) [1] Für den nach § 87e des Gesetzes über die internationale Rechtshilfe in Strafsachen[2] in Verbindung mit § 53 des Gesetzes über die internationale Rechtshilfe in Strafsachen durch das Bundesamt für Justiz bestellten Beistand gelten die Vorschriften über den gerichtlich bestellten Rechtsanwalt entsprechend. [2] An die Stelle des Urkundsbeamten der Geschäftsstelle tritt das Bundesamt. [3] Über Anträge nach § 51 Absatz 1 entscheidet das Bundesamt gleichzeitig mit der Festsetzung der Vergütung.

(4) [1] Gegen Entscheidungen der Staatsanwaltschaft und des Bundesamts für Justiz nach den Vorschriften dieses Abschnitts kann gerichtliche Entscheidung beantragt werden. [2] Zuständig ist das Landgericht, in dessen Bezirk die Justizbehörde ihren Sitz hat. [3] Bei Entscheidungen des Generalbundesanwalts entscheidet der Bundesgerichtshof.

Abschnitt 9. Übergangs- und Schlussvorschriften

§ 59b Bekanntmachung von Neufassungen. [1] Das Bundesministerium der Justiz kann nach Änderungen den Wortlaut des Gesetzes feststellen und als Neufassung im Bundesgesetzblatt bekannt machen. [2] Die Bekanntmachung muss auf diese Vorschrift Bezug nehmen und angeben

1. den Stichtag, zu dem der Wortlaut festgestellt wird,
2. die Änderungen seit der letzten Veröffentlichung des vollständigen Wortlauts im Bundesgesetzblatt sowie
3. das Inkrafttreten der Änderungen.

---

[1] **Sartorius Nr. 600.**
[2] **Habersack, Deutsche Gesetze ErgBd. Nr. 90h.**

§ 60 Übergangsvorschrift. (1) [1]Für die Vergütung ist das bisherige Recht anzuwenden, wenn der unbedingte Auftrag zur Erledigung derselben Angelegenheit vor dem Inkrafttreten einer Gesetzesänderung erteilt worden ist. [2]Dies gilt auch für einen Vergütungsanspruch gegen die Staatskasse (§ 45, auch in Verbindung mit § 59a). [3]Steht dem Rechtsanwalt ein Vergütungsanspruch zu, ohne dass ihm zum Zeitpunkt der Beiordnung oder Bestellung ein unbedingter Auftrag desjenigen erteilt worden ist, dem er beigeordnet oder für den er bestellt wurde, so ist für diese Vergütung in derselben Angelegenheit bisheriges Recht anzuwenden, wenn die Beiordnung oder Bestellung des Rechtsanwalts vor dem Inkrafttreten einer Gesetzesänderung wirksam geworden ist. [4]Erfasst die Beiordnung oder Bestellung auch eine Angelegenheit, in der der Rechtsanwalt erst nach dem Inkrafttreten einer Gesetzesänderung erstmalig beauftragt oder tätig wird, so ist insoweit für die Vergütung neues Recht anzuwenden. [5]Das nach den Sätzen 2 bis 4 anzuwendende Recht findet auch auf Ansprüche des beigeordneten oder bestellten Rechtsanwalts Anwendung, die sich nicht gegen die Staatskasse richten. [6]Die Sätze 1 bis 5 gelten auch, wenn Vorschriften geändert werden, auf die dieses Gesetz verweist.

(2) Sind Gebühren nach dem zusammengerechneten Wert mehrerer Gegenstände zu bemessen, gilt für die gesamte Vergütung das bisherige Recht auch dann, wenn dies nach Absatz 1 nur für einen der Gegenstände gelten würde.

(3) In Angelegenheiten nach dem Pflegeberufegesetz[1)] ist bei der Bestimmung des Gegenstandswerts § 52 Absatz 4 Nummer 4 des Gerichtskostengesetzes[2)] nicht anzuwenden, wenn der unbedingte Auftrag zur Erledigung derselben Angelegenheit vor dem 15. August 2019 erteilt worden ist.

§ 61 Übergangsvorschrift aus Anlass des Inkrafttretens dieses Gesetzes.

(1) [1]Die Bundesgebührenordnung für Rechtsanwälte in der im Bundesgesetzblatt Teil III, Gliederungsnummer 368-1, veröffentlichten bereinigten Fassung, zuletzt geändert durch Artikel 2 Absatz 6 des Gesetzes vom 12. März 2004 (BGBl. I S. 390), und Verweisungen hierauf sind weiter anzuwenden, wenn der unbedingte Auftrag zur Erledigung derselben Angelegenheit im Sinne des § 15 vor dem 1. Juli 2004 erteilt oder der Rechtsanwalt vor diesem Zeitpunkt gerichtlich bestellt oder beigeordnet worden ist. [2]Ist der Rechtsanwalt am 1. Juli 2004 in derselben Angelegenheit und, wenn ein gerichtliches Verfahren anhängig ist, in demselben Rechtszug bereits tätig, gilt für das Verfahren über ein Rechtsmittel, das nach diesem Zeitpunkt eingelegt worden ist, dieses Gesetz. [3]§ 60 Absatz 2 ist entsprechend anzuwenden.

(2) Auf die Vereinbarung der Vergütung sind die Vorschriften dieses Gesetzes auch dann anzuwenden, wenn nach Absatz 1 die Vorschriften der Bundesgebührenordnung für Rechtsanwälte weiterhin anzuwenden und die Willenserklärungen beider Parteien nach dem 1. Juli 2004 abgegeben worden sind.

§ 62 Verfahren nach dem Therapieunterbringungsgesetz. Die Regelungen des Therapieunterbringungsgesetzes zur Rechtsanwaltsvergütung bleiben unberührt.

[1)] **Loseblatt-Textsammlung Arbeitsrecht Nr. 416.**

[2)] Nr. **115**.

Anlage 1[1)]
(zu § 2 Absatz 2)

Vergütungsverzeichnis

Gliederung

[1)] Anl. 1 geänd. mWv 1.8.2022 durch G v. 10.8.2021 (BGBl. I S. 3424).

Teil 1. Allgemeine Gebühren

Nr.	Gebührentatbestand	Gebühr oder Satz der Gebühr nach § 13 RVG
Vorbemerkung 1: Die Gebühren dieses Teils entstehen neben den in anderen Teilen bestimmten Gebühren oder einer Gebühr für die Beratung nach § 34 RVG.		
1000	Einigungsgebühr für die Mitwirkung beim Abschluss eines Vertrags	
	1. durch den der Streit oder die Ungewissheit über ein Rechtsverhältnis beseitigt wird	1,5
	2. durch den die Erfüllung des Anspruchs geregelt wird bei gleichzeitigem vorläufigem Verzicht auf seine gerichtliche Geltendmachung oder, wenn bereits ein zur Zwangsvollstreckung geeigneter Titel vorliegt, bei gleichzeitigem vorläufigem Verzicht auf Vollstreckungsmaßnahmen (Zahlungsvereinbarung)	0,7
	(1) Die Gebühr nach Nummer 1 entsteht nicht, wenn der Hauptanspruch anerkannt oder wenn auf ihn verzichtet wird. Im Privatklageverfahren ist Nummer 4147 anzuwenden. (2) Die Gebühr entsteht auch für die Mitwirkung bei Vertragsverhandlungen, es sei denn, dass diese für den Abschluss des Vertrags im Sinne dieser Vorschrift nicht ursächlich war. (3) Für die Mitwirkung bei einem unter einer aufschiebenden Bedingung oder unter dem Vorbehalt des Widerrufs geschlossenen Vertrag entsteht die Gebühr, wenn die Bedingung eingetreten ist oder der Vertrag nicht mehr widerrufen werden kann. (4) Bei Rechtsverhältnissen des öffentlichen Rechts entsteht die Gebühr, soweit über die Ansprüche vertraglich verfügt werden kann. Absatz 1 Satz 1 und Absatz 2 sind anzuwenden. (5) Die Gebühr entsteht nicht in Ehesachen und in Lebenspartnerschaftssachen (§ 269 Abs. 1 Nr. 1 und 2 FamFG). Wird ein Vertrag, insbesondere über den Unterhalt, im Hinblick auf die in Satz 1 genannten Verfahren geschlossen, bleibt der Wert dieser Verfahren bei der Berechnung der Gebühr außer Betracht. In Kindschaftssachen entsteht die Gebühr auch für die Mitwirkung an einer Vereinbarung, über deren Gegenstand nicht vertraglich verfügt werden kann. Absatz 1 Satz 1 ist entsprechend anzuwenden.	
1001	Aussöhnungsgebühr	1,5
	Die Gebühr entsteht für die Mitwirkung bei der Aussöhnung, wenn der ernstliche Wille eines Ehegatten, eine Scheidungssache oder ein Verfahren auf Aufhebung der Ehe anhängig zu machen, hervorgetreten ist und die Ehegatten die eheliche Lebensgemeinschaft fortsetzen oder die eheliche Lebensgemeinschaft wieder aufnehmen. Dies gilt entsprechend bei Lebenspartnerschaften.	
1002	Erledigungsgebühr, soweit nicht Nummer 1005 gilt.....	1,5
	Die Gebühr entsteht, wenn sich eine Rechtssache ganz oder teilweise nach Aufhebung oder Änderung des mit einem Rechtsbehelf angefochtenen Verwaltungsakts durch die anwaltliche Mitwirkung erledigt. Das Gleiche gilt, wenn sich eine Rechtssache ganz oder teilweise durch Erlass eines bisher abgelehnten Verwaltungsakts erledigt.	

(Fortsetzung nächstes Blatt)

Nr.	Gebührentatbestand	Gebühr oder Satz der Gebühr nach § 13 RVG
3323	Verfahrensgebühr für das Verfahren über Anträge auf Aufhebung von Vollstreckungsmaßregeln (§ 8 Abs. 5 und § 41 SVertO)	0,5
	Unterabschnitt 6. Sonstige besondere Verfahren	
	Vorbemerkung 3.3.6: Die Terminsgebühr bestimmt sich nach Abschnitt 1, soweit in diesem Unterabschnitt nichts anderes bestimmt ist. Im Verfahren über die Prozesskostenhilfe bestimmt sich die Terminsgebühr nach den für dasjenige Verfahren geltenden Vorschriften, für das die Prozesskostenhilfe beantragt wird.	
3324	Verfahrensgebühr für das Aufgebotsverfahren	1,0
3325	Verfahrensgebühr für Verfahren nach § 148 Abs. 1 und 2, nach § 246a des Aktiengesetzes (auch i.V.m. § 20 Abs. 3 Satz 4 SchVG), nach § 319 Abs. 6 des Aktiengesetzes (auch i.V.m. § 327e Abs. 2 des Aktiengesetzes) oder nach § 16 Abs. 3 UmwG	0,75
3326	Verfahrensgebühr für Verfahren vor den Gerichten für Arbeitssachen, wenn sich die Tätigkeit auf eine gerichtliche Entscheidung über die Bestimmung einer Frist (§ 102 Abs. 3 des Arbeitsgerichtsgesetzes), die Ablehnung eines Schiedsrichters (§ 103 Abs. 3 des Arbeitsgerichtsgesetzes) oder die Vornahme einer Beweisaufnahme oder einer Vereidigung (§ 106 Abs. 2 des Arbeitsgerichtsgesetzes) beschränkt	0,75
3327	Verfahrensgebühr für gerichtliche Verfahren über die Bestellung eines Schiedsrichters oder Ersatzschiedsrichters, über die Ablehnung eines Schiedsrichters oder über die Beendigung des Schiedsrichteramts, zur Unterstützung bei der Beweisaufnahme oder bei der Vornahme sonstiger richterlicher Handlungen anlässlich eines schiedsrichterlichen Verfahrens	0,75
3328	Verfahrensgebühr für Verfahren über die vorläufige Einstellung, Beschränkung, Aussetzung oder Aufhebung der Zwangsvollstreckung oder die einstweilige Einstellung oder Beschränkung der Vollstreckung und die Anordnung, dass Vollstreckungsmaßnahmen aufzuheben sind .... Die Gebühr entsteht nicht, wenn die Tätigkeit zum Rechtszug gehört (§ 19 Abs. 1 Satz 2 Nr. 12 RVG). Wird der Antrag beim Vollstreckungsgericht und beim Prozessgericht gestellt, entsteht die Gebühr nur einmal.	0,5
3329	Verfahrensgebühr für Verfahren auf Vollstreckbarerklärung der durch Rechtsmittelanträge nicht angefochtenen Teile eines Urteils (§§ 537, 558 ZPO)	0,5

Nr.	Gebührentatbestand	Gebühr oder Satz der Gebühr nach § 13 RVG
3330	Verfahrensgebühr für Verfahren über eine Rüge wegen Verletzung des Anspruchs auf rechtliches Gehör	in Höhe der Verfahrensgebühr für das Verfahren, in dem die Rüge erhoben wird, höchstens 0,5, bei Betragsrahmengebühren höchstens 260,00 €
3331	Terminsgebühr in Verfahren über eine Rüge wegen Verletzung des Anspruchs auf rechtliches Gehör	in Höhe der Terminsgebühr für das Verfahren, in dem die Rüge erhoben wird, höchstens 0,5, bei Betragsrahmengebühren höchstens 260,00 €
3332	Terminsgebühr in den in Nummern 3324 bis 3329 genannten Verfahren	0,5
3333	Verfahrensgebühr für ein Verteilungsverfahren außerhalb der Zwangsversteigerung und der Zwangsverwaltung .... Der Wert bestimmt sich nach § 26 Nr. 1 und 2 RVG. Eine Terminsgebühr entsteht nicht.	0,4
3334	Verfahrensgebühr für Verfahren vor dem Prozessgericht oder dem Amtsgericht auf Bewilligung, Verlängerung oder Verkürzung einer Räumungsfrist (§§ 721, 794a ZPO), wenn das Verfahren mit dem Verfahren über die Hauptsache nicht verbunden ist	1,0
3335	Verfahrensgebühr für das Verfahren über die Prozesskostenhilfe	in Höhe der Verfahrensgebühr für das Verfahren, für das die Prozesskostenhilfe beantragt wird, höchstens 1,0, bei Betragsrahmengebühren höchstens 500,00 €
3336	(weggefallen)	

Lfd. Nr.	Änderndes Gesetz	Datum	Fundstelle	Betroffen	Hinweis
20.	Art. 3 G zur Einführung eines familiengerichtlichen Genehmigungsvorbehaltes für freiheitsentziehende Maßnahmen bei Kindern	17.7.2017	BGBl. I S. 2424	Anl. 1	geänd. mWv 1.10.2017
21.	Art. 6 G zum Internationalen Güterrecht und zur Änd. von Vorschriften des Internationalen Privatrechts	17.12. 2018	BGBl. I S. 2573	Anl. 1	geänd. mWv 29.1.2019
22.	Art. 5 G zur Stärkung der Rechte von Betroffenen bei Fixierungen im Rahmen von Freiheitsentziehungen	19.6.2019	BGBl. I S. 840	Anl. 1	geänd. mWv 28.6.2019
23.	Art. 10 WohnungseigentumsmodernisierungsG (WEMoG)	16.10. 2020	BGBl. I S. 2187	Anl. 1	geänd. mWv 23.10.2020
24.	Art. 2 KostenrechtsänderungsG 2021	21.12. 2020	BGBl. I S. 3229	§§ 15, 28, 44, 45, Anl. 1	geänd. mWv 1.1.2021
				Anl. 2	neu gef. mWv 1.1.2021
25.	Art. 15 Abs. 11 G zur Reform des Vormundschafts- und Betreuungsrechts	4.5.2021	BGBl. I S. 882	Anl. 1	geänd. mWv 1.1.2023
26.	Art. 5 G zum Schutz von Kindern mit Varianten der Geschlechtsentwicklung	12.5.2021	BGBl. I S. 1082	§ 45	geänd. mWv 22.5.2021
27.	Art. 6 G zur Durchführung der VO (EU) 2019/1111 sowie zur Änd. sonstiger Vorschriften	10.8.2021	BGBl. I S. 3424	Anl. 1	geänd. mWv 1.8.2022

2. die Änderungen seit der letzten Veröffentlichung des vollständigen Wortlauts im Bundesgesetzblatt sowie
3. das Inkrafttreten der Änderungen.

§ 63[1] **Übergangsvorschrift.** (1) [1]In Verfahren, die vor dem Inkrafttreten einer Gesetzesänderung anhängig geworden oder eingeleitet worden sind, werden die Kosten nach bisherigem Recht erhoben. [2]Dies gilt nicht im Verfahren über ein Rechtsmittel, das nach dem Inkrafttreten einer Gesetzesänderung eingelegt worden ist. [3]Die Sätze 1 und 2 gelten auch, wenn Vorschriften geändert werden, auf die dieses Gesetz verweist.

(2) In Verfahren, in denen Jahresgebühren erhoben werden, und in Fällen, in denen Absatz 1 keine Anwendung findet, gilt für Kosten, die vor dem Inkrafttreten einer Gesetzesänderung fällig geworden sind, das bisherige Recht.

§ 64[2] **Übergangsvorschrift für die Erhebung von Haftkosten.** Bis zum Erlass landesrechtlicher Vorschriften über die Höhe des Haftkostenbeitrags, der von einem Gefangenen zu erheben ist, sind die Nummern 2008 und 2009 des Kostenverzeichnisses in der bis zum 27. Dezember 2010 geltenden Fassung anzuwenden.

[1] § 63 Abs. 1 Satz 1 geänd., Abs. 2 neu gef. mWv 1.8.2013 durch G v. 23.7.2013 (BGBl. I S. 2586).
[2] § 64 angef. mWv 28.12.2010 durch G v. 22.12.2010 (BGBl. I S. 2248).

Anlage 1[1)]
(zu § 3 Abs. 2)

Kostenverzeichnis

Gliederung

[1)] Anl. 1 geänd. mWv 1.9.2009 durch G v. 6.7.2009 (BGBl. I S. 1696); mWv 1.1.2013 durch G v. 29.7. 2009 (BGBl. I S. 2258); mWv 28.12.2010 durch G v. 22.12.2010 (BGBl. I S. 2248); mWv 18.6.2011 durch G v. 23.5.2011 (BGBl. I S. 898); mWv 1.11.2013 durch G v. 25.4.2013 (BGBl. I S. 935, geänd. durch G v. 23.7.2013, BGBl. I S. 2586); mWv 1.8.2013 durch G v. 23.7.2013 (BGBl. I S. 2586); mWv 1.7.2014 durch G v. 10.10.2013 (BGBl. I S. 3786); mWv 16.7.2014 durch G v. 8.7.2014 (BGBl. I S. 890); mWv 11.1.2015 durch G v. 5.12.2014 (BGBl. I S. 1964); mWv 1.1.2017 durch G v. 20.11.2015 (BGBl. I S. 2018); mWv 1.10.2021 durch G v. 18.7.2016 (BGBl. I S. 1666); mWv 18.1.2017 durch G v. 21.11. 2016 (BGBl. I S. 2591); mWv 1.1.2018 durch G v. 5.7.2017 (BGBl. I S. 2208); mWv 1.10.2017 durch G v. 17.7.2017 (BGBl. I S. 2424); mWv 29.1.2019 durch G v. 17.12.2018 (BGBl. I S. 2573); mWv 28.6. 2019 durch G v. 19.6.2019 (BGBl. I S. 840); mWv 23.10.2020 durch G v. 16.10.2020 (BGBl. I S. 2187); mWv 1.1.2021 durch G v. 21.12.2020 (BGBl. I S. 3229); mWv 1.1.2023 durch G v. 4.5.2021 (BGBl. I S. 882); mWv 1.8.2022 durch G v. 10.8.2021 (BGBl. I S. 3424).

Teil 1. Gebühren

Nr.	Gebührentatbestand	Gebühr oder Satz der Gebühr nach § 28 FamGKG
Hauptabschnitt 1. Hauptsacheverfahren in Ehesachen einschließlich aller Folgesachen		
Abschnitt 1. Erster Rechtszug		
1110	Verfahren im Allgemeinen	2,0
1111	Beendigung des Verfahrens hinsichtlich der Ehesache oder einer Folgesache durch 1. Zurücknahme des Antrags a) vor dem Schluss der mündlichen Verhandlung, b) in den Fällen des § 128 Abs. 2 ZPO vor dem Zeitpunkt, der dem Schluss der mündlichen Verhandlung entspricht, c) im Fall des § 331 Abs. 3 ZPO vor Ablauf des Tages, an dem die Endentscheidung der Geschäftsstelle übermittelt wird, 2. Anerkenntnis- oder Verzichtsentscheidung oder Endentscheidung, die nach § 38 Abs. 4 Nr. 2 und 3 FamFG keine Begründung enthält oder nur deshalb eine Begründung enthält, weil zu erwarten ist, dass der Beschluss im Ausland geltend gemacht wird (§ 38 Abs. 5 Nr. 4 FamFG), mit Ausnahme der Endentscheidung in einer Scheidungssache, 3. gerichtlichen Vergleich oder 4. Erledigung in der Hauptsache, wenn keine Entscheidung über die Kosten ergeht oder die Entscheidung einer zuvor mitgeteilten Einigung über die Kostentragung oder einer Kostenübernahmeerklärung folgt, es sei denn, dass bereits eine andere Endentscheidung als eine der in Nummer 2 genannten Entscheidungen vorausgegangen ist: Die Gebühr 1110 ermäßigt sich auf .... (1) Wird im Verbund nicht das gesamte Verfahren beendet, ist auf die beendete Ehesache und auf eine oder mehrere beendete Folgesachen § 44 FamGKG anzuwenden und die Gebühr nur insoweit zu ermäßigen. (2) Die Vervollständigung einer ohne Begründung hergestellten Endentscheidung (§ 38 Abs. 6 FamFG) steht der Ermäßigung nicht entgegen. (3) Die Gebühr ermäßigt sich auch, wenn mehrere Ermäßigungstatbestände erfüllt sind.	0,5
Abschnitt 2. Beschwerde gegen die Endentscheidung wegen des Hauptgegenstands		
Vorbemerkung 1.1.2: Dieser Abschnitt ist auch anzuwenden, wenn sich die Beschwerde auf eine Folgesache beschränkt.		
1120	Verfahren im Allgemeinen	3,0
1121	Beendigung des gesamten Verfahrens durch Zurücknahme der Beschwerde oder des Antrags, bevor die Schrift zur Begründung der Beschwerde bei Gericht eingegangen ist:	

Nr.	Gebührentatbestand	Gebühr oder Satz der Gebühr nach § 28 FamGKG
	Die Gebühr 1120 ermäßigt sich auf .... Die Erledigung in der Hauptsache steht der Zurücknahme gleich, wenn keine Entscheidung über die Kosten ergeht oder die Entscheidung einer zuvor mitgeteilten Einigung über die Kostentragung oder einer Kostenübernahmeerklärung folgt.	0,5
1122	Beendigung des Verfahrens hinsichtlich der Ehesache oder einer Folgesache, wenn nicht Nummer 1121 erfüllt ist, durch 1. Zurücknahme der Beschwerde oder des Antrags a) vor dem Schluss der mündlichen Verhandlung oder, b) falls eine mündliche Verhandlung nicht stattfindet, vor Ablauf des Tages, an dem die Endentscheidung der Geschäftsstelle übermittelt wird, 2. Anerkenntnis- oder Verzichtsentscheidung, 3. gerichtlichen Vergleich oder 4. Erledigung in der Hauptsache, wenn keine Entscheidung über die Kosten ergeht oder die Entscheidung einer zuvor mitgeteilten Einigung über die Kostentragung oder einer Kostenübernahmeerklärung folgt, es sei denn, dass bereits eine andere als eine der in Nummer 2 genannten Endentscheidungen vorausgegangen ist: Die Gebühr 1120 ermäßigt sich auf .... (1) Wird im Verbund nicht das gesamte Verfahren beendet, ist auf die beendete Ehesache und auf eine oder mehrere beendete Folgesachen § 44 FamGKG anzuwenden und die Gebühr nur insoweit zu ermäßigen. (2) Die Gebühr ermäßigt sich auch, wenn mehrere Ermäßigungstatbestände erfüllt sind.	1,0

Abschnitt 3. Rechtsbeschwerde gegen die Endentscheidung wegen des Hauptgegenstands

Vorbemerkung 1.1.3:

Dieser Abschnitt ist auch anzuwenden, wenn sich die Rechtsbeschwerde auf eine Folgesache beschränkt.

Nr.	Gebührentatbestand	Gebühr oder Satz der Gebühr nach § 28 FamGKG
1130	Verfahren im Allgemeinen	4,0
1131	Beendigung des gesamten Verfahrens durch Zurücknahme der Rechtsbeschwerde oder des Antrags, bevor die Schrift zur Begründung der Rechtsbeschwerde bei Gericht eingegangen ist: Die Gebühr 1130 ermäßigt sich auf .... Die Erledigung in der Hauptsache steht der Zurücknahme gleich, wenn keine Entscheidung über die Kosten ergeht oder die Entscheidung einer zuvor mitgeteilten Einigung über die Kostentragung oder einer Kostenübernahmeerklärung folgt.	1,0
1132	Beendigung des Verfahrens hinsichtlich der Ehesache oder einer Folgesache durch Zurücknahme der Rechtsbeschwerde oder des Antrags vor Ablauf des Tages, an dem die Endentscheidung der Geschäftsstelle übermittelt wird, wenn nicht Nummer 1131 erfüllt ist:	

Nr.	Gebührentatbestand	Gebühr oder Satz der Gebühr nach § 28 FamGKG
	Die Gebühr 1130 ermäßigt sich auf	2,0
	Wird im Verbund nicht das gesamte Verfahren beendet, ist auf die beendete Ehesache und auf eine oder mehrere beendete Folgesachen § 44 FamGKG anzuwenden und die Gebühr nur insoweit zu ermäßigen.	
	Abschnitt 4. Zulassung der Sprungrechtsbeschwerde gegen die Endentscheidung wegen des Hauptgegenstands	
1140	Verfahren über die Zulassung der Sprungrechtsbeschwerde: Soweit der Antrag abgelehnt wird	1,0
	Hauptabschnitt 2. Hauptsacheverfahren in selbständigen Familienstreitsachen	
	Abschnitt 1. Vereinfachtes Verfahren über den Unterhalt Minderjähriger	
	Unterabschnitt 1. Erster Rechtszug	
1210	Entscheidung über einen Antrag auf Festsetzung von Unterhalt nach § 249 Abs. 1 FamFG mit Ausnahme einer Festsetzung nach § 253 Abs. 1 Satz 2 FamFG	0,5
	Unterabschnitt 2. Beschwerde gegen die Endentscheidung wegen des Hauptgegenstands	
1211	Verfahren über die Beschwerde nach § 256 FamFG gegen die Festsetzung von Unterhalt im vereinfachten Verfahren	1,0
1212	Beendigung des gesamten Verfahrens ohne Endentscheidung: Die Gebühr 1211 ermäßigt sich auf	0,5
	(1) Wenn die Entscheidung nicht durch Verlesen der Entscheidungsformel bekannt gegeben worden ist, ermäßigt sich die Gebühr auch im Fall der Zurücknahme der Beschwerde vor Ablauf des Tages, an dem die Endentscheidung der Geschäftsstelle übermittelt wird. (2) Eine Entscheidung über die Kosten steht der Ermäßigung nicht entgegen, wenn die Entscheidung einer zuvor mitgeteilten Einigung über die Kostentragung oder einer Kostenübernahmeerklärung folgt.	
	Unterabschnitt 3. Rechtsbeschwerde gegen die Endentscheidung wegen des Hauptgegenstands	
1213	Verfahren im Allgemeinen	1,5
1214	Beendigung des gesamten Verfahrens durch Zurücknahme der Rechtsbeschwerde oder des Antrags, bevor die Schrift zur Begründung der Rechtsbeschwerde bei Gericht eingegangen ist: Die Gebühr 1213 ermäßigt sich auf	0,5
1215	Beendigung des gesamten Verfahrens durch Zurücknahme der Rechtsbeschwerde oder des Antrags vor Ablauf des Tages, an dem die Endentscheidung der Geschäftsstelle übermittelt wird, wenn nicht Nummer 1214 erfüllt ist:	

Nr.	Gebührentatbestand	Gebühr oder Satz der Gebühr nach § 28 FamGKG
	Die Gebühr 1213 ermäßigt sich auf	1,0
	Unterabschnitt 4. Zulassung der Sprungrechtsbeschwerde gegen die Endentscheidung wegen des Hauptgegenstands	
1216	Verfahren über die Zulassung der Sprungrechtsbeschwerde: Soweit der Antrag abgelehnt wird	0,5
	Abschnitt 2. Verfahren im Übrigen	
	Unterabschnitt 1. Erster Rechtszug	
1220	Verfahren im Allgemeinen Soweit wegen desselben Verfahrensgegenstands ein Mahnverfahren vorausgegangen ist, entsteht die Gebühr mit dem Eingang der Akten beim Familiengericht, an das der Rechtsstreit nach Erhebung des Widerspruchs oder Einlegung des Einspruchs abgegeben wird; in diesem Fall wird eine Gebühr 1100 des Kostenverzeichnisses zum GKG nach dem Wert des Verfahrensgegenstands angerechnet, der in das Streitverfahren übergegangen ist.	3,0
1221	Beendigung des gesamten Verfahrens durch 1. Zurücknahme des Antrags a) vor dem Schluss der mündlichen Verhandlung, b) in den Fällen des § 128 Abs. 2 ZPO vor dem Zeitpunkt, der dem Schluss der mündlichen Verhandlung entspricht, c) im Fall des § 331 Abs. 3 ZPO vor Ablauf des Tages, an dem die Endentscheidung der Geschäftsstelle übermittelt wird, wenn keine Entscheidung nach § 269 Abs. 3 Satz 3 ZPO über die Kosten ergeht oder die Entscheidung einer zuvor mitgeteilten Einigung über die Kostentragung oder einer Kostenübernahmeerklärung folgt, 2. Anerkenntnis- oder Verzichtsentscheidung oder Endentscheidung, die nach § 38 Abs. 4 Nr. 2 oder 3 FamFG keine Begründung enthält oder nur deshalb eine Begründung enthält, weil zu erwarten ist, dass der Beschluss im Ausland geltend gemacht wird (§ 38 Abs. 5 Nr. 4 FamFG), 3. gerichtlichen Vergleich oder 4. Erledigung in der Hauptsache, wenn keine Entscheidung über die Kosten ergeht oder die Entscheidung einer zuvor mitgeteilten Einigung über die Kostentragung oder einer Kostenübernahmeerklärung folgt, es sei denn, dass bereits eine andere Endentscheidung als eine der in Nummer 2 genannten Entscheidungen vorausgegangen ist: Die Gebühr 1220 ermäßigt sich auf (1) Die Zurücknahme des Antrags auf Durchführung des streitigen Verfahrens (§ 696 Abs. 1 ZPO), des Widerspruchs gegen den Mahnbescheid	1,0

Nr.	Gebührentatbestand	Gebühr oder Satz der Gebühr nach § 28 FamGKG
	oder des Einspruchs gegen den Vollstreckungsbescheid stehen der Zurücknahme des Antrags (Nummer 1) gleich. (2) Die Vervollständigung einer ohne Begründung hergestellten Endentscheidung (§ 38 Abs. 6 FamFG) steht der Ermäßigung nicht entgegen. (3) Die Gebühr ermäßigt sich auch, wenn mehrere Ermäßigungstatbestände erfüllt sind.	

Unterabschnitt 2. Beschwerde gegen die Endentscheidung wegen des Hauptgegenstands

Nr.	Gebührentatbestand	Gebühr oder Satz der Gebühr nach § 28 FamGKG
1222	Verfahren im Allgemeinen	4,0
1223	Beendigung des gesamten Verfahrens durch Zurücknahme der Beschwerde oder des Antrags, bevor die Schrift zur Begründung der Beschwerde bei Gericht eingegangen ist: Die Gebühr 1222 ermäßigt sich auf	1,0
	Die Erledigung in der Hauptsache steht der Zurücknahme gleich, wenn keine Entscheidung über die Kosten ergeht oder die Entscheidung einer zuvor mitgeteilten Einigung über die Kostentragung oder einer Kostenübernahmeerklärung folgt.	
1224	Beendigung des gesamten Verfahrens, wenn nicht Nummer 1223 erfüllt ist, durch 1. Zurücknahme der Beschwerde oder des Antrags a) vor dem Schluss der mündlichen Verhandlung oder, b) falls eine mündliche Verhandlung nicht stattfindet, vor Ablauf des Tages, an dem die Endentscheidung der Geschäftsstelle übermittelt wird, 2. Anerkenntnis- oder Verzichtsentscheidung, 3. gerichtlichen Vergleich oder 4. Erledigung in der Hauptsache, wenn keine Entscheidung über die Kosten ergeht oder die Entscheidung einer zuvor mitgeteilten Einigung über die Kostentragung oder einer Kostenübernahmeerklärung folgt, es sei denn, dass bereits eine andere Endentscheidung als eine der in Nummer 2 genannten Entscheidungen vorausgegangen ist: Die Gebühr 1222 ermäßigt sich auf	2,0
	Die Gebühr ermäßigt sich auch, wenn mehrere Ermäßigungsstatbestände erfüllt sind.	

Unterabschnitt 3. Rechtsbeschwerde gegen die Endentscheidung wegen des Hauptgegenstands

Nr.	Gebührentatbestand	Gebühr oder Satz der Gebühr nach § 28 FamGKG
1225	Verfahren im Allgemeinen	5,0
1226	Beendigung des gesamten Verfahrens durch Zurücknahme der Rechtsbeschwerde oder des Antrags, bevor die Schrift zur Begründung der Rechtsbeschwerde bei Gericht eingegangen ist: Die Gebühr 1225 ermäßigt sich auf	1,0

Nr.	Gebührentatbestand	Gebühr oder Satz der Gebühr nach § 28 FamGKG
	Die Erledigung in der Hauptsache steht der Zurücknahme gleich, wenn keine Entscheidung über die Kosten ergeht oder die Entscheidung einer zuvor mitgeteilten Einigung über die Kostentragung oder einer Kostenübernahmeerklärung folgt.	
1227	Beendigung des gesamten Verfahrens durch Zurücknahme der Rechtsbeschwerde oder des Antrags vor Ablauf des Tages, an dem die Endentscheidung der Geschäftsstelle übermittelt wird, wenn nicht Nummer 1226 erfüllt ist: Die Gebühr 1225 ermäßigt sich auf	3,0
	Unterabschnitt 4. Zulassung der Sprungrechtsbeschwerde gegen die Endentscheidung wegen des Hauptgegenstands	
1228	Verfahren über die Zulassung der Sprungrechtsbeschwerde: Soweit der Antrag abgelehnt wird	1,5
1229	Verfahren über die Zulassung der Sprungrechtsbeschwerde: Soweit der Antrag zurückgenommen oder das Verfahren durch anderweitige Erledigung beendet wird	1,0
	Die Gebühr entsteht nicht, soweit die Sprungrechtsbeschwerde zugelassen wird.	
	Hauptabschnitt 3. Hauptsacheverfahren in selbständigen Familiensachen der freiwilligen Gerichtsbarkeit	
	Abschnitt 1. Kindschaftssachen	
	Vorbemerkung 1.3.1: (1) Keine Gebühren werden erhoben für 1. die Pflegschaft für ein bereits gezeugtes Kind, 2. Kindschaftssachen nach § 151 Nr. 6 und 7 FamFG und 3. ein Verfahren, das Aufgaben nach dem Jugendgerichtsgesetz betrifft. (2) Von dem Minderjährigen werden Gebühren nach diesem Abschnitt nur erhoben, wenn zum Zeitpunkt der Fälligkeit der jeweiligen Gebühr sein Vermögen nach Abzug der Verbindlichkeiten mehr als 25 000 € beträgt; der in § 90 Abs. 2 Nr. 8 des Zwölften Buches Sozialgesetzbuch genannte Vermögenswert wird nicht mitgerechnet.	
	Unterabschnitt 1. Verfahren vor dem Familiengericht	
1310	Verfahren im Allgemeinen	0,5
	(1) Die Gebühr entsteht nicht für Verfahren, 1. die in den Rahmen einer Vormundschaft oder Pflegschaft fallen, 2. für die die Gebühr 1313 entsteht oder 3. die mit der Anordnung einer Pflegschaft enden. (2) Für die Umgangspflegschaft werden neben der Gebühr für das Verfahren, in dem diese angeordnet wird, keine besonderen Gebühren erhoben.	

Nr.	Gebührentatbestand	Gebühr oder Satz der Gebühr nach § 28 FamGKG
1311	Jahresgebühr für jedes angefangene Kalenderjahr bei einer Vormundschaft oder Dauerpflegschaft, wenn nicht Nummer 1312 anzuwenden ist .... (1) Für die Gebühr wird das Vermögen des von der Maßnahme betroffenen Minderjährigen nur berücksichtigt, soweit es nach Abzug der Verbindlichkeiten mehr als 25 000 € beträgt; der in § 90 Abs. 2 Nr. 8 des Zwölften Buches Sozialgesetzbuch genannte Vermögenswert wird nicht mitgerechnet. Ist Gegenstand der Maßnahme ein Teil des Vermögens, ist höchstens dieser Teil des Vermögens zu berücksichtigen. (2) Für das bei Anordnung der Maßnahme oder bei der ersten Tätigkeit des Familiengerichts nach Eintritt der Vormundschaft laufende und das folgende Kalenderjahr wird nur eine Jahresgebühr erhoben. (3) Erstreckt sich eine Maßnahme auf mehrere Minderjährige, wird die Gebühr für jeden Minderjährigen besonders erhoben. (4) Geht eine Pflegschaft in eine Vormundschaft über, handelt es sich um ein einheitliches Verfahren. (5) Dauert die Vormundschaft oder Dauerpflegschaft nicht länger als drei Monate, beträgt die Gebühr abweichend von dem in der Gebührenspalte bestimmten Mindestbetrag 100,00 €.	5,00 € je angefangene 5 000,00 € des zu berücksichtigenden Vermögens – mindestens 50,00 €
1312	Jahresgebühr für jedes angefangene Kalenderjahr bei einer Dauerpflegschaft, die nicht unmittelbar das Vermögen oder Teile des Vermögens zum Gegenstand hat .. Dauert die Dauerpflegschaft nicht länger als drei Monate, beträgt die Gebühr abweichend von dem in der Gebührenspalte bestimmten Mindestbetrag 100,00 €.	200,00 € – höchstens eine Gebühr 1311
1313	Verfahren im Allgemeinen bei einer Pflegschaft für einzelne Rechtshandlungen .... (1) Bei einer Pflegschaft für mehrere Minderjährige wird die Gebühr nur einmal aus dem zusammengerechneten Wert erhoben. Minderjährige, von denen nach Vorbemerkung 1.3.1 Abs. 2 keine Gebühr zu erheben ist, sind nicht zu berücksichtigen. Höchstgebühr ist die Summe der für alle zu berücksichtigenden Minderjährigen jeweils maßgebenden Gebühr 1311. (2) Als Höchstgebühr ist die Gebühr 1311 in der Höhe zugrunde zu legen, in der sie bei einer Vormundschaft entstehen würde. Absatz 5 der Anmerkung zu Nummer 1311 ist nicht anzuwenden. (3) Die Gebühr wird nicht erhoben, wenn für den Minderjährigen eine Vormundschaft oder eine Dauerpflegschaft, die sich auf denselben Gegenstand bezieht, besteht.	0,5 – höchstens eine Gebühr 1311

Unterabschnitt 2. Beschwerde gegen die Endentscheidung wegen des Hauptgegenstands

Nr.	Gebührentatbestand	Gebühr oder Satz der Gebühr nach § 28 FamGKG
1314	Verfahren im Allgemeinen	1,0
1315	Beendigung des gesamten Verfahrens ohne Endentscheidung: Die Gebühr 1314 ermäßigt sich auf .... (1) Wenn die Entscheidung nicht durch Verlesen der Entscheidungsformel bekannt gegeben worden ist, ermäßigt sich die Gebühr auch im Fall der Zurücknahme der Beschwerde vor Ablauf des Tages, an dem die Endentscheidung der Geschäftsstelle übermittelt wird.	0,5

Nr.	Auslagentatbestand	Höhe
2007	Auslagen für 1. die Beförderung von Personen	in voller Höhe
	2. Zahlungen an mittellose Personen für die Reise zum Ort einer Verhandlung oder Anhörung und für die Rückreise	bis zur Höhe der nach dem JVEG an Zeugen zu zahlenden Beträge
2008	Kosten einer Zwangshaft, auch aufgrund eines Haftbefehls in entsprechender Anwendung des § 802g ZPO Maßgebend ist die Höhe des Haftkostenbeitrags, der nach Landesrecht von einem Gefangenen zu erheben ist.	in Höhe des Haftkostenbeitrags
2009	Kosten einer Ordnungshaft .... Maßgebend ist die Höhe des Haftkostenbeitrags, der nach Landesrecht von einem Gefangenen zu erheben ist. Diese Kosten werden nur angesetzt, wenn der Haftkostenbeitrag auch von einem Gefangenen im Strafvollzug zu erheben wäre.	in Höhe des Haftkostenbeitrags
2010	Nach § 12 BGebG, dem 5. Abschnitt des Konsulargesetzes und der Besonderen Gebührenverordnung des Auswärtigen Amts nach § 22 Abs. 4 BGebG zu zahlende Beträge	in voller Höhe
2011	An deutsche Behörden für die Erfüllung von deren eigenen Aufgaben zu zahlende Gebühren sowie diejenigen Beträge, die diesen Behörden, öffentlichen Einrichtungen oder deren Bediensteten als Ersatz für Auslagen der in den Nummern 2000 bis 2009 bezeichneten Art zustehen .... Die als Ersatz für Auslagen angefallenen Beträge werden auch erhoben, wenn aus Gründen der Gegenseitigkeit, der Verwaltungsvereinfachung oder aus vergleichbaren Gründen keine Zahlungen zu leisten sind.	in voller Höhe, die Auslagen begrenzt durch die Höchstsätze für die Auslagen 2000 bis 2009
2012	Beträge, die ausländischen Behörden, Einrichtungen oder Personen im Ausland zustehen, sowie Kosten des Rechtshilfeverkehrs mit dem Ausland .... Die Beträge werden auch erhoben, wenn aus Gründen der Gegenseitigkeit, der Verwaltungsvereinfachung oder aus vergleichbaren Gründen keine Zahlungen zu leisten sind.	in voller Höhe
2013	An den Verfahrensbeistand zu zahlende Beträge .... Die Beträge werden von dem Minderjährigen nur nach Maßgabe des § 1808 Abs. 2 Satz 1 und des § 1880 Abs. 2 BGB erhoben.	in voller Höhe
2014	An den Umgangspfleger sowie an Verfahrenspfleger nach § 9 Abs. 5 FamFG, § 57 ZPO zu zahlende Beträge	in voller Höhe
2015	Pauschale für die Inanspruchnahme von Videokonferenzverbindungen: je Verfahren für jede angefangene halbe Stunde	15,00 €

Nr.	Auslagentatbestand	Höhe
2016	Umsatzsteuer auf die Kosten .... Dies gilt nicht, wenn die Umsatzsteuer nach § 19 Abs. 1 UStG unerhoben bleibt.	in voller Höhe

Anlage 2[1)]
(zu § 28 Absatz 1 Satz 3)

[Gebührentabelle für Verfahrenswerte bis 500 000 Euro]

Verfahrenswert bis … €	Gebühr … €	Verfahrenswert bis … €	Gebühr … €
500	38,00	**50 000**	601,00
1 000	58,00	**65 000**	733,00
1 500	78,00	**80 000**	865,00
2 000	98,00	**95 000**	997,00
3 000	119,00	**110 000**	1 129,00
4 000	140,00	**125 000**	1 261,00
5 000	161,00	**140 000**	1 393,00
6 000	182,00	**155 000**	1 525,00
7 000	203,00	**170 000**	1 657,00
8 000	224,00	**185 000**	1 789,00
9 000	245,00	**200 000**	1 921,00
10 000	266,00	**230 000**	2 119,00
13 000	295,00	**260 000**	2 317,00
16 000	324,00	**290 000**	2 515,00
19 000	353,00	**320 000**	2 713,00
22 000	382,00	**350 000**	2 911,00
25 000	411,00	**380 000**	3 109,00
30 000	449,00	**410 000**	3 307,00
35 000	487,00	**440 000**	3 505,00
40 000	525,00	**470 000**	3 703,00
45 000	563,00	**500 000**	3 901,00

1) Anl. 2 neu gef. mWv 1.1.2021 durch G v. 21.12.2020 (BGBl. I S. 3229).

119. Gesetz über Kosten der freiwilligen Gerichtsbarkeit für Gerichte und Notare (Gerichts- und Notarkostengesetz – GNotKG)[1)]

Vom 23. Juli 2013
(BGBl. I S. 2586)

FNA 361-6

Lfd. Nr.	Änderndes Gesetz	Datum	Fundstelle	Betroffen	Hinweis
1.	Art. 9 G zur Einführung einer Rechtsbehelfsbelehrung im Zivilprozess und zur Änd. anderer Vorschriften	5.12.2012	BGBl. I S. 2418, geänd. 2013, S. 2586	Inhaltsübersicht, § 83 § 7a	geänd. mWv 1.1.2014 eingef. mWv 1.1.2014
2.	Art. 8 Nr. 2 G zur Intensivierung des Einsatzes von Videokonferenztechnik in gerichtlichen und staatsanwaltschaftlichen Verfahren	25.4.2013	BGBl. I S. 935, geänd. 2013, S. 2586	Anl. 1	geänd. mWv 1.11.2013
3.	Art. 8 G zur Übertragung von Aufgaben im Bereich der freiwilligen Gerichtsbarkeit auf Notare	26.6.2013	BGBl. I S. 1800, geänd. 2013, S. 2586	Inhaltsübersicht, §§ 2, 5, 23, 26, 31, Anl. 1 § 118a § 66	geänd. mWv 1.9.2013 eingef. mWv 1.9.2013 aufgeh. mWv 1.9.2013
4.	Art. 3 Abs. 1 G zur Änd. des HGB	4.10.2013	BGBl. I S. 3746	Anl. 1	geänd. mWv 10.10.2013
5.	Art. 22 G zur Förderung des elektronischen Rechtsverkehrs mit den Gerichten	10.10. 2013	BGBl. I S. 3786	Anl. 1	geänd. mWv 1.7.2014
6.	Art. 9 G zur Durchführung der VO (EU) Nr. 1215/2012 sowie zur Änd. sonstiger Vorschriften	8.7.2014	BGBl. I S. 890	Anl. 1 Anl. 1	geänd. mWv 16.7.2014 geänd. mWv 10.1.2015
7.	Art. 5 G zur Durchführung des Haager Übereinkommens v. 30.6.2005 über Gerichtsstandsvereinbarungen sowie zur Änd. des RPflG, GNotKG, AltersteilzeitG und SGB III	10.12. 2014	BGBl. I S. 2082	§§ 6, 23, Anl. 1	geänd. mWv 19.12.2014
8.	Art. 13 G zum Internationalen Erbrecht und zur Änd. von Vorschriften zum Erbschein sowie zur Änd. sonstiger Vorschriften	29.6.2015	BGBl. I S. 1042	§§ 13, 18, 67, 69, 70, 98, Anl. 1 Inhaltsübersicht, §§ 18, 40, 62, Anl. 1	geänd. mWv 4.7.2015 geänd. mWv 17.8.2015
9.	Art. 174 Zehnte ZuständigkeitsanpassungsVO	31.8.2015	BGBl. I S. 1474	§§ 58, 133	geänd. mWv 8.9.2015

[1)] Verkündet als Art. 1 2. KostenrechtsmodernisierungsG v. 23.7.2013 (BGBl. I S. 2586); Inkrafttreten gem. Art. 50 dieses G am 1.8.2013.

Lfd. Nr.	Änderndes Gesetz	Datum	Fund-stelle	Betroffen	Hinweis
10.	Art. 4 G zur Abwicklung der staatlichen Notariate in Baden-Württemberg	23.11. 2015	BGBl. I S. 2090	§ 135	geänd. mWv 1.1.2018
11.	Art. 123 Abs. 3 Zweites G über die weitere Bereinigung von Bundesrecht	8.7.2016	BGBl. I S. 1594	§ 58	geänd. mWv 15.7.2016
12.	Art. 4 Abs. 46 G zur Aktualisierung der Strukturreform des Gebührenrechts des Bundes	18.7.2016	BGBl. I S. 1666	Anl. 1	geänd. mWv 1.10.2021
13.	Art. 11 EU-KontenpfändungsVO-DurchführungsG	21.11. 2016	BGBl. I S. 2591	§ 1	geänd. mWv 18.1.2017
14.	Art. 6 Abs. 3 G zur Neuordnung der Aufbewahrung von Notariatsunterlagen und zur Einrichtung des Elektronischen Urkundenarchivs bei der Bundesnotarkammer sowie zur Änd. weiterer Gesetze	1.6.2017	BGBl. I S. 1396	Anl. 1	geänd. mWv 9.6.2017
				Anl. 1	geänd. mWv 1.1.2022
15.	Art. 26 G zur Einführung der elektronischen Akte in der Justiz und zur weiteren Förderung des elektronischen Rechtsverkehrs	5.7.2017	BGBl. I S. 2208	Anl. 1	geänd. mWv 1.1.2018
16.	Art. 7 G zum Internationalen Güterrecht und zur Änd. von Vorschriften des Internationalen Privatrechts	17.12. 2018	BGBl. I S. 2573	Anl. 1	geänd. mWv 29.1.2019
17.	Art. 11 WohnungseigentumsmodernisierungsG (WEMoG)	16.10. 2020	BGBl. I S. 2187	Anl. 1	geänd. mWv 23.10.2020
18.	Art. 4 KostenrechtsänderungsG 2021	21.12. 2020	BGBl. I S. 3229	§§ 1, 34, 136, Anl. 1	geänd. mWv 1.1.2021
				Anl. 2	neu gef. mWv 1.1.2021
19.	Art. 15 Abs. 12 G zur Reform des Vormundschafts- und Betreuungsrechts	4.5.2021	BGBl. I S. 882	Anl. 1	geänd. mWv 1.1.2023
20.	Art. 24 Abs. 7 G zur Modernisierung des notariellen Berufsrechts und zur Änd. weiterer Vorschriften	25.6.2021	BGBl. I S. 2154	Anl. 1	geänd. mWv 1.8.2021
21.	Art. 7 G zur Vereinheitlichung des Stiftungsrechts und zur Änd. des InfektionsschutzG	16.7.2021	BGBl. I S. 2947	Inhaltsübersicht, § 67, Anl. 1	geänd. mWv 1.7.2023
				§ 106	geänd. mWv 1.1.2026
22.	Art. 10 G zur Umsetzung der Digitalisierungsrichtlinie (DiRUG)[1]	5.7.2021	BGBl. I S. 3338	Inhaltsübersicht, §§ 19, 39, 58, 85, 121, Anl. 1	geänd. mWv 1.8.2022

[1] **Amtl. Anm.:** Dieses Gesetz dient der Umsetzung der Richtlinie (EU) 2019/1151 des Europäischen Parlaments und des Rates vom 20. Juni 2019 zur Änderung der Richtlinie (EU) 2017/1132 im Hinblick auf den Einsatz digitaler Werkzeuge und Verfahren im Gesellschaftsrecht (ABl. L 186 vom 11.7.2019, S. 80).

Lfd. Nr.	Änderndes Gesetz	Datum	Fundstelle	Betroffen	Hinweis
23.	Art. 47 PersonengesellschaftsrechtsmodernisierungsG (MoPeG)	10.8.2021	BGBl. I S. 3436	Inhaltsübersicht, §§ 23, 58, 67, 70, 105, 108, Anl. 1	geänd. mWv 1.1.2024
24.	Art. 7 Abs. 5 G zur Abschaffung des Güterrechtsregisters und zur Änd. des COVID-19-InsolvenzaussetzungsG	31.10. 2022	BGBl. I S. 1966	§ 55, Anl. 1	geänd. mWv 1.1.2023

Vorbemerkung:

Die Änderungen durch G v. 16.7.2021 (BGBl. I S. 2947) treten erst mWv 1.7.2023 und mWv 1.1.2026 in Kraft und sind im Text noch nicht berücksichtigt.

Die Änderungen durch G v. 10.8.2021 (BGBl. I S. 3436) treten erst mWv 1.1.2024 in Kraft und sind im Text noch nicht berücksichtigt.

tal im Sinne von § 266 Absatz 3 des Handelsgesetzbuchs[1], das auf den jeweiligen Anteil oder die Beteiligung entfällt. [2] Grundstücke, Gebäude, grundstücksgleiche Rechte, Schiffe oder Schiffsbauwerke sind dabei nach den Bewertungsvorschriften dieses Unterabschnitts zu berücksichtigen. [3] Sofern die betreffenden Gesellschaften überwiegend vermögensverwaltend tätig sind, insbesondere als Immobilienverwaltungs-, Objekt-, Holding-, Besitz- oder sonstige Beteiligungsgesellschaft, ist der auf den jeweiligen Anteil oder die Beteiligung entfallende Wert des Vermögens der Gesellschaft maßgeblich; die Sätze 1 und 2 sind nicht anzuwenden.

Kapitel 2. Gerichtskosten

Abschnitt 1. Gebührenvorschriften

§ 55[2] Einmalige Erhebung der Gebühren. (1) Die Gebühr für das Verfahren im Allgemeinen und die Gebühr für eine Entscheidung oder die Vornahme einer Handlung werden in jedem Rechtszug hinsichtlich eines jeden Teils des Verfahrensgegenstands nur einmal erhoben.

(2) Für Eintragungen in das Vereinsregister, Grundbuch, Schiffs- und Schiffsbauregister und in das Register für Pfandrechte an Luftfahrzeugen werden die Gebühren für jede Eintragung gesondert erhoben, soweit nichts anderes bestimmt ist.

§ 56 Teile des Verfahrensgegenstands. (1) Für Handlungen, die einen Teil des Verfahrensgegenstands betreffen, sind die Gebühren nur nach dem Wert dieses Teils zu berechnen.

(2) Sind von einzelnen Wertteilen in demselben Rechtszug für gleiche Handlungen Gebühren zu berechnen, darf nicht mehr erhoben werden, als wenn die Gebühr nach dem Gesamtbetrag der Wertteile zu berechnen wäre.

(3) Sind für Teile des Verfahrensgegenstands verschiedene Gebührensätze anzuwenden, sind die Gebühren für die Teile gesondert zu berechnen; die aus dem Gesamtbetrag der Wertteile nach dem höchsten Gebührensatz berechnete Gebühr darf jedoch nicht überschritten werden.

§ 57 Zurückverweisung, Abänderung oder Aufhebung einer Entscheidung. (1) Wird eine Sache an ein Gericht eines unteren Rechtszugs zurückverwiesen, bildet das weitere Verfahren mit dem früheren Verfahren vor diesem Gericht einen Rechtszug im Sinne des § 55.

(2) Das Verfahren über eine Abänderung oder Aufhebung einer Entscheidung gilt als besonderes Verfahren, soweit im Kostenverzeichnis nichts anderes bestimmt ist.

§ 58[3] Eintragungen in das Handels-, Partnerschafts- oder Genossenschaftsregister; Verordnungsermächtigung. (1) [1] Gebühren werden nur aufgrund einer Rechtsverordnung (Handelsregistergebührenverordnung[4]) erhoben für

---

[1] Nr. **50**.

[2] § 55 Abs. 2 geänd. mWv 1.1.2023 durch G v. 31.10.2022 (BGBl. I S. 1966).

[3] § 58 Abs. 2 Satz 1 geänd. mWv 8.9.2015 durch VO v. 31.8.2015 (BGBl. I S. 1474); Abs. 1 Satz 1 Nr. 4 geänd. mWv 15.7.2016 durch G v. 8.7.2016 (BGBl. I S. 1594); Abs. 1 Satz 1 Nr. 3 und 4 geänd., Nr. 5 angef. mWv 1.8.2022 durch G v. 5.7.2021 (BGBl. I S. 3338).

[4] **Habersack, Deutsche Gesetze ErgBd. Nr. 50f.**

1. Eintragungen in das Handels-, Partnerschafts- oder Genossenschaftsregister,
2. Fälle der Zurücknahme oder Zurückweisung von Anmeldungen zu diesen Registern,
3. die Entgegennahme, Prüfung und Aufbewahrung der zum Handels- oder Genossenschaftsregister einzureichenden Unterlagen,
4. die Übertragung von Schriftstücken in ein elektronisches Dokument nach § 9 Absatz 2 des Handelsgesetzbuchs[1)] sowie
5. die Bereitstellung von Registerdaten sowie von Dokumenten, die zum Register eingereicht wurden, zum Abruf.

[2] Keine Gebühren werden erhoben für die aus Anlass eines Insolvenzverfahrens von Amts wegen vorzunehmenden Eintragungen und für Löschungen nach § 395 des Gesetzes über das Verfahren in Familiensachen und in den Angelegenheiten der freiwilligen Gerichtsbarkeit[2)].

(2) [1] Die Rechtsverordnung nach Absatz 1 erlässt das Bundesministerium der Justiz und für Verbraucherschutz. [2] Sie bedarf der Zustimmung des Bundesrates. [3] Die Höhe der Gebühren richtet sich nach den auf die Amtshandlungen entfallenden durchschnittlichen Personal- und Sachkosten; Gebühren für Fälle der Zurücknahme oder Zurückweisung von Anmeldungen können jedoch bestimmt werden, indem die für die entsprechenden Eintragungen zu erhebenden Gebühren pauschal mit Ab- oder Zuschlägen versehen werden. [4] Die auf gebührenfreie Eintragungen entfallenden Personal- und Sachkosten können bei der Höhe der für andere Eintragungen festgesetzten Gebühren berücksichtigt werden.

Abschnitt 2. Wertvorschriften

Unterabschnitt 1. Allgemeine Wertvorschriften

§ 59 Zeitpunkt der Wertberechnung. [1] Für die Wertberechnung ist der Zeitpunkt der jeweiligen den Verfahrensgegenstand betreffenden ersten Antragstellung in dem jeweiligen Rechtszug entscheidend, soweit nichts anderes bestimmt ist. [2] In Verfahren, die von Amts wegen eingeleitet werden, ist der Zeitpunkt der Fälligkeit der Gebühr maßgebend.

§ 60 Genehmigung oder Ersetzung einer Erklärung oder Genehmigung eines Rechtsgeschäfts. (1) Wenn in einer vermögensrechtlichen Angelegenheit Gegenstand des Verfahrens die Genehmigung oder Ersetzung einer Erklärung oder die Genehmigung eines Rechtsgeschäfts ist, bemisst sich der Geschäftswert nach dem Wert des zugrunde liegenden Geschäfts.

(2) Mehrere Erklärungen, die denselben Gegenstand betreffen, insbesondere der Kauf und die Auflassung oder die Schulderklärung und die zur Hypothekenbestellung erforderlichen Erklärungen, sind als ein Verfahrensgegenstand zu bewerten.

(3) Der Wert beträgt in jedem Fall höchstens 1 Million Euro.

§ 61 Rechtsmittelverfahren. (1) [1] Im Rechtsmittelverfahren bestimmt sich der Geschäftswert nach den Anträgen des Rechtsmittelführers. [2] Endet das Verfahren, ohne dass solche Anträge eingereicht werden, oder werden bei einer Rechtsbeschwerde innerhalb der Frist für die Begründung Anträge nicht eingereicht, ist die Beschwer maßgebend.

---

1) Nr. **50**.
2) Nr. **112**.

(2) Soweit Gebühren nach diesem Gesetz anzurechnen sind, sind auch nach der Kostenordnung für entsprechende Tätigkeiten entstandene Gebühren anzurechnen.

(3) Soweit für ein notarielles Hauptgeschäft die Kostenordnung nach Absatz 1 weiter anzuwenden ist, gilt dies auch für die damit zusammenhängenden Vollzugs- und Betreuungstätigkeiten sowie für zu Vollzugszwecken gefertigte Entwürfe.

(4) Bis zum Erlass landesrechtlicher Vorschriften über die Höhe des Haftkostenbeitrags, der von einem Gefangenen zu erheben ist, ist anstelle der Nummern 31010 und 31011 des Kostenverzeichnisses § 137 Absatz 1 Nummer 12 der Kostenordnung in der bis zum 27. Dezember 2010 geltenden Fassung anzuwenden.

(5) [1] Absatz 1 ist auf die folgenden Vorschriften in ihrer bis zum Tag vor dem Inkrafttreten des 2. Kostenrechtsmodernisierungsgesetzes vom 23. Juli 2013 (BGBl. I S. 2586) geltenden Fassung entsprechend anzuwenden:

1. § 30 des Einführungsgesetzes zum Gerichtsverfassungsgesetz[1)],
2. § 15 des Spruchverfahrensgesetzes[2)],
3. § 12 Absatz 3, die §§ 33 bis 43, 44 Absatz 2 sowie die §§ 45 und 47 des Gesetzes über das gerichtliche Verfahren in Landwirtschaftssachen[3)],
4. § 102 des Gesetzes über Rechte an Luftfahrzeugen,
5. § 100 Absatz 1 und 3 des Sachenrechtsbereinigungsgesetzes[4)],
6. § 39b Absatz 1 und 6 des Wertpapiererwerbs- und Übernahmegesetzes,
7. § 99 Absatz 6, § 132 Absatz 5 und § 260 Absatz 4 des Aktiengesetzes[5)],
8. § 51b des Gesetzes betreffend die Gesellschaften mit beschränkter Haftung[6)],
9. § 62 Absatz 5 und 6 des Bereinigungsgesetzes für deutsche Auslandsbonds,
10. § 138 Absatz 2 des Urheberrechtsgesetzes[7)],
11. die §§ 18 bis 24 der Verfahrensordnung für Höfesachen,
12. § 18 des Gesetzes zur Ergänzung des Gesetzes über die Mitbestimmung der Arbeitnehmer in den Aufsichtsräten und Vorständen der Unternehmen des Bergbaus und der Eisen und Stahl erzeugenden Industrie[8)] und
13. § 65 Absatz 3 des Landwirtschaftsanpassungsgesetzes[9)].

[2] An die Stelle der Kostenordnung treten dabei die in Satz 1 genannten Vorschriften.

---

1) Nr. **95a**.
2) **Habersack, Deutsche Gesetze ErgBd. Nr. 51b.**
3) **Habersack, Deutsche Gesetze ErgBd. Nr. 39a.**
4) **Habersack II Nr. 6.**
5) Nr. **51**.
6) Nr. **52**.
7) Nr. **65**.
8) **Habersack, Deutsche Gesetze ErgBd. Nr. 82c.**
9) **Habersack II Nr. 127.**

Anlage 1[1)]
(zu § 3 Absatz 2)

Kostenverzeichnis

Gliederung

[1)] Anl. 1 geänd. mWv 1.11.2013 durch G v. 25.4.2013 (BGBl. I S. 935, geänd. durch G v. 23.7.2013, BGBl. I S. 2586); geänd. mWv 1.9.2013 durch G v. 26.6.2013 (BGBl. I S. 1800, geänd. durch G v. 23.7. 2013, BGBl. I S. 2586); mWv 10.10.2013 durch G v. 4.10.2013 (BGBl. I S. 3746); mWv 1.7.2014 durch G v. 10.10.2013 (BGBl. I S. 3786); mWv 16.7.2014 und mWv 10.1.2015 durch G v. 8.7.2014 (BGBl. I S. 890); mWv 19.12.2014 durch G v. 10.12.2014 (BGBl. I S. 2082); mWv 4.7.2015 und mWv 17.8.2015 durch G v. 29.6.2015 (BGBl. I S. 1042); mWv 1.10.2021 durch G v. 18.7.2016 (BGBl. I S. 1666); mWv 9.6.2017 und mWv 1.1.2022 durch G v. 1.6.2017 (BGBl. I S. 1396); mWv 1.1.2018 durch G v. 5.7.2017 (BGBl. I S. 2208); mWv 29.1.2019 durch G v. 17.12.2018 (BGBl. I S. 2573); mWv 23.10.2020 durch G v. 16.10.2020 (BGBl. I S. 2187); mWv 1.1.2021 durch G v. 21.12.2020 (BGBl. I S. 3229); mWv 1.1.2023 durch G v. 4.5.2021 (BGBl. I S. 882); mWv 1.8.2021 durch G v. 25.6.2021 (BGBl. I S. 2154); mWv 1.8. 2022 durch G v. 5.7.2021 (BGBl. I S. 3338); mWv 1.1.2023 durch G v. 31.10.2022 (BGBl. I S. 1966).

Nr.	Gebührentatbestand	Gebühr oder Satz der Gebühr nach § 34 GNotKG – **Tabelle A**
	Unterabschnitt 4. Rechtsbeschwerde gegen die Endentscheidung wegen des Hauptgegenstands	
12540	Verfahren im Allgemeinen	4,0
12541	Beendigung des gesamten Verfahrens durch Zurücknahme der Rechtsbeschwerde oder des Antrags, bevor die Schrift zur Begründung der Beschwerde bei Gericht eingegangen ist: Die Gebühr 12540 ermäßigt sich auf	1,0
12542	Beendigung des gesamten Verfahrens durch Zurücknahme der Rechtsbeschwerde oder des Antrags vor Ablauf des Tages, an dem die Endentscheidung der Geschäftsstelle übermittelt wird, wenn nicht Nummer 12541 erfüllt ist: Die Gebühr 12540 ermäßigt sich auf	2,0
	Unterabschnitt 5. Zulassung der Sprungrechtsbeschwerde gegen die Endentscheidung wegen des Hauptgegenstands	
12550	Verfahren über die Zulassung der Sprungrechtsbeschwerde: Soweit der Antrag abgelehnt wird:	1,0

Hauptabschnitt 3. Registersachen sowie unternehmensrechtliche und ähnliche Verfahren

Vorbemerkung 1.3:

(1) Dieser Hauptabschnitt gilt für
1. Registersachen (§ 374 FamFG), soweit die Gebühren nicht aufgrund einer Rechtsverordnung nach § 58 Abs. 1 GNotKG erhoben werden,
2. unternehmensrechtliche Verfahren (§ 375 FamFG) und ähnliche Verfahren sowie
3. bestimmte Vereins- und Stiftungssachen.

(2) Gebühren werden nicht erhoben
1. für die aus Anlass eines Insolvenzverfahrens von Amts wegen vorzunehmenden Eintragungen,
2. für die Löschung von Eintragungen (§ 395 FamFG) und
3. von berufsständischen Organen im Rahmen ihrer Beteiligung nach § 380 FamFG.

Abschnitt 1. Vereinsregistersachen

13100	Verfahren über die Ersteintragung in das Vereinsregister	75,00 €
13101	Verfahren über eine spätere Eintragung in das Vereinsregister (1) Bei einer Sitzverlegung in den Bezirk eines anderen Registergerichts wird die Gebühr für eine spätere Eintragung nur durch das Gericht erhoben, in dessen Bezirk der Sitz verlegt worden ist. (2) Die Gebühr wird für mehrere Eintragungen nur einmal erhoben, wenn die Anmeldungen am selben Tag beim Registergericht eingegangen sind und denselben Verein betreffen. (3) Für die Eintragung 1. des Erlöschens des Vereins,	50,00 €

Nr.	Gebührentatbestand	Gebühr oder Satz der Gebühr nach § 34 GNotKG – Tabelle A
	2. der Beendigung der Liquidation des Vereins, 3. der Fortführung als nichtrechtsfähiger Verein, 4. des Verzichts auf die Rechtsfähigkeit oder 5. der Entziehung der Rechtsfähigkeit und für die Schließung des Registerblatts wird keine Gebühr erhoben.	
13102	Bereitstellung von Daten oder Dokumenten zum Abruf Die Gebühr entsteht neben jeder Gebühr für eine Eintragung in das Vereinsregister nach diesem Abschnitt gesondert.	1/3 der für die Eintragung bestimmten Gebühr

Abschnitt 2. (aufgehoben)

Abschnitt 3. Zwangs- und Ordnungsgeld in Verfahren nach den §§ 389 bis 392 FamFG

Unterabschnitt 1. Erster Rechtszug

Nr.	Gebührentatbestand	Gebühr
13310	Festsetzung von Zwangs- oder Ordnungsgeld: je Festsetzung	100,00 €
13311	Verwerfung des Einspruchs	100,00 €

Unterabschnitt 2. Beschwerde gegen die Endentscheidung wegen des Hauptgegenstands

Nr.	Gebührentatbestand	Gebühr
13320	Verfahren im Allgemeinen: Die Beschwerde wird verworfen oder zurückgewiesen Wird die Beschwerde nur teilweise verworfen oder zurückgewiesen, kann das Gericht die Gebühr nach billigem Ermessen auf die Hälfte ermäßigen oder bestimmen, dass eine Gebühr nicht zu erheben ist.	150,00 €
13321	Verfahren im Allgemeinen: Beendigung des gesamten Verfahrens durch Zurücknahme der Beschwerde oder des Antrags, bevor die Schrift zur Begründung der Beschwerde bei Gericht eingegangen ist	75,00 €
13322	Verfahren im Allgemeinen: Beendigung des gesamten Verfahrens durch Zurücknahme der Beschwerde oder des Antrags vor Ablauf des Tages, an dem die Endentscheidung der Geschäftsstelle übermittelt wird, wenn die Entscheidung nicht bereits durch Verlesen der Entscheidungsformel bekannt gegeben worden ist, oder wenn nicht Nummer 13321 erfüllt ist	100,00 €

Nr.	Gebührentatbestand	Gebühr oder Satz der Gebühr nach § 34 GNotKG **– Tabelle B**
21304	Vorzeitige Beendigung des Verfahrens nach einem der in Nummer 21300 genannten Zeitpunkte in den Fällen der Nummern 21101 und 21201: Die Gebühren 21101 und 21201 ermäßigen sich auf	0,3 bis 0,5 – mindestens 30,00 €

Hauptabschnitt 2. Vollzug eines Geschäfts und Betreuungstätigkeiten

Vorbemerkung 2.2:

(1) Gebühren nach diesem Hauptabschnitt entstehen nur, wenn dem Notar für seine Tätigkeit ein besonderer Auftrag erteilt worden ist; dies gilt nicht für die Gebühren 22114, 22125 und die Gebühr 22200 im Fall der Nummer 6 der Anmerkung.

(2) Entsteht für eine Tätigkeit eine Gebühr nach diesem Hauptabschnitt, fällt bei demselben Notar insoweit keine Gebühr für die Fertigung eines Entwurfs und keine Gebühr nach Nummer 25204 an.

Abschnitt 1. Vollzug

Unterabschnitt 1. Vollzug eines Geschäfts

Vorbemerkung 2.2.1.1:

(1) Die Vorschriften dieses Unterabschnitts sind anzuwenden, wenn der Notar eine Gebühr für das Beurkundungsverfahren oder für die Fertigung eines Entwurfs erhält, die das zugrunde liegende Geschäft betrifft. Die Vollzugsgebühr entsteht für die

1. Anforderung und Prüfung einer Erklärung oder Bescheinigung nach öffentlich-rechtlichen Vorschriften, mit Ausnahme der Unbedenklichkeitsbescheinigung des Finanzamts,
2. Anforderung und Prüfung einer anderen als der in Nummer 4 genannten gerichtlichen Entscheidung oder Bescheinigung, dies gilt auch für die Ermittlung des Inhalts eines ausländischen Registers,
3. Fertigung, Änderung oder Ergänzung der Liste der Gesellschafter (§ 8 Abs. 1 Nr. 3, § 40 GmbHG) oder der Liste der Personen, welche neue Geschäftsanteile übernommen haben (§ 57 Abs. 3 Nr. 2 GmbHG),
4. Anforderung und Prüfung einer Entscheidung des Familien-, Betreuungs- oder Nachlassgerichts einschließlich aller Tätigkeiten des Notars gemäß den §§ 1855 und 1856 BGB im Namen der Beteiligten sowie die Erteilung einer Bescheinigung über die Wirksamkeit oder Unwirksamkeit des Rechtsgeschäfts,
5. Anforderung und Prüfung einer Vollmachtsbestätigung oder einer privatrechtlichen Zustimmungserklärung,
6. Anforderung und Prüfung einer privatrechtlichen Verzichtserklärung,
7. Anforderung und Prüfung einer Erklärung über die Ausübung oder Nichtausübung eines privatrechtlichen Vorkaufs- oder Wiederkaufsrechts,
8. Anforderung und Prüfung einer Erklärung über die Zustimmung zu einer Schuldübernahme oder einer Entlassung aus der Haftung,
9. Anforderung und Prüfung einer Erklärung oder sonstigen Urkunde zur Verfügung über ein Recht an einem Grundstück oder einem grundstücksgleichen Recht sowie zur Löschung oder Inhaltsänderung einer sonstigen Eintragung im Grundbuch oder in einem Register oder Anforderung und Prüfung einer Erklärung, inwieweit ein Grundpfandrecht eine Verbindlichkeit sichert,
10. Anforderung und Prüfung einer Verpflichtungserklärung betreffend eine in Nummer 9 genannte Verfügung oder einer Erklärung über die Nichtausübung eines Rechts und
11. über die in den Nummern 1 und 2 genannten Tätigkeiten hinausgehende Tätigkeit für die Beteiligten gegenüber der Behörde, dem Gericht oder der Körperschaft oder Anstalt des öffentlichen Rechts.

Die Vollzugsgebühr entsteht auch, wenn die Tätigkeit vor der Beurkundung vorgenommen wird.

(2) Zustimmungsbeschlüsse stehen Zustimmungserklärungen gleich.

(3) Wird eine Vollzugstätigkeit unter Beteiligung eines ausländischen Gerichts oder einer ausländischen Behörde vorgenommen, bestimmt sich die Vollzugsgebühr nach Unterabschnitt 2.

Nr.	Gebührentatbestand	Gebühr oder Satz der Gebühr nach § 34 GNotKG – Tabelle B
22110	Vollzugsgebühr	0,5
22111	Vollzugsgebühr, wenn die Gebühr für das zugrunde liegende Beurkundungsverfahren weniger als 2,0 beträgt: Die Gebühr 22110 beträgt	0,3
	Vollzugsgegenstand sind lediglich die in der Vorbemerkung 2.2.1.1 Abs. 1 Satz 2 Nr. 1 bis 3 genannten Tätigkeiten: Die Gebühren 22110 und 22111 betragen	
22112	– für jede Tätigkeit nach Vorbemerkung 2.2.1.1 Abs. 1 Satz 2 Nr. 1 und 2	höchstens 50,00 €
22113	– für jede Tätigkeit nach Vorbemerkung 2.2.1.1 Abs. 1 Satz 2 Nr. 3	höchstens 250,00 €
22114	Erzeugung von strukturierten Daten in Form der Extensible Markup Language (XML) oder in einem nach dem Stand der Technik vergleichbaren Format für eine automatisierte Weiterbearbeitung	0,2 – höchstens 125,00 €
22115	Neben der Gebühr 22114 entstehen andere Gebühren dieses Unterabschnitts: Die Gebühr 22114 beträgt:	0,1 – höchstens 125,00 €

Unterabschnitt 2. Vollzug in besonderen Fällen

Vorbemerkung 2.2.1.2:

Die Gebühren dieses Unterabschnitts entstehen, wenn der Notar

1. keine Gebühr für ein Beurkundungsverfahren oder für die Fertigung eines Entwurfs erhalten hat, die das zu vollziehende Geschäft betrifft, oder
2. eine Vollzugstätigkeit unter Beteiligung eines ausländischen Gerichts oder einer ausländischen Behörde vornimmt.

22120	Vollzugsgebühr für die in Vorbemerkung 2.2.1.1 Abs. 1 Satz 2 genannten Tätigkeiten, wenn die Gebühr für ein die Urkunde betreffendes Beurkundungsverfahren 2,0 betragen würde	1,0
22121	Vollzugsgebühr für die in Vorbemerkung 2.2.1.1 Abs. 1 Satz 2 genannten Tätigkeiten, wenn die Gebühr für ein die Urkunde betreffendes Beurkundungsverfahren weniger als 2,0 betragen würde	0,5
22122	Überprüfung, ob die Urkunde bei Gericht eingereicht werden kann (1) Die Gebühr entsteht nicht neben einer der Gebühren 22120 und 22121.	0,5

Nr.	Gebührentatbestand	Gebühr oder Satz der Gebühr nach § 34 GNotKG **– Tabelle B**
	1. die Errichtung, Aufhebung oder Änderung einer Verfügung von Todes wegen, 2. die Errichtung, den Widerruf oder die Änderung einer Vollmacht, die zur Registrierung im Zentralen Vorsorgeregister geeignet ist, 3. die Abgabe einer Erklärung gemäß § 1816 Abs. 2 BGB betreffend die Person eines Betreuers oder 4. eine Willensäußerung eines Beteiligten hinsichtlich seiner medizinischen Behandlung oder deren Abbruch: Zusatzgebühr .... Die Gebühr entsteht für jeden Auftraggeber nur einmal. Im Übrigen gelten die Absätze 2 und 3 der Anmerkung zu Nummer 26002 entsprechend.	 50,00 €

Teil 3. Auslagen

Nr.	Auslagentatbestand	Höhe
	Vorbemerkung 3: Sind Auslagen durch verschiedene Rechtssachen veranlasst, werden sie auf die Rechtssachen angemessen verteilt. Dies gilt auch, wenn die Auslagen durch Notar- und Rechtsanwaltsgeschäfte veranlasst sind.	
	Hauptabschnitt 1. Auslagen der Gerichte	
	Vorbemerkung 3.1: (1) Auslagen, die durch eine für begründet befundene Beschwerde entstanden sind, werden nicht erhoben, soweit das Beschwerdeverfahren gebührenfrei ist; dies gilt jedoch nicht, soweit das Beschwerdegericht die Kosten dem Gegner des Beschwerdeführers auferlegt hat. (2) In Betreuungssachen werden von dem Betroffenen Auslagen nur unter den in Vorbemerkung 1.1 Abs. 1 genannten Voraussetzungen erhoben. Satz 1 gilt nicht für die Auslagen 31015.	
31000	Pauschale für die Herstellung und Überlassung von Dokumenten: 1. Ausfertigungen, Kopien und Ausdrucke bis zur Größe von DIN A 3, die a) auf Antrag angefertigt oder auf Antrag per Telefax übermittelt worden sind oder b) angefertigt worden sind, weil zu den Akten gegebene Urkunden, von denen eine Kopie zurückbehalten werden muss, zurückgefordert werden; in diesem Fall wird die bei den Akten zurückbehaltene Kopie gebührenfrei beglaubigt:	
	für die ersten 50 Seiten je Seite	0,50 €
	für jede weitere Seite	0,15 €
	für die ersten 50 Seiten in Farbe je Seite	1,00 €
	für jede weitere Seite in Farbe	0,30 €
	2. Entgelte für die Herstellung und Überlassung der in Nummer 1 genannten Kopien oder Ausdrucke in einer Größe von mehr als DIN A3	in voller Höhe
	oder pauschal je Seite	3,00 €
	oder pauschal je Seite in Farbe	6,00 €
	3. Überlassung von elektronisch gespeicherten Dateien oder deren Bereitstellung zum Abruf anstelle der in den Nummern 1 und 2 genannten Ausfertigungen, Kopien und Ausdrucke:	
	je Datei	1,50 €
	für die in einem Arbeitsgang überlassenen, bereitgestellten oder in einem Arbeitsgang auf denselben Datenträger übertragenen Dokumente insgesamt höchstens	5,00 €
	(1) Die Höhe der Dokumentenpauschale nach Nummer 1 ist in gerichtlichen Verfahren in jedem Rechtszug, bei Dauerbetreuungen und -pflegschaften in jedem Kalenderjahr und für jeden Kostenschuldner nach § 26 Abs. 1 GNotKG gesondert zu berechnen. Gesamtschuldner gelten als ein Schuldner. (2) Werden zum Zweck der Überlassung von elektronisch gespeicherten Dateien Dokumente zuvor auf Antrag von der Papierform	

Nr.	Auslagentatbestand	Höhe
	in die elektronische Form übertragen, beträgt die Dokumentenpauschale nach Nummer 3 nicht weniger, als die Dokumentenpauschale im Fall der Nummer 1 für eine Schwarz-Weiß-Kopie ohne Rücksicht auf die Größe betragen würde. (3) Frei von der Dokumentenpauschale sind für jeden Beteiligten und seinen bevollmächtigten Vertreter jeweils 1. bei Beurkundungen von Verträgen zwei Ausfertigungen, Kopien oder Ausdrucke, bei sonstigen Beurkundungen eine Ausfertigung, eine Kopie oder ein Ausdruck; 2. eine vollständige Ausfertigung oder Kopie oder ein vollständiger Ausdruck jeder gerichtlichen Entscheidung und jedes vor Gericht abgeschlossenen Vergleichs, 3. eine Ausfertigung ohne Begründung und 4. eine Kopie oder ein Ausdruck jeder Niederschrift über eine Sitzung. (4) § 191a Abs. 1 Satz 5 GVG bleibt unberührt. (5) Bei der Gewährung der Einsicht in Akten wird eine Dokumentenpauschale nur erhoben, wenn auf besonderen Antrag ein Ausdruck einer elektronischen Akte oder ein Datenträger mit dem Inhalt einer elektronischen Akte übermittelt wird.	
31001	Auslagen für Telegramme	in voller Höhe
31002	Pauschale für Zustellungen mit Zustellungsurkunde, Einschreiben gegen Rückschein oder durch Justizbedienstete nach § 168 Abs. 1 ZPO je Zustellung .... Neben Gebühren, die sich nach dem Geschäftswert richten, wird die Zustellungspauschale nur erhoben, soweit in einem Rechtszug mehr als 10 Zustellungen anfallen.	3,50 €
31003	Pauschale für die bei der Versendung von Akten auf Antrag anfallenden Auslagen an Transport- und Verpackungskosten je Sendung .... Die Hin- und Rücksendung der Akten durch Gerichte gelten zusammen als eine Sendung.	12,00 €
31004	Auslagen für öffentliche Bekanntmachungen .... Auslagen werden nicht erhoben für die Bekanntmachung in einem elektronischen Informations- und Kommunikationssystem, wenn das Entgelt nicht für den Einzelfall oder nicht für ein einzelnes Verfahren berechnet wird.	in voller Höhe
31005	Nach dem JVEG zu zahlende Beträge .... (1) Die Beträge werden auch erhoben, wenn aus Gründen der Gegenseitigkeit, der Verwaltungsvereinfachung oder aus vergleichbaren Gründen keine Zahlungen zu leisten sind. Ist aufgrund des § 1 Abs. 2 Satz 2 JVEG keine Vergütung zu zahlen, ist der Betrag zu erheben, der ohne diese Vorschrift zu zahlen wäre. (2) Nicht erhoben werden Beträge, die an ehrenamtliche Richter (§ 1 Abs. 1 Satz 1 Nr. 2 JVEG), an Übersetzer, die zur Erfüllung der Rechte blinder oder sehbehinderter Personen herangezogen werden (§ 191a Abs. 1 GVG), und an Kommunikationshilfen zur Verständigung mit einer hör- oder sprachbehinderten Person (§ 186 GVG) gezahlt werden.	in voller Höhe
31006	Bei Geschäften außerhalb der Gerichtsstelle 1. die den Gerichtspersonen aufgrund gesetzlicher Vorschriften gewährte Vergütung (Reisekosten,	

Nr.	Auslagentatbestand	Höhe
	Auslagenersatz) und die Auslagen für die Bereitstellung von Räumen	in voller Höhe
	2. für den Einsatz von Dienstkraftfahrzeugen für jeden gefahrenen Kilometer	0,42 €
31007	An Rechtsanwälte zu zahlende Beträge mit Ausnahme der nach § 59 RVG auf die Staatskasse übergegangenen Ansprüche	in voller Höhe
31008	Auslagen für	
	1. die Beförderung von Personen	in voller Höhe
	2. Zahlungen an mittellose Personen für die Reise zum Ort einer Verhandlung oder Anhörung sowie für die Rückreise	bis zur Höhe der nach dem JVEG an Zeugen zu zahlenden Beträge
31009	An Dritte zu zahlende Beträge für	
	1. die Beförderung von Tieren und Sachen mit Ausnahme der für Postdienstleistungen zu zahlenden Entgelte, die Verwahrung von Tieren und Sachen sowie die Fütterung von Tieren	in voller Höhe
	2. die Durchsuchung oder Untersuchung von Räumen und Sachen einschließlich der die Durchsuchung oder Untersuchung vorbereitenden Maßnahmen	in voller Höhe
31010	Kosten einer Zwangshaft Maßgebend ist die Höhe des Haftkostenbeitrags, der nach Landesrecht von einem Gefangenen zu erheben ist.	in Höhe des Haftkostenbeitrags
31011	Kosten einer Ordnungshaft Maßgebend ist die Höhe des Haftkostenbeitrags, der nach Landesrecht von einem Gefangenen zu erheben ist. Diese Kosten werden nur angesetzt, wenn der Haftkostenbeitrag auch von einem Gefangenen im Strafvollzug zu erheben wäre.	in Höhe des Haftkostenbeitrags
31012	Nach § 12 BGebG, dem 5. Abschnitt des Konsulargesetzes und der Besonderen Gebührenverordnung des Auswärtigen Amts nach § 22 Abs. 4 BGebG zu zahlende Beträge	in voller Höhe
31013	An deutsche Behörden für die Erfüllung von deren eigenen Aufgaben zu zahlende Gebühren sowie diejenigen Beträge, die diesen Behörden, öffentlichen Einrichtungen oder deren Bediensteten als Ersatz für Auslagen der in den Nummern 31000 bis 31012 bezeichneten Art zustehen Die als Ersatz für Auslagen angefallenen Beträge werden auch erhoben, wenn aus Gründen der Gegenseitigkeit, der Verwaltungsvereinfachung oder aus vergleichbaren Gründen keine Zahlungen zu leisten sind.	in voller Höhe, die Auslagen begrenzt durch die Höchstsätze für die Auslagen 31000 bis 31012

Nr.	Auslagentatbestand	Höhe
31014	Beträge, die ausländischen Behörden, Einrichtungen oder Personen im Ausland zustehen, sowie Kosten des Rechtshilfeverkehrs mit dem Ausland .... Die Beträge werden auch erhoben, wenn aus Gründen der Gegenseitigkeit, der Verwaltungsvereinfachung oder aus vergleichbaren Gründen keine Zahlungen zu leisten sind.	in voller Höhe
31015	An den Verfahrenspfleger zu zahlende Beträge .... Die Beträge werden von dem Betroffenen nur nach Maßgabe des § 1880 Abs. 2 BGB erhoben.	in voller Höhe
31016	Pauschale für die Inanspruchnahme von Videokonferenzverbindungen: je Verfahren für jede angefangene halbe Stunde	15,00 €
31017	Umsatzsteuer auf die Kosten .... Dies gilt nicht, wenn die Umsatzsteuer nach § 19 Abs. 1 UStG unerhoben bleibt.	in voller Höhe

Hauptabschnitt 2. Auslagen der Notare

Vorbemerkung 3.2:

(1) Mit den Gebühren werden auch die allgemeinen Geschäftskosten entgolten.

(2) Eine Geschäftsreise liegt vor, wenn das Reiseziel außerhalb der Gemeinde liegt, in der sich der Amtssitz oder die Wohnung des Notars befindet.

Nr.	Auslagentatbestand	Höhe
32000	Pauschale für die Herstellung und Überlassung von Ausfertigungen, Kopien und Ausdrucken (Dokumentenpauschale) bis zur Größe von DIN A3, die auf besonderen Antrag angefertigt oder per Telefax übermittelt worden sind:	
	für die ersten 50 Seiten je Seite	0,50 €
	für jede weitere Seite	0,15 €
	für die ersten 50 Seiten in Farbe je Seite	1,00 €
	für jede weitere Seite in Farbe	0,30 €
	Dieser Auslagentatbestand gilt nicht für die Fälle der Nummer 32001 Nr. 2 und 3.	
32001	Dokumentenpauschale für Ausfertigungen, Kopien und Ausdrucke bis zur Größe von DIN A3, die 1. ohne besonderen Antrag von eigenen Niederschriften, eigenen Entwürfen und von Urkunden, auf denen der Notar eine Unterschrift beglaubigt hat, angefertigt oder per Telefax übermittelt worden sind; dies gilt nur, wenn die Dokumente nicht beim Notar verbleiben; 2. in einem Beurkundungsverfahren auf besonderen Antrag angefertigt oder per Telefax übermittelt worden sind; dies gilt nur, wenn der Antrag spätestens bei der Aufnahme der Niederschrift gestellt wird; 3. bei einem Auftrag zur Erstellung eines Entwurfs auf besonderen Antrag angefertigt oder per Telefax übermittelt worden sind; dies gilt nur, wenn der	

Nr.	Auslagentatbestand	Höhe
	Antrag spätestens am Tag vor der Versendung des Entwurfs gestellt wird:	
	je Seite	0,15 €
	je Seite in Farbe	0,30 €
32002	Dokumentenpauschale für die Überlassung von elektronisch gespeicherten Dateien oder deren Bereitstellung zum Abruf anstelle der in den Nummern 32000 und 32001 genannten Dokumente ohne Rücksicht auf die Größe der Vorlage:	
	je Datei	1,50 €
	für die in einem Arbeitsgang überlassenen, bereitgestellten oder in einem Arbeitsgang auf denselben Datenträger übertragenen Dokumente insgesamt höchstens	5,00 €
	Werden zum Zweck der Überlassung von elektronisch gespeicherten Dateien Dokumente zuvor auf Antrag von der Papierform in die elektronische Form übertragen, beträgt die Dokumentenpauschale nicht weniger, als die Dokumentenpauschale im Fall der Nummer 32000 für eine Schwarz-Weiß-Kopie betragen würde.	
32003	Entgelte für die Herstellung von Kopien oder Ausdrucken der in den Nummern 32000 und 32001 genannten Art in einer Größe von mehr als DIN A3	in voller Höhe
	oder pauschal je Seite	3,00 €
	oder pauschal je Seite in Farbe	6,00 €
32004	Entgelte für Post- und Telekommunikationsdienstleistungen	in voller Höhe
	(1) Für die durch die Geltendmachung der Kosten entstehenden Entgelte kann kein Ersatz verlangt werden. (2) Für Zustellungen mit Zustellungsurkunde und für Einschreiben gegen Rückschein ist der in Nummer 31002 bestimmte Betrag anzusetzen.	
32005	Pauschale für Entgelte für Post- und Telekommunikationsdienstleistungen	20 % der Gebühren – höchstens 20,00 €
	Die Pauschale kann in jedem notariellen Verfahren und bei sonstigen notariellen Geschäften anstelle der tatsächlichen Auslagen nach Nummer 32004 gefordert werden. Ein notarielles Geschäft und der sich hieran anschließende Vollzug sowie sich hieran anschließende Betreuungstätigkeiten gelten insoweit zusammen als ein Geschäft.	
32006	Fahrtkosten für eine Geschäftsreise bei Benutzung eines eigenen Kraftfahrzeugs für jeden gefahrenen Kilometer	0,42 €
	Mit den Fahrtkosten sind die Anschaffungs-, Unterhaltungs- und Betriebskosten sowie die Abnutzung des Kraftfahrzeugs abgegolten.	
32007	Fahrtkosten für eine Geschäftsreise bei Benutzung eines anderen Verkehrsmittels, soweit sie angemessen sind	in voller Höhe
32008	Tage- und Abwesenheitsgeld bei einer Geschäftsreise	
	1. von nicht mehr als 4 Stunden	30,00 €
	2. von mehr als 4 bis 8 Stunden	50,00 €

Nr.	Auslagentatbestand	Höhe
	3. von mehr als 8 Stunden	80,00 €
	Das Tage- und Abwesenheitsgeld wird nicht neben der Gebühr 26002 oder 26003 erhoben.	
32009	Sonstige Auslagen anlässlich einer Geschäftsreise, soweit sie angemessen sind	in voller Höhe
32010	An Dolmetscher, Übersetzer und Urkundszeugen zu zahlende Vergütungen sowie Kosten eines zugezogenen zweiten Notars	in voller Höhe
32011	Nach dem JVKostG für den Abruf von Daten im automatisierten Abrufverfahren zu zahlende Beträge	in voller Höhe
32012	Im Einzelfall gezahlte Prämie für eine Haftpflichtversicherung für Vermögensschäden, wenn die Versicherung auf schriftliches Verlangen eines Beteiligten abgeschlossen wird	in voller Höhe
32013	Im Einzelfall gezahlte Prämie für eine Haftpflichtversicherung für Vermögensschäden, soweit die Prämie auf Haftungsbeträge von mehr als 60 Mio. € entfällt und wenn nicht Nummer 32012 erfüllt ist	in voller Höhe
	Soweit sich aus der Rechnung des Versicherers nichts anderes ergibt, ist von der Gesamtprämie der Betrag zu erstatten, der sich aus dem Verhältnis der 60 Mio. € übersteigenden Versicherungssumme zu der Gesamtversicherungssumme ergibt.	
32014	Umsatzsteuer auf die Kosten	in voller Höhe
	Dies gilt nicht, wenn die Umsatzsteuer nach § 19 Abs. 1 UStG unerhoben bleibt.	
32015	Sonstige Aufwendungen	in voller Höhe
	Sonstige Aufwendungen sind solche, die der Notar aufgrund eines ausdrücklichen Auftrags und für Rechnung eines Beteiligten erbringt. Solche Aufwendungen sind insbesondere verauslagte Gerichtskosten und Gebühren in Angelegenheiten des Zentralen Vorsorge- oder Testamentsregisters sowie des Elektronischen Urkundenarchivs.	
32016	Pauschale für die Inanspruchnahme des Videokommunikationssystems der Bundesnotarkammer (§ 78p BNotO):	
	1. für die Beglaubigung einer qualifizierten elektronischen Signatur	8,00 €
	2. für das Beurkundungsverfahren	25,00 €
	Erfolgt die Beglaubigung mehrerer qualifizierter elektronischer Signaturen in einem einzigen Vermerk, entsteht die Pauschale nur einmal.	

Anlage 2[1)]
(zu § 34 Absatz 3)

[Gebührentabellen für Geschäftswerte bis 3 000 000 Euro]

Geschäftswert bis … €	Gebühr **Tabelle A** … €	Gebühr **Tabelle B** … €
500	38,00	15,00
1 000	58,00	19,00
1 500	78,00	23,00
2 000	98,00	27,00
3 000	119,00	33,00
4 000	140,00	39,00
5 000	161,00	45,00
6 000	182,00	51,00
7 000	203,00	57,00
8 000	224,00	63,00
9 000	245,00	69,00
10 000	266,00	75,00
13 000	295,00	83,00
16 000	324,00	91,00
19 000	353,00	99,00
22 000	382,00	107,00
25 000	411,00	115,00
30 000	449,00	125,00
35 000	487,00	135,00
40 000	525,00	145,00
45 000	563,00	155,00
50 000	601,00	165,00
65 000	733,00	192,00
80 000	865,00	219,00
95 000	997,00	246,00
110 000	1 129,00	273,00
125 000	1 261,00	300,00
140 000	1 393,00	327,00
155 000	1 525,00	354,00
170 000	1 657,00	381,00
185 000	1 789,00	408,00
200 000	1 921,00	435,00
230 000	2 119,00	485,00
260 000	2 317,00	535,00
290 000	2 515,00	585,00

[1)] Anl. 2 neu gef. mWv 1.1.2021 durch G v. 21.12.2020 (BGBl. I S. 3229).

Geschäftswert bis … €	Gebühr **Tabelle A** … €	Gebühr **Tabelle B** … €
320 000	2 713,00	635,00
350 000	2 911,00	685,00
380 000	3 109,00	735,00
410 000	3 307,00	785,00
440 000	3 505,00	835,00
470 000	3 703,00	885,00
500 000	3 901,00	935,00
550 000	4 099,00	1 015,00
600 000	4 297,00	1 095,00
650 000	4 495,00	1 175,00
700 000	4 693,00	1 255,00
750 000	4 891,00	1 335,00
800 000	5 089,00	1 415,00
850 000	5 287,00	1 495,00
900 000	5 485,00	1 575,00
950 000	5 683,00	1 655,00
1 000 000	5 881,00	1 735,00
1 050 000	6 079,00	1 815,00
1 100 000	6 277,00	1 895,00
1 150 000	6 475,00	1 975,00
1 200 000	6 673,00	2 055,00
1 250 000	6 871,00	2 135,00
1 300 000	7 069,00	2 215,00
1 350 000	7 267,00	2 295,00
1 400 000	7 465,00	2 375,00
1 450 000	7 663,00	2 455,00
1 500 000	7 861,00	2 535,00
1 550 000	8 059,00	2 615,00
1 600 000	8 257,00	2 695,00
1 650 000	8 455,00	2 775,00
1 700 000	8 653,00	2 855,00
1 750 000	8 851,00	2 935,00
1 800 000	9 049,00	3 015,00
1 850 000	9 247,00	3 095,00
1 900 000	9 445,00	3 175,00
1 950 000	9 643,00	3 255,00
2 000 000	9 841,00	3 335,00
2 050 000	10 039,00	3 415,00
2 100 000	10 237,00	3 495,00

Geschäftswert bis … €	Gebühr **Tabelle A** … €	Gebühr **Tabelle B** … €
2 150 000	10 435,00	3 575,00
2 200 000	10 633,00	3 655,00
2 250 000	10 831,00	3 735,00
2 300 000	11 029,00	3 815,00
2 350 000	11 227,00	3 895,00
2 400 000	11 425,00	3 975,00
2 450 000	11 623,00	4 055,00
2 500 000	11 821,00	4 135,00
2 550 000	12 019,00	4 215,00
2 600 000	12 217,00	4 295,00
2 650 000	12 415,00	4 375,00
2 700 000	12 613,00	4 455,00
2 750 000	12 811,00	4 535,00
2 800 000	13 009,00	4 615,00
2 850 000	13 207,00	4 695,00
2 900 000	13 405,00	4 775,00
2 950 000	13 603,00	4 855,00
3 000 000	13 801,00	4 935,00

120. Gesetz über Kosten in Angelegenheiten der Justizverwaltung (Justizverwaltungskostengesetz – JVKostG)[1)]

Vom 23. Juli 2013
(BGBl. I S. 2586, 2655)

FNA 363-5

Lfd. Nr.	Änderndes Gesetz	Datum	Fundstelle	Betroffen	Hinweis
1.	Art. 12 G zur Einführung einer Rechtsbehelfsbelehrung im Zivilprozess und zur Änd. anderer Vorschriften	5.12.2012	BGBl. I S. 2418, geänd. 2013, S. 2586	§ 22	geänd. mWv 1.1.2014
2.	Art. 2 G zur Schlichtung im Luftverkehr	11.6.2013	BGBl. I S. 1545, geänd. 2013, S. 2586	Anl.	geänd. mWv 1.11.2013
3.	Art. 8 Abs. 5 Bilanzrichtlinie-UmsetzungsG	17.7.2015	BGBl. I S. 1245	Anl.	geänd. mWv 23.7.2015
4.	Art. 176 Zehnte ZuständigkeitsanpassungsVO	31.8.2015	BGBl. I S. 1474	§ 23	geänd. mWv 8.9.2015
5.	Art. 7 G zur Änd. des Unterhaltsrechts und des Unterhaltsverfahrensrechts sowie zur Änd. der ZPO und kostenrechtlicher Vorschriften	20.11. 2015	BGBl. I S. 2018	Inhaltsübersicht, § 1, Anl.	geänd. mWv 1.1.2016
				§ 15a	eingef. mWv 1.1.2016
6.	Art. 5 G zur Umsetzung der RL über alternative Streitbeilegung in Verbraucherangelegenheiten und zur Durchführung der VO über Online-Streitbeilegung in Verbraucherangelegenheiten[2)]	19.2.2016	BGBl. I S. 254	Inhaltsübersicht, § 14, Anl.	geänd. mWv 1.4.2016
				§ 16a	eingef. mWv 1.4.2016
7.	Art. 123 Abs. 4 Zweites G über die weitere Bereinigung von Bundesrecht	8.7.2016	BGBl. I S. 1594	Anl.	geänd. mWv 15.7.2016
8.	Art. 15 Abs. 7 EU-KontenpfändungsVO-DurchführungsG	21.11. 2016	BGBl. I S. 2591	Inhaltsübersicht, §§ 1, 17, Anl.	geänd. mWv 1.7.2017
9.	Art. 10 G zur Neuordnung der Aufbewahrung von Notariatsunterlagen und zur Einrichtung des Elektro-	1.6.2017	BGBl. I S. 1396	Anl.	geänd. mWv 23.6.2017

[1)] Verkündet als Art. 2 2. KostenrechtsmodernisierungsG v. 23.7.2013 (BGBl. I S. 2586); Inkrafttreten gem. Art. 50 dieses G am 1.8.2013.

[2)] **Amtl. Anm.:** Dieses Gesetz dient der Umsetzung der Richtlinie 2013/11/EU des Europäischen Parlaments und des Rates vom 21. Mai 2013 über die alternative Beilegung verbraucherrechtlicher Streitigkeiten und zur Änderung der Verordnung (EG) Nr. 2006/2004 und der Richtlinie 2009/22/EG (Richtlinie über alternative Streitbeilegung in Verbraucherangelegenheiten) (ABl. L 165 vom 18.6.2013, S. 63).

Lfd. Nr.	Änderndes Gesetz	Datum	Fundstelle	Betroffen	Hinweis
	nischen Urkundenarchivs bei der Bundesnotarkammer sowie zur Änd. weiterer Gesetze				
10.	Art. 27 G zur Einführung der elektronischen Akte in der Justiz und zur weiteren Förderung des elektronischen Rechtsverkehrs	5.7.2017	BGBl. I S. 2208	Anl.	geänd. mWv 1.1.2018
11.	Art. 2 Siebtes G zur Änd. des BundeszentralregisterG	18.7.2017	BGBl. I S. 2732, geänd. 2019, S. 1626	Anl.	geänd. mWv 31.8.2018
12.	Art. 6 G zur Förderung der Freizügigkeit von EU-Bürgerinnen und -Bürgern sowie zur Neuregelung verschiedener Aspekte des Internationalen Adoptionsrechts	31.1.2019	BGBl. I S. 54	Anl.	geänd. mWv 16.2.2019
13.	Art. 56 Zweites Datenschutz-Anpassungs- und UmsetzungsG EU[1]	20.11. 2019	BGBl. I S. 1626	Anl.	geänd. mWv 26.11.2019
14.	Art. 2 Drittes G zur Harmonisierung des Haftungsrechts im Luftverkehr	10.7.2020	BGBl. I S. 1655	Anl.	geänd. mWv 17.7.2020
15.	Art. 5 KostenrechtsänderungsG 2021	21.12. 2020	BGBl. I S. 3229	Inhaltsübersicht, §§ 11, 22, 25, Anl. § 5a	geänd. mWv 1.1.2021 eingef. mWv 1.1.2021
16.	Art. 4 Abs. 1 AdoptionshilfeG	12.2.2021	BGBl. I S. 226	Anl.	geänd. mWv 1.4.2021
17.	Art. 15 Abs. 13 G zur Reform des Vormundschafts- und Betreuungsrechts	4.5.2021	BGBl. I S. 882	Anl.	geänd. mWv 1.1.2023
18.	Art. 11 G zur Umsetzung der Digitalisierungsrichtline (DiRUG)[2]	5.7.2021	BGBl. I S. 3338	§§ 1, 6, 16, Anl.	geänd. mWv 1.8.2022
19.	Art. 48 PersonengesellschaftsrechtsmodernisierungsG (MoPeG)	10.8.2021	BGBl. I S. 3436	Anl.	geänd. mWv 1.1.2024

[1] **Amtl. Anm.:** Dieses Gesetz dient der Umsetzung der Richtlinie (EU) 2016/680 des Europäischen Parlaments und des Rates vom 27. April 2016 zum Schutz natürlicher Personen bei der Verarbeitung personenbezogener Daten durch die zuständigen Behörden zum Zweck der Verhütung, Ermittlung, Aufdeckung oder Verfolgung von Straftaten oder der Strafvollstreckung sowie zum freien Datenverkehr und zur Aufhebung des Rahmenbeschlusses 2008/977/JI des Rates (ABl. L 119 vom 4.5.2016, S. 89; L 127 vom 23.5.2018, S. 9).

[2] **Amtl. Anm.:** Dieses Gesetz dient der Umsetzung der Richtlinie (EU) 2019/1151 des Europäischen Parlaments und des Rates vom 20. Juni 2019 zur Änderung der Richtlinie (EU) 2017/1132 im Hinblick auf den Einsatz digitaler Werkzeuge und Verfahren im Gesellschaftsrecht (ABl. L 186 vom 11.7.2019, S. 80).

Vorbemerkung:
Die Änderung durch G v. 10.8.2021 (BGBl. I S. 3436) tritt erst mWv 1.1. 2024 in Kraft und ist im Text noch nicht berücksichtigt.

Nr.	Gebührentatbestand	Gebührenbetrag
	***Abschnitt 2.** (aufgehoben)*	
	Abschnitt 3. Bundeszentral- und Gewerbezentralregister	
	Vorbemerkung 1.1.3: Die Gebühr 1130 wird nicht erhoben, wenn ein Führungszeugnis zur Ausübung einer ehrenamtlichen Betreuung (§ 19 Abs. 1, § 21 BtOG) oder einer ehrenamtlichen Tätigkeit benötigt wird, die für eine gemeinnützige Einrichtung, für eine Behörde oder im Rahmen eines der in § 32 Abs. 4 Nr. 2 Buchstabe d EStG genannten Dienste ausgeübt wird.	
1130	Führungszeugnis nach § 30, § 30a oder § 30b BZRG	13,00 €
1131	*(aufgehoben)*	
1132	Auskunft nach § 150 Absatz 1 Satz 1 der Gewerbeordnung	13,00 €
	***Abschnitt 4.** (aufgehoben)*	
	Abschnitt 5. Einrichtung und Nutzung des automatisierten Abrufverfahrens in Grundbuchangelegenheiten, in Angelegenheiten der Schiffsregister, des Schiffsbauregisters und des Registers für Pfandrechte an Luftfahrzeugen	
	Vorbemerkung 1.1.5: (1) Dieser Abschnitt gilt für den Abruf von Daten und Dokumenten aus dem vom Grundbuchamt oder dem Registergericht geführten Datenbestand. Für den Aufruf von Daten und Dokumenten in der Geschäftsstelle des Grundbuchamts oder des Registergerichts werden keine Gebühren erhoben. Der Abruf von Daten aus den Verzeichnissen (§ 12a Abs. 1 der Grundbuchordnung, § 31 Abs. 1, § 55 Satz 2 SchRegDV, §§ 10 und 11 Abs. 3 Satz 2 LuftRegV) und der Abruf des Zeitpunkts der letzten Änderung des Grundbuchs oder Registers sind gebührenfrei. (2) Neben den Gebühren werden keine Auslagen erhoben.	
1150	Genehmigung der Landesjustizverwaltung zur Teilnahme am eingeschränkten Abrufverfahren (§ 133 Abs. 4 Satz 3 der Grundbuchordnung, auch i.V.m. § 69 Abs. 1 Satz 2 SchRegDV, und § 15 LuftRegV) .... Mit der Gebühr ist die Einrichtung des Abrufverfahrens für den Empfänger mit abgegolten. Mit der Gebühr für die Genehmigung in einem Land sind auch weitere Genehmigungen in anderen Ländern abgegolten.	50,00 €
1151	Abruf von Daten aus dem Grundbuch oder Register: für jeden Abruf aus einem Grundbuch- oder Registerblatt	8,00 €
1152	Abruf von Dokumenten, die zu den Grund- oder Registerakten genommen wurden: für jedes abgerufene Dokument	1,50 €
	Abschnitt 6. Schutzschriftenregister	
1160	Einstellung einer Schutzschrift	83,00 €
	Hauptabschnitt 2. Verfahren des Bundesamts für Justiz	
	Abschnitt 1. Ordnungsgeldverfahren	
	Vorbemerkung 1.2.1: Wird ein Ordnungsgeldverfahren gegen mehrere Personen durchgeführt, entstehen die Gebühren für jede Person gesondert.	
1210	Durchführung eines Ordnungsgeldverfahrens nach § 335 HGB	100,00 €
1211	Festsetzung eines zweiten und jedes weiteren Ordnungsgelds jeweils	100,00 €

Anlage[1)]
(zu § 4 Absatz 1)

Kostenverzeichnis

Gliederung

Teil 1. Gebühren

Nr.	Gebührentatbestand	Gebührenbetrag
	Hauptabschnitt 1. Register- und Grundbuchangelegenheiten	
	Abschnitt 1. Rechtsdienstleistungsregister	
1110	Registrierung nach dem RDG	150,00 €
	Bei Registrierung einer juristischen Person oder einer Gesellschaft ohne Rechtspersönlichkeit wird mit der Gebühr auch die Eintragung einer qualifizierten Person in das Rechtsdienstleistungsregister abgegolten.	
1111	Eintragung einer qualifizierten Person in das Rechtsdienstleistungsregister, wenn die Eintragung nicht durch die Gebühr 1110 abgegolten ist:	
	je Person	150,00 €
1112	Widerruf oder Rücknahme der Registrierung	75,00 €

[1)] Anl. geänd. mWv 1.11.2013 durch G v. 11.6.2013 (BGBl. I S. 1545, geänd. durch G v. 23.7.2013, BGBl. I S. 2586); mWv 23.7.2015 durch G v. 17.7.2015 (BGBl. I S. 1245); mWv 1.1.2016 durch G v. 20.11.2015 (BGBl. I S. 2018); mWv 1.4.2016 durch G v. 19.2.2016 (BGBl. I S. 254); mWv 15.7.2016 durch G v. 8.7.2016 (BGBl. I S. 1594); mWv 1.7.2017 durch G v. 21.11.2016 (BGBl. I S. 2591); mWv 23.6.2017 durch G v. 1.6.2017 (BGBl. I S. 1396); mWv 1.1.2018 durch G v. 5.7.2017 (BGBl. I S. 2208); mWv 31.8.2018 durch G v. 18.7.2017 (BGBl. I S. 2732, geänd. durch G v. 20.11.2019, BGBl. I S. 1626); mWv 16.2.2019 durch G v. 31.1.2019 (BGBl. I S. 54); mWv 26.11.2019 durch G v. 20.11.2019 (BGBl. I S. 1626); mWv 17.7.2020 durch G v. 10.7.2020 (BGBl. I S. 1655); mWv 1.1.2021 durch G v. 21.12.2020 (BGBl. I S. 3229); mWv 1.4.2021 durch G v. 12.2.2021 (BGBl. I S. 226); mWv 1.1.2023 durch G v. 4.5.2021 (BGBl. I S. 882); mWv 1.8.2022 durch G v. 5.7.2021 (BGBl. I S. 3338).

122. Justizbeitreibungsgesetz (JBeitrG)

In der Fassung der Bekanntmachung vom 27. Juni 2017[1)]
(BGBl. I S. 1926)

FNA 365-1

Lfd. Nr.	Änderndes Gesetz	Datum	Fundstelle	Betroffen	Hinweis
1.	Art. 14 EU-KontenpfändungsVO-DurchführungsG	21.11.2016	BGBl. I S. 2591, geänd. 2017, S. 2208	§ 6 § 6	geänd. mWv 1.1.2018 geänd. mWv 1.1.2022
2.	Art. 5 G zur Verbesserung der Sachaufklärung in der Verwaltungsvollstreckung	30.6.2017	BGBl. I S. 2094	§ 6	geänd. mWv 6.7.2017
3.	Art. 3 Abs. 4 Pfändungsschutzkonto-FortentwicklungsG	22.11.2020	BGBl. I S. 2466	§ 6	geänd. mWv 1.12.2021
4.	Art. 4 Abs. 5 G zur Verbesserung des Schutzes von Gerichtsvollziehern vor Gewalt sowie zur Änd. weiterer zwangsvollstreckungsrechtlicher Vorschriften und zur Änd. des InfektionsschutzG	7.5.2021	BGBl. I S. 850	§ 6	geänd. mWv 1.1.2022
5.	Art. 15 Abs. 14 G zur Reform des Vormundschafts- und Betreuungsrechts	4.5.2021	BGBl. I S. 882	§ 1	geänd. mWv 1.1.2023

§ 1[2)] [Nach diesem Gesetz beizutreibende Ansprüche] (1) Nach diesem Gesetz werden folgende Ansprüche beigetrieben, soweit sie von Justizbehörden des Bundes einzuziehen sind:

1. Geldstrafen und andere Ansprüche, deren Beitreibung sich nach den Vorschriften über die Vollstreckung von Geldstrafen richtet;
2. gerichtlich erkannte Geldbußen und Nebenfolgen einer Ordnungswidrigkeit, die zu einer Geldzahlung verpflichten;

2a. Ansprüche aus gerichtlichen Anordnungen über die Einziehung oder die Unbrauchbarmachung einer Sache;

2b. Ansprüche aus gerichtlichen Anordnungen über die Herausgabe von Akten und sonstigen Unterlagen nach § 407a Absatz 5 Satz 2 der Zivilprozessordnung[3)];

3. Ordnungs- und Zwangsgelder;
4. Gerichtskosten;

4a. Ansprüche auf Zahlung der vom Gericht im Verfahren der Prozesskostenhilfe oder nach § 4b der Insolvenzordnung[4)] bestimmten Beträge;

[1)] Neubekanntmachung der JustizbeitreibungsO v. 11.3.1937 (RGBl. I S. 298) unter neuer Überschrift in der ab 1.7.2017 geltenden Fassung.

[2)] § 1 Abs. 1 Nr. 4b geänd. mWv 1.1.2023 durch G v. 4.5.2021 (BGBl. I S. 882).

[3)] Nr. **100**.

[4)] Nr. **110**.

4b. nach den §§ 168d, 292 und 292a des Gesetzes über das Verfahren in Familiensachen und in den Angelegenheiten der freiwilligen Gerichtsbarkeit[1] festgesetzte Ansprüche;
5. Zulassungs- und Prüfungsgebühren;
6. alle sonstigen Justizverwaltungsabgaben;
7. Kosten der Gerichtsvollzieher und Vollziehungsbeamten, soweit sie selbständig oder gleichzeitig mit einem Anspruch, der nach diesem Gesetz vollstreckt wird, bei dem Auftraggeber oder Ersatzpflichtigen beigetrieben werden;
8. Ansprüche gegen Beamte, nichtbeamtete Beisitzer und Vertrauenspersonen, gegen Rechtsanwälte, Vormünder, Betreuer, Pfleger und Verfahrenspfleger, gegen Zeugen und Sachverständige sowie gegen mittellose Personen auf Erstattung von Beträgen, die ihnen in einem gerichtlichen Verfahren zuviel gezahlt sind;
9. Ansprüche gegen Beschuldigte und Nebenbeteiligte auf Erstattung von Beträgen, die ihnen in den Fällen der §§ 465, 467, 467a, 470, 472b, 473 der Strafprozessordnung zuviel gezahlt sind;
10. alle sonstigen Ansprüche, die nach Bundes- oder Landesrecht im Verwaltungszwangsverfahren beigetrieben werden können, soweit nicht ein Bundesgesetz vorschreibt, dass sich die Vollstreckung nach dem Verwaltungsvollstreckungsgesetz[2] oder der Abgabenordnung richtet.

(2) Dieses Gesetz findet auch auf die Einziehung von Ansprüchen im Sinne des Absatzes 1 durch Justizbehörden der Länder Anwendung, soweit die Ansprüche auf bundesrechtlicher Regelung beruhen.

(3) Die Vorschriften dieses Gesetzes über das gerichtliche Verfahren finden auch dann Anwendung, wenn sonstige Ansprüche durch die Justizbehörden der Länder im Verwaltungszwangsverfahren eingezogen werden.

(4) Werden zusammen mit einem Anspruch nach Absatz 1 Nummer 1 bis 3 die Kosten des Verfahrens beigetrieben, so gelten auch für die Kosten die Vorschriften über die Vollstreckung dieses Anspruchs.[3]

(5) [1]Nach diesem Gesetz werden auch die Gebühren und Auslagen des Deutschen Patentamts und die sonstigen dem Absatz 1 entsprechenden Ansprüche, die beim Deutschen Patentamt entstehen, beigetrieben. [2]Dies gilt auch für Ansprüche gegen Patentanwälte und Erlaubnisscheininhaber.

(6) [1]Die Landesregierungen werden ermächtigt, durch Rechtsverordnung abweichend von diesem Gesetz zu bestimmen, dass Gerichtskosten in den Fällen des § 109 Absatz 2 des Gesetzes über Ordnungswidrigkeiten[4] und des § 27 des Gerichtskostengesetzes[5] nach Vorschriften des Landesrechts beigetrieben werden. [2]Die Landesregierungen können die Ermächtigung durch Rechtsverordnung auf die Landesjustizverwaltung übertragen.

(Fortsetzung nächstes Blatt)

---

[1] Nr. **112**.
[2] **Sartorius Nr. 112.**
[3] Siehe die Einforderungs- und BeitreibungsAO (EBAO) v. 1.8.2011 (BAnz. Nr. 112a S. 1, 22).
[4] Nr. **94**.
[5] Nr. **115**.

Für handschriftliche Notizen

Für handschriftliche Notizen

Für handschriftliche Notizen

Für handschriftliche Notizen